DIREITOS HUMANOS, ESTADO DE DIREITO E CONSTITUIÇÃO

ANTONIO ENRIQUE PÉREZ LUÑO

DIREITOS HUMANOS, ESTADO DE DIREITO E CONSTITUIÇÃO

Tradução
PAULO ROBERTO LEITE

Revisão da tradução
SILVANA COBUCCI LEITE

Esta obra foi publicada originalmente em espanhol com o título DERECHOS HUMANOS, ESTADO DE DERECHO Y CONSTITUCIÓN por Editorial Tecnos, Grupo Anaya S.A.
Copyright © 1984, Antonio Enrique Pérez Luño
Copyright © 2021, Editora WMF Martins Fontes Ltda., São Paulo, para a presente edição.

Todos os direitos reservados. Este livro não pode ser reproduzido, no todo ou em parte, armazenado em sistemas eletrônicos recuperáveis nem transmitido por nenhuma forma ou meio eletrônico, mecânico ou outros, sem a prévia autorização por escrito do editor.

1ª edição 2021

Tradução
PAULO ROBERTO LEITE

Revisão da tradução
Silvana Cobucci Leite
Acompanhamento editorial
Fernanda Alvares
Revisões
Solange Martins
Ana Paula Luccisano
Produção gráfica
Geraldo Alves
Paginação
Renato de Carvalho Carbone
Capa
Gisleine Scandiuzzi

Dados Internacionais de Catalogação na Publicação (CIP)
(Câmara Brasileira do Livro, SP, Brasil)

Pérez Luño, Antonio Enrique
  Direitos humanos, Estado de direito e Constituição / Antonio Enrique Pérez Luño ; tradução Paulo Roberto Leite ; revisão da tradução Silvana Cobucci Leite. – São Paulo : Editora WMF Martins Fontes, 2021.

  Título original: Derechos humanos, Estado de derecho y Constitución.
  ISBN 978-85-469-0145-6

  1. Direito civil 2. Direito constitucional 3. Direitos humanos I. Título.

21-58099   CDU-342.7

Índice para catálogo sistemático:
1. Direitos humanos e fundamentais : Direito constitucional   342.7

Cibele Maria Dias – Bibliotecária – CRB-8/9427

Todos os direitos desta edição reservados à
Editora WMF Martins Fontes Ltda.
Rua Prof. Laerte Ramos de Carvalho, 133 01325-030 São Paulo SP Brasil
Tel. (11) 3293.8150 e-mail: info@wmfmartinsfontes.com.br
http://www.wmfmartinsfontes.com.br

Para Nieves

ÍNDICE

ÍNDICE DE SIGLAS.. XV
NOTA À NONA EDIÇÃO.. XVII
PRÓLOGO À PRIMEIRA EDIÇÃO.. XIX

PRIMEIRA PARTE

DIREITOS HUMANOS

CAPÍTULO 1: DELIMITAÇÃO CONCEITUAL DOS DIREITOS HUMANOS 3

1. AMBIGUIDADE DA EXPRESSÃO "DIREITOS HUMANOS"................................... 3

2. CRÍTICA DO CONCEITO DE DIREITOS HUMANOS 8

3. LIMITES LINGUÍSTICOS DO TERMO "DIREITOS HUMANOS"............................ 11
   3.1 *Limites internos: os direitos humanos e outros conceitos afins*............ 11
      3.1.1. Direitos humanos e direitos naturais.................................. 12
      3.1.2. Direitos humanos e direitos fundamentais......................... 12
      3.1.3. Direitos humanos e direitos subjetivos............................... 14
      3.1.4. Direitos humanos e direitos públicos subjetivos................ 15
      3.1.5. Direitos humanos e direitos individuais.............................. 17
      3.1.6. Direitos humanos e liberdades públicas............................. 18
   3.2. *Limites externos: os direitos humanos e a lei natural* 20

4. A PROJEÇÃO DA INFORMÁTICA E O ESTRUTURALISMO NA ANÁLISE DO CONCEITO DOS DIREITOS HUMANOS... 26

5. UMA PROPOSTA DE DEFINIÇÃO.. 30

CAPÍTULO 2: O PROCESSO DE POSITIVAÇÃO DOS DIREITOS FUNDAMENTAIS ... 35

1. APRESENTAÇÃO: SENTIDOS EM QUE SE PODE ENTENDER A POSITIVAÇÃO DOS DIREITOS FUNDAMENTAIS 35

2. PERSPECTIVAS DOUTRINAIS RELATIVAS À POSITIVAÇÃO................................ 36
   2.1. *Teses jusnaturalistas*... 37
   2.2. *Teses positivistas* 39
   2.3. *Teses realistas* 42

3. ÂMBITO INSTITUCIONAL DA POSITIVAÇÃO 45
   3.1. *Análise sincrônica*.. 46
      3.1.1. Questões de método... 46
      3.1.2. Níveis de positivação... 48

        3.1.2.1. Constitucional 48
                3.1.2.1.1. Valor positivo das declarações de direitos e preâmbulos constitucionais.. 54
                3.1.2.1.2. A Declaração universal dos direitos humanos da ONU.. 60
                3.1.2.1.3. Os direitos econômicos e sociais 66
        3.1.2.2. Legislativo... 80
        3.1.2.3. Executivo 83
        3.1.2.4. Judiciário.. 87
    3.2. *Síntese diacrônica* 91
        3.2.1. A descoberta da liberdade... 92
        3.2.2. A formulação dos direitos fundamentais em pactos 95
        3.2.3. A constitucionalização dos direitos fundamentais.............. 98
            3.2.3.1. Fase das liberdades individuais....................................... 99
            3.2.3.2. Fase dos direitos econômicos e sociais 103
        3.2.4. A internacionalização dos direitos fundamentais............... 109

4. CONSIDERAÇÕES FINAIS 113

CAPÍTULO 3: A FUNDAMENTAÇÃO DOS DIREITOS HUMANOS 116

1. A FUNDAMENTAÇÃO DOS DIREITOS HUMANOS EM DEBATE 116

2. FUNDAMENTAÇÃO OBJETIVISTA 121
    2.1. *A ética material dos valores* 122
    2.2. *O objetivismo ontológico cristão* 126

3. FUNDAMENTAÇÃO SUBJETIVISTA... 129
    3.1. *O primado da liberdade individual* 130
    3.2. *Do individualismo ao anarquismo* 140

4. FUNDAMENTAÇÃO INTERSUBJETIVISTA 146
    4.1. *A teoria consensual da verdade* 147
    4.2. *Das necessidades aos valores* 152

5. A FUNDAMENTAÇÃO DOS DIREITOS HUMANOS: TEORIA E PRÁTICA 161
    5.1. *Direitos humanos ou direitos morais?* 162
    5.2. *Os direitos humanos podem ser fundamentados?* 165

SEGUNDA PARTE

ESTADO DE DIREITO

CAPÍTULO 4: SOBERANIA POPULAR E ESTADO DE DIREITO 173

1. ANÁLISE GENÉTICA: ORIGENS DA EXPRESSÃO "SOBERANIA POPULAR"..................... 173

2. ANÁLISE SEMÂNTICA: USOS LINGUÍSTICOS DO TERMO "SOBERANIA POPULAR"....... 176

3. ANÁLISE PRAGMÁTICA: A FUNÇÃO DA SOBERANIA POPULAR E SUA CRISE............... 184

4. Estado de direito e soberania popular 190
   4.1. A soberania popular como princípio fundamentador da ordem constitucional democrática 191
   4.2. A concretização normativa do princípio democrático na ordem constitucional 192
   4.3. A significação filosófico-jurídica da soberania popular no Estado de direito 197

Capítulo 5: ESTADO SOCIAL E DEMOCRÁTICO DE DIREITO E DIREITOS FUNDAMENTAIS 202

1. A inter-relação das noções dos direitos fundamentais e do Estado de direito 202

2. A configuração histórica e doutrinal do Estado de direito 203
   2.1. A formação histórica do Estado de direito: a contribuição kantiana 204
   2.2. Pressupostos do Estado liberal de direito 209
   2.3. A mudança para o Estado social de direito 213
   2.4. O Estado democrático de direito: sucesso de uma fórmula 219
   2.5. O Estado social e democrático de direito na Constituição espanhola de 1978 ... 222

3. Definições do Estado de direito e análise da linguagem 228
   3.1. As definições lexicais do Estado de direito 229
   3.2. Os direitos fundamentais e as definições explicativas do Estado de direito 231

TERCEIRA PARTE

CONSTITUIÇÃO

Capítulo 6: A INTERPRETAÇÃO DA CONSTITUIÇÃO 239

1. Possibilidade e sentido da interpretação constitucional 239

2. Condições e teorias da interpretação e norma constitucional 244
   2.1. A interpretação constitucional como "tópica": os argumentos interpretativos.... 250
   2.2. A interpretação constitucional como compreensão: significado da hermenêutica.. 254
   2.3. A interpretação constitucional como opção política: o "uso alternativo do direito".. 256

3. A interpretação "da" Constituição 259
   3.1. Métodos da interpretação da Constituição 262
   3.2. Princípios da interpretação da Constituição 267

4. A interpretação "a partir da" Constituição: a Constituição como norma interpretativa 269

Capítulo 7: A INTERPRETAÇÃO DOS DIREITOS FUNDAMENTAIS 275

1. Peculiaridade da interpretação dos direitos fundamentais 275

2. Os direitos fundamentais como valores, princípios e normas 277
   2.1. Distinção entre valores e princípios constitucionais 278
   2.2. Princípios e normas constitucionais específicas ou casuísticas 283

3. Principais teses sobre a interpretação dos direitos fundamentais......... 286
   3.1. Teoria positivista 288
   3.2. Teoria da ordem de valores 289
   3.3. Teoria institucional... 291
       3.3.1. A teoria institucional funcionalista.. 292
       3.3.2. A teoria multifuncional 293
   3.4. Teoria jusnaturalista crítica.. 296

4. Problemas específicos da interpretação e aplicação dos direitos fundamentais.. 301
   4.1. A determinação do conteúdo essencial dos direitos fundamentais...... 302
   4.2. Os direitos fundamentais nas relações de direito privado: Horizontalwirkung e Drittwirkung der Grundrechte 304
   4.3. A relevância hermenêutica do princípio in dubio pro libertate 306

Capítulo 8: A INTIMIDADE COMO DIREITO FUNDAMENTAL 309

1. A intimidade como direito fundamental 309
   1.1. A dignidade humana como fundamento do direito à honra, à intimidade e à própria imagem 309
   1.2. A dignidade humana e os direitos da personalidade 310

2. Sentido histórico e dimensão atual do direito à intimidade 313

3. Da intimidade como privilégio à intimidade como valor constitucional. 316
   3.1. O direito fundamental à honra, à intimidade e à própria imagem e sua consagração constitucional.. 317
   3.2. A delimitação conceitual da intimidade e a noção atual de privacy.................. 319
   3.3. O direito à honra, à intimidade e à própria imagem no sistema constitucional espanhol.. 323

4. O direito à intimidade no âmbito da contraposição entre liberdades individuais e direitos sociais 328
   4.1. Aspectos sociais das relações entre intimidade e informática 329
   4.2. Apresentação do tema na Constituição espanhola de 1978................. 332

Capítulo 9: O DIREITO À INTIMIDADE NA SOCIEDADE DA INFORMAÇÃO 337

1. Apresentação: a privacidade em uma sociedade pública 337

2. O direito à intimidade: dilemas de um conceito................................ 339

3. Dilema sociopolítico: a intimidade na era tecnológica............................ 345

4. Dilema jurídico: intimidade versus informação?.. 349

5. Dilema axiológico: o valor do íntimo, do individualismo à solidariedade 355

6. Conclusão: a privacidade e seu efeito publicitário 361

Capítulo 10: INTIMIDADE E INFORMÁTICA NA CONSTITUIÇÃO 365

1. A RECEPÇÃO DA JUSCIBERNÉTICA E DA INFORMÁTICA JURÍDICA NA ESPANHA 365
2. ANTECEDENTES NORMATIVOS DA REGULAMENTAÇÃO DA INFORMÁTICA NO DIREITO ESPANHOL 367
3. O *ITER* DO TEXTO CONSTITUCIONAL: ELABORAÇÃO E DEBATES PARLAMENTARES 368
4. O DESENVOLVIMENTO LEGISLATIVO DO ARTIGO 18.4: A LORTAD E A LOPRODA 372
   4.1. *A LOPRODA: Um exemplo de arte legislativa do abracadabra?* 377
   4.2. *Fins e estrutura normativa da LOPRODA* 379
   4.3. *As opções legislativas da LOPRODA* 383
   4.4. *Arquivos Robinson ou arquivos aquários?* 390
   4.5. *Corsi e ricorsi da LOPRODA* 394
   4.6. *Aspectos inconstitucionais da LOPRODA* 397
   4.7. *Presente e futuro da proteção de dados pessoais na Espanha* 403

Capítulo 11: PRESSUPOSTOS HISTÓRICOS E ECONÔMICO-SOCIAIS DO REGIME CONSTITUCIONAL DA PROPRIEDADE NA ESPANHA 410

1. QUESTÕES DE MÉTODO 410
2. ASPECTOS DA FORMAÇÃO HISTÓRICA DO DIREITO DE PROPRIEDADE NA ESPANHA .. 415
3. A PROPRIEDADE NA ERA FRANQUISTA: PRESSUPOSTOS SOCIOECONÔMICOS E JURÍDICOS 420
4. O DIREITO DE PROPRIEDADE NA CONSTITUIÇÃO DE 1978 423
5. A CONSTITUIÇÃO E AS POSSIBILIDADES DE DEMOCRATIZAÇÃO DA PROPRIEDADE NA ESPANHA ATUAL 427

Capítulo 12: A PROPRIEDADE NA CONSTITUIÇÃO ESPANHOLA 431

1. PRESSUPOSTOS GERAIS DO PRECEITO 431
   1.1. *Aspectos da formação histórico-conceitual do direito de propriedade* 432
   1.2. *Antecedentes normativos no direito espanhol* 437
   1.3. *Direito constitucional comparado* 441
2. O *ITER* DO TEXTO CONSTITUCIONAL: ELABORAÇÃO E DEBATES PARLAMENTARES ... 444
3. ANÁLISE SISTEMÁTICA DO PRECEITO 447
   3.1. *Parágrafo 1: propriedade privada e herança como direitos fundamentais* 449
   3.2. *Parágrafo 2: significado constitucional do princípio da função social* 460
   3.3. *Parágrafo 3: a expropriação no sistema constitucional* 468

Capítulo 13: QUALIDADE DE VIDA E MEIO AMBIENTE NA CONSTITUIÇÃO 481

1. PRESSUPOSTOS GERAIS DO PRECEITO 481
   1.1. *Aspectos da formação histórica da temática ambiental* 482

1.2. *Direito constitucional comparado* 486
1.3. *Ordenamento espanhol do meio ambiente* 488

2. O *ITER* DO TEXTO CONSTITUCIONAL: ELABORAÇÃO E DEBATES PARLAMENTARES ... 491

3. ANÁLISE SISTEMÁTICA DO PRECEITO 494
    3.1. *Parágrafo 1: meio ambiente e direitos fundamentais* 495
    3.2. *Parágrafo 2: organização da política ambiental* 504
    3.3. *Parágrafo 3: regime de sanções para a proteção do meio ambiente* 514

CAPÍTULO 14: A TUTELA DO PATRIMÔNIO HISTÓRICO-ARTÍSTICO NA CONSTITUIÇÃO 521

1. PRESSUPOSTOS GERAIS DO PRECEITO 521
    1.1. *Direito constitucional comparado* 523
    1.2. *Ordenamento espanhol do patrimônio histórico-artístico* 526

2. O *ITER* DO TEXTO CONSTITUCIONAL: ELABORAÇÃO E DEBATES PARLAMENTARES 531

3. ANÁLISE SISTEMÁTICA DO PRECEITO 533
    3.1. *Aspectos jurídico-fundamentais da tutela do patrimônio histórico, artístico e cultural* 534
    3.2. *Concordâncias com outras normas constitucionais* 537
    3.3. *Alcance da tutela e regime de sanções dos atentados contra o patrimônio histórico-artístico* 541

CAPÍTULO 15: A PAZ NA CONSTITUIÇÃO 546

1. APRESENTAÇÃO 546

2. A PAZ COMO VALOR NA CONSTITUIÇÃO ESPANHOLA DE 1978 547

3. A FORÇA NORMATIVA DA PAZ 552

4. ATITUDES SOBRE A PAZ 554

EPÍLOGO: OS DIREITOS HUMANOS REVISADOS: CRÍTICAS E AUTOCRÍTICA 559

1. RECAPITULAÇÃO E NOVAS TRAJETÓRIAS 559

2. UMA POLÊMICA INEVITÁVEL: A FUNDAMENTAÇÃO JUSNATURALISTA 561

3. ÀS VOLTAS COM A SINCRONIA E A DIACRONIA: SOBRE A HISTORICIDADE DOS DIREITOS HUMANOS 569

4. A QUERELA SOBRE OS VALORES: BOAS RAZÕES DO INTERSUBJETIVISMO AXIOLÓGICO 573

5. UM COMPROMISSO PERMANENTE: OS DIREITOS HUMANOS SOB O SIGNO DA INTERDEPENDÊNCIA 588

APÊNDICE: DIREITOS HUMANOS E CONSTITUCIONALISMO: SITUAÇÃO ATUAL E PERSPECTIVAS PARA O SÉCULO XXI 591

1. Os direitos humanos e o constitucionalismo sob a síndrome da mudança de paradigma 591
2. Os direitos humanos: sua trajetória e tendências atuais 597
   2.1. Do essencialismo ao funcionalismo 599
   2.2. Da desformalização ao procedimentalismo 601
   2.3. Da autopoiese à heteropoiese 603
3. Os novos desafios do constitucionalismo: para um direito constitucional comum europeu 605
   3.1. Elementos constituintes do DCCE 605
   3.2. Aporias e opções do DCCE 608
   3.3. A Carta dos direitos fundamentais da União Europeia 613
4. Dilemas atuais do constitucionalismo e das liberdades 619
   4.1. Dilema contextual: nacionalismo ou universalismo? 620
   4.2. Dilema dos fins: economia ou ética? 622
   4.3. Dilema dos meios: pragmatismo ou retórica? 625
   4.4. Dilema dos resultados: liberdades modernas ou liberdades pós-modernas? 628
5. Os direitos humanos e o constitucionalismo sob o signo da educação.. 630
6. Conclusão: direitos humanos e constitucionalismo na sociedade globalizada 641

ÍNDICE DE SIGLAS

AABD.........	Anuario de la Academia de Doctores de Barcelona
AAFV.........	Anuario de la Asociación Francisco de Vitoria
ACFS	Anales de la Cátedra Francisco Suárez
ADC	Anuario de Derecho Civil
ADH	Anuario de Derechos Humanos
ADP	Anuario de Derecho Penal
AF	Anuario Filosófico
AFD	Anuario de Filosofía del Derecho
AJ	Actualidad Jurídica
AJCL	American Journal of Comparative Law
AöR	Archiv des öffentlichen Rechts
APD	Archives de Philosophie du Droit
ARSP	Archiv für Rechts-und Sozialphilosophie
ASPJ	Anuario de Sociología y Psicología Jurídicas
AUM	Anales de la Universidad de Murcia
BJC	Boletín de Jurisprudencia Constitucional
BOC	Boletín Oficial de las Cortes
BOE	Boletín Oficial del Estado
BVerfGE	Entscheidungen des Bundesverfassungsgerichts
CD	Cuadernos para el Diálogo
CLR	California Law Review
CoLR	Columbia Law Review
DA	Documentación Administrativa
DJZ...........	Deutsche Juristen-Zeitung
DöV	Die öffentliche Verwaltung
DS	Diritto e Società
DSC	Diario de Sesiones del Congreso
DSS...........	Diario de Sesiones del Senado
HLR	Harvard Law Review
ID	Informatica e Diritto
JdM	Justice dans le Monde
JJ	Juristen Jahrbuch
JöR	Jahrbuch des öffentlichen Rechts
JZ	Juristenzeitung
KJ	Kritische Justiz
LCP	Law Contemporary Problems
LCT...........	Law and Computer Technology
LQR	Law Quarterly Review
MLR	Michigan Law Review
NJW	Neue Juristische Wochenschrift
NYULR	New York University Law Review
PD	Politica del Diritto

RAP	Revista de Administración Pública
RCDI	Revista Crítica de Derecho Inmobiliario
RCDIP	Revue Critique de Droit International Privé
RD............	Recueil Dalloz
RDAF	Revista de Derecho Administrativo y Fiscal
RDC	Rivista di Diritto Civile
RDH	Revue des Droits de l'Homme
RDJ	Revista de Derecho Judicial
RDM..........	Revista de Derecho Mercantil
RDP	Revue de Droit Public
REDA.........	Revista Española de Derecho Administrativo
REDC.........	Revista Española de Derecho Constitucional
REP...........	Revista de Estudios Políticos
REVL	Revista de Estudios de la Vida Local
RFDUCM	Revista de la Facultad de Derecho de la Universidad Complutense de Madrid
RGLJ..........	Revista General de Legislación y Jurisprudencia
RICS	Revista del Instituto de Ciencias Sociales
RIDC	Revue International de Droit Comparé
RIDC	Revista del Instituto de Derecho Comparado
RIDP..........	Revue International de Droit Penal
RIE	Revista de Instituciones Europeas
RIFD..........	Rivista Internazionale di Filosofia del Diritto
RISS	Revue Internationale des Sciences Sociales
RJC	Revista Jurídica de Cataluña
RLIJ...........	Revista Latinoamericana de Informática Jurídica
RT............	Rivista Tributaria
RTDP	Rivista Trimestrale di Diritto Pubblico
RTDPC........	Rivista Trimestrale di Diritto e Procedura Civile
RUC	Revista de la Universidad Complutense
SD............	Sociologia del Diritto
YLJ	Yale Law Journal
ZaöRV	Zeitschrift fur ausländisches öffentliches Recht und Völkerrecht
ZfH	Zeitschrift fur das gesamte Handelsrecht und Wirtschaftsrecht

NOTA À NONA EDIÇÃO

Nesta edição foram incorporadas algumas inovações e alguns acréscimos. Uma delas consiste na reformulação do capítulo 4, "Soberania popular e Estado de direito", que foi objeto de atualização no texto e no aparato crítico bibliográfico que lhe serve de apoio. Nesse capítulo foi introduzida, também, uma exposição crítica da doutrina do Tribunal Constitucional espanhol a respeito da incidência da soberania popular no sistema constitucional, especialmente do alcance respectivo da democracia representativa e da democracia direta no ordenamento jurídico espanhol.

O texto anterior do capítulo 9 também foi substituído por uma nova apresentação que pretende encarregar-se dos novos desafios e das últimas tendências doutrinais e jurisprudenciais em relação à tutela do direito à intimidade.

Por justiça, expresso minha gratidão ao professor Alfonso Rodríguez de Quiñones y de Torres, catedrático de Direito Mercantil da Universidade de Sevilha, a quem há anos tive a satisfação e a honra de orientar em sua tese de doutoramento, e que me prestou valiosa ajuda na preparação do capítulo 12, cujo último item: "A expropriação no sistema constitucional" é integralmente de sua autoria. Devo expressar meu reconhecimento, também, ao professor Rafael González-Tablas Sastre, titular de Filosofia do Direito da Universidade de Sevilha, por sua inestimável colaboração e estímulo na nova elaboração do capítulo 9. O professor Rafael González-Tablas foi autor de uma tese de doutoramento pioneira na Espanha no campo da informática jurídica, que tive o prazer de orientar e, hoje, ele é um dos nossos mais importantes pesquisadores dessa área.

Independentemente dessas novidades, esta edição reproduz basicamente o texto da anterior, com a ressalva da correção das erratas observadas e da incorporação de algumas informações e referências bibliográficas novas.

Universidade de Sevilha, abril de 2005

PRÓLOGO À PRIMEIRA EDIÇÃO

Faz quase cinco anos desde que, como resultado da pesquisa coletiva realizada pelos professores José Luis Cascajo Castro, Benito de Castro Cid, Carmelo Gómez Torres e este que aqui escreve, foi publicado o livro *Los derechos humanos. Significación, estatuto jurídico y sistema*[1]. Esgotada essa obra, nós, seus autores, consideramos mais oportuno publicar individualmente nossas respectivas contribuições, de forma que elas pudessem ser completadas e aprofundadas com os sucessivos estudos que cada um de nós realizou nos últimos anos, relacionados a diferentes aspectos ligados à temática geral dos direitos humanos[2].

Como recordava na introdução daquela obra coletiva, a passagem das formas econômicas, sociais e políticas do século XIX para as do século XX acarretou uma importante mudança de sentido dos direitos humanos, que pode ser observada de diferentes perspectivas de enfoque. Assim, no plano *filosófico* percebe-se a tendência ao abandono da pretensão de um fundamento absoluto da liberdade em abstrato, para reconhecer claramente o caráter histórico das distin-

---

[1] *Los derechos humanos. Significación, estatuto jurídico y sistema*, Sevilha, Publicaciones de la Universidad de Sevilla, 1979.

[2] Cf. J. L. Cascajo Castro, "Appunti sul problema della tutela dei diritti fondamentali", in O. de Vergottini (org.), *Una costituzione democrática per la Spagna*, Milão, Franco Angeli, 1978, pp. 229 ss.; "La tutela judicial reforzada de los derechos fundamentales y libertades públicas; los primeros recursos de amparo constitucional", na coletânea *El poder judicial*, Madri, Instituto de Estudos Fiscales, 1983, t. 1, pp. 779 ss.; *El recurso de amparo*, em colaboração com V. Gimeno, Madri, Tecnos, 1984; B. de Castro Cid, "Los derechos sociales: análisis sistemático" (palestra apresentada nas IV Jornadas de Professores de Filosofia de Direito, em dezembro de 1978), na coletânea *Los derechos económicos, sociales y culturales*, Universidade de Murcia, 1981, pp. 11 ss.; "Derechos humanos y Constitución (Reflexiones sobre el Título I de la Constitución española de 1978)", *REP*, 1980, n. 18, pp. 121 ss.; *El reconocimiento de los derechos humanos*, com apresentação de J. Delgado Pinto, Madri, Tecnos, 1982; C. Gómes Torres, *Valores, principios y normas en la Constitución española*, Conferência proferida na Universidade Menéndez Pelayo (Sitges, setembro de 1982); *Ideologías y valores en la Constitución española*, palestra apresentada nas Jornadas sobre Direitos Humanos (Montserrat, janeiro de 1983).

tas liberdades concretas. No *político*, o acentuado individualismo que serviu de pano de fundo ideológico das primeiras declarações burguesas dos direitos do homem, concebidos para salvaguardar sua autonomia diante do Estado, deu lugar a uma proposição social de tais direitos que hoje aparecem como poderes de atuação social e política que reclamam a intervenção direta dos poderes públicos. Ao mesmo tempo, no plano *jurídico*, a evolução dos direitos fundamentais, a partir do *status libertatis*, sucessivamente deu lugar a um *status activae civitatis* e a um *status positivus socialis*, na medida em que as exigências econômicas e sociais requeriam novos caminhos técnico-jurídicos de positivação.

Os diferentes capítulos que constituem este livro têm por objetivo analisar esses novos aspectos que contextualizam o atual debate sobre os direitos humanos. Esta obra está dividida nas três partes que lhe dão título e que representam três perspectivas de um único esforço metodológico marcado pela tentativa de apreender toda a trajetória do desenvolvimento dos direitos humanos, desde sua dimensão axiológica até sua inter-relação com o Estado de direito e sua formulação na normativa constitucional. O capítulo 1 tem como objetivo analisar a linguagem em que os direitos humanos são expressos nas Declarações e Constituições, assim como os usos doutrinais e comuns do termo, as expressões afins etc. Pretendeu-se, desse modo, contribuir para depurar os domínios linguísticos dos direitos humanos de expressões inúteis ou ambíguas do ponto de vista teórico, ou de noções destinadas a deturpar a realidade no plano ideológico e, em todo o caso, ressaltar a pluralidade de significados e a consequente quantidade de equívocos relacionados com a expressão "direitos humanos"[3]. O capítulo 2 é complemento necessário da análise anterior, pois trata de precisar o significado técnico-jurídico dos direitos humanos. Nele são detalhados os diferentes problemas implicados no processo de positivação dos direitos do homem. Problemas de ordem doutrinal, relacionados à forma como esse processo é entendido pelo jusnaturalismo, pelo positivismo e pelo realismo jurídico, e de ordem institucional, com a referência aos diferentes níveis de positivação no plano sincrônico e, no diacrônico, às tendências e instrumentos jurídicos que, em cada época histórica, caracterizaram o processo de positivação. O capítulo 3 encerra essa primeira parte com um estudo crítico sobre as principais perspectivas atuais para a fundamentação dos direitos humanos. Nesse capítulo é apresentada uma fundamentação intersubjetivista entendida como tentativa de mediação entre a teoria consensual da verdade elaborada pelo último dos teóricos da Escola de Frankfurt, Jürgen Habermas, e a filosofia das necessidades radicais defendida pela Escola de Budapeste e, especialmente, por Agnes Heller. A primeira apresenta o quadro metódico, as condições ideais a que deve ser submetido o discurso racional legitimador dos direitos humanos. A segunda traz informações relevantes

---

[3] Três dos 14 capítulos que integram o livro têm seu antecedente imediato na obra coletiva mencionada. Trata-se dos capítulos 1 e 2, agora com a inserção das necessárias atualizações, e do capítulo 5, que foi objeto de uma profunda reformulação.

sobre as condições antropológicas, sobre as necessidades ou exigências da natureza humana, que constituem a base material de todo valor. A segunda parte divide-se em dois capítulos nos quais se avalia a continuidade existente entre as noções de soberania popular, Estado de direito e direitos humanos; assim como as transformações que, em relação à natureza e ao significado dos direitos fundamentais, ocorreram com a passagem do Estado liberal ao Estado social e democrático de direito. A terceira parte inicia-se com dois capítulos dedicados à interpretação da Constituição espanhola e dos direitos fundamentais, que servem de ligação entre a teoria geral dos direitos humanos e sua concretização positiva em forma de direitos fundamentais no ordenamento constitucional. Não por acaso a interpretação representa o ponto de encontro e de comprovação das diferentes teorias sobre os direitos humanos e um dos fatores mais decisivos para sua realização. Nos três capítulos seguintes é analisado o alcance atual do direito à intimidade, que é o direito básico para enfocar a relação entre teoria dos direitos fundamentais e os direitos clássicos da personalidade, assim como para avaliar as vicissitudes das liberdades na sociedade tecnológica. São dedicados, também, dois capítulos ao estudo da propriedade no sistema constitucional espanhol, por ser este um direito básico para o entendimento da Constituição econômica da Espanha. Os dois últimos capítulos referem-se a dois importantes direitos fundamentais da "última geração" para as garantias para o pleno desenvolvimento da pessoa nos aspectos econômico, social e cultural: o direito à qualidade de vida e à fruição do patrimônio histórico-artístico, que concentram grande interesse e atenção do homem atual. Trata-se, evidentemente, de uma seleção entre os muitos direitos fundamentais que integram o sistema constitucional espanhol; no entanto, na medida em que quase todos os direitos básicos estão inter-relacionados, pode servir de mostruário geral sobre seu alcance.

A perspectiva que orienta esta pesquisa é prioritariamente filosófico-jurídica. Pretende ser um estudo de axiologia do direito destinado a explicitar o sentido e a função dos direitos humanos enquanto sistema de valores fundamentais (*Grundwerte*) que consolidam e desenvolvem a ideia de justiça. Diferentemente do enfoque genérico e abstrato que presidiu determinadas exposições sobre os valores jurídicos, aqui se tentou acompanhar o curso de seu completo desenvolvimento na experiência através de sua árdua caminhada até sua ancoragem na normativa constitucional. Para tanto, as contribuições da ciência do direito foram de inestimável ajuda para a elaboração deste trabalho, especialmente as de linha publicista, assim como daquelas disciplinas que consistem nas projeções jurídicas dos métodos históricos, sociológicos e econômicos. Como contrapartida, considero que uma proposta filosófico-jurídica, não apenas das principais questões ligadas à problemática dos direitos humanos e do Estado de direito, mas também da normativa constitucional, pode ser bastante proveitosa. É preciso ter em mente a comoção que o enfrentamento com a normatividade constitucional peculiar causou no setor da cultura jurídica mais apegado às categorias metódicas do positivismo formalista. Evidenciam-se, assim, as dificuldades de uma dogmática juspositivista, ancorada em um método que tinha como pressuposto imediato de referência prescrições analíticas e detalhadas, ao se deparar com a necessidade de interpretar o novo sistema constitucional dos direitos fundamentais expressos, muitas vezes, em forma de valores, princípios e cláusulas ou conceitos *standards*; assim como para realizar a reconstrução do ordenamento que deve basear-se neles.

Essa observação seria mal interpretada por quem visse nela alguma proposta dissimulada em favor de um "monroísmo" jusfilosófico na consideração da normativa constitucional. Pelo contrário, tenho claro que a Constituição espanhola de 1978, que é nossa Lei Superior, incide decisivamente em todas as disciplinas jurídicas. A constatação de que a Constituição espanhola possui um significado central para alguns ramos do direito não autoriza a conceber *actiones finium regundorum* que consagrem monopólios ou excluam de modo rígido e apriorístico as diferentes perspectivas que, na ordem teórica, podem contribuir para elucidar seu conteúdo. Ao mesmo tempo, no terreno da prática, convém ter presente que a realização do ordenamento constitucional depende da existência do que Konrad Hesse denomina *Wille zur Verfassung*[4], ou do que Vittorio Frosini chama de *coscienza costituzionale*[5]; isto é, do esforço, do compromisso e da convicção não apenas de todas as disciplinas jurídicas, mas também de todos os cidadãos para fazerem da normativa constitucional experiência tangível na vida cotidiana.

Na introdução da obra coletiva mencionada anteriormente, observei que toda obra geral sobre os direitos humanos tem como pano de fundo determinadas opções que nós, os autores daquela coletânea, concretizávamos na afirmação de que tais direitos possuem um fundamento anterior ao direito positivo, ou seja, preliminar e básico com relação a este, embora ao direito positivo corresponda a missão de compreender seu alcance e organizar as bases para a formulação normativa de seu conteúdo, de acordo com as necessidades de tempo e lugar. Essa proposta tem sido um dos aspectos mais debatidos entre os que, dentro e fora da Espanha, distinguiram aquele texto com sua crítica. Portanto, tornou-se necessário ampliar e explicitar, como agora se faz especialmente no capítulo 3, o sentido dessa configuração jusnaturalista para responder aos que a confundiram com uma recaída na ordem dos princípios metafísicos, a-históricos, eternos e imutáveis. Pois bem, esse tipo de direito natural é precisamente, nas palavras de Francesco Carnelutti, "l'idolo che non dobbiamo adorare"[6]. A essa versão dogmática do jusnaturalismo convém contrapor um jusnaturalismo crítico que parte da própria função histórica do direito natural, isto é, de sua contribuição para estimular e difundir na vida social os ideais da racionalidade e da emancipação, uma vez que a mais valiosa herança do jusnaturalismo de sentido democrático foi a de despertar na

---

[4] K. Hesse, "Die normative Kraft der Verfassung", in M. Friedrich (org.), *Verfassung. Beiträge zur Verfassungstheorie*, Darmstadt, Wissenschaftliche Buchgesellschaft, 1978, pp. 86 ss.

[5] V. Frosini, *Costituzione e società civile*, Milão, Edizioni di Comunità, 1975, pp. 101 ss.

[6] F. Carnelutti, "L'antinomia del diritto naturale", in *Discorsi intorno al diritto*, Pádua, Cedam, 1961, vol. III, p. 261.

consciência cívica o princípio de um limite racional imposto ao arbítrio de quem exerce o poder e da liberdade que dele se deriva para os cidadãos. Quando se reconhece a historicidade dos valores que configuram o direito natural, este se torna a *Grundnorm*, a *Common Law of Reason*, ou o postulado fundamentador não somente dos direitos humanos, mas também do constitucionalismo moderno e do Estado de direito, fenômenos entre os quais existe uma continuidade genética e um condicionamento mútuo. Deste modo, no meu entender, determinados esforços atuais para situar a problemática dos direitos humanos à margem de, ou até contra, sua vertente jusnaturalista correm o risco de abrigar certo agnosticismo histórico-cultural que, ao extrapolar essas categorias do *húmus* histórico em que se forjaram, impeça ou dificulte sua correta compreensão. Pois o significado presente dos conceitos filosóficos, jurídicos ou políticos não pode ser apreendido plenamente a partir de sua mera e estrita atualidade, mas deve ser extraído de sua interdependência com a espessura da consciência do passado. É certo que a noção de direito natural está muito distante de ser unívoca e que sua trajetória milenar parece um mosaico de contradições; mas a negação de determinadas propostas jusnaturalistas (muitas das quais não passavam de apologias dissimuladas do positivismo jurídico) não autoriza a rejeitar toda a função histórica autêntica desempenhada pelo direito natural. Por isso, situar o plano central da reflexão sobre os direitos humanos prescindindo de seus pressupostos jusnaturalistas supõe cortar o nó górdio de sua fundamentação deixando intacto, isto é, sem esclarecer nem sequer propor, o núcleo problemático subjacente.

Toda pesquisa acadêmica que tem o objetivo de ser rigorosa apoia-se em determinado aparato crítico-bibliográfico que configura o *background* doutrinal das questões nela abordadas. Esse suporte teórico é obrigatório, já que, de certo modo, qualquer empreitada intelectual se faz, segundo a sugestiva formulação literária de um personagem de Umberto Eco, "cercando di capire cosa sia avvenuto tra uomini che vivono tra i libri, coi libri, dei libri, e dunque anche le loro parole sui libri sono importanti"[7]. Acontece que, para estudar os direitos humanos, o procedimento acadêmico não pode permanecer no mero academicismo, isto é, não pode separar a consideração teórica de tais direitos dos condicionamentos e consequências práticas que concorrem para sua realização. Nesse âmbito, separar a teoria da prática compromete não apenas a eficácia, mas também a própria compreensão dos direitos humanos; supõe, no fim das contas, perder a batalha por sua legitimação filosófico-jurídica e por sua afirmação normativa e política, que só pode ser ganha com base em premissas integradoras e *sub specie universalitatis*. Por isso compartilho a tese de Norberto Bobbio quando afirma que: "Não se pode apresentar o problema dos direitos humanos abstraindo-o dos dois grandes problemas de nosso tempo, que são o problema da guerra e o da miséria, em suma, o absurdo contraste

---

[7] U. Eco, *Il nome della rosa*, Milão, Bompiani, 1980, pp. 119-20. ["tentando entender o que aconteceu entre homens que vivem entre livros, com livros, dos livros, e portanto também suas palavras sobre os livros são importantes"; N. da R.].

entre o excesso de *potência* que criou as condições para uma guerra exterminadora e o excesso de *impotência* que condena grandes massas humanas à fome"[8].

Escrevo estas linhas no final de 1983. O ano que, dentro de alguns dias, chegará ao seu fim registra, entre seus eventos mais significativos, a conclusão dos trabalhos da Conferência sobre a Segurança e a Cooperação na Europa, que aconteceu em Madri. Moeda de duas faces, a história mostra em cada um de seus êxitos seu inseparável reverso. Assim, o clima de esperança despertado pela reafirmação na ata final da Conferência de Helsinki do respeito dos direitos humanos e das liberdades fundamentais não encontrou adequada continuidade e ampliação nas sucessivas Conferências de Belgrado e na recentemente realizada em Madri. No entanto, isso não deve ser justificativa para o ceticismo ou a desesperança, mas a prova de que os avanços e retrocessos que marcam a trajetória dialética dos direitos humanos respondem sempre ao desenvolvimento global da civilização e da sociedade. E que, portanto, os direitos humanos continuam sendo uma conquista a alcançar, uma tarefa aberta que exige o esforço decidido, teórico e prático, daqueles que depositam nos valores humanistas e democráticos da paz, da justiça, da liberdade e da igualdade a condição para uma humanidade definitivamente emancipada.

Devo começar minha relação de agradecimentos expressando-o ao professor Elías Díaz, que, na condição de então diretor do Centro de Estudos Constitucionais, autorizou-me a publicar os capítulos referentes ao direito à intimidade, que faziam parte de uma pesquisa financiada pelo Centro. Devo também estender meu reconhecimento à editora Edersa, por permitir a publicação de minhas contribuições aos *Comentarios de la Constitución española de 1978*, organizado pelo professor Óscar Alzaga. Essas contribuições correspondem basicamente ao texto dos três últimos capítulos deste livro. Muitos dos temas aqui abordados são o resultado da minha experiência como docente no Instituto de Direitos Humanos da Universidade Complutense de Madri, criado pelo incentivo dos professores Joaquín Ruiz-Giménez e Gregorio Peces-Barba. Devo, portanto, expressar agora minha dívida de gratidão para aqueles que, como professores ou alunos, me agraciaram com a oportunidade de participar do exemplar debate científico sobre os direitos humanos que se desenvolve naquele instituto. Além disso, tenho que agradecer àqueles que compõem a comunidade acadêmica a que pertenço, isto é, aos docentes e aos discentes que integram a Faculdade de Direito de Sevilha, suas constantes sugestões e observações críticas. Menção especial se deve, neste capítulo, aos proveitosos ensinamentos que, nas atividades interdisciplinares e de continuada colaboração acadêmica, recebi daqueles que integram o Departamento de Direito Político de nossa Faculdade; a todos eles, e na pessoa de seu diretor, professor Ignacio Maria de Lojendio e Irure, assim como na de seus professores Javier Pérez Royo e Pedro Cruz Villalón, desejo deixar patente minha gratidão. Por último, *last but not least*, não posso esquecer o muito que estas páginas devem a todos

---

[8] N. Bobbio, "Presente y porvenir de los derechos humanos", trad. esp. de A. Ruiz Miguel, *ADH*, 1982, t. I, pp. 27-8.

os integrantes do Departamento de Filosofia do Direito de que faço parte, daqueles que no curso de uma constante relação científica foram seu melhor estímulo e incentivo crítico. Menção à parte por sua inestimável colaboração na revisão das provas deste texto merecem os professores do Departamento: Pablo Badillo, Ramón Soriano, Antonio Ruiz de la Cuesta, Rafael González-Tablas, Joaquín Herrera, Alfonso Rodrígues de Quiñones e Enrique Bocardo; tarefa para a qual contei também com a fraterna ajuda dos professores Manuel Carrera Díaz, diretor do Departamento de Língua e Literatura Italiana da Universidade Hispalense, e Carmelo Gómez Torres, titular de Filosofia do Direito na Universidade de Barcelona.

Universidade de Sevilha, dezembro de 1983

PRIMEIRA PARTE
DIREITOS HUMANOS

CAPÍTULO 1

DELIMITAÇÃO CONCEITUAL DOS DIREITOS HUMANOS

1. AMBIGUIDADE DA EXPRESSÃO "DIREITOS HUMANOS"

Max Horkheimer escreveu que, ao se perguntar ao homem comum que explique o que entende pelo termo "razão", quase sempre ele vacilará e reagirá com embaraço. Seria um erro – adverte-nos – acreditar que tal atitude surja de um conhecimento muito profundo, ou de um pensamento demasiado complexo para poder ser expresso em palavras. Na realidade, o que se revela é a sensação de que não há nada a indagar, que o conceito de razão se explica por si mesmo e que a própria pergunta é supérflua[1].

O resultado será muito semelhante se se interrogar um cidadão médio sobre o que se entende por direitos humanos. Na maioria das vezes irá argumentar que esta questão é supérflua, pela pretensa evidência que cada ser humano tem de seus próprios direitos. Pois bem, quando se aprofunda o alcance que cada pessoa confere a essa expressão, ou se tenta pormenorizar o conjunto de atribuições que supostamente derivam de tais direitos, as divergências são notáveis, sem que faltem as respostas contraditórias. Além disso, algumas experiências realizadas sobre esse assunto oferecem resultados tão desalentadores, pelo grau de confusões e desorientação que revelam, como é o caso de uma resenhada por Karel Vasak. Trata-se de uma pesquisa realizada nos Estados Unidos, em que foram entrevistados alguns transeuntes, depois de se ler para eles alguns textos de direitos humanos, sobre as ideias que estes lhes haviam sugerido. Na maioria dos casos, esses textos lhes evocaram preceitos extraídos de *O Capital* ou do *Manifesto Comunista*, de Karl Marx[2]. Essa informação tem um valor anedótico, mas seria um erro negar-lhe todo alcance sintomático.

---

[1] M. HORKHEIMER, *Zur Kritik der instrumentellen Vernunft*, ed. org. por A. SCHMIDT, Frankfurt a. M., Athenäum Fischer, 1974, p. 15.

[2] K. VASAK, "Discussion", in *René Cassin, Amicorum discipulorumque liber*, vol. IV. *Methodologie des droits de l'homme*, Paris, Pedone, 1972, p. 168.

Esse fenômeno poderia ser explicado pela existência de certos termos cujo uso alcança tal difusão em determinado âmbito social, que podem até chegar a constituir sinais caracterizadores das inquietudes de uma época, ou de toda maneira de pensar de uma cultura. Tais termos são patrimônio da linguagem comum e constituem uma espécie de moeda ideal que serve para avaliar as distintas concepções e realidades sociais. Um desses termos é, sem dúvida, a expressão "direitos humanos" ou "direitos do homem", que, no século XVIII, já se apresentava como critério inspirador e medida de todas as instituições jurídico-políticas e que, após a Segunda Guerra Mundial, transformou-se em ideia-guia da doutrina e da práxis política.

Atualmente, estamos acostumados a ver como a crítica a determinadas obras artísticas, literárias e até cinematográficas faz sua avaliação a partir do ponto de vista de sua postura em face dos direitos humanos. Observamos, ainda, que os comentaristas políticos da imprensa costumam recorrer ao modelo "direitos humanos" para ponderar sobre as alternativas da realidade política e social. É também notório que os direitos humanos serviram de motivação ideal para o funcionamento de diversas organizações internacionais, de objeto de numerosas convenções e reuniões e, até, de incentivo para a atividade pastoral das igrejas.

Por outro lado, os direitos humanos funcionam, também, como bandeira na luta reivindicatória das pessoas e dos grupos que se consideram marginalizados de seu usufruto. Os exemplos poderiam multiplicar-se, pois todos sabem da importância fundamental que a noção de direitos humanos assumiu para lidar com os mais variados argumentos de caráter social, político ou jurídico.

Assim, à medida que foi se ampliando o campo de uso do termo "direitos humanos", seu significado tornou-se mais impreciso. Isso causou uma perda gradual de sua significação descritiva de determinadas situações ou exigências jurídico-políticas, na mesma medida em que sua dimensão emocional foi ganhando terreno. Essa situação fez com que fosse empregado na luta ideológica para exteriorizar, justificar ou agravar certas atitudes a partir de posturas nas quais o termo "direitos humanos" foi usado com significações muito diferentes.

Poder-se-ia acreditar que essa significação obscura e contraditória dos direitos humanos, provocada pela hipertrofia de seu uso, era privativa da linguagem comum e, especialmente, da linguagem da práxis política; no entanto, diante dela, existe uma caracterização doutrinal clara, unívoca e precisa do termo. Convém dissipar o quanto antes essa suposição, pois na linguagem da teoria política, ética ou jurídica a expressão "direitos humanos" também tem sido usada com as mais variadas significações (equivocidade), e com indeterminação e imprecisão notáveis (vaguidade).

Os teóricos não conseguiram eliminar o halo emotivo que circunda a expressão "direitos humanos", nem se esquivar de suas implicações ideológicas; Além disso, em muitas ocasiões suas teses têm claramente levado a fortalecê-las.

Basta um rápido exame das diferentes concepções doutrinais elaboradas sobre direitos humanos para comprovar a profunda e radical equivocidade com que este termo tem sido assumido.

Para alguns, os direitos humanos supõem uma constante histórica cujas raízes remontam às instituições e ao pensamento do mundo clássico[3]. Outros, ao contrário, sustentam que a ideia dos direitos humanos nasce com a afirmação cristã da dignidade moral do homem enquanto pessoa[4]. Diante destes últimos, por sua vez, há quem afirme que o cristianismo não trouxe consigo uma mensagem de liberdade, mas uma aceitação conformista do fato da escravidão humana[5]. Contudo, o mais frequente é considerar que "a primeira aparição da ideia de direitos do homem [...] surgiu durante a luta dos povos contra o regime feudal e a formação das relações burguesas"[6].

Às vezes, os direitos humanos são considerados fruto da afirmação dos ideais jusnaturalistas[7]; em outras, considera-se que os termos "direitos naturais" e "direitos humanos" são categorias que não se implicam necessariamente[8], ou, ainda, entre as quais, antes de uma continuidade, existe uma alternativa[9].

---

[3] Cf. M. LIONS, "Los derechos humanos en la historia y en la doctrina", in *Viente años de evolución de los derechos humanos*, México, Instituto de Investigaciones Jurídicas (UNAM), 1974, pp. 488 ss.; G. OESTREICH, *Geschichte der Menschenrechte und Grundfreiheiten im Umriss*, Berlin, Duncker & Humboldt, 1968, pp. 15 ss.

[4] Ver, entre outros: F. BATTAGLIA, "Los derechos fundamentales del hombre, del ciudadano e del trabajador: esencia, evolución, perspectivas futuras", em seu livro *Estudios de teoría del Estado*, trad. esp. de E. Díaz e P. de Vega, prólogo de L. Legaz y Lacambra, Bolonha, Publicaciones del Real Colegio de España, 1966, pp. 158 ss.; A. FERNÁNDEZ-GALIANO, "El cristianismo y la filosofía jurídica del mundo clásico", *RFDUM*, 1961, vol. V, n. 10, pp. 99 ss.

[5] Esta é a tese de A. M. KNOLL, para quem: "... der Kirche dafür dankbar zu sein, dass sie nicht aus Sklaven *Freie*, sondern aus *schlechten* Sklaven *gute* Sklaven macht!". *Katolische Kirche und scholastisches Naturrecht. Zur Frage der Freiheit*, Viena, Europa, 1962, p. 15; ver também pp. 35 ss. A tese de A. M. KNOLL parte de uma compreensão deficiente dos textos clássicos do direito natural cristão e, especialmente, das epístolas paulinas. Segundo o que se percebe das interpretações mais serenas e rigorosas do pensamento de São Paulo, sua atitude, longe de uma justificação do imobilismo social, tendia exatamente ao oposto. Assim, quando na Primeira Epístola aos Coríntios (7,17-24) indica que "cada um se fixe na comunidade (*klêsis*) em que recebeu a vocação cristã", o termo *klêsis* não deve ser interpretado como *status*, mas como comunidade. Por isso, como indica J. Mª. GONZÁLEZ-RUIZ, a insistência de Paulo em manter comunidades heterogêneas traz consigo um germe revolucionário. "Na história das instituições religiosas insistiu-se muito na divisão de parcelas: templos para pessoas livres e templos para escravos; templos para brancos e templos para negros; irmandades ou confrarias de determinadas classes (patrões, empregados, operários etc.)... Logicamente, uma *comunidade* – uma *klêsis* – onde há escravos e pessoas livres, exploradores e explorados, tenderá infalivelmente à superação dessas chocantes diferenças...". *El Evangelio de Pablo*, Madri, Marova, 1977, p. 65.

[6] S. F. KETCHEKIAN, "Origen y evolución de los derechos del hombre en la historia de las ideas políticas", *RICS*, 1965, n. 5, p. 324.

[7] Cf., entre a extensa bibliografia sobre o assunto: F. CASTBERG, "Natural Law and Human Rights", *RDH*, 1968, n. 1, pp. 14 ss.; G. DEL VECCHIO, *Los derechos del hombre y el Contrato social*, trad. esp. de M. Castaño, prólogo de F. de los Ríos, Madri, Reus, 1914; J. MARITAIN, *Les droits de l'homme et la loi naturelle*, 2. ed., Paris, Paul Hartmann, 1945.

[8] Assim, por exemplo, R. PELLOUX, "L'etude des droits de l'homme doit être interdisciplinaire", in *René Cassin, Amicorum discipulorumque liber*, vol. IV, op. cit., pp. 9 ss.

[9] Cf. M. ATIENZA, "Derechos naturales o derechos humanos: un problema semântico", in *Política y derechos humanos*, Valência, Fernando Torres, 1976, pp. 17 ss.

Por outro lado, é comum sustentar-se que os direitos humanos são o produto da progressiva afirmação da individualidade. Pois bem, embora haja quem considere que tal afirmação só se produziu após a dissolução da ordem jusnaturalista, enquanto ordem universal, a-histórica e heterônoma, incompatível com a autonomia e o subjetivismo ético do mundo moderno no qual se edificam os direitos humanos[10], sustenta-se, por outro lado, com idêntica *pathos* a tese contrária, isto é, que foi o jusnaturalismo, enquanto ética da razão, o fundamento inspirador do clima liberal e democrático em que surgiram os direitos do homem[11].

A ética individualista sobre a qual se constroem as reivindicações dos direitos humanos na Idade Moderna foi considerada, em um trabalho clássico sobre o assunto, claramente destinada a possibilitar o direito à liberdade religiosa[12]. No entanto, hoje, não é menos clássica a teoria que explica o nascimento dos direitos humanos com base em um critério econômico: a necessidade de justificar e defender o direito de propriedade do "homem burguês"[13], sem que tenha faltado uma clara demonstração das ligações entre a nova ética individualista e a gênese do capitalismo moderno[14].

As controvérsias não se esgotam aqui; boa prova disso é o esforço doutrinal para pôr em discussão a raiz individualista dos direitos humanos, em favor da reafirmação de seu significado social[15].

Diante dessas posturas, não é de admirar que, quando se pretendeu levar a termo uma fundamentação filosófica dos direitos humanos, tenha sido impossível chegar a um acordo geral e, até, que se tenha "contestado" a própria possibilidade de buscar um fundamento absoluto para tais direitos[16]. A dis-

---

[10] Este é o ponto de vista central defendido na obra de P. PIOVANI, *Giusnaturalismo ed etica moderna*, Bari, Laterza, 1961.

[11] A fundamentação dessa tese é apresentada no excelente livro de G. FASSÒ, *La legge della ragione*, Bolonha, Il Mulino, 1964. Cf. A. E. PÉREZ LUÑO, "L'itinerario intellettuale di Guido Fassò", *RIFD*, 1976, pp. 372 ss.

[12] G. JELLINEK, "Die Erklärung der Menschen-und-Bürgerrechte", citado no livro organizado por R. SCHNUR, *Zur Geschichte der Erklärung der Menschenrechte*, Darmstadt, Wissenschaftliche Buchgesellschaft, 1974, pp. 1 ss.

[13] Cf., como ponto de vista representativo sobre o assunto, o trabalho do jovem K. MARX, "Zur Judenfrage", in *Marx-Engels Werke*, Berlim, Dietz, 1961, vol. I, pp. 362 ss. Ver também sobre a perspectiva marxista a respeito dos direitos humanos: E. BLOCH, *Naturrecht und menschliche Würde*, Frankfurt a. M., Suhrkamp, 1961, pp. 200 ss.; G. DELLA VOLPE, *Rousseau e Marx*, 4. ed., Roma, Riuniti, 1964, pp. 121 ss.; W. MAIHOFER, *Demokratie im Sozialismus. Recht und Staat im Denken des jungen Marx*, Frankfurt a. M., Klostermann, 1968, pp. 21 ss.; M. ATIENZA, *Marx y los derechos humanos*, Madri, Mezquita, 1983.

[14] Refiro-me ao conhecido trabalho de M. WEBER, *Die protestantische Ethik und der Geist des Kapitalismus*, 2. ed., Tübingen, Mohr, 1934.

[15] Cf., por exemplo, entre muitos outros, o trabalho já clássico de G. GURVITCH, *La déclaration des droits sociaux*, Paris, Vrin, 1946.

[16] Esta é a conclusão de N. BOBBIO em seu trabalho "L'illusion du fondement absolu", apresentado na Convenção do Institut International de Philosophie realizada em Áquila (14-19 de setembro de 1964) e publicado posteriormente na coletânea das atas, com o mesmo título do tema da reunião: *Le fondement des droits de l'homme*, Florença, La Nuova Italia, 1966, pp. 3 ss.

cordância não foi exclusividade da especulação filosófica, e o fato de, em escala internacional, terem sido produzidos alguns documentos que parecem refletir um amplo consenso sobre a necessidade de se reconhecer os direitos humanos não deve ser interpretado como o reflexo de uma concepção unânime de seu significado. "Diz-se – segundo Jacques Maritain – que em uma das reuniões de uma Comissão Nacional da Unesco, em que se discutia sobre os direitos do homem, houve quem se admirasse ao ver que paladinos de ideologias freneticamente contrárias mostraram-se de acordo sobre a formulação de uma lista de direitos. De fato, eles disseram, estamos de acordo quanto a esses direitos, *mas com a condição de que não nos perguntem o porquê.*"[17]

A significação heterogênea da expressão "direitos humanos" na teoria e na prática contribuiu para fazer desse conceito um paradigma de equivocidade. A ele se junta a falta de precisão da maior parte de definições que frequentemente se propõem sobre os direitos humanos, tornando muito difícil determinar seu alcance. Essa conceituação vaga dos direitos humanos foi comentada por Norberto Bobbio, para quem na maior parte das ocasiões essa expressão ou não é realmente definida ou o é em termos pouco satisfatórios[18]. Considerando sua proposta, podemos distinguir três tipos de definições de direitos humanos:

a) Tautológicas, que não trazem nenhum elemento novo que permita caracterizar tais direitos. Assim, por exemplo, "os direitos do homem são os que correspondem ao homem pelo fato de ser homem".

b) Formais, que não especificam o conteúdo desses direitos, limitando-se a alguma indicação sobre seu estatuto desejado ou proposto, por exemplo: "os direitos do homem são aqueles que pertencem ou devem pertencer a todos os homens, e dos quais nenhum homem pode ser privado".

c) Teleológicas, em que se apela para certos valores últimos, suscetíveis de diversas interpretações: "Os direitos do homem são aqueles imprescindíveis para o aperfeiçoamento da pessoa humana, para o progresso social, ou para o desenvolvimento da civilização [...]".

É evidente que sobre ideias como a do aperfeiçoamento da pessoa humana, o progresso social ou o desenvolvimento da civilização existem as mais diversas e controvertidas opiniões que dependem da perspectiva ideológica a partir da qual elas são interpretadas. Assim, se pode haver um acordo inicial sobre a fórmula geral dessas definições, tal acordo se dissipa quando é preciso concretizar o sentido dos valores aos quais elas se remetem, ou quando se passa de seu enunciado verbal para sua aplicação. Por isso, no que diz respeito a seu resultado, esta definição é tão vaga quanto as anteriores. Em todo o caso, nenhuma delas permite elaborar uma noção dos direitos humanos com limites precisos e significativos.

---

[17] J. MARITAIN, "Introducción" a *Los derechos del hombre. Estudios y comentarios en torno a la nueva Declaración universal reunidos por la UNESCO*, México/Buenos Aires, FCE, 1949, p. 15.

[18] N. BOBBIO, *L'illusion du fondement absolu*, op. cit., pp. 4 e 5.

2. CRÍTICA DO CONCEITO DE DIREITOS HUMANOS

Grande parte da desorientação teórica e prática suscitada pela significação equívoca e vaga da expressão "direitos humanos" se origina na própria ambiguidade que reveste a pergunta: O que são os direitos humanos?

Isso porque não é claro se com essa pergunta se está interrogando sobre o significado ou significados dessa palavra, de suas características, de seu fundamento ou dos fenômenos que designa, ou ainda do que se entende que com ela se quer designar.

A imprecisão da pergunta implicou uma série de respostas em forma de definições reais, nascidas da pretensão de que cada palavra, e também o termo "direitos humanos", tem um significado intrínseco que responde à essência do objeto definido. Essas definições residem na crença, muito improvável na prática, de que uma definição pode revelar todos os fenômenos efetivamente cobertos por uma palavra, já que é muito difícil que uma palavra cubra um setor totalmente homogêneo de objetos. Quem segue o método da definição real e tenta determinar com exatidão a essência das coisas "si imbarca – nas palavras de Uberto Scarpelli – in una delle più disperate imprese filosofiche"[19]. Por isso, não é de admirar o uso crescente, na filosofia jurídica e política, de definições nominais que não estão voltadas à especificação do conceito essencial de seu objeto, mas à determinação das regras de uso linguístico deste. Essa atitude, estreitamente ligada ao *modus operandi* da filosofia analítica, põe seu interesse principal exatamente na crítica da linguagem. Assim, se delimita o que pode ser dito com discernimento, purificando os domínios do discurso filosófico, jurídico e político de noções inúteis e ambíguas, ou, pelo menos, contribuindo para esclarecer sua pluralidade de significados, ou para estabelecer seu grau de equivocidade. Pretende-se, dessa forma, que a linguagem dessas disciplinas seja um instrumento teórico útil e não um fator de confusão[20].

O famoso trabalho de Jeremy Bentham, "Anarchical Fallacies: being and examination of the Declarations of Rights issued during the French Revolution"[21], constitui, em muitos aspectos, um valioso exemplo de reflexão sobre os direitos humanos feita sob esse prisma.

---

[19] U. Scarpelli, *Il problema della definizione e il concetto di diritto*, Milão, Istituto Editoriale Cisalpino, 1955, p. 62.

[20] Cf. A. E. Pérez Luño, "Aproximación analítico-lingüística al término soberanía popular", *ACFS*, 1976, n. 16, pp. 137 ss.; "El derecho natural como problema. Ensayo de análisis del lenguaje", in *Estudios en honor del profesor Corts y Grau*, Universidad de Valencia, 1977, vol. II, pp. 187 ss.

[21] J. Bentham, "Anarchical Fallacies: being and examination of the Declarations of Rights issued during de French Revolution", *Works*, ed. Bowring; citado em sua reimpressão: Nova York, Russell & Russell, 1962, vol. II, pp. 489 ss. Ao estudo da significação da crítica de J. Bentham foram dirigidos os trabalhos de: J. H. Burns, "Bentham and the French Revolution", in *Transactions of the Royal Historical Society*, 1966, pp. 95 ss.; W. Twining, "The Contemporary Significance or Bentham's Anarchical Fallacies", *ARSP*, 1975, pp. 325 ss.; M. T. Dalgarno, "The Contemporary Significance of Bentham's Anarchical Fallacies: A Reply to William Twining", ibid., pp. 357 ss.; M. El Shakankiri, "Jeremy Bentham: critique des droits de l'homme", *APD*, 1964, pp. 129 ss.

Essa obra, dedicada especialmente à crítica das declarações dos direitos do homem, contém observações interessantes sobre a significação geral desses direitos. Assim, na análise de Bentham destacam-se:

1º A importância do uso de uma linguagem rigorosa no plano jurídico-político. Bentham observa que palavras como leis, direitos, segurança, liberdade, propriedade e poder soberano são termos usados com muita frequência na crença de que existe consenso sobre seus significados, sem perceber que tais expressões têm um grande número de acepções diferentes. Assim, usá-las sem ter a compreensão clara e precisa de seu significado é caminhar de erro em erro.

Diferentemente das disciplinas científicas que possuem uma linguagem técnica reservada aos iniciados, todos acreditam que sabem um pouco de moral e de legislação, e é exatamente esse *pouco* o que confunde os homens, já que o pouco que sabem os estimula a se pronunciar temerariamente sobre o que desconhecem por completo.

A linguagem da razão é difícil de aprender, ao passo que a linguagem das paixões é sedutora e fácil. A primeira exige uma atenção severa e uma resistência contínua diante da imitação. A segunda supõe abandonar-se a ela e falar como todo o mundo. Por isso, a linguagem da razão exige que se exercite a lógica para comprovar se as palavras contidas nas declarações dos direitos do homem foram definidas, ou foram usadas de forma arbitrária, desviando-as de seu significado usual. Pois este é um grande segredo para enganar os leitores pouco atentos; o outro consiste em empregar fórmulas obscuras e complicadas para seduzir os que se julgam mais espertos, fazendo-os entender os termos mais comuns em um sentido misterioso[22].

2º Um claro exemplo dessa forma imprecisa e ambígua de uso da expressão "direitos humanos" nas declarações e na linguagem comum é, segundo Bentham, a confusão entre a realidade e o desejo. As boas razões para desejar que existam os direitos do homem não são direitos, as necessidades não são os remédios, a fome não é o pão[23].

A falácia mais comum na linguagem dos direitos humanos consiste na confusão entre os níveis descritivo e prescritivo. O artigo 1 da Declaração francesa de 1789, ao proclamar que "Les hommes naissent et demeurent libres et égaux en droits", incorria nesse vício. Torna-se evidente, para Bentham, a contradição que existe entre a realidade prática e essas supostas faculdades de liberdade e igualdade que aparecem formuladas em termos descritivos, como um fato, quando não passam de objetivos situados no plano do "dever ser".

O mesmo ocorre quando se afirma que as diferenças sociais só podem ser fundamentadas no interesse comum (art. 1). Aqui o equívoco surge de uma ficção, já que se se entende que tais diferenças sociais não existem, o que deveria basear-se nos fatos e na observação, se verifica imediatamente sua falsida-

---

[22] J. BENTHAM, "Anarchical Fallacies...", op. cit., pp. 521 ss.

[23] "But reasons for wishing there were such things as rights, are not rights – a reason for wishing that a certain right were established, is not that rightwant is not supply –; hunger is not bread". Ibid., p. 501.

de. Por outro lado, se, como é lógico, se refere ao fato de que tais diferenças não devem existir, está se fazendo um juízo de valor.

Essa confusão que nasce da formulação dos direitos humanos em termos descritivos, mas com função prescritiva, é uma constante na crítica de Bentham à linguagem das declarações[24].

3º No pensamento contemporâneo, os analistas da linguagem distinguem o estudo lógico das relações das palavras entre si (sintática) daquele das palavras com os objetos que designam (semântica), e daquele do comportamento dos sujeitos que as usam ou se veem influenciados por elas (pragmática). Bentham, antecipando-se a eles, tinha bem presentes os efeitos práticos que o uso inadequado da linguagem pode causar no âmbito dos direitos humanos.

Àqueles que se opuseram à sua crítica afirmando que ela era essencialmente linguística, Bentham mostrou que, no plano acadêmico, as palavras são somente palavras, mas que no legislativo e, principalmente nos princípios que fundamentam a legislação, as palavras impróprias, que dão origem a ideias falsas, podem provocar calamidades nacionais. Nesses textos, por trás das palavras que em si nada dizem, ocultam-se consequências funestas[25].

A fraseologia vaga e imprecisa em que, para Bentham, são formulados os princípios absurdos e contraditórios das declarações, não é pura retórica, pois tais equívocos levam a resultados trágicos como a desordem e a anarquia.

Para Bentham, o termo "direito", como adjetivo, supõe o conveniente, o razoável e o útil, enquanto, como substantivo, tem duas acepções: uma legal, como o que está de acordo com as leis positivas, único sentido próprio da palavra; e outra antilegal, que reconhece um direito que ataca a lei em nome de certos princípios superiores a ela. O direito em sentido legal ou real é filho da lei, porque as leis reais dão origem a direitos legais; em contrapartida, o direito em sentido antilegal é uma pretensa lei da natureza, uma metáfora usada pelos poetas, retóricos e charlatães da legislação: "... it is from poetry and rethoric that these tutors of mankind and governors of futurity take their law. A clap from the galleries is their object, not the welfare of the state"[26]. O direito, em sentido metafórico e ilegal, em forma de direitos naturais, é uma espécie de talismã que, nas mãos dos que o manejam, atua como um instrumento para negar tudo o que os incomoda e para subjugar os que se opõem a suas opiniões através desta falácia verbal convertida em artigo de fé[27].

À margem de determinados preconceitos antijusnaturalistas[28] e da orientação política ideologicamente conservadora que preside as considerações de

---

[24] Ibid., pp. 494 ss.
[25] Ibid., p. 497.
[26] Ibid., p. 513; ver também p. 523.
[27] Ibid., pp. 501 e 520 ss.
[28] Uma análise atenta do ponto de vista de J. BENTHAM a respeito do direito natural mostra que sua crítica, mais que uma impugnação do jusnaturalismo em seu conjunto, supõe uma chamada de atenção para a inconsistência lógica de suas fundamentações aprioristícas, em favor de sua fundamentação empírica. Sobre esse assunto, A. E. PÉREZ LUÑO, "Jeremy Bentham y la educación jurídica en la Universidad de Salamanca durante el primer tercio del siglo XIX", in *L'educazione*

Jeremy Bentham, sua crítica não deixa de ter valor para canalizar a análise linguística dos aspectos semânticos e pragmáticos dos direitos humanos em nosso tempo. A necessidade de um emprego rigoroso desta categoria, a exigência de não incorrer na confusão entre os aspectos descritivos e prescritivos ao tratá-la, a chamada de atenção para a carga emocional dessa expressão, são outros ensinamentos de Bentham que conservam plena atualidade.

3. LIMITES LINGUÍSTICOS DO TERMO "DIREITOS HUMANOS"

Para dar consistência à análise linguística do termo "direitos humanos" parece útil fixar, como ponto de partida, seus limites internos e externos[29].

Esses limites podem ajudar a esclarecer o alcance significativo desta forma peculiar de linguagem normativa que constitui os direitos humanos. Para isso, será preciso fixar: de um lado, a distinção entre os objetos que podem ser denotados pelo termo e aqueles que essa expressão não pode englobar, para o que será útil confrontá-la com outras categorias semelhantes; e, de outro lado, o contexto em que os direitos humanos têm significado, o que exige esclarecer qual é o âmbito em que o termo deve situar-se, reconstruindo, para tanto, a própria função histórica e atual do conceito.

3.1. LIMITES INTERNOS: OS DIREITOS HUMANOS E OUTROS CONCEITOS AFINS

Uma aproximação inicial à noção de direitos humanos pode ser feita pela consideração dos limites dentro dos quais essa expressão pode ter um significado preciso. Para isso, convém estabelecer suas relações com outros termos que nos usos linguísticos da teoria e da política mantêm notável proximidade significativa com os direitos humanos.

Para se chegar a esse objetivo, parece que o mais conveniente no plano da análise linguística é lidar com definições *lexicais*, que se destinam a explicar como um termo é empregado através da práxis linguística daqueles que nor-

---

giuridica, vol. II. *Profili storici*, Perugia, Libreria Universitaria, 1979, pp. 158 ss.; trabalho refeito posteriormente com o título: "Jeremy Bentham and Legal Education in the University of Salamanca during the Nineteenth Century", in *The Bentham Newsletter*, 1981, n. 5, pp. 44 ss.

[29] A referência aos limites internos e externos dos direitos humanos me foi sugerida pela interessante monografia de G. R. CARRIÓ, *Sobre los límites del lenguaje normativo*, Buenos Aires, Astrea, 1973. Por linguagem normativa entende-se aquela que é usada para prescrever, proibir, autorizar, criticar ou justificar condutas, reconhecer direitos ou competências etc. (p. 19). Os limites internos da linguagem normativa referem-se ao uso de ferramentas linguísticas que servem para determinados fins, para perseguir outros para os quais não são adequadas (p. 21). Como os limites externos são aqueles que "excluem ou *deixam de fora* a aplicação de um conjunto de regras pertencentes a uma dimensão da linguagem normativa por falhas nas pressuposições contextuais que concernem a essa dimensão (ou, melhor dizendo, a essas regras)" (p. 26).

malmente o usam. Essa análise se dá aqui num nível essencialmente descritivo e procura estabelecer um campo semântico de amplo espectro, capaz de refletir o maior número possível de usos do termo.

A expressão "direitos humanos" aparece geralmente relacionada com outras denominações que, em princípio, parecem designar realidades muito próximas, quando não a mesma realidade. Entre essas expressões podem ser citadas as de: direitos naturais, direitos fundamentais, direitos individuais, direitos subjetivos, direitos públicos subjetivos, liberdades públicas... Por isso convém analisar as respectivas relações entre cada uma delas e a noção dos direitos humanos. Esta análise será, necessariamente, superficial, uma vez que um estudo detalhado do problema exigiria, por si só, uma investigação específica.

3.1.1. *Direitos humanos e direitos naturais*

O problema das relações entre os direitos humanos e os direitos naturais assume uma importância especial do ponto de vista da origem dos direitos humanos. De fato, embora para o pensamento jusnaturalista a teoria dos direitos humanos surja como um prolongamento da teoria dos direitos naturais, essa conexão é negada pelos autores positivistas. Para estes últimos, como se ressaltou ao indicar as diversas fundamentações dos direitos humanos, não existe uma implicação entre os dois termos e, inclusive, para alguns o que existe é uma autêntica ruptura.

O problema se insere plenamente na origem conceitual dos direitos humanos; por isso será abordado ao se delinear as premissas para uma definição explicativa no sentido histórico do termo. Por enquanto, basta dizer que está muito generalizada a tendência a considerar os direitos humanos como um termo mais amplo que o dos direitos naturais, mesmo pela perspectiva doutrinal daqueles que reconhecem uma ligação entre as duas expressões. Desse modo, uma tradição doutrinal, que já teve uma clara expressão doutrinal em Thomas Paine, tende a considerar que os direitos humanos constituem a conjunção dos direitos naturais, "aqueles que correspondem ao homem pelo simples fato de existir", e os direitos civis, "aqueles que correspondem ao homem pelo fato de ser membro da sociedade"[30].

3.1.2. *Direitos humanos e direitos fundamentais*

O termo "direitos fundamentais", *droits fondamentaux*, surge na França por volta de 1770, no movimento político e cultural que levou à Declaração dos

---

[30] Th. Paine, *Los derechos del hombre*, trad. esp. de J. A. Fernández de Castro e T. Muñoz Molina, México, FCE, 1944, p. 61.

Direitos do Homem e do Cidadão, de 1789³¹. Rapidamente a expressão alcançou destaque na Alemanha, onde, sob o título de *Grundrechte*, se articulou o sistema de relações entre o individuo e o Estado, enquanto fundamento de toda ordem jurídico-política. Este é seu sentido na *Grundgesetz* de Bonn, de 1949³².

Por isso grande parte da doutrina entende que os direitos fundamentais são aqueles direitos humanos positivados nas Constituições estatais³³. Além disso, para alguns autores os direitos fundamentais seriam aqueles princípios que resumem a concepção de mundo (*Weltanschauung*) e que configuram a ideologia política de cada ordenamento jurídico³⁴. Recentemente, no interior da doutrina alemã desejou-se conceber os direitos fundamentais como a síntese das garantias individuais contidas na tradição dos direitos políticos subjetivos e das exigências sociais derivadas da concepção institucional do direito³⁵.

Diante dessas caracterizações dos direitos fundamentais que concordam em situá-los no plano da estrita positividade, não faltou quem postulasse sua natureza ambivalente. Assim, os direitos fundamentais são considerados o resultado das exigências da filosofia dos direitos humanos com sua expressão normativa no direito positivo³⁶.

Os próprios textos normativos não supõem uma ajuda decisiva para estabelecer com precisão o conceito de direitos fundamentais. Um exemplo é a Convenção europeia de salvaguarda dos direitos do homem e das liberdades fundamentais, de 1950, de cujo enunciado aparentemente se deveria depreender certa diferenciação entre ambas as categorias no texto articulado. No entanto, a partir de uma análise desse texto não se deduz nenhum critério válido que permita distinguir com precisão as duas expressões.

Em todo caso, pode-se observar certa tendência, não absoluta como o prova o enunciado da mencionada Convenção europeia, em reservar a denominação "direitos fundamentais" para designar os direitos humanos positivados no âmbito interno, uma vez que a fórmula "direitos humanos" é a mais comum no plano das declarações e convenções internacionais.

---

[31] Cf. A. BARATTA, "Diritti fondamentali", in A. NEGRI (org.), *Scienze Politiche, 1 (Stato e politica)*, Milão, Feltrinelli, 1970, p. 109.

[32] Ver E. FECHNER, *Die soziologische Grenze der Grundrechte*, Tübingen, Mohr, 1954, pp. 5 ss.; TH. RAMM, "Der Wandel der Grundrechte und der freiheitliche soziale Rechtsstaat", *JZ*, 1972, pp. 137 ss.

[33] Entre aqueles que mantêm o caráter estritamente jurídico-positivo dos direitos fundamentais, cf. J. MESSNER, *Das Naturrecht. Handbuch der Gesellschaftsethik, Staatsethik und Wirtschaftsethik*, 4. ed., Tirol/Viena/Munique, 1960, pp. 386 ss.; F. MÜLLER, *Die Positivität der Grundrechte. Fragen einer praktischen Grundrechtsdogmatik*, Berlim, Duncker & Humblot, 1969, p. 41; P. VIRGA, *Libertà giuridica e diritti fondamentali*, Milão, Giuffrè, 1947, p. 148.

[34] A. HENSEL, *Grundrechte und politische Weltanschauung*, Tübingen, Mohr, 1931, pp. 3 ss.

[35] Cf. P. HÄBERLE, *Die Wesensgehaltgarantie des Art. 19 Abs. 2 Grundgesetz. Zugleich ein Beitrag zum institutionellen Verständnis der Grundrechte und zur Lehre vom Gesetzesvorbehalt*, 2. ed., Karlsruhe, Müller, 1972, pp. 20 ss.

[36] É o caso de G. PECES-BARBA, *Derechos fundamentales I. Teoría general*, Madri, Guadiana, 1973, pp. 93-4.

3.1.3. *Direitos humanos e direitos subjetivos*

A dimensão do direito como faculdade de atuar reconhecida à vontade dos particulares, isto é, como direito subjetivo, encontra-se também muito próxima da noção de direitos humanos.

A própria imprecisão da figura do direito subjetivo, objeto de uma aberta impugnação por parte do realismo escandinavo e da doutrina kelseniana, mostra a dificuldade existente também aqui para precisar claramente as relações dessa noção com a dos direitos humanos.

Para aqueles que sustentam que os direitos subjetivos são a expressão de todos os atributos da personalidade, os direitos humanos constituiriam uma subespécie deles: seriam os direitos subjetivos diretamente relacionados com as faculdades de autodeterminação do indivíduo[37].

Assim, se a noção de direito subjetivo é admitida em seu significado estritamente técnico jurídico-positivo, e os direitos humanos são conceituados como prerrogativas estabelecidas conforme determinadas regras e que dão lugar a tantas outras situações especiais e concretas em proveito dos particulares, os dois termos não se identificam, já que se entende que os direitos subjetivos podem desaparecer por transferência ou prescrição, ao passo que as liberdades derivadas dos direitos humanos são, por princípio, inalienáveis e imprescritíveis[38]. Esse pensamento tem sido contestado pela existência de determinados direitos subjetivos personalíssimos que também devem ser considerados inalienáveis e imprescritíveis[39]. No entanto, essa contestação não tem fundamento e está embasada em uma compreensão incorreta da estrita concepção jurídico-positiva dos direitos subjetivos, segundo a qual esses direitos não incluem os da personalidade. Pois é precisamente a possibilidade de renúncia, transferência etc., que, segundo a referida concepção, caracteriza os direitos subjetivos[40].

Tudo isso comprova, mais uma vez, a imprecisão dessas categorias jurídicas, que é motivada, às vezes, pelas próprias incorreções em sua formulação, nos diferentes ordenamentos jurídicos.

Convém lembrar também que, sob uma perspectiva marxista, se afirmou que a teoria dos direitos subjetivos não passa de mais uma construção do pensamento jurídico-burguês para, amparado em sua ligação com os direitos humanos, situar no âmbito jurídico-positivo a livre exploração da propriedade privada fora e a salvo das ingerências do ordenamento legal: "Private ownership must be protected against its eventual elimination by the legal system."[41]

---

[37] Ver nesse sentido: J. Castán Tobeñas, *Los derechos del hombre*, Madri, Reus, 1969, pp. 22 ss.; H. Coing, *Fundamentos de filosofía del derecho*, trad. esp. de J. M. Mauri, Barcelona, Ariel, 1961, pp. 162 ss.; L. Legaz Lacambra, *Filosofía del derecho*, 2. ed., Barcelona, Bosch, 1961, pp. 726 ss.

[38] P. Roubier, "Délimitation et intérêts practiques de la catégorie des droits subjectifs", *APD*, 1964, pp. 86-7.

[39] Cf. G. Peces-Barba, *Derechos fundamentales*, op. cit., p. 90.

[40] Ver P. Roubier, op. cit., pp. 85 ss.

[41] I. Szabó, "Fundamental questions concerning the theory of citizens'rights", in *Socialist Concept of Human Rights*, Budapeste, Akadémiai Kiadó, 1966, p. 46.

DELIMITAÇÃO CONCEITUAL DOS DIREITOS HUMANOS 15

Por esse motivo, com base nesse ponto de vista, a crise do direito subjetivo é explicada como um fenômeno determinado pelas novas condições econômicas que presidem o desenvolvimento do capitalismo monopolista, o qual exigiu uma intervenção estatal nos domínios da propriedade privada.

Essa tese contribui para explicar as concomitâncias que, em determinado momento histórico, puderam existir entre as noções de direitos humanos e direitos subjetivos, assim como os motivos de sua progressiva dissociação.

3.1.4. *Direitos humanos e direitos públicos subjetivos*

A categoria dos direitos públicos subjetivos foi elaborada pela dogmática alemã do direito público, no final do século XIX. Com essa categoria pretendeu-se inscrever os direitos humanos em um sistema de relações jurídicas entre o Estado, como pessoa jurídica, e os particulares.

Os direitos públicos subjetivos surgiram como uma decidida tentativa de situar a teoria dos direitos humanos num âmbito estritamente positivo, à margem de qualquer contaminação ideológica jusnaturalista. Pois bem, o pretenso caráter técnico dessa figura se viu desmentido por sua estreita ligação com os esquemas políticos do Estado liberal de direito, de cujo funcionamento constituiu um dos pilares principais. A transição do Estado liberal para o Estado social de direito determinou um progressivo abandono dessa categoria na qual com razão se viu um produto da ideologia individualista liberal em favor da noção mais ampla dos direitos fundamentais.

É verdade que para adaptar a figura dos direitos públicos subjetivos às novas situações sociais, políticas e econômicas se tentou completar a tipologia elaborada por Georg Jellinek, acrescentando aos clássicos *status subjectionis*, *status libertatis*, *status civitatis* e *status activae civitatos*, o *status positivus socialis* para englobar nele os direitos sociais e o *status activus processualis* para garantir a participação ativa dos interessados nos processos de formação dos atos públicos. Além disso, na Espanha, Eduardo García de Enterría distinguiu dois tipos de direitos públicos subjetivos: os *típicos* ou *ativos*, aqueles que incorporam pretensões ativas do cidadão diante do governo para a obtenção de serviços patrimoniais, para o respeito de titularidades jurídico-reais, para a exigência de vinculação a atos procedentes do próprio governo, ou para o respeito de uma esfera de liberdade formalmente definida; e os *reacionais* ou *impugnatórios*, que surgem quando o cidadão foi incomodado em sua esfera vital de interesses por uma atuação administrativa ilegal, caso em que o ordenamento, atendendo ao mais profundo sentido da legalidade no Estado de direito como garantia da liberdade, lhe reconhece um direito subjetivo destinado à eliminação dessa atuação ilegal e ao restabelecimento da integridade de seus interesses. Na opinião de García de Enterría, o segundo desses direitos "permite que os particulares (todos eles, e não só o estamento dos *possuidores*) fiscalizem toda a legalidade administrativa, e não apenas a minúscula faixa que entra em jogo na vida jurídico-administrativa referente ao trânsito dos direitos subjetivos ativos de cunho tradicional"[42].

A própria sutileza desses esforços teóricos para acomodar a noção clássica dos direitos públicos subjetivos às novas situações surgidas das novas circunstâncias supõe apenas tentativas de injetar vida nova em um tronco decrépito. A figura do direito público subjetivo é uma categoria histórica adaptada ao funcionamento de determinado tipo de Estado, o liberal, e a algumas condições materiais que foram superadas pelo desenvolvimento econômico-social de nosso tempo. Sendo assim, a pretensão de projetar essa categoria aos pressupostos atuais implica uma distorção. As novas formas de *status* descritas, ou a própria noção dos direitos públicos subjetivos reacionais ou impugnatórios, são provas eloquentes de que a figura típica dos direitos públicos subjetivos é insuficiente e inadequada. Poder-se-ia pensar que o papel desses novos instrumentos seria o de completar a figura dos direitos públicos subjetivos, porém, ao examinar atentamente sua natureza, função jurídica e os pressupostos sobre os quais gravitam, observa-se que não são categorias complementares, mas contraditórias. Basta pensar que o que para a ideologia do Estado liberal de direito surgia como direitos públicos subjetivos, como esferas de atividade privada contrapostas à atividade pública, ou como liberdades limitadoras do poder, passa a ser considerado, sob o prisma do Estado social e democrático de direito, como momentos do exercício do poder, que não se contrapõe a ele, mas coexiste com ele. Nesse contexto, a noção dos direitos públicos subjetivos, como autolimitação do poder soberano do Estado, deve ser substituída pela noção dos direitos fundamentais, entendidos como limitação que a soberania popular impõe aos órgãos que dependem dela. No Estado social e democrático, meta a ser alcançada com um desenvolvimento progressivo conforme postula o artigo 1.1 da Constituição espanhola, a soberania não deve ser considerada um patrimônio estatal, mas um atributo concreto de todos os cidadãos, cada um dos quais – indicou-se – deveria poder afirmar sem comprometer seus vínculos sociais: "O Estado sou eu."[43]

Assim, a categoria dos direitos públicos subjetivos, entendidos como autolimitação estatal em benefício de determinadas esferas de interesse privado, perde seu sentido por se encontrar superada pela própria dinâmica econômico-social de nosso tempo, em que o usufruto de qualquer direito fundamental

---

[42] E. García de Enterría, "Sobre los derechos públicos subjetivos", *REDA*, 1975, p. 445. Sobre a significação atual dos direitos públicos subjetivos, ver também: A. Esteban Drake, *El derecho público subjetivo como instrumentación técnica de las libertades públicas y el problema de la legitimación procesal*, Madri, Civitas, 1981; e W. Henke, *Das subjektive öffentliche Recht*, Tübingen, Mohr, 1968, que continua fiel ao conceito clássico de direito público subjetivo como instrumento de defesa da esfera de interesses e poder individual diante do Estado, protegida pelo ordenamento jurídico (pp. 53-4). Para uma crítica dessa concepção a partir do enfoque análogo ao que aqui se expôs, cf. o importante livro de U. K. Preuss, *Die Internalisierung des Subjekts. Zur Kritik der Funktionsweise des subjektiven Rechts*, Frankfurt a. M., Suhrkamp, 1979, pp. 123 ss.

[43] S. Lener, *Lo Stato sociale contemporaneo*, Roma, La Civiltà Cattolica, 1966, p. 215. Cf. o capítulo 5 deste livro sobre *Estado de direito* e *direitos fundamentais*.

exige uma política jurídica ativa (e na maior parte das vezes também econômica) por parte dos poderes públicos.

3.1.5. Direitos humanos e direitos individuais

Assim como a noção dos direitos públicos subjetivos, e por razões semelhantes, o conceito de "direitos individuais" foi progressivamente abandonado na doutrina e na legislação.

Esse termo foi empregado como sinônimo dos direitos humanos no período em que estes foram identificados com o reconhecimento de determinadas liberdades ligadas à autonomia dos indivíduos.

Para a ideologia liberal, o indivíduo é um fim em si mesmo, e a sociedade e o direito não passam de meios postos a seu serviço para facilitar a satisfação de seus interesses. A esse respeito, lembrou-se corretamente que o mito mais representativo dessa ideologia é Robinson Crusoé, que é "o herói do individualismo em ação"[44]. A partir dessas coordenadas, os direitos individuais são considerados em sentido eminentemente negativo como garantia de não ingerência estatal em sua esfera: é o que George Jellinek denominará *status libertatis*[45], e Georges Burdeau, liberdade-autonomia[46].

Os direitos individuais correspondem às *Civil Liberties* ou aos *Civil Rights* da tradição anglo-saxã[47]. Na França, essa terminologia se impõe no decorrer do século XIX, e no início do século XX é usada com sentido análogo à noção alemã dos direitos públicos subjetivos. É clássica entre os publicistas dessa época a distinção entre os direitos civis, reconhecidos a todos os cidadãos, e os direitos políticos, reconhecidos apenas aos cidadãos ativos, isto é, aos que desfrutam do direito ativo ou passivo do sufrágio[48].

A expressão "direitos individuais" é – nas palavras de Pablo Lucas Verdú – "pouco correta, não apenas porque a sociabilidade é uma dimensão intrínseca do homem, como o é a racionalidade, mas sobretudo na época atual, dominada por exigências sociais"[49].

---

[44] V. Frosini, *La estructura del derecho*, ed. esp. org. por A. E. Pérez Luño, Bolonha, Publicaciones del Real Colegio de España, 1974, p. 167.

[45] G. Jellinek, *System der subjektiven öffentlichen Rechte*, citado de sua reimpressão sobre a 2. ed., de 1919, Aalen, Scientia, 1964, pp. 94 ss.

[46] G. Burdeau, *Les libertés publiques*, 3. ed., Paris, LGDJ, 1966, pp. 8 ss.

[47] Na doutrina anglo-saxã, especialmente na dos Estados Unidos, realizou-se uma distinção entre as *Civil Liberties* (ou *Individual Liberties*), que se dirigem ao estudo das relações jurídicas entre o indivíduo e o governo, e os *Civil Rights*, que se referem ao *status* legal e constitucional e à condição das minorias raciais ou religiosas. Cf. M. R. Konvitz, *The Constitution and Civil Rights*, Nova York, Columbia University Press, 1947.

[48] Ver Ph. Braud, *La notion de liberté publique en droit français*, Paris, LGDJ, 1968, pp. 9 ss.

[49] P. Lucas Verdú, "Derechos individuales", in *Nueva Enciclopedia Jurídica*, t. VII, Barcelona, Seix, 1955, p. 38.

3.1.6. *Direitos humanos e liberdades públicas*

O termo "liberdades públicas", *libertés publiques*, aparece na França no fim do século XVIII e é expressamente usado no artigo 9 da Constituição de 1793. Nesse artigo se proclama que: "la loi doit protéger la *liberté publique* et individuelle contre l'oppression de ceux qui gouvernent". Deve-se notar que o termo é usado no singular e assim será empregado também na exposição de motivos da Carta constitucional de 1814.

No plural, assim como hoje costuma ser utilizado, porém com uma acepção diferente, foi usado com frequência por alguns autores tradicionalistas, especialmente por Chateaubriand, durante a Restauração. Logo seu uso se generalizou entre os publicistas ao estudar os "Droits publiques des français", proclamados nos artigos de 1 a 12 da Constituição de 1814[50].

Assinalou-se que não deixa de ser um paradoxo que a primeira vez que o termo *libertés publiques* aparece em um texto constitucional seja precisamente no artigo 25 da Constituição de 1852, do II Império, que faz do Senado "gardien du pacte fondamental et des libertés publiques"[51].

A partir daí o termo se insere na tradição política republicana da França, adquirindo o papel de uma autêntica categoria jurídica constitucional sob a Quarta República e mantendo esse mesmo *status* sob a Quinta.

Essa breve referência histórica, ao destacar as conjunturas de cunho tão diferente que contribuíram para a formação terminológica das liberdades públicas, pode ajudar-nos a compreender o porquê da imprecisão com que o termo é usado em nossos dias.

De fato, não deixa de ser surpreendente que, para alguns setores da doutrina, os direitos humanos e as liberdades públicas são a mesma coisa. "Y a-t-il lieu de distinguer les libertés des droits de l'homme?" – pergunta-se Robert Pelloux –, para imediatamente responder: "Nous ne le pensons pas. La consécration juridique ne dépend pas de l'usage d'un mot plutôt que d'un autre"[52].

Outro setor, no entanto, prefere manter uma clara distinção entre os dois termos, com base no caráter estritamente jurídico-positivo das liberdades públicas. Pois bem, entre aqueles que em princípio sustentam essas teses não deixam de existir divergências marcantes. Assim, para Claude-Albert Colliard, a teoria das liberdades públicas, isto é, o reconhecimento de certos direitos ao indivíduo, fundamenta-se no direito positivo e não no direito natural, uma vez que não há nenhum direito superior à legislação positiva. Evidentemente, podem existir legislações mais ou menos liberais, mais ou menos individualistas, e mais ou menos correspondentes a um ideal de justiça, mas isso já é outra

---

[50] Cf. Ph. Braud, op. cit., pp. 4 ss.

[51] C. A. Colliard, *Libertés publiques*, 5. ed., Paris, Dalloz, 1975, p. 15.

[52] R. Pelloux, "Introduction à l'étude des droits de l'homme et des libertés fondamentales en Europe", na obra citada *Essais sur les droits de l'homme en Europe* (premiére série), Turim, Edition de l'Institut Universitaire d'Etudes Européennes, 1959, p. 177.

questão⁵³. Por isso, para Colliard, as liberdades públicas são direitos positivos que tendem a reconhecer certo setor de autonomia em favor dos particulares⁵⁴. Diante dessa concepção, Jean Rivero, que coincide em entender as liberdades públicas como poderes de autodeterminação reconhecidos pelo direito positivo⁵⁵, não considera que por isso cesse sua ligação com as exigências do direito natural e, assim, sustenta que: "Les libertés publiques sont des droits de l'homme que leur consécration par l'Etat a fait passer du droit naturel au droit positif."⁵⁶ Segundo o pensamento de Rivero, os direitos humanos e as liberdades públicas não coincidem, uma vez que, por um lado, não se situam no mesmo plano, pois as liberdades públicas são somente aqueles direitos humanos positivados; e, por outro lado, não têm o mesmo conteúdo, porque os direitos sociais não podem ser considerados liberdades públicas, ao passo que certamente são direitos humanos⁵⁷.

Por esse motivo, alguns estudiosos, como Yves Madiot, mostraram sua preferência pela categoria dos direitos humanos diante da noção restritiva das liberdades públicas que não inclui os direitos sociais, de crescente importância em nossa época. Por outro lado, afirma-se, com razão, que o próprio termo "liberdades públicas" carece de sentido, já que toda liberdade requer a intervenção do Estado para seu exercício, de maneira que é supérfluo insistir no caráter público da liberdade, uma vez que não existem liberdades privadas⁵⁸.

Para ter uma ideia da dificuldade inerente a qualquer tentativa de traçar uma linha divisória entre os dois termos, é muito ilustrativa a compilação feita por Maurice Torelli e René Baudouin, com o título *Les droits de l'homme et les libertés par les textes*. Esses autores, ao justificar o título de sua obra, assinalam que, embora na linguagem corrente exista a tendência de usar indistintamente essas expressões: "il nous apparait qu'il n'y a pas une identité parfaite entre un droit et une liberté; le droit n'implique pas la liberté complete et celle-ci est vide si l'individu n'a pas un droit pour en profiter"⁵⁹. Porém, de imediato, observa-se que esse critério, por si só ambíguo, não é endossado por nenhum dos textos normativos incluídos na citada compilação, nos quais as duas categorias são usadas indistintamente.

Chega-se a uma conclusão similar a partir do interessante estudo comparativo de Ivo Duchacek, *Rights liberties in the world today*, do qual, uma vez mais, se depreende a impossibilidade prática de traçar uma clara separação entre os

---

⁵³ C. A. COLLIARD, *Libertés publiques*, 5. ed., Paris, Dalloz, 1975, p. 15.

⁵⁴ Ibid., p. 18.

⁵⁵ J. RIVERO, *Les libertés publiques, 1. Les droits de l'homme*, Paris, PUF, 1973, p. 16.

⁵⁶ Ibid., p. 17.

⁵⁷ Ibid., pp. 17-8.

⁵⁸ Y. MADIOT, *Droits de l'homme et les libertés publiques par les textes*, Paris/Nova York/Barcelona/Milão, Masson, 1976, p. 14.

⁵⁹ M. TORELLI e R. BAUDOUIN, *Les droits de l'homme et les libertés publiques par les textes*, Les Presses de l'Université du Québec, 1972, p. XV, nota 1.

direitos humanos e as liberdades públicas, tanto no âmbito dos textos constitucionais como no de sua realização na prática[60].

A exposição que se desenvolveu até aqui propôs refletir sobre os significados de uso mais frequente de algumas das expressões mais estreitamente ligadas ao termo "direitos humanos". Apesar de seu caráter resumido e incompleto, acredito que ela permite inferir a incerteza que reina nesse setor e o sentido tantas vezes impreciso e nebuloso que envolve esses termos no nível normativo e doutrinal. Em muitos casos, a imprecisão originou-se da linguagem inadequada usada pelo legislador, que levou a confusão à doutrina; assim, a teoria quis ver no emprego de termos diferentes no plano normativo algumas peculiaridades que na realidade não existiam. Por isso as definições de muitas categorias afins à dos direitos humanos (em muitas ocasiões também as dos próprios direitos humanos) feitas pela doutrina se apresentaram como definições *lexicais*, isto é, como descrições de usos linguísticos dessas expressões, quando eram definições *estipulativas*, meras convenções sobre como deviam ser usadas.

A análise dos limites linguísticos internos da expressão "direitos humanos" pretendia estabelecer o sentido usual deste termo a partir de sua comparação com outras categorias afins, admitidas também através de seus significados de uso. Dessa análise é evidente, contudo, que não se pode obter uma definição precisa dos direitos humanos. Em todo o caso, o que evidenciou é a falta de uma prática linguística constante e pacificamente admitida no uso dessas categorias. Por isso, para uma aproximação mais completa do sentido dos direitos humanos, é conveniente prolongar esta análise com a referência aos limites linguísticos externos da expressão.

3.2. Limites externos: os direitos humanos e a lei natural

Assinalou-se, corretamente, que no raciocínio empírico a lógica é, sobretudo, um instrumento de retificação e que o método lógico não implica, por si só, um título de verificação empírica. A história é o único laboratório experimental de que dispõem as ciências sociais e, portanto, tais ciências só chegam a conclusões empiricamente válidas enquanto se fundamentam em testemunhos do passado[61].

É verdade que a noção disso que denominamos direitos humanos não é uma peça de museu, objeto de simples interesse retrospectivo; pelo contrário, é algo que se encontra presente em nossa cultura jurídica e política, que incita nosso interesse teórico e que repercute em nossa vida prática. Em outras palavras, que sua história não terminou e que depende, em grande medida, de nossas atitudes para que se conclua ou prossiga e como prossiga. No entanto, tam-

---

[60] J. D. Duchacek, *Derechos y libertades en el mundo actual*, trad. esp. de O. Montserrat, Madri, Instituto de Estudios Políticos, 1976, ver sobretudo pp. 82 ss.

[61] G. Sartori, *Democrazia e definizioni*, 3. ed., Bolonha, Il Mulino, 1969, p. 139.

bém é verdade que muito do que se diz e se faz em matéria de direitos humanos tende a reproduzir, refutar ou reformar as ideias e pressupostos que a tradição designou com esse nome. Por isso, nada melhor para deixar claro seu significado que essa referência às raízes históricas de sua consagração conceitual e terminológica, para assim poder precisar em quais contextos esses direitos tiveram e podem ter significativa razão de ser.

Convém observar que o recurso à história não é incompatível com a análise linguística em que, preferencialmente, se movem estas considerações. Deve-se ter presente que as definições lexicais, sobre as quais se traçou em linhas gerais a aproximação aos limites internos dos direitos humanos, não somente lidam com os usos presentes dos termos, mas que, como vimos, lidam também com seus processos de formação e suas transformações. Dessa maneira, as definições explicativas, aquelas que se destinam a ressaltar como uma expressão deve ser empregada com clareza e precisão em determinado contexto cultural, podem ser elaboradas em sentido crítico e em sentido histórico. Neste último sentido, que é o que será empregado aqui, tende-se a determinar como deve ser usado um conceito atual através da análise daqueles usos linguísticos que em sua origem e desenvolvimento histórico contribuíram de forma mais decisiva para traçar sua significação.

O conceito dos direitos humanos tem como antecedente imediato a noção dos direitos naturais em sua elaboração doutrinal pelo jusnaturalismo racionalista.

Encontra-se muito difundida a tese de que, enquanto o jusnaturalismo clássico construiu uma doutrina do direito natural objetivo, o jusnaturalismo moderno supôs a descoberta dos direitos naturais subjetivos. Esse processo que se inicia com Hugo Grócio, que em sua obra *De iure belli ac pacis* enumera alguns direitos básicos do homem, tais como a liberdade de pensamento, a propriedade, o casamento...[62], se aperfeiçoa na obra de Thomas Hobbes, ao insistir na distinção entre o *ius* (right) entendido como liberdade de fazer, e a *lex* (law) como obrigação derivada da norma[63], e culmina em Christian Wolff, que afirmará expressamente que, sempre que se referir ao direito natural, não entenderá com isso a lei natural, mas o direito que em virtude dessa lei corresponde ao homem[64].

Esse processo de subjetivação do direito natural que desembocará na teoria dos direitos do homem muitas vezes foi visto como uma ruptura em relação à tradição anterior. Esta é a tese defendida por Pietro Piovani, para quem a teoria dos direitos naturais não supôs a sobrevivência ou a renovação das doutrinas medievais do direito natural, mas a afirmação de uma doutrina totalmente diferente, que opunha ao objetivismo jusnaturalista clássico o subje-

---

[62] H. Grócio, *De iure belli ac pacis*, II, 2.
[63] Th. Hobbes, *Leviathan*, I, 14.
[64] C. Wolff, *Jus naturae methodo scientifica pertractatum*, 1, prol. 3: "quoties itaque de jure naturae loquimur, legem naturae nunquam intellegimus, sed potius jus vi huius legis seu naturaliter homini competens".

tivismo moderno e que iniciou a positivação constitucional das liberdades individuais[65]. Rudolf Wietholter é ainda mais incisivo quando afirma que os direitos de liberdade e igualdade política modernos não foram o produto da secularização do direito natural cristão, mas se forjaram na luta contra este[66]. Já que, em sua opinião, o fundamento dos direitos humanos na Idade Moderna não se baseia no direito natural, mas nas vitórias da própria sociedade política: "die Begrundung der freiheitlichen Menschenrechte in der Neuzeit beruht in Wahrheit nicht mehr auf Naturrecht, sondern auf Leistungen der politischen Gesellschaft selbst"[67].

No meu entender, essa atitude não ajuda a situar os direitos humanos no contexto histórico e doutrinal significativo que lhes é próprio. De fato, durante os séculos XVI e XVII uma série de teólogos e juristas da Escola espanhola, que em grande medida representou um esforço de adaptação do jusnaturalismo escolástico medieval aos problemas da modernidade, deu uma contribuição decisiva para a afirmação dos direitos humanos sob diversos ângulos. Assim, encontra-se já em Francisco Suárez, antes de Hobbes e Wolff, uma clara delimitação do direito natural subjetivo a partir de sua conhecida distinção entre o direito como norma e o direito como poder moral (*ius utile*)[68], ao mesmo tempo que alude, assim como dissemos que logo também faria Grócio, a alguns direitos de direito natural, como o de liberdade, o de propriedade comum ou privada dos bens etc[69].

É altamente significativo que tenha sido um jurista espanhol do século XVI, Fernando Vázquez de Menchaca, quem fez uma das primeiras e mais claras reivindicações dos direitos naturais individuais. Um setor da doutrina viu nele uma contribuição decisiva à difusão do termo *iura naturalia*, com o qual se referiu àqueles direitos que os indivíduos possuem com base no direito natural[70].

---

[65] P. PIOVANI, *Giusnaturalismo ed etica moderna*, op. cit., pp. 112 ss. e 125 ss.

[66] R. WIETHOLTER, *Rechtswissenschaft*, em colaboração com R. BERNHARDT e E. DENNINGER, 5. ed., Frankfurt a. M., Fischer, 1976, p. 60, que afirma textualmente: "Die Humanitätsidee der Freiheits-und Menschenrechte und ihre Verwirklichung sind nicht Säkularisierung des christlichen Naturrechts gewesen, sondern gerade dessen Bekämpfung zu verdanken".

[67] Ibid., p. 58.

[68] F. SUÁREZ, *Tractatus de legibus ac Deo legislatore*, II, 17, 2: "... ius utile naturale dicitur, quando ab ipsa natura datur, seu cum illa provenit, quomodo libertas dici potest ex iure naturale".

[69] Ibid., II, 14, 12-9.

[70] F. VÁZQUEZ DE MENCHACA, *Controversiarum illustrium*, Introd., 3: "Non possumus nos dolore vehementer quodi iura naturalia quae veridicis ac prudentissimis iure consultis quasi inmutabilia tradita fuerant..." Ver B. DE CASTRO CID, "Humanismo jurídico y derechos del hombre en la obra de Luis Recaséns Siches", *ACFS*, 1972, n. 12, f. 2, p. 269; E. REIBSTEIN, *Die Anfänge des neueren Natur-und Völkrrechts*, Berna, Haupt, 1949, pp. 136-7; A. VERDROSS, *Abendländische Rechts philosophie: Ihre Grundlagen und Hauptprobleme in geschichtlicher Schau*, 2. ed., Viena, Springer, 1963, pp. 108 ss. Observou-se também que a expressão "iura naturalia", usada por F. VÁZQUEZ DE MENCHACA, "não encerra nenhuma novidade; era usada frequentemente pelos juristas medievais e do século XVI seguindo a *Instituta* 1, 2, 11". F. CARPINTERO BENÍTEZ, *Del derecho natural medieval al derecho natural moderno: Fernando Vázquez de Menchaca*, Secretariado de Publicaciones e Intercambio Científico de la Universidad de Salamanca, 1977, p. 147, nota 118.

Ao pensamento espanhol compete um papel nada desprezível na formação conceitual dos direitos humanos a partir dos direitos naturais. Isso ocorreu no âmbito das inquietudes e polêmicas intelectuais que o descobrimento e a conquista da América suscitaram na Espanha do século XVI.

Ao entrar em contato com povos de cultura em muitos casos rudimentar e primitiva e, naturalmente, muito diferente daquelas até então conhecidas, a própria noção de homem foi posta em questão. A nova situação levou a propor, de imediato, o estatuto moral e jurídico, tanto no plano individual como no coletivo, dos habitantes do novo mundo. Nessa linha deve situar-se o esforço intelectual de diversos teólogos-juristas espanhóis e, de modo especial, de Francisco de Vitoria e Bartolomé de las Casas, inclinado ao reconhecimento de alguns direitos básicos, fundados no direito natural, a todos os homens pelo simples fato de sê-lo[71].

De maneira semelhante, na experiência jurídica anglo-saxã, o ramo das liberdades tradicionais inglesas transplantado para as novas condições sociopolíticas das colônias americanas, e com a influência do jusnaturalismo racionalista, desembocou em algumas declarações nas quais não se reconhecem certos direitos como patrimônio de determinados grupos, mas se reivindicam em nível universal: como direitos do homem[72].

Pouco depois, a *Déclaration des droits de l'homme et du citoyen*, de 1789, e a obra *The Rights of Man* (1791), de Thomas Paine[73], contribuíram fortemente para difundir no plano normativo e doutrinal a expressão "direitos do homem".

Em todo o caso, convém considerar que os autores dos séculos XVII e XVIII afirmaram a prioridade dos direitos naturais subjetivos sobre o direito objetivo positivo, mas nenhum deles pretendeu, o que teria sido um contrassenso, afirmar a primazia dos direitos naturais subjetivos sobre o direito natural objetivo, embora pusessem mais ênfase sobre os primeiros ou se ocupassem preferencial ou exclusivamente daqueles[74].

Por esse motivo, essa afirmação dos aspectos subjetivos do direito natural, que desemboca na construção da teoria dos direitos humanos, não deve levar a considerar o humanismo moderno como um fenômeno de ruptura em rela-

---

[71] Cf. V. CARRO, "Vitoria y los derechos del hombre", *AAFV*, 1946-47, n. VII, pp. 141 ss.; "Los derechos del hombre de carácter espiritual según Vitoria y los Teólogos-juristas españoles del siglo XVI", *AAFV*, 1948-49, n. IX, pp. 69 ss.; C. RUIZ DEL CASTILLO, "Las relaciones entre los derechos del hombre y el derecho internacional, según las inspiraciones de Francisco de Vitoria", *AAFV*, ibid., pp. 39 ss.; A. TRUYOL Y SERRA, *Los derechos humanos*, Madri, Tecnos, 1968, pp. 12 ss.; E. LUÑO PEÑA e A. E. PÉREZ LUÑO, "El derecho natural a la libertad en el pensamiento de Bartolomé de las Casas", no prelo nos *Estudios-Homenaje al professor Recaséns Siches*.

[72] "... Und schliesslich enthielten die Bilis des Mutterlandes nur spezifisch englishe Rechte, die Amerikaner verkündeten natürliche Rechte, Menschenrechte." O. VOSSLER, *Studien zur Erklärung der Menschenrechte*, in *Zur Geschichte der Erklärung der Menschenrechte*, op. cit., p. 178.

[73] Alguns anos antes do surgimento da obra de TH. PAINE, o radical escocês TH. SPENCE foi autor de um trabalho com o título *The Real Rights of Man* (1775). Na Itália, o abade siciliano N. SPEDALIERI foi autor da obra *Dei diritti dell'uomo* (1791).

[74] Cf. G. FASSÓ, *La legge della ragione*, op. cit., pp. 167 ss.

ção à tradição jusnaturalista. A imagem de um jusnaturalismo moderno como teoria dos direitos naturais objetivos, oposto à tradição jusnaturalista clássica e medieval, como teoria da lei natural objetiva, é esquemática e simplista, e não encontra reflexo nos escritores da época. A esse respeito, é bem eloquente a atitude de John Locke, um dos autores que mais decisivamente contribuíram para a consagração teórica dos direitos humanos, o qual assinala que a liberdade do homem e sua liberdade de agir segundo sua vontade encontram-se fundamentadas na razão, que é capaz de indicar aquela lei de acordo com a qual deve guiar-se a si mesmo. Locke não hesitava em aludir expressamente a todos os direitos e privilégios derivados da lei natural[75].

Uma análise atenta dos limites externos dos direitos humanos mostra que eles não podem ser extrapolados de seu contexto, que não é outro senão o que lhes é dado pelas características da lei natural.

A lei natural, tal como aparece definida na doutrina clássica sobre o particular de Tomás de Aquino, possui, entre outras propriedades, as de seu caráter originário, universal e imutável.

Os preceitos da lei natural são originários por sua condição de inatos e sua evidência intrínseca ("principia per se nota")[76]. Por responder às inclinações originais da natureza humana, Deus imprimiu os princípios da lei natural na mente dos homens, e isso a torna naturalmente cognoscível[77].

A lei natural é universal; em seus primeiros princípios é a mesma para todos os homens, tanto pela retidão de sua inteligência como pelo conhecimento desta[78].

No que diz respeito a esses primeiros princípios, a lei natural é absolutamente imutável ("quantum ad prima principia legis naturae lex naturae est omnino immutabilis")[79] e não pode ser apagada do coração dos homens[80].

Essas propriedades da lei natural lembram, em muitos aspectos, as conotações dos direitos naturais ou humanos nos textos de seus principais teóricos doutrinais e declarações normativas.

Os direitos naturais são originários, e assim Samuel Pufendorf dirá que todos os homens têm por seu nascimento a mesma liberdade natural[81]. Na mesma ideia, de alguns direitos inatos comuns a todos os homens, insistirá John Locke ao proclamar que o homem nasce com um título à liberdade perfeita: "Man being born, as has been proved, with a title to perfect freedom"[82]. Por

---

[75] "... and an uncontrouled enjoyment of all the rights and priviledges of the law of nature." J. LOCKE, *Two treatises of government*, II, VII, n. 87.

[76] TOMÁS DE AQUINO, *Summa theologica*, I-II, q. 94, a. 2.

[77] Ibid., I-II, q. 90, a. 4.

[78] Ibid., I-II, q. 94, a. 4: "lex naturae, quantum ad prima principia communia, est eadem apud omnes et secundum rectitudinem, el secundum notitiam".

[79] Ibid., I-II, q. 94, a. 5.

[80] Ibid., I-II, q. 94, a. 6: "lex naturalis nullo modo potest a cordibus hominum deleri in universali".

[81] S. PUFENDORF, *De jure naturae et gentium*, III, II, 8.

[82] J. LOCKE, *Two treatises of government*, II, VII, n. 87.

seu lado, Thomas Paine afirmará que os "direitos naturais são aqueles que correspondem ao homem pelo simples fato de existir"[83].

Os direitos naturais, na construção teórica de Christian Wolff, são universais porque a natureza humana também é universal[84]. Thomas Hobbes insistirá em sua condição de imutáveis e eternos: "The Laws of Nature are Immutable and Eternal"[85]. Por esse motivo o homem não pode renunciar a eles nunca, já que, nas palavras de Jean-Jacques Rousseau: "Renoncer à sa liberté, c'est renoncer à sa qualité d'homme, aux droits de l'humanité..."[86]

Estas ideias encontraram síntese precisa nas famosas fórmulas da Declaração de Direitos do Bom Povo de Virgínia, que proclama em seu parágrafo 1: "Todos os homens são, por natureza, igualmente livres e independentes, e têm direitos inatos dos quais não podem privar a posteridade por nenhum pacto"; ou da Declaração francesa dos direitos do homem e do cidadão, em que se afirma que os homens nascem e permanecem livres e iguais em direitos, e que o fim de toda associação política é o da conservação dos direitos naturais e imprescritíveis do homem (arts. 1 e 2).

São patentes as analogias existentes entre o conceito tomista da lei natural e a noção moderna dos direitos naturais. Além disso, na opinião de Erik Wolf, Grócio e seus sucessores colocaram, no lugar dos antigos mandamentos teológico-morais da velha metafísica jurídica, princípios jusnaturalistas que também eram obrigatórios para todos os homens e épocas, mesmo que sem fundamentá-los na existência de um Deus legislador, pois se consideravam expressão do espírito eterno que atua no homem, testemunhos da luz divina no espírito humano[87].

Observou-se, com razão, que uma das principais fontes de ambiguidade no manejo dos termos mais usuais da linguagem jurídica e política consiste na tendência irreprimível da razão, a que já se referira Immanuel Kant, na busca do incondicionado. Essa tendência gera intermináveis ladainhas de linguagem coloridamente alegórica e reiterados contrassensos. Nesses casos busca-se "uma fonte única, ilimitada e suprema, de toda normação jurídica e de toda justificação jurídica. Tal fonte, se existe, está além de nossas possibilidades de conhecimento e de expressão"[88].

O desejo de situar os direitos humanos no plano orbital do absoluto e incondicionado levou as principais construções modernas de sua teorização a se inspirar, consciente ou inconscientemente, naquelas propriedades clássicas da lei natural, que a situavam acima de qualquer contingência. Por esse motivo, a atitude doutrinal que pretende traçar uma ruptura entre a lei natural e seu

---

[83] TH. PAINE, *Los derechos del hombre*, op. cit., p. 61.

[84] C. WOLFF, *Jus naturae methodo scientifica pertractatum*, I, 71; *Institutiones juris naturae et gentium*, n. 40-2.

[85] TH. HOBBES, *Leviathan*, I, XV.

[86] J. J. ROUSSEAU, *Du contrat social*, I, IV.

[87] E. WOLF, *Das Problem der Naturrechtslehre. Versuch einer Orientierung*, 3. ed., Karlsruhe, Muller, 1964, p. 72.

[88] G. R. CARRIÓ, *Sobre los límites del lenguaje normativo*, op. cit., p. 57.

analogon jurídico, isto é, os direitos naturais, longe de contribuir para elucidar o sentido destes últimos, o obscurece[89]. É, precisamente, a partir da tese oposta que se podem fixar os pressupostos que condicionam e explicam a significação dos direitos humanos, estabelecendo o contexto histórico que determina os limites externos da expressão. É verdade que ao fixar esses limites não serão eliminadas as controvérsias sobre a significação e o fundamento de tais direitos, mas a partir daí pode tornar-se mais evidente a hipóstase mitificadora subjacente a sua construção. Pois bem, por mais discutível que, no plano da análise semântica, possa parecer a projeção no terreno secular da organização sociopolítica de teses ligadas a uma visão escatológica do universo, como a que se depreende da lei natural na concepção tomista, essa proposta teve uma importância capital no plano pragmático. Com a feliz metáfora de alguns direitos comuns a todos os homens situados no plano dos valores absolutos, universais e intemporais, o pensamento jusnaturalista do século XVIII encontrou uma fórmula de importância essencial para uma nova legitimação do poder político. Com ela pretendia-se situar determinadas esferas da convivência humana acima das possíveis arbitrariedades de quem detivesse o poder. Tratava-se, em suma, de fazer da autoridade e da própria associação política instrumentos destinados à obtenção daquelas faculdades que se consideravam inerentes *por natureza* a todo o gênero humano[90].

4. A PROJEÇÃO DA INFORMÁTICA E O ESTRUTURALISMO NA ANÁLISE DO CONCEITO DOS DIREITOS HUMANOS

"A função da palavra foi de tal modo pervertida, fizeram-se mentir de tal forma as palavras mais verdadeiras, que já são insuficientes as declarações

---

[89] A ligação entre os direitos do homem e a lei natural serviu de título para uma conhecida obra de J. MARITAIN (cit. na nota 7), embora nela as relações entre ambos os termos sejam estudadas sob uma perspectiva diferente da adotada neste trabalho.

[90] Cf. o capítulo 5 deste livro, sobre *Estado de direito* e *direitos fundamentais*. A tese que aqui se defende sobre a interdependência entre a teoria jusnaturalista e a dos direitos humanos está sendo avaliada com base nas mais diferentes linhas doutrinais. Assim, por exemplo, a teoria jurídica socialista na era stalinista afirmava, nas palavras de VYCHINSKI, a primazia do direito objetivo estabelecido pelo Estado e expressão da vontade da classe dominante sobre os direitos subjetivos, negando qualquer tipo de fundamentação suprapositiva destes. Ora, a negação da fundamentação jusnaturalista leva na prática a uma posição precária dos direitos fundamentais dos cidadãos diante do Estado, uma vez que seu âmbito fica à mercê da vontade normativa estatal. Por isso, com a progressiva preocupação de determinados setores doutrinais socialistas em reforçar o estatuto dos direitos fundamentais, indicou-se que: "as opiniões defendidas recentemente na teoria jurídica oriental, que fazem um desvio da tese da primazia do direito objetivo, conduzem, inevitavelmente, a uma construção jusnaturalista. Se os direitos fundamentais devem ser determinados, em última instância, pelas relações sociais materiais, então se escolhe um fator extrajurídico como módulo do autêntico direito. Isto é, simplesmente, *um direito natural da matéria*". B. PFAHLBERG e G. BRUNNER, "Derechos fundamentales", in *Marxismo y Democracia* (enciclopédia de conceitos básicos, colaboração internacional dirigida por C. K. Kernig, Política 2), trad. esp. de J. Sainz, Madri, Rioduero, 1975, p. 87.

mais belas e solenes para devolver aos povos sua fé nos direitos do homem."[91] Com essas palavras, Jacques Maritain conseguiu sintetizar, em 1948, uma inquietação amplamente compartilhada. Uma impressão similar se depreendia de Julien Freund, em data mais recente, quando, ao iniciar uma análise sociológica dos direitos humanos, observava que: "il's n'ont pas été établis scientifiquement, mais dogmatiquement"[92].

Isso se deve ao fato de que os direitos humanos, como tantos outros conceitos-chave da filosofia jurídica e política, possuem uma inegável carga emotiva que determina que a informação subjacente a tais conceitos não esteja isenta de ambiguidades e contradições. Contudo, quando se percebe que essas ideias ou conceitos continuam a se repetir, na teoria, e na prática, ainda que não possam ser objeto imediato de verificação empírica, deve-se pensar que isso ocorre porque eles cumprem determinada função pragmática. Essa função, como se mostrou nos casos dos direitos humanos, está estreitamente ligada ao seu papel de critério de legitimação política.

Essas observações não devem ser entendidas no sentido de que a teoria dos direitos humanos deva resignar-se a permanecer no plano irracional ou, se se preferir, mítico. Neste ponto, os aspectos que podem ser depreendidos de uma análise da linguagem apresentam indubitável interesse para esboçar seu estatuto teórico e para ir situando seu estudo numa área de crescente cientificidade.

Em nossos dias não é possível ignorar os esforços para construir uma autêntica ciência dos direitos humanos[93], os quais não deixam de incidir no plano de sua própria delimitação conceitual. Assim, a análise linguística da noção dos direitos humanos encontra um notável aperfeiçoamento de seus instrumentos de trabalho em duas recentes contribuições da cultura contemporânea: o estruturalismo no campo da metodologia filosófica e a cibernética e a informática no campo da metodologia das ciências[94].

Convém comentar aqui uma interessante experiência desenvolvida pelo Instituto de Direitos Humanos de Estrasburgo. Essa experiência teve como objeto o processamento por computador de dados referentes aos direitos humanos. A análise faz parte das pesquisas do Instituto destinadas a elaborar: um glossário trilíngue (francês, inglês e alemão), uma enciclopédia e um índice de descritores em matéria de direitos humanos. A experiência visa também

---

[91] J. MARITAIN, "Introducción" a *Los derechos del hombre. Estudios y comentários en torno a la nueva Declaración universal, reunidos por la UNESCO*, cit., p. 22.

[92] J. FREUND, "Sociologie et méthodologie", in *René Cassin. Amicorum discipulorumque liber*, vol. IV, op. cit., p. 154.

[93] Cf. B. DE CASTRO CID, "Dimensión científica de los derechos del hombre", in A. E. PÉREZ LUÑO (org.), *Los derechos humanos. Significación, estatuto jurídico e sistema*, Publicaciones de la Universidad de Sevilla, 1979, pp. 48 ss.

[94] Cf. P. K. SCHNEIDER, *Die Begründung der Wissenschaften durch Philosophie und Kybernetik*, Stuttgart/Berlim/Colônia/Mainz, Kohlhammer, 1966, pp. 12 ss. e 51 ss.; A. E. PÉREZ LUÑO, *Cibernética, informática y derecho. Un análisis metodológico*, Bolonha, Publicaciones del Real Colegio de España, 1976, pp. 52 ss., 77 ss. e 97 ss.

estabelecer as relações da ciência dos direitos humanos com outras disciplinas afins. Para isso programou-se uma "análise espectral", baseada na comparação, realizada por computador, da matéria dos direitos humanos com as do direito internacional público, do direito público interno, do direito penal, da sociologia e da moral. Deseja-se também constituir um banco de dados, processado por um sistema de informática jurídica, que permitirá sua utilização por todos os organismos interessados na matéria.

A experiência foi realizada a partir de uma análise linguística de aproximadamente 700 páginas de textos referentes a direitos humanos. Desses, cerca de 60% se referiam a documentos internacionais, dos quais 30% pertenciam a organizações vinculadas à ONU e os 30% restantes, a organizações regionais; por sua vez, o total se distribuía em cerca de 20% de instrumentos jurídicos (tratados, convenções...), 20% de jurisprudência e os 20% restantes de doutrina. Os outros 40% eram integrados por documentos nacionais daqueles ordenamentos jurídicos que contribuíram mais decisivamente para a elaboração dos direitos humanos (10% de textos legislativos, 15% de jurisprudência e 15% de doutrina)[95]. Esta análise informática forneceu 50 mil termos que foram confrontados com os 1.361 elementos do glossário previamente elaborado manualmente, para determinar a frequência com que os termos do glossário apareciam nos textos processados, as omissões etc. Assim se pôde refazer o glossário e estabelecer os verbetes fundamentais da enciclopédia. Pôde-se comprovar também uma ordem quantitativa de frequência na repetição dos termos, e observou-se, deste modo, que o termo "lei" é usado com maior frequência que as palavras "Estado", "tribunal", "Constituição"...

Com base nesses índices de frequência, o computador permitiu elaborar uma definição da ciência dos direitos humanos, entendida como a que se refere à pessoa, particularmente ao trabalhador, que vive em um Estado, e que, acusado de uma infração ou vítima de uma guerra, se beneficia da proteção da lei, graças à intervenção do juiz nacional ou das organizações internacionais (tais como os órgãos da Comissão Europeia dos Direitos Humanos), e cujos direitos, especialmente o direito à igualdade, se conciliam com as exigências da ordem pública[96].

Afirmou-se que essa definição "não é convincente"[97]. No entanto, num trabalho mais recente, Yves Madiot não hesitou em dizer que, em que pese o caráter surpreendente dessa definição, por suas notáveis diferenças em relação

---

[95] A. C. Kiss, J. P. Massué, K. Vasak, "L'ordinateur au service des droits de l'homme", *RDH*, 1970, vol. III, n. 3, pp. 531 ss.

[96] "C'est une science qui concerne la personne, et en particulier l'homme travailleur, vivant dans le cadre d'un Etat et qui, accusé d'une infraction ou victime d'une situation de guerre, bénéficie de la protection de la loi, grâce à l'intervention du juge national et de celle des organisations internationales (telles que les organes de la Convention européenne des Droits de l'Homme) et dont les droits, et notamment le droit à l'égalité, sont harmonisés avec les exigences de l'ordre public." Esta definição é citada textualmente no trabalho de K. Vasak, "Informatique et droits de l'homme", in *René Cassin. Amicorum discipulorumque liber*, vol. IV, op. cit., p. 195.

[97] G. Peces-Barba, *Derechos fundamentales*, op. cit., p. 115.

às definições habituais mais abstratas e idealistas, ela está muito mais próxima da realidade[98]. De fato, é altamente significativo que nessa definição seja o trabalhador quem assume o primeiro plano como sujeito dos direitos humanos e que, nela, o princípio da igualdade supere o princípio clássico da liberdade, por sua importância atual.

É evidente que essa experiência não deixa de ter limitações, reconhecidas até por aqueles que a realizaram[99]. Essa limitação pode se percebida, de modo especial, no caráter restrito da documentação doutrinal, que de modo algum pode ser considerada representativa da ampla bibliografia existente sobre os direitos humanos. Por outro lado, é necessário insistir na natureza meramente quantitativa da experiência, uma vez que o computador, devidamente programado, pode indicar a frequência com que determinado termo aparece. Ele revelou, por exemplo, que o termo "lei" é mais usado que as expressões "Estado", "tribunal", "Constituição"..., mas não está em condições de determinar a respectiva importância qualitativa dos termos, nem, às vezes, a diferença significativa que um mesmo termo pode ter, dependendo do contexto em que é empregado[100].

De qualquer modo, a análise de informática jurídica representa uma contribuição muito valiosa para facilitar a análise linguística e a análise estrutural dos direitos humanos. Esta última foi empreendida pelo pesquisador francês Jean-Bernard Marie, que entende, com razão, que os direitos humanos constituem uma linguagem, isto é, são expressos através de suportes linguísticos: as palavras, e essas palavras podem ajudar a conhecer sua natureza. Os direitos humanos não constituem realidades imediatamente palpáveis e diretamente perceptíveis como os objetos do mundo físico; os direitos humanos são "concebidos", "reivindicados", "respeitados", "violados" ou "sancionados", mas nunca são *encontrados*, porque não são objetos materiais. Isso não quer dizer que não existam, prova disso é que são expressos continuamente na linguagem. A partir da dimensão linguística dos direitos humanos pode-se projetar sobre seu estudo a análise estrutural. Essa análise pode utilizar os dados fornecidos pela pesquisa informática e, tendo presente o índice de frequência dos termos mais usuais no campo dos direitos humanos, poderia estabelecer algumas relações semânticas, "um espaço semântico", ao ressaltar os sentidos diferentes que uma mesma palavra ou um grupo de palavras assumem, estudando também sua articulação e relações. Dessa forma, os dados quantitativos oferecidos pela informática serviriam de ponto de partida para o método estrutural para elaborar um quadro qualitativo de relações significantes, que superaria o plano estatístico e facilitaria a construção de modelos suscetíveis de captar a estrutura de um eventual "sistema linguístico" de direitos humanos (ou de vários sis-

---

[98] Y. MADIOT, *Droits de l'homme et libertés publiques*, op. cit., p. 13.

[99] Cf. A. C. KISS, J. P. MASSUÉ, K. VASAK, *L'ordinateur au service des droits de l'homme*, op. cit., que não tem dúvidas em admitir: "il faut tout d'abord insister sur le caractere incomplet et donc partiel de nos résultats" (p. 542).

[100] Cf. A. E. PÉREZ LUÑO, *Cibernética, informática y derecho*, op. cit., pp. 62 ss.

temas linguísticos de direitos humanos, uma vez que a totalidade articulada e significante é ainda hipotética)[101].

Essas investigações, ainda em fase embrionária, podem contribuir muito para aprimorar os instrumentos para uma análise linguística dos direitos humanos, sempre que se tenha presente a complementaridade metódica entre a filosofia analítica, o estruturalismo e a informática. Juntamente com essas linhas de análise, os estudos sociológicos também contribuirão para definir o estatuto teórico dos direitos humanos para levá-los progressivamente *vom Mythos zum Logos*. Pois bem, convém observar que esses esforços não devem supor uma impugnação da função pragmática dos direitos humanos, ligada a sua condição de valores e, como tais, revestidos de determinada carga emocional. Precisamente a análise linguística deve procurar esclarecer a linguagem na qual os direitos humanos, como valores, são expressos e justificados. Dessa forma, o estabelecimento sistemático das relações entre os termos e os fatos que eles designam contribui para desenvolver as condições para que a argumentação sobre os valores se realize em termos racionais. Porque foi dito que para o homem livre e responsável "il compito positivo e costruttivo del filosofo riguardo ai valori è quello di sviluppare le condizioni perché i valori siano e giustificati razionalmente"[102]. Não se trata, em suma, de propiciar uma conclusão pessimista sobre a noção dos direitos humanos, baseada em sua pluralidade e ambiguidade significativas, mas de assentar as bases para que a luta dos direitos humanos saia do dogmatismo e se fundamente em uma sólida deliberação racional.

5. UMA PROPOSTA DE DEFINIÇÃO

"Pois quem negará que seu coração se elevou e que em seu peito, mais livre, o sangue pulsou com mais pureza quando brilhou o primeiro raio do novo sol, quando se ouviu falar dos direitos do homem, comuns para todos, da embriagante liberdade e da bela igualdade? Então cada um esperou viver por si mesmo; parecia quebrar-se a corrente que agrilhoava muitos países e que mantinha em suas mãos o ócio e o egoísmo."[103] Nesses termos, Wolfgang Goethe,

---

[101] J. B. MARIE, "Méthode structurale et droits de l'homme", in *René Cassin. Amicorum discipulorumque liber*, vol. IV, op. cit., pp. 197 ss. Como é lógico, esta pesquisa foi realizada no plano metódico e completamente à margem dos pressupostos anti-humanistas que caracterizam determinadas versões ideológicas do estruturalismo, as quais, como é óbvio, implicam antes uma negação que uma fundamentação teórica dos direitos humanos. Sobre a dimensão filosófico-jurídica do estruturalismo, ver A. E. PÉREZ LUÑO, "Tradizione e novità ne 'La struttura del diritto' di Vittorio Frosini", *RIFD*, 1973, pp. 315 ss., e a bibliografia ali resenhada. Ver também os recentes trabalhos de C. GÓMEZ TORRES, "Aportaciones y límites de la proyección del estructuralismo al derecho", *ASPJ*, 1981, pp. 7 ss.; A. MONTORO BALLESTEROS, *Análisis estructural y conocimiento jurídico*, Publicaciones de la Universidad de Murcia, 1982.

[102] U. SCARPELLI, *Filosofia analitica, norme e valori*, Milão, Edizioni di Comunità, 1962, p. 90.

[103] W. GOETHE, "Hermann y Dorotea", in *Obras*, trad. esp. de J. Mª. Valverde, com prólogo de M. Sacristán, Barcelona, Vergara, 1963, p. 916.

testemunha excepcional de sua época, resumia o conjunto de sentimentos, aspirações e êxitos que a expressão "direitos humanos" suscitou nas consciências de seus contemporâneos, no clima cultural imediato à promulgação das declarações. As palavras de Goethe, carregadas de força alegórica e próprias dessa linguagem poética que tantas vezes serviu de veículo expressivo dos direitos humanos, constituem, portanto, uma ferramenta muito útil para compreender seu valor pragmático. Com essas expressões desejava-se ressaltar, em determinado momento histórico, o valor de um novo critério de legitimação política. Pois, tal como se expôs após a afirmação, em muitas ocasiões grandiloquente, dos direitos do homem, desejava-se pôr um freio contra a autoridade dogmática e arbitrária e, em suma, contra a onipotência do poder. Um claro exemplo da função política da metáfora dos direitos do homem nos é oferecido pela Declaração de Independência norte-americana, de 1776, na qual, por inspiração direta de Thomas Jefferson, consideram-se verdades evidentes: que os homens são iguais por natureza, que foram dotados de direitos inalienáveis por seu Criador e que precisamente para assegurar o gozo desses direitos os homens estabelecem governos.

A partir desses esclarecimentos pode-se esboçar uma definição dos direitos humanos em termos explicativos, isto é, destinada a ressaltar como essa expressão deve ser empregada na teoria jurídica e política de nosso tempo para obter a máxima clareza e rigor com base nos usos mais representativos do termo. De acordo com ela, os direitos humanos aparecem como *um conjunto de faculdades e instituições que, em cada momento histórico, concretizam as exigências da dignidade, da liberdade e da igualdade humanas, as quais devem ser reconhecidas positivamente pelos ordenamentos jurídicos no âmbito nacional e internacional.*

Talvez se pudesse considerar que essa definição não evita os perigos mais frequentes nas tentativas de delimitar conceitualmente os direitos humanos que foram mencionadas no início deste capítulo.

a) Assim, pode-se objetar que, ao definir os direitos humanos como algumas faculdades que correspondem às necessidades dos seres humanos, se incorre numa *tautologia*. Pois bem, a referência imediata aos valores dos quais essas faculdades constituem uma concretização e a insistência no caráter histórico com que ela é realizada são dados que contribuem para uma determinação do significado desses direitos.

É particularmente necessário enfatizar o sentido histórico dos direitos humanos, já que a própria experiência se encarregou de desfazer, em menos de dois séculos, a ilusão iluminista de certos direitos humanos válidos *semper et ubique*. No século XIX, os *Grundzüge des Naturrechts oder der Rechtsphilosophie* (1846) de August Röder, onde se traçava um minucioso catálogo de direitos e deveres humanos, alguns deles tão insólitos como o de não fazer perguntas embaraçosas, ou o de não entrar numa residência sem se fazer anunciar, foram objeto da aguda ironia de Rudolf von Ihering[104]. Da mesma forma, hoje existem direitos que julgamos muito importantes, especialmente no plano econômico e social, que nem sequer foram imaginados pelos autores das declarações do século XVIII.

b) Por outro lado, o apelo aos valores da dignidade, da liberdade e da igualdade poderia ser entendido como uma clara incidência dessa proposta definidora no âmbito das chamadas "definições *teleológicas*", isto é, de se remeter a valores de conteúdo impreciso.

Contudo, os valores comentados podem ser considerados os três eixos fundamentais em torno dos quais sempre se concentrou a reivindicação dos direitos humanos, com o conjunto de faculdades e instituições destinadas a explicitá-los assumindo, é claro, um conteúdo distinto em diferentes momentos históricos.

A dignidade humana foi na história, e é na atualidade, o ponto de referência de todas as faculdades que se voltam ao reconhecimento e à afirmação da dimensão moral da pessoa[105]. Sua importância na origem da moderna teoria dos direitos humanos é inegável. Basta recordar que da ideia de *dignitas* do homem, como ser eticamente livre, parte todo o sistema de direitos humanos de Samuel Pufendorf, que, por sua vez, foi fermento inspirador das declarações americanas[106].

A liberdade constitui, desde sempre, o princípio aglutinador da luta pelos direitos humanos, chegando ao ponto de, durante muito tempo, a ideia de liberdade, em suas diversas manifestações, ser identificada com a própria noção de direitos humanos. É significativo que, até em nossos dias, em um interessante estudo sobre a existência de direitos naturais desenvolvido no âmbito de um dos mais decididos movimentos de crítica radical da tradição metafísica, se reconhecia a liberdade como o único direito natural. Trata-se da análise lógica realizada por Herbert Hart, que limitou a possibilidade de existência de direitos naturais a um só direito: "the equal right of all men to be free"[107].

---

[104] R. VON IHERING, *Scherz und Ernst in der Jurisprudenz Eine Weinachtsgabe für das juristische Publikum*, 9. ed., Leipzig, Breitkopf & Hartel, 1904, p. 332.

[105] Cf. E. BLOCH, *Naturrecht und menschliche Würde*, op. cit.; H. C. NIPPERDEY, "Die Würde des Menschen", in F. L. NEUMANN, H. C. NIPPERDEY, U. SCHEUNER (orgs.), *Die Grundrechte. Handbuch der Theorie und Praxis der Grundrechte*, Berlim, Duncker & Humblot, 1954, t. II, pp. 1 ss. e 26 ss.; W. MAIHOFER, *Rechtsstaat und menschliche Würde*, Frankfurt a. M., Klostermann, 1968.

[106] Cf. H. WELZEL, "Ein Kapitel aus der Geschichte der amerikanischen Erklärung der Menschenrechte (John Wise und Samuel Pufendorf)", in *Zur Geschichte der Erklärung der Menschenrechte*, op. cit., pp. 238 ss.

[107] H. L. A. HART, "Are there any natural rights?", *The Philosophical Review*, 1955, n. LXIV, pp. 175 ss. A partir de diferentes premissas, a uma conclusão similar à de Herbert HART chegou John RAWLS, que em seu conhecido livro *A Theory of Justice*, Cambridge (Massachusetts), Harvard University Press, 1971, considera como primeiro princípio da justiça o direito equivalente de cada pessoa ao mais amplo sistema de liberdades fundamentais compatível com um sistema similar de liberdade para todos (p. 302). Contra a tese de H. HART, deve-se comentar, em que pese a fragilidade de seu conteúdo, a recente publicação de H. J. MCCLOSKEY, *Derechos y sociedad en la filosofía analítica*, trad. esp. de F. Quintana, Santiago do Chile, Departamento de Estudios Humanísticos, 1976.

A respeito da igualdade deve-se recordar, tal como se evidenciou ao comentar a experiência jusinformática do Instituto Internacional dos Direitos Humanos de Estrasburgo, que constitui o direito humano mais importante em nosso tempo, ao ser considerado um postulado fundamentador de toda a moderna construção teórica e jurídico-positiva dos direitos sociais[108].

c) Por último, seria possível imaginar que ao aludir à necessidade da positivação desse conjunto de faculdades se incorria em um enfoque *formalista* ao não se fazer menção expressa à relação efetiva dos direitos humanos. Por isso, deve-se observar que o reconhecimento positivo de tais direitos é entendido aqui em seu sentido mais amplo, que inclui tanto os instrumentos normativos de positivação como as técnicas de proteção e garantia.

A definição proposta pretende conjugar as duas grandes dimensões que integram a noção geral dos direitos humanos, isto é, a exigência jusnaturalis-

---

Neste livro pretende-se refutar, a partir de uma pesquisa que se diz analítica, a possibilidade de admitir qualquer direito humano em termos absolutos, invioláveis e inalienáveis, reconhecendo-se, contudo, alguns direitos condicionais, porém básicos ou *prima facie*, como intrínsecos a seus possuidores, e entre os quais são citados: "o direito à vida, o direito a contrair matrimônio e a ter descendência, o direito ao autodesenvolvimento, o direito a ter acesso ao conhecimento, à verdade e, portanto, à educação necessária para isso, o direito a viver como agentes morais completos" (p. 147). É paradoxal o reconhecimento desse heterogêneo e peculiar grupo de direitos como básicos e intrínsecos, quando a parte mais ampla do trabalho de McCloskey visa mostrar o caráter relativo e contingente de direitos tão básicos e intrínsecos como os da liberdade (pp. 44 ss.) e igualdade (pp. 52 ss.). Assim, o recurso à filosofia analítica, mais que de instrumento metódico para a pesquisa, serve de mero pretexto legitimador de seus preconceitos antidemocráticos. Por isso, o fato de esse livro ter sido publicado em pleno 1976 "para uso exclusivo de estudantes da Universidade do Chile" não deve ser considerado casual, mas plenamente revelador do espírito que o anima. Como eloquente revelador dos pressupostos ideológicos dessa obra, pode-se citar um parágrafo que contém uma justificativa "analítica" da discriminação racial, com base em argumentos que nada inovam em relação aos que já foram refutados há séculos por nossos Vitoria ou Las Casas. "*Igualdade racial e justiça*: Novamente – são palavras de McCloskey – o argumento em favor da igualdade parte da ausência de diferenças relevantes. As diferenças em atributos relevantes aparecem antes dentro das raças individuais que entre diferentes raças. No entanto, pode-se ver que a defesa da igualdade racial não é uma defesa absoluta de princípios, ao considerar o seguinte exemplo imaginário. Suponhamos a descoberta de uma ilha no Pacífico, que até então não fora descoberta, que seria habitada por um novo grupo racial com inteligência bastante inferior à de um idiota e que possua a característica depravada e sádica de encontrar prazer no sofrimento alheio. Suponhamos que, depois de 100 anos, tendo contato com outros grupos sociais, em diferentes ambientes culturais, essas características persistissem. A justiça promulgaria, mesmo assim, a igualdade racial? Sugiro que não. Seria injusto tratar a tal raça igual às demais, já que se diferenciariam em sentidos que são relevantes para a discriminação: necessitariam de proteção legal por causa de sua estupidez e teriam, portanto, direitos legais restritos e distintos. O direto ao sufrágio lhes poderia ser negado com justiça, por carecerem da competência para proteger seus próprios interesses; e poder-se-ia restringir corretamente o exercício de seus impulsos sádicos mediante a privação da liberdade, se necessário. Seria injusto para eles tratá-los como as outras raças. É evidente a relevância disso para os estudos sobre as diferenças raciais" (pp. 62-3).

[108] Cf. *L'égalité*, vol. I, org. por H. Buch, P. Foriers, Ch. Perelman, Bruxelas, Bruylant, 1971; e vol. IV, in R. Dekkers, P. Roriers, Ch. Perelman (orgs.), Bruxelas, Bruylant, 1975, no qual é particularmente interessante para nosso objeto o trabalho de P. Mertens, "Égalité et droits de l'homme: de l'homme abstrait à l'homme 'situé'", pp. 266 ss. A. E. Pérez Luño, "El concepto de igualdad como fundamento de los derechos económicos, sociales y culturales", *ADH*, 1981, pp. 255 ss.

ta em relação a sua fundamentação e as técnicas de positivação e proteção que dão a medida de seu exercício. É evidente que com essa proposta de definição não se pretende ter dado uma resposta satisfatória a toda a série de problemas que, como tivemos a oportunidade de comprovar, implica qualquer tentativa de definir os direitos humanos. Mas, através da análise dos principais usos linguísticos da expressão, pretendemos esclarecer o âmbito em que ela pode ser usada com sentido; ao menos foi esse o propósito que guiou as reflexões anteriores.

CAPÍTULO 2

O PROCESSO DE POSITIVAÇÃO DOS DIREITOS FUNDAMENTAIS

1. APRESENTAÇÃO: SENTIDOS EM QUE SE PODE ENTENDER A POSITIVAÇÃO DOS DIREITOS FUNDAMENTAIS

Quando se faz referência ao problema da positivação dos direitos fundamentais pode-se estar aludindo a dois problemas de natureza diferente e que, portanto, envolvem diversas implicações. Algumas vezes se pretende indicar com essa expressão a postura daqueles que se ocuparam dessa matéria. Trata-se, então, de uma questão primordialmente *doutrinal* que se concretiza nas diferentes construções teóricas que tentaram explicar ou até que serviram de *background* ideológico de tal processo. Porém, em outras ocasiões, a referência ao processo de positivação dos direitos humanos fundamentais relaciona-se a algo mais concreto, a um problema *institucional* ou, se se preferir, técnico-jurídico. Sob essa perspectiva, a positivação de tais direitos é considerada um aspecto do processo geral de formação de regras jurídicas. Aqui, a positivação dos direitos fundamentais é entendida como sua formulação normativa através de alguns preceitos emanados segundo os procedimentos formais estabelecidos pelo princípio de validade de determinado ordenamento jurídico.

É evidente que de acordo com o sentido em que se entenda a positivação o planejamento e o desenvolvimento de seu estudo serão bastante diferentes. E é claro que das diferentes tradições filosóficas, religiosas e culturais derivarão concepções teóricas díspares e até abertamente contrárias sobre o valor e a natureza do processo de positivação desses direitos, o que tornará profundamente difícil chegar a estabelecer alguns critérios gerais sobre o particular. Esta dificuldade esteve presente na quase totalidade das apresentações teóricas dos participantes do Congresso do Instituto Internacional de Filosofia realizado em Áquila, em setembro de 1964, cujo objeto de estudo foi, precisamente, o do fundamento dos direitos humanos. Em uma síntese precisa sobre essa problemática, o presidente do evento mostrava que toda busca de uma fundamentação para os direitos humanos confronta-se com o secular dilema de optar entre uma justificação desses direitos derivada de uma ordem natural ou transcendente (à qual parece opor-se desde o princípio o fato de que qualquer fundamento dessa ordem é um produto histórico) e a simples aceitação do caráter positivo e empírico de qualquer declaração de direitos (do que deveria derivar a ausência de critérios para julgar seu valor e seu desenvolvimento na civilização)[1]. Além disso, desde sua proposição já se observa o significado contraditório que doutrinalmente assume o problema da positivação dos direitos humanos fundamentais. Porque se, tal como postularam desde sempre os defensores dos direitos naturais, existem alguns direitos que o homem possui por sua mera condição e sem que para isso precise interceder nenhuma concessão discricionária, parece supérflua ou, no mínimo, acessória a sua positivação; entretanto, se, pelo contrário, o requisito da positividade é necessário para se poder falar em direitos fundamentais, perde validade seu pretenso caráter natural e inevitável.

O problema da positivação parece menos complexo quando visto a partir de sua dimensão institucional técnico-jurídica. Sob essa perspectiva, já não se trata de pensar sobre como deve ser entendida a positivação, mas de apontar as instituições jurídico-políticas através das quais ela se realizou; e sempre costuma ser menos arriscado tentar descrever um processo que avaliá-lo ou fundamentá-lo.

Em todo o caso, essas perspectivas de enfoque, mesmo sendo independentes no plano lógico, encontram-se estreitamente ligadas em seu desenvolvimento histórico. Por esse motivo, ao traçar uma proposição doutrinal do processo de positivação dos direitos fundamentais, já se está antecipando um ponto de referência necessário para o estudo de sua dimensão institucional.

2. PERSPECTIVAS DOUTRINAIS RELATIVAS À POSITIVAÇÃO

Se a luta pelo reconhecimento da dignidade da pessoa humana pode ser considerada uma constante na evolução da filosofia jurídica e política humanista, a tendência à positivação das faculdades que tal dignidade traz consigo pode ser considerada um problema estreitamente ligado às proposições doutrinais do momento presente. Em todo o caso, se se tem em conta que as principais tendências filosóficas defendem ou comportam determinada visão dos direitos fundamentais, é fácil compreender a necessidade de traçar um quadro seletivo que, sem pretensões de ser exaustivo, reflete os principais pontos de vista sobre a positivação desses direitos. Uma vez que a enumeração das diferentes opiniões doutrinais sobre esse tema, além de ser muito difícil, seria pouco esclarecedora.

Por isso, parece mais conveniente reduzir a exposição àquelas linhas que de forma mais acentuada contribuíram para apresentar o problema da positivação em nível teórico, agrupando-as convencionalmente de acordo com três grandes posturas doutrinais: a jusnaturalista, a positivista e a realista.

---

[1] G. GALOGERO, "Séance d'ouverture", in *Le fondement des droits de l'homme*, Actes des entretiens de l'Aquila (1º-19 de setembro de 1964), Institut International de Philosophie, Florença, La Nuova Italia, 1966, p. 141.

2.1. Teses jusnaturalistas

Sob o rótulo do jusnaturalismo agruparam-se historicamente uma série de doutrinas muito heterogêneas e até contraditórias, que serviram para defender e fundamentar a existência do direito natural. A tantas vezes mencionada equivocidade do direito natural nasce precisamente do caráter mutável e contraditório do que em cada época e ambiente foi considerado direito correspondente à natureza e da função jurídico-política que dele se fazia derivar[2]. Pois bem, se as diferentes concepções jusnaturalistas coincidiram em alguma coisa foi em afirmar a existência de alguns postulados de juridicidade anteriores e justificadores do direito positivo. Por esse motivo, recorda-nos Battaglia que: "A afirmação de que existem alguns direitos essenciais do homem enquanto tal, em sua qualidade ou essência absolutamente humana, não pode ser desvinculada do reconhecimento prévio e necessário de um direito natural; natural enquanto distinto do positivo e, por sua vez, preliminar e fundamental com relação a ele."[3]

Essa ideia é um lugar-comum no jusnaturalismo clássico e medieval, mas no que se refere à teoria dos direitos naturais encontra sua formulação mais precisa e acabada nas construções dos séculos XVII e XVIII.

As teorias jusnaturalistas coincidem em ver o processo de positivação dos direitos humanos como a consagração normativa de algumas exigências prévias, de algumas faculdades que correspondem ao homem pelo mero fato de sê-lo, isto é, por sua própria natureza[4]. Dessa perspectiva, a positivação assume um caráter puramente declarativo e será considerada a culminação de um processo que tem sua origem nas exigências que a razão postula como imprescindíveis para a convivência social.

Para o jusnaturalismo, o termo "direito" não coincide com o de direito positivo e, portanto, defende a existência de alguns direitos naturais do indivíduo originários e inalienáveis, em função de cujo usufruto surge o Estado. É por isso que a positivação dos direitos humanos fundamentais se apresenta sob essa perspectiva como o reconhecimento formal por parte do Estado de algumas exigências jurídicas prévias que se convertem em normas positivas para maior garantia de sua proteção.

A atitude jusnaturalista diante do problema da positivação encontrou uma síntese precisa no pensamento de Maritain, que afirmou: "a existência de

---

[2] Cf. A. E. Pérez Luño, "El Derecho natural como problema. Ensayo de análisis del lenguaje", in *Estudios-Homenaje al profesor Corts y Grau*, Universidad de Valencia, 1977, vol. II, pp. 187 ss.

[3] F. Battaglia, "Declaraciones de derechos", em seu vol. *Estudios de Teoría del Estado*, trad. esp. de E. Díaz e P. de Vega, com prólogo de L. Legaz y Lacambra, Bolonha, Publicaciones del Real Colegio de España, 1966, p. 175.

[4] Cf. A. Truyol y Serra, *Los derechos humanos*, Madri, Tecnos, 1968, p. 11; G. Morelli, *Il diritto naturale nelle costituzioni moderne*, Milão, Vita e Pensiero, 1974, para quem a negação de normas metaestatais vinculantes supõe a negação, de fato, de todo o ordenamento jurídico positivo (pp. 5 ss.).

direitos naturalmente inerentes ao ser humano, anteriores e superiores às legislações escritas e aos acordos entre governos, direitos que não cabe à comunidade civil os *outorgar*, mas os *reconhecer* e sancionar"[5]. Na mesma linha do caráter declarativo do reconhecimento estatal dos direitos humanos insistiu, na Espanha, o professor Fernández-Galiano, para quem tal ato equivale a constatar a existência desses direitos como prévia e anterior a toda lei positiva: "na mesma noção de reconhecimento – nos diz – encontra-se implícita a ideia de que tais direitos não se originam do ordenamento jurídico, que se limita a dar fé de que existem, proclamando sua vigência. Em poucas palavras, os direitos humanos existem e o sujeito os possui independentemente de serem reconhecidos ou não pelo direito positivo"[6].

Nas principais declarações do século XVIII, fruto da inspiração jusnaturalista, observa-se também o sentido declarativo que nelas assumia a positivação dos direitos fundamentais. Assim, no parágrafo 1 da Declaração de direitos do bom povo de Virgínia, de 1776, lê-se que todos os homens são por natureza igualmente livres e independentes, e têm certos direitos inerentes (*inherent rights*), dos quais, quando entram em estado de sociedade (*into a state of society*), não podem, por nenhum acordo, privar ou despojar sua posteridade. Na mesma linha, o artigo 2 da Declaração francesa dos direitos do homem e do cidadão, de 1789, proclamava que a meta de toda associação política residia na "conservation des droits naturels et imprescriptibles de l'homme".

Esses princípios estão reafirmados em algumas das mais importantes Declarações do nosso tempo. Veja-se, por exemplo, a afirmação contida no artigo primeiro da Declaração universal dos direitos humanos da ONU, de 1948, de que: "Todos os seres humanos nascem livres e iguais em dignidade e direitos..."[7]; e também a categórica profissão de fé jusnaturalista que implicam as palavras com que se inicia a Encíclica *Pacem in terris* de João XXIII. Nesse texto de 1963 afirma-se que: "Em toda convivência bem organizada e fecunda há que se colocar como fundamento o princípio de que todo ser humano é pessoa, isto é, uma natureza dotada de inteligência e de vontade livre e que, portanto, dessa mesma natureza, e diretamente, nascem ao mesmo tempo direitos e deveres que, ao ser universais e invioláveis, são também absolutamente inalienáveis." De forma análoga pode ser interpretado o artigo 10.1 da Constituição espanhola, de 1978, quando declara que: "A dignidade da pessoa, os direitos invioláveis que lhe são inerentes, o livre desenvolvimento da perso-

---

[5] J. MARITAIN, "Acerca de la filosofía de los derechos del hombre", in *Los derechos del hombre. Estudios y comentarios en torno a la nueva Declaración universal reunidos por la UNESCO*, México/Buenos Aires, Fondo de Cultura Econômica, 1949, p. 72.

[6] A. FERNÁNDEZ-GALIANO, *Derecho natural. Introducción filosófica al derecho*, vol. I, Madri, Universidad Complutense-Facultad de Derecho, Sección de Publicaciones, 1974, p. 150.

[7] "The statement that all men are born free and equal is expressly a doctrine of natural law...", assinalava expressamente o próprio H. KELSEN, comentando esse artigo da Declaração universal em seu vol. *The Law of the United Nations. A Critical Analysis of Its Fundamental Problems*, Nova York, Praeger, 1950, p. 40.

nalidade, o respeito à lei e aos direitos dos demais são fundamento da ordem política e da paz social."

2.2. TESES POSITIVISTAS

Nesse aspecto, a posição que os partidários do positivismo jurídico sustentam é radicalmente diferente. De seu ponto de vista, a juridicidade se identifica com a noção do direito positivo, com as normas jurídicas positivamente estabelecidas. Qualquer crença em normas objetivamente válidas anteriores a tal direito aparece como o produto de uma posição metafísica e inaceitável. Daí que o processo de positivação seja entendido pelos positivistas como mais um aspecto das regras gerais que presidem a criação do direito no ordenamento estatal.

Um dos expoentes mais representativos dessa linha é Bentham, que, em seu famoso opúsculo *Anarchical Fallacies; being and examination of the Declaration of Rights issued during the French Revolution*, havia destacado a incongruência jurídica inerente à exigência de alguns direitos anteriores ao Estado. Em sua opinião, onde não existem leis positivistas nem Estado não há nenhum direito, e o fato de afirmá-lo implica uma perigosa metáfora cuja falácia se evidencia diante da própria necessidade de recorrer à lei escrita para definir esses pretensos "direitos naturais do homem". Para Bentham, era inexplicável que de um órgão como a Assembleia revolucionária francesa, da qual faziam parte renomados juristas, pudesse surgir um texto tão absurdo do ponto de vista do direito como a Declaração de 1789. As razões pelas quais se deseja que existam esses direitos não constituem por si sós direitos, do mesmo modo que a fome não cria o pão. Por isso a expressão "direitos naturais" (*Natural Rights*) é um contrassenso: "nonsense up stilts"[8]. Pois bem, trata-se de um contrassenso retórico que produz graves resultados no plano jurídico e político. De fato, aqueles que os defendem sustentam que tais pretensos direitos possuem valor jurídico, e que por isso o governo deve respeitá-los na íntegra. Com isso, chegamos a uma situação de anarquia jurídica e política, já que em última instância a teoria dos direitos naturais "to excite and keep up a spirit of resistance to all laws – a spirit of insurrection against all governments"[9].

Qual é a natureza dos direitos do homem para a concepção positivista? Austin, outro dos maiores representantes do positivismo jurídico na Inglaterra,

---

[8] J. BENTHAM, "Anarchical Fallacies; being and examination of the Declaration of Rights issued during the French Revolution", in *Works*, ed. Bowring; citada pela reimpressão de Nova York, Russell & Russell, 1962, vol. II, p. 500. Cf. sobre o ponto de vista de Bentham a respeito dos direitos do homem os trabalhos de: J. H. BURNS, "Bentham and the French Revolution", in *Transactions of the Royal Historical Society*, 1966, pp. 95 ss.; W. TWINING, "The Contemporary Significance of Bentham's Anarchical Fallacies", *ARSP*, 1975, p. 325; M. T. DALGARNO, "The Contemporary Significance of Bentham's Fallacies: A Reply to William Twining", ibid., pp. 357 ss.; M. EL SHAKANKIRI, "Jeremy Bentham: critique des droits de l'homme", *APD*, 1964, pp. 129 ss.

[9] Ibid., p. 501.

desenvolverá neste ponto a doutrina de Bentham. A seu ver, os direitos naturais não passam de um setor das regras que em sua teoria integram a moralidade positiva: conjunto de normas sociais provenientes das opiniões e sentimentos coletivos que influenciam no direito, mas que não são direito. Somente quando essas regras forem promulgadas através de mandatos que imponham deveres e impliquem sanções serão autênticos direitos. Para Austin, é fundamental o princípio segundo o qual: "The existence of law is one thing; its merit or demerit is another."[10] Por isso, aqueles que se referem a valores morais e os apresentam como jurídicos levam a um enfrentamento violento entre suas próprias concepções e os princípios defendidos por outros grupos[11]. Proclamar como regra geral que as leis prejudiciais ou contrárias à vontade de Deus são inválidas e não devem ser toleradas "is to preach anarchy, hostile and perilous as much to wise and benign rule as to stupid and galling tyrany"[12].

Atitude similar observa-se nas proposições doutrinais de Bergbohm, um dos mais qualificados expoentes do positivismo jurídico alemão. Em sua obra *Jurisprudenz und Rechtsphilosophie* mantém a tese de que o único direito existente como tal é o positivo, que estabelece o fundamento da convivência entre os homens: "bildet die Grundlage aller Ordung unter den Menschen"[13]. Sendo assim, os pretensos direitos naturais e qualquer direito diferente do positivo levam à dissolução da ordem jurídica e à anarquia.

O progressivo descrédito da teoria dos direitos naturais na ciência jurídica alemã do final do século XIX e princípio do XX, motivado em grande parte pela crítica do positivismo jurídico, determinou o surgimento de uma nova categoria: os direitos públicos subjetivos. Essa mudança de denominação significa também uma importante mudança na natureza desses direitos. De fato, a nova categoria se apresentará como tentativa de oferecer uma configuração jurídico--positiva, da exigência mantida pela teoria dos direitos naturais de afirmar as liberdades do indivíduo diante da autoridade do Estado. Para isso, as estruturas do poder precisavam ser organizadas de forma que fosse possível a instauração de relações jurídicas entre o Estado e os particulares, e para tanto se devia reconhecer a personalidade jurídica do Estado, que desse modo adquiria a titularidade de direitos e obrigações para com os cidadãos, estabelecendo-se, também, uma consequente tutela jurisdicional das situações subjetivas assim instituídas.

Essa proposição encontrou ampla repercussão na doutrina de Gerber, Laband, Mayer e especialmente na de Jellinek, cuja construção pode ser considerada clássica.

Na opinião de Jellinek, a pertença ao Estado qualifica cada cidadão e se consolida em uma série de relações que o colocam em diversas situações jurí-

---

[10] J. Austin, *The Province of Jurisprudence Determined and the Uses of the Study of Jurisprudence*, com "Introduction" de H. L. A. Hart, 3. ed., Londres, Weidenfeld & Nicolson, 1968, p. 184.

[11] Ibid., pp. 54 ss.

[12] Ibid., p. 186.

[13] K. Bergbohm, *Jurisprudenz und Rechtsphilosophie*, cit. da reprodução anastática sobre a edição de 1892, de Detlev Auvermann, Glashütten im Taunus, 1973, pp. 181-2 e 407.

dicas (*Zustände*), das quais surgem pretensões jurídicas (*Ansprüche*). Essas pretensões dos cidadãos constituem os direitos públicos subjetivos, que foram se afirmando progressivamente em quatro fases ou *status*.

A primeira, que ele denomina *status subiectionis*, não permite o nascimento de nenhum direito subjetivo, mas implica uma situação passiva (*der passive Status*) dos destinatários da normativa emanada do poder político.

Na segunda fase, que corresponde ao *status libertatis*, reconhece-se um âmbito de autonomia, uma esfera de não ingerência do poder na atividade dos indivíduos. Comporta uma situação negativa (*der negative Status*), uma garantia diante da intromissão do Estado em determinados assuntos. A partir daí já aparecem algumas faculdades dos indivíduos para conseguir que o Estado se abstenha de interferir na relação com a liberdade na esfera individual (*individuelle Freitheitssphäre*).

A terceira fase, chamada por Jellinek de *status civitatis*, permite aos cidadãos solicitarem do Estado determinado comportamento ativo. Trata-se de uma situação positiva (*der positive Status*) na qual já existem autênticos direitos públicos subjetivos, como direitos civis.

Por último, inclui-se nessa tipologia um *status activae civitatis* ou situação ativa (*Status der aktiven Zivität*), na qual o cidadão desfruta de direitos políticos, isto é, participa na formação da vontade do Estado como membro da comunidade política[14].

A teoria dos direitos públicos subjetivos dotou a dogmática dos direitos fundamentais de um suporte rigoroso fundado no plano da estrita positividade. O problema da positivação será sempre visto a partir dessas premissas não como um ato de reconhecimento ou declarativo, mas como um ato de criação e, portanto, constitutivo. Antes da positivação, seria possível reconhecer expectativas de direito ou postulados sociais de justiça, mas nunca direitos.

Os direitos públicos subjetivos surgiram como uma alternativa pretensamente técnica e asséptica à noção dos direitos naturais que, como se expôs, eram considerados pelo positivismo jurídico como uma categoria abertamente ideológica. Comprova-se que essa alternativa não estava isenta de conotações políticas quando se tem em mente que ela foi um mecanismo fundamental posto a serviço do funcionamento do *Rechtsstaat*, do Estado burguês de direito, criação, por sua vez, dessa mesma dogmática alemã do direito público[15].

Em todo o caso, a construção dogmático-jurídica dos direitos fundamentais continua, em grande medida, fiel a esses postulados apresentados pelo positivismo jurídico como fundamento do processo de positivação. Boa prova disso é oferecida por uma interessante monografia alemã, publicada há poucos anos, sobre *Die Positivität der Grundrechte*. Nela, afirma-se que a positivação dos direitos fundamentais não tem o caráter de mera declaração do direito natural, mas que possui valor constitutivo. Não se trata, portanto, de ratificar

---

[14] F. Jellinek, *System der subjektiven öffentlichen Rechte*, cit. da reprodução anastática sobre a 2. ed., de 1919, de Scientia, Aalen, 1964, pp. 81 ss.

[15] Cf. o capítulo 5, "Estado social e democrático de direito e direitos fundamentais".

os postulados do direito natural, mas de dar vida a um conjunto de normas jurídicas no âmbito de um ordenamento[16].

2.3. Teses realistas

Diante dos pontos de vista até aqui comentados existe uma ampla área doutrinal que mantém, com importantes peculiaridades e a partir de diferentes perspectivas, uma atitude que convencionalmente se pode chamar realista.

Integram esse grupo aqueles que não atribuem ao processo de positivação um significado declarativo de direitos anteriores (tese jusnaturalista), ou constitutivo (tese positivista), mas que entendem que esse processo supõe mais um requisito a ser levado em conta para o efetivo e real usufruto de tais direitos. A positivação não é considerada, portanto, o final de um processo, mas uma condição para o desenvolvimento das técnicas de proteção dos direitos fundamentais, que são as que em última instância definem seu conteúdo.

Para aqueles que defendem esse ponto de vista, o problema da positivação não deve ser situado naqueles ideais do direito natural em que os homens se inspiram ou dizem inspirar-se para transformá-los em normas positivas; nem tampouco nos preceitos positivamente estabelecidos nos quais se consideram constituídos tais direitos fundamentais. A pauta orientadora de sua significação será a práxis concreta dos homens, que são aqueles que afinal de contas sofrem ou se beneficiam desses direitos e que com seus comportamentos contribuíram para formá-los em cada situação histórica. Por isso, a atitude realista implica uma crítica ao jusnaturalismo (em especial a suas versões racionalistas do século XVIII) por sua concepção ideal dos direitos humanos e ao positivismo jurídico por sua consideração puramente formal de tais direitos.

As correntes realistas acusam de abstração tanto os jusnaturalistas iluministas, por situar o problema concreto da positivação dos direitos fundamentais no âmbito dos ideais eternos e metafísicos, quanto os positivistas, que o consideram resolvido com sua configuração em normas formalmente válidas, mas que muitas vezes são meras formas destituídas de conteúdo. Não é aí, observam os realistas, que deve ser situado o problema da positivação, mas no plano das condições econômico-sociais que permitam o efetivo usufruto desses direitos, que não são ideais atemporais, nem fórmulas retóricas, mas o produto de exigências sociais do homem histórico. Por isso, estimam os autores realistas que a prática dos direitos fundamentais não deve ser buscada exclusivamente na Constituição, mas nas relações de poder que lhe servem de suporte e que obedecem a determinadas condições sociais, econômicas e culturais[17].

---

[16] F. Müller, *Die Positivität der Grundrechte. Fragen einer praktischen Grundrechtsdogmatik*, Berlim, Duncker & Humblot, 1969, p. 41.

[17] Cf. K. Kulcsar, "Social factors in the evolution of civic rights", in *Socialist Concept of Human Rights*, Budapeste, Akadémia Kiadó, 1966, p. 122.

A atitude realista pode ser considerada estreitamente vinculada ao movimento socialista. Assim, pode-se afirmar que Marx mostra, desde seus escritos juvenis, uma preocupação constante em enfrentar a partir de um plano real o problema dos direitos fundamentais. Sua famosa distinção contida no trabalho *Zur Judenfrage* entre os direitos do homem, entendidos como direito do indivíduo egoísta, do burguês enquanto membro da sociedade civil (*bügerliche Gesellschaft*) e os direitos do cidadão (*Staatsbürger*) da comunidade política que os exerce participando da vida social com os demais membros que a compõem[18], já representa um esforço para conceber os direitos humanos como direitos políticos em cujo exercício o homem não seja uma mônada isolada, mas um membro que participa solidariamente com seus concidadãos nas formas da comunidade política (*politisches Gemeinwesen*). A realização dos direitos humanos exigia, segundo Marx, uma emancipação humana que se produz quando o homem e o cidadão se fundem; isto implica o reconhecimento e a organização de suas próprias forças como forças sociais e, portanto, não separar de si mesmo a força social sob a forma da força política[19]. Esse processo de emancipação contribui para que se afirme uma liberdade real, fundada em condições tangíveis e materiais e distinta, portanto, da liberdade abstrata, produto da emancipação na pura teoria[20]. Por isso Marx e Engels escreverão numa conhecida passagem de *Die heilige Familie* que a emancipação política e o reconhecimento dos direitos fundamentais são dois atos que se condicionam mutuamente[21].

Com base nessas proposições, os autores marxistas consideram que o problema da positivação dos direitos fundamentais não pode ser separado das condições reais que permitem seu efetivo usufruto. A partir desse enfoque, a positivação é considerada um instrumento que permite definir melhor e consubstanciar o alcance desses direitos; porém, em todo o caso, são as condições

---

[18] K. MARX, "Zur Judenfrage", in *Marx-Engels Werke*, Berlim, Dietz, 1961, vol. I, pp. 362 ss.

[19] Ibid., p. 370. Através desse processo de emancipação se chega ao que A. SCHAFF qualificou de concepção marxista do homem em sua totalidade, *totaler Mensch*, em seu trabalho "Die marxistische Konzeption des Eienzelmenschen", retomado em sua coletânea *Marximus und das menschliche Individuum*, trad. al. de E. Reifer, Reinbek b. Hamburg, Rowohlt, 1970, pp. 50-1.

[20] K. MARX, "Die heilige Familie", in *Marx-Engels Werke*, op. cit., vol. II, p. 100.

[21] Ibid., p. 120. Na maturidade, KARL MARX desenvolveu sua crítica da prática burguesa de direitos do homem como categorias legitimadoras das relações socioeconômicas capitalistas. Assim, afirma que o âmbito da circulação ou da troca de mercadorias, dentro de cujos limites se realiza a compra e venda da força de trabalho, era o verdadeiro éden dos direitos humanos inatos (*ein wahres Eden der angebornen Menschenrechte*). Dentro desses limites imperam somente a liberdade, a igualdade, a propriedade e Bentham. A liberdade, porque o comprador e o vendedor de uma mercadoria, a força de trabalho, por exemplo, não obedecem a nenhuma lei exceto sua livre vontade. Contratam como homens livres, juridicamente iguais. O contrato é o resultado final em que suas vontades alcançam uma expressão jurídica comum. A igualdade, porque só se relacionam como proprietários das mercadorias, trocando equivalente por equivalente. A propriedade, porque cada um dispõe do que é seu. Bentham, porque cada um dos que intervêm interessa-se exclusivamente por si mesmo. A única forma que os une e os relaciona é a do seu egoísmo, a de seu proveito pessoal e de seu interesse privado. "Das Kapital", em *Marx-Engels Werke*, op. cit., vol. 23, pp. 189-90.

sociais que determinam o sentido real dos direitos e liberdades, pois delas dependem sua salvaguarda e proteção[22].

Em outras perspectivas doutrinais da ciência atual, diversas proposições de cunho realista também encontraram ampla repercussão. Desse modo, a tese de Bobbio, segundo a qual o problema básico dos direitos humanos não é tanto o de justificá-los como o de protegê-los, resume a atitude de bom número de juristas do presente momento[23].

Nessa linha podem ser situadas, por exemplo, as teses que concebem a proteção processual dos direitos fundamentais como o fator-chave de sua significação. Esta é a atitude assumida por Dran, para quem as liberdades públicas valem, na prática, o que valem as suas garantias[24] e na Espanha, por Peces-Barba, que afirma: "Toda norma de direito positivo realmente existente precisa dos tribunais de justiça para que seu titular possa atender à demanda de proteção em caso de desconhecimento por um terceiro. Os direitos fundamentais não são uma exceção a essa regra. Se um direito fundamental não pode ser alegado, pretendendo sua proteção, pode-se dizer que ele não existe."[25]

Outras vezes a exigência da garantia dos direitos fundamentais foi formulada a partir de atitudes sociológicas. Esse é o caso de Luhmann, para quem o processo geral de positivação supõe uma resposta à questão: "wie eine Gesellschaft auf der Ebene ihrer Normen strukturelle Variabilität erreichen und sicherstellen kann"[26]. Daí que, do ponto de vista sociológico, o problema da positivação dos direitos fundamentais não se encontre ligado – na opinião de Luhmann – à consagração de direitos humanos eternos, mas que, no desenvolvimento da sociedade industrial e burocrática modernas, eles se realizam através de sua incorporação às instituições sociais. Assim, os direitos fundamentais perdem sua dimensão reivindicativa, emancipadora e até legitimadora. Sua função fica relegada ao papel de subsistemas sociais, que são interpretados como garantias da diferenciação existente no próprio sistema[27].

---

[22] Cf. H. KLENNER, "Die marxistische Menschenrechts-Konzeption", in *Dimensionen des Rechts. Gedächtnisschrift für René Marcic*, Berlim, Duncker & Humblot, 1974, vol. II, pp. 798 ss.; I. KOVÁCS, "General problems of rights", in *Socialist Concept of Human Rights*, op. cit., pp. 16 ss.

[23] N. BOBBIO, "L'illusion du fondement absolu", in *Le fondement des droits de l'homme*, op. cit., p. 8.

[24] M. DRAN, *Le Contrôle Jurisdictionnel et la garantie des libertés publiques*, Paris, LGDJ, 1968, p. 8.

[25] G. PECES-BARBA, *Derechos fundamentales. I. Teoría general*, Madri, Guadiana, 1973, p. 220. Ver também seus trabalhos: "El socialismo y la libertad", in *Política y derechos humanos*, València, Fernando Torres, 1976, pp. 60 ss.; "Socialismo y Estado de Derecho", in *Sistema*, 1976, outubro, n. 15, pp. 67 ss.

[26] N. LUHMANN, "Positivität des Rechts als Voraussetzung einer modernen Gesellschaft", in *Jahrbuch für Rechtssoziologie und Rechtstheorie*, 1970, vol. I, p. 176.

[27] N. LUHMANN, *Grundrechte als Institution. Ein Beitrag zur politischen Soziologie*, Berlim, Duncker & Humblot, 2. ed., 1974, pp. 27 ss. e 201 ss. É bastante conhecida a crítica de J. HABERMAS aos pressupostos ideológicos da concepção da sociedade de N. LUHMANN. Cf., especialmente, J. HABERMAS, "Theorie der Gesellschaft oder Sozialtechnologie? Eine Auseinandersetzung mit Niklas Luhmann"; cit. in J. HABERMAS e N. LUHMANN (orgs.), *Theorie der Gesellschaft oder Sozialtechnologie. Theorie-Diskussion*, Frankfurt a. M., Suhrkamp, 1971, pp. 142 ss.

Para Luhmann, na complexa sociedade de nosso tempo, o processo de positivação dos direitos fundamentais não se remete a critérios fixos de inspiração, mas a parâmetros flexíveis inclinados a satisfazer as exigências de uma sociedade em constante evolução[28].

Como síntese do exposto, pode-se afirmar que, enquanto o jusnaturalismo situa o problema da positivação dos direitos humanos no plano filosófico e o positivismo no jurídico, para o realismo ele se insere no campo político, ainda que, como se viu, reconheça uma importância decisiva às garantias jurídico-processuais desses direitos. É evidente que, no plano prático, essas três instâncias se condicionam mutuamente, sendo todas elas necessárias para o desenvolvimento positivo dos direitos fundamentais. O fato de, ao se estudar o processo de positivação, se ter de insistir mais em sua significação jurídica não significa que sobre ela não estejam gravitando determinadas concepções filosóficas que, em última instância, constituem seu suporte ideológico; nem que o problema da positivação possa ficar totalmente desvinculado dos fatores sociais e das técnicas jurídicas que determinam sua garantia. Por isso, as páginas que seguem, ainda que situando, por precisão metodológica, o problema da positivação em sua dimensão jurídica, não deixarão de mostrar a implicação mútua existente entre essas três perspectivas.

3. ÂMBITO INSTITUCIONAL DA POSITIVAÇÃO

Até aqui estudamos o problema da positivação dos direitos fundamentais através de seu enfoque em diferentes proposições doutrinais, mas, como antecipávamos, junto com esse nível de consideração é imprescindível ter em conta sua expressão em diversas instituições e normas jurídico-positivas.

Convém lembrar que os direitos humanos fundamentais não constituem um conjunto de elementos independentes que poderiam ser objeto de apreciação isolada; eles respondem historicamente a determinados estímulos e se moldaram em fórmulas que refletem alguns princípios organizativos comuns. Daí que, se está correta a máxima estruturalista de que toda delimitação de um âmbito relativamente homogêneo, e o consequente esforço para reduzi-lo a um padrão que o descreva, tende a destacar a existência do princípio da organização que rege um conjunto de elementos que se condicionam reciprocamente, a dimensão genética ou diacrônica de um processo só pode ser compreendida após sua prévia formulação a partir da análise sincrônica[29]. De acordo com esses princípios serão analisados em primeiro lugar "sincronicamente" os problemas técnico-jurídicos que implicam a positivação dos direitos fundamentais, para em seguida abordar "diacronicamente" o desenvolvimento histórico em que se viram refletidas essas técnicas de positivação.

---

[28] N. LUHMANN, *Grundrechte als Institution*, op. cit., pp. 40 e 182 ss.
[29] Cf. L. SEBAG, *Marxisme et strucuralisme*, Paris, Payot, 1964, pp. 98 ss.

3.1. Análise sincrônica

Se se parte da existência de uma categoria jurídica específica destinada à consagração positiva daquelas exigências que correspondem a todos os homens em virtude de sua própria liberdade, igualdade e dignidade, impõe-se a necessidade de revelar e construir um autêntico sistema dos direitos fundamentais. Desse modo, a ideia de sistema que refletia em Savigny a íntima conexão que impulsiona todas as instituições e regras jurídicas para um princípio de unidade[30] manifesta-se também na teoria dos direitos fundamentais como exigência sistemática.

A análise sincrônica da positivação desses direitos tem por objeto o estudo das técnicas através das quais esse fenômeno se realizou no interior dos distintos ordenamentos jurídicos. Neles se integrou em diferentes níveis institucionais e, dentro deles, com vários procedimentos normativos. Por esse motivo, a análise sincrônica permite perceber as principais características determinantes do sistema dos direitos fundamentais.

3.1.1. Questões de método

O problema técnico-jurídico da positivação dos direitos fundamentais sugere, em primeiro lugar, algumas questões de cunho metodológico que podem ser concebidas como prévias à consideração dos mecanismos através dos quais essa positivação se faz.

Escreveu-se, por exemplo, que a formulação dos direitos humanos implica uma dupla tarefa: de um lado, supõe um problema de *linguagem jurídica*, uma vez que se trata de enunciar esses direitos de forma clara, unívoca e precisa; de outro, apresenta também uma questão de ordem *sistemática*, pois, como vimos, exige estabelecer e ter presentes os vínculos que relacionam uns direitos com outros, e é preciso que sua formulação responda a determinado princípio de ordem; isto é, que se promulguem como um catálogo cuja estrutura seja coerente[31].

Esta tarefa sistemática é incumbência da legislação e da ciência do direito, à qual, em última instância, corresponde inspirar, criticar e contribuir para a construção do sistema geral dos direitos fundamentais[32].

Em relação com tal atividade, Morange atribuía à dogmática jurídica a tarefa de possibilitar a transição dos princípios da filosofia política para as normas do direito positivo, mediante o exercício do método jurídico[33]. Para

---

[30] F. K. VON SAVIGNY, *System des heutigen römischen Rechts*, Berlim, Veit, 1840, vol. I, p. 214.
[31] G. DIETZE, *Über Formulierung der Menschenrechte*, Berlim, Duncker & Humblot, 1956, pp. 28 ss.
[32] F. MÜLLER, *Die Positivität der Grundrechte*, op. cit., pp. 37 ss.
[33] G. MORANGE, "Valeur juridique des principes contenus dans les Déclarations des Droits", *RDP*, 1945, pp. 248-50.

isso, como se depreende das recentes contribuições doutrinais alemãs, será preciso que a dogmática possua um sentido pragmático e realista, orientando-se para a solução de problemas concretos surgidos na dinâmica do processo de positivação. De modo especial deverá apresentar uma proposta de solução aos problemas suscitados pela colisão de direitos fundamentais, mediante o estabelecimento de uma relação hierárquica que responda ao sistema de valores da comunidade em que se formulam[34].

Na opinião de um amplo setor, esta tarefa ultrapassa o âmbito teórico da dogmática para envolver o da sociologia jurídica. Essa tese parece depreender-se da construção de Luhmann, para quem a técnica da positivação dos direitos fundamentais, ao ter que refletir a incorporação destes nas instituições sociais, não pode evitar sua dimensão sociológica. Uma vez que essas instituições implicam, no seu entender, uma representação objetiva e social de expectativas de conduta generalizadas que, desse modo, mostram a estrutura do sistema social[35]. Não obstante, a pretensa orientação sociológica da proposição de Luhmann foi impugnada, ao se ressaltar que, em sua construção analítica, as instituições sociais acabam se identificando com as normas positivas[36].

Mais essencialmente sociológica é a atitude metodológica que se observa em alguns autores socialistas, como Szabó e Kulcsár[37], que insistem em afirmar que o problema da positivação dos direitos fundamentais não pode ser apreendido com o simples estudo das normas em que se concretiza, mas que, fiéis à postura de fundamentação realista, assinalam que, para sua compreensão, é preciso partir das bases socioeconômicas e das relações de produção e de poder que lhes servem de pressuposto.

A atitude desses juristas reflete, por sua vez, a existência de duas orientações distintas nos métodos de positivação normativa dos direitos fundamentais nos países ocidentais e socialistas. Assim, observou-se que, enquanto nos primeiros estes direitos aparecem agrupados no início de seus textos constitucionais, como fundamento e limite de todas as outras normas estatais e como garantia de uma esfera de liberdade para os cidadãos[38], nos países socialistas

---

[34] Cf. F. MÜLLER, *Die Positivität der Grundrechte*, op. cit., pp. 51 ss.; H. WILLKE, *Stand und Kritik der neuren Grundrechtstheorie*, Berlim, Duncker & Humblot, 1975, pp. 24 ss. e 204 ss.; R. ZIPPELIUS, *Wertungsprobleme im System der Grundrechte*, Munique/Berlim, C. H. Beck, 1962, pp. 79 ss.

[35] N. LUHMANN, *Grundrechte als Institution*, op. cit., em que escreve textualmente: "Institutionen sind zeittlich, sachlich und sozial generalisierte Verhaltenserwartungen und bilden als solche die Struktur sozialer Systeme. Insofern – und nur insofern – sind sie möglicher Gegenstand rechtlicher Positivierung", p. 13.

[36] H. WILLKE, *Stand und Kritik der neuren Grundrechtstheorie*, op. cit., p. 150.

[37] I. SZABÓ, "Fundamental questions concerning the theory and history of citizens' rights", in *Socialist Concept of Human Rights*, op. cit., pp. 30-1; KULCSÁR, "Social factors in the evolution of civic rights", ibid., pp. 122 ss.

[38] "Ist aber Sicherung der Freibeitssphäre des Individuums der primäre Zweck der Verfassung, so muss ihm in gebührender Weise Rechnung getragen werden und darum gehört eine Formulierung der Menschenrechte an den Anfang der Verfassungs", escreveu, resumindo esta prática do constitucionalismo ocidental, G. DIETZE, *Über Formulierung der Menschenrechte*, op. cit., pp. 27-8.

fixam-se primeiro as bases econômicas do Estado, isto é, do sistema socialista da economia e da propriedade socialista dos meios de produção, enquanto os direitos fundamentais costumam aparecer no final, sendo apenas a consequência do funcionamento das instituições da estrutura do Estado socialista[39].

3.1.2. *Níveis de positivação*

À margem desses detalhes metodológicos, a proposição técnica da positivação dos direitos fundamentais desenvolve-se através de um processo normativo que afeta distintos níveis da experiência jurídica, por ser o produto da atuação dos grandes poderes jurídico-políticos clássicos. A eles, como maiores depositários do poder normativo, corresponde a competência de contribuir para elaborar, cada um na esfera que lhe é própria, o regime positivo dos direitos fundamentais.

3.1.2.1. *Constitucional*

A partir do século XVIII considera-se um postulado fundamental do regime liberal reservar ao poder constituinte, como titular da soberania popular, o privilégio de estabelecer os direitos básicos da convivência social, quer mediante sua inserção no preâmbulo da Constituição, quer em seu texto articulado ou, até, numa declaração específica de tais direitos. Não por acaso, para o pensamento liberal a finalidade suprema da associação política residia na defesa das liberdades fundamentais, e para sua melhor garantia estas deviam ser proclamadas expressamente nas normas de maior importância e autoridade do ordenamento jurídico. O artigo 16 da Declaração dos direitos do homem e do cidadão de 1789 é bastante eloquente a esse respeito ao proclamar que: "Toute société dans laquelle la garantie des droits n'est pas assurée... n'a point de constitution."

Pois bem, a positivação no âmbito constitucional apresenta uma série de problemas técnico-jurídicos aos quais convém aludir.

Em primeiro lugar, convém afirmar que no plano constitucional usaram-se dois sistemas de positivação. A doutrina alemã distinguiu o sistema de positivação através da *lex generalis*, isto é, do enunciado de grandes princípios como a liberdade, a igualdade, a dignidade humana...; do sistema de *leges speciales* que proclamam algumas liberdades ou direitos mais concretos como a liberdade de pensamento, de imprensa, de consciência...[40]. Indicou-se também uma classificação tripartite atendendo à possibilidade de sistemas de positivação por: cláusulas gerais (*Generalklausel*), equivalente ao método da *lex gene-*

---

[39] Cf. I. Szabó, *Fundamental questions concerning the theory and history of citizens' rights*, op. cit., pp. 55 ss.

[40] Cf. G. Dietze, *Über Formulierung der Menschrenchte*, op. cit., pp. 38 ss.

ralis; casuístico (*kasuistisch Katalog*), que corresponderia ao sistema das *leges speciales*; e misto, sistema usado naquelas Constituições que após o enunciado dos grandes princípios ou postulados sobre os direitos fundamentais, geralmente apresentado no preâmbulo do texto constitucional, pormenorizam no texto articulado da Constituição o catálogo sistematizado dos principais direitos dos cidadãos[41].

Esta distinção não carece de relevância prática, já que enquanto a doutrina não discute o valor jurídico positivo dos direitos fundamentais promulgados pelo procedimento casuístico e incluídos no articulado da Constituição, reina uma profunda disparidade de critérios em torno do alcance positivo das cláusulas gerais ou princípios. Embora para determinados autores se trate de meros postulados programáticos, reflexo de determinadas ideologias filosófico-políticas, que por sua própria natureza não podem ser traduzidos em regras obrigatórias, para outros constituem autênticas normas jurídico-positivas que impõem determinadas condutas, seja ao poder legislativo, seja ao poder executivo, à administração da justiça e até ao próprio poder constituinte.

No plano da positivação constitucional dos direitos humanos, um exemplo digno de estudo nos é oferecido pela Constituição espanhola de 1978 que, neste ponto, representa um paradigma de complexidade e torna muito difícil sua elaboração sistemática. É evidente que esse texto constitucional corresponde a um sistema de positivação de tipo misto por ser elaborado a partir de princípios gerais mais que de normas específicas ou casuísticas. Pois bem, sua formulação supera em muito as referidas tipologias propostas pela doutrina alemã, pois entendo que se possam distinguir até cinco instrumentos de positivação diferentes, os quais, ordenados da maior para a menor precisão jurídico-positiva, aparecem como:

1) *Valores e princípios constitucionais programáticos*. Tais princípios estão agrupados no preâmbulo da Constituição que vem a representar a síntese dos valores básicos, algo assim como o que a doutrina alemã denomina *Grundwerte*, assumidos pelo mais amplo setor da sociedade espanhola atual. Assim, afirma-se que: "A nação espanhola, desejando estabelecer a justiça, a liberdade e a segurança e promover o bem de quantos a integram, no uso de sua soberania, proclama sua vontade de: [...] Proteger a todos os espanhóis e povos da Espanha no exercício dos direitos humanos [...] Promover o progresso da cultura e da economia para assegurar a todos uma digna qualidade de vida [...]." A Constituição também define expressamente "como valores superiores de seu ordenamento jurídico a liberdade, a justiça, a igualdade e o pluralismo político" (art. 1.1).

2) *Princípios constitucionais para a atuação dos poderes públicos*. Neste item ficariam englobados uma série de princípios destinados a orientar a ação dos poderes públicos e a delimitar o âmbito político, social e econômico que vai determinar as modalidades de exercício de todos os direitos fundamentais; é o

---

[41] Cf. E. von Hippel, *Grenzen und Wesensgehalt der Grundrechte*, Berlim, Duncker & Humblot, 1965, pp. 51 ss.

caso do artigo 9.2, ao prescrever que: "Corresponde aos poderes públicos promover as condições para que a liberdade e a igualdade do indivíduo e de grupos em que se integra sejam reais e efetivas; remover os obstáculos que impeçam ou dificultem sua plenitude e facilitar a participação de todos os cidadãos na vida política, econômica, cultural e social." É o caso também do artigo 10, que resume na dignidade da pessoa o fundamento da ordem política e da paz social (anexo 1) e que estabelece como critério hermenêutico dos direitos fundamentais reconhecidos na Constituição a Declaração universal dos direitos humanos e os tratados e acordos internacionais sobre estas matérias ratificados pela Espanha (anexo 2). Também devem ser enquadrados aqui os artigos 39 e 52, incluídos no capítulo III do título I, denominados "princípios diretores da política social e econômica", sobre os quais se afirma expressamente que configurarão a legislação positiva, a prática judicial e a atuação dos poderes públicos; mas, "só poderão ser declarados perante a Jurisdição ordinária de acordo com o que dispuserem as leis que os desenvolvem" (art. 53.3).

3) *Normas ou cláusulas gerais a regulamentar por leis orgânicas.* Um numeroso grupo de direitos fundamentais expressamente reconhecidos no articulado da Constituição e positivados como direitos e não como princípios encontra-se remetido à legislação para a delimitação de seu alcance e conteúdo. Entre outros, podem-se citar nesse segmento o artigo 17.4 sobre a regulamentação do *habeas corpus*; o 18.4 a respeito da limitação do uso da informática; o 20.3 sobre organização e controle sobre os meios de comunicação social; o 24.2 sobre a isenção, por razões de parentesco ou de sigilo profissional, da obrigação de declarar sobre supostos fatos delituosos; o 28.2 em matéria de direito à greve; o 29 em relação ao direito de petição; o 30.2, 3 e 4 a respeito do cumprimento do serviço militar, a objeção de consciência, o serviço civil e os deveres dos cidadãos em casos de grave perigo, catástrofe ou calamidade pública; o 32.2 sobre o regime matrimonial; o 35.2 em relação ao estatuto dos trabalhadores; o 36 sobre Conselhos profissionais; o 37 em matéria de convênios e conflitos trabalhistas...

4) *Normas específicas ou casuísticas.* A Constituição espanhola proclama também em seu texto articulado uma série de direitos de forma específica e pormenorizada, sem fazer referência a seu ulterior desenvolvimento legislativo, do que se infere que sua positivação constitucional vai ser a normativa configuradora de seu alcance e significação. Embora, no plano da proteção, o texto constitucional espanhol estabeleça (art. 53.1-2) os direitos que serão diretamente aplicáveis perante os tribunais ordinários e, nesse caso, tutelados através do mandado de segurança, e os que tão somente serão objeto de aplicação indireta através do recurso de inconstitucionalidade. Assim, entre os primeiros podem-se citar o artigo 14, que consagra a igualdade de todos os cidadãos espanhóis perante a lei, e o 19, em matéria de liberdade de residência e circulação; e dentre os que podem ser objeto de aplicação indireta, cabem citar o artigo 31, referente ao sistema tributário; o 33, que reconhece e delimita os direitos de propriedade e de herança; o 38, sobre a liberdade de imprensa...

5) *Normas de tutela.* A Constituição espanhola, além das normas destinadas a formular positivamente os direitos fundamentais, reúne também

normas dirigidas à sua garantia. Encontra-se referência direta a esses instrumentos jurídicos de defesa dos direitos fundamentais no artigo 53, no 54, que institucionaliza a figura do defensor público; no 161.1 *a)*, sobre o recurso de inconstitucionalidade...

Pelo exposto, percebe-se, através da presente análise, que o texto constitucional espanhol está se referindo à lei orgânica toda vez que remete o desenvolvimento dos direitos fundamentais à lei. Nesse sentido, penso que quando o artigo 81.1 proclama que: "são leis orgânicas as relativas ao desenvolvimento dos direitos fundamentais e das liberdades públicas, as que aprovam os estatutos de autonomia e o regime eleitoral geral e as demais previstas na Constituição espanhola", está se referindo a todos os direitos e liberdades fundamentais reunidos no título I. Daí que me parece infundada, no plano teórico, e de perigosas consequências, no prático, a interpretação literal segundo a qual as matérias reservadas à lei orgânica, em virtude do artigo 81.1, seriam tão somente os direitos fundamentais e as liberdades públicas contidas na seção I, do capítulo II, do título I. Diante dessa interpretação literal, a consideração lógico-sistemática do preceito leva a interpretá-lo em relação ao artigo 86.1. Este artigo contém uma proibição expressa de regular por decreto-lei matérias que afetem "[...] o ordenamento das instituições básicas do Estado, os direitos, deveres e liberdades dos cidadãos regulamentados no título I, o regime das Comunidades Autônomas, nem o Direito eleitoral geral"; isto é, o núcleo das questões que, em virtude do artigo 81.1, estão reservadas à lei orgânica, exceção feita ao ordenamento das instituições básicas do Estado. Embora no artigo 86.1 se fale dos "direitos, deveres e liberdades dos cidadãos regulados no título I", em vez de "dos direitos fundamentais e das liberdades públicas", não creio que se deva entender isso como uma distinção material sobre o âmbito dos referidos direitos. Deve-se interpretar, antes, como um esclarecimento detalhado de que todas as matérias relacionadas com o desenvolvimento legislativo dos direitos e liberdades fundamentais se encontram reservadas à lei orgânica, sem que, portanto, caiba sua regulamentação por Decreto-lei ou legislação ordinária. A Constituição espanhola define todos os direitos e deveres contidos no título I como *fundamentais* e alude textualmente ao rotular o capítulo IV desse título às "garantias das liberdades e direitos fundamentais", detalhando ali os respectivos instrumentos de proteção reunidos nos diferentes capítulos e seções do título I. Portanto, como o artigo 81.1 não especifica que os direitos fundamentais e as liberdades públicas a que se refere não são os mencionados na seção I do capítulo II, deve-se concluir que se refere a todos os direitos e liberdades fundamentais do título I. Por outro lado, a interpretação literal e restritiva levaria a um resultado paradoxal de sustentar que apenas alguns dos direitos e liberdades consignados no título I (os contidos na seção I do capítulo II) têm o caráter de fundamentais, ficando relegados os demais à condição de acessórios ou subsidiários. Com mais razão cabe recorrer aqui ao princípio geral do sistema dos direitos fundamentais no constitucionalismo comparado de inspiração democrática, o princípio *favor libertatis*, segundo o qual, em caso de incerteza ou falta de clareza sobre o estatuto jurídico de tais direitos, deve-se optar por um sistema que oferece maiores garantias para os cidadãos. O que, no caso aqui analisado, se traduzirá pelo instrumento de positivação de maior categoria normativa, isto é, pela legislação orgânica.

Em suma, a lei orgânica deverá ser considerada o caminho normal para fixar o desenvolvimento legislativo de todos aqueles direitos fundamentais, quer tenham sido positivados como princípios constitucionais, quer como normas gerais, nos quais o texto constitucional faz um apelo expresso à lei. Por outro lado, aqueles princípios constitucionais orientadores dos poderes públicos para os quais não houver alusão expressa à lei no texto constitucional, terão seu desenvolvimento subordinado à legislação ordinária e, neste caso, ao caminho regulamentador[42].

A Constituição espanhola supõe um esforço para delimitar o alcance positivo dos direitos fundamentais a partir de uma formulação em que se misturam instrumentos de positivação e mecanismos de proteção. Com isso, pretendeu-se, sem dúvida, aperfeiçoar ao máximo as técnicas de garantia dos direitos fundamentais, visando estabelecer aquelas faculdades e interesses que podem ser objeto de tutela mediata ou imediata. No entanto, a complexidade e a heterogeneidade dos meios de positivação utilizados desperta sérias dúvidas sobre a perfeição técnica do texto, assim como sua discutível sistemática que põe direitos que possuem significação similar e até manifestações diferentes de um mesmo direito em seções e até mesmo em capítulos diferentes. Pense-se, por exemplo, para não citar mais que um caso, na íntima relação existente entre o artigo 31, que estabelece a orientação do sistema tributário, e o 40.1, que faz referência à redistribuição de renda... Por outro lado, a linguagem constitucional usada para a positivação dos direitos fundamentais é, em certos casos, confusa e imprecisa. Sob esse ponto de vista, observa-se que, enquanto alguns direitos positivados como normas de aplicação imediata, por exemplo, o que se refere ao reconhecimento da participação direta dos cidadãos nos assuntos públicos (art. 23.1), evocam, pela forma como são proclamados, a ideia de um princípio programático, dentro dos denominados "princípios diretores da política social e econômica", do capítulo III que, na tipologia traçada, são incluídos nos princípios constitucionais para a atuação dos poderes públicos, existem alguns artigos cujo enunciado lembra mais o das normas específicas ou casuísticas. É o que parece se depreender do artigo 39.4, quando prescreve que: "As crianças gozarão de proteção prevista nos acordos interna-

---

[42] Contra tese aqui exposta tendem a uma solução restritiva, reservando o desenvolvimento pela lei orgânica apenas aos direitos fundamentais contidos na seção I do capítulo II do título I: J. DE ESTEBAN e L. LÓPEZ GUERRA, *El régimen constitucional español*, I, Barcelona, Labor, 1980, p. 214; G. PECES-BARBA e L. PRIETO SANCHÍS, *La Constitución española de 1978. Un estudio de derecho y política*, Valência, Fernando Torres, 1981, pp. 112-3; J. GONZÁLEZ AMUCHÁSTEGUI, "El desarollo legislativo de los derechos fundamentales", *ADH*, 1981, pp. 308-11. Mantém uma postura intermediária referindo-se às vantagens e inconvenientes das duas opções, E. LINDE PANIAGUA, "Ley y reglamento en la Constitución", in T. R. Fernández (org.), *Lecturas sobre la Constitución*, Madri, UNED, 1978, vol. I, pp. 278-80.

cionais que zelam por seus direitos"; do artigo 43.1, em que "se reconhece o direito à saúde"; do 45.1, ao afirmar que: "Todos têm o direitos de usufruir de um meio ambiente adequado paro o desenvolvimento da pessoa [...]"; ou do 47, quando proclama que: "Todos os espanhóis têm direito a desfrutar de uma habitação digna e adequada [...]". Junto a estes aspectos a Constituição espanhola acrescenta um novo motivo de dificuldade teórica no momento de avaliar seu sistema de positivação dos direitos fundamentais. Tal dificuldade é suscitada pela proclamação em seu texto de autênticos direitos fundamentais que não apenas estão fora do título I, mas também da parte dogmática por estar inseridos no desenvolvimento da parte orgânica do articulado constitucional. Pense-se, por exemplo, no reconhecimento da participação dos cidadãos no procedimento de elaboração das disposições administrativas que os afetem, na informação contida nos arquivos e registros administrativos e no procedimento dos atos administrativos (art. 105); no direito a indenização por erros judiciais (art. 121); na faculdade de exercer a ação popular e participar na administração da justiça através da instituição do júri (art. 125); ou no reconhecimento do direito à participação dos interessados na atividade dos organismos públicos cuja função afete a qualidade de vida ou o bem-estar geral, e à participação na empresa e ao acesso dos trabalhadores à propriedade dos meios de produção (art. 129). Trata-se do reconhecimento de direitos fundamentais de enorme atualidade e alcance e que, no entanto, por não ser prevista sua garantia pelo artigo 53, podem provocar sérias dúvidas sobre seu *status* positivo. No meu entender, a disposição desses direitos na parte orgânica não deve ser obstáculo para que seja reconhecida sua condição de autênticos direitos fundamentais. Independentemente do lugar em que foram positivados esses direitos fundamentais, de acordo com seu conteúdo respondem, às vezes, ao que aqui se qualificou de "princípios constitucionais para a atuação dos poderes públicos", como é o caso do artigo 129.2; outras vezes, de "normas ou cláusulas gerais a desenvolver por leis orgânicas", como se depreende do disposto nos artigos 105, 125 e 129.1; ou até se apresentam como "normas específicas ou casuísticas" como parece evocar o artigo 121.

Em todo o caso, abre-se à jurisprudência e à doutrina um importante trabalho de reelaboração e sistematização, que aperfeiçoe, esclareça e complete o quadro de direitos fundamentais reunidos no texto constitucional. Essa tarefa deve levar mais em conta a interdependência e a conexão material existente entre os diferentes direitos reconhecidos na Constituição do que sua posição formal em diversos títulos ou até partes do texto, produzidos em circunstâncias de deficiências técnico-jurídicas que devem ser superadas. Para isso, penso que se deveria tender a uma interpretação dos instrumentos de tutela resumidos no artigo 53, que os assumisse como critério indicativo e não taxativo.

É evidente que a própria ambiguidade do texto constitucional pode suscitar diversas leituras, de acordo com as diferentes perspectivas teóricas e ideológicas com que é analisado, e levar a interpretações díspares do *status* positivo dos direitos ali reconhecidos. Porém, quem sabe essa ambiguidade técnica não seja mais que um reflexo da própria ambiguidade das circunstâncias políticas em que se desenvolveu a transição do autoritarismo à democracia. Daí que a reflexão técnica e a reflexão ideológica sobre a Constituição, mesmo que se possam distinguir no plano teórico, se confundem na prática. Como todo processo de mudança legislativa, e em maior medida quando se trata de mudança constitucional, aspira a se apresentar como a satisfação de determinadas demandas da sociedade, não pode ser contemplado omitindo o *background* político, econômico e social que o inspirou. Por isso será a própria evolução dessas circunstâncias que, em última instância, irá delimitar o alcance do sistema constitucional de direitos fundamentais na Espanha. De qualquer maneira, o problema da formulação positiva por via constitucional dos direitos fundamentais foi elevado, em virtude de seu tratamento peculiar no texto constitucional, a assunto de interesse prioritário para uma teoria e uma prática que tendem a assegurar a máxima perfeição jurídica no plano técnico e a maior virtualidade democrática no plano político do sistema espanhol.

3.1.2.1.1. *Valor positivo das declarações de direitos e preâmbulos constitucionais*

Essa matéria foi especialmente debatida pela doutrina francesa do direito público, cujos trabalhos, ainda que centrados em sua própria experiência constitucional, apresentam algumas diretrizes teóricas que podem servir para uma proposição geral sobre o assunto.

Deve-se observar que, para efeito deste estudo, as declarações de direitos e os preâmbulos possuem uma significação similar. Trata-se, em ambos os casos, de enunciar, por parte do constituinte, os grandes princípios norteadores da vida política. Por isso é possível afirmar que a diferença mais notável reside no pretenso caráter supraconstitucional, outorgado às declarações por algum setor da doutrina, e na tendência que se percebe atualmente, no seio do constitucionalismo comparado, a uma maior utilização dos preâmbulos para a formulação desses princípios.

A) *Tese negativa*. Na França, um numeroso grupo de juspublicistas, dentre os quais devem ser citados Esmein e Carré de Malberg, nega valor jurídico aos princípios contidos nas declarações. Para o primeiro, trata-se de textos que contêm simples exposições de dogmas políticos sem força jurídica ou, se se preferir, uma síntese de preceitos de direito natural. Constituem um *nouvel évangile*, formado por alguns princípios tão genéricos e abstratos que não podem ser objeto de aplicação, como se se tratasse de normas precisas de direito positivo. Esses princípios, ao não possuir caráter legal, não são executórios: "Ce ne sont pas des articles de bis, précis et exécutoires", e só adquirem positividade quando reunidos em normas constitucionais ou legislativas.

A atitude de Carré de Malberg é bastante semelhante, pois sustenta que tais princípios são máximas teóricas e abstratas que proclamam verdades filosóficas, transposição de conceitos do direito natural, destinados a inspirar a obra do poder constituinte, mas sem eficácia jurídica. O próprio fato de que as Constituições e as leis tendam a definir de maneira precisa os direitos fundamentais, simplesmente proclamados nas declarações como dogmas absolutos e eternos, é, a seu ver, uma prova eloquente de que o conteúdo de tais declarações carece de qualquer força jurídica e não pertence ao âmbito da positividade[43].

Essas ideias influenciaram decisivamente aqueles que mais recentemente contestaram o valor jurídico dos preâmbulos constitucionais. Tal tese foi desenvolvida por Ripert em sua conhecida obra *Le déclin du droit*. O *Doyen* Ripert nega a natureza jurídica dos preâmbulos com base na falta de precisão e coesão interna de seu conteúdo. De fato, a seu ver e com base especialmente no exame crítico do preâmbulo da Constituição francesa de 1946, afirmava que a justaposição de princípios totalmente opostos apenas traduzia uma evidente discordância ideológica. Esse "choeur aux voix alternées" não pode ter eficácia jurídica, uma vez que proclama liberdades e direitos incompatíveis entre si[44].

Esse ponto de vista também foi sustentado por Mignon, para quem os debates na Assembleia Nacional francesa que prepararam a Constituição de 1946 não propiciam o reconhecimento de uma significação jurídico-positiva dos princípios de seu preâmbulo; no máximo, esses princípios poderiam constituir uma base consuetudinária de regras constitucionais sem valor jurídico[45].

B) *Tese positiva*. O argumento apresentado por Mignon, referente à pretensa falta de intencionalidade jurídica nos autores do preâmbulo da Constituição de 1946, havia sido defendido por Laferrière em relação à Declaração revolucionária de 1789[46]. Por isso, não se deve estranhar que os que afirmam o caráter jurídico de textos partam de uma análise historiográfica para fundamentar suas teses.

C) Assim, por exemplo, Morange recordava que o próprio Robespierre proclamou em 10 de maio de 1793 que toda lei contrária aos direitos do homem consagrados na Declaração devia ser considerada tirânica e nula[47].

É evidente que os próprios debates surgidos nas assembleias, que produziram esses textos em diferentes momentos históricos, não teriam alcançado seu alto nível polêmico se existisse a prévia convicção de que se tratavam de simples postulados programáticos destituídos de eficácia. Por outro lado, o fato de tais princípios terem sido expressos por escrito em declarações ou preâmbulos indica que se considerou necessário transferi-los da esfera do direito natural para a da positividade.

Sob outra perspectiva, e com referência expressa aos preâmbulos constitucionais, não faltou quem desenvolvesse a teoria de que são parte integrante da

---

[43] A. ESMEIN, *Eléments de Droit constitutionnel*, Paris, Sirey, 1921, vol. I, pp. 591 ss.; R. CARRÉ DE MALBERG, *Contribution à la théorie générale de l'Etat*, 3. ed., Paris, Sirey, 1922, vol. II, pp. 578 ss.

[44] G. RIPERT, *Le déclin du droit*, Paris, LGDJ, 1949, pp. 24 ss.

[45] G. MIGNON, "La valeur juridique du Préambule de la Constitution de 1946, selon la doctrine et la jurisprudence", *Recueil Dalloz*, chronique, 1951, pp. 127 ss.

[46] J. LAFERRIÈRE, *Manuel de droit constitutionnel*, 2. ed., Paris, Montchréstien, 1947, pp. 325 ss.

[47] G. MORANGE, *Valeur juridique des principes contenus dans les Déclatations des Droits*, op. cit., p. 240, nota.

Constituição. Para os que defendem esse ponto de vista, sua força jurídica constitucional procede do fato de que formalmente os preâmbulos estão situados após a fórmula proclamatória da Constituição[48].

A partir de um conceito formal de positividade, tal como se fez no início deste estudo, é preciso tender para a direção que afirma o valor jurídico das declarações e preâmbulos. Nos dois casos, trata-se de regras emanadas de acordo com o princípio de validade, que em cada ordenamento regula a criação de normas jurídicas. O problema da maior ou menor eficácia prática dessas regras, e seu consequente índice de vinculatoriedade, é mais uma questão de caráter sociológico, diferente do plano de consideração normativo-formal em que se situa o critério de validade[49]. Pois bem, o estudo do valor normativo desses textos certamente tem importância do ponto de vista do processo de positivação, por ser um problema que afeta diretamente a precisão de sua natureza jurídica. Nesse sentido, convém observar que aqueles que admitem, em princípio, o caráter positivo das declarações e preâmbulos não estão de acordo em fixar o alcance de sua significação jurídica. O exame sucessivo desses pontos de vista permitirá delinear o fundamento teórico dessas argumentações.

a) Valor supraconstitucional. Escreveu-se que a votação de uma declaração de direitos por uma assembleia constituinte pressupõe a afirmação de que em toda a sociedade política existem três grandes categorias de normas hierarquizadas: os princípios fundamentais (incluídos nas declarações), que todos os órgãos constituintes ou constituídos devem respeitar; as regras que se referem à organização dos poderes públicos (ou leis constitucionais propriamente ditas); e as regras promulgadas pelos órgãos constitucionais (leis, regulamentos, decretos...)[50].

No entanto, o problema reside em comprovar até que ponto as normas contidas nas declarações e preâmbulos constituem uma categoria específica.

O professor Duguit, que fora decano de Bordeaux, afirmava o valor específico supraconstitucional dos direitos fundamentais contidos nas declarações. Em sua opinião, as declarações de direitos americanas e francesas do século XVIII constituíam, no espírito de seus autores, o pacto social das novas sociedades políticas em que foram formuladas. Por isso, seus princípios tinham como finalidade expressa limitar por direito os poderes do Estado legislador, limitando da mesma forma tanto o legislador comum quanto o constituinte. Isso porque, a seu ver, os princípios superiores contidos nas declarações não são criados pelo legislador constituinte: este se limita a constatá-los e proclamá-los solenemente.

---

[48] Cf. M. Duverger, *Manuel de droit constitutionnel*, Paris, PUF, 1955, pp. 549 ss.; R. Pelloux, "Le Préambule de la Constitution de 1946", *RDP*, 1947, pp. 347 ss.

[49] Constitui um mérito do "tridimensionalismo jurídico" destacar a independência teórica existente entre os critérios de validade normativa, eficácia sociológica e legitimidade axiológica do direito.

[50] G. Morange, *Valeur juridique des principes contenus dans les Déclarations des Droits*, op. cit., p. 230.

A tese de Duguit é corolário de sua concepção da *règle de droit*, segundo a qual esta não surge da vontade dos governantes, mas dos princípios da *Solidarité sociale*[51].

A crítica a esse ponto de vista se fez por duas vertentes: de um lado, objetou-se que o caráter supraconstitucional das declarações suporia uma limitação do poder constituinte, incompatível com sua própria significação política[52]; de outro, afirmou-se que os direitos fundamentais contidos nas declarações e preâmbulos não constituem, não obstante sua importância ideológica, uma categoria jurídica com um *status* superior ao das demais normas constitucionais[53].

b) *Valor constitucional*. Um dos principais obstáculos com o qual se deparava também a tese de Duguit residia na possibilidade de subsistência das declarações e preâmbulos, depois de revogado o âmbito constitucional em que haviam sido promulgados. Essa situação se produziu em diversas alternativas da vida política francesa e, a respeito delas, Duguit manteve a sobrevivência dos princípios supraconstitucionais contidos nas declarações. No entanto, o ponto de vista doutrinal dominante inclina-se para a tese de que os princípios contidos nas declarações e preâmbulos não superam o nível constitucional. Essa é a orientação que se depreende das proposições de Hauriou, para quem as declarações de direitos são o resultado de uma autolimitação do Estado, realizada por via constitucional. Daí que as liberdades públicas proclamadas nestes textos se vinculem diretamente ao poder legislativo[54].

Anos mais tarde, Duverger e Pelloux aplicaram essa tese aos preâmbulos constitucionais, os quais, em sua opinião, restringem o legislador em um duplo sentido: impondo-lhes a obrigação de não violar seus princípios e orientando seu trabalho legislativo na formulação do estatuto dos direitos fundamentais. Em todo o caso, esses autores consideram que o preâmbulo é parte integrante da Constituição[55].

Deve-se comentar que, em última instância, o valor prático dessas posições deverá ser confrontado com o funcionamento dos organismos que regulam o controle da constitucionalidade das leis nos diferentes sistemas que o admitem. De sua atitude dependerá, em grande medida, que se dê alcance normativo ou não aos princípios sobre os direitos fundamentais formulados nas declarações e preâmbulos.

---

[51] L. DUGUIT, *Traité de droit constitutionnel*, 3. ed., Paris, Ancient Libraine Fontemoing, 1930, vol. III, pp. 599 ss.

[52] G. MORANGE, *Valeur juridique des principes contenus dans les Déclarations des Droits*, op. cit., pp. 233 ss.

[53] J. RIVERO, "Les droits de l'homme, catégorie juridique?", in *Perspectivas del Derecho Público en la segunda mitad del siglo XX, Homenaje a Enrique Sayagués-Laso*, Madri, Instituto de Estudios de Administración Local, 1969, vol. III, pp. 23 ss.

[54] M. HAURIOU, *Précis de droit constitutionnel*, Paris, Sirey, 1923, pp. 58 ss.

[55] M. DUVERGER, *Manuel de droit constitutionnel*, op. cit., pp. 550 ss.; R. PELLOUX, *Le Préambule de la Constitution de 1946*, op. cit., pp. 348 ss.

c) Valor legislativo. Diante das dificuldades que pressupõe a consideração constitucional desses textos, parte da doutrina optou por vê-los como disposições de categoria meramente legal.

Uma das formulações mais clássicas desse ponto de vista é devida a Jèze, para quem as declarações possuem valor jurídico-positivo, mas limitam sua força vinculante à administração, sem se ligar diretamente ao legislativo[56].

Esta proposição foi aceita por Prélot, no sentido de que as disposições do preâmbulo da Constituição "s'imposeraient avec valeur législative à l'administration qui ne pourrait les transgresser, mais revêtiraient une simple autorité des principes moraux au regard du législateur qui pourrait les contradire"[57].

A principal dificuldade teórica com que se debate essa tese é que, ainda que acerte em oferecer uma explicação jurídica do comportamento dos organismos que devem aplicar as declarações ou preâmbulos, não traz uma resposta satisfatória ao problema da natureza jurídica dessas disposições[58].

d) Valor de princípios gerais. A controvérsia sobre a natureza jurídica dos direitos fundamentais reconhecidos nestes textos motivou o surgimento de pontos de vista que os qualificaram de costumes constitucionais e de princípios gerais do direito. Esta última tendência de conferir aos postulados dos preâmbulos constitucionais o valor de princípios gerais do direito foi respaldada na França pela atitude do Conseil d'État. Esse organismo realizou uma espécie de osmose entre os princípios gerais do direito e o preâmbulo, concedendo assim, ainda que por via indireta, valor constitucional a seu conteúdo. Os preceitos do preâmbulo, como consequência da atitude jurisdicional do Conseil d'État, têm pleno valor jurídico, ainda que não na qualidade de preceitos constitucionais precisos, mas como princípios gerais de caráter fundamental[59].

A doutrina deu ampla repercussão a essa atitude jurisprudencial, na qual viu um meio de precisar a natureza jurídica dessas regras, já que, ao assimilar as disposições do preâmbulo aos princípios gerais, se lhes reconhece pleno *status* jurídico positivo, de maneira que restringem o juiz, embora lhe ofereça grande margem de flexibilidade em sua aplicação. Pois bem, como consequência disso, surgiu a polêmica doutrinal de determinar se, em virtude do princípio de hierarquia normativa, esses postulados deviam ser considerados simples princípios gerais do direito e, consequentemente, deviam estar subordinados à lei, ou se podiam ser considerados princípios de categoria constitucional superiores às leis ordinárias. A jurisprudência do Conseil d'État que, por vezes, reconheceu maior autoridade às disposições do preâmbulo que às disposições emanadas do legislador parece abonar a tese daqueles que advogam pela categoria constitucional de tais princípios[60].

---

[56] G. Jèze, "Valeur juridique des Déclarations des droits et des garanties des droits", *RDP*, 1913, pp. 685 ss.

[57] M. Prélot, *Précis de droit constitutionnel*, Paris, Dalloz, 1950, pp. 335-6.

[58] Cf. F. Batailler, *Le Conseil d'État, juge constitutionnel*, Paris, LGDJ, 1966, pp. 101-2.

[59] Ibid., p. 114.

[60] Ibid., p. 117. Cf. também os trabalhos de: J. Georgel, "Le Préambule de la Constitution de 1958", *RDP*, 1960, pp. 85 ss.; J. Rivero, *Les libertés publiques. 1. Les droits de l'homme*, Paris, PUF, 1973, pp. 149 ss.

e) *Valor material*. As dificuldades que a adoção de um critério estritamente formal suscita para a determinação da natureza jurídica das declarações e preâmbulos levaram a doutrina a se questionar sobre o problema do seu significado levando em conta também critérios materiais já apontados nas questões de método.

Assim, ao examinar o conteúdo das disposições que integram estes textos, destacou-se que eles foram formados por dois tipos de postulados: de um lado, por regras de direito positivo que podem ser objeto de interpretação com certa margem de objetividade, de outro, por uma série de princípios filosóficos, morais e políticos de caráter programático que determinam genericamente as finalidades da atividade estatal[61].

Essa distinção material possui indubitável relevância prática, pois enquanto as primeiras podem ser vistas como normas jurídicas constitucionais, suscetíveis de aplicação imediata, as segundas somente adquiririam positividade quando aplicadas por via jurisdicional como princípios gerais do direito.

Como se observou, o problema do valor positivo das declarações de direitos e preâmbulos foi estudado sobretudo pela doutrina francesa. Isso se deve às próprias características da experiência constitucional gaulesa. De fato, a Constituição francesa de 1946 reafirmou em seu preâmbulo os direitos do homem e do cidadão consagrados pela Declaração de 1789, complementando-os com uma série de direitos econômico-sociais. Posteriormente, a Constituição de 1958 voltaria a proclamar solenemente, também em seu preâmbulo, sua vinculação aos direitos humanos defendidos na Declaração de 1789 e aos direitos econômicos acrescentados no preâmbulo da Constituição de 1946. Daí que a doutrina jurídica francesa se visse compelida a definir a significação positiva desses textos e, assim, fixar a natureza jurídica dos direitos neles reunidos.

Como já foi dito em relação ao critério material, deve-se ter presente que nem todos os direitos fundamentais reunidos nas declarações e preâmbulos são necessariamente abstratos e programáticos. É certo que na Declaração revolucionária de 1789 existem postulados muito genéricos como pode ser a ideia de que "os homens nascem e permanecem livres e iguais em direitos", de seu artigo 1. Porém, juntamente com este, existem outros preceitos em que se especificam, com toda a precisão que requer a técnica jurídica, o princípio da igualdade perante a lei (art. 6), as garantias penais e processuais (arts. 7 a 9), o direito à liberdade de opinião e crenças (art. 10), as liberdades de expressão e de imprensa (art. 11) etc.

Da mesma forma, o preâmbulo constitucional de 1946, ao regular os direitos econômico-sociais, cuja natureza jurídica será estudada mais adiante, não o faz com menor precisão que outras Constituições que, como a italiana de 1948, os reuniu em seu texto articulado. Por outro lado, não faltam no articulado das Constituições do passado e do presente formulações de direitos fun-

---

[61] F. BATAILLER, *Le Conseil d'État, juge constitutionnel*, op. cit., p. 102; G. MORANGE, *Valeur juridique des principes contenus dans les Déclarations des droits*, op. cit., p. 248; J. RIVERO e G. VEDEL, "La Constitution de 1946 et les droits économiques et sociaux", in *Droit social*, vol. XXXI, 1947, p. 20.

damentais em termos programáticos. É o caso, por exemplo, da proclamação de que "a dignidade do povo é intangível", do artigo 1.1 da Lei Fundamental de Bonn; da ideia de que "todos têm direitos ao livre desenvolvimento de sua personalidade...", reunida no artigo 2.1 do mesmo texto; ou do postulado de que "todos os cidadãos têm idêntica dignidade social...", segundo se afirma no artigo 3º da Constituição italiana de 1948.

Como resumo do exposto parece que se pode depreender a tese de que todas as disposições sobre direitos fundamentais contidas em um texto constitucional, seja em seu articulado, seja em seu preâmbulo, ou em uma declaração independente de igual categoria, são manifestações positivas de juridicidade. O critério material determinará, em cada caso, se a positivação reveste o caráter de um preceito ou o de um princípio geral e fundamental do direito[62].

3.1.2.1.2. *A Declaração universal dos direitos humanos da ONU*

As controvérsias doutrinais sobre o valor positivo das declarações e dos preâmbulos no direito interno reproduziram-se no plano internacional ao considerar a significação jurídica que assumiu a atividade das Nações Unidas em favor dos direitos humanos.

A defesa dos direitos humanos reveste-se, para a ONU, de manifesto caráter constitucional. Afirmou-se, com razão, que na Carta fundacional de San Francisco, de 1945, é "a comunidade internacional, com caráter constituinte a que reconhece os direitos humanos"[63]. Exatamente no Preâmbulo da Carta os povos das Nações Unidas expressam sua resolução de "reafirmar a fé nos direitos fundamentais do homem, na dignidade e no valor da pessoa humana, na igualdade de direitos de homens e mulheres e das nações grandes e pequenas". No entanto, a Carta não contém nenhuma definição dos direitos humanos; em 1945, confiou-se o trabalho de precisar esses direitos às futuras ações dos órgãos das Nações Unidas. Porém, na ocasião já se criou uma Comissão de Direitos Humanos cuja tarefa principal era a preparação de uma convenção internacional sobre os direitos fundamentais do homem. A Comissão entendeu que seu trabalho deveria ser constituído de três tarefas: 1) preparar uma declaração de direitos humanos; 2) alguns pactos sobre a mesma matéria; e 3) algumas medidas de execução. A declaração deveria estabelecer algumas normas gerais e básicas sobre os direitos humanos; os pactos deveriam determinar o alcance e as limitações do exercício desses direitos; e as medidas de execução formariam o mecanismo internacional para assegurar seu respeito.

A Comissão preparou o primeiro projeto de declaração em 1947 e 1948. Em 10 de dezembro de 1948, a Assembleia Geral da ONU proclamou a Declaração universal de direitos humanos "como ideal comum pelo qual todos os povos e nações devem esforçar-se".

---

[62] Cf. G. Burdeau, *Traité de science politique*, 2. ed., Paris, LGDJ, 1971, vol. IV, pp. 132 ss.

[63] J. D. González Campos, "La protección de los derechos humanos en las Naciones Unidas", in *ONU, año XX*, Madri, Tecnos, 1966, p. 252.

A Declaração é constituída de 30 artigos com significado muito diferente. Os dois primeiros e os três últimos são de caráter geral e se aplicam a todos os demais direitos presentes na Declaração. A maior parte está dedicada a duas amplas categorias de direitos: os pessoais, civis e políticos (arts. 3 ao 21), que compreendem a herança jusnaturalista e liberal da defesa da pessoa diante dos abusos do poder; e os econômicos, sociais e culturais (arts. 22 ao 27), produto das reivindicações surgidas ao longo do século XIX, voltadas à obtenção de algumas condições que tornaram possível o usufruto efetivo e pleno da liberdade e da igualdade.

Contudo, o principal problema que juridicamente suscita esta Declaração, como outras declarações de direitos e liberdades promulgadas por resoluções da Assembleia Geral da ONU[64], é o de seu caráter de direito internacional positivo. Trata-se de um ponto sobre o qual não existe acordo entre a doutrina internacionalista que o debateu amplamente, o que torna praticamente impossível um resumo completo de sua bibliografia específica. É por isso que aqui mencionamos apenas os pontos de vista mais importantes sobre o assunto.

A) *Teses impugnadoras do caráter jurídico-internacional da Declaração universal*. Talvez a posição mais clara e característica entre os que negaram o caráter jurídico da Declaração universal tenha sido, fiel a sua concepção rigorosamente positivista, o próprio Kelsen.

Para Kelsen, a Declaração é uma exposição de princípios gerais e que possui a mais elevada autoridade moral, mas não jurídica. Foi aprovada por uma Assembleia Geral como resolução, mas não foi redigida em forma de tratado e, portanto, não precisou de ratificação por parte dos Estados. Por isso, não se pode afirmar que a Declaração faça parte do direito internacional, isto é, não pressupõe um texto ou um instrumento jurídico[65].

O ponto de vista de Kelsen foi compartilhado por numerosos tratadistas do Direito internacional público, que afirmavam que as resoluções da Assembleia Geral são simples "recomendações" de conduta dirigidas aos Estados-membros da organização.

Na opinião de Kelsen, a Declaração nem sequer possui valor hermenêutico para interpretar os princípios da Carta referentes aos direitos humanos, pois só se pode fazer uma interpretação estrita dela a partir de suas próprias normas[66].

Na Espanha, a tese negativa foi especialmente sustentada por Díez de Velasco, para quem a importância da Declaração universal "consiste não tanto em seu valor jurídico, que não possui, mas na moral e mais ainda em seu enorme

---

[64] Entre as quais podem ser citadas: a Declaração sobre os direitos da criança (1959); a Declaração sobre eliminação de qualquer forma de discriminação racial (1963); a Declaração sobre a eliminação da discriminação em relação à mulher (1967)... Cf. o vol. *Las Naciones Unidas y los derechos humanos*, com apresentação de U. THANT, Nova York, Servicios de Información Pública de las Naciones Unidas, 1968.

[65] H. KELSEN, *The Law of United Nations*, op. cit., pp. 39 ss.

[66] Ibid., p. 40.

impacto sobre as Constituições do pós-guerra e na opinião pública mundial"[67]. Em sua opinião, "para que a Declaração tenha autêntica força jurídica é necessário chegar por via convencional a um acordo geral entre os membros"[68].

B) *Teses que mantêm a autoridade jurídica indireta da Declaração.* Uma opinião também bastante difundida entre os tratadistas de Direito internacional, e que pode ser personificada em Lauterpacht, defende o valor jurídico indireto da Declaração universal.

Para esses autores, não há dúvida de que os membros da ONU, quando votaram a resolução da Assembleia Geral, não o fizeram com o propósito de que a Declaração fosse um documento jurídico que lhes impusesse obrigações concretas. Por outro lado, a própria linguagem empregada no texto, repleta de conceitos ambíguos e programáticos, torna difícil considerá-lo uma norma internacional positiva.

No entanto, nem por isso os que apoiam essa tese deixam de reconhecer certo valor jurídico "indireto" à Declaração. Assim, por exemplo, Lauterpacht resume as possíveis vias através das quais a Declaração cumpre essa incumbência[69].

a) Em primeiro lugar, a Declaração pode proporcionar uma base sólida para a interpretação da Carta das Nações Unidas, no que diz respeito a seus princípios referentes aos direitos humanos. Pode-se afirmar que a Declaração universal corresponde aos princípios que inspiraram, no século XX, a concepção que as Nações Unidas, como um todo, possuem da dignidade e do valor da pessoa humana. Por isso Sperduti nos lembra como, nos últimos anos, se apelou à Declaração em numerosas ocasiões, seja com referência à Carta, seja com referência a outros atos internacionais (como o estatuto e a Convenção da OIT), para denunciar e submeter a instâncias internacionais certas situações políticas e as condições de certos grupos ou categorias de homens[70]. De fato, não se pode deixar de reconhecer a relevância prática da Declaração em questões como a do trabalho forçado imposto em determinados países, ou a política de segregação racial (*apartheid*) adotada na União Sul-africana...

b) Esse valor hermenêutico geral da Declaração como concepção comum dos direitos humanos pelos povos das Nações Unidas faz com que se possa também entendê-la como expressão daqueles "princípios gerais do direito reconhecidos pelas nações civilizadas", a que o parágrafo 1.*c*) do artigo 38 do estatuto do Tribunal Internacional de Justiça faz referência como fontes do direito

---

[67] M. Díez de Velasco, "Introducción" ao vol. *Declaración universal de los derechos humanos e textos afines*, Barcelona, Ilustre Colegio de Abogados de Barcelona, 1968, p. 9.

[68] M. Díez de Velasco, "Mecanismos de garantía y medios procesales de protección creados por la Convención Europea de los Derechos del Hombre", in *Homenaje a Don Nicolás Pérez Serrano*, Madri, Reus, 1959, vol. II, p. 659.

[69] H. Lauterpacht, *International Law and Human Rights*, Londres, Stevens & Sons, 1950, pp. 408 ss.

[70] G. Sperduti, "Diritti umani", in *Enciclopedia del diritto*, Milão, Giuffrè, 1964, vol. XII, p. 809.

internacional. Essa tese foi defendida, dentre outros, por Mirkine-Guetzevitch[71] e por Verdross[72].

c) Indicou-se, como outra das fontes do valor indireto da Declaração como norma internacional, seu reconhecimento como parte da *public policy* do direito dos Estados-membros da ONU, aplicável por seus tribunais naqueles litígios em que se debatem questões concernentes aos direitos humanos e às liberdades fundamentais[73].

d) Em favor da tese do valor jurídico indireto da Declaração, frequentemente se fez referência a seu caráter de resolução da Assembleia Geral, cujas recomendações não estão isentas de valor jurídico para os membros da ONU.

Essa tese foi desenvolvida na Espanha por González Campos, que projetou a diferença traçada por Reuter entre as obrigações de comportamento e obrigações de resultado no ordenamento internacional[74], para o problema dos direitos humanos. Para González Campos, o artigo 1.3 da Carta, que estabelece o propósito geral da ONU de "realizar a cooperação internacional no desenvolvimento e estímulo do respeito aos direitos humanos e às liberdades fundamentais de todos [...]", pressupõe algumas *obrigações de comportamentos* concretas que, se não são impostas diretamente ao Estado a que se dirigem, como é o caso de um acordo internacional por ele ratificado, o vinculam à realização desses objetivos. "E como consequência dessa interpretação, não há dúvida de que a negativa em aceitar as resoluções das Nações Unidas em matéria de direitos humanos põe o Estado em uma situação incompatível com a qualidade de membro das Nações Unidas."[75]

No mesmo sentido pronunciou-se Fernández Rozas, que, para explicar o fenômeno, recorreu a uma nova forma de criação do direito internacional que é denominada *soft law*. De acordo com ela, a Declaração estabelece um programa que revela uma ideologia; "desse modo, ainda que careçam de força sancionadora e não sejam diretamente exigíveis, servem eficazmente para dar conteúdo ao ordenamento internacional em um sistema de cooperação cuja peça fundamental é o convênio"[76].

---

[71] B. Mirkine-Guetzevith, "L'ONU et la doctrine moderne des droits de l'homme", in *Revue de droit internationale*, 1951, pp. 161 ss.; e 1952, pp. 34 s.; "Quelques problèmes de la mise en oeuvre de la Déclaration universelle des droits de l'homme", in *Recueil des Cours*, Académie de droit International, La Haye, 1953, pp. 261 ss.

[72] A. Verdross, *Derecho internacional público*, trad. esp. de A. Truyol y Serra, 4. ed., Madri, Aguilar, 1963, pp. 505 ss.

[73] Cf. K. Loewenfeld, "Der Schutz der Menschenrechte im Rahmen des Vereinigten Nationen", *Archiv des Völkrrechts*, 1951, pp. 136 ss.; R. Schwelb, "The Influence of the Universal Declaration of Human Rights on International and National Law", *Proceedings of the American Society of International Law*, 1959, pp. 217 ss.

[74] P. Reuter, "Principes de droit international public", in *Recueil des Cours*, Académie de droit International, La Haye, 1961, pp. 471 ss.

[75] J. D. González Campos, *La protección de los derechos humanos en las Naciones Unidas*, op. cit., p. 274.

[76] J. C. Fernández Rozas, "La protección internacional de los derechos humanos y su proyección en el orden jurídico interno", in *Política y derechos humanos*, op. cit., p. 115.

e) Por último, considerou-se que a Declaração universal, ao ser vinculante, ao menos para os órgãos das Nações Unidas, impeliu-os a uma atividade que indiretamente repercutiu no plano do Direito internacional. Assim, Sperduti observa que os órgãos da ONU, em virtude da Declaração universal, foram expressamente autorizados a promover o respeito aos direitos humanos preparando convenções e pactos que concretizaram e deram força obrigatória aos princípios contidos na Declaração[77].

Na Espanha se depreende uma tese semelhante do posicionamento de Desantes, para quem a Declaração tem "eficácia jurídica, ainda que indireta". Em sua opinião, "quando em 1968, pela passagem do vigésimo aniversário da Declaração, a ONU adotou diversos acordos relacionados a ela e publicou diversos documentos proclamando o Ano Internacional dos Direitos Humanos, recomendando a adesão aos convênios e pedindo aos Estados signatários a adequação de suas leis aos princípios da Declaração, a maior parte dos governos aceitou expressamente como seus os acordos da Assembleia Geral"[78].

C) *Teses que sustentam o caráter jurídico da Declaração universal.* Não faltaram, tampouco, pontos de vista doutrinais reivindicadores da autoridade jurídica da Declaração. Dentre eles, sem dúvida, o mais representativo é o apoiado por René Cassin, cuja atividade na preparação do texto da Declaração universal pode ser considerada decisiva. Em sua opinião, a Carta das Nações Unidas é um tratado com força jurídica para todos os Estados-membros da organização. De acordo com a Carta, os Estados que integram a ONU "se comprometem a tomar medidas conjunta ou separadamente" para promover "o respeito universal aos direitos humanos e às liberdades fundamentais de todos, sem fazer distinção por motivo de raça, sexo, idioma ou religião" (arts. 55 e 56). Contudo, a Carta não define os direitos humanos. É por isso que a Declaração universal oferece uma interpretação autêntica e autorizada desses direitos. Dessa forma, na medida em que os Estados-membros devem acatar as disposições da Carta referentes aos direitos humanos, estão também obrigados a observar os postulados da Declaração universal[79].

Na Espanha, essa tese foi adotada pelo professor Truyol y Serra, que, além disso, observa que para aqueles que não professam o positivismo jurídico, "a Declaração é indubitavelmente a expressão da consciência jurídica da humanidade representada na ONU e, como tal, fonte de um 'direito superior', um *higher law*, cujos princípios não podem ser ignorados por seus membros"[80].

Assim como no item anterior, ao tratar do valor positivo das declarações de direitos e preâmbulos constitucionais, convém voltar ao conceito geral de positividade para enfocar esta questão. Neste caso, porém, deve-se ter presente

---

[77] G. Sperduti, *Diritti umani*, op. cit., pp. 810 ss.

[78] J. M.ª Desantes, *La información como derecho*, Madri, Nacional, 1974, pp. 34-5.

[79] R. Cassin, "La Déclaration universelle des droits de l'homme", in *Recueil des Cours*, Académie de droit International, La Haye, 1951, II, pp. 237 ss. Ver também o vol. de P. N. Drost, *Human Rights as Legal Rights*, 2. ed., Leyden, Sijthoff, 1965.

[80] A. Truyol y Serra, *Los derechos humanos*, op. cit., p. 31.

que a coincidência da equação vigência-positividade, ao ser projetada para as regras do direito internacional, é ainda menor que no plano do direito interno[81]. Por isso, se se atende ao critério de validade que preside a criação normativa no interior da ONU, não se pode descartar a significação jurídica das recomendações da Assembleia Geral.

Entretanto, considero que a positividade das regras contidas na Declaração deve ser objeto de dois esclarecimentos. O primeiro diz respeito ao conteúdo específico de seus princípios, alguns dos quais são, sem dúvida, puramente programáticos, ao passo que outros encontram-se dotados da solidez formal exigida na formulação de normas jurídicas. O segundo, que tal valor positivo, por não ter sido objeto de ratificação por parte dos Estados-membros, não pode ser considerado de natureza convencional, mas situar-se no plano dos princípios gerais do direito internacional.

Entendo que o processo de positivação dos direitos humanos realizado pela ONU deve ser considerado organicamente. Nesse sentido, a Declaração universal não pode ser entendida como um elemento isolado, mas como um momento de um processo mais amplo no qual encontra sua autêntica significação: o dos esforços das Nações Unidas para levar a defesa dos direitos humanos do plano dos princípios gerais do direito reconhecidos por seus membros [no sentido postulado pelo art. 38.1.c), do estatuto do Tribunal Internacional de Justiça] e consagrados nos princípios da Declaração do direito internacional convencional, através de regras expressamente reconhecidas e ratificadas pelos Estados-membros da organização em Convênios e Pactos [de acordo com o espírito do art. 38.1.c), do referido estatuto]. Essa interpretação estrutural permite contemplar o fenômeno da atividade da ONU em matéria da positivação dos direitos fundamentais em sua plena significação. Assim, a Declaração universal, os Convênios e Pactos das Nações Unidas devem ser entendidos unitariamente. É importante lembrar que quando foi criada a Comissão dos Direitos Humanos considerou-se que sua tarefa deveria ser estruturada em três momentos: o da preparação de uma declaração, o de seu desenvolvimento em forma de pactos, e o de sua realização através de medidas de execução. A adoção pela Assembleia Geral de 16 de dezembro de 1966 de dois pactos (*Covenants*): o Pacto internacional de direitos econômicos, sociais e culturais e o Pacto internacional de direitos civis e políticos, e sua respectiva entrada em vigor em 3 de janeiro de 1976 e 23 de março de 1976 (três meses após ser depositado o trigésimo quinto instrumento de ratificação, como dispõe os arts. 27.1 e 49.1, desses pactos)[82], mostra o cumprimento parcial de uma tarefa que só pode ser julgada em seu conjunto, e na qual o processo de positivação é completado com o esforço para o efetivo usufruto dos direitos fundamentais positivados.

---

[81] Cf. R. Ago, "Diritto positivo e diritto internazionale", in *Scritti di diritto internazionale in onore di T. Perassi*, Milão, Giuffrè, vol. I, pp. 1 ss.

[82] Cf. o relatório "Entrée en vigueur du Pacte international relatif aux droits civils et politiques, ainsi de Protocole facultatif se rapportant au dit Pacte", *RDH*, 1976, vol. IX, n. 1, pp. 131 ss.

3.1.2.1.3. *Os direitos econômicos e sociais*

Outro grande problema que suscita a positivação dos direitos fundamentais no âmbito constitucional é, sem dúvida, o que concerne ao valor jurídico dos denominados direitos econômicos e sociais, proclamados em escala internacional e nos ordenamentos internos na maior parte das Constituições promulgadas após a Segunda Guerra Mundial.

Ao longo do século XIX, os conflitos de classe foram se traduzindo em uma série de exigências de caráter socioeconômico, que puseram em destaque a insuficiência dos direitos individuais quando a democracia política não se convertia também em democracia social. Essas reivindicações determinarão uma mudança na atividade do Estado que progressivamente abandonará sua posição abstencionista e reclamará como própria uma função social. Essa função se traduz em uma série de disposições socioeconômicas que a partir da Constituição de Weimar costumam ser incluídas entre os direitos fundamentais.

O fato de esses direitos às vezes estarem reunidos nos preâmbulos constitucionais e nas disposições da Declaração universal da ONU pode levar a julgar desnecessária sua análise específica no plano da positivação, seguindo neste ponto as linhas gerais traçadas ao se aludir a essas questões. No entanto, a importância adquirida nos últimos anos por esses direitos, juntamente com as discussões suscitadas por sua natureza jurídica e seu alcance, convidam a uma consideração de sua problemática peculiar.

Antes de tudo, convém observar que a expressão "direitos sociais" não possui significado unívoco, assim como as disposições normativas dos ordenamentos que os acolhem, que a doutrina engloba sob seu título categorias muito heterogêneas cujo único ponto comum de referência é dado por sua rivalidade de pormenorizar as exigências que se depreendem do princípio da igualdade[83].

O surgimento dos direitos sociais supôs uma notável variante no conteúdo dos direitos fundamentais. Princípios originariamente destinados a impor limites à atuação do Estado converteram-se em normas que exigem sua gestão na ordem econômica e social; garantias pensadas para a defesa da individualidade são agora regras nas quais o interesse coletivo ocupa o primeiro lugar; enunciados muito precisos sobre as faculdades que se consideravam essenciais e perenes deram lugar a normas que defendem bens múltiplos e circunstanciais[84].

---

[83] Cf. M. STASKÓW, "Quelques remarques sur les 'droits économiques et sociaux'", in *Essais sur les droits de l'homme en Europe* (Segunda série), Turim, Edition de l'Institut Universitaire d'Etudes Européennes, 1961, pp. 45 ss. Para um estudo geral sobre o alcance dos direitos sociais, ver os artigos de B. DE CASTRO e G. PECES-BARBA in *Derechos económicos, sociales y culturales*, Atas das IV Jornadas de Professores de Filosofia do Direito, Murcia, dezembro de 1978, Publicaciones de la Universidad de Murcia, 1981. Cf. também os trabalhos de J. L. CASCAJO, *La tutela constitucional de los derechos sociales*, Madri, Centro de Estudios Constitucionales, 1988; B. DE CASTRO CID, *Los derechos económicos, sociales y culturales*, León, Secretariado de Publicaciones de la Universidad de León, 1993; F. J. CONTRERAS PELÁEZ, *Derechos sociales: teoría e ideología*, Madri, Tecnos, 1994.

[84] N. PÉREZ SERRANO, *La evolución de las declaraciones de derechos*, Discurso de Abertura do Curso Acadêmico 1950-51, na Universidade de Madri, Publicaciones de la Universidad de Madrid, 1950, pp. 86 ss.

Existe, pois, uma evidente diferença entre a categoria de direitos tradicionais que especificam o princípio de liberdade, e esses novos direitos de caráter econômico, social e cultural que desenvolvem as exigências da igualdade[85].

Os direitos sociais têm como principal função assegurar a participação nos recursos sociais aos distintos membros da comunidade. Gurvitch os definiu de uma forma que pode ser considerada clássica como: "droits de participation des groupes et des individus découlant de leur intégration dans des ensembles et garantissant le caractère démocratique de ces derniers"[86].

Essa definição permite observar as características mais relevantes dos direitos sociais. Assim, tais direitos podem ser entendidos, em sentido objetivo, como o conjunto das normas através das quais o Estado realiza sua função equilibradora e moderadora das desigualdades sociais. Desse modo, em sentido subjetivo, poderiam ser entendidos como as faculdades dos indivíduos e dos grupos de participar dos benefícios da vida social, o que se traduz em determinados direitos e serviços, diretos ou indiretos, por parte dos poderes públicos[87].

Por outro lado, convém mostrar que, ainda que os direitos sociais sejam direitos do homem situados no âmbito coletivo, isso não implica que esses direitos se destinem apenas à defesa dos interesses coletivos, tese defendida por Pergolesi[88], ou que só podem ser exercidos por grupos, segundo se depreende da tese de Kaskel[89]. Na verdade, a antítese entre os direitos individuais e sociais não pode situar-se nesse plano. Afirmou-se que o direito de um idoso ou de um inválido à assistência tem como finalidade imediata a tutela de um interesse individual à subsistência e não o de um pretenso interesse coletivo em que a categoria dos idosos ou dos inválidos possa subsistir. A relevância dada pelos

---

[85] Essas diferenças foram muito bem resumidas por V. van Dyke, que, comentando a reprodução "Thou shalt not kill, but needst not strive Officiously to keep alive", escreveu: "This couplet is suggestive of the conception of rights that has been dominant in the Anglo-american tradition. Under it the right to the protection of a policeman, but not to the services of a doctor. If the government assures such services, it is a matier of benign policy, not a recognition of a claim of right", *Human Rights, the United States, and World Community*, Nova York/Londres/Toronto, Oxford University Press, 1970, p. 52.

Em muitas ocasiões, chegou-se a considerar que as liberdades e os direitos sociais eram não apenas categorias diferentes, mas contrapostas; e que a progressiva ampliação da esfera dos direitos sociais implicava necessariamente uma diminuição dos direitos individuais. Assim, acreditou-se que a implantação dos direitos sociais à assistência sanitária ou à educação supôs, de fato, uma limitação da liberdade de escolher o médico ou a escola. Entendo, entretanto, que o nascimento e o paulatino reconhecimento dos direitos sociais não pode ser interpretado como uma negação das liberdades, mas como um fator decisivo para redimensionar seu alcance; já que estas, em nosso tempo, não podem ser concebidas como um atributo do homem isolado que persegue fins individuais e egoístas, mas como um conjunto de faculdades do homem concreto que desenvolve sua existência em relação comunitária e conforme às exigências da vida social.

[86] G. Gurvitch, *La déclaration des droits sociaux*, Paris, Vrin, 1946, p. 79.

[87] Cf. M. Mazziotti, "Diritti sociali", in *Enciclopedia del diritto*, Milão, Giuffrè, 1964, vol. XII, p. 804.

[88] F. Pergolesi, *Alcuni lineamenti dei "diritti sociali"*, Milão, Giuffrè, 1953, pp. 34 ss.

[89] D. Kaskel, "Begriff und Gegenstand des Sozialrechts als Rechtsdisziplin und Lehrfach", *DJZ*, 1918, pp. 541 ss.

direitos sociais àqueles que são parte de determinados grupos deriva do pressuposto de que assim é possível satisfazer melhor às necessidades daqueles a quem se tenta proteger. Porém, em todo o caso, não se trata de proteger os grupos enquanto tais, mas os indivíduos em suas situações concretas, no interior da sociedade[90]. Da própria definição de Gurvitch depreende-se que esses direitos podem satisfazer não tanto os interesses do grupo, mas os dos indivíduos que o compõem.

A) *Caráter programático dos direitos sociais.* A amplitude e heterogeneidade dessa nova categoria de direitos, juntamente com a nova significação prática que seu conteúdo assume, impulsionaram determinado setor doutrinal a traçar uma clara separação entre esses direitos e as tradicionais liberdades de caráter individual. Observa-se que, enquanto os direitos individuais se destinam a determinar uma esfera dentro da qual os indivíduos podem atuar livremente, os direitos sociais tendem a obter a intervenção do Estado para satisfazer algumas exigências dos cidadãos que são consideradas fundamentais. A partir dessa distinção, pretendeu-se negar o caráter jurídico desses direitos. Assim, entre nós, escreveu-se que "os chamados direitos sociais das Constituições modernas, tão ampliados nas atuais Declarações universais ou multinacionais, frequentemente se mantêm no terreno do programático"[91].

Essa tese foi amplamente defendida pela doutrina francesa, tendendo, muitas vezes, a reservar a significação jurídico-positiva às liberdades públicas. Segundo suas premissas, deve-se fazer uma clara distinção entre as liberdades públicas, cuja atuação depende unicamente de seus titulares, sendo missão do Estado a vigilância de seu exercício em termos de polícia administrativa, e os direitos sociais que implicam uma pretensão diante do Estado, que só pode ser satisfeita mediante a criação de um aparato destinado a responder a essas exigências em termos de serviço público. É por isso que a satisfação desses serviços implícitos nos direitos econômicos e sociais deixa ao Estado uma ampla margem de manobra sobre sua organização, ao passo que as obrigações do Estado em matéria de liberdades são claras e precisas, já que se referem a uma abstenção[92].

Mostrou-se que os direitos sociais, como não se traduzem em normas concretas que especifiquem poderes de fazer e fiquem relegados ao plano do simples poder de exigir, não são direito positivo. No máximo, constituem um programa de ação para o legislador, mas como este não organiza os serviços necessários para sua satisfação, são apenas liberdades virtuais. "Ni a l'égard de l'administration ni pour le juge, ils ne peuvent prétendre au traitement dont

---

[90] Cf. M. Mazziotti, *Diritti sociali*, op. cit., pp. 804-5.

[91] J. Castán Tobeñas, *Los derechos del hombre*, Madri, Reus, 1969, p. 126.

[92] Cf. P. Braud, *La notion de liberté publique en droit français*, Paris, LGDJ, 1968, pp. 138 ss.; G. Burdeau, *Les libertés publiques*, 3. ed., 1965, pp. 19 ss.; C. A. Colliard, *Libertés publiques*, 5. ed., Paris, Dalloz, 1975, pp. 22 ss., 41 ss. e 516 ss.; Y. Madiot, *Droits de l'homme et libertés publiques*, Paris, Masson, 1976, pp. 52 ss.; J. Rivero, *Les libertés publiques*, op. cit., pp. 104 ss.

bénéficient les libertés politiques. Ils n'ont qu'une vocation à le devenir."[93] De acordo com essa proposta, as liberdades públicas se moveriam no terreno do direito positivo, enquanto os direitos sociais se situariam, na maior parte das vezes, no plano das exigências do direito natural.

Esse problema também foi amplamente desenvolvido pela doutrina alemã, ainda que sob um ponto de vista diferente. A doutrina juspublicista alemã propôs a questão da positividade dos direitos sociais a partir de sua formulação na *Weimarer Verfassung*. A respeito da natureza jurídica desses direitos tornou-se clássica a tese de Carl Schmitt, segundo a qual os direitos sociais proclamados na Constituição de Weimar constituíam uma série de princípios não acionáveis que teriam como destinatário exclusivo o legislador[94]. Esse ponto de vista foi seguido em data mais recente, e em relação aos princípios sociais da *Bonner Grundgesetz*, por Forsthoff, para quem esses direitos funcionam como um simples programa de atuação para o legislador e os órgãos do Estado, mas sem que pressuponham normas jurídico-positivas em sentido estrito[95].

B) *A concepção socialista dos direitos sociais.* Um papel decisivo no desenvolvimento dos direitos sociais corresponde à doutrina e à prática normativa dos países socialistas, em cujo interior esses direitos ocupam um lugar primordial ao constituir os princípios básicos da estrutura social e ao presidir o exercício de todas as liberdades, obrigando, para isso, o governo e os diferentes órgãos sociais[96].

Os autores socialistas concordam em afirmar que esses direitos só podem ser plenamente satisfeitos no âmbito político do Estado socialista, pois somente o sistema social surgido da revolução do proletariado encontra-se em condições de tornar efetivos para a maioria dos cidadãos, antes oprimidos e explorados, os direitos de caráter econômico, cultural e social[97].

A doutrina socialista considera o oportunismo político como princípio motivador da consagração desses direitos nas Constituições dos países ocidentais. De fato, a progressiva atividade do movimento operário e as próprias exigências do capitalismo monopolista resultaram na paulatina ingerência do Estado na área econômica, através de medidas de controle e planejamento. Essas circunstâncias determinaram que o Estado burguês se pronunciasse na esfera dos direitos sociais e econômicos. Os direitos sociais foram o fruto da transição do Estado de direito liberal para o *sozialer Rechtsstaat*. No entanto, da mesma forma que para esses autores é duvidosa a autenticidade social do Estado social de direito[98], também é imprecisa e obscura sua pretensa formulação dos direitos sociais que, por carecerem de um sistema legal eficaz de

---

[93] G. BURDEAU, *Les libertés publiques*, op. cit., p. 23.

[94] C. SCHMITT, *Verfassungslehre*, Munique/Leipzig, Duncker & Humblot, 1928, p. 128.

[95] E. FORSTHOFF, *Begriff und Wesen des sozialen Rechtsstaates*, Berlim, Walter de Gruyter, 1954, pp. 27 ss.

[96] Cf. I. KOVÁCS, *General Problems of Rights*, op. cit., p. 21.

[97] Cf. K. KULCSÁR, *Social Factors in the Evolution of Civic Rights*, op. cit., p. 161.

[98] Cf. o capítulo 5 deste livro, sobre *Estado de direito* e *direitos fundamentais*.

meios de execução, se converteram em simples *slogans* de propaganda ("mere propaganda slogans")[99].

Tornando-se eco das posições doutrinais que nos países capitalistas negam a natureza jurídico-positiva dos direitos sociais, a doutrina socialista chega à conclusão de que nas Constituições burguesas "the economic and social rights were void of legal value"[100]. Diferentemente do caráter programático que os direitos sociais assumem nestas Constituições, a doutrina socialista insiste em proclamar a natureza jurídica, a precisão e a amplitude com que tais direitos foram reconhecidos nas Constituições de seus países, as quais, tomando como modelo a da URSS de 1936, passaram a apresentá-los como autênticos direitos fundamentais pertencentes aos cidadãos[101].

A característica fundamental desses direitos nos sistemas socialistas é sua estreita dependência das condições de produção, de cujo desenvolvimento se consideram reflexo. Mesmo que, em alguns casos, se reconheça que, de fato, a cultura, as artes e as ciências possuem uma relativa independência em relação aos fatores materiais de produção, e que nem sempre seu conteúdo está diretamente determinado pelo desenvolvimento das forças produtivas[102].

Por outro lado, considera-se que tais direitos constituem uma obrigação direta do Estado, que deve estabelecer uma série de medidas direcionadas a seu usufruto efetivo. Essas medidas não podem ser apenas de índole jurídica, uma vez que em grande medida são de caráter econômico[103]. Assim como os demais direitos fundamentais, os direitos sociais comportam, no sistema socialista, um dever geral correlativo de exercê-los de acordo com os interesses políticos e econômicos do Estado e da sociedade[104].

Finalmente, a maior parte dos juristas socialistas coincide em afirmar que em seus sistemas jurídicos não existe diferença entre liberdades e direitos sociais, constituindo essas duas categorias uma só unidade do ponto de vista legal. "*In a socialist state – escreve Kovács – there is no difference – as to their legal nature – between this group of rights* (social rights) *and what are described as classical liberties.*"[105]

Na opinião de Szabó, a distinção entre liberdades e direitos sociais corresponde ao dualismo existente no seio da sociedade civil, que, como se expôs, foi evidenciado por Marx, entre o homem e o cidadão; entre o homem possuidor de bens e sujeito das relações econômicas no âmbito da sociedade civil e o cidadão como membro da sociedade politicamente organizada. No entanto, essa

---

[99] Cf. L. Lörincz, "Economic, Social and Cultural Rights", in *Socialist Concept of Human Rights*, op. cit., p. 203.

[100] K. Kulcsár, *Social Factors in the Evolution of Civic Rights*, op. cit., p. 156.

[101] Cf. L. Lörincz, "Economic, Social and Cultural Rights", op. cit., p. 205.

[102] Ibid., p. 209.

[103] Ibid., p. 202.

[104] Cf. I. Szabó, *Fundamental Questions Concerning the Theory and History of Citizens' Rights*, op. cit., p. 67.

[105] Cf. I. Szabó, *General Problems of Rights*, op. cit., p. 21.

contradição desaparece no sistema socialista, em que, em sua opinião, existe uma estreita harmonia entre o político e o econômico, em que o cidadão é ao mesmo tempo sujeito de direitos econômicos e políticos[106]. Além disso, insiste-se que na sociedade socialista são precisamente os direitos econômicos e sociais, por sua conexão com o desenvolvimento das forças produtivas desses países, que determinam as modalidades de exercício de todos os demais direitos fundamentais[107].

C) *Os direitos sociais como categoria jurídico-positiva.* É inegável que haja importantes diferenças entre os direitos tradicionais de liberdade e a nova categoria dos direitos sociais, assim como sobre sua significação no que se refere aos meios jurídicos a serem empregados para sua tutela. Contudo, isso não deve levar a ignorar a profunda complementaridade que existe entre ambas as categorias, nem a negar a positividade dos direitos sociais.

No esforço doutrinal para vincular os direitos sociais com a tipologia tradicional dos direitos fundamentais elaborada por Jellineck, deve situar-se a recente consideração desses direitos como expressão do denominado *status positivus socialis*. Esse *status* é fruto da crescente intervenção do Estado no terreno econômico e social que admite alguns direitos, que não podem ser entendidos como *Staatsschranken* (limites da ação estatal), mas como *Staatszwecke* (fins da ação do Estado). Desse modo, os direitos sociais adquirem uma significação claramente polêmica em relação à cômoda ideologia individualista do *laissez-faire*, e à sua incapacidade para evitar e corrigir as tensões sociais decorrentes das desigualdades econômicas[108].

Entretanto, deve-se ter presente também que, diante dos perigos a respeito da liberdade do indivíduo que derivam dessa crescente intervenção estatal no âmbito dos direitos fundamentais e, diante do risco de que o *status positivus socialis* degenerasse em um novo *status subjectionis*, determinados setores da doutrina reivindicaram sob a fórmula de *status activus processualis* o fortalecimento das garantias jurídicas individuais e a participação ativa dos interessados nos processos de formação dos atos públicos[109].

Em todo o caso, observa-se na atual dogmática juspublicista alemã e italiana um amplo esforço doutrinal destinado a aperfeiçoar o *status* jurídico-positivo dos direitos sociais.

---

[106] I. Szabó, *Fundamental Questions Concerning the Theory and History of Citizens' Rights*, op. cit., p. 56.

[107] L. Lörincz, "Economic, Social and Cultural Rights", op. cit., p. 208.

[108] Cf. O. Bachof, *Begriff und Wesen des sozialen Rechtsstaates*, Berlim, Walter de Gruyter, 1954, pp. 43 ss.; G. Brunner, *Die Problematik des sozialen Grundrechte*, Tübingen, Mohr, 1971, pp. 4 ss.; P. Häberle, *Grundrechte im Leistungsstaat*, Berlim, Walter de Gruyter, 1972, pp. 90 ss.; H. van Impe, "Les droits économiques et sociaux constituent-ils une catégorie spécifique de libertés publiques?", in *Perspectivas del Derecho Público en la segunda mitad del siglo XX*, op. cit., vol. III, pp. 46 ss.; F. van der Ven, *Soziale Grundrechte*, Colônia, Bachen, 1963, pp. 51 ss.

[109] Cf. P. Häberle, *Grundrechte im Leistungsstaat*, op. cit., pp. 86 ss.; S. Cassese, "Il privato e il procedimento amministrativo", in *Archivio giuridico*, 1970, pp. 25 ss.; N. Trocker, *Processo civile e costituzione*, Milão, Giuffrè, 1974.

Esses novos direitos foram considerados o resultado do planejamento da assistência social realizada pelo Estado através de algumas instituições que, na concepção de Luhmann, constituem o reflexo no plano da positividade jurídica de determinadas expectativas reais de condutas generalizadas em conexão com determinadas funções sociais[110].

Um importante setor da doutrina alemã chegou até a afirmar que, na complexa sociedade atual, os direitos do indivíduo só podem ter justificativa como direitos sociais. Sem que isso signifique uma negação dos valores da personalidade, mas uma superação da imagem de alguns direitos do indivíduo solitário que decide de forma não solidária seu destino; para afirmar a dimensão social da pessoa humana dotada de valores autônomos, mas ligada inseparavelmente por numerosos vínculos e urgências à comunidade em que vive[111].

O austríaco Theodor Tomandl escreveu uma monografia levando em conta os direitos sociais como ingredientes formais dos textos constitucionais. Nela distingue quatro sistemas de positivação em que os direitos sociais aparecem sucessivamente como: princípios programáticos constitucionais, normas de organização, direitos públicos subjetivos e dispositivos de garantia. Os quatro sistemas são analisados criticamente: o primeiro, por sua falta de precisão, que compromete o princípio da segurança jurídica; o segundo, porque situa o problema da realização dos direitos sociais em um terreno puramente político e não jurídico; o terceiro, porque é difícil de concretizar a figura do direito público subjetivo pela via constitucional, uma vez que sua delimitação fica a critério do legislador; o quarto, porque sacrifica o valor ideal dos direitos sociais e os relativiza em normas sujeitas a permanente evolução. Dessa análise, Tomandl conclui pela conveniência de não se usar a via constitucional para a consagração dos direitos sociais, os quais, por sua estreita dependência do desenvolvimento das aspirações sociais e pela necessidade de ser sempre concretizados pela legislação ordinária, devem ser incorporados ao direito positivo pela via legislativa[112].

O trabalho de Tomandl incorre em algumas imprecisões, como a de considerar o exemplo soviético como protótipo da formulação constitucional dos direitos sociais como direitos públicos subjetivos, quando é notório que a concepção socialista dos direitos fundamentais é, por princípio, oposta aos pressupostos liberais e individualistas subjacentes à noção do direito público subjetivo, entendido como autolimitação da atividade estatal em favor do interesse

---

[110] N. Luhmann, *Grundrechte als Institution*, op. cit., pp. 27 e 186 ss. Cf. também os trabalhos de: W. Hamel, *Die Bedeutung der Grundrechte im sozialen Rechsstaat. Ein Kritik an Gesetzgebung und Rechtsprechung*, Berlim, Duncker & Humblot, 1957, pp. 16 ss.; W. Schreiber, *Das Sozialstaatsprinzip des Grundgesetzes in der Praxis der Rechrsprechung*, Berlim, Duncker & Humblot, 1972, pp. 146 ss.

[111] Cf. E. Fechner, *Die soziologische Grenze der Grundrechte*, Tübingen, Mohr, 1954, pp. 33 ss.; P. Häberle, *Grundrechte im Leistungsstaat*, op. cit., pp. 95 ss.; P. Schneider, "Droits sociaux et doctrine des droits de l'homme", *APD*, 1967, pp. 317 ss.; H. Wilke, *Stand und Kritik der neuren Grundrechtstheorie*, op. cit., pp. 219 ss.

[112] Th. Tomandl, *Der Einbau sozialer Grundrechte in das positive Recht*, Tübingen, Mohr, 1967, pp. 24 ss. e 44-6.

dos particulares. Além disso, sua conclusão não parece convincente, pois tirar os direitos sociais do âmbito constitucional de positivação dos direitos fundamentais implica: por um lado, consagrar a ruptura entre liberdades públicas e direitos sociais, própria da lógica individualista, e, por outro, privá-los, com o pretexto de sua melhor regulação técnica na legislação ordinária, de seu caráter exemplar e fundamental (de seu caráter ideal, como reconhece o próprio Tomandl) de toda a convivência política. É evidente que os direitos sociais, como todos os direitos fundamentais, estão sujeitos a uma paulatina transformação na medida em que variam as condições socioeconômicas nas quais se baseiam. No entanto, isso não é motivo para desconstitucionalizá-los, pois isso significaria deixar à margem da lei fundamental um dos aspectos mais importantes que ela é precisamente chamada a regular. De certo modo, o estudo de Tomandl, ao destacar as insuficiências dos atuais mecanismos de positivação constitucional dos direitos sociais, é um dado eloquente dos esforços, cada vez mais intensos, fruto das pressões da própria experiência social de apresentar com maior clareza seu *status* positivo. O fato de os resultados não serem, até o momento, plenamente satisfatórios não é motivo suficiente para evitar essa imperiosa exigência de nosso tempo.

A doutrina italiana, por seu lado, geralmente tende a reconhecer o valor jurídico-positivo dos direitos sociais, ao ter plena consciência de que a Carta constitucional de 1948 significava uma profunda transformação a ponto de ser considerada "il simbolo a cui fanno appello i sentimenti di libertà e di giustizia"[113].

O princípio social encontra-se proclamado no artigo 3.2 da Constituição, em que se afirma textualmente: "È compito della Repubblica rimuovere gli ostacoli di ordine economico e sociale, che, limitando di fatto la libertà e l'eguaglianza dei cittadini, impediscono il pieno sviluppo della persona umana e l'effettiva partecipazione di tutti... all'organizzazione politica, economica e sociale del Paese." Essa disposição foi considerada fonte de um dever político e jurídico para o Estado de promover uma igualdade econômica que servisse de base para que todos os cidadãos pudessem usufruir daqueles direitos fundamentais que a Constituição julga relacionados com o pleno desenvolvimento da personalidade humana[114]. Avalia-se que esse princípio não apenas deve servir de fundamento para todos os direitos sociais reconhecidos na primeira parte do texto constitucional italiano, mas que deve servir de inspiração para o funcionamento de todas as instituições jurídicas públicas e privadas. Assim, a citada norma constitucional serviu de fundamento para rever a função da equidade e até determinadas atitudes dentro do chamado "uso alternativo do direito", no sentido de que, partindo do princípio de que os cidadãos são iguais

---

[113] V. Fronsini, *Costituzione e società civile*, Milão, Edizioni di Comunità, 1975, p. 102. M. Cappelletti qualificou o texto constitucional italiano de: "programma sociale economicamente rivoluzionario", "I diritti sociali di libertà nella concezione di Piero Calamandrei", in *Processo e ideologia*, Bolonha, Il Mulino, 1969, p. 524.

[114] Cf. M. Mazziotti, *Diritti sociali*, op. cit., pp. 803-4; C. Mortati, "Costituzione della Repubblica italiana", in *Enciclopedia del Diritto*, op. cit., vol. XI, p. 222.

perante a lei e possuem os mesmos direitos, devem poder participar em condição de igualdade das vantagens que emanam da sociedade, e que é tarefa do Estado fazer com que tais direitos sejam respeitados, evitando que os mais poderosos oprimam os mais fracos e que a desigualdade de fato destrua a igualdade jurídica[115].

Convém observar, finalmente, que, apesar das peculiaridades evidentes que distinguem a nova categoria dos direitos tradicionais de liberdade, nem por isso cabe estabelecer uma ruptura taxativa entre ambas, como se depreende das teses que negam aos primeiros a positividade. Uma análise da estrutura dos direitos sociais permite observar que não existem diferenças substanciais a respeito das liberdades:

a) No plano da *fundamentação*, pois é inexata a postura doutrinal que supõe um fundamento jusnaturalista nas liberdades, negando-o aos direitos sociais, que são considerados uma categoria contingente em que, na maioria das vezes, se proclamam necessidades artificiais ou transitórias[116].

As novas correntes de pensamento jusnaturalista insistem, precisamente, em se distanciar da velha aspiração do jusnaturalismo racionalista de formular, de uma vez por todas, o catálogo eterno e imutável dos direitos do homem, por considerar que tal atitude foi um dos principais erros que abonaram a crítica historicista contra o direito natural. Atualmente, diversas tendências e correntes jusnaturalistas tornaram-se cada vez mais sensíveis à história e, seja com base na tradição jusnaturalista clássica que sempre foi consciente da necessidade de adequar os princípios do direito natural às circunstâncias do tempo e lugar, seja recorrendo a fundamentações do tipo sociológico, coincidem em propor uma concepção clara e dinâmica dos direitos naturais. Além disso, dadas as exigências da complexa sociedade de nossa época, não faltou quem destacasse que os direitos fundamentais só podem desempenhar uma função para os indivíduos enquanto direitos sociais: "die Grundrechte überhaupt nur als *soziale Grundrechte* eine Funktion für das Individuum haben können"[117]. É por isso que, atendendo à fundamentação desses direitos, se considera que, mais que uma categoria especial de direitos fundamentais, eles constituem um meio positivo para dar um conteúdo real e uma possibilidade de exercício eficaz a todos os direitos e liberdades[118].

Evidentemente, no plano da fundamentação não se pode considerar menos "natural" o direito à saúde, à cultura e ao trabalho que assegure um nível

---

[115] Cf. *L'equità*, Atti del Convegno di Studio svoltosi a Lecce (9-11 novembro de 1973), Milão, Giuffrè, 1975; e P. BARCELLONA (org.), *L'uso alternativo del diritto*, Bari, Laterza, 1973.

[116] Cf. J. CASTÁN TOBEÑAS, *Los derechos del hombre*, op. cit., pp. 128 ss.; N. PÉREZ SERRANO, *La evolución de las declaraciones de derechos*, op. cit., pp. 86 ss.

[117] H. WILLKE, *Stand und Kritik der neuren Grundrechtstheorie*, op. cit., p. 219.

[118] Assim, pôde escrever W. ABENDROTH que: "... die Grundrechte sind aus liberalen *Ausklammerungsrechten*... zu demokratischen *Beteilungsrechten*... geworden", in *Das Grundgesetz. Eine Einführung in seine politischen Probleme*, Stuttgart, Neske, 1966, p. 75. No mesmo sentido manifestaram-se: P. HÄBERLE, *Grundrechte im Leistungsstaat*, op. cit., pp. 90 ss.; e H. VAN IMPE, *Les droits économiques et sociaux constituint-ils une catégorie spécifique de libertés publiques?*, op. cit., p. 48.

econômico de existência de acordo com a dignidade humana que o direito à liberdade de opinião ou o direito ao sufrágio. Por outro lado, é evidente também que de pouco adianta proclamar determinadas liberdades para aqueles setores da população que carecem de meios para usufruí-los. O realismo mais elementar obriga a reconhecer que as liberdades puras, aquelas cujo usufruto só dependeria da abstenção do Estado, estão irremediavelmente superadas pela evolução econômica e social de nosso tempo. Que seria – pergunta-se Burdeau – da liberdade de circulação sem o código de trânsito, da liberdade de cultos sem as subvenções para a manutenção dos templos, da liberdade de imprensa sem privilégios fiscais para os jornais...?[119] Na atual conjuntura, tanto o usufruto das liberdades como o dos direitos sociais exigem uma política social apropriada e algumas medidas econômicas por parte do Estado. Sem elas, proclamar que "a escola ou a cultura estão abertas para todos", como foi dito, seria tão ilusório como dizer que "o Hotel Ritz está aberto para todos"[120].

A complementaridade recíproca que essas duas categorias de direitos assumem no terreno da fundamentação é corolário da necessária intervenção estatal para sua realização efetiva: intervenção que se juntou ao progressivo reconhecimento dos direitos sociais. É por isso que, se o reconhecimento dos direitos individuais supõe uma garantia diante do absolutismo do Estado, que se não coloca a liberdade como fim de sua política social, degrada os direitos de seus cidadãos a simples interesse objeto de proteção enquanto estiverem de acordo com os que detêm o poder. A proclamação dos direitos sociais pressupõe uma garantia para a democracia, isto é, para o efetivo usufruto das liberdades civis e políticas.

b) No plano da *formulação* tampouco parece aceitável a teoria que sustenta que, enquanto as liberdades se encontram plenamente positivadas na Constituição, os direitos sociais só podem ser reunidos programaticamente, mas não adquirirão caráter jurídico-positivo enquanto não forem desenvolvidos por via legislativa[121].

O direito constitucional comparado oferece numerosas mostras de direitos sociais cuja atuação não exige a integração legislativa. Assim, por exemplo, destacou-se que na Itália o direito a um salário equitativo geralmente foi considerado pela jurisprudência como fundamentado de forma imediata no artigo 36 da Constituição[122]. Em contrapartida, os direitos de liberdade também necessitam, em muitas ocasiões, da intervenção do legislador para poder ser diretamente exigíveis e, consequentemente, para possuir plena garantia.

---

[119] G. Burdeau, *Les libertés publiques*, op. cit., p. 19, nota.

[120] A frase é do professor Calosso, cit., por M. Staszków, *Quelques remarques sur les "droits économiques et sociaux"*, op. cit., p. 55.

[121] Cf. E. Forsthoff, *Begriff und Wesen des sozialen Rechtsstaates*, op. cit., pp. 27 ss.; D. H. Scheuing, "La protection des droits fondamentaux en Republique Federale d'Allemagne", in *Perspectivas del Derecho Público en la segunda mitad del siglo XX*, op. cit., vol. III, pp. 315 ss.

[122] M. Mazziotti, op. cit., vol. III, pp. 315 ss.

c) Em relação ao que foi dito, e sobre a *tutela* das duas categorias de direitos, deve-se também refutar a afirmação de que, enquanto os direitos de liberdade se beneficiam diretamente da tutela constitucional, os direitos sociais não podem ser objeto imediato dessa tutela[123]. Se a Constituição pode formular positivamente os direitos sociais, também pode tutelá-los da mesma forma que aos demais direitos nela proclamados. Assim, se o direito à assistência sanitária é proclamado por via constitucional e com caráter geral para todos os trabalhadores, poderia ser impugnada como anticonstitucional qualquer disposição de categoria inferior que exclui determinado grupo de trabalhadores desse benefício, assim como uma lei que suprimisse a liberdade de culto ou o direito de sufrágio[124].

d) No plano de um problema mais complexo que é o da *titularidade* dos direitos sociais e sua eficácia diante de terceiros. Como, muitas vezes, o Estado não realiza diretamente as obrigações oriundas desses direitos, mas as impõe a outros sujeitos, especialmente aos empresários nos serviços que se originam do direito do trabalho, isso suscitou a questão sobre se a titularidade dessas faculdades juridicamente corresponde apenas ao Estado ou se também é o direito social reconhecido pela Constituição, ou ainda um direito privado surgido da relação jurídica entre empresários e trabalhadores. O problema foi abordado com atenção especial pela doutrina e pela jurisprudência alemã, em relação com a denominada *Driuwirkung der Grundrechte* (eficácia dos direitos fundamentais diante de terceiros). Trata-se, em suma, da aplicação dos direitos fundamentais não somente nas relações entre o Estado e os cidadãos, mas também nas relações entre pessoas privadas. Alguns setores doutrinais objetaram que essa tese é fruto de uma ilação lógica incorreta, que desconhece a autêntica natureza dos direitos fundamentais, pois entende que tais direitos são direitos públicos subjetivos destinados a regular relações de subordinação entre o Estado e seus súditos, mas que não podem ser projetados "logicamente" para a esfera das relações privadas presididas pelo princípio da coordenação. Sob essa perspectiva, concebem-se os direitos fundamentais como preceitos normativos surgidos para tutelar os cidadãos da onipotência do Estado, mas que não têm razão de ser nas relações entre sujeitos do mesmo nível, em que se desenvolvem as relações entre particulares.

É fácil observar o caráter ideológico desse argumento ligado a uma concepção puramente *formal* da igualdade entre os diferentes membros que integram a sociedade. Porém, é um fato notório que na sociedade moderna neocapitalista essa igualdade formal não supõe uma igualdade material, e que nela o pleno usufruto dos direitos fundamentais é, muitas vezes, ameaçado pela existência de centros de poder no plano privado, não menos importantes que os órgãos públicos que lhes correspondem. Por isso foi necessário recorrer a uma série de medidas destinadas a superar os obstáculos que de fato se opõem

---

[123] Cf. J. Rivero, *Les libertés publiques*, op. cit., pp. 104 ss.
[124] Cf. M. Mazziotti, *Diritti sociali*, op. cit., pp. 806-7.

ao exercício dos direitos fundamentais pela totalidade dos cidadãos em nível de igualdade.

A repercusão do princípio da *Drittwirkung* no plano do reconhecimento jurídico dos direitos sociais foi clara. Esses direitos originaram-se da doutrina e da jurisprudência alemãs do artigo 20.1 do *Grundgesetz*, em que se afirma: "Die Bundesrepublik ist ein demokratischen und sozialen Bundesstaat." Observou-se nessa cláusula geral uma diretriz para todos os poderes públicos e órgãos do Estado destinada a corrigir os desequilíbrios que existem de fato nas relações entre particulares. De forma explícita, e com referência especial aos direitos sociais, o Tribunal Federal do Trabalho (*Bundesarbeitsgericht*) afirmou que esses direitos fundamentais não garantem apenas a liberdade do indivíduo diante do poder público, mas que contêm princípios ordenadores da vida social (*Ordnungsgrundsäzte für das soziale Leben*), que também têm relevância imediata para as relações jurídico-privadas[125].

É difícil resolver o problema da incidência no direito privado dos direitos sociais fundamentais em sentido uniforme, pois depende da técnica pela qual foram formulados em cada sistema constitucional. Em todo o caso, nos sistemas em que se considere que os beneficiários dos direitos sociais podem assumir sua titularidade, tais direitos funcionarão e deverão ser entendidos como autênticos direitos fundamentais, e não como mero reflexo normativo das relações entre obrigados e beneficiados no âmbito privado.

Deve-se ter presente que aqueles que impugnam o princípio da *Drittwirkung* partem de uma suposta identidade entre as noções dos direitos públicos subjetivos e os direitos fundamentais que não é compartilhada por este estudo, uma vez que os direitos públicos subjetivos, ligados ao Estado liberal de direito, baseavam-se em um acentuado individualismo, que foi superado pela noção mais ampla dos direitos fundamentais surgida precisamente para englo-

---

[125] Cf. a sentença de 3 de dezembro de 1954, in *Neue Juristische Wochenschrifts*, 1955, pp. 606 ss. A tese da *Drittwirkung der Grundrechte* foi apresentada por H. C. NIPPERDEY, *Die Würde des Menschen*, in F. L. NEUMANN, H. C. NIPPERDEY e U. SCHEUNER (orgs.), *Die Grundrechte. Handbuch der Theorie und Praxis der Grundrechte*, t. II, Berlin, Duncker & Humblot, 1954, pp. 18 ss.; também contribuiu para aperfeiçoar seu alcance: J. SCHAWABE, *Die sogenannte Drittwirkung der Grundrechte*, Munique, Goldmann, 1971. Pronunciaram-se contra ela: E. FORSTHOFF, "Die Umbildung des Verfassungsgesetzes", in *Festschrift für Carl Schmitt*, Berlin, Duncker & Humblot, 1959, pp. 44 ss.; e H. PETERS, *Geschichtliche Entwicklung und Grundfrangen der Verfassung*, Berlin/Heidelberg/Nova York, Springer, 1969, pp. 244 ss.

Quanto ao desenvolvimento, em geral, dos direitos fundamentais em relações jurídicas de direito privado, cf. na doutrina italiana: P. RESCIGNO, "Il principio di eguaglianza nel diritto privato", *Rivista Trimestrale di Diritto e Procedura Civile*, 1959, pp. 1.515 ss.; P. VIRGA, *Libertà giuridica e diritti fondamentali*, Milão, Giuffrè, 1947; na doutrina alemã: R. ALEXY, *Theorie der Grundrechte*, Frankfurt a.M., Suhrkamp, 1986, da qual existe uma excelente versão esp. de E. Garzón Valdés, revista por R. Zimmerling, Madri, Centro de Estudios Constitucionales, 1993, pp. 506 ss.; W. LEISNER, *Grundrechte und Privatrecht*, Munique, Beck, 1960; L. RAISER, "Der Gleichhetsgrundsatz im Privatrecht", *ZfH*, 1947, pp. 75 ss.; W. REIMERS, *Die Bedeutung der Grundrechte für das Privatrecht*, Hamburgo, Broschek, 1958; na Espanha, T. QUADRA-SALCEDO, *El recurso de amparo y los derechos fundamentales en las relaciones entre particulares*, Madri, Civitas, 1981.

bar não apenas as liberdades tradicionais de cunho individual, mas também os direitos sociais. Por isso, os direitos fundamentais não limitam sua esfera de aplicação às relações entre o Estado e os particulares, mas podem dar lugar a preceitos jurídicos aplicáveis no interior das relações entre pessoas privadas, quando for necessário estabelecer o equilíbrio entre situações acentuadamente desiguais. Em outras palavras, os direitos sociais, como direitos fundamentais, supõem a consagração jurídica de alguns valores que, por sua própria significação de direitos básicos para a convivência política, não limitam sua esfera de aplicação ao setor público ou ao privado, mas que devem ser respeitados em todos os setores do ordenamento jurídico.

Finalmente, é preciso insistir que a titularidade dos direitos sociais não deve ser considerada privativa de grupos, mas que, como já foi dito, pode corresponder também aos indivíduos. Isso porque a função dos direitos sociais não é tanto a de fazer com que os grupos sejam titulares de suas faculdades, mas antes a de projetar sua titularidade ao indivíduo que age e desenvolve sua existência concreta integrado a determinados agrupamentos sem que, portanto, seus interesses possam estar completamente à margem do bem coletivo[126].

Antes de encerrar este item, convém fazer referência ao sistema de positivação dos direitos sociais utilizado na Constituição espanhola de 1978. Sobre esse assunto pode-se afirmar que os instrumentos de positivação empregados no texto constitucional para formular os direitos sociais correspondem à tipologia exposta anteriormente. Os direitos econômicos, sociais e culturais são proclamados, portanto, como:

1) *Princípios constitucionais programáticos*. Nesse sentido deve ser entendida a aspiração reunida no preâmbulo de: "Garantir a convivência democrática dentro da Constituição e das leis de acordo com uma ordem econômica e social justa"; ou da vontade da nação espanhola de: "Promover o progresso da cultura e da economia para assegurar a todos uma digna qualidade de vida", expressa no mesmo lugar.

2) *Princípios constitucionais para a atuação dos poderes públicos*. Este é o nível de positivação em que se encontram formulados os artigos, já comentados, 9.2 e 39 a 52, que se referem aos "princípios diretores da política social e econômica".

3) *Normas ou cláusulas gerais a desenvolver por leis orgânicas*. Dos direitos econômicos, sociais e culturais reconhecidos como normas remetem-se para sua concretização à lei: o controle e a gestão dos estabelecimentos docentes de caráter público (art. 27.7); as exigências que os centros docentes devem reunir para ser subvencionados pelos poderes públicos (art. 27.9); a autonomia das universidades (art. 27.10); o direito à sindicalização de militares e funcionários públicos (art. 28.1); o direito à greve (art. 28.2); o estatuto dos trabalhadores (art. 25.2); e a regulamentação de convênios e conflitos trabalhistas (art. 37). Como foi dito ao mencionar o sistema geral de positivação da Constituição

---

[126] Cf. G. Burdeau, *Les libertés publiques*, op. cit., pp. 7-8; P. Schneider, *Droits sociaux et doctrine des droits de l'homme*, op. cit., p. 329.

espanhola, entendo que o desenvolvimento legislativo dos direitos fundamentais, e por isso também dos direitos sociais, está reservado à lei orgânica, em todos os casos nos quais o texto constitucional se remete expressamente à lei.

4) *Normas específicas ou casuísticas*. Entre os pressupostos normativos formuladores de direitos econômicos, sociais e culturais que podem ser objeto de aplicação imediata perante os tribunais ou, respectivamente, de mandado de segurança, podem ser citados: o direito à educação reunida no artigo 27 (com as salvaguardas estabelecidas nos anexos 7.9 e 10, já comentados) e o direito à livre sindicalização (art. 28.1), exceto no que se refere a militares e funcionários públicos. Sobre aqueles que podem ser objeto de aplicação imediata através de recurso de inconstitucionalidade previsto no art. 16.*a*), cabe mencionar o reconhecimento do direito ao trabalho segundo o disposto no artigo 35.1.

O sistema de positivação dos direitos sociais participa das vantagens e inconvenientes já apontados ao se tratar dos mecanismos de positivação utilizados no texto constitucional espanhol. Particularmente, os defeitos sistemáticos já mencionados refletem-se aqui com especial intensidade. De modo que, por exemplo, questões tão intimamente vinculadas como as referentes à criação, organização e função dos sindicatos aparecem reguladas no título preliminar (art. 7); no capítulo II do título I, no âmbito dos direitos fundamentais e das liberdades públicas (art. 28.1); e no capítulo III do mesmo título, enquadrado nos princípios diretores da política social e econômica (art. 52). Tudo isso em detrimento da unidade estrutural dos pressupostos tipificados e introduzindo, pela pluralidade de regulamentações e meios de tutela, a consequente incerteza sobre sua real significação. Penso que é a velha lógica individualista propiciadora da concepção de ruptura entre liberdades e direitos sociais que, pelas próprias condições políticas em que se gestou o processo constituinte, influenciou este e outros exemplos de ruptura. Uma ruptura que marca claramente a diferença entre o que se considera liberdade individual como esfera do interesse privado, cujo usufruto se julga garantido através da simples autolimitação estatal, e o que se entende por direitos sociais como esfera de interesse coletivo, que requer para seu exercício e tutela a criação dos correspondentes serviços por parte dos poderes públicos.

Em diversos itens deste trabalho criticou-se essa proposta de ruptura, assim como os pressupostos ideológicos que lhe correspondem. Pois perdeu-se uma boa oportunidade de conferir categoria constitucional a uma concepção de direitos fundamentais, entendidos como superação dialética da bipartição liberdades individuais/direitos sociais, como compartimentos estanques reciprocamente excludentes. Contudo, penso que uma leitura mais atenta de determinados artigos da Constituição espanhola, tais como o 9.2 e 10.1, que se referem à emancipação da pessoa humana pelo desenvolvimento pleno de suas dimensões e exigências, uma vez superados os obstáculos de ordem social e econômicas que a ela se opõem, pode servir como critério hermenêutico básico para uma concepção constitucional dos direitos fundamentais capaz de superar a ruptura.

Outro aspecto importante que pode revelar-se polêmico no sistema de positivação espanhol dos direitos sociais é o da contínua remissão constitucional às leis orgânicas para delimitar seu alcance. Isso implica uma desconstitucionalização prática dos interesses coletivos reconhecidos no texto articulado como fundamentais, porém relegados, quanto à fixação de seu conteúdo, ao legislador ordinário; isto é, à opinião das maiorias parlamentares.

Além disso, o fato de se atribuir às Comunidades Autônomas importantes competências no plano econômico, social e cultural, de acordo com o disposto no artigo 148, pode influir decisivamente para o bem, caso isso resulte na ampliação e maior eficácia dos instrumentos de cobertura, ou para o mal, no pressuposto de que se suscitem conflitos de competências ou práticas inibitórias, na configuração do sistema espanhol de direitos sociais.

Em todo o caso, a estreita dependência dos direitos sociais das estruturas socioeconômicas sobre as quais se constroem pode servir de explicação para as ambiguidades da formulação positiva constitucional. Não se deve esquecer a persistência com que, na Espanha, o modo de produção neocapitalista condiciona o conteúdo do sistema de direitos econômicos, sociais e culturais. Porém, ainda assim, deve-se afirmar que mesmo os direitos sociais que na Constituição espanhola são reconhecidos timidamente como "princípios diretores da política social e econômica" não têm o caráter de simples postulados ideais programáticos, mas sim de autênticos princípios constitucionais. Como tais, pressupõem esferas de normatividade jurídica positiva que irão adquirindo efetividade progressiva na medida em que o desenvolvimento e a transformação das condições econômicas permitam completar a democracia política com a democracia econômica e social.

3.1.2.2. *Legislativo*

O principal âmbito de positivação dos direitos fundamentais é o constitucional; no entanto, o legislador também desempenha um papel muito importante na elaboração positiva desses direitos sendo, em muitos sistemas jurídicos, o encarregado de desenvolver e estabelecer sua garantia.

A) *Princípio de legalidade e direitos fundamentais*. O pensamento liberal, em sua luta contra o absolutismo, supunha que a liberdade ficaria perfeitamente garantida enquanto o povo fosse o detentor do exercício do poder através da lei, entendida como expressão da vontade geral. Daí a confiança dos autores da Declaração de 1789 na lei, como intrumento mais adequado para estabelecer o conteúdo e o limite dos direitos fundamentais[127].

Atribuindo à lei a tarefa de concretizar o alcance dos direitos fundamentais, os primeiros constitucionalistas tentam, antes de tudo, livrar o estatuto desses direitos de qualquer ingerência arbitrária do executivo, mas deixam ampla margem de atuação para o legislador. Como consequência disso, o próprio processo de positivação legislativa vai relativizando paulatinamente o

---

[127] Cf. especialmente os arts. 4, 5 e 6 da Declaração.

próprio dogma da lei como expressão da vontade geral e garantia da autonomia do indivíduo. Assim se confirmam os temores de Rousseau sobre os perigos da representação da vontade geral, a qual, a seu ver, não pode ser representada porque ou é ela mesma ou é outra[128]. Para Rousseau, a única solução coerente para o problema de tornar efetiva a vontade geral era a democracia direta, que implicava o reconhecimento no povo da titularidade e do exercício do poder, porque temia que, ao admitir a democracia representativa, fizesse com que o soberano fosse o Parlamento e não o povo. Mais tarde, Stuart Mill dirá, por experiência direta, que "o povo que exerce o poder não é sempre o povo sobre quem se exerce" e que a vontade do povo significa, na prática, a da maioria ou a dos que dizem tê-la obtido. "Então, o povo pode ter o desejo de oprimir a uma parte de si mesmo..."[129]

Assim surgiu, na prática política constitucional, a exigência de assegurar os direitos fundamentais contra o arbítrio do legislador, através do progressivo desenvolvimento, já estudado, das técnicas de positivação constitucional dos direitos fundamentais, que assim se mantinham em um nível superior ao das normas legislativas.

O princípio de legalidade, mecanismo estreitamente ligado ao funcionamento do Estado de direito, pressupôs uma garantia dos direitos fundamentais constitucionais ao impor ao legislador a obrigação de ajustar o desenvolvimento de seu trabalho aos princípios da Constituição. A teoria das Constituições rígidas (*Rigidität des Grundgesetzes*), isto é, não modificáveis por via legislativa ordinária, a da hierarquia normativa e a do controle jurisdicional dos atos legislativos, vieram garantir a primazia dos direitos fundamentais reconhecidos por via constitucional, permitindo a anulação das leis contrárias a suas disposições[130].

B) *Competência legislativa na positivação dos direitos fundamentais*. No entanto, este processo significou um controle mais que uma negação da competência do legislativo em matéria de positivação dos direitos fundamentais.

Seria um grave erro desconhecer o papel que corresponde ao legislador na concretização e desenvolvimento dos direitos fundamentais, a ponto de em alguns momentos, como no caso da Terceira República francesa, a via constitucional ficar relegada a segundo plano.

Também no sistema jurídico-político britânico a atividade do Parlamento em matéria de positivação dos direitos fundamentais é preponderante, ainda que não exclusiva, pois não se deve esquecer o importante trabalho de adaptação dos velhos textos constitucionais (Carta Magna, *Habeas Corpus, Bill of Rights*...) às necessidades dos momentos e casos concretos realizado pela jurisprudência.

---

[128] J. J. ROUSSEAU, *Du contrat social*, livro III, Cap. XV.
[129] J. STUART MILL, *De la libertad. Del gobierno representativo. La esclavitud femenina*, trad. esp. de M. Iturba, com introdução de P. LUCAS VERDÚ, Madri, Tecnos, 1965, pp. 43-4.
[130] F. MOLLER, *Die Positivität der Grundrechte*, op. cit., pp. 17 ss., 55 ss.

Em termos gerais, a competência legislativa nesta matéria costuma ser exercida em duas situações:

a) Naqueles casos em que, como acontece na Constituição da Itália de 1948 e na Grundgesetz de Bonn de 1949, a Constituição prevê o desenvolvimento por via legal de alguns direitos fundamentais nela enunciados. Em tais hipóteses, o legislador deve fazer referência expressa ao direito fundamental constitucional que desenvolve, concretiza ou garante, sem que de modo algum possa transgredir seu conteúdo essencial[131].

Nos países socialistas, nos quais se tende a uma definição mais ampla e pormenorizada dos direitos fundamentais por via constitucional, a competência do legislativo é menor, ainda que se reconheça que, apesar da aplicabilidade direta da Constituição, as normas legais contribuem também para definir os limites, a extensão e as formas de aplicação dos direitos fundamentais[132]. Contudo, essa situação que em princípio poderia ser entendida como uma maior garantia de tais direitos, na prática está comprometida pelo funcionamento do princípio de legalidade socialista. De fato, o princípio de legalidade, que é considerado pelos autores socialistas um instrumento essencial para a defesa dos direitos humanos[133], não traz implícito o reconhecimento correlativo da hierarquia normativa e significa simplesmente que as leis devem ser aplicadas em toda a sua extensão por serem manifestação da vontade popular e estarem voltadas para a construção do socialismo[134].

b) Em outras circunstâncias, a positivação legislativa dos direitos fundamentais se realiza através da criação e regulação de direitos não previstos nas normas constitucionais.

A situação é muito frequente nos diversos sistemas constitucionais devido à gradativa ampliação de exigências sociais, que devem ser objeto de proteção jurídica.

---

[131] Sobre o alcance do art. 19.2 da *Grundgesetz*, em que se consagra a exigência de que qualquer concretização legislativa dos direitos fundamentais deverá ser feita respeitando-se seu conteúdo essencial, ver a obra de P. HÄBERLE, *Die Wesensgehaltgarantie des Art. 19 Abs. 2 Grungesetz*, 2. ed., Karlsruhe, Müller, 1972. Na Constituição espanhola, a exigência do respeito ao conteúdo essencial na regulação legal do exercício dos direitos fundamentais foi expressamente acolhida no art. 53.1. Para o estudo das principais teses doutrinais e jurisprudenciais em relação com o significado da "garantia do conteúdo essencial" (*Wesensgehaltgarantie*), cf. o capítulo 12.

[132] Cf. I. SZABÓ, *Fundamental Questions Concerning the Theory and History of Citizens' Rights*, op. cit., pp. 68-9.

[133] Cf. V. EHRLICH, "Notions et garanties de la légalité socialiste dans les pays de l'Europe de l'Est", *Politique*, 1958, pp. 310 ss.; e G. N. MANOW (org.), *Marxistischleninistische allgemeine Theorie des Staates und des Rechts. 1. Grundlegende Institute und Begriffe*, trad. al. de Kollektiv der Akademie fur Staats und Rechtswissenschaft der D. D. R., Berlim, Staatsverlag der D. D. R., 1974, pp. 370 ss.

[134] "A legalidade socialista – nas palavras de A. L. NEVDANI – assegura a realização prática do Partido Comunista e do governo soviético... O cumprimento rigoroso das leis soviéticas por todas as instituições, organizações, funcionários e cidadãos da URSS constitui, precisamente, a essência da legalidade soviética." "Mecanismo del Estado socialista", in N. G. ALEXANDROV (org.), *Teoría del Estado y del Derecho*, trad. esp. de A. FIERRO, México, Grijalbo, 1966, p. 167. D. G. LAVROFF apresentou uma dura crítica sobre os perigos que essa concepção da legalidade implica para as liberdades públicas: *Les libertés publiques en Union Soviétique*, Paris, Pedone, 1963, pp. 95 ss.

O legislador é também competente para modificar suas próprias disposições em matéria de direitos fundamentais. No entanto, ao fazê-lo, não pode desconsiderar os princípios de categoria constitucional e, como regra, deve tender a uma ampliação do estatuto positivo dos direitos fundamentais, pois, de outro modo, se poderia opor às normas restritivas ou involutivas o princípio dos direitos adquiridos[135].

A Constituição espanhola de 1978 prescreve que o exercício de tais direitos só poderá ser regulado por lei, que deverá respeitar necessariamente o conteúdo essencial dos direitos fundamentais reconhecidos no texto constitucional (art. 53.1). No entanto, como se ressaltou ao tratar da positivação no âmbito constitucional, a Constituição espanhola vigente remete à lei não apenas o exercício, mas a própria delimitação do alcance e do conteúdo de muitos dos direitos fundamentais, que às vezes só aparecem enunciados. É por isso que, no sistema espanhol, as atribuições do legislador na positivação dos direitos fundamentais são decisivas. A ele correspondem, de um lado, as funções normais, próprias de todo poder legislativo, para desenvolver o estatuto de tais direitos. Além disso, a contínua remissão da Constituição espanhola às leis orgânicas, que podem ser aprovadas com maioria simples no Congresso, não apenas para concretizar, mas até para definir muitos direitos fundamentais, converte o legislativo espanhol em um constituinte de fato, com caráter permanente. Por essa via pode ocorrer uma desconstitucionalização do *status* jurídico positivo dos direitos fundamentais que, se pode ter a vantagem de maior flexibilidade para incorporar os direitos que sucessivamente sejam considerados básicos, tem o grave inconveniente de privar esses direitos de seu valor de *Gundwerte*, de sistema objetivo de valores jurídicos a ser respeitado em todos os setores do ordenamento positivo. E esta é precisamente a missão atribuída aos direitos fundamentais no constitucionalismo comparado de nossos dias.

Em uma democracia como a espanhola, ainda não consolidada, corre-se o risco de privar os direitos fundamentais de seu valor paradigmático para um funcionamento estável e democrático do poder, ao ficar subordinados aos vaivéns das maiorias parlamentares. De qualquer modo, a remissão a leis orgânicas pode supor um considerável atraso na implantação de determinados direitos e instituições fundamentais. A experiência de outras democracias mostra com eloquência como o reenvio ao legislador do estatuto positivo dos direitos fundamentais chocou-se, às vezes, com os interesses de determinados partidos majoritários que retardam deliberadamente sua plena atuação.

3.1.2.3. *Executivo*

A concepção liberal subjacente aos princípios que inspiraram o surgimento do Estado de direito sempre viu com receio a intervenção do poder execu-

---

[135] Cf. G. MORANGE, *Valeur Juridique des principes contenus dans les Déclarations des Droits*, cit., pp. 236 ss.; ainda que suas reflexões se refiram ao constituinte, penso que podem também ser aplicadas à atividade legislativa.

tivo na positivação, por via regulamentar, dos direitos fundamentais. No entanto, é fato indiscutível que atualmente o desenvolvimento do sistema de liberdades públicas é, em grande medida, obra da atividade da administração. Por isso, talvez convenha estudar o significado político e o âmbito jurídico no qual se desenvolve a competência regulamentar.

A) *Separação dos poderes e liberdades públicas.* Para os clássicos da democracia liberal, o princípio da separação dos poderes foi reiteradamente considerado uma garantia essencial das liberdades fundamentais. O próprio Montesquieu, em uma célebre passagem do *L'esprit des Lois*, não hesitava em afirmar que: "Lorsque dans la même personne ou dans le même corps de magistrature, la puissance législative est unie à la puissance exécutrice, il n'y a point de liberté."[136]

A ideia de Montesquieu foi fielmente refletida no artigo 16 da Declaração francesa de 1789, que expressamente proclama: "Toute société dans laquelle la garantie des droits n'est pas assurée ni la séparation des pouvoirs déterminée, n'a pas de Constitution." Os constituintes revolucionários deram grande importância a este princípio, pois naquele momento, o executivo ainda era monárquico e se temia que pudesse representar uma maneira de retornar ao absolutismo. No entanto, a tese manteve-se ativa posteriormente, quando o executivo passou a ter fundamentação democrática, embora a separação de poderes passou a se tornar progressivamente menos rigorosa até se converter em distinção de poderes. É o que costuma ocorrer nos sistemas parlamentares, em que o executivo não tem sua origem imediata no sufrágio popular, enquanto no regime presidencial a separação de poderes é mais nítida.

Na opinião de Burdeau, nos últimos anos essa atitude de desconfiança em relação ao poder executivo no plano da positivação dos direitos fundamentais passou por uma notável mudança. Para ele, aos olhos de milhões de homens, a autêntica liberdade só pode existir se é conquistada e só ocorrerá no interior das relações sociais com a ação de um poder que elimine as condições de dependência. As relações entre o poder e a liberdade sofreram uma renovação radical, em virtude da qual as massas, em vez de verem no poder um inimigo latente da liberdade, consideram-no seu protetor mais eficaz. Com o acesso das massas trabalhadoras ao poder foram criadas as condições para a implantação de um autêntico regime de liberdade com a paulatina eliminação das desigualdades, especialmente econômicas, que em épocas anteriores contribuíam para sua alienação. Por isso, em vez de entender a lei de acordo com a fórmula do artigo 9 da Declaração de 1793, como "la protection de la liberté publique et individuelle contre l'oppression de ceux qui gouvernent", ela é considerada o instrumento graças ao qual os governantes oferecerão a cada indivíduo as condições para uma liberdade efetiva[137].

Essa foi a concepção predominante nos países socialistas, nos quais os direitos fundamentais são determinados pelas relações socialistas de produção e

---

[136] MONTESQUIEU, *L'esprit des Lois*, livro X, cap. IV.
[137] G. BURDEAU, *Les libertés publiques*, op. cit., p. 19.

refletem a vontade da classe trabalhadora, que detém o mecanismo do Estado[138]. No Estado socialista não existe uma separação de poderes como garantia dos direitos fundamentais, porque se entende que tais direitos exigem, para sua realização, uma colaboração estreita de todos os órgãos do poder. Uma das peculiaridades do Estado socialista reside na interligação e interação de todos os órgãos que o integram. Esta estrutura unitária deriva da natureza de classe do Estado socialista, "da unidade de ação econômica e política à qual corresponde o Partido Comunista, e também do caráter de organização de todos os componentes do aparelho estatal socialista. Todas as partes integrantes do mecanismo estatal – conclui Nevdani – estão vinculadas pela unidade de disciplina"[139].

A atitude dos teóricos socialistas é contrária ao princípio da separação de poderes que, segundo a proposta de Vychinsky, na história da sociedade política burguesa só serviu para mascarar o predomínio real do executivo, que caracteriza a organização dos poderes estatais nos países capitalistas. No Estado burguês – afirma Vychinsky –, todos os órgãos do poder estão em função da ditadura da burguesia; por isso, proclamar nela a separação dos poderes só tem o sentido de fazer as massas acreditarem na impossibilidade de um poder arbitrário[140]. Esse é o motivo que explica a rejeição do princípio da separação de poderes por parte das autoridades soviéticas, desde os primeiros momentos da Revolução de 1917, pois entendiam que esse princípio implicava um distanciamento das instituições representativas da vontade das massas. Posteriormente, esse princípio foi completamente descartado do sistema constitucional soviético. A separação de poderes, considerada condição imprescindível para a existência das liberdades públicas pelos clássicos da democracia liberal, aparece, pelo contrário, na concepção soviética de liberdade, como um meio para organizar a opressão. Pois entende-se que, se a soberania corresponde unicamente ao proletariado, somente o Soviete Supremo, que é seu representante, pode exercer a totalidade de competências e poderes; sendo assim, dividir os poderes entre diferentes órgãos suporia uma limitação à soberania do proletariado[141].

Em todo o caso, convém observar que a separação de poderes continua sendo uma garantia importante para a defesa dos direitos fundamentais. Não devemos esquecer que é o executivo que dispõe da força material: exército e polícia, e que, portanto, conta com os meios para garantir uma ordem pública em que seja possível o exercício das liberdades. No entanto, é evidente que os procedimentos usados pela administração nem sempre são congruentes com

---

[138] Cf. I. Szabó, *Fundamental questions concerning the theory and history of citizens' rights*, op. cit., pp. 60 e 65 ss.

[139] A. L. Nevdani, *Mecanismo del Estado socialista*, op. cit., p. 152. Cf. *Marxistischleninistische allgemeine Theorie des Staates und des Rechts*, op. cit., pp. 225 ss.; J. Toth, "La reconnaisance des droits de l'homme dans l'Europe de l'est", in *Les droits de l'homme en droit interne et en droit international*, Actes du 2º colloque international sur la Convention Européenne des Droits de l'homme, Viena, 19-20 de outubro de 1965, Presses Universitaires de Bruxelles, 1968, pp. 468 ss.

[140] A. Vychinsky, *The Law of the Soviet State*, Nova York, MacMillan, 1948, pp. 320 ss.

[141] Ibid., p. 320. Cf. as observações críticas de D. G. Lavroff, *Les libertés publiques en Union Soviétique*, op. cit., pp. 89 ss.

essa finalidade, e que na prática a eficácia de determinadas técnicas administrativas supõe um grave perigo para o usufruto de grande parte dos direitos e liberdades. É por isso que o princípio da separação de poderes continua sendo um instrumento adequado para a proteção dos direitos fundamentais contra possíveis abusos do executivo.

B) *Competência regulamentar sobre a positivação dos direitos fundamentais*. Esses argumentos explicam o receio com que ainda se considera a atividade do poder executivo em relação à positivação dos direitos fundamentais. No entanto, supondo que essa atividade exista em todos os sistemas, em menor ou maior grau, estabeleceram-se, como corolário das exigências do Estado de direito, alguns procedimentos jurídicos dentro dos quais deve transcorrer a competência regulamentar.

A esse respeito, é frequente se afirmar como principais exigências e garantias dessa competência administrativa seu caráter: residual, subsidiário e controlado.

a) Em primeiro lugar, trata-se de uma competência *residual*, porque, em virtude do princípio de matérias reservadas, não pode estender-se àqueles direitos cuja positivação é competência do poder constituinte ou legislativo.

Nos sistemas jurídico-políticos de inspiração liberal rege a máxima segundo a qual "tudo o que não é expressamente proibido por lei é permitido". Portanto, a intervenção do legislador não tem como objetivo tornar lícitos comportamentos antes não expressamente regulamentados, mas especificar determinadas esferas das atividades, em princípio lícitas, para dotá-las de um *status* mais preciso. Nesse princípio se fundamenta a distinção entre as chamadas *liberdades definidas*, isto é, comportamentos que foram expressamente regulamentados por sua importância para o indivíduo e a sociedade, e as *liberdades não definidas*, que se referem às atividades não expressamente proibidas.

O efeito jurídico mais importante da falta de intervenção legislativa é deixar ao executivo a competência de limitar, por via regulamentar, e de acordo com as exigências da ordem pública, o exercício das liberdades não definidas. No entanto, até mesmo nesses casos de atividades não regulamentadas da administração, entende-se que a discricionariedade, ao positivar aquelas liberdades desprovidas de estatuto legislativo, deve respeitar os princípios gerais do direito, em especial aqueles que procedem das disposições sobre direitos fundamentais contidos nas declarações de direitos, nos preâmbulos constitucionais ou nos princípios constitucionais que, como no caso da Constituição espanhola, devem configurar a atuação dos poderes públicos.

b) É uma atividade *subsidiária*, pois, devido ao princípio de hierarquia normativa, a administração não pode contrariar normas de categoria superior no desenvolvimento de sua competência regulamentar.

No momento ficou demonstrada a impossibilidade de se alcançar um efetivo usufruto dos direitos fundamentais, se o poder executivo não o assegura com as medidas adequadas. O intervencionismo do Estado está amplamente generalizado e sua atuação é necessária para criar as condições que, de modo especial, determinam a implantação dos direitos econômicos, sociais e culturais. Por este motivo, enquanto na sociedade liberal a regulação normativa dos direitos fundamentais pelo executivo era uma exceção, o Estado de nossos dias vê-se obrigado a desenvolver uma ampla política de serviços diante dos quais os cidadãos agem como seus autênticos merecedores.

Ao examinar a significação dos direitos sociais já se destacou, e convém recordá-la agora, a necessidade de que a atuação do poder executivo nessa esfera não se produzisse em detrimento das liberdades públicas fundamentais.

c) Esses perigos fizeram com que a competência regulamentar fosse entendida como competência *controlada*, seja através dos tribunais constitucionais, da jurisdição administrativa, seja dos tribunais ordinários, dependendo dos casos e dos países.

A amplitude com que esse controle jurisdicional da administração é exercido nos Estados democráticos determinou que a proteção dos direitos fundamentais se encontre mais garantida nestes casos que naqueles em que os ataques contra a liberdade venham do legislativo, pelas dificuldades que, na prática, comporta o controle de sua atuação[142].

3.1.2.4. *Judiciário*

Nos esquemas do pensamento liberal, ao juiz não correspondiam funções criadoras, principalmente na área dos direitos fundamentais, em que o juiz devia limitar-se a aplicar estritamente aquelas normas gerais e previamente sancionadas em que eles eram promulgados. O próprio Montesquieu insistia em apontar os perigos que a conversão do juiz em legislador representava para a liberdade. "Il n'y a point de liberté – escrevia – si la puissance de juger n'est pas séparée de la puissance législative... Si elle était jointe à la puissance législative, le pouvoir sur la vie et la liberté des citoyens serait arbitraire car le juge serait législateur."[143]

No entanto, ao juiz se reconhecia um importante papel no âmbito da proteção dos direitos fundamentais, no controle dos órgãos do Estado, e decisão sobre as ações dos particulares que afetavam o usufruto desses direitos.

Atualmente, a crise do positivismo jurídico, principal impugnador no terreno da teoria geral do direito das funções criativas da jurisprudência, determinou um progressivo reconhecimento das faculdades normativas da magistratura. É por isso que não é possível ignorar ou subestimar a participação judicial no processo de positivação dos direitos fundamentais.

Esse papel foi especialmente relevante nos países do *Common Law*, nos quais a consagração do estatuto dos direitos fundamentais foi concebido, em grande medida, através dos precedentes jurisprudenciais. Nos sistemas socia-

---

[142] Cf. J. L. CASCAJO, "La jurisdicción constitucional de la libertad", *REP*, 1975, n. 199, pp. 149 ss.; G. PECES-BARBA, *Derechos fundamentales*, op. cit., pp. 191 ss.; J. RIVERO, *Les libertés publiques*, op. cit., pp. 158 ss.; J. ROBERT, *Les violations de la liberté individuelle*, Paris, LGDJ, 1956, pp. 192 ss.

[143] MONTESQUIEU, *L'esprit des Lois*, livro X, cap. IV.

listas, embora a força do precedente seja menor, não se deve ignorar a função normativa realizada pelos tribunais na fixação do alcance desses direitos. Também desempenharam um papel relevante as decisões dos tribunais de garantias constitucionais, nos sistemas que os reconhecem, ou dos próprios Tribunais ou Cortes Supremas. Ainda que o problema assuma mais interesse para a proteção que para a positivação dos direitos fundamentais, convém recordar a existência de dois sistemas em relação à competência jurisdicional. O primeiro, ligado à tradição anglo-saxã, mantém o princípio da unidade de jurisdições e submete aos tribunais ordinários os litígios que afetam esses direitos, sejam as partes privadas ou públicas. O segundo, por sua vez, ocorre naqueles países em que, como no caso da Espanha, existe junto à jurisdição ordinária outra contencioso-administrativa, competente naqueles litígios em que é parte a administração.

Menção especial merece o papel desempenhado pela jurisprudência da República Federal Alemã na positivação dos direitos fundamentais. Os juízes alemães, apoiados por um amplo setor doutrinal, consideram que lhes compete um *papel* normativo criador naquelas hipóteses em que o poder legislativo não desenvolveu as cláusulas gerais da *Grundgesetz*, ou quando as normas estabelecidas não se ajustaram aos princípios constitucionais. Trata-se de uma incumbência mais ampla que a que corresponde exclusivamente ao *Bundersverfassungsgericht* (Tribunal Constitucional Federal) em relação ao controle de constitucionalidade das leis, já que pode ser exercida por todos os juízes. Essa atitude jurisprudencial supôs uma clara impugnação do já referido dogma positivista, ligado a uma ideologia conservadora que transformava a legalidade formal no princípio supremo do ordenamento jurídico e o método formalista lógico-dedutivo no critério-guia da interpretação. Diante desse dogma, a magistratura alemã opôs uma integração criadora do ordenamento jurídico que às vezes se desenvolveu até *contra legem*, mas sempre *secundum constitutionem*, mediante a qual tendeu a dar expressão normativa, em suas decisões, àqueles valores e diretrizes político-sociais proclamados solenemente pelo constituinte, que a inércia ou imperfeição legislativa havia evitado. Grande parte da doutrina e da jurisprudência alemã entende que o princípio tradicional da divisão de poderes, segundo consta na *Grundgesetz*, não deve ser interpretado como exigência de uma rígida separação, mas como o de um controle e colaboração recíproca entre todos os poderes que exercem funções estatais para obter uma coordenação harmoniosa em suas tarefas. Por isso, tal princípio deve ser complementado pelo de subsidiariedade, em virtude do qual, quando os órgãos legislativos não assumem a tarefa de desenvolver e completar positivamente as disposições constitucionais, essa tarefa pode ser realizada pelo juiz.

O ponto de partida dessa atitude jurisprudencial está em uma decisão da *Bundesverfassungsgericht* de 1953. O caso que deu lugar à sentença do Tribunal era o da aplicação do artigo 3.2 da *Grundgesetz*, que estabelece a igualdade de direitos entre homens e mulheres. Mesmo assim, o constituinte alemão suspendeu, mediante uma norma específica do texto constitucional (art. 117.1), a eficácia imediata dessa disposição, para dar tempo ao legislador de adaptar à nova norma os diferentes preceitos inferiores atingidos por ela. O prazo para realizar esse trabalho de adaptação terminava em 31 de março de 1953. Contudo, o legislador não foi capaz, nesse espaço de tempo, de adaptar a legislação familiar ao princípio da igualdade jurídica entre os sexos. Por isso o Tribunal Constitucional Federal considerou que, passado esse prazo, a legislação ordinária contrária à disposição fundamental não devia ter vigência[144].

Convém observar que essa ampliação das competências judiciais no terreno da positivação dos direitos fundamentais tem caráter *contingente*. Consequentemente, os órgãos legislativos podem, a qualquer momento, reclamar o desenvolvimento dos princípios constitucionais, ocasionalmente confiado aos juízes, e dar-lhes o sentido e a configuração que considerem mais de acordo com a lei fundamental.

Paralelamente à magistratura existem em alguns países organismos de grande importância para a efetividade dos direitos fundamentais, aos quais convém aludir no plano da positivação, uma vez que de algum modo, no exer-

---

[144] "Decision", n. 15, de 18 de dezembro de 1953, in *Amtliche Sammlung der Entscheidungen des Bundesverfassungsgerichts*, t. III, Tübingen, Mohr, 1954, pp. 225 ss. Ver também a "Decision", n. 20, de 29 de janeiro de 1969, ibid., t. XXV, pp. 167 ss. Cf. W. BIRKE, *Richterliche Rechtsanwendung und gesellschaftliche Auffassungen*, Colônia, Schmidt, 1968; W. GEIGER, *Grundrechte und Rechtsprechung*, Munique, Pustet, 1965. Sobre a influência da atitude jusnaturalista para o reconhecimento judicial dos direitos fundamentais, ver: E. VON HIPPEL, "Das Naturrecht in der Rechtsprechung der Bundesrepublik", in *Mechanisehes und morahsches Rechtsdenken*, 2. ed., Meisenheim, Haim, 1967, pp. 224 ss.; R. MARCIC, *Vom Gesetztaat zum Richterstaat*, 2. ed., Viena, Springer, 1967, pp. 213 ss.; H. WEINKAUFF, "Das Naturrechtsgedanke in der Rechtsprechung des Bundesgerichtshofes", in W. MAIHOFER (org.), *Naturrecht oder Rechtspositivismus?*, Darmstadt, Wissenschaftliche Buchgesellschaft, 1962, pp. 554 ss.

Convém, no entanto, considerar que não faltaram avaliações críticas sobre a relevância prática da atitude da jurisprudência da República Federal da Alemanha. Assim, para J. SEIFERT, determinados princípios contidos na *Grundgesetz*; como os referentes à natureza social do Estado ou à inviolabilidade da dignidade humana, ofereciam uma base para seu desenvolvimento e concretização positiva por via judicial em fórmulas emancipatórias, que não foram devidamente aproveitadas pela prática jurisprudencial. "La concretizzazione delle 'formule emancipatorie' della Costituzione nella giurisprudenza", in P. BARCELLONA (org.), *L'uso alternativo del diritto. I. Scienza giuridica e analisis marxista*, Bari, Laterza, 1973, pp. 130 ss. Nessa obra, L. FERRAJOLI defende as possíveis vantagens de uma positivação judicial de determinadas faculdades ligadas diretamente ao usufruto dos direitos fundamentais, *Magistratura democratica e l'esercizio alternativo della funzione giudiziaria*, ibid., pp. 105 ss. Dessa forma G. TARELLO mostra sérias restrições sobre o particular em seus *Orientamenti della magistratura e della dottrina sulla funzione politica del giurista-interprete*, ibid., pp. 61 ss. Decididamente contrário a essas práticas judiciais mostrou-se G. FASSÓ, que, longe de ver nelas uma via emancipatória e uma base válida para a positivação e garantia dos direitos humanos fundamentais, considerou-as um retorno aos perigos de um "nazismo jurídico", pela ameaça que representam para o princípio da segurança jurídica. *Società, legge e ragione*, Milão, Edizioni di Comunità, 1974, pp. 75 ss. Na Espanha, o tema do papel da magistratura na garantia dos direitos fundamentais foi abordado por M. PERIS GÓMEZ em seu livro *Juez, Estado y derechos humanos*, Valência, Fernando Torres, 1976, pp. 169 ss.; e, com referência ao uso judicial da equidade, por A. E. PÉREZ LUÑO, "Aspetti e funzione dell'equità. Note critiche sul suo significato nel nuovo Titolo preliminare del Codice Civile spagnolo", *RIFD*, 1977, n. 4, pp. 834 ss.

cício de sua competência, também contribuem para a formulação de autênticas regras jurídicas.

Entre essas instituições adquiriu especial destaque o *Ombudsman* sueco e a Procuradoria soviética. Convém observar que esses órgãos, assim como os jurisdicionais, não se destinam exclusivamente à proteção das liberdades públicas, mas realizam uma importante função nesse campo.

O *Ombudsman* é uma instituição que surgiu na Suécia e que atingiu sua configuração precisa por volta de 1809. O *Ombudsman*, que em sueco significa mandatário ou representante, é uma personalidade de notório conhecimento jurídico e integridade moral, eleita pelo Parlamento para investigar as reclamações dos cidadãos em relação à conduta dos funcionários públicos. Além desse trabalho de controle, o *Ombudsman* envia ao Parlamento, anualmente, um relatório destacando as principais falhas observadas no funcionamento da administração. Através desse relatório, o *Ombudsman* desenvolve uma intensa e importantíssima tarefa na preparação do regime positivo das liberdades públicas.

Posteriormente, esse tipo de organismo se estendeu aos demais países nórdicos, e até à Grã-Bretanha que, a partir de 1967, criou uma Comissão parlamentar inspirada no modelo sueco, assim como à França, onde se criou a figura do "Médiateur" em 1973.

Na Espanha, o artigo 54 da Constituição de 1978 consagrou a instituição do defensor do povo como alto comissário das Cortes Gerais, designado por elas para a defesa dos direitos fundamentais compreendidos no título I, para o que poderá supervisionar a atividade da administração pública e informar às Cortes. Esse artigo foi desenvolvido pela lei orgânica de 6 de abril de 1981, sobre o defensor do povo. Naquele texto lhe é designada a tarefa de proteger, por ofício ou por petição de parte, os direitos proclamados no título I, supervisionando as ações da administração pública (arts. 1 e 9.1). A legitimação ativa para apresentar queixas ao defensor do povo é bastante ampla não apenas em razão do sujeito (pode ser apresentada por qualquer pessoa, sem discriminação de nacionalidade, idade, sexo, residência, incapacidade legal, internação em instituição penitenciária, subordinação ao governo etc.), mas também do objeto, uma vez que não é necessário ser titular de um direito fundamental, pois é suficiente a invocação de um interesse legítimo (art. 10.1). Porém, à margem de sua importância para a tutela dos direitos fundamentais, no plano da positivação o defensor do povo também pode exercer um relevante papel através de seus relatórios. Esses relatórios podem ser de dois tipos: ordinários, que devem ser apresentados anualmente perante as Cortes, relatando os trabalhos realizados (art. 32.1); e extraordinários, que podem ser apresentados às Deputações Permanentes das Câmaras quando a gravidade ou a urgência dos fatos o aconselhem (art. 32.2). Esses relatórios abrem uma importante via dinamizadora do estatuto dos direitos fundamentais ao evidenciar uma denúncia às Cortes das eventuais situações de carências ou lacunas no sistema dos direitos fundamentais positivados, assim como possíveis deficiências na formulação normativa dos direitos e liberdades reconhecidos. O defensor do povo pode agir, portanto, como cláusula de garantia para a constante revisão atualizadora ou "reciclagem" que assegure a adequação do sistema constitucional dos direitos fundamentais à evolução das aspirações e necessidades individuais e coletivas. Seus relatórios podem contribuir para incentivar e orientar a atividade legislativa das Cortes, destinada a aperfeiçoar e desenvolver os direitos fundamentais, assim como a estabelecer a ordem de prioridades desse processo[145].

A *Procuradoria* é um órgão criado na URSS a partir da Revolução de 1917 e ao qual o artigo 113 da Constituição de 1936 atribui a função de controlar a exata aplicação da lei por todos os funcionários e cidadãos da URSS.

A União Soviética não possui um controle jurisdicional da administração, por isso a Procuradoria cumpre essa missão zelando pelo cumprimento e respeito da legalidade socialista. Encabeçando a Procuradoria está um Procurador-Geral da URSS, eleito pelo soviete supremo, a quem se reportam todos os demais. Como no caso do *Ombudsman*, as funções dessa instituição possuem maior alcance para a proteção que para a positivação dos direitos humanos, por se tratar de um órgão desprovido, em princípio, de funções normativas. Mesmo assim, sua autoridade no funcionamento do princípio de legalidade socialista é tal que, em certa medida, é a Procuradoria que define o alcance dos direitos fundamentais reconhecidos por esse princípio[146].

Como conclusão desta parte, parece oportuno insistir em que, como regra, a positivação dos direitos fundamentais compete ao constituinte e ao legislativo, e que, portanto, o exercício dessa competência pelo executivo ou pelo judiciário deve, como princípio, ser considerada subsidiária e estar voltada para o preenchimento de lacunas que podem ser observadas no sistema dos direitos fundamentais, porém tendo sempre como guia os princípios enunciados nas disposições de caráter constitucional ou legal.

3.2. Síntese diacrônica

A análise das instituições e técnicas através das quais se realizou a positivação dos direitos fundamentais permite neste momento abordar, de forma ordenada, a consideração genética desse processo. Desse modo, poder-se-á verificar a prevalência em cada época de determinadas fórmulas de positivação e, assim, o estudo histórico, longe de ser um mero repertório cronológico de efemérides relacionadas com a fixação normativa dos direitos humanos, tor-

---

[145] Cf. A. LEGRAND, *L'ombudsman scandinave*, Paris, LGDJ, 1970; J. RIDEAU, "Le systéme de l'ombudsman", *RDH*, 1969, vol. II, n. 3, pp. 432 ss.; A. GIL-ROBLES, *El control parlamentario de la Administración (el Ombudsman)*, Madri, Instituto de Estudios Administrativos, 1977; id., *El Defensor del Pueblo*, Madri, Civitas, 1979.

[146] R. DAVID, "Garantie des libertés individuelles et contrôle de legalité des actes administratifs dans l'URSS", in *Etudes et documents du Conseil d'Etat*, 1953, pp. 139 ss.; D. G. LAVROFF, *Les libertés publiques en Union Soviétique*, op. cit., pp. 142 ss.

na-se seu âmbito explicativo. Por isso, nos itens seguintes não se pretendeu traçar uma história da evolução dos direitos humanos fundamentais, nem tampouco um quadro exaustivo de suas formulações positivas; desejou-se apenas oferecer um panorama sumário das circunstâncias mais significativas que determinam a passagem de uns sistemas para outros no processo de positivação desses direitos, assim como a referência aos principais quadros normativos em que tal processo se concretiza.

3.2.1. A descoberta da liberdade

Se por direitos fundamentais se entendem, em sentido amplo, todas aquelas normas jurídicas que reconhecem certas prerrogativas aos particulares, o processo de sua positivação pode remontar aos mais distantes testemunhos de ordenamentos jurídicos positivos. Toda ordem jurídica determina a esfera de atuação dos particulares, e ao fazê-lo estabelece, junto com determinados deveres, um conjunto mais ou menos amplo de faculdades. Todavia, no mundo antigo é muito discutível a existência de uma autêntica subjetividade jurídica, tal como hoje a entendemos[147], e menos ainda pode-se falar de autênticas formulações positivas de direitos humanos.

Para que se possa falar em direitos humanos não basta reconhecer determinadas faculdades ao indivíduo, mas é preciso que elas façam direta e imediata referência a sua própria qualidade de ser humano, e sejam consideradas imprescindíveis para o desenvolvimento de sua atividade pessoal e social. É isso que faz com que a positivação dos direitos fundamentais seja o produto de uma dialética constante entre o progressivo desenvolvimento no plano técnico dos sistemas de positivação e a paulatina afirmação no terreno ideológico das ideias de liberdade e dignidade humana.

A partir desse ponto de vista ideológico, pode-se considerar que a afirmação da liberdade pessoal diante do poder foi uma constante no devir histórico da humanidade. Contudo, a consagração dessa exigência na ordem jurídico--positiva foi uma conquista relativamente recente.

Nos povos orientais da Antiguidade ocorrem organizações políticas que desconhecem direitos pessoais. A onipotência do Estado, cujos soberanos defendem a origem divina de seu poder como supremo instrumento de legitimação, conferia-lhe um direito absoluto diante dos particulares, os quais só se realizavam plenamente como pessoas identificando-se com os ideais de sua comunidade política[148]. Hegel caracterizou acertadamente os impérios orien-

---

[147] Para o professor M. VALLEY a noção de direito subjetivo tem suas raízes doutrinais no pensamento de GUILHERME DE OCCAM. Ver "La genése du droit subjectif chez Guillaume de Occam", *APD*, 1964, pp. 97 ss.

[148] Cf. M. LIONS, "Los derechos humanos en la historia y en la doctrina", in *Veinte años de evolución de los derechos humanos*, México, Instituto de Investigaciones Jurídicas (UNAM), 1974, pp. 480-1; P. LUCAS VERDÚ, "Derechos individuales", in *Nueva Enciclopedia Jurídica*, vol. VII, Bar-

tais do mundo antigo como regimes patriarcais em que "o sujeito ainda não adquiriu seu direito e o que reina é antes uma ordem ética imediata e desprovida de leis"[149].

O princípio da individualidade surge com força na Grécia e vai progressivamente impregnando as instituições sociais, e desemboca na Atenas do século V a.C. em um sistema político cujo elemento básico é o homem livre. A democracia direta de Péricles, com a participação de todos os cidadãos na gestão dos assuntos políticos, era cópia fiel da reivindicação da liberdade humana que, sob os auspícios de um incipiente jusnaturalismo, se afirmava no pensamento dos sofistas e estoicos. Assim, as ideias da igualdade natural de todos os homens e a crença em leis não escritas anteriores e superiores às do Estado, que já se impunham na *Antígona* de Sófocles, iam penetrando na consciência política da cultura ocidental.

Contudo, a liberdade grega, como forma de liberdade antiga, como a denominou Benjamin Constant, não pressupunha uma tutela do indivíduo diante do Estado, mas implicava uma liberdade como identificação com os valores éticos da comunidade; trata-se, ainda, de um reino no qual – nas palavras de Hegel – a liberdade subjetiva se realiza "em unidade espontânea com o fim universal"[150].

Roma supôs um avanço decisivo no aperfeiçoamento técnico da positividade jurídica. O ordenamento jurídico romano foi durante séculos o modelo inspirador de todo o desenvolvimento do direito, e por isso convém perguntar se em seu interior poderiam caber os direitos fundamentais.

Em Roma não se desconhece a subjetividade jurídica desde o momento em que existe consciência da liberdade do cidadão e de sua esfera de independência; além disso, não há dúvida em se reconhecer o princípio segundo o qual: *hominum causa ormne ius constitutum est*. As Doze Tábuas não deixam de refletir certo espírito de liberdade ao assegurar a cada cidadão a liberdade pessoal, a propriedade e a proteção de seus direitos. Contudo, é preciso reconhecer que tal liberdade nunca esteve suficientemente garantida diante do poder público. O controle geralmente é do tipo político e a liberdade cívica se manifesta na partipação dos cidadãos nas tarefas públicas, em seu direito de poder fazer parte das assembleias cívicas, no *ius sufragii*...

A ideia de liberdade é um dos princípios que caracterizam a Constituição republicana de Roma e é firmemente mantida nas relações entre o indivíduo e o poder político. Por grandes que fossem as exigências que o Estado romano fazia a seus cidadãos nos aspectos militares e fiscais, não é menor a liberdade

---

celona, Seix, 1955, p. 39; G. Oestreich, *Geschichte der Menschenrechte und Grundfreiheiten im Umriss*, Berlim, Duncker & Humblot, 1968, pp. 15 ss.; id., "La idea de los derechos humanos a través de la historia", op. cit. pela trad. esp. de E. Mikunda em G. Oestreich e K. P. Sommermann (orgs.), *Pasado y presente de los derechos humanos*, Madri, Tecnos, 1990, pp. 22 ss.; A. Díaz Tejera, "Categorias formales del humanismo griego", *AF*, 1981, vol. XIV-1, pp. 9 ss.

[149] G. W. F. Hegel, *La razón en la historia*, trad. esp. de C. A. Gómez, com "Introducción" de A. Truyol y Serra, Madri, Seminarios y Ediciones, 1972, p. 304.

[150] Ibid., p. 310.

que lhes atribui em relação às comunidades. As liberdades de opinião, de crenças e de culto são amplamente reconhecidas, embora não sejam limites; protege-se o direito ao domicílio e, através da *provocatio ad populum* e da exclusão de penas corporais, se defendem a vida e a integridade física do cidadão de possíveis arbitrariedades dos magistrados e funcionários públicos. No entanto, para entender as relações entre o poder e os particulares e, consequentemente, a configuração peculiar das liberdades públicas em Roma, é preciso ter presente a tensão que se manifesta entre uma liberdade civil e política realmente sentida e vivida e o *imperium* do magistrado, que encarna a autoridade pública. Da mesma forma que antes a República romana reconhecia a seus cidadãos uma ampla esfera de livre atividade individual, a garantia jurídica dessa liberdade foi, por outro lado, muito frágil, e a garantia jurisdicional ficava reduzida à *provocatio*. A comunidade romana se absteve, mais que nenhuma em seu tempo e até em épocas posteriores, de intervenções arbitrárias na esfera privada, mas isso não significou que não mantivesse sempre firme o princípio de que o Estado dispõe de seus cidadãos a seu próprio arbítrio[151]. Esta situação será sintetizada lucidamente por Hegel ao mostrar que: "O Estado, as leis, as Constituições são os fins e o indivíduo deve pôr-se a seu serviço; dilui-se neles e só alcança seu próprio fim no fim universal."[152]

No sistema jurídico romano, o homem já pode ser considerado o centro de imputações jurídicas; nesse sentido, é uma pessoa jurídica. No entanto, essa configuração deriva apenas da norma, com referência à qual, e tão somente a ela, estão presentes e existem as atribuições. "Não há, pois – nos dirá Battaglia –, um sujeito autônomo como princípio, mas justamente, e somente, a pessoa em sentido jurídico, isto é, um sujeito fictício ou configurado."[153]

Encontra-se muito difundida a opinião de que o conceito de pessoa jurídica, como corolário do prévio reconhecimento de uma personalidade moral, é uma contribuição da maturidade antropológica do cristianismo, que desenvolve e faz seus os postulados do humanismo jusnaturalista estoico. O cristianismo contribui em grande medida para criar a teoria dos direitos naturais do homem. No entanto, deve-se ter presente que a afirmação de que existem alguns direitos próprios do homem, transposição das normas objetivas do direi-

---

[151] Cf. F. DE MARTINO, *Storia della costituzione romana*, Nápoles, Jovene, 1958, vol. I, pp. 163 ss.; U. VON LÜNTOW, *Das romische Yolk, sein Staat und sein Recht*, Frankfurt a. M., Klostermann, 1955, pp. 250 ss.

[152] G. W. F. HEGEL, *La razón en la historia*, op. cit., p. 312.

[153] F. BATTAGLIA, *Declaraciones de derechos*, op. cit., p. 178. Convém, contudo, recordar que a jurisprudência pós-clássica, pela paulatina introdução da filosofia estoica, vai afirmando com clareza a igualdade e a liberdade de todos os homens no plano do direito natural. Assim, por exemplo, reúne-se no *Digesto*, 50, 17, 32 (liv. 43 *ad Sabinum*) o princípio segundo o qual: "Quod attinet ad ius civile, servi pro nullis habetur: non tamen et iure naturale, quia, quod ad ius naturale attinet, omnes homines aequales sunt." Por sua vez, nas *Institutiones* de Justiniano 1, 2, 2, assinala-se expressamente que: *"iuri enim naturali ab initio omnes homines liberi nascebantur"*. Cf. R. SORIANO, "El concepto de libertad en la sociedad antigua: Roma", *ADH*, 1983, vol. 2, pp. 551 ss., com extensa documentação bibliográfica.

to natural para o plano da subjetividade, se depreende "da *santa liberdade* do cristão que o configura como filho de Deus, mostra e proclama sua dignidade de centro espiritual e operatividade eficiente e, por conseguinte, o põe mais além das coisas e da natureza"[154].

Não é este o lugar para se entrar na discussão de posturas doutrinais que, como a sustentada por Fassò, consideram que a aceitação do legado humanista do jusnaturalismo clássico por parte do cristianismo supôs um desvirtuamento do espírito evangélico[155], ou na daqueles que, como Knoll, negam radicalmente a autenticidade humanista e a mensagem libertadora do jusnaturalismo cristão[156]. Em todo o caso, o que interessa ressaltar é que a construção técnico-jurídica de sua positividade devida ao direito romano, juntamente com a progressiva configuração ideológica do humanismo jusnaturalista clássico, em seguida cristianizado, foram elementos de singular importância para a subsequente organização dos direitos humanos em documentos.

3.2.2. *A formulação dos direitos fundamentais em pactos*

A história do processo de positivação dos direitos fundamentais começa na Idade Média. É nessa época que nos encontramos com os primeiros documentos jurídicos em que, embora de forma fragmentária e com significação equívoca, aparecem reunidos certos direitos fundamentais.

Na Idade Média europeia surge uma série de cartas de franquias que têm como denominador comum o reconhecimento de alguns direitos, como: o direito à vida e à integridade física, a não ser detido sem causa legal, à propriedade, à livre escolha do domicílio e a sua inviolabilidade (paz da casa)... Direitos que eram reconhecidos a quem fazia parte de determinado grupo ou estamento.

Na Espanha temos numerosos exemplos dessas cartas de franquias e liberdades em documentos outorgados para incentivar o repovoamento após a Reconquista. São ainda mais importantes alguns pactos, como o acordado nas Cortes de Leão de 1188, entre Afonso IX e o reino, na monarquia Castelhana-Leonesa e o Privilégio Geral outorgado por Pedro III, nas Cortes de Zaragoza de 1283, que foi considerado como base legal pactuada das liberdades da Coroa de Aragão[157].

---

[154] Ibid., p. 180.

[155] G. Fassò, *Cristianesimo e società*, 2. ed., Milão, Giuffrè, 1969. Cf. A. E. Perez Luño, "L'itinerario intellettuale di Guido Fassò", *RIFD*, 1976, pp. 372 ss.

[156] A. M. Knoll, *Katholische Kirche und scholastisches Naturrecht. Zur Frage der Freiheit*, Viena, Europa, 1962.

[157] Cf. R. Altamira, "La Carta Magna y las libertades medioevales en España", *Revista de Ciencias Jurídicas y Sociales*, 1918, n. 2; J. Castañ Tobeñas, *Los derechos del hombre*, op. cit., pp. 88 ss.; C. López de Haro, *La Constitución y Libertades de Aragón y el Justicia Mayor*, Madri, Reus, 1926; R. Riaza, "Los Orígenes españoles de las declaraciones de derechos", *Anuario de la Universidad de Madrid*, 1936, pp. 1 ss.

De todos os documentos medievais, sem dúvida, o que obteve maior significação na posteridade e o mais importante no processo de positivação dos direitos humanos é a *Magna Charta libertatum* ou Carta Magna, contrato assinado entre o rei Juan e os bispos e barões da Inglaterra em 15 de junho de 1215. Trata-se de um pacto entre o rei e a nobreza, frequentes no regime feudal, que de certo modo supunham em seu momento uma consagração dos privilégios feudais e, portanto, uma involução do ponto de vista do progresso político[158], porém ao qual a posteridade atribuiu o glorioso epíteto de *fundamentum libertatis Angliae* por seu decisivo papel no desenvolvimento das liberdades públicas inglesas[159].

Do ponto de vista da positivação, a Carta Magna suscita um grande interesse porque pressupõe um preciso resumo das principais características dos documentos medievais e permite estabelecer seus traços específicos. Assim, pode-se observar nestes documentos de positivação:

1º Com respeito a seu *fundamento*, na maioria das vezes, os direitos neles consagrados correspondem a algumas práticas ou princípios consuetudinários aos quais se atribui também uma base jusnaturalista. "Quando se invoca o direito objetivo para assegurar o pacto, na realidade se apela à *consuetudo bona*, o direito precedente praticado. Consequentemente, e em geral, deve-se pensar mais no quadro de um direito invocado e subsistente que em um nascer *ex novo*."[160]

2º No que diz respeito à titularidade, esses documentos se apresentam como um conjunto de direitos reconhecidos a determinadas pessoas por pertencerem a determinados estamentos e com referência também a ações e objetos muito concretos; trata-se, portanto, de declarações históricas, estamentais e circunstanciais[161].

3º Por último, no que se refere a sua *natureza jurídica*, constituem autênticos textos jurídico-positivos, suscetíveis de ser invocados por seus titulares diante dos tribunais no que diz respeito às situações jurídicas que neles eram minuciosamente detalhadas. Observa-se, além disso, que a técnica jurídica usada na Carta Magna e nos demais documentos da época está mais próxima do direito privado que do público. São sempre direitos reconhecidos através de acordos particulares e em termos contratuais. Seria possível afirmar que, da forma como aparecem, essas cartas "revelam um acordo sobre interesses específicos, um equilíbrio acordado de *utilitates*"[162].

A evolução posterior supôs uma transição progressiva desses documentos do âmbito privatista para o do direito público. Isso ocorre à medida que se dis-

---

[158] Cf. F. BARLOW, *The Feudal Kingdom of England*, Londres, Longmans & Green, 1955, pp. 425 ss.

[159] Cf. F. W. MAITLAND, *The Constitutional History of England*, 14. ed., Cambridge University Press, 1961, pp. 14 ss.; W. S. McKECHNIE, *Magna Carta*, 3. ed., Nova York, Franklin, 1958, pp. 36 ss.

[160] F. BATTAGLIA, *Declaraciones de derechos*, op. cit., p. 181.

[161] Cf. V. FROSINI, "La 'Magna Carta' dopo sette secoli", in *Costituzione e società civile*, op. cit., pp. 107 ss.

[162] F. BATTAGLIA, *Declaraciones de derecho*, op. cit., p. 181.

solve o sistema estamental próprio do feudalismo e que vão surgindo, com os parlamentos, instituições representativas do *consensus* do país e nos quais as antigas classes vão perdendo força social em benefício do *tiers état*. A partir desse momento, as declarações de direitos não serão o produto de um pacto contratual entre membros de diversos estamentos para conciliar seus interesses, mas sim, como resultado de uma paulatina centralização das forças políticas, se verá neles a expressão, através de uma lei geral que se impõe também ao príncipe, do princípio arduamente conquistado da soberania popular[163].

Convém, contudo, observar que na Inglaterra, onde essa evolução pode ser apreciada com especial clareza, ela não assume as características de uma ruptura. Pelo contrário, a Carta Magna foi considerada o fundamento de uma Constituição que, na realidade, jamais existiu, ao menos no sentido rigoroso do termo, que evoca um conjunto de normas escritas que regulam o exercício do poder e garantem as liberdades. A Inglaterra não possui uma Carta constitucional desse tipo, mas uma coleção de documentos que correspondem a diversos momentos históricos e têm seu ponto de partida na Carta Magna[164]. A história política inglesa mostra um persistente trabalho de adaptação dos textos tradicionais às novas circunstâncias. Esse fenômeno se observa claramente no início do século XVII quando o jurista Edward Coke fez da Carta Magna o principal instrumento da resistência parlamentar diante das pretensões absolutistas dos Stuart. Para isso, Coke ampliou o alcance das *libertates* contidas na Carta Magna e, instado pelas exigências políticas de seu tempo, interpretou esse conjunto de privilégios feudais como uma fórmula de direitos de liberdade para todos os cidadãos. O artigo 39 da Carta Magna que prescrevia solenemente que nenhum homem livre seria detido ou destituído de seus bens sem julgamento prévio, seria, quatro séculos mais tarde, o ponto de partida da *Petition of Rights* de 7 de junho de 1628, inspirada diretamente no pensamento de Coke, e também no *Habeas Corpus Amendment Act* de 26 de maio de 1679, que até nossos dias tutela a liberdade pessoal do súdito inglês. Pode-se considerar que o *Bill of Rights*, promulgado dez anos mais tarde pelas Câmaras e sancionado por Guilherme de Orange, encerrou esse ciclo de positivação de documentos ingleses iniciado com a Carta Magna[165].

No transcorrer desse longo período, as *libertates* enunciadas na Carta Magna sofrem uma metamorfose radical. De liberdades em sentido exclusivo e estamental em regime de direito privado, passam a ser liberdades gerais no plano do direito público. É certo que no *Bill of Rights* se proclama que se reafirmam e asseguram os antigos direitos e liberdades (*ancient rights and liberties*),

---

[163] Cf. A. E. Pérez Luño, "*Aproximación analítico-lingüística al término 'soberanía popular'*", *ACFS*, 1976, n. 16, pp. 137 ss., e Capítulo 4.

[164] Cf. V. Frosini, "La 'Magna Carta' dopo sette secoli", op. cit., p. 110.

[165] Cf. J. Bohatec, "Die Vorgeschichte der Menschen und Bürgerrechte in der englischen Publizistik der ersten Hälfte des 17 Jahrunderts", in R. Schnur (org.), *Zur Geschichte der Erklärung der Menschenrechte*, Darmstadt, Wissenschaftliche Buchgesellschaft, 1974, pp. 267 ss.

já reivindicados por seus antepassados, mas em seu enunciado se acentua o seu caráter geral e assim se fala de *undoubted rights and liberties*.

Pôde-se escrever, com razão, que o resíduo de liberalismo antigo dos pactos medievais foi o fermento para o liberalismo moderno e que esse processo evolutivo encontrou sua expressão mais completa na experiência política inglesa, que se estende de forma especialmente relevante para o progresso das liberdades públicas nas colônias americanas, sob condições diferentes. Isso porque a revolução dos colonos ingleses na América amadureceu sobre o tronco de uma velha árvore da liberdade e as declarações de direito, por eles proclamadas, mostram melhor que qualquer outro documento a evolução da consciência política moderna sobre as formulações das *libertates* medievais, sendo um mérito da Inglaterra ter sabido protegê-las, aumentá-las e renová-las[166].

3.2.3. *A constitucionalização dos direitos fundamentais*

Com as declarações americanas abre-se uma nova etapa no processo de positivação dos direitos fundamentais. No decorrer da Idade Moderna surge uma série de textos nos quais já não se trata de atribuir determinadas prerrogativas aos barões ou aos cidadãos através de pactos ou de leis gerais emanadas do Parlamento, mas que tendem a consagrar alguns princípios considerados precedentes ao próprio ordenamento positivo do Estado, e que, mesmo antes de criados, são reconhecidos pelo poder constituinte. Entende-se que esse reconhecimento deve fazer parte da Constituição, como instrumento fundamental da convivência política. Por isso, as modernas declarações de direitos encontram-se estreitamente vinculadas ao desenvolvimento do constitucionalismo. A partir o século XVIII se considerará que as Constituições devam conter, por um lado, uma série de regras relativas à organização dos poderes públicos e, por outro, algumas disposições que proclamem os princípios fundamentais que devem inspirar o funcionamento de todos os organismos do Estado. Estas últimas vinham enunciadas nas declarações de direitos que caracterizarão a própria natureza e objetivos do Estado[167].

A constitucionalização dos direitos fundamentais supõe uma importante mudança em relação às características que conotam seu processo de positivação no período medieval.

1º Assim, no plano da *fundamentação* se produz o paulatino abandono da justificação consuetudinária e histórica das liberdades, ao mesmo tempo que se reforça sua legitimação jusnaturalista, agora de cunho nitidamente racional, no entanto. Nas declarações de direitos modernos não se insiste em afirmar a

---

[166] Y. Frosini, "La 'Magna Carta' dopo sette secoli", op. cit., p. 117.
[167] Cf. G. Oestreich, *Geschichte der Menschenrechte und Grundfreiheiten im Unriss*, op. cit., pp. 64 ss.; id., *La idea de los derechos humanos a través de la historia*, op. cit., pp. 36 ss.; V. Palazzolo, *Considerazioni sulle dichiarazioni dei diritti*, Milão, Giuffrè, 1947, p. 6; G. Peces-Barba, *Tránsito a la modernidad y derechos fundamentales*, Madri, Mezquita, 1982, pp. 159 ss.; E. Fernández, "El contractualismo clásico (siglos XVII y XVIII) y los derechos naturales", *ADH*, 1983, vol. 2, pp. 59 ss.

tradição imemorial dos direitos nelas reconhecidos, mas no mero fato de a razão os considerar inerentes à própria natureza humana.

2º No que diz respeito à *titularidade*, esses direitos perdem sua vinculação a determinadas categorias ou estamentos de pessoas, para se apresentar como direitos de todos os cidadãos de um Estado ou de todos os homens pelo simples fato de sê-lo. As declarações modernas deixam de enumerar de forma detalhada as diferentes categorias de sujeitos ativos das liberdades, proclamando-as em termos de grande amplitude.

3º Finalmente, sobre a *natureza jurídica* dos novos documentos de positivação, deve-se notar que eles apresentam maior perfeição jurídico-formal que os medievais, pois neles os direitos fundamentais estabelecidos constituem um conjunto orgânico no qual se proclamam liberdades e direitos bem articulados. Por outro lado, as modernas declarações de direitos não são formuladas como contratos de direito privado, mas como instrumentos fundamentadores do direito público.

No longo período entre as primeiras manifestações no século XVIII da positivação constitucional dos direitos fundamentais e sua atual consagração nas Cartas constitucionais do presente podem-se observar duas grandes fases que apresentam características específicas e que, portanto, convém estudar em separado.

3.2.3.1. *Fase das liberdades individuais*

A reivindicação jusnaturalista dos direitos humanos, como vimos, aprofunda suas mais remotas raízes no pensamento clássico; porém, somente no século XVI e mais efetivamente no século XVII a concepção dos direitos naturais se apresenta claramente como uma transposição dos postulados objetivos da lei natural para o plano da subjetividade.

Nesse trabalho, os teólogos e juristas espanhóis desempenharam um importante papel. Dentre os primeiros, destaca-se o trabalho de Vitoria e Las Casas, que, ao defender os direitos pessoais dos habitantes dos novos territórios descobertos e colonizados pela Coroa da Espanha, estabeleceram as bases doutrinais para o reconhecimento da liberdade e da dignidade para todos os homens. Os juristas também contribuíram para essa tarefa, especialmente Vázquez de Menchaca, que parte de uma concepção utilitária do poder público e um decidido individualismo. Por outro lado, o pensamento jusnaturalista da Escola espanhola, particularmente através de Suárez e Gabriel Vázquez, influi no racionalismo humanista de Grócio, incorporando-se aos esquemas do jusnaturalismo europeu do século XVII, que tão decisivo papel desempenhou na evolução dos direitos humanos[168].

---

[168] Cf. E. LUÑO PEÑA e A. E. PÉREZ LUÑO, "El derecho natural a la libertad en el pensamiento de Fray Bartolomé de las Casas", *Estudios Homenaje al profesor Recaséns Siches*; A. E. PÉREZ LUÑO, "La filosofía jurídica de Juan Ginés de Sepúlveda", *Estudios Homenaje al profesor Legaz Lacambra*; e a bibliografia citada nesses trabalhos.

Quase simultaneamente ao *Bill of Rights* inglês de 1689, aparecem os *Two Treatises on Government* de Locke, que constituem um comentário lúcido e prospectivo da declaração ao mostrar que a sociedade civil nasce somente pelo consentimento e tem por finalidade principal garantir, mediante leis positivas que expressam o sentimento da maioria dos representantes do povo, a vida, a liberdade e os bens dos associados. As ideias de Locke, junto com a expressa reivindicação da *dignitas* por Pufendorf, que a partir dela esboçou todo um sistema dos direitos do homem, influenciaram decisivamente as declarações dos direitos americanos[169].

A Declaração de Independência norte-americana de 4 de julho de 1776 contém uma proposição única na qual é evidente a influência jusnaturalista e que marca uma pauta para as sucessivas declarações dos Estados. "Nós afirmamos por evidentes, por si mesmas, estas verdades – afirma-se ali –: que todos os homens são criados iguais; que são dotados por seu Criador de alguns direitos inalienáveis, entre os quais estão a vida, a liberdade e a busca da felicidade..."[170] No entanto, o protótipo das declarações modernas de direitos é o *Bill of Rights* do bom povo de Virgínia, de 12 de junho daquele ano, que também influenciou decisivamente os demais Estados norte-americanos.

Ainda que formalmente essas declarações se assemelhem às da tradição inglesa, em que sem dúvida se inspiraram, seu significado jurídico é novo, porque se apresentam como fundamento constitucional dos novos Estados que se tornam independentes.

Nas declarações americanas positivam-se os princípios essenciais da ideologia jusnaturalista de caráter individualista e liberal. A seção I da Declaração de Virgínia proclama: "Que todos os homens são por natureza igualmente livres e independentes e têm certos direitos inatos, dos quais, quando entram em estado de sociedade, não podem privar ou despossuir sua posteridade por nenhum pacto, a saber: o usufruto da vida e da liberdade com os meios que adquirir e o de possuir a propriedade e de buscar e obter a felicidade e a segurança."[171] Na afirmação do direito de liberdade teve especial relevância a defesa da liberdade religiosa. É sabido como para Jellinek, em seu clássico trabalho *Die Erklärung der Menschen-und Bürgerrechte*[172], a liberdade religiosa representou o germe da luta por todos os outros direitos fundamentais de liberdade. Para outros, entre os quais sem dúvida deve ser citado o nome de Karl

---

[169] Cf. H. WELZEL, "Ein Kapitel aus der Geschichte der amerikanischen Erklärung der Menschenrechte. John Wise und Samuel Pufendorf", in *Zur Geschichte der Erklärung der Menschenrechte*, pp. 238 ss.

[170] Citado pela ed. de G. PECES-BARBA e L. HIERRO, *Textos básicos sobre derechos humanos*, Madri, Sección de Publicaciones de la Facultad de Derecho de la Universidad Complutense, 1973, p. 80.

[171] Ibid., p. 75.

[172] G. JELLINEK, "Die Erklärung der Menschen-und Bürgerrechte", cit. in *Zur Geschichte der Erklärung der Menschenrechte*, op. cit., pp. 39 ss.

Marx como o mais representativo¹⁷³, seria a exigência de garantir a propriedade privada dos meios de produção e com eles a estrutura econômica capitalista, o autêntico fundamento dessas liberdades produto da ideologia da burguesia liberal. Embora as duas proposições não sejam excludentes, já que cada uma delas, a partir de seu nível explicativo, contribui acertadamente para revelar a chave histórica do desenvolvimento dos direitos fundamentais no Estado moderno. E são notórias as ligações evidenciadas por Max Weber entre a ética individualista protestante e o espírito do capitalismo¹⁷⁴.

Tampouco deve ser considerada irredutível a notória polêmica doutrinal suscitada entre Jellinek e Boutmy, em torno dos motivos inspiradores da *Déclaration des droits de l'homme et du citoyen* adotada pela Assembleia Nacional francesa constituinte em 26 de agosto de 1789, sem dúvida alguma, um dos marcos mais importantes na história da positivação dos direitos fundamentais. Na opinião de Jellinek, a Declaração francesa foi fruto da influência das declarações americanas, especialmente da de Virgínia, com a qual realiza uma comparação e conclui sobre o estreito parentesco existente entre as duas. Para Jellinek, o pensamento de Rousseau dificilmente poderia ser uma fonte válida para a Declaração francesa por implicar uma exaltação do arbítrio da vontade geral que está em clara contradição com o espírito liberal e a intangibilidade dos direitos naturais nela proclamados¹⁷⁵.

Diante dessa atitude, Boutmy manteve a tese de que a Declaração francesa, assim como as americanas, é fruto do movimento do espírito que se produziu no século XVIII e no qual o pensamento de Locke, Montesquieu, Voltaire e Rousseau exerce papel decisivo¹⁷⁶.

As duas teses podem ser consideradas compatíveis desde que não se separe unilateralmente a história das ideias da história das instituições, pois esta foi, talvez, a causa motivadora da polêmica. Não se pode deixar de reconhecer que a proposta de promulgar uma declaração de direitos foi apresentada na França por Lafayette, que participara ativamente da luta pela independência norte-americana, e que propôs seu próprio projeto preliminar; nem podem ser ignoradas as afinidades entre os textos americanos e o francês. Do ponto de vista técnico-jurídico, os constituintes de 1789 têm sempre presentes as declarações americanas, como se evidencia nos trabalhos prévios reunidos nos *cahiers*; e o próprio sistema formal de positivação é, sem dúvida, inspirado nelas, do mesmo modo que os documentos americanos tiveram presente a tradição dos *Bill of Rights* ingleses. Contudo, tampouco se pode negar a influência do jusnaturalismo racionalista em todas as declarações de direitos do século XVIII, pois

---

¹⁷³ Cf. n. 2, 3, deste capítulo.

¹⁷⁴ M. WEBER, *Die protestantische Ethik und der Geist des Kapitalismus*, 2. ed., Tübingen, Mohr, 1934.

¹⁷⁵ G. JELLINEK, *Die Erklärung der Menschen-und Bürgerrechte*, op. cit., pp. 5 ss.

¹⁷⁶ E. BOUMTY, "La Déclaration des droits de l'homme et du citoyen et M. Jellinek", in *Annales des Sciences Politiques*, 1902, vol. XVII, pp. 415 ss. Reunido agora na coletânea *Zur Geschichte der Erklärung der Menschenrechte*, op. cit., pp. 78 ss.

essa doutrina constituía uma espécie de moeda comum intelectual do período, que não podia deixar de se manifestar em suas instituições. É evidente que sobre diversos artigos da Declaração de 1789 gravitam as ideias filosóficas do século. Assim, quando o artigo 2 da Declaração francesa dos direitos do homem e do cidadão considera como direitos naturais, imprescritíveis e fundamentadores de toda associação política a liberdade, a propriedade, a segurança e a resistência à opressão, é certo que reproduz a seção I das declarações da Virgínia e de Massachusetts, mas não se deve esquecer que estas, por sua vez, apenas davam forma positiva à doutrina de Pufendorf e Locke.

A definição da liberdade contida no artigo 4 da Declaração francesa é claramente inspirada em Montesquieu; e nesse mesmo autor deve-se buscar a fonte do artigo 16, no qual se estabelece o princípio da separação de poderes e a garantia dos direitos como fins da Constituição. Por outro lado, é também inegável a influência de Rousseau na definição da lei como expressão da *volonté générale*, pelo que se depreende do artigo 6.

Por isso, uma linha hermenêutica que se inicia com Del Vecchio concebe as declarações como um produto histórico, em que é tão errôneo ignorar as relações entre os diversos instrumentos de positivação da época, quanto o é prescindir do substrato ideológico que propiciou o clima em que se gestaram[177]. Em todo o caso, as declarações constituem uma resposta histórica a alguns problemas concretos e é inútil a tentativa de subtrair-se à história "quando a investigação dos *cahiers de doléances*, os textos preparatórios, as discussões que acompanham o famoso documento, comprovam a circunstancialidade da vida francesa que conduziu à revolução"[178]. Trata-se, em última instância, da luta de uma sociedade que com a ruptura das estruturas feudais busca estruturas políticas adequadas ao funcionamento de uma economia mais livre, baseada no desenvolvimento da indústria e do comércio. Daí a importância outorgada ao direito de propriedade como fundamento da segurança individual do homem burguês.

Essa radical historicidade da Declaração francesa de 1789 explica sua própria relevância no momento de sua promulgação, pois nessa época se supunha um modelo de liberdade para todos os povos da Europa que ainda se encontravam sujeitos ao absolutismo. Na Constituição espanhola de Cádiz de 1812 e na belga de 1831, assim como nas Cartas constitucionais dos Estados alemães e italianos da Restauração, manifestam-se claramente seus principais postulados.

---

[177] G. del Vecchio, *Los derechos del hombre y el Contrato social*, trad. esp. de M. Castaño, com "Prólogo" de F. de los Ríos, Madri, Reus, 1964, pp. 62 ss. Ver também os trabalhos de: E. Díaz, "La Declaración de derechos del hombre y del ciudadano de la Revolución Francesa (1789)", in *Cuadernos para el Diálogo*, 1968, n. XII (extraordinário); V. Palazzolo, *Considerazioni sulle dichiarazioni dei diritti*, op. cit., pp. 17 ss.; J. Sandweg, *Rationales Naturrecht als revolutionäre Praxis. Untersuchungen zur "Erklärung des Menschen-und Bürgerrechte" von 1789*, Berlim, Duncker & Humblot, 1972, pp. 121 ss.; G. Robles, "El origen histórico de los derechos humanos: Comentario de una polémica", *RFDUC*, 1979, n. 57, pp. 21 ss.; J. González Amuchástegui, "Acerca del origen de la Declaración de derechos del hombre y del ciudadano de 1789", *ADH*, 1983, vol. 2, pp. 117 ss.

[178] F. Battaglia, *Declaraciones de derechos*, op. cit., p. 187. Cf. também a documentada obra de J. Sandweg, *Rationales Naturrecht als revolutionäre Praxis*, op. cit., pp. 136 ss. e 268 ss.

As declarações de direitos incorporam-se, como já se afirmou anteriormente, à história do constitucionalismo. Na França, a Declaração de 1789 fez parte, encabeçando-a, da primeira Constituição revolucionária de 3 de setembro de 1791, chamada por sua inspiração "girondina". A Constituição "jacobina" de 1793, que nunca chegou a ter vigência, era também precedida de uma Declaração dos direitos do homem e do cidadão, muito importante por seu conteúdo democrático; assim como também a Constituição da Convenção de 1795. A Constituição de junho de 1814, promulgada por Luís XVIII, reflete a orientação conservadora que a monarquia restaurada bourbônica tentava dar à vida política francesa. Contudo, esse texto é de notável interesse do ponto de vista da positivação, porque nele, pela primeira vez, as disposições referentes aos direitos fundamentais encontram-se reunidas no próprio articulado constitucional, e deste modo se delineia com características mais concretas seu *status* jurídico-positivo, ao mesmo tempo que perdem seu caráter supraestatal e os direitos naturais do homem passam a ser direitos públicos dos cidadãos (*droits publics des français*, arts. 1-12)[179].

A partir de então se inicia um processo de progressiva relativização do conteúdo jusnaturalista dos direitos fundamentais, os quais passam a se enquadrar no sistema de relações jurídico-positivas entre o Estado, como pessoa jurídica, e os sujeitos privados, que a dogmática alemã do direito público estudará sob a epígrafe dos direitos públicos subjetivos[180].

Em todo o caso, as declarações e constituições do século XVIII e do XIX, com a exceção das francesas de 1793 e 1848, que mencionaremos mais adiante, são produto de alguns pressupostos ideológicos bem concretos. É evidente que ocorre com elas uma profunda *décalage* entre o pretenso caráter absoluto, universal e atemporal dos direitos fundamentais ali proclamados e as condições e interesses históricos que as motivaram e que, ao final, irão determinar seu alcance. Nesse sentido, é bem notório o fato de que os direitos do homem que com tanta generosidade e amplitude formal estão reunidos nesses documentos não são os direitos de todos os homens – recorde-se que a maior parte das constituições dessa época estabelece o sufrágio censitário –, mas os do homem burguês, para quem o direito de propriedade tem o caráter de *inviolable et sacré*, segundo postula o artigo 17 da Declaração de 1789.

3.2.3.2. *Fase dos direitos econômicos e sociais*

Os direitos do homem e do cidadão proclamados na maior parte das declarações e constituições mencionadas eram considerados patrimônio do indivíduo em sua condição pré-social. A liberdade, a igualdade formal, a propriedade, a segurança, a resistência à opressão..., eram consideradas faculdades

---

[179] Cf. P. LUCAS VERDÚ, *Derechos individuales*, op. cit., p. 44.
[180] Cf. capítulo 5 sobre *Estado de direito* e *direitos fundamentais*.

"naturais e inalienáveis", evidenciando assim sua inspiração filosófica marcadamente individualista.

Durante o século XIX o proletariado vai adquirindo o protagonismo histórico à medida que avança o processo de industrialização e, ao adquirir consciência de classe, reivindica alguns direitos econômicos e sociais diante dos clássicos direitos individuais, fruto do triunfo da revolução liberal burguesa. O *Manifesto Comunista* de 1848 pode ser considerado um marco fundamental nesse processo, e representa uma advertência anunciadora do início de uma nova etapa.

No entanto, convém recordar que já no início da Revolução Francesa, Sieyès, em seu projeto de Declaração de direitos, havia afirmado que a finalidade da vida social não tem somente como objeto a proteção das liberdades individuais, mas que deve possibilitar que todos os cidadãos desfrutem dos benefícios que a sociedade comporta[181]. Essa atitude pode ser considerada representativa da evolução doutrinal jusnaturalista que com Rousseau adquire um sentido claramente democrático, ao conceber a liberdade como a posição concreta do indivíduo na sociedade, e teve sua tradução normativa na Declaração de direitos votada pela Convenção e posta à frente da Constituição de 1793. Nela, por influência direta de Condorcet e Robespierre, aparecem claramente reunidos (arts. 18-23) os direitos dos cidadãos e os serviços em matéria de trabalho, assistência e instrução. Apesar de sua precária vigência, esse texto antecipou o quadro dos direitos fundamentais próprios do futuro Estado social de direito. Mais tarde a Constituição francesa de 1848 quis representar a proclamação dos princípios de 1789 na esfera econômica[182]; se esta fora a declaração da liberdade, a de 1848 pretendia ser a da igualdade. A efêmera existência da Constituição da Segunda República não pode diminuir sua importância como ponto de inflexão para uma nova etapa no desenvolvimento positivo dos direitos fundamentais na qual eles serão afetados:

1º Em sua *fundamentação*, que ao refletir as profundas mudanças econômicas produzidas na sociedade não se apoiara em uma ordem individualista e liberal, mas na intervenção do Estado destinada a assegurar uma repartição equitativa dos encargos e vantagens da sociedade, procurando garantir a todos os cidadãos um grau cada vez mais elevado de moralidade, cultura e bem-estar (preâmbulo I da Constituição francesa de 1848). Para o que se reivindica o fundamento social de todos os direitos humanos e a impossibilidade de seu exercício à margem das relações sociais, com o consequente reconhecimento dos direitos de associação, reunião e petição.

2º Em sua *titularidade*, ao deixar de ser sujeito dos direitos sociais o homem abstrato em sua dimensão individual e passar a sê-lo o homem situado

---

[181] Cf. M. Mazziotti, *Diritti sociali*, op. cit., p. 803; G. Oestreich, *Geschichte der Menschenrechte und Grundfreiheiten im Unriss*, op. cit., pp. 68 ss.; id., *La idea de los derechos humanos a través de la historia*, op. cit., pp. 67 ss.; E. Tierno Galván, *Babouef y los iguales. Un episodio del socialismo premarxista*, Madri, Tecnos, 1967, pp. 123 ss.

[182] Cf. G. Gurvitch, *La déclaration des droits sociaux*, op. cit., pp. 21 ss.

no contexto de algumas circunstâncias reais, concretas e comunitárias. Assim, o texto constitucional de 1848 leva em consideração as situações particulares nas quais o homem desenvolve sua existência; é por isso que se refere expressamente aos patrões, aos trabalhadores, às crianças abandonadas, aos idosos sem recursos... (art. 13).

3º Em relação à sua *natureza jurídica*, os direitos fundamentais deixam de ser apenas liberdades de ação para se converter em liberdades de participação e em serviços. Para isso os direitos sociais precisam de alguns mecanismos de garantia, de alguns meios que assegurem seu usufruto. O artigo 7 do texto francês de 1848, ao reconhecer a liberdade de culto, assegura um subsídio a seus ministros; e o artigo 13 estabelece como garantia do direito ao trabalho: o ensino primário gratuito, a educação profissional, a igualdade entre patrões e empregados, a organização por parte do Estado de obras públicas que evitem o desemprego...

Já se mencionou, ao estudar os direitos sociais na parte sistemática, que esses direitos muitas vezes não passam de meras declarações programáticas, destituídas de vigência, e observou-se que neles se baseiam aqueles que negaram seu *status* positivo. Por isso não se deve estranhar que em muitas ocasiões o texto constitucional francês fosse considerado ingênuo e utópico, mas, em todo o caso, significou o começo de uma nova etapa no processo de positivação dos direitos fundamentais, na qual ainda nos encontramos, e cuja meta se resume em fazer coincidir os princípios da democracia política com as exigências da democracia econômica.

Nesse mesmo ano de 1848, durante a efêmera revolução liberal alemã, o Parlamento de Frankfurt elaborou uma extensa relação de direitos fundamentais. Entre eles figuravam também alguns direitos sociais, como os de reunião e associação, dois dos direitos mais contrários ao espírito individualista da burguesia, cuja atitude, mesmo que em princípio pudesse estar motivada por sua hostilidade para com a estrutura dos grêmios como resíduo da sociedade estamental, em seguida, com o desenvolvimento das relações de produção no século XIX, foi se convertendo em medo de que a associação dos trabalhadores servisse de meio para o apoio de suas reivindicações. Mesmo assim, essas reivindicações foram tomando corpo no seio do movimento operário, do qual surgem duas grandes correntes em relação com os direitos humanos fundamentais. Uma, que tem Marx e Engels como seus expoentes mais representativos, desenvolve uma profunda revisão crítica dos direitos fundamentais próprios do Estado burguês, ao ressaltar seu caráter abstrato, formal e classista. Inerentes ao indivíduo como tal e patrimônio universal de todos os homens, na realidade são vazios de conteúdo uma vez que o Estado só intervém para consagrá-los, mas confia sua efetividade à esfera dos particulares, em que as desigualdades econômicas desmentem o princípio da igualdade formal originária. Por isso, esses direitos, além de sua abstração, desempenham uma função ideológica ao tratar de encobrir a realidade concreta, radicalmente distinta da que se depreende de seus enunciados. A segunda corrente veio representada por aqueles setores do movimento operário que buscavam afirmar de forma jurídica as reivindicações da classe trabalhadora, através de uma integração reformista desse movimento no aparelho do Estado. Essa ideia foi defendida pela social-democracia no âmbito das seções e congressos da chamada Segunda Internacional. A influência na práxis política do movimento social-democrata foi decisiva para a evolução no sentido "social" dos direitos fundamentais e marcou a passagem do Estado liberal para o Estado social de direito[183].

A Constituição do México de 1917 pode ser considerada a primeira tentativa de conciliar os direitos de liberdade com a nova concepção dos direitos sociais e exerceu notável influência nas Constituições posteriores da América Latina. Porém, sem dúvida, a Constituição mais importante e a que melhor reflete o novo estatuto jurídico dos direitos fundamentais no âmbito do *sozialer Rechtsstaat* é a alemã de Weimar, de 11 de agosto de 1919. Nessa constituição, juntamente com o reconhecimento das liberdades individuais, como a propriedade privada e a livre-iniciativa econômica, encontram lugar os direitos sociais, como os que se referem à proteção da família, à educação e ao trabalho. Para compreender seu espírito, é bastante significativo o artigo 151, segundo o qual: "a vida econômica deve corresponder a princípios de justiça, com a aspiração de assegurar a todos uma existência digna do homem"[184]; assim como o artigo 153, que impõe uma função social à propriedade privada e reconhece o direito a sua expropriação por razões de utilidade pública.

A Constituição de Weimar foi durante muito tempo o documento inspirador de todas as tentativas de conciliar os direitos individuais e sociais no âmbito do Estado social de direito. Seu espírito se reflete em muitas Constituições do primeiro pós-guerra mundial, entre elas a Carta republicana espanhola de 9 de dezembro de 1931. Nela, após se reconhecer os direitos clássicos de liberdade sob a rubrica das "Garantias individuais e políticas" (arts. 25-42), proclamam-se os direitos sociais referentes à família, à economia e à cultura (arts. 43-50).

O término da Segunda Guerra Mundial, após a experiência das ditaduras totalitárias, reproduziu a necessidade de uma renovação constitucional em correspondência com as novas exigências políticas e sociais. No período imediatamente posterior ao conflito bélico, cinquenta Estados começaram a elaborar novas Constituições que apresentam acentuadas analogias em sua estrutura e conteúdo. Em quase todas se observa um ato de fé na legalidade democrática e uma afirmação dos direitos fundamentais, dentre os quais os direitos sociais ocupam lugar preferencial. Bom exemplo disso são as Constituições francesas de 1946 e de 1958, que se remetem à Declaração de 1789, mas a complementam com o reconhecimento expresso dos direitos sociais[185]. A Constituição italiana de 1948 reúne os direitos humanos entre os princípios fundamentais da República (arts. 1-12), e logo em seguida regula, de forma pormenorizada, os direitos civis (arts. 13-28) e políticos (arts. 48-54), assim como os sociocul-

---

[183] Cf. o capítulo 5 sobre *Estado de direito* e *direitos fundamentais*.
[184] Citado pela coletânea *Textos básicos sobre derechos humanos*, op. cit., p. 154.
[185] Cf. J. Rivero, *Les libertés publiques*, op. cit., pp. 80 ss.

turais (arts. 29-34) e econômicos (arts. 35-47)[186]. Na lei fundamental da República Federal Alemã de 1949, a herança de Weimar se faz patente em seu esforço para dar aos *Grundrechte* uma significação social, aspiração que se observa claramente em seus artigos 20 e 28. Contudo, a tripla experiência da Constituição de Weimar, uma das mais perfeitas no plano teórico, mas ineficaz na prática diante dos acontecimentos tristemente célebres que a marcaram, influenciou o constituinte federal alemão fazendo com que sua obra constitucional fosse muito mais cautelosa e modesta que a de 1919, o que, por outro lado, resultou em maior realismo e virtualidade prática[187].

Deve-se também assinalar, como dado de interesse para a história da positivação dos direitos fundamentais, o processo de descolonização iniciado no segundo pós-guerra. Nas Constituições dos Estados que a partir de então tiveram acesso à independência observa-se uma constante afirmação dos direitos sociais. Ainda que se trate, em muitos casos, de meras fórmulas de imitação cultural que não tiveram o devido reflexo de ordem prática, devido geralmente à falta de uma estrutura socioeconômica que permitisse dar plena eficácia aos direitos sociais proclamados pela via constitucional. Dentre essas Constituições podem ser citadas, por sua influência em suas respectivas áreas e momentos do fenômeno descolonizador, a da Índia de 1950 e a da Argélia de 1963.

O processo de positivação dos direitos sociais adquiriu características próprias no âmbito dos países socialistas. Nesses sistemas jurídicos os direitos sociais adquiriram uma importância predominante ao serem considerados, como já se expôs, a garantia do exercício de todos os direitos.

Nas primeiras fases da revolução soviética, por iniciativa de Lênin, proclamou-se na URSS, em 1918, uma Declaração dos direitos do povo trabalhador e explorado, como resposta às declarações de direitos burgueses. Posteriormente a Constituição russa de 1936 (arts. 118-131) ampliou o número de direitos fundamentais reconhecidos e estendeu sua titularidade a todos os cidadãos da URSS. As principais características desse texto constitucional, no que se refere a sua regulação dos direitos fundamentais, são:

1ª O caráter fundamental dos direitos econômicos e sociais em relação a todos os demais direitos. Reconhecendo-se entre outros o direito ao trabalho, ao descanso, à assistência e à instrução.

2ª A unidade jurídica dos direitos políticos e dos direitos sociais, ao se considerar ambas as categorias como autênticos direitos subjetivos, objeto de tutela jurídica e com meios destinados à sua satisfação.

3ª A estreita correlação expressamente estabelecida entre os direitos e deveres. Essa correlação se manifesta, por um lado, ao se fixar normativamente os fins e os limites do exercício de cada direito; e, por outro, ao prescrever de forma expressa os deveres dos cidadãos, que fundamentalmente se referem ao

---

[186] Cf. V. Frosini, *Costituzione e società civile*, op. cit., pp. 81 ss.; C. Mortati, *Costituzione della Repubblica italiana*, op. cit., pp. 231 ss.

[187] Cf. W. Abendroth, *Das Grundgesetz*, op. cit., pp. 36 ss.; W. Schick, "Bonner Grundgesetz und Weimarer Verfassung-heute", *AöR*, 1969, pp. 354 ss.

dever de respeitar as regras de vida da sociedade socialista, ao cumprimento das obrigações trabalhistas e sociais e à defesa da propriedade socialista[188].

As sucessivas Constituições que surgiram nos países socialistas tinham a soviética como sua principal fonte inspiradora; no entanto, em seu processo de positivação dos direitos sociais e econômicos foram observadas três modalidades:

a) A primeira corresponde às Constituições adotadas nas primeiras etapas das transformações sociopolíticas que levaram à implantação das democracias populares. Como as da Polônia de 1947, Romênia, Tchecoslováquia e República Popular da Coreia de 1948. Nelas os direitos sociais são amplamente reconhecidos, mas não raro com caráter meramente declarativo, por não haver no momento de sua proclamação estruturas econômicas que permitissem seu efetivo usufruto.

b) A segunda corresponde aos países que promulgaram suas Constituições após a implantação da ditadura do proletariado. Nelas, além de se concretizar e enriquecer o conteúdo dos direitos sociais, são estabelecidas as garantias legais e econômicas para seu exercício. Podem ser citadas como representativas dessa fase as Constituições da Hungria e da República Democrática Alemã de 1949, as da Romênia e da Polônia de 1952 e as da República Popular da China de 1954 e do Vietnã de 1960.

c) A Constituição tcheca de 1960 e a da Mongólia do mesmo ano, assim como a da Iugoslávia de 1963, incluem os direitos sociais nas bases socioeconômicas de seu sistema jurídico-político, com o qual, segundo a doutrina socialista, se contribui para delinear de forma mais precisa o conteúdo, objeto e proteção desses direitos[189]. Bom exemplo dessa orientação apresenta o artigo 32 da Constituição da República Socialista Federal da Iugoslávia. "As liberdades e direitos do homem e do cidadão – afirma-se nessa disposição – são parte inalienável e expressão das relações socialistas e democráticas protegidas pela Constituição, e pelas quais o homem se liberta de toda exploração e arbitrariedade, e mediante seu trabalho pessoal e socialmente organizado cria as condições para o desenvolvimento total, a livre expressão e a proteção de sua personalidade, e para a aquisição de sua dignidade humana."[190]

É necessário assinalar, pelas repercussões de toda ordem que isso pode ter no futuro, a crescente valorização das liberdades públicas nos países socialistas, em especial a partir do começo da desestanilização. Nesse sentido, deve-se esclarecer que, após a reforma constitucional de 1956 que se seguiu ao XX Congresso do Partido Comunista da URSS, o legislador soviético reafirmou os princípios da legalidade socialista, das liberdades pessoais e do humanismo

---

[188] Cf. D. G. LAVROFF, *Les libertés publiques en Union Soviétique*, op. cit., pp. 103 ss.; F. G. MARGADANT, "Los derechos del hombre en la Constitución soviética", in *Veinte años de evolución de los derechos humanos*, op. cit., pp. 503 ss.: I. SZABÓ, *Fundamental questions concerning the theory and history of citizens' rights*, op. cit., pp. 68 ss.

[189] Cf. L. LÓRINCZ, *Economic, social and cultural rights*, op. cit., pp. 208-9.

[190] Citado pela coletânea *Textos básicos sobre derechos humanos*, op. cit., p. 228.

marxista, com a denúncia do stalinismo que representou a trágica negação e menosprezo desses princípios e liberdades[191].

3.2.4. A internacionalização dos direitos fundamentais

O processo de formulação positiva dos direitos humanos ultrapassou, em nossos dias, o âmbito do direito interno para se apresentar também como uma exigência do direito internacional.

O fenômeno está intimamente ligado ao do reconhecimento da subjetividade jurídica do indivíduo pelo direito internacional. De fato, só quando se concebe a possibilidade de que a comunidade internacional e seus organismos possam entender de questões que afetam não tanto os direitos dos Estados como tais, mas os de seus membros, será possível admitir o reconhecimento dos direitos fundamentais em escala internacional. Por outro lado, se se mantivesse como absoluto o princípio da soberania estatal, as eventuais violações dos direitos humanos praticadas pelo Estado contra os cidadãos ou uma parte deles (minorias étnicas, linguísticas ou religiosas...), ou contra as pessoas que residem em seu território (pense-se, por exemplo, nos apátridas ou nas comunidades de trabalhadores estrangeiros), careceriam de relevância jurídica internacional[192].

A internacionalização jurídico-positiva dos direitos fundamentais pode ser considerada um fenômeno muito recente, produto de um processo lento e laborioso. Não é à toa que se escreveu que o direito internacional "surge como Direito interdinástico, quando os Estados absolutos estão em pleno apogeu, pois nessa fase o indivíduo terá apenas a consideração de *súdito do poder*"[193]. Como reação diante dos perigos que essa prática supõe para a liberdade do indivíduo, o jusnaturalismo racionalista reivindicou a necessidade de se chegar a uma proteção internacional dos direitos humanos. Kant percebeu o valor decisivo que o reconhecimento da cidadania universal representava como etapa imprescindível no caminho para a paz perpétua. Ao mesmo tempo que afirmou a existência de deveres dos Estados para com seus cidadãos, e até para com os estrangeiros residentes em seus territórios[194]. As próprias declarações de direitos do século XVIII são promulgadas em termos da mais generosa amplitude, embora seus efeitos tenham se limitado à esfera racional. Dessa época datam também alguns tratados que reconhecem a liberdade religiosa. Mais tarde, no decorrer do século XIX, formalizam-se

---

[191] Cf. I. KOVÁCS, *General problems of rights*, op. cit., pp. 19-20; D. G. LAVROFF, *Les libertés publiques en Union Soviétique*, op. cit., pp. 82 ss. e 109 ss.

[192] Cf. H. LAUTERPACHT, *International Law and Human Rights*, op. cit., pp. 27 ss.; L. LACHANCE, *Le droit et les droits de l'homme*, Paris, PUF, 1959, pp. 227 ss. Dessa obra existe trad. esp. com estudo preliminar de A. E. PÉREZ LUÑO, Madri, Rialp, 1979.

[193] J. D. GONZÁLEZ CAMPOS, *La protección de los derechos humanos en las Naciones Unidas*, op. cit., p. 250.

[194] I. KANT, *Zum ewigen Frieden*, sec. II, III, art. definitivo.

diversos acordos internacionais, em especial a partir do Congresso de Viena, destinados à abolição da escravatura.

O Tratado de Versalhes de 1919, do qual surgiu a Sociedade das Nações, representou um passo importante nesse processo. Apesar das limitações com respeito à sua efetividade, não se pode ignorar o trabalho desenvolvido pela sociedade genebrina na elaboração jurídico-positiva de um regime protetor das minorias étnicas, linguísticas e religiosas. Tampouco se pode esquecer que do Tratado de Versalhes surgiu a Organização Internacional do Trabalho, que logo passou a ser um organismo especializado das Nações Unidas, e que desempenhou um papel decisivo na positivação internacional dos direitos econômicos e sociais.

O processo de positivação internacional dos direitos humanos está estreitamente ligado aos principais acontecimentos políticos do século XX. Assim, o movimento que se produziu nesse sentido a partir do Tratado de Versalhes pode ser considerado o resultado da paulatina democratização do Direito internacional que se segue após o término da Primeira Guerra Mundial. A Sociedade das Nações representou um primeiro passo no reconhecimento, já previsto por Kant[195], da igualdade entre os Estados como pressuposto para sua cooperação pacífica. Dessa forma, o dogma da soberania absoluta foi sendo atenuado, e se propiciou, sob a iniciativa dos organismos internacionais, o reconhecimento e a positivação dos direitos humanos em escala universal. Essa linha evolutiva foi tragicamente interrompida pela Segunda Guerra Mundial; conflito que, para Cassin, teve caráter de "cruzada dos direitos do homem"[196]. Durante o conflito, à medida que foram sendo amplamente conhecidos os horrores dos regimes que o provocaram, foi amadurecendo entre os aliados a consciência de que a proteção dos direitos fundamentais deixara de ser uma "questão doméstica", subordinada ao simples arbítrio dos Estados, para se converter em um autêntico problema internacional. Foi o que se evidenciou ao longo das várias reuniões preparatórias da Carta de São Francisco, sendo especialmente significativas: a Carta do Atlântico de 1941, a Declaração das Nações Unidas de 1942, a Proposta de Dumbarton Oaks de 1944 e a Conferência de Yalta de 1945. Em todos esses pronunciamentos, declarações e propostas, formulados no decorrer da guerra, destacava-se que o reconhecimento dos direitos humanos era uma condição essencial para a paz e o progresso internacionais. Em 1945, quando foi redigida a Carta de São Francisco, que dava vida às Nações Unidas, pôs-se especial ênfase em "reafirmar a fé nos direitos fundamentais do homem, na dignidade e no valor da pessoa humana, na igualdade de direitos dos homens e mulheres...", no próprio preâmbulo do documento fundacional. Desse modo, os direitos humanos passam a ser considerados "como *valor* essencial na comunidade internacional"[197].

---

[195] Ibid., II, II, art. definitivo.

[196] R. Cassin, "El problema de la realización efectiva de los derechos humanos en sociedad universal", in *Veinte años de evolución de los derechos humanos*, op. cit., p. 392.

[197] J. D. González Campos, *La protección de los derechos humanos en las Naciones Unidas*, op. cit., p. 250.

O PROCESSO DE POSITIVAÇÃO DOS DIREITOS FUNDAMENTAIS 111

Já estudamos, na parte sistemática, as vicissitudes e o conteúdo da Declaração universal dos direitos humanos da ONU de 1948, assim como os Pactos, Declarações e Convênios que constituem os principais marcos do processo de positivação internacional dos direitos humanos realizado sob os auspícios das Nações Unidas. Convém agora mencionar outros fenômenos de positivação internacional que, mesmo não sendo produzidos no âmbito da ONU, pretenderam desenvolver o espírito do artigo 56 da Carta, que impõe como obrigação de todos os membros da organização tomar medidas conjunta ou separadamente para a realização dos propósitos estabelecidos no artigo 55, um dos quais é precisamente o respeito indiscriminado dos direitos e liberdades fundamentais.

Essa tarefa desenvolveu-se em nível regional, principalmente no âmbito americano e europeu.

A Conferência Interamericana celebrada no México em 1945 aprovou sua Resolução XL com o título de Proteção Internacional dos Direitos Essenciais do Homem. Três anos mais tarde, na IX Conferência Interamericana de Bogotá, elaborou-se uma Declaração americana dos direitos e deveres do homem, cujos princípios foram reafirmados pela X Conferência dos Estados Americanos, que aconteceu em Caracas em 1954. Em 1959, em Santiago do Chile, a V Reunião de Ministros Americanos de Relações Exteriores resolveu criar a Comissão Interamericana de Direitos Humanos que começou a funcionar em maio de 1960 e que, no âmbito da Organização dos Estados Americanos, está preparando uma Convenção interamericana de direitos humanos[198].

Muito mais importante foi o processo de positivação realizado no âmbito do Conselho da Europa, criado em Londres em 1949, que tem sua sede em Estrasburgo, e que – nas palavras de Truyol y Serra – é "a expressão da ideia europeia ocidental da democracia política"[199]. O resultado da atividade desse organismo foi a Convenção europeia de salvaguarda dos direitos do homem e das liberdades fundamentais assinada em Roma em 4 de novembro de 1950, que equivale na área europeia ao Pacto internacional de direitos civis e políticos da ONU. Essa Convenção foi complementada com cinco Protocolos elaborados entre 1952 e 1966. Esses textos oferecem uma ampla relação das liberdades públicas fundamentais reconhecendo, entre outros, o direito à vida, à liberdade e à segurança, à propriedade e à cultura, ao mesmo tempo que reúne um amplo espectro de garantias jurisdicionais e processuais.

Quanto aos direitos sociais, e em correspondência com o Pacto internacional de direitos econômicos, sociais e culturais da ONU, o Conselho da Europa promulgou uma Carta social europeia, subscrita em Turim em 18 de outubro de 1961. Nela não apenas se reconhece o direito da pessoa de ganhar a

---

[198] Cf. C. GARCIA BAUER, "La proyetada Convención Interamericana de derechos humanos", in *Veinte años de evolución de los derechos humanos*, op. cit., pp. 425 ss.; e o interessante livro de A. REMIRO, *La hegemonía norteamericana, factor de crisis de la OEA*, Bolonha, Publicaciones del Real Colegio de España, 1972.

[199] A. TRUYOL Y SERRA, *Los derechos humanos*, op. cit., p. 43.

vida mediante a remuneração equitativa de seu trabalho, livremente escolhido, mas também se defende o direito à sindicalização e à negociação coletiva, e o direito à seguridade social e médica individual e familiar. Assim, torna-se evidente que se pretendeu integrar o reconhecimento dos direitos sociais com o estabelecimento de algumas condições econômicas que permitissem seu efetivo usufruto.

Convém lembrar o grande passo que o sistema europeu deu em matéria de proteção dos direitos fundamentais ao estabelecer autênticos órgãos de controle jurisdicional, dentre os quais tem especial importância o Tribunal Europeu de Direitos Humanos e a Comissão Europeia de Direitos Humanos, ambos com sede em Estrasburgo, e com a particularidade de terem reconhecido aos indivíduos a capacidade processual de recorrer diretamente a esta última para fazer valer os direitos reconhecidos na Convenção[200].

Do ponto de vista da positivação, convém insistir que tanto a Convenção como a Carta social europeia são autênticos tratados internacionais, de caráter plenamente obrigatório para as partes e com plena vigência, tal qual, assim como se expôs, o são desde 1976 os Pactos internacionais da ONU[201].

Diante desses resultados, pode-se considerar que o sistema de positivação dos direitos fundamentais no âmbito europeu pode servir de modelo para o desenvolvimento desse processo em outras áreas regionais, e até de estímulo para uma evolução mais rápida dos instrumentos surgidos das Nações Unidas.

Por outro lado, o estudo desses sistemas internacionais de positivação permite agora comprovar qual foi sua relevância para a evolução positiva dos direitos fundamentais.

1º Pode-se afirmar, em primeiro lugar, que a internacionalização significou, do ponto de vista da *fundamentação* dos direitos humanos, uma volta à reivindicação de seu caráter universal e supraestatal. É inegável que no processo de constitucionalização dos direitos fundamentais o positivismo jurídico desempenhou um papel importante ao propor a exigência de uma concreção jurídica dos ideais jusnaturalistas, para dotá-los de autêntica significação jurídico-positiva. No entanto, os acontecimentos políticos se encarregaram de evidenciar, às vezes de forma trágica, a necessidade de situar a fundamentação do sistema das liberdades públicas em uma esfera que superasse o arbítrio da jurisdição interna de cada Estado. Assim, é óbvio que a fundamentação jusnaturalista do processo de internacionalização seja evidente e apareça refletida

---

[200] Cf. M. Díez de Velasco, *Mecanismos de garantía y medios procesales de protección creados por la Convención Europea de los derechos del hombre*, op. cit., pp. 585 ss.; A. H. Robertson, "The European Convention of Human Rights", in *The International Protection of Human Rights*, 1967, pp. 99 ss.; K. Vasak, *La Convention européenne des droits de l'homme*, Paris, LGDJ, 1964; J. Varela Feijó, *La protección de los derechos humanos*, Barcelona, Hispanoeuropea, 1972, e a coletânea *Les droits de l'homme en droit interne et droit international*, cit. na nota 139 deste capítulo. Sobre a Carta social europeia, ver os trabalhos de M. Rodríguez-Piñero, "Antecedentes, génesis y contenido de la Carta Social Europea", *Revista de Política Social*, 1962, pp. 145 ss.; *La Carta Social Europea y la problemática de su aplicación*, ibid., 1978, pp. 5 ss.

[201] Cf. o item 3.2.1.1.2 deste capítulo.

expressa ou implicitamente nos documentos mais importantes que o determinam, embora se trate de um jusnaturalismo impregnado de sentido histórico e aberto, portanto, às necessidades que a vida dos homens requer em cada época e lugar.

Por outro lado, assim como no plano interno o reconhecimento dos direitos fundamentais foi paralelo à conquista da democracia política, também o foi a progressiva democratização do Direito internacional, na qual a atitude dos diversos Estados não foi casual, mas fruto do seu sistema econômico e político[202], que determinou o paulatino reconhecimento dos direitos humanos fundamentais como pressuposto básico para uma convivência pacífica entre as nações.

2º No campo da *titularidade*, a internacionalização dos direitos fundamentais supôs uma ampliação de seus sujeitos ativos que deixam de ser apenas os súditos de determinado Estado para ser todos os homens, como no caso da Declaração universal das Nações Unidas, ou as pessoas que vivem em uma ampla área geográfica, como no caso dos cidadãos-membros dos Estados que integram o Conselho da Europa.

Esse processo foi integrado a um progressivo reconhecimento da subjetividade internacional do indivíduo, embora a internacionalização dos direitos humanos fundamentais também tenha levado a um reconhecimento da titularidade social de determinados direitos, em função do pertencimento a determinadas coletividades, grupos ou minorias étnicas, religiosas, linguísticas etc.

3º Finalmente, em relação à *natureza jurídica* dos direitos humanos fundamentais positivados em nível internacional, observa-se uma progressiva evolução dos instrumentos técnicos destinados não apenas a sua formulação positiva, mas também a sua tutela e garantia.

Aos instrumentos tradicionais acrescentam-se, hoje, aqueles que são produto da atividade jurídica das organizações internacionais, os quais tendem a situar a esfera de positivação dos direitos fundamentais acima do arbítrio dos Estados que os integram. Quem sabe por esse caminho se possa chegar àquele Estado universal integrado por todos os povos do mundo (*civitas gentium*), que, tendo como lei suprema a liberdade, seja garantia de uma paz perpétua, segundo o modelo auspiciado por Kant[203].

4. CONSIDERAÇÕES FINAIS

Até aqui expusemos, de forma sucinta, as principais posições doutrinais e realizações práticas, em suas dimensões sistemática e histórica, que mais contribuíram para o processo de positivação dos direitos fundamentais. Nos últimos anos esse processo foi potencializado pela ação da Igreja Católica, cujas

---

[202] Cf. H. Bokor, "Human rights and international Law", in *Socialist Concept of Human Rights*, op. cit., p. 306.
[203] I. Kant, *Zum ewigen Frieden*, sec. II, art. 2 definitivo.

diretrizes neste assunto encontraram ampla recepção positiva e cujo estudo detalhado exigiria, por si só, uma exposição que ultrapassa os limites deste tema[204]. É evidente que o processo de positivação dos direitos humanos não foi linear. Esse processo, assim como as demais ideias, valores e instituições que integram a experiência jurídica, viu-se envolvido na dialética das tensões entre as tendências predominantes em cada período com as que incorporam novas exigências, ou com as que reproduzem antigas, mesmo que impregnadas, por sua vez, dos estímulos do momento em que se revitalizam[205].

Em princípios do século XX, George Jellinek, no decorrer de sua notória polêmica com Emile Boutmy, afirmava que o conteúdo da liberdade não podia ser determinado positivamente. Pouco importa – em sua opinião – para a teoria jurídica o fundamento da ideia de liberdade e a concepção filosófica em que se baseia. O direito, no fundo, tem um caráter demasiado formal e demasiado "externo" para que as especulações filosóficas possam tomar corpo em formas jurídicas[206].

Para Jellinek, a chave do conceito de liberdade jurídica, de onde se depreendem todas as liberdades públicas e direitos fundamentais, é a limitação da arbitrariedade do Estado (*Begrenzung staatlicher Willkür*). Por isso, as liberdades públicas, como a liberdade religiosa, a liberdade de imprensa ou o direito de reunião, surgiram como uma mera supressão das forças opressoras do Estado que proibiam a seus súditos essas manifestações de liberdade. Mas, em todo o caso, quando o Estado, por exemplo, estabelece positivamente a garantia da

---

[204] Cf. J. A. GONZÁLEZ CASANOVA, "Las declaraciones de derechos humanos y la Encíclica 'Pacem in terris'", *AFD*, 1963, pp. 201 ss.; P. LUCAS VERDÚ, "La 'Pacem in terris' y la dignidad y la libertad de la persona humana", in *Comentarios universitarios a la "Pacem in terris"*, Madri, Tecnos, 1964, pp. 197 ss.; J. RUIZ-GIMÉNEZ, *El Concilio Vaticano II y los derechos del hombre*, Madri, Edicusa, 1968.

[205] Como exemplo, basta mencionar a recente revalorização das clássicas liberdades individuais no pensamento anglo-saxão para a qual contribuiu, em grande medida, a teoria da justiça de JOHN RAWLS. De fato, de sua tese se depreende a primazia da liberdade humana sobre o princípio da igualdade, assim como a da justiça distributiva sobre o benefício social geral. No entanto, seria errôneo pensar que com tais premissas se pretende simplesmente uma volta aos esquemas do pensamento contratualista liberal. Rawls prova que não é alheio às exigências da igualdade que, como se viu, recaem com especial ênfase sobre toda a teoria dos direitos humanos de nossa época, quando: por um lado, admite que a predominância da liberdade apenas é eficaz nas comunidades sociais que possuem determinado grau de bem-estar econômico, em que as necessidades básicas dos indivíduos se encontram satisfeitas ("the basic wants of individuals can be fulfilled"); e por outro, porque, embora admita as desigualdades sociais e econômicas, exige para sua justificação que essas desigualdades resultem em posteriores benefícios para as pessoas menos favorecidas da sociedade ("Social and economic inequalities are to be arranged so that they are... to the greatest benefit of the least advantaged..."). *A Theory of Justice*, Cambridge (Massachusetts), Harvard University Press, 1971, pp. 543 e 302. Sobre a posição de RAWLS acerca da prioridade do direito humano à liberdade, cf. o interessante trabalho de H. HART, "Rawls on Liberty and its Priority", in N. DANIELS (org.), *Reading Rawls. Critical Studies of A Theory of Justice*, Oxford, Blackwell, 1975, pp. 230 ss.; ver também ibid., pp. 319 ss., e o artigo mais discutível de F. MICHELMAN, "Constitutional Welfare Rights and A Theory of Justice".

[206] G. JELLINEK, *Die Erklärung der Menschen-und Bürgerrechte*, op. cit., p. 128.

liberdade de consciência, não significa que se trata de proteger a fé ou o ateísmo ou a própria religião. O alcance jurídico da positivação de tal liberdade reside tão somente na abstenção de determinadas condutas, mas sem que mostre o que convém fazer[207].

Creio que a posição de Jellinek reflete claramente o sentido que o problema da positivação dos direitos fundamentais teve para a dogmática do direito público, que, por outro lado, desempenhou papel tão decisivo nesse campo. No entanto, o estudo até aqui realizado pode servir de contraponto para essa visão clássica do problema da formulação positiva dos direitos humanos fundamentais. Diante dela não apenas o processo genético, mas também a análise técnico-jurídica do processo de positivação, mostram a continuidade entre a expressão normativa dos direitos fundamentais e os pressupostos filosóficos, políticos e econômicos que lhe servem de base.

Pretender separar o processo de positivação dos direitos humanos fundamentais do imenso e árduo esforço dos homens na luta pela afirmação de sua dignidade, liberdade e igualdade, como princípios básicos da convivência política, é o mesmo que privar esse processo de seu significado. A própria base habitual de positivação jurídica desses direitos fundamentais, que não é outra que a dos princípios norteadores da ordem constitucional, revela a constante tensão dialética entre o plano ideológico, se se quiser no campo jusnaturalista, das aspirações políticas, e o plano técnico no terreno da positividade das normas jurídicas. É por isso que quando se pretende estudar o processo de positivação jurídica dos direitos fundamentais em sua simples dimensão formal, através de sua configuração em normas de direito positivo e à margem dos pressupostos que o motivaram, se incorre "na enganosa ilusão – já evidenciada por Del Vecchio – pela qual um princípio parece inútil depois que dele se deduziram as consequências"[208].

---

[207] Ibid., p. 127.
[208] G. DEL VECCHIO, *Los derechos del hombre y el Contrato social*, op. cit., p. 129.

CAPÍTULO 3

A FUNDAMENTAÇÃO DOS DIREITOS HUMANOS

1. A FUNDAMENTAÇÃO DOS DIREITOS HUMANOS EM DEBATE

Na introdução de sua *Relectio de Indis*, uma obra-chave no processo de afirmação das liberdades, Francisco de Vitoria, ao iniciar sua argumentação em favor do *status* jurídico-político dos habitantes do Novo Mundo, deixa transparecer a preocupação de se "parecer inútil ou ocioso discutir essa questão"[1]. Creio que o testemunho de Vitoria constitui um proveitoso *leitmotiv* para qualquer tentativa de fundamentar os direitos humanos, porque prova: que as dúvidas sobre a eficácia de tal reflexão não representam nenhuma novidade; que é conveniente abordá-la a partir de uma rigorosa perspectiva autocrítica; mas que, contudo, e como se depreende da própria repercussão ulterior às ideias de Vitoria, trata-se de um trabalho teórico que pode incidir notavelmente na prática.

No capítulo anterior, insisti na continuidade existente entre a expressão normativa dos direitos humanos e os pressupostos que lhe servem de base. Entre esses pressupostos, como também tive a oportunidade de indicar, a fundamentação filosófica ocupa um lugar relevante. É evidente que, em nossos dias, a quase totalidade dos sistemas políticos, desde as democracias liberais aos socialistas, admite virtualmente e de forma oficial alguma doutrina sobre os direitos do homem. Por esse motivo, esses direitos aparecem como uma referência obrigatória em quase todos os textos constitucionais do momento presente, o que não deve ser interpretado como uma prova irrefutável de sua efetiva realização. "É a nossa", escreveu corretamente Ivo D. Duchacek, "uma época de novas aspirações, novas nações e novas constituições. É também uma época em que as declarações constitucionais de direitos e liberdades, tanto as novas como as antigas, são constantemente violadas."[2]

---

[1] "Videtur quod tota haec disputatio sit inutilis et otiosa", escrevia textualmente FRANCISCO DE VITORIA no "Praeludium" de seu *Relectio de Indis*, ed. bilíngue org. por L. Pereña e J. Mª Pérez Prendes, Madri, CSIC, 1967, p. 4.

[2] Ivo DUCHACEK, *Derechos y libertades en el mundo actual*, trad. esp. de O. Montserrat, Madri, IEP, 1976, p. 15.

Essas circunstâncias levaram a dizer, a partir de diferentes perspectivas doutrinais, que o problema prioritário hoje apresentado pelos direitos humanos não é tanto o de sua justificação como o de sua proteção[3]. Assim, a partir de enfoques que globalmente podem ser denominados *realistas*, insiste-se, no plano político, nas condições de democracia política e econômica que devem servir de âmbito para um usufruto efetivo dos direitos humanos; no jurídico, nos instrumentos e mecanismos de garantia que darão a medida real de seu usufruto; e, no sociológico, na sensibilização da opinião pública, que com sua pressão sobre os poderes públicos pode influir decisivamente na vigência em escala nacional e internacional de tais direitos.

Contudo, essas proposições, que se revestem de indiscutível interesse para a eficácia dos direitos humanos, consideram solucionado o problema da fundamentação. A partir desse ponto de vista, afirma-se que existe uma "convicção geralmente compartilhada de que eles já estão fundamentados"[4]. Contudo, cabe objetar a essa afirmação otimista que a constante violação atual dos direitos humanos mostra sua falta de credibilidade e a precariedade dessas pretensas "convicções geralmente compartilhadas"; e a consequente necessidade de continuar argumentando em seu favor. Por outro lado, basta comparar a disparidade oferecida pelos pressupostos filosóficos ou ideológicos subjacentes ao estatuto dos direitos e liberdades nos diferentes sistemas políticos que, de algum modo, os reconhecem para se dissipar a ilusão de um fundamento comum e geralmente aceito[5]. É certo que se chegou a considerar a Declaração universal dos direitos humanos da ONU como manifestação da "única prova pela qual um sistema de valores pode ser considerado humanamente fundamentado e, portanto, reconhecido: essa prova é o consenso geral sobre sua validade"[6]. Porém, esse argumento que pode nos explicar *como* se chegou a um acordo sobre os direitos e as liberdades básicas deixa na penumbra outro dos problemas centrais da fundamentação de tais direitos: seu *porquê*, isto é, sua razão de ser[7].

Se para as posições *realistas* o problema da fundamentação dos direitos humanos é tido como supérfluo, por ser considerado decidido, para os *positivistas* parece inútil por ser insolúvel.

Neste ponto, as posições *positivistas* refletem diferentes concepções ou teorias da moral (metaéticas) muito difundidas no pensamento contemporâneo,

---

[3] Cf. capítulo 2, 2.3.

[4] N. Bobbio, "Presente y porvenir de los derechos humanos", *ADH*, 1981, p. 10.

[5] Cf. os trabalhos de I. Duchacek, op. cit., e M. Kriele, *Die Menschenrechte zwischen Ost und West*, Colônia, Wissenschaft und Politik, 1977.

[6] N. Bobbio, "Presente y porvenir de los derechos humanos", op. cit., p. 10.

[7] Lembrei no capítulo 1 a significativa história relatada por J. Maritain de que, quando se discutiam os direitos do homem numa Comissão da Unesco, alguém se admirava quando paladinos de ideologias claramente contrárias mostravam-se de acordo sobre a formulação de uma lista de direitos. "De fato, disseram eles, estamos de acordo em relação a esses direitos, mas *com a condição de que não nos pergunte o porquê*." "Introducción" a *Los derechos del hombre. Estudios y comentarios en torno a la nueva Declaración universal reunidos por la Unesco*, México/Buenos Aires, FCE, 1949, p. 15.

que coincidem em impugnar a possibilidade de uma demonstração científica e, portanto, de uma fundamentação racional dos valores. A essas teses damos a denominação genérica de *não cognoscitivistas*, pois partem da ideia de que os juízos de valor, particularmente os morais, não são suscetíveis de ser considerados verdadeiros ou falsos, porque, ao não se referir ao mundo do ser, não são verificáveis empiricamente.

Compartilham dessa orientação os neopositivistas de Viena e Berlim, assim como os realistas escandinavos e um amplo setor de analistas da linguagem moral no âmbito do pensamento anglo-saxão. Felix Oppenheim resumiu corretamente o alcance do *não cognoscitivismo* ao indicar que, de acordo com suas premissas: "os princípios éticos básicos não têm um *status* cognoscitivo; não podem ser *conhecidos* como falsos nem como verdadeiros porque não são falsos nem verdadeiros, uma vez que não afirmam nem negam que algo ocorra por acaso"[8]. Assim sendo, os valores éticos, jurídicos e políticos não podem pretender uma validade geral, objetiva ou intersubjetiva, pois se limitam a expressar convicções pessoais. É por isso que "se *qualquer* princípio ético básico é questão de compromisso subjetivo, então os princípios éticos básicos sobre as regras jurídicas que devem ser decretadas e obedecidas tampouco têm *status* cognoscitivo"[9].

Como variantes do *não cognoscitivismo* podem ser consideradas as diferentes atitudes *relativistas* a respeito dos valores éticos e jurídico-políticos. É sabido, por exemplo, que para Max Weber é ingênua a crença em princípios básicos das ciências sociais dos quais seria possível derivar, inequivocamente, regras para a solução de problemas práticos. Não existe nenhum pressuposto científico (racional ou empírico) que permita fundamentar uma decisão sobre os valores. Disso resulta que, em cada situação em que seja preciso escolher entre valores opostos, parte-se de que, em princípio, todos são igualmente legítimos, porque nenhum deles é mais verdadeiro ou está racionalmente mais justificado que o outro[10]. Uma proposição semelhante referente aos valores jurídico-políticos foi sustentada por Hans Kelsen. Em sua opinião, o relativismo filosófico, fiel a suas premissas empiristas e antimetafísicas, descarta a possibilidade de entender o absoluto por ser inacessível à experiência humana. Insiste em separar claramente a realidade e o valor, ao mesmo tempo que fundamenta os juízos de valor nas forças emotivas da consciência humana e "sente uma disfarçada inclinação para o ceticismo"[11]. Para Kelsen, as controvérsias sobre os valores entre pessoas de crenças religiosas ou ideologias políticas distintas envolvem sempre a figura de juízos de valor subjetivos e, portanto, apenas relativos[12]. É por isso que se a história do pensamento humano mostra

---

[8] F. E. OPPENHEIM, *Ética y filosofía política*, trad. esp. de A. Ramírez e J. J. Utrilla, México, FCE, 1976, p. 37.

[9] Ibid., p. 68.

[10] M. WEBER, *Gesammelte Aufsätze zur Wissenschaftslehre*, Tübingen, Mohr, 4. ed., 1973, pp. 6 ss. e 260 ss.

[11] H. KELSEN, *¿Qué es justicia?*, trad. esp. de A. Calsamiglia, Barcelona, Ariel, 1982, p. 115.

[12] Ibid., pp. 41-2.

algo é a falta de fundamento na pretensão de estabelecer racionalmente normas corretas para regular a conduta humana. A experiência do passado mostra que a razão só pode aceitar valores relativos. Não se pode emitir juízo sobre algo que parece justo com a pretensão de excluir o juízo de valor contrário. "A justiça absoluta é um ideal irracional, ou, dito de outra forma, uma ilusão, uma das ilusões eternas do homem."[13]

Outra importante linha do *não cognoscitivismo* é a denominada tese *emotivista* sustentada por pensadores neopositivistas como Rudolf Carnap e Alfred Ayer, que mostram que os enunciados éticos, ao carecer de significado cognoscitivo, desempenham função emotiva. "Ao dizer que um tipo de ação é justa ou injusta – assinala Ayer –, não estou fazendo um enunciado fático, nem tampouco um enunciado sobre minha própria atitude mental. Simplesmente expresso certos sentimentos morais..."[14] A concepção *emotivista* da ética foi defendida também por Charles L. Stevenson, que ao analisar a linguagem moral mostrou que nos juízos de valor a resposta (por parte de quem escuta) e o estímulo (por parte de quem fala) se traduzem em determinada manifestação de emoções. Assim, a afirmação por parte de um sujeito de que algo é "bom" traduz a aprovação de quem a formula (emoção estimativa), assim como o desejo de que os demais compartilhem essa avaliação (emoção persuasiva). Porém, de qualquer maneira, enquanto os argumentos descritivos podem ser verdadeiros ou falsos, os argumentos estimativos ou persuasivos não podem ser julgados segundo esse critério, mas somente pelo de sua eficácia de convicção em relação a seus destinatários[15].

A projeção do *emotivismo* axiológico ao direito deve-se, principalmente, ao *realismo escandinavo* e, de modo especial, aos expoentes da Escola de Uppsala (Axel Hägerström, A. Vilhelm Lundstedt e Karl Olivecrona)[16], assim como ao dinamarquês Alf Ross. Este último chegou a afirmar que emitir juízos de valor sobre a justiça é algo como bater na mesa: uma expressão emocional que converte o interesse próprio num postulado absoluto. A ideologia da justiça é, para ele, uma atitude biológico-emocional com a qual se defendem cega e implacavelmente certos interesses. "It is so easy to believe in the illusions which excite the emotions by stimulating the suprarenal glands", conclui Ross[17].

---

[13] Ibid., p. 59.

[14] A. J. AYER, *Language, Truth and Logic*, 2. ed., Nova York, Dover Publications, 1964, p. 107 (existe trad. esp., Barcelona, Martínez Roca, 1971). Ver também seu livro *Los problemas centrales de la filosofía*, trad. esp. de R. Fernández, Madri, Alianza, 1979, pp. 202 ss.

[15] C. L. STEVENSON, *Ethics and Language*, New Haven, Yale University Press, 1944, pp. 162 ss.; e *Facts and Values*, New Haven, Yale University Press, 1963, pp. 86 ss.

[16] Cf. T. GEIGER, *Moral y derecho. Polémica con Uppsala*, trad. esp. de E. Garzón Valdés, Barcelona, Alfa, 1982, pp. 21 ss.; L. HIERRO, *El realismo jurídico escandinavo*, Valência, Fernando Torres, 1981, pp. 186 ss.; E. PATTARO, "Diritto, morale e concezione realística del diritto", *RTDPC*, 1970, pp. 986 ss.; id., *Il realismo giuridico scandinavo, I, Axel Hägerström*, Bolonha, Cooperativa Libraria Universitaria Editrice, 1974, pp. 58 ss.

[17] A. ROSS, *On Law and Justice*, Londres, Stevenson & Sons, 1958, pp. 274-5.

Convém recordar que, no âmbito da filosofia analítica, os estudos sobre a dimensão pragmática da linguagem de Charles W. Morris[18], a teoria dos enunciados performativos (*performative utterances*) de John L. Austin[19], assim como o prescritivismo de Richard M. Hare[20] contribuíram, ainda que na esfera do *não cognoscitivismo*, para evidenciar a dimensão diretiva e comunicativa da linguagem moral. Questionou-se, assim, a redução dos juízos éticos a fórmulas irrefletidas e arbitrárias como se depreendia da proposição emotivista, ou a expressões sem sentido, a simples exclamações, assim como ficavam relegados com base no estrito empirismo lógico do neopositivismo inicial e do relativismo. Já que, ao se aceitar essas premissas, como observou criticamente Stephen E. Toulmin, os juízos éticos não passariam de "gritos"[21]. Na mudança de rumo das atitudes da filosofia analítica e neopositivista, tampouco se pode evitar a influência exercida pelo último Ludwig Wittgenstein que, como se sabe, vinculou a linguagem às "formas de vida"; e por isso as funções da linguagem não ficaram reduzidas à descrição, mas existem tantas quanto os possíveis usos dos termos nos distintos contextos vitais ou "jogos linguísticos" (*language-games*)[22].

É evidente, em todo caso, que com base nos pressupostos não cognoscitivistas, a partir dos quais o positivismo enfoca o problema dos valores éticos, jurídicos e políticos, é impossível fundamentar os direitos humanos. Essas teses podem ser, em determinados momentos, úteis para evidenciar a falta de rigor de alguns propósitos doutrinais destinados à fundamentação dos direitos humanos, mas dificilmente podem contribuir para justificá-los. Apenas quando se admite que possa existir uma base racional para os valores éticos, jurídicos e políticos – possibilidade negada pelo não cognoscitivismo –, é possível construir uma adequada fundamentação dos direitos humanos.

Do exposto se depreende que até aqui nem o *realismo*, que considera o problema da fundamentação dos direitos humanos resolvido, nem o *positivismo*, que o considera insolúvel, podem oferecer o âmbito teórico adequado para enfocar esse problema. As proposições realistas, ao admitir um fundamento para os direitos humanos, reduzem sua problemática à obtenção de bases mais adequadas (econômicas, jurídicas e políticas) para realizá-los. Por outro lado, para o *positivismo* jurídico, que descarta a possibilidade de estabelecer premissas racionais para justificar os direitos humanos, a tarefa a ser realizada restringe-se à análise das técnicas formais de positivação, através das quais esses direitos adquirem categoria normativa nos ordenamentos jurídi-

---

[18] C. W. MORRIS, *Lineamenti di uma teoria dei segni*, trad. it. de F. Rossi-Landi, Turim, Paravia, 1954, pp. 36 ss.

[19] J. L. AUSTIN, *Philosophical Papers*, 2. ed., Oxford, Clarendon Press, 1970, pp. 233 ss.

[20] R. M. HARE, *The Language of Morals*, Oxford, Clarendon Press, 1952, pp. 127 ss. Ver também sua obra *Freedom and Reason*, Oxford, Clarendon Press, 1963, pp. 4 ss.

[21] S. E. TOULMIN, *El puesto de la razón en la ética*, trad. esp. de I. F. Ariza, Madri, Alianza, 1979, p. 67.

[22] L. WITTGENSTEIN, *Philosophical Investigations*, org. por G. E. M. Ascombe, Oxford, Blackwell, 1976, p. 11, em que escreve: "Here the term *language-game* is meant to bring into prominence the fact that the *speaking* of language is part of an activity, or of a form of life".

cos dos diferentes sistemas políticos. É por isso que somente a partir do enfoque jusnaturalista tem sentido propor o problema da fundamentação dos direitos humanos. Por esse motivo, parece-me decisivamente correta a ideia expressa por Crawford B. Macpherson de que "qualquer doutrina dos direitos humanos deve constituir, em certo sentido, uma doutrina dos direitos naturais. Os direitos humanos só podem ser concebidos como espécie do direito natural, no sentido de que devem ser deduzidos da natureza do homem como tal (por exemplo, necessidades e capacidades), quer dos homens como são atualmente, quer dos homens como se considera que podem chegar a ser. Dizer isso implica simplesmente reconhecer que nem os direitos legais, nem os direitos reconhecidos pelo costume constituem fundamento suficiente para os direitos humanos"[23].

Devo avisar, de imediato, que aqui se usa o termo "jusnaturalismo" em sua concepção deontológica, funcional e aberta. Quer dizer, sob esse rótulo, longe de apelar para alguma das versões concretas do direito natural, interpretarei um conjunto de teses metaéticas que coincidem em afirmar a necessidade de que todo sistema jurídico reconheça alguns direitos básicos daqueles que o integram, assim como as teorias que defendem a possibilidade de conhecer e justificar racionalmente esses direitos. Será, portanto, a contribuição para explicar este assunto mais que as declarações formais de adesão ou recusa do direito natural, o que determinará aquele que inclui diferentes teorias éticas, políticas ou jurídicas de nosso tempo dentro dessa acepção aberta da expressão "jusnaturalismo". Tenho consciência do risco que implica projetar esse esquema interpretativo para proposições doutrinais que, explicitamente, não se referem ao direito natural de modo algum. Avisar desse perigo é ao menos uma condição para evitar que o modelo explicativo se converta num leito de Procusto. De qualquer modo, no meu entender, tentar fazê-lo pode ser proveitoso para contribuir para uma compreensão analítica, um exame comparativo e uma avaliação crítica das diferentes posições a partir das quais hoje se tenta dar uma resposta afirmativa à possibilidade de fundamentar os direitos humanos. O esquema que se propõe não tem, por outro lado, nenhuma pretensão de exaustividade e de rigidez, por compartilhar a inquietação expressa por José Ferrater Mora de que talvez "a ambiguidade seja o preço que se tenha que pagar para que o caminho da investigação não fique obstruído prematuramente"[24].

2. FUNDAMENTAÇÃO OBJETIVISTA

Para efeito dessa exposição, será incluído na justificação objetivista o conjunto de proposições doutrinais que afirmam a existência de uma ordem de

---

[23] C. B. MACPHERSON, "Los derechos naturales en Hobbes y en Locke", *RICS*, 1965, n. 5, p. 191. Posteriormente esse trabalho foi incluído in D. D. RAPHAEL (org.), *Political Theory and the Rights of Man*, Londres, MacMillan, 1967.

[24] J. FERRATER MORA, *De la materia a la razón*, Madri, Alianza, 1979, p. 195.

valores, regras ou princípios que possuem validade objetiva, absoluta e universal com independência da experiência dos indivíduos, ou de sua consciência valorativa.

Dentre as diversas teorias éticas que partem de premissas objetivistas, vou me limitar a comentar aqui, por seu interesse em relação à fundamentação dos direitos humanos, a proposição da ética material dos valores e algumas das principais concepções atuais do objetivismo ontológico vinculadas ao pensamento social cristão.

2.1. A ÉTICA MATERIAL DOS VALORES

A *materiale Wertethik* fundada por Max Scheler, sob a inspiração da fenomenologia de Edmund Husserl, também teve em Nicolai Hartmann um de seus expoentes mais significativos. A ética material surgiu como uma tentativa de superar o rigoroso formalismo atribuído à lei moral kantiana: "forma terrivelmente sublime em seu vazio", nas palavras de Scheler[25]. Diante do formalismo ético kantiano defendeu a existência de uma ordem objetiva e apriorística de valores.

As teses mais características dessa doutrina podem ser resumidas nos seguintes pontos:

a) Os valores são essências ideais existentes *per se* com anterioridade e independência a qualquer experiência, que formam uma "ordem eterna" integrada por uma série de princípios "absolutamente invariáveis"[26]. Essa ordem ideal de valores encontra-se estruturada segundo relações apriorísticas de hierarquia, que configuram uma série de categorias ou classes valorativas que não podem ser modificadas pelos homens[27].

b) A ordem objetiva e hierárquica de valores não pode ser conhecida através da razão, mas apreendida pelo sentimento e pela intuição de sua evidência. Essa via eidética permite definir os valores "com o mesmo rigor e exatidão que se tem dos resultados da lógica e da matemática"[28]. A evidência e a precisão da intuição eidética dos valores constituem uma prova inequívoca de sua objetividade, assim como do caráter absoluto de sua ordenação hierárquica[29].

c) A apreensão dos valores não deriva de sua cognoscibilidade racional ou empírica. O verdadeiro e o falso, o que é bom e mau, na opinião de Scheler, não

---

[25] M. SCHELER, "Der Formalismus in der Ethik und die materiale Wertethik", in *Gesammelte Werke*, Berna, Francke, 1954, vol. 2, p. 30.

[26] M. SCHELER, op. cit., pp. 108, 117 e 259. Ver também sua obra "Apriori und Gegebenheitsordnung", in *Gesammelte Werke*, op. cit., vol. 10, pp. 415 ss.

[27] M. SCHELER, *Der Formalismus*, op. cit., pp. 103 ss.; N. HARTMANN, *Ethik*, 3. ed., Berlim, Walter de Gruyter, 1949, pp. 137 ss. e 604 ss.

[28] M. SCHELER, *Der Formalismus*, op. cit., p. 110.

[29] Ibid., p. 285, em que MAX SCHELER menciona expressamente a "die Evidenz und die objektive Seinsgültigkeit unseres Werterfassens".

depende das aquisições da evolução natural do homem, como pretendem os antropologistas, mas é, antes, a constituição ontológica de um espírito simplesmente, de um espírito que é privativo do homem[30]. Por isso, as aparentes contradições ou flutuações dos valores na história são apenas variações da *Werferkenntnis* humana, ou seja, da consciência axiológica. Assim como ocorre com as ideias eternas platônicas, as mutações históricas e a descontinuidade empírica dos valores são tão somente aparência, produto das variações da consciência humana axiológica. "O que varia – dirá Hartmann – não é o valor, mas a consciência valorativa."[31]

A limitação e a falta de perspectiva geral da imagem do mundo de cada indivíduo o impedem de perceber a imutabilidade radical dos valores e de captar sua absoluta permanência[32].

As dificuldades que suscita a aceitação das teses centrais da ética material dos valores evidenciam-se quando se comprova que, nem mesmo entre seus principais defensores, se chega a um acordo sobre os valores que integram essa que se diz objetiva e absoluta tábua de valores (*Tafel der Werte*), nem sobre sua respectiva ordem de prioridade. Assim, enquanto para Scheler o valor da santidade constitui o ápice da ordem hierárquica de valores e o que exige uma satisfação preferencial[33], para Hartmann "não existe nenhum valor superior unitário"[34], sendo precisamente os valores inferiores os que têm prioridade em relação à sua satisfação com os superiores, pois: "quem tem fome ou sofre fisicamente não pode captar os bens do espírito"[35]. Essa contradição manifesta-se também no plano da *Werterfassen*, quer dizer, no campo de sua compreensão, pois, enquanto para Scheler há uma certa ordem progressiva no processo histórico de apreensão dos valores[36], para Hartmann a consciência valorativa é errante e supõe "um vagar destituído de todo plano"[37]. Finalmente, em Scheler, a ética material parte de um fundamento metafísico, considerou-se que sua doutrina supõe um platonismo interpretado em perspectiva cristã[38], que resume a raiz última dos valores em sua vinculação com o espírito divino e os concebe como modelos ideais eternos mediante os quais Deus criou e sustenta o mundo[39]; diante dessa tese, Hartmann afirma que o ente ideal constitui uma objetivação ideal, mas não no sentido das ideias platônicas ou da metafísica cristã, mas que fundamenta sua idealidade em sua pura autoexistência (*Selbstgegenheit*)[40].

---

[30] M. SCHELER, "Vom Umsturz der Werte", in *Gesammelte Werke*, op. cit., vol. 4, p. 188.

[31] N. HARTMANN, op. cit., p. 158.

[32] N. HARTMANN, op. cit., pp. 157 ss.; M. SCHELER, *Der Formalismus*, op. cit., pp. 306 ss. e 317.

[33] M. SCHELER, *Der Formalismus*, op. cit., p. 306.

[34] N. HARTMANN, op. cit., p. 287.

[35] Ibid., p. 145.

[36] M. SCHELER, *Der Formalismus*, op. cit., p. 317.

[37] N. HARTMANN, op. cit., p. 280.

[38] Cf. E. F. SAUER, *Scheler*, in *Filósofos alemanes de Eckhart a Heidegger*, trad. esp. de M. Martínez, México, FCE, 1973, pp. 231 ss.

[39] Ibid., pp. 235 ss.

[40] N. HARTMANN, op. cit., pp. 368 ss.

Max Horkheimer percebeu lucidamente a significação prática da ética material dos valores na cultura contemporânea. Quando se torna evidente que os valores não são retirados do processo histórico e, com a ajuda da ciência, descobre-se seu condicionamento antropológico (fisiológico ou psicológico), ou então surge a tentativa convulsiva de fixá-los filosoficamente (tese de Husserl, continuada por Scheler e Hartmann), ou se desemboca no pessimismo cultural que proclama o contingente (ideológico) de toda finalidade (tese relativista de Max Weber). É por isso que "a doutrina absoluta do valor é apenas a outra face da visão relativista, que se esforça por converter o condicionamento ideológico do espírito em princípio filosófico decisivo. As duas doutrinas se exigem mutuamente, e ambas são um fenômeno característico de nosso período"[41].

As principais tentativas de se projetar a ética material dos valores para o direito foram obrigadas a atenuar, consciente ou inconscientemente, o rígido formalismo dessa tese. De fato, é evidente que um esquema de valores abstratos de pretensa validade *a priori* e universal é difícil de ser operacionalizado no plano das relações sociais práticas que constituem o núcleo da experiência jurídica e o âmbito da atuação de seus valores.

Assim, o esforço de Helmut Coing em demonstrar que "é possível uma intelecção moral objetiva [...], também no que se refere à hierarquia dos valores morais"[42], contradiz, de fato, os pressupostos da ética material. Coing apresenta uma fundamentação jusnaturalista dos direitos humanos que pretende basear-se na ordem objetiva e apriorística dos valores, mas que, longe de representar uma inferência das teses de Scheler e Hartmann, encontra sua inspiração imediata na experiência histórica das últimas etapas do processo jurídico-político alemão, em especial na Constituição de Weimar[43]. Por isso, Hans Welzel tem razão quando o acusa de hipostasiar os desejos jurídico-políticos de seu tempo ou de sua pessoa em proposições eternas de direito natural ("die rechtspolitische Wünschen ihrer Zeit oder gar ihrer Person zu ewigen Naturrechtssätzen hypostasieren")[44].

Também é significativo que outro dos pensadores vinculados à ética material, Hans Reiner, tenha proposto uma fundamentação antropológica da objetividade dos valores que caracterizam a ideia do direito natural e dos direitos humanos[45]. Ao mesmo tempo que reconheceu que os valores éticos devem

---

[41] M. HORKHEIMER, "Ideologia y acción", in T. ADORNO e M. HORKHEIMER (orgs.), *Sociologica*, trad. esp. de V. Sánchez Zavala, 2. ed., Madri, Taurus, 1971, p. 61.

[42] H. COING, *Fundamentos de filosofía del derecho*, trad. esp. de J. M.ª Mauri, Barcelona, Ariel, 1961, p. 124.

[43] Ibid., pp. 180 ss.

[44] H. WEZEL, "Naturrecht und Rechtspositivismus", in W. MAIHOFER (org.), *Naturrecht oder Rechtspositivismus?*, Darmstadt, Wissenschaftliche Buchgesellschaft, 1972, p. 325. Ver também seu livro *Introducción a la filosofía del derecho. Derecho natural y justicia material*, trad. esp. de F. González Vicen, 2. ed., Madri, Aguilar, 1971, pp. 233 ss.

[45] H. REINER, *Grundlagen Grundsätze und Einzelnormen des Naturrechts*, Freiburg/Munique, Karl Albert, 1964, pp. 17 ss.

buscar apoio, para sua justificação, em contribuições das disciplinas científicas como a economia, a medicina, a psicologia, a pedagogia e a sociologia[46].

Não se deve, portanto, estranhar que em sua investigação de conjunto sobre a projeção jurídica da ética material, Ulrich Matz tenha denunciado a falta de suporte real e o *impasse* em que desembocam essas tentativas. Já que, quando querem se manter fiéis ao apriorismo ideal dos valores, desembocam num intuicionismo abstrato com o qual se pode afirmar tudo mas não se pode provar nada, ou, em outro caso, recorrem de forma consciente ou inconsciente a dados da experiência para fundamentar os princípios do direito natural, com o que se desvanece o pretenso objetivismo apriorístico dos valores ético-jurídicos[47].

Na Espanha, a ética material dos valores encontrou eco nas proposições de José María Rodríguez Paniagua sobre o direito natural e a axiologia jurídica. Em sua opinião, constitui um mérito da ética material sua contribuição para "encontrar os valores morais, a bondade moral, onde quer que se encontrem, prescindindo do tipo de seres em que se realize, isolando-as assim das qualidades entitivas, naturais, ou como se queira chamá-las, que acompanham os suportes ou titulares em que anteriormente as havíamos contemplado"[48]. A filosofia dos valores concebe o valor "como independente do conceito de ente e, consequentemente, como distinto do conceito de bem"; por esse motivo, em contraposição com a ética escolástica tradicional, abre "um novo caminho para o estudo da ética, sem necessidade de passar através das concepções metafísicas"[49]. Contudo, ao transportar essas proposições para a fundamentação do direito, Rodríguez Paniagua, da mesma forma que os autores comentados, tem que se remeter à experiência e assim afirma que: "tanto a ciência como a sociologia do direito devem ser consideradas pontos de partida para conhecer os valores sociais que constituem a base do direito vigente ou do que aspira a entrar em vigor"[50]. Porém, se posteriormente se reconhece que: "A axiologia jurídica deve estar aberta em primeiro lugar à sociologia, porque os valores sociais são descobertos pelo homem antes de tudo através de sua vida social: sua prática e suas convicções sociais"[51], então, o que permanece da consciência intuitiva do valor? Ou que sentido tem apelar para uma ordem objetiva e apriorística de valores?

---

[46] H. REINER, *Die philosophische Ethik*, Heidelberg, Quelle und Meyer, 1964, p. 221. Na Espanha encontra-se traduzida a sua obra *Vieja e nueva ética*, ed. esp. org. por L. García San Miguel, Madri, Revista de Occidente, 1964.

[47] U. MATZ, *Rechtsgefühl und objektive Werte. Ein Beitrag zur Kritik des wertethischen Naturrechts*, Munique, Beck, 1966, pp. 81 ss. Ver também, com relação à crítica da projeção jurídica da ética material dos valores, os trabalhos de: H. SUTER, *Wertpluralismus und Recht*, Zurique, Schulthess Polygraphischer, 1979, pp. 45 ss., 85 ss. e 101-6; e R. ZIPPELIUS, *Wertungsprobleme im System der Grundrechte*, Munique, Beck, 1962, pp. 205 ss.

[48] J. M.ª RODRÍGUEZ PANIAGUA, *¿Derecho natural o axiología jurídica?*, Madri, Tecnos, 1981, pp. 93-4.

[49] Ibid., p. 92.

[50] Ibid., p. 208.

[51] Ibid., pp. 208-9.

2.2. O objetivismo ontológico cristão

Outros pensadores da atualidade, que situaram a fundamentação dos valores numa retomada da tradição aristotélico-tomista, pretenderam evitar as aporias a que conduz a ética material, na tentativa de assim recuperar a ligação entre o ser e o valor; e remetendo-se ao conceito de natureza humana (assumida em sua dimensão metafísico-teleológica e não puramente empírica) para preencher o vazio de uma ordem de valores ideais e apriorísticos. Dentre as diversas tentativas de fundamentação dos direitos humanos inspiradas nessas premissas, parecem-me especialmente relevantes as contribuições de: Sergio Cotta, John Finnis, Martin Kriele e Louis Lachance que, de certo modo, mantêm um enfoque análogo neste ponto, não obstante a disparidade dos contextos culturais a que pertencem.

a) A afirmação, de acordo com a tradição jusnaturalista, de que o homem tem desde seu nascimento a evidência racional de uma importância e uma dignidade próprias, que procedem de sua natureza intrínseca antes que de qualquer concessão, é para Lachance o ponto de partida para qualquer justificação dos direitos humanos. Esses direitos são universais, como o são os pressupostos naturais e espontâneos da razão humana que os apreende e formula. É por isso que "para estabelecer os princípios de um direito humano basta apenas recorrer à natureza e à razão, sem que a confiança nesta dispense, quando se passa ao plano das realizações, de invocar o auxílio de Deus"[52].

Martin Kriele considera que a ideia central dos direitos humanos, o valor da dignidade do homem, é "um conceito metafísico", pois na história do direito natural esse valor "fundou-se, ou na revelação, ou no pressuposto de que está escrito no coração do homem e se manifesta na consciência"[53].

A partir dessa perspectiva refuta-se a ideia de que os valores que fundamentam os direitos humanos sejam ideais e abstratos, já que são aspectos do bem-estar dos homens concretos: "aspects of the real well-being of flesh-and-blood individuals", na expressão de Finnis[54]. No entanto, o conceito da natureza humana de que se originam os aspectos básicos da prosperidade (*flourishing*) expressos pelas exigências da razão prática (*the requirements of practical reasonableness*)[55], que serve de fundamento para os direitos humanos, não é um conceito empírico, mas uma noção metafísico-teleológica. Por isso, em aberta polêmica com as premissas da filosofia analítica, John Finnis não considera a razão prática como a fase última da autoperfeição, nem admite que seus prin-

---

[52] L. Lachance, *El derecho y los derechos del hombre*, trad. esp. de L. Horno com "Introducción" de A. E. Pérez Luño, Madri, Rialp, 1979, p. 26. Cf. A. E. Pérez Luño, "Louis Lachance y la fundamentación de los derechos humanos", *RJC*, 1981, n. 4, pp. 241 ss.

[53] M. Kriele, *Liberación y ilustración. Defensa de los derechos humanos*, trad. esp. de C. Gancho, Barcelona, Herder, 1982, p. 241.

[54] J. Finnis, *Natural Law and Natural Rights*, Oxford, Clarendon, 1980, p. 225.

[55] Ibid., pp. 198 e 205.

cípios se originam de um pretenso imperativo categórico no sentido kantiano, mas vincula-os a sua necessária participação no plano divino[56].

Partindo desse enfoque, Finnis refere-se ao caráter absoluto, inviolável e universal das exigências que se expressam nos direitos humanos[57]. Enquanto Lachance afirmará que, juntamente com a universalidade, os direitos humanos distinguem-se por seu caráter imprescritível, por corresponder a desenvolvimentos específicos da natureza humana, e indefectível, por sua necessária tendência para o bem[58].

b) Esse bem se expressa em alguns valores objetivos suscetíveis de entendimento por parte de todos os homens. A razão prática não funciona no vazio; tem por incumbência a regulação concreta da existência, para o que parte da ordem vital que impõe à pessoa sua condição de ser humano, assim como os imperativos de seu meio físico e social. Desde seu nascimento, o homem encontra-se "em situação", acha-se *engagé* a um contexto físico e social, que não criou, nem previu nem escolheu. Por outro lado, esses fatores anteriores a seu nascimento foram, por sua vez, condicionados pela pressão exercida sobre eles por essas ordens peculiares de pessoas e meios que formam as instituições familiares, educativas, econômicas, sociais e religiosas[59].

Essa ordem objetiva de valores, de que todo direito é expressão, é a base das normas objetivas da ação humana, que são independentes da liberdade e superiores a ela. O fundamento imediato desses valores é constituído pelos próprios dados objetivos e necessários da ordem natural e histórica tais como são comprovados pela razão prática; seu fundamento remoto encontra-se na sabedoria e na ordem eternas. Daí se origina uma subordinação do individual ao coletivo, do particular ao geral, do subjetivo ao objetivo. O homem tem alguns direitos humanos subjetivos que se concretizam nas faculdades que lhe são devidas. No entanto, esses direitos não lhe correspondem porque tem o poder de reclamá-los, mas porque a lei natural ou positiva lhe reconhece um estatuto jurídico que compete à sociedade para que sejam respeitados[60].

À prevenção contra qualquer tipo de *Wertsubjektivismus* de Lachance e de Finnis corresponde na teoria de Kriele uma condenação expressa do *Wertrelativismus* e do *Wertpluralismus*, ao responsabilizá-los pela quebra do sistema democrático instaurado pela Constituição de Weimar e considerar essas posições axiológicas uma grave ameaça para a *Grundgesetz* de Bonn, que se vê diante do novo despertar do relativismo na República Federal da Alemanha. Pela opinião de Martin Kriele tem-se que concluir que: "não se pode criar uma ética a partir do pluralismo de interesses nem a partir do pluralismo axiológico"[61].

---

[56] Ibid., pp. 409-10.
[57] Ibid., pp. 223 ss.
[58] L. LACHANCE, op. cit., pp. 19 ss. e 80 ss.
[59] Ibid., pp. 122, 175 e 199-200; J. FINNIS, op. cit., pp. 68 ss.
[60] L. LACHANCE, op. cit., pp. 194 ss. e 236 ss.
[61] M. KRIELE, op. cit., p. 182.

c) Da dependência dos direitos humanos em relação à lei natural, assim como de sua necessária subordinação ao bem comum, Lachance e Finnis derivam a estrita correspondência entre os direitos e os deveres do homem[62]. Sobre esse particular insiste Sergio Cotta, para quem ocorre uma "paridade ontológica" entre todos os sujeitos dos direitos humanos em virtude da qual nenhum homem pode pretender desfrutar apenas dos direitos deixando aos demais as obrigações, do mesmo modo que as relações entre a sociedade e seus membros devem ser estabelecidas a partir de direitos e deveres recíprocos: "Senza simetria bilaterale di diritti e obblighi, il diritto del soggetto non è pensabile"[63]. Essa simetria deve descartar qualquer concepção dos direitos humanos fundamentais como liberdades absolutas ou arbitrárias.

Na Espanha, a fundamentação dos direitos humanos com base no objetivismo ontológico de inspiração neotomista contou com numerosas contribuições doutrinais. Entre elas, pode-se comentar a elaborada por Enrique Luño Peña ao estudar o conceito do direito subjetivo e dos direitos naturais[64], assim como por Antonio Fernández-Galiano, para quem todo jusnaturalismo é uma forma de objetivismo jurídico, ao postular que a fonte das normas positivas não pode estar tão somente na vontade do legislador, mas em uma realidade metajurídica à qual ele terá obrigatoriamente de se acomodar[65]. É por isso que o fundamento dos direitos humanos deve assentar-se "em uma ordem superior, objetiva, que possa oferecer um fundamento de caráter universal e ao qual, consequentemente, se possa apelar em qualquer tempo e lugar"[66].

Como balanço geral das teses *objetivistas*, entendo que sua principal virtude, sua pretensão de fundamentar os direitos humanos em valores objetivos não submetidos a discussão por sua evidência e conexão metafísica com o absoluto, constitui ao mesmo tempo sua maior limitação. De fato, é difícil universalizar essa fundamentação em relação àqueles que não acreditam na transcendência ou que, sem excluí-la, preferem uma justificação racional e imanente para uma realidade radicalmente humana como são os direitos humanos.

Por outro lado, creio que a crítica e a recusa do *subjetivismo* axiológico com base nessas premissas podem ser produto de um equívoco. Nessas teses frequentemente tende-se a uma identificação entre o *voluntarismo*, o *subjetivismo* e o *relativismo* axiológicos. Essas proposições, mesmo que tenham sido apresentadas juntas em determinadas manifestações históricas, não se impli-

---

[62] L. Finnis, op. cit., pp. 205 ss.; L. Lachance, op. cit., pp. 124 ss.

[63] S. Cotta, "Attualità e ambiguità dei diritti fondamentali", in *Diritti fondamentali dell'uomo*, Relazioni del XXVII Convegno dell'Unione Giuristi Cattolici Italiani, Roma, 6-8 de dezembro de 1976, Roma, Guiffré & Iustitia, 1977, p. 23.

[64] E. Luño Peña, Moral de la situación y derecho subjetivo (Lección inaugural del Curso académico 1954-55), Universidade de Barcelona, 1954, pp. 21 ss. e 151 ss. Ver também sua coletânea *La filosofía jurídica de Ángel Amor Ruibal*, Santiago de Compostela, Porto, 1969, pp. 40 ss. Cf. A. E. Pérez Luño, "El pensamiento jurídico y social del profesor Luño Peña", *AFD*, 1970, pp. 1 ss.

[65] A. Fernández-Galiano, *Derecho natural. Introducción filosófica al derecho*, 3. ed., Madri, Gráficas Benzal, 1982, pp. 78-9. Ver minha crítica à 1ª ed. dessa obra em *RIFD*, 1973, pp. 335 ss.

[66] Ibid., p. 166.

cam necessariamente. O *subjetivismo* refere-se à origem dos valores e reivindica a autonomia humana em sua produção, negando consequentemente que possam existir autênticos valores impostos vindos de fora, isto é, de forma heterônoma ao ser humano. O relativismo refere-se ao caráter não absoluto nem imutável de seu conteúdo, ao postular a acomodação dos valores à variação das circunstâncias. O *voluntarismo*, por sua vez, faz alusão à regra próxima do conhecimento e atualização dos valores, situando-a na vontade antes que na razão.

Entendo que o horror que aos partidários do objetivismo ontológico inspira a anarquia de valores e o consequente perigo de dissolução da ordem universal, estável e objetiva na qual se possam fundamentar os direitos humanos induziu-os a dar uma ênfase exagerada no caráter absoluto, imutável e heterônomo da lei natural. Para tanto, voltaram seu olhar para o que se denominou "estrela polar impassível em meio às tempestades da história do mundo"[67]. Todavia, talvez tenham esquecido que o que torna a lei moral natural mais digna de admiração, para dizê-lo nos termos de um famoso *motto* kantiano, é o comprová-la operante em nosso interior, mais que contemplá-la no céu estrelado dos valores externos.

3. FUNDAMENTAÇÃO SUBJETIVISTA

O *subjetivismo* axiológico, como mostrei, supõe a reivindicação da autonomia humana como fonte de todos os valores. Esse pensamento em relação à origem dos valores, combinado com um *racionalismo* ético, que situa na razão antes que no arbítrio da vontade a regra próxima de conhecimento e atuação dos valores, foi considerado a grande contribuição da tradição jusnaturalista. Assim, a partir de suas formulações estoico-cristãs, retomadas na passagem à modernidade pelos clássicos espanhóis e pelo pensamento racionalista, o jusnaturalismo subjetivista serviu de fundamento à reivindicação dos direitos humanos que se consolida no século XVIII nas conhecidas Declarações e Constituições.

A concepção subjetivista, entendida como autoconsciência racional da dignidade, da liberdade e da igualdade humanas, encontra-se na base da melhor tradição do jusnaturalismo humanista e democrático sobre o qual se constrói a fundamentação moderna dos direitos humanos[68]. Contudo, nesta seção não vou me referir a essa orientação geral de *subjetivismo*, mas a algumas de suas versões atuais que radicalizaram suas premissas para afirmar a completa dependência dos valores éticos em relação aos desejos, atitudes ou interesses de cada sujeito individual, assim como à exigência de que tais desejos, atitudes e interesses sejam respeitados de forma absoluta. Em todo o caso, no sentido em que aqui se admite, o subjetivismo axiológico para se diferen-

---

[67] A expressão é de FRIEDRICH MEINECKE, *El historicismo y su génesis*, trad. esp. de J. Mingarro e T. Muñoz, México, FCE, 1943, p. 13.

[68] Cf. capítulo 1, 3.2, e o capítulo 2, 3.2.3.

ciar do *não cognoscitivismo*, com o qual às vezes é indevidamente confundido, defende a possibilidade de aceitar o conhecimento racional dos valores, mesmo que circunscrito à esfera individual, comprometendo, desse modo, sua comunicabilidade.

3.1. O PRIMADO DA LIBERDADE INDIVIDUAL

A interpretação radical do *subjetivismo* encontrou especial ressonância no âmbito do pensamento anglo-saxão, pois, mesmo que seja certo que alguns de seus mais característicos defensores, como é o caso de Friedrich von Hayek e Karl Popper, sejam de origem austríaca, suas teses de maturidade se manifestaram e foram debatidas sobretudo no âmbito da cultura anglo-saxã. Os dois podem ser considerados, de fato, figuras representativas do denominado movimento *neoliberal*, que com base em premissas políticas, econômicas, éticas e jurídicas reformulou algumas das principais teses liberais.

Para Karl Popper, o método filosófico, assim como o método científico, caracteriza-se por sua tendência a apresentar conjecturas ou hipóteses que possam ser "falseáveis", isto é, refutáveis mediante verificações ou comparações práticas ou através da crítica racional[69]. Por isso, a incerteza é inerente à ética e à filosofia política. Qualquer tentativa de submeter a história ou o desenvolvimento a leis dogmáticas inexoráveis é insustentável, ainda que se apresente revestida de autodeclaradas pretensões científicas. Não podem existir, portanto, verdades ou valores eternos e absolutos, ou leis objetivas inexoráveis que livrem o homem da responsabilidade de decidir seu futuro: "Nem a natureza nem a história podem nos dizer o que devemos fazer [...] Somos nós que damos um sentido à natureza e à história."[70]

A uma epistemologia que fundamenta o conhecimento em um contínuo processo de conjecturas e refutações, ao resumi-lo na proposta de hipóteses de solução dos diferentes problemas e dificuldades, hipóteses que, por sua vez, podem ser revisadas ou refutadas, corresponde uma concepção dinâmica, aberta e conflitiva da sociedade. "Não pode haver sociedade humana – escreve Popper – que careça de conflitos: uma sociedade como essa seria uma sociedade não de amigos, mas de formigas."[71] Para Popper, a democracia liberal baseia-se na comunicação livre; esta só é possível quando se realiza através de

---

[69] K. POPPER, *Conjectures and Refutations: the Growth of Scientific Knowledge*, Londres, Routledge & Kegan Paul, 1963, pp. 193 ss. e 248 ss. (existe trad. esp. Buenos Aires, Paidós, 1967); *Logik der Forschung*, 2. ed., Tübingen, Mohr, 1966, pp. 27 ss. (existe trad. esp. Madri, Tecnos, 1973).

[70] K. POPPER, *La sociedad abierta y sus enemigos*, trad. esp. de E. Loedel, Buenos Aires, Paidós, 1967, vol. II, p. 398. À crítica da crença em leis inexoráveis do desenvolvimento histórico dedicou-se o livro de K. POPPER, *La miseria del historicismo*, trad. esp. de P. Schwartz, Madri, Taurus, 1961, esp. pp. 60 ss.

[71] K. POPPER, *Búsqueda sin término. Una autobiografía intelectual*, trad. esp. de C. Garcia Trevijano, Madri, Tecnos, 1977, p. 155.

argumentos racionais, que admitem ser falseáveis procedendo como na investigação científica por conjecturas e refutações. Para que uma democracia funcione, é preciso que seja fundamentada em uma mentalidade empírica, ligada aos fatos, e não em uma mentalidade ideológica, baseada em dogmas absolutos. O que diferencia a democracia da tirania é, portanto, sua perfectibilidade, assim como sua constante adaptação às aspirações dos governados, que podem substituir os governantes por meio de eleições livres, sem ter que recorrer à revolução e ao derramamento de sangue[72]. O conflito entre os sistemas de valores morais é inerente a toda sociedade democrática, ou seja, aberta e pluralista, porém isso não equivale ao relativismo. Os valores "podem ser relevantes para uma situação e irrelevantes para outras situações. Podem ser acessíveis para algumas pessoas e inacessíveis para outras. Porém, tudo isso é muito diferente do relativismo, isto é, da doutrina que postula que não pode ser defendido nenhum conjunto de valores"[73].

Partindo do princípio de inspiração kantiana de "que todo indivíduo constitui um fim em si mesmo"[74], inclina-se para um subjetivismo axiológico ao negar a existência de qualquer valor social ou princípio histórico que transcenda o indivíduo. Por isso, considera inadequada a identificação do individualismo com o egoísmo e do coletivismo como o altruísmo e propõe como alternativa: "uma sóbria combinação de individualismo com altruísmo"[75]. À tensão entre indivíduo e coletividade no plano das relações sociais e políticas, e à necessidade humanista liberal de salvar o primeiro da "histeria coletivista" baseada no domínio e na submissão, corresponde na esfera dos valores a contraposição entre liberdade e igualdade. Karl Popper inclina-se inequivocamente à primeira quando, ao expor sua própria experiência, afirma: "Durante vários anos continuei sendo socialista, mesmo depois da minha recusa ao marxismo;

---

[72] K. POPPER, *La sociedad abierta y sus enemigos*, op. cit., vol. I, pp. 193 ss.

[73] K. POPPER, *Búsqueda sin término*, cit., pp. 155-6. A preocupação de Karl Popper em subtrair suas teses de qualquer suspeita de relativismo levou-o a propor, em seu plano gnosiológico (sem que isso prejudique, portanto, seu subjetivismo ético-político), um objetivismo moderado. Assim, afirma a existência de três mundos: 1) o das coisas materiais; 2) o subjetivo dos processos mentais; e 3) o dos resultados dos processos mentais, ou seja, o pensamento e a cultura. Para Popper, podem existir ideias que são o produto da mente humana e, portanto, são conscientes, juntamente com outras que são produzidas pelos problemas da vida e que, portanto, podem ser dotadas de objetividade sem que o sujeito tenha consciência disso. Pois no mundo os três produtos da mente humana permitem uma interação entre as ações subjetivas e seus resultados objetivos. A essa interação se deve, segundo Popper, nossa racionalidade, a atuação crítica e autocrítica, assim como o desenvolvimento mental. A ela se deve também, em suma, "nossa relação com nossa tarefa, nossa obra e a repercussão desta sobre nós mesmos". *Búsqueda sin término*, op. cit., p. 263. Ver também sua obra *Objective Knowledge: An Evolutionary Approach*, Oxford, Clarendon Press, 1972, pp. 44 ss. (existe trad. esp., Madri, Tecnos, 1982). Contudo, o objetivismo de Popper não supõe uma volta ao platonismo das ideias eternas e absolutas, mas uma interação ou entrecruzamento dinâmico e sempre aberto entre o sujeito cognoscente e os resultados objetivados do pensamento: trata-se, portanto, de afirmar a racionalidade crítica e autocrítica do pensamento.

[74] K. POPPER, *La sociedad abierta y sus enemigos*, op. cit., vol. II, pp. 348 ss.

[75] Ibid., p. 394.

e se pudesse fazer alguma coisa como o socialismo combinado com a liberdade individual, ainda continuaria a ser socialista. Porque não pode haver nada melhor que viver uma vida livre, modesta e simples em uma sociedade igualitária. Custou-me certo tempo reconhecer que isso não é mais que um belo sonho; que a liberdade é mais importante que a igualdade; que a intenção de realizar a igualdade põe em perigo a liberdade, e que, se se perde a liberdade, não haverá sequer igualdade entre os não livres."[76]

Se a reivindicação do primado da liberdade individual, como fundamento dos valores ético-políticos, corresponde em Karl Popper a uma inspiração liberal-progressista, pois se dirige à defesa da sociedade democrática, aberta e pluralista, as teses sobre esse assunto de Friedrich von Hayek têm uma acentuada orientação conservadora.

Na opinião de Hayek, a evolução social e política que se conhece como civilização é o resultado da "ordem espontânea", surgida da subordinação consciente dos homens a algumas "leis naturais" que servem para a manutenção da convivência em liberdade. Essas "leis naturais", no início do jusnaturalismo moderno, designam um conjunto de normas que correspondem aos imperativos da evolução social. Essas normas, segundo Hayek, configuram o núcleo do *common law*, "um direito existente à parte de qualquer vontade e que, ao mesmo tempo, vinculante para alguns tribunais independentes, era desenvolvido por eles"[77]. A garantia de um sistema de liberdades depende, portanto, da aceitação e da permanência dessa "ordem espontânea" e de suas "normas naturais", entre as quais são especialmente importantes as que garantem: "o respeito à propriedade privada e à relação contratual"[78]. Essa concepção fisiocratista da "ordem espontânea" tem como correlato econômico a ideia da "cataláxia", vocábulo grego com o qual Hayek quer se referir à "ordem produzida pelo mútuo acerto no mercado das economias individuais"[79]. Essa ordem é o resultado da concorrência nas relações econômicas que ocorrem no mercado de indivíduos dotados de capacidades distintas, que participam com diferentes quantidades de esforço e que são acompanhados por uma fortuna desigual. Sendo os fatores concorrentes diferentes, também deverão sê-lo os produtos. No entanto, observa Hayek, que qualquer resultado a que conduza o livre jogo do mercado, que obedece a um mecanismo imparcial, deverá ser aceito, sem que tenha sentido avaliá-lo em termos de justiça ou de injustiça, pois nenhum indivíduo é responsável por suas consequências. Por isso, a ideia "atávica" da justiça social, em cujo nome se afirma que o governo tem a obrigação de nos dar o que pode tirar pela força daqueles que foram afortunados no jogo da "cataláxia", isto é, no exercício de sua atividade econômica, é incompatível com uma so-

---

[76] K. POPPER, *Búsqueda sin término*, op. cit., p. 49.

[77] E. VON HAYEK, "Derecho, legislación y libertad", vol. I, *Normas y orden*, trad. esp. de L. Reig, Madri, Unión Editorial, 1978, p. 139.

[78] Ibid., vol. II, *El espejismo de la justicia social*, 1979, p. 71.

[79] Ibid., vol. II, p. 184.

ciedade de homens livres. Uma comunidade na qual todos pretendem obrigar o governo a satisfazer suas necessidades e interesses destrói a si mesma. A aceitação de que os grupos descontentes, movidos pela inveja e pelo ressentimento em relação àqueles que foram mais afortunados no mercado, podem obrigar que lhes sejam reconhecidos alguns supostos "direitos" torna uma sociedade ingovernável. "Em uma sociedade cuja riqueza se apoia na rápida adaptação às circunstâncias continuamente mutáveis, o indivíduo só será livre para decidir a direção e o sentido de seus atos se a recompensa depender do valor dos serviços prestados."[80] É por isso que quando os governos, através do intervencionismo ou da planificação, pretendem redistribuir os bens de acordo com algum sistema de valores éticos ou políticos inicia-se um caminho de servidão (*Road to serfdom*)[81].

No plano dos direitos humanos, Hayek defende uma cláusula básica da Constituição ideal que estabeleceria o princípio de que o cidadão "só se veria obrigado a fazer algo na medida em que assim o especificasse alguma norma que, além de ser geral, estivesse orientada para garantir a inviolabilidade das correspondentes esferas individuais"[82]. Essa cláusula permitiria uma melhor defesa das liberdades individuais, pois os direitos fundamentais que tradicionalmente integram as "Tábuas de direitos" não são os únicos que merecem proteção do ponto de vista da liberdade. Por outro lado, essas Declarações ou "Tábuas de Direitos" dificilmente podem enumerar exaustivamente o conjunto de faculdades cujo acatamento permita garantir a liberdade individual. Tal liberdade individual pode ser exercida de várias outras maneiras, sem dúvida tão merecedoras de proteção quanto aquelas que até agora se pretendeu salvaguardar através das existentes Declarações de direitos humanos[83]. Ao mesmo tempo, Hayek mostra expressamente que "carece de fundamento toda intenção de ampliar o conceito de direito para aqueles outros que hoje recebem o qualificativo de 'econômicos e sociais'"[84].

As teses de Von Hayek influenciaram decisivamente um amplo setor de economistas neoliberais que coincidem em afirmar o primado da liberdade individual e que condicionam a existência desta à defesa da liberdade de mercado. Podem ser consideradas como características distintas dessa linha, no que concerne à fundamentação dos direitos humanos, uma proposição antinômica dos valores básicos de liberdade e igualdade, inclinando-se pela subordinação da segunda à primeira; um enfoque decididamente individualista dos valores éticos e políticos; e uma interpretação econômica dos direitos humanos tendente a enfatizar o papel do direito de propriedade.

---

[80] F. VON HAYEK, *Democracia, justicia y socialismo*, ed. esp. org. por L. Beltrán, Madri, Unión Editorial, 1977, p. 87.

[81] F. VON HAYEK, *Camino de servidumbre*, trad. esp. de J. Vergara, Madri, Alianza, 1978, pp. 72 ss.

[82] F. VON HAYEK, "Derecho, legislación y libertad", op. cit., vol. III, *El orden político de una sociedad libre*, 1982, p. 191.

[83] Ibid., pp. 192-3.

[84] Ibid., p. 193.

a) Em relação ao caráter inevitável da contraposição entre a liberdade e a igualdade dos neoliberais conservadores, insistem em afirmar que o avanço no reconhecimento igualitário dos direitos à educação supõe comprometer a liberdade de ensino e a livre escolha de escola; que o reconhecimento em termos sociais do direito à assistência sanitária reduz ou suprime as possibilidades dos doentes de escolherem seus médicos, e limita o livre exercício da medicina; que o reconhecimento do direito à seguridade social, ao descanso, às férias remuneradas ou à negociação coletiva representa uma quebra do princípio da livre autonomia das partes na contratação do trabalho; e, que, em suma, qualquer tentativa de igualar as rendas através de um sistema fiscal avançado que as redistribua ameaça, quando não nega, o livre usufruto do direito de propriedade.

Esta proposição se apoia em uma concepção restritiva da liberdade, em que esse valor é identificado com a não ingerência do poder público na esfera privada. Isaiah Berlin resumiu com precisão o alcance da diferença entre: a liberdade negativa (*liberty from*), entendida como falta de impedimento externo, como ausência de opressão, ou como garantia de não intromissão do poder nas atividades privadas; e a liberdade positiva (*liberty to*) que implica a possibilidade de exercer ativamente determinadas faculdades ou poderes, ou de participar no processo social e político, ou de desfrutar de determinados serviços[85]. Berlin, assim como Lord Robbins, autor de um significativo ensaio sobre as relações entre liberdade e igualdade[86], coincidem em afirmar o primado da liberdade negativa para a manutenção e garantia da sociedade livre. Essa concepção negativa da liberdade obrigatoriamente tem que levar à conclusão de que qualquer avanço da igualdade, que exceda o mero plano formal da igualdade diante da lei e diante do procedimento para incidir na ordem das relações sociais, políticas e econômicas, de acordo com seu sentido material, representa uma grave ameaça para a liberdade.

A partir dessas premissas, apresentaram argumentos de ordem prática ou critérios valorativos para negar a viabilidade ou a justificação da igualdade material. Ao primeiro tipo de argumento corresponde a tese de Ralf Dahrendorf, baseada na obra publicada pelo economista Fred Hirsch em 1976 sobre *Social Limits to Growth*, na qual se distingue entre bens e vantagens de tipo material (*material goods*) e de tipo posicional (*positional goods*). Os primeiros podem ser distribuídos equitativamente, todos devem participar de seu usufruto, e nem a sociedade em seu conjunto nem os indivíduos que a integram são por isso desiguais: é o caso dos bens de primeira necessidade. Os segundos são aqueles bens ou vantagens que se caracterizam precisamente por se distribuir de modo desigual, porque, se fossem distribuídos de modo uniforme, deixariam de ser bens ou vantagens. Não é possível que todos possuam um

---

[85] I. Berlin, "Dos conceptos de libertad", in A. Quinton (org.), *Filosofía política*, trad. esp. de E. L. Suárez, México, FCE, 1977, pp. 218 ss.

[86] Lord Robbins, *Libertad e igualdad*, ed. esp. org. por P. Schwartz, Madri, Unión Editorial, 1980, p. 7.

quadro de Goya, ou um chalé com vistas excepcionais, porque, se todos possuíssem, sua vista panorâmica desapareceria; nem todos podem ser presidentes da República porque, por definição, há apenas um presidente da República. A ameaça atual do igualitarismo está em que "se tenta tornar a igualdade real até para esse segundo tipo de bens. Mas descobriu-se que é um sistema que não funciona. E, como não funciona – conclui Dahrendorf –, o processo rumo à igualdade gera frustrações, que, por sua vez, levam a novas formas de insatisfação, que é impossível sanar"[87].

Contra justificação ética da igualdade material pronunciou-se o casal Milton e Rose Friedman, que julgam infundada a pretensão democrática de equiparar as situações sociais e econômicas partindo da premissa de que não é justo que algumas crianças partam de uma situação mais vantajosa que outras porque seus pais eram mais ricos. Pois bem, segundo os Friedman, "a falta de equidade pode adotar muitas formas: herança dos bens – títulos e ações, casas e fábricas – ou herança de talento – capacidade musical, força, gênio matemático. A herança dos bens pode interferir mais facilmente que a do talento, mas do ponto de vista ético, há alguma diferença entre as duas?"[88]. Como a vida não é equitativa, a crença de que o Estado pode retificar o que a natureza reproduziu é tentadora, mas põe em risco a liberdade. O princípio da igualdade material, entendida como igualdade dos resultados do processo social e econômico, "é totalmente antitético em relação à liberdade"[89]. A partir daí inferem que: "Uma sociedade que anteponha a igualdade à liberdade – no sentido dos resultados – acabará sem uma nem outra. O uso da força para obter a igualdade destruirá a liberdade, e a força, introduzida com boas intenções, acabará nas mãos de pessoas que a usarão em prol de seus próprios interesses."[90]

b) Os economistas da chamada escola de Virgínia James Buchanan e Gordon Tullock, professores do Center for Study of Public Choice, contribuíram para uma revalorização política do *individualismo* como consequência de sua implacável crítica do *Welfare State*, através da aplicação de instrumentos e métodos de análise econômica para sua organização política, para a formação de suas decisões e para sua execução burocrática. Na opinião desses neoliberais, a organização política de uma sociedade democrática deve tender a maximizar o bem-estar social, entendido em função das preferências dos indivíduos que a compõem. Por isso existe uma continuidade necessária entre a organização política (sistema estatal) destinada a satisfazer as necessidades coletivas através de opções coletivas, e a organização econômica (sistema de mercado) que tende a satisfazer necessidades individuais mediante opções

---

[87] R. DAHRENDORF, *El nuevo liberalismo*, trad. esp. de J. M. Tortosa, Madri, Tecnos, 1982, pp. 84-5.

[88] M. FRIEDMAN e R. FRIEDMAN, *Libertad de elegir*, trad. esp. de C. Rocha, Barcelona, Grijalbo, 1980, pp. 194-5. Ver também sua obra *Capitalism and Freedom*, University of Chicago Press, 1968 (existe trad. esp., Madri, Rialp, 1973).

[89] M. FRIEDMAN e R. FRIEDMAN, *Libertad de elegir*, op. cit., p. 20.

[90] Ibid., p. 209.

individuais. Para que os dois sistemas funcionem corretamente é necessário que os instrumentos que facilitam as trocas no mercado atuem num contexto de direitos individuais bem definidos. O que exige que o poder público calcule, antes de qualquer medida destinada a aperfeiçoar o bem-estar social, sua incidência nos direitos individuais. Isso porque o Estado, de acordo com a doutrina liberal, deve ser um transmissor de desejos individuais, mas essa função se adultera se não se respeita integralmente o âmbito legal de garantia dos direitos individuais[91].

A tomada de decisões em uma sociedade democrática só pode obedecer a opções livres dos cidadãos, cada um dos quais atua com o desejo de maximizar seu próprio interesse individual. Por isso, a escolha pública (*public choice*) em um sistema democrático deve respeitar quatro exigências formuladas por Kenneth Arrow: 1ª) possibilidade de compatibilizar interesses sociais e individuais, nenhuma escolha deve implicar benefícios para alguns à custa de danos para outros; 2ª) caráter independente das alternativas irrelevantes, as opções devem referir-se a alternativas concretas e não prejulgam futuras decisões sobre outras alternativas possíveis; 3ª) consideração das preferências individuais anteriores à escolha pública; 4ª) garantia de que nenhuma escolha pública corresponda à preferência de um indivíduo imposta ditatorialmente aos demais. Após uma minuciosa argumentação, Arrow conclui que não existe nenhum sistema de escolha ou decisão coletiva que satisfaça plenamente as condições de democracia e racionalidade que se depreendem das quatro exigências de seu "teorema"[92]. Essa teoria influenciou na decisão de Buchanan e Tullock de propor um sistema "contratualista" para a tomada de decisões públicas. Partem para isso da ideia de que o Estado livre não pode ser independente das decisões dos indivíduos que o integram. Pois bem, a única regra que assegura que a decisão coletiva tomada livremente satisfaça a todos é a da unanimidade; tal regra respeitaria o "ótimo de Pareto", ao garantir a inexistência de externalidades ou custos externos por parte daqueles que devem suportar os efeitos da decisão coletiva. No entanto, do ponto de vista do custo para se chegar à decisão (*decision making costs*), a unanimidade comporta alguns custos transacionais excessivos, o que obriga a optar por uma regra majoritária que, mediante decisões a longo prazo, permita também chegar a escolhas ótimas. A partir daí, inferem que uma sociedade será livre quando os procedimentos para a tomada de suas escolhas públicas correspondam aos procedimentos de racionalidade descritos[93]. Por sua vez, defendem a tese do *Estado mínimo*, ao in-

---

[91] J. M. BUCHANAN, *The Limits of Liberty. Between Anarchy and Leviathan*, University of Chicago Press, 1975, pp. 37 ss.; G. TULLOCK, *Necesidades privadas y medios públicos*, trad. esp. de L. A. Martín, Madri, Aguilar, pp. 21 ss.

[92] K. ARROW, *Social Choice and Individual Values*, 2. ed., Nova York, Wiley & Sons, 1963, pp. 17 ss. Cf. A. SEN, *Sobre la desigualdad económica*, trad. esp. de I. Verdeja, Barcelona, Grijalbo, 1979, pp. 19 ss.

[93] J. BUCHANAN e G. TULLOCK, *The Calculus of Consent. Logical Foundations of Constitutional Democracy*, Ann Arbor, University of Michigan Press, 1962, pp. 78 ss.

sistir que as intervenções estatais e a burocratização da vida social levam a efeitos mais perniciosos que as anomalias do mercado que pretendem corrigir. Concretamente, aponta-se para o desperdício de recursos e para a distorção no jogo dos agentes econômicos, como defeitos mais frequentes produzidos pela ingerência do governo no campo daquilo que deve ficar à livre disposição da iniciativa privada. Como alternativa propõem que o Estado recupere suas funções políticas tradicionais e renuncie, em favor do mercado, a suas tarefas intervencionistas destinadas a produzir mercadorias e serviços. Essas funções mal desempenhadas pelo *Welfare State* traduziram-se na ineficácia dos serviços, na falta de produtividade dos serviços públicos e, em suma, levaram os sistemas intervencionistas à inflação e ao déficit crônico. Para evitá-lo, aconselham: reprivatizar os serviços e as prestações de bens de interesse social; restringir o papel do Estado à garantia do âmbito legal dos direitos e liberdades; reduzir a burocracia aplicando a sua atuação a análise econômica custo/benefício; e cobrir o custo dos serviços públicos fazendo-os reverter mais diretamente sobre seus usuários. Essas medidas permitirão a um maior número de pessoas a realização livre e responsável de suas preferências com os custos mínimos. Desse modo, no âmbito de uma sociedade competitiva se contribuirá para evitar que os cidadãos fiquem relegados a eternos menores de idade legal, que deixam nas mãos dos poderes públicos as responsabilidades e decisões mais importantes de sua existência[94].

c) A contraposição entre os valores de liberdade e igualdade com a subordinação da segunda à primeira, e o enfoque individualista da sociedade e da organização política, teve repercussão pontual na teoria fundamentadora dos direitos humanos dos economistas neoliberais. Assim, à famosa análise econômica do processo político de Anthony Downs realizada em sua obra *An Economic Theory of Democracy*[95] seguiu-se no plano jurídico o recente trabalho de Richard Posner *Economic Analysis of Law*. Nessa obra defende-se uma teoria dos direitos básicos, que são assumidos como direitos de apropriação. Em função de tal premissa, procede-se a uma redefinição do direito de propriedade, estendendo seu campo e lógica operativa a todas aquelas faculdades que, de algum modo, podem ser objeto de cálculo econômico. É o caso, por exemplo, da atividade fiscal do Estado, dos direitos dos trabalhadores, dos direitos passivos dos aposentados... A partir dessa projeção da análise econômica a tais esferas, Posner entende que poderão ser superadas determinadas externalidades que, devido a sua indeterminação em termos de direito de propriedade, produzem o aproveitamento de bens livres, de uso comum, porém na realidade escassos (a água, o ar, o silêncio, a paisagem etc.). Através da projeção do direito de propriedade sobre esses bens seria possível obter sua gestão ótima, sua utilização adequada e sua efetiva proteção. Finalmente, a necessidade de

---

[94] G. BUCHANAN, *The Limits of Liberty*, op. cit., pp. 165 ss.; G. TULLOCK, *Necesidades privadas y medios públicos*, op. cit., pp. 68 ss.

[95] A. DOWNS, *Teoría económica de la democracia*, trad. esp. de L. A. Martín, Madri, Aguilar, 1973, em que faz uma explicação econômica do comportamento político do governo, nas pp. 301 ss.

superar as externalidades, que implica a incerteza na titularidade e as dificuldades de transmissão de bens e serviços de conteúdo econômico, exige, segundo Posner, vincular a legitimação de sua titularidade e a garantia de sua livre transferência àqueles que maximizem seu aproveitamento em termos de rendimento econômico e eficácia social[96].

Essas proposições, ainda que vinculadas à cultura anglo-saxã, tiveram repercussões também em outras latitudes e, concretamente, na Espanha, onde foram defendidas, de modo especial, através do Instituto de Economia de Mercado[97]. Não é possível entrar aqui numa avaliação detalhada dessas teses, por isso esboçarei apenas algumas considerações críticas de seu alcance para a fundamentação dos direitos humanos.

A orientação subjetivista, que constitui o denominador comum dessas teorias, corre o risco de desembocar numa concepção individualista e não solidária dos direitos básicos; que podem chegar a traduzir-se em instrumentos para a defesa dos interesses de determinadas categorias de cidadãos, antes que em valores para a emancipação da sociedade em seu conjunto. Assim, por exemplo, a ideia da "cataláxia" apresentada por Von Hayek, que pretende refletir a ordem harmônica e imparcial da comunidade livre baseada na aceitação dos resultados do jogo do mercado com *fair play* por seus membros, apoia-se numa concepção distorcida da realidade sociopolítica. De fato, o pretenso caráter imparcial do jogo da "cataláxia" é desmentido quando se observa que, no âmbito da sociedade capitalista, traduz-se numa roleta ou loteria "adulterada". Não existe nessa sociedade uma repartição equitativa dos bilhetes (oportunidades ou situações socioeconômicas de partida), o que, em virtude de um cálculo elementar de probabilidades, predetermina, ou ao menos condiciona, de antemão o resultado do jogo. Um liberal mais progressista, Ralf Dahrendorf, não hesitou em denunciar que: "há páginas, em Hayek, nas quais expressa um cinismo característico a propósito de uma melhora das condições da vida humana", pois o que fora Prêmio Nobel de economia "nem sequer por um momento considera a possibilidade de que haja uma necessidade ativa de agir, uma necessidade ativa de melhorar as condições e o destino do homem"[98].

No que diz respeito às teses éticas do casal Friedman, entendo que refletem um crasso "daltonismo intelectual". Do mesmo modo que o daltônico confunde

---

[96] P. POSNER, *Economic Analysis of Law*, 2. ed., Boston, Little Brown & Co., 1977, pp. 36 ss.

[97] Entre os trabalhos do Instituto de Economia de Mercado, todos eles publicados pela Unión Editorial de Madrid, podem ser citados os de: F. CABRILLO e F. SEGURA, *Dinero y libertad económica*, 1979; J. SARDÁ, *Una nueva economía de mercado*, 1980; e P. SCHWARTZ, *Libertad y prosperidad*, 1979. Na República Federal da Alemanha as teses neoliberais foram difundidas, de modo especial, pelo Walter Eucken Institüt através de uma ampla série de publicações editadas por J. B. C. Mohr (Paul Siebeck), de Tübingen. Na França, entre outros, defenderam essas teses H. LEPAGE em sua coletânea *Mañana el capitalismo*, trad. esp. de J. Bueno, Madri, Alianza, 1979.

[98] R. DAHRENDORF, *El nuevo liberalismo*, op. cit., p. 35. Mais moderada, e procurando conciliar a teoria política de VON HAYEK com a concepção democrática neoliberal, é a crítica de VOLKER NIENHAUS, em sua coletânea *Persönliche Freiheit und moderne Demokratie. F. A. von Hayeks Demokratiekritik und sein Reformvorschlag emes Zweikammersystems*, Tübingen, Mohr, 1982, esp. pp. 10 ss. e 57 ss.

a tonalidade das cores, o daltônico intelectual confunde os planos metódicos de enfoque dos problemas éticos e sociopolíticos. É por isso que sua pitoresca tese sobre ter que medir, moralmente, com os mesmos critérios tanto a herança genética quanto a da propriedade de bens econômicos confunde a óbvia distinção entre as leis do mundo físico e as leis éticas, jurídicas e políticas que regem a sociedade. Ninguém julga eticamente bom ou ruim que uma pessoa seja alta ou baixa, forte ou fraca, inteligente ou inepta, como ninguém, salvo os poetas em virtude de suas licenças literárias, considera eticamente bom ou ruim que saia o sol, que chova ou que esteja nublado. No entanto, todo o mundo pode julgar, com base em premissas éticas, que na sociedade vivam pessoas na opulência enquanto outras não possuem os bens mínimos para atender a suas necessidades mais peremptórias. Isso sem entrar no tema, hoje em voga, de que a herança genética precisa, para seu desenvolvimento, de uma série de condições sociais e econômicas que lhe permitam alcançar sua plenitude. Por esse motivo, concordo totalmente com Robert Heilbroner quando censura os Friedman por terem omitido, em sua denúncia de que os sindicatos, ao defender os seus membros, limitam a liberdade de outras pessoas, que também os direitos de propriedade e as prerrogativas gerenciais "fortalecem a liberdade de alguns e limitam a de outros". Heilbroner observa que a forma como os Friedman "usam a palavra 'liberdade' é supersimplificada e abstrata" e que, como mentores sociais e políticos, "não são guias morais totalmente dignos de confiança"[99].

Tampouco as teses de Dahrendorf e Posner parecem-me convincentes. Entendo que a defesa de bens comuns e seu usufruto ecologicamente equilibrado não terão êxito projetando para sua utilização a lógica individualista dos direitos de apropriação. Pelo contrário, a racionalização de seu uso deve fundamentar-se na consideração de tais bens como de interesse coletivo e difuso, que, em vez de um aproveitamento *exclusivo* e *excludente* (segundo as premissas da concepção liberal-individualista da propriedade), assegure sua utilização e usufruto *inclusivos* em favor de todos os membros da comunidade[100]. Por outro lado, a tese de Posner, inclinada a vincular a legitimação do direito de propriedade e os demais direitos humanos à maximização do rendimento econômico e eficácia social, pode levar ao resultado paradoxal de considerar como distribuição ótima dos direitos aquela que permita a uma minoria plutocrática deter todo o poder econômico em detrimento do restante da população. Por esse caminho seria possível até chegar a legitimações tão bizarras dos direitos de apropriação como a de sustentar que o milionário Rockefeller tem uma justificação preferencial à de qualquer chicano ou negro do Harlem na utilização e titularidade de qualquer tipo de bens se desse modo se garantir melhor "o rendimento econômico e a eficácia social".

Em geral, todas as tentativas de estender a metodologia econômica à análise do processo político e à fundamentação dos direitos humanos, projetando

---

[99] R. Heilbroner, "Camino del individualismo", na coletânea sobre "La economía de mercado y los problemas españoles", de *Papeles de Economía española*, 1981, n. 7, p. 396.

[100] Cf. os capítulos 11 e 12.

sobre eles o processo da teoria do preço, devem ser considerados com desconfiança. Um neoliberal progressista, de cujo pensamento vou ocupar-me agora, John Rawls, escreveu que "não existe uma teoria acerca das Constituições justas, que considere que elas sejam processos que levam a uma legislação justa que concorda com a teoria que concebe os mercados competitivos como procedimentos eficazes e isso parece implicar que a aplicação da teoria econômica ao processo constitucional atual tem graves limitações, na medida em que a conduta política está prejudicada pelo sentido que as pessoas têm da justiça, como ocorre em toda sociedade viável, na qual uma legislação justa é o primeiro fim social"[101].

Em suma, a teoria econômica neoliberal dos direitos humanos e sua consequente subordinação da igualdade à liberdade parece-me inaceitável. Concordo com a segunda parte da tese de Popper, já apresentada, no sentido de que "se se perde a liberdade, nem sequer haverá igualdade entre os não livres". Mas não aceito sua primeira premissa, segundo a qual "a liberdade é mais importante que a igualdade, e que a intenção de realizar a igualdade põe em perigo a liberdade"[102]. A liberdade sem igualdade leva ao elitismo e se traduz em liberdade de uns poucos e não liberdade de muitos; trata-se da liberdade – ironicamente denunciada por Anatole France – dos pobres e dos ricos para mendigar, dormir sob as pontes, ou hospedar-se no Hotel Ritz.

3.2. Do individualismo ao anarquismo

As proposições neoliberais expostas constituem o *background* teórico e ambiental que serviu de pano de fundo para interessantes tentativas fundamentadoras dos direitos humanos na atualidade. Refiro-me, em particular, às influentes, ao mesmo tempo que debatidas, contribuições de John Rawls, Ronald Dworkin e Robert Nozick. Suas teses representam outros tantos esforços doutrinais para reatualizar a teoria jusnaturalista dos direitos humanos, ainda que a partir de premissas e estímulos não de todo coincidentes.

John Rawls não hesitou em reconhecer que sua concepção de justiça como imparcialidade "tem as marcas distintivas de uma teoria do direito natural". Rawls assinala que o termo "natural" é apropriado porque "sugere o contraste entre os direitos identificados pela teoria da justiça e os direitos definidos pela lei ou pelo costume". É por isso que os direitos naturais são os que "dependem apenas de certos atributos naturais cuja presença pode ser comprovada mediante a razão natural, usando métodos de estudo de senso comum. A existência desses atributos e dos direitos neles baseados é estabelecida independentemente das convenções sociais e das normas legais". Os direitos naturais caracteri-

---

[101] J. Rawls, *Teoría de la justicia*, trad. esp. de M. D. González, México/Madri/Buenos Aires, FCE, 1979, pp. 401-2.

[102] K. Popper, *Búsqueda sim término*, op. cit., p. 49.

zam-se, além disso, pela categoria prioritária: "Os direitos facilmente anuláveis por outros valores não constituem direitos naturais."[103]

Como se sabe, John Rawls resume sua teoria da justiça em dois princípios fundamentais. O primeiro postula que "cada pessoa deve ter um direito igual ao mais amplo sistema total de liberdades básicas, compatível com um sistema similar de liberdade para todos"; enquanto o segundo afirma que "as desigualdades econômicas e sociais serão estruturadas de maneira que sejam para: *a)* maior benefício dos menos favorecidos, de acordo com um princípio de economia justo, e *b)* unido a que os cargos e as funções sejam exequíveis a todos, sob condições de justa igualdade de oportunidades"[104]. Rawls explica que o sistema de liberdades básicas protegidas pelo primeiro princípio implica uma manifestação de direitos naturais, porque, além de estar baseadas em atributos naturais, possuem "uma força especial contra a qual outros valores não podem prevalecer, normalmente"[105].

Na formulação de John Rawls, os direitos naturais são absolutos no sentido de que o conjunto de liberdades básicas que postulam "só podem ser restringidas em favor da própria liberdade"[106]. Essa restrição só poderia ser justificada em dois casos: para fortalecer o sistema geral de liberdades, ou quando é aceita pelos possíveis prejudicados por razões de interesse coletivo.

Um aspecto especialmente sugestivo, e amplamente debatido, da tese de Rawls é o que se refere à justificação dos princípios da justiça, que sustentam o sistema de direitos naturais ou liberdades básicas. John Rawls pretende que esses princípios se originem da hipótese de uma suposta "posição original" na qual alguns indivíduos, racionais, livres e interessados em si mesmos, teriam estabelecido as bases sociopolíticas de sua convivência futura e, desconhecendo suas respectivas posições sociais nessa sociedade futura (sob o que denomina "o véu da ignorância"), teriam estabelecido esses princípios por consenso unânime como normas perpétuas para uma sociedade bem organizada[107].

Ronald Dworkin considera um mérito de John Rawls ter contribuído para subtrair a fundamentação dos direitos humanos de qualquer suspeita ou acusação de serem meras falácias metafísicas. A justificação contratualista, apoiada na sólida argumentação racional, realizada pelo professor de Harvard, supõe, na opinião de Dworkin, uma clara resposta àqueles que pensam que os direitos naturais são algo como "atributos fantasmagóricos utilizados pelos homens primitivos como amuletos"[108].

Para Dworkin, existem três grandes filosofias jurídico-políticas: as baseadas em objetivos (*goal-based*), as baseadas em deveres (*duty-based*) e as baseadas em direitos (*right-based*). No primeiro tipo podem ser incluídas as teses utili-

---

[103] J. Rawls, *Teoría de la justicia*, op. cit., p. 558, n. 30.
[104] Ibid., pp. 340-1.
[105] Ibid., p. 558, n. 30.
[106] Ibid., p. 341.
[107] Ibid., pp. 163 ss.
[108] R. Dworkin, *Taking Rights Seriously*, 2. ed., Londres, Duckworth, 1978, p. 176.

taristas, no segundo as inspiradas no imperativo categórico kantiano e no terceiro as teses revolucionárias de Thomas Paine, assim como a teoria da justiça de Ralws e sua própria construção[109].

Ronald Dworkin afirma que, para a *right-based thesis*, "os indivíduos possuem interesses cuja titularidade lhes dá o direito de defendê-los quando julguem oportuno"[110]. A fundamentação contratualista dos direitos naturais permite qualificar como o melhor programa político aquele que busca a proteção de determinadas opções básicas individuais e não as subordina a qualquer fim coletivo, o dever, ou à combinação de ambos. A *right-based theory* insiste no caráter "natural" dos direitos básicos para diferenciá-los daqueles que têm uma base legal ou consuetudinária. É por isso que, com base em suas premissas, se infere que os direitos e liberdades básicos não são o produto da deliberação legislativa ou do costume social, mas constituem critérios independentes para avaliar a legislação e o costume[111]. Em todo o caso, a *right-based theory* é entendida por Dworkin como um modelo construtivo, no qual a concepção dos direitos e liberdades básicos como direitos naturais se encontra em função de sua idoneidade para unificar e explicar suas próprias convicções políticas, assim como uma decisão programática para submetê-las a um "test of coherence and experience"[112].

Os direitos naturais, ou direitos morais, são – nas palavras de Dworkin – direitos que têm sua razão de ser na proteção que prestam aos indivíduos, inclusive diante da maioria: "against the majority". Na tradição política norte-americana, a Constituição e, particularmente, o *Bill of Rights* destinam-se a defender os indivíduos e os grupos contra determinadas decisões que a maioria pode tomar, de modo especial, diante daqueles atos da maioria que afetam o interesse geral[113]. Dworkin justifica essa proposição subjetivista e individualista dos direitos humanos explicando que existem determinados direitos e liberdades que desempenham um papel tão relevante para a vida humana, que não podem ficar à mercê de decisões políticas puramente quantitativas. Por isso, em aberta polêmica com a concepção utilitarista, entende que quando alguém tem um direito básico o governo não pode negá-lo, ainda que seja em nome do interesse geral. Assim, por exemplo, o governo não está autorizado a restringir a liberdade de expressão, mesmo que acreditasse que, ao fazê-lo, aumentaria o bem-estar geral[114]. No entanto, essa defesa dos direitos individuais não se traduz, em Dworkin, na afirmação do primado de um direito absoluto à liberdade, que pudesse se sobrepor às exigências da igualdade. Precisamente para evitar uma proposição antitética desses valores fundamentais e para superar as contradições filosóficas e políticas que obscureçam o significado da

---

[109] Ibid., pp. 172 ss.
[110] Ibid., p. 176.
[111] Ibid., p. 177.
[112] Ibid., p. 177.
[113] Ibid., p. 133.
[114] Ibid., pp. 269-70.

liberdade, Ronald Dworkin propõe construir sua argumentação mais na ideia da igualdade formal que na ideia de liberdade. Assim, centra sua concepção no primado do direito básico a um tratamento igual, isto é, no direito à igualdade de consideração e respeito: "a right to equal concern and respect"[115].

Robert Nozick radicalizou a fundamentação subjetivista dos direitos humanos, a tal ponto que suas teses desembocam num individualismo libertário e anárquico. Segundo sua proposição, a existência dos homens como indivíduos separados e autônomos torna moralmente condenável qualquer tentativa de sacrificar os direitos de alguns em benefício de outros. Apoiando-se em sua interpretação pessoal da teoria dos direitos naturais do *state of nature* de John Locke, Nozick defende uma concepção dos direitos humanos como limites absolutos para a atuação dos demais e do Estado. Com isso, refuta as teorias teleológicas que, como a utilitarista, permitem o sacrifício dos direitos individuais com o pretexto de que assim se pode maximizar sua extensão[116]. Os direitos naturais supõem, portanto, o reconhecimento da "inviolabilidade das pessoas"[117]. Tais direitos individuais, assim como para Locke[118], circunscrevem-se à garantia da vida, da saúde, da liberdade e da propriedade; aos quais Nozick acrescenta o direito ao castigo e à reparação das violações dos direitos, assim como a defesa diante de tais violações[119]. Convém destacar que Nozick dá especial ênfase à defesa do direito de propriedade, que pode ser adquirida pelo trabalho, a ocupação, ou a herança, assim como à defesa dos mecanismos jurídicos que facilitam sua transmissão por contrato.

A teoria dos direitos naturais em Robert Nozick fundamenta-se numa concepção da justiça que ele denomina *entitlement theory*. Segundo essa teoria, cada pessoa é titular (*entitled*) daqueles direitos adquiridos em virtude de apropriação histórica (*historical entitlement theory*) e apoia-se na máxima de que "tudo o que se baseia numa situação justa adquirida por procedimentos justos é por si só justo": "Whatever arises from a just situation by just steps is itself just."[120] Dessas premissas se depreende uma legitimação em termos absolutos e ilimitados dos direitos de apropriação e, particularmente, do direito de propriedade.

Deve-se observar que Robert Nozick recorre, assim como John Rawls, ao contrato, ainda que não para explicar a fundamentação dos direitos humanos ou dos postulados da justiça, pois a tese rawlsiana da "posição original" e do "véu da ignorância" lhe parece abstrata. "Tão somente se as coisas caíssem do céu como o maná e ninguém tivesse nenhum título para pretender alguma porção delas" seria possível admitir os critérios de justiça distributiva propostos por Rawls, mas, como a experiência mostra que as coisas não ocorrem as-

---

[115] Ibid., pp. 180 e 272 ss.
[116] R. Nozick, *Anarchy, State and Utopia*, Oxford, Blackwell, 1974, pp. 22 ss.
[117] Ibid., p. 32.
[118] J. Locke, *Two Treatises of Government*, II, 6.
[119] R. Nozick, op. cit., pp. 11 ss.
[120] Ibid., p. 151.

sim, pergunta-se Nozick se "esse é o modelo adequado para explicar a maneira como serão distribuídas as coisas que os homens produzem?"[121]. Portanto, o fundamento dos direitos naturais é a titularidade adquirida por prescrição histórica e não o acordo; é por isso que o quadro (*framework*) contratual serve para justificar a proteção, mas não a origem nem o fundamento dos direitos naturais.

A proteção dos direitos naturais é realizada através de algumas agências protetoras (*protective agencies*) que terminam desembocando no Estado, que diferentemente daquelas possui o monopólio da força[122]. Essa proposição leva a uma desvalorização do Estado, que fica reduzido a um Estado mínimo, relegado ao cumprimento de suas funções de guarda-noturno (*night-watchman State*); isto é, vê limitada sua ação à tutela dos direitos individuais, sem possibilidade de modificá-los e, menos ainda, de sacrificá-los em nome de qualquer interesse social ou coletivo[123]. O Estado mínimo restringe suas atribuições a organizar a polícia e o exército, assim como os tribunais de justiça, dentro dos limites que sejam imprescindíveis para a garantia dos direitos individuais.

Qualquer ingerência estatal na esfera dos direitos individuais é considerada por Nozick como violação da pessoa independente e autônoma ou como sua instrumentalização que a degrada a meio colocado a serviço de outros[124]. Não é, portanto, incumbência do Estado realizar uma justiça distributiva, por maiores que sejam a pobreza e as desigualdades econômicas, ou por importantes que pareçam as exigências do bem-estar geral (como é o caso da educação), pois toda tributação das rendas do trabalho ou dos benefícios econômicos é moralmente inaceitável. Disso deduz-se que os impostos equivalem ao trabalho forçado (*forced labour*) e significam uma injustificável lesão dos direitos do homem sobre seu próprio corpo, esforço e propriedade, assim como de seu direito básico a não ser obrigado a fazer determinadas coisas[125].

Como se pode deduzir do breve comentário apresentado até aqui, apesar das coincidências das teses expostas em uma concepção subjetivista dos direitos humanos que os contempla como categorias para a defesa dos interesses individuais, e apesar da aparente semelhança dos métodos de enfoques e proposições, existem notáveis diferenças entre as posturas de Rawls, Dworkin e Nozick. Sem entrar na divergência dos pressupostos ideológicos que lhes servem de ponto de partida – um liberalismo progressista em Rawls e Dworkin, diante de um liberalismo individualista-conservador em Nozick –, existem também manifestas discrepâncias entre suas respectivas teses doutrinais. Assim, por exemplo, enquanto a doutrina jusnaturalista que inspira a teoria de Rawls é a de Rousseau e, de modo especial, a de Kant, Nozick se remete expressamente a John Locke, encontrando-se a teoria dos direitos do homem de

---

[121] Ibid., p. 198.
[122] Ibid., pp. 23 ss.
[123] Ibid., p. 332.
[124] Ibid., pp. 32-3.
[125] Ibid., pp. 167 ss.

Thomas Paine na base da construção de Dworkin. Rawls e Dworkin fundamentam sua teoria da justiça e dos direitos naturais num contrato geral baseado na hipótese de uma situação originária, ao passo que Nozick baseia a legitimação dos direitos nos distintos títulos singulares de apropriação histórica dos indivíduos atomizados, os quais protegem seus direitos através de uma pluralidade de contratos particulares que, finalmente, levam à justificação do Estado mínimo. Por isso, tampouco coincidem as missões que esses autores neoliberais atribuem ao Estado. Dessa forma, diante do rigoroso abstencionismo proposto por Nozick para a ação estatal, Rawls reivindica a necessária atuação dos poderes públicos para a realização dos princípios da justiça distributiva, e também o faz Dworkin ao admitir a intervenção do Estado como via para a efetividade de seu direito básico à "igualdade de consideração e respeito". Não obstante isso, através de sua *theory of adjudication*, Dworkin confere à atividade judicial um papel decisivo na identificação e proteção dos direitos humanos[126].

É impossível abordar em algumas linhas uma avaliação geral da obra desses pensadores. A metáfora dos "rios de tinta" não é, neste caso, de todo hiperbólica para descrever a ampla repercussão suscitada por suas teorias nos últimos anos. Em boa parte o interesse desses trabalhos reside em seu valor testemunhal como prova da recuperação do gosto pelos temas de "macrofilosofia do direito" no seio da cultura anglo-saxã, abandonados nas últimas décadas pela influência – em muitos casos proveitosa – da filosofia analítica, que proporcionou pesquisas setoriais sobre aspectos muito limitados e concretos da teoria e da filosofia do direito. Sob a perspectiva que aqui importa, convém insistir no papel positivo desempenhado por essas teorias para uma fundamentação jusnaturalista dos diretos humanos atualizada e apta a dissipar muitos dos receios, equívocos e anacronismos que o direito natural suscitava na área anglo-saxã. Nesse sentido, compartilho plenamente a tese de que os direitos humanos não podem fundamentar-se a partir do positivismo jurídico, ou a partir do utilitarismo radical, se se parte da prioridade de tais direitos em relação à legislação positiva. Recentemente Herbert Hart, que foi um dos alvos preferidos da crítica de Ronald Dworkin, elaborou uma réplica dirigida a mostrar a insuficiência de alguns argumentos críticos apresentados contra o utilitarismo em nome da revalorização dos direitos humanos. Na opinião de Hart, Dworkin e Nozick, ao conceber os direitos básicos como categorias absolutas para a defesa da individualidade das pessoas diante do Estado, assim como ao denunciar que o utilitarismo maximizador do bem-estar social (entendido como a soma ou o total de prazer ou felicidade) ignora o princípio moral básico de que a humanidade se compõe de pessoas independentes, comprometem a realização de valores sociais e coletivos básicos[127]. Essa crítica é aceitável por chamar a atenção para os perigos de um enfoque radicalmente individualista dos direitos humanos, mas tem o limite de partir de uma perspectiva

---

[126] R. DWORKIN, op. cit., pp. 81 ss.
[127] H. HART, "Entre el principio de utilidad y los derechos humanos", trad. esp. de M. D. González, F. Laporta e L. Hierro, *RFDUC*, 1980, n. 58, pp. 7 ss., esp. pp. 26 ss.

extrassistemática; isto é, propõe o problema em termos de antítese entre os direitos humanos circunscritos ao plano individual e as exigências econômico-sociais do bem-estar geral[128]. Diante dessa proposição, calculo, tal como tentei demonstrar nos capítulos anteriores, que hoje a teoria dos direitos humanos não coincide nem se identifica com os direitos individuais, mas engloba em seu âmbito também os direitos sociais. Portanto, a crítica a essas teorias deve apresentar-se a partir de uma posição intrassistemática, isto é, mostrando o caráter incompleto e parcial do conceito e da fundamentação dos direitos humanos que delas se origina[129].

Como avaliação global do fundamento dos direitos humanos que se depreende dessas posições parece-me oportuno recordar aqui a opinião crítica apresentada por Robert Paul Wolff em relação aos pressupostos da teoria da justiça de John Rawls ao escrever que: "o véu da ignorância cria uma situação de escolha na qual as características *essenciais* da existência humana são deixadas de lado, juntamente com os acidentes das variações individuais. Em minha opinião, o resultado não é um ponto de vista moral, mas um ponto de vista não humano, de cuja perspectiva as questões morais não se tornam mais claras, mas se deformam e distorcem"[130]. Em suma, as teses neoliberais e neocontratualistas, ainda que se apresentem como fundamentações subjetivas dos direitos humanos ao concebê-los como categorias a serviço da individualidade, acabam por ignorar as exigências concretas dos indivíduos por carecer de uma adequada justificação antropológica de seus pressupostos.

4. FUNDAMENTAÇÃO INTERSUBJETIVISTA

Como alternativa às fundamentações objetivistas e subjetivistas dos direitos humanos, o intersubjetivismo representa um esforço para concebê-los como valores intrinsecamente comunicáveis, isto é, como categorias que, por expressar necessidades social e historicamente compartilhadas, permitem suscitar um consenso generalizado sobre sua justificação.

Ao tratar de legitimar os direitos humanos, a razão prática não pode prescindir das condições antropológicas dos sujeitos *que* e *para os quais* se formu-

---

[128] Essa proposição é evidenciada quando HERBERT HARD, apesar de sua defesa do utilitarismo e de suas reservas sobre as novas teorias dos direitos naturais, não hesita em reconhecer que: "a defesa de uma doutrina dos direitos humanos – que limita a ação do Estado sobre seus cidadãos – parece ser o que com maior urgência exigem os problemas políticos de nosso tempo, indubitavelmente com mais força que uma simples demanda da máxima utilidade geral". "Utilitarismo y derechos naturales", *ADH*, 1981, p. 167, trad. esp. de J. R. Páramo.

[129] Cf. capítulos 1, 3.1, e 2, 3.1.2.1.3 e 3.2.3.2. Deve-se observar que RONALD DWORKIN sugere a possibilidade de derivar de seu princípio "à igualdade de consideração e respeito" direitos sociais, como direitos básicos, e não como meros aspectos ou porções de bem-estar coletivo, segundo se depreenderia do enfoque utilitarista que, nesse ponto, é adotado por HART. Ver sua réplica à crítica de J. RAZ no apêndice de sua obra *Taking Rights Seriously*, op. cit., pp. 364 ss.

[130] R. P. WOLFF, *Para comprender a Rawls*, trad. esp. de M. Suárez, México, FCE, 1981, p. 91.

lam esses direitos. Isso obriga a considerar as exigências da natureza humana, porque como observa José Ferrater Mora: "se não houvesse absolutamente nenhuma tendência a conservar a própria vida, e se não houvesse nenhuma simpatia em relação a outros seres vivos, e unicamente uma completa e constante hostilidade, teria pouco sentido falar de respeito à vida ou de altruísmo". Não é à toa que os homens "são indivíduos biológicos que se desenvolvem em um contínuo social-cultural. Este se modifica no decorrer do tempo, dando lugar aos mais diferentes tipos de sociedades e aos mais variados *paradigmas sociais e códigos morais*"[131]. No entanto, o apelo à natureza humana, a partir dessas premissas, não significa a recaída em um objetivismo, que a assuma como uma categoria eterna ou como uma essência metafísica, nem em um subjetivismo, que a dissolva em uma multiplicidade de interesses atomizados e a desvincule da experiência, mas implica "um intersubjetivismo cultural e histórico"[132].

A fundamentação instersubjetivista dos direitos humanos implica, portanto, diante do objetivismo, uma revalorização do papel do sujeito humano no processo de identificação e de justificação racional dos valores ético-jurídicos; e, diante do subjetivismo, a defesa da possibilidade de uma "objetividade intersubjetiva" de tais valores, baseada na comunicação dos dados antropológicos que lhes servem de base. Para explicar essa proposição é preciso aludir aos pressupostos metodológicos a partir dos quais se legitimou uma construção intersubjetiva do valor, assim como às premissas antropológicas em que tal teoria se sustenta.

4.1. A TEORIA CONSENSUAL DA VERDADE

O ponto de partida da fundamentação intersubjetivista dos valores está, como se mostrou, na crítica aos postulados axiológicos do objetivismo e do subjetivismo. Essa tarefa, estreitamente ligada às bases para uma ação comunicativa racional como condição epistemológica para poder chegar a um consenso sobre os valores, encontra-se no âmbito das teses do último dos pensadores da Escola de Frankfurt: Jürgen Habermas.

Segundo Habermas, o positivismo parte de que as questões práticas não são suscetíveis de discussão racional e, consequentemente, devem ser decididas. O positivismo pressupõe uma forma de filosofia axiológica subjetiva (*subjektive Wertphilosophie*) que leva a um decisionismo, a uma escolha irracional dos sistemas valorativos, e a reduzir as normas a decisões. Desse modo, o subjetivismo radical positivista termina por encontrar seu complemento – tal como observaram Adorno e Horkheimer – na mitologia. Por outro lado, a ética axiológica objetiva (*objektive Wertethik*) postulada por Scheler e Hartmann impli-

---

[131] J. FERRATER MORA, *De la materia a la razón*, op. cit., p. 142.
[132] Ibid., p. 142.

ca "uma falsa racionalização do desracionalizado" (*einer falschen Rationalisierung des Entrationalisierten*), ao conceber as relações axiológicas desligadas de seu nexo vital real e hipostasiá-las como um âmbito ideal do ser que transcende a experiência[133].

Para superar essas posições, Jürgen Habermas propõe um tipo de intersubjetivismo destinado a explicar e fundamentar consensualmente a verdade dos argumentos e a correção das normas que regulam a atividade social, como manifestação da *práxis* comunicativa. A partir daí, a validade ou invalidade de um argumento ou de uma norma social podem ser medidas por sua idoneidade para o êxito de um entendimento intersubjetivo. A experiência comunicativa (*kommunikative Erfahrung*) é guiada por um interesse prático (*praktisches Interesse*) inclinado a manter a cooperação social quando se aceita a verdade do agir comunicativo (*Kommunikatives Handeln*) e das normas que regulam as relações humanas; ou a possibilitar o entendimento nos casos em que não existe, ou se tenha rompido o consenso. Nessas suposições, quando se trata de restabelecer um acordo questionado tem-se que recorrer ao "discurso" (*Diskurs*). O discurso aparece, portanto, quando se questionam as condições de validade do agir comunicativo, mas tem-se a convicção de que se pode chegar "discursivamente" a um entendimento: seja sobre a verdade dos enuciados (discurso teórico); seja sobre a correção ou legitimidade das normas que regulam a atividade social (discurso prático). A situação comunicativa ideal (*ideale Sprechsituation*) é o meio que assegura um autêntico consenso, isto é, uma comunicação sem distorções externas, que assegura uma repartição simétrica das possibilidades de intervir no diálogo e de apresentar argumentos a todos os participantes[134]. Como se vê, a situação comunicativa ou linguística ideal não está definida pelas qualidades pessoais dos dialogantes, mas pela garantia das condições procedimentais do discurso prático.

Jürgen Habermas e Karl-Otto Apel pretenderam reelaborar criticamente o transcendentalismo kantiano ao insistir nas premissas gerais e necessárias, isto é, transcendentais, dos discursos práticos, para cujo efeito o conteúdo normativo das premissas gerais da comunicação vai configurar o núcleo de uma ética ou pragmática linguística universal. Ao participar de um discurso ou de qualquer ação comunicativa, admitimos, ao menos implicitamente, alguns pressupostos que são os que vão permitir chegar a um acordo: "é o caso dos pressupostos de que as proposições verdadeiras são preferíveis às falsas e de que as normas justas (isto é, suscetíveis de justificação) são preferíveis às injustas. A base de validade de um discurso, para um ser vivo que se mantém nas estruturas

---

[133] J. HABERMAS, *Theorie und Praxis, Sozialphilosophische Studien*, 3. ed., Frankfurt a. M., Suhrkamp, 1982, pp. 318-21. Sobre o desenvolvimento posterior do pensamento de JÜRGEN HABERMAS, ver o anexo 4 do epílogo.

[134] J. HABERMAS, "Vorbereitende Bermerkungen zu einer Theorie der Kommunikativen Kompetenz", in J. HABERMAS e N. LUHMANN (orgs.), *Theorie der Gesellschaft oder Sozialtechnologie*, Frankfurt a. M., Surhkamp, 1971, pp. 136 ss.

da comunicação falada cotidiana, tem – na expressão de Habermas – o caráter vinculante geral e inevitável dos pressupostos *transcendentais*"[135].

Habermas tenta superar a crítica de abstração e formalismo com que foi censurada essa situação comunicativa ideal. Em sua opinião, a situação ideal não constitui um dado empírico, mas tampouco é uma mera abstração formal. Não é simplesmente um princípio regulador no sentido kantiano, nem um conceito existente no sentido hegeliano, porque nenhuma sociedade coincide com a forma de vida que propõe a situação comunicativa ideal. Implica, ao contrário, uma pretensão ou antecipação (*vorgriff*) por parte de tudo o que "de fato" entra em um processo discursivo, de que pode se chegar a um consenso racional. Desse modo, liga-se o consenso racional com o consenso efetivamente obtido e pode-se submeter qualquer consenso empírico à crítica baseada nas condições da situação ideal. Assim, pode-se mostrar que "a verdade de enunciados (ou, em seu caso, teorias) e a correlação de ações (ou, respectivamente, normas) representam pretensões de validade que só podem ser resolvidas por via discursiva, isto é, com os meios da conversação comunicativa"[136]. De acordo com essa proposição, o valor "verdade", assim como os valores restantes, não depende de evidências lógicas (objetivismo), nem de meras verificações impíricas (subjetivismo positivista), mas de um consenso racional obtido a partir das exigências procedimentais da situação comunicativa ideal[137].

A fundamentação intersubjetiva do valor, ao se projetar para os problemas da legitimação jurídico-política, tema central na produção teórica habermasiana[138], incide também nos critérios justificadores dos direitos humanos. A esse respeito, tem especial interesse o capítulo sobre *Naturrecht und Revolution* incluído em sua obra *Theorie und Praxis*, que permite sintetizar o núcleo de sua posição nos seguintes pontos:

a) Reconhecimento do papel decisivo das teorias jusnaturalistas (liberal, fisiocrata e democrático-rousseauniana) para a fundamentação dos direitos humanos positivados pela revolução burguesa[139].

b) Necessidade atual de superar a ideologia jusnaturalista-individualista característica dos direitos humanos formulados pela revolução burguesa no duplo sentido de: 1º) concebê-los como categorias vinculadas a interesses sociais e ideias históricas que exigem sua interpretação através de relações sociais e concretas, em vez de fundamentá-los ontologicamente no sentido filosófico-

---

[135] J. HABERMAS, *La reconstrucción del materialismo histórico*, trad. esp. de J. Nicolás Muñiz e R. García Cotarelo, Madri, Taurus, 1981, pp. 179-80. De K. O. APEL, ver seu trabalho "Das Apriori der Kommunikationsgemeinschaft und die Grundlagen der Ethik", in *Transformation der Philosophie*, Frankfurt a. M., Suhrkamp, 1973, vol. II, pp. 358 ss.

[136] J. HABERMAS, *La reconstrucción del materialismo histórico*, op. cit., p. 307.

[137] J. HABERMAS, "Auszug aus Wahrheitstheorien", in H. FAHENBACH (org.), *Wirklichkeit und Reflexion. Festschrift fur Walter Schulz*, Pfullingen, Neske, 1973, pp. 238 ss.

[138] J. HABERMAS, *Legitimationsprobleme im Spätkapitalismus*, Frankfurt a. M., Suhrkamp, 1973, pp. 238 ss.

[139] J. HABERMAS, *Theorie und Praxis*, op. cit., pp. 89 ss.

-transcendental, ou em uma antropologia naturalista baseada na natureza do mundo, da consciência, ou do homem[140]; 2º) considerar os direitos humanos como direitos fundamentais de conteúdo social e político, expressão de uma ordem jurídica integral (*Gesamtrechtsordnung*), que abarque o Estado e a sociedade[141]. Essa ordem jurídica se torna possível com a transformação do Estado liberal de direito em Estado social de direito com o que se culmina o processo de positivação do direito natural, ao se alcançar a integração democrática dos direitos fundamentais ("der demokratische Integration von Grundrechten...")"[142].

c) Isso não implica reduzir o sentido revolucionário e emancipatório do direito natural moderno a uma mera conjunção social de interesses (*Interessenzusarnmenhang*); porém, a ideia do direito natural que tende a transcender a ideologia burguesa só pode realizar-se a partir de sua interpretação baseada nas relações sociais concretas e no âmbito dos direitos fundamentais expressos na Constituição integral (*Gesamtverfassung*) de uma sociedade política[143].

Para Jürgen Habermas, no Estado social de direito a teoria dos direitos fundamentais deve orientar a *práxis* política como normas básicas do sistema e pelo que contêm de máximas norteadoras do processo transformador da sociedade. Ao mesmo tempo, a práxis política deverá aceitar as informações das ciências sociais sobre as condições necessárias para tornar efetiva a implantação dos direitos fundamentais. Sem que tais exigências científico-sociais possam ser satisfeitas com base nas premissas do niilismo dos valores (*Wertnihilismus*) ou da abstinência dos valores (*Wertabstinenz*)[144].

É por isso que diante do positivismo, que refuta a justificação racional dos valores, ou diante da teoria dos sistemas (*Systemtheorie*) defendida na Alemanha por Niklas Luhmann, que transfere a racionalidade dos valores para a simples necessidade de subsistência dos sistemas autorregulados, Habermas propõe uma teoria crítica da sociedade baseada na reivindicação da razão prática. Fiel a sua tese de que todo conhecimento deve ser orientado por um interesse, isto é, da *"referência latente do saber teórico à ação"*[145], concebe a situação

---

[140] Ibid., p. 122.
[141] Ibid., p. 121.
[142] Ibid., p. 123.
[143] Ibid., p. 122.
[144] Ibid., p. 124.
[145] J. HABERMAS, *Conocimiento e interés*, trad. esp. de M. Jiménez, J. F. Ivars, revisada por J. Vidal Beneyto, Madri, Taurus, 1982, p. 324. Ver também seu capítulo sobre "Erkenntnis und interesse", na coletânea *Technik und Wissenschaft als Ideologie*, 11. ed., Frankfurt a. M., Suhrkamp, 1981, pp. 146 ss. Em sua tarefa renovadora da filosofia prática, as teses de J. HABERMAS, independentemente de suas ligações com as teorias de K. O. APEL, F. KAMBARTEL, P. LORENZEN, M. RIEDEL ou R. BUBNER, apresentam interessantes pontos de contato com as proposições de J. RAWLS. Assim, o próprio HABERMAS reconhece que existe um paralelismo entre a situação linguística ideal e a estrutura da posição original que RAWLS utiliza para sua fundamentação contratual da ética. *Auszug aus Wahrheitstheorien*, op. cit., p. 258, n. 15. Porém, HABERMAS entende que, diferentemente do contratualismo, sua tese implica, mais que insistir no interesse comum de todos os envolvidos no contrato, estabelecer as premissas gerais necessárias – transcendentais – para a formação racional

da comunicação ideal como "interessada", no sentido de que antecipa alguma forma ideal de vida assentada nos valores tradicionais da verdade, da liberdade e da justiça e que aparece, em suma, como um momento necessário no processo rumo à emancipação[146].

O princípio-guia da emancipação, como meta de um consenso obtido a partir das condições que permitem à razão prática estabelecer uma situação comunicativa ideal, serve também como fundamento e postulado crítico dos direitos fundamentais. De fato, a relação dos direitos fundamentais nas Constituições ocidentais constitui a expressão de uma moral baseada em princípios, que legitima o sistema jurídico-político ao mesmo tempo que "vincula a competência legislativa [...], à *compreensão* da formulação da vontade democrática"[147].

A fundamentação habermasiana dos direitos humanos, que, como já foi dito, é incompatível com um jusnaturalismo ontológico, a-histórico ou idealista, coincide, no entanto, com recentes tentativas para se conceber o direito natural como o conjunto dos valores jurídicos que a razão prática descobre na própria história da sociedade – segundo se depreende dos ensinamentos de Guido Fassó[148] –; e que se orientam – tal como evidenciado por Ernst Bloch[149] – para a reivindicação dos direitos para alguns homens desalienados em uma comunidade definitivamente emancipada. Contudo, na fundamentação dos direitos humanos que se infere da teoria crítica de Habermas convém não esquecer um aspecto que se refere, precisamente, a seus pressupostos antropológicos[150]. Já que noções tais como as da "situação comunicativa ideal", "a teoria consensual da verdade", ou "a antecipação de uma forma ideal de vida", poderiam levar ao mais abstrato formalismo por não se encontrarem apoiadas em

---

do consenso. Ver *La reconstrucción del materialismo histórico*, op. cit., pp. 250, 271 e 299. Cf. H. KITSCHELT, "Moralisches Argumentieren und Sozialtheorie. Prozedurale Ethik bei John Rawls und Jürgen Habermas", *ARSP*, 1980, pp. 391 ss.

[146] J. HABERMAS, *Vorbereitende Bemerkungen*, op. cit., p. 140; *Technik und Wissenschaft*, op. cit., pp. 164-5; *Auszug aus Wahrheitstheorien*, op. cit., p. 258.

[147] J. HABERMAS, *La reconstrucción del materialismo histórico*, op. cit., p. 239.

[148] G. FASSÓ, *La legge della ragione*, Bolonha, Il Mulino, 1964. Cf. A. E. PÉREZ LUÑO, "L'itinerario intellettuale di Guido Fassó", *RIFD*, 1976, p. 372.

[149] E. BLOCH, *Derecho natural y dignidad humana*, trad. esp. de F. González Vicén, Madri, Aguilar, 1980.

[150] Convém ter presente que a polêmica entre JÜRGEN HABERMAS e NIKLAS LUHMANN é, em boa medida, produto do enfrentamento entre duas concepções antropológicas contraditórias. A concepção de LUHMANN baseada nas premissas antropológicas de ARNOLD GEHLEN, a quem HABERMAS acusa de hipostasiar como dados "necessários" da natureza humana o que são apenas aspectos conjunturais do devir histórico. Ao mesmo tempo HABERMAS opõe a GEHLEN e LUHMANN uma antropologia baseada no materialismo histórico que situa a concepção do homem na teoria da sociedade, que parte das condições do trabalho social, do desenvolvimento das forças produtivas e da evolução dos sistemas socioculturais que servem para a reprodução da vida social. *La reconstrucción del materialismo histórico*, op. cit., pp. 117 ss.; "Theorie der Gesellschaft oder Sozialtechnologie? Eine Auseinandersetzung mit Niklas Luhmann", in *Theorie der Gesellschaft oder Sozialtechnologie*, op. cit., pp. 156 ss.; "Antropología", in G. PRETI (org.), *Filosofia*, 2. ed., Milão, Enciclopedia Feltrini Fischer, 1972, pp. 19 ss.

determinadas categorias empíricas. Essas categorias constituem o sistema de interesses e necessidades que configuram o substrato antropológico, que possibilita legitimar as normas que regulam a ação social. De fato, o consenso que legitima racionalmente as normas é possível na medida em que elas podem alcançar um reconhecimento universal. Tal aceitação é obtida quando: "as normas regulam *chances* legítimas da satisfação de necessidades; e as necessidades interpretadas são uma parte da natureza interna à qual todo sujeito que se comporta de forma verdadeira em relação a si mesmo tem um acesso privilegiado"[151]. O consenso tem como pressuposto um "conteúdo experiencial" que garanta a objetividade das normas e valorações na medida em que as necessidades ou interesses que as justificam podem ser generalizadas. "Entretanto, se existem interesses e valorações não generalizáveis, isto é, desejos particulares, satisfações ou sofrimentos privados, as percepções que não são objetiváveis não são tais percepções, mas imaginações, fantasias e figurações." Portanto, "a objetividade do conteúdo experiencial de preceitos e valorizações não tem, pois, outro sentido que o seguinte: que as normas e critérios de valor subjacentes podem pretender ser válidos, isto é, que são *universais*". Por sua vez, "a universalizabilidade de interesses e valorações depende das normas e valores que encontram reconhecimento intersubjetivo em determinadas circunstâncias"[152]. A possibilidade de pensar intersubjetivamente sobre as necessidades generalizáveis é condição necessária para se obter um consenso universal. Portanto, "se se pretende que o discurso prático procure algo mais que exame de consciência, precisão, exame das condições de realização etc., parece que as próprias interpretações das necessidades também teriam de ser incluídas na argumentação"[153]. O estudo de Jürgen Habermas propõe, desse modo, uma questão central para a fundamentação dos direitos humanos em nosso tempo: a elucidação do conceito de necessidades humanas básicas.

4.2. Das necessidades aos valores

A categoria da "necessidade" adquiriu uma relevância decisiva para a filosofia jurídico-política moderna desde que Hegel concebeu o sistema de necessidades (*System der Bedürfnisse*) como o primeiro momento configurador da sociedade civil. A satisfação das necessidades individuais através do trabalho, que se objetiva na propriedade das coisas externas, não pode ser reduzida a uma afirmação da particularidade subjetiva, porque graças à inteligência conjuga-se com as necessidades e a vontade livre dos demais[154]. Hegel esclarecia:

---

[151] J. Habermas, *Auszug au Wahrheitstheorien*, op. cit., p. 254.
[152] J. Habermas, *Conocimiento e interés*, op. cit., pp. 316-7.
[153] J. Habermas, *La reconstrucción del materialismo histórico*, op. cit., p. 299.
[154] G. W. F. Hegel, "Grundlinien der Philosophie des Rechts", in E. Moldenhauer e K. M. Markus (orgs.), *Werke in zwanzig Bänden*, Frankfurt a. M., Suhrkamp, 1970, vol. 7, itens 188 e 189, pp. 346-7.

"O animal tem um círculo limitado de meios para satisfazer suas necessidades, que são igualmente limitadas. O homem, inclusive nessa dependência, mostra sua possibilidade de superá-la e sua universalidade mediante a multiplicação das necessidades e dos meios, assim como mediante a decomposição e delimitação das necessidades concretas em partes e aspectos singulares, que se transformam em diversas necessidades particularizadas e, portanto, mais abstratas."[155]

Sabe-se que Karl Marx considerava como exigências imprescindíveis para a vida as referentes à alimentação, ao vestuário e à habitação. A partir daí, deduzia que: "O primeiro fato histórico é a produção dos meios indispensáveis para a satisfação dessas necessidades."[156] Ao mesmo tempo, a satisfação dessas primeiras necessidades, a ação de satisfazê-las e a construção dos instrumentos necessários para isso levam a novas necessidades (*zu neuen Bedürfnissen...*)[157]. Para Marx, a redução da necessidade a sua mera dimensão econômica representa uma expressão da alienação capitalista na qual "cada indivíduo é um conjunto de necessidades e só existe para o outro, assim como o outro só existe para ele, na medida em que se convertem em meios um para o outro"[158].

Atualmente a denominada Escola de Budapeste, formada fundamentalmente por discípulos de György Lukács, entre os quais se pode mencionar: György Márkus, Agnes Heller, Ferenc Fehér..., abordou uma sugestiva reconstrução do conceito marxista de necessidade. Essa reconstrução da noção de necessidade dirigiu-se, prioritariamente, para servir de suporte antropológico para uma axiologia superadora de suas versões apriorísticas, idealistas ou a-históricas.

Assim, para Márkus, o conceito de *menschliches Wesen* (essência humana) constitui a noção básica da "ontologia marxiana do ser social"[159]. Diante de Hegel, Marx baseia sua antropologia filosófica na convicção de que "o ser humano em si, como pessoa imaginária, não pode operar, agir, existir; somente pode ser em sua real existência humana, isto é, nos indivíduos singulares concretos, historicamente determinados, historicamente transformados e na atividade deles. O ser humano é simplesmente a abstração do processo evolutivo histórico de indivíduos concretos e de suas gerações"[160]. Por isso, para Marx, o principal critério valorativo de progresso histórico é constituído pela medida do desenvolvimento das forças essenciais humanas – capacidades e necessida-

---

[155] Ibid., item 190, pp. 347-8.

[156] K. MARX e F. ENGELS, "Die Deutsche Ideologie", in *Marx Engels Werke*, Berlim, Dietz, 1978, vol. 3, p. 8.

[157] Ibid., p. 28.

[158] K. MARX, *Manuscritos de economía y filosofía*, trad. esp. de R. Rubio Llorente, Madri, Alianza, 1969, p. 169. A projeção da teoria das necessidades para a fundamentação dos direitos humanos foi objeto de estudo (dissertação), ainda inédito, de J. HERRERA FLORES, *Teoría de las necesidades y derechos fundamentales*, Departamento de Filosofía del Derecho, Universidad de Sevilla, 1982.

[159] G. MÁRKUS, *Marxismo y antrología*, trad. esp. de M. Sacristán, Barcelona, Grijalbo, 1974, p. 56.

[160] Ibid., p. 72.

des – e da implementação da individualidade humana livre, multilateral, ou seja – nas palavras de Márkus –, "a medida na qual agem esses pressupostos, a medida na qual se realiza o *ser humano* na existência humana individual concreta"[161].

De maneira análoga, Agnes Heller, ao expor as premissas antropológicas fundamentadoras de seu *Sociologia da vida cotidiana*, observa que: "a essência humana não é o ponto de partida, nem o núcleo ao qual se sobrepõem as influências sociais, mas constitui um resultado; sobre o pressuposto de que o indivíduo se encontra, desde seu nascimento, em uma relação ativa com o mundo em que nasceu e de que sua personalidade se forma através dessa relação"[162]. Heller afirma que o principal mérito do sistema axiológico marxiano está em "considerar os conceitos de necessidade como categorias extraeconômicas e *histórico-filosóficas, isto é, como categorias antropológicas de valor*, e, consequentemente, não suscetíveis de definição dentro do sistema econômico"[163].

A obra de Marx – na opinião de Agnes Heller – oferece uma importante distinção entre as "necessidades naturais", relacionadas aos meios materiais indispensáveis para a autoconservação da vida humana; as "necessidades necessárias", não dirigidas à mera sobrevivência, "nas quais o elemento cultural, o elemento *moral* e o costume são decisivos e cuja satisfação é parte constitutiva da vida 'normal' dos homens pertencentes a determinada classe de determinada sociedade"[164]; e as necessidades radicais, que implicam opções axiológicas conscientes que só podem ser satisfeitas em uma sociedade plenamente desalienada[165].

A interessante reconstrução realizada por Heller da teoria marxiana das necessidades, apesar de deixar de lado o estudo da influência hegeliana na formação dessas categorias[166], é muito útil para acompanhar a transição de uma concepção puramente descritiva e empírica das necessidades, que se identifica com a ideia das "necessidades naturais", para sua significação filosófico-axiológica que, através das "necessidades necessárias", se traduz nas "necessidades radicais". Nessa reconstrução da teoria das necessidades radicais desempenha um importante papel a distinção entre o plano quantitativo, voltado para a simples satisfação do "ter", e o qualitativo, que se orienta em torno do "ser", isto

---

[161] Ibid., p. 72.

[162] A. HELLER, *Sociología de la vida cotidiana*, trad. esp. de J. F. Ivars e E. Pérez, Barcelona, Península, 1977, p. 7. Acerca do desenvolvimento posterior do pensamento de AGNES HELLER, assim como da bibliografia crítica mais recente sobre suas teses, ver o anexo 4 do Epílogo.

[163] A. HELLER, *Teoría de las necesidades en Marx*, trad. esp. de J. F. Ivars, Barcelona, Península, 1978, p. 26.

[164] Ibid., pp.33-4.

[165] Ibid., pp. 48 ss. e 178 ss.

[166] Este tema foi estudado por WERNER BECKER, *La teoría marxista del valor*, trad. esp. de E. Garzón Valdés, Barcelona, Alfa, 1981, pp. 16 e 71 ss. Ver também o artigo de H. KLIEMT, "Die marxische Wertlehre als Grundlage der Dialektik", *ARSP*, 1978, pp. 233 ss.

A FUNDAMENTAÇÃO DOS DIREITOS HUMANOS 155

é, da livre realização da personalidade[167]; assim como a diferença entre a dimensão autêntica das necessidades, produto da autoconsciência livre que para Marx só se dá no reino da liberdade "da comunidade dos trabalhadores associados", e sua falsificação, produto da manipulação das necessidades na sociedade capitalista[168].

A partir das necessidades radicais, que são necessidades qualitativas e autênticas, se constrói um sistema axiológico que tem seu principal valor ético *"no reconhecimento e na satisfação das necessidades de todos os homens.* Esta ideia de valor é 'o ideal do bem' – afirma Heller – em nossa utopia racional"[169].

As necessidades radicais, enquanto categorias axiológicas, devem ser entendidas como formas de preferências conscientes sobre objetivações sociais generalizáveis. As preferências conscientes, por ser expressão do caráter genérico do homem, se justificam e legitimam através do consenso: *"Com relação*

---

[167] A. HELLER, *Teoría de las necesidades en Marx*, op. cit., pp. 64-6. Cf. também a coletânea de A. HELLER e F. FEHER, *Le forme dell'uguaglianza*, trad. it. L. Boella, Milão, Edizioni Aut Aut, 1978, pp. 63 ss. Como é sabido, KARL MARX denunciou o processo de redução de todas as necessidades humanas ao "ter" que se produz no seio da sociedade capitalista na qual: "Todas as paixões e toda atividade devem dissolver-se na *avareza*"; e na qual "quanto menos és... tanto mais tens", *Manuscritos*, op. cit., pp. 160 e 131, respectivamente. Cf. sobre o tema a coletânea de E. FROMM, *¿Tener o ser?*, trad. esp. de C. Valdés, México/Madri/Buenos Aires, FCE, 1978, pp. 37 ss.

[168] A. HELLER, *Teoría de las necesidades en Marx*, op. cit., pp. 161 ss. Nesse aspecto da obra de HELLER observa-se a influência das teses de HERBERT MARCUSE, de modo especial quando esta menciona expressamente que: "Massas cada vez maiores de homens estão insatisfeitas, sentem-se perdidas num mundo em que somente existem necessidades quantitativas e buscam espontaneamente uma forma de vida que se subtraia a seu domínio. Quando numerosos grupos de jovens, e os melhores deles, abandonam o sistema de prestígio e de valores de seus pais, baseado na geladeira e no automóvel; quando massas de estudantes, de novo os melhores, abandonam as universidades por motivos similares; quando novas estruturas familiares se multiplicam, assumindo formas comunais, tudo isso manifesta que se desenvolveu a necessidade de transformar a estrutura de necessidades existentes". Ibid., pp. 180-1. H. MARCUSE trata o tema das autênticas e falsas necessidades em *El hombre unidimensional*, trad. esp. de A. Elorza, Barcelona, Seix Barral, 1969, pp. 34 ss.; referindo-se expressamente também à redefinição no sentido qualitativo das necessidades, ibid., pp. 274 e 276 ss. Recentemente insistiu na importância essencial da teoria das necessidades para a antropologia marxista WOLFGANG HARICH, que, especialmente sensível em relação às necessidades ecológicas, distingue: aquelas necessidades (autênticas) que devem ser satisfeitas, por contribuir na relação equilibrada entre o homem e a natureza; e as necessidades (falsas) que devem ser eliminadas, por estarem centradas nos consumos de luxo, desnecessários ou antissociais. *¿Comunismo sin crecimiento? Babeuf y el Club de Roma*, org. por M. Sacristán, Barcelona, Editorial Materiales, 1978, pp. 203 ss.

[169] A. HELLER, *Por una filosofía radical*, trad. esp. de J. F. Ivars, Barcelona, El Viejo Topo, 1980, p. 132. HELLER formula kantianamente o "ideal do bem", identificando-o com o reconhecimento e a satisfação das necessidades de todos os homens "na medida em que isso exclua a utilização dos demais como meros meios", ibid., p. 132. De certo modo, a obra de AGNES HELLER representa uma retomada do debate surgido em princípios do século XX sobre a projeção da ética kantiana no marxismo, que teve em KARL VORLÄNDER, FRANZ MEHRING, EDUARD BERNSTEIN, KARL KAUTSKY e no próprio mestre de AGNES HELLER, GYÖRGY LUKACS alguns de seus principais protagonistas. Cf. os principais trabalhos sobre essa polêmica na coletânea *Socialismo y ética: textos para un debate*, trad. esp. e introdução V. Zapatero, Bogotá/Madri, Pluma & Debate, 1980.

aos valores guias morais, existe consenso social intersubjetivo."[170] A fundamentação intersubjetiva do valor permite resumir sua validade universal, que evita a arbitrariedade e a contingência das teses subjetivistas, mas não sobre a base de uma ordem axiológica supra-histórica e transcendente, e sim a partir do entendimento dos valores como momentos da evolução humana. Os valores não constituem, de fato, nenhuma propriedade eterna do homem dada metafisicamente com seu ser, nenhum *factum* fixo da existência humana, mas uma ordem de capacidades e necessidades que se desdobram através da evolução histórica[171].

Nesse ponto se abre um sugestivo plano de confronto entre as proposições axiológicas da Escola de Frankfurt e as da Escola de Budapeste e, concretamente, entre as teses de Jürgen Habermas e Agnes Heller.

Agnes Heller aceita expressamente o ideal habermasiano da sociedade comunicativa ideal, isto é, livre de qualquer tipo de dominação, na qual vê a plena realização do ideal democrático; e compartilha a tese de Karl-Otto Apel de que as necessidades humanas são eticamente relevantes como exigências interpessoais comunicáveis. Por esse motivo, devem ser reconhecidas, "sempre que possam ser justificadas mediante argumentos interpessoais"[172]. Contudo, critica Habermas por ter construído sua comunidade ideal com base no dado exclusivo da racionalidade do homem e de sua capacidade lógica de argumentação. "Os homens em que se apoia esse ideal" – assinala criticamente Heller – "não são homens *inteiros*. Pois *carecem de corpo*, de *sentimentos* e nem sequer têm *relações humanas*. A relação entre eles fundamenta-se unicamente na discussão de valor. Não é preciso que sejam homens; da mesma forma poderiam ser anjos. Porém não destinamos aos anjos nossa utopia radical. O homem é indubitavelmente um ser racional, mas não é *apenas* isso."[173]

Da mesma maneira, a pretensão de Habermas e de Apel de subordinar a satisfação das necessidades à sua prévia argumentação racional é vista por Heller como um requisito formal desnecessário. No seu entender, a justificação das necessidades nem sempre tem de ser feita mediante a argumentação racional, mas muitas vezes pode consistir numa remissão a outras necessidades. Por isso, não se pode esperar ou exigir *sempre* que se pense a necessidade com argumentos: "*Quem tem de argumentar não é quem dirige a mim a sua necessidade; sou eu que devo fazê-lo, sempre que não puder satisfazê-la.*"[174]

Entendo que a fundamentação intersubjetivista do valor de Habermas e Apel, de um lado, e as teses sobre o particular da Escola de Budapeste, de outro,

---

[170] A. HELLER, *Por una filosofía radical*, op. cit., p. 74.

[171] Ibid., pp. 72 ss. Ver também: A. HELLER, *Hipótesis para una teoría marxista de los valores*, trad. esp. de M. Sacristán, Barcelona, Grijalbo, 1974, pp. 101 ss.; G. MÁRKUS, Marxismo y antropología, op. cit., pp. 65 ss.; A. HELLER e F. FEHÉR, *Marxisme et democratie*, trad. fr. A. Libera, Paris, Maspero, 1981, pp. 36 ss.

[172] A. HELLER, *Por una filosofía radical*, op. cit., p. 128.

[173] Ibid., p. 127.

[174] Ibid., p. 128.

não apenas são compatíveis, mas se complementam. A primeira tem seu aspecto mais sólido na construção do âmbito formal para uma teoria consensual do valor, mas não aprofunda adequadamente os dados antropológicos – as necessidades – que constituem o substrato do consenso; enquanto a segunda analisou com maior precisão esses dados, mas enfraqueceu os pressupostos formais para sua universalização. Penso, por exemplo, que subtrair a determinação das necessidades radicais em cada sociedade histórica da argumentação racional e do consenso pode originar manifestações de um subjetivismo decisionista ou um dogmatismo contra os quais a Escola de Budapeste, precisamente, trata de lutar. Em suma, não acredito que a utopia filosófica de uma sociedade plenamente livre e democrática, que encontre sua configuração concreta na total satisfação de suas necessidades radicais, possa ser concebida à margem de uma comunicação intersubjetiva livre e racional, isto é, baseada em uma busca livre e racional da verdade.

É preciso lembrar que a fundamentação dos valores através das necessidades não se circunscreve à tese exposta. Sem poder entrar aqui numa análise pormenorizada, convém ter presente que, desde as premissas do neopositivismo lógico do *Wiener Kreis*, Viktor Kraft, em sua conhecida obra *Die Grundlagen einer wissenschaftlichen Wertlehre*, defende uma justificação dos valores a partir de sua aptidão para satisfazer as necessidades humanas condicionadas biologicamente, assim como as necessidades vitais da comunidade humana em seu conjunto. Kraft chega a afirmar que "tudo o que contribui para a satisfação de necessidades vitais tem um valor determinado objetivamente"[175].

Uma atitude semelhante, desenvolvida a partir de um racionalismo crítico inspirado em Karl Popper, se depreende dos estudos axiológicos de Hans Albert, que para evitar cair no dogmatismo e no decisionismo irracionalista propôs uma axiologia empírica. Desse modo, situa como critério de verificação dos valores éticos sua idoneidade para satisfazer as necessidades, desejos e aspirações humanas intrassubjetivas e intersubjetivas, assim como para a eliminação do sofrimento desnecessário, "fatos que, em todo caso, são controláveis com base em experiências humanas"[176].

Nos últimos anos, a obra de Giuseppe Marchello *Dai bisogni ai valori* tentou estabelecer as premissas para uma axiologia empírica que parte da neces-

---

[175] V. KRAFT, *Grundlagen einer wissenschaftlichen Wertlehre*, 2. ed., Viena, Springer, 1951, p. 249. Devo observar, no entanto, que o empirismo axiológico de KRAFT, que pretende apoiar-se em uma antropologia descritiva a partir da qual se garante a objetividade dos juízos de valor por sua imediata referência às necessidades vitais, incorre em contradição ao admitir alguns valores fundamentais ligados à essência do homem, que agem como pressuposto da vida social (a seguridade, a veracidade, a propriedade individual dos bens de consumo e ferramentas de trabalho, a cultura...), ibid., pp. 250 ss. E com isso sua teoria desmente o rigoroso empirismo no qual pretendia fundamentar-se.

[176] H. ALBERT, *Ética y metaética. El dilema de la filosofía moral analítica*, trad. esp. de M. Jiménez Redondo com introdução org. por J. Rodríguez Marín, Valência, Teorema, 1978, pp. 46 ss.; *Traktat über rationale Praxis*, Tübingen, Mohr, 1978, pp. 112 ss.; *Traktat über Kritische Vernunft*, Tübingen, Mohr, 1980, pp. 80 ss.

sidade como oportunidade e meio para valorar a *práxis*. Na opinião de Marchello, "a necessidade implica, em sua origem, o valor, e correlativamente o valor é imanente (de certo modo) à realidade das necessidades"[177]. A transição da necessidade para o valor condiciona a própria possibilidade de satisfação das necessidades. As necessidades nascem no plano da utilidade, mas somente encontram sua satisfação quando se valorizam no dinamismo teleológico da *práxis*, como afirmação do processo de valoração da *práxis*. O homem não pode ser concebido fechado em um determinismo mecânico, mas vive suas necessidades na possibilidade de mediá-las e resolvê-las. Nisso reside sua capacidade de iniciativa e, em suma, sua abertura real para a liberdade. No entanto, essa proposição não leva, segundo seu autor, a uma fundamentação naturalista dos valores éticos, porque o ato de valoração ultrapassa a ordem natural dos fatos, que, embora condicione a experiência humana, é uma tarefa (*compito*) que, ao ser realizada pelo homem, contribui para dar um "senso preciso alla sua ricerca, al suo 'fare'. Tutta la vita dell'uomo... non è altro che una trama infinita di tentativi, di proposte, di iniziative per avvalorarsi"[178].

A tentativa de Marchello sofre, a meu ver, da pretensão de usar como categorias axiológicas empíricas o que não é senão o fruto da assunção apriorística e transcendente de determinados valores. As noções axiológicas de liberdade, personalidade, tarefa humana... não constituem o resultado de um estudo antropológico a partir da *práxis* real das necessidades humanas, mas até elas constituem um *prius* lógico que, de forma arbitrária, se pressupõe baseado em uma ideia teleológica da *práxis* e da experiência.

Entre as tentativas atuais de transferir à fundamentação dos direitos humanos a justificação axiológica baseada na noção de necessidades, merece especial atenção a proposta de Crawford B. Macpherson. Em sua construção teórica, ele situa explicitamente o fundamento dos direitos humanos na natureza humana, no conjunto das necessidades e capacidades naturais, e entende que pode existir uma limitação em seu usufruto quando o individualismo possessivo leva à exclusão de determinadas pessoas ou grupos da plena satisfação de suas necessidades. Contudo, Macpherson confia que essa situação possa ser superada na medida em que se passe de uma situação de escassez para uma situação de abundância de bens que permita satisfazer todas as necessidades[179]. A esperança otimista de Macpherson numa sociedade em que todas as necessidades ligadas à natureza do homem e racionalmente demonstradas possam ser satisfei-

---

[177] G. MARCHELLO, *Dai bisogni ai valori. Nuovi studi sull'etica dei valori*, Turim, Giappichelli, 1977, p. 35.

[178] Ibid., p. 72.

[179] C. B. MACPHERSON, *Los derechos naturales en Hobbes y en Locke*, op. cit. (na nota 23), pp. 191 ss.; *La realidad democrática*, trad. esp. de C. Sánchez, Barcelona, Fontanella, 1968, pp. 32 ss. e 72 ss.; *Democratic Theory. Essays in Retrieval*, Oxford University Press, 1973, pp. 54 ss.; *La democracia liberal y su época*, trad. esp. de F. Santos, Madri, Alianza, 1981, pp. 113 ss. Com relação ao seu pensamento sobre a propriedade, ver o capítulo 12.

tas[180] é gravemente ameaçada (e talvez desmentida) na fase atual de limitação do crescimento decorrente da crise de energia, assim como da exigência, cada vez mais urgente, de submeter o desenvolvimento às pautas equilibradoras da ecologia[181]. Diante dessa nova etapa, falta em Macpherson um aprofundamento antropológico das necessidades básicas, que reclamam uma satisfação prioritária por sua ligação imediata com o pleno desenvolvimento humano. Em todo o caso, a principal objeção que a teoria das necessidades de Macpherson me suscita é que termina por se reduzir a um critério quantitativo ligado aos fatores de escassez ou de abundância que condicionam sua satisfação, e esquece a dimensão qualitativa, a crítica das necessidades, que é precisamente a que permite basear nelas a fundamentação dos direitos humanos.

A partir de uma argumentação analítica e de premissas diferentes das de Macpherson, Liborio L. Hierro coincide em propor uma fundamentação dos direitos humanos baseada nas necessidades. Em sua monografia "¿Derechos humanos o necesidades humanas?", Hierro afirma que a ideia de necessidade pretende refletir um princípio objetivo (ou, pelo menos, objetivado, em função dos fins do sistemas normativos ou dos princípios morais aceitos) do interesse ou do desejo que se tenta satisfazer através de um direito. No entanto, uma afirmação moral ou uma exigência jurídica que sustenta um direito requer a existência de meios suficientes para satisfazer a necessidade, interesse ou desejo de que se trate. "Por isso – diz Hierro – o conjunto de direitos tende a aumentar à medida que aumentam as possibilidades reais. O que em determinado momento pode, com justiça, não ser considerado um direito (por exemplo, certos serviços sociais) pode em outro momento ser afirmado como tal, precisamente na medida em que se considera que existem meios suficientes para, devidamente organizados, satisfazer tais necessidades em todo o caso."[182] A fundamentação dos direitos humanos nas necessidades permite uma proposição "menos abstrata, menos fechada e menos circular da questão" que a tradicional baseada no *ius suum cuique tribuendi*. Pois a partir do referido enfoque: "Só podemos admitir como direitos aquelas necessidades humanas que exigem sua satisfação de forma incondicional, como se se tratasse de um fim em si mesmo, e só quando existam possibilidades de satisfazê-las." Contudo, observa Hierro que isso não contradiz sua "mais profunda convic-

---

[180] Cf. o interessante trabalho de Ruiz Miguel, "La teoría política del optimismo obsesivo: C. B. Macpherson", *Sistema*, 1983, n. 52, pp. 45 ss. Embora discorde de que seu autor recrimine Macpherson pela "incoerência existente entre a defesa da liberdade de pensar e agir e a proposta de um modelo político ideal baseado no objetivismo e no cognoscitivismo eticos", ibid., p. 63. No meu entender, nesse parágrafo confunde-se o cognoscitivismo com o absolutismo e o dogmatismo éticos. Ao aceitar sua proposição, cognoscitivistas contemporâneos tão diferentes entre si, porém, ao mesmo tempo, tão inequivocamente comprometidos com a defesa do humanismo e da liberdade como Jacques Maritain, Karl Popper, Ernst Bloch, Jürgen Habermas, John Rawls ou a própria Agnes Heller, seriam paradoxalmente rotulados como "inimigos da liberdade de pensar e agir"...

[181] Cf. capítulo 13.

[182] L. Hierro, ¿Derechos humanos o necesidades humanas? Problemas de un concepto", *Sistema*, 1982, n. 46, p. 54.

ção de que entre as necessidades do homem se encontra, entre as primeiras, a de viver como um homem livre"[183].

A possível crítica à teoria das necessidades, baseada na denúncia de que a necessidade de heroína ou de um cigarro não constitui um direito, não afeta, segundo Hierro, a ideia de necessidade que ele defende. Isso porque, em sua proposição, as necessidades que fundamentam os direitos são aquelas em relação com as quais existem motivos para afirmar que "devem ser satisfeitas em todos os casos, e só se age bem se e somente se quando se procede à sua satisfação. A necessidade de heroína ou de um cigarro não parece reunir tal requisito, pois entendemos, para começar, que é amplamente prejudicial para o paciente continuar satisfazendo semelhantes vícios. Quando, conjunturalmente, se satisfaz essa necessidade, por exemplo, por prescrição médica, isso não é feito como se se tratasse de um fim, mas como meio para um tratamento, ou como um mal menor"[184].

A tese comentada suscita, contudo, algumas dúvidas das quais tratarei sucintamente. Assim, em minha opinião, Liborio Hierro incorre em uma aparente antítese quando, após afirmar sua pretensão de evitar a fundamentação dos direitos de ressonâncias kantianas a partir de que "algo deve ser feito como um fim em si mesmo e não como um meio para um fim ulterior"[185], conclui justificando os direitos em necessidades que exigem sua satisfação incondicional, como se se tratasse de um fim e não como um meio. Como no trabalho de Liborio Hierro a diferença entre necessidades finais, que exigem sua satisfação de forma incondicional, e instrumentais, cuja satisfação se subordina às condições, não se apoia em um critério transcendental no sentido kantiano, ou em um consenso racional intersubjetivo, nem em um critério empírico baseado numa análise antropológica das necessidades, a fundamentação dos direitos humanos que se propõe não deixa de ser menos abstrata, menos fechada e menos circular que as que pretendia superar. A *petitio principii* torna-se evidente quando se trata de provar o caráter final ou incondicional de determinadas necessidades, a partir da presunção de que existem necessidades humanas que exigem sua satisfação de forma incondicional.

Por outro lado, é extremamente perigosa para a fundamentação dos direitos humanos a tese adicional de que tais necessidades finais ou *incondicionais* se encontram, paradoxalmente, *condicionadas* à "existência de possibilidades de satisfazê-las". Ao aceitar essa teoria, a fundamentação dos direitos humanos, longe de se basear na universalização da exigência de alguns direitos básicos em todos os homens, legitimaria a discriminação no reconhecimento de tais direitos, que ficariam subordinados à contingência das possibilidades de sua satisfação em cada situação concreta. Com isso, os direitos humanos perderiam sua dimensão emancipatória e seu próprio conteúdo axiológico, ao

---

[183] Ibid., p. 61.
[184] Ibid., p. 61, n. 47.
[185] Ibid., p. 53, n. 25.

ficar identificados com os conteúdos empíricos do direito positivo de cada sistema político que é, afinal, o que interpreta as condições de possibilidades para a realização dos direitos.

5. A FUNDAMENTAÇÃO DOS DIREITOS HUMANOS: TEORIA E PRÁTICA

As diferentes teorias que foram analisadas não constituem simples especulações doutrinais sobre o valor ideal dos direitos humanos. É precisamente a polêmica sobre a fundamentação dos direitos humanos que mantém ainda hoje plena vigência, porque os argumentos debatidos têm repercussão pontual na prática.

Assim, por exemplo, a fundamentação objetivista dos direitos humanos contribuiu decisivamente para a configuração doutrinal e jurisprudencial da teoria da ordem dos valores (*Wertordnung*), que concebe os direitos humanos positivados por via constitucional como direitos fundamentais (*Grundrechte*), isto é, como um sistema de valores objetivos dotados de uma unidade material e que são a suprema expressão da ordem axiológica da comunidade. A interpretação da Constituição, assim como o sentido dos diferentes direitos fundamentais nela consagrados, deveria reconduzir-se, segundo essa tese, aos princípios axiológicos objetivos que determinam o respectivo alcance das diferentes situações individuais. Essa teoria, que alcançou notável importância na jurisprudência do *Bundesverfassungsgerichtshof* da República Federal da Alemanha, no imediato pós-guerra, foi posteriormente objeto de crítica ao ser acusada de introduzir o perigo de representar a pura intuição dos valores, arbitrária e decisionista, que pode degenerar em uma autêntica tirania dos valores (*Tyrannei der Werte*).

As fundamentações dos direitos humanos de caráter subjetivista tiveram indiscutível importância para a garantia das liberdades públicas de caráter individual. Seu principal mérito está em ter configurado um sistema de direitos de defesa (*Abwehrrechte*) da autonomia pessoal diante das ingerências do poder. Contudo, essa fundamentação mostrou-se incapaz, na prática, de incorporar à teoria dos direitos fundamentais a garantia jurídica das condições materiais e culturais de existência, que se encontram na base da reivindicação dos direitos sociais.

Por sua vez, as fundamentações intersubjetivas dos direitos humanos contribuíram para fortalecer a orientação teórica e jurisprudencial tendente a afirmar a multifuncionalidade dos direitos fundamentais (*Multifunktionalität der Grundrechte*), atendendo à diversidade de objetivos que podem perseguir esses direitos em um sistema axiológico pluralista. Tese que, se tem o valor de propiciar uma estrutura aberta e dinâmica dos direitos fundamentais, corre o risco de relativizar excessivamente seu conteúdo[186].

Por isso, após a exposição crítica das perspectivas atuais mais significativas voltadas à fundamentação dos direitos humanos, é necessário abordar agora um resumo-balanço das diferentes posturas comentadas.

---

[186] Ibid., cf. os capítulos 6 e 7.

5.1. Direitos humanos ou direitos morais?

Recentemente surgiu em nosso horizonte bibliográfico uma importante contribuição devida a Eusebio Fernández sobre *O problema da fundamentação dos direitos humanos*. Esse estudo contém numerosos pontos que coincidem com a proposta que aqui se defende, o que é produto de nossa proveitosa colaboração intelectual suscitada através dos trabalhos do Instituto de Direitos Humanos. No entanto, existem também alguns pontos de discrepância entre nossas respectivas teses, sobre os quais considero oportuno pronunciar-me com o desejo de esclarecer os termos do debate.

Eusebio Fernández distingue três fundamentações dos direitos humanos que qualifica, respectivamente, de: jusnaturalista, historicista e ética; pronunciando-se em favor desta última. O jusnaturalismo tenta situar o fundamento dos direitos humanos no direito natural, deduzido de uma natureza humana supostamente universal e imutável; enquanto o historicismo o situa na "história inconstante e variável"[187]. É por isso que se volta para uma fundamentação ética ou axiológica que considera os direitos humanos como direitos morais, isto é, "como exigências éticas e direitos que os seres humanos têm pelo fato de ser homens e, portanto, com um direito igual a seu reconhecimento, proteção e garantia por parte do poder político e do direito". Essas exigências seriam, portanto, independentes "de qualquer contingência histórica ou cultural, característica física ou intelectual, poder político ou classe social"[188]. Explicitando o alcance da expressão "direitos morais", Eusebio Fernández acrescenta que com ela pretende descrever "a síntese entre os direitos humanos entendidos como exigências éticas ou valores e os direitos humanos entendidos paralelamente como direitos"[189]. Dessa caracterização deduz que os direitos humanos situam-se entre as exigências éticas e os direitos positivos. Por sua significação ética, os direitos humanos deverão fazer remissão obrigatória à dignidade humana; enquanto por sua dimensão jurídica tais direitos encarnarão a pretensão de se incorporar ao ordenamento jurídico-positivo para alcançar sua "autêntica realização". É por isso que "a cada direito humano como direito moral corresponde paralelamente um direito no sentido estritamente jurídico do termo"[190].

Essa fundamentação dos direitos humanos coincide, de forma explícita, com o que Gregorio Peces-Barba denominou "concepção dualista" dos direitos humanos. Nela, o primeiro nível corresponde à *filosofia* dos direitos fundamentais, ou seja, ao plano axiológico dos valores a serviço da pessoa humana; enquanto o segundo, ao *direito* dos direitos fundamentais e se refere à inserção desses valores em normas jurídico-positivas[191].

---

[187] E. Fernández, "El problema de la fundamentación de los derechos humanos", *ADH*, 1981, p. 97. Esse trabalho foi posteriormente incluído no livro do autor *Teoría de la justicia y derechos humanos*, Madri, Debate, 1984.

[188] Ibid., p. 98.

[189] Ibid., p. 99.

[190] Ibid., p. 99.

[191] G. Peces-Barba, *Derechos fundamentales*, 3. ed., Madri, Latina Universitaria, 1980, pp. 24 ss. Ver também seu livro sobre *Los valores superiores*, Madri, Tecnos, 1984.

Com essa fundamentação, considera-se possível – nas palavras de Peces-Barba – "superar essas duas versões unilaterais – jurisnaturalismo e positivismo voluntarista – que por suas respectivas radicalizações confundiram e incendiaram esse debate ao longo da história"[192]; ou – como reitera Eusebio Fernández – "sair do círculo vicioso da tradicional polêmica entre jusnaturalismo e positivismo"[193].

O professor Peces-Barba, em uma ampla e atenta análise crítica de minha fundamentação jusnaturalista dos direitos humanos, embora coincida em muitos aspectos com meu ponto de vista, refuta-me, no entanto, pelo fato de não considerar como um requisito *sine qua non* dos direitos humanos o de seu reconhecimento pelo ordenamento positivo[194]. Por sua vez, Eusebio Fernández, embora aceite minha proposição ao reconhecer que o fundamento dos direitos humanos é "anterior ao direito positivo", discorda dela, no entanto, ao negar que tal fundamento "tenha que ser necessariamente jusnaturalista, e não simplesmente de defesa das exigências morais de dignidade, liberdade e igualdade da pessoa humana"[195].

Não posso deixar de observar que o professor Eusebio Fernández, em um trabalho posterior, que constitui uma excelente prova de seu caráter rigorosamente autocrítico e antidogmático, realizou um valioso esforço de aprofundamento do significado do jusnaturalismo, diversificando, a partir daí, sua postura anterior. Nesse trabalho, mostra que o direito natural em sua acepção deontológica, ou seja, entendido como exigência ética, atitude crítica e horizonte utópico, "deve ser assumido pela filosofia do direito". Ao mesmo tempo, reivindica "a importante função histórica do direito natural [...] como fundamento e valoração crítica do direito positivo"; e propõe que o direito natural "seja entendido como ética jurídica material [...], isto é, como valores superiores ao direito positivo aos quais este deve estar subordinado"[196].

Por isso, minhas objeções e reservas à tentativa de usar o termo "direitos morais" como alternativa às expressões "direitos naturais" ou "direitos humanos" não pretendem polemizar com as teses de Eusebio Fernández, pois é evidente que existe um acordo básico entre nossas respectivas atitudes globais, mas tentar esclarecer os aspectos gerais da questão.

a) Em primeiro lugar, convém mostrar que entre as expressões "direitos naturais", "direitos humanos" ou "direitos morais" não existe uma delimitação conceitual precisa e unanimemente aceita. Do meu ponto de vista, os direitos humanos pressupõem uma versão moderna da ideia tradicional dos direitos naturais e representam um avanço em seu processo de positivação[197].

---

[192] Ibid., pp. 24-5.

[193] E. FERNÁNDEZ, op. cit., p. 99.

[194] G. PECES-BARBA, "Los derechos fundamentales en la cultura jurídica española", *ADH*, 1981, 239 ss.; esp. pp. 241-2.

[195] E. FERNÁNDEZ, op. cit., p. 102.

[196] E. FERNÁNDEZ, "Filosofía del derecho, teoría de la justicia y racionalidad prática", *RFDUC*, 1982, n. 64, p. 23, também incluído em seu livro *Teoría de la justicia y derechos humanos*, op. cit.

[197] Cf. os capítulos 1 e 2.

Na doutrina anglo-saxã, em que as expressões "direitos naturais", "direitos humanos" e "direitos morais" são usadas, muitas vezes, indistintamente por autores como Herbert Hart, John Rawls, Ronald Dworkin ou Robert Nozick, o tema de sua respectiva significação foi abordado explicitamente por John Finnis. O professor de Oxford, depois de indicar que o termo "direitos humanos" é a forma contemporânea de designar os "direitos naturais", observa que ele próprio usa os dois termos como sinônimos ("I use the terms synonymously"). Continuando, Finnis afirma que os direitos humanos ou naturais são direitos morais de caráter geral e fundamental, enquanto os direitos morais em sentido estrito têm um caráter particular e concreto. Assim, por exemplo, o direito de James a que John não leia sua correspondência particular durante sua ausência no escritório pode ser chamado de um direito humano ou natural, mas é mais frequentemente denominado direito moral, oriundo das regras gerais da moral. Ainda que, conclui Finnis, esta distinção surgida do uso não seja, de qualquer modo, muito firme ou clara ("the distinction thus drawn by usage is not, however, very firm or clear")[198].

b) Se com a expressão "direitos morais" se quer significar a confluência entre as exigências ou valores éticos e as normas jurídicas, a única coisa que se faz é, no fundo, afirmar uma das principais características definitórias do jusnaturalismo. Lembrou-se, com razão, que o direito natural implica defender que "o direito constitui uma parte da ética, sua função essencial pode parecer apenas como a de uma instância mediadora entre a esfera moral e a esfera propriamente jurídica. A noção de direito natural participa ao mesmo tempo de um caráter jurídico e de um caráter moral. Talvez a melhor descrição do direito natural consista em que este oferece um nome para o ponto de intersecção entre direito e moral"[199].

c) Que, portanto, qualquer intenção de transcrever a fundamentação dos direitos humanos em uma ordem de valores anterior ao direito positivo, isto é, preliminar e básico em relação a ele, situa-se, consciente ou inconscientemente, em uma perspectiva jusnaturalista. E isso, longe de ser um impedimento teórico, permite inserir o fundamento dos direitos humanos no contexto histórico-doutrinal em que foi produzida sua gênese e ulterior desenvolvimento. Por isso, qualquer justificação consciente que não pretenda padecer do mais crasso agnosticismo histórico-cultural, e que, pelo contrário, reivindique um uso histórico das categorias filosófico-jurídicas, não pode prescindir de ligar o fundamento dos direitos humanos com a tradição cultural na qual surgiram e foram elaborados doutrinalmente, ou seja, com a teoria jusnaturalista. Sem que seja legítimo – e a exposição da maior parte das teses até aqui comentadas assim o prova – identificar a ordem de valores ético-jurídicos jusnaturalista com a proposição de alguns princípios universais, absolutos e imutáveis. Considere-se, por exemplo, que a primeira axiologia moderna, que, como se sabe,

---

[198] J. FINNIS, *Natural Law and Natural Rights*, op. cit., pp. 198-9.

[199] A. PASSERIN D'ENTREVES, *Derecho natural*, trad. esp. de M. Hurtado Bautista, Madri, Aguilar, 1972, p. 151.

aparece na distinção elaborada por Samuel Pufendorf entre os *entia phisica* e *entia moralia*, ao concebê-los como "modo que os seres racionais aplicam às coisas e aos movimentos físicos para orientar e regular a liberdade das ações voluntárias do homem, assim como atribuir ordem e harmonia à vida humana", quer dizer, como valores, aparece precisamente em uma obra na qual, através da ideia da *dignitas*, serão assentadas premissas decisivas para a fundamentação dos direitos humanos[200].

5.2. Os direitos humanos podem ser fundamentados?

Nos debates do Colóquio do Instituto Internacional de Filosofia, em Áquila, 1964, Chaïm Perelman propôs abertamente a questão da possibilidade de fundamentar os direitos humanos. Sua conclusão admitia um fundamento suficiente para nossa época, baseado na argumentação racional, mas sem garantir, de uma vez por todas, a eliminação de todas as incertezas e das futuras controvérsias[201]. No mesmo sentido, e nesse mesmo Colóquio, Norberto Bobbio propunha substituir a busca do fundamento absoluto dos direitos humanos, tarefa – em sua opinião – desesperada, pelo estudo das diversas fundamentações possíveis endossadas pelas ciências históricas e sociais[202].

Contudo, uma vez que foram analisadas criticamente diferentes fundamentações atuais possíveis dos direitos humanos, não me parece legítimo refugiar-me em uma cômoda *epokhé* e abster-me de todo juízo ou pronunciamento sobre a "melhor fundamentação". A constatação de que existem diversas fundamentações possíveis dos direitos humanos não tem por que levar a inferir que todas elas possuem idêntico valor teórico, ou relevância prática. Do mesmo modo que a apresentação de uma conjectura ou proposta sobre a "melhor fundamentação" não implica a crença na fundamentação absoluta de validade definitiva. Parte-se aqui, pelo contrário, do pressuposto de que toda justificação racional dos direitos humanos deve ser considerada refutável, "falseável" no sentido popperiano, como deve estar aberta a ulteriores processos de revisão. O que, longe de ser demérito, constitui sua principal virtude, como prova sua disposição para levar em conta futuras argumentações discursivas que a aperfeiçoem, ou que eventualmente a convalidem.

Com base nessas premissas, posso apresentar agora minha opção pessoal, de certo modo antecipada na exposição que a entecedeu, em favor de uma fundamentação intersubjetivista dos direitos humanos. De fato, entendo que os valores que configuram o conteúdo dos direitos humanos não podem ser con-

---

[200] S. Pufendorf, *De iure naturae et gentium*, I, I, 3. Cf. o capítulo 1.

[201] C. Perelman, "Peut-on fonder les droits de l'homme", in *Le fondement des droits de l'homme*, Actes des entretiens de L'Aquila, 14-19 de setembro de 1964, Institut International de Philosophie), Florença, La Nuova Italia, 1966, pp. 11 ss.

[202] N. Bobbio, "L'illusion du fondement absolu", in *Le fondement des droits de l'homme*, op. cit., pp. 4 ss.

cebidos como um sistema fechado e estático de princípios absolutos situados na esfera ideal anterior e independente da experiência, como pretende o objetivismo; nem tampouco podem ser reduzidos ao plano dos desejos ou interesses dos indivíduos, como propugna o subjetivismo. A fundamentação intersubjetivista, para a qual me inclino, parte da possibilidade de chegar a estabelecer as condições a partir das quais a atividade discursiva da razão prática permite chegar a certo consenso, aberto e revisável, sobre o fundamento dos direitos humanos. Um consenso que, por outro lado, longe de se traduzir em formas abstratas e vazias, recebe seu conteúdo material do sistema de necessidades básicas ou radicais, que constitui seu suporte antropológico.

Minha proposição tenta ser uma mediação crítica entre duas estimulantes correntes do pensamento marxista atual de inequívoco sentido antidogmático e humanista: a teoria consensual da verdade elaborada pelo último dos teóricos da Escola de Frankfurt, Jürgen Habermas; e a filosofia das necessidades radicais defendida pela Escola de Budapeste e, de modo especial, por Agnes Heller. A primeira proporciona o quadro metodológico, as condições ideais a que deve ser submetido o discurso racional fundamentador dos direitos humanos, assim como *a contrario sensu* denuncia os fatores que nas sociedades históricas distorcem ou impedem a possibilidade de chegar a legitimações racionais dos direitos, generalizáveis ou universalizáveis enquanto dotadas de "objetividade intersubjetiva". A segunda traz dados relevantes sobre as condições antropológicas, sobre as exigências ou necessidades da natureza humana, que constituem a base material de todo valor[203].

Penso, com Norberto Bobbio, que "a fundamentação dos valores deve ser buscada nas necessidades do homem". Toda necessidade supõe uma carência: o homem tem necessidades na medida em que carece de determinados bens e sente a exigência de satisfazer essas carências. O que satisfaz uma necessidade humana tem valor, o que a contradiz é um desvalor. Por isso, "o valor é uma abstração mental realizada a partir de uma experiência humana concreta"[204].

---

[203] Os pressupostos antropológicos constituem um suporte imprescindível para qualquer fundamentação dos direitos humanos. Pense-se, por exemplo, que um dos mais implacáveis ataques contemporâneos a tais direitos, assim como aos valores da dignidade e da liberdade do "homem autônomo" que lhes serviam de base, foi elaborado por quem, a partir das premissas condutistas, pretendeu substituir os direitos e valores fundamentais por uma "tecnologia da conduta" condicionadora do comportamento dos indivíduos às exigências do ambiente. Esta foi a tese defendida por B. F. Skinner, *Más allá de la libertad y la dignidad*, trad. esp. de J. J. Coy, 4. ed., Barcelona, Fontanella, 1980, pp. 33 ss. e 151 ss. Entre as tentativas de fundamentação antropológica dos valores jurídicos ver o livro de Thomas E. Davitt, *The Basic Values in Law. A Study of the Ethico-legal Implications of Psychology and Antropology*, 2. ed., Milwaukee (Wisconsin), Marquette University Press, 1978, esp. pp. 11 ss.

[204] N. Bobbio, *Introduzione alla filosofia del diritto*, Turim, Giappichelli, 1948, pp. 34 e 36. Partindo dessa apresentação de Norberto Bobbio, Avelino Manuel Quintas traçou recentemente uma completa tipologia dos valores ético-individuais, sociais, culturais e econômicos que integram a noção do bem comum, e tem sua justificação no sistema de necessidades humanas. *Analisi del bene comune*, Roma, Bulzoni, 1979, pp. 21 ss. e 116 ss. Cf. minha resenha dessa obra na REP, 1980, n. 15, pp. 216 ss.

Por serem abstrações mentais, os valores são um produto do homem, que se configuram a partir do discurso racional intersubjetivo baseado nas necessidades humanas. O valor é uma projeção da consciência do homem para o mundo externo, representa "um modo de preferência consciente" – nas palavras de Heller[205] –, que parte de determinadas condições sociais e históricas e que, portanto, tem um fundamento empírico e não metafísico.

Essa proposição corresponde, além disso, à minha concepção geral da filosofia do direito como filosofia da experiência jurídica, isto é, como reflexão crítica sobre a *práxis* histórico-social na qual o direito e os valores ético-jurídicos (portanto, também os direitos humanos) surgem e se desenvolvem[206]. Isso implica basear a fundamentação dos direitos humanos no desenvolvimento multilateral e consciente das necessidades humanas, que emergem da experiência concreta da vida prática. Essas necessidades, como dados social e historicamente vinculados à experiência humana, possuem uma objetividade e uma universalidade que possibilitam sua generalização, através da discussão racional e do consenso, e sua concretização em postulados axiológico-materiais. O sistema de valores ou preferências conscientes básicos deve servir, em suma, "para maximizar e otimizar a satisfação das necessidades e interesses de todos e de cada um dos membros da espécie humana"[207]. Existe, portanto, um condicionamento mútuo ou, caso se queira, uma reciprocidade circular entre o método e o objeto da fundamentação dos direitos humanos proposta. Porque se parte de que o consenso racional sobre os direitos humanos tem que surgir da experiência das necessidades, e voltar novamente à experiência para ilustrar, isto é, para tornar plenamente conscientes essas necessidades[208].

Tenho consciência de que a essa proposta de fundamentação dos direitos humanos pode-se objetar que implica uma forma de *naturalistic fallacy*, ao derivar o valor dos direitos humanos do fato empírico das necessidades. Sobre esse ponto é obrigatório lembrar que, até no âmbito da filosofia moral analítica mais recente, foi amenizada a famosa observação de David Hume[209], for-

---

[205] A. HELLER, *Hipótesis para una teoría marxista de los valores*, op. cit., p. 33.

[206] Ver minhas *Lecciones de filosofía del derecho. Presupuestos para una filosofía de la experiencia jurídica*, Sevilha, Minerva, 1982.

[207] J. FERRATER MORA e P. COHN, *Ética aplicada. Del aborto a la violencia*, Madri, Alianza, 1981, p. 40.

[208] Mostram-se de grande interesse sobre a circularidade das relações experiência/valor as reflexões de HANS-GEORG GADAMER em seus trabalhos: "¿Qué es praxis? Las condiciones de la razón social" e "Hermenéutica como filosofía práctica", na coletânea *La razón en la época de la ciencia*, trad. esp. de E. Garzón Valdés, Barcelona, Alfa, 1981, pp. 41 ss. e 59 ss., respectivamente.

[209] "Em todo sistema moral de que tive notícia", escreveu DAVID HUME, "até agora, sempre observei que o autor segue, durante certo tempo, o modo de falar comum, estabelecendo a existência de Deus ou realizando observações sobre as atividades humanas, e, de repente, deparo-me com a surpresa de que, ao invés das junções habituais das proposições: é e *não é*, não vejo nenhuma proposição que não esteja ligada com um *deve* ou *não deve*. Essa mudança é imperceptível, mas é, contudo, da maior importância. De fato, como esse *deve* ou *não deve* expressa alguma nova afirmação ou relação, é necessário que ela seja observada e explicada e que, ao mesmo tempo, justifique algo que parece absolutamente inconcebível, a saber: como é possível que essa nova relação seja

mulada expressamente por George Edward Moore, de que qualquer tentativa de derivar conceitos normativos de dados descritivos incorre em uma "falácia naturalista"[210]. Assim, por exemplo, até aqueles que, como Karl Popper, aceitam, em princípio, a impossibilidade lógica de derivar os valores dos fatos, reconhecem que os valores "frequentemente têm a ver com fatos ou estão ligados a fatos"[211]. Sem que tenham faltado tentativas, como a de Stephen E. Toulmin, de mostrar a peculiaridade da argumentação ética através da qual se pode passar de fundamentos descritivos a uma conclusão ética, mediante a inferência valorativa[212]. John Searle foi ainda mais longe em sua tentativa de mostrar como, em determinados casos, é possível a origem do dever ser a partir do ser, inclusive respeitando as regras tradicionais da lógica dedutiva[213]. Não compartilho, contudo, a tese de Norbert Hoerster quando, ao propor uma fórmula de mediação entre fatos e valores, conclui que a ruptura entre o ser e o dever ser "não é, como frequentemente se costuma imaginar, um abismo lógico, mas epistemológico: um dever ser pode ser *deduzido* de um ser, mas não *conhecido* a partir de um ser"[214]. Pois a filosofia da experiência jurídica parte do princípio viquiano do *verum ipsum factum*, de que só se conhecem as coisas das quais se tem experiência e aceita a exigência marxista da continuidade entre teoria e *práxis*[215].

O conhecimento e a fundamentação dos direitos humanos a partir da experiência das necessidades não implicam, contudo, confundir o plano dos fatos com o dos valores, negando essa importante distinção metódica, nem cair num empirismo sensorial. O que se afirma é que a distinção entre os planos respectivos do ser e do dever ser não tem por que se traduzir em uma ruptura abissal, que impeça a necessária articulação entre ambos. Essa articulação, no

---

deduzida de outras diferentes." *Tratado de la naturaleza humana*, org. por F. Duque, 2. ed., Madri, Nacional, 1981, vol. II, pp. 689-90. No entanto, convém ter claro que ainda que HUME denuncie a dedução das afirmativas morais a partir dos fatos, admite a ligação, a partir do sentimento e da experiência, entre o mundo dos fatos e o dos valores morais e jurídicos. De outro modo não poderia fundamentar sua teoria sobre a obrigatoriedade das promessas, a transição da obrigação natural para a moral através da simpatia, a justificação da propriedade com base no critério do interesse individual e da utilidade social, da concepção "artificial", porém, ao mesmo tempo, necessária e universal da justiça... Cf. L. BAGOLINI, *Esperienza giuridica e politica nel pensiero di David Hume*, 2. ed., Turim, Giappichelli, 1967, *passim*.

[210] G. E. MOORE entende que a noção de "bom", que é o conceito básico da ética à qual se podem reconduzir todos os demais valores éticos, é indefinível. Aqueles que pretendem definir o "bom" a partir da descrição das propriedades das coisas boas pensam que "quando nomeiam essas propriedades estão definindo 'bom' realmente, e que não são, de fato, 'outras' senão absoluta e completamente iguais à Bondade. A essa proposição proponho que se chame *falácia naturalista*". *Principia Ethica*, trad. esp. de A. García Díaz, México, UNAM, 1959, p. 9.

[211] K. POPPER, *Búsqueda sin término*, op. cit., p. 260.

[212] S. E. TOULMIN, *El puesto de la razón en la ética*, op. cit., pp. 152 ss. e 166 ss.

[213] J. SEARLE, "How to Derive 'Ought' from 'Is'", in *Speech Acts: An Essay in the Philosophy of Language*, Cambridge University Press, 1969, pp. 176 ss.

[214] N. HOERSTER, *Problemas de ética normativa*, trad. esp. de E. Garzón Valdés, Buenos Aires, Alfa, 1975, p. 39.

[215] Cf. minhas *Lecciones de filosofía del derecho. Presupuestos para una filosofía de la experiencia jurídica*, op. cit., pp. 126 ss.

que concerne à fundamentação dos direitos humanos, produz-se à medida que as necessidades transcendem o plano dos dados imediatos sensoriais para se tornar modos conscientes de preferências, ou seja, valores[216].

A fundamentação dos direitos humanos que aqui se propõe tende a abolir a rígida divisão (*Spaltung*) entre *Sien* e *Sollen*, entre ser e dever ser, mas sem que isso implique aceitar a identificação hegeliana entre realidade e razão. Pois sem o apoio na experiência das necessidades, os direitos humanos correm o risco de se transformar em ideais vazios, sem a referência ao dever ser perderiam seu horizonte utópico-emancipatório. O êxito dessa difícil mediação entre a experiência e os valores constitui o problema básico da fundamentação dos direitos humanos, mas a dificuldade do propósito não diminui a virtude da empreitada[217].

---

[216] Neste ponto sigo a tese exposta anteriomente, ao analisar a concepção de AGNES HELLER, da progressiva evolução das necessidades humanas a partir de sua dimensão empírica e material para seu significado qualitativo como necessidades radicais.

[217] Por uma argumentação diferente LUIS RECASÉNS SICHES chegava a uma conclusão similar ao afirmar que, apesar de a origem de toda valoração ser um *a priori*, "os juízos estimativos contêm múltiplos e diversificados ingredientes de experiência, isto é, de referência ou de consideração de fatos reais humanos, genéricos e particulares e concretos, a saber: os dados das realidades humanas...". *Experiencia jurídica, naturaleza de la cosa y Lógica "razonable"*, México, FCE &UNAM, 1971, p. 190. Para RECASÉNS, é a própria existência humana o princípio articulador da realidade e dos valores, pois apenas ligados à vida humana eles têm sentido. Por isso, apesar de seu caráter ideal e objetivo, os valores encontram-se condicionados, como a sua fundamentação, pelo sujeito que deve realizá-los "e pela realidade das coisas com as quais, mediante as quais e nas quais vai materializá--los". Ibid., p. 28; ver também pp. 319-20.
Contudo, julgo que a tese de RECASÉNS incorre em algumas imprecisões. Pois é contraditório afirmar o caráter apriorístico dos valores, em cujo caso o papel da experiência humana não seria outro que o de encontrá-los e cumpri-los; e, ao mesmo tempo, condicionar o fundamento dos valores a dados da realidade, o que implica descartar sua pretensa significação ideal e *a priori*. Essa contradição só poderia ser superada se a objetividade ideal *a priori* fosse entendida como mera possibilidade formal da existência de valores objetivos que, contudo, se encontrariam subordinados em relação a seu conhecimento e realização aos dados da experiência humana. De outro modo, teria razão BENITO DE CASTRO CID quando, em sua excelente exposição crítica do pensamento de RECASÉNS, observa que "seu apriorismo axiológico... é um tanto incongruente com sua fundamental orientação fenomenológico-vitalista". *La filosofía jurídica de Luis Recaséns Siches*, Universidade de Salamanca, 1974, p. 165, n. 34.
No que diz respeito à atualização das teses jusnaturalistas da competência da razão prática para fundamentar os valores ético-jurídicos, concordo com JOSÉ DELGADO PINTO quando indica que "envolvem o maior interesse as tentativas de delinear as condições de uma situação hipotética de discussão racional que, assumida idealmente, nos permitiria enunciar não apenas fórmulas vazias, mas verdadeiros princípios materiais de justiça universalmente válidos, isto é, que teriam de ser considerados para a ordenação justa de qualquer sociedade". *De nuevo sobre el problema del derecho natural* (Discurso lido na solenidade de abertura do Curso Acadêmico, 1982-83, Ediciones Universidad de Salamanca, 1982, p. 33. O professor DELGADO PINTO, que anteriormente se ocupara do tema dos valores ético-jurídicos em seu trabalho inédito sobre *La idea de la justicia en Nicolai Hartmann*, assim como em sua ampla monografia "Derecho-Historia-Derecho Natural (Reflexiones acerca del problema de la oposición entre la existencia del Derecho Natural y la historicidad de los órdenes jurídicos)", *ACFS*, 1964, fasc. 2, pp. 73 ss., sugere agora um estimulante ponto de encontro e confrontação entre as atuais tentativas reabilitadoras da razão prática e do jusnaturalismo.

SEGUNDA PARTE
ESTADO DE DIREITO

CAPÍTULO 4

SOBERANIA POPULAR E ESTADO DE DIREITO

1. ANÁLISE GENÉTICA: ORIGENS DA EXPRESSÃO "SOBERANIA POPULAR"

Há cerca de mais de um século, um clássico do pensamento político se lamentava da confusão surgida pelo uso inadequado de termos tão fundamentais para a teoria e a prática política como "democracia" e "soberania do povo". Enquanto não se chegar a defini-los com clareza e a um acordo sobre as definições – dizia ele –, viver-se-á numa intrincada confusão de ideias, para vantagem de demagogos e de déspotas[1].

Como a ação política depende do uso eficaz da linguagem e da comunicação, é conveniente ter uma ideia clara do papel que os conceitos e proposições mais usuais desempenham em determinado sistema, para observar qual valor convencional se atribui a sua significação. Entende-se que, na ciência jurídico-política contemporânea, essa tarefa é facilitada pelas técnicas de análise da linguagem. Através delas, pretende-se purificar os domínios do discurso político de noções inúteis ou ambíguas, ou, pelo menos, contribuir para esclarecer a pluralidade significativa e o consequente grau de equivocidade de determinadas expressões ou conceitos[2].

Por isso, pareceu-me que poderia ser de alguma utilidade aplicar os recursos metodológicos da análise linguística no estudo de uma categoria terminológica tão controvertida, ambígua e repleta de conotações ideológicas como a

---

[1] A. Tocqueville, *Ouvres Complètes*, org. por J. P. Mayer, Paris, Gallimard, 1966, vol. VIII, p. 184.

[2] Entre os trabalhos de análise da linguagem política, ver: T. Deward Weldon, "Kritik der politischen Sprache", in H. Albert e E. Topitsch (orgs.), *Werturteilsstreit*, Darmstadt, Wissenschaftliche Buchgesellschaft, 1971, pp. 294 ss.; H. D. Laswell e outros, *Language of Politics*, Nova York, Stewart, 1949; R. McKeon, "Le Pouvoir et le langage du Pouvoir", in *Le Pouvoir*, Paris, PUF, 1956, vol. I, pp. 1 ss.; E. Pattaro, *L'analisi del linguaggio politico*, Il Mulino, n. 221, 1972, pp. 473 ss.; G. Sartori, *Democrazia e definizioni*, 3. ed., Bolonha, Il Mulino, 1969; P. Semama, *Linguaggio e potere*, Milão, Giuffrè, 1974.

de "soberania popular". Devo adiantar que essas considerações, exatamente por ocorrerem no campo da análise da linguagem, não pretendem chegar a uma definição essencial da soberania popular. Destinam-se apenas a registrar certos usos linguísticos do termo e também a esclarecer o valor pragmático que subjaz a esses usos.

Como ponto de partida para esta análise, será usada a conhecida observação de Charles Morris, segundo a qual uma palavra pode ser estudada: em relação com outras palavras (em nível sintático), em relação com os objetos que designa (em nível semântico) e em relação com os sujeitos que a utilizam ou são influenciados por ela (em nível pragmático)[3]. Aqui, no entanto, a análise sintática, como teoria geral das regras de formação e transformação das proposições no interior de uma linguagem determinada, será substituída por algumas observações sobre o processo genético de formação terminológica da expressão "soberania popular".

Considerada em sua dimensão genética, a expressão "soberania popular" se nos apresenta como uma união infeliz de dois termos em princípio contraditórios. De fato, a palavra "soberania" parece ter sido usada pela primeira vez no século XVIII pelo feudalista francês Beaumanoir, que em sua obra *Les coutumes du Beauvoisis* afirmava: "chascuns barons est souverain en sa baronie..." e "le roi est souverain par dessus tous"[4]. No entanto, nos textos medievais franceses essa expressão é pouco frequente. Na Idade Média, seguindo a tradição romana[5], os termos mais frequentes para designar o poder são os de *dominium, potestas, imperium, maiestas*...[6], e em alguns autores, como Marsílio de Pádua, o de *principatus*[7].

Por isso, Kelsen, em seu livro *Das Problem der Souveränität und die Theorie des Völkerrechts*[8], e Bataglia, em sua monografia sobre "La soberanía y sus límites"[9], entendem, com razão, que o uso da palavra "soberania" se consolida na linguagem política do absolutismo e de modo especial nos *Six livres de la République*, de Bodino, em que a *souveraineté* é definida como "la puissance absolute et perpétuelle d'une République"[10].

---

[3] C. Morris, *Lineamenti di una teoria dei segni*, trad. it. F. Rossi-Landi, Turim, Paravia, 1954.

[4] Cf. R. W. Carlyle e A. J. Carlyle, *Il pensiero politico medievale*, trad. it. L. Firpo, Bari, Laterza, 1959, pp. 99-100.

[5] Cf. A. Caspary, "Über den Souveränitätsbegriff des römischen Rechts", in *Studi Albertoni*, Pádua, Cedam, 1937, vol. II, pp. 375 ss.

[6] Cf. E. Crosa, *Il principio della sovranità popolare dal Medioevo alla Rivoluzione francese*, Turim, Fratelli Bocca, 1915, pp. 26 ss.

[7] "Dicemus quod omnis principatus vel est voluntariis subditis vel involuntariis", escrevia Marsílio de Pádua, *Defensor pacis*, I, 9.

[8] H. Kelsen, *Das Problem der Souveränität und die Theorie des Völkerrechts*, Tübingen, J. C. B. Mohr (Paul Siebeck), 1928, p. 2.

[9] F. Bataglia, "La soberanía y sus limites", in *Estudios de Teoría del Estado*, trad. esp. de E. Díaz e P. de Vega, prólogo de L. Legaz Lacambra, Bolonha, Publicaciones del Real Colegio de España, 1966, pp. 125-6.

[10] J. Bodin, *Les six livres de la République*; citado pela ed. fac-símile de Scientia, Aalen, 1961, sobre a de Paris de 1583, I, 8, p. 122. Em que Bodin afirma que o termo francês *souveraineté* equivale ao latino *maiestas*.

Em todo o caso, é o pensamento absolutista que configura a ideia de soberania, entendendo-a como termo subordinado a um fato cada vez mais importante: a figura do soberano. "A soberania era concebida como o caráter a ele pertencente. O soberano – são palavras de Bertrand de Jouvenel – era o essencial; a soberania, a sombra que projetava, ou, para falar com mais exatidão, o atributo do soberano."[11]

É paradoxal ver como esse conceito de soberania, que em suas origens terminológicas evocava de imediato a figura concreta de um homem, logo depois se liga a esse termo coletivo que sugere a noção de povo. Por isso pôde-se escrever que "a teoria da soberania do povo, assim como se apresenta correntemente em nossos dias, procede de uma interpolação das teorias despóticas formuladas no século XVII em favor dos Stuart e dos Bourbon"[12].

No processo democratizador da ideia de soberania, Rousseau, como se sabe, desempenhou um papel relevante ao configurar como vontade geral o conceito moderno de poder soberano. Essa vontade geral, assim como a noção absolutista de soberania, será superior e superará as vontades individuais, mas, em vez de recair em um só homem, será patrimônio inalienável do povo, a que corresponderá sua titularidade e exercício[13].

Depreende-se disso que a noção de soberania popular é um conceito que surge em determinado contexto histórico, do qual se pode anunciar a condição de "historische Kategorie" atribuída por Kelsen à noção geral de soberania[14]. Porém pode-se até defender a tese de que a soberania popular, mais que um produto histórico, é a resultante de determinada história. Essa é a tese que se observa nos trabalhos dos italianos Crosa, autor do livro *Il principio della sovranità popolare dal Medioevo alla Rivoluzione francese*[15], e Galizia, em *La teoria della sovranità popolare dal Medioevo alla Rivoluzione francese*[16]; na obra de Bickart sobre *Les parlements et la notion de souveraineté nationale au XVIIIe siècle*[17], e na mais recente de Reibstein, intitulada *Volkssouveränität und Freiheitsrechte*[18]. Nelas o conceito de soberania popular aparece como o pro-

---

[11] B. JOUVENEL, *La soberanía*, trad. esp. de L. Benavides, Madri, Rialp, 1957, p. 337.

[12] B. JOUVENEL, op. cit., p. 351.

[13] Cf. A. NEGRI, "Sovranità", in *Scienze Politiche*, 1 (*Stato e politica*), Milão, Feltrinelli, 1970, p. 482.

[14] H. KELSEN, *Das Problem der Souveränität*, op. cit., p. 4. "... der Begriff der Souveränität, den di Staat-und Rechtslehre zu gewinnen hat, nicht mehr und nicht weniger historisch ist als der des Staates und Rechtes selbst", escreve Kelsen, ibid.

[15] E. CROSA, *Il principio della sovranità popolare dal Medioevo alla Rivoluzione francese*, op. cit.

[16] M. GALIZIA, *La teoria della sovranità popolare dal Medioevo alla Rivoluzione francese*, Milão, Giuffrè, 1951.

[17] R. BICKART, *Les parlements et la notion de souveraineté nationale au XVIIIe siècle*, Paris, 1932.

[18] E. REIBSTEIN, *Volkssouveränität und Freiheitsrechte. Texte und Studien zur politischen Theorie des 14-18. Jahrhunderst*, Munique, Karl Albert, 1972. Embora se refiram mais ao desenvolvimento histórico da ideia de soberania que à da noção específica da soberania popular, podem também ser citados os estudos de E. BULLÓN FERNÁNDEZ, *El concepto de soberanía en la Escuela Jurídica española del siglo XVI*, discurso proferido diante da Academia de Ciencias Morales y Políticas na re-

duto histórico de um processo que começa com os publicistas medievais, em sua revisão crítica da ideia teológica do Estado e teocrática da Igreja, e se concretiza na progressiva afirmação dos direitos do povo, entendido como *universitas*, diante do poder real. Essa tese, fortalecida com as teorias monarcômacas e com a afirmação jusnaturalista dos direitos individuais, cristalizou-se nas declarações constitucionais do século XVIII e, especialmente, nos esquemas políticos da Revolução Francesa.

No entanto, o uso do termo "soberania popular" superou em crescimento os limites do *húmus* histórico que marcou seu surgimento para se introduzir na linguagem política de nosso tempo, sem que tampouco se possa esquecer que antes de sua consagração terminológica já existiam fenômenos antecipadores de sua significação. Impõe-se assim a necessidade de se realizar uma análise de um termo que foi usado para designar realidades diversas ou momentos diversos de uma mesma realidade. Por isso é conveniente não limitar a análise linguística à oferta de meras respostas provisórias para concluir que a soberania popular é uma expressão que recebeu diversas significações, segundo os momentos ou âmbitos em que foi empregada, ou que, por ter significado tantas coisas diferentes, já não significa nada. Por esse caminho, corre-se o risco de chegar à conclusão pessimista de que os argumentos favoráveis ou contrários à soberania popular carecem de relevância intelectual, porque se desconhece a que coisa está se referindo. Mas ao aludir às relações entre o termo "soberania popular" e os fenômenos que designa já está se entrando em considerações de tipo semântico. De fato, se se deseja evitar uma atitude de plena capitulação cultural, é preciso estabelecer as premissas para uma definição do termo. Essa definição pode ser feita tanto em termos descritivos através de definições *lexicais*, destinadas a esclarecer como é empregada uma expressão segundo seus diferentes usos linguísticos, quanto no plano prescritivo quer mediante definições *estipulativas* ou convenções sobre usos futuros de um termo, quer através de definições *explicativas*, que neste estudo parecem mais indicadas, e que visam ressaltar como *deve ser* usada uma expressão em determinado contexto cultural para obter a máxima clareza e rigor[19].

2. ANÁLISE SEMÂNTICA: USOS LINGUÍSTICOS DO TERMO "SOBERANIA POPULAR"

Em um trabalho muito conhecido sobre as definições da democracia, Sartori afirmava que, quando os valores e as crenças fundamentais de uma

---

cepção pública do dia 15 de dezembro de 1935, Madri, Sucesores de Rivadeneyra, 1935; P. L. LEON, "L'evolution de l'idée de la souveraineté avant Rousseau", in *Archives de Philosophie du Droit et de Sociologie Juridique*, 1937, pp. 152 ss.

[19] Cf. meus trabalhos: *Iusnaturalismo y positivismo jurídico en la Italia moderna*, Bolonha, Publicaciones del Real Colegio de España, 1971, pp. 27 ss.; "El Derecho natural como problema. Ensayo de análisis del linguaje", in *Estudios homenaje al profesor Corts y Grau*, Universidad de Valencia, 1977, vol. II, pp. 187 ss.

cultura são postos em discussão, as definições são as cartas com as quais se joga a partida, pois constituem o termo de comparação de que dependerão nossas opções[20].

Assim, convém abordar o problema das definições da soberania popular no plano lexical, realizando uma dissecação dos usos do termo de um modo tão analítico quanto seja possível.

Sob esse ponto de vista, e sem pretensões de exaustividade, as diferentes significações de uso do termo "soberania popular" podem ser agrupadas em função de quatro categorias.

a) A soberania popular como categoria *lógica* ou *política*. É frequente que quando se alude à soberania popular em relação com a fundamentação do direito se faz referência a duas questões distintas. Às vezes a alusão surge no âmbito da discussão sobre a origem do conhecimento dos princípios jurídicos e políticos, enquanto outras vezes surge nas controvérsias sobre a origem do poder. São dois níveis de argumentos bem distintos que devem manter-se claramente diferenciados. No primeiro caso, nos encontramos diante de um problema *lógico* ou *metodológico*; trata-se de dar uma resposta à pergunta de como é possível se conhecer o direito e a política. Tradicionalmente se respondeu bem a essa pergunta adotando a postura *intelectualista* para mostrar que o direito e a política são problemas da ciência aos quais se chega através do exercício da razão, para a qual, em princípio, os "sábios" estão mais capacitados. Ou então em termos *voluntaristas*, indicando que tais noções não são fruto da deliberação científica, mas de determinadas preferências e sentimentos produto de atos de vontade e de decisão.

Diferente desse plano metodológico é o que convencionalmente pode ser qualificado de *político*, no qual a pergunta decisiva é a de quem deve mandar. Pode-se responder a ela no sentido *aristocrático*, reservando o poder às pessoas que possuem determinadas qualidades; ou em sentido *democrático*, reivindicando a participação popular no governo, segundo o velho adágio pelo qual "quod omnis tangit ab omnibus adprobetur".

É certo que em alguns pensadores, como Platão, as duas instâncias se implicam. E, assim, a proposição intelectualista no plano lógico fundamenta a proposição aristocrática no político[21]. Tendência que reaparece séculos depois em Hegel, que no famoso item de seus *Grundlinien der Philosophie des Rechts* declara absurda a pretensão de que todos os homens devem participar nos problemas do Estado, que, a seu ver, apoia-se na falsa ideia de que todos entendem de tais assuntos[22].

No entanto, em outros pensadores os dois níveis aparecem claramente diferenciados. Assim, o voluntarismo gnosiológico traduziu-se no plano político em posturas aristocráticas como a de Hobbes, ou democráticas como a de

---

[20] G. Sartori, *Democrazia e definizioni*, op. cit., p. 12.
[21] Platão, *República*, IV, 6, 428 b-429 a.
[22] G. W. F. Hegel, *Grundlinien der Philosophie des Rechts*, org. por J. Hoffmeister, 4. ed., Hamburgo, Meiner, 1955, item 308, p. 268.

Rousseau. Ao passo que a postura intelectualista serviu tanto de base para proposições aristocráticas como as criticadas por Platão e Hegel, como de apoio democrático à tese da soberania popular. É conhecida, por exemplo, a recente revisão historiográfica que situa o intelectualismo aristotélico-tomista: por um lado, como o ponto de partida na Idade Média para afirmar a presença do povo no governo[23], e por outro, como o início de um movimento doutrinal democrático que através de Hooker desemboca nas teses de Locke[24].

b) A soberania popular no sentido *descritivo* e *prescritivo*. Em outras ocasiões, a confusão terminológica surge pelo fato de o termo "soberania popular" ser empregado para designar algo que se imagina que existe ou para aludir ao que se acredita que deveria existir. Neste segundo nível de consideração, o que interessa é chamar a atenção para a diferença que implica a apelação à soberania popular, no plano doutrinal ou até no da práxis política, como a de um *desideratum* ou um elemento do *dever ser* da sociedade perfeita; ou a referência a essa ideia como um fator que desempenha, de fato, um papel na mecânica política de um país. Este último é o sentido que envolve o reconhecimento de que o povo está investido do poder constituinte, isto é, do poder de estabelecer positivamente a Constituição do Estado. São exemplos dessa acepção da soberania popular as fórmulas com as quais se iniciam alguns textos constitucionais. Assim, no preâmbulo da Constituição dos Estados Unidos se diz: "We the people of the United States..."; nas alemãs de Weimar (1919) e da República Federal (1949) aparece também em primeiro lugar a expressão "Das Deutsche Volk..."; semelhante à francesa de 1958, que começa afirmando: "Le peuple français proclaime solennellement..." Outras vezes a menção à soberania popular é mais explícita, como ocorre no artigo 1 da Constituição italiana (1948), em que se proclama: "La sovranità appartiene al popolo, che la esercita nelle forme e limiti della Costituzione."

É evidente, e assim se abre a porta para outro nível (sociológico-ideológico) de estudo, que o fato de tais afirmações não implica que na realidade exista uma posse efetiva da soberania pelo povo. Essas declarações têm muitas vezes um valor retórico, inserindo-se plenamente nas fórmulas constitucionais que Loewenstein denomina semânticas[25].

c) A soberania popular como *titularidade* ou *exercício* do poder. A distinção anterior nos coloca diante de novos usos linguísticos da expressão "sobe-

---

[23] Cf. E. Crosa, *Il principio della sovranità popolare dal Medioevo alla Rivoluzione francese*, op. cit., p. 26.

[24] Cf. G. Fassó, *La legge della ragione*, Bolonha, Il Mulino, 1964, pp. 183 ss.; C. Morris, *Political thought in England: Tyndale to Hooker*, Oxford University Press, 1953; A. Passerin D'Entréves, *Riccardo Hooker. Contributo alla teoria e alla storia del diritto naturale*, Turim, Istituto Giuridico della R. Università, 1932. É também de grande interesse a reconstrução histórica da gênese e desenvolvimento do pensamento democrático ocidental devida a Harold J. Berman, *Law and Revolution. The Formation of the Western Legal Tradition*, Cambridge Mass., Harvard University Press, 1983.

[25] L. Loewenstein, *Teoría de la Constitución*, trad. esp. de A. Gallego, 2. ed., Barcelona, Ariel, 1970, pp. 218 ss.

rania popular". De fato, esse termo historicamente foi usado para reivindicar a titularidade popular do poder, na medida em que seu exercício podia ser atribuído ao monarca. Porém, o termo "soberania popular" pode, às vezes, significar a defesa da tese de que ao povo não corresponde apenas a titularidade do poder constituinte do Estado, mas também o exercício do poder constituído.

A doutrina medieval tentou estender uma ponte entre a titularidade e o exercício do poder mediante a *fictio* da representação; isto é, defendendo que o povo titular delegava ao príncipe seu próprio poder. É preciso insistir que se tratava de ficção, porque a doutrina medieval não se preocupava com o fato de que o representante tivesse muitos ou poucos eleitores: tratava-se de uma *praesumptio juris et de jure*, que não admitia prova contrária. Essa doutrina, ao encontrar-se privada de uma autêntica base democrática e por ignorar de fato a consulta popular, permitiu que até o absolutismo monárquico fosse legitimado mais tarde como fundado em uma representação permanente e irrevogável, transmitida por via hereditária ao soberano e aos seus súditos[26].

É por isso que Rousseau afirmava taxativamente que: "A soberania não pode ser representada, pela mesma razão pela qual não pode ser alienada: consiste na vontade geral, e a vontade não se representa, porque ou é ela ou é outra..."[27] Por isso, refutou também a tese dos constitucionalistas que defendiam o princípio da representação parlamentar para o exercício da soberania. "O povo inglês", afirmava Rousseau, "acredita ser livre e se engana porque tão somente o é durante a eleição dos membros do Parlamento, e logo depois que eles são eleitos, já é escravo, já não é nada."[28] Para Rousseau, a única solução coerente para o problema de tornar efetiva a soberania popular era a democracia direta, que implica o reconhecimento no povo da titularidade e do exercício do poder, porque temia que, ao se admitir a democracia representativa, tornasse soberano o Parlamento e não o povo.

É desse ponto que parte a recente distinção de Cerroni entre os dois tipos de soberania popular. O primeiro, ligado às teses constitucionalistas, vê na soberania popular a eleição pelo povo do corpo representativo como um elemento da estruturação do princípio da divisão de poderes e das garantias individuais. O segundo, ligado ao pensamento de Rousseau e Marx, concebe a soberania popular como a permanência do exercício do poder nas mãos do povo ou de seus mandatários[29]. A concepção da soberania popular como exercício do poder implica, para esses autores, também a existência de algumas condições eco-

---

[26] "A ideia de representantes é moderna", escrevia J. J. ROUSSEAU, "e se origina do governo feudal, desse governo iníquo e absurdo, em que se encontra degradada a espécie humana e desonrado o nome do homem. Nas Repúblicas antigas e mesmo nas Monarquias, o povo jamais teve representantes; esta palavra era desconhecida." *El contrato social*, trad. esp. de J. M., Madri, Librería de Antonio Novo, 1880, p. 135.

[27] Ibid., p. 134.

[28] Ibid., p. 135.

[29] U. CERRRONI, "La crisis de la democracia y el estado moderno", in *Problemas de la ciencia política contemporánea*, Universidad Nacional Autónoma de México, 1969, p. 15.

nômicas que façam dela um fato efetivo e não um simples postulado formal, como acontece, em seu entender, com a democracia representativa[30].

Na doutrina política contemporânea, Burdeau estudou o alcance da diferença entre a soberania como titularidade ou exercício do poder no âmbito das relações entre o que ele denomina democracia governante e democracia governada. Na sua opinião, houve uma transição da democracia governada para a governante devido à crescente tomada dos instrumentos de poder por parte do povo, até o ponto que, na sua opinião, nas atuais democracias uma vontade popular soberana e onipotente se impõe ao Estado[31].

Embora aqui o que nos interessa ressaltar é o alcance diferente assumido pelo termo "soberania popular", dependendo de se querer significar com ele a titularidade do poder ou seu exercício, sob as formas de democracia direta ou representativa, ou, se se quiser, com os termos criados por Burdeau, de democracia governante ou governada, convém fazer alguns esclarecimentos sobre o exposto.

É sabido que as democracias modernas orientaram-se nos países ocidentais para fórmulas de democracia representativa. Esses sistemas funcionam mediante mecanismos eleitorais de acordo com a regra da maioria, que outorga o mando a quem obteve mais votos, exercitando-se o poder pelo grupo que ostenta o maior número de assentos no Parlamento. Isso implica que o *povo* que se leva em consideração é fundamentalmente aquela porção de eleitores que contribui para formar as maiorias eleitorais vitoriosas, e que existe uma série de mecanismos complexos que modificam ou afastam a formulação do mandato político da vontade do povo. De modo que, em nossos dias, titularidade e exercício do poder tendem a separar-se, embora o nível retórico de muitas Constituições fundamente a titularidade e o exercício do poder no princípio da soberania popular[32]. Contra essa tendência nem sempre vale a consideração de Burdeau do progressivo valor político da opinião pública, já que hoje é lugar-comum na sociologia política a denúncia de determinado uso dos meios de comunicação de massas que ameaça tornar cada vez mais maleável e manipulável essa opinião pública.

---

[30] Cf. G. DELLA VOLPI, *Rousseau e Marx*, Roma, Riuniti, 1957, *passim*.

[31] G. BURDEAU, *Traité de Science Politique*, vol. VI, Paris, Librarie Générale de Droit et Jurisprudence, 1956.

[32] Cf. G. SARTORI, *Democrazia e definizione*, op. cit., pp. 74 ss. Sobre a crise, a revisão e as alternativas que garantissem a eficácia da participação popular nas sociedades democráticas, ver, entre outros: R. DAHL, *La democracia. Una guía para los ciudadanos*, trad. esp. de F. Vallespín, Madri, Taurus, 1999; B. ACKERMAN, *We the People*, Cambridge Mass., Harvard University Press, 1991; J. ELSTER (org.), *Deliverative Democracy*, Sindicaty of University of Cambridge, The Press, 1998; J. FISHKIN, *Democracia y deliberación. Nuevas perspectivas para la reforma democrática*, trad. esp. de J. Malem, Barcelona, Ariel, 1995; C. S. NINO, *La Constitución de la democracia deliberativa*, Barcelona, Gedisa, 1997; J. SAUQUILLO, "Representación política y democracia", in E. DÍAZ e J. L. COLOMER (orgs.), *Estado, justicia, derechos*, Madri, Alianza, 2002, pp. 281 ss. Sobre a projeção das novas tecnologias no âmbito da participação democrática (teledemocracia), ver meu livro *Nuevas Tecnologías sociedad y derecho*, Madri, Fundesco, 1987, pp. 131 ss. e a bibliografia ali comentada; assim como minha coletânea *Ciudadaní@.com*, no prelo.

d) A equivocidade significativa da soberania popular não se esgota em seu uso linguístico para designar realidades tão diferentes como as comentadas até aqui, mas essa característica aparece também refletida quando se considera a pluralidade de acepções em que pode ser assumido o termo "povo" na formação da expressão "soberania popular".

Quando se analisaram as raízes etimológicas do termo "democracia" evidenciou-se que o *demos* pode evocar: o *plethos* ou *plenum*, isto é, a totalidade dos cidadãos; ou então, os muitos, *hoi polloi*; ou ainda, a maioria, *hoi pleiones*; e até a massa, a *ochlos*[33].

Observa-se aqui que o termo "povo" pode assumir duas significações bem diferentes; pode ser entendido como uma totalidade no singular, de acordo com o que denotam os termos *Volk, peuple, popolo, pueblo* ou *povo*; ou então no plural, assim como sugere a língua inglesa *the people*.

A distinção não é desprovida de interesse, uma vez que, quando é usado no singular, o termo "povo" pode assumir importantes conotações filosóficas e políticas na formação da nomenclatura "soberania popular".

Assim, no plano *filosófico*, o termo "povo", entendido como totalidade orgânica, encontrou expressão nas noções de *Volksgeist* e *Volksseele* de Hegel, Schelling e da Escola Histórica. Contudo, deve-se assinalar que o uso do termo "povo" nessa acepção levou mais vezes a formas políticas autoritárias que democráticas, ao atribuir a uma pessoa ou a um grupo a interpretação dessa ideia abstrata e totalitária de povo.

Encontramos outra versão singular da noção de povo na linguagem da ciência *jurídica*. É significativo o exemplo de Kelsen, que na última edição de seu *Reine Rechtslehre* afirma que a noção de povo não possui um fundamento psicológico, histórico, sentimental ou de classe, mas jurídico. O princípio de unidade dos homens que integram o povo de um Estado e que lhes impõe determinadas regras de conduta não é outro que o do ordenamento jurídico vigente. O povo é, nesse sentido, o âmbito de validade pessoal do ordenamento jurídico estatal ("Das Staatsvolk is der personale Geltungsbereich der staatlichen Rechtsordnung")[34].

Em sua acepção plural, o povo pode ser entendido como uma categoria *sociológica* que se refere à coletividade de pessoas físicas quantitativamente mensurável que integram um Estado. Nessa acepção, o termo "povo" coincide como o conceito de população[35].

---

[33] G. SARTORI, op. cit., p. 24. Ver também G. FASSÓ, *La democrazia in Grecia*, Bolonha, Il Mulino, 1959.

[34] H. KELSEN, *Reine Rechtslehre*, 2. ed., Viena, Deuticke, 1960, pp. 290-1.

[35] Esses conceitos, no entanto, diferenciam-se no plano jurídico, pois, como afirma G. CHIRELLI: "In uno Stato unitario si ha un solo popolo, mentre il suo ordinamento giuridico attribuisce diversa rilevanza alla popolazione dello Stato stesso e degli altri enti territoriale, e all'appartenenza del singolo a ciascuna di tali popolazioni", verbete "Popolo", in *Novissimo Digesto Italiano*, vol. XIII, Turim, Utet, 1966, p. 289.

No entanto, ao contrário do que se poderia acreditar no âmbito da teoria política, foi mais frequente entender a dimensão plural do povo no sentido *ideológico* (aqui esta noção não é empregada em sua acepção pejorativa, mas em seu sentido descritivo para denominar um conjunto de representações mentais)[36]. Sob esse ponto de vista, o povo não é visto como o conjunto de todos os indivíduos que formam o Estado, mas como aquelas pessoas ou grupos que, por professar certas ideias ou possuir determinadas qualidades, e por serem ou se considerar que são majoritários, se entende que podem equivaler ao povo.

A origem dessa tendência é encontrada já em Aristóteles, para quem, como se sabe, o termo "democracia", forma política que supunha a perversão da *politéia*, significava o governo dos pobres, para seu próprio benefício, isto é, como classe social definida e com interesse de classe[37].

Em outros pensadores também se percebe essa tendência a restringir "ideologicamente" o conceito de povo, para fazê-lo corresponder não à totalidade dos cidadãos, mas a determinado grupo. Essa atitude é observada em Marsílio de Pádua, que, depois de afirmar que a causa efetiva da lei é o povo como *universitas*, acrescenta que ele equivale à *valentior pars*. Com isso, no final, será essa *valentior pars* – que, como o próprio Marsílio esclarece, não implica um conceito quantitativo de maioria, mas qualitativo de pertencimento às corporações comunais – o que vai personificar o conceito geral de povo no fundamento da ideia de soberania popular[38].

Também Rousseau, o principal teórico da soberania popular, segue essa tendência. Assim, no *Contrato* parece inclinar-se para uma noção sociológica do povo ao dizer que os associados pelo pacto social "tomam coletivamente o nome de *povo* e individualmente se chamam *cidadãos*, como partícipes da autoridade soberana, e *súditos*, como submetidos às leis do Estado"; ainda que reconheça que "essas palavras se confundem com frequência e se tomam uma pela outra"[39]. Porém, em outras obras, como no caso dos projetos para as Constituições da Polônia e da Córsega, identifica o povo como os cidadãos, "os patriotas", e prevê um meticuloso *cursus honorum* como forma de habilitação à soberania[40].

Em Marx, observa-se uma evolução progressiva desde uma visão sociológica do povo, que predomina em seus escritos juvenis, para uma noção ideológica. Esta surge ao se fundir no conceito econômico-ideológico de proletariado, entendido como setor social assalariado que participa no processo de produção, a noção sociológica de massa ou coletividade, e a noção política de classe social.

---

[36] Sobre a significação neutra do termo "ideologia" na cultura jurídica contemporânea, ver meu trabalho "El iusnaturalismo ante los años 70", *Anuario de Filosofia del Derecho*, 1970, pp. 316-7.
[37] Aristóteles, *Política*, III, 7-8, 1279 a-1280a.
[38] Marsílio de Pádua, *Defensor Pacis*, I, 11, 3-4.
[39] J.-J. Rousseau, *El contrato social*, op. cit., pp. 23-4.
[40] Ver G. Sartori, *Democrazia e definizioni*, op. cit., p. 194.

A noção de povo e de soberania vai se construindo em Marx através de sua crítica ao pensamento de Hegel. Para Hegel, a personalidade do Estado se encarna na pessoa do monarca. Isso faz com que o povo separado de seu monarca seja somente uma massa informe, pois a pessoa do monarca representa a unidade do povo e constitui o símbolo da soberania popular[41]. Marx, em sua *Kritik des Hegelschen Staatsrechts*, inverte os termos dessa proposição e assinala que o monarca é apenas o símbolo da *Volkssouveränität*, a qual não existe através dele, mas que ele existe através desta. O povo aparece como elemento concreto diante do caráter abstrato do Estado[42], da mesma forma que não é a religião que cria o homem, mas o homem que cria a religião, tampouco é a Constituição que cria o povo, mas o povo que cria a Constituição[43]. Em sua *Zur Kritik der Hegelschen Rechtsphilosophie*, Marx já atribui ao proletariado certa representatividade geral do povo, e lhe designa a tarefa da emancipação total da sociedade[44]. Essas ideias se apresentam com maior clareza nas obras de sua maturidade e de modo especial em suas reflexões sobre *Der Bürgerkrieg in Frankreich*. Nesse estudo, Marx afirma que a Comuna formada por todos os elementos sadios da sociedade francesa[45] dotou a República de uma base de instituições realmente democráticas[46]. A Comuna supunha um governo da classe operária, fruto da luta do proletariado contra a classe apropriadora, para conseguir a emancipação econômica do trabalho[47]. No entanto, suas medidas concretas foram a expressão de um governo do povo para o povo: "eine Regierung des Volks durch das Volk"[48].

Engels, no prólogo dessa obra de Marx, insiste nos mesmos argumentos[49], e em linha semelhante situa-se Lênin, quando, comentando o pensamento de Marx sobre a Comuna, afirma que supôs uma revolução popular graças à união do proletariado e dos camponeses. "As duas classes" – escreve Lênin – "constituíam então o *povo*. Se ambas estão unidas, o estão pela circunstância de que o mecanismo militar e burocrático do Estado as oprime, as esmaga, as explora. *Romper* esse mecanismo, *destruí-lo*, é o verdadeiro interesse do *povo*, da maioria – dos operários e de muitos camponeses –, e constitui a *condição preliminar* da união entre os camponeses mais pobres e os proletários."[50]

---

[41] G. W. F. Hegel, *Grundlinien der Philosophie des Rechts*, op. cit., item 279, pp. 243-5.

[42] K. Marx, "Kritik des Hegelschen Staatsrecht", in *Marx-Hegel Werke*, vol. I, Berlim, Dietz, 1961, p. 229.

[43] Ibid., p. 231.

[44] K. Marx, *Zur Kritik der Hegelschen Rechtsphilosophie*, op. cit., vol. I, pp. 390-1.

[45] K. Marx, *Der Bürgerkrieg in Frankreich*, op. cit., vol. 17, p. 346.

[46] Ibid., p. 342.

[47] "... die Kummune... war wesentlich eine *Regierung der Arbeiterklasse*, das Resultat des Kampfs der hervorbringenden gegen die aneignende Klasse, die endlich entdeckte politische Form, unter der die ökonomische Befreiung der Arbeit sich vollziehen konnte", op. loc., últ. cit.

[48] Ibid., p. 347.

[49] F. Engels, *Einleitung zu "Der Bürgerkrieg in Frankreich"*, ibid., pp. 613 ss.

[50] V. Lênin, *El Estado y la Revolución proletaria*, trad. esp. de N. Tasín, Madri, Biblioteca Nueva, 1920, p. 101.

Talvez o exemplo mais claro dessa tendência que se observa no âmago do marxismo para mudar o conceito de povo do plano sociológico para o ideológico, nos seja apresentado por um texto de Mao Tsé-tung, "Sobre o tratamiento correcto de las contradiciones en ele seno del pueblo". "Na etapa atual, período de edificação do socialismo" – afirma Mao –, "integram o povo todas as classes, estratos e grupos sociais que aprovam e apoiam a causa da construção socialista e dela participam; são inimigos do povo todas as forças e grupos sociais que opõem resistência à revolução socialista e se mostram hostis à construção do socialismo ou a sabotam."[51]

3. ANÁLISE PRAGMÁTICA: A FUNÇÃO DA SOBERANIA POPULAR E SUA CRISE

O estudo desses significados de uso da expressão "soberania popular" deve ser agora complementado com uma análise no plano pragmático de sua função na práxis política. Desse ponto de vista, a soberania popular aparece, antes de tudo, como um princípio de legitimidade. Considerada assim, constitui o denominador comum de todas as referências linguísticas ao termo. Existe, portanto, uma coincidência inicial nos diferentes usos da expressão "soberania popular" em afirmar que o poder só é legítimo quando procede do povo e se baseia no seu consentimento.

Em um trabalho de análise da linguagem do poder, McKeon não hesitava em afirmar a dependência da ação política em relação ao uso eficaz da linguagem e da comunicação[52]. É por isso que os juízos de valor implícitos na ideia de legitimidade constituem um elemento decisivo para o funcionamento da vida política. Pois – nos disse Polin – o governo dos homens só é possível, de forma duradoura, quando existe um acordo suficiente sobre o que é ou não é legítimo[53].

No entanto, como fator de legitimação, a soberania popular atravessa hoje um momento de crise, que levou inclusive, no caso de Habermas, a falar de um esquecimento (*Vergessenheit*) dessa ideia no horizonte político de nosso tempo[54].

---

[51] Mao Tsé-tung, "Sobre el tratamento correcto de las contradicciones en el seno del pueblo", in *Citas del Presidente Mao Tsé-Tung*, Pequim, Ediciones en Lenguas Extranjeras, 1966, p. 47.

[52] R. McKeon, *Le Pouvoir et le langage du Pouvoir*, op. cit., p. 2.

[53] R. Polin, "Analyse philosophique de l'idée de légitimité", in *L'idée de légitimité*, Paris, PUF, 1967, p. 18.

[54] J. Habermas, "Zum Begriff der politischem Beteiligung", in *Kultur und Kritik*, Frankfurt a. M., Suhrkamp, 1973, p. 11. Convém observar que não apenas está em crise o conceito de soberania popular, mas que o próprio conceito geral de soberania se encontra hoje no centro de um importante processo de revisão. Sobre isso, ver R. Bergalli e E. Resta (orgs.), *Soberanía, un princípio que se derrumba: aspectos metodológicos y jurídico-políticos*, Barcelona, Paidós, 1996. Em relação à crise do conceito de soberania estatal como fundamento do sistema de fontes de direito dos ordenamentos jurídicos internos, cf. A. E. Pérez Luño, *El desbordamiento de las fuentes del derecho*, Sevilha, Real Academia Sevillana de Legislación y Jurisprudencia, 1993.

De fato, para os que veem a soberania popular como um conceito histórico, sua função se esgota precisamente quando consegue incorporar suas exigências à Constituição política estatal[55]. Por essa linha, a noção de soberania acaba sendo tautológica por não ser possível "reconhecer nela alguma autonomia lógica diante da noção primária de Estado"[56], o que pode se tornar extensivo ao termo "soberania popular". Isso porque, a partir da Revolução Francesa, iniciou-se um paulatino processo de identificação entre os termos de "soberania popular" e "soberania nacional", integrando-se os dois, por sua vez, na noção geral do Estado como totalidade monopolizadora do poder[57].

O conceito de soberania popular vai se esvaziando de conteúdo quando não serve de manto sob o qual se oculta a existência de uma classe dominante ou grupo dirigente (a chamada classe política) no funcionamento de qualquer Estado. A ideia matriz da soberania popular de uma sociedade entendida como um conjunto de pessoas titulares dos mesmos direitos fundamentais e sujeitos de vontades equivalentes na ordem política não corresponde ao real funcionamento da práxis social. Em uma sugestiva análise estruturalista do Código Civil Francês, Arnaud evidenciou como, no desenvolvimento das regras do jogo do Direito privado burguês, nem todos os sujeitos (jogadores) desfrutam do mesmo *status*[58]; o que, com maior razão, poderia ser aplicado ao direito público, cujas formas organizativas não são as resultantes do princípio da soberania popular, mas respondem à posição dos sujeitos no processo econômico produtivo e aos interesses dos diferentes grupos ou forças políticas.

A crise da função político-legitimadora da soberania popular também foi potencializada por diversas atitudes contemporâneas de diferentes etiologias. Em alguns casos o fenômeno está ligado ao renascimento de novas versões do elitismo e sua argumentação central se refere à impossibilidade de basear os valores jurídicos e políticos em critérios majoritários[59]. Também foi de grande repercussão a tese tecnocrática segundo a qual, em uma sociedade altamente tecnicizada, a decisão política deve ser feita sob o ditame, pretensamente objetivo e inapelável, dos especialistas ou com base em um processo cibernético

---

[55] "L'idea della sovranità popolare", são palavras de E. Crosa, "così si spense. Era stata un complesso di idee che tendeva a dare al popolo una valutazione ética elevatissima, e l'effettivo esercizio di diritti che a grado a grado si erano riconosciuti come appartenenti all'individuo. Quando per la società fu immaginato un ordinamento, di cui questi diritti erano fondamento, e lo Stato guarantigia, la dottrina della sovranità popolare si confuse nella maggior scienza del diritto costituzionale moderno." *Il principio della sovranità popolare dal Medioevo alla Rivoluzione francese*, op. cit., p. 253.

[56] F. BATAGLIA, La soberanía y sus límites, op. cit., p. 133.

[57] A. NEGRI, *Sovranità*, op. cit., pp. 484-6.

[58] A. J. ARNAUD, *Essai d'analyse structurale du Code civil français. La regle du jeu dans la paix bourgeoise*, Paris, Libraire Générale de Droit et de Jurisprudence, 1973.

[59] Sobre essas proposições, ver A. MONTORO BALLESTEROS (org.), *Razones y límites de la legitimación democrática del Derecho*, Secretaria de Publicaciones de la Universidad de Murcia, 1979, pp. 65 ss., em que as teses críticas da legitimação democrática são classificadas em três segmentos que se referem a: limites funcionais, limites pragmáticos e limites filosófico-jurídicos.

que torne desnecessário ou obsoleto o recurso ao princípio democrático[60]. Uma variante dessa proposição, muito debatida nos últimos anos, foi a *Systemtheorie*, cuja formulação se deve especialmente a Niklas Luhmann. De acordo com suas premissas, na complexa sociedade superindustrializada de nossos dias produziu-se uma substituição do sistema de legitimação democrática da Constituição baseado na eleição majoritária de fins ou valores políticos, por uma legitimação técnica que se baseia nas exigências de funcionamento inerentes à própria estrutura do sistema[61]. De acordo com Luhmann, para garantir sua própria sobrevivência, todo sistema tende a reduzir a complexidade do ambiente (*Reduktion von Umweltkomplexität*) e para tanto deve estar do tado de um grau de complexidade proporcional ao do ambiente que tenta regular. É por isso que o sistema político constitucional, para garantir sua eficácia e sua sobrevivência, deve ser capaz de reduzir a complexidade das estruturas ambientais socioeconômicas que é chamado a regular. Para isso, deve acomodar suas estruturas às exigências e à própria complexidade de seu entorno. A *Systemtheorie* implica, além disso, uma negação radical de qualquer tentativa de legitimação material das normas e instituições jurídicas com base em seu conteúdo, substituindo-o pelo critério da sujeição formal ao procedimento. Um procedimento que não aspira de modo algum ao princípio majoritário da formação democrática do consenso, mas a razões de correção formal e de exigências técnicas de eficácia[62]. Por esse motivo, a teoria de Luhmann acaba por si-

---

[60] Cf. A. E. Pérez Luño, *Cibernética, informática y derecho. Un análisis metodológico*, Bolonha, Publicaciones del Real Colegio de España, 1976, pp. 26 ss.; id. *¿Ciberciudadaní@ o Ciudadaní@.com?*, Barcelona, Gedisa, 2004, pp. 84 ss., em que se incluem algumas das críticas mais recentes sobre os riscos tecnológicos com relação ao processo democrático.

[61] N. Luhmann, "Politische Verfassungen im Kontex des Gesellschaftssystems", in *Der Staat*, 1973, n. 1, pp. 1 ss., esp. pp. 20-2; "Positivität des Recht als Voraussetzung einer modernen Gesellschaft", in *Jahrbuch für Rechtssoziologie und Rechtstheorie*, 1970, vol. I, pp. 175 ss.; *Grundrechte als Institution. Ein Beitrag zur politischen Soziologie*, 2. ed., Berlim, Duncker & Humblot, 1974, pp. 136 ss.

[62] N. Luhmann, "Komplexität und Demokratie", in *Soziologische Aufklärung. Aufsätze zur Theorie sozialer Systeme*, 2. ed., Colônia/Opladen, Wetsdeutscher, 1971, pp. 35 ss.; "Systemtheoretische Beiträge zur Rechtstheorie", in *Jarhbuch für Rechtssoziologie und Rechtstheorie*, 1972, vol. II, pp. 259 ss. e seu recente trabalho *Kommunikation über Recht* in *Integrationssystemen*, ibid., 1980, vol. VI, pp. 99 ss. Sobre a legitimação através do procedimento, ver seu livro *Legitimation durch Verfahren*, Neuwied--Berlim, Luchterhand, 1969, esp. pp. 148 ss. e 172 ss. Convém destacar que, para Luhmann, o que se pode entender como democrático ou simbolizar a vontade do povo (*Wille des Volkes*) não é a concreta participação de todos nos processos políticos decisórios para controlá-los ou contribuir para a sua autoformação. Isso seria algo irreal, não apenas uma utopia, mas até uma ideia equivocada, pois os processos decisórios são processos de seleção entre diversas possibilidades. Tais processos, na medida em que aumenta sua racionalidade e se amplia o número de suas possibilidades, tendem a traduzir-se em mais "nãos" que "sins". É por isso que situar o fundamento da democracia na participação ativa do cidadão seria o mesmo que elevar a frustração a princípio (*Frustierung zum Prinzip machen*). Democracia significa, em suma, manutenção da complexidade para a contínua tarefa de tomada de decisões, isto é, a manutenção de um meio seletivo o mais amplo possível para decisões novas e diferentes. Nisso – diz Luhmann – a democracia encontra sua racionalidade e humanidade: sua razão ("Darin hat Demokratie ihre Rationalität und ihre Menschlichkeit: ihre Vernunft." *Komplexität und Demokratie*, op. cit., pp. 39-40). Desse modo, o conceito de democracia proposto por Niklas Luhmann não somente exclui a ideia que lhe é essencial, de participação popular majoritária

tuar o problema da legitimação no primado da economia. Em outras palavras, são as exigências técnico-objetivas do sistema produtivo que, afinal, vão legitimar, por motivos de eficácia, o conjunto de medidas e atuações políticas e jurídicas. Assim, subordina-se o sistema normativo, inclusive o constitucional, à lógica imanente da economia, subestimando o papel de orientação e controle que corresponde ao direito na planificação econômica. É interessante observar que a uma conclusão semelhante chegaram, por caminhos diferentes, alguns economistas neoliberais como A. Downs[63], H. Lepage[64] e R. Posner, que em seu trabalho *Economic Analysis of Law* chega a propor como critério legitimador para atribuir a titularidade e regular o exercício dos direitos fundamentais o da maximização de sua utilidade em termos de cálculo econômico[65]. Não deixa de ser paradoxal que, depois de a acepção economicista do marxismo ter sido submetida a uma profunda revisão crítica no seio do pensamento socialista, hoje um neodeterminismo econômico seja proposto com base em premissas liberal-conservadoras.

De qualquer modo, acredito que as proposições mencionadas incorrem em um erro de enfoque. Ao esboçar a análise semântica da expressão "soberania popular" mostrava as diferentes implicações que o termo assume segundo seu uso em sentido lógico ou político. Pois bem, a maior parte das teses que refutam a soberania popular incorre na confusão entre esses dois campos. Assim, da premissa certa no campo *lógico* de que na sociedade tecnicamente avançada existem problemas cuja compreensão exata escapa às massas e só podem ser aprendidos e resolvidos por especialistas, inferem a falsa conclusão no campo *político* de que as decisões e valores comunitários devem ser confiados a uma elite. O recurso à soberania do povo como critério de legitimação política não significa, portanto, desconhecer a importância científica ou técnica que podem ter as opiniões dos especialistas para solucionar muitos dos problemas mais urgentes que uma sociedade altamente desenvolvida precisa resolver. Até a própria autoconsciência crítica da maioria não pode ser concebida histórica e politicamente sem a ação de uma elite intelectual. "Uma massa humana", ensinava Antonio Gramsci, "não se *distingue* e não se torna independente *por si mesma* sem se organizar (em sentido lato), e não existe organização sem intelectuais, isto é, sem organizadores e dirigentes, ou seja, sem que o aspecto teórico na ligação teoria-prática se distinga concretamente em um estrato de pessoas *especializadas* na elaboração conceitual e filosófica."[66]

---

na tomada de decisões políticas, mas até elimina a possibilidade de os cidadãos influírem na formação das opções políticas. A alternativa "democrática" de LUHMANN se resume apenas na possibilidade de selecionar (melhor seria dizer incorporar) as opções políticas que expressam a própria racionalidade geral do sistema, isto é, as "razões" de quem ostenta o domínio do sistema.

[63] A. DOWNS, *Teoría económica de la democracia*, trad. esp. de L. A. Martín, Madri, Aguilar, 1973.

[64] H. LEPAGE, *Mañana, el capitalismo*, trad. esp. de J. Bueno, Madri, Alianza, 1980.

[65] R. POSNER, *Economic Analysis of Law*, 2. ed., Boston/Toronto, Little, Brown and Co., 1977.

[66] A. GRAMSCI, *Introducción a la filosofía de la praxis*, trad. esp. de J. Solé-Tura, 3. ed., Barcelona, Península, 1976, p. 25.

O princípio da soberania popular realiza-se, assim, na práxis através de um processo dialético em que o momento da decisão majoritária não tem por que excluir o momento prévio da orientação da decisão, que pode corresponder a uma elite ou minoria intelectual. Sempre que essa elite esteja comprometida com a massa na elaboração comum de determinado programa de ação[67]. É por isso que é falsa a tese de que a soberania popular esteja fadada a degenerar em um decisionismo político, ao sacralizar a soma de um conjunto de vontades arbitrárias. Diante disso, cabe acrescentar que seu valor como critério de legitimação democrática do poder apoia-se em que o acordo ou consenso sobre o qual se articula a decisão majoritária seja – segundo uma conhecida proposição de Jürgen Habermas – o produto de uma deliberação racional obtida sob condições formais que permitam uma situação comunicativa ideal e tenha por objeto interesses generalizáveis ou necessidades que possam ser compartilhadas através da comunicação[68]. A racionalidade a que nos referimos aqui não consiste em um princípio absoluto e imutável, mas em um critério aberto a uma constante revisão e crítica[69]. O consenso racional ocorre quando existe uma comunicação ideal, isto é, aquela que não está deformada pela persistência de situações de dominação. Por isso, só é possível obtê-lo onde existe uma forma de vida caracterizada pelos valores de verdade, liberdade e justiça[70] e onde, em suma, se produziu uma completa emancipação humana[71].

A legitimação do poder através da soberania popular não tem que levar ao decisionismo quando se garantem a racionalidade formal (consenso baseado em uma comunicação livre de distorções) e a racionalidade material (sociedade emancipada que persegue interesses generalizáveis) do discurso. Pelo contrário, são as formulações tecnocráticas as que, muitas vezes, supõem uma volta às proposições decisionistas. Este é o caso de Niklas Luhmann, que em seu *Soziologische Aufklärung* indica que o direito positivo se produz quando é reconhecida a legitimidade de uma legalidade, isto é, em todos os casos nos quais o direito é respeitado por ter sido estabelecido de acordo com as regras de procedimento instituídas por uma decisão competente. Dessa forma, na vida social humana o arbítrio se faz instituição[72]. Não deixa de parecer surpreendente que uma teoria que, como a *Systemtheorie*, se apresenta como uma das mais depuradas tentativas contemporâneas de situar o problema da legitimidade jurídico-política com o máximo de objetividade, rigor formal e tecnicidade, acabe,

---

[67] Cf. A. Gramsci, op. cit., pp. 26 ss. e 74 ss.

[68] J. Habermas, "Der Universalitätsanspruch der Hermeneutik", in K. O. Apel (org.), *Hermeneutik und Kritik*, Frankfurt a. M., Suhrkamp, 1971, pp. 153-4; *Legitimationsprobleme im Spätkapitalismus*, Frankfurt a. M., Suhrkamp, 1973, pp. 148 ss.

[69] J. Habermas, *Kultur und kritik*, Frankfurt a. M., Suhrkamp, 1973, pp. 391 ss.

[70] J. Habermas, "Theorie der Gesellschaft oder Sozialtechnologie? Eine Auseinandersetzung mit Niklas Luhmann", in J. Habermas e N. Luhmann (orgs.), *Theorie der Gesellschaft oder Sozialtechnologie*, Frankfurt a. M., Theorie-Diskussion, Suhrkamp, 1971, pp. 137 ss.

[71] Ibid., p. 140.

[72] N. Luhmann, *Soziologische Aufklärung*, op. cit., p. 167.

em clara contradição com seus pressupostos, por aceitar o fato consumado da decisão ou o arbítrio de quem em determinada comunidade ostenta o poder como critério explicativo e fundamentador último. No entanto, Luhmann tenta salvar essa objeção aludindo à exigência de que a decisão se adapte às regras de procedimentos vigentes no sistema, de acordo com sua tese, já exposta, de considerar o procedimento como um fator de legitimação. Contudo, Jürgen Habermas, que fez uma lúcida e implacável crítica dos pressupostos ideológicos subjacentes à *Systemtheorie*, assinala, com razão, que o erro fundamental de sua dimensão decisionista está em ignorar que qualquer decisão, assim como o procedimento através do qual se expressa a decisão, remete a uma fundamentação prévia, isto é, a uma justificação discursiva. A *Systemtheorie* representa uma difícil síntese do sistema de legitimação formal de Max Weber e a teoria decisionista de Carl Schmitt e, na opinião de Habermas, esquece que os órgãos competentes para criar ou aplicar o direito não encontram sua legitimação no respeito à legalidade de seus procedimentos, mas em uma concepção social básica na qual se apoia o sistema de dominação em seu conjunto[73].

Diante do caráter pretensamente asséptico e neutro da *Systemtheorie*, que na prática serve de fachada legitimadora das decisões daqueles que detêm o domínio ou manipulam o funcionamento do sistema, a ideia de um consenso racional baseado na comunicação livre representa uma tentativa de religar a teoria com a prática e de reagir criticamente contra os mecanismos de manipulação da opinião pública[74], que atuam como fator de distorção na formação dos critérios majoritários que servem de base operativa da soberania popular. Extraindo a máxima virtualidade teórico-prática da proposição de Habermas, Agnes Heller não hesita em afirmar que: "A *sociedade comunicativa ideal* não é outra coisa que a realização da ideia de democracia"; o que implica a abolição de toda dominação e a divisão equitativa do poder, "pois pressupõe que *todos os homens* disponham dos bens materiais e das pessoas na sociedade. Significa também que não existe nenhuma esfera sobre ou na qual os homens não possam dispor livremente dos homens; pois *todos eles* decidem na qualidade de seres racionais – no decorrer de discussões de valor concretas – sobre os problemas do poder segundo seu próprio critério"[75].

Finalmente, *last but not least*, existe uma limitação importante em todas aquelas teses que desde premissas elitistas pretendem questionar o princípio de legitimação democrática. Trata-se de que, como se evidenciou, toda atitude elitista termina por reduzir o critério de competência ou incompetência ao simples dado factual do que se encontra de acordo ou não com seus próprios desejos, interesses ou crenças[76].

---

[73] J. Habermas, *Theorie der Gesellschaft oder Sozialtechnologie?*, op. cit., p. 140.

[74] Cf. J. Habermas, *Strukturwander der Öffentlichkeit*, Neuwied/Berlim, Luchterhand, 1969.

[75] A. Heller, *Por una filosofía radical*, trad. esp. de J. F. Ivars, Barcelona, El Viejo Topo, 1980, p. 126.

[76] Cf. o interessante trabalho de J. Ladd, "Egalitarianism and elitism in ethics", in R. Dekkers, C. Perelman e P. Foriers (orgs.), *L'égalité*, vol. V, Bruxelas, Bruylant, 1977, pp. 297 ss., esp. pp. 315 ss.

4. ESTADO DE DIREITO E SOBERANIA POPULAR

A exposição feita permite observar a persistente necessidade de recorrer à soberania popular como critério básico para a legitimação democrática do poder. A crise da função da soberania popular, à qual se referem reiteradamente diferentes setores do pensamento contemporâneo, corresponde a duas proposições não apenas diferentes, mas contraditórias. Assim, de um lado, a partir de uma perspectiva ideológica conservadora que renova as formas do elitismo tradicional ou se reveste com a nova roupagem tecnocrática, tenta-se substituir a legitimação democrática pela "tecnocracia". No item anterior pretendemos mostrar a falta de consistência da crítica à ideia da soberania popular realizada com base nesse enfoque. Porém, nessa mesma direção reuniram-se também, ao iniciar os estudos da função pragmática da soberania popular, outros testemunhos críticos que coincidem em enfatizar os fatores que dificultam ou impedem a plena realização desse princípio nas sociedades contemporâneas. Aqui, a partir de uma perspectiva progressista, lembramos que as formas linguísticas da política são determinadas pelos fenômenos aos quais se aplicam e, por isso, o termo "soberania popular", como expressão evocadora da ideia de um governo do povo, exige hoje para sua realização alguns instrumentos que garantam e tutelem a participação efetiva das pessoas e dos grupos na atividade política. Contudo, a plena consciência de que essas garantias, para ser eficazes, não podem ficar relegadas ao plano formal levou a enfatizar as condições socioeconômicas imprescindíveis para o êxito desses objetivos. Essa é a razão pela qual na linguagem política atual as expressões "democracia social", "democracia econômica", "democracia popular", "participação democrática" etc., sejam utilizadas, muitas vezes, como substitutivos da noção de soberania popular. Essas atitudes críticas tratam, em suma, de evitar que o princípio da soberania popular atue como cortina de fumaça para encobrir realidades político-sociais alheias a suas exigências.

Para recuperar o sentido e a funcionalidade da soberania popular é preciso conectá-la aos princípios inspiradores e ao amparo emancipador do Estado de direito de orientação democrática. No entanto, ao examinar a significação semântica da soberania popular observa-se que a atribuição da titularidade e do exercício do poder ao povo proclamada nos textos constitucionais democráticos nem sempre teve exata tradução na realidade constitucional (*Verfassungswirklichkeit*). Trata-se, portanto, de comprovar em que medida se dá um *hiatus* entre a consagração teórica do princípio ou, se se quiser, sua dimensão prescritiva e sua eficácia prática em termos descritivos. Ao mesmo tempo, convém examinar o sistema normativo através do qual se realiza ou pode se realizar a concretização do princípio de soberania popular no ordenamento constitucional democrático.

A Constituição italiana de 1948 proclama em seu artigo 1 que: "La sovranità appartiene al popolo"; a *Grundgesetz* de Bonn, de 1949, em seu artigo 20.2 recorda que todo poder público emana do povo: "Alle Staatsgewalt geht vom Volke aus"; e o texto espanhol vigente, de 1978, estabelece em seu artigo 1.2 que:

"A soberania nacional reside no povo espanhol, do qual emanam os poderes do Estado." Que sentido deve ser atribuído a essas solenes declarações? A tese que aqui se defende é que o princípio da soberania popular tem, ao mesmo tempo, uma significação normativa e fáctica ao constituir o fundamento do sistema jurídico e o reflexo de determinada realidade sociopolítica.

4.1. A SOBERANIA POPULAR COMO PRINCÍPIO FUNDAMENTADOR DA ORDEM CONSTITUCIONAL DEMOCRÁTICA

A democracia é – para Konrad Hesse – o princípio diretivo (*Leitprinzip*) da ordem do processo político[77]. O princípio democrático expresso na ideia da soberania popular, longe de ser uma categoria abstrata ou puramente retórica, envolve uma resposta normativa ao problema da legitimação política no plano material e no formal. No primeiro, porque condiciona a legitimação constitucional do poder à participação política dos cidadãos, ao respeito de seus direitos fundamentais e ao reconhecimento do pluralismo de iniciativas e alternativas sociais. No segundo, porque representa simultaneamente uma forma de racionalização do processo político (*Form der Rationalisierung des politischen Prozesses*) e uma forma de limitação do poder estatal (*Form der Begrenzung staatlicher Macht*)[78].

A atuação normativa do princípio da soberania popular é uma condição para a democratização efetiva dos diferentes processos e instituições da ordem estatal. Destina-se a garantir que qualquer exercício do poder por parte dos órgãos do Estado se fará em virtude de sua prévia legitimação popular e no interesse do povo. No entanto, por outro lado, a necessidade de que o exercício da soberania popular se realize através dos procedimentos normativos impostos pelo Estado de direito significa uma garantia contra aqueles que denunciaram o perigo de que o princípio democrático poderia degenerar em governo totalitário da maioria de caráter decisionista e incompatível com as garantias formais do Estado de direito[79]. Contrariando esses temores, Hesse não hesita em defender a possibilidade de uma síntese dialética entre democracia e Estado de direito, a partir da qual os dois termos da polaridade se harmonizam em uma democracia do Estado de direito (*rechtsstaatliche Demokratie*) e em um Estado de direito democrático (*demokratischer Rechtsstaat*)[80].

---

[77] K. HESSE, *Gundzüge des Verfassungsrechts der Bundesrepublik Deutschland*, 11. ed., Karlsruhe, Müller, 1978, p. 54.

[78] Ibid., pp. 55-7.

[79] Assim, por exemplo, E. FORSTHOFF, *Rechtsstaat im Wandel. Verfassungsrechtliche Abhandlungen 1954-1973*, 2. ed., Munique, Beck, 1976, pp. 90 ss. e 202 ss.

[80] K. HESSE, op. cit., p. 110. Sobre o papel da soberania popular no constitucionalismo democrático do presente ver: J. ELSTER e R. SLAGSTAD (orgs.), *Constitutionalism and Democracy*, Cambridge, Cambridge University Press, 1997; T. E. FROSINI, *Sovranità popolare e costituzionalismo*, Milão, Giuffrè, 1997; id., *Forme di governo e partecipazione popolare*, Turim, Giappichelli, 2002; G. PALOMBELLA, *Constitución y soberanía: el sentido de la democracia constitucional*, trad. esp. de J. Calvo, Granada, Comares, 2000.

4.2. A CONCRETIZAÇÃO NORMATIVA DO PRINCÍPIO DEMOCRÁTICO NA ORDEM CONSTITUCIONAL

No ordenamento constitucional da República Federal da Alemanha, a concretização do princípio se traduz: 1) na exigência do consenso da maioria para traçar as linhas fundamentais da atividade política; 2) no caráter democrático da legislação emanada do povo através de seus representantes; 3) na regulamentação e controle do poder através da maioria do povo, o que pressupõe a igualdade de voto e tem como consequência o respeito e a proteção das minorias; e 4) no livre desenvolvimento e publicidade do processo político[81].

Na Itália, o princípio democrático da soberania popular foi considerado uma das normas finais da Constituição, isto é, um princípio normativo que indica e impõe as metas a alcançar, tornando ilegítimas as disposições que tendam a perseguir objetivos contrários ou dificultar a consecução daquelas[82]. Lembramos também que a concretização do princípio democrático implica, entre outras coisas, a institucionalização de canais que garantam a participação e o pluralismo. A participação é considerada uma condição necessária da atividade e do funcionamento do Estado social de direito, especialmente em suas medidas de planejamento econômico, que, para ser democrático, exige a presença ativa dos implicados na adoção de procedimentos, na formação e na execução do plano[83]. O princípio pluralista, em uma sociedade na qual as massas adquiriram crescente protagonismo, tem como função prioritária prevenir os fatores irracionais que podem influir na psicologia das massas, fomentando a formação de convicções reflexivas. Para isso, é preciso defender a opinião pública do perigo de manipulação por parte de pessoas ou grupos de interesses, assim como das sugestões provenientes de ideologias nebulosas que, na maioria das vezes, refletem a nostalgia por situações históricas superadas. Um papel decisivo na estruturação e consequente defesa contra as intenções manipuladoras da opinião pública corresponde ao fortalecimento dos grupos intermediários, atribuindo-lhes as funções que lhes correspondem no sistema político. Pois o princípio da soberania popular somente terá plena eficácia quando a participação do indivíduo na política geral se realizar através de uma pluralidade de entes intermediários entrelaçados de forma que os de nível inferior sejam condicionantes e preparatórios dos mais elevados, em uma progressão que chegue até a organização central do Estado[84].

---

[81] Cf. K. Hesse, op. cit., pp. 49 ss.; T. Munz, G. Dürig, R. Herzog e R. Scholz, *Grundgesetz Kommentar*, "Art. 29", 5. ed., Munique, Beck, 1980, vol. II, pp. 31 ss.; F. Schnapp, *Grundgesetz Kommentar*, org. por I. von Münch, "Art. 20", Munique, Beck, 1975, vol. I, pp. 625 ss.

[82] Lavagna, *Costituzione e socialismo*, Bolonha, Il Mulino, 1977, p. 53.

[83] C. Mortati, *Comentario della Costituzione*, org. por G. Branca, "Art. 1", Bolonha/Roma, Zanichelli/Il Foro Italiano, 1975, vol. I, pp. 47-8.

[84] Ibid., p. 49. Ver também sobre o tema o trabalho clássico de G. Capograssi, "La nuova democrazia diretta", in *Opere*, Milão, Giuffrè, 1959, vol. I, pp. 403 ss., esp. pp. 440 ss.

O reconhecimento da Constituição espanhola de 1978 no sentido de que: "A soberania nacional reside no povo espanhol, do qual emanam os poderes do Estado" (art. 1.2), corrobora e matiza a qualificação do Estado de direito como "democrático", contida no parágrafo 1 desse mesmo artigo. O fato de o constituinte espanhol querer fugir de qualquer proposição de tom declamatório ao proclamar esse princípio pode ser observado em uma série de normas que o consolidam ao articular as bases para a fundamentação democrática do poder, a democratização de seu exercício e a estrutura democrática do ordenamento jurídico espanhol em seu conjunto.

A fundamentação democrática dos três poderes clássicos do Estado manifesta-se em: 1º) a consideração da "lei como expressão da vontade popular" (preâmbulo), já que as Cortes, que representam o povo espanhol, "exercem o poder legislativo" (art. 66.2); 2º) que são as Cortes, em virtude de sua representatividade popular, que "controlam a ação do governo" (art. 66.2), que responde solidariamente sobre sua gestão perante o Congresso (art. 108); 3º) que "a justiça emana do povo e é administrada... por juízes e magistrados integrantes do poder judiciário" (art. 117.1).

A garantia do exercício democrático do poder se realiza através da ampla e quase constante remissão constitucional ao princípio da participação. Depois de se estabelecer, com caráter geral, que os poderes públicos facilitarão "a participação de todos os cidadãos na vida política, econômica, cultural e social" (art. 9.2), apontam-se essas formas participativas no campo *político*: através dos partidos políticos (art. 6), diretamente ou por meio de representantes nos assuntos públicos (art. 23.1), na iniciativa legislativa (art. 87.3), no procedimento de elaboração de disposições que os afetam (art. 105.*a*) e na administração da justiça através do Tribunal do Júri (art. 125). Na esfera *econômica*: através das associações de consumidores (art. 51), dos trabalhadores nas empresas (art. 129.2), e dos sindicatos, organizações profissionais, empresariais e econômicas no planejamento (art. 131.2). Na vida *cultural e social*: por meio da intervenção na programação geral do ensino de todos os setores afetados (art. 27.5), da juventude no desenvolvimento político, social, econômico e cultural (art. 48), e dos interessados na Seguridade Social e na atividade dos organismos públicos cuja função afete a qualidade de vida ou o bem-estar geral (art. 129.1).

Finalmente, a Constituição espanhola garante "a convivência democrática" e o estabelecimento de "uma sociedade democrática avançada" (preâmbulo), para o que prescreve a estrutura e o funcionamento democrático: dos partidos políticos (art. 6), dos sindicatos de trabalhadores e associações empresariais (art. 7), dos conselhos profissionais (art. 36) e das organizações profissionais para defesa de interesses econômicos (art. 52)[85].

---

[85] Cf. F. GARRIDO FALLA, *Comentarios a la Constitución*, "Art. 1", Madri, Civitas, 1980, pp. 32-3; G. PECES-BARBA, in L. PRIETO SANCHÍS (org.), *La Constitución española de 1978. Un estudio de derecho y política*, Valência, Fernando Torres, 1981, pp. 26 ss. e 272 ss.; A. E. PÉREZ LUÑO, "Democracia directa y democracia representativa en el sistema constitucional español", *AFD*, 2003, pp. 63 ss.

Da jurisprudência do Tribunal Constitucional (TC) sobre as diferentes normas da CE (Constituição espanhola) referentes à soberania popular e suas projeções no sistema político e no ordenamento jurídico espanhol é possível inferir alguns postulados básicos, dentre os quais cabe mencionar os seguintes:

1º *Reconhecimento da soberania popular como fundamento da ordem constitucional e da representação política.* Segundo se depreende de uma sentença do TC, correspondente à primeira etapa de sua executória, no Estado de direito espanhol: "O sentido democrático que na Constituição espanhola (art. 1.2) envolve o princípio da origem popular do poder obriga a compreender que a titularidade dos cargos e ofícios públicos só é legítima quando pode ser referida, de modo mediato ou imediato, a um ato concreto de expressão da vontade popular." O TC entende, portanto, que a legitimação democrática de todos os titulares de cargos e funções públicas determina que somente sejam denominados representantes aqueles cuja designação seja consequência direta "da eleição popular, isto é, aqueles cuja legitimação é resultado imediato da eleição dos cidadãos" (STC 10/1983, FJ 2).

O próprio TC não teve dúvidas em proclamar em uma decisão posterior que: "O caráter de norma suprema da Constituição... resulta do exercício do poder constitucional do povo espanhol, titular da soberania e do qual emanam todos os poderes do Estado (art. 1.2)" (STC 76/1988, FJ 3).

2º *Consideração restritiva e excepcional da democracia direta.* Em uma sentença referente ao mandado de segurança apresentado contra uma lei do Parlamento Basco que limitava o exercício da democracia direta aos cidadãos dessa comunidade, invocou-se, por parte dos recorrentes, o direito fundamental e geral à participação política direta derivado do exercício da soberania popular. O TC negou essa pretensão, ao delimitar de forma restritiva o direito de participação direta inferido do exercício da soberania popular, considerando-o como excepcional, no âmbito do ordenamento jurídico que procede da CE.

O TC afirma que: "O direito a participar diretamente nos assuntos públicos, como todos os direitos que a Constituição estabelece, não pode ser exercido senão na forma juridicamente prevista em cada caso. O contrário, longe de satisfazer as exigências da soberania popular, suporia a impossibilidade da existência do próprio ordenamento, a cuja obediência todos – cidadãos e poderes públicos – estão constitucionalmente obrigados (art. 9.1 da CE)."

De acordo com o pensamento sustentado pelo TC nessa decisão, observa-se que: "os direitos de participação direta só têm o alcance que deriva do ordenamento vigente, deve se aceitar igualmente que, em nosso caso, o fato de que esse ordenamento exclua determinadas matérias da iniciativa legislativa popular não fere nenhum princípio nem regra constitucional. Nossa Constituição, em seu artigo 1.3, proclama a Monarquia parlamentar como forma de governo ou forma política do Estado espanhol e, de acordo com essa premissa, configura um sistema de participação política de cidadãos no qual primam os mecanismos de democracia representativa sobre os de participação direta".

Em função dessa linha argumentativa, o TC declara que não existe nenhuma transgressão da ordem constitucional no fato de que a própria CE, ao regular as características dos instrumentos de participação direta, restrinja seu alcance e condições de exercício e, mais concretamente, que a iniciativa legislativa sobre determinadas matérias, devido à sua natureza delicada ou pelas implicações que acarreta, fique reservada à mediação dos representantes políticos (STC 76/1994, FJ 3).

Esse fundamento jurídico não pode ser considerado um modelo de pensamento impecável e transparente, e suscita certa dose de perplexidade. O TC, para justificar os limites ao exercício da democracia direta – da qual a iniciativa legislativa popular é uma das principais manifestações –, alega a possibilidade de que dessa iniciativa possam ser excluídas determinadas matérias por sua "natureza delicada" e pelas "implicações que acarreta". Com base nisso, portanto, parece que a regra deveria ser a da aceitação geral da democracia direta desenvolvida concretamente na iniciativa legislativa popular, salvo nos casos em que, excepcionalmente, em função da natureza ou das implicações do objeto a legislar, se considere que este só pode ser elaborado através dos procedimentos da democracia representativa. Não obstante, o TC converte em excepcional o exercício do direito que, em virtude da conclusão lógica que deveria depreender-se de suas próprias argumentações, teria que ser considerado normal.

3º *Identificação da participação política popular derivada do Estado democrático com a democracia parlamentar.* O TC não apenas sustentou uma interpretação claramente restritiva do exercício de formas de democracia direta, mas da própria dimensão democrática constitucionalmente consagrada como definidora do Estado de direito espanhol *ex* artigo 1.1 da CE. A teoria jurídico-política atual considera que o caráter democrático do Estado de direito se forma no protagonismo que em seu seio adquire a soberania popular e na consequente relevância que nesse Estado adquirem os mecanismos de democracia direta. Em aberta oposição a esse entendimento científico do Estado democrático, o TC espanhol, ao iniciar sua trajetória jurisprudencial, não teve pudor em proclamar enfaticamente e de fazer sua a discutível tese oposta, segundo a qual o Estado democrático equivale à democracia representativa. E daí chegou a postular que "hoje em dia todo Estado democrático é um Estado de partidos" (STC 3/1981, FJ 1).

Não se pretende aqui negar ou subestimar a inquestionável relevância que no sistema constitucional espanhol assume a democracia indireta ou parlamentar. No entanto, é propósito desta reflexão evidenciar o equilíbrio e a complementaridade que, de acordo com a Lei das leis, cabe a ambas as formas de democracia direta e representativa. Um equilíbrio que a jurisprudência do TC rompeu em favor da democracia indireta. A definição da forma política espanhola como monarquia parlamentar (art. 1.3 da CE) deve ser interpretada, a partir de uma atitude metódica e sistemática, em necessária relação com a dimensão democrática do Estado (art. 1.1 da CE) e com o princípio da soberania popular (art. 1.2 da CE). Essas duas últimas proposições constitucionais reforçam o protagonismo da democracia direta no sistema jurídico-político espanhol e sua concretização no direito fundamental previsto no artigo 23.1 da CE.

4º *Indivisibilidade da soberania popular e titularidade individual dos direitos que emanam de seu exercício.* Se alguns aspectos da jurisprudência do TC, em relação ao significado e alcance da soberania popular no sistema constitucional espanhol, suscitam algumas reservas, outras de suas propostas merecem ser aceitas sem restrições.

O TC não hesitou em proclamar o caráter único e indivisível da noção de "povo espanhol" que, em conformidade com o quanto foi dito expressamente no artigo 1.2 da CE, é titular da soberania nacional. O caráter de norma suprema da Constituição é resultado do exercício do poder constitucional do povo espanhol. "A Constituição não é resultado – nas palavras do TC – de um pacto entre instâncias territoriais históricas [...], mas uma norma de poder constituinte que se impõe com força vinculante geral em seu âmbito sem que fiquem fora dela situações históricas anteriores" (STC 76/1988, FJ 3). A soberania popular, que por ser soberana representa um poder supremo do qual emanam todos os poderes do Estado, constitui uma entidade indivisa e compacta. A partir disso, infere-se a impossibilidade lógica de estabelecer pactos com segmentos desse mesmo povo, pois ninguém pode pactuar consigo mesmo. Pela mesma razão, não é tampouco admissível a possibilidade de que esse poder soberano pactue com entidades territoriais que são manifestações *ratione loci* desse poder popular soberano indiviso e compacto.

Emana, portanto, do TC uma concepção da soberania popular como uma entidade pré-jurídica depositária do poder constituinte, que é o fundamento de todos os poderes estatais. Esse poder popular é causa de direitos fundamentais democráticos dos cidadãos. No entanto – e importa destacar essa condição –, a titularidade e o exercício de tais direitos ficam reservados aos indivíduos. "Esse direito de participar dos assuntos públicos diretamente ou por meio de representantes – afirma expressamente o TC –, somente o ostentam, segundo o ditado do próprio preceito constitucional, *os cidadãos,* assim foi reconhecido por uma reiterada doutrina deste Tribunal, em conformidade com a qual não são titulares da situação jurídica assim garantida outras pessoas ou entes, como os sindicatos ou os próprios partidos políticos" (STC 63/1987, FJ 5); ver, no mesmo sentido, as SSTC 53/1982, 5/1983, 51/1984, 25/1990, 167/1991...). O TC, com bom critério, reservou aos cidadãos a titularidade dos direitos fundamentais que derivam do exercício da soberania popular e se efetivam na participação democrática direta ou representativa. Desse modo, refuta a nebulosa e inquietante hipótese dos denominados "direitos coletivos", expressos sob formas de titularidade indeterminada, genérica ou difusa. É certo que a garantia de determinados direitos fundamentais, excepcionalmente, poderá corresponder, segundo doutrina do próprio TC, a sujeitos coletivos, mas sempre que eles estejam dotados de personalidade jurídica legalmente reconhecida. Não obstante, no que se refere à titularidade dos direitos de participação democrática direta ou indireta, nem os entes territoriais, nem os sindicatos, nem os partidos políticos podem ser considerados titulares do direito fundamental, ainda que constituam o canal básico para o exercício de tais direitos.

4.3. A SIGNIFICAÇÃO FILOSÓFICO-JURÍDICA DA SOBERANIA
POPULAR NO ESTADO DE DIREITO

Constantino Mortati acertou ao observar, no seio da Constituição italiana, a continuidade existente entre a proclamação do princípio da soberania popular (art. 1.1) e o reconhecimento dos direitos fundamentais e invioláveis do homem (art. 2), que refletem a essência da pessoa humana e, por isso, precedem e condicionam a Constituição, visto que ela se limita a declarar sua existência e prioridade. Segundo o parecer de Mortati, não há dúvida de que uma tarefa básica desses direitos fundamentais inerentes à pessoa é a de fazer depender a sujeição do povo à autoridade estatal do reconhecimento de sua participação na formação e no exercício do poder. Trata-se de um caso de direito natural positivado que configura todo o ordenamento jurídico. Com isso se reforça o valor normativo do princípio democrático constitucional, ao ligá-lo com a convicção, fundamentada na realidade social, de seu caráter declarativo[86].

Esse argumento me parece decisivamente correto porque contribui para esclarecer um dos problemas-chave da teoria e da filosofia do direito atuais em relação ao fundamento da validade da ordem jurídica. De fato, como se sabe, o formalismo extremo de Hans Kelsen concebe a *Grundnorm* como pressuposto lógico-transcendental da validade objetiva do sistema jurídico[87]; enquanto a tese realista de Alf Ross reduz a validade à eficácia[88]; ao mesmo tempo que a atitude mediadora de Herbert Hart, embora conceba o direito como sistema normativo, apoia o fundamento de sua validade do dado fáctico da regra de reconhecimento (*rule of recognition*)[89]. Desse modo, as aporias que suscita a necessidade de encontrar uma fonte de validade do sistema jurídico que evite cair no círculo vicioso de recorrer a uma pretensão imanente à própria normatividade, ou apelar a um dado puramente fáctico carente de uma imediata significação normativa, podem resolver-se no ordenamento democrático do Estado de direito, com base no princípio da soberania popular. Esse princípio atua como ponto de ligação entre a legitimação axiológica e sociológica do sistema e suas próprias regras de funcionamento normativo. Utilizando o sistema cibernético como modelo explicativo, poderíamos afirmar que a

---

[86] C. MORTATI, op. cit., p. 23. Desenvolve amplamente essa mesma tese G. MORELU, *Il diritto naturale nelle costituzioni moderne*, Milão, Vita e Pensiero, 1974, pp. 228 ss.

[87] H. KELSEN, *Reine Rechtslehre*, 2. ed., Viena, Franz Deuticke, 1960, pp. 201 ss. Ainda que a tese segundo a qual a *Grundnorm* não é uma norma *posta*, mas *pressuposta* (*vorausgesetzt*) esteja desvirtuada, quanto a sua pureza formalista, a partir do momento em que, ao tratar da relação entre validade (*Geltung*) e eficácia (*Wirksamkeit*), HANS KELSEN reconhece que quando o ordenamento jurídico perde sua eficácia perde sua própria validade, e portanto a eficácia é uma condição para a validade, embora não seja a própria validade (op. cit., pp. 219-20).

[88] A. ROSS, *On Law and Justice*, Londres, Stevens and Sons, 1958, pp. 34 ss.

[89] H. HART, *The Concept of Law*, 10. ed., Oxford, Clarendon Press, 1979, pp. 97 ss. Embora, a meu ver, a *rule of recognition* não pode ser cabalmente entendida no interior da teoria hartiana sem ser relacionada com o dado axiológico (*the minimum content of Natural Law*) que constitui um aspecto indispensável do direito positivo (*indispensable feature of municipal Law*), p. 195.

soberania popular atua como a orientação de *input* ótimo para maximizar quantitativamente a participação popular no processo político e, ao mesmo tempo, de *output* ótimo no sentido de maximizar a qualidade das decisões e respostas normativas[90]. Desse modo, o princípio democrático da soberania popular cumpre o papel de: fundamento *axiológico* da legitimidade do sistema por assumir os *Grundwerte* comunitários; de garantia *sociológica* de sua eficácia porque existe a razoável probabilidade de que a participação assegure a aceitação e o cumprimento do *output* normativo; e de parâmetro *formal*, porque o processo participativo não se realiza arbitrariamente através de um puro decisionismo, mas respeitando os procedimentos normativos constitucionais que, como vimos, articulam a estrutura operativa da soberania popular no Estado de direito.

Essa função da soberania popular como ponto de encontro e mediação das exigências materiais e formais do *Rechtsstaat* foi acertadamente captada, entre nós, por Elías Díaz. Sua proposição tem o mérito de esclarecer a impossibilidade de uma legitimação puramente formal do direito, segundo a qual "qualquer legalidade (tanto a democrática, em maior ou menor grau, como a claramente antidemocrática) é simplesmente e por si mesma legítima"[91]. Ao mesmo tempo que refuta qualquer pretensão de legitimar materialmente a ordem jurídico-política em um sistema de valores dogmaticamente considerados como absolutos e imutáveis[92]. Contudo, o compartilhar plenamente a intenção de situar a legitimação democrática como uma alternativa à legitimação formalista própria do positivismo ou do dogmatismo de determinadas correntes jusnaturalistas obriga-me a destacar alguns aspectos de seu enfoque sobre os quais discordo. Assim, mesmo reconhecendo que determinadas posturas jusnaturalistas puderam servir de apoio teórico para defender posições políticas autoritárias ou antidemocráticas (embora houvesse ainda que se analisar, em cada caso, se a apelação dessas posturas ao jusnaturalismo não era mais que um recurso retórico alheio à função histórica do direito natural), não creio que isso deva ser motivo suficiente para isolar a noção da soberania popular do *húmus* histórico no qual se gestou, que não é outro senão o da tradição jusnaturalista[93]. De fato, despojada de suas numerosas ambiguidades e contradi-

---

[90] Cf. a excelente exposição de Erhard Denninger, *Staatsrecht*, Reinbeck bei Hamburg, Rowohlt, 1973, vol. I, p. 64. Ver também A. E. Pérez Luño, *¿Ciberciudadaní@ o ciudadaní@.com?*, op. cit., nota 60, pp. 67 ss.

[91] E. Díaz, "Legitimidad democrática *versus* legitimidad positivista y legitimidad iusnaturalista", *ADH*, 1981, p. 61. Ver também seu livro *Legalidad-legitimidad en el socialismo democrático*, Madri, Civitas, 1977, pp. 130 ss. e 209 ss.; *De la maldad estatal y la soberanía popular*, Madri, Debate, 1984, pp. 21 ss.; "Estado de derecho y legalidad democrática", in E. Díaz e J. L. Colomer (orgs.), *Estado, justicia, derechos*, op. cit., pp. 75 ss.

[92] Ibid., pp. 66-7.

[93] Cf., a esse respeito, os trabalhos de: O. von Gierke, *Johannes Althusius und die Entwicklung der naturrechtlichen Staatstheotien* (1980), citado pela sua 7. ed., com prólogo de Julius von Gierke, Aalen, Scientia, 1981, pp. 123 ss.; G. Morelli, *Il diritto naturale nelle costituzioni moderne*, op. cit., pp. 248 ss.; E. Reibstein, *Volkssouveränität und Freiheisrechte*, op. cit., I, pp. 20-1.

ções, a ideia do direito natural aparece como um pressuposto inseparável da formação histórica da soberania popular. Esse princípio, assim como as teses contratualistas sobre a origem do poder, as doutrinas sobre a representação política e o reconhecimento de alguns direitos humanos básicos, somente podem ser compreendidos historicamente no interior da trajetória evolutiva jusnaturalista. Pois, como recorda lucidamente Ernst Bloch: "A intenção essencial do direito natural centrava-se no *andar ereto como direito*, de modo que este seja respeitado pelas *pessoas* e garantido na *comunidade* delas. E, ainda que não houvesse mais que uma pessoa na qual respeitar a dignidade da humanidade, também essa dignidade ampla e substantiva já seria por si só a quinta-essência do direito natural."[94]

Ao aludir à dimensão pessoal e comunitária dos valores, o texto de Bloch nos coloca diante de um dos problemas básicos expostos pelo princípio da soberania popular. Elías Díaz não deixa escapar que: "As maiorias decidem, porém, tanto por coerência interna (ética e até lógica) do sistema de legitimidade democrático como por necessidade funcional do sistema político e econômico, essas maiorias têm sempre que levar em conta e ter muito presentes os interesses, desejos, aspirações e exigências das minorias, assim como de todos os indivíduos." Além disso, observa que: "O princípio democrático a favor do critério das maiorias não tem nada a ver com o *populismo* fácil ou com o elogio acrítico das *massas*."[95]

---

[94] E. BLOCH, *Derecho natural y dignidad humana*, trad. esp. de F. González Vicén, Madri, Aguilar, 1981, p. 212.

[95] E. DÍAZ, *Legitimidade democratica*, op. cit., p. 70. Não se pode ignorar que, mesmo de uma perspectiva decididamente democrática, EDOARDO RUFFINI, em sua importante contribuição histórica ao estudo do princípio majoritário, afirmou que esse princípio não é um instituto jurídico sistematizável e dogmático, mas uma fórmula com efeitos jurídicos: "un espediente pratico per risolvere empiricamente, e in maniera non sempre uniforme, determinate situazioni che altrimenti sarebbero di stallo". *La ragione dei più. Ricerche sulla storia del principio maggioritario*, Bolonha, Il Mulino, 1977, p. 7. Também NORBERTO BOBBIO observou que o princípio majoritário, um dos elementos necessários para o bom funcionamento do sistema democrático, padece de: *limites*, que do ponto de vista axiológico impedem sua aplicação a questões consideradas não opináveis (postulados éticos, científicos ou técnicos, questões de consciência...); e *aporias*, que no plano técnico dificultam sua aplicação (determinação dos votantes, valorização das abstenções, dificuldade de chegar a decisões majoritárias absolutas quando as alternativas são mais de duas...). Contudo, apesar disso, conclui BOBBIO que: "vi sono infinite altre ragioni per preferire un governo democratico a un autocratico nonostante questi limiti e queste aporie". "La regola di maggioranza: limiti e aporie", in N. BOBBIO, C. OFFE e S. LOMBARDINI (orgs.), *Democrazia, maggioranza e minoranze*, Bolonha, Il Mulino, 1981, p. 70. Pelo contrário, WOLFGANG FACH acredita ser possível racionalizar a fundamentação do princípio majoritário recorrendo a esquemas lógico-formais. Depois de criticar as diferentes tentativas de justificar a regra das maiorias, apoia-se em um pensamento lógico-simbólico para concluir que o valor principal do *Mehrheitsprinzip* está em sua independência estrutural, ou seja, em sua virtualidade para excluir fatores aprioristicos para a aceitação ou rejeição das alternativas de decisão. Fach entende que esse princípio constitui um elemento da estrutura essencial (*Kernstruktur*) das democracias ocidentais que implica: de um lado, um axioma democrático (*demokratischer Axiom*) e, de outro, a justificação de determinados valores democráticos fundamentais (*demokratische Grundwerte*) como a liberdade, a igualdade e a soberania popular. "Demokratie und Mehrheitsprinzip", *ARSP*, 1975, pp. 201 ss. Sobre as dificuldades de tornar plenamen-

Pois bem, como se pode garantir o comportamento coerente da maioria e seu respeito às legítimas aspirações das minorias e dos indivíduos? Como evitar a possibilidade de que a maioria renuncie livremente à sua liberdade para entregá-la a um demagogo ou a um ditador? Como se pode assegurar, em suma, que o governo majoritário não degenerará em puro decisionismo? Essas questões são profundamente sugeridas no estudo de Elías Díaz, mas ficam em grande medida sem respostas exatamente porque se prescinde da contribuição que, para obtê-las, se deve depreender da função histórico-crítica do direito natural. Otto com Gierke, em sua obra clássica *Johannes Althusius und die Entwicklung der naturrechtlichen Staatstheorien*, escrevia: "Onde a vontade, embora seja coletiva, está subordinada apenas à vontade, por necessidade lógica nos encontramos diante de um mero conceito de força (*der Begriff der Macht*). Se uma norma externa vinculante deve valer não só para esta ou aquela vontade, mas para a vontade em si (*für den Willen an sich*), deve estar em uma faculdade autônoma em relação à vontade. Essa faculdade é a razão (*Diese Kraft ist die Vernunft*)."[96] Pois bem, a mais valiosa herança do jusnaturalismo de cunho democrático foi difundir na consciência cívica a ideia de um limite racional imposto pelo arbítrio de quem exerce o poder e da liberdade que daí deriva para os cidadãos. Daí a importância que envolve o direito natural para assentar as bases democráticas de uma convivência livre e racionalizada. Pois, como se depreende do trabalho de revisão historigráfica realizado por Guido Fassó, o direito natural cumpriu através dos tempos a valiosa tarefa de educar a humanidade para organizar racionalmente, isto é, humanamente, a convivência[97]. O principal mérito da função histórica jusnaturalista é ter contribuído para fomentar o ideal da racionalidade na vida social, o de ter tentado preveni-la da influência dos mitos e ideologias irracionais e o de ter propiciado um clima crítico de desconfiança e resistência à submissão aos tiranos e aos personagens investidos de poderes misteriosos. Em outras palavras, ensinou os homens a viver na sociedade e no Estado de acordo com uma lei que não fosse produto do arbítrio, da força, da imaginação ou do capricho, mas daque-

---

te efetiva a participação democrática nos sistemas constitucionais e sobre as atitudes relativas a essa questão, são de grande interesse as reflexões de Ernesto Garzón Valdés em sua conferência *Pesimismo y optimismo en la democracia*, pronunciada em 2 de dezembro de 2002, na Faculdade de Direito da Universidade de Sevilha, assim como o interessante trabalho, ainda inédito, de Hartmut Klient, sobre *Constitutional Optimism and Skepticism in Buchanan And de Jasay* (devo ambos os textos à amável deferência do professor Garzón Valdés). Sobre esse ponto, ver também F. Laporta, "El cansancio de la democracia", in *Claves de Razón Práctica*, 2000, n. 99; "Los problemas de la democracia deliberativa", ibid., 2001, n. 109.

[96] O. von Gierke, *Johannes Althusius*, op. cit., p. 318. Posteriormente Von Gierke dedicou ao estudo do princípio majoritário, a partir do ponto de vista histórico, sua contribuição "Ueber die Geschichte des Majoritätsprinzip", incluída nos *Essays in Legal History* (Read before the International Congress of Historical Studies, Londres, 1913), org. por P. Vinogradoff, Oxford University Press, 1913, pp. 312 ss.

[97] G. Fassó, *La legge della ragione*, 2. ed., Bolonha, Il Mulino, 1966, pp. 251-2; *Il diritto naturale*, 2. ed., Roma, ERI, 1972, pp. 123 ss.; *Società, legge e ragione*, Milão, Edizioni di Comunità, 1974, pp. 13 ss. e 53 ss.

la faculdade que faz do homem um ser humano: a razão[98]. Uma razão que em circunstâncias diferentes poderia provocar comportamentos diversos, mas que sempre implicará a necessidade de legitimar o poder no consentimento e na participação popular, pois irá orientar o governo surgido da maioria no respeito à igualdade, à dignidade, à tolerância e à liberdade.

---

[98] G. Fassó, *Il diritto naturale*, op. cit., p. 129. Convém observar que a razão a que Fassó se refere é a razão prática. Não se trata, portanto, de fundar o critério de legitimidade em valores absolutos e atemporais captados pela lógica demonstrativa, mas de indagar as premissas axiológicas da ordem jurídica e política a partir da análise da realidade social, isto é, através de uma lógica argumentativa, do senso comum e da experiência. Cf. A. E. Pérez Luño, "L'itinerario intellecttuale di Guido Fassó", *RIFD*, 1976, pp. 372 ss. Por esse motivo, pode-se estabelecer uma relação entre esta proposição e o processo de *Rehabilitierung der praktischen Philosophie*, realizado nos últimos anos.

CAPÍTULO 5

ESTADO SOCIAL E DEMOCRÁTICO DE DIREITO E DIREITOS FUNDAMENTAIS

1. A INTER-RELAÇÃO DAS NOÇÕES DOS DIREITOS FUNDAMENTAIS E DO ESTADO DE DIREITO

É bastante comum incluir o que se refere à defesa dos direitos fundamentais entre os requisitos que implicam o funcionamento do Estado de direito. Contudo, nem sempre é lembrada a parte correlativa que corresponde à teoria dos direitos humanos na formação do conceito de Estado de direito. Por esse motivo, o estudo do condicionamento mútuo existente entre ambas as noções parece tema obrigatório em uma apresentação geral dos direitos humanos.

Um dos problemas mais importantes, senão o principal, da teoria jurídico-política está na conciliação entre os direitos dos particulares e a soberania do Estado. A doutrina dos direitos fundamentais do Estado de direito foi apresentada como um modelo articulador das exigências em princípio antagônicas, que refletem as ideias de liberdade e de lei, como imperativo da comunidade social. A superação dessa antinomia só poderia ser alcançada a partir de uma síntese entre as duas noções. Para isso, era necessário conceber a lei não como um produto do arbítrio, mas de uma vontade geral destinada diretamente a garantir os direitos fundamentais dos indivíduos. Em torno dessa tese orientou-se a ideia norteadora do Estado de direito, no qual os direitos fundamentais não aparecem como concessões, mas como o corolário da soberania popular, através de cujo princípio a lei não só implica um dever, mas também um direito para o indivíduo. Cumpria-se, assim, o axioma segundo o qual o homem só pode ser livre em um Estado livre, e o Estado somente é livre quando se constrói sobre um conjunto de homens livres.

Em sua perspectiva histórica, a teoria dos direitos fundamentais precede a formulação doutrinal da noção de Estado de direito. De fato, nas declarações de direitos do século XVIII encontra-se presente o germe de todos os princípios que constituem o substrato ideológico do moderno regime constitucional. Esses textos representam as sínteses das ideias e tendências destinadas a eliminar os vestígios arbitrários do absolutismo e a levar o Estado à conquista, às vezes lenta e trabalhosa, dos princípios de liberdade e democracia.

O Estado absoluto, cuja ideologia se resumia perfeitamente na famosa frase de Luís XIV "L'Etat c'est moi", foi substituído pelo Estado de direito, que supõe uma delimitação e regulamentação das funções do poder e a adoção de formas representativas; tudo isso diretamente orientado para a defesa dos direitos dos cidadãos.

É por isso que foi possível escrever com referência expressa à Declaração francesa dos direitos do homem e do cidadão de 1789, que seus postulados "costituiscono la Magna Charta dello Stato di diritto; come veri universali costituiscono la misura perfetta per lo stabilimento di ordinamenti costituzionali liberali e per la perfetta realizzazione del diritto nello Stato"[1].

No entanto, se é inegável a dependência histórica do Estado de direito das declarações de direitos humanos, não é menos certo que elas não podem alcançar sua formulação positiva à margem do ordenamento jurídico do Estado. Embora os direitos fundamentais encarnem, por sua vez, os princípios inspiradores de toda a política estatal. Assim, cumprem uma missão de fundamento e limite de todas as normas que organizam o funcionamento dos poderes públicos, e, em suma, de todas as experiências concretas de juridicidade surgidas no âmbito do ordenamento em que se formulam.

2. A CONFIGURAÇÃO HISTÓRICA E DOUTRINAL DO ESTADO DE DIREITO

A dependência recíproca entre as teorias dos direitos fundamentais e do Estado de direito é tal que grande parte das incertezas e imprecisões que afligiram a moderna construção do *Rechtstaat* se originou do esquecimento dessa interdependência.

É preciso ter presente que a própria noção do Estado de direito representou, em suas primeiras manifestações na experiência histórica e doutrinal alemã, a busca de um "ideal institucional" (*institutionelles Ideal*) ou de uma "realidade espiritual" (*geistige Wirklichkeit*), orientada a proteger o cidadão com sua liberdade, seus valores, assim como seus direitos inatos e adquiridos diante do perigo de eventuais abusos por parte dos detentores do poder político[2].

Por isso, para uma exata compreensão das peculiaridades e do alcance atual do Estado de direito, para apreender a necessidade das recíprocas implicações entre a teoria do Estado de direito e o sistema dos direitos fundamentais, é imprescindível abordar o tema a partir de uma perspectiva histórica. Desse modo, se tentará esclarecer essa proposição a partir da exposição de alguns aspectos

---

[1] G. MELONI, *La dichiarazione dei diritti, lo Stato di diritto e la riforma rivoluzionaria*, Città di Castello, Tipografia S. Lapi, 1911, p. 144.

[2] N. LUHMANN, "Gesellschaftliche und politische Bedingungen des Rechtsstaates", in *Politische Planung*, 2. ed., Opladen, Westdeutscher, 1975, p. 56.

das alternativas histórico-doutrinais da dinâmica evolutiva do Estado de direito que, para este enfoque, são especialmente significativos.

2.1. A FORMAÇÃO HISTÓRICA DO ESTADO DE DIREITO: A CONTRIBUIÇÃO KANTIANA

Existe um grande acordo, entre os que abordaram o estudo do Estado de direito em sua dimensão histórica, em concentrar a origem moderna dessa ideia na filosofia política de Immanuel Kant[3]. Por outro lado, não existe unanimidade no momento de explicar e avaliar o significado dessa contribuição kantiana. A pluralidade de fontes que configuram e inspiram as teses políticas de Kant, assim como a própria ambiguidade de algumas de suas proposições, deram origem a um debate hermenêutico ao qual, resumidamente, convém aludir.

Assim, por exemplo, na relação com a ideia kantiana de liberdade, Werner Busch[4] e Gottfried Dietze[5] insistem na necessidade de diferenciar seu significado ou dimensão ética, formal e universal (*Freiheit*), de seu sentido empírico, ligado aos interesses individuais, que denomina arbítrio (*Willkür*). Em contrapartida, para Julius Ebbinghaus o decisivo é distinguir em Kant a ideia *a priori*, absoluta e incondicionada de liberdade moral, que é condição e fundamento do contrato social, da categoria empírica da liberdade política subsequente à organização da sociedade[6]. Por outro lado, para Norberto Bobbio, as "duas liberdades" de Kant refletem a coexistência em sua obra de uma noção de liberdade como autonomia de inspiração democrática, com um conceito de liberdade como não ingerência de inequívoco sentido liberal[7].

A reconstrução teórica do processo através do qual a tradição jusnaturalista, que se consolida no século XVIII nas declarações de direitos, se prolonga na doutrina kantiana do Estado de direito foi realizada, com lucidez, por Otto von Gierke. Segundo sua proposição, hoje clássica, em Kant têm lugar e confluem os diferentes estímulos teóricos e práticos que permitirão a formulação do *Rechtsstaat*. O filósofo de Königsberg encontra-se na encruzilhada de uma

---

[3] Assim o fizeram recentemente, entre outros: E. W. BÖCKENFÖRDE, "Entstehung und Wandel des Rechtsstaatsbegriffs", in *Staat, Gesellschaft, Freiheit*, Frankfurt a. M., Suhrkamp, 1976, p. 68; I. MAUSS, "Entwicklung und Funkrionswandel der Theorie des bürgerlichen Rechtsstaats", in M. TOHIDIPUR (org.), *Der bürgerliche Rechtsstaat*, Frankfurt a. M., Suhrkamp, 1978, vol. I, pp. 15 ss. coletânea básica, por reunir as contribuições mais decisivas da doutrina alemã sobre o Estado de direito; e, especialmente, G. DIETZE, *Kant und der Rechtsstaat*, Tübingen, Mohr, 1982, pp. 8 ss.

[4] W. BUSCH, *Die Entstehung der kritischen Rechtsphilosophie Kants*, Berlim/Nova York, Walter de Gruyter, 1979, pp. 91 ss.

[5] G. DIETZE, *Kant und der Rechtsstaat*, op. cit., pp. 12 ss.

[6] J. EBBINGHAUS, "Das Kantische System der Rechte des Menschen und Bürgers in seiner geschichtlichen und aktuellen Bedeutung", *ARSP*, 1964, pp. 23 ss.

[7] N. BOBBIO, "Kant e le due libertà", in *Da Hobbes a Marx*, 3. ed., Nápoles, Morano, 1974, pp. 147 ss.; *Diritto e Stato nel pensiero di Emmanuele Kant*, org. por G. Sciorati, Turim, Giappichelli, 1969, pp. 229 ss.

circunstância histórica que lhe permitirá assumir e expressar, de maneira unitária e coerente, a heterogênea pluralidade de motivos inspiradores da ideia do Estado de direito[8].

a) Kant aceita, em princípio, a tese do jusnaturalismo iluminista de que o Estado é um meio e uma condição para assegurar as respectivas esferas de liberdades dos cidadãos, através do direito. Mas, ao mencionar os fins do Estado, rejeita qualquer eudemonismo ou paternalismo, para reivindicar como seu objetivo prioritário a garantia da liberdade através do direito. Kant concebe a liberdade política como aquela situação "na qual ninguém pode obrigar-me a ser feliz a seu modo (como ele imagina o bem-estar dos outros homens), mas que cada um pode buscar sua felicidade pessoal da forma que melhor lhe pareça, desde que, ao fazê-lo, não viole a liberdade dos demais de tender a esta finalidade, de modo que sua liberdade possa coexistir com a de qualquer outro segundo uma lei universal (quer dizer, a de não violar o direito dos demais)"[9]. Diante disso, o governo paternalista (*imperium paternale*) cujos súditos, como se fossem menores de idade, devem comportar-se passivamente e esperar do chefe de Estado a determinação do modo em que devem ser felizes "constitui o pior despotismo que se pode imaginar"[10].

A felicidade não deve ser erigida como meta da legislação, pois não é um princípio universal para promulgar leis, uma vez que cada povo pode concebê-la de forma diferente. "A máxima *salus publica suprema civitatis lex est* conserva sua validade e autoridade; mas a saúde pública que deve ser levada em conta *acima de tudo* é a Constituição jurídica que garante a cada um sua liberdade mediante a lei."[11]

A concepção que se depreende dessa tese é a do direito como condição de coexistência das liberdades individuais, que atribui ao Estado a garantia, mediante sua não ingerência, do livre desenvolvimento da liberdade. A postura kantiana lembra nesse ponto a concepção de John Locke quando mostrava que: "A liberdade dos homens consiste em ter uma norma firme segundo a qual viver, comum a todos os membros da sociedade e emanada do poder legislativo nela constituído; uma liberdade de seguir minha liberdade em todos os casos em que a lei não o proíba, e de não me encontrar submetido à eventual, incerta, ignorada e arbitrária vontade de outra pessoa."[12] Trata-se, portanto, de uma concepção da liberdade como fundamento e meta do Estado de direito, de clara inspiração liberal.

---

[8] O. von Gierke, *Johannes Althusius und die Entwicklung der naturrechtlichen Staatstheorien*, citado pela 7. ed., com prólogo de J. von Gierke, Aalen, Scientia, 1981, pp. 304 ss.

[9] I. Kant, "Ueber den Gemeinspruch: Das mag in der Theorie richtig sein, taugt aber nicht für die Praxis", in *Kants gesammelte Schriften*, org. por Preussische Akademie der Wissenschaften, citado pela reprodução fotomecânica do editor Walter de Gruyter, Berlim, 1969, vol. VIII, p. 290. Tenho uma dívida de gratidão com meu bom amigo, o professor Carmelo Gómez Torres, por ter amavelmente colocado a minha disposição esta edição da obra kantiana que se encontra no Departamento de Filosofia do Direito da Universidade de Barcelona.

[10] Ibid., p. 291.

[11] Ibid., p. 298.

[12] J. Locke, *Two Treatises of Government*, II, IV, 22.

b) Porém, em outras passagens de sua obra, Kant usa o termo liberdade no sentido positivo, como autonomia ou participação dos cidadãos na elaboração das normas que devem regular sua conduta. Assim, em seu opúsculo sobre *A paz perpétua* lemos que a liberdade jurídica consiste "na faculdade de não obedecer a nenhuma lei externa, salvo àquelas às quais eu dei meu consentimento"[13].

O contrato social, ou originário (*ursprüngliche*) na terminologia kantiana, não é considerado um fato histórico, mas é entendido como uma ideia racional que consiste em obrigar qualquer legislador a fazer suas leis "como se estas tivessem surgido da vontade conjunta de todo o povo, e em considerar todo súdito, enquanto pretende ser cidadão, como se tivesse dado seu consentimento a essa vontade[14]. O Estado deve estar embasado, portanto, na participação ou no consenso dos cidadãos e disso depende a legitimidade das leis. Através do contrato "todos (*omnes et singuli*) conferem ao povo sua liberdade externa, para recuperá-la novamente, de imediato, como membros de um ente comum, isto é, do povo enquanto Estado (*universi*). Não se pode afirmar, portanto, que o homem no Estado tenha sacrificado para certa finalidade uma parte de sua liberdade externa inata, embora tenha abandonado completamente a liberdade selvagem e sem lei para reencontrar novamente sua liberdade geral não reduzida à sujeição à lei, ou seja, em um estatuto jurídico, porque essa sujeição deriva de sua própria vontade legisladora"[15]. Tese que recorda o famoso fragmento de Rousseau no qual afirma: "O que o homem perde com o contrato social é sua liberdade natural e um direito ilimitado a quanto lhe apetece e pode alcançar; o que ganha é a liberdade civil e a propriedade de tudo o que possui."[16]

c) Contudo, através dos textos comentados, observa-se que em Kant a contínua referência à liberdade como fundamento do Estado é postulada não tanto como um conceito empírico, mas basicamente como "uma ideia da razão". Kant assinala expressamente que: "A situação dos cidadãos, considerada como situação puramente jurídica, fundamenta-se nos seguintes princípios *a priori*:

1. A liberdade de cada membro da sociedade, como homem (*Die Freiheit jedes Gliedes der Societät, als Menschen*).

2. A igualdade dele mesmo diante de qualquer outro, como súdito (*Die Gleichheit desselben mit jedem andern, als Untertan*).

3. A independência de cada membro da comunidade, como cidadão (*Die Selbständigkeit jedes Gliedes eines gemeinen Wesens, als Bürger*).

Esses princípios – explica Kant – não são leis já dadas por um Estado instaurado, mas leis que por si sós tornam possível a Constituição do Estado segundo os princípios da pura razão (*reinen Vernunftprinzipien*) que emanam do direito externo do homem."[17]

---

[13] I. KANT, "Zum ewigen Frieden", in *Kants gesammelte Schriften*, op. cit., vol. VIII, p. 350.

[14] I. KANT, *Ueber den Gemeinspruch*, op. cit., p. 297.

[15] I. KANT, "Metaphysiche Anfangsgründe der Rechtslehre", in "Metaphysik der Sitten", in *Kants gesammelte Schriften*, op. cit., vol. VI, p. 316.

[16] J.-J. ROUSSEAU, *Contrat social*, I, 8.

[17] I. KANT, *Ueber den Gemeinspruch*, op. cit., pp. 289-90.

A diversidade de planos nos quais opera a reflexão kantiana sobre o Estado revela pontualmente as diferentes acepções da liberdade que, como indiquei, deram lugar a um interessante debate hermenêutico em torno de sua filosofia jurídico-política. Da "caixa de Pandora" de suas teses podem-se deduzir as mesmas premissas para uma formulação definitiva da teoria constitucionalista liberal apresentada por Locke e Montesquieu; que, a partir de um enfoque centrado na exigência kantiana da aceitação incondicional da legalidade e consequente negação de qualquer direito de resistência, pode-se chegar a considerar legitimador da concepção absolutista que parte de Hobbes[18]. Da própria análise de suas teses, afirma Dino Pasini, que "derivano due orientamenti del pensiero politico di Kant, l'uno liberale, l'altro dispotico, reazionario"[19]. Ao mesmo tempo que Umberto Cerroni mostra, como principal motivo da ambiguidade da filosofia política kantiana, sua fundamentação ideal e *a priori* do Estado que permite que "lo sbocco del liberalismo kantiano nell'assolutismo non sia connesso a difficoltà interne, strutturali"[20]. O extremo formalismo da construção política de Kant salva, na opinião de Ernst Bloch, as contradições da teoria jurídica e política à custa da indiferença de ambas a qualquer conteúdo, ou, o que dá no mesmo, aceitando que ambas podem tolerar qualquer conteúdo[21].

Immanuel Kant concebe, de fato, o Estado de direito como Estado da razão, isto é, como a condição *a priori* (exigência universal da razão) para uma coexistência livre através do direito, entendido, por sua vez, como normativi-

---

[18] Cf. sobre essas interpretações do pensamento político kantiano o interessante trabalho de G. SOLARI, "Il liberalismo di Kant e la sua concezione dello Stato di diritto", in *Studi storici di filosofia del diritto*, Turim, Giappichelli, 1949, pp. 231 ss. Para uma avaliação de conjunto do pensamento político de Kant, ver também os trabalhos de E. WEIL, T. RUYSSEN, M. VILLEY, P. HASSNER, N. BOBBIO, L. W. BECK, C. J. FRIEDRICH e R. POLIN reunidos na coletânea *La philosophie politique de Kant*, Paris, PUF, 1962; assim como a ampla coletânea de G. VLACHOS, *La pensée politique de Kant*, Paris, PUF, 1962.

[19] D. PASINI, *Diritto, società e Stato in Kant*, Milão, Giuffrè, 1957, p. 138. G. DIETZE nega a legitimidade de uma interpretação autoritária do pensamento político de KANT, de quem reivindica sua decidida opção liberal, *Kant und der Rechsstaat*, op. cit., pp. 79 ss.

[20] U. CERRONI, *Kant e la fondazione della categoria giuridica*, 2. ed., Milão, Giuffrè, 1972, p. 207.

[21] E. BLOCH, "Wiederstand und Friede", in Z. BATSCHA (org.), *Materialien zu Kants Rechtsphilosophie*, Frankfurt a. M., Suhrkamp, 1976, pp. 366 ss. Ernst Bloch percebeu acertadamente o risco que comporta o formalismo kantiano, como precedente do positivismo jurídico e de sua asséptica neutralidade diante dos valores, que deixa a porta aberta para a instrumentalização do direito pelo poder e para a própria perversão da ordem jurídica. Por isso, não posso compartilhar da opinião claramente positiva que, dessa faceta do formalismo kantiano, apresenta FELIPE GONZÁLEZ VICÉN quando, ademais, em sua excelente obra sobre *La filosofia del Estado en Kant*, Universidade de Laguna, 1952, afirma: "Com sua crítica ao direito de resistência e sua fundamentação tradicional, Kant põe em destaque... a profunda mudança que experimentam em sua obra as categorias jurídicas elaboradas no decorrer dos séculos anteriores. Enquanto para a ciência jurídica no jusnaturalismo o essencial é o conteúdo do ordenamento que rege a convivência para o novo sentimento vital que alcança vigência histórica com o triunfo da burguesia, o caráter de 'justo' ou 'injusto' da ordem da vida em comum retrocede perante seu caráter de certeza e inviolabilidade, isto é, diante daquele caráter que, independentemente de sua matéria, faz do direito o âmbito formal permanente da atividade individual e, em geral, do livre jogo das forças sociais" (op. cit., pp. 97-8).

dade racional "porque a razão constitui o único fundamento de qualquer possível legislação positiva"[22]. Com isso, como observa Guido Fassó, o Estado é, ao mesmo tempo, Estado de direito e Estado de justiça e "entre um e outro não há não apenas antítese, mas nem sequer distinção"[23].

O caráter prioritariamente formal da construção kantiana converte-se assim em um excelente subterfúgio teórico para evitar qualquer tipo de crítica. A censura que se pode fazer à sua legitimação do poder, na prática, onipotente do soberano, de seu culto à legalidade, de sua negação do direito de resistência, encontra sua resposta na observação de que tais pressupostos constituem uma consequência *lógica* do caráter racionalmente necessário do Estado para a realização do direito. Se com a abstração do mundo fenomênico se parte da identidade noumênica entre o Estado e o direito, desaparece qualquer possível contradição entre os dois termos: o Estado já não pode negar o direito porque negaria a si mesmo, porém, por sua vez, tampouco o direito pode "resistir" ao Estado porque isso equivaleria a negar sua própria fonte de validade[24]. Contudo, essa pretensa abstração das categorias teóricas se desvanece quando se comprova a evidente repercussão que sobre elas exercem a história e a experiência. Porque não é possível ignorar que a doutrina kantiana da liberdade e do Estado de direito tem um pano de fundo teórico constituído pela tradição jusnaturalista[25]; e alguns estímulos histórico-políticos imediatos: os acontecimentos da Revolução Francesa e as próprias vicissitudes do Estado prussiano, no qual Kant desenvolveu sua vida e sua obra[26]. É por isso que implica o que

---

[22] I. KANT, *Metaphysik der Sitten*, op. cit., p. 230.

[23] G. FASSÒ, "Stato di diritto e Stato di giustizia", in *Società, legge e ragione*, Milão, Edizioni di Comunità, 1974, p. 32.

[24] Cf. R. SPAEMANN, "Kants Kritik des Wiederstandsrechts", in *Materialien zu Kants Rechtsphilosophie*, op. cit., pp. 347 ss., em que se justifica a condenação do direito de resistência por considerá-lo contrário às exigências formais do sistema de moralidade kantiano. Quando são aceitas, sem discussão, as premissas formais de Kant se superam ou ignoram as possíveis ambiguidades e contradições de sua doutrina; apenas a partir disso é possível sustentar, como faz GIUSEPPE LUMIA, que: "La dottrina di Kant costituisce un superamento sia della concezione liberale che della concezione democratica, e tale superamento avviene mediante quella sintesi giuridica che va sotto il nome di *stato di diritto*", in *La dottrina kantiana del diritto e dello stato*, Milão, Giuffrè, 1960, p. 93. Mais complexa é a avaliação de EUZÉBIO FERNÁNDEZ, pois consiste em uma opinião global sobre a contribuição filosófico-política kantiana, quando escreve: "Não creio que a negação do direito de resistência aos súditos ou a 'confiança' que o soberano merece para Kant apresentem falhas graves para não ver na teoria kantiana do contrato social um progresso filosófico importante ou para não permitir enquadrar sua teoria dentro do contrato social democrático." "El contractualismo clásico (siglos XVII y XVIII) y los derechos naturales", *ADH*, 1983, vol. 2, p. 96.

[25] Cf. O. VON GIERKE, *Johannes Althusius*, op. cit., pp. 305 ss.

[26] A esse respeito nem KANT pôde evitar a condição de todo indivíduo de ser filho de seu tempo, assim como toda a filosofia. "Was das Individuum betriff, so ist ohnehin jedes ein *Sohn seiner Zeit*, so ist auch die Philosophie *ihre Zeit in Gedanken erfasst*", escreveu G. W. F. HEGEL, na *Vorrede* de seus "Grundlinien der Philosophie des Rechts", in *Werke in zwanzig Bänden*, org. por E. Moldenhauer e K. Markus Michel, Frankfurt a. M., Suhrkamp, 1970, vol. 7, p. 26. Sobre a influência dos acontecimentos políticos de sua época e, em especial da Revolução Francesa, na obra de KANT, cf. o trabalho de D. HENRICH, "Kant über Revolution", in *Materialien zu Kants REchtsphilosophie*, op. cit., pp. 359 ss.

bem poderia ser chamado um sofisma formalista, uma *formalistic fallacy*, a atitude hermenêutica que pretende salvar todas as contradições e ambiguidades da teoria política kantiana apelando para a coerência interna, ou para as exigências lógicas de seu sistema filosófico. Do mesmo modo que uma construção empírica não está isenta de poder ser analisada a partir de suas premissas lógicas, tampouco uma teoria formalista pode escapar do Tribunal inapelável da experiência e da história, quando se trata de avaliar suas repercussões práticas. E é precisamente a partir dessas contradições e ambiguidades da teoria kantiana que se extraem boa parte das luzes e das sombras, dos mal-entendidos e das incertezas que marcaram a evolução posterior do Estado de direito.

Por influência direta das grandes obras críticas de Kant, Wilhelm von Humboldt, em sua obra sobre os limites da atividade do Estado, considera que o objetivo básico de todo governo é "abster-se de buscar o bem-estar dos cidadãos, limitando sua ação ao que é necessário para a segurança interna e externa, e não restringindo a liberdade sob nenhum pretexto"[27].

Todavia, a partir de Humboldt, a teoria do Estado de direito irá perdendo seu pretenso caráter formal-racional e sendo ocupada por um conteúdo político concreto e expressamente manifesto: a ideologia liberal.

2.2. Pressupostos do Estado liberal de direito

A fórmula *Rechtsstaat*, expressão de origem inequivocamente alemã[28], foi criada por Carl T. Welker em sua obra *Die letzen Gründe von Recht, Staat und Strafe*, que data de 1813. Logo em seguida, foi empregada por Johann Christoph Freiherr von Aretin em sua *Staatsrecht des Konstitutionellen Monarchie*, de 1824; assim como por Robert von Mohl, a quem se costuma considerar o pai do termo por tê-lo usado em seu *Staatsrecht des Königsreichs Württemberg*,

---

[27] W. von Humboldt, "Ideen zu einem Versuch die Gränzen der Wirksamkeit des Staats zu bestimmen", in *Gesammelte Schriften*, ed. org. por A. Leitzmann e W. Richter, Berlim, 1903, vol. I, p. 129. Embora escrita em 1792, essa obra não foi publicada até 1850, e por isso mesmo sendo posterior às obras críticas de Kant, nas quais se inspira, é anterior aos principais escritos jurídicos e políticos kantianos (recorde-se que o *Ueber den Gemeinspruch* data de 1793; o opúsculo *Zum ewigen Frieden* é de 1795; e *Die Metaphysik der Sitten* de 1797).

[28] "Rechtsstaat ist eine dem deutschen Sprachraum eigene Wortverbindung und Begriffsprägung...", escreveu E. W. Böckenförde, em sua monografia *Entstehung und Wandel des Rechtsstaatsbegriffs*, op. cit., p. 66. Sobre a contribuição do constitucionalismo francês para a configuração da ideia do Estado de direito, ver a excelente obra de E. García de Enterría, *Revolución Francesa y Administración contemporánea*, 2. ed., Madri, Taurus, 1981, pp. 13 ss. Sobre o significado da noção, análoga à de Estado de direito, de *Rule of Law*, cf. a obra clássica de A. V. Dicey, *Introduction to the Study of the Constitution*, 9. ed., org. por E. C. S. Wade, Londres, MacMillan, 1956, pp. 183 ss.; em que são mencionadas as três acepções fundamentais desse termo: 1ª) como garantia das liberdades individuais; 2ª) como exigência de sujeição de todas as pessoas públicas e privadas ao direito ordinário (*ordinary law of the land*) aplicado pelos tribunais ordinários; e 3ª) como formação jurisprudencial dos principais direitos e princípios constitucionais, na experiência jurídica inglesa. Ver também o trabalho mais recente de J. Raz, "The Rule of Law and its Virtue", *LQR*, 1977, pp. 196 ss.

de 1829 e, especialmente, por tê-lo incluído no próprio título de sua obra seguinte *Die Polizei-wissenschaft nach den Grundsätzen des Rechtsstaates*, de 1832-33[29]. Convém observar que esses autores, partindo de diferentes premissas, coincidiam ao não considerar o Estado de direito como uma nova fórmula política, mas o entendiam como peculiar forma de Estado (*Staatsgattung*), isto é, como um tipo de Estado com algumas exigências de conteúdo ou materiais que se resumiam em: *a*) necessidade de uma organização e regulação da atividade estatal dirigida por *princípios racionais*, que devem traduzir-se em uma ordem política justa. O Estado de direito é concebido como um Estado racional (*Vernunftsrechtsstaat*) sob a terminologia de Estado de razão *Staat der Vernunft* na expressão de Welcker, ou de Estado da racionalidade *Verstandesstaat* na de von Mohl; *b*)recusa de qualquer tipo de transpersonalismo na definição dos objetivos do poder. O Estado não é uma instituição posta a serviço de fins transcendentes de caráter divino, nem dos interesses daqueles que governam, mas existe em função do benefício de todos os indivíduos que o integram; *c*) limitação das atribuições do Estado para a garantia da liberdade, da segurança e da propriedade de seus cidadãos através da lei, concebida como norma geral emanada dos representantes da vontade popular[30].

Como se pode facilmente observar, em suas primeiras manifestações, o conceito de Estado de direito não era uma categoria puramente formal e indiferente em relação aos objetivos e conteúdos da legalidade, à qual devia se submeter em bloco a atividade política estatal. Naquelas incipientes formulações, a marca jusnaturalista é, todavia, suficientemente intensa para situar no núcleo de sua função legitimadora e de sua própria justificação o que havia sido a razão de ser de seu nascimento: a luta contra o absolutismo do *Fürstenstaat* e do *Polizeistaat*, assim como o resgate dos indivíduos das *lettres de cachet* e da arbitrariedade dos governantes.

O Estado de direito nasceu, portanto, como uma fórmula de compromisso que implicava reunir diversas *garantias formais*, proclamadas por uma Constituição que consagrara a divisão de poderes e o princípio da legalidade, com uma série de *garantias materiais*, já que o primado da lei repousava em seu caráter de expressão da vontade geral e em sua imediata orientação à defesa dos direitos e liberdades dos cidadãos. Chegou-se inclusive a afirmar que, nessas formulações iniciais do Estado de direito, a noção de legalidade supunha uma síntese da *ideia liberal* manifestada na defesa dos direitos individuais, com a ideia democrática concretizada na concepção da lei como produto da vontade geral[31].

---

[29] Cf. E. BÖCKENFÖRDE, op. cit., pp. 66-7.

[30] Ibid., pp. 67-70.

[31] Cf. I. MAUS, *Entwicklung und Funktionswandel der Theorie des Bürgerlichen Rechtsstaats*, op. cit., pp. 18 ss. Destacou-se que para alguns dos primeiros teóricos do Estado de direito, como é o caso de VON MOHL, este não tinha uma significação abstencionista, mas se sentia comprometido a propiciar o bem-estar dos cidadãos e dos grupos intermediários através da legislação. Cf. F. DE SANCTIS, "Robert von Mohl: una critica liberale all'individualismo", *RIFD*, 1976, pp. 31 ss. Uma clara

Com essa linha hermenêutica de desenvolvimento do conceito do Estado de direito, e de forma simultânea, foi tomando corpo no interior da doutrina alemã uma tendência destinada a absolutizar a ideia racional-formal, subjacente à construção kantiana, e a resolver o equilíbrio entre o indivíduo e Estado em favor deste último. Produz-se, por essa via, uma metamorfose do Estado de direito em Estado ético, na medida em que o que era racionalidade formal *a priori* passa a ser identificado com a concepção do Estado como um valor metafísico e absoluto. O Estado ético aparece assim, da mesma forma que na proposição kantiana, como o produto de uma racionalidade universal, mas responde a uma *Weltanschauung* diferente: a subordinação das liberdades individuais aos fins do Estado.

Sabe-se que Hegel reconsiderou, com base em premissas muito mais radicais que Kant, a necessidade de uma legitimação absoluta e universal do Estado. Um Estado que é concebido como "A passagem de Deus pelo mundo (*der Gang Gottes in der Welt*)" e que tem seu fundamento na "força da razão que se realiza como vontade". Hegel parte do princípio de que o Estado é um fim em si mesmo e a condição necessária para a realização da liberdade, do que infere que o Estado tem um direito supremo diante de seus componentes "cujo dever básico é o de ser membros do Estado"[32]. Por isso, o Estado não pode ser definido por um contrato e sua essência não consiste na proteção da vida e da propriedade de seus indivíduos; "ao contrário, o Estado é algo superior que reclama para si essa vida e essa propriedade e exige o sacrifício delas"[33]. Em função dessas premissas, Hegel opõe à ideia democrática da soberania popular, que, a seu ver, apoia-se em uma imagem confusa e vazia do povo, uma soberania estatal que concebe o povo como totalidade orgânica (*organische Totalität*) e se realiza na pessoa do monarca[34]. O Estado ético termina assim por se converter no que Hermann Heller acertadamente qualificou como Estado de força ou *Machtsstaat*[35].

Seja como for, é evidente que, a partir desse processo de conversão do que em Kant era exigência absoluta de racionalidade, como parâmetro para a legi-

---

preocupação pelas reformas sociais e econômicas se observa na concepção de Von Stein, exposta a partir do início da segunda metade do século XIX, em quem se viu um precursor do Estado social de direito. Cf. M. García-Pelayo, "La teoría de la sociedad en Lorenz von Stein", REP, 1949, n. 47, pp. 43 ss.

[32] G. W. F. Hegel, *Grundlinien der Philosophie des Rechts*, op. cit., item 258, pp. 399-403.

[33] Ibid., item 100, p. 191.

[34] Ibid., item 279, p. 447. Sobre a crítica de Marx a Hegel em relação a sua concepção da soberania popular, cf. capítulo 4, 2.

[35] H. Heller, *Hegel und der nationale Machtsstaatsgedanke in Deutschland*, 2. ed., Osnabrük, Zeller, 1963. Tese que se opunha à interpretação liberal do pensamento de Hegel proposta por Franz Rosenzweig em sua obra *Hegel und der Staat*, Aalen, reprod. de Scientia, 1983, sobre a 2. ed. de 1920. Para uma avaliação atual da postura política de Hegel, ver, entre muitos outros, os trabalhos de: S. Avinieri, *Hegel's Theory of Modern State*, Cambridge University Press, 1972, cap. IX e XI; N. Bobbio, *Studi hegeliani. Diritto, società civile, stato*, Turim, Einaudi, 1981, pp. 69 ss. e 115 ss.; C. J. Friedrich, "Hegel: Staatsräson als Vernunft in der Geschichte", in *Die Staatsräson im Verfassungsstaat*, Freiburg/Munique, Karl Albert, 1961, pp. 100 ss.; M. Riedel, *Bürgeliche Gesellschaft und Staat bei Hegel*, Neuwied/Berlim, Luchterhand, 1970, passim.

timação do Estado, na ideia hegeliana do Estado ético se tornava muito difícil, praticamente impossível, avançar na construção do Estado de direito. De fato, a concepção do Estado como totalidade objetiva que se identifica e encarna com a legalidade e absorve os direitos individuais era incompatível com os requisitos do *Rechtsstaat* inclinados a fazer da legalidade um limite da ação estatal e a reconhecer alguns direitos empíricos em favor dos cidadãos.

Uma importância muito maior, para a configuração da ideia do Estado de direito, deve ser reconhecida à progressiva influência do positivismo jurídico formalista na teoria alemã do direito público. A partir de suas premissas, o Estado de direito deixará de ser entendido kantianamente como um Estado limitado pela razão, e passará a se converter em um Estado limitado pelo direito positivo, isto é, um Estado que se autolimita.

Esse processo de formalização inicia-se com Friedrich J. Stahl para quem "o Estado deve ser Estado de direito (*Der Staat soll Rechtsstaat sein...*)". Isso significa que o Estado deve delimitar e garantir sua ação através do direito, assim como realizar a ideia ética do Estado, que não deve ser entendida como um fim ou conteúdo transcendente à realidade estatal, mas como a própria sacralização da autoridade estatal, ou seja, do poder do monarca[36].

O positivismo formalista converte-se, desse modo, na teoria jurídico-política da burguesia liberal, eliminando progressivamente do conceito do Estado de direito as exigências de conteúdo jusnaturalista, ainda presentes na obra de Kant. O resultado foi o Estado de direito liberal burguês que, nas palavras de Rudolf Wiethölter, implicou: "A Constituição e o direito de sufrágio restrito a apenas três classes, a garantia perfeita da vida, da liberdade e da propriedade; foi 'unidade, direito e liberdade', em vez de ser 'liberdade, igualdade e fraternidade'...; afirmou a igualdade perante o direito e no direito, mas não a igualdade de direitos de possibilidades e de participação. Por isso, a liberdade e a igualdade foram entendidas de modo formal, ou mais precisamente, em sentido negativo, constituíram direitos de defesa contra o Estado (*staatsgerichtete Abwehrrechte*), não direitos de participação política (*politische Anteilsrechte*) na comunidade."[37]

A teoria do Estado de direito forjada por Otto Mayer, Thoma, Gerber, Laband e Jellinek que alcança seu pleno desenvolvimento, em sua orientação positivista-formalista, na obra de Hans Kelsen, constitui a expressão mais acabada do Estado liberal de direito. Suas características definidoras podem ser resumidas em:

a) Uma aparente despolitização do Estado, que, longe de propor a realização de fins políticos próprios, aparece como um simples instrumento neutro e

---

[36] F. J. STAHL, *Die Philosophie des Rechts*, 3. ed., 1856, vol. II, p. 36; uso a citação de E. W. BÖCKENFÖRDE, op. cit., p. 70, que mostra a coincidência nas teses de STAHL de uma concepção formalista do Estado de direito que se identifica com a forma e o caráter da realização da atividade estatal, com a persistência de uma concepção do Estado ético inclinado a justificar o absolutismo monárquico de sentido marcadamente reacionário.

[37] R. WIETHÖLTER, *Rechtswissenschaft*, em colaboração com R. Bernhardt e E. Denninger, 5. ed., Frankfurt a. M., Fischer, 1976, p. 175.

disponível para assegurar o *laissez-faire*, isto é, para garantir juridicamente o livre jogo dos interesses econômicos. Para isso se consuma a ruptura entre sociedade e Estado ao libertar a organização e a reprodução do poder político de qualquer ligação com a sociedade. Esses pressupostos se traduzem, na prática, na cobertura ideológica dos interesses da burguesia. O Estado liberal de direito funciona como um Estado a serviço da burguesia e, para tanto, dificulta o exercício do direito de associação, abandona o mercado aos economicamente poderosos e reconhece uma liberdade e igualdade no plano formal, que não tem correspondência no social e no econômico[38].

b) Tendência para a identificação do conceito de Estado de direito com o princípio de legalidade, o que implica a submissão do governo à lei, assim como a possibilidade do controle jurisdicional de seus atos. No entanto, a supressão de qualquer referência ao conteúdo material da legalidade acaba por levar a uma identificação absoluta entre a legalidade e o Estado de direito ou, o que dá no mesmo, entre o Estado e o direito. Por isso é fácil concluir, como Kelsen fará claramente, que todo Estado, pelo simples fato de sê-lo, é Estado de direito[39].

2.3. A mudança para o Estado social de direito

O individualismo, assim como apoliticismo e a neutralidade do Estado liberal de Direito, não podia satisfazer a exigência de liberdade e igualdade reais de setores social e economicamente mais carentes. Franz Neumann denunciou que "a liberdade jurídica e a igualdade política dos proletários, assim como sua desigualdade social e econômica, constituem os fundamentos do Estado de direito burguês"[40]. O aparente apoliticismo que o Estado liberal de direito adotou diante das transformações socioeconômicas se traduz em uma série de conflitos de classe que, a partir da segunda metade do século passado e início do atual, revelaram a insuficiência do quadro de liberdades burguesas quando se exime do reconhecimento da justiça social. Essas circunstâncias conjugadas com as novas condições nas quais se desenvolve o capitalismo avançado determinaram o surgimento do *sozialer Rechtsstaat*, que, abandonando as premissas de neutralidade e individualismo, reclama para si a intervenção direta nos processos socioeconômicos e que, mesmo se mantendo fiel ao primado do direito, o realiza a partir de princípios heterônomos diante da

---

[38] Cf. U. K. Preuss, "Nachträge zur Theorie des Rechtsstaats", in *Der bürgerliche Rechtsstaat*, op. cit., vol. I, pp. 82 ss.; P. von Oertzen, *Die soziale Funktion des staatsrechtlichen Positivismus*, Frankfurt a. M., Suhrkamp, 1974, especialmente interessante para o estudo do pensamento de Carl Friedrich von Gerber (pp. 163 ss.); na Espanha, a interessante monografia de J. Pérez Royo, "El proyeto de constitución del Derecho público como ciencia en la doctrina alemana del siglo XIX", *REP*, 1978, n. 1 (nova época), pp. 67 ss.

[39] H. Kelsen, *Allgemeine Staatslehre*, Berlim, Springer, 1925, pp. 91 e 100 (dessa obra existe trad. esp. de L. Legaz y Lacambra, Barcelona, Labor, 1934).

[40] F. Neumann, "Rechtsstaat, Gewaltenteilung und Sozialismus", in *Der bürgerliche Rechtsstaat*, op. cit., vol. I, p. 122.

autonomia caracterizadora do Estado liberal de direito. Após a Segunda Guerra Mundial o restabelecimento democrático em diversos países contribuiu decisivamente para difundir a fórmula do Estado social de direito[41].

O Estado social de direito teve, portanto, uma origem híbrida, fruto do compromisso entre tendências ideológicas díspares, que influenciaram sua evolução posterior. Por um lado, representou uma conquista política do socialismo democrático, o que se observa claramente na ideologia inspiradora de uma de suas primeiras manifestações: a Constituição de Weimar; por outro, é fruto também do pensamento liberal mais progressista que o concebe como um instrumento de adaptação do aparelho político às novas exigências do capitalismo maduro. Seu componente socialista democrático revela-se na superação do agnosticismo axiológico e do formalismo positivista ao impor ao Estado a realização de determinados fins materiais, que contribuam para uma reforma social e economicamente justa, em termos de justiça social, das condições de convivência. Hermann Heller, um dos seus melhores teóricos, dirá que, diante das ditaduras totalitárias e da nomocracia (*Nomokratie*) em que desemboca a concepção formalista kelseniana, o Estado de direito deve supor, como resposta às demandas de democracia social do proletariado, "a extensão do pensamento do Estado de direito material à ordem do trabalho e dos bens (*die Ausdehnung des materiellen Rechtsstaatsgedankens auf die Arbeits-und Güterordnung*)"[42]. A marca liberal tem sua manifestação mais precisa nas teses de Keynes, principal inspirador do Welfare State, que defendiam a possibilidade de uma transformação da política estatal pela via democrática e respeitando a economia de mercado capitalista, assim como o direito de propriedade sobre os bens de produção. Aceita-se, portanto, um abandono do dogma do *laissez-faire* em favor de um intervencionismo dos poderes públicos no processo econômico tendente a um incremento constante da produção, que permita garantir o pleno emprego e o aumento dos rendimentos do trabalho.

A transição do Estado liberal para o Estado social de direito propõe uma série importante de questões teóricas e práticas. Afirmou-se, por exemplo, que uma das mais evidentes mudanças operativas que o Estado social implica reside em atribuir aos poderes públicos a consecução da "procura existencial" (*Daseinvorsorge*); isto é, responsabiliza o governo pela tarefa de proporcionar a todos os cidadãos as prestações necessárias e os serviços públicos adequados para o pleno desenvolvimento de sua personalidade, reconhecida não apenas através das liberdades tradicionais, mas também a partir da consagração constitucional dos direitos fundamentais de caráter econômico, social e cultural.

---

[41] Cf. J. L. CASCAJO CASTRO, "Consideraciones sobre el Estado de Derecho", *REP*, 1973, n. 189-90, pp. 80 ss.; "La lucha por el Estado de Derecho", *Sistema*, 1977, n. 17-8, pp. 159 ss.; M. GARCÍA-PELAYO, *Las transformaciones del Estado contemporáneo*, 3. ed., Madri, Alianza, 1982, pp. 13 ss.; P. LUCAS VERDÚ, *La lucha por el Estado de Derecho*, Bolonha, Publicaciones del Real Colegio de España, 1975, pp. 81 ss.

[42] H. HELLER, "Rechtsstaat oder Diktatur?", in *Der bürgerliche Rechtsstaat*, op. cit., vol. I, p. 165.

Ao mesmo tempo, o Estado social de direito pretende assumir a incumbência de reestruturar e equilibrar as rendas mediante o exercício da política fiscal, o que faz com que possa ser denominado *Steuerstaat*[43].

A importância das mudanças operadas na natureza e nas finalidades tradicionais do Estado de direito em sua tendência para o Estado social suscitou um acalorado debate que se realizou principalmente pela doutrina alemã. No decorrer dessa polêmica teórica podem ser observadas duas posturas fundamentais:

1ª) A interpretação consagrada por Carl Schmitt em relação à Constituição de Weimar, inclinada a fazer uma separação taxativa entre a Constituição como forma jurídica do Estado e o funcionamento político do poder, em sua incidência e condicionamento pelos conflitos sociais, prática dos sindicatos, partidos políticos etc., esvaziou de conteúdo a pretensa dimensão "social" de *sozialer Rechtsstaat* auspiciada na Carta constitucional weimariana[44]. Essa tese foi amplamente desenvolvida por seu discípulo Ernst Forsthoff, que questionou a própria admissibilidade, sob uma perspectiva técnico-jurídica, da noção de Estado social de direito. Em sua opinião, na sua evolução histórica, o elemento definitório do Estado de direito aparece ligado à Constituição, enquanto a função social do Estado é algo que se vincula às tarefas próprias do governo. Por isso, o Estado de direito e o Estado social não são uma mesma coisa e é impossível conceber um "Estado social de direito", uma vez que isso implicaria conciliar duas ideias antitéticas: a primeira (Estado de direito) inclinada a garantir, através de bases formais, a liberdade dos cidadãos diante da ingerência do Estado mediante a separação de poderes, o princípio de legalidade e a independência judicial, e tudo isso a fim de salvaguardar o *status quo* econômico-social; a outra (Estado social) apresenta-se como um programa de *Wechsel der Ambiance*, de uma transformação econômica e social voltada à proteção das classes menos favorecidas através de uma política tendente a uma redistribuição equitativa da riqueza[45]. Em suma, o campo de realização dos programas socioeconômicos é o da legislação e da administração, mas não o das normas constitucionais. Por isso, a inclusão do "social" na definição do Estado de direito significa uma distorção inadmissível do ponto de vista jurídico[46]. Em todo o caso, o Estado social de direito poderia no máximo representar, para Schmitt e Forsthoff, uma base jurídica para regulamentar o intervencionismo estatal exigido pelas novas necessidades econômicas e tecnológicas.

---

[43] Cf. M. García-Pelayo, *Las transformaciones del Estado contemporáneo*, op. cit., pp. 26 ss.; L. Martín-Retortillo, "La configuración jurídica de la Administración Pública y el concepto de 'Daseinvorsorge'", *RAP*, 1962, n. 38, pp. 35 ss.

[44] C. Schmitt, *Verfassungslehre*, Munique/Leipzig, Duncker & Humblot, 1928, pp. 169 ss. (existe trad. esp. de F. Ayala, 2. ed., Madri, Alianza, 1983).

[45] E. Forsthoff, "Begriff und Wesen des sozialen Rechtsstaates", in *Rechtsstaat im Wandel. Verfassungsrechtliche Abhandlungen 1954-1973*, 2. ed., Munique, C. H. Beck, 1976, pp. 65 ss., e esp. pp. 87 ss.

[46] Ibid., pp. 88-9.

Para esses dois autores, o princípio social contido na definição do *sozialer Rechtsstaat* funciona como um mero *Staatszielbestimmung*, como um programa de ação para o legislador e para os órgãos do Estado. Assim, por seu caráter programático e sua própria indeterminação, o princípio social não pode ser objeto de aplicação imediata, pois isso só ocorrerá através das normas que o efetivem. Ernst Forsthoff indica que uma interpretação conforme a Constituição do princípio social da *Grundgesetz* de Bonn apenas pode atribuir-lhe o caráter de norma programática por si só inexigível: "unvollziehbaren Programmsätzen zuerkennen konnte"[47].

2ª) Para outros tratadistas alemães, pelo contrário, a passagem do Estado liberal para o Estado social de direito significou uma mudança radical em sua própria significação jurídico-política, porém sem que isso implique que o Estado social deixe de ser Estado de direito, ou que seus postulados se traduzam em fórmulas programáticas carentes de incidência na natureza jurídica e no conteúdo institucional do Estado de direito. Sob esse ponto de vista, insiste-se, em suma, em que, sem renunciar às garantias jurídicas do Estado de direito, o Estado social de direito significou, ainda, a garantia material dos postulados e liberdades formais proclamados pelo Estado liberal de direito, o que exigiu profundas mudanças em suas técnicas operativas. Para esses autores, o Estado social de direito implicou uma fórmula de compromisso entre a defesa das liberdades tradicionais de cunho individual e as exigências da justiça social[48].

Entre os que defendem a inequívoca condição de forma ou modalidade de Estado de direito em relação ao Estado social merecem especial atenção os trabalhos de quem pretendeu acentuar sua dimensão democrática, recuperando e atualizando as orientações dirigidas para esse fim por Hermann Heller. Para isso, propiciaram uma interpretação sistemática e evolutiva do princípio social e do princípio democrático reconhecidos no artigo 20.1 da *Grundgesetz* em que se proclama que: "Die Bundesrepublik ist ein demokratischer und sozialer Bundesstaat"; assim como do artigo 28.1, que prescreve a necessidade de que a ordem constitucional dos *Länder* responda aos princípios do "republikanischen, demokratischen und sozialen Rechtsstaates". Sob esse enfoque, as notas que distinguem o Estado social de direito resumem-se em:

a) A afirmação da necessária continuidade entre os princípios social e democrático e o Estado de direito. Assim, por exemplo, Richard Bäumlin aludiu ao mútuo condicionamento existente entre os princípios de democracia e de Estado de direito mostrando, de forma expressa, que a lógica democrática introduzida no princípio da soberania popular não está em oposição irredutível,

---

[47] Cf. E. Forsthoff, *Der Staat der Industriegesellschaft*, Munique, C. H. Beck, 1971, pp. 61 ss. (existe trad. esp. de L. López Guerra e J. Nicolás Muñiz, Madri, *IEP*, 1975).

[48] Cf. os trabalhos de: O. Bachof, *Begriff und Wesen des sozialen Rechtsstaates*, Berlim, Walter de Gruyter, 1954, pp. 44 ss.; E. Fechner, *Freiheit und Zwang im sozialen Rechtsstaat*, Tübingen, J. C. B. Mohr, 1953, pp. 9 ss.; C. F. Menger, "Der Begriff des sozialen Rechtsstaates im Bonner Grundgesetz", in E. Forsthoff (org.), *Rechtsstaatlichkeit und Sozialstaatlichkeit*, Darmstadt, Wissenschaftliche Buchgesellschaft, 1968, pp. 46 ss.

e sim o contrário, com a lógica jurídico-constitucional que implica o conceito de Estado de direito⁴⁹. Werner Kägi, após uma detalhada análise dos distintos argumentos que podem ser invocados para justificar a antinomia entre democracia e Estado de direito, chega à conclusão de que, quando a democracia não se traduz em um decisionismo arbitrário das maiorias, mas no exercício do poder através das bases jurídicas de participação e representação da soberania popular, supera-se essa pretensa oposição. Além disso, quando isso ocorre, "a democracia pressupõe um apelo concreto ao Estado de direito e oferece uma possibilidade concreta para a realização da justiça". Kägi conclui afirmando que: "A síntese entre o Estado de direito e a democracia constitui a grande tarefa de nosso tempo" (*Die grosse Aulgabe unsere Zeit ist die Synthese von Rechtsstaat und Demokratie*)⁵⁰. Do mesmo modo, Kontad Hesse referiu-se a uma síntese entre as ideias de Estado social de direito e democracia, por serem ambas princípios fundamentais da ordem constitucional da *Grundgesetz*. Uma vez que a ordem constitucional não admite rupturas nem contradições, deve-se entender que a ideia de democracia e a de Estado de direito se integram na unidade política e funcional da Constituição. Desse modo, os dois princípios assumem uma tarefa de legitimação, racionalização e garantia da continuidade do exercício do poder, sendo a democracia uma forma de processo vital (*Lebensprozess*) comunitário que reforça e concretiza a significação social do Estado de direito⁵¹. Porém, talvez ninguém tenha demonstrado tão claramente a ligação entre democracia e Estado social de direito do que Wolfgang Abendroth ao afirmar, de forma categórica: "A conexão interna dos momentos democracia e estatalidade social se evidencia imediatamente quando se leva em conta que as posições de força econômicas fornecem muito domínio político em uma democracia entendida de modo apenas político-formal."⁵²

b) O Estado social de direito significa também o reconhecimento da "abolição fática da separação entre Estado e sociedade"⁵³. Daí se infere a possibilidade e a exigência de que o Estado assuma a responsabilidade da transformação

---

⁴⁹ R. Bäumlin, *Die rechtsstaatsliche Demokratie. Eine Untersuchung der gegenseitegen Beziehungen von Demokratie und Rechtsstaat*, Zurique, Polygraphischer, 1954, pp. 86-7.

⁵⁰ W. Kägi, "Rechtsstaat und Demokratie. Antinomie und Synthese", in *Der bürgerliche Rechtsstaat*, op. cit., vol. I, p. 150.

⁵¹ K. Hesse, *Grundzüge des Verfassungsrechts der Bundesrepublik Deutschland*, 11. ed., Heidelberg/Karlsruhe, Müller, 1978, pp. 110-3. Ver também seu estudo monográfico "Der Rechtsstaat im Verfassungssystems des Grundgesetzes", in *Der bürgerliche Rechtsstaat*, op. cit., vol. I, pp. 20 ss.

⁵² W. Abendroth, "Sobre el concepto de Estado de derecho democrático y social tal como se formula en la Constitución de la República Federal de Alemania", in *Sociedad antagónica y democracia política*, trad. esp. de M. Sacristán, Barcelona/México, Grijalbo, 1973, p. 277. Ver também a respeito seu trabalho mais recente "Der demokratische und soziale Rechtsstaat als politischer Auftrag", in *Der bürgerliche Rechtsstaat*, op. cit., vol. I, pp. 265 ss.

⁵³ W. Abendroth, "Sobre el concepto de Estado de derecho", op. cit., p. 279. Tese também defendida por K. Hesse, *Grundzüge*, op. cit., pp. 8-9, assim como em sua monografia *Der Rechtsstaat im Verfassungssystem des Grundgesetzes*, op. cit., pp. 295-6; e que foi refutada por E. W. Böckenförde, "Die Bedeutung der Unterscheidung von Staat und Gesellschaft im demokratischen Sozialstaat der Gegenwart", in *Staat, Gesellschaft, Freiheit*, op. cit., pp. 185 ss.

da ordem econômico-social "no sentido de uma realização material da ideia democrática de igualdade"⁵⁴. Chegou-se até a afirmar, por intermédio de Horst Ehmke, que o problema do poder econômico é um problema básico para o Estado democrático, de forma que a estratégia do socialismo democrático, inclinado a tornar plenamente operativo o princípio da estatalidade democrática sancionada constitucionalmente pela *Grundgesetz*, devia ter como meta imediata a transformação da ordem econômico-social vigente⁵⁵.

c) O Estado social de direito implica também a superação do caráter negativo dos direitos fundamentais que, desse modo, deixam de ser considerados uma autolimitação do poder soberano do Estado para se tornar limites que o princípio democrático da soberania popular impõe aos órgãos que dela dependem. Portanto, o papel dos direitos fundamentais deixa de ser o de simples limites da atuação estatal para se transformar em instrumentos jurídicos de controle de sua atividade positiva, que deve estar orientada a possibilitar a participação dos indivíduos e dos grupos no exercício do poder. O que traz como consequência a necessidade de incluir no sistema dos direitos fundamentais não apenas as liberdades clássicas, mas também os direitos econômicos, sociais e culturais como categorias acionáveis e não como meros postulados programáticos⁵⁶.

d) A interpretação no sentido democrático do Estado social de direito comporta também a exigência de que a estrutura estatal não responda a um modelo centralista, rígido e monolítico, mas que funcione através de formas pluralistas que possibilitem e articulem a participação das pessoas e dos grupos no processo político, econômico, social e cultural. Partiu daí a tendência de se conceber o *sozialer Rechtsstaat* como um *pluralistischer Gruppenstaat*⁵⁷; como um Estado destinado a permitir e articular a pluralidade dos valores e opções sociais, isto é, sendo "der rechtsstaatlich garantierten Möglichkeit einer politischen Artikulierung des gesellschaftlichen Wertpluralismus"⁵⁸. Cabe, em última instância, ao Estado social de direito o cumprimento do princípio demo-

---

⁵⁴ W. ABENDROTH, ibid., p. 289.

⁵⁵ H. EHMKE, "Demokratischer Sozialismus und demokratischer Staat", in *Verfassung. Beiträge zur Verfassungstheorie*, org. por M. Friedrich, Darmstadt, Wissenschaftliche Buchgesellschaft, 1978, pp. 399 ss.

⁵⁶ Cf. J. PERELS (org.), *Grundrechte als Fundament der Demokratie*, Frankfurt a. M., Suhrkamp, 1979, especialmente os trabalhos de H. P. SCHNEIDER ali incluídos: *Eigenart und Funktionen der Grundrechte im demokratischen Verfassungsstaat*, pp. 11 ss. (uma parte desse trabalho foi publicada em trad. esp. pela *REP*, 1979, n. 7, pp. 7 ss.); e de W. ABENDROTH, *Ueber den Zusammenhang von Grundrechtssystem und Demokratie*, pp. 249 ss.

⁵⁷ R. HETTLAGE, "Wirtschaftspolitische mitbestimmung zwischen Rechtsstaat und Sozialstaat", in *Comunicaciones al IV Congreso Mundial de Filosofía Jurídica y Social*, *AFD*, 1973-74, t. XVII, p. 368. Cf. também R. WIETHÖLTER, *Rechtswissenschaft*, op. cit., pp. 165 ss., em que concebe o Estado social de direito como um fator para a mudança da sociedade individualista-liberal para a sociedade pluralista-social; e E. DENNINGER, *Staatsrecht*, Reinbek bei Hamburg, Rowohlt, 1973, vol. I, pp. 31 ss. e 101 ss.

⁵⁸ P. P. MÜLLER-SCHMID, "Sozialstaatlichkeit und Rechrsentwicklung", in *Comunicaciones al IV Congreso Mundial de Filosofía Jurídica y Social*, op. cit., p. 417.

crático através de bases que propiciem e estimulem as formas autogestionárias e auto-organizativas da economia e da estrutura social[59].

e) Por último, a orientação democrática do Estado social de direito não pode implicar, de modo algum, uma renúncia às garantias jurídico-formais do Estado de direito. A simbiose entre os princípios social e democrático e o Estado de direito se realiza de acordo com o prescrito na Constituição, por isso a estatalidade social e democrática continua mantendo o princípio da primazia do direito (*Primat des Rechts*)[60]. O abandono da concepção formalista do Estado de direito, de cunho marcadamente conservador, não implica, portanto, eximir a atividade dos poderes públicos da submissão estrita ao princípio da legalidade, mas tende a evitar que a normatividade constitucional possa ficar vazia de conteúdo ou desprovida de eficácia.

Embora, como observei, a proposição tendente a destacar a necessária ligação dos princípios social e democrático e o Estado de direito, no *âmbito* de uma interpretação democrática do Estado social de direito, tenha sido uma construção realizada preferencialmente pela doutrina da República Federal da Alemanha, não faltaram enfoques semelhantes em outros países. É muito significativa a esse respeito a opinião de Costantino Mortati, que julga irrelevante o fato de que a Constituição italiana de 1947 não mencione expressamente a fórmula do Estado de direito ou do Estado social de direito, já que reúne seus conteúdos e exigências. Para ele, o Estado social de direito significou, antes de tudo, a extensão da tutela das liberdades e direitos fundamentais àqueles que não haviam podido desfrutar deles anteriormente. De fato, o Estado social, longe de implicar um enfraquecimento das garantias da liberdade individual, inerentes ao conceito clássico de Estado de direito, significou sua aplicação às formações sociais nas quais o cidadão desenvolve sua personalidade. É por isso que o Estado social de direito implica a integração dos princípios de liberdade e de solidariedade, antes contrapostos[61].

2.4. O Estado democrático de direito: sucesso de uma fórmula

A exigência de que o Estado de direito implicasse a realização *material* das aspirações e necessidades reais da sociedade, associada ao desencanto produzido pela sobrevivência e surgimento de fenômenos claramente contrários a esse êxito no Estado social de direito (centralismo de Estado, marcadas desigualdades sociais e econômicas, sociedades multinacionais e grandes monopólios típicos do neocapitalismo, manipulação da opinião pública através dos meios de comunicação de massa...), motivaram o esforço doutrinal crítico do setor mais progressista dos intérpretes da *Grundgesetz*, inclinado a potenciali-

---

[59] Cf. H. Ehmke, *Demokratischer Sozialismus und demokratischer Staat*, op. cit., pp. 413 ss.

[60] K. Hesse, *Grundzüge*, op. cit., pp. 79 s.; E. Denninger, *Staatsrecht*, op. cit., vol. I, pp. 124 ss.

[61] C. Mortati, "Art. 1", in *Commentario della Costituzione*, vol. I. *Principi fondamentali*, org. por G. Branca, Bolonha/Roma, Zanichelli & Foro Italiano, 1975, pp. 45-6.

zar a eficácia do princípio democrático no âmbito do Estado social de direito. Contudo, essas posturas teóricas não postulavam a conformação de um Estado democrático de direito como alternativa ao Estado social, mas, como exposto, insistiam na íntima e necessária ligação entre os princípios democrático e social com o Estado de direito, diante das interpretações conservadoras que refutavam a possibilidade de sua complementaridade e propunham uma interpretação fragmentada e programática desses princípios.

Um enfoque diferente, destinado a superar as imprecisões, ambiguidades e insuficiências transformadoras do Estado social de direito a partir de sua inclinação para o Estado democrático de direito foi mantido na Espanha por Elías Díaz desde 1963[62] e, especialmente, após a publicação da primeira edição de seu livro *Estado de Derecho y sociedad democrática* em 1966[63]. O fato, insólito em nosso panorama bibliográfico, de uma obra de filosofia jurídico-política já estar em sua oitava edição permite dispensar qualquer comentário sobre sua repercussão no pensamento espanhol atual. Portanto, não seria exagero afirmar que para uma geração inteira de estudiosos espanhóis as teses de Elías Díaz foram ponto de referência obrigatório ao pesquisar e ao escrever sobre o Estado de direito.

Para o professor Elías Díaz, o Estado social de direito *é uma realidade* surgida após a Primeira Guerra Mundial e que se caracteriza pela institucionalização jurídico-política da democracia social e do capitalismo maduro e que permite compatibilizar o neocapitalismo com um Estado intervencionista produtor de bens de uso e de serviços. Diante desse modelo, o Estado democrático de direito representa uma fórmula alternativa que "remete a um tipo de Estado recém-iniciado em nosso tempo, com frequência de modo irregular, no qual se pretende precisamente a transformação em profundidade do modo de produção capitalista e sua substituição progressiva no tempo por uma organização social de características flexivelmente socialistas (ou também, sob outro ponto de vista, a efetiva democratização dos denominados países "socialistas") para dar lugar, através de vias pacíficas (mas não passivas) e de liberdade (formal e real), a uma sociedade em que se possa, consequentemente, implantar as ditas liberdade e igualdade reais em níveis muito superiores, em que democracia (outra vez "formal" e "real") e socialismo não apenas sejam compatíveis, mas que se fortaleçam e se consolidem mutuamente[64]. Em suma, na concepção de Elías Díaz, o Estado democrático de direito se traduz na "tenta-

---

[62] E. Díaz, "Teoría general del Estado de Derecho", *REP*, 1963, n. 131.

[63] E. Díaz, *Estado de Derecho y sociedad democrática*, Madri, EDICUSA, 1966; 8. ed., Madri, Taurus, 1981, pela qual serão feitas as citações seguintes.

[64] E. Díaz, "El Estado democrático de Derecho en la Constitución española de 1978", in *Socialismo en España: el partido y el Estado*, Madri, Mezquita, 1982, pp. 179-80. Ver também seu *Estado de Derecho y sociedad democrática*, op. cit., pp. 111 ss.; "Socialismo democrático y derechos humanos", in *Política y derechos humanos*, Valência, Fernando Torres, 1976, pp. 75 ss.; reunido posteriormente em *Legalidad-Legitimidad en el socialismo democrático*, Madri, Civitas, 1977, pp. 125 ss., em que também está incluída sua monografia *El Estado democrático de Derecho y sus críticos izquierdistas*, pp. 149 ss.

tiva de organização jurídico-política e de realização socioeconômica, em liberdade e com igualdade, dos melhores postulados humanistas e até mais profundamente liberais (críticos e pluralistas) do socialismo"[65].

A obra de Elías Díaz teve o mérito indiscutível de recordar, desde sua própria Introdução, que: "Nem todo Estado é Estado de direito."[66] Esta taxativa afirmação feita em uma etapa da vida política espanhola que evidentemente violava as principais exigências do Estado de direito significou um valioso instrumento: de *esclarecimento* de possíveis confusões diante das reiteradas tentativas do regime franquista de autolegitimar-se como Estado de direito; de *conscientização* sobre a necessidade de uma mudança que acomodasse o sistema político espanhol aos autênticos postulados de um Estado de direito; e de *estímulo* à luta por um Estado de direito construído sobre uma sociedade plenamente democrática. O contexto histórico no qual se forjam as teses de Elías Díaz, a clara intencionalidade política que as inspira, assim como o estrito compromisso ético a partir do qual avançam, determinaram certa dimensão utópica (no melhor sentido da expressão) do horizonte ideal do seu Estado democrático de direito. Isso explica por que sua proposição insiste sempre em superar as fórmulas empíricas do Estado de direito (liberal e social) em função de uma forma mais perfeita, embora ainda inexistente (ou com efêmera existência como as vias tcheca e chilena ao socialismo democrático). Tratava-se, em suma, como em todo programa teórico voltado a suscitar uma ação política, de uma proposta de "objetivos finais"; tais objetivos enfocavam um ideal de perfeição que não podia ser satisfeito pelos modelos empíricos (liberal e social) do Estado de direito.

No entanto, junto com os méritos comentados, a tese de Elías Díaz deu origem a algumas atitudes equivocadas em relação ao significado e alcance do Estado de direito. Sua proposição implicou, num primeiro momento, uma subestimação global do Estado social de direito que ignorou as tentativas teóricas e práticas voltadas para sua interpretação e funcionalização abertamente democrática e progressista que desde sua origem (pense-se na obra de Heller) até hoje caracterizaram determinadas tendências de sua evolução. Isso leva: quer a negar a autenticidade democratizadora dessa tendência, quer a identificá-la, em minha opinião de forma arbitrária, com a fórmula do Estado democrático de direito; pois, como já foi visto, a corrente hermenêutica progressista nunca pretendeu forjar uma realidade distinta ou alternativa do Estado social, mas potencializar, até as últimas consequências, sua eficácia democrática. É por isso que o eminente caráter preceptivo e deontológico do modelo de Elías Díaz, plenamente defensável no plano teórico, pode suscitar graves equívocos quando projetado sobre realidades políticas. Em outras palavras, corre-se o risco de hipostasiar como um dado da experiência política o que constitui uma fórmula ideal do "dever ser".

---

[65] E. Díaz, "El Estado democrático de Derecho en la Constitución española de 1978", op. cit., p. 181.

[66] E. Díaz, *Estado de Derecho y sociedad democrática*, op. cit., p. 17.

2.5. O Estado social e democrático de direito na Constituição espanhola de 1978

O debate sobre o Estado de direito adquiriu na Espanha uma atualidade prioritária após a promulgação do texto constitucional de 1978, cujo artigo 1.1 proclama: "A Espanha se constitui em um Estado social e democrático de direito..." Esse preceito obriga a reconsiderar, para uma correta interpretação, as formulações teóricas sobre o Estado de direito, e, particularmente, a tese de Elías Díaz sobre o Estado democrático de direito, pois entendo que a projeção de sua teoria para a hermenêutica dessa norma constitucional pode suscitar algumas dificuldades.

De fato, se as caracterizações social e democrática são entendidas como formas divergentes e alternativas do Estado de direito, seria preciso julgar arbitrária e contraditória a intenção de conjugá-las pacificamente em um mesmo texto normativo. Por isso, em um trabalho de 1979, no qual aceitava expressamente a proposição de Elías Díaz, não podia deixar de ao menos denunciar criticamente a incongruência do artigo 1.1 da Constituição espanhola ao estabelecer uma continuidade entre modelos de Estado de direito diferentes. Mostrava então que "a pretensão de juntar na definição do Estado de direito o modelo social e o democrático é tão contraditória quanto a de tê-lo proclamado liberal e social ao mesmo tempo". Por isso, acrescentava: "a relação entre o Estado social de direito e o Estado democrático de direito, quando as duas noções são utilizadas em sua acepção técnica, não pode ser copulativa, mas disjuntiva. Por isso, se a formulação da Lei Superior espanhola não quiser ser um mero postulado retórico, o Estado de direito espanhol será social ou democrático, de acordo com a ideologia das forças políticas majoritárias, mas nunca ambas as coisas ao mesmo tempo". Após essas observações, concluía indicando que "talvez a formulação correta fosse a de conceber o Estado espanhol como Estado social de direito em transição para o Estado democrático de direito, mediante a criação das condições necessárias para o exercício democrático do poder por todo o povo (inspirando-se, por exemplo, no artigo 2 da Constituição portuguesa de 1976)"[67].

Em uma cordial "crítica de minhas críticas", Elías Díaz concordava parcialmente com meus pontos de vista, especialmente no que dizia respeito ao fato de que a formulação mais "correta" do artigo 1.1 seria a de conceber o Estado espanhol como Estado social de direito em transição para o Estado democrático de direito[68]. Ainda que pensasse que esta fórmula não teria sido aceita pelos

---

[67] A. E. Pérez Luño, "Estado de Derecho y derechos fundamentales", in J. L. Cascajo, B. de Castro e C. Gómez Torres (orgs.), *Los derechos humanos. Significación, estatuto jurídico y sistema*, publicaciones de la Universidad de Sevilla, 1979, pp. 161-2, n. 36. Anteriormente tratei do tema no artigo "La lucha por el Estado de Derecho y los derechos fundamentales", no número extra do *Boletín de ICADE sobre los Derechos humanos*, 1976, pp. 22 ss.

[68] E. Díaz, "El Estado democrático de Derecho en la Constitución española de 1978", op. cit., p. 220.

grupos políticos conservadores que participaram do processo constituinte, pois implicava a imposição preceptiva de que o Estado social de direito iniciasse um processo de "*transição* para o Estado (socialista) democrático de direito"[69]. No entanto, discorda abertamente de minha proposição ao me acusar de incorrer na antinomia de propor, por um lado, a transição para o Estado democrático de direito e censurar, por outro, o artigo 1.1 por estabelecer uma "continuidade" entre o Estado social e o democrático; pois, pergunta-se Elías Díaz: "Pode-se falar de 'transição' se não existe algum tipo, seja qual for, de 'continuidade'?"[70] Devo avisar, de imediato, que acredito que nessa observação crítica existe um evidente mal-entendido. Quando aludia à "continuidade" o fazia, como se percebe pelo contexto de minha argumentação, usando esse termo em sua acepção lógica, isto é, referindo-me à "união natural que têm entre si as partes do contínuo" (1ª acepção do termo *continuidad* segundo o *Diccionario de la lengua española* de la Real Academia Española), e não a seu significado cronológico que Elías Díaz me atribui, ou seja, como "continuação", ou sucessão no tempo de uma coisa a outra ou outras (3ª acepção do termo no citado *Diccionario*). Com isso fica esclarecida a suposta contradição.

Elías Díaz também discorda de minha afirmação sobre a influência do texto do artigo 20.1 da *Grundgesetz* de Bonn no artigo 1.1 da Constituição espanhola. Tese na qual coincido com diversos exegetas desse preceito que chegam a afirmar que "é evidente que os modelos apresentados pelos constituintes espanhóis para definir a forma de Estado são alemães"[71]. Afirmação à qual inclusive, e para dar mais clareza, se acrescentou que: "A influência alemã que confirma uma comparação literal não é somente externa. Não é raro que fórmulas idênticas assumam significados muito díspares em contextos sociais diversos. Não é este o caso: entre os modelos e a forma utilizada os significados coincidem. E, de fato, a fórmula foi extraída dos modelos por juristas embebidos de cultura alemã... que sabiam muito bem as palavras que usavam."[72]

Diante dessa interpretação que, como mostro, é a mais generalizada, Elías Díaz afirma que existe uma diferença decisiva entre a caracterização do artigo 20.1 da Lei Fundamental da República Federal da Alemanha que define sua forma de Estado como *demokratischer und sozialer*, e a do artigo 1.1 do texto constitucional espanhol que faz da Espanha um "Estado social e democrático de direito". Para Elías Díaz, enquanto a ordem dos princípios "democrático" e "social" do texto alemão significa a redução da ideia de democracia, entendida como regra de jogo da sociedade liberal-pluralista, a simples antecâmara e

---

[69] Ibid., p. 220.
[70] Ibid., p. 222.
[71] S. Basile, "Los 'valores superiores', los principios fundamentales y las libertades públicas", in A. Predieri e E. García de Enterría (orgs.), *La Constitución española de 1978*, Madri, Civitas, 1980, p. 253. Cf. também o vol. dedicado monograficamente ao estudo desse tema por A. Garrorena, *El Estado español como Estado social y democrático de Derecho*, Universidad de Murcia, 1980, pp. 112 ss. e 165 ss.
[72] S. Basile, op. cit., p. 254.

pressuposto do Estado social, como Estado intervencionista e neocapitalista; a ordem inversa em que esses princípios vêm enunciados na Constituição espanhola significa que: "O ponto de partida, o Estado real é... o Estado social (neocapitalista) de direito, mas a meta a alcançar, o Estado possível, poderá ser para a esquerda – sempre dentro da Constituição – o Estado democrático (socialista) de Direito."[73]

Lembra aquele que fora diretor do Centro de Estudos Constitucionais que a fórmula de "Estado democrático de direito" foi uma contribuição da Comissão Constitucional do PSOE defendida pelo Grupo Parlamentar Socialista nos trabalhos constituintes. Argumenta e esclarece que, por isso, o "Estado democrático de direito" constitucionalizado na Lei Superior espanhola deve ser entendido como a organização jurídica e política que encarna os postulados humanistas do socialismo. Ao mesmo tempo que, no plano socioeconômico, implica a transformação progressiva do modo de produção baseado na apropriação privada dos meios materiais e culturais de produção[74]. Do que se infere que são precisamente essas as premissas que devem guiar a "linha de interpretação, diria autêntica, desse conceito e desse artigo de nosso texto legal fundamental"[75].

Ao abordar a avaliação crítica dessa tese, devo manifestar minha adesão pessoal, no que se refere aos fins, ao ambicioso programa transformador e emancipatório que implica o Estado democrático de direito, tal como o concebe Elías Díaz. É por isso que, no que se refere aos objetivos a alcançar, não preciso introduzir nenhuma modificação em minha própria postura defendida em trabalhos anteriores sobre o Estado de direito. Contudo, acredito que, para uma correta hermenêutica do artigo 1.1 da Constituição espanhola, que pretenda preservá-la de ilusórias ideologizações ou evitar que caia em um voluntarismo ou decisionismo político, impõem-se alguns esclarecimentos sobre o alcance desse artigo.

a) O primeiro está em afirmar inequivocamente os princípios de unidade (*Einheit*), coerência ou concordância prática (*praktischer Konkordanz*) e força integradora (*integrierender Wirkung*) da Constituição[76]. Esses postulados básicos para a correta interpretação da norma constitucional se traduzem na necessidade de não contemplar as noções de Estado de direito, Estado social e Estado democrático como três categorias antinômicas, nem sequer como três fórmulas independentes suscetíveis de interpretações ou aplicações fragmentárias[77]; mas como três funções, facetas ou exigências de uma única definição

---

[73] E. Díaz, "El Estado democrático de derecho en la Constitución española de 1978", op. cit., p. 180, n. 7. Elías Díaz havia defendido e apresentado essa tese em sua intervenção no "Coloquio sobre el Anteproyecto de la Constitución española" realizado em Bolonha, nos dias 26 e 27 de maio de 1978, reunida na coletânea *La Costituzione Spagnola nel trentennale della Costituzione Italiana*, Bolonha, Arnaldo Forni, 1978, pp. 167 ss.

[74] E. Díaz, "El Estado democrático de Derecho en la Constitución española de 1978", op. cit., pp. 181 e 224.

[75] Ibid., p. 180, n. 7.

[76] Cf. K. Hesse, *Grundzüge*, op. cit., pp. 28-9.

[77] Às vezes, determinadas análises desses princípios, ainda entre os que partem do reconhecimento de sua ligação fundamental, ao pretender ressaltar a peculiaridade da estatalidade jurídica,

constitucional sobre a forma do Estado espanhol. Por isso, entendo que são plenamente predicáveis as afirmações de Wolfgang Abendroth a respeito da Constituição espanhola em relação ao artigo 20.1 da *Grundgesetz* quando escreve: "Esse princípio constitucional inalienável da juridicidade estatal democrática e social constitui, pois, um princípio estrutural da ordem jurídico-constitucional. O princípio vincula três elementos intelectuais em uma só unidade. Com isso, os três elementos se convertem em momentos dessa unidade, os quais se interpenetram e deixam de ser acessíveis a uma interpretação isoladora."[78] Projetadas sobre a Constituição espanhola, essas observações, exemplarmente lúcidas, descartam qualquer suposição de que a Lei Superior espanhola tenha sancionado, de forma simultânea, várias formas de Estado diferentes, ou até mesmo contraditórias, o que levaria a uma concepção antinômica da própria Constituição. Pelo contrário, deve-se admitir que o que a Constituição espanhola consagra é a exigência de interpretar a estatalidade social e democrática como princípios coetâneos entre os quais ocorre uma mútua interdependência e conexão interna.

b) Diante dessa postura, não parece que deva prevalecer o argumento de uma pretensa "interpretação autêntica" do preceito, baseada na vontade subjetiva ou na razão instrumental de um setor da constituinte. Mesmo admitindo que no debate interno do Grupo Parlamentar Socialista a expressão "Estado democrático de direito" significasse a forma política do socialismo democrático próprio da etapa posterior ao Estado social na evolução do Estado de direito, o certo é que nas intervenções parlamentares não se explicitou essa acepção. Além disso, Gregorio Peces-Barba, representante do Grupo Socialista na Comissão de Assuntos Constitucionais e Liberdades Públicas, afirmou que o artigo 1.1 "é talvez um dos artigos que tem uma redação, com algumas pequenas restrições, mais oportuna de nosso anteprojeto constitucional". Explicitando que, a partir dessa formulação do anteprojeto que em seguida passou a ser o

---

social e democrática, levam a interpretações que os convertem em compartimentos estanques. É o caso, por exemplo, do trabalho de H. P. SCHNEIDER, *Eigenart und Funktionen der Grundrechte*, op. cit., pp. 28-34 (na trad. esp. cit., pp. 23-33).

[78] W. ABENDROTH, *Sobre el concepto de Estado de Derecho*, op. cit., pp. 266-7. É evidente que para esse autor, como para o restante da doutrina alemã progressista, a alusão à estatalidade democrática não significa apelar a uma forma de Estado alternativa à do Estado social de direito (como parece entender ELÍAS DÍAZ em "El Estado democrático de Derecho en la Constitución española de 1978", op. cit., pp. 210-2 e 242-4), mas o aprofundamento em sentido democrático de suas premissas. Cf. também W. ABENDROTH, *Sobre el concepto de Estado de Derecho*, op. cit., pp. 271, 277, 290 e, especialmente, p. 284, em que, referindo-se ao Estado social de direito, mostra que, se se entende que esse Estado "tem como função essencial a de realizar certos valores básicos da moderna sociedade democrática... são insustentáveis as afirmações dos inimigos do Estado democrático e social de bem-estar, segundo as quais Estado de direito e Estado social são antitéticos". Tese expressamente reafirmada também em seu trabalho posterior *Der demokratische und soziale Rechtsstaat als politischer auftrag*, op. cit., pp. 284-6, em que atribui como tarefa presente do Estado social de direito a consecução de uma autêntica democracia social e econômica, através da planificação democrática, da luta contra os oligopólios, da participação coletiva na vida socioeconômica e do controle democrático do poder.

texto definitivo do artigo 1.1 da Constituição, a Espanha se organizava "como Estado social e democrático de direito e se produz a vinculação da comunidade que é a Espanha com a sociedade que é o Estado social e democrático de direito"[79]. Essas afirmações não deixam transparecer nada que leve a supor que estão sendo constitucionalmente consagradas duas formas diferentes e finalidades díspares. Tampouco é imaginável, no *âmbito* de uma interpretação lógica e sistemática do preceito, que a ausência de uma alusão expressa ao fato de a estatalidade democrática não dever ser entendida como um princípio convergente com o da estatalidade social, mas como uma forma alternativa de Estado, responda a uma daquelas "pequenas restrições" que, segundo Peces-Barba, não impede que o artigo 1.1 seja um daqueles com redação mais oportuna[80].

Além disso, ao reconhecer, como mostrei anteriormente, que a redação "correta" do artigo 1.1 deveria "conceber o Estado espanhol como Estado social de direito em transição para o Estado democrático de direito", o próprio Elías Díaz admite, de forma implícita, que a formulação definitivamente consagrada na Constituição não equivale a sancionar inequivocamente o Estado democrático de direito, ao menos, tal como ele o entende. Por outro lado, quando tenta explicar por que em lugar da formulação "correta" se adotou a do texto vigente, Elías Díaz diz: "Não creio que os grupos e partidos políticos da União de Centro e os mais à direita a aceitassem, e isso não deixa de ser lógico."[81] É por esse motivo que, sendo o texto constitucional espanhol fruto de um laborioso consenso, ou melhor, compromisso político, a busca da pretensa "interpretação autêntica" do preceito não pode apoiar-se unilateralmente no ponto de vista de uma das concepções políticas em conflito, mas, precisamente, na resultante do acordo alcançado[82]. Em resumo, penso que é preciso admitir que o compromisso que originou o texto do artigo 1.1 não foi obtido com *fórmulas* duvidosas ou intenções veladas, mas com base em um modelo concreto de organização política; o pacto político em que se forja esse preceito não podia fundamentar-se em especulações teóricas e ideais do "dever ser", mas nas formas de Estado vigentes e operantes nas democracias de nosso imediato entorno histórico-cultural.

c) Devo assinalar, finalmente, que o desejo de obter o maior amparo democratizador permitido pela Constituição, que orienta as reflexões de Elías

---

[79] G. Peces-Barba, "Intervención ante la Comisión de Asuntos Constitucionales y Libertades Públicas", *DSC*, de 11 de maio de 1978, n. 64, pp. 2170-1; posteriormente reunida em sua interessante coletânea, elaborada com a colaboração de L. Prieto Sanchís, *La Constitución española de 1978. Un estudio de derecho y política*, Valência, Fernando Torres, 1981, p. 273.

[80] Entendo que o fato de que, em seus trabalhos teóricos, a postura de Gregorio Peces-Barba coincida com a concepção doutrinal do Estado democrático de direito defendida por Elías Díaz não é um fator decisivamente relevante para a exegese e a hermenêutica do preceito constitucional. Sobre a tese de G. Peces-Barba em relação a esse ponto, ver seus trabalhos: *La Constitución española de 1978*, op. cit., p. 29; e "Reflexiones sobre la Constitución española desde la Filosofía del Derecho", *RFDUCM*, 1981, n. 61, p. 100.

[81] E. Díaz, "El Estado democrático de Derecho en la Constitución española de 1978", op. cit., p. 220.

[82] Cf. o sugestivo trabalho de Joaquín Ruiz-Giménez, "El papel del consenso en la construcción del actual Estado democrático español", *Sistema*, 1980, n. 38-9.

Díaz sobre seu artigo 1.1, e que compartilho sem reservas, pode ser alcançado também com uma interpretação sistemática e evolutiva de seus preceitos. Essa interpretação permitirá ligar o artigo 1.1 com as demais normas constitucionais voltadas à transformação, em sentido democrático, da ordem econômica, social e política[83]. Porém, tudo isso sem necessidade de subentender uma concepção antinômica de formas de Estado distintas e contrapostas em um mesmo artigo da Constituição, com a consequente quebra dos princípios de unidade, coerência e integração que, como corolários do valor da segurança jurídica, devem presidir toda a hermenêutica constitucional.

Minha maior aspiração se resume em que minha "tréplica à réplica" de Elías Díaz, surgida em virtude e não apesar de nossas relações de amizade e cooperação intelectual, pudesse contribuir em algo para esclarecer o alcance do Estado social e democrático de direito no artigo 1.1, sem dúvida um dos mais importantes do texto constitucional espanhol. Minha opção a esse respeito inclina-se para uma exegese que, ao mesmo tempo que propicie a máxima virtualidade emancipadora e democratizadora quanto ao horizonte das finalidades do preceito, respeite escrupulosamente o método de uma rigorosa hermenêutica constitucional, e que se veria diante de um *impasse* de alimentar a tese de que o referido artigo consagra simultaneamente duas formas diferentes e contraditórias de Estado. Porém, em todo o caso, as reflexões expostas até aqui re-

---

[83] Sem que ainda se possa determinar uma posição consolidada do Tribunal Constitucional espanhol sobre o alcance da expressão "Estado social e democrático de direito", do art. 1.1 da Constituição espanhola, pode-se considerar que sua doutrina, salvo um aspecto ao qual me referirei, coincide com a orientação aqui defendida, de tal modo que suas decisões podem ser resumidas nos seguintes postulados: 1º) Interpretação integradora das noções de Estado social e Estado democrático de direito, que identifica e torna equivalentes, em minha opinião com bom critério, as noções de Estado social e Estado social e democrático de direito. Assim, na STC de 14 de julho de 1981, da qual foi orador o professor ANTONIO TRUYOL Y SERRA, menciona-se expressamente ao "Estado social de direito ou o Estado social democrático de direito, segundo a fórmula de nossa Constituição" (em *BJC*, 1981, n. 5, p. 331). No mesmo sentido, a STC de 8 de abril de 1981 (na *BJC*, 1981, n. 2, p. 94). 2º) Concepção progressista no sentido democrático do Estado social de direito em virtude de uma interpretação sistemática da Constituição que liga o art. 1.1 com o 9.2. Cf. STC de 16 de março de 1981 (em *BJC*, 1981, n. 2, p. 133) e STC de 5 de julho de 1982 (em *BJC*, 1982, n. 16-7, p. 633). 3º) Tendência a identificar o princípio da estatalidade democrática com o pluralismo político. Assim, por exemplo, em uma decisão comenta expressamente, refletindo a doutrina dos tribunais e a doutrina estrangeira, que: "hoje em dia todo Estado democrático é um Estado de partidos". STC de 2 de fevereiro de 1981 (em *BJC*, 1981, n. 2, p. 125). Da mesma forma, na STC de 31 de março de 1982 menciona-se expressamente o "pluralismo político, que é um valor fundamental e um requisito do funcionamento do Estado democrático" (em *WC*, 1982, n. 12, p. 272). Seguindo essa interpretação, se adotaria um critério restritivo que evita os dois aspectos mais importantes do princípio democrático: a materialização da ideia da soberania popular através de bases que assegurem a participação e o controle do poder, e a realização da igualdade material. Mesmo que outras decisões, como a STC de 8 de abril de 1981 ao manter que: "a ideia do Estado social e democrático de direito estabelecida pelo art. 1.1 da Constituição, que, entre outras significações, tem a de legitimar meios de defesa dos interesses de grupos e estratos da população socialmente dependentes..." (em *BJC*, 1981, n. 2, p. 94), abrem perspectivas mais estimulantes em direção à virtualidade democratizadora do Estado social e democrático de direito. Cf. J. PÉREZ ROYO, *La doctrina del Tribunal Constitucional sobre el Estado social*, no prelo, cujo texto devo à deferência de seu autor.

fletem a própria dificuldade de delimitar conceitualmente a noção de Estado de direito, dificuldade que, como se pôde observar, tem sua raiz nas próprias coordenadas históricas, doutrinais e práticas, em que tal conceito se forjou, mas que alcançou sua maior problematicidade na transição do Estado liberal para o Estado social de direito.

3. DEFINIÇÕES DO ESTADO DE DIREITO E ANÁLISE DA LINGUAGEM

As tentativas de superação da versão liberal do Estado de direito suscitam, de fato, o problema de se poder englobar no conceito geral do Estado de direito. Trata-se, em outras palavras, de comprovar até que ponto as novas adjetivações do Estado de direito afetaram sua substantividade, que deverá ser esclarecida. Porque não deixa de causar certa perplexidade a observação de como uma estrutura baseada na ideologia liberal em seguida foi usada para alcançar finalidades sociais contrapostas àquelas para as quais foi criada. Pois deve-se ter presente que as tentativas de superação do Estado de direito não consistiram apenas na adaptação de sua estrutura para diferentes realidades socioeconômicas, mas supuseram um verdadeiro esforço de remodelar suas estruturas funcionais sobre pressupostos antitéticos àqueles que o viram nascer no período liberal.

Isso se deve ao fato de que a própria noção de Estado de direito padece, tal como mostra Cascajo, "de uma ambiguidade constitutiva e de uma exuberância conceitual manifesta em suas múltiplas acepções. Daí sua resistência a uma categorização simples e definitiva"[84]. De fato, a imprecisão do termo é tal que, até no âmbito de suas especificações como é a do *sozialer Rechtsstaat*, observam-se divergências tão acentuadas que parece que quem usa o termo se refere a coisas diversas, a ponto de suscitar dúvidas sobre a própria utilidade do conceito[85].

É certo que na linguagem política são muito frequentes os exemplos de ambiguidade, mas é certo também que uma importante linha do pensamento jurídico-político contemporâneo voltou-se, precisamente, para dotar seus instrumentos linguísticos de um *status* mais rigoroso e preciso.

Desse ponto de vista fica aberta a tarefa, que aqui será apenas esboçada, de comprovar se existe um denominador comum entre os diferentes significados e contextos nos quais foi empregado o termo "Estado de direito", e a partir daí tratar de estabelecer as condições para seu uso correto no âmbito do discurso jurídico-político.

---

[84] J. L. Cascajo Castro, *Consideraciones sobre el Estado de Derecho*, op. cit., p. 81. Cf. também, sobre a equivocidade terminológica da expressão *Rechtsstaat*, a excelente monografia de E. W. Böckenförde, *Entstehung und Wandel des Rechtsstaatsbegriffs*, op. cit., pp. 65 ss.

[85] Cf. M. S. Giannini, "Stato sociale: una nozione inutile", in *Scritti in onore di C. Mortati*, Milão, Giuffrè, 1977, vol. I, pp. 139 ss.

3.1. As definições lexicais do Estado de direito

No plano descritivo e a partir das chamadas definições *lexicais* é possível observar duas grandes correntes de uso linguístico da expressão "Estado de direito", que podem ser classificadas, respectivamente, de técnica e ideológica.

a) Na sua acepção *técnica*, a expressão "Estado de direito" pretende dar conta de alguns mecanismos ou condições jurídicas de fato, ou supostamente tais, que presidem o funcionamento do Estado. Nos teóricos clássicos alemães e italianos do Direito público, as noções de *Rechtsstaat* ou de *Stato di diritto*, assim como em parte para a doutrina inglesa do *Rule of Law*, ou para a francesa as do *Régne de la loi* ou *Séparation des pouvoirs*, são consideradas um modelo teórico que pretende refletir e explicar, no plano da Dogmática jurídica, os processos formais através dos quais se desenvolve a dinâmica estatal.

Os pressupostos fundamentais sobre os quais gravita essa concepção são: a limitação da atividade dos órgãos do poder pela legalidade; a garantia por parte desta dos direitos públicos subjetivos (*subjektiven öffentlichen Rechte*), que adquirem essa qualidade por sua positivação, à margem de qualquer exigência jusnaturalista; e a teoria da forma ou controle jurisdicional (*Justizformigkeit*) de toda a atividade do Estado.

Nesse plano, a juridicidade, entendida como conexão estrutural e hierárquica de regras gerais e abstratas, é vista como característica essencial do Estado; além disso, de acordo com esses pressupostos, o Estado como organização não pode ser dissociado do direito, ou melhor, da legalidade. Por esses caminhos desenvolveram-se as tentativas de construir uma noção jurídica do Estado, "purificada" de qualquer elemento contaminador sociológico, ético ou político, e que culminaram por afirmar a identificação do Estado com o ordenamento jurídico.

A partir dessa perspectiva formal, a noção de *Rechtsstaat* fica vazia de qualquer conteúdo, o que leva à tese de que qualquer Estado, como conjunto de regras jurídicas sistematizadas, isto é, como ordenamento, é Estado de direito. Com isso se chega ao perigoso equívoco de considerar Estado de direito qualquer Estado que *de fato* estabelece e funciona através de algumas bases jurídicas, o que é requisito óbvio de qualquer Estado moderno.

Hans Kelsen, a quem se deve uma das mais depuradas formulações teóricas desse processo, teve o mérito de reconhecer em sua maturidade as limitações dessa questão. Assim, na segunda edição de seu *Reine Rechtslehre*, não tem dúvida em afirmar que, quando se identifica o Estado com o ordenamento jurídico e, a partir daí, se considera que todo Estado é Estado de direito, esse termo torna-se um pleonasmo. Por Estado de direito, diz ele, deve-se entender certo tipo de Estado: aquele que responde às exigências da democracia e da certeza do direito. Nesse sentido, deve-se entender por Estado de direito aquele que possui um ordenamento jurídico relativamente centralizado, com base no qual a jurisdição e a administração se encontram vinculadas por leis, isto é, por normas gerais emanadas de um parlamento eleito pelo povo; cujos membros do governo respondem por seus atos; cujos tribunais são independentes;

e em que se garantem determinadas liberdades aos cidadãos, especialmente a liberdade de religião, de consciência e de expressão[86].

b) A atitude de Kelsen é bem eloquente para refletir certo movimento de opinião doutrinal que, ao abrigo dos acontecimentos políticos, foi tomando consciência de que a estrutura jurídica do Estado de direito não é uma forma adaptável a qualquer conteúdo, mas tem algumas exigências materiais diretamente ligadas a determinadas opções de caráter político.

A partir desse plano ideológico, a fórmula "Estado de direito" foi um cavalo de batalha para a luta, às vezes ideal e utópica, pelo aperfeiçoamento da realidade empírica do Estado. Esse é o sentido que se deve atribuir às novas adjetivações de *sozialer*, ou *demokratischer Rechtsstaat, Gruppenstaat, Stato di Giustizia, Stato di equità*..., nas quais se dá um maior ou menor grau de utopismo em relação ao funcionamento efetivo da práxis estatal.

A noção de "Estado de direito" exerceu, desse modo, uma importante função ideológica, ao ser empregada como instrumento de legitimação para justificar realidades políticas heterogêneas. Vale como exemplo a positiva mudança de atitude operada no pensamento e na práxis dos países socialistas para acomodar a seu sistema a ideia de Estado de direito, a partir da noção de legalidade socialista[87]. Também é significativa a evolução experimentada sobre esse tema por pensadores marxistas dos países ocidentais. Assim, Galvano della Volpe, que em 1957 em sua obra *Rousseau e Marx* refutava a ideia jusnaturalista burguesa do Estado de direito, na edição de 1962 afirmava que na legalidade socialista continua o espírito liberal de Locke e Kant, e alude a uma "restituzione socialista di norme giuridiche borghesi ossia di norme dello Stato di diritto"[88].

Pode-se citar como caso-limite neste processo de fungibilidade ideológica do Estado de direito o caso de alguns juristas fascistas e nacional-socialistas, por demonstrar a predicabilidade dessa noção em relação a suas realidades políticas. Desse modo, Koellreutter pôde referir-se a um *nationaler Rechtsstaat* para designar o sistema político totalitário do *III Reich*[89].

É por isso que, a partir de uma análise linguística lexical que tente reunir as diversas conotações ideológicas contidas em meras referências à fórmula verbal de "Estado de direito", não é possível esclarecer algumas características comuns unitárias, em virtude das divergências e contradições com as quais o termo é assumido e empregado.

---

[86] H. KELSEN, *Reine Rechtslehre*, 2. ed., Viena, Franz Deuticke, 1960, pp. 314-5.

[87] Sobre a noção de legalidade socialista, compare-se os diversos trabalhos reunidos na coletânea "Le concept de la légalité dans les pays socialistes", in *Cahiers de l'Académie polonaise des sciences*, 1961, n. XXI.

[88] G. DELLA VOLPE, *Rousseau e Marx*, 2. ed., Roma, Riuniti, 1957, p. 56; 3. ed., 1962, p. 53. Cf. meu trabalho *Iusnaturalismo y positivismo jurídico en la Italia moderna*, Bolonha, Publicaciones del Real Colegio de España, 1971, pp. 167-8.

[89] O. KOELLREUTTER, *Der nationale Rechtsstaat*, Tübingen, J. C. B. Mohr, 1932. Na Itália, durante o período fascista, F. D'ALESIO publicou a monografia "Lo Stato fascista come Stato di diritto", in *Scritti giuridici in onore di Santi Romano*, Pádua, Cedam, 1940, vol. I, pp. 489 ss.

3.2. Os direitos fundamentais e as definições explicativas do Estado de direito

Se se deseja identificar algumas características que esclareçam o sentido dessa expressão e sua função atual, se é que a conserva, deve-se recorrer a conotações *explicativas*, que tendam a prescrever como deve ser empregada na linguagem política com precisão e rigor.

É evidente que a persistência no uso da fórmula "Estado de direito" não é casual. Os esforços de apropriação de que foi objeto, a partir das mais opostas atitudes ideológicas, prescindiriam de explicação se tal conceito não fosse acompanhado, desde sua origem, por uma auréola de prestígio, associada a uma valoração positiva de determinada forma de organização política. Por isso, em que pese seu caráter equívoco, ambíguo e genérico, essa expressão ainda hoje é apropriada, se não para limitar os contornos precisos do sistema político concreto, pelo menos para designar algumas constantes no funcionamento do aparelho estatal.

Um estudo no âmbito pragmático dos comportamentos daqueles que usaram o termo, ou no âmbito mais amplo da práxis social dos comportamentos sobre os quais teve influência, mostra que, através de um processo às vezes inconsciente de seleção, foram se depositando no âmago dessa expressão algumas aspirações e exigências reiteradas de chegar a determinadas formas de organização política. A luta pelo Estado de direito significou, desse modo, uma luta contra todas as formas de arbitrariedade política e a exigência de um controle do Estado pelo direito, porém, como já foi dito, por determinado direito. Por isso, as mistificações dos ideólogos dos sistemas totalitários destinadas a justificá-los, apresentando-os como formas do Estado de direito, são inadmissíveis no plano explicativo por não atender aos requisitos de limitação jurídica do poder.

Para dotar a noção de "Estado de direito" de um *status* significativo preciso e, consequentemente, para compreender sua relevância na teoria e na práxis política, é necessário reconhecer nela uma tensão entre as garantias formais que a integram e as exigências materiais da justiça que a apresentam como elemento de legitimação. É por esse motivo que a doutrina italiana procurou estabelecer uma ligação entre as noções de *Stato di diritto* e *Stato di giustizia*[90]. Isso explica também a tentativa da filosofia jurídico-política alemã de situar na ideia de dignidade humana (*menschliche Würde*) uma fundamentação material para a noção do *Rechtsstaat*[91].

---

[90] Cf. os dois volumes sobre *Stato di diritto* e *Stato di giustizia*. *Atti del IV Congresso nazionale di Filosofia del diritto*, org. por R. Orecchia, Milão, Giuffrè, 1963.

[91] Cf. E. Fechner, *Freiheit und Zwang im sozialen Rechtsstaat*, op. cit., pp. 16 ss.; "Funktionem des Rechts in der menschlichen Gesellschaft", in R. Lautmann (org.), *Die Funktion der Rechts in der modernen Gesellschaft*, Bielefeld, Giescking, 1970, pp. 89 ss.; W. Maihofer, *Rechtsstaat und menschliche Würde*, Frankfurt a. M., Klostermann, 1968.

É possível que esse movimento também tenha sido impulsionado pelo progressivo abandono que se produz na doutrina e na práxis jurídica alemã do pós-guerra da equação entre *Gesetzstaat* e *Rechtsstaat*, à medida que se toma consciência de que, tal como escreve Marcic, "Recht und Gesetz sind nich dasselbe"[92]. Essa situação levou à subordinação do dado normativo formal a requisitos materiais que faziam referência a uma concepção da justiça de inspiração jusnaturalista.

Pode parecer inoportuno que quando se trata de esclarecer a significação do Estado de direito se tenha presente a noção de direito natural, com toda sua carga de imprecisão e ambiguidade[93]. Contudo, creio que precisamente um dos motivos de utilidade da investigação histórica anteriormente esboçada foi o de evidenciar a dependência que existe entre os dois conceitos. Tal dependência se observa claramente quando se tem presente que os fundamentos ideológicos do Estado de direito se apoiam em pressupostos jusnaturalistas. As teorias dos direitos fundamentais e do princípio de legalidade que lhe servem de suporte foram formuladas sob os auspícios do jusnaturalismo iluminista. Por isso, à medida que o Estado de direito se impregnou de positivismo jurídico, por considerar, após a involução conservadora que se segue à revolução burguesa, que o direito natural era uma ameaça revolucionária, passou a ver os direitos fundamentais como uma concessão do Estado realizada através de sua positivação e se propôs como meta fundamental a consecução da seguridade jurídica.

Uma vez admitido que o Estado é a única fonte do direito e que os direitos fundamentais são meros reflexos do ordenamento jurídico, a imagem que oferece o Estado de direito é necessariamente formal. Seu único fim será a defesa da legalidade, entendida como o conjunto de normas elaboradas pelos órgãos de Estado que, de acordo com o princípio de validade estabelecido na Constituição, são competentes, e seguindo as bases processuais exigidas por esse princípio de validade. Segundo esse sistema não pode existir lei injusta, visto que toda norma promulgada de acordo com esse princípio de validade não pode deixar de ser justa e, consequentemente, obrigatória[94].

Progressivamente os conflitos de classe foram revelando o caráter restritivo dos direitos fundamentais burgueses e desmistificando o pretenso valor da lei como expressão da vontade geral. Daí a paulatina crise e dessacralização das ideias de legalidade e da segurança jurídica; e também a necessidade de religar as exigências do Estado de direito com as da justiça social, que se manifestam com especial intensidade nas Constituições do pós-guerra. Nelas se observa com mais intensidade que nunca a inspiração jusnaturalista que constitui o pano

---

[92] R. MARCIC, *Von Gesetzstaat zum Richterstaat*, Viena, Springer, 1957, p. IV.

[93] Ao estudo da ambiguidade terminológica do direito natural é dedicado meu trabalho "El Derecho natural como problema. Ensayo de análisis del lenguaje", in *Estudios en honor del profesor Corts y Grau*, Universidad de Valencia, 1977, vol. II, pp. 187 ss.

[94] G. MORELLI, *Il diritto naturale nelle costituzioni moderne*, Milão, Vita e Pensiero, 1974, pp. 59 ss.

de fundo ideológico do Estado social de direito. Não é necessário insistir que muitas dessas declarações constitucionais permaneceram nas boas intenções, e que existiu uma evidente distância entre os princípios das declarações constitucionais e suas realizações práticas[95], que foi fator decisivo na crise do *sozialer Rechtsstaat*.

Em todo o caso, as exigências de justiça material implícitas no desenvolvimento histórico do jusnaturalismo continuam sendo uma velha aspiração insatisfeita da humanidade. Essa aspiração constitui, a meu ver, o motor da luta pelo Estado de direito, e a ela devem referir-se os meios técnicos com que essa fórmula política se orienta para conseguir seus objetivos, que explícita ou implicitamente sempre superam o âmbito das meras garantias formais.

Por esse motivo, a chave de uma definição explicativa do Estado de direito está em demonstrar a estreita correlação existente entre seu componente ideológico, que genericamente se identifica com a luta pela justiça – entendida esta como o resultado das exigências que a razão prática descobre em cada momento histórico como imprescindíveis, para possibilitar uma convivência social baseada nos direitos fundamentais de liberdade e igualdade –, e sua estrutura técnico-formal, cujo principal objetivo é a criação de um clima de segurança jurídica no desenvolvimento da atividade estatal.

Quando na luta pelo Estado de direito se impõe o elemento ideológico em detrimento do técnico, corre-se o perigo de sacrificar, em nome de determinadas visões da justiça, o clima de segurança imprescindível para o funcionamento das instituições jurídicas; pois pode ocorrer que certas manifestações da luta pela liberdade sejam, em termos kantianos, incompatíveis com a liberdade dos demais, porque os meios para seu êxito são inconciliáveis com a forma geral de uma lei[96]. Pelo contrário, quando se concebe o Estado de direito como um simples conjunto de técnicas formais corre-se o risco de que suas estruturas sejam incapazes de evitar sua transformação autoritária[97], e de que se che-

---

[95] Cf. o trabalho já clássico de K. LOEWENSTEIN, "Verfassungsrecht und Verfassungsrealität. Beiträge zur Ontologie der Verfassungen", in *Archiv des öffentlichen Rechts*, 1951-52, n. 77, pp. 387 ss.; e os mais recentes de: U. K. PREUSS, "Sul contenuto di clase della teoria tedesca dello Stato di diritto", e R. WIETHÖLTER, "Gli interessi dello Stato di diritto borghese", in P. BARCELLONA (org.), *L'uso alternativo del diritto*, Bari, Laterza, 1973, vol. I. De sua parte, os juristas dos países socialistas negaram a autenticidade "social" do Estado social de direito. ZOLTÁN PETERI referiu-se expressamente a esse assunto ao escrever que: "[...] The concept of the *sozialer Rechtsstaat* appearing in the Bonn Basic Law, covers the characteristic features not so much of a social lawstate but much more of a typically bourgeois-liberal state. The Bonn Law contains only the so-called classical liberties which... serve to protect the individual against the abuses of government." "Citizens' right and the natural law theory", in J. HALASZ (org.), *Socialist concept of human rights*, Budapeste, Akadémiai Kiadó, 1966, pp. 117-8.

[96] Cf. G. FASSÒ, *Società, legge e ragione*, Milão, Edizioni di Comunità, 1974; e meu trabalho "El iusnaturalismo ante los años 70", *Anuario de Filosofía del Derecho*, 1970, t. XV, pp. 310-1.

[97] "A divisão de poderes, a *Rule of Law*, o controle jurisdicional dos órgãos do Estado e todo o arsenal do moderno Estado constitucional revelaram-se, com muita frequência, impotentes para conter a transformação autoritária do Estado, e não só isso, mas até a promoveram", escreveu U. CERRONI, *Introducción al pensamiento político*, México, Siglo XXI, 1967, p. 72.

gue a confundir o respeito pela segurança jurídica com a manutenção da ordem pública[98], com a consequente deterioração das liberdades fundamentais.

Há pouco tempo, dois importantes trabalhos de Norberto Bobbio sobre a doutrina marxista do Estado e sobre a democracia representativa[99] suscitaram um grande debate na esquerda política italiana, cujas alternativas, sem se concentrar diretamente no Estado de direito, não deixaram de incidir sobre os diversos aspectos de sua problemática atual.

Para Bobbio, a teoria marxista do Estado fixou seu interesse no problema dos sujeitos que detêm o poder (burguesia, proletariado...), relegando a segundo plano a consideração das instituições que delimitam a forma de exercê-lo. Isso levou, por inúmeras vezes, a certo desprezo pelas formas jurídicas. No entanto, Bobbio acrescenta que de modo algum se pode julgar como uma questão acessória ou incidental o problema das instituições jurídico-políticas que estabelecem *como* se exerce o poder; isto é, se é exercido na forma de um governo parlamentar ou de uma ditaduta militar; em outras palavras, se em um sistema político ocorre a liberdade de poucos e a servidão de muitos, ou a liberdade de muitos e a servidão de poucos[100].

O ponto de vista de Bobbio resume corretamente o grave erro que na conjuntura política atual significa o menosprezo da dimensão técnica ou institucional do Estado de direito em nome de determinadas aspirações ideológicas, que, quando não são acompanhadas pelo respeito a essas "formas" institucionais, podem traduzir-se em experiências políticas contrárias aos direitos fundamentais, por mais que no nível retórico se afirme que se luta por sua implantação.

Por outro lado, esquece-se, muitas vezes, que na práxis política, e também na do Estado de direito, existe uma estreita ligação entre fins e meios; e que, por isso, não só se podem avaliar os fins ideológicos perseguidos com a atividade política, mas também as técnicas através das quais são perseguidos, e que se pode até afirmar que existe um avanço histórico paralelo dessas duas instâncias, cujas repercussões não deixaram de afetar a dinâmica evolutiva do Estado de direito. Assim, elementos institucionais, como podem ser o sufrágio

---

[98] Com razão pôde escrever N. Bobbio: "Se oggi siamo profondamente turbati, non è perchè lo Stato di diritto stia traballando, ma perchè traballa non per lasciar posto... allo Stato sociale, mas per lasciare apparire attraverso le sue crepe il Vecchio Stato di polizia. Intendo per Stato di polizia lo Stato che assolutizza e pone a supremo fine del diritto il fine che è próprio di quell'apparato statale che ha la precipua e ben delimitata funzione di assicurare l'ordine pubblico." "Quale giustizia, quale legge, quale giudice", in *Quale Giustizia*, 1971, p. 268. No mesmo sentido, cf. J. L. Cascajo Castro, *Consideraciones sobre el Estado de Derecho*, op. cit., p. 92.

[99] N. Bobbio, "Esiste una dottrina marxista dello Stato?" e "Quali alternative alla democrazia rappresentativa?", *Mondoperaio*, 1975, n. 8, 9 e 10; e reunidos na coletânea org. por F. Coen, "Il marxismo e lo Stato (Il dibattito aperto nella sinistra italiana sulle tesi di Norberto Bobbio)", Nuova serie dei quaderni di *Mondoperaio*, 1976, n. 4, de onde se cita. Na Espanha expôs os pontos centrais dessa controvérsia A. Ruiz Miguel, "Norberto Bobbio y el debate de la izquierda italiana", *RFDUCM*, 1981, n. 59, pp. 7 ss.

[100] N. Bobbio, "Quale socialismo?", in *Il marxismo e lo Stato*, op. cit., pp. 200-1.

universal, o direito de greve, o direito à seguridade social, foram conquistas ligadas à luta reivindicatória do movimento operário, da qual em seu momento foram instâncias ideológicas, e é absurda a atitude daqueles que pretendem hoje interpretá-los como hábeis recursos estratégicos do capitalismo para conservar o poder[101].

Nesse mesmo sentido, Umberto Cerroni recordava em sua contribuição ao debate o perigoso equívoco que significa considerar que a crítica marxista às liberdades formais ou políticas implique sua substituição pelas liberdades reais ou sociais. A partir dessa interpretação errônea apresentou-se a democracia socialista como uma contraposição substitutiva da democracia política. Quando esta foi, em grande medida, não apenas uma exigência, mas uma conquista do movimento operário socialista[102].

Não faltaram, contudo, nos diferentes pontos de vista mantidos ao longo da controvérsia da esquerda italiana, aqueles que, como Massimo Boffa, não hesitaram em qualificar o Estado de direito como uma categoria inoperante para a construção da sociedade socialista. A seu ver, as sociedades socialistas expressaram um mecanismo original de poder, não reconduzível a experiências precedentes, dotado de uma autonomia própria e de uma necessidade interna "in esse – escreve textualmente – si è affermata una forma di sovranità particolare, la *sovranità del partito dirigente*, trascendente le volontà empiriche dei singoli in nome di un superiore finalismo"[103].

Porém, é altamente instrutivo observar como, no próprio interior do Partido Comunista Italiano, se reagiu contra esse ponto de vista impugnador das técnicas da democracia política próprias do Estado de direito. Assim, Valentino Guerratana não tem dúvida em afirmar que "a sopprimere la democrazia politica la causa del socialismo abbia ben poco da guadagnare"; e que a democracia política "educa le masse al gusto delle libertà civili, le abitua in definitiva a non poter fare a meno quelle stesse regole procedurali, una volta irrise perchè estranee alla propria esperienza quotidiana. Un socialismo, che nasca da questo costume democratico, e impare a cavalcare la tigre della democrazia, non potrà mai più ripiegare su pratiche autoritarie"[104].

A velha aspiração do jusnaturalismo iluminista de juntar na lei os valores de justiça e certeza constitui também o fundamento último do Estado de di-

---

[101] N. BOBBIO, *Esiste una dottrina marxista dello Stato?*, op. cit., p. 10.

[102] U. CERRONI, *Esiste una scienza politica marxista?*, op. cit., p. 39. Nesse mesmo trabalho afirma que: "La democracia politica spinge al socialismo e il socialismo spinge alla democrazia politica", p. 48.

[103] M. BOFFA, *Le dure repliche della storia*, op. cit., p. 75.

[104] V. GERRATANA, *Quando la democrazia è sovversiva*, ibid., pp. 87 e 89. Referindo-se também à tese de M. BOFFA, comentou FURIO DÍAZ que da pretensão de substituir as liberdades políticas "con quel *superiore finalismo* ci sanno tanto di Stato corporativo o di ordine nuovo ma... nazional-socialista!", *Teoria dello Stato e volontà politica*, op. cit., p. 110. Na Espanha, G. PECES-BARBA não teve dúvidas em afirmar que: "Na construção do socialismo, a liberdade se plasmará na assunção do Estado de direito, dos direitos fundamentais e da limitação do poder, conquistas liberais que assim alcançarão seu sentido pleno." "El socialismo y la libertad", in *Política y derechos humanos*, op. cit., p. 70.

reito; sempre que, para evitar erros passados, se conceba essa lei como expressão da racionalidade histórica produto de uma vontade majoritária autenticamente democrática, isto é, democrática não só em termos jurídico-políticos, mas também socioeconômicos. Creio que por essa direção o conceito de "Estado de direito" adquire alguns contornos mais precisos e significativos.

Em um escrito juvenil, Karl Marx mostrava que todas as formas de Estado têm sua verdade na democracia, a tal ponto que quando não são uma democracia não são verdadeiras: "Es versteht sich übrigens von selbst – escrevia textualmente –, dass alle Staatsformen zu ihrer Wahrheit die Demokratie haben und daher eben, soweit sie nicht die Demokratie sind, unwahr sind."[105] É por isso que a vigência da problemática do Estado de direito na atualidade deve ser buscada, mais que no plano da consideração semântica de suas técnicas de funcionamento, no esforço pragmático em que a luta pela *verdade* do Estado de direito assume o significado de uma luta por sua *verdade* democrática.

---

[105] K. MARX, "Kritik des Hegelschen Sttatsrechts", in *Marx-Engels Werke*, vol. I, Berlim, Dietz, 1961, p. 232.

TERCEIRA PARTE
CONSTITUIÇÃO

CAPÍTULO 6

A INTERPRETAÇÃO DA CONSTITUIÇÃO

1. POSSIBILIDADE E SENTIDO DA INTERPRETAÇÃO CONSTITUCIONAL

Em uma Carta que data do ano de 1532, de inegável interesse para a história da metodologia jurídica, o jurista humanista Viglius von Zwichem, dirigindo-se a Amerbach, escrevia que sem interpretação não há doutrina jurídica e que o próprio objeto da jurisprudência residia precisamente em encontrar o método correto de interpretação: "Die richtige Methode der Interpretation zu finden."[1]

A interpretação constitui, de fato, o ponto de encontro em que confluem e se misturam os procedimentos metódicos da ciência e da filosofia do direito e a bancada de teste da respectiva validade de suas proposições[2]. Essas circunstâncias adquirem uma problematicidade característica quando o objeto da interpretação jurídica versa sobre os preceitos da máxima hierarquia normativa, isto é, sobre a Constituição.

A interpretação constitucional possui uma importância decisiva em qualquer sistema democrático, especialmente naqueles que contam com uma jurisdição constitucional. Recentemente, Jean Rivero chamou a atenção para a

---

[1] Utilizo a referência de A. PLACHY, *La teoria della interpretazione. Genesi e storia della ermeneutica moderna*, Milão, Giuffrè, 1974, pp. 1 e 22.

[2] RENATO TREVES observou que a interpretação das leis é "um dos problemas fundamentais que o direito aborda continuamente em seu desenvolvimento vital e que o jurista nunca consegue resolver com os meios de sua própria ciência porque já se encontra no extremo limite desta, de onde desemboca na filosofia". *Prólogo* a MAX ASCOLI, *La interpretación de las leys. Ensayo de filosofía del derecho*, trad. esp. de R. Smith, Buenos Aires, Losada, 1947, p. 8. Ver também a p. 26 dessa obra, em que ASCOLI afirma: "O problema sobre a natureza da interpretação não é técnico, [...] mas um problema continuamente proposto pelo direito à filosofia." Recentemente, a mesma ideia foi expressa por MARTIN KRIELE, *Theorie der Rechtsgewinnung entwickelt am Problem de Verfassungsinterpretation*, 2. ed., Berlim, Duncker & Humblot, 1976, pp. 160 ss. e 215 ss., que insiste na exigência de assumir a interpretação constitucional a partir de premissas filosóficas.

autêntica revolução jurídica que significou a decisão do *Conseil Constitutionnel* francês de 16 de julho de 1971. Após a tomada da Bastilha – comenta ironicamente o professor Rivero –, ao povo francês lhe agrada fazer suas revoluções no mês de julho. Neste caso, a revolução se realizou em quatro palavras: "Vu la Constitution *et notamment son Préambule*." De um só golpe, a Declaração de 1789, o preâmbulo da Constituição de 1946, os princípios fundamentais reconhecidos pelas leis da República [...] foram integrados à Constituição francesa, que duplicou seu volume pela simples vontade do *Conceil Constitutionnel*[3]. Sem que se possa tampouco evitar, no que diz respeito à incipiente trajetória da jurisdição constitucional espanhola, o interesse e a controvérsia suscitados pelas denominadas "sentenças interpretativas", ou seja, aquelas que determinam ou manifestam o sentido em que um texto legal pode ser considerado constitucional ou, no caso, inconstitucional[4].

No entanto, não deixa de suscitar certa perplexidade comprovar a escassa atenção que mereceu o tema da interpretação constitucional na teoria jurídica, em relação ao interesse que promoveu a atividade interpretativa em outros setores do ordenamento jurídico, particularmente no âmbito do direito privado, não obstante a maior importância que, sem dúvida, assume a interpretação da Constituição.

Talvez isso se deva ao fato de a interpretação constitucional estar ameaçada por duas proposições que, a partir de premissas antitéticas, coincidem em comprometer sua razão de ser. A primeira se deve àqueles que ignoram o caráter jurídico dessa atividade, ao enfatizar sua significação política; a segunda, àqueles que, por equipará-la à interpretação normativa do direito privado, terminam por dissolver sua peculiaridade.

A crença de que as questões constitucionais não são questões jurídicas, mas questões de poder, foi abertamente defendida por Ferdinand Lassalle em sua famosa conferência sobre a essência da Constituição (*Ueber Verfassungswesen*), apresentada em Berlim no ano de 1862[5]. Esse ponto de vista, por seu aparentemente inegável realismo baseado na experiência histórica e cotidiana do sa-

---

[3] J. RIVERO, "Rapport de synthèse" do Colóquio Internacional sobre "La protection des droits fondamentaux par les juridictions constituionnelles en Europe", Aix-en-Provence, 19-21 de fevereiro de 1981, *RIDC*, 1981, n. 2, p. 662.

[4] O Tribunal Constitucional pronunciou-se sobre o tema das "sentenças interpretativas" em sua decisão de 13 de fevereiro de 1981, *BJC*, 1981, n. 1, p. 32, na qual adotou uma atitude negativa (que foi um dos motivos de dissidência do voto particular, ibid., p. 42), que posteriormente suavizou na STC de 8 de abril de 1981, em *BJC*, 1981, n. 2, p. 91, a qual admite um uso restrito dessa técnica, porém sem aceitá-la em termos nos quais o TC corra o risco de se converter em "legislador positivo". Cf. P. CRUZ VILLALÓN, "Zwei Jahre Verfassungsrechtsprechung in Spanien", *ZaöRV*, 1983, n. 1, pp. 83-5. Em favor da utilização das "sentenças interpretativas", que considera consubstanciais ao exercício de qualquer função jurisdicional, pronunciou-se claramente R. RUBIO LLORENTE, "Sobre la relación entre Tribunal Constitucional y Poder Judicial en el ejercicio de la jurisdicción constitucional", *REDC*, 1982, n. 4, pp. 35 ss.

[5] F. LASSALLE, "Ueber Verfassungswesen (1892)", in *Gesammelte Reden und Schriften*, org. por E. Bernstein, Berlim, 1919, vol. II, pp. 25 ss. (existe trad. esp. de W. Roces e Introdução de E. Aja, com o título ¿*Qué es una Constitución?*, Barcelona, Ariel, 1976).

crifício da normativa jurídica perante a força dos fatos, nunca deixou de ter adeptos. Não deve, portanto, causar estranheza que Mario G. Losano sustente, em nossos dias, que mencionar uma interpretação constitucional implica um abuso de linguagem, pois supõe a pretensão de projetar postulados da metodologia jurídica aos que não passam de puras decisões políticas[6].

Por outro lado, os que conceberam a interpretação da Constituição como uma tarefa jurídica, por um amplo período que se prolongou até nossos dias, a abordaram com os esquemas elaborados pela dogmática jusprivatista. Para explicar esse fenômeno, menciona-se o maior grau de depuração sistemática alcançado através do tempo pela teoria da interpretação no direito privado, que alcança plena maturidade científica com a Escola Histórica. Daí, por exemplo, a notável influência que exerce a teoria da interpretação de Friedrich Carl von Savigny na configuração dos pressupostos metodológicos da Escola alemã do direito público[7]. Sem que tampouco possam ser evitadas outras causas ligadas à própria origem do constitucionalismo. De fato, as primeiras Constituições liberais estabelecem o princípio da "rigidez" constitucional, inclinado a garantir seu conteúdo diante de qualquer tentativa de modificação. Esse conteúdo se consagra em dois grandes setores: a parte dogmática que contém a declaração ou catálogo dos direitos naturais positivados pela via constitucional (o *Bill of Rights* na tradição anglo-saxã); e a denominada parte orgânica que contém as regras sobre a forma e o funcionamento do Estado e os poderes públicos em geral (*Form* ou *Frame of Government* no constitucionalismo norte-americano). O conjunto de direitos contidos na parte dogmática era diretamente passível de resolução judicial e se encontrava a salvo de qualquer intromissão não apenas por parte do governo, mas também através da legislação ordinária. Ao mesmo tempo, considera-se que esse núcleo de direitos estabelece algumas relações entre o Estado e os cidadãos, mas não entre os cidadãos entre si. Nessas relações, o Estado atua como uma pessoa jurídica, no âmbito de um tecido de faculdades e obrigações jurídicas em relação aos particulares. Com base nessas premissas, de inequívoco caráter privatista, a Dogmática alemã do direito público elaborou a categoria dos direitos públicos subjetivos[8]. É preciso acrescentar que o conteúdo dos direitos públicos subjetivos no âmbito

---

[6] M. G. LOSANO, *Los grandes sistemas jurídicos*, trad. esp. de A. Ruiz Miguel, Madri, Debate, 1982, p. 94.

[7] Cf. P. VON OERTZEN, *Die soziale Funktion des staatsrechtlichen Positivismus*, Frankfurt a. M., Suhrkamp, 1974, pp. 154 ss.; W. WILHELM, *La metodología jurídica en el siglo XIX*, trad. esp. de R. Bethmann, Madri, Edersa, 1980, pp. 19 ss. Um fator que corrobora, em grande medida, o enfoque jusprivatista da interpretação constitucional é o que se refere à própria formação dos juristas. É preciso ter claro, por exemplo, que nas faculdades de Direito alemãs durante a primeira etapa do século XIX estudava-se exclusivamente o Direito privado, ficando o Direito público restrito às faculdades de Filosofia. Ver R. WIETHÖLTER, *Rechtswissenschaft*, em colab. com E. Denninger e R. Bernhardt, 5. ed., Frankfurt a. M., Fischer, 1976, pp. 68 ss.; A. E. PÉREZ LUÑO, "La filosofía del derecho y la formación de los juristas", *Sistema*, 1982, n. 49, pp. 89 ss., com orientações bibliográficas.

[8] Cf. capítulo 1, 3.1.4 e o capítulo 2, 2.2.

do Estado liberal de direito encontrava-se integrado, basicamente, por liberdades de caráter individual, dentre as quais se destaca a proteção da liberdade econômica e a defesa do direito de propriedade. Considerando essas circunstâncias, não é difícil compreender que, para a interpretação de tais direitos, se recorresse a instrumentos hermenêuticos jurídico-privados. Nesse contexto, a interpretação da parte dogmática da Constituição realiza-se a partir de premissas e conforme um método de acentuada significação jusprivatista, e somente para a interpretação da parte orgânica formulam-se algumas regras autônomas, construídas com a ajuda do modelo das ciências históricas, sociais e políticas, que representam uma tentativa embrionária de formar uma hermenêutica juspublicista moderna. No entanto, com a transição do Estado liberal para o Estado social de direito produziu-se uma importante transformação na normativa constitucional, que necessariamente repercutiu em sua interpretação[9]. De fato, nessa nova situação se observa:

1º) Uma superação da categoria dos direitos públicos subjetivos, de inequívoca inspiração individualista, através dos direitos fundamentais. Nela se integram, juntamente com as liberdades tradicionais pessoais, civis e políticas, os direitos econômicos, sociais e culturais. O reconhecimento dos direitos sociais como direitos fundamentais comportou, por sua vez, a mudança na: *a) fundamentação* dos direitos constitucionais, que já não se circunscrevem à defesa de interesses individuais, mas estendem sua tutela à proteção de interesses sociais e coletivos; *b) titularidade*, que se ampliará também a sujeitos coletivos; e *c) natureza jurídica*, ao deixar de ser meros direitos de defesa (o que a doutrina alemã denomina *Abwehrrechte*), diante da opressão estatal, para se tornar direitos de participação (*Teilhaberechte* em sua acepção alemã) e serviços para cuja realização não basta a abstenção do Estado, mas se torna indispensável a mobilização dos poderes públicos.

2º) Essa *natureza jurídica* peculiar dos direitos fundamentais exige superar a rígida distinção entre a parte dogmática e a parte orgânica dos textos constitucionais, uma vez que a participação e os serviços não podem ser interpretados à margem das regras que conduzem a organização e o funcionamento dos poderes públicos.

3º) Por último, junto com a técnica de *positivação casuística* predominante nas Constituições liberais para fixar o estatuto das liberdades, os direitos fundamentais são reconhecidos na atualidade também como valores ou como princípios básicos do sistema jurídico-político, o que condiciona o método de sua interpretação[10].

---

[9] E. Forsthoff, "Die Umbildung des Verfassungsgesetzes", in *Rechtsstaat im Wandel. Verfassungsrechtliche Abhandlungen 1954-1973*, 2. ed., Munique, Beck, 1976, pp. 130 ss. Esse trabalho foi posteriormente objeto da crítica de: A. Hollerbach, "Auflösung der rechtsstaatlichen Verfassung?", in R. Dreire e F. Schwegmann (orgs.), *Probleme der Verfassungsinterpretation*. Baden-Baden, Nomos, 1976, pp. 80 ss.; e P. Lerche, *Still, Methode, Ansicht. Polemische Bermerkungen zum Methodenproblem*, op. cit., pp. 110 ss.

[10] Cf. capítulo 2, 3.1.2.1.3 e 3.2.3.2.

Nessas novas coordenadas constitucionais, os meios hermenêuticos da tradição jusprivatista se revelam insuficientes. É por isso que a tarefa atual de qualquer teoria da interpretação da Constituição se proponha prioritariamente como um duplo empenho: de um lado, deve tratar de reivindicar o caráter jurídico dessa atividade, diante daqueles que a entendem como puro processo político subordinado à força determinante dos fatos; de outro, deve dar uma resposta cabal aos problemas específicos que implica a interpretação da norma constitucional, para o que precisa emancipar-se da metodologia jusprivatista e afirmar sua autonomia com a consequente elaboração de suas próprias categorias metódicas.

Uma importante contribuição nesse sentido se deve a Konrad Hesse, que formulou a sugestiva tese sobre "a força normativa da Constituição" (*Die normative Kraft des Verfassung*). O professor de Freiburg e juiz do Tribunal Constitucional Federal de Karlsruhe resumiu sua pretensão de obter um equilíbrio capaz de evitar o sacrifício da dimensão normativa da Constituição diante das condições da realidade, assim como a consideração formalista da normativa constitucional alheia à realidade e desprovida de conteúdo[11]. A norma constitucional carece de existência independente da realidade. Sua eficácia não pode se extrapolar das condições naturais, históricas e socioeconômicas de cada situação. Mas, ao mesmo tempo, a Constituição é algo mais que essas condições factuais, pois implica uma fonte de "dever ser", isto é, possui uma peculiar força normativa voltada a ordenar e configurar a realidade política e social.

Dentre as condições que permitem a obtenção desse equilíbrio, Hesse destaca a que denomina "vontade de Constituição" (*Wille zur Verfassung*), que representa, ao mesmo tempo, uma alternativa à mera vontade de poder e à normatividade formal e abstrata desprovida de vontade. Tal "vontade de Constituição" apoia-se em uma tríplice ideia: a convicção da necessidade de uma ordem normativa objetiva e estável, como garantia diante da arbitrariedade do poder; a convicção de que essa ordem normativa precisa de uma constante legitimação; e a convicção de que se trata de uma ordem cujo valor normativo não depende apenas de sua racionalidade, mas também dos atos da vontade humana voltados à sua realização[12].

Creio que as reflexões de Konrad Hesse sobre a força normativa da Constituição também podem contribuir para a abordagem da problemática da interpretação constitucional com base em um enfoque correto. Partindo dessas premissas, pode-se afirmar a possibilidade dessa tarefa como atividade jurídica, ao mesmo tempo que se consolidam suas características distintivas. Assim, resume-se o objeto do processo interpretativo em uma estrutura inequívoca-

---

[11] K. HESSE, "Die normative Kraft der Verfassung", in M. FRIEDRICH (org.), *Verfassung. Beiträge zur Verfassungstheorie*, Darmstadt, Wissenschaftliche Buchgesellschaft, 1978, p. 82. Desse trabalho, assim como de outros escritos de Direito Constitucional de Hesse, encontra-se no prelo uma trad. esp. precedida de um cuidadoso estudo preliminar org. por PEDRO CRUZ VILLALÓN, a quem desejo agradecer aqui, de antemão, a deferência de haver posto esses textos à minha disposição.

[12] Ibid., pp. 86-7.

mente normativa[13], dotada de um grau de estabilidade e objetividade que permite precisar seu sentido. Contudo, por sua vez, esse processo vincula-se às condições concretas de cada situação histórica que delimitam o contexto de legitimidade no qual a legalidade constitucional opera. É por isso que a hermenêutica constitucional, longe de se esgotar na mera subsunção lógica ou na elaboração conceitual, exige a firme vontade do intérprete destinada a realizar de forma ótima os objetivos da Constituição[14].

2. CONDIÇÕES E TEORIAS DA INTERPRETAÇÃO E NORMA CONSTITUCIONAL

O caráter específico que envolve a interpretação constitucional, e sua significação autônoma em relação ao método jusprivatista, não significa, contudo, ignorar as características comuns a qualquer atividade interpretativa. A determinação das condições gerais dos diferentes processos interpretativos foi, precisamente, a principal preocupação teórica de Emilio Betti[15] e de Hans-Georg Gadamer[16]. Por isso, é necessário mencionar, ainda que de forma superficial, o sentido da projeção dos principais fatores que conotam os diferentes processos interpretativos à esfera constitucional, assim como as consequentes repercussões das principais teorias interpretativas atuais nessa esfera.

"Interpretar" significa atribuir um significado a manifestações de determinada linguagem. O conjunto de processos lógicos e práticos através dos quais se realiza essa atribuição de significado é denominado "interpretação"; termo que designa, ao mesmo tempo, a atividade dedicada a descrever o sentido dos enunciados ou manifestações de uma linguagem (dimensão subjetiva e dinâmica da interpretação) e o resultado obtido através dessa atividade (dimensão objetiva ou estática).

A projeção dessas premissas ao direito implica conceber a interpretação jurídica como a atribuição de significado a determinado segmento de linguagem jurídica, isto é, a uma ou várias normas. Se se parte da ideia de que uma norma sem significado é um absurdo, temos que concluir que a norma não *tem* um significado, mas é um significado. Este pensamento leva a admitir que não é possível nenhuma norma sem significado e que esse significado não é *prévio*, mas *subsequente* à atividade interpretativa. Disso se infere que a norma jurídica

---

[13] Na Espanha, a dimensão jurídico-normativa da interpretação constitucional foi enfatizada por Eduardo García de Enterría, *La Constitución como norma y el Tribunal Constitucional*, Madri, Civitas, 1981, pp. 49 ss.

[14] Se, como ensinara Francisco Suárez, a lei é um preceito que integra a razão e a vontade em síntese inseparável (*De Legibus*, I, IV, 6 e I, V, 13), também sua interpretação deverá conjugar necessariamente os momentos intelectivo e volitivo.

[15] E. Betti, *Teoria generale dell'interpretazione*, Milão, Giuffrè, 1955 (2 vols.); *Interpretazione della legge e degli atti giuridici*, Milão, Giuffrè, 2. ed., 1971.

[16] H.-G. Gadamer, *Wahrheit und Methode, Grundzüge einer philosophischen Hermeneutik*, 3. ed., Tübingen, Mohr, 1972 (existe trad. esp. de A. Agud e R. Agapito, Salamanca, Sígueme, 1977).

não é o pressuposto, mas o resultado do processo interpretativo. Diante da concepção tradicional da interpretação jurídica como revelação do sentido prévio e acabado das normas, os enfoques atuais a entendem como um processo voltado a dotar a norma de significado. Assim, esses novos parâmetros metodológicos permitiram revisar a própria natureza atribuída à interpretação no direito romano, para evidenciar que o *inter-pretium* não consistia em decifrar o *ius civile* ou na simples atividade mediadora entre o *ius* e seus destinatários, mas implicava a emissão de uma mensagem (*ius dicere*) por parte de quem tinha o poder de atribuir um significado ao *ius*. Porém, essa proposição não equivale a conceber a norma jurídica como o produto do arbítrio ou da vontade decisionista do jurista intérprete; pretende basicamente ampliar o conceito de norma ao entendê-la como um processo que conjuga a "norma dada" ou a "norma preexistente" que constitui o *prius* da interpretação, com a "norma produto" ou "norma resultado" que supõe o momento completo e culminante da elaboração normativa[17]. Em sentido análogo, Hans Kelsen denomina "norma individual" aquela que resulta da interpretação e aplicação do direito, e descreve o ordenamento jurídico como um sistema dinâmico no qual as normas de hierarquia superior delegam aos órgãos competentes para a interpretação e aplicação do direito o poder de criar normas inferiores (individuais) e as convalidam[18].

Esses esclarecimentos permitem abordar a referência sumária às principais *condições* que delimitam a atividade interpretativa e sua incidência no plano constitucional.

a) Em primeiro lugar, deve-se acentuar o caráter *linguístico* de qualquer interpretação. A linguagem atua sempre como quadro de referência necessário da atividade interpretativa, cujo objeto se realiza em manifestações de determinada linguagem simbólica, oral ou escrita. Por isso, onde não existe comunicação intersubjetiva não pode haver interpretação; e essa comunicação exige que os interlocutores falem uma mesma linguagem e conheçam os objetos a que se refere essa linguagem[19].

Supera-se, desse modo, a secular distinção entre a interpretação da letra ou das palavras da lei e a interpretação da vontade ou intenção da própria lei, ou do legislador, pois, como observa corretamente Norberto Bobbio, o jurista não

---

[17] Cf. A. AARNIO, *Denkweisen der Rechtswissenschaft*, Viena/Nova York, Springer, 1979, p. 71; "On Truth and the Acceptability of Interpretative Propositions in Legal Dogmatics", in *Methodologie und Erkenntnistheorie der juristischen Argumentation*, Atas do Simpósio Internacional sobre "Argumentation in Legal Science", Helsinki, 10-12 de dezembro de 1979, in *Rechtstheorie*, 1981, Beiheft 2, pp. 33 ss. e esp. 44 ss.; E. PATTARO, "Functions of the Language and Interpretation of the Law", *Conceptions Contemporaines du Droit*, Atas do 9º Congresso Mundial da Internationalen Vereinigung für Rechts-und Sozialphilosophie, Basileia, 27 de agosto-1º de setembro de 1979, Wiesbaden, Steiner, 1982, vol. I, parte 3, pp. 199 ss.; G. TARELLO, *L'interpretazione della legge*, Milão, Giuffrè, 1980, pp. 4 ss.

[18] H. KELSEN, *Reine Rechtslehre*, 2. ed., Viena, Franz Deuticke, 1960, pp. 346 ss. Cf. M. G. LOSANO, "Il problema dell'interpretazione in Hans Kelsen", *RIFD*, 1968, n. 3-4, pp. 524 ss.

[19] Cf. J. HRUSCHKA, *Das Verstehen von Rechtstexten*, Munique, Beck, 1972, pp. 52 ss.; G. TARELLO, *L'interpretazione della legge*, op. cit., pp. 24 ss.

pode prescindir da linguagem. É por isso que onde não existe uma comunicação exteriorizada não é possível inferir nenhuma pretensa vontade. A diferença entre a interpretação como estudo das palavras (*verba*) e a interpretação como averiguação da intenção ou vontade da lei ou do legislador (*mens/voluntas legis* ou *mens/voluntas legislatoris*) é, portanto, artificiosa[20]. A pretensa vontade ou intenção da lei ou do legislador para poder ser objeto de interpretação, isto é, para não ser o produto de elucubrações mais ou menos arbitrárias ou da imaginação, precisa ter sido plasmada com determinadas expressões de determinada linguagem normativa.

Nas penetrantes páginas dedicadas por Konrad Hesse à interpretação da Constituição, em seu manual sobre as *Características fundamentais do Direito constitucional da República Federal da Alemanha*, mostrou a falta de sentido da teoria tradicional que a concebe como mera revelação de uma vontade preexistente de caráter objetivo (relacionada à norma) ou subjetivo (relacionada ao legislador). Segundo Hesse, essa proposição encobre a situação autêntica em que se produz a interpretação constitucional, cuja problemática está em ter que atribuir um significado às normas sobre as quais nem a Constituição nem o constituinte expressaram uma decisão, limitando-se a proporcionar alguns pontos de apoio. Identificar a interpretação constitucional com a descoberta da prévia vontade objetiva da Constituição ou do constituinte equivale – na opinião de Hesse – a pretender dar sequência a algo que não possui uma preexistência real ("was nicht real präexistent ist"), o que implica errar desde o início a problemática da interpretação constitucional[21].

b) Todo processo interpretativo é, ao mesmo tempo, uma atividade *necessária* para atribuir um sentido às normas, isto é, para completar sua elaboração. Diante do aforismo jurídico tradicional *in claris non fit interpretatio*, que reduz a tarefa interpretativa aos pressupostos de obscuridade ou equivocidade da linguagem normativa, é preciso afirmar que a interpretação acompanha todo ato de aplicação e realização do direito. Desse modo, também é questionável a pretensão, antecipada pela Escola Histórica e levada às últimas consequências pelo positivismo jurídico do século XIX, segundo a qual cada norma possui um único significado autêntico ou verdadeiro. Contrariamente, deve-se recordar que toda norma constitui uma estrutura aberta – uma *open texture*, nas palavras de Herbert Hart[22] – suscetível de assumir diferentes significados possíveis.

Segundo o exposto, e no que diz respeito à interpretação da Constituição, discordo nesse ponto da proposição de Hesse, para quem onde não existem dúvidas não se interpreta e não é necessária nenhuma interpretação: "Wo Zweifel nicht bestehen, wird nicht interpretiert und bedarf es auch oft keiner Inter-

---

[20] N. Bobbio, "Ciencia del derecho y análisis del linguaje", in *Contribución a la teoría del derecho*, ed. esp. org. por A. Ruiz Miguel, Valência, Fernando Torres, 1980, pp. 187 ss. e esp. p. 191.

[21] K. Hesse, *Grundzüge des Verfassungsrechts der Bundesrepublik Deutschland*, 11. ed., Heidelberg-Karlsruhe, Müller, 1978, p. 23.

[22] H. Hart, *The Concept of Law*, Oxford, Clarendon, 1961, pp. 120 ss.

pretation"²³. Para Konrad Hesse, a interpretação constitucional, em sentido estrito, só ocorre quando existe um problema sobre o significado de suas normas que a Constituição não pode resolver de forma inequívoca. É por isso que os atos de cumprimento normal da Constituição não são formas de interpretação, nem tampouco o são os de aplicação das normas constitucionais quando estas são evidentes, embora Hesse admita que em tais pressupostos existe uma atividade de compreensão que pode ser considerada interpretação, em sentido amplo²⁴.

Para se aceitar essa tese, seria preciso admitir que existe um único e autêntico significado das normas constitucionais, ficando reduzida sua aplicação a mera atividade de subsunção mecânica²⁵; o que estaria em franca contradição com o caráter aberto e amplo da normativa constitucional, que o próprio Hesse reconhece expressamente²⁶. Por isso a interpretação constitucional tem por objeto a atribuição de significado a manifestações da linguagem normativa aberta a diferentes sentidos possíveis, mas não a execução de mandatos unívocos e concludentes²⁷.

c) A interpretação não se realiza no vazio, mas constitui uma atividade contextualizada, isto é, é levada a termo em condições sociais e historicamente determinadas que geram os usos linguísticos dos quais deve partir qualquer atribuição de significado.

Na segunda etapa de sua evolução intelectual, Ludwig Wittgenstein sustentou que a significação das palavras consiste em seu uso na linguagem²⁸. O significado das palavras não é uma propriedade universal e inalterável, mas depende de sua função em determinado contexto ou "jogo da linguagem". Falar uma linguagem é parte de uma atividade ou forma de vida²⁹. Por isso os "jogos da linguagem" (*language-games*), que refletem diversas formas de vida, oferecem o quadro referencial para a atribuição de sentido às proposições que neles se integram³⁰.

No plano da interpretação jurídica, Friedrich Müller realizou uma interessante contribuição ao conceber a norma como uma estrutura na qual se inte-

---

²³ K. HESSE, *Grundzüge*, op. cit., p. 21.

²⁴ Ibid.

²⁵ Sobre a crítica da interpretação como subsunção, ver M. KRIELE, *Teorie der Rechtsgewinnung*, op. cit., pp. 47 ss.

²⁶ K. HESSE, *Grundzüge*, op. cit., pp. 23-5.

²⁷ O TC espanhol admitiu explicitamente esse enfoque ao mostrar que: "Se se aceita a distinção entre as normas como mandato e texto legal como sinal sensível mediante o qual o mandato se manifesta ou o meio de comunicação que se utiliza para dá-lo a conhecer, a conclusão à qual se deve chegar é que o objeto do processo constitucional é basicamente o último e não o primeiro." STC, de 8 de abril de 1981, *BJC*, 1981, n. 2, p. 91.

²⁸ L. WITTGENSTEIN, *Philosophical Investigations*, org. por G. E. M. Anscombe, Oxford, Blackwell, 1976, p. 20, em que literalmente afirma: "For a *large* class of cases... the meaning of a Word is its use in the language."

²⁹ Ibid., p. 11.

³⁰ Ibid., p. 23.

gram, em relação de mútua dependência, o "programa normativo" (*Normprogramm*) e o "setor normativo (*Normbereich*). O primeiro termo designa o mandato ou prescrição contida na norma que delimita seu objetivo, enquanto o "setor normativo" se refere ao âmbito da vida social que o "programa normativo" selecionou ou fixou como objeto de sua regulação[31].

As normas constitucionais, da mesma forma que o restante das normas jurídicas, tendem a regulamentar diferentes esferas ou aspectos da vida social. Por isso, o intérprete da Constituição tampouco pode desvincular sua incumbência de atribuição de significado dos "jogos da linguagem" ou do "setor normativo", que contextualizam as aplicações concretas da normativa constitucional, uma vez que esse contexto representa, ao mesmo tempo, o âmbito vital (refletido nos consequentes usos linguísticos) em que o intérprete desenvolve sua tarefa, e o objeto ao qual essa tarefa está destinada.

d) A contextualização em que se produz qualquer processo interpretativo determina seu caráter *limitado* e *controlado*. A atividade do jurista intérprete está submetida a limites: "internos", isto é, a regras da linguagem normativa que prescrevem o uso de determinadas ferramentas conceituais (e não outras) para alcançar determinados objetivos (o que o obriga a respeitar o significado das definições legais, o emprego ou não de distintas categorias, como a equidade ou a analogia, nos diferentes setores do ordenamento, as normas sobre a hierarquia dos enunciados normativos...); e "externos", enquanto impostos pela própria experiência jurídica do contexto no qual se realiza a interpretação e que impõe o respeito dos usos linguísticos consolidados[32].

Por sua vez, os resultados dessa atividade interpretativa são suscetíveis de controle: *jurídico*, que se efetiva na necessidade de se ater aos critérios interpretativos usados nas decisões prévias de casos similares, assim como em atender à função orientadora e crítica que desempenha a ciência jurídica e, naquilo que nos interessa, à dogmática do direito constitucional; *político*, no que se refere à peculiar vigilância ou supervisão de legitimidade que exercem os órgãos criadores de direito sobre aqueles que o interpretam ou o aplicam; e *social*, manifestado na necessidade de que o intérprete pondere os interesses daqueles a quem a decisão afeta, com base em uma consideração igual de suas pessoas, a que recentemente se referiu John Hart Ely[33]; na exigência de que o intérprete respeite os padrões ou conceitos morais gerais e básicos da sociedade, a que alude Ronald Dworkin[34]; ou na conveniência de que o resultado da interpretação desfrute de um amplo consenso social por atender às expectativas da coletividade, tal como se depreende do pensamento de Josef Esser[35].

---

[31] F. Müller, *Juristische Methodik*, 2. ed., Berlim, Duncker & Humblot, 1976, pp. 177 ss.

[32] Cf. G. R. Carrió, *Sobre los límites del lenguaje normativo*, Buenos Aires, Astrea, 1973, pp. 19 ss.

[33] J. H. Ely, *Democracy and Distrust. A Theory of Judicial Review*, Cambridge (Mass.)/Londres, Harvard University Press, 1980, p. 100.

[34] R. Dworkin, *Taking Rights Seriously*, 2. ed., Londres, Duckworth, 1978, pp. 14 ss. e 46 ss.

[35] J. Esser, *Vorverständnis und Merhodenwahl in der Rechtsfindung*, Frankfurt a. M., Atheneum, 1970, pp. 7 ss.

e) Finalmente, toda atividade interpretativa constitui um processo unitário, devendo suas distintas fases ser consideradas momentos necessários de uma "unidade de compreensão"[36]. Não se trata, portanto, de uma escolha casual ou arbitrária de certos instrumentos hermenêuticos, mas da integração necessária daqueles que são indispensáveis para conferir sentido às normas.

Convém lembrar que quando Friedrich Carl von Savigny aborda o tema da interpretação jurídica em sua obra *System*, nas páginas que se tornaram clássicas, depois de distinguir quatro métodos de interpretação básicos: o gramatical, o lógico, o histórico e o sistemático, esclarece, de imediato, que não se trata de quatro tipos de interpretação dos quais se deva escolher um[37]. Com mais acerto que inúmeras construções teóricas posteriores, que ao se remeter a seu pensamento o interpretaram mal e terminaram por dissolver a unidade radical do processo hermenêutico na disputa dos métodos (*Methodenstreit*) de interpretação, Savigny afirmou que as quatro posições metódicas deviam atuar conjuntamente para a interpretação correta da norma[38].

Por outro lado, o caráter unitário da atividade interpretativa está na dimensão linguística comum dos distintos meios hermenêuticos. Assim, a interpretação histórica parte da análise da linguagem normativa do passado. A interpretação lógica busca o sentido das regras de uso das palavras empregadas na norma, ou seja, o que Norberto Bobbio denomina a "gramática do legislador"[39]. Também a busca da intenção ou vontade da lei ou do legislador pode ser concebida como aspectos da função programática da linguagem, a que aludira Charles Morris[40], ou a sua dimensão pré-formativa que John L. Austin[41] procurou elucidar. Por sua vez, a interpretação sistemática pode ser entendida como o estudo da ligação entre diferentes proposições normativas que fazem parte de um mesmo "jogo da linguagem".

Pelo exposto sobre as principais condições que recaem sobre o processo interpretativo, é fácil observar que tal atividade constitui uma forma de raciocínio prático. A interpretação, ao contrário do que imaginaram determinadas proposições da dogmática formalista do século XIX, não se reduz a um ato puramente declarativo sobre o significado das normas, nem se realiza apenas através de inferências lógico-formais, como se depreende de alguns recentes enfoques da lógica jurídica. A interpretação, como exposto, dada a pluralidade

---

[36] F. MÜLLER, *Juristische Methodik*, op. cit., p. 140.

[37] F. C. VON SAVIGNY, *System des heutigen römischen Rechts*, Berlim, Veit, 1840, vol. I, pp. 212 ss.

[38] Ibid., p. 215. Convém, em todo o caso, observar que, contrariamente a essas premissas, a atitude de SAVIGNY significou uma clara opção por um método interpretativo baseado na literalidade da lei e em suas relações sistemáticas. O que respondia à desconfiança que lhe inspira a busca da pretensa vontade do legislador (cf. M. KRIELE, *Theorie der Rechtsgewinnung*, op. cit., pp. 67 ss.); assim como a falta de autêntico sentido histórico em seu constante apelo à história (cf. H.-G. GADAMER, *Wahrheit und Methode*, op. cit., p. 309).

[39] N. BOBBIO, *Ciencia del derecho y análisis del lenguaje*, op. cit., p. 102.

[40] C. MORRIS, *Lineamenti di una teoria dei segni*, trad. it. F. Rossi-Landi, Turim, Paravia, 1954.

[41] J. L. AUSTIN, *Han to Do Things with Words*, org. por J. O. Urmson, Londres, Oxford University Press, 1962; *Philosophical papers*, 2. ed., Oxford, Clarendon, 1970.

de sentidos possíveis que podem ser atribuídos à norma, implica uma opção ou valoração do intérprete. Em todo o caso, essas escolhas ou juízos de preferência do intérprete em favor de alguns fins ou valores em lugar de outros são inerentes a qualquer atividade hermenêutica. É por isso que a própria utilização dos distintos instrumentos interpretativos por parte do jurista intérprete não depende do acaso nem é fruto de preferências imotivadas ou inconscientes, mas está indissociavelmente vinculada aos objetivos buscados pela interpretação e, em suma, à concepção do direito da qual se parte[42]. Assinalou-se corretamente que seria possível afirmar que: "Diga-me como você conceitua as normas jurídicas, e eu lhe direi como você as interpreta."[43] Por isso, quando se afirma o caráter descritivo ou neutro da interpretação como garantia da segurança jurídica, está se optando (seja o intérprete consciente ou não disso) por determinados fins ou valores, na mesma proporção que quando ela é concebida como um meio para satisfazer necessidades da vida humana, o bem comum, ou aspirações de justiça[44].

Se a análise das condições da interpretação remete às concepções que lhe servem de base, parece obrigatório mencionar os principais trabalhos teóricos atuais sobre a matéria, a fim de avaliar sua respectiva incidência na esfera constitucional.

2.1. A interpretação constitucional como "tópica": os argumentos interpretativos

Qualquer atividade interpretativa supõe a proposição e a consequente tentativa de dar resposta ao triplo problema: dos meios através dos quais será realizada e dos pressupostos que lhe servem de ponto de partida e recaem sobre seu desenvolvimento, assim como da função que se busca com essa atividade. Pois bem, a ênfase que as distintas teorias interpretativas põem em cada uma dessas três questões é diferente. Assim, enquanto a função ou repercussões sociopolíticas da interpretação envolvem um interesse prioritário pelos enfoques do denominado "uso alternativo do direito", a hermenêutica concentra-se especificamente nos pressupostos que a acompanham, ao mesmo tempo que a tópica situa seu centro de atenção nos meios que servem de suporte para a atividade interpretativa.

O caráter prático da interpretação foi amplamente reivindicado em nossos dias sob pontos de vista que insistem na dimensão tópica da atividade inter-

---

[42] Cf. L. Bagolini, "Fedeltà al diritto e interpretazione", *ACFS*, n. 13/2, pp. 19 ss.; G. Fassó, "Il giudice e la realtà sociale", in *Società, legge e ragione*, Bolonha, Edizioni di Comunità, 1974, pp. 89 ss.

[43] M. Reale, "Para una hermenéutica estrutural", in *Estudios en honor del doctor Luis Recaséns Siches*, México, UNAM, 1980, vol. I, p. 763.

[44] Cf. J. Wróblewski, "L'interprétation en droit: théorie et idéologie", in *L'interprétation en droit*, monogr., t. XVII, *APD*, 1972, pp. 355 ss.

pretativa (Viehweg); na presença da retórica e na argumentação nos processos hermenêuticos (Perelman); e na revalorização da razão prática, ou do "*logos* do razoável" como sinal distintivo da interpretação do direito (Recaséns Siches)[45].

Constitui um aspecto positivo dessas proposições o fato de ter chamado a atenção para os modos de raciocínio efetivo e adequado ao caso, assim como para os lugares-comuns ou *tópoi* existentes nos distintos processos de interpretação jurídica; dimensão evitada por aqueles que partiram do caráter sistemático-dedutivo do raciocínio jurídico. Por outro lado, a "nova retórica" permitiu uma melhor compreensão da estrutura aberta dos argumentos destinados a motivar as diferentes opções interpretativas a fim de persuadir os demais de sua validade. Sob esse ponto de vista, os esquemas argumentativos atuam como fatores de resposta aos controles ético-sociais a que estão submetidos os intérpretes do direito[46].

Porém, juntamente com essas contribuições para uma adequada revisão da interpretação jurídica, a tópica apresenta alguns aspectos críticos. Entre eles, o fato de não levar em conta o *status* diferente do jurista intérprete dependendo de atuar como juiz, jurista prático, científico ou filósofo do direito etc., assim como a influência na interpretação do contexto histórico-social no qual se realiza. A esse respeito Theodor Viehweg também foi apontado criticamente por limitar a consideração metódica da interpretação jurídica a seus aspectos tópicos, com a consequente subestimação de sua necessária busca da solução logicamente correta e axiologicamente justa[47]. De modo semelhante, Chaïm Perelman foi recriminado por ter confundido a descrição de determinados comportamentos hermenêuticos com a prescrição, isto é, com os juízos sobre como deve ser interpretada a norma[48]. Em todo o caso, o pensamento problemático e o sistemático não têm por que ser excluídos reciprocamente na interpretação do direito. Superando qualquer atitude unilateral, Giambattista Vico, em quem justamente Viehweg soube ver um genial antecipador da moderna revitalização da tópica, não teve dúvida em optar por uma solução harmônica, plenamente consciente das limitações a que conduz a escolha exclusiva de uma delas: "Topicorum quia saepe falsa arripiunt, criticorum quia verosimilia quoque non assumunt."[49]

A interpretação constitucional, como qualquer tipo de interpretação jurídica, está orientada para a solução dos pressupostos concretos que se apresentam na experiência. Porém, a necessária adequação da norma ao caso suscita

---

[45] Ver A. E. PÉREZ LUÑO, "Razonamiento jurídico y razonamiento cibernético", in *Cibernética, informática y derecho. Un análisis metodológico*, Bolonha, Publicaciones del Real Colegio de España, 1976, pp. 83 ss.

[46] Cf. G. TARELLO, *L'interpretazione della legge*, op. cit., pp. 85 ss.

[47] F. MÜLLER, *Juristische Methodik*, op. cit., pp. 77 ss.

[48] L. GIANFORMAGGIO, *Gli argomenti di Perelman: dalla neutralità dello scienciato all'imparcialità del guidice*, Milão, Edizioni di Comunità, 1973, pp. 153 ss.

[49] G. B. VICO, *De nostri temporis studiorum ratione*, org. por G. Gentile e F. Nicolini, vol. I, *Le orazioni inaugurali, il De Italorum sapientia e le polemiche*, Bari, Laterza, 1914, pp. 83-4.

aqui maior dificuldade devido à estrutura peculiar da norma constitucional, geralmente mais aberta e menos detalhada que as disposições de outros setores do ordenamento[50]. Essa circunstância, aliada à crise e à consequente inadequação para a interpretação constitucional das premissas do "positivismo subsuncionista"[51], determinou que também nesse âmbito se tenham produzido tentativas doutrinais inclinadas a incorporar as contribuições metodológicas da tópica. Essas contribuições se manifestaram basicamente em dois aspectos: a concretização da norma constitucional e os princípios orientadores de sua interpretação.

A concretização (termo que traduz a expressão alemã *Konkretisierung*) do texto constitucional é uma tarefa obrigatória, sempre que esse texto não é concebido como um sistema fechado e axiomático. Por isso, o intérprete deve adequar a norma constitucional ao problema, através da descoberta e comprovação dos pontos de vista (*Gesichtspunkte*) esclarecidos mediante a *inventio* e submetidos à prova das opiniões favoráveis e contrárias, para motivar a decisão da forma mais conveniente possível[52]. Dentre esses processos de concretização, é de especial interesse para a interpretação dos direitos e liberdades constitucionais a denominada "ponderação de bens" (*Güterabwägung*), que tende a resolver o conflito entre os diferentes valores ou interesses que podem incidir em um mesmo pressuposto[53].

Em relação aos princípios da interpretação constitucional é preciso observar que não se reduzem aos modos ou *tópoi* clássicos da argumentação analógica, *ad absurdum, a contrario, a pan, a fortiori, a maiore ad minus, a minori ad maius...*, mas que se apresentam como critérios relevantes para orientar e dirigir o processo de escolha dos pontos de vista que permitem a solução do problema. Tais princípios possuem uma significação autônoma para a interpretação constitucional e, entre eles, alude-se aos de: unidade, concordância prática, efetividade, funcionalidade, força integradora e força normativa da Constituição[54]; assim como o princípio *in dubio pro libertate* em relação à interpretação dos direitos fundamentais[55].

Não obstante, as contribuições da tópica no plano da interpretação constitucional não podem ser acolhidas sem reservas. Assim, em relação à ideia da concretização destacou-se o perigo de que a interpretação constitucional pos-

---

[50] Cf. R. Dreier, "Zur Problematik und Situation der Verfassungsinterpretation", in *Probleme der Verfassungsinterpretation*, op. cit. (na nota 9), pp. 30 ss.

[51] O *Subsumtionspositivismus* menciona expressamente Martin Kriele, *Theorie der Rechtsgewinnung*, op. cit., p. 55.

[52] Cf. K. Hesse, *Grundzüge*, op. cit., p. 27.

[53] Sobre a "ponderação de bens", cf. capítulo 7, 3.3.2.

[54] Cf. H. Ehmke, "Prinzipien der Verfassungsinterpretation", in *Probleme der Verfassungsinterpretation*, op. cit., p. 182; C. G. von Pestalozza, *Kritische Bermerkungen zu Methoden und Prinzipien der Grundrechtsauslegung in der Bundesrepublik Deutschland*, op. cit., pp. 211 ss.; K. Hesse, *Grundzüge*, op. cit., pp. 28 ss.; F. Müller, *Juristische Methodik*, op. cit., pp. 169 ss.

[55] Cf. capítulo 7, 4.3.

sa diluir-se em uma casuística que comprometa a própria normatividade da Constituição. Por isso, Ernst-Wolfgang Böckenförde opõe à tópica, como método de interpretação constitucional, uma "teoria da Constituição constitucionalmente adequada" (*verfassungsgemässen Verfassungstheorie*), isto é, construída a partir dos postulados da própria norma constitucional para evitar a arbitrariedade subjetivista do modelo tópico[56]. É por isso que alguns dos maiores incentivadores da projeção da tópica para a interpretação constitucional atenuaram progressivamente sua postura. Esse é o caso de Konrad Hesse, que nas edições de suas *Grundzüge* posteriores a 1975 observa que qualquer adaptação tópica da interpretação ao problema, isto é, qualquer processo de concretização, deve estar orientado e limitado pela norma, pois trata-se de uma atividade normativamente vinculada[57]. Por isso, o texto da Constituição, a *constitutio scripta*, representa um limite intransponível para o método tópico, que deixa de ser uma atividade interpretativa quando se sobrepõe aos limites normativos para modificá-los ou transgredi-los[58]. Em suma, Hesse reconhece expressamente as dificuldades que envolve a projeção da tópica à interpretação constitucional, pois tem consciência de que a normativa constitucional, como direito fundamentador da ordem geral da convivência, não pode ser compreendida com base em um problema isolado, tal como pode ocorrer no âmbito do direito privado no qual a moderna teoria da interpretação usou com maior proveito o pensamento tópico[59]. Friedrich Müller também sabia dos riscos métodicos que comporta o uso abusivo da tópica na interpretação constitucional. Por isso, observa que a exigência de concretização da norma em relação com o problema não permite ou legitima o sacrifício da primazia da norma em nome da prioridade do problema[60].

Quanto aos princípios da interpretação constitucional, uma análise acurada de sua significação permite observar que não constituem meros lugares-comuns ou tópicos produzidos por uma *inventio* errática e incondicionada do intérprete, mas são princípios normativos que, embora pareça paradoxal, derivam "axiomaticamente" das próprias exigências de coerência e plenitude da ordem constitucional, que, de modo algum, pode ser alheia aos requisitos da segurança jurídica. Por esse motivo, sua função geral orientadora, longe de contribuir para abonar a dimensão tópica da interpretação constitucional, reforça seu significado sistemático. Essa observação motivou-me a abordar o estudo de tais princípios de forma autônoma, sem englobá-los na interpretação tópica à qual, na maioria das vezes, são incorporados.

---

[56] E. W. BÖCKENFÖRDE, "Die Methode der Verfassungsinterpretation-Bestandaufnahme und Kritik", *NJW*, 1976, n. 46, pp. 2089 ss.

[57] K. HESSE, *Grundzüge*, op. cit., p. 27.

[58] Ibid., pp. 30-1.

[59] Ibid., p. 31.

[60] F. MÜLLER, *Juristische Methodik*, op. cit., p. 69.

2.2. A INTERPRETAÇÃO CONSTITUCIONAL COMO COMPREENSÃO: SIGNIFICADO DA HERMENÊUTICA

"A hermenêutica é uma velha questão. Porém – nas palavras de Hans-Georg Gadamer –, há aproximadamente 15 anos, adquiriu nova atualidade."[61] Isso graças, em boa parte, aos esforços teóricos do próprio Gadamer, assim como de Emilio Betti para fazer da hermenêutica a doutrina científica interdisciplinar e geral da interpretação. Esse empenho metódico segue uma tradição que remonta ao projeto do humanismo jurídico de construir uma *hermeneutica iuris*, como teoria geral da interpretação do direito. Sem que tampouco se possa subestimar a influência filosófica do romantismo alemão, especialmente através da obra de Friedrich Schleiermacher e Wilhelm von Humboldt, mais recentemente, do pensamento de Martin Heidegger, assim como da contribuição jurídica de François Geny, na configuração da hermenêutica jurídica atual[62].

A partir das premissas atuais da hermenêutica, a interpretação é entendida como um processo de *compreensão de sentido*, no qual não apenas desempenha um papel relevante a ligação do texto, assumido como um todo, com as palavras ou partes que o integram (como ensinava a hermenêutica tradicional), mas o próprio intérprete com seus conhecimentos desempenha um papel decisivo.

O "círculo hermenêutico" evocava, para Schleiermacher, a imagem de um movimento circular na interpretação. A conexão relacional entre as partes e o todo determina que só podem ser compreendidas as palavras de um texto por referência ao contexto de que fazem parte, ao mesmo tempo que este deve ser apreendido através do significado das palavras que o integram[63]. Complementando essa observação, a hermenêutica moderna destaca que toda leitura de um documento ou norma já se encontra antecipada por uma pré-compreensão do intérprete. A esse respeito, Gadamer fala de pré-compreensão (*Vorverständnis*) ou de preconceito (*Vorurteil*)[64]; enquanto Emilio Betti[65] e Paul Ricoeur[66] destacaram que todo processo de interpretação de um texto se inicia com a pré-compreensão de seu sentido, que o intérprete possui do objeto ao qual o texto se refere e da linguagem em que o texto se expressa. Para Gadamer, a compreensão de um texto assemelha-se a um diálogo, que só pode ser estabelecido entre aqueles que falam a mesma linguagem e conhecem os objetos aos quais essa linguagem se refere. Daí a importância da *tradição* que encarna a comu-

---

[61] H.-G. GADAMER, "Hermenéutica como filosofía práctica", in *La razón en la época de la ciencia*, trad. esp. de E. Garzón Valdés, Barcelona, Alfa, 1981, p. 59.

[62] Cf. A. PLACHY, *La teoria della interpretazione. Genesi e storia della ermeneutica moderna*, op. cit. (na nota 1), pp. 1 ss.

[63] Ibid., pp. 38 ss. Ver também U. SCHROTH, "Probleme und Resultate der Hermeneutik--Diskussion", in A. KAUFMANN e W. HASSEMER (orgs.), *Einführung in Rechtsphilosophie und Rechtstheorie der Gegenwart*, Heidelberg/Karlsruhe, Müller, 1977, pp. 193 ss.

[64] H.-G. GADAMER, *Wahrheit und Methode*, op. cit., pp. 250 ss.

[65] E. BETTI, *Interpretazione della legge*, op. cit., pp. 113 ss.

[66] P. RICOEUR, "Qu'est-ce qu'un texte? Expliquer et comprendre", in R. BUBNER (org.), *Hermeneutik und Dialektik*, Tübingen, Mohr, 1970, vol. II, pp. 194 ss.

nidade de nossa experiência do mundo e se expressa em uma linguagem comum, que permite a intersubjetividade comunicativa da "comunidade de diálogo"[67]. A compreensão de um texto não é possível se não se parte dessa ligação histórica que se dá entre o sujeito e o objeto da interpretação.

No plano jurídico, e particularmente no terreno da metodologia constitucional, a hermenêutica significou uma chamada de atenção para a estrutura pré-compreensiva que envolve a interpretação do direito e para seu condicionamento histórico. Recordemos que o jurista não pode deixar de interpretar a norma a não ser partindo "desde" e "para" uma situação concreta. O intérprete da Constituição age como mediador entre seu texto normativo promulgado no passado e as exigências de uma situação presente. O intérprete da norma constitucional realiza, portanto, uma atividade prático-normativa pela qual estabelece uma continuidade entre o momento passado da promulgação das normas e o presente de sua aplicação. A concretização da norma constitucional não pode ser isolada da "pré-compreensão" do intérprete, condicionada por suas experiências, conhecimentos e preconceitos fruto de sua circunstância histórica. Do mesmo modo, a tarefa de concretização e compreensão da norma constitucional é impensável à margem dos problemas concretos, em função dos quais os próprios instrumentos hermenêuticos se configuram através de um processo de adaptação e revisão[68]. Em todo o caso, observou-se que a pré-compreensão do intérprete da Constituição supõe uma fundamentação teórico-constitucional, com a qual a teoria da Constituição condiciona tanto a própria compreensão da norma como a do problema[69].

Deve-se reconhecer à hermenêutica sua contribuição decisiva para elucidar os pressupostos subjetivos (pré-compreensão) e objetivos (contextualização) em que se realiza a atividade interpretativa, assim como a necessária complicação de ambos (círculo hermenêutico). A ela se pode objetar, e assim o fizeram Otto Apel e Jürgen Habermas em relação com as teses de Gadamer, o perigo de que a linguagem que serve de veículo para a comunicação dentro de determinada tradição de sentido possa ser um meio de domínio e de poder social. Nesse caso, o diálogo que se estabelece entre o intérprete e o texto pode ser o resultado de uma falsa comunicação, isto é, de uma comunicação distorcida ou dissimuladora de relações de domínio. Daí que somente através de uma reflexão racional, como "crítica da ideologia", seja possível desmascarar a imposição dogmática de uma linguagem deformada[70]. Diante da hermenêutica baseada na ontologização da linguagem e na hipóstase do conceito de tradição, Habermas reivindica uma hermenêutica criticamente ilustrada capaz

---

[67] H.-G. GADAMER, *Wahrheit und Methode*, op. cit., pp. 261 ss. e 365 ss.; *Hermenéutica como filosofía práctica*, op. cit., pp. 76 ss.

[68] K. HESSE, *Grundzüge*, op. cit., p. 26; H. EHMKE, *Prinzipien der Verfassungsinterpretation*, op. cit., pp. 171 ss.

[69] K. HESSE, *Grundzüge*, op. cit., p. 26.

[70] H. HABERMAS, "Der Universalitätsanspruch der Hermeneutik", in *Kultur und Kritik*, Frankfurt a. M., Suhrkamp, 1973, pp. 150 ss. Cf. capítulo 3, 4.1.

de distinguir o conhecimento da dissimulação. Essa hermenêutica vincula a compreensão ao princípio do discurso racional, segundo o qual só se garante a verdade pelo consenso alcançado e duradouro obtido na situação ideal de uma comunicação não limitada e livre de domínio[71].

2.3. A interpretação constitucional como opção política: o "uso alternativo do direito"

A crítica à hermenêutica mostra que o problema da mediação entre o acesso ao sentido de um texto por parte do intérprete e o condicionamento pela realidade em que se produz essa percepção não se esgota nos pressupostos subjetivos e objetivos da atividade interpretativa, mas se amplia aos fins com ela perseguidos. A ideia de emancipação como interesse-guia do conhecimento nos põe, no campo jurídico, diante da questão dos fins e resultados da interpretação do direito.

Se a interpretação jurídica, como já se demonstrou, é uma atividade prática que tende à consecução de determinadas metas ou objetivos, o horizonte ideológico aparece como um elemento consubstancial a qualquer processo hermenêutico, esteja ou não consciente disso quem o realize. Este tema obteve vigorosa atualidade a partir do Congresso realizado em Catânia, em maio de 1972, sobre "O uso alternativo do direito"[72].

O problema exposto não é novo, pois a função ideológica da interpretação não deixou de estar presente na polêmica do século XIX sobre os métodos interpretativos. Para os efeitos que aqui nos interessam, a tese básica do debate de Catânia estava na denúncia da politização da interpretação e aplicação do direito burguês em favor dos interesses da classe dominante. Diante de tal situação, um grupo de juristas considerava as possibilidades da politização do intérprete (especialmente do juiz) em sentido contrário, isto é, dirigida à tutela dos interesses das classes populares[73].

Em seu texto sobre *O 18 Brumário de Luís Bonaparte*, Karl Marx denunciou, referindo-se à Carta constitucional francesa de 1848, que: "Cada artigo da Constituição contém sua própria antítese, sua própria Câmara alta e baixa. Na frase geral a liberdade, em sua explicação a anulação da liberdade. Por isso, enquanto formalmente se respeitasse a liberdade, ainda que seu exercício fosse impedido por via legal, a liberdade permanecia intacta por mais que se negasse sua significação comum e popular."[74] A crítica marxista serviu de incentivo

---

[71] Ibid., pp. 152-3.

[72] *L'uso alternativo del diritto*, org. de P. Barcellona, Roma/Bari, Laterza, 1973 (2 vols.). Na Espanha, cf., entre outros trabalhos, o vol. de N. López Calera, M. Saavedra López e P. Andrés Ibáñez, *Sobre el uso alternativo del derecho*, Valência, Fernando Torres, 1978.

[73] Cf. P. Barcellona, "Introduzione", in *L'uso alternativo del diritto*, op. cit., vol. I, pp. VII ss.

[74] K. Marx, "Der achtzehnte Brumaire des Louis Bonaparte", in *Marx Engels Werke*, Berlim, Dietz, 1978, vol. 8, p. 127.

para que, a partir de premissas ideologicamente avançadas, fosse defendida uma práxis hermenêutica alternativa voltada a pôr às claras a política de *roll--back* subjacente à teoria conservadora do direito burguês, assim como para propor um modelo de jurista intérprete comprometido com a emancipação das classes populares.

Pois bem, deve-se observar, para não cair nas exegeses simplificadoras ou apressadas que frequentemente foram feitas sobre as conclusões do encontro de Catânia, o caráter heterogêneo das atitudes ali defendidas. No tema que aqui nos interessa, é possível distinguir três atitudes fundamentais, entre aqueles que no âmbito do Congresso expuseram uma interpretação jurídica alternativa.

a) A daqueles que, aceitando o modelo atual do Estado de direito, entendiam que era preciso fortalecer e extrair o máximo de consequências práticas permitidas pela norma constitucional, através de uma interpretação evolutiva de seus princípios e cláusulas mais progressistas[75].

b) Em segundo lugar, a daqueles que propuseram um quadro jurídico--político distinto, mas consideravam útil para realizá-lo o exercício alternativo da função interpretativa daqueles aspectos do sistema constitucional vigente, que podem ser instrumentalizados para sua própria erosão, possibilitando, desse modo, sua futura substituição por outro[76].

c) Finalmente, no âmbito dos debates não faltaram atitudes críticas que ressaltaram sua desconfiança diante do perigo que encerra a atribuição ao intérprete, concretamente à magistratura ou ao setor desta que se proclama defensora dos interesses populares, da função transformadora do direito existente. Pois: suas decisões são de caráter individual ou singular, pelo que fica difícil generalizar ou planejar sua ação; a magistratura, como qualquer outro grupo detentor de poder independente, pode sucumbir à tentação de usá-lo em benefício próprio e não a serviço dos interesses sociais; o sistema jurídico atual dificilmente suportaria uma maior independência da magistratura em relação ao poder legislativo, que, por outro lado, é aquele que está legitimado para realizar as opções políticas[77].

Convém insistir, de qualquer modo, em que o "uso alternativo do direito" não implica necessariamente a assunção de posições jurídicas progressistas. Trata-se de uma opção hermenêutica ambivalente. Não se pode esquecer que, à margem de possíveis antecedentes na Jurisprudência de interesses e na Esco-

---

[75] Assim, por exemplo: A. CHIAPPETTI, "Uso alternativo del diritto e certezza costituzionale", in *L'uso alternativo del diritto*, op. cit., vol. II, pp. 243 ss.; L. RICCA, "Uso alternativo del diritto privato e principi costituzionali", ibid., pp. 149 ss.; C. VARRONE, "Uso alternativo del diritto privato e attuazione della Costituzione", ibid., pp. 185 ss.

[76] Nesse sentido, cf. L. FERRAJOLI, "Magistratura democratica e l'esercizio alternativo della funzione giudiziaria", in *L'uso alternativo del diritto*, op. cit., vol. I, pp. 109 ss.; J. AGNOLI, "I pericoli del riformismo giuridico: il depotenziamento della lotta di classe", ibid., vol. II, pp. 225 ss.; P. PICONE, "Riformismo giuridico o socialdemocrazia?", ibid., pp. 209 ss.

[77] Cf. especialmente o trabalho de G. TARELLO, "Orientamenti della magistratura e della dottrina sulla funzione politica del giurista-interprete", in *L'uso alternativo del diritto*, op. cit., vol. I, pp. 61 ss., esp. pp. 89 ss.

la do direito livre, uma das primeiras tentativas de interpretar alternativamente a Constituição estava ligada à ideologia jurídica do nazismo. De fato, foi precisamente Carl Schmitt quem, na primeira reunião de juspublicistas alemães realizada em 1924, opôs à interpretação jurídica dominante do artigo 48.2 da Constituição de Weimar, que concedia ao presidente da República a faculdade de tomar as medidas oportunas em caso de estado de exceção e entre elas a de suspender determinados direitos fundamentais tipificados na referida norma, uma interpretação política decisionista que, ao interpretar a relação de direitos em sentido puramente indicativo e não restritivo (como impunha uma hermenêutica normativa correta do preceito), esvaziava de conteúdo uma das mais importantes garantias constitucionais da liberdade[78]. Por isso Guido Fassò tinha razão de sobra ao considerar as tentativas de politizar abusivamente a interpretação jurídica como um ataque ao princípio da legalidade, postulado básico do Estado de direito, que podiam conter em si um fenômeno regressivo para formas próprias de um "neonazismo jurídico"[79].

Na famosa obra de Lewis Carrol, *Alice através do espelho*, desenvolve-se um diálogo entre a protagonista Alice e Humpty Dumpty, que Uberto Scarpelli considerou de fundamental importância para a interpretação jurídica[80]. Humpty Dumpty afirma: "Quando *eu* uso uma palavra... quer dizer o que eu quero que diga. A questão – objeta Alice – é se se *pode* fazer com que as palavras signifiquem tantas coisas diferentes. A questão – replicou Humpty Dumpty – é saber quem é que manda."[81]

O "uso alternativo do direito" possui o mérito de ter reafirmado a dimensão prática da interpretação jurídica, isolada pelo positivismo formalista, isto é, sua necessária orientação para fins e valores. Talvez por isso no Estado de direito seja perfeitamente legítimo um "uso alternativo do direito", entendido como compromisso para extrair a máxima virtualidade democrática e emancipatória das cláusulas constitucionais – portanto, normativas –, que precisam do empenho ativo do intérprete para sua plena realização. Mas, por isso mesmo, em uma sociedade livre e pluralista, em que as diferentes opções políticas podem ter acesso ao poder e estruturar legislativamente seus valores, não cabe admitir uma interpretação alternativa da Constituição. Tal atitude correria o risco de mascarar uma atitude humpty-dumptyana que subverta a interpretação constitucional para convertê-la na pura imposição decisionista dos interesses ou valores concordantes com a ideologia do intérprete. Por esse cami-

---

[78] Cf. K. SONTHEIMER, "Zur Grundlagenproblematik der deutschen Staatsrechtslehre in der Weimarer Republik", *ARSP*, 1960, n. 46, pp. 39 ss.; H. RIDDER, "Zur Verfassungsdoktrin des NS--Staates", *KJ*, 1969, n. 3, pp. 220 ss.

[79] G. FASSÒ, "Tra positivismo e nazismo giuridico", in *Società, legge e ragione*, op. cit., pp. 75 ss.

[80] U. SCARPELLI, "Il metodo giuridico", in R. GUASTINI (org.), *Problemi di teoria del diritto*, Bolonha, Il Mulino, 1980, p. 272.

[81] L. CARROL, *Alicia a través del espejo*, ed. esp. org. por J. de Ojeda, 5. ed., Madri, Alianza, 1981, p. 116.

nho, a interpretação da Constituição deixa de ser interpretação, ao extrapolar sua significação normativa para se converter em fenômeno de decisão política, o que, como indicava ao iniciar esta análise, significa negar a possibilidade de uma autêntica interpretação constitucional. Assim, através desse processo, o "uso alternativo do direito constitucional" termina por degenerar em "abuso alternativo da Constituição"[82].

3. A INTERPRETAÇÃO "DA" CONSTITUIÇÃO

Em sua condição de norma jurídica, a Constituição está sujeita, com determinadas peculiaridades, às regras básicas e gerais que norteiam a interpretação do direito. Porém, ao mesmo tempo, a norma constitucional como ápice da hierarquia normativa supõe o critério hermenêutico fundamental de todo o ordenamento jurídico. Por essa razão pode-se falar numa interpretação "de" e "desde" a Constituição como duas questões ligadas, ainda que com aspectos diferenciados.

Como norma jurídica, a Constituição não pode subtrair-se às disposições gerais que regulam a interpretação do ordenamento jurídico. No entanto, tais disposições não costumam ter categoria constitucional, mas estão incluídas na parte geral ou no título preliminar de leis gerais, como é o caso da Espanha, em que estão inseridas no Código Civil. Isso suscita um problema de hierarquia normativa, pois parece contrário a esse princípio admitir a existência de normas de categoria inferior à Constituição que possam influir em sua interpretação e aplicação. Esse problema se agrava nos casos em que se produziram profundas mudanças constitucionais sem que tenham sido modificadas as disposições de hierarquia normativa inferior que regem a interpretação[83].

Na Espanha, Miguel Herrero de Miñon, em um trabalho de 1974, defendeu o caráter constitucional do título preliminar do Código Civil, que era considerado uma lei ambiental por estabelecer os critérios para a interpretação e aplicação de todas as normas do ordenamento jurídico, incluindo as constitucionais. "Trata-se neste caso – na opinião do referido autor – de uma norma não apenas de fundamentação, mas de *introdução* ao ordenamento em que se estabelecem as condições de possibilidade para a aplicação e eficácia de todo o

---

[82] Reconhecendo-o assim, o TC espanhol proclamou taxativamente que: "Em um plano devem-se situar as decisões políticas e o julgamento político que tais decisões mereçam e em outro plano diferente a qualificação de inconstitucionalidade, que se deve fazer com critérios estritamente jurídicos." STC de 8 de abril de 1981, *BJC*, 1981, n. 2, p. 83.

[83] Esse tema foi objeto de especial atenção por parte da doutrina italiana, cf.: C. CARBONE, *L'interpretazione delle norme costituzionali*, Pádua, Cedam, 1951, pp. 17 ss.; A. PENSOVECCHIO LI BASSI, *L'interpretazione della norme costituzionali*, Milão, Giuffrè, 1972, pp. 34 ss.; F. PIERANDREI, "L'interpretazione della Constituzione", in *Scritti di diritto costituzionale*, Turim, Giappichelli, 1965, vol. I, pp. 54 ss.; A. PIZZORUSSO, "Delle fonti del diritto", in *Commentario del codice civile*, org. por V. Scialoja e G. Branca, Bolonha/Roma, Zanichelli & Foro Italiano, 1977, pp. 4 ss.

direito."[84] Em seu entender, o título preliminar, ao assentar as bases para a plenitude, univocidade e coerência de todo o sistema jurídico espanhol, abrange algumas normas que, sem ser formalmente uma Constituição, possuem aspectos constitucionais[85].

Pablo Lucas Verdú, que aceita em termos gerais essa argumentação, esclarece que, mais correto que falar de aspectos constitucionais do título preliminar, trata-se de que tais normas são materialmente constitucionais[86]. Lucas Verdú afirma que existe uma conexão material entre os preceitos do título preliminar do Código Civil e a Constituição vigente, uma vez que aquele expressa, ainda que seja em uma lei ordinária, os modos de produção, modificação, revogação, interpretação e aplicação das normas jurídicas. "Essa conexão afeta a Constituição no sentido material, a Constituição substancial, a fórmula política da Constituição, expressões equivalentes, pois o teto ideológico, a organização jurídica e a estrutura socioeconômica que a compõem dependem estreitamente do modo de produção, modificação, revogação, interpretação das normas que, junto com as instituições, configuram e articulam o ordenamento jurídico."[87]

A razão disso está – para Lucas Verdú – em que, se fosse obrigada a abrigar as normas sobre a interpretação, assim como as outras normas ligadas a materiais fundamentais, a Constituição teria uma amplitude desmesurada; além disso, tendo em conta a rigidez constitucional, isso comportaria sua quase petrificação, o que contraria a vertente dinâmica da mesma Constituição substancial[88].

No meu entender, esses trabalhos constituem uma tentativa de oferecer uma resposta ao problema da incidência das normas ordinárias sobre a interpretação no plano constitucional, embora deixem alguns pontos da questão na penumbra.

A tese de Herrero de Miñon está condicionada pelo momento em que foi formulada, anterior em quatro anos à Constituição espanhola. Sua concepção do título preliminar do Código Civil como "lei ambiental" poderia então ser avalizada pelo próprio artigo 4.3 da referida norma, que prescreve: "As disposições deste Código se aplicarão como supletivas nas matérias regidas por outras leis." A partir daí, cabia inferir o caráter do direito comum no título preliminar, assim como o fato de que seus preceitos disciplinem aspectos básicos relacionados com a plenitude, coerência e regras de funcionamento da ordem jurídica. No entanto, após a promulgação do texto constitucional espanhol de 1978, ele passou a ser o direito comum e o âmbito jurídico-ambiental básico

---

[84] M. HERRERO DE MIÑON, "Aspectos constitucionales del nuevo Título Preliminar del Código civil", *REP*, 1974, n. 198, p. 105.

[85] Ibid., p. 91.

[86] P. LUCAS VERDÚ, "Los títulos preliminar e primero de la Constitución y la interpretación de los derechos y libertades fundamentales", in *Los Derechos humanos y la Constitución de 1978*, n. monogr. 2 da *RFDUC*, 1979, p. 21.

[87] Ibid., p. 19.

[88] Ibid., p. 20.

para a interpretação e a aplicação de todas as normas do sistema espanhol. Por ser uma norma "qualitativamente diferente das demais", corresponde prioritariamente à Constituição a função de "configurar todo o ordenamento jurídico. A Constituição é, assim, a norma fundamental e fundamentadora de toda a ordem jurídica.[89] Por isso, as normas do título preliminar continuam agora a servir de critérios auxiliares e concretizadores daquilo que dispõe o artigo 9.3 da Constituição, em que se consagram as garantias e as regras básicas de funcionamento do sistema jurídico espanhol. Torna-se assim obrigatório nivelar o significado constitucional do título preliminar, porque, como determina o Tribunal Constitucional: "Não é admissível falar de princípios constitucionais referentes ao regime anterior, que não era constitucional"[90]; afirmação que, embora se refira aos postulados contidos nas leis fundamentais do sistema político franquista, tem um alcance geral para todas as disposições daquele período e, de fato, para as do título preliminar, que formalmente não podem ser consideradas constitucionais[91].

No que diz respeito à proposta de Lucas Verdú de considerar o título preliminar como uma forma de Constituição material, evita-se a questão básica do porquê um texto que configura a Constituição material de um sistema autoritário pode desempenhar idêntica função em uma democracia. Por isso convém detalhar os seguintes extremos:

1º) Que as normas que regulam a interpretação jurídica não são regras puramente instrumentais, de segundo grau ou *extra ordinem*, independentes e neutras em relação aos valores políticos configuradores da Constituição[92]. Regras interpretativas como a do *Führerprinzip*, ou a da "aplicação do direito segundo a consciência jurídica socialista"; instituições ou cláusulas como as do ordenamento público, a boa-fé, a analogia, a equidade, o abuso ou exercício antissocial do direito... não podem ser consideradas com independência dos pressupostos ideológico-políticos do ordenamento jurídico em que se formulam. Não se deve, portanto, confundir as regras interpretativas elaboradas pela doutrina como um capítulo da teoria geral do direito ou da lógica jurídica, com a disciplina geral da interpretação realizada em normas jurídico-positivas concretas, que, embora possam (e, de fato, frequentemente o fazem) acolher postulados da teoria geral da interpretação, refletem também critérios e orientações ideológicas próprias de um ordenamento jurídico determinado[93].

2º) Que as normas que regulam a interpretação, precisamente, em virtude dos princípios de hierarquia, unidade e coerência da ordem jurídica, e por fazer parte da Constituição em sentido material, não podem estar em contradição com a Constituição formal. Portanto, sua vigência depende de sua conformi-

---

[89] STC de 31 de março de 1981, *BJC*, 1981, n. 3, p. 182.
[90] STC de 7 de maio de 1981, *BJC*, 1981, n. 3, p. 202.
[91] Cf. P. PERLINGIERI, "Per un diritto civile costituzionale spagnolo", *DS*, 1982, n. 4, pp. 790-1.
[92] Tese defendida expressamente por: F. PIERANDREI, *L'interpretazione della Costituzione*, op. cit., pp. 153 ss.; A. PIZZORUSSO, *Delle fonti del diritto*, op. cit., pp. 5 ss.
[93] P. PERLINGIERI, "Per un diritto civile costituzionale spagnolo", op. cit., pp. 787 ss.

dade com ela. Essa é uma exigência que no sistema espanhol é expressamente reconhecida na 3ª disposição revogatória da Constituição.

3º) Que daí deriva uma importante consequência prática, isto é, a de que são as normas interpretativas reunidas no título preliminar do Código Civil as que, por sua vez, devem ser interpretadas em conformidade com os princípios da Constituição. Em suma, a interpretação e a aplicação da Constituição não podem estar hipotecadas por regras prévias a sua promulgação, de nível normativo inferior e que obedeçam a coordenadas ideológicas distintas, ou até antagônicas, a seus princípios. O postulado da hierarquia normativa deve ser aplicado aqui com todas as suas consequências para enfocar essa polêmica[94].

3.1. Métodos da interpretação da Constituição

Ao analisar as condições e principais posturas teóricas da interpretação constitucional abordaram-se os parâmetros metodológicos básicos, através dos quais se realiza essa atividade. Convém, contudo, mencionar também os instrumentos ou categorias metódicas que servem de veículo para concretizar aquelas condições e teorias na prática interpretativa.

a) Em primeiro lugar deve-se criticar a persistência de pontos de vista metódicos *formalistas*, que se mantêm fiéis aos postulados tradicionais da interpretação jurídica elaborados pela dogmática jusprivatista, isto é, aos meios: gramaticais, lógicos, históricos e sistemáticos. Um dos mais qualificados representantes dessa tese é Ernst Forsthoff, para quem o método da interpretação constitucional deve usar categorias hermenêuticas formais, já que seu objeto se encontra integrado, por sua vez, por categorias formais: as normas jurídico-positivas que configuram a Constituição e que são a garantia da liberdade no Estado de direito[95]. Quando esse método é superado pelo método "científico espiritual" (*geisteswissenschaftliche Methode*), que parte da consideração de que o objeto da interpretação da Constituição não é de caráter formal (normas jurídicas), mas material (valores éticos), a interpretação constitucional deixa de ser uma atividade jurídica para se tornar filosófica e degenerar em uma casuística[96].

Essa postura formalista foi profundamente revisada por aqueles que, apesar de se manter fiéis ao caráter prioritariamente jurídico da interpretação constitucional, reconhecem seu caráter peculiar pela influência que sobre ela exercem os fatores políticos e os valores éticos que a condicionam, e que equilibram sua significação formalista[97]. São especialmente relevantes sobre esse tema as

---

[94] Nesse sentido ver G. Zagrebelsky, *Sulla consuetudine costituzionale nella teoria delle fonti del diritto*, Turim, Giappichelli, 1970, p. 133.

[95] E. Forsthoff, *Die Umbildung des Verfassungsgesetzes*, op. cit. (na nota 9), pp. 136 ss.

[96] Ibid., p. 147.

[97] Cf. R. Dreier, *Zur Problematik*, op. cit. (na nota 50), pp. 38 ss.; C. Carbone, *L'interpretazione delle norme costituzionali*, op. cit., pp. 7 ss.

teses que, partindo da inequívoca significação normativa da interpretação constitucional, puseram em destaque a insuficiência da subsunção lógica ou da elaboração formalista-conceitual para apreender os fatores ambientais econômicos, sociais e políticos que recaem sobre essa atividade, assim como o programa de fins e valores que devem orientá-la. Em tais coordenadas pode-se incluir a distinção entre "programa normativo" e "setor normativo" devida a Friedrich Müller, ou a teoria da "força normativa da Constituição" de Konrad Hesse, que já tivemos oportunidade de mencionar anteriormente.

b) Em aberta antítese com as premissas formalistas estão aqueles que propugnam uma interpretação *material* da Constituição. Observou-se oportunamente a importância do conceito de Constituição material para a interpretação jurídica, uma vez que tal noção aparece como auxílio hermenêutico ou pretende agir como fator de racionalização da atividade hermenêutica. Não por acaso a teoria da interpretação constitucional esforça-se para encontrar limites ou vínculos institucionais capazes de evitar a discricionariedade do intérprete e de orientar sua função, ao mesmo tempo que pretende situar tais limites e vínculos mais além do puro formalismo jurídico[98].

A ideia de Constituição material atuaria assim como um instrumento hermenêutico, expressão de vínculos institucionais. No entanto, a operatividade de sua função encontra-se mediatizada pela pluralidade de significados que o termo "Constituição material" assumiu na teoria jurídica a partir da obra sobre o tema de Carlo Mortati[99]. De fato, sem nenhuma pretensão de exaustividade, podemos distinguir três diferentes sentidos no uso dessa expressão: 1) Com o primeiro (acepção *sociológica*) pretende-se descrever (no sentido de uma representação gráfica ou fotográfica)[100] o funcionamento real das instituições constitucionais, de forma análoga ao que a doutrina alemã qualifica como *Verfassungswirklichkeit*[101]. 2) O segundo (acepção política) alude à reconstrução das decisões políticas fundamentais que se encontram na base de determinada comunidade. Nesse sentido, a Constituição material fundamenta a Constituição formal, ao mesmo tempo que garante a unidade do sistema jurídico e da continuidade do Estado, caracterizando sua forma[102]. 3) Por último (acepção axiológica), com esse termo se propõe a elaboração teórica e o máximo desenvolvimento dos valores básicos aceitos majoritariamente por uma coletividade e que fundamentam e configuram a Constituição. Nesse sentido, a Constituição material vincula-se à ideia do "sistema de valores" (*Wertsystem*), assim como à

---

[98] S. BARTOLE, "Costituzione materiale e ragionamento giuridico", *DS*, 1982, n. 4, p. 608.

[99] C. MORTATI, *La Costituzione in senso materiale*, Milão, Giuffrè, 1940.

[100] A expressão é de S. BARTOLE, op. cit., p. 617.

[101] Sobre essa acepção, ver V. ZANGARA, "Costituzione materiale e Costituzione convenzionale (notazione e spunti)", in *Scritti in onore di Costantino Mortati*, Milão, Giuffrè, 1977, vol. I, pp. 333 ss.

[102] Esse é o sentido da expressão "Constituição material" na obra de C. MORTATI, *La Costituzione in senso materiale*", op. cit., pp. 69 ss. e 102 ss.; assim como em seu verbete "Costituzione (dottrine generali)", in *Enciclopedia del Diritto*, vol. XI, Milão, Giuffrè, 1962, pp. 169 ss.

noção de Constituição não escrita (*unwritten Constitution*, na doutrina anglo-
-saxã, ou *ungeschriebenes Verfassung*, na alemã)[103].

Essas acepções da Constituição material, que supõem a mudança desde seu significado estritamente descritivo até níveis de progressiva prescritividade, mostram o caráter ambíguo da expressão. Por sua vez, a hipertrofia de seu uso, geralmente impreciso, nos mais diversos contextos da teoria constitucional torna necessário depurar e esclarecer seu significado antes de qualquer de suas aplicações como instrumento hermenêutico. Por outro lado, parece obrigatório observar que o recurso à Constituição material, com base interpretativa e no âmbito de um Estado de direito, não pode traduzir-se na aplicação de valores ou princípios alternativos aos que enformam a Constituição escrita, mas que, em todo o caso, devem ser considerados como explicativos ou fundamentadores daqueles. O contrário implicaria uma grave quebra da segurança jurídica e a queda em uma ilimitada e absoluta *judicial discretion*, que converteria a interpretação constitucional em uma atividade incontrolada e incontrolável e, portanto, arbitrária.

c) A interpretação *sistemática* da Constituição parte do pressuposto de que o ordenamento jurídico em seu conjunto deve ser considerado um sistema caracterizado pela coerência do conteúdo das diversas normas que o integram e dotado de uma unidade orgânica e finalista[104]. É por isso que a sistematicidade constitucional, mais que um simples método de trabalho para o intérprete, foi considerada por Pietro Merola Chierchia uma característica essencial da interpretação da Constituição, no sentido de que até o ato de se projetar sobre suas normas singulares é sempre e necessariamente interpretação de todo o sistema constitucional[105].

A interpretação sistemática é considerada, a partir dessas premissas, uma atividade prioritária no âmbito dos métodos da hermenêutica constitucional, já que se parte da tese de que a sistematicidade é um dado objetivo de qualquer ordenamento jurídico, que precede e condiciona o trabalho do intérprete. A sistematicidade, assim entendida como unidade e coerência da ordem jurídica, que tem seu fundamento na própria Constituição, não é, no entanto, um dado puramente formal, mas precisa também ter presentes as exigências de unidade e coerência dos interesses que conformam a realidade social e que o intérprete não deve nem pode ignorar. Por isso a interpretação sistemática da

---

[103] Cf. A. Barbera, "Art. 2", in *Commentario della Costituzione. Principi fondamentali, Art. 1-12*, org. por G. Branca, Bolonha/Roma, Zanichelli & Foro Italiano, 1975, pp. 84-5. Nessa acepção, a ideia de Constituição material apresenta algumas semelhanças com a teoria dos princípios de Ronald Dworkin. Cf. S. Bartole, "In margine a 'Taking Rights Seriously' di Dworkin", in *Materiali per una storia della cultura giuridica*, 1980, vol. X, pp. 202-3; e os capítulos 3, 3.2 e 7.3.

[104] Cf. G. Lazzaro, *L'interpretazione sistematica della legge*, Turim, Giappichelli, 1965, pp. 20 ss.; F. Ost, "L'interprétation logique et systématique et le postulat de rationalité du législateur", in *L'interprétation en droit. Approche pluridisciplinaire*, org. por M. van de Kerchove, Bruxelas, Publications des Facultés Universitaires Saint-Louis, 1978, pp. 141 ss.

[105] P. Merola Chierchia, *L'interpretazione sistematica della Costituzione*, Pádua, Cedam, 1978, p. 207.

Constituição proposta por Merola Chierchia não se desenvolve como um simples retorno ao formalismo para se esgotar na mera consideração abstrata da aplicação da norma segundo esquemas lógicos ou silogísticos, mas leva também em consideração as condições histórico-políticas nas quais a Constituição se materializou. Com isso, pretende religar o sistema normativo constitucional com o sistema de relações sociais que lhe servem de contexto e a cujos problemas deve prestar os oportunos critérios de solução[106].

d) Estreitamente vinculada à ideia de Constituição material está a denominada interpretação *evolutiva*. Esse proposição hermenêutica tende a superar a identificação do objeto da interpretação com o texto ou documento formal para se preocupar com o modo de se entender ou aplicar o conteúdo da normativa constitucional.

Entre as iniciativas teóricas atuais que preconizam uma interpretação constitucional evolutiva assume especial interesse a concepção de Carlo Lavagna. O professor de Roma compartilha os novos parâmetros metodológicos sobre as condições da interpretação e aceita a tese segundo a qual as disposições ou textos legais constituem "o material" com o qual o intérprete constrói a norma, que mais que um mero dado prévio é o produto da atividade interpretativa[107]. No entanto, a interpretação evolutiva da Constituição, como interpretação adequadora dos textos normativos às exigências e aos contextos atuais, não é apenas uma "operação" imposta pelas novas coordenadas lógico-jurídicas nas quais se situa a teoria da norma e sua elaboração, mas é imprescindível, dada a própria natureza da normativa constitucional. Essas normas, por seu maior grau de elasticidade e sua constante remissão a seus contextos, ampliam as atribuições do intérprete. Além disso, como os contextos econômicos e sociopolíticos disciplinados pela Constituição estão sujeitos a uma contínua evolução, a interpretação evolutiva de seu conteúdo é uma consequência "natural e necessária"[108].

A Constituição que o intérprete deve aplicar é – na opinião de Lavagna – sempre a Constituição viva construída, em cada momento, com base no texto normativo integrado por seus contextos sociais. Essa Constituição viva não reflete apenas a realidade do *status quo* socioeconômico existente no momento de sua promulgação, mas contém o germe e auspicia as metas sociopolíticas a alcançar: não é uma meta de chegada (Constituição-balanço), mas um ponto de partida (Constituição-programa). Em função do êxito desse horizonte prospectivo propõe-se uma classificação das normas constitucionais que as agrupa em: *normas de finalidade*, que são as dirigidas a indicar e promover uma realidade futura, diferente da atual; *normas temporárias* ou *provisórias*, as orientadas a disciplinar a realidade atual, destinadas a mudar de acordo com as pautas das normas de finalidade; *normas permanentes*, aquelas destinadas a conser-

---

[106] Ibid., pp. 260 ss.

[107] C. LAVAGNA, *Istituzioni di diritto pubblico*, Turim, Utet, 1976, pp. 18 ss.; *Costituzione e socialismo*, Bolonha, Il Mulino, 1977, pp. 36 ss.

[108] C. LAVAGNA, *Costituzione e socialismo*, op. cit., p. 46.

var sua validade independentemente das previstas mudanças da realidade social; e *normas intrumentais*, as voltadas a facilitar a realização das normas de finalidade, isto é, o advento da realidade social prevista e auspiciada por aquelas[109]. A partir dessa tipologia, as normas de finalidade aparecem como o veículo através do qual se impulsiona a interpretação evolutiva da Constituição, sendo os meios para a consecução de suas metas e objetivos transformadores.

A interpretação evolutiva está sujeita aos mesmos riscos que mencionamos ao expor a interpretação material da Constituição. De fato, objetou-se que sob a interpretação evolutiva oculta-se, muitas vezes, a tentativa de subverter a ordem constitucional por aqueles que, não tendo força para fazê-lo por meios legais, através dos instrumentos previstos pela própria Constituição para sua reforma, o fazem sub-repticiamente pelas vias de fato, modificando ou transgredindo seu conteúdo ao mesmo tempo que deixam intacto seu texto escrito[110]. Ao que poderia se acrescentar que a interpretação evolutiva tampouco deve significar um cômodo expediente para esvaziar de conteúdo algumas normas constitucionais em favor de outras, segundo os critérios ou as preferências políticas do intérprete.

Essas observações críticas tendem, em suma, a prevenir e a evitar que a interpretação evolutiva mascare uma tácita reforma fáctica constitucional por aqueles que carecem de legitimação para realizá-la. Contudo, nem por isso se deve fechar a porta para o necessário trabalho de adaptação da norma constitucional às transformações de seu contexto e para a consequente possibilidade de uma mudança constitucional (*Verfassungswandel*) que, através da interpretação, adapte sua normativa à mutante realidade social. Sempre que o intérprete respeite o limite intransponível que significa o texto normativo constitucional e, particularmente, os fins e valores estabelecidos pela própria lei fundamental que devem orientar qualquer trabalho hermenêutico. Desse modo, a interpretação evolutiva se traduz em uma interpretação finalista de objetivos e metas constitucionais plenamente legítima, pois como proclama o Tribunal Constitucional espanhol: "A Constituição incorpora um sistema de valores cuja observância requer uma interpretação finalista da norma fundamental."[111]

Em todo o caso, e reiterando o que dissemos ao tratar das condições da interpretação constitucional, convém ter presente que a atividade hermenêutica constitui um processo unitário cujos métodos não podem ser concebidos como compartimentos estanques, mas que será preciso conjugá-los na devida proporção que cada caso requeira. A essa exigência não são alheias as posturas metodológicas até aqui resenhadas. Em suas versões mais relevantes, observa-se uma inquietação convergente para se chegar a um equilíbrio: ou a partir da prioridade do dado normativo, porém atendendo ao contexto ambiental da Constituição (métodos formalistas e sistemáticos); ou mediando a partir dos

---

[109] Ibid., pp. 48 ss.
[110] Cf. P. Merola Chierchia, *L'interpretazione sistematica*, op. cit., pp. 127-8.
[111] STC de 8 de junho de 1981, *BJC*, 1981, n. 3, p. 213.

pressupostos fáticos da Constituição para a plena atualização de sua normatividade (métodos de interpretação material e evolutiva).

3.2. Princípios da interpretação da Constituição

Se os métodos da interpretação constitucional fazem referência aos meios ou instrumentos através dos quais se realiza a atividade hermenêutica, os princípios supõem diretrizes, pautas ou *guides-lines* fundamentais que orientam o trabalho do intérprete. Por isso, tais princípios, longe de ser meros *tópoi* ou lugares-comuns produtos da *inventio* ou de preferências contingentes dos operadores jurídicos – como frequentemente são concebidos –, configuram as linhas básicas que de modo necessário demarcam e orientam a interpretação do sistema constitucional.

1) Entre esses princípios é de especial interesse o da *unidade* constitucional (*Einheit der Verfassung*), isto é, o postulado de que o conjunto das normas constitucionais formam uma totalidade. Esse princípio obriga a não contemplar as normas constitucionais como *disiecta membra* ou entes isolados, mas a captar na interpretação da cada uma delas a unidade do sistema do qual surgiram, no que se integram e do qual constituem uma parte[112]. Essa unidade remete, por sua vez, à necessidade de coerência, ou seja, à falta de contradições ou antinomias entre as distintas partes (normas) que integram "o todo" do sistema constitucional[113].

A ideia de coerência constitucional foi especificada por Konrad Hesse através do princípio de *concordância prática* (*praktische Konkordanz*), no sentido de que os bens jurídicos constitucionalmente protegidos devem ser compatibilizados na solução dos problemas interpretativos de maneira que cada um conserve sua entidade; o que implica a exigência de acudir à "ponderação de bens" (*Guterabwägung*) para resolver e canalizar os conflitos que possam ocorrer entre os diversos valores e interesses tutelados pela normativa constitucional[114].

A ligação do princípio de *unidade* constitucional com a "ponderação de bens" revela que sua significação supera o plano lógico-axiomático para apelar à necessária unidade e coerência dos valores axiológicos e objetivos políticos que configuram a Constituição. Do mesmo modo que se apontou ao estudar a

---

[112] Cf. H. Ehmke, *Prinzipien der Verfassungsinterpretation*, op. cit., pp. 183 ss.; K. Hesse, *Grundzüge*, op. cit., p. 28; F. Müller, *Die Einheit der Verfassung. Elemente einer Verfassungstheorie*, III, Berlim, Duncker & Humblot, 1979, pp. 136 ss.

[113] A STC de 28 de julho de 1981 afirmava expressamente que: "A Constituição é a norma suprema do Estado como totalidade e que, consequentemente, seus princípios obrigam por igual a todas as organizações que fazem parte dessa totalidade", *BJC*, 1981, n. 6, p. 423. A STC referiu-se à unidade da ordem econômica constitucional em 28 de janeiro de 1981, *BJC*, 1981, n. 10, p. 117; assim como à uniformidade no exercício dos direitos e à unidade jurídica e econômica como expressão da unidade constitucional alude a STC de 10 de novembro de 1982, *BJC*, 1982, n. 20, pp. 1006 ss.

[114] K. Hesse, *Grundzüge*, op. cit., pp. 28-9.

interpretação sistemática, que tem seu fundamento precisamente no princípio de unidade constitucional, deve-se insistir agora que a coordenação e compatibilização não são apenas exigências que afetam as proposições normativas constitucionais, mas também os interesses sociais que lhes servem de base e a cuja disciplina tendem, sempre que tal postulado não sirva para hipostasiar uma unidade e coerência de valores ou interesses sociais e políticos inexistentes na prática.

Talvez por isso esses princípios se encontrem também em estreita relação com o princípio do *efeito integrador* (*integrierende Wirkung*), corolário da "teoria da integração" (*Integrationslehre*) formulada por Rudolf Smend[115]. Esse princípio parte de que, se a norma constitucional promove a formação e a manutenção de determinada unidade política, sua interpretação deve dirigir-se a potencializar as soluções que reforcem essa unidade. Esse princípio, no entanto, deverá realizar-se através de bases normativo-constitucionais, uma vez que, do contrário, ultrapassaria os limites da interpretação constitucional para se converter em um instrumento de ação política[116].

2) Outro importante princípio da interpretação constitucional é o da *funcionalidade* ou *correção funcional* (*funktionelle Richtigkeit*), que obriga o intérprete a respeitar o âmbito de distribuição de funções estatais consagrado pela Constituição[117].

Esse princípio atua no plano extrínseco ao trabalho do intérprete constitucional, obrigando-o a resolver os conflitos de competências entre os órgãos do Estado [assim como na Espanha entre o Estado e as Comunidades Autônomas ou destas entre si, segundo o art. 161.1.*c*) da Constituição vigente], de modo que não se subverta ou desnaturalize o esquema de distribuição de funções constitucionalmente estabelecidas[118]. Porém, ao mesmo tempo, o princí-

---

[115] R. Smend, "Verfassung und Verfassungsrecht", in *Staatsrechtliche Abhandlungen*, 2. ed., Berlim, Duncker & Humblot, 1968, pp. 263 ss. Cf. capítulo 7, 3.2.

[116] K. Hesse, *Grundzüge*, op. cit., p. 29.

[117] Ibid., p. 29; H. Ehmke, *Prinzipien*, op. cit., pp. 184 ss.

[118] Na Espanha, o TC precisou resolver, em sua recente trajetória, um importante número de "conflitos de competência" entre o Estado e as Comunidades Autônomas, referentes, entre outros, a: questões trabalhistas e de funcionários públicos (STC de 5 de novembro de 1981, *BJC*, 1981, n. 7, pp. 522 ss.; STC de 4 de maio de 1982, *BJC*, 1982, n. 13, pp. 361 ss.; STC de 26 de julho de 1982, *BJC*, 1982, n. 18, pp. 813 ss.; STC de 27 de julho de 1982, *BJC*, 1982, n. 18, pp. 821 ss.); o regime da radiodifusão (STC de 24 de maio de 1982, *BJC*, 1982, n. 14, pp. 458 ss.; STC de 8 de julho de 1982, *BJC*, 1982, n. 16/17, pp. 677 ss.); educação (STC de 22 de fevereiro de 1982, *BJC*, 1982, n. 11, pp. 206 ss.); e organização do crédito (STC de 28 de janeiro de 1982, *BJC*, 1982, n. 10, pp. 117 ss.). Em todo o caso, como observa Pedro Cruz Villalón, a jurisprudência do TC espanhol sobre "conflitos de competência" deve ser tratada em estreita relação com os "recursos de inconstitucionalidade" referentes às competências legislativas das Comunidades Autônomas, pois nessas decisões estão os critérios interpretativos básicos aplicáveis aos "conflitos de competências" propriamente ditos. *Zwei Jahre*, op. cit. (na nota 4), p. 96. Uma decisão fundamental voltada à defesa do princípio de *funcionalidade* constitucional com relação às competências estatais e autônomas foi a recente STC de 5 de agosto de 1983, sobre a LOAPA. Cf. P. Cruz Villalón, "¿Reserva de Constitución? (Comentario al Fundamento jurídico cuarto de la Sentencia del Tribunal Constitucional 76/1983, de 5 de agosto)", *REDC*, 1983, n. 9.

pio de funcionalidade se manifesta no plano intrínseco à tarefa do operador jurídico constitucional, a quem impede de ultrapassar o âmbito das funções que lhe são próprias. Assim, o Tribunal Constitucional, intérprete maior da Constituição, deverá respeitar as competências que correspondem ao legislador na conformação e desenvolvimento dos direitos, sem limitá-la mais do que o prescrito na normativa constitucional, ou sem tratar de superá-la. Reconhecendo-o assim expressamente, o Tribunal Constitucional espanhol proclamou que: "Corresponde [...] ao legislador ordinário, que é o representante em cada momento histórico da soberania popular, elaborar uma regulação das condições de exercício do direito, que serão mais restritivas ou abertas, de acordo com as diretrizes políticas que a impulsionam, desde que não superem os limites impostos pelas normas constitucionais concretas e o limite genérico do artigo 53."[119]

3) A *eficácia* ou *efetividade* constitui outro dos princípios básicos da interpretação constitucional. Tal postulado tende a dirigir e canalizar a atividade do intérprete para aquelas opções hermenêuticas que aperfeiçoem e maximizem a eficácia das normas constitucionais, sem distorcer seu conteúdo[120].

Esse critério orientador tem uma incidência especial para a interpretação dos direitos fundamentais através do princípio *in dubio pro libertate*[121], tendendo a conseguir o máximo em expansão do sistema de liberdades constitucionais.

Esse princípio encontra-se também estreitamente relacionado com a tese da *força normativa da Constituição* (*normative Kraft der Verfassung*), evidenciado por Konrad Hesse e que já tivemos oportunidade de mencionar. Uma vez que esse princípio tende a prevalecer sobre aquelas soluções hermenêuticas que, por ter consciência histórica do processo de mudança nas estruturas socioeconômicas, permitem uma constante atualização da normativa constitucional, garantindo, desse modo, sua máxima e permanente eficácia[122].

4. A INTERPRETAÇÃO "A PARTIR DA" CONSTITUIÇÃO: A CONSTITUIÇÃO COMO NORMA INTERPRETATIVA

Por se encontrar no ápice da hierarquia normativa, a Constituição é uma norma "qualitativamente" superior às demais. "A Constituição é uma norma – estabelece o Tribunal Constitucional espanhol –, mas uma norma qualitativamente distinta das demais, pois incorpora o sistema de valores essenciais que há de constituir a ordem de convivência política e de configurar todo o ordenamento jurídico. A Constituição é assim a norma fundamental e fundamentadora de toda a ordem jurídica."[123]

---

[119] STC de 8 de abril de 1981, *BJC*, 1981, n. 2, p. 93.
[120] Cf. H. EHMKE, *Prinzipien*, op. cit., pp. 183 e 196 ss.
[121] Ibid., pp. 194 ss. Cf. o capítulo 7, 4.3.
[122] K. HESSE, *Grundzüge*, op. cit., p. 30.
[123] STC de 31 de março de 1981, *BJC*, 1981, n. 3, p. 182.

Essa prioridade hierárquica e qualitativa se traduz não apenas na existência das características peculiares, até aqui apresentadas, que conotam sua interpretação (interpretação "da" Constituição), mas a converte no critério hermenêutico guia para interpretar todas as demais normas do ordenamento jurídico (interpretação "a partir da" Constituição). "A natureza da Lei Superior reflete-se – segundo a doutrina da jurisdição constitucional espanhola – na necessidade de interpretar todo o ordenamento em conformidade com a Constituição e na inconstitucionalidade sobrevinda daquelas normas anteriores e incompatíveis com ela."[124] Inconstitucionalidade que afetará também as normas posteriores à Constituição que lhe sejam contrárias. Embora seja conveniente estabelecer uma diferença em relação ao momento em que se produz a antítese dessas normas com a *lex superior* que será, "para as normas promulgadas posteriormente à Constituição, a partir do momento de sua entrada em vigor e, para as anteriores ao texto constitucional, a partir da data em que se iniciou sua vigência"[125].

A declaração de inconstitucionalidade das normas incompatíveis com a Constituição encontra-se prevista, expressamente, na disposição derrogatória 3 da lei fundamental espanhola que, ao mesmo tempo, atribui ao Tribunal Constitucional, com caráter exclusivo, a competência para realizar essa declaração [art. 161.1.*a*)]. "Dessa forma, a sentença do Tribunal Constitucional – dado o seu valor *erga omnes* – cumpre uma importante função, que é a de depurar o ordenamento resolvendo de maneira definitiva e com caráter geral as dúvidas que poderão ser levantadas."[126]

a) No entanto, juntamente com essa função, a supremacia hermenêutica da Lei das leis se traduz também em outras importantes *manifestações e efeitos*. Assim, a jurisprudência do Tribunal Constitucional Federal alemão desenvolveu o princípio da *interpretação das leis conforme a Constituição* (*die verfassungskonforme Gesetzesauslegung*), que postula que uma lei não deve ser declarada nula quando puder ser interpretada em consonância com a Constituição[127]. Essa tese foi acolhida pelo Tribunal Constitucional espanhol, que manteve, reiteradamente, a necessidade de esgotar as possibilidades de uma interpretação de acordo com a Constituição antes de apelar à declaração de inconstitucionalidade das leis[128].

---

[124] Ibid.

[125] STC de 1º de junho de 1981, *BJC*, 1981, n. 3, p. 170.

[126] STC de 2 de fevereiro de 1981, *BJC*, 1981, n. 1, p. 14. Sobre o controle de constitucionalidade no sistema espanhol, cf. as interessantes observações de G. Peces-Barba e L. Prieto Sanchís, *La Constitución española de 1978. Un estudio de derecho y política*, Valência, Fernando Torres, 1981, pp. 229 ss.; e de P. de Vega, "Jurisdicción constitucional y crisis de la Constitución", em sua coletânea *Estudios políticos constitucionales*, México, UNAM, 1980, pp. 283 ss.

[127] Cf. H. Spanner, "Die verfassungskonforme Auslegung in der Rechtsprechung des Bundesverfassungsgerichts", *AöR*, 1966, n. 41, pp. 503 ss.; R. Zippelius, "Verfassungskonforme Auslegung von Gesetzen", in *Bundesverfassungsgericht und Grundgesetz*, Tübingen, Mohr, 1976, vol. II, pp. 108 ss.

[128] Essa doutrina foi mantida, entre outras, em: STC de 26 de janeiro de 1981, *BJC*, 1981, n. 2, p. 118; STC de 2 de fevereiro de 1981, *BJC*, 1981, n. 1, p. 14; STC de 13 de fevereiro de 1981, *BJC*, 1981, n. 1, p. 32.

b) A ideia da interpretação conforme a Constituição supõe uma dupla presunção: *subjetiva*, de que o legislador realizou sua função dentro dos limites constitucionais (*favor legislatoris*); e *objetiva*, de que a lei se ajusta aos parâmetros estabelecidos pela Constituição (*favor legis*)[129].

1) No plano *subjetivo*, trata-se de um reconhecimento implícito da primazia do legislador democrático na concretização e desenvolvimento do texto constitucional. O Tribunal Constitucional não pode discutir essa primazia, por isso deve restringir ao máximo a possibilidade de declarar inconstitucionais os atos do legislativo. Ao mesmo tempo, deve evitar que, através da interpretação conforme, modifique a tal ponto o sentido de uma norma legal que anule, de fato, seu significado original, usurpando assim tarefas legislativas. Essa exigência foi expressamente reconhecida pelo Tribunal Constitucional espanhol, que não teve dúvida em afirmar em relação a si mesmo que: "é intérprete supremo da Constituição, não legislador"[130]; e que "não pode... tratar de reconstruir uma norma que não esteja devidamente explícita em um texto, para concluir que esta é a norma constitucional"[131].

Por isso, no Estado de direito se reconhece que a legislação pode ser um meio auxiliar ou suplementar para interpretar a Constituição, referindo-se, assim, a uma *interpretação da Constituição conforme as leis* (*Gesetzeskonforme Auslegung der Verfassung*)[132]. Desse modo, o intérprete constitucional tem na atividade normativa do legislador um critério básico para concretizar o conteúdo da Constituição e adaptá-lo às circunstâncias sociais e políticas.

Convém observar, em todo o caso, que a interpretação da Constituição conforme as leis é apenas um meio auxiliar e subsidiário posto a serviço do intérprete para ajudá-lo na concretização do alcance de determinados aspectos da norma constitucional desenvolvidos pela via legislativa. Não pode supor, pelo contrário, uma "desconstitucionalização" fática e distorcida do processo hermenêutico da Constituição para fazer da lei o parâmetro interpretativo da norma constitucional, invertendo assim o postulado básico segundo o qual a Constituição deve ser o padrão interpretativo das leis e de todas as disposições do ordenamento jurídico.

2) Em sua projeção *objetiva*, a interpretação conforme à Constituição implica a presunção em favor da constitucionalidade do conteúdo das normas legais. As disposições constitucionais agem, desse modo, como: *normas-parâmetros* (*Prüfungsnormen*), isto é, como contexto hermenêutico necessário[133] e como orientações gerais para a interpretação de todas as normas que integram

---

[129] H. EHMKE, *Prinzipien*, op. cit., p. 184.

[130] STC de 13 de fevereiro de 1981, *BJC*, 1981, n. 1, p. 32.

[131] STC de 8 de abril de 1981, *BJC*, 1981, n. 2, p. 93.

[132] K. HESSE, *Grundzüge*, op. cit., p. 34; F. DELPÉRÉE, "La Constitution et son interprétation", in *L'interprétation en droit*, op. cit. (na nota 104), pp. 191 ss.

[133] K. HESSE, *Grundzüge*, op. cit., p. 32 (sobre a distinção entre normas-parâmetros e de conteúdo); R. ZIPPELIUS, *Verfassungskonforme Auslegung*, op. cit., pp. 115 ss. (sobre a Constituição como contexto hermenêutico da interpretação).

o ordenamento (exigência que no sistema espanhol se faz extensível aos estatutos de autonomia, que segundo a doutrina da jurisdição constitucional espanhola "devem ser interpretados sempre dentro dos termos da Constituição [art. 147.1 da CE], pois neles estão contidas as competências assumidas por cada Comunidade 'dentro do âmbito estabelecido na Constituição' [art. 147.2.*d* da CE)"[134]; e *normas de conteúdo (Sachnormen)*, que determinam o significado das demais normas do ordenamento, quer obrigando o intérprete a optar, diante da eventual pluralidade significativa dos textos normativos, pelo sentido mais de acordo com a Constituição, quer precisando o alcance das normas graças aos conteúdos da Constituição quando ele for ambíguo, equívoco ou indeterminado. "A partir da entrada em vigor da Constituição – afirma o Tribunal Constitucional espanhol – é um imperativo para todos os poderes chamados a aplicar a lei interpretá-la em concordância com ela, isto é, escolher entre seus sentidos possíveis aquele que esteja mais de acordo com as normas constitucionais."[135]

c) O papel que corresponde à jurisdição constitucional na interpretação das leis conforme à Constituição sugere um problema *funcional* que se refere à relação desta com as demais jurisdições.

Em princípio, parece evidente que se deve admitir a subordinação de todos os tribunais à jurisdição constitucional no que diz respeito à interpretação da Constituição. Não por acaso, o sistema espanhol faz do Tribunal Constitucional o "intérprete supremo da Constituição" (art. 1 da Lei orgânica do Tribunal Constitucional).

Quando a interpretação do Tribunal Constitucional leva a uma declaração de inconstitucionalidade, ela será vinculada a todas as demais jurisdições[136]. Contudo, o problema surge em relação aos pressupostos nos quais o Tribunal Constitucional não declara a inconstitucionalidade das leis, mas oferece uma interpretação conforme que lhes permite conservar sua validade. Esse seria o caso das "sentenças interpretativas" que: "Declaram a constitucionalidade de um preceito impugnado na medida em que se interprete no sentido que o Tribunal Constitucional considera adequado à Constituição, ou não se interprete no sentido (ou sentidos) que considera inadequado."[137] Essas sentenças carecem de valor *erga omnes*, efeito limitado àquelas que declaram a inconstitucionalidade (em virtude do art. 164 da CE). Contudo, Eduardo García de Enterría entende que também aqui se manifesta o caráter preeminente da doutrina jurisprudencial do Tribunal Constitucional que "prevalecerá sobre a

---

[134] STC de 23 de novembro de 1982, *BJC*, 1982, n. 20, p. 1004.

[135] STC de 5 de maio de 1982, *BJC*, 1982, n. 11, p. 349.

[136] O art. 161.1.*a*) da CE, após atribuir ao TC a competência para averiguar o recurso de inconstitucionalidade contra as leis, prescreve: "A declaração de inconstitucionalidade de uma norma jurídica com categoria de lei, interpretada pela jurisprudência, afetará a ela, mas a sentença ou sentenças reincidentes não perderão o valor da coisa julgada." Sobre o alcance dessa norma, ver G. Peces-Barba e L. Prieto Sanchís, *La Constitución española de 1978*, op. cit., pp. 217 ss. e 346 ss.

[137] STC de 13 de fevereiro de 1981, *BJC*, 1981, n. 1, p. 32.

do Tribunal Supremo na medida em que fizer referência à compatibilidade constitucional da lei interpretada, isto é, na medida em que a interpretação do Tribunal Supremo significar uma colisão com a Constituição, não em outro caso, evidentemente"[138].

Fica aberta, no entanto, a questão de até que ponto pode chegar a primazia do Tribunal Constitucional, que é concebido como um Tribunal específico de justiça constitucional, sem convertê-lo em uma instância suprema civil, penal e administrativa[139].

d) O *fundamento* da necessidade de interpretar todo o ordenamento jurídico "a partir da" Constituição é consequência, tal como indiquei, do princípio de hierarquia normativa. Também guarda imediata relação com o postulado da segurança jurídica em suas diversas manifestações, enquanto se liga com os princípios básicos de: unidade e coerência, que exigem uma interpretação coordenada de todo o sistema normativo e a consequente necessidade de reduzir as antinomias que possam ser produzidas nos preceitos que o integram; com o "dogma" da plenitude da ordem jurídica que tende a evitar que se produzam lacunas em seu interior[140]; assim como com a exigência de estabilidade do ordenamento jurídico, cuja certeza seria alterada se se tivessem produzido derrogações de normas legais que não fossem estritamente necessárias por sua incompatibilidade com a Constituição.

No entanto, à margem dessa fundamentação próxima de caráter formal, julgo que o princípio da interpretação conforme à Constituição significa uma transposição de um postulado da doutrina jusnaturalista para a teoria do constitucionalismo e do Estado de direito. Assim, à semelhança do papel que a lei natural como *Grundnorm* ou critério fundamentador da validade do conteúdo das normas positivas desempenha na tradição jusnaturalista, as Constituições do Estado de direito, que não por acaso têm como uma de suas principais incumbências a de positivar os direitos naturais, atuarão como parâmetro da validade do conteúdo das demais normas do ordenamento jurídico. É por isso que a interpretação conforme à Constituição não constitui um simples bancada de teste da adequação formal das leis, isto é, de seu respeito às regras de procedimento que em cada sistema jurídico determinam a produção normativa, mas é

---

[138] E. García de Enterría, *La Constitución como norma*, op. cit., p. 103.

[139] Cf. K. Hesse, *Grundzüge*, op. cit., p. 33. Na Espanha, o tema se reveste de especial importância se se tem presente que no período de funcionamento do TC a mais alta porcentagem de seus veredictos em matéria de amparo tiveram por objeto o "direito à jurisdição", proclamado no art. 24 da CE. Em relação a isso, o TC espanhol estabeleceu a doutrina de que o amparo em matéria do "direito à jurisdição" não o converte em uma última instância; sua atuação se resume em restabelecer ao recorrente as garantias processuais, mas sem que se possa exigir que entenda do fundamento das questões. Cf., entre outras, a STC de 28 de julho de 1981, *BJC*, 1981, n. 6, pp. 439 ss. Ver P. Cruz Villalón, *Zwei Jahre*, op. cit., pp. 92-3.

[140] Assim, por exemplo, a STC de 2 de fevereiro de 1981 afirma que: "A interpretação de conformidade com a Constituição [...] responde, além disso, a um critério de prudência que aconselha evitar que se produzam lacunas no ordenamento", *BJC*, 1981, n. 1, p. 16.

um critério material que avalia o conteúdo das normas e sua conformidade com o conteúdo da Constituição em seu conjunto, ou seja, com o sistema de valores, princípios e normas que devem configurar todo o ordenamento jurídico.

Estas observações relativas ao fundamento da interpretação conforme à Constituição destacam a insuficiência da teoria positivista para a interpretação constitucional. De fato, o positivismo jurídico concebe a interpretação a partir de um critério formal de validade, denominado dinâmico por Hans Kelsen, que se baseia, não no conteúdo das normas, mas no fato de estas terem sido produzidas segundo os procedimentos previstos em normas superiores e, em suma, segundo o disposto pela norma fundamental. Esse critério se contrapõe ao conceito de validade jusnaturalista, considerado estático por Kelsen, que baseia a validade das normas em sua conformidade com o conteúdo das normas de hierarquia superior e, em último caso, no conteúdo da lei natural[141]. É, portanto, evidente a incapacidade da teoria positivista para servir de fundamento ao postulado da interpretação conforme à Constituição, que expressa exigências não apenas formais ou procedimentais, mas também materiais ou de conteúdo. Além disso, essa teoria, em sua versão kelseniana, introduz um fator de distorção que pode suscitar confusões e mal-entendidos na hermenêutica constitucional, uma vez que, como já tivemos oportunidade de expor, é precisamente a teoria positivista, que se encontra na base dos métodos formalistas de interpretação da Constituição, a que propicia um enfoque estático do sistema normativo constitucional, ligado, além disso, à defesa do *status quo* econômico-social; enquanto, pelo contrário, foram os métodos de interpretação material e evolutiva da Constituição, que obedecem a uma inspiração jusnaturalista, os que contribuíram para a consideração aberta e dinâmica da norma constitucional, orientando sua hermenêutica para aquelas metas de seu conteúdo (valores e princípios) que, no Estado pluralista, livre e democrático, definem seu horizonte emancipatório a alcançar[142].

---

[141] H. KELSEN, *Reine Rechtslehre*, op. cit. (na nota 18), pp. 196 ss. e 223 ss. Cf. J. DELGADO PINTO, "El voluntarismo de Hans Kelsen y su concepción del orden jurídico como sistema normativo dinámico", e *Filosofía y derecho. Estudios en honor del profesor José Corts Grau*, Universidad de Valencia, 1977, vol. I, pp. 191-3.

[142] Cf. G. MORELLI, *Il diritto naturale nelle costituzioni moderne. D'alla dotrina pura del diritto al sistema dell'ordinamento democratico positivo*, Milão, Vita e Pensiero, 1974, pp. 111 ss. e os capítulos 3 e 7.

CAPÍTULO 7

A INTERPRETAÇÃO DOS DIREITOS FUNDAMENTAIS

1. PECULIARIDADE DA INTERPRETAÇÃO DOS DIREITOS FUNDAMENTAIS

Em poucos trabalhos se encontrará um testemunho mais claro e preciso que na obra de Ernst Forsthoff sobre as aporias que, para a teoria tradicional da interpretação jurídica, suscita atualmente a hermenêutica dos direitos fundamentais. Apegado aos esquemas clássicos da dogmática alemã do direito público, Forsthoff expressa sua fidelidade ao método jurídico de interpretação, concebido como atitude mediadora para a subsunção do caso na norma, no sentido da conclusão silogística. Ao mesmo tempo, examina criticamente o que denomina método de interpretação científico-espiritual (*geisteswissenschaftliches Arten der Deutung*), que pretende a compreensão e integração dos valores incorporados às normas que positivam os direitos fundamentais[1].

Para Forsthoff, quando a interpretação dos direitos fundamentais deixa de ser uma atividade jurídica baseada em normas, para se converter em uma tarefa filosófica de intuição de valores, o próprio processo interpretativo perde sua racionalidade e evidência e ameaça a própria certeza da Constituição. "O método científico-espiritual, isto é, da hierarquia dos valores, torna inseguro o direito constitucional e dissolve a lei constitucional na casuística."[2]

A argumentação de Forsthoff, sob o apelo ao princípio da certeza da norma constitucional, contém o perigo subjacente de esvaziar de conteúdo grande parte do estatuto dos direitos fundamentais, especialmente aqueles de caráter transformador, que tendem a completar a democracia política com a democracia econômico-social. No entanto, ao lado de seu enfoque ideológico, de cunho marcadamente conservador, e voltado para a garantia do *status*

---

[1] E. FORSTHOFF, "Die Umbildung des Verfassungsgesetzes", in *Rechtsstaat im Wandel. Verfassungsrechtliche Abhandlungen 1954-1973*, 2. ed., Munique, Beck, 1976, p. 135.

[2] Ibid., p. 147; "Zur Problematik der Verfassungsauslegung", in *Rechtsstaat im Wandel*, op. cit., pp. 160-1.

quo[3], essa proposição tem o mérito de reconhecer expressamente as dificuldades com que a cultura jurídica acostumada a operar com categorias formais, cujo ponto de referência eram prescrições claramente detalhadas, teve de lidar ao se deparar com a necessidade de interpretar o atual sistema constitucional dos direitos fundamentais expressos, muitas vezes, em forma de valores, cláusulas e princípios; assim como, para empreender a reconstrução do ordenamento que deve fundar-se neles.

Convém observar que o fenômeno da incorporação dos direitos fundamentais aos textos constitucionais não é novo, pois as declarações de direitos ou *Bill of Rights* constituem, desde o início do constitucionalismo, uma das partes que, juntamente com a que estabelece e organiza a forma de governo (*Form of Government*), integram os textos fundamentais. Contudo, o que se produziu a partir da Segunda Guerra Mundial foi uma notável ampliação dos direitos reconhecidos, assim como o consequente esforço para garantir seu *status* jurídico[4]. Por isso os juristas mais fiéis à tradição do positivismo legalista estão às voltas com a dificuldade metodológica de ter que reduzir o novo horizonte constitucional dos direitos fundamentais aos procedimentos conceituais aos quais estavam habituados. Essa atitude formalista levou-os, em certas ocasiões, a questionar, e até a negar abertamente, a normatividade jurídico-positiva de algumas das novas formulações dos direitos fundamentais às quais consideraram simples postulados programáticos dirigidos ao legislador. Toda cultura tende a oferecer resistência àquilo que lhe é alheio, procurando assim perpetuar seus modelos operativos. Isso explica por que a cultura jurídico tradicional, ligada a um método interpretativo orientado para a subsunção dos fatos nos esquemas formais de uma normativa analítica e casuística, está desorientada ao ter que projetar seus métodos interpretativos às disposições constitucionais, enunciadas em termos mais gerais e amplos para obter a máxima amplitude e flexibilidade.

A atividade hermenêutica e o método para a reconstrução do sistema jurídico encontram-se estreitamente vinculados à própria natureza das fontes do direito sobre as quais elas operam. Por isso, já não é adequado para uma interpretação atual do sistema dos direitos fundamentais a proposição positivista, restrita a uma atitude mecânica baseada em conclusões silogísticas, pois se faz necessária uma maior participação do intérprete na elaboração e desenvolvimento de seu *status*. Essas circunstâncias levaram a uma revalorização de posturas metodológicas de inspiração jusnaturalista sempre mais úteis para explicar e legitimar atitudes metódicas abertas e dinâmicas que o estreito conceitualismo dogmático próprio do positivismo formalista[5].

---

[3] E. FORSTHOFF, "Der introvertierte Rechtsstaat und seine Verotung", in *Rechtstaat im Wandel*, op. cit., pp. 180 e 183.

[4] Cf. o capítulo 2, 3.2.3.2, sobre "O processo de positivação dos direitos fundamentais".

[5] Ver A. BARBERA, "Art. 2", in *Commentario della costituzione. Principi fondamentali*, org. por G. Branca, Bolonha/Roma, Zanichelli & Foro Italiano, 1975, pp. 81 ss.; e minhas *Lecciones de Filosofía del derecho. Presupuestos para una filosofía de la experiencia jurídica*, Sevilha, Minerva, 1982, pp. 79 ss.

A continuidade existente entre a teoria das fontes do direito e os métodos de interpretação exige que não se extrapole a análise dos procedimentos hermenêuticos dos direitos fundamentais da significação das disposições que os formulam e sancionam positivamente.

2. OS DIREITOS FUNDAMENTAIS COMO VALORES, PRINCÍPIOS E NORMAS

No plano constitucional, e disso é boa prova o texto básico espanhol de 1978, os direitos fundamentais aparecem positivados através de dois sistemas: no da *lex generalis* ou de cláusulas gerais (*Generalklausel*); e no das *leges speciales* ou casuístico (*kasuistisch Katalog*), métodos que, por sua vez, podem combinar-se em um sistema misto que frequentemente é o mais usado nas Constituições[6]. No sistema de cláusulas gerais, os direitos fundamentais aparecem consagrados em forma de valores ou princípios, enquanto no sistema de leis especiais ou casuístico se positivam como normas específicas que concretizam e detalham o alcance dos diferentes direitos básicos.

Esses distintos sistemas de positivação influem diretamente na interpretação dos direitos fundamentais que aparecem formulados como valores, princípios e normas específicas, o que obriga a apresentar seu respectivo alcance. Essa tarefa nem sempre é fácil, pois o critério de distinção que, em princípio, poderia ser considerado o mais útil no que se refere ao significado ontológico de determinados conceitos (por exemplo, os de liberdade, igualdade, dignidade, justiça...) é insuficiente. De fato, esse critério deve ser descartado nos casos frequentes em que uma mesma noção pode assumir, segundo o contexto normativo constitucional em que está formulada, o significado de um valor, um princípio ou de uma norma específica. Assim, a Constituição espanhola vigente refere-se à liberdade como valor (no preâmbulo e no art. 1.1); como princípio (nos arts. 9.2 e 10.1); e como disposição específica ao concretizar suas distintas manifestações jurídico-fundamentais, isto é, ao consagrar constitucionalmente as diferentes formas de liberdade no plano ideológico e religioso (art. 16); pessoal (art. 17); de residência e de circulação (art. 19); de expressão (art. 20); de reunião (art. 21); de associação (art. 22) etc. Da mesma forma, a igualdade aparece como valor (preâmbulo e art. 1.1); como princípio (arts. 9.2 e 31.1); e como norma específica ao estabelecer a igualdade dos espanhóis perante a lei (art. 14); ao se referir ao acesso a funções e cargos públicos (art. 23.2); dos cônjuges no matrimônio (art. 32.1); ou dos filhos perante a lei, independentemente de sua filiação (art. 39.2)[7].

---

[6] Cf. o capítulo 2, 3.2.1, e a bibliografia ali comentada.

[7] Ver meu trabalho sobre "El concepto de igualdad como fundamento de los derechos económicos, sociales y culturales", *ADH*, 1982, vol. I, pp. 255 ss.

2.1. Distinção entre valores e princípios constitucionais

As limitações do critério ontológico motivaram a busca de outros critérios alternativos. Entre eles, recorreu-se ao argumento da *normatividade* para indicar que enquanto "o valor não é em si mesmo uma norma suscetível de aplicação direta como tal [...] os princípios desempenham por si mesmos uma função normativa; são normas, embora em um grau de enunciação não circunstanciadamente desenvolvido, mas dotadas de grande generalidade"[8]. Esse critério não parece convincente porque implica despojar os valores de qualquer conteúdo normativo. Com base nessas premissas, esquece-se que, em virtude de sua recepção constitucional, os valores acrescentam à sua prescritividade ética a normatividade jurídica. Por isso, deve-se considerar correta a opinião de Eduardo García de Enterría quando qualifica de "falaz" a doutrina que vê os valores como simples declarações retóricas ou postulados programáticos, já que são precisamente eles que constituem "toda a base do ordenamento, a qual há de conferir a este seu sentido próprio, a qual há de presidir, portanto, toda sua interpretação e aplicação"[9].

A normatividade dos valores é comprovada com a existência das denominadas "normas constitucionais inconstitucionais" (*verfassungswidrige Verfassungsnormen*), com as quais se procura acentuar a primazia hermenêutica dos valores, a ponto de determinar a inconstitucionalidade das próprias normas constitucionais que contradigam seu sentido[10]. Essa normatividade se manifesta também em sua proteção reforçada em relação aos requisitos para a reforma constitucional[11], assim como na possibilidade de interpor recurso de inconstitucionalidade por infração dos valores constitucionais[12].

Contudo, se as teses que refutam a normatividade dos valores constitucionais comprometem sua própria razão de ser, as que a admitem, por sua vez, deparam-se com o obstáculo de ter que diferenciar o alcance da normatividade dos valores em relação à dos princípios.

---

[8] A. Hernandez Gil, *El cambio político español y la Constitución*, Barcelona, Planeta, 1982, p. 408. S. Basile também parece inclinar-se para o alcance meramente programático e desprovido de significado normativo dos valores, quando sustenta que: "A fórmula dos *valores superiores* fala [...] de algo que transcende o quadro político institucional e a própria ordem formal do direito: quer indicar aspirações ideais para as quais o ordenamento jurídico deve estar voltado." "'Los valores superiores', los principios fundamentales y los derechos y libertades públicas", in A. Prediери e E. García de Enterría (orgs.), *La Constitución española de 1978*, Madri, Civitas, 1980, p. 262.

[9] E. García de Enterría, *La Constitución como norma y el Tribunal Constitucional*, Madri, Civitas, 1981, p. 98.

[10] Ibid., p. 98.

[11] Ibid., p. 98.

[12] Convém recordar que o recurso de inconstitucionalidade "contra leis e disposições normativas com força de lei" [art. 161.1.*a*) da Constituição espanhola], pode fundamentar-se na "infração de qualquer preceito constitucional" (art. 39.2 da LOTC espanhola) e, portanto, também na infração dos valores constitucionais.

Mesmo reconhecendo a dificuldade de se conceber *actiones finium regundorum* aptas a diferenciar inequivocamente os valores dos princípios, acredito que a análise de sua respectiva significação é imprescindível para esclarecer e precisar sua peculiar função constitucional.

O conceito moderno de valor tem seu antecedente imediato na teoria dos *entia moralia* de Pufendorf, isto é, nos modos ou métodos que os seres racionais aplicam às coisas ou aos movimentos físicos para orientar e regular os comportamentos e atribuir ordem e harmonia à vida humana[13]. Mostrou-se recentemente que os valores são modos de preferências conscientes e generalizáveis. Os valores são, portanto, os critérios básicos para avaliar as ações, organizar a convivência e estabelecer seus fins. É por isso que os valores constitucionais admitem o sistema de preferências expressas no processo constituinte como prioritárias e fundamentadoras da convivência coletiva. Trata-se das opções ético-sociais básicas que devem presidir a ordem política, jurídica, econômica e cultural. Assim, por exemplo, a Lei Superior espanhola de 1978 menciona o desejo, como modo de preferência consciente, da nação espanhola de proclamar sua vontade, isto é, sua decisão de: "Garantir a convivência democrática dentro da Constituição e das leis, de acordo com uma ordem econômica e social justa [...]" (preâmbulo). Ao mesmo tempo que proclama "como valores superiores de seu ordenamento jurídico a liberdade, a justiça, a igualdade e o pluralismo político" (art. 1.1).

Os valores constitucionais possuem, portanto, uma tripla dimensão: *a) fundamentadora*, no plano estático, do conjunto de disposições e instituições constitucionais, assim como do ordenamento jurídico em seu conjunto. Por isso, a doutrina alemã os concebe como "valores fundamentais" (*Grundwerte*) e a Constituição espanhola como "valores superiores", para acentuar sua significação de núcleo básico e configurador de todo o sistema jurídico-político; *b) orientadora*, em sentido dinâmico, da ordem jurídico-política para algumas metas ou fins predeterminados, que tornam ilegítima qualquer disposição normativa que persiga fins diferentes ou que dificulte a consecução daqueles enunciados no sistema axiológico constitucional; *c) crítica*, quando sua função, como a de qualquer outro valor, esteja em sua idoneidade para servir de critério ou parâmetro de valoração para avaliar fatos ou condutas. De forma que é possível um controle jurisdicional de todas as demais normas do ordenamento no que possam implicar de valor ou desvalor, por sua conformidade ou infração aos valores constitucionais.

Os valores constitucionais significam, portanto, o contexto axiológico *fundamentador* ou básico para a interpretação de todo o ordenamento jurídico; o postulado-guia para *orientar* a hermenêutica teleológica e evolutiva da Constituição; e o *critério* para mensurar a legitimidade das diversas manifestações do sistema de legalidade.

---

[13] S. Pufendorf, *De iure naturae et gentium*, I, I, 3. Sobre a dimensão axiológica dos direitos humanos, cf. o capítulo 3, "A fundamentação dos direitos humanos".

Diante do sentido "relativamente preciso" dos valores, a ideia dos princípios jurídicos, assim como a dos princípios constitucionais, é muito mais ambígua e equívoca.

Em uma interessante pesquisa analítica sobre os princípios do direito, Genaro R. Carrió chegou a distinguir, sem pretensões de esgotar o assunto, até onze significados ou acepções distintas da expressão "princípios do direito". Como corolário dessa pesquisa, Carrió examinou, com especial atenção, a dimensão dos princípios como *metanormas* ou normas de segundo grau, destinadas a indicar como se deve interpretar, aplicar e integrar as normas de primeiro grau. Em sua opinião, existe uma analogia entre essa acepção dos princípios e o que significa a "lei da vantagem" no futebol. Nos dois casos trata-se de: *a*) a aplicação de outras regras; *b*) devem aplicá-las aqueles que são chamados a conduzir uma controvérsia (árbitro ou juiz); *c*) servem para introduzir exceções na aplicação das regras de primeiro grau; *d*) apresentam certo grau de neutralidade ou indiferença em relação ao conteúdo da regra a aplicar. Como exemplos de princípios jurídicos que cumprem essa função, cita: a regra de que ninguém deve obter benefício de sua própria fraude ou violação da lei; o abuso do direito; a proibição da analogia no direito penal; a presunção de legitimidade dos atos dos poderes públicos; a regra que limita o poder jurisdicional de declarar a inconstitucionalidade das leis aos casos nos quais essa declaração é inevitável...[14].

1) A acepção dos princípios do direito como *metanormas* insere-se naquilo que pode ser considerado seu significado *metodológico*, no qual aparecem entendidos como *principia cognoscendi*, isto é, como regras orientadoras para o conhecimento, para a interpretação e para a aplicação das demais normas jurídicas. Nesse sentido, o Código Civil espanhol faz referência ao "caráter configurador do ordenamento jurídico" que cumprem os princípios gerais do direito (art. 1.4). Através desse uso linguístico, os princípios são considerados jurídicos por se referir ao direito, por fornecer uma base lógica ou técnico-formal que contribui para a compreensão e aplicação das normas de primeiro grau. Juntamente com essa acepção dos princípios do direito como *metanormas*, possui também um significado metodológico a concepção dos princípios do direito como *ratio legis* ou *mens legis* das normas, ou seja, como a finalidade, objetivo ou *policy* perseguido pelas normas e que devem orientar sua interpretação teleológica e evolutiva.

2) Em outras ocasiões a expressão "princípios do direito" tem um sentido essencialmente *ontológico*, como *principia essendi* ao qual remete o ordenamento jurídico na qualidade de fontes normativas. Assim, o Código Civil ao estabelecer o sistema de fontes do ordenamento jurídico espanhol inclui expressamente os princípios gerais do direito (art. 1.1), ao mesmo tempo em que detalha que "se aplicarão na falta de lei ou costume..." (art. 1.4).

---

[14] G. R. Carrió, "Principi di diritto e positivismo giuridico", in R. Guastini (org.), *Problemi di teoria del diritto*, Bolonha, Il Mulino, 1980, pp. 77 ss.

Convém observar que, nessa acepção, a juridicidade dos princípios obedece a sua própria condição de elementos ou partes integrantes do ordenamento, que se refere a eles de forma *expressa* [assim, por exemplo, quando a Constituição explicitamente proclama que "garante o princípio de legalidade, a hierarquia normativa, a publicidade das normas..." (art. 9.3); ou quando o Código Civil apela para o princípio da boa-fé (art. 1.258); ou estabelece a obrigação de reparar o dano causado por culpa civil extracontratual (art. 1.902) etc.]; ou *tácita*, uma vez que é preciso entender que se os princípios jurídicos fossem apenas os explicitamente acolhidos nos textos normativos não teria sentido reiterar em uma disposição expressa seu caráter de fonte e a possibilidade de sua aplicação[15].

Também possuem sentido ontológico aqueles princípios que os operadores jurídicos podem inferir por abstração e generalização a partir do sistema de normas positivas; assim como as máximas, aforismos ou axiomas de tradição jurídica; as fontes misteriosas às quais, às vezes, se atribui a origem do direito através da história; os princípios políticos inspiradores do sistema jurídico; ou as categorias formais da dogmática que expressam a natureza jurídica ou essência dos conceitos jurídicos fundamentais.

3) Por último, os princípios gerais do direito podem ser entendidos também, em sua dimensão *axiológica*, como os *prima principia*, axiomas ou postulados éticos que devem inspirar toda a ordem jurídica. Nessa acepção linguística, entende-se que os princípios são jurídicos porque o direito se remete a eles como termo padrão de aspiração (assim, quando as normas apelam a princípios que expressam as exigências básicas dos valores da justiça, o bem comum, a moralidade, ou o *ethos* social); ou porque se considera que devem ser parte integrante de qualquer ordenamento jurídico digno desse nome (é o caso dos princípios da generalidade das normas, de sua clareza, de sua irretroatividade, de sua coerência e possibilidade de cumprimento, isto é, os requisitos da segurança jurídica aos quais Lon L. Fuller denominou "moralidade do direito ou moralidade que torna possível o direito"[16]).

A pluralidade significativa que assumem os princípios gerais do direito responde, em grande medida, à tradicional controvérsia que se criou sobre seu alcance entre as diferentes escolas e concepções jurídicas, que tenderam a ressaltar alguma de suas acepções. O positivismo jurídico, em sua versão normativista, inclinou-se a enfatizar a identificação dos princípios gerais com as regras inferidas a partir do próprio sistema normativo; enquanto algumas de suas orientações dogmáticas e a jurisprudência de conceitos concebem os princí-

---

[15] Cf. V. CRISAFULLI, *La Costituzione e le sue disposizioni di principio*, Milão, Giuffrè, 1952, pp. 38 ss. No mesmo sentido, L. DÍEZ-PICAZO, depois de afirmar que "nossa Constituição esboça um ordenamento 'principal', formado, pode-se dizer, por princípios e normas ordinárias", observa que, embora o texto constitucional defina expressamente certos princípios, isso não implica que "a Constituição reúna todos os princípios nem que tenha nesse ponto um valor excludente". "Constitución y fuentes del derecho", *REDA*, 1979, n. 21, p. 190.

[16] L. L. FULLER, *La moral del derecho*, trad. esp. de F. Navarro, México, Trillas, 1967, pp. 43 ss.

pios como aquelas categorias formais que resumem a quintessência dos conceitos jurídicos fundamentais. Para a Escola Histórica os princípios jurídicos representaram preferencialmente as fontes tradicionais geradoras do direito, ao passo que as diversas posturas jusnaturalistas coincidiram em fortalecer a concepção axiológica dos princípios. Contudo, é evidente que essas três dimensões de considerações dos princípios jurídicos não devem ser entendidas como compartimentos estanques. Basta ter presente o grande número de princípios que podem operar simultânea ou sucessivamente, segundo as circunstâncias e o contexto que determinam sua aplicação, como critérios hermenêuticos, como fontes normativas, ou como pautas de valoração (pense-se, por exemplo, na variedade de funções que pode cumprir o princípio da boa-fé).

A própria heterogeneidade de planos operativos e significativos dos princípios gerais do direito explica a dificuldade de diferenciar seu alcance em relação ao dos valores no âmbito constitucional. Ao mesmo tempo, a constatação dessa multivocidade é um *prius* necessário do qual deve partir qualquer enfoque das relações entre valores e princípios que pretenda ser esclarecedor. Por isso, julgo que, do que até aqui se expôs, se percebe a inadequação de diversos critérios distintivos modernos para diferenciar os valores dos princípios constitucionais.

Em primeiro lugar, não é apropriada a tese ontológica que parte do pretenso caráter intrinsecamente axiológico ou principal de determinados conceitos, pois, como ressaltei anteriormente, um mesmo termo (por exemplo, a igualdade) pode assumir, na Constituição, o sentido de um valor, de um princípio ou de uma norma específica. Por isso tampouco parece convincente a postura doutrinal que resume a distinção entre valores e princípios na atribuição de um significado instrumental a estes, diante do caráter axiológico daqueles, pois, como se pôde observar, os princípios podem também ter um conteúdo axiológico. Do mesmo modo, é insuficiente o critério da normatividade porque, como se viu, apoia-se no desconhecimento da força normativa dos valores constitucionais. Por esse motivo, acredito que o critério mais adequado é o que se baseia nos diferentes graus de *concretização* existentes entre os valores e os princípios.

Os valores não contêm especificações em relação aos pressupostos em que devem ser aplicados, nem sobre as consequências jurídicas que devem seguir a sua aplicação; constituem ideias diretivas gerais que, como mostrado anteriormente, fundamentam, orientam e limitam criticamente a interpretação e a aplicação de todas as demais normas do ordenamento jurídico. Os valores formam, portanto, o *contexto histórico-espiritual* da interpretação da Constituição e, especialmente, da interpretação e aplicação dos direitos fundamentais, em sentido análogo ao que Friedrich Müller denomina "Interpretation aus dem geistesgeschichtlichen Zusammenhang"[17] ao analisar os postulados básicos da hermenêutica constitucional.

---

[17] F. Müller, *Juristische Methadik*, 2. ed., Berlim, Duncker & Humblot, 1976, p. 169.

A jurisprudência do Tribunal Constitucional (*Bundesverfassungsgericht*) da República Federal da Alemanha considerou em numerosas decisões o sistema dos direitos fundamentais consagrados pela *Grundgesetz* como a expressão de uma "ordem de valores" (*Wertordnung*), que devem guiar a interpretação de todas as demais normas constitucionais e do ordenamento jurídico em seu conjunto, pois parte-se de que esses valores têm como base e manifestam "conceitos universais de justiça"[18]. Também na Espanha o Tribunal Constitucional afirmou expressamente que: "Os direitos fundamentais respondem a um sistema de valores e princípios de alcance universal que [...] devem instruir todo o nosso ordenamento jurídico."[19]

Os princípios, por sua vez, introduzem um grau maior de concretização e especificação que os valores em relação às situações a que podem ser aplicados e às consequências jurídicas de sua aplicação, mas sem ser ainda normas analíticas. Por outro lado, os princípios, quer possuam um significado hermenêutico (metodológicos), quer atuem como fontes do direito (ontológicos) ou como determinações de valor (axiológicos), recebem sua peculiar orientação de sentido daqueles valores que especificam ou concretizam. Os valores funcionam, em suma, como metanormas em relação aos princípios e como normas de terceiro grau em relação às regras ou disposições específicas. Até certo ponto se dá entre valores e princípios uma relação análoga àquela que Claus Wilhelm Canaris estabeleceu entre princípios e subprincípios no direito privado, ao atribuir a estes últimos a função de complementar os primeiros desenvolvendo e completando suas premissas básicas[20].

2.2. Princípios e normas constitucionais específicas ou casuísticas

Do mesmo modo que os valores tendem a se concretizar em princípios que explicitam seu conteúdo, os princípios, por sua vez, se incorporam em disposições específicas ou casuísticas nas quais os pressupostos de aplicação e as

---

[18] Cf. W. Geiger, *Grundrechte und Rechtsprechung*, 2. ed., Munique, Pustet, 1965, pp. 57 ss.; F. Ossenbühl, "Die Interpretation der Grundrechte in der Rechtsprechung des Bundesverfassungsgerichts", *NJW*, 1976, pp. 2100 ss.

[19] STC de 15 de junho de 1981, *BJC*, 1981, n. 4, p. 265.

[20] W. Canaris, *Systemdenken und Systembegriff in der Jurisprudenz*, Berlim, Duncker & Humblot, 1969, pp. 57 ss. Do que foi exposto se infere minha discordância em relação à tese da diferença entre valores e princípios apresentada por Robert Alexy. Segundo esse autor, o modelo dos valores destina-se a estabelecer o que é "o melhor", enquanto o dos princípios destina-se a manifestar "o devido". Assim, pois, "os princípios e os valores se diferenciam", nas palavras de Alexy, "apenas em virtude de seu caráter deontológico e axiológico, respectivamente. No direito, o que se trata é do que é devido. Isso fala a favor do modelo dos princípios." *Teoría de los derechos fundamentales*, trad. esp. de E. Garzón Valdés, revisada por Zimmerling, Madri, Centro de Estudios Constitucionales, 1963, p. 147. Essa teoria parece-me triplamente insatisfatória porque: 1) desconhece a dimensão metodológica e ontológica dos princípios; 2) não acerta ao explicar a diferença entre o "dever ser" deontológico dos princípios e o "dever ser" axiológico dos valores que, precisamente, é a questão central que apresenta sua distinção; 3) minimiza a relevância jurídica dos valores.

consequências jurídicas se encontram tipificados em termos de maior precisão. Esse processo se realiza, em primeiro lugar, nas próprias disposições constitucionais e, a partir daí, nas demais normas de categoria inferior que integram o ordenamento jurídico.

Convém observar que um valor ou princípio constitucionais não precisam estar expressamente desenvolvidos em normas específicas para que possam ser invocados ou aplicados, pois, como exposto, são suscetíveis de aplicação imediata uma vez que constituem autênticas normas constitucionais. Além disso, dentro da tipologia das normas constitucionais, os valores e princípios assumem um lugar preferencial por sua condição de normas *finais* (que indicam e promovem as metas a alcançar) e *permanentes* (que definem a estrutura básica de um sistema e, por isso, usufruem de uma garantia reforçada em caso de reforma constitucional), o que as torna hierarquicamente superiores às demais normas constitucionais que, em alguns casos, atuam como *instrumentais* e, em outros, como *temporais* ou *provisórias* em relação àquelas[21].

Um dos critérios apresentados com maior frequência para distinguir os princípios das normas específicas foi o referente à *sedes materiae* de sua positivação no texto constitucional. Segundo essa tese, enquanto os princípios (da mesma forma que os valores) estariam reunidos no preâmbulo, no título preliminar ou, em todo o caso, na parte dogmática da Constituição em que se consagram os direitos fundamentais, as normas específicas apareceriam positivadas na parte orgânica[22]. Esse critério não parece convincente, levando-se em conta que na maior parte das Constituições modernas existem normas principais disseminadas por distintas partes de seu texto, ao mesmo tempo que incluem em sua parte dogmática normas de caráter específico ou casuístico. Assim, por exemplo, a Constituição espanhola de 1978 consagra importantes princípios fora do preâmbulo, do título preliminar e do título I que integram sua parte dogmática, entre outros: o princípio do mérito e da capacidade de acesso à função pública (art. 103.3); os princípios de legalidade e imparcialidade em relação à atuação do Ministério Fiscal (art. 124.2); o princípio de solidariedade entre todos os espanhóis em relação à autonomia fiscal das Comunidades Autônomas (art. 156.1) etc. Do mesmo modo existem normas específicas consagradas no título preliminar. Assim, as disposições que proclamam a oficialidade do castelhano e das demais línguas espanholas (art. 3), que descrevem a forma da bandeira da Espanha (art. 4.1), ou que estabelecem a capital do Estado na cidade de Madri (art. 5), constituem claros exemplos de normas específicas ou casuísticas independentemente da sede formal de sua positivação.

Recentemente a distinção entre princípios e disposições específicas foi abordada em uma interessante pesquisa de Ronald Dworkin. O antigo professor de Yale e posteriormente de Oxford ensina que todo ordenamento jurídico encontra-se integrado por um conjunto de princípios (*principles*), medidas

---

[21] Ver C. LAVAGNA, *Costituzione e socialismo*, Bolonha, Il Mulino, 1977, pp. 52 ss.

[22] Cf. G. MORANGE, "Valeur juridique des principes contenus dans les Déclarations des Droits", *RDP*, 1945, pp. 248 ss.

políticas (*policies*) e regras ou disposições específicas (*rules*). Dworkin denomina medidas políticas às normas genéricas (*standards*) que estabelecem fins a serem alcançados e que significam um avanço no terreno econômico, político ou social para a comunidade; enquanto reserva a denominação de princípios aos *standards* ou prescrições genéricas que implicam um imperativo de justiça, de imparcialidade, ou de qualquer outra dimensão da moralidade[23].

As *policies* e os *principles* (que de certo modo correspondem ao que anteriormente caracterizei como princípios ontológicos e axiológicos) não exigem ou tipificam comportamentos concretos e especificados, mas estabelecem *standards* de conduta destinados à consecução de fins de interesse geral no caso das primeiras (por exemplo, a medida política cujo objetivo é diminuir o número de acidentes com automóveis), ou a satisfazer exigências éticas ou postulados da justiça no caso dos princípios (é o caso da máxima de que ninguém pode tirar proveito de seus atos ilícitos)[24].

Ao contrário dessas modalidades normativas, as *rules* ou disposições específicas tipificam suposições ou condutas concretas e determinadas às quais atribuem consequências jurídicas precisas. A esse tipo pertencem as normas que, por exemplo, condicionam a validade de um testamento à assinatura de três testemunhas, ou a que fixa o limite de velocidade máxima nas rodovias em sessenta milhas. As normas têm caráter taxativo e se aplicam na forma do "tudo ou nada", isto é, ou são aplicadas integralmente ou não podem ser aplicadas. Se se verifica o caso para o qual concorrem os pressupostos de fato tipificado, devem ser aplicadas as consequências jurídicas previstas; de outro modo, não trazem nenhuma solução. Ao contrário das normas específicas, as principais (em sentido amplo, isto é, englobando no termo os *principles* e as *policies*), mais que consequências precisas, enunciam motivos para decidir em determinado sentido, mas sem obrigar a adoção de uma única decisão concreta.

Por sua vez, os princípios podem conjugar-se com outros princípios que diversificam seu alcance. Também existe uma hierarquia de importância entre os princípios que determina que nem todos possuem o mesmo peso específico. Por isso, quando se produz um conflito entre diferentes princípios que podem ser aplicados para a resolução de um caso, deverão ser ponderadas suas respectivas importâncias, assim como seu grau de adequação ao caso que deve solucionar. Essas características não coincidem com as normas específicas, que não admitem, na opinião de Dworkin, que seu sentido possa ser combinado com outras normas, nem a existência de diferenças de importância ou peso

---

[23] R. Dworkin, *Taking Rights Seriously*, 2. ed., Londres, Ducworth, 1978, pp. 22 ss. A distinção entre *principles* e *policies* lembra, de certo modo, a clássica dicotomia kantiana entre imperativos categóricos e hipotéticos. O autor da trad. esp. do artigo de R. Dworkin, "¿Es el derecho un sistema de normas?" incluído na coletânea organizada pelo próprio R. Dworkin, *La filosofía del derecho*, México, FCE, 1980, traduz o termo *policy* por "diretriz". Não obstante, acredito que essa tradução pode levar a equívocos, pois o sentido no qual Dworkin usa o termo *policy* não equivale a sua acepção, genérica e indiferenciada, de "diretriz", uma vez que o usa em seu significado específico de "plano", "medida" ou "orientação" para a atividade política.

[24] Ibid., p. 23.

específico entre elas, pois sua aplicação depende exclusivamente de sua pertinência para ser aplicada ao caso controverso[25]. Nesse ponto discordo da tese de Ronald Dworkin, pois não leva em conta a possibilidade de uma interpretação sistemática da Constituição em que as distintas normas constitucionais recebem seu sentido não apenas de sua adequação ao postulado pelos valores e princípios fundamentais, mas também por sua possibilidade de se conjugar com outras normas específicas constitucionais que contribuem para esclarecer o sentido lógico e objetivo do texto fundamental em seu conjunto. Por outro lado, a tipologia hierárquica das normas constitucionais, à qual me referi antes, embora tenda a identificar as normas finais ou permanentes com os valores ou princípios básicos, não exclui a existência de normas específicas de caráter finalista ou permanente (esse é o pressuposto de numerosas normas de categoria constitucional que formulam o estatuto dos direitos fundamentais em termos analíticos e precisos). Isso prova que podem ocorrer diferenças de importância ou peso específicas entre as normas analíticas ou casuísticas.

Por fim, Dworkin se refere ao teste da origem ou *pedigree* das normas como outro dos critérios utilizáveis para distinguir os princípios das normas específicas. Assim, enquanto uma norma específica é considerada válida se satisfaz as condições estabelecidas pela norma fundamental (Kelsen) ou de reconhecimento (Hart) do sistema jurídico, isto é, a validade das normas específicas depende de sua conformidade com os procedimentos formais que em cada ordenamento regulam o sistema de produção jurídica (processo qualificado por Dworkin como teste do *pedigree*), os princípios retiram sua validade de seu conteúdo na medida em que está de acordo com os interesses coletivos, no caso das *policies*, ou com as exigências da ética e da justiça, no dos *principles*[26]. Essa engenhosa explicação de Dworkin é muito útil para evidenciar a orientação formal do critério de validade das normas específicas, diante do significado material que tende a assumir o critério de validade dos valores e princípios, embora sobre eles também possa incidir o critério da validade formal, uma vez que podem ter sido positivados pelo próprio ordenamento jurídico. No entanto, acredito que a tese de Dworkin deve ser relativizada no sentido de que também os valores e princípios podem ser submetidos a um peculiar teste de *pedigree*, pois muitas vezes a validade de seu conteúdo depende de sua adequação a determinada ordem ou sistema axiológico (direito natural, direitos humanos universais suprapositivos, *ethos* social...).

3. PRINCIPAIS TESES SOBRE A INTERPRETAÇÃO DOS DIREITOS FUNDAMENTAIS

A concepção dos princípios de Ronald Dworkin corresponde a uma atitude ou orientação jusnaturalista que parte de que as decisões da jurisprudência

---

[25] Ibid., p. 26.
[26] Ibid., pp. 17 e 39 ss.

não são meras aplicações mecânicas da lei, mas opções sobre princípios morais[27]. Assim, enquanto para o positivismo jurídico as normas legais esgotam a noção de direito e, por isso, em caso de lacunas da lei se vê obrigado a admitir o arbítrio ou a discricionariedade judicial, a teoria da decisão judicial (*theory of adjudication*) de Dworkin obedece a uma proposição de caráter jusnaturalista. Sua tese supõe: 1º) que o ordenamento jurídico é um sistema no qual, junto com as normas legais, existem princípios que incorporam as exigências da justiça e dos valores éticos; 2º) que o juiz, na falta de norma legal e, às vezes, sobrepondo-se a ela, deve decidir de acordo com tais princípios; e 3º) que esses princípios constituem o suporte axiológico que confere coerência interna e estrutura harmônica a todo o sistema jurídico[28].

A concepção dos princípios proposta por Ronald Dworkin, a partir do ponto de vista da interpretação constitucional e dos direitos fundamentais, apresenta certas analogias com a ideia da Constituição material, entendida como o conjunto de decisões políticas e valores que permitem a integração unitária de toda a ordem jurídica[29]. Também seria possível estabelecer um paralelismo entre a postura dworkiana e a teoria da integração (*Integrationslehre*) de Rudolf Smend, segundo a qual as normas constitucionais e, em especial, as que consagram o sistema dos direitos fundamentais devem ser interpretadas como forma de integração estatal, isto é, como a expressão de um sistema cultural, de bens e de valores que configuram o *status* material dos cidadãos[30].

Os direitos fundamentais implicam e pressupõem, em suma, determinada filosofia jurídico-política que se reflete em sua interpretação. Por esse motivo, o trabalho hermenêutico destinado a concretizar o alcance do sistema constitucional dos direitos fundamentais está condicionado pelos preconceitos que lhe servem de base. A esses pressupostos referiu-se Ernst-Wolfgang Böckenförde em um importante trabalho sobre a interpretação dos direitos fundamentais, em que distingue cinco concepções teóricas de tais direitos que incidem em sua interpretação: a teoria liberal ou do Estado liberal de direito (*liberale/bürgerlich-rechtsstaatliche*); a teoria institucional (*institutionelle*); a teoria dos valores (*Werttheorie*); a teoria democrático-funcional (*demokratisch-funktionale*); e a teoria do Estado social de direito (*sozialstaatliche*)[31].

Essa proposição contribui para um enfoque global das distintas posturas que condicionam a interpretação dos direitos fundamentais. Contudo, parece

---

[27] Ibid., p. 7. Para uma exposição geral da teoria de Ronald Dworkin sobre os direitos humanos, ver o capítulo 3, 3.2, "A fundamentação dos direitos humanos".

[28] Ibid., pp. 38 e 81 ss.

[29] Cf. S. Bartole, "In margine a 'Taking Rights Seriously' di Dworkin", in *Materiali per una storia della cultura giuridica*, 1980, vol. X, pp. 202-3.

[30] R. Smend, "Verfassung und Verfassungsrecht", in *Staatsrechtliche Abhandlungen*, 2. ed., Berlim, Duncker & Humblot, 1968, pp. 263 ss.

[31] E.-W. Böckenförde, "Grundrechtstheorie und Grundrechtsinterpretation", in R. Dreier e F. Schwegmann (orgs.), *Probleme der Verfassungsinterpretation*, Baden-Baden, Nomos, 1976, pp. 266 ss.

inconveniente misturar critérios classificatórios díspares ao estabelecer uma continuidade entre categorias político-normativas, como são as referentes ao Estado liberal ou ao Estado social de direito, e categorias de clara significação teórico-doutrinal, como são as demais mencionadas. É por isso que, se é evidente a repercussão que, para a hermenêutica dos direitos fundamentais, supõe a transição do Estado liberal para o Estado social de direito, isso não autoriza a conceber essas modalidades do Estado de direito como posturas teóricas sobre os direitos fundamentais, no mesmo plano que a institucional, a valorativa ou a democrático-funcional; entre outras coisas, porque essas concepções doutrinais constituem, por sua vez, modos de entender o Estado de direito (especialmente o Estado social de direito). Em suma, o Estado liberal ou o Estado social de direito configura o contexto político sobre o qual atuam distintas concepções teórico-doutrinais que, ao mesmo tempo que envolvem diferentes maneiras de entender essas fórmulas políticas, oferecem determinado enfoque da interpretação dos direitos fundamentais. Considerando essas observações metodológicas, optaremos aqui por uma classificação alternativa, em função de um critério unitário, baseado nas distintas posturas teórico-doutrinais que implicam modos divergentes de conceber o significado, fundamento e finalidade dos direitos fundamentais, com a consequente incidência em sua interpretação.

3.1. Teoria positivista

Para essa concepção, os direitos fundamentais aparecem como categorias técnico-jurídicas destinadas a reformular em normas positivas as exigências mantidas pela teoria dos direitos naturais de afirmar determinadas liberdades do indivíduo diante do poder estatal. Criada ao longo do século XIX, como alternativa à doutrina jusnaturalista dos direitos humanos, a concepção apresentada pelo positivismo jurídico pretendeu despojar a teoria dos direitos fundamentais de qualquer matiz revolucionário, considerando-a um pressuposto formal para o funcionamento do Estado liberal de direito. Essa tese teve na Escola alemã de direito público uma de suas expressões mais acabadas: a ela se deve a elaboração conceitual dos direitos públicos subjetivos e representou a projeção ao direito constitucional das premissas metodológicas da dogmática jusprivatista inspirada no positivismo jurídico[32].

Em nossa época, o principal defensor dessa orientação foi Ernst Forsthoff, que manteve estrita fidelidade à versão liberal do Estado de direito e à ideia positivista dos direitos fundamentais. Segundo sua proposição, os direitos fundamentais devem ser interpretados como: *a) garantias da autonomia individual*, isto é, como direitos de defesa (*Abwehrrechte*) diante das ingerências dos poderes públicos na esfera privada (o que implica a negação da incidência dos

---

[32] Cf. P. von Oertzen, *Die soziale Funktion des staatsrechtlichen Positivismus*, Frankfurt a. M., Suhrkamp, 1974, pp. 158 ss. e 249 ss.

direitos fundamentais ou de sua eficácia nas relações entre particulares, ou seja, da denominada *Drittwirkung der Grundrechte*); *b) garantias jurídicas essenciais* do *status quo* econômico-social, o que significa a impugnação das cláusulas transformadoras da ordem econômico-social do Estado social de direito e sua relegação a meros postulados programáticos; *c) categorias jurídico-formais* (não como valores éticos, filosóficos ou políticos), que devem ser interpretadas e aplicadas segundo as regras do método jurídico tradicional, já que tão somente através da manutenção do método interpretativo baseado na estrita subsunção dos fatos nas normas se evitará que a hermenêutica dos direitos fundamentais se dissolva em uma casuística com a consequente perda da segurança jurídica, perigo inevitável quando se projetam critérios filosóficos ou axiológicos para esse processo interpretativo; *d) categorias independentes*, segundo as quais cada direito fundamental deve ser interpretado como um preceito autônomo que possui sua própria lógica e cujo sentido se depreende de seu significado textual, sem que seja lícito recorrer a uma interpretação sistemática dos direitos fundamentais, salvo nos pressupostos excepcionais em que o significado da norma que os consagra não seja completo, do que se deriva também a negação de qualquer hierarquia entre as normas constitucionais que formulam o sistema dos direitos fundamentais e, portanto, a inexistência de normas constitucionais que possam servir de parâmetro orientador para a hermenêutica das demais[33].

3.2. Teoria da ordem de valores

A concepção do sistema dos direitos fundamentais como uma ordem objetiva de valores dotada de unidade material foi apresentada na etapa da Constituição de Weimar por Rudolf Smend. Através de sua teoria da integração (*Intregationslehre*) Smend lançou os alicerces para uma interpretação axiológica dos direitos fundamentais, ao atribuir ao conjunto dos direitos e liberdades básicos proclamados pela Constituição weimariana uma função integradora e inspiradora de toda a ordem jurídico-política estatal. Os direitos fundamentais cumprem sua função integradora ao sistematizar o conteúdo axiológico objetivo do ordenamento democrático ao qual a maioria dos cidadãos dá seu consentimento. Ao mesmo tempo, os direitos fundamentais constituem um sistema coerente que inspira todas as normas e instituições do ordenamento e prescreve as metas políticas a alcançar[34].

A teoria da ordem objetiva de valores encontrou na etapa subsequente ao fim da Segunda Guerra Mundial uma ampla adesão na doutrina e na jurispru-

---

[33] E. Forsthoff, "Die Bindung an Gesetz und Recht", in *Rechtsstaat im Wandel*, op. cit., pp. 124 ss.; *Die Umbildung des Verfassungsgesetzes*, op. cit., p. 142; *Zur Problematik der Verfassungsauslegung*, ibid., pp. 157 ss.

[34] R. Smend, *Verfassung und Verfassungsrecht*, op. cit., p. 269; "Bürger und Burgeois im deutschen Staatsrecht", in *Staatsrechtliche Abhandlungen*, op. cit., pp. 309 ss.

dência da República Federal da Alemanha. Sob a influência da teoria da integração de Smend e, fundamentalmente, da ética material dos valores (*materiale Wertethik*) baseada na doutrina filosófica de Max Scheler e Nicolai Hartmann[35], construiu-se uma teoria dos direitos fundamentais que os concebia como normas éticas objetivas, expressão imediata do direito natural.

Assim, Hermann Weinkauff, que foi o primeiro presidente do Tribunal de Justiça Federal (*Bundesgerichtshof*) da República Federal da Alemanha, afirmou que os direitos fundamentais constituem normas axiológicas que podem ser conhecidas com bastante segurança intuitiva. É por isso que a interpretação jurídica de seu conteúdo deve partir desse dever ser ético objetivo, cópia fiel de uma ordem de valores prévia (*vorgegebenen Ordnung der Werte*), que tem a força vinculante de tornar ilegítima e privar de validade jurídica qualquer interpretação que o desconheça[36].

Willi Geiger mostrou também, de forma conclusiva, que o sistema de direitos fundamentais proclamado pela *Grundgesetz* de Bonn corresponde a uma concepção jusnaturalista. Ao mesmo tempo, propugna um método ontológico para a interpretação desse sistema de direitos básicos, que permita concretizar seu respectivo alcance *per viam determinationis* e *per viam conclusionis*, de forma que se assegure a unidade objetiva da ordem de valores e se evite relativizar seu conteúdo[37].

Também para Gunter Dürig a realização eficaz dos direitos fundamentais exige que sejam interpretados objetivamente, segundo o método do direito natural ontológico. Para Dürig, a *Grundgesetz* não significou somente uma resposta ao despotismo de Hitler, mas também à atitude neutra aos valores difundidos no período da Constituição de Weimar; pois o relativismo dos valores foi um suicídio[38].

A *Werttheorie* tem o mérito de ter evidenciado a inconsistência teórica e os riscos práticos subjacentes à tese positivista. Diante dela não tiveram dúvidas em afirmar a unidade do sistema dos direitos fundamentais, propiciando assim a possibilidade de sua interpretação sistemática. No crédito da teoria dos valores deve-se também registrar seu esforço por situar no sistema dos direitos fundamentais o princípio legitimador e o postulado-guia hermenêutico de toda a ordem jurídico-política, vinculando a Constituição formal com a Constituição material. Com isso acentuou-se a eficácia imediata dos direitos fundamentais e se ampliou sua área de incidência, consagrando-se a ideia de sua força expansiva *erga omnes* e, portanto, sua vigência nas relações entre sujeitos privados (*Drittwirkung der Grundrechte*). No entanto, em seu débito,

---

[35] Cf. o capítulo 3, 2.1, "A fundamentação dos direitos humanos".

[36] H. WEINKAUFF, "Der Naturrechtsgedanke in der Rechtsprechung des Bundesgerichtshofes", in W. MAIHOFER (org.), *Naturrecht und Rechispositivismus?*, Darmstadt, Wissenschaftliche Buchgesellschaft, 1972, p. 557.

[37] V. GEIGER, *Grundrechte und Rechtsprechung*, op. cit., pp. 59 ss.

[38] G. DÜRIG, "Grundrechtsverwirklichung auf Kosten von Grundrechten", in *Summun ius summa iniuria*, Tübingen, Mohr, 1963, p. 86.

pode-se objetar à *Werttheorie* que seu método científico-espiritual de interpretação dos direitos fundamentais desembocou, muitas vezes, em uma pura intuição arbitrária e decisionista que encerra o perigo de degenerar em uma autêntica tirania dos valores (*Tyrannei der Werte*)[39].

3.3. Teoria institucional

A transição do Estado liberal para o Estado social de direito, fator decisivo para compreender o próprio desenvolvimento da teoria dos valores, revelou-se um motivo essencial para impulsionar a formulação de novas teorias sobre o alcance dos direitos fundamentais adequados às novas coordenadas da ordem constitucional.

Entre as contribuições doutrinais mais significativas da atualidade merece especial atenção a teoria da instituição formulada por Peter Häberle. Para esse professor alemão, no Estado social de direito os direitos fundamentais possuem uma dupla função (*Doppelcharakter*): de um lado, continuam a ser garantias da liberdade individual; de outro, assumem uma dimensão institucional a partir da qual seu conteúdo deve servir para a consecução dos fins sociais e coletivos constitucionalmente proclamados[40].

Essa dimensão institucional ou objetiva dos direitos fundamentais obriga a completar a teoria dos *status* elaborada por Jellinek, pensada para sua concepção dos direitos públicos subjetivos como direitos de defesa dos indivíduos diante do poder, com a consideração dos direitos fundamentais como direitos de participação (*Teilhaberechte*) nos processos de decisão política, econômica, social e cultural. Por outro lado, no Estado social de direito pretende-se uma realização prática do sistema dos direitos fundamentais em seu conjunto, sem que caiba atribuir a nenhum dos direitos sancionados constitucionalmente um significado puramente declarativo ou pragmático; isso significou o reconhecimento de um *status activus processualis* que permite aos cidadãos a tutela jurisdicional efetiva de todos os direitos fundamentais. É por isso que a teoria institucional sustenta o caráter plenamente vinculante dos direitos sociais, concebidos como autênticas categorias jurídico-positivas destinadas a concretizar e realizar as cláusulas sociais e democráticas do Estado de direito através do estabelecimento dos consequentes benefícios e serviços públicos[41].

Na Espanha, o Tribunal Constitucional adotou a teoria institucional em uma importante sentença da qual foi relator o professor Antonio Truyol y Ser-

---

[39] E. W. Böckenförde, *Grundrechtstheorie und Grundrechtsinterpretation*, op. cit., pp. 279 ss.; R. Zippelius, *Wertungsprobleme im System der Grundrechte*, Munique, Beck, 1962, pp. 23 ss., 135 ss. e 158 ss., assim como o capítulo 3, 2.1, "A fundamentação dos direitos humanos".

[40] P. H. Häberle, *Die Wesensgehaltgarantie des Art. 19 Abs. 2 Grundgesetz*, 2. ed., Karlsruhe, Müller, 1972, pp. 70 ss.

[41] Ibid., pp. 265-6; assim como sua coletânea *Grundrechte im Leistungsstaat*, Berlim, Walter de Gruyter, 1972, pp. 90 ss.

ra na qual se menciona expressamente o: "Duplo caráter que têm os direitos fundamentais. Em primeiro lugar, os direitos fundamentais são direitos subjetivos, direitos dos indivíduos não apenas como direitos dos cidadãos em sentido estrito, mas enquanto garantem um *status* jurídico ou a liberdade em um âmbito da existência. Porém, ao mesmo tempo, são elementos essenciais de um ordenamento objetivo da comunidade nacional, enquanto esta se configura como quadro de uma convivência humana justa e pacífica, forjada historicamente no Estado de direito e, mais tarde, no Estado social de direito ou Estado social e democrático de direito, segundo a fórmula de nossa Constituição (art. 1.1).["]42

A teoria institucional inspirou recentemente outras duas posições diferentes que também convém mencionar.

3.3.1. *A teoria institucional funcionalista*

Essa concepção supõe uma interpretação peculiar da teoria institucional e foi sustentada por Niklas Luhmann em seu livro *Grundrechte als Institution*. Nesse estudo, Luhmann projeta a teoria dos sistemas (*Systemtheorie*) e seu método funcionalista-estrutural ao estudo dos direitos fundamentais. Em sua concepção, esses direitos não devem ser considerados nem como faculdades emanadas da natureza humana (jusnaturalismo), nem como limites à atuação do poder público (liberalismo), mas como instituições, isto é, subsistemas destinados a cumprir determinadas funções que permitem: de um lado, a diferenciação dos papéis sociais e, de outro, garantem o desenvolvimento da atividade estatal[43].

Assim, por exemplo, a liberdade não constitui, para Niklas Luhmann, atributo da natureza do homem e de sua personalidade, mas a resultante dos diferentes papéis que o homem desempenha em suas relações e em sua comunicação com os outros homens. Por isso, quando o ordenamento jurídico reconhece e proclama a liberdade, não o faz para reconhecer parcelas de poder ou faculdades aos indivíduos, mas é uma exigência de seu próprio funcionamento nas condições da sociedade complexa de nossa época. É por isso que, segundo essa tese, não se reconhece ao indivíduo o direito de sufrágio para colocar em suas mãos um poder de decisão que responda a seus interesses ou opiniões particulares; não se trata, em suma, de garantir a liberdade individual, mas de fazer com que o cidadão cumpra o papel que lhe corresponde no sistema jurídico, que tem uma racionalidade própria à margem da vontade dos indivíduos que o integram[44].

---

[42] STC de 14 de julho de 1981, *BJC*, 1981, n. 5, p. 331. Ver também no mesmo sentido a STC de 28 de julho de 1981, *BJC*, 1981, n. 6, p. 421.

[43] N. LUHMANN, *Grundrechte als Institution*, 2. ed., Berlim, Duncker & Humblot, 1974, pp. 53 ss. e 71 ss.

[44] Ibid., pp. 57 ss. e 136 ss.

Os direitos fundamentais constitucionais ficam assim relegados à condição de meros subsistemas cuja função prioritária está em possibilitar a conservação e estabilidade do sistema social, perdendo, desse modo, sua dimensão emancipadora e reivindicativa de exigências e necessidades individuais e coletivas[45].

3.3.2. *A teoria multifuncional*

O desejo de contribuir para superar a unilateralidade das distintas teorias justificadoras dos direitos fundamentais, assim como a consciência da pluralidade de fins individuais e sociais que tais direitos assumem na atual fase social e democrática do Estado de direito, levou Helmut Willke e Fritz Ossenbühl a defender a tese da multifuncionalidade dos direitos fundamentais (*Multifunktionalität der Grundrechte*).

Willke entende que a necessidade de democratizar a sociedade com o reconhecimento da participação cidadã nos principais processos de decisão, assim como o compromisso que assume o Estado social de direito de conciliar e realizar simultaneamente as exigências da liberdade e da igualdade, pode ser alcançada através de uma articulação prática das diferentes funções que na referida ordem política os direitos fundamentais são chamados a desempenhar[46].

A multifuncionalidade dos direitos fundamentais vinculou-se à exigência de construir uma teoria da interpretação dos direitos fundamentais adequada às condições do tempo em que devem ser aplicados (*Zeitgerechten*, nas palavras de Peter Häberle)[47]; além disso, a diversidade de funções constitucionalmente estabelecidas aos diferentes direitos fundamentais obriga, na opinião de Fritz Ossenbühl[48], a uma interpretação que condicione reciprocamente seu conteúdo permitindo sua concordância prática (*praktische Konkordanz*), sem que seja aceita a realização de nenhum direito à custa dos demais.

A teoria multifuncional, ao partir do caráter institucional dos direitos fundamentais, vincula-os à realização de fins prefixados na forma constitucional e, ao mesmo tempo, afirma a dimensão aberta e plural dos fins e funções constitucionais. Essas premissas levam a teoria da interpretação dos direitos fundamentais para um processo de "ponderação de bens" (*Güterabwägung*), isto é, reduzem o trabalho hermenêutico ao esforço por tornar compatíveis os valores, bens e direitos fundamentais que podem incidir, simultaneamente, em uma situação.

A ideia de ponderação de bens supõe, portanto, uma tentativa de conciliar na prática o princípio da adequação dos direitos fundamentais aos fins prefi-

---

[45] Cf. o capítulo 2, 3 e 3. 1.1 sobre "O processo de positivação dos direitos fundamentais", e o capítulo 4, 3, sobre "Soberania popular e Estado de direito".

[46] H. WILLKE, *Stand und Kritik der neuren Grundrechtstheorie*, Berlim, Duncker & Humblot, 1975, pp. 204 ss.

[47] P. HÄBERLE, "Zeit und Verfassung", na coletânea *Probleme der Verfassungsinterpretation*, op. cit., p. 293.

[48] F. OSSENBÜHL, "Probleme und Wege der Verfassungsauslegung", *DöV*, 1965, pp. 649 ss.

xados na Constituição (tese institucional), com uma interpretação aberta e flexível de tais fins que permita sua adaptação às circunstâncias (tese multifuncional). É por isso que, em caso de concorrência de direitos fundamentais, o valor ou bem preferencial deverá ser estabelecido de acordo com as circunstâncias de cada situação, atendendo a categorias principais como as de: proporcionalidade do meio empregado para a realização do direito fundamental e de seus fins; meio mais adequado para exercer suas faculdades ou proteger seu conteúdo essencial; ou menor restrição possível, que postula que o sacrifício de um direito fundamental que colide com outro, que se imagina predominante, não deve ir além do estritamente necessário para a realização daquele[49].

Em suma, a tese multifuncional trata de otimizar a eficácia dos direitos fundamentais, compatibilizando sua plena aplicação. Quando isso não é possível, por existir um conflito insanável entre os direitos fundamentais aplicáveis, postula uma limitação equivalente dos direitos, exceto quando, em virtude do caso, seja preciso recorrer a um critério qualitativo (prioridade dos fins de um direito fundamental sobre outros) ou quantitativo (quando um dos direitos em conflito é afetado em seu núcleo e o outro o é apenas marginalmente, este último deve ceder).

Esses postulados encontraram ampla repercussão na jurisprudência dos tribunais constitucionais europeus[50] e, de modo especial, foram adotados em numerosas decisões do *Bundesverfassungsgericht* da República Federal da Alemanha. Assim, por exemplo, em uma famosa decisão em matéria do livre exercício profissional (*Berufsfreiheit*), o Tribunal Constitucional Federal alemão admitiu o recurso de inconstitucionalidade contra a lei da Baviera, de 1952, que restringia o exercício da profissão farmacêutica, ao impor determinados obstáculos para a abertura desses estabelecimentos. O Tribunal considerou que a liberdade de escolha profissional reconhecida no artigo 12.1 da *Gründgesetz* implica também a liberdade de exercício profissional e que a defesa da saúde pública, que motivou a promulgação da lei bávara, não ficava ameaçada pelo reconhecimento da liberdade de exercício da atividade profissional farmacêutica[51]. Não menos interessante é a doutrina firmada por esse Tribunal no caso "Mephisto", relacionada a essa obra literária de Klaus Mann, que suscitou um conflito entre a liberdade artística consagrada pelo artigo 5.3 da Lei

---

[49] Cf. R. ALEXY, op. cit. (na nota 20), pp. 157 ss.; F. MÜLLER, *Juristische Methodik*, op. cit., pp. 52; C. G. VON PESTALOZZA, "Kritische Bemerkungen zu Methoden und Prinzipien der Grundrechtsauslegung in der Bundersrepublik Deutschland", in *Probleme der Verfassungsinterpretation*, op. cit., pp. 233 ss.

[50] Ver o número monográfico da *RIDC*, 1981, n. 2, sobre "La protection des droits fondamentaux par les juridictions constitutionnelles en Europe", que reúne as atas do Colóquio Internacional realizado sobre esse tema em Aix-en-Provence (19-21 de fevereiro de 1981), que inclui uma ampla exposição sobre o funcionamento das jurisdições constitucionais da República Federal da Alemanha, Áustria, França e Itália.

[51] *BVerfGE*, vol. VII, pp. 377 ss. Cf. O. BACHOF, "Zum Apothekenurteil des Bundesverfassungsgerichts", *JZ*, 1958, pp. 468 ss.; H. WEBER, *Rechtsprechung zum Verfassungsrecht. Die Grundrechte*, Munique, Beck, vol. II, pp. 48 ss.

Fundamental e o direito à honra proclamado de forma genérica no próprio texto, artigo 1.1, que estabelece a intangibilidade da dignidade humana e, expressamente, no mesmo artigo 5.2, em que o direito à honra aparece como um limite para o exercício da liberdade de expressão. Os membros do Tribunal julgaram que a limitação do item 2 do artigo 5 não era aplicável à liberdade artística, consagrada no item 3 como forma autônoma e peculiar da liberdade de expressão; no entanto, entenderam majoritariamente que a liberdade artística, como qualquer outro direito fundamental, não é ilimitada e que, portanto, deve respeitar a esfera dos demais direitos fundamentais da personalidade consagrados constitucionalmente. Em seu voto dissidente, um magistrado defendeu a tese da necessidade de avaliar a obra artística atendendo a critérios artísticos, para salvaguardar o conteúdo essencial da liberdade da arte; enquanto outro juiz, a partir do princípio *in dubio pro libertate*, sustentou que, ao não reconhecer a Lei Fundamental nenhuma limitação expressa à liberdade artística, era de supor que, em caso de dúvida, deveria prevalecer a referida liberdade[52].

O Tribunal Constitucional espanhol admitiu também, em casos de colisão de direitos fundamentais, a doutrina da ponderação de bens, embora de forma implícita. Uma sentença desse Tribunal estabeleceu o princípio de que, com exceção das limitações dos direitos fundamentais expressamente recolhidas no texto constitucional espanhol, existem outras limitações que derivam de maneira mediata ou indireta da Constituição, "uma vez que tem de se justificar pela necessidade de proteger ou preservar não apenas outros direitos constitucionais, mas também outros bens constitucionalmente protegidos"[53]. Em outra decisão posterior, o Tribunal Constitucional espanhol reafirma expressamente essa doutrina e, concretamente, afirma que: "Nem a liberdade de pensamento nem o direito de reunião e manifestação compreendem a possibilidade de exercer sobre terceiros uma violência moral de alcance intimidatório, porque isso é contrário a bens constitucionalmente protegidos, como a dignidade da pessoa e seu direito à integridade moral (arts. 10 e 15 da Constituição), que devem ser respeitados não apenas pelos poderes públicos, mas também pelos cidadãos de acordo com os artigos 9 e 10 da norma fundamental." Nessa sentença mostra-se também kantianamente que "um limite de cada direito é respeitar o direito dos demais", ao mesmo tempo que se reconhece que "essa delimitação de esferas pode ser de difícil concretização em cada caso..."[54].

Constitui um mérito relevante da teoria multifuncional ter contribuído para adequar a interpretação dos direitos fundamentais às circunstâncias dos casos concretos que dão a medida de sua eficácia. De certo modo, poderíamos afirmar que a aplicação da ideia da ponderação de bens ao processo interpre-

---

[52] *BVerfGE*, vol. XXX, pp. 173 ss. Cf. P. Möhring, "Verfassungsrechtliche Wertenscheidungen. Amerkungen zu 'Mephisto' – Entscheidung des Bundesverfassungsgerichts", in *Dimensionen der Rechts. Gedächtnisschrift für René Marcic*, Berlim, Duncker & Humblot, 1974, vol. I, pp. 575 ss.; H. Weber, *Rechtsprechung zum Verfassungsrecht*, op. cit., vol. I, pp. 226 ss.

[53] STC de 8 de abril de 1981, *BJC*, 1981, n. 2, p. 93.

[54] STC de 29 de janeiro de 1982, *BJC*, 1982, n. 10, p. 102.

tativo dos direitos fundamentais significou, com ressalvas e restrições, projetar para o direito público os procedimentos metódicos interpretativos ligados, na tradição jusprivatista, à tópica ou à dimensão hermenêutica da equidade[55]. No entanto, a ênfase nessa dimensão necessária do trabalho interpretativo, que jamais pode evitar o problema da adequação da norma ao caso, não deixa de ter seus custos e seus perigos. O principal deles está em uma possível relativização da norma constitucional e na possível dissolução do sistema dos direitos fundamentais em uma casuística, com a consequente perda de sua unidade de sentido. A partir daí, em lugar de uma teoria dos direitos fundamentais conforme à Constituição (*verfassungsgemässen Grundrechtstheorie*), tornam-se possíveis múltiplas interpretações, em princípio igualmente legítimas, cuja aplicação, longe de ser corolário da racionalidade objetiva ou intenção normativa básica (*normative Grundintention*) constitucional, fica relegada a fatores tópicos de oportunidade, com o risco de que isso se traduza em uma instrumentalização partidarista do texto constitucional fruto de ideologizações arbitrárias[56].

3.4. Teoria jusnaturalista crítica

As concepções institucionais coincidiram em situar a teoria dos valores e princípios constitucionais, assim como a interpretação dos direitos fundamentais, à margem de qualquer referência ao direito natural. A crítica expressa ou implícita de quanto significou a teoria dos valores, de clara orientação jusnaturalista, levou os partidários da tese institucional a acusar aquela de hipostasiar determinados interesses em proposições universais, eternas e absolutas derivadas de alguns pretensos valores objetivos.

O desejo de emancipar a teoria da interpretação constitucional e dos direitos fundamentais de qualquer reincidência nesses erros fez com que um dos maiores expoentes das teses institucionais, Peter Häberle, postulasse expressamente uma "teoria da Constituição sem direito natural" (*Verfassungstheorie ohne Naturrecht*)[57].

Peter Häberle pretende resguardar a interpretação constitucional de qualquer tentação dogmática, isto é, de qualquer atitude hermenêutica que parta de categorias rígidas, corolário de alguns valores objetivos, aprioristícos e indiscutíveis (mas, ao mesmo tempo, indemonstráveis). A isso opõe um método interpretativo baseado na continuidade entre as exigências políticas de pluralismo e democracia e as atuais correntes científicas que afirmam o caráter aberto e revisável (falseável, na terminologia de Karl Popper) das proposições e teorias científicas. Tomando, precisamente, como ponto de referência a reivindicação

---

[55] Cf. meu trabalho "Aspetti e funzioni dell'equità", *RIFD*, 1977, n. 4, pp. 834 ss.

[56] E. W. Böckenförde, *Grundrechtstheorie und Grundrechtsinterpretation*, op. cit., pp. 289-90.

[57] P. Häberle, "Verfassungstheorie ohne Naturrecht", in *Verfassung. Beiträge zur Verfassungstheorie*, org. por M. Friedrich, Darmstadt, Wissenschaftliche Buchgesellschaft, 1978, pp. 418 ss.

de Popper da "sociedade aberta", reclama uma interpretação da Constituição aberta e pluralista que substitua o monopólio metodológico (*Methodenmonopole*) por um pluralismo metódico (*Methoden pluralismus*). Isso o leva a conceber o processo hermenêutico constitucional como "instância crítica" (*Kritische Instanz*), sempre aberto a novas proposições e inovações que, longe de se cristalizar em um sistema de categorias fechado e estático, seja um processo dinâmico, baseado em alternativas práticas (*praktischen Alternativen*) e em um pensamento de possibilidades (*Möglichkeitsdenkens*) que permita a abertura para o "princípio esperança" (*Prinzip Hoffnung*) na teoria constitucional[58].

Uma proposição e algumas conclusões similares às expostas por Häberle, ainda que apresentadas a partir de premissas teóricas e no âmbito de uma tradição cultural bastante diferente, depreendem-se do interessante livro de John Hart Ely, *Democracy and Distrust*. O professor da Universidade de Harvard propõe um método de interpretação constitucional para superar a controvérsia entre aqueles que entendem que os juízes que decidem os processos constitucionais devem reduzir sua tarefa à aplicação das normas da Constituição escrita (*interpretivism*), e aqueles que, pelo contrário, sustentam que os tribunais devem ir além das regras expressas para aplicar normas que não podem ser descobertas dentro dos limites do texto (*noninterpretivism*)[59]. A necessidade de optar por uma interpretação não literal da Constituição, que surge do próprio caráter aberto (*open-ended*) de suas cláusulas e preceitos, suscita, de imediato, a necessidade de fundamentar ou explicar os valores ou princípios que integram a Constituição não escrita (*the unwritten Constitution*). Ely analisa criticamente uma série de teses doutrinais que pretenderam responder ao problema da descoberta desses valores fundamentais. Para isso analisa sucessivamente a teoria que denomina dos "valores próprios do juiz" (*The Judge's own values*) defendida pelo realismo jurídico americano; tese que comporta o perigo de degenerar no puro arbítrio judicial, consagrando o decisionismo jurídico e negando a segurança jurídica. Outro meio para fundar os valores é o recurso ao direito natural, postura que, como o próprio Ely reconhece, inspirou o conteúdo da Declaração de Independência norte-americana. Contudo, essa teoria padece da falta de certeza e acordo sobre o que, em cada caso, deve ser considerado "natural", tendo em conta a multivocidade e equivocidade das doutrinas jusnaturalistas. Em seguida, analisa a teoria dos "princípios neutros" (*neutral principles*) proposta em 1959 por Herbert Wechsler (que, de certo modo, antecipou a teoria dos princípios de Ronald Dworkin, já comentada). Essa tese parte da existência de princípios gerais que expressam o sistema de valores coerentes e unitários da Constituição; neles deve fundamentar-se a interpretação e a aplicação das normas constitucionais, transcendendo o caso particular e assegurando a paridade de tratamento dos futuros casos seme-

---

[58] Ibid., pp. 432 ss.; *Zeit und Verfassung*, op. cit., pp. 307 ss.; "Die offene Geselllshacft der Verfassungsinterpreten", *JZ*, 1975, pp. 279 ss.

[59] J. H. ELY, *Democracy and Distrust. A Theory of Judicial Review*, Cambridge (Mass.)/Londres, Harvard University Press, 1980, p. 1.

lhantes. A essa postura se critica a falta de um suporte teórico rigoroso para precisar o significado desses "princípios neutros". Tampouco lhe parece convincente a remissão ao critério da "razão" que, em seu entender, implica remeter o alcance dos valores fundamentais às mutáveis opiniões doutrinais sobre a racionalidade jurídica; à "tradição", porque ancoraria a interpretação constitucional a determinadas concepções teóricas ou políticas, impedindo sua evolução; ao "consenso", que significaria atribuir indevidamente aos juízes a interpretação da vontade popular, que é tarefa do Parlamento; e, por último, ao "progresso previsível" (*predicting progress*), que incorre no erro de supor que os juízes estejam em uma posição de vantagem para prever as opções futuras da opinião pública[60].

Ely formula como alternativa a tese de que a Constituição americana não é um sistema de conceitos e valores fechado e substantivo, mas um conjunto de procedimentos formais destinado a assegurar que a tomada de decisões estará aberta a todos em termos de igualdade formal; e que aqueles que devem decidir levarão em consideração os interesses daqueles a quem sua decisão pode afetar. Daí infere que a tarefa do juiz não é a de descobrir valores fundamentais, o que em uma democracia é competência dos parlamentares, mas a de reforçar o processo de representação política (*representation-reinforcing*)[61]. Segundo essa proposta, o papel do juiz na interpretação da Constituição não possui um sentido ativo de criação de valores ou princípios materiais (como se depreenderia das teses "não interpretativistas"); porém tampouco ficaria relegado a uma atitude puramente passiva e mecânica (conforme as premissas "interpretativistas"). Superando as duas posturas contrapostas, a tese de Ely propugna que o juiz de uma sociedade democrática assuma como principal tarefa a de manter a confiança no sistema supervisionando seu funcionamento e orientando a interpretação das normas constitucionais de forma que: se mantenham abertos os canais de mudança política (*clearing the channels of political change*) e se facilite a representação das minorias (*facilitating the representation of minorities*)[62].

As teorias de Häberle e Ely têm como denominador comum sua vontade de possibilitar uma interpretação da Constituição e dos valores e direitos fundamentais posta a serviço da democracia e do pluralismo. Ambos dirigiram suas principais críticas à concepção jusnaturalista, reprovando seu imobilismo dogmático. No entanto, acredito que essas críticas apoiam-se em uma compreensão deficiente do direito natural e de seu papel na interpretação dos valores e direitos fundamentais.

Assim, Peter Häberle incorre na contradição de postular, por um lado, uma concepção institucional dos direitos fundamentais que os define como um sistema unitário de valores que orientam o sentido, o conteúdo e as formas

---

[60] Ibid., pp. 43 ss.
[61] Ibid., pp. 100-1.
[62] Ibid., pp. 105 ss. e 135 ss.

de exercício de cada um deles; enquanto, por outro lado, concebe o método de interpretação constitucional como um processo "aberto e de possibilidade". Uma vez que, ou o sistema institucional de valores carece de qualquer conteúdo material, e com isso se dilui sua função orientadora e crítica, ou essa "abertura e possibilidade" de pensamento não será ilimitada, mas circunscrita aos postulados materiais de determinada ordem de valores institucionalmente objetivada. Em suma, Häberle aceita que a interpretação constitucional parte de alguns parâmetros orientadores, que expressam uma unidade material de sentido, o que limitará seu caráter aberto, alternativo e de possibilidade; ou corre o risco de cair em um relativismo extremo, incompatível com a dimensão institucional dos valores e direitos fundamentais, e propenso a incorrer em um pragmatismo oportunista ou no decisionismo. Por isso, considero difícil que se possa conceber a interpretação constitucional como "instância crítica", como propugna Häberle, se não se considera que, precisamente, essa foi a mais valiosa função histórica ligada ao método jusnaturalista. Além disso, convém não esquecer que "o princípio esperança", ao qual expressamente se remete Häberle como postulado-guia caracterizador de uma interpretação constitucional comprometida com a democracia e o pluralismo, está estreitamente ligado, no pensamento de seu principal artífice – Ernst Bloch –, à vontade racional de alguns homens desalienados, em uma comunidade definitivamente emancipada, pela realização do autêntico direito natural[63].

No que diz respeito à proposição de Ely, cabe observar que sua tese sobre o caráter procedimental dos valores e princípios constitucionais não tem por que se apresentar como incompatível com uma concepção jusnaturalista. Assim, por exemplo, a teoria de John Rawls sobre a justiça como imparcialidade (*justice as fairness*)[64], ou a de Ronald Dworkin sobre a exigência de igualdade de consideração e respeito (*equal concern and respect*)[65], expressam orientações procedimentais sobre a interpretação dos valores e direitos constitucionais e se desenvolveram a partir de premissas jusnaturalistas[66]. Por outro lado, a crítica de Ely à teoria dos valores fundamentais baseada no direito natural, ou em outros critérios como o dos princípios neutros, a razão, o consenso, ou o progresso previsível que podem ser considerados jusnaturalistas *lato sensu*, se resume na dificuldade de precisar os valores materiais ao quais essas teses se remetem (a natureza, a razão, os princípios neutros...), assim como na inadequação de que seja o juiz quem determine seu conteúdo. No entanto, se se analisa a alternativa que Ely propõe, observa-se que incorre nos mesmos erros que tenta superar. Pois, de um lado, supõe uma opção por determinados valores: o fortalecimento da democracia parlamentar, a participação dos cidadãos

---

[63] E. BLOCH, *El principio esperanza*, trad. esp. de F. González Vicén, Madri, Aguilar, 1978 (3 vols.); *Derecho natural y dignidad humana*, trad. esp. de F. González Vicén, Madri, Aguilar, 1980.

[64] J. RAWLS, *Teoría de la justicia*, trad. esp. de M. D. González, México/Madri/Buenos Aires, FCE, 1978, pp. 19 ss.

[65] R. DWORKIN, *Taking Rights Seriously*, op. cit., pp. 180-3 e 272-8.

[66] Cf. o capítulo 3, 2.3, "A fundamentação dos direitos humanos".

na tomada de decisões políticas, a possibilidade de mudança política, a defesa das minorias..., cuja determinação não está isenta de dificuldades; enquanto, de outro lado, confia ao juiz uma tarefa arbitral e de tutela ativa desses valores, com o que, de fato, converte a *judicial review* em um mecanismo de concretização e determinação dos valores constitucionais.

Entendo, por isso, que as teses de Häberle e Ely são mais valiosas pelo que implicam de crítica a determinadas versões do jusnaturalismo, do que pelo que trazem como soluções alternativas. É por isso que, mesmo compartilhando a denúncia que esses autores fazem do perigo que comporta o fundamentar os direitos e valores constitucionais em alguns pretensos postulados objetivos, aprioristícos e dogmáticos, não posso concordar com suas conclusões.

O problema principal da interpretação dos direitos fundamentais está em que se trata de um trabalho destinado a precisar o alcance de valores, princípios e disposições que, mesmo quando foram expressamente enunciados no texto constitucional, tornam necessário um esforço de esclarecimento, concretização e determinação. Pois bem, no meu entender, essa tarefa não pode ser realizada à margem do que foi uma das mais valiosas contribuições do jusnaturalismo: a oferta de um critério para delimitar, fundamentar e aplicar os valores e princípios ético-jurídicos. Particularmente, penso que pode ser muito proveitoso abordar a interpretação dos direitos fundamentais a partir das premissas do jusnaturalismo crítico, que situa a justificação dos valores e direitos básicos em uma atitude intersubjetivista, isto é, no reconhecimento da possibilidade de que a razão prática chegue a um consenso, aberto e revisável, sobre os fundamentos de tais direitos e valores. Consenso que, por outro lado, longe de se traduzir em fórmulas abstratas e vazias, recebe seu conteúdo material do sistema de necessidades básicas ou radicais, que constitui seu suporte antropológico[67].

O jusnaturalismo crítico de nossa época oferece um método adequado para fazer com que a interpretação dos direitos fundamentais supere o *impasse* positivista de se limitar à mera literalidade da norma, o que implica condenar ao silêncio o intérprete de valores ou princípios. Ao mesmo tempo, evita que a determinação dos valores se traduza em puro decisionismo, porque propugna uma concepção intersubjetiva dos valores, que encontra seu fundamento no consenso sobre as necessidades básicas do ser humano. Um consenso que, portanto, ultrapassa os estreitos limites do âmbito estatal para se apresentar como um autêntico "*consensus omnium gentium*", corolário daquele "*Diritto natural delle genti*" genialmente antecipado por Giambattista Vico[68].

A exigência de interpretar os direitos fundamentais segundo o consenso geral sobre os valores aos quais correspondem, e para cuja realização se orientam, encontrou especial acolhida no texto constitucional espanhol. De fato, deve-se considerar como um postulado metódico essencial para a hermenêu-

---

[67] Ibid.
[68] G. B. Vico, *Scienza nuova prima*, cap. 49.

tica do sistema espanhol de direitos fundamentais o que estabelece o artigo 10.2 da Constituição no sentido de que "as normas relativas aos direitos fundamentais e às liberdades que a Constituição reconhece serão interpretadas em conformidade com a Declaração universal dos direitos humanos e os tratados e acordos internacionais sobre a mesma matéria ratificados pela Espanha". O que nas corretas palavras de Antonio Truyol y Serra equivale a afirmar que: "A tutela constitucional desses direitos e dessas liberdades inscreve-se, por sua vez, no âmbito de um *higher law* caracterizado por valores humanos comuns, mais além da esfera estatal."[69]

Essa ideia refletiu-se na jurisprudência do Tribunal Constitucional espanhol que não hesitou em afirmar que "a Constituição se insere em um contexto internacional em matéria de direitos fundamentais e liberdades públicas, por isso é preciso interpretar suas normas nessa matéria em conformidade com a Declaração universal dos direitos humanos e os tratados e acordos internacionais sobre a mencionada matéria ratificados pela Espanha"[70]. Doutrina reiterada em uma decisão posterior na qual se acrescenta que "não apenas as normas contidas na Constituição, mas todas as do ordenamento relativas aos direitos fundamentais e liberdades públicas que a norma fundamental reconhece"[71], serão assumidas segundo o critério hermenêutico.

4. PROBLEMAS ESPECÍFICOS DA INTERPRETAÇÃO E APLICAÇÃO DOS DIREITOS FUNDAMENTAIS

Os direitos fundamentais representam uma das decisões básicas do constituinte através da qual os principais valores éticos e políticos de uma comunidade alcançam expressão jurídica. Pois, como observei anteriormente, os direitos fundamentais indicam o horizonte de metas sociopolíticas a ser alcançadas, ao mesmo tempo que estabelecem a posição jurídica dos cidadãos em suas relações com o Estado, ou entre si.

Essa peculiaridade dos direitos fundamentais incide em sua interpretação e exige que seu significado seja entendido unitariamente, isto é, como um sistema entre cujos elementos não podem existir antíteses ou contradições de orientação e sentido[72]. Porém, ao mesmo tempo, esse sistema não constitui um compartimento estanque dentro da Constituição, embora seja parte integrante da ordem constitucional em seu conjunto e esteja ligado organicamente às

---

[69] A. TRUYOL Y SERRA, *Los derechos humanos*, 3. ed., Madri, Tecnos, 1982, p. 179. No mesmo sentido se manifesta B. DE CASTRO, "Derechos humanos y Constitución", *REP*, 1980, n. 18, pp. 150-1.
[70] STC de 15 de outubro de 1982, *BJC*, 1982, n. 19, p. 925.
[71] STC de 20 de dezembro de 1982, *BJC*, 1982, n. 21, p. 55.
[72] E. W. BÖCKENFÖRDE, *Grundrechtstheorie und Grundrechtsinterpretation*, op. cit., pp. 287 ss.; H. P. SCHNEIDER, "Peculiaridad y función de los derechos fundamentales en el Estado constitucional democrático", *REP*, 1979, n. 7, pp. 33 ss.

demais normas constitucionais[73]. Por outro lado, para cumprir suas funções, os direitos fundamentais estão dotados de uma força expansiva especial, isto é, de uma capacidade de se projetar, através dos correspondentes métodos ou técnicas, à interpretação de todas as normas do ordenamento jurídico. Assim, o Tribunal Constitucional espanhol reconheceu, expressamente, que os direitos fundamentais são o parâmetro "em conformidade com o qual devem ser interpretadas todas as normas que compõem nosso ordenamento"[74].

A função que corresponde aos direitos fundamentais de garantir a unidade do ordenamento no qual, por sua vez, se integram, e de orientar seu desenvolvimento para os fins e valores que configuram tais direitos, determina que o sistema de direitos e liberdades fundamentais atue como padrão para disciplinar juridicamente as diversas manifestações da vida do Estado e da sociedade. Daí a existência de situações peculiares que conotam a interpretação dos direitos fundamentais com características distintivas, às quais convém aludir sumariamente.

4.1. A DETERMINAÇÃO DO CONTEÚDO ESSENCIAL DOS DIREITOS FUNDAMENTAIS

A Constituição espanhola, por inspiração direta do artigo 19.2 da Lei Fundamental de Bonn[75], garante, em seu artigo 53.1, juntamente com a reserva da lei para regular os direitos fundamentais consagrados no capítulo II do título I, a exigência de que esse desenvolvimento legislativo respeite, em qualquer caso, o conteúdo essencial de tais direitos.

Essa garantia tem importância decisiva para o sistema espanhol de positivação dos direitos fundamentais, porém não é menor sua incidência no que concerne à sua interpretação[76]. Boa prova disso é que o conceito do conteúdo essencial foi, na opinião de Pedro Cruz Villalón[77], prontamente objeto da jurisprudência do Tribunal Constitucional espanhol, que tratou de precisar seu

---

[73] K. HESSE, *Grundzüge des Verfassungsrechts der Bundesrepublik Deutschland*, 11. ed., Heidelberg/Karlsruhe, Müller, 1978, pp. 127 ss.

[74] STC de 26 de julho de 1982, *BJC*, 1982, n. 18, p. 799.

[75] Cf. RUBIO LLORENTE, "La Constitución como fuente del derecho", in *La Constitución española y las fuentes del derecho*, Madri, Instituto de Estudios Fiscales, 1979, vol. I, pp. 67 ss.

[76] Com razão, P. PRIETO SANCHES mostra que: "Seja qual for a orientação que propicie a cláusula do art. 53.1 (conteúdo essencial) da Constituição, o que parece evidente é que fortalece a posição do Tribunal Constitucional, que tem à sua disposição como parâmetro de constitucionalidade um conceito aberto a múltiplas concretizações, uma noção suscetível de ser definida em cada hipótese atendendo aos mais heterogêneos princípios jurídicos e valores sociais", "El sistema de protección de los derechos fundamentales: el artículo 53 de la Constitución española", *ADH*, 1983, vol. 2, p. 400. Ver também o capítulo 2, 3.1.2.2, "O processo de positivação dos direitos fundamentais".

[77] P. CRUZ VILLALÓN, "Zwei Jahre Verfassungsrechtsprechung in Spanien", *ZaöRV*, 1983, n. 1, p. 105.

alcance. Para isso, distinguiu duas acepções da referida noção: a primeira equivale à "natureza jurídica de cada direito" que se considera preexistente ao momento legislativo, "nesse sentido pode-se falar de uma recognoscibilidade do tipo abstrato na regulação concreta", de forma que "os especialistas em direito podem responder se o que o legislador regulamentou se ajusta ou não ao que geralmente se entende por um direito desse tipo"; a segunda corresponde aos "interesses juridicamente protegidos", no sentido de que seria lesado "o conteúdo essencial quando o direito fica submetido a limitações que o tornam impraticável, dificultam-no mais que o razoável ou o despojam da necessária proteção". Esses métodos de delimitar o conteúdo essencial não são alternativos, mas "podem ser considerados complementares, de modo que, ao se deparar com a determinação do conteúdo essencial de todo direito concreto, podem ser conjuntamente utilizados, para contrastar os resultados aos quais se possa chegar por uma ou outra via"[78].

A postura do Tribunal espanhol reflete, em grande medida, o que foi a evolução dessa categoria na doutrina e na jurisprudência alemãs, a partir de posturas estreitamente ligadas às distintas teorias sobre os direitos fundamentais. Assim, para a *teoria positivista*, o conteúdo essencial está vinculado à proteção normativa dos interesses defendidos pelo direito, visando sempre à tutela da vontade ou autonomia individual diante de possíveis intromissões do Estado. Enquanto a *teoria dos valores* inclinou-se a identificar o conteúdo essencial com o núcleo objetivo intrínseco de cada direito, como entidade prévia à regulamentação legislativa. Um avanço importante na determinação do conteúdo essencial correspondeu à *teoria institucional* proposta por Peter Häberle. Segundo essa tese, tal categoria se refere à dimensão institucional que define o sentido, o alcance e as condições de exercício dos direitos fundamentais. Por isso, a proteção do conteúdo essencial deve ser entendida como uma garantia institucional (*institutionelle Garantie*) que faz referência aos fins objetivamente estabelecidos (institucionalizados) pela Constituição e em função dos quais, precisamente, se reconhecem os direitos e as liberdades fundamentais. Em suma, a *Wesensgehaltgarantie* se refere à obrigação do legislador de salvaguardar a instituição, definida pelo conjunto da normativa constitucional e as condições histórico-sociais que formam o contexto dos direitos e liberdades[79]. Desse modo, entendo que a postura institucional significa uma proposição sólida para superar a conceitualização do conteúdo essencial a partir de ideias tais como as de "vontade", "interesse", ou "proteção jurídica", caracterizações que perpetuam a velha parafernália conceitual da dogmática sobre o direito subjetivo que remonta ao século XIX.

---

[78] STC de 8 de abril de 1981, *BJC*, 1981, n. 2, pp. 93-4. Cf. L. Parejo Alfonso, "El contenido esencial de los derechos fundamentales en la jurisprudencia constitucional: a propósito de la sentencia del Tribunal Constitucional de 8 de abril de 1981", *REDC*, 1981, n. 3, pp. 169 ss.

[79] Em relação às distintas posturas doutrinais sobre o conteúdo essencial com especial referência ao direito de propriedade, ver o capítulo 12, 3.1, "A propriedade na Constituição", e a bibliografia ali citada.

A *teoria jusnaturalista crítica* pode trazer à proposição institucional a exigência de ampliar o *background* de dados significativos para delimitar o conteúdo essencial com o apelo à consciência histórica que, no presente momento, a humanidade possui de seus valores e direitos fundamentais. Exigência que, como tivemos oportunidade de expor, está proclamada no artigo 10.2 do texto constitucional espanhol, que tem o mérito de oferecer ao intérprete parâmetros adicionais (a Declaração da ONU e os tratados e convênios internacionais sobre direitos humanos) para esclarecer um conceito de difícil determinação, transformando em uma categoria construtiva algo que, de outro modo, corre o risco de permanecer como mero postulado programático ou declarativo[80].

4.2. Os direitos fundamentais nas relações de direito privado: *Horizontalwirkung* e *Drittwirkung der Grundrechte*

Ao mencionar as principais posturas teóricas sobre a interpretação dos direitos fundamentais, observou-se que, para a tese positivista, identificadora do Estado de direito com sua versão liberal, tais direitos não têm eficácia diante de terceiros (*Drittwirkung*, segundo a expressão criada pela doutrina alemã), pois constituem exclusivamente garantias ou instrumentos de defesa diante do Estado. Pelo contrário, para a teoria dos valores, para a institucional, ou para a jusnaturalista crítica, que têm como suporte o Estado social de direito, do qual desejam extrair a máxima potencialidade normativa, o sistema dos direitos fundamentais possui força vinculante *erga omnes*, pelo que é plenamente aplicável no âmbito das relações entre particulares.

Por influência direta da teoria dos valores e da teoria institucional, a jurisprudência e a doutrina da República Federal da Alemanha, através da *Drittwirkung der Grundrechte*, desenvolveu nos últimos anos a tese de que os direitos fundamentais não afetam apenas as relações entre o Estado e os cidadãos, isto é, as relações de subordinação (segundo o direito público), mas também as relações de coordenação surgidas entre os particulares (no plano jurídico-privado). Essa eficácia diante de terceiros ou eficácia horizontal (*Horizontalwirkung*), como também foi designada[81], baseia-se na necessidade de manter a plena vigência dos valores incorporados nos direitos fundamentais em todas as esferas do ordenamento jurídico.

Entre os que aceitam a eficácia dos direitos fundamentais diante de terceiros, suscitou-se a controvérsia sobre ela ser: *imediata* (*unmittelbare*), o que implica a exigência de que os particulares se submetam de forma direta e necessária ao sistema constitucional de direitos e liberdades; ou *mediata* (*mittelbare*), que requer a prévia atuação dos poderes públicos ao cumprir o mandato constitucional de configurar a situação jurídica dos particulares de acordo

---

[80] Cf. P. Häberle, *Die Wesensgehaltgarantie*, op. cit., pp. 234-5.
[81] Cf. E. Denninger, *Staatsrecht*, Reinbeck bei Hamburg, 1979, vol. II, p. 151.

com os direitos fundamentais. Entre essas ações dos poderes públicos tem especial relevância, para efeito desta exposição, a necessidade dos tribunais de interpretar todas as normas de acordo com a Constituição e os direitos fundamentais nela enunciados. De forma que, na República Federal da Alemanha, através do controle das decisões judiciais, o Tribunal Constitucional foi obrigado a configurar as relações entre pessoas privadas segundo os direitos fundamentais constitucionais[82].

A Constituição espanhola parece admitir a eficácia geral dos direitos fundamentais ao proclamar em seu artigo 9.1 que: "Os cidadãos e os poderes públicos estão sujeitos à Constituição e ao restante do ordenamento jurídico." No entanto, suscitou dúvidas o fato de que o artigo 53.1 limita a vinculação dos direitos e liberdades reconhecidos no capítulo II do título I aos poderes públicos, apesar de, no item segundo desse mesmo artigo, não serem excluídas expressamente do amparo as violações dos direitos fundamentais produzidas pelas pessoas privadas. Contudo, por sua vez, o artigo 41.2 da LOTC limita o alcance do mandado de segurança às transgressões procedentes dos poderes públicos[83].

O Tribunal Constitucional evitou um pronunciamento geral sobre essa questão, sendo sua atitude vacilante nas ocasiões em que, de forma incidental, o abordou. Assim, em sua sentença de 13 de fevereiro de 1981, mencionou que a liberdade de cátedra "como em princípio ocorre com os demais direitos e liberdades garantidos pela Constituição [constitui] uma liberdade perante o Estado ou, mais genericamente, perante os poderes públicos"[84]. Não obstante, reconhece, em seguida, que a violação de tal liberdade por uma instituição docente privada, por ser uma lesão a um direito fundamental, pode dar lugar a um mandado de segurança[85]. No voto particular, os magistrados dissidentes mostram, por sua vez, uma atitude favorável à plena eficácia dos direitos fundamentais no âmbito privado[86]. Em sucessivas decisões, o Tribunal Constitucional inclinou-se a reconhecer a *Drittwirkung* em relação ao exercício do direi-

---

[82] R. ALEXY, op. cit. (na nota 20), pp. 506 ss.; K. SCHLAICH, "Tribunal constitutionnel fédéral allemand", in *La protection des droits fondamentaux*, op. cit. (na nota 50), pp. 362 ss. Ver também o capítulo 2, 3.1.2.1.3, sobre "O processo de positivação dos direitos fundamentais" com indicações bibliográficas.

[83] G. PECES-BARBA entende que o art. 41.2 da LOTC restringiu o alcance do art. 53.2 da Constituição concebido em termos mais amplos, para abarcar também as lesões dos direitos fundamentais causadas por particulares. *La Constitución española de 1978. Un estudio de derecho y política*, Valência, Fernando Torres, 1981, p. 247. Defendeu a procedência do mandado de segurança contra as decisões judiciais atinentes a conflitos entre particulares em matéria de direitos fundamentais. T. QUADRA-SALCEDO, *El recurso de amparo y los derechos fundamentales en las relaciones entre particulares*, Madri, Civitas, 1981, pp. 81 ss. Cf. também os trabalhos de A. EMBID IRUJO, "El Tribunal Constitucional y la protección de las libertades públicas en el ámbito privado", *REDA*, 1980, n. 25, pp. 191 ss.; e de F. RUBIO LLORENTE, "Sobre la relación entre el Tribunal Constitucional y el Poder Judicial en ejercicio de la jurisdicción constitucional", *REDC*, 1982, n. 4, pp. 65-7.

[84] STC de 13 de fevereiro de 1981, *BJC*, 1981, n. 1, p. 34.

[85] Ibid., p. 35.

[86] Ibid., p. 45.

to de greve[87], em relação ao direito de reunião dos trabalhadores dentro do local de trabalho[88], e a respeito do direito de sindicalização diante das empresas[89].

De qualquer modo, entendo que a necessidade de estender a aplicação dos direitos fundamentais às relações entre sujeitos privados é fruto de dois argumentos básicos. O primeiro, que opera no plano teórico, é corolário da exigência lógica de partir da coerência interna do ordenamento jurídico, o que constitui, ao mesmo tempo, uma consequência do princípio de segurança jurídica. Mostrou-se, com razão, que o fato de não admitir a eficácia dos direitos fundamentais na esfera privada significaria reconhecer uma dupla ética no âmbito da sociedade: uma aplicável às relações entre o Estado e os particulares e outra aplicável às relações dos cidadãos entre si, que seriam divergentes em sua própria essência e nos valores que consagram[90]. O segundo argumento obedece a um urgente imperativo político do presente, em uma época em que o poder público, secular ameaça potencial contra as liberdades, deparou-se com a competição de poderes econômico-sociais fáticos, muitas vezes mais implacáveis que o próprio Estado na violação dos direitos fundamentais.

4.3. A RELEVÂNCIA HERMENÊUTICA DO PRINCÍPIO *IN DUBIO PRO LIBERTATE*

Entre os *tópoi* ou regras técnicas para a interpretação constitucional, com imediata repercussão na esfera dos direitos fundamentais, assume especial importância o princípio *in dubio pro libertate*. Com esse princípio pretende-se aludir, em termos gerais, à presunção geral, própria do Estado de direito, em favor da liberdade do cidadão (*Freiheitsvermutung*, na expressão de Friedrich Müller[91], ou *Ausgangsvermutung zugunsten der Freiheit*, nas palavras de Konrad Hesse[92]).

Essa opção em favor da liberdade teve na doutrina e na jurisprudência uma projeção ambivalente, ao se traduzir em posições hermenêuticas de orientação conservadora ou progressista da normativa constitucional. De fato, o princípio *in dubio pro libertate* pode ser considerado a versão europeia, especialmente alemã, da denominada "doutrina do primado da liberdade" (*prefered freedom doctrine*) elaborada pela *Supreme Court* norte-americana fundamen-

---

[87] STC de 8 de abril de 1981, *BJC*, 1981, n. 2, p. 94.

[88] STC de 8 de junho de 1981, *BJC*, 1981, n. 3, pp. 213-4.

[89] STC de 23 de novembro de 1981, *BJC*, 1981, n. 8, p. 572. Não obstante, provavelmente uma das sentenças em que mais decididamente se acolheu a *Drittwirkung* seja a STC de 29 de janeiro de 1982, *BJC*, 1982, n. 10, p. 102 (citada anteriormente na nota 54), em que se afirma, expressamente, que a dignidade da pessoa e sua integridade moral são direitos fundamentais "que deverão ser respeitados não apenas pelos poderes públicos, mas também pelos cidadãos, de acordo com os arts. 9 e 10 da norma fundamental".

[90] J. RIVERO, "Rapport de synthèse", do Colóquio sobre *La protection des droits fondamentaux*, op. cit. (na nota 50), p. 665.

[91] F. MÜLLER, *Juristische Methodik*, op. cit., p. 117.

[92] K. HESSE, *Gründzüge*, op. cit., p. 29.

talmente para frear iniciativas públicas de interesse social ou coletivo com base na intangibilidade ou na valorização preferencial dos direitos de autonomia individual e de sua projeção econômica. Contudo, em outras ocasiões, essa tese foi utilizada como alternativa para limitar a liberdade econômica em função de sua ameaça ao exercício de outras liberdades e direitos pessoais e civis[93].

Também em relação ao alcance hermenêutico desse princípio é decisiva a perspectiva teórica dos direitos fundamentais a partir da qual ele é enfocado. A teoria positivista, estreitamente vinculada aos pressupostos ideológicos do Estado liberal de direito, propiciou uma interpretação do princípio *in dubio pro libertate* de significativo caráter individualista e dirigida à defesa do *status quo* econômico. Em contrapartida, as teorias dos valores, a teoria institucional, assim como a jusnaturalista crítica, acolhem ou reformulam esse princípio a partir de premissas contrapostas, ao contemplá-lo como uma consequência da força expansiva do sistema dos direitos fundamentais, integrado por normas finalistas com vocação de afetar todo o ordenamento jurídico; ao mesmo tempo, estabelecem uma continuidade entre esse princípio e o da efetividade dos direitos fundamentais (*Grundrechtseffektivität*), isto é, da tendência inerente ao sistema dos direitos fundamentais de potencializar sua eficácia em todos os âmbitos da experiência social e política[94]. A partir dessas interpretações, o princípio *in dubio pro libertate* tende a se ampliar no postulado *favor libertatis*, ou seja, não significa apenas que em situações duvidosas será preciso optar pela interpretação que melhor proteja os direitos fundamentais, mas implica conceber o processo hermenêutico constitucional como uma tarefa destinada a maximizar e otimizar a força expansiva e a eficácia dos direitos fundamentais em seu conjunto. Isso implica substituir a interpretação estática e defensiva desse princípio por sua caracterização positiva e dinâmica. Significa, ao mesmo tempo, contemplar o sistema dos direitos e liberdades fundamentais como um todo unitário. O que obriga o intérprete a não considerar cada um dos direitos fundamentais como um compartimento estanque dotado de uma lógica própria e um sentido autossuficiente, mas como um elemento de um sistema unitário que expressa uma estrutura coerente e hierarquizada em função dos valores que o constituem.

O Tribunal Constitucional espanhol, seguindo uma prática generalizada nas jurisdições constitucionais dos países democráticos, acolheu de forma implícita o princípio *in dubio pro libertate*, assim como o postulado mais amplo *favor libertatis*, especialmente ao tratar das limitações dos direitos fundamentais. "A extensão dos direitos fundamentais a todos os cidadãos – proclama uma de suas sentenças – como direitos inerentes à própria pessoa, exige que as

---

[93] Cf. H. EHMKE, "Prinzipien der Verfassungsinterpretation", in *Probleme der Verfassungsinterpretation*, op. cit., pp. 186 ss.; P. SCHNEIDER, "In dubio pro libertate", in *Hundert Jahre Deutsches Rechtsleben. Festschrift zum hundertjährigen Bestehen des Deutschen Juristentages*, Karlsruhe, Müller, 1960, vol. II, pp. 263 ss.

[94] C. G. VON PESTALOZZA, *Kritische Bermerkungen*, op. cit., pp. 230-1.

limitações a seu exercício [...] somente sejam admissíveis na medida em que sejam estritamente indispensáveis [...]."[95] Doutrina corroborada em uma decisão posterior em que se afirma que: "(a) limitação ou suspensão de direitos fundamentais em uma democracia só se justifica em nome da defesa dos próprios direitos fundamentais quando determinadas ações, por um lado, limitam ou impedem de fato seu exercício como direitos subjetivos para a maioria dos cidadãos e, por outro, põem em perigo o ordenamento objetivo da comunidade nacional, isto é, o Estado democrático"[96].

Nas sentenças analisadas, observa-se que o Tribunal Constitucional espanhol não utilizou o princípio *in dubio pro libertate*, ou o postulado *favor libertatis*, como cláusula garantista para a defesa de interesses individuais ligados à manutenção do *status quo* econômico-social, mas os assume em sua dimensão progressista e dinâmica fortalecedora de todo o sistema de liberdades. Para isso encontra apoio no próprio texto constitucional, já que se recordou acertadamente que do artigo 10.1 "deduz-se com grande facilidade um princípio de *favor libertatis* que o intérprete da Constituição deverá ter sempre presente"[97]. Desse modo, a dignidade da pessoa, seus direitos invioláveis e o livre desenvolvimento da personalidade proclamados no mencionado artigo 10.1, em ligação necessária com o artigo 9.2, que exige tornar reais e efetivas a liberdade e a igualdade, constituem uma inequívoca decisão de nossos constituintes em favor das liberdades. Essa decisão, lógica em um Estado de direito que se define como social e democrático, impõe uma interpretação dos direitos fundamentais que os contemple não apenas como esferas subjetivas de liberdade, mas como elementos constitutivos de um sistema unitário de liberdades, "patrimônio comum dos cidadãos individual e coletivamente"[98], cuja extensão e eficácia máximas aparecem como a irrenunciável meta a alcançar.

---

[95] STC de 15 de junho de 1981, *BJC*, 1981, n. 4, p. 266.
[96] STC de 14 de julho de 1981, *BJC*, 1981, n. 5, p. 331.
[97] S. Basile, *Los "valores superiores"*, op. cit., p. 264.
[98] STC de 14 de julho de 1981, *BJC*, 1981, n. 5, p. 331.

CAPÍTULO 8

A INTIMIDADE COMO DIREITO FUNDAMENTAL

1. A INTIMIDADE COMO DIREITO FUNDAMENTAL

A Constituição espanhola de 1978 elevou a categoria fundamental o reconhecimento e a tutela do direito à honra, à intimidade pessoal e familiar e à própria imagem. Com isso, o ordenamento jurídico espanhol, no ápice de sua hierarquia normativa, repercute uma inquietação presente nos sistemas mais evoluídos do direito comparado. É notório que as legislações mais sensíveis à defesa das liberdades tentaram oferecer uma resposta jurídica eficaz a uma das exigências mais urgentes que hoje recaem sobre a sociedade tecnologicamente avançada: o respeito à intimidade. Não por acaso pesquisas realizadas em alguns países com alto grau de desenvolvimento revelam que a opinião pública coloca o respeito à vida privada em lugar prioritário dentro de suas aspirações à proteção dos direitos humanos[1].

A honra, a intimidade e a própria imagem foram considerados pela teoria jurídica tradicional como manifestações dos direitos da personalidade, e no sistema atual dos direitos fundamentais como expressões do valor da dignidade humana. Por isso convém iniciar esta exposição aludindo, ainda que brevemente, ao significado dessas proposições.

1.1. A DIGNIDADE HUMANA COMO FUNDAMENTO DO DIREITO À HONRA, À INTIMIDADE E À PRÓPRIA IMAGEM

Em um profundo trabalho sobre a relevância da dignidade humana como princípio-guia do Estado de direito, Werner Maihofer estabelecia como meta prioritária de sua pesquisa poder contribuir para interpretar o sentido da dig-

---

[1] Cf. o relatório britânico *Price of Privacy. Younger Committee of Privacy*, Londres, Privacy Committee of the Society of Conservative Lawyers, 1971, pp. 36 ss.

nidade que, em sua opinião, constituía uma tese não interpretada ("nicht interpretierten These")². Não deve, portanto, causar surpresa que grande parte das incertezas e confusões que acompanham o tratamento teórico do direito à honra, à intimidade e à própria imagem nasça de pressupor, como evidentes por si, noções que, como a da dignidade humana, lhe servem de ponto de referência e fundamento.

A dignidade humana constitui não apenas a garantia negativa de que a pessoa não será objeto de ofensas ou humilhações, mas comporta também a afirmação positiva do pleno desenvolvimento da personalidade de cada indivíduo³. O pleno desenvolvimento da personalidade significa, por sua vez, de um lado, o reconhecimento da total *autodisponibilidade*, sem interferências ou impedimentos externos, das possibilidades de atuação próprias de cada homem; de outro, a *autodeterminação* (*Selbsbestimmung des Menschen*) que surge da livre projeção histórica da razão humana, antes que de uma predeterminação dada pela natureza⁴.

Um aspecto importante da noção de dignidade humana proposta por Maihofer é o de partir, para a elaboração de seu significado, da situação básica (*Grundsituation*) do homem em sua relação com os demais, isto é, da situação do ser com os outros (*Mitsein*), em vez de fazê-lo em função do homem singular encerrado em sua esfera individual (*Selbstein*), que servirá de ponto de partida para inúmeras caracterizações dessa ideia⁵. Essa dimensão intersubjetiva da dignidade é de suma importância para avaliar o sentido e o alcance dos direitos fundamentais que encontram nela seu princípio fundamentador. A dignidade humana, por outro lado, identifica-se com o que às vezes também se denomina liberdade moral e está estreitamente relacionada com a igualdade, entendida como paridade de estima social das pessoas⁶. Isso prova a estreita ligação dos valores que configuram o núcleo conceitual dos direitos humanos⁷.

1.2. A DIGNIDADE HUMANA E OS DIREITOS DA PERSONALIDADE

A dignidade humana pressupõe o valor básico (*Grundwert*) fundamentador dos direitos humanos que tendem a explicar e satisfazer as necessidades da

---

² W. MAIHOFER, *Rechtsstaat und menschliche* Würde, Frankfurt a. M., Klostermann, 1968, p. 10.

³ Sobre essas dimensões da dignidade humana, ver a conhecida obra de ERNST BLOCH, *Derecho natural y dignidad humana*, trad. esp. de F. González Vicén, Madri, Aguilar, 1980.

⁴ W. MAIHOFER, op. cit., p. 17.

⁵ Ibid., pp. 8 ss. Sobre o alcance dessas categorias do pensamento de WERNER MAIHOFER, podem-se ver seus livros: *Recht und Sein*, Frankfurt a. M., Klostermann, 1954; e *Naturrecht als Existenzrecht*, Frankfurt a. M., Klostermann, 1963. Cf. o trabalho de L. GARCÍA SAN MIGUEL, "La ontología jurídica del professor Maihofer", *AFD*, 1961.

⁶ A. BARBERA, "Pari dignità sociale e valore della persona umana nello studio del diritto di libertà personale", *Iustitia*, 1962, pp. 117 ss.

⁷ Cf. o capítulo 1.

pessoa na esfera moral. Por esse motivo representa o princípio legitimador dos denominados "direitos da personalidade". Esses direitos constituíram, desde o início da dogmática do direito privado do século passado, um motivo de controvérsia cujos reflexos chegaram até o presente. De fato, quando, após o triunfo da revolução burguesa, se inicia o processo de positivação dos direitos naturais, sob a fórmula moderna dos direitos subjetivos, pretende-se elaborar um instrumento técnico para a proteção dos interesses patrimoniais dos particulares e, especialmente, da propriedade. Por isso, o direito subjetivo, em suas primeiras manifestações dogmáticas, aparece como um poder de domínio sobre as coisas. Nesse contexto, não é de estranhar que a doutrina – o caso de Friedrich Carl von Savigny é bem eloquente a esse respeito[8] – resista a admitir que a própria personalidade possa ser objeto de direito. Tese que, com algumas nuanças, ainda hoje tem seus partidários[9].

Essa proposição implicava, na prática, a vulnerabilidade dos atributos ou manifestações mais intimamente vinculados à subjetividade. Para tentar resolver essa situação, Otto von Gierke, no final do século XIX, desenvolveu as premissas doutrinais de um direito geral da personalidade, concebendo-o como quadro unitário de referência de tudo o que poderia afetar a livre atuação da personalidade em todas as direções[10]. Posteriormente, o BGB, em seu artigo 823, consagrou a proteção jurídica dos *sonstige Rechte*, que foram objeto de ampla elaboração conceitual pela jurisprudência e pela ciência jurídica alemãs, das quais um amplo setor encontrou no artigo 2 da *Grundgesetz* de Bonn um renovado estímulo para fortalecer a tutela dos direitos da personalidade.

A construção de um direito unitário da personalidade encontrou importantes reservas doutrinais e teses abertamente críticas, que insistiram na necessidade de não estender a proteção da personalidade além dos limites da pluralidade de alguns objetos ou bens precisos e individualizáveis. De outro modo, entendem os defensores dessa tese que se corre o risco de ampliar até o infinito as possíveis consequências jurídicas dessa tutela abstrata e genérica da

---

[8] F. C. SAVIGNY, *System des heutigen römischen Rechts*, Berlim, Veit, vol. I, 1840, item 53. SAVIGNY deduziu neste ponto, assim como em vários outros aspectos de sua obra, consequências jurídicas gerais da proposição de KANT referente ao direito de posse, segundo o qual o objeto do direito deveriam ser as coisas, e jamais as pessoas; em seu "Rechtslehre die Metaphysik der Sitten", in *Kant's gesammelte Schriften*, Berlim, Preussische Akademie der Wissenschaften, 1907, vol. VI, pp. 214 ss. Contudo, deve-se observar que a célebre doutrina kantiana, segundo a qual o homem é pessoa (*Person*) no que diz respeito a seus deveres para com os demais e é personalidade (*Persönlichkeit*) no que se refere a seus deveres para consigo mesmo, personalidade cuja dimensão moral constitui a dignidade do homem (*menschliche Würde*), da qual é fundamento sua liberdade (*Freiheit*) e sua autonomia (*Autonomie*) (ibid., pp. 219 ss.), foi considerada substrato inspirador do "direito geral da personalidade" por RUDOLF WIETHÖLTER, *Rechtswissenschaft*, em colab. com R. BERNHARDT e E. DENNINGER, 6ª reimp., Frankfurt a. M., Fischer, 1976, p. 190.

[9] Assim, entre outros, foi defendida por P. ROUBIER, "Délimitation et intéréts practiques de la catégorie des droits subjectifs", *APD*, 1964, pp. 86 ss.; *Droits subjectifs et situations juridiques*, Paris, Dalloz, 1963, pp. 145 ss.

[10] O. VON GIERKE, *Deutsches Privatrecht*, Leipzig, Dunker, 1895, vol. I, pp. 703 ss.

personalidade[11]. Esse enfoque, que desemboca no reconhecimento de uma pluralidade de direitos da personalidade, relacionados a cada uma de suas manifestações objeto de proteção jurídica específica, foi claramente impugnado por aqueles que acreditam que somente partindo de um único direito da personalidade pode-se evitar a proliferação indefinida e desconexa de direitos autônomos, diversamente construídos e justificados, com a consequente imprecisão de seu fundamento geral, seu alcance e sua tutela[12].

Entendo que a controvérsia responde a um questionamento desfocado, pois os que defendem a unidade do direito à personalidade veem-se obrigados a reconhecer, de imediato, a diversidade de suas manifestações, dotadas de certo *status* jurídico autônomo; ao mesmo tempo que aqueles que se inclinam pela concepção pluralista dos direitos da personalidade não podem descartar, nem deixar de se remeter, a um fundamento geral comum para esse conjunto de direitos. A polêmica deixa, além disso, na penumbra a própria significação histórica do direito ou dos direitos da personalidade, que dificilmente pode ser captada sem enquadrá-la na própria evolução da teoria do direito subjetivo. De fato, como se indicou, a formulação moderna do direito subjetivo surge como uma tentativa de oferecer uma base técnica para o pleno exercício do domínio e usufruto das coisas objeto do direito de propriedade. Por isso, em suas primeiras manifestações ficam fora de sua órbita os direitos da personalidade. No entanto, produz-se então o paradoxo de que, embora a categoria do direito subjetivo se apresente como um instrumento técnico e estritamente jurídico-positivo, utiliza como fundamento último para sua legitimação argumentos próprios da teoria jusnaturalista. Assim, ao continuar fundamentando o direito subjetivo de propriedade na projeção do mundo externo da personalidade humana (com isso, utiliza-se ideologicamente um esquema argumentativo surgido no jusnaturalismo racionalista para legitimar a apropriação dos frutos do próprio trabalho, a apropriação dos frutos do trabalho alheio[13]), era

---

[11] Essa postura contou, entre seus defensores mais característicos, com a obra de A. DE CUPIS, *I diritti della personalità*, Milão, Giuffrè, 1959, pp. 33 ss. Na Espanha foi defendida por F. DE CASTRO, "Los llamados derechos de la personalidad", separata da *ADC*, 1959, pp. 23 ss.; assim como por J. DÍEZ, *¿Derechos de la personalidad o bienes de la persona?*, Madri, Reus, 1963, pp. 28 ss. Essa tese é análoga à que sustenta o "pluralismo da propriedade", isto é, sua fragmentação em tantos direitos quantas são as disciplinas jurídicas diversas regulamentadoras das distintas categorias de bens que podem ser objeto de apropriação.

[12] Defenderam essa tese: H. HUBMANN, *Das Persönlichkeitsrecht*, 2. ed., Köln, Böhlau, 1967, pp. 94 ss.; M. ARE, "Interesse alla qualificazione e tutela della personalità", in *Studi in memoria di A. Asquini*, Pádua, Cedam, 1965, vol. V, pp. 2165 ss. Na Espanha, cf. os trabalhos de J. CASTÁN TOBEÑAS, "Los derechos de la personalidad", *RGLJ*, julho-agosto 1952, pp. 60 ss.; e "Los llamados derechos de la personalidad. Dos estudios provisionales", separata da *ADC*, 1959, pp. 5 ss.

[13] Cf. o capítulo 12. RUDOLF WIETHÖLTER realizou uma profunda crítica aos pressupostos ideológicos individualistas com base nos quais se efetuou a construção dogmática do "direito geral da personalidade". Em sua opinião, diante de tal enfoque tradicional, o alcance presente do direito da personalidade deve ser depreendido de sua conexão com a ideia do "livre desenvolvimento da personalidade" (art. 2 da *Grundgesetz* e art. 10.1 da Constituição espanhola), do que se infere que cada um tem direito ao desenvolvimento de si mesmo, e este é um direito que não pode ser entendido

difícil manter, ao mesmo tempo, a negação dos direitos da personalidade como direitos subjetivos. Por isso, esses direitos vão se incorporando progressivamente ao sistema de relações jurídicas intersubjetivas, porém, e aí surge um novo paradoxo, fruto da ideologia latente na dogmática jusprivatista burguesa, considera-se que a melhor forma de defender os direitos da personalidade (a honra, o nome, a imagem, o sigilo da correspondência...) é a de considerá-los como objetos de propriedade privada, estendendo a eles os instrumentos pensados para a tutela externa do direito de propriedade. Em suma, a prevalência do ponto de vista "proprietário" condicionou a proposição da tutela da personalidade, na mesma medida em que a ideia de projeção para o mundo externo da personalidade funcionou como princípio legitimador da propriedade. Por isso, a compreensão histórica dos distintos direitos da personalidade, necessária para melhor elucidar seu alcance, põe em destaque a incidência do "enfoque proprietário"; como se evidencia ao estudar a gênese e o desenvolvimento do direito à intimidade.

2. SENTIDO HISTÓRICO E DIMENSÃO ATUAL DO DIREITO À INTIMIDADE

Se atentamos para sua origem histórica, é indiscutível que o surgimento do conceito de intimidade encontra-se estreitamente ligado ao nascimento da burguesia.

É certo que, na Espanha, Antonio Truyol y Serra e Ramón Villanueva Etcheverría quiseram encontrar nessa noção algumas raízes anteriores e assim vinculam seu surgimento ao fenômeno do cristianismo. "Santo Agostinho", observam, "é o primeiro ocidental cuja intimidade conhecemos propriamente."[14] No entanto, essa afirmação me parece correta se se entende a intimidade como autoconsciência da subjetividade, mas não se considerada, em sua projeção jurídica, como um conjunto de faculdades ou poderes atribuídos a seu titular. Nesse aspecto, a intimidade aparece quando se desagrega a sociedade feudal, na qual, assim como na *polis* ou na *civitas* do mundo antigo, os indivíduos achavam-se inseridos na comunidade e vinculados entre si por uma intrincada rede de relações, que se refletia em todos os aspectos de sua vida cotidiana.

No período medieval, o isolamento era privilégio das mais altas esferas da nobreza ou daqueles que por livre escolha ou necessidade renunciavam a essa vivência comunitária: monges, pastores, bandidos... Essa possibilidade de isolamento vai se tornando uma aspiração crescente à medida que as condições sociais e econômicas levam ao desenvolvimento dos núcleos urbanos[15] e apa-

---

nem como domínio (*Herrschaft*) nem como interesse (*Interesse*), ou seja, como um direito subjetivo público ou privado, mas como um direito do homem e do cidadão. *Rechtswissenschaft*, op. cit., pp. 182 ss., especialmente pp. 199-200.

[14] A. Truyol y Serra e R. Villanueva Etcheverría, "Derecho a la intimidad e informática", *ID*, 1975, n. 1, p. 173.

[15] G. Martinotti, "La difesa della 'privacy'", *PD*, 1971, pp. 749 ss.

recem formas de divisão do trabalho que marcam uma clara diferença entre o lugar em que se vive – a casa privada – e o estabelecimento em que se trabalha, diferentemente do prolongamento do lar que presumia a oficina artesanal[16].

A intimidade se configura, desse modo, como uma aspiração da burguesia de ter acesso ao que antes havia sido privilégio de uns poucos; aspiração que é fortalecida pelas novas condições de vida. Por esse motivo as características que desde seu início foram configurando a ideia moderna de intimidade estão estreitamente ligadas às necessidades e à própria ideologia da classe social que a reivindica. Isso explica seu nítido traço individualista, que se concretiza na reivindicação de algumas faculdades destinadas a salvaguardar determinado espaço com caráter exclusivo e excludente. Essas observações lembram os instrumentos jurídicos de delimitação e defesa do direito de propriedade. Além disso, a continuidade entre *privacy* e *property* não é puramente jurídico-formal, pois a propriedade é a condição de ter acesso à intimidade; nesse sentido, pode-se dizer, com razão, que "poverty and privacy are simply contradictoires"[17]. E, de fato, é evidente que a ideia burguesa de intimidade está pensada para seu usufruto por grupos selecionados sem que, consequentemente, exista uma preocupação para fazê-la chegar às camadas mais humildes da população. As condições materiais de vida em que se desenvolve a revolução industrial excluem os operários da intimidade; basta para tanto recordar a descrição que faz Engels das formas de existência do proletariado na Inglaterra[18], ou as imagens que no plano literário, mas nem por isso isentas de valor testemunhal, oferecem os escritores do período (Dickens, Zola, Pérez Galdós...) com maior sensibilidade para a causa dos oprimidos.

Nessa linha se forja também doutrinalmente o direito à intimidade, cuja raiz teórica se encontra na órbita daquele "foro íntimo" que Tomásio e Kant situam à margem da ingerência estatal, porém à margem também das relações sociais comunitárias. A vida privada surge como um direito à solidão, à reserva e ao isolamento. O preceito inglês *my home is my castle* reflete esse espírito de forma eloquente. É o homem burguês "encastelado" em seu isolamento o protótipo do sujeito ativo desse direito. Por isso, o surgimento da intimidade, que cronologicamente coincide com a afirmação revolucionária dos direitos do homem, não significou na sociedade burguesa a realização de uma exigência natural de todos os homens, mas a consagração do privilégio de uma classe[19].

Se se seguem as circunstâncias doutrinais da concepção individualista desse direito no século XIX, essa impressão encontra dados eloquentes para se

---

[16] S. Rodotà, *Elaboratori elettronici e controllo sociale*, Bolonha, Il Mulino, 1973, pp. 116 ss.; "La 'privacy' tra individuo e collettività", *PD*, 1974, pp. 547 ss.; E. Shils, "Privacy: Its Constitution and Vicissitudes", *LCP*, 1966, vol. XXXI, pp. 281 ss.

[17] A. M. Bendich, "Privacy, Poverty and the Constitution", in *Conference on the Law of the Poor*, Berkeley, University of California, 1966, p. 7.

[18] F. Engels, *La situación de la clase obrera en Inglaterra*, ed. esp. de L. Díaz, Madri, Akal, 1976.

[19] Cf. S. Rodotá, "La 'privacy' tra individuo e collettività", op. cit., p. 548.

reafirmar. Assim, por exemplo, quando David August Röder, em seus *Grundzüge des Naturrechts* de 1848, define como atos contrários ao direito natural à vida privada o "assediar alguém com perguntas indiscretas" ou o "entrar em um aposento sem se fazer anunciar"[20], o que lhe valeu merecidamente ser objeto da ironia de Von Ihering[21], está legitimando com base no direito natural algumas formas de vida que de nenhum modo eram representativas da maioria da população.

No âmbito do pensamento anglo-saxão, o conceito de *privacy* teve um pressuposto teórico imediato na ideia de liberdade como autonomia individual defendida por John Stuart Mill em seu trabalho *On Liberty* de 1859. A tese central desse estudo defendia que os únicos aspectos da conduta humana que comportam deveres e responsabilidades sociais são aqueles que afetam os demais, enquanto nos aspectos que concernem apenas ao indivíduo, este tem direito a uma absoluta independência. Por isso, sobre si mesmo, sobre seu próprio corpo e mente, o indivíduo é soberano ("Over himself, over his own body and mind the individual is sovereign")[22].

Anos mais tarde, em 1890, Samuel D. Warren e Louis D. Brandeis, com sua monografia *The Right to Privacy*, assentaram as bases técnico-jurídicas da noção de *privacy*, configurando-a como um direito à solidão, como a faculdade "to be let alone"[23]; isto é, como a garantia do indivíduo à proteção de sua pessoa e de sua segurança diante de qualquer invasão do sagrado recinto de sua vida privada e doméstica ("the sacred precincts of private and domestic life")[24]. Posteriormente, Louis D. Brandeis foi nomeado juiz da *Supreme Court* dos Estados Unidos e emitiu em 1928 sua *dissenting opinion* no caso *Olmstead v. United States*, afirmando que os autores da Constituição norte-americana, ao proclamar o direito à busca da felicidade por parte dos cidadãos, desejaram proteger suas crenças, seus pensamentos, suas emoções e sensações. Na opinião de Brandeis, os artífices da Constituição americana reconheceram também diante do governo o direito à solidão, o mais amplo dos direitos e o mais estimado pelos homens civilizados ("They conferred, as against the government, the right to be let alone – the most comprehensive of rights and the right most valued by civilized men"). A proteção desse direito diante de qualquer intromissão injustificada do governo na esfera privada do indivíduo, fossem quais fossem os meios empregados, devia ser considerada uma exigência da quarta emenda da Constituição americana, que garante aos cidadãos a segu-

---

[20] D. A. Röder, *Grundzüge des Naturrechts oder der Rechtsphilosophie (1846)*, 2. ed., Heidelberg, 1863, p. 91.

[21] R. von Ihering, *Scherz und Ernst in der Jurisprudenz*, 9. ed., Leipzig, Breitkopf & Härtel, 1904, p. 332.

[22] J. S. Mill, "On Liberty", in *Prefaces to Liberty*, org. por B. Wishy, Boston, Beacon Press, 1959, p. 251.

[23] S. D. Warren e L. D. Brandeis, "The Right to Privacy", *HLR*, 1890, n. 4, p. 193.

[24] Ibid., p. 219.

rança de suas pessoas, de seus domicílios e de seus efeitos diante de qualquer intromissão indevida[25].

Convém observar, para situar em seu justo contexto o trabalho pioneiro de Warren e Brandeis, que sua origem não foi de todo "heroica". O motivo, que despertou a imaginação jurídica de Warren e o induziu a chamar a colaboração de seu antigo companheiro de estudos, Brandeis, para realizar o artigo, estava muito longe de ser altruísta e desinteressado. Concretamente, Warren, que após seu casamento com a filha do senador Bayard, de uma prestigiosa família de Boston, levava uma vida privada dispendiosa e desordenada, desejava ver-se livre do assédio da imprensa. Pretendia, em suma, deixar a alta burguesia a salvo das críticas e indiscrições da imprensa que, por aquela ocasião, já começava a ser um poder importante nos Estados Unidos[26].

A partir desse momento a *privacy*, noção análoga a nosso conceito de intimidade, assumiu um papel ambivalente: de um lado, lançou-se mão dela, com intenção conservadora, para não proporcionar aos poderes públicos informações pessoais e econômicas com o propósito de evitar a pressão fiscal; de outro, foi empregada, a partir de posições progressistas, para reagir contra o acúmulo de dados destinados ao controle de comportamentos ideológicos com fins discriminatórios.

3. DA INTIMIDADE COMO PRIVILÉGIO À INTIMIDADE COMO VALOR CONSTITUCIONAL

Neste contexto descrito move-se hoje o direito à intimidade que adquiriu categoria constitucional. Por esse motivo é evidente que os aspectos atualmente debatidos sobre esse assunto são, em boa parte, de caráter coletivo e social. Trata-se, em suma, de comprovar em quais casos a *privacy* pode operar como álibi para burlar uma política social avançada, ou em que hipóteses pode servir de freio diante de determinadas formas de controle ou discriminação social ou política. No entanto, o que importa insistir é que as questões sobre as quais gravita a disciplina jurídica da intimidade perderam seu exclusivo caráter individual e privado, para assumir progressivamente uma significação pública e coletiva. É claro que o problema do fornecimento de dados pessoais ao governo preocupa os indivíduos, mas também toda a sociedade, e até se pode afirmar que preocupa os indivíduos enquanto pertencentes a determinado grupo social.

Entendo que, entre nós, Joaquín Ruiz-Giménez intuía plenamente este novo horizonte de enfoque, quando escrevia em um trabalho sobre "El derecho

---

[25] "Mr. Justice L. D. Brandeis Dissenting Opinion", no processo *Olmstead v. United States* (1928), in J. H. F. Shattuck (org.), *Rights of Privacy*, Nova York, National Textbook Co. & American Civil Liberties Union, Skokie (III), 1977, p. 11.

[26] Cf. A. Miller, *The Assault on Privacy*, Ann Arbor, The University of Michigan Press, 1971, pp. 185 ss.; e H. Kalven, "Privacy in Tort Law. Were Warren and Brandeis Wrong?", *LCP*, 1966, vol. XXXI, pp. 327 ss.

a la intimidad" que: "Se a intimidade é um valor fundamental do ser humano, um de seus bens básicos, sem dúvida alguma há de se refletir na existência coletiva como direito natural ou fundamental, que o ordenamento jurídico deve proteger contra qualquer violação por parte dos demais homens, e mais ainda das instituições ou comunidades que eles formam."[27] Parece-me importante insistir nessa caracterização porque nela o direito à intimidade, entendido como direito natural ou fundamental, extrapola os limites estritos das liberdades individuais, para se apresentar como condição da "existência coletiva", cuja regulamentação jurídica não pode ignorar sua necessária dimensão social.

3.1. O direito fundamental à honra, à intimidade e à própria imagem e sua consagração constitucional

O reconhecimento dos tradicionais direitos da personalidade como direitos fundamentais significou um passo decisivo para esclarecer seu *status* jurídico e sua própria significação. Esses direitos, como já indicados, supõem a concretização e a explicitação do valor da dignidade humana. Esse valor, por sua vez, foi uma constante ligada à função histórica do direito natural. "As teses jusnaturalistas – nas palavras de Ernst Bloch – estão voltadas predominantemente para a *dignidade*, [...] o direito natural está voltado, antes de tudo, para a eliminação da *humilhação* humana."[28] Portanto, desde o primeiro momento, é evidente que é o pano de fundo jusnaturalista que inspira e fundamenta sua consagração constitucional. Assim, a Constituição italiana (arts. 2, 3 e 13) e a *Grundgesetz* de Bonn (arts. 1 e 2), em que se alude aos direitos invioláveis da pessoa baseados em sua dignidade, refletem o caráter jusnaturalista[29].

Diante da concepção positivista dos direitos fundamentais, que os concebe como um sistema fechado de normas jurídicas, cuja certeza só pode ser mantida à custa de uma interpretação literal, da qual se deduz a impossibilidade de reconhecer direitos fundamentais que não se encontram expressamente consagrados na Carta constitucional[30], as modernas teses jusnaturalistas insistem em considerar os direitos fundamentais como a resposta aos interesses e exigências que em cada momento histórico se consideram socialmente necessários para o desenvolvimento pleno da pessoa humana, e que devem ser percebidos através de uma interpretação evolutiva da Constituição. Partindo do

---

[27] J. Ruiz-Giménez, "El derecho a la intimidad", *Cuadernos para el Diálogo*, 1969, p. 10.

[28] E. Bloch, *Derecho natural y dignidad humana*, op. cit., p. 209.

[29] Cf., para a Itália, o trabalho de A. Barbera, *Pari dignità sociale e valore della persona umana nello studio del diritto di libertà personale*, op. cit., pp. 129 ss.; para a República Federal Alemã, entre uma vasta bibliografia, o trabalho de H. C. Nipperdey, "Die Wërde des Menschen", in F. L. Neumann, H. C. Nipperdey e U. Scheuner (orgs.), *Die Grundrechte. Handbuch der Theorie und Praxis der Grundrechte*, Berlim, Duncker & Humblot, 1954, vol. II, pp. 1 ss. e 26 ss.

[30] Essa tese foi mantida por P. E. Grossi, *Introduzione ad uno studio sui diritti inviolabili nella Costituzione italiana*, Pádua, Cedam, 1972, p. 26.

princípio de que o desenvolvimento da pessoa humana constitui um fim a ser realizado e não um mero dado a ser mantido ou garantido[31].

A Constituição espanhola de 1978 conjuga acertadamente em uma mesma norma, seu artigo 10, o valor da dignidade da pessoa, e os direitos inalienáveis que lhe são inerentes, com o livre desenvolvimento da personalidade. Essa declaração, marcadamente jusnaturalista[32], viu-se reafirmada no artigo 1.3 da Lei Orgânica de proteção civil do direito à honra, à intimidade pessoal e familiar e à própria imagem, de 5 de maio de 1982, em que se proclama expressamente que esse direito "é irrenunciável, inalienável e imprescritível"[33]. Essas características dificilmente são conciliáveis com uma proposição que não aceite sua fundamentação jusnaturalista, a partir de um ponto de vista histórico, porque são as notas distintivas clássicas atribuídas aos direitos humanos pela doutrina do direito natural racionalista[34], e no plano de seu significado lógico, porque essas notas são claramente incompatíveis com qualquer interpretação positivista.

A incorporação do direito à honra, à intimidade e à própria imagem ao sistema dos direitos fundamentais implica, portanto, uma importante mutação em seu fundamento, seu alcance e seu estatuto jurídico.

Em primeiro lugar, significa substituir a proposição privatista e estritamente individual por um enfoque jurídico-fundamental, em que esse direito – assim como o valor da dignidade humana que o configura – não aparece como uma faculdade do indivíduo isolado, mas como um direito da coexistência. Não por acaso, a esfera da personalidade não pode ser contemplada unicamente do ponto de vista do indivíduo, mas também de uma perspectiva relacional que considera que a violação da personalidade humana comporta uma situação

---

[31] A. Barbera, Art. 2, em *Commentario della Costituzione*, org. por G. Branca, vol. I, *Principi fondamentali*, Bolonha/Roma, Zanichelli & Foro Italiano, 1975, p. 90.

[32] Silvio Basile entende que o art. 10.1 da Constituição espanhola "recorda modelos franceses do século XVIII, mas [...] recebe também influências mais recentes, sobretudo alemãs e italianas". "Los valores superiores, los princípios fundamentales y los derechos y libertades públicas", in *La Constitución española de 1978. Estudio sistemático*, dirigido pelos professores A. Predieri e E. García de Enterría, Madri, Civitas, 1980, p. 263. Essa afirmação equivale a um reconhecimento implícito da impressão jusnaturalista no referido artigo. Contrário a essa tese, no entanto, Gregorio Peces-Barba insistiu em uma interpretação dos valores, princípios e direitos fundamentais da Constituição superadora da polêmica jusnaturalismo/positivismo jurídico, resumindo na ideia de "um poder democrático e uma sociedade democrática" o fundamento da validade da Constituição. Cf. seus trabalhos, "Reflexiones sobre la teoría general de los derechos fundamentales en la Constitución", no n. monográfico 2, 1979, da *RFDUCM*, sobre *Los derechos humanos y la Constitución de 1978*, pp. 39 ss.; e "Reflexiones sobre la Constitución española desde la Filosofía al Derecho", *RFDUCM*, 1981, n. 61, pp. 95 ss. Para uma crítica dessas teses, ver os capítulos 3 e 7 deste livro.

[33] É importante lembrar que esse texto não sofreu nenhuma emenda nem modificação no debate suscitado pela tramitação parlamentar do projeto de lei no Senado. O que prova a aceitação geral por todos os grupos políticos do caráter "irrenunciável, inalienável e imprescritível" do direito à honra, à intimidade e à própria imagem. As emendas do Senado encontram-se reunidas no *BOC* (Senado), de 18 de fevereiro de 1982.

[34] Cf. os capítulos 1 e 3.

de perigo para a solidariedade e para a convivência entre os homens[35]. Porém, além disso, a consagração constitucional supôs um sistema de positivação baseado em princípios e cláusulas gerais que, diferentemente da disciplina analítica e regulamentar de outro tipo de normas, não é suscetível de uma interpretação literal e rígida que impeça a possibilidade de intervir sobre novas manifestações do direito impensáveis no momento da promulgação da norma constitucional[36]. Essa proposição é também especialmente necessária no setor do sistema dos direitos fundamentais caracterizado por forte dinâmica social e influenciado pela constante inovação tecnológica. Tudo isso implica reconhecer um importante papel à magistratura na contínua tarefa de atualização desses preceitos[37]. Finalmente, convém observar que a constitucionalização do direito fundamental à honra, à intimidade e à própria imagem não pode ser entendida como tutela limitada às relações entre o Estado e os indivíduos, inoperante na esfera das relações interprivadas. A tese da *Drittwirkung der Grundrechte*, elaborada pela doutrina e pela jurisprudência alemãs, tem plena vigência no sistema espanhol, em que o artigo 9 da Constituição, ao proclamar que "os cidadãos e os poderes públicos estão sujeitos à Constituição e ao restante do ordenamento jurídico", estabelece a eficácia *erga omnes* dos direitos fundamentais consagrados no texto constitucional[38].

Essas novas condições que caracterizam a passagem, no enfoque do direito à honra, à intimidade e à própria imagem, da perspectiva tradicional dos direitos da personalidade para seu atual estatuto jurídico de direitos fundamentais, configuram a premissa básica para abordar sua nova significação.

3.2. A DELIMITAÇÃO CONCEITUAL DA INTIMIDADE
E A NOÇÃO ATUAL DE *PRIVACY*

Insistiu-se que as noções de intimidade e vida privada levam consigo uma carga emotiva que as torna equívocas, ambíguas, e dificulta a precisão de seu significado; a esse respeito, chegou-se até a aludir a "une définition introuvable"[39].

As numerosas definições legais, assim como o conjunto de decisões jurisprudenciais que tentam tutelar esse direito, não contêm uma definição unívoca e precisa dele; além disso, na maior parte das vezes, não tentam estabelecer nenhum conceito, limitando-se a tipificar, com maior ou menor flexibilidade, os casos atentatórios ou a estabelecer a existência de condutas que o ameaçam ou violam. Talvez isso ocorra devido à própria extensão e amplitude das circunstâncias que, em uma sociedade tecnologicamente avançada, podem afetar o exercício desse direito. Considere-se que uma pesquisa realizada pelo pro-

---

[35] W. MAIHOFER, *Rechtsstaat und menschliche Würde*, op. cit., pp. 12 ss.
[36] RODOTÀ, *Elaboratori elettronici e controllo sociale*, op. cit., pp. 91 ss. e 145 ss.
[37] Ibid., pp. 146-7.
[38] Sobre a significação da *Drittwirkung der Grundrechte*, ver os capítulos 2 e 7.
[39] A. VITALIS, *Informatique, pouvoir et libertés*, Paris, Economica, 1981, p. 151.

fessor Bing da Universidade de Oslo chegou a revelar até quatrocentos tipos de informações que, por sua relevância para a intimidade, deviam ser objeto de uma proteção jurídica especial[40].

Essa amplitude e dispersão de seu objeto em relação à intimidade reproduziram a discussão teórica suscitada no âmbito dos direitos da personalidade sobre se se trata de um direito único, ou de uma pluralidade de direitos[41]. Hoje se tende a superar essa controvérsia doutrinal, na medida em que se adquire consciência de que: quer se parta de uma diversidade de manifestações de um único direito, quer se opte por uma pluralidade de direitos relacionados a situações conexas, o que importa é observar a existência de uma categoria geral ou de uma forma única de garantia jurídica[42].

Entre as tentativas doutrinais de delimitar o conteúdo da intimidade é digna de consideração a realizada pela doutrina alemã que distinguiu: a *Intimsphäre*, que corresponde à esfera do secreto e é violada quando se chega ao conhecimento de fatos ou notícias que devem permanecer ignorados, ou quando se comunicam tais fatos ou notícias; o *Privatsphäre*, que equivale à nossa noção do íntimo e protege o âmbito da vida pessoal e familiar que se deseja manter a salvo da ingerência alheia e/ou da publicidade; e, finalmente, a *Individualsphäre*, que envolve tudo aquilo que interessa à peculiaridade ou individualidade da pessoa (a honra, o nome, a imagem...)[43].

No âmbito do pensamento jurídico italiano, Vittorio Frosini concebe a vida privada como o retiro voluntário e temporal de uma pessoa que se isola da sociedade, por meios físicos ou psicológicos, para buscar a solidão ou estabelecer uma situação de anonimato ou de reserva. Frosini distingue quatro possíveis fases ou modalidades de isolamento: 1) a *solidão*, que comporta a impossibilidade física de contatos materiais; 2) a *intimidade*, na qual o indivíduo, sem se encontrar isolado, enquadra-se em um grupo reduzido em que se dão relações especiais, como por exemplo no âmbito conjugal ou familiar; 3) o *anonimato*, que se dá quando o indivíduo, mesmo estando exposto a contatos com uma multiplicidade de pessoas, mantém a liberdade para identificações

---

[40] Cf. A. VITALIS, op. cit., p. 152. À multiplicidade de hipóteses que podem implicar atentados tecnológicos contra a intimidade referiu-se também Y. BURNAND, *Banques of données électroniques et droit de l'information*, Lausanne, Payot, 1974, pp. 53 ss.

[41] A. DE CUPIS, que, como indicado (na nota 11), foi um dos mais destacados defensores da pluralidade de direitos da personalidade, mantém, pelo contrário, a existência de um único direito geral à intimidade, entendido como faculdade da pessoa de excluir os demais do conhecimento do que se refere a si mesma. *I diritti della personalità*, op. cit., pp. 256 ss. O outro polo do debate doutrinal que recusa a admissibilidade de um direito geral da intimidade por entender que se trata da proteção de alguns interesses heterogêneos, tutelados por normas particulares, o que impede a construção de uma categoria unitária ou direito geral, tem como figura mais representativa G. PUGLIESE, "Il diritto alla riservatezza nel quadro dei diritti alla personalità", in *Studi in memoria di A. Asquini*, op. cit., vol. IV, pp. 1551 ss.

[42] Para uma ampla exposição crítica dos principais aspectos dessa polêmica doutrinal, ver T. A. AULETTA, *Riservatezza e tutela della personalità*, Milão, Giuffrè, 1978, pp. 67 ss.

[43] Cf. H. Hubmann, *Das Persönlichkeitsrecht*, op. cit., pp. 268 ss.

individuais; e 4) a *reserva*, que consiste na criação de uma barreira psicológica diante de intromissões indesejadas[44].

Revestem-se de especial interesse os esforços da doutrina e da jurisprudência norte-americanas para revisar a noção de *privacy* e adaptá-la às exigências de nosso tempo[45].

Segundo um trabalho de William L. Prosser, a jurisprudência englobava, considerando-os como agressões à *privacy*, quatro tipos de *torts*[46]: 1) intromissão na esfera ou nos assuntos privados alheios; 2) divulgação pública de fatos embaraçosos de caráter privado; 3) divulgação de fatos que suscitam uma falsa imagem para o interessado aos olhos da opinião pública; 4) apropriação indevida para proveito próprio do nome ou da imagem alheios[47]. A doutrina posterior insistiu na necessidade de considerar essa tipologia uma classificação aberta, que de modo algum implicava uma tentativa de fechar as portas para outras possíveis acepções da *privacy*. Pretendeu-se, desse modo, configurar a noção de *privacy* como uma categoria ampla e flexível, apta a oferecer um âmbito unitário para o tratamento de uma série de problemas conexos. Assim, Paul A. Freund ampliava as faculdades tuteladas pela noção da *privacy*, acrescentando, aos casos comentados por Prosser, o da liberdade diante da revelação ou segurança de que não serão reveladas as comunicações confidenciais (*confidencial comunication*) entre esposos, entre o paciente e o médico, entre o cliente e o advogado, ou entre o penitente e o sacerdote. Como balanço crítico de sua exposição, Freund assinalava que, mesmo que os meios jurídicos de proteção fossem diferentes, segundo as distintas formas de agressão da *privacy*, o que poderia induzir a descartar o caráter unitário de seu conceito, os interesses e necessidades cuja proteção atende possuem uma evidente estrutura homogênea. Por isso, concluía afirmando a conveniência de considerar a noção jurídica da *privacy* como um princípio (*principle*), mais que como um preceito (*rule*)[48].

Em um importante trabalho mais recente sobre a significação atual da *privacy* na jurisprudência e na teoria jurídica dos Estados Unidos, John H. Shattuck reconduziu seu alcance a quatro grandes temas ou áreas: 1) *Freedom from unreasonable search*, liberdade ou segurança diante de qualquer tipo de intromissões indevidas na esfera privada; 2) *Privacy of association and belief*,

---

[44] V. Frosini, *Il diritto nella società tecnologica*, Milão, Giuffrè, 1981, pp. 279-80. Sobre a distinção entre "vida privada" e "intimidade", cf. P. J. Muller e H. Kulhmann, "Les systèmes intégrès de banques de données, la compatabilité social et la vie privée", *RISS*, 1972, n. 3, pp. 620 ss.

[45] Convém observar que a jurisprudência britânica, diferentemente da norte-americana, não elaborou e, algumas vezes, chegou até a rejeitar expressamente a ideia de um *right to privacy*. Cf. P. Stein e J. Shand, *Legal Values in Western Society*, Edimburgh University Press, 1978, cap. VIII.

[46] Na *Common Law* entende-se por *Law of Torts*, ou simplesmente por *torts*, o conjunto de atos ilícitos que nesse sistema recebem uma sanção a título de responsabilidade civil extracontratual (*tort liability*, ou também *civil liability*).

[47] W. Prosser, "Privacy", *CLR*, 1960, n. 46, p. 389.

[48] P. A. Freund, "Privacy. One Concept or Many", in J. R. Pennock e J. W. Chapman (orgs.), *Privacy*, Nova York, Lieber & Atherton, 1971, pp. 182 ss.; esp. pp. 197-8.

garantia do respeito às opções pessoais em matéria de associação ou crenças; 3) *Privacy and autonomy*, tutela da liberdade de escolha sem interferências; 4) *Information control*, possibilidade dos indivíduos ou grupos de acessar e controlar as informações que lhes concernem[49]. Essa proposição tem o mérito de pôr em destaque a progressiva tendência de conceber a *privacy* como o poder de exercer um controle sobre as informações que possam afetar cada pessoa individual ou coletivamente. Essa orientação teve uma de suas primeiras manifestações no livro de Alan F. Westin, *Privacy and Freedom*, em que se define a *privacy* como o direito ao controle da informação referente a si mesmo: "A right to control information about oneself."[50]

A mesma ideia foi defendida posteriormente por L. Lusky, para quem a *privacy*, mais que um mero sentido estático de defesa da vida privada do conhecimento alheio, tem uma função dinâmica de possibilidade de controlar a circulação de informações relevantes para cada sujeito[51]; assim como por Charles Fried, que afirma expressamente que a *privacy* não implica simplesmente a falta de informação sobre nós mesmos por parte dos demais, mas sim o controle que temos sobre as informações que nos concernem[52].

Essa proposição foi introduzida nos últimos anos na doutrina europeia e, como se verá mais adiante, reveste-se de importância prioritária para delimitar conceitualmente o conteúdo do direito à intimidade e seu alcance na sociedade tecnologicamente avançada.

Em suma, trata-se de insistir, como síntese da análise desenvolvida até aqui, que em nossa época é insuficiente conceber a intimidade como um direito garantista (*status* negativo) de defesa perante qualquer invasão indevida da esfera privada, sem contemplá-la, ao mesmo tempo, como um direito ativo de controle (*status* positivo) sobre o fluxo de informações que afetam cada sujeito.

Essa ampliação do conteúdo da intimidade teve expressiva repercussão sobre sua significação axiológica e sua fundamentação. Assim, em nossos dias, junto à sua, já comentada, conexão tradicional com o valor da *dignidade*[53], identifica-se a intimidade com a própria noção de *liberdade*, uma vez que define as possibilidades reais de autonomia e de participação na sociedade contemporânea[54]; e até mesmo quando é concebida como faculdade de controle das informações que lhe concernem por parte dos indivíduos e dos grupos

---

[49] J. H. SHATTUCK, *Rights of Privacy*, op. cit., passim.

[50] A. F. WESTIN, *Privacy and Freedom*, Nova York, Atheneum, 1967, p. 7. Cf. também sua coletânea com M. BAKER, *Databanks in a Free Society*, Nova York, Quadrangle Books, 1972, pp. 3 ss.

[51] L. LUSKY, "Invasion of Privacy: a Clarification of Concepts", *CoLR*, n. 72, pp. 693 ss.

[52] C. FRIED, "Privacy", *YLJ*, 1968, n. 77, pp. 475 ss., em que expressamente escreve: "Privacy is not simply an absence of information about us in the minds of others; rather it is the *control* we have over information about ourselves" (p. 475).

[53] E. J. BLOUNSTEIN, "Privacy as an Aspect of Human Dignity: an Answer to Dean Prosser", *NYULR*, 1964, n. 39, pp. 962 ss.

[54] C. FRIED, "Privacy", op. cit., pp. 476-7.

aparece como uma condição para uma convivência política democrática, que se confunde com a defesa da *igualdade* de direitos[55].

A repercussão imediata no plano da vida cotidiana dessa extensão do âmbito operativo da intimidade motivou, por outro lado, que hoje se apele a esse conceito para o tratamento jurídico de alguns dos temas mais urgentes e polêmicos de nossa convivência. De fato, não apenas o problema das repercussões sociopolíticas da tecnologia, especialmente da informática, encontrou seu plano de enfoque inicial no âmbito do direito à intimidade, mas também outras questões de indubitável importância para o debate político e para as aspirações e inquietações do homem comum foram abordadas através da *privacy*.

Assim, por exemplo, no famoso processo de *Griswold v. Connecticut*, nos Estados Unidos, em que se impugnava uma lei do estado de Connecticut que penalizava o uso de contraceptivos, a *Supreme Court* admitiu, em 1965, a tese de que essa lei violava a *privacy*, pois esse processo implicava uma ingerência injustificada em um aspecto que se referia à intimidade conjugal[56].

Oito anos após a célebre decisão do caso Griswold, a *Supreme Court* encontrou-se diante da necessidade de se pronunciar em um assunto de importância similar. O Tribunal no caso *Roe v. Wade* declarou a inconstitucionalidade das normas vigentes no Texas, assim como em outros estados da União, que proibiam o aborto por considerar que feriam a *privacy* da mulher grávida, pois consideravam uma intromissão indevida no âmbito das decisões e escolhas pessoais. Convém advertir que a decisão não implicava reconhecer a legitimidade do aborto, mas afirmar que a última decisão a respeito desse assunto corresponde à mulher interessada e a seu médico, antes que ao Estado[57].

Não menos polêmica foi a decisão da *Supreme Court* no processo de *Stanley v. Georgia* em que se debatia a sanção imposta pela legislação do estado da Georgia em um caso de posse privada de materiais obscenos. A sentença do Tribunal, ao declarar improcedente a sanção imposta ao proprietário desses materiais, não pretendeu tutelar o seu conteúdo, mas o direito de posse na esfera íntima do domicílio ("to mere possession by the individual in the privacy of his own home")[58].

3.3. O DIREITO À HONRA, À INTIMIDADE E À PRÓPRIA IMAGEM NO SISTEMA CONSTITUCIONAL ESPANHOL

A Constituição espanhola consagra seu artigo 18.1 a garantir "o direito à honra, à intimidade pessoal e familiar e à própria imagem", com expressa alu-

---

[55] A. VITALIS, *Informatique, pouvoir et libertés*, op. cit., p. 150.
[56] Esse processo está incluído na coletânea org. por J. H. F. SHATTUCK, *Rights of Privacy*, op. cit., pp. 105 ss.
[57] Ibid., pp. 122 ss.
[58] Ibid., pp. 117 ss. Essa tese jurisprudencial serviu de apoio à Alaska Superme Court para reconhecer, em uma sentença de 1975, o direito à posse de maconha no domicílio para uso privado e não comercial. Ibid., p. 119.

são à tutela desse direito diante do uso da informática, no parágrafo 4 desse artigo; ao mesmo tempo que reconhece nessa mesma norma os direitos fundamentais clássicos da tradição constitucionalista à inviolabilidade do domicílio (§ 3) e o sigilo da correspondência (§ 4).

A redação do artigo 18 leva a pensar que o constituinte considerou as diferentes situações que nele se enumeram, para ser objeto de tutela, como manifestações de um direito único. Particularmente a formulação: "É garantido o *direito* à honra, à intimidade pessoal e familiar e à própria imagem", assim como o reconhecimento da inviolabilidade do domicílio ("O domicílio é inviolável...") e o sigilo das comunicações ("É garantido o sigilo das comunicações..."), sem que se aluda expressamente a direitos autônomos, parecem obedecer ao propósito deliberado de seguir a tendência, hoje dominante na jurisprudência e na doutrina estrangeiras que, como se viu ao tratar do *privacy*, propende a englobar em um direito único e abrangente os distintos instrumentos de tutela jurídica da vida privada. Contudo, é conveniente observar que a Constituição espanhola evita atribuir uma denominação geral (direito à vida privada, direito ao patrimônio moral, direito geral à intimidade...) à pluralidade de situações comentadas em seu artigo 18.

Essa orientação se reproduziu na Lei Orgânica de proteção civil do direito à honra, à intimidade pessoal e familiar e à própria imagem, de 5 de maio de 1982, em que se menciona expressa e particularmente o "direito fundamental à honra, à intimidade pessoal e familiar e à própria imagem" (art. 1.1), reiterando-se assim sua positivação como um único direito que engloba uma pluralidade de manifestações ou modalidades.

Reveste-se de particular interesse o artigo 7 dessa Lei Orgânica, em que se enumeram os casos que serão considerados intromissões no âmbito de sua proteção. O preceito tipifica, em termos de deliberada amplitude, diversos casos de ingerência que, segundo a Exposição de Motivos, "podem ocorrer na vida real e coincidem com os previstos nas legislações protetoras existentes em outros países de desenvolvimento social e tecnológico igual ou superior ao nosso". Segundo o artigo 7, consideram-se intromissões ilegítimas no âmbito da proteção da lei: "1. A instalação em qualquer lugar de aparelhos de escuta, de filmagem, de dispositivos óticos ou de qualquer outro meio apto a gravar ou reproduzir a vida íntima das pessoas. – 2. A utilização de aparelhos de escuta, dispositivos óticos, ou de qualquer outro meio para o conhecimento da vida íntima das pessoas ou de manifestações ou cartas privadas não destinadas a quem faça uso de tais meios, assim como sua gravação, registro ou reprodução. – 3. A divulgação de fatos relativos à vida privada de uma pessoa ou família que afetem sua reputação ou bom nome, assim como a revelação, publicação de conteúdo de cartas, memórias ou outros escritos pessoais de caráter íntimo. – 4. A revelação de informações privadas de uma pessoa ou família conhecidas através da atividade profissional ou oficial de quem as revela. – 5. A captação, reprodução ou publicação por fotografia, filme, ou qualquer outro procedimento, da imagem de uma pessoa em lugares ou momentos de sua vida privada ou fora dela, salvo os casos previstos no artigo 8.2. – 6. A utilização do nome, da voz ou da imagem de uma pessoa para fins publicitários, comerciais ou de natureza análoga. – 7. A divulgação de expressões ou fatos concernentes a uma pessoa quando a difame ou a faça desmerecer na consideração alheia."

Dos sete parágrafos comentados, os quatro primeiros referem-se a diferentes modalidades de atentados à intimidade, atendendo às novas situações que podem ocorrer na sociedade tecnológica. Convém observar, no entanto, que entre as intromissões na esfera da vida privada realizadas com a utilização de meios tecnológicos não se menciona expressamente a informática, pois sua regulação será objeto de uma lei orgânica especial. Os parágrafos 5 e 6 referem-se à tutela da própria imagem e o 7 à da honra.

O reconhecimento dessas distintas hipóteses diferenciadas de agressões à intimidade, à própria imagem e à honra não significa, de modo algum, menosprezar o caráter unitário da estrutura do direito, que configura a exposição geral da Lei Orgânica. A disposição reúne assim algumas das orientações doutrinais e jurisprudenciais mais avançadas tendentes a reconhecer uma identidade de *ratio* na proteção de alguns interesses cuja analogia e conexão aconselham seu tratamento unitário.

A doutrina tradicional havia traçado alguns critérios de distinção entre o direito à honra, à fama ou à reputação, considerado um interesse próprio da vida de relação social, e o direito à intimidade, entendido como aspiração do indivíduo à tranquilidade do espírito ou ao isolamento (*ius solitudinis*)[59]. Porém, as dificuldades implicadas nesse esquema diferenciador se destacam quando se observa que: de um lado, o conceito de honra, juntamente com sua dimensão externa consistente em uma consagração social, no reconhecimento que os outros outorgam ou tributam, possui uma dimensão íntima de "patrimônio da alma", que afeta o âmbito mais interno da personalidade e o mais próprio e intransferível do indivíduo[60]. E, de outro, que a intimidade, tal como tivemos a oportunidade de estudar, mais que uma faculdade de isolamento, implica hoje um direito de participação e de controle nas informações que concernem a cada pessoa.

Da mesma forma, devem ser consideradas superadas as tentativas tradicionais de estabelecer *actiones finium regundorum* entre a intimidade e a própria imagem, com base na consideração desta última como o interesse do indivíduo em impedir a posse, a transmissão pública ou a reprodução de sua imagem por parte de terceiros. Esse interesse era considerado relevante em sociedades pouco evoluídas em que a imagem era concebida, assim como o direito ao próprio corpo, como um prolongamento da pessoa, de forma que se acreditava que possuir um retrato de outro era quase o mesmo que possuir seu

---

[59] Assim, por exemplo, G. GIAMPICCOLO, "La tutela giuridica della persona umana e il c. d. diritto alla riservatezza", *RTDPC*, 1958, pp. 458 ss.; P. RESCIGNO, "Il diritto di essere lasciati soli", in *Synteleia Arangio-Ruiz*, Nápoles, Jovene, 1964, vol. I, pp. 494 ss.

[60] A. GARCÍA VALDECASAS, *El hidalgo y el honor*, Madri, Revista de Occidente, 1948, pp. 141-2. Ver também a monografia de J. M. CASTÁN VÁZQUEZ, *La protección al honor en el derecho español*, Madri, Reus, 1958, pp. 14 ss.

corpo⁶¹. Essa ideia não pode ser mantida em uma sociedade industrializada em que desapareceu o caráter mágico ou fetichista da imagem e em que sua tutela não é senão um aspecto da disciplina jurídica da intimidade, que protege a captação, manipulação ou publicidade não consentida da imagem, na medida em que supõem atentados à esfera da vida privada da pessoa⁶².

A jurisprudência do Tribunal Constitucional espanhol inclinou-se a manter o caráter unitário do direito à honra, à intimidade e à própria imagem, equiparando, em várias decisões, esses conceitos. Assim, por exemplo, ao estabelecer a doutrina de que a tipificação ou a qualificação de condutas nas sentenças dos tribunais "não podem constituir uma lesão da honra protegida pelo artigo 18.1 da Constituição, pois a opinião contrária levaria ao absurdo de que grande parte dos condenados penalmente poderiam invocar esse direito para se livrar da condenação"⁶³; tese que foi defendida, com idêntica argumentação, utilizando o conceito de intimidade pessoal, sobre a qual se afirma que "não padece quando os tribunais determinam a intenção subjetiva necessária para apreciar uma figura delituosa – elemento subjetivo do injusto penal – ou para integrar alguma das formas da culpabilidade da conduta exteriorizada pelo autor"⁶⁴.

A estrutura unitária do direito fundamental à honra, à intimidade e à própria imagem é observada também na incidência que, para a delimitação de seu respectivo conteúdo, é outorgada aos usos sociais. A Lei Orgânica de 5 de maio de 1982 afirma expressamente que: "A proteção civil da honra, da intimidade e da própria imagem continuará delimitada pelas leis e pelos usos sociais, atendendo ao âmbito que, por seus próprios atos, cada pessoa mantenha reservado para si mesma ou para sua família" (art. 2.1); ao mesmo tempo que acolhe, entre os casos que não devem ser considerados intromissões ilegítimas contra a própria imagem, a utilização da caricatura das pessoas que exerçam cargo público ou profissão de notoriedade ou projeção pública, "de acordo com o uso social" [art. 8.2.*b*)]. Trata-se de uma das remissões ao valor normativo dos usos mais significativos do ordenamento jurídico espanhol. Sua razão de ser deve ser procurada na dificuldade que comporta a tentativa de estabelecer regras aprioristicas ou abstratas, suscetíveis de definir, de uma vez por

---

⁶¹ Cf. F. CARNELUTTI, "Diritto alla vita privata", *RTDP*, 1955, pp. 3 ss. Na Espanha, ver o artigo de R. BADENES, "Los derechos del hombre sobre el propio cuerpo", separata da *RGLJ*, dezembro de 1957, pp. 9-11.

⁶² Ver T. A. AULETTA, *Riservatezza e tutela della personalità*, op. cit., pp. 93 ss.; H. NEUMANN-DUESBERG, "Das Recht auf Anonymität in seiner Erscheinungsform als Recht am eigenen Bild", *JJ*, 1966-67, vol. 7, pp. 138 ss. Na Espanha, ver M. V. OLIVEROS LAPUERTA, "Estudios sobre la Ley de Protección Civil, del Derecho al Honor, a la Intimidad Personal y Familiar y a la Propia Imagen", Madri, Cuadernos de Documentación de la Presidencia del Gobierno, 1980, pp. 21 ss.

⁶³ STC de 18 de maio de 1981, *BJC*, n. 3, p. 208.

⁶⁴ STC de 30 de janeiro de 1981, *BJC*, n. 2, p. 122. Além disso, a STC de 2 de dezembro de 1982 mantém que: "O direito à intimidade pessoal não é violado porque se impõem às pessoas limitações de sua liberdade como consequência de deveres e relações jurídicas que o ordenamento jurídico regula", *BJC*, 1982, n. 20, p. 1.063.

todas, os imprecisos e variáveis limites do conteúdo de cada um dos conceitos. Não é à toa que se trata de interesses, exigências e valores nos quais se manifesta a rigorosa condição histórica da natureza humana, assim como a incessante evolução dialética do *ethos* social. Por outro lado, são noções sobre as quais se projetam, de forma imediata, as atitudes, ideias e valorações pessoais. Consciente disso, a jurisprudência espanhola, ao abordar a tutela do patrimônio moral reconhecido no artigo 18 da Constituição, na hipótese de injúrias, indica que é preciso ter presente a constelação de circunstâncias fáticas que concorrem em cada caso concreto objeto de ajuizamento, "para fazer o correspondente juízo axiológico e decidir sobre se as palavras ou frases de que se trata devem ser compreendidas entre as objetiva, semântica ou gramaticalmente injuriosas, e, por sua vez, se concorreu ou não o *animus injuriandi*, que por ser, como todo elemento espiritual, um arcano inapreensível para os sentidos, deve ser deduzido das realidades físicas por eles captáveis"[65]. Essas condições peculiares e características explicam por que a doutrina e a jurisprudência estadunidenses, como já comentamos, tendem a configurar a *privacy* como *principle*, antes que como *rule*. Essa orientação nascida de uma experiência particularmente rica em casuística e teoricamente muito elaborada, pode ser proveitosa e merece ser levada em conta para um adequado planejamento e desenvolvimento do sistema constitucional espanhol de garantia do direito à honra, à intimidade e à própria imagem.

Têm-se considerado também as diretrizes do Direito comparado ao elaborar o sistema de exceções ao regime de tutela estabelecido na Lei Orgânica de 5 de maio de 1982. Assim, prescreve-se como caráter geral que: "Não se apreciará a existência de intromissão ilegítima no âmbito protegido quando estiver expressamente autorizada por lei ou quando o titular do direito houver outorgado para tanto seu consentimento expresso" (art. 2.2). Ao mesmo tempo que o artigo 8, da citada disposição, dedica-se a pormenorizar aqueles casos em que o interesse público se sobrepõe ao individual, determinando que não se considerem ilegítimas as intromissões "autorizadas ou determinadas pela autoridade competente de acordo com a lei, nem quando predomine o interesse histórico, científico ou cultural relevante" (art. 8.1). Assinala-se também que não se considerará atentado contra a própria imagem: "Sua captação, reprodução ou publicação por qualquer meio, quando se tratar de pessoas que exerçam um cargo público ou uma profissão de notoriedade ou projeção pública e a imagem seja captada durante ato público ou em lugares abertos ao público" [art. 8.2.*a*)]; a utilização da caricatura dessas pessoas [art. 8.2.*b*)]; ou a informação gráfica sobre um evento público quando a imagem de uma pessoa apareça como acessória [art. 8.2.*c*)]. Observe-se, contudo, que as exceções vistas nos parágrafos *a*) e *b*) não serão aplicadas "em relação às autoridades ou pessoas que desempenhem funções que por sua natureza necessitem do anonimato da pessoa que as exerça" (art. 8.2, *in fine*).

---

[65] STC (sala 2ª) de 8 de julho de 1981.

Assim como na determinação dos casos de ingerência, as exceções foram positivadas em termos de significativa amplitude e, até, imprecisão. Por esse motivo, para estabelecer quando se deve considerar *relevante* o interesse histórico, científico ou cultural; quais profissões podem ser vistas como *notórias ou de projeção pública*; ou em quais ocasiões a imagem de uma pessoa aparece como *meramente acessória* em uma informação gráfica, será preciso atender, como pautas de orientação, aos *standards* de comportamento adotados no *ethos* social vigente. Em suma, estamos diante de um princípio ou de uma norma principal, mais que diante de uma disposição rígida, taxativa e fechada, cuja concretização exigirá uma atividade pretoriana por parte da magistratura ou, em termos mais estritos, uma interpretação evolutiva da Constituição espanhola e da legislação que a desenvolve[66].

4. O DIREITO À INTIMIDADE NO ÂMBITO DA CONTRAPOSIÇÃO ENTRE LIBERDADES INDIVIDUAIS E DIREITOS SOCIAIS

É uma constante em amplos setores da doutrina atual sobre os direitos humanos a reiterada tese de que existe uma antinomia de princípio entre as liberdades tradicionais e os novos direitos econômicos, sociais e culturais.

Essa antítese foi apresentada, algumas vezes, sob os termos de uma autêntica alternativa. Assim, observa-se que o reconhecimento do direito econômico, social e cultural à educação constitui uma restrição à livre escolha de escola; que o direito social à assistência médica se traduz na supressão das possibilidades do paciente de escolher seu médico; que os direitos à seguridade social, ao descanso e às férias impõem claros limites à autonomia contratual; e que, em suma, a socialização da propriedade através de políticas de redistribuição de rendas só pode ser alcançada sacrificando-se o caráter absoluto e intangível do direito à propriedade. Por vezes, chegou-se a sustentar essa proposição antinômica sob a forma de uma lei geral, segundo a qual, à medida que os direitos sociais aumentam, diminuem as liberdades. Nesse sentido, Norberto Bobbio recordará que o regime soviético representa ao mesmo tempo a tentativa máxima de tornar efetivos os direitos sociais e a maior negação das liberdades tradicionais[67]. Outros juristas, como o austríaco Theodor Tomandl, sem chegar a aceitar a incompatibilidade entre as duas categorias, consideram, contudo, como algo inevitável que todo o reconhecimento dos direitos sociais no direito positivo implica uma relativização das liberdades públicas[68].

---

[66] Para um estudo pormenorizado das principais exceções e limites ao regime jurídico de tutela da intimidade, cf. T. A. AULETTA, *Riservatezza e tutela della personalità*, op. cit., pp. 99 ss.

[67] N. BOBBIO, "Discussions Premier Entretien", in *Le fundament des droits de l'homme. Actes des Entretiens de l'Aquila* (14-19 de setembro de 1964), Florença, La Nuova Italia, 1966, pp. 181-2.

[68] T. TOMANDL, *Der Einbau sozialer Grundrechte in das positive Recht*, Tübingen, Mohr, 1967, p. 45.

Os argumentos mais usuais de que se serve o setor da teoria jurídica que justifica essa contraposição são de diferentes natureza. Sem entrar nesses questionamentos doutrinais, pode-se afirmar que, no plano referencial, as considerações nas quais a antítese tende a se polarizar referem-se ao distinto fundamento, titularidade e tutela dos dois tipos de direitos.

a) Sobre o primeiro, aqueles que defendem a contradição afirmam o caráter absoluto, necessário e homogêneo das liberdades tradicionais, diante da significação relativa, contingente e heterogênea de alguns direitos sociais, que se multiplicam ao sabor das circunstâncias histórico-políticas.

b) No plano da titularidade, assinala-se que esta corresponde nas liberdades aos indivíduos, enquanto nos direitos sociais é privativa dos grupos.

c) No que diz respeito à tutela, ao mesmo tempo que reconhecem plena eficácia jurídico-positiva às liberdades, mantêm sérias dúvidas sobre os direitos sociais, quando não os negam abertamente. Insiste-se também, nessa esfera, em que, enquanto para a implantação das primeiras basta a abstenção do Estado ou, dependendo do caso, sua mera atividade de vigilância em termos de polícia administrativa, as segundas exigem alguns benefícios estatais cujo desenvolvimento precisa, muitas vezes, do estabelecimento do correspondente serviço público.

Convém observar, de imediato, que essas posturas doutrinais, assim como as que tentam superá-las, não são puramente teóricas, mas se apoiam em determinadas opções políticas que fazem referência direta a maneiras diferentes de conceber o Estado de direito, assim como os pressupostos socioeconômicos que lhe servem de base[69].

Os novos contornos em que hoje se apresenta o direito à intimidade e, especialmente, o problema da tutela diante do processo eletrônico da informação constituem um ponto de enfoque adequado para se entender melhor a origem ideológica da alternativa liberdades-direitos sociais, assim como a necessidade de sua superação nos termos em que está proposta.

4.1. Aspectos sociais das relações entre intimidade e informática

O fenômeno da informática significou uma autêntica revolução no âmbito dos métodos tradicionais para a organização, registro e utilização de informações. A dimensão quantitativa das informações que podem ser armazenadas e transmitidas é de tal magnitude que deu lugar a uma autêntica mudança qualitativa, que obriga a considerar o problema das relações entre intimidade e informação sob um novo prisma.

Essa exigência repercutiu em diversas reuniões internacionais, como o Colóquio de Bruxelas sobre a vida privada e direitos do homem, a Conferência Mundial de Florença sobre a informática no governo ou o Colóquio Interna-

---

[69] Cf. capítulo 5.

cional de Pavia sobre informática e direito[70]. Também suscitou a ação de uma série de comissões parlamentares, cujos trabalhos se consolidaram em diversos projetos de lei e em disposições sobre a matéria. Podem-se citar, a esse respeito, o projeto britânico *Data Surveillance Bill* de 1969, a lei sobre *Datenschutz* do *land* de Hesse de 1970, a *Privacy Act* dos Estados Unidos promulgada em 1974, a lei federal sobre *Datenschutz* da República Federal da Alemanha de 1977, a lei sobre informática, arquivos e liberdades da França de 1978 etc.[71] Cabe comentar, além disso, que o problema recebeu tratamento constitucional nos textos fundamentais de Portugal e da Espanha.

A Constituição portuguesa de 1976 dedica integralmente seu artigo 35 a regulamentar a utilização da informática. Esse texto normativo consta de três parágrafos. No primeiro, se reconhece a todos os cidadãos o direito ao acesso a todas as informações que lhes concernem contidas em registros, assim como o conhecimento do uso a que se destinam, podendo exigir sua retificação e atualização. O segundo afirma que a informática não deve servir para o processamento de dados relativos às convicções políticas, às crenças religiosas ou à vida privada, exceto os que interessam ao tratamento, com fins estatísticos, de dados não identificáveis. Por sua vez, o terceiro contém uma proibição de atribuir aos cidadãos um número nacional único[72].

Na Constituição espanhola, o artigo 18.4, enquadrado na seção I do capítulo II do título I, relacionado aos direitos fundamentais e às liberdades públicas, prescreve: "A lei limitará o uso da informática para garantir a honra e a intimidade pessoal e familiar dos cidadãos e o pleno exercício de seus direitos."

Se se comparam os dois preceitos, fica evidente a melhor elaboração técnica do texto português, que engloba em um único artigo os problemas mais urgentes que suscitam as relações entre intimidade e informática.

Na Espanha, o fato de ter outorgado nível constitucional a essa questão significa um grande avanço em relação à situação anterior. No entanto, o enquadramento do preceito no âmbito das liberdades públicas e o restrito alcan-

---

[70] Cf. *Vie privée et droits de l'homme*. Actes du Troisième Colloque International sur la Convention Européenne des Droits de l'Homme (Bruxelas, 30 de setembro-3 de outubro de 1970), Bruxelas, Bruylant, 1973; *Working Papers of First World Conference on Informatics in Government*, Florença, 1972; Actes du Colloque International sur Informatique et Droit. Efficacité des Techniques Informatiques dans le domaine de la défense sociale et garanties des Droits Individuels (Pavia, 15-17 de setembro de 1972), Roma, Centro Nazionale di Prevenzione e Difesa Sociale, 1974; Commission Internationale des Juristes, "La protection de la vie privée", in *RISS*, 1972, n. 3, pp. 431 ss.

[71] Cf. o capítulo 9, item 2.

[72] O texto português prescreve literalmente: "*Utilização da informática*. 1. Todos os cidadãos têm o direito de tomar conhecimento do que constar de registros mecanográficos a seu respeito e do fim a que se destinam as informações, podendo exigir a retificação dos dados e a sua atualização. 2. A informática não pode ser usada para tratamento de dados referentes a convicções políticas, fé religiosa ou vida privada, salvo quando se trate do processamento de dados não identificáveis para fins estatísticos. 3. É proibida a atribuição de um número nacional único aos cidadãos." Cf. J. A. BARREIROS, "Informática, liberdades e privacidade", in *Estudos sobre a Constituição*, Lisboa, 1977, vol. I, pp. 119 ss.

ce expresso de seu conteúdo à órbita pessoal e familiar significa – e é o que vou tratar de evidenciar adiante – uma proposição fragmentária e individualista da complexa série de questões de cunho pessoal e social que hoje se debatem e suscitam no âmbito das relações entre intimidade e informática. De fato, entendo que na redação desse parágrafo o bem jurídico protegido – a intimidade – aparece concebido, dentro de algumas linhas individualistas, como um direito do indivíduo à solidão e "a ter uma esfera reservada na qual possa desenvolver sua vida sem que a indiscrição alheia tenha acesso a ela", segundo a definição proposta por Georgina Batlle em 1972[73]. Existe, portanto, o perigo de que uma exegese literal deixe fora do âmbito dessa norma constitucional os aspectos sociais e coletivos da questão tendentes a possibilitar às pessoas e aos grupos o acesso às informações que os afetam diretamente. Por outro lado, uma vez que na sociedade moderna a capacidade de atuação política encontra-se estreitamente relacionada com o acesso e o controle da informação, um equilíbrio sociopolítico exige que se garantam aos grupos sociais formas de participação nos materiais arquivados nos bancos de dados.

Por isso, o problema mais urgente que suscita a proteção da intimidade diante da informática não é tanto impedir o processamento eletrônico de informações, que são necessárias para o funcionamento de qualquer Estado moderno, mas sim assegurar um uso democrático da *information technology*.

Convém lembrar, a esse respeito, que até a Revolução Francesa a informação que os Estados possuíam de seus cidadãos era praticamente nula. Era a Igreja que, pelo contrário, possuía um registro de seus fiéis a partir da inscrição de seu batismo, casamento, falecimento...[74]. À medida que a complexidade funcional do Estado se desenvolve, aumenta a necessidade de documentação por parte do Estado, necessidade que pôde realizar a extremos até pouco tempo inimagináveis, graças aos computadores. Mencionou-se, no plano anedótico, que a informação estatal capaz de chegar aos segredos mais profundos dos cidadãos substituiu, nas sociedades secularizadas de nosso tempo, aquele medo, próprio das sociedades religiosas primitivas, de um "olho de Deus" que penetra no mais recôndito do espírito humano. O certo é que a informação é poder e que sem ela qualquer governo moderno seria incapaz de cumprir seus objetivos. No entanto, o uso indevido ou abusivo da tecnologia informática por parte do executivo ou de determinados grupos privados ameaçaria de morte o desenvolvimento das instituições democráticas; daí a necessidade de fórmulas que garantam seu controle social.

Em outras palavras, trata-se de estabelecer, entre outras questões:

1º Quem serão os sujeitos gestores da informática ou, em outros termos: Deve-se reconhecer uma informática privada juntamente com a pública? Em caso afirmativo, que limites devem ser estabelecidos para ela? E, em todo o

---

[73] G. BATLLE, *El derecho a la intimidad privada y su regulación*, Alcoy, Marfil, 1972, p. 191.

[74] FROSINI, "L'informazione pubblica e la riservatezza privata", *RT*, 1973, n. 1-2, pp. 5 ss.

caso, a que estrutura deve responder o órgão ou órgãos públicos detentores da informática?

2º Que métodos serão empregados para a elaboração das informações?

3º Através de quais instrumentos jurídicos será regulamentado o acesso das pessoas e grupos à informação que mais diretamente lhes diz respeito, e através de que órgãos se estabelecerá o controle democrático da informática[75].

Nos países com maior progresso tecnológico, tratou-se com maior ou menor êxito de dar respostas a essas questões. Na Espanha, urge também evitar que o desenvolvimento tecnológico produza uma modificação do poder em uma única direção, para ser monopólio de alguns grupos e não patrimônio de toda a população. Em todo o caso, convém insistir em que a atitude diante da tecnologia não deve ser puramente negativa ou defensiva. A esse respeito, Spiros Simitis observou, na Alemanha, que a informática pode converter-se em um veículo de enorme potencialidade para tornar efetivas as regulamentações mais avançadas da política social[76]. Trata-se, portanto, de assegurar o controle democrático e o exercício social da tecnologia de informática.

4.2. Apresentação do tema na Constituição espanhola de 1978

Para atenuar a carência de uma alusão expressa no articulado da Lei Superior espanhola aos aspectos sociais e políticos relacionados com a tensão intimidade-informática, deve-se recorrer ao previsto no artigo 105.*b*), situado no título IV referente ao governo e à administração, em que se dispõe que a lei regulará "o acesso dos cidadãos aos arquivos e registros administrativos, salvo no que afete a segurança e defesa do Estado, a averiguação de delitos e a intimidade da pessoa".

Ainda que esse artigo não faça referência expressa à informática, é evidente que os bancos de dados não são mais que uma variedade, sem dúvida a mais importante, dentro dos registros de informações administrativas. Pretendeu-se objetar essa proposição com base no fato de que o artigo 105.*b*), antes de ser relacionado com o artigo 18.4, deve ser vinculado preferencialmente com o artigo 20.1.*d*), como concretização do direito a se informar em relação ao qual a intimidade atua como limite[77]. Essa postura tem o inconveniente de evitar os novos traços caracterizadores da intimidade, que, como se indicou, não comporta apenas a faculdade de rejeitar as invasões da esfera privada, mas supõe o reconhecimento de um direito ao controle que exige, precisamente, o

---

[75] Cf. L. Lombardi Vallauri, "Democraticità dell'informazione giuridica e informatica", *ID*, 1975, n. 1, pp. 1 ss.; e minha coletânea *Cibernética, informática y derecho. Un análisis metodológico*, Bolonha, Publicaciones del Real Colegio de España, 1976, pp. 25 ss.

[76] S. Simitis, *Informationskrise des Rechts und Datenverarbeitung*, Karlsruhe, Müller, 1970, pp. 54-5.

[77] G. Garzón Clariana, "La protección jurídica de los datos de caráter personal", *1ª Instancia. Revista de Derecho*, 1982, n. 2, março, p. 15.

acesso às informações. Por outro lado, convém recordar que as atuais posturas hermenêuticas sobre os direitos fundamentais coincidem em propiciar a interpretação sistemática dos textos constitucionais; o que significa abandonar qualquer enfoque que trate as distintas normas integradoras das Constituições como *disjecta membra*, pois exige contemplar o sistema dos direitos fundamentais como uma unidade orgânica entre cujos elementos se dá um íntimo e necessário condicionamento recíproco[78]. No caso de que nos ocupamos, a Constituição espanhola não somente propicia a inter-relação entre os artigos 18.4 e 105.*b*), mas explicitamente estabelece também um vínculo entre os artigos 18 e 20.4 ao impor como limite para o exercício da liberdade de informação o respeito à intimidade; ideia que se repete quando o artigo 105.*b*), após reconhecer o acesso às informações contidas em arquivos administrativos, mantém a restrição do que afeta a intimidade da pessoa. Dá-se, assim, um peculiar "círculo hermenêutico" em virtude do qual o direito à intimidade remete ao controle da informação, um de cujos aspectos mais importantes se concretiza na possibilidade de acesso aos registros públicos, mas, ao mesmo tempo, a faculdade de informação tem como limite a intimidade da pessoa.

Em todo o caso, o tratamento constitucional das relações entre intimidade e informática não pode ser considerado plenamente satisfatório. O caráter fragmentário com que se regulamentou essa problemática não só contém uma falha sistemática, mas possui uma grande relevância prática. Realmente, o fato de ter situado os artigos comentados não apenas em capítulos ou títulos, mas até em partes distintas da Constituição – o 18.4 encontra-se inserido na parte dogmática, enquanto o 105.*b*) está englobado na parte orgânica –, assinala importantes diferenças em relação aos meios de tutela. Pois, segundo o disposto nos artigos 53 e 54, o previsto no artigo 18.4 se beneficia da garantia outorgada às liberdades públicas (aplicabilidade imediata diante dos tribunais, possibilidade de mandado de segurança, tutela através do defensor do povo...), assim como o artigo 105.*b*) pode suscitar dúvidas a respeito dos mecanismos de proteção das faculdades que nele se reconhecem.

Convém ter presente que tanto o artigo 18.4 como o artigo 105.*b*) remetem à lei para delimitar o alcance e o desenvolvimento de seu conteúdo. Trata-se de uma remissão que se repete com maior frequência do que o desejável no texto constitucional espanhol, que protela reiteradamente a regulamentação de numerosos direitos e instituições à ulterior legislação orgânica ou ordinária. Essa prática não deixa de ter perigos em questões que, como a que afeta as relações entre intimidade e informática, entram plenamente no estatuto dos

---

[78] Minha tese apresentada pela primeira vez no artigo "La protección de la intimidad frente a la informática en la Constitución espanhola de 1978", *REP*, 1979, n. 9, pp. 59 ss., em que são referidas as observações críticas de G. GARZÓN, foi posteriormente seguida por J. M. SERRANO ALBERCA, que compartilha minha argumentação no sentido de que a regulamentação constitucional do art. 18.4 "completa-se com o conteúdo do art. 105.*b*) da Constituição, que estabelece o acesso dos cidadãos aos arquivos e registros administrativos". "Art. 18", in *Comentarios a la Constitución*, org. por F. Garrido Falla, Madri, Civitas, 1980, p. 245. Ver também meu trabalho "Informática y libertad. Comentario al art. 18.4 de la Constitución", *REP*, 1981, n. 24, pp. 46-7.

direitos fundamentais, grande parte de cujo conteúdo permanece, assim, desconstitucionalizado. De fato, segundo o disposto na própria Constituição (art. 18.2), para a aprovação das leis orgânicas basta a maioria absoluta do Congresso, com o que, nas palavras de Pedro de Vega: "Uma boa parte da normativa constitucional ficará submetida aos altos e baixos eleitoralistas e ao jogo dos partidos. O que significa, além disso, que as pretensões de criar estruturas democráticas de poder podem ser frustradas."[79]

A partir dessas premissas, é evidente o caráter parcial e fragmentário da regulamentação contida nos artigos 18.4 e 105.b) da Constituição espanhola. O primeiro desses artigos, por contemplar unicamente um aspecto da tensão intimidade-informática, deixando de lado numerosas implicações do fenômeno tecnológico, ao destacar sua dimensão individual em detrimento de sua projeção política e coletiva. Quanto ao artigo 105.b), porque, embora possa servir de base para um desenvolvimento legislativo que possibilite o acesso dos cidadãos aos bancos de dados oficiais, não prevê a extensão dessa faculdade aos centros informáticos de caráter privado, nem menciona o *modus operandi* e a estrutura desses centros, nem seu controle democrático. Novamente deve-se insistir no caráter fragmentário e parcial com que esse assunto é abordado na Lei Superior espanhola.

O motivo dessa regulamentação constitucional talvez tenha que ser buscado na manutenção da velha ruptura entre liberdades e direitos sociais, própria da lógica individualista. Em seu trabalho de juventude "Zur Judenfrage", Marx denunciou lucidamente a prática burguesa que produzira uma cisão entre os direitos do homem, como mônada isolada, possuidor de bens e sujeito de relações econômicas no âmbito da sociedade civil, e os direitos do cidadão, como membro da sociedade politicamente organizada. De forma que, para

---

[79] P. DE VEGA, "Los órganos del Estado en el contexto político-institucional del proyecto de Constitución", in *La Costituzione Spagnola nel trentennalle della Costituzione Italiana*, Bolonha, Arnaldo Forni, 1978, p. 15. A remissão à legislação orgânica, no caso do art. 18.4, e ordinária, no do 105.b), teve repercussões negativas na prática jurisprudencial. Assim, o TS (sala 3ª), em sentença de 16 de outubro de 1979, manteve a tese de que quando o próprio texto constitucional do art. 105.b) dispõe expressamente que "uma lei regule o acesso dos cidadãos aos arquivos e registros administrativos, indubitavelmente está se manifestando, pelo próprio legislador, que para a aplicação de tal princípio constitucional são necessários preceitos complementares que o desenvolvam e limitem, porque todas as normas declarativas de princípios básicos precisam de uma regulamentação complementar, de desenvolvimento e aplicação concreta...". Assinalando, ao mesmo tempo, que: "O princípio de publicidade que consagra o art. 105 da Constituição exige uma lei que o regule, e, enquanto ela não for elaborada e publicada, não se pode pôr o governo diante de uma lacuna legal, para resolver as situações jurídicas que se produzirem." Como é facilmente observável, se essa interpretação restritiva tivesse prosperado, grande parte do estatuto dos direitos fundamentais consagrados na Constituição (exceto os reconhecidos em seu capítulo II do título I) ficaria relegada à inoperância. Contestando, com bom senso, essas opções hermenêuticas, o TC, em sua sentença de 18 de junho de 1981, firmou a doutrina, precisamente em relação ao art. 105, segundo a qual: "Deve-se assinalar que a reserva de lei que efetue nesse ponto o art. 105 da Norma Fundamental não tem o significado de adiar a aplicação dos direitos fundamentais e liberdades públicas até o momento em que se dite uma lei posterior à Constituição, pois em todos os casos seus princípios são de aplicação imediata."

Marx, só mediante a emancipação total humana se superam os limites dessa ruptura[80]. Uma ruptura que em seguida se perpetuou através da dicotomia liberdades individuais-direitos sociais. No entanto, essa ruptura mostra-se inadequada para uma regulamentação completa e unitária de problemas tais como os que hoje suscitam as relações entre intimidade e informática, que destroem os velhos esquemas que convertiam em compartimentos estanques o individual e o social, o pessoal e o coletivo, o público e o privado.

Por isso urge evitar, a qualquer preço, que as disposições que devem desenvolver os artigos 18.4 e 105.*b*) consagrem a tipificação de ruptura que hoje se observa no tratamento deste tema. Ao regulamentar separadamente aspectos de um mesmo problema e ao ignorar outras implicações desse problema que, como vimos, constituem hoje dimensões centrais da questão, perdeu-se uma ótima oportunidade de estabelecer com categoria constitucional as premissas para um enfoque correto dessa problemática. Por isso, seria desejável reconduzir a uma lei orgânica única todos os temas relacionados com as implicações individuais e coletivas da informática, capaz, portanto, de assumir as distintas esferas nas quais atualmente se apresentam suas repercussões.

Tal desenvolvimento legislativo deve ter presente que todos os direitos fundamentais são interdependentes e que sua conexão não depende do dado formal de sua positivação em determinado setor do texto constitucional, mas de sua inter-relação material. Essa conexão aparece como uma necessidade evidente no que diz respeito ao conteúdo dos artigos 18.4 e 105.*b*); aquele aludindo aos aspectos individuais da tensão intimidade-informática, e este apontando algumas de suas repercussões sociais, no plano das relações entre os particulares e o governo, que sem dúvida devem ser completadas.

Além disso, o próprio artigo 18.4, que em sua formulação literal destina-se unicamente a limitar o uso da informática como garantia da intimidade pessoal e familiar, estende expressamente esse limite para todo uso da informática que possa atentar contra o pleno exercício dos direitos dos cidadãos. Essa alusão, que em seu contexto parece circunscrever-se à esfera individual, pode, em virtude de sua própria ambiguidade, permitir uma interpretação ampla e progressiva ou, se se preferir, alternativa do preceito. Tal interpretação em sentido social e coletivo seria avalizada não apenas pelo mencionado artigo 105.*b*), mas também pelo artigo 10.1 do texto fundamental espanhol que resume na dignidade da pessoa, em seus direitos e no livre desenvolvimento da personalidade o fundamento da ordem política, assim como no 9.2, que exige dos poderes públicos a remoção dos obstáculos que impeçam ou dificultem o exercício efetivo da liberdade e da igualdade pelo indivíduo e pelos grupos. Abre-se, pois, ao legislador espanhol a importante e indispensável tarefa de dar rápida resposta às urgentes questões que a informática suscita em relação ao efetivo usufruto dos direitos fundamentais. Pois é evidente que, na sociedade tecnológica de nosso tempo, um desenvolvimento pleno da personalidade exige a

---

[80] MARX, "Zur Judenfrage", in *Marx-Engels Werke*, Berlim, Dietz, 1961, vol. I, pp. 362 ss.

remoção daqueles obstáculos, como os que se referem ao uso indevido da informática ou a seu monopólio por determinados grupos em detrimento da sociedade inteira, que condicionam decisivamente o exercício da liberdade e da igualdade por parte de todos os cidadãos. Para isso, como se depreende desta exposição, são insuficientes as proposições puramente defensivas diante dos avanços da tecnologia, uma vez que, no mundo atual, o progresso tecnológico é também um veículo de sinal abertamente positivo para a implantação dos direitos fundamentais. Da mesma forma, será imperfeita qualquer proposição fragmentária tendente a consagrar normativas distintas para regulamentar as dimensões individual e coletiva da tensão entre informática e direito à intimidade.

Convém, finalmente, ter presente que a experiência política de outros países está repleta de exemplos nos quais a remissão constitucional à legislação orgânica se traduziu, na prática, em um prolongado atraso para a fixação do estatuto jurídico das instituições objeto da remissão. Atraso que por vezes foi motivado pelas próprias vicissitudes parlamentares e outras vezes pela atitude dos partidos majoritários deliberadamente interessados em adiar *sine die* tal formulação. Este é outro dos perigos que implica o abuso de remissões à legislação orgânica, principalmente em matérias tão importantes como a fixação do estatuto dos direitos fundamentais. Por isso, imediatamente a magistratura, sobretudo o Tribunal Constitucional, deverá realizar um trabalho sistemático e complementador das disposições constitucionais referentes às relações entre informática e intimidade, na forma mais adequada para o pleno exercício dos direitos fundamentais por parte de todos os cidadãos. Cabe também esperar que a instituição defensor do povo possa desempenhar uma função de controle, no sentido democrático, da informática para que suas cada vez maiores repercussões redundem numa ampliação e não no prejuízo do exercício da liberdade.

Em todo o caso, seria muito proveitosa para o estatuto dos direitos fundamentais uma atitude do legislador, da magistratura e da doutrina inclinada a extrair a maior potencialidade daqueles postulados da norma constitucional (especialmente dos arts. 9.2 e 10.1, já mencionados), que situam na noção de pessoa humana, na integridade de suas necessidades e experiências o critério hermenêutico básico para uma prática superadora da ruptura entre liberdades individuais e direitos sociais. Entendendo-o assim, será possível uma proposição correta das relações informática-intimidade, baseada no princípio de que liberdade e igualdade, indivíduo e coletividade, não constituem opiniões excludentes.

CAPÍTULO 9

O DIREITO À INTIMIDADE NA SOCIEDADE DA INFORMAÇÃO

1. APRESENTAÇÃO: A PRIVACIDADE EM UMA SOCIEDADE PÚBLICA

O livro de Richard Hixson *Privacy in a Public Society*[1] possui a virtude de ter expresso, desde o próprio título, a paradoxal ambivalência em que hoje se debate o direito à intimidade: a avassaladora invasão do público de todas as esferas da vida humana e, como contraponto, a exigência premente de preservar determinados espaços para a sobrevivência dos indivíduos.

Ernesto Garzón Valdés capta corretamente as chaves da conjuntura presente, quando se refere a esse radical conflito entre privacidade e publicidade, para cuja solução não existem regras fixas predeterminadas e imutáveis, o que obriga a buscar a solução mais plausível para cada caso, "sabendo que, em algumas circunstâncias, pode-se tratar de uma escolha trágica com tudo o que isso implica do ponto de vista moral"[2].

Um dos traços mais característicos de nossa época é, sem dúvida alguma, o da progressiva publicização da vida. As sociedades atuais cada vez deixam menos espaços para a existência privada, solitária, separada da ingerência ou da indiscrição do público. Os sinais do tempo presente parecem fadados ao ruído e ao tumulto, diferentemente do silêncio e da solidão que, em épocas anteriores, eram considerados aspectos qualitativos da vida. Nessas condições, o reduto do privado tornou-se paulatinamente vulnerável e se vê obrigado a recuar e a se tornar exíguo, diante da invasão do público.

Nas sociedades avançadas do presente é fácil perceber um fluxo de vida "para fora", que absorve quase por completo todos os aspectos da existência humana, e o refluxo, protagonizado pelos cidadãos mais sensíveis à defesa de

---

[1] R. F. Hixson, *Privacy in a Public Society*, Nova York/Londres, Oxford University Press, 1987.

[2] E. Garzón Valdés, "Privacidad y publicidad", in *Filosofía, política, derecho. Escritos seleccionados*, org. por J. de Lucas, Valência, Publicaciones de la Universidad de Valencia, 2001, p. 316.

sua dignidade e liberdade, tendente a uma vida "para dentro". Esses cidadãos e organizações cívicas lutam para responder a esse assédio do público à privacidade. Combatem a "padronização" das formas de vida, o fomento de personalidades porosas, cujas ideias, preferências e atitudes deixam de ser autônomas e tornam-se pautas fungíveis e intercambiáveis. Tratam, em suma, de evitar que as personalidades privadas terminem por se dissolver na categoria coletiva e anônima do público. Esses movimentos cívicos propõem denunciar e se opor aos processos de expropriação e colonização do âmbito privado pelo público. Opõem-se à cessão imotivada e irrestrita de suas informações pessoais, ao mesmo tempo que reivindicam esferas privadas nas quais possam desenvolver livre e plenamente sua personalidade.

Talvez o aspecto mais paradoxal da presente situação seja o que provém da necessidade de garantir o âmbito privado através da ação do poder público. Erhard Denninger e Owen Fiss referiram-se à mudança de rumo a que hoje se assiste na proteção dos direitos fundamentais. No passado considerava-se que o Estado era a maior ameaça real e potencial das liberdades, o transgressor mais perigoso que pairava sobre o exercício dos direitos. Atualmente, para a defesa de quase todas as liberdades se faz necessário contar com a tutela dos poderes públicos. Essa exigência de intervenção pública suscita, portanto, esse paradoxo fundamental lucidamente expresso por Denninger: "O mesmo poder estatal para cujo limite surgem os direitos fundamentais é, por fim, o único que pode proteger eficazmente tais direitos."[3] A mesma ideia foi reiterada por Fiss, com estas palavras: "A presunção tradicional contra o Estado induz a erro, e o Estado pode converter-se em um amigo da liberdade, em lugar de seu inimigo."[4]

Seria um erro, por transgredir a realidade das coisas, interpretar essas corretas advertências no sentido de que, no tempo presente, cessou totalmente o risco de violação estatal dos direitos. Mais de acordo com os sinais da situação atual, é admitir que o poder público ganhou perigosos rivais na limitação das liberdades, especialmente do direito à vida privada. Hoje são os poderes públicos das sociedades democráticas os aliados necessários dos cidadãos no esforço para impor limites a intromissões abusivas de poderes privados no âmbito da intimidade individual. Em nossa época, os todo-poderosos meios de comunicação se veem no direito de invadir nossa privacidade, para julgá-la e sentenciá-la, em regime de absoluta impunidade. Os grandes poderes econômicos, as macrocorporações e as multinacionais criaram um mercado da privacidade, no qual se compram e vendem informações pessoais que afetam milhões de cidadãos em escala planetária. Nessas condições, a luta dos cidadãos por defender ou resgatar sua privacidade, se não conta com o apoio de organismos públicos nacionais e internacionais, está fadada ao fracasso.

---

[3] E. DENNINGER, *Menschenrechte und Grundgesetz. Zwei Essays*, Weinheim, Beltz Athenäum, 1994, p. 11.

[4] O. FISS, *La ironía de la libertad de expresión*, trad. esp. de V. Ferreres e J. Malem, Barcelona, Gedisa, 1999, p. 12.

2. O DIREITO À INTIMIDADE: DILEMAS DE UM CONCEITO

As considerações apresentadas em torno dos aspectos atuais da vida privada se prolongam, com estrita afinidade, na consideração da própria vida privada como direito. Existe, de fato, um método de comprovada eficácia para medir o índice de atualidade dos distintos direitos fundamentais. Apresso-me em reconhecer que se trata de um método dramático: resume-se em comprovar a frequência e a intensidade com que cada direito é violado. É, de qualquer forma, um método de acordo com a própria tematização das liberdades, que impõem a reivindicação e a crítica e é incompatível com atitudes conformistas ou autocomplacentes. Por esse caminho negativo, que computa agressões em vez de avaliar os graus de satisfação e usufruto das liberdades, cumpriu-se a premonição de um famoso voto dissidente em uma sentença de 1928 da *Supreme Court* norte-americana. Nela se afirmava que a intimidade era o direito mais apreciado pelos homens civilizados (*"The right most valued by civilized men"*)[5]. Essa tese foi corroborada pelo relatório britânico, elaborado em 1971 pelo *Younger Committee on Privacy*. Nesse relatório se estabelece que a opinião pública dos países desenvolvidos põe o respeito à vida privada em um lugar prioritário de suas aspirações de proteção dos direitos humanos[6].

Essas aspirações encontram-se plenamente justificadas se se tem presente que a intimidade é o direito fundamental com maior número de modalidades de eventual transgressão e um dos que conta com maior quantidade de vítimas reais ou potenciais. Basta recordar que o professor da Universidade de Oslo, Jon Bing, chegou a enumerar até quatrocentos tipos de possíveis violações da privacidade[7]. Com relação à quantidade de sujeitos passivos dessas violações, temos uma experiência próxima. O escândalo que nos últimos meses agitou a opinião pública espanhola, em relação ao tráfico informatizado de dados de caráter pessoal, representa a confirmação desse risco. Os 21 milhões de cidadãos espanhóis, imediata ou potencialmente, agredidos em sua vida privada abrem uma brecha na inconsciência cívica e política sobre os perigos que hoje espreitam o exercício do direito à intimidade[8]. Desde os anos 1970 é notório que bancos de dados do setor público norte-americano, pertencentes ao Pentágono, à CIA ou ao FBI, processam informações sobre atitudes individuais e comportamento político que afetam milhões de cidadãos. Enquanto as agências de informação comercial e de crédito armazenam dados pessoais concer-

---

[5] L. D. Brandeis, *Mr. Justice L. D. Brandeis Disserting Opinion* no processo *Olmstead v. United States*, 1928, in J. H. F. Shattuck (org.), *Rights of Privacy*, Skokie (Illinois)/Nova York, National Textbook Company & American Civil Liberties Union, 1977.

[6] Younger Committee on Privacy (1971): *Price of Privacy*, Londres, Privacy Committee of the Society of Conservative Lawyers, 1971, p. 36.

[7] J. Bing, "Personal Data Systems. A Comparative Perspective on a Basic Concept in Privacy Legislation", *Information Privacy*, vol. 2, 1980, p. 31.

[8] A. E. Pérez Luño, "La LORTAD y los derechos fundamentales", *Derechos y Libertades*, n. 1, 1993, pp. 405-24.

nentes a centenas de milhões de indivíduos, muitos dos quais não são cidadãos norte-americanos devido ao caráter multinacional dessas empresas[9].

Parece ser tributo inevitável dos conceitos e categorias mais recorrentes na teoria jurídica padecer de um déficit de intensão conceitual proporcionalmente inverso a sua extensão de uso. Essa tendência pode predicar-se da noção de intimidade, utilizada na nossa mais que em qualquer outra época, mas com tal grau de indeterminação e equivocidade que dificulta precisar seu sentido e seu alcance jurídico. A isso se referia Vitalis ao considerar a intimidade um conceito indecifrável[10]; ou Hixson, que atribuía a impossibilidade de precisar seu conteúdo à assiduidade e à amplitude de seu emprego[11]. Essas ambiguidades significativas gravitam sobre a própria possibilidade e eficácia das bases jurídicas de proteção dos bens ou valores que se pretende tutelar sob esse impreciso termo de referência.

A intimidade não tem um único perfil como os antigos relevos do Egito ou da Assíria; ao efetuar sua análise, sucedem-se uma série de bifurcações ou dilemas. Admitindo-se que dilema é o argumento que se divide em duas opções, e por isso sua denominação clássica de *syllogismus cornutus* por comportar dicotomias ou alternativas, não parece ocioso projetar uma proposição dilemática à consideração atual da intimidade. As realizações doutrinais do tempo presente, mais propenso a argumentar em termos de conjecturas abertas que de certezas dogmáticas, propiciaram uma revalorização teórica do dilema. Na doutrina moral adquiriu notoriedade o "dilema do prisioneiro" proposto por Derek Parfit[12]; além disso, recorre-se à noção de dilema para designar os conflitos deônticos (paranomias) entre regras de um mesmo ou de distintos sistemas normativos[13]. Enquanto no plano jurídico Gunther Teubner usou essa categoria no título de uma importante coletânea sobre as funções do direito no Estado de bem-estar: *Dilemmas of Law in the Welfare State*[14] e referiu-se ao "trilema regulatório", que se propõe à atividade legislativa como exigência de pôr em relação três sistemas autônomos: o jurídico, o político e o do setor social que pretende disciplinar[15].

O dilema preliminar e básico a que deve fazer frente qualquer consideração jurídica da intimidade é, precisamente, o de se é possível um conceito jurídico de intimidade. O termo "intimidade" tem sua raiz etimológica no vocá-

---

[9] Cf. A. MILLER, *The Assault on Privacy*, Ann Arbor, The University of Michigan, 1971; A. WESTIN, *Privacy and Freedom*, Nova York, Atheneum, 1967; A. WESTIN e M. BAKER, *Databanks in a Free Society*, Nova York, Quadrangle Books, 1972.

[10] A. VITALIS, *Informatique, pouvoir et libertés*, Paris, Economica, 1981, p. 151.

[11] R. F. HIXSON, op. cit., pp. 60 ss.

[12] D. PARFIT, "Prudence, Morality, and Prisioner's Dilemma", *The Proceedings of the British Academy*, vol. LXV, 1979, pp. 539-64 (existe trad. esp. de G. Gutiérrez, Madri, Facultad de Filosofía de la Universidad Complutense, 1991).

[13] R. BARCAN MARCUS, "Moral Dilemmas and Consistency", *Mind*, n. 77, 1980, pp. 121 ss.

[14] G. TEUBNER, *Dilemmas of Law in the Welfare State*, Berlim, Walter de Gruyter, 1985.

[15] G. TEUBNER, "Das Regulatorische Trilemma", *Quaderni Fiorentini per la Storia del Pensiero Giuridico*, vol. 13, 1984, pp. 110-33.

bulo latino *intimus*, que evoca a ideia do mais interno ou recôndito. Intimidade será a interioridade da pessoa, como disposição peculiar do ser humano à introspecção, ao recôndito e secreto. Não é à toa que o termo alemão "*Geheim*", isto é, o secreto ou reservado, evoca etimologicamente aquele que se encerra no lar; e tem seu correlato no adágio inglês: "*My home is my Castle.*" Partindo dessas premissas, desemboca-se inevitavelmente na identificação da intimidade com a solidão e o isolamento. No famoso trabalho pioneiro *The Right to Privacy*, publicado no ano de 1890, em que Samuel Warren e Louis Brandeis assentam as bases técnico-jurídicas da noção de *privacy*, a concebem como um direito à solidão, como a faculdade "*to be let alone*"; como a garantia dos indivíduos diante de qualquer invasão do sagrado recinto de sua vida privada e doméstica[16]. De modo análogo, em seu excelente *Ensayo sobre la vida privada*, editado pela primeira vez em 1935, Manuel García Morente não hesita em sustentar que: "A solidão é a forma mais perfeita da vida privada."[17]

Desse ponto de vista, tanto para García Morente como para Ortega, a intimidade tem como condição essencial o ensimesmamento; "o poder que o homem tem de se retirar virtual ou provisoriamente do mundo e colocar-se dentro de si". Esse conceito de intimidade, que corresponde ao que na terminologia heideggeriana popularizada na filosofia do direito por Werner Maihofer representa a esfera do *Selbstsein*, situa a definição da intimidade no plano da autoconsciência, da identidade e da própria personalidade do indivíduo[18]. A intimidade, nesta acepção, "requer para ser vivida essa base de insubornável personalidade"[19].

Essa noção filosófica de intimidade foi progressivamente descartada em suas projeções jurídicas. Nelas não cabe operar com uma noção de intimidade circunscrita a um "*ius solitudinis*". A elaboração jurídica da privacidade inclinou-se a transportá-la da esfera da solidão para a das relações sociais. Um conceito da intimidade que não ultrapassasse o âmbito da alteridade e do *Mitsein*, isto é, a esfera da "convivência", careceria de relevância jurídica. O problema da intimidade se apresenta em relação às manifestações ou incidências exteriores *de* ou *em* nossa vida privada, cujo exercício está garantido juridicamente. Isso mostra que o problema da intimidade como tal ou é um problema jurídico ou não existe; trata-se de um problema jurídico que, de fato, tem uma raiz filosófica, mas que no momento em que incide nas relações com os demais, isto é, quando começa a ser problemático, torna-se jurídico.

---

[16] S. D. WARREN e L. D. BRANDEIS, "The Right to Privacy", *Harvard Law Review*, n. 4, 1890-91, pp. 193 ss.

[17] M. GARCÍA MORENTE, *Ensayo sobre la vida privada (1935)*, citada pela nova edição, Madri, Facultad de Filosofía de la Universidad Complutense, 1992, p. 49. Aborda também o conceito do íntimo, embora com menos força e profundidade, H. BEJÁR, *El ámbito íntimo. Privacidad, individualismo y modernidad*, Madri, Alianza, 1988, pp. 141 ss.

[18] W. MAIHOFER, *Rechtsstaat und menschliche Würde*, Frankfurt a. M., Klostermann, 1968, pp. 10 ss.

[19] M. GARCÍA MORENTE, op. cit., p. 36.

Essas circunstâncias levam a um inevitável dilema conceitual: se se deseja manter a fidelidade à significação originária da intimidade, é preciso situá-la na esfera do "foro interno", da solidão, do ensimesmamento e do autoconfinamento pessoal, mas então esse conceito corre o risco de ficar no plano do inefável e carece de qualquer operatividade jurídica; se, pelo contrário, tomamos como ponto de referência suas implicações e projeções intersubjetivas no âmbito do "foro externo", paira a ameaça de deformar a intimidade, de coisificá-la, de diluí-la em um conjunto de tópicos sociais e, em suma, de alienar a intimidade em seu antônimo, isto é, na "alteração"; ou seja, em que deixe de ser si mesma para se ver usada, conduzida e tiranizada "pelo *outro*"[20].

Existe algum ponto de mediação entre essas polaridades de um dilema, aparentemente irredutível? Pessoalmente acredito que sim. A concepção da intimidade como isolamento e ensimesmamento não é necessariamente incompatível com suas projeções sociais, se a consideramos um primeiro momento de seu processo formativo. Esse "*intus*" ou fase solitária e interna da intimidade seria constituído por ideias que reclamariam sua ulterior exteriorização em ações. O ensimesmamento confinado em si mesmo apenas seria capaz de fabricar mundos interiores, fantasmagorias condenadas a degenerar em puro solipsismo. Para realizar-se plenamente, a dimensão interna e ensimesmada da intimidade precisa extroverter-se; porque, para dizê-lo com as palavras de García Morente, "a convivência nos é indispensável, [...] nossa vida, para viver, necessita apoiar-se em outras vidas"[21]. Essa abertura à convivência se exerce através das formas de comunicação e da linguagem que se integram e socializam o mais íntimo de nosso ser e, nesse sentido, conclui Ortega: "O ser mais íntimo de cada homem já está configurado, modelado por determinada sociedade."[22] Entre outras coisas, porque a própria noção de intimidade ou de privacidade é uma categoria cultural, social e histórica. Essa dimensão aberta, social e dinâmica da intimidade encontra-se corroborada, em sua projeção jurídica, a partir de premissas doutrinais, legislativas e jurisprudenciais.

1) No âmbito *doutrinal*, passou-se de uma concepção fechada e estática da intimidade para outra aberta e dinâmica. O conteúdo da primeira, identificada como "*ius solitudinis*", podia ser perfeitamente explicado com as modalidades deônticas de Wesley Newcomb Hohfeld[23]; quer dizer, como pretensão, liberdade, poder e imunidade para dispor de um âmbito de vida pessoal subtraído a qualquer tipo de intromissão perturbadora ou, simplesmente, não desejada. No entanto, atualmente essa visão fechada e defensiva da intimidade foi subs-

---

[20] J. ORTEGA Y GASSET, *El hombre y la gente*, in *Obras Completas*, Madri, Alianza Editorial & Revista de Occidente, vol. 7, 1983, p. 83.

[21] M. GARCÍA MORENTE, op. cit., p. 50.

[22] J. ORTEGA Y GASSET, op. cit., p. 50.

[23] W. N. HOHFELD, "Some Fundamental Legal Conceptions as Applied in Judicial Reasoning", *Yale Law Journal*, vol. XXIII, 1913, pp. 16 ss. (existe trad. esp. de G. Carrió, Buenos Aires, Centro Editor de América Latina, 1968).

tituída por uma concepção ativa e dinâmica na qual se contempla a intimidade como a possibilidade de conhecer, acessar e controlar as informações que concernem a cada pessoa.

Em nossa época, a doutrina mudou seu centro de gravidade, ou, se se preferir, a delimitação conceitual do direito à intimidade da faculdade de isolamento para o poder de controle sobre as informações que são relevantes para cada sujeito. Um testemunho eloquente desses novos aspectos da intimidade se depreende da proposição de Adalbert Podlech. Em seu entender, a intimidade, mais que um estado de autoconfinamento, significa determinada qualidade da relação com os outros. Trata-se, portanto, de uma condição ou qualidade social da pessoa, que é objeto de tutela constitucional na medida em que ela pode ter legítimo direito de não revelar aos demais determinados aspectos de suas relações com outras pessoas, que o titular do direito julga que devem permanecer em um plano reservado ou privado. Precisamente essa capacidade de escolha da pessoa sobre a revelação ou não de informações que diretamente lhe concernem constitui o núcleo da *autodeterminação informativa* (*informationelle Selbstbestimmung*) como aspecto básico da intimidade[24]. Essas novas facetas da intimidade, próprias das sociedades avançadas, requerem novos instrumentos de tutela jurídica. A defesa da intimidade em relação ao tratamento automatizado de informações pessoais está garantida por um meio processual denominado *habeas data*. Ao tradicional *habeas corpus* corresponde nas sociedades tecnológicas do presente o *habeas data*, que cumpre uma função paralela, no âmbito dos direitos humanos de terceira geração, àquela que nos de primeira geração correspondeu o *habeas corpus* em relação à liberdade física ou de movimentos da pessoa. De fato, não é difícil estabelecer um acentuado paralelismo entre a "faculdade de acesso" em que se traduz o *habeas data* e a ação exibitória do *habeas corpus*[25].

2) A *legislação* atual em matéria de intimidade mostra uma crescente tendência em direção ao componente externo e social desse direito. Provavelmente a manifestação mais categórica dessa tendência tenha encontrado expressiva fundamentação na Lei Orgânica espanhola 1/1982, de 5 de maio, de proteção civil do direito à honra, à intimidade pessoal e familiar e à própria imagem. Afirma-se nessa disposição que a tutela civil da intimidade "perma-

---

[24] A. PODLECH, "Art. 2 Abs." 1, in *Kommentar zum Grundgesetz für die Bundesrepublik Deutschland (Reihe Alternativkommentare)*, Neuwied/Darmstadt, Luchterhand, 1984, pp. 31 ss. E. DENNINGER, "El derecho a la autodeterminación informativa", trad. esp. de A. E. Pérez Luño, in *Problemas actuales de la documentación y la informática jurídica*, Atas do Colóquio Internacional realizado na Universidade de Sevilha, 5 e 6 de março de 1986, org. por A. E. Pérez Luño, Madri, Tecnos & Fundación Cultural Enrique Luño Peña, 1987. P. LUCAS MURILLO DE LA CUEVA, *El derecho a la autodeterminación informativa*, Madri, Tecnos, 1990. A. E. PÉREZ LUÑO, *Libertad informática y leyes de protección de datos personales*, na coletânea com M. G. Losano e M. F. Guerrero Mateus, Madri, Centro de Estudios Constitucionales, 1989.

[25] A. E. PÉREZ LUÑO, "Intimidad y protección de datos personales: del *habeas corpus* al *habeas data*", in *Estudios sobre el derecho a la intimidad*, org. por L. García San Miguel, 1992, op. cit., pp. 36-45.

necerá delimitada pelas leis e pelos usos sociais atendendo ao âmbito que, por seus próprios atos, cada pessoa mantenha reservado para si mesma ou sua família" (art. 2.1). Essa apelação aos usos, talvez a mais importante contida no ordenamento jurídico espanhol, denuncia a precipitação dos teóricos do direito que haviam expedido o atestado de óbito da normatividade dos usos sociais. O legislador justifica a remissão aos usos como categoria delimitadora da intimidade por considerar que ela é determinada de forma decisiva "pelas ideias que prevalecem em cada momento na sociedade" (Exposição de Motivos). A própria tendência, no direito comparado, da tutela jurídica da intimidade para a da privacidade que pretende traduzir nas culturas europeias a noção anglo-saxã de *privacy*, assim como as categorias dos denominados "dados pessoais" e "aspectos da personalidade", que se projetam sobre um conjunto mais amplo e global de relações intersubjetivas, refletem essa tendência paradoxal para a "socialização da intimidade"[26].

3) Também no plano da *jurisprudência* hoje tende-se a abandonar definitivamente a denominada "teoria das esferas" (*Sphärentheorie*), que tive oportunidade de expor em trabalhos anteriores sobre a vida privada, e com a qual a jurisprudência constitucional da República Federal da Alemanha determinara as bases para a tutela da intimidade. Segundo essa orientação, pode-se estabelecer uma proteção gradual situando os comportamentos em sucessivas esferas de acordo com sua referência social (*Sozialbezug*). Distingue-se assim: 1º uma esfera íntima (*Intimsphäre*), que corresponde ao âmbito mais recôndito e secreto da pessoa; 2º uma esfera privada (*Privatsphäre*), que faz referência à dimensão da vida pessoal e familiar; e 3º uma esfera individual (*Individualsphäre*), que afeta tudo o que define a peculiaridade ou a individualidade de uma pessoa (nome, imagem...). Segundo essa artificiosa distinção, o *Bundesverfassungsgericht* estabelecia uma intensidade de tutela inversamente proporcional à dimensão social da conduta ou atividade afetada[27].

Diante dessa construção abstrata e irreal, advoga-se agora por um sistema de tutela da intimidade baseado não na "intensidade social" da conduta, uma vez que todo comportamento, para ter relevância jurídica, deve possuir uma dimensão social, mas nos valores e interesses, públicos e/ou privados, que podem contrapor-se ao desejo da pessoa interessada em manter suas informações em um plano de reserva. Essa nova faceta da intimidade encontrou nítida expressão na célebre sentença de 15 de dezembro de 1983 do *Bundesverfassungsgericht* alemão sobre a lei do recenseamento da população (*Volkszählun-*

---

[26] A. L. Cabezuelo Arenas, *Derecho a la intimidad*, com prólogo de L. H. Clavería Gosálbez, Valência, Tirant lo Blanch, 1998. L. H. Clavería Gosálbez, "Reflexiones sobre los derechos de la personalidad a la luz de la LO 1/1982, de 5 de mayo de 1982", *Anuario de Derecho Civil*, outubro-dezembro, 1983, pp. 1243-68. M. Galán Juárez, *Intimidad. Nuevas dimensiones de um nuevo derecho*, Madri, Editorial Universitaria Ramón Areces e Servicio de Publicaciones de la Universidad Rey Juan Carlos I, 2005, pp. 79 ss.

[27] A. E. Pérez Luño, *Libertad informática y leyes de protección de datos personales*, em colab. com M. G. Losano e M. F. Guerrero Mateus, Madri, Centro de Estudios Constitucionales, 1989, pp. 157 ss. Ver nesta obra o Capítulo 8, "A intimidade como direito fundamental".

gsgesetz), na qual a jurisprudência alemã concebe a intimidade como "autodeterminação informativa" (*informationelle Selbstbestimmung*), isto é, como a liberdade do cidadão em determinar quem, o que e em qual ocasião (*wer, was wann, bei welchen Gelegenheit*) pode conhecer e/ou utilizar informações que lhe afetam.

Em suma, trata-se de insistir, como corolário do até aqui se indicou, que em nossa época é insuficiente conceber a intimidade como um direito (*status* negativo) de defesa diante de qualquer intromissão da esfera privada, sem contemplá-la, ao mesmo tempo, como um direito ativo de controle (*status* positivo) sobre o fluxo de informações que concernem a cada sujeito. É por isso que a estreita conexão que liga o direito à autodeterminação informativa com o direito à intimidade não tem por que se traduzir em uma concepção individualista desta, na medida em que a própria intimidade deixou de ser um privilégio do homem isolado para se tornar um valor constitucional da vida comunitária.

Essas considerações permitem inferir a possibilidade de superar as polaridades dilemáticas da intimidade em função de três premissas:

1ª) A pluralidade de manifestações nas quais a intimidade se explicita (privacidade/*privacy*, informações pessoais, perfil de personalidade, autodeterminação informativa...) não implica uma dissolução do conceito unitário de intimidade, mas sim sua ampliação e adaptação às exigências de um mundo em mudança. Não existe, consequentemente, uma pluralidade de conceitos de intimidade, e sim um conceito unitário de textura aberta, plural, dinâmica e globalizadora.

2ª) A metamorfose do conceito de intimidade da esfera intrassubjetiva do ensimesmamento à intersubjetiva do controle de informações pessoais não significou a perda de sua função tutelar dos valores da personalidade. O direito à intimidade trata sempre de defender faculdades de autodeterminação do sujeito, mas não de um sujeito isolado irreal e abstrato, produto de uma antropologia individualista, e sim de um cidadão concreto que exerce sua intimidade no âmbito de suas relações com os demais cidadãos, diante de poderes privados e dos poderes públicos.

3ª) Tudo isso permite superar uma concepção tautológica e circular da intimidade em função de remissões "autopoiéticas", à introspecção, à solidão e ao ensimesmamento e substituí-la por uma noção aberta, dinâmica e projetiva. Assim, supera-se o dilema entre uma intimidade interna e autêntica e uma intimidade externa alienada, porque a dimensão interna e sua exteriorização são dois momentos complementares e inevitáveis.

3. DILEMA SOCIOPOLÍTICO: A INTIMIDADE NA ERA TECNOLÓGICA

A concepção temporalmente contextualizada da intimidade da qual aqui se parte implica reconhecer que o direito à intimidade, como os demais direitos e liberdades, é uma categoria histórica. A transformação histórica dos direitos humanos determinou o surgimento de sucessivas "gerações" de direitos.

Os direitos humanos nascem com a modernidade no âmbito da atmosfera iluminista que inspirou as revoluções burguesas com acentuada característica individualista, como liberdades individuais que configuram a primeira fase ou geração dos direitos humanos. Essa matriz ideológica individualista sofrerá um amplo processo de erosão e impugnação nas lutas sociais do século XIX. Esses movimentos reivindicativos evidenciarão a necessidade de complementar o catálogo de direitos e liberdades da primeira geração com uma segunda geração de direitos: os direitos econômicos, sociais e culturais. A estratégia reivindicativa dos direitos humanos se apresenta hoje com características inequivocamente avançadas. Com base nisso, começa a aparecer, com crescente intensidade, a convicção de que nos encontramos diante de uma "terceira geração", como resposta ao fenômeno da denominada "contaminação das liberdades" (*liberties pollution*), termo com o qual alguns setores da teoria social anglo-saxã referem-se à erosão e degradação que afetam os direitos fundamentais diante de determinados usos das novas tecnologias. Convém observar que as gerações de direitos humanos não implicam a substituição global de um catálogo de direitos por outro; às vezes, se traduzem no surgimento de novos direitos como resposta a novas necessidades históricas, enquanto, outras vezes, significam a redimensão ou redefinição de direitos anteriores para adaptá-los aos novos contextos em que devem ser aplicados[28]. Este último caso é precisamente o que ocorre com o direito à intimidade, que, embora formulado em etapas anteriores, adquiriu alguns aspectos renovados na era tecnológica, a ponto de que se pode e se deve falar de um *antes* e um *depois* da informática, em qualquer consideração sobre a intimidade que pretenda ser realista e rigorosa.

O direito à intimidade surge na modernidade como resposta jurídica às exigências éticas e aos problemas políticos daquela conjuntura histórica. Mostrou-se, corretamente, que: "o direito à intimidade como direito diferenciado surge como o mais recente dos direitos individuais relativos à liberdade"[29]. Hoje, esse contexto mudou profundamente, devido à revolução tecnológica. Por isso, uma teoria da intimidade fechada em si mesma não apenas é incapaz de explicar, de forma satisfatória, a função desse direito na experiência política, científica e cultural do presente; é até inútil (ou, no pior dos casos, deformadora) de seu conceito.

É importante lembrar que vivemos em uma sociedade em que a informática se transformou em símbolo emblemático de nossa cultura, a ponto de,

---

[28] Cf. I. Ara Pinilla, *Las transformaciones de los derechos humanos*, Madri, Tecnos, 1990. G. Peces-Barba, *Tránsito a la modernidad y derechos fundamentales*, Madri, Mezquita, 1982. A. E. Pérez Luño, "Las generaciones de derechos fundamentales", *Revista del Centro de Estudios Constitucionales*, n. 10, 1991, pp. 203-17. A. E. Pérez Luño, "Le generazioni dei diritti umani", in F. Riccobono (org.), *Nuovi diritti dell'età tecnológica* (Atti del Convegno tenuto a Roma presso la Libera Università Internazionale degli Studi Sociali, 5 e 6 de maio de 1989). Milão, Giuffrè, 1991, pp. 139-55.

[29] A. Truyol Serra e R. Villanueva, "Derecho a la intimidad e informática", *Informatica e diritto*, n. 1, 1975, p. 172.

para designar o âmbito de nossa convivência, se recorrer reiteradamente a expressões tais como "sociedade da informação" ou "sociedade informatizada". O controle eletrônico dos documentos de identificação, o processo informatizado de dados fiscais, o registro e a gestão das transações comerciais realizadas com cartões de crédito, assim como das reservas de viagens, representam algumas amostras bastante conhecidas da onipresente vigilância informática de nossa existência habitual. Nossa vida individual e social correm, portanto, o risco de estar submetidas ao que Vittorio Frosini chamou, com razão, de "juízo universal permanente"[30]. Pois, de fato, cada cidadão cadastrado em um banco de dados encontra-se exposto a uma vigilância contínua e despercebida, que afeta potencialmente até os aspectos mais sensíveis de sua vida privada; aqueles que em épocas anteriores ficavam fora de todo controle por sua variedade e multiplicidade. Na situação tecnológica própria da sociedade contemporânea, todos os cidadãos, desde seu nascimento, estão expostos a violações de sua intimidade perpetradas por determinados abusos da informática e da telemática. A ingerência do computador nas diversas esferas e no tecido de relações que configuram a vida cotidiana torna-se cada vez mais ampla, mais difusa, mais implacável.

Em etapas anteriores, o respeito à vida privada podia ser realizado com o uso dos sentidos, tais como os olhos ou os ouvidos. Permanecia-se, assim, dentro dos limites das relações naturais. As paredes de uma casa, a solidão de um lugar deserto, até o expressivo tom oral do sussurro, eram suficientes para garantir a proteção da intimidade e para excluir o conhecimento e a difusão das ações e das palavras de um indivíduo ou de várias pessoas unidas entre si pelo vínculo da confidência. Hoje é possível observar e escutar à distância, sem limites de tempo, de espaço ou de modo; pode-se tirar fotografias à noite, estabelecer comunicação simultânea de imagem e som com diferentes locais graças aos circuitos televisivos, deixar involuntariamente o testemunho registrado da própria imagem ou das conversas mantidas e, até, é possível confessar os próprios pensamentos sem o uso da tortura física e quase inadvertidamente. Essas circunstâncias, especialmente a utilização maciça da informática, determinaram que, para a opinião pública e para o debate político de nosso tempo, constitui um problema central o estabelecimento de algumas garantias que tutelem os cidadãos da agressão tecnológica de sua intimidade.

Em nossa época, adquiriu-se plena consciência de que a informação é poder e de que esse poder se torna decisivo quando, graças à informática, converte informações parciais e dispersas em informações em massa e organizadas. Nessa situação, não seria lícito negar aos *poderes públicos* o uso das novas tecnologias da informação. Nas sociedades avançadas e complexas do presente, a eficácia da gestão administrativa, a erradicação de atividades antissociais e delitivas cada vez mais sofisticadas e a própria moralização da vida cívica exige contar com um amplo e organizado sistema informativo.

---

[30] V. Frosini, *Cibernética. Derecho y sociedad*, trad. esp. de A. Salguero e R. Soriano, com prólogo de A. E. Pérez Luño, Madri, Tecnos, 1982, p. 178.

De modo semelhante, na *esfera privada*, um vez convertida a informação em protagonista do novo "setor quaternário", agora acrescentado aos três setores econômicos tradicionais, desatou-se a febre do compilamento de dados. As sociedades e empresas de hoje medem seu dinamismo e impulso pela quantidade e qualidade de suas informações. A importância econômica da informação gerou um apetite insaciável de obtê-la por quaisquer meios e a qualquer preço e é diretamente responsável por determinadas práticas abusivas que hoje, infelizmente, espreitam o livre exercício da privacidade em nossa vida cotidiana.

Para justificar a espiral de dados pessoais das agências de informação comercial e financeira chegou-se até à perversão da linguagem. Assim, na Espanha alude-se agora à chamada "lista Robinson", na qual se deveriam inscrever aqueles cidadãos que não querem ver invadida sua privacidade pelo envio de propaganda indesejada, ficando, desse modo, a salvo do mercado "branco" ou "negro" de arquivos de informação[31].

Apresenta-se assim um dilema fundamental: se se deseja garantir a ação eficaz dos poderes públicos e o livre fluxo de informações que possibilite o desenvolvimento econômico, corre-se o risco de provocar uma contaminação do direito à intimidade, que relegue seus titulares a meros "fornecedores de dados"; se, em contrapartida, se deseja que os cidadãos não fiquem indefesos diante do inventário, utilização e transmissão de dados que afetem a sua intimidade e o exercício de seus direitos, colocam-se em perigo interesses públicos de segurança e eficácia, assim como de desenvolvimento econômico.

Esse dilema, infelizmente invocado com frequência, apoia-se em um grave equívoco: que, ou se deixam inermes o Estado e a sociedade, ou deve-se aceitar a existência de um colossal aparato de informação e controle que faça com que ninguém saiba com certeza o que os demais sabem sobre ele, quem pode utilizar essas informações e com qual finalidade irá fazê-lo. Diante dessa opção falaciosa, a alternativa razoável não pode ser outra que a de uma disciplina jurídica eficaz e democrática dos meios tecnológicos de informação e controle. De forma que a informática jurídica, longe de atuar como meio opressivo, se converta em veículo para uma convivência política na qual não se consiga o progresso à custa da liberdade e da justiça: trata-se, em suma, de dar resposta ao velho problema do *quis custodiet custodes ipsos*?

Ninguém ignora que o Estado social e democrático de nosso tempo precisa, para seu funcionamento normal, de um acúmulo de informações de que podia prescindir em outras épocas. A planificação econômica, a política fiscal, a prevenção social e o combate às atividades delitivas são hoje tarefas irrealizáveis sem a ajuda de um amplo aparato informativo. Atualmente é inimaginável um Estado desenvolvido que não possua uma minuciosa documentação daqueles que o integram. O problema está em estabelecer alguns limites que

---

[31] A. E. PÉREZ LUÑO, "Sobre el arte legislativo de birlibirloque. La LOPRODA y la tutela de la libertad informática en España", *Anuario de Filosofía del Derecho*, t. XVIII, 2001, pp. 321-61. A. E. PÉREZ LUÑO, "La tutela jurídica de los datos personales en España", *La Toga* (Revista del Ilustre Colegio de Abogados de Sevilla), n. 131, 2001, pp. I-XXIV. Ver também o capítulo 10 deste livro.

garantam os direitos dos cidadãos e, particularmente, sua intimidade. As sociedades atuais precisam de um equilíbrio entre o fluxo de informações, que é condição indispensável de uma sociedade democrática e exigência para a ação eficaz dos poderes públicos, com a garantia da privacidade dos cidadãos. Esse equilíbrio necessita de um "*Pacto social informático*" pelo qual o cidadão concorda em ceder ao Estado informações pessoais, em troca do compromisso estatal de que elas serão utilizadas com as devidas garantias. Nas sociedades avançadas do presente, a proteção de informações pessoais tende, em suma, a garantir o *equilíbrio de poderes* e *situações*, que é condição indispensável para o correto funcionamento de uma comunidade democrática de cidadãos livres e iguais. Para seu êxito, é necessário um adequado ordenamento jurídico da informática, capaz de conciliar as exigências de informação próprias de um Estado avançado com as garantias dos cidadãos.

Em termos semelhantes deveria ser resolvido o dilema referente à informatização de dados realizada no setor privado e, concretamente, em relação à denominada "lista Robinson". Pois o nome dessa lista denuncia parcialidade do julgamento. Significa que o cidadão comum é o que aceita de bom grado a contaminação de sua vida privada pelo interesse consumista dos vendedores de publicidade. O cidadão comum insólito será aquele que se obstinar em salvaguardar seu direito fundamental à intimidade e se autoconfinar em um isolamento comparável ao sofrido por Robinson em sua ilha solitária. Poderia objetar-se a essa infame mensagem ideológica subliminar que são precisamente as sociedades tecnológicas do presente as que deram origem ao fenômeno das "multidões solitárias" de seres gregários, espectadores inertes e manipulados por e a partir de mil formas de propaganda. É ainda mais importante acrescentar que, em um Estado de direito, nenhum cidadão deve ser obrigado a se inscrever em um arquivo adicional de informações para que seus direitos e liberdades sejam respeitados. Pareceria grotesco que, em uma sociedade democrática, o respeito à dignidade, à liberdade pessoal ou de consciência, ou o sigilo das comunicações ficasse limitado àqueles cidadãos que expressamente o solicitassem. Por idêntica inferência, não devem ser os cidadãos comuns que querem exercer seu direito constitucional à intimidade, mas aqueles que desejam fazer a cessão desse direito, os que se inscrevam em listas ou arquivos[32].

4. DILEMA JURÍDICO: INTIMIDADE *VERSUS* INFORMAÇÃO?

O caráter aberto e dinâmico do direito à intimidade, assim como o fato de seu conteúdo caracterizar-se por uma rápida transformação social e ser in-

---

[32] Sobre a jurisprudência do TC espanhol em matéria de proteção de informações pessoais diante de abusos informáticos, cf. A. E. Pérez Luño, "Sobre el arte legislativo de birlibirloque. La LOPRODA y la tutela de la libertad informática en España", op. cit., pp. 321 ss.; A. E. Pérez Luño, "La tutela jurídica de los datos personales en España", op. cit., pp. I ss.; ver nesta obra o Capítulo 10, "Intimidade e Informática na Constituição".

fluenciado por uma constante inovação tecnológica, determinou que se mencione, frequentemente, que se trata de um direito de configuração pretoriana. A própria exposição de motivos da Lei Orgânica espanhola 1/1982 estabelece que nela se quis apresentar a garantia civil da intimidade: "em termos que permitem ao julgador a prudente determinação da esfera de proteção em função de dados variáveis segundo os tempos e as pessoas".

Essa flexibilidade que tende a captar o caráter extenso e multifacetado da intimidade é supérflua se se tem presente que o artigo 3.1 do Código Civil espanhol já postula a necessidade de interpretar todas as normas de acordo com as exigências da realidade social do tempo em que devem ser aplicadas. A norma de desenvolvimento constitucional do direito à intimidade introduz alguns critérios tão flutuantes e indeterminados como os de "usos sociais" e o "âmbito que, por seus próprios atos, cada pessoa mantenha reservado para si mesma ou sua família", que por não mediar essa "prudente determinação", à qual apela a Exposição de Motivos, puderam dar lugar a situações arbitrárias ou ao menosprezo da segurança jurídica (princípios reconhecidos com categoria constitucional, art. 9.3 da CE).

Diante dessas circunstâncias, não é de estranhar que as garantias jurídicas da intimidade padeçam de certo grau de imprecisão e instabilidade. Para comprová-lo é ilustrativa a doutrina do Tribunal Constitucional espanhol. Ortega y Gasset observava que as coisas podem ser definidas por seu *dintorno*, ou perfil interno, e por seu *contorno*, ou fronteira do mundo exterior que delimita seu ser[33]. Com base nessa distinção, pode-se observar que o esforço do Tribunal Constitucional para oferecer uma definição do direito à intimidade operou em maior medida a partir do contorno que a partir do dintorno. Talvez isso se deva a que o maior intérprete da Constituição espanhola compartilhe do ceticismo sobre a possibilidade de chegar a um conceito de intimidade, ao qual nos referimos ao iniciar estas reflexões.

1) Entre as escassas decisões do Tribunal Constitucional espanhol nas quais se apresentam critérios de delimitação conceitual do *dintorno* da intimidade, pode-se citar a que a define como "um âmbito ou reduto no qual se proíbe que outros penetrem" (STC 73/1982, FJ 5). Tese corroborada em uma sentença posterior na qual se considera a intimidade "um âmbito próprio e reservado diante da ação e conhecimento dos demais, necessário – segundo as regras de nossa cultura – para manter uma qualidade mínima da vida humana" (STC 231/1988, FJ 3). Também procura expressar o dintorno do direito à intimidade a seguinte argumentação: "Os direitos à intimidade pessoal e à própria imagem, garantidos pelo artigo 18.1 da Constituição, fazem parte dos bens da personalidade que pertencem ao âmbito da vida privada. Esses direitos são protegidos por um espaço de intimidade pessoal e familiar que fica subtraído a intromissões estranhas. E, nesse âmbito da intimidade, assume singular importância a necessária proteção do direito à própria imagem diante do cres-

---

[33] J. ORTEGA Y GASSET, *El Espectador-VI*, in *Obras Completas*, Madri, Alianza Editorial y Revista de Occidente, vol. 2, 1983, p. 497.

cente desenvolvimento dos meios e procedimentos de captação, divulgação e difusão desta e de dados e circunstâncias pertencentes à intimidade que este preceito garante" (STC 170/1987, FJ 4). É fácil observar que a concepção da intimidade que essas sentenças refletem inscreve-se na órbita, hoje em grande medida superada, do *ius solitudinis*.

2) Muito mais abundante e elaborada é a jurisprudência constitucional inclinada a oferecer uma concepção da intimidade a partir de seu *contorno*. Nesse ponto, as argumentações do Tribunal Constitucional deram corpo a uma doutrina, nem sempre unívoca, sobre as tensões entre intimidade e informação, que constitui uma via externa ou indireta de delimitar o alcance da proteção da vida privada no ordenamento jurídico espanhol. Essa doutrina foi objeto de ampla elaboração teórica[34] e, para os efeitos que importam nesta reflexão, pode ser sintetizada nas seguintes diretrizes e aspectos:

a) Em todos os casos em que se apresenta, *prima facie*, uma colisão entre o direito à intimidade reconhecido no artigo 18 e os direitos à liberdade de pensamento, assim como a reunir, comunicar e receber informações consagradas no artigo 20 da Constituição espanhola, o Tribunal Constitucional tende a identificar o direito predominante através de um trabalho de ponderação de bens (*Güterabwägung*) (SSTC 104/1986, FJ 5; 171/1990, FJ 4; 172/1990, FJ 6; 40/1992, FJ 1; 227/1992, FJ 2; 240/1992, FJ 3, entre outras). A doutrina da ponderação de bens análoga ao critério do equilíbrio (*balancing test*) na jurisprudência dos EUA tende a postular um critério de razoabilidade para avaliar e ponderar os valores e direitos fundamentais que entram em conflito[35].

Nessa tarefa de ponderação, o Tribunal Constitucional espanhol incorreu em um manifesto paradoxo. De fato, tal como expressamente reconhece a STC 104/1986, FJ 5, o direito à honra e à intimidade são considerados no artigo 20.4 como limite expresso das liberdades reconhecidas no artigo 20.1 da Constituição, e não o contrário. O que parece um argumento em favor da prevalência daqueles. No entanto, a referida sentença indica que as liberdades do artigo 20 não apenas são direitos fundamentais dos cidadãos, mas que, segundo a STC 12/1982, significam: "o reconhecimento e a garantia de uma instituição política fundamental, que é a opinião pública livre, indissoluvelmente li-

---

[34] Cf. I. BERDUGO GÓMEZ DE LA TORRE, *Honor y libertad de expressión*, Madri, Tecnos, 1987; D. M. LUZÓN PEÑA, "Protección penal de la intimidad y derecho a la información según la jurisprudencia", in *Estudios sobre el derecho a la intimidad*, org. por L. García San Miguel, 1992, op. cit., pp. 68-100; J. MARTÍNEZ DE PISÓN, *El derecho a la intimidad en la jurisprudencia constitucional*, Madri, Civitas, 1993; F. MORALES PRATS, *La tutela penal de la intimidad*, Barcelona, Destino, 1984; J. PARDO FALCÓN, "Los derechos del artículo 18 de la Constitución española en la jurisprudencia del Tribunal Constitucional", *Revista Española de Derecho Constitucional*, n. 34, 1992, pp. 141-78; A. E. PÉREZ LUÑO, "Aspectos de la tutela del derecho a la intimidad en la Jurisprudencia", in *Los derechos fundamentales y libertades públicas*. XII Jornadas de Estudios de la Dirección General del Servicio Jurídico del Estado, Madri, Ministerio de Justicia, vol. I, 1992, pp. 709-24.

[35] H. ELY, *Democracy and Distrust. A Theory of Judicial Review*, Cambridge, Mass./Londres, Harvard University Press, 1980, pp. 106 ss. Ver nesta obra o capítulo 7, "A interpretação dos direitos fundamentais".

gada ao pluralismo político que é um valor fundamental e um requisito do funcionamento do Estado democrático". Disso se infere que, para o Tribunal Constitucional, as liberdades do artigo 20 possuem uma valoração que transcende aquela que é comum a todos os direitos fundamentais[36].

Essa argumentação não leva em conta que a Constituição espanhola não apenas estabelece o respeito à honra, à intimidade e à própria imagem como limite às liberdades reconhecidas no artigo 20, mas reitera tal limite ao consagrar o direito à informação e ao acesso dos cidadãos aos arquivos e registros administrativos [art. 105.*b*)]. Isso significa que o constituinte espanhol considerou o respeito à intimidade como limite geral do exercício do direito à liberdade de informação. No entanto, o Tribunal Constitucional inverteu neste ponto a proposta normativa da própria Constituição.

b) Na jurisprudência do Tribunal Constitucional espanhol dá-se clara primazia ao direito à informação sobre os direitos à intimidade ao considerar que a livre comunicação e recepção de informação constitui um direito fundamental prioritário dos cidadãos, por ser um instrumento básico para garantir a existência de uma opinião pública livre, indispensável para a consecução do pluralismo político que é um valor essencial do sistema democrático (SSTC 6/1971, 104/1986, 165/1987, 107/1988, 223/1992). Para justificar essa primazia, indica-se também que a liberdade de informação tem um duplo caráter: como liberdade individual e como garantia institucional de uma opinião pública indissociavelmente unida ao pluralismo político dentro de um Estado democrático (SSTC 40/1992, FJ 1; 85/1992, FJ 4; 240/1992, FJ 3). Embora nesta última sentença se assinale que a posição predominante do direito à liberdade de informação em relação aos direitos do artigo 18 não implica uma diferenciação hierárquica. Em outras sentenças, para evitar essa possível confusão entre primazia e superioridade hierárquica da informação sobre a intimidade utilizou-se, com maior precisão, a expressão "vocação expansiva" (STC 223/1992, FJ 2).

Como se vê, essa doutrina do Tribunal Constitucional se traduz em um círculo hermenêutico em que a intimidade é definida em função da informação e a informação, por sua vez, em função da intimidade, o que determina que as fronteiras entre os dois direitos sejam móveis e flutuantes[37].

---

[36] Cf. J. E. BUSTOS PUECHE, "Los límites de los derechos de libre expresión e información según la jurisprudencia", in *Estudios sobre el derecho a la intimidad*, org. por L. García San Miguel, 1992, op. cit., pp. 101-56; J. M. ESPINAR VICENTE, "La primacía del derecho a la información sobre la intimidad y el honor", in *Estudios sobre el derecho a la intimidad*, org. por L. García San Miguel, 1992, op. cit., pp. 46-67.

[37] Cf. L. OSORIO, "Los derechos al honor, a la intimidad y a la propia imagen como límites de la libertad de expresión e información", in *Los derechos fundamentales y libertades públicas*. XII Jornadas de Estudio de la Dirección General del Servicio Jurídico del Estado, Madri, Ministerio de Justicia, vol. I, 1992, pp. 659-89; X. O'CALLAGHAN MUÑOZ, "Derecho al honor, a la intimidad y a la propria imagen", in *Los derechos fundamentales y libertades públicas*, XII Jornadas de Estudio de la Dirección General del Servicio Jurídico del Estado, Madri, Ministerio de Justicia, vol. I, 1992, pp. 543-627.

Depreende-se da doutrina do Tribunal Constitucional um dilema evidente: pois, se se deseja garantir plenamente a intimidade, parece que se restringe à livre informação, que é requisito indispensável de uma sociedade democrática. Pelo contrário, se se faz prevalecer a liberdade informativa, parece que isso tem como consequência inevitável o sacrifício do direito à intimidade.

Entendo que esse dilema poderia contar com algumas diretrizes para uma possível solução. Dentre elas, poderia indicar as seguintes:

1º) Que, sem negar a importância e a necessidade prática do critério hermenêutico da ponderação de bens, este não é o único que deve presidir à interpretação e aplicação dos direitos fundamentais. Assim, por exemplo, não é menos relevante o princípio da restrição menor possível, que impediria o sacrifício do direito à intimidade além do necessário para salvaguardar outros direitos ou princípios fundamentais[38]. Princípio que encontrou escassa e tímida repercussão na jurisprudência constitucional espanhola (embora acolhido, entre outras, nas SSTC 171/1990, FJ 5, 172/1990, FJ 2).

2º) Um importante obstáculo para se conciliar os direitos fundamentais à intimidade e à informação deriva da definição deficiente de intimidade predominantemente apresentada pelo Tribunal Constitucional espanhol, ao identificá-la com o *ius solitudinis*. Na medida em que o Tribunal Constitucional levar em conta os aspectos coletivos da intimidade, será mais viável conjugar os valores da intimidade e da informação. Em relação a isso, cabe observar que o Tribunal Constitucional iniciou um novo enfoque do direito à intimidade. A STC 254/1993 repercutiu essa exigência, pela primeira vez, na jurisprudência constitucional, ao aceitar a dimensão positiva do direito à intimidade como faculdade de controle sobre os dados relativos à própria pessoa. Aceita também, expressamente, as noções de "liberdade informática" e *habeas data*, como integrantes da garantia à intimidade diante da informática consagrada no artigo 18.4 da CE (FJ 7). Desse modo, o Tribunal Constitucional espanhol começa a adquirir consciência de que o direito à intimidade nas sociedades atuais já não se apresenta como faculdade de isolamento, mas como um poder de acesso e controle às informações e dados que concernem a cada pessoa. Isso quer dizer que a informação já não é um elemento extrínseco e contraposto à intimidade, mas constitui um dos aspectos básicos sobre os quais se exerce a própria intimidade.

3º) Essa até agora deficiente definição da intimidade fez com que muitas vezes se tenha deixado praticamente sem efeito a garantia do conteúdo essencial desse direito. Em uma sugestiva monografia, o professor Antonio Ojeda[39], ao examinar a doutrina do Tribunal Constitucional espanhol em relação ao reconhecimento do conteúdo essencial da liberdade sindical, referiu-se, não sem certa dose de ironia, a *um conteúdo essencial um tanto venial*; a pretensa

---

[38] Ver nesta obra capítulo 7, "A interpretação dos direitos fundamentais".
[39] A. OJEDA AVILÉS, "Un contenido esencial algo venial", *Revista Española de Derecho del Trabajo*, n. 44, 1990, pp. 581-605.

essencialidade de enfoque da Constituição cede diante do impulso de fatores conjunturais e circunstanciais. É o caso de se pensar se não seria mais de acordo com os fatos substituir a invocação a um suposto conteúdo essencial por um mais modesto, porém mais realista, de simples conteúdo existencial. A jurisprudência constitucional em relação ao direito à intimidade parece aconselhar uma mudança de enfoque do essencialismo para uma consideração funcional dos direitos fundamentais[40].

4º) Contudo, é preciso mencionar algumas sentenças nas quais se percebe certa mudança de orientação destinada a fortalecer o valor da intimidade para que esta não se volatilize e se converta em uma categoria evanescente que acabe sempre por ceder e ser fagocitada pela liberdade de informação. Talvez a sentença mais decisiva nessa linha seja a que teve o objetivo de defender a intimidade de um paciente com aids de quem a imprensa publicara informações que permitiam sua identificação. Nessa sentença afirma-se que: "a intimidade pessoal e familiar é, em suma, um bem que tem a condição de direito fundamental (art. 18.1 da Constituição) e sem o qual não é realizável, nem concebível sequer, a existência com dignidade que a norma fundamental quer assegurar a todos (art. 10.1)" (STC 20/1992, FJ 3). Em outra sentença também se reconhece que a supremacia do direito à informação não deve significar o esvaziamento de conteúdo do direito à intimidade (STC 171/1990, FJ 5).

5º) Um requisito básico estabelecido pelo Tribunal Constitucional para que o direito à informação prevaleça sobre o direito à intimidade é o *interesse público* das informações. O Tribunal Constitucional espanhol insiste na exigência de que a informação seja de interesse público, capaz de contribuir para a formação de uma opinião pública livre. É preciso também avaliar o caráter público ou privado da pessoa objeto da informação, assim como o meio de informação utilizado, dando-se preferência aos meios de comunicação social (SSTC 104/86, FJ 2; 165/87, FJ 3;227/1992, FJ 2). Sobre isso é esclarecedora a sentença, à qual já nos referimos, em que se divulgaram na imprensa informações pessoais concernentes a um paciente com aids. Nela se sustenta que para que a violação ao direito à intimidade por parte do exercício da liberdade de informação seja legítima é preciso que a difusão dos fatos e situações possuam interesse público. Essa "relevância comunitária, e não a simples satisfação da curiosidade alheia, com frequência mal orientada e indevidamente incentivada, é a única coisa que pode justificar a exigência de que se assumam aquelas perturbações ou distúrbios ocasionados pela difusão de determinada notícia, e reside em tal critério, por conseguinte, o elemento final de avaliação para dirimir, nesses casos, o conflito entre a honra e a intimidade, de um lado, e a liberdade de informação, de outro" (STC 20/1992, FJ 3).

---

[40] A. E. Pérez Luño, "Análisis funcional de los derechos fundamentales", *Anuario de Derechos Humanos*, n. 5, 1988, pp. 177-202.

5. DILEMA AXIOLÓGICO: O VALOR DO ÍNTIMO, DO INDIVIDUALISMO À SOLIDARIEDADE

O caráter geracional e histórico do direito à intimidade também se comprova quando ele é contemplado de uma perspectiva axiológica. Os valores em que se apoiava a reivindicação da intimidade na primeira fase de sua formulação no âmbito do Estado liberal não coincidem com seu significado axiológico no Estado social e democrático de direito. Para refletir essa metamorfose mencionei a transição da intimidade como privilégio individual para a intimidade como valor coletivo constitucional. A fase inicial do direito à intimidade está condicionada pela ideologia da classe social que a reclama. Isso explica seu acentuado traço individualista, que se concretiza na reivindicação de algumas faculdades destinadas a salvaguardar determinado espaço com caráter exclusivo e excludente. Notas estas que lembram os instrumentos jurídicos de delimitação e defesa do direito de propriedade. Além disso, a continuidade entre *privacy* e *property* não é puramente jurídico-formal, mas a propriedade é a condição para ter acesso à intimidade; nesse sentido, foi possível afirmar, com razão, que "*poverty and privacy are simply contradictories*". E, de fato, é evidente que a ideia burguesa de intimidade foi pensada para ser desfrutada por grupos seletos sem que, consequentemente, exista uma preocupação em fazê-la chegar às camadas mais humildes da população. As condições materiais de vida em que se desenvolveu a revolução industrial excluíram os operários da intimidade. Para comprová-lo, basta lembrar a descrição que Engels faz das formas de existência do proletariado na Inglaterra, ou as imagens que no plano literário, mas nem por isso isentas de valor testemunhal, oferecem os escritores do período (Dickens, Heine, Pérez Galdos, Zola...) mais sensíveis à causa dos oprimidos[41].

Atualmente, a intimidade deixou de ser um valor a serviço exclusivo dos grupos privilegiados da sociedade, para se converter no que Spiros Simitis considerou uma exigência imprescindível para assegurar aos cidadãos sua capacidade de participar da sociedade democrática[42].

Os novos aspectos *coletivos* e *sociais* que hoje configuram o exercício do valor da intimidade determinaram que ela fosse condicionada pela própria sucessão dos acontecimentos sociais. Hoje, a intimidade se exerce em meio a uma infinidade de usos que, como já tivemos oportunidade de indicar, determinam até o alcance da proteção desse direito. Com isso, a intimidade corre o risco de se ver submetida aos vaivéns das modas e das preferências flutuantes dos usos, e até das exigências do mercado. Mostrou-se que o interesse público

---

[41] A. E. Pérez Luño, "Las generaciones de derechos fundamentales", *Revista del Centro de Estudios Constitucionales*, n. 10, 1991, pp. 203-17. Ver nesta obra o Capítulo 8, "A intimidade como direito fundamental". Cf. igualmente P. Ariès e G. Duby (orgs.), *Histoire de la vie privée*, Paris, Seuil, 5, IV, 1985-87 (existe trad. esp. de Madri, Tecnos, 1987-89).

[42] S. Simitis, "Reviewing Privacy in an Information Society", *University of Pennsylvania Law Review*, vol. 135, n. 3, 1987, p. 746.

que legitima as interferências na intimidade está muito distante de ser um conceito diáfano. Pode-se entender o desejo que as pessoas têm de se inteirar do que ocorre à sua volta, mas esse interesse das pessoas por estar informadas sobre a vida dos outros "não é facilmente comprovável (pode-se supor que todos querem saber alguma coisa, mas não é fácil averiguar o que se deseja saber). Parece que essa determinação, ao menos nas sociedades de tipo capitalista, deverá permanecer confiada ao jogo das leis do mercado". O que leva a inferir que "há interesse informativo quando há demanda de informação, isto é, quando os cidadãos estão dispostos a pagar para se inteirar de algo. E, então, a intimidade fica submetida às leis de mercado"[43].

A Lei 1/1982 qualifica o direito à intimidade de "irrenunciável, inalienável e imprescritível" (art. 1.3). Não parece adequar-se a essa definição legislativa a experiência cotidiana de um mercado de compra e venda de parcelas de intimidade, especialmente por parte de personagens públicas no âmbito político, cultural e artístico. Também converteu-se em prática consolidada pelo uso a alienação de outros aspectos da intimidade. Assim, por exemplo, parece que não se pode informar sobre determinados tipos de acontecimentos e sinistros (atentados terroristas, acidentes na mineração, grandes catástrofes, assassinatos, sequestros, estupros...) se não são acompanhados de imagens ou sons que reproduzam o choro, o choque ou a comoção das vítimas ou de seus familiares. Do mesmo modo, as informações sobre dependência química, sobre a aids etc., têm que ser acompanhadas de dados e/ou imagens dramáticas daqueles que as sofrem, especialmente quando se trata de personagens famosos. Os meios de comunicação que se entretêm nessa galeria do trágico e do macabro legitimam sua ação, argumentando que, com isso, promovem a solidariedade entre as pessoas, a identificação dos destinatários dessas mensagens com a situação de calamidade ou de injustiça e, em suma, o caráter exemplar e instrutivo que pode ter a revelação dessas imagens para a opinião pública.

Em função do exposto, o dilema ético da intimidade se apresenta nos seguintes termos: se se deseja uma sociedade consciente do que ocorre à sua volta e solidária com as diversas formas de sofrimento humano, parece inevitável a invasão de espaços reservados ao valor da intimidade; se, ao contrário, se deseja garantir o valor "irrenunciável, inalienável e imprescritível" da intimidade, então será preciso pôr limites a determinadas ingerências dos meios de comunicação no âmbito da vida privada.

Também no plano moral o dilema da intimidade deve ser esclarecido.

a) Em primeiro lugar, devem-se preservar determinados espaços da intimidade humana nos quais a intromissão dos meios de informação nunca é justificada. Assim, por exemplo, no mandado de segurança interposto por Isabel Pantoja contra a comercialização de um vídeo que reproduzia imagens do ataque do touro e da agonia de seu marido, o toureiro Paquirri, o Tribunal Constitucional anulou uma sentença anterior do Tribunal Supremo em que se

---

[43] L. García San Miguel, *Estudios sobre el derecho a la intimidad*, op. cit. (na nota 36), p. 12.

sustentava que o ataque do touro, a agonia e a morte do toureiro não faziam parte de sua intimidade (STC de 28 de outubro de 1986). Diante dessa tese, o Tribunal Constitucional avaliou que era preciso negar que as cenas vividas dentro da enfermaria faziam parte do espetáculo taurino, acrescentando, além disso, que: "em nenhum caso podem ser consideradas públicas e parte do espetáculo as consequências sobre a saúde e a vida do toureiro, originadas dos ferimentos recebidos, uma vez que abandona a arena, pois certamente isso significaria transformar em instrumento de diversão e de entretenimento algo como os sofrimentos e mesmo a morte de um indivíduo, em clara contradição com o princípio da dignidade da pessoa consagrado pelo artigo 10 da CE" (STG 231/1988, FJ 8). É também bastante ilustrativa, para avaliar a sensibilidade do TC em relação à tutela de determinados espaços da intimidade pessoal, a STC 232/1993, na qual não se admitiu o mandado de segurança interposto pela revista *Cambio 16*, que havia sido condenada anteriormente pelo TS por ter publicado um artigo intitulado: "O prepúcio do Marquês". Nesta sentença, fala-se da apresentação do livro *Las malas companhias* [As más companhias], dos jornalistas Giménez Arnau e López Roberts. Nesse ato, o senhor Giménez Arnau relatou publicamente que o administrador do marquês de Urquijo teve de fazer uma série de curativos no prepúcio do marquês, que sofria de herpes nessa íntima e delicada área de sua anatomia. O TC entendeu que essa informação representava um grave atentado à honra e à intimidade das pessoas, nos aspectos relativos à sua saúde, sem que isso tivesse nenhum interesse público que pudesse justificá-lo.

b) Outra exigência moral que defende a intimidade diante de excessos informativos é a que diz respeito ao requisito da *veracidade*. Contudo, deve-se observar que o Tribunal Constitucional a concebe em termos de extraordinária brandura. É significativa a esse respeito sua argumentação no caso do "Padre de Hío". Nesse caso, admitiu-se a ação judicial do *El País* anulando-se as sentenças condenatórias do Tribunal Supremo e da Audiência Territorial de Madri. Essa condenação baseava-se na falsidade de algumas manchetes do jornal em que se afirmava: "Um padre de Cangas de Morrazo inicia a cruzada contra os nudistas galegos" e acrescentava: "Com uma vara na mão, o sacerdote instigou a vizinhança contra um acampamento autorizado." Segundo a surpreendente interpretação do Tribunal Constitucional, a falsidade dessas acusações não tem por que privá-las da proteção constitucional. A inveracidade ou inexatidão de uma informação, como consequência de um erro de identificação, não tem importância suficiente "para considerar violado seu caráter de informação veraz" (STC 240/1992, FJ 6). Essa tese deve ser considerada com sérias reservas. Uma coisa são as argumentações normativas sobre a racionalidade ou legitimidade dos casos que permitem que a informação prevaleça sobre a intimidade, nas quais o Tribunal tem uma ampla margem de discricionariedade valorativa; e outra muito diferente é o julgamento sobre a verdade ou falsidade, a exatidão ou inexatidão de determinados fatos que deve ser realizado em função de comprovações empíricas e nas quais o Tribunal deve atuar com estritos critérios descritivos. Do contrário, o Tribunal Constitucional atribui-se alguns poderes de transmutação das coisas que os alquimistas da Idade Média haviam desejado para si.

c) Também se costuma acrescentar, como limite para as intromissões informativas à intimidade, a exigência de *boa-fé*. O Tribunal Constitucional indica que: "A liberdade de expressão não é um direito ilimitado, pois claramente está sujeito aos limites que o artigo 20.4 da própria Constituição estabelece e, concretamente, à necessidade de respeitar a honra das pessoas, que também como direito fundamental consagra o artigo 18.1..." Ao mesmo tempo, esses exercícios devem enquadrar-se, em qualquer situação, em determinadas normas de comportamento, que o artigo 7 do Código Civil expressa com caráter geral ao precisar que "os direitos deverão ser exercidos conforme as exigências de boa-fé"... (STC 120/1983, FJ 2). É certo que alguns setores da doutrina mostram que um princípio de formulação legal como é o da boa-fé, reconhecido amplamente no Código Civil, não pode estar em pé de igualdade com um direito constitucional[44]. No entanto, essa interpretação omite que o conceito de boa-fé é um elemento integrador do valor da justiça consagrado no artigo 1.1 da Constituição espanhola.

d) Um importante limite moral que permitiria evitar as ingerências indevidas da informação na intimidade seria o de projetar a figura do *abuso do direito* como limite de conteúdo do direito de informar. Pois desse modo seria possível entender que o exercício excessivo da liberdade de informação, isto é, o que implica ultrapassar seus limites constitucionalmente previstos, deixa de ser exercício de um direito fundamental, segundo a conhecida tese de que o direito cessa onde começa seu excesso ou abuso. Por isso, nesse caso, mais que a uma violação de direitos fundamentais, para cuja solução seria preciso recorrer à ponderação de bens (*Güterabwägung*), o que se assiste é ao conflito entre um direito fundamental, o direito à honra e à intimidade, e um excesso da liberdade de informação. Esse excesso ou abuso equivale, portanto, a usar a liberdade de informação à margem dos limites constitucionalmente estabelecidos para exercer o direito fundamental, isto é, trata-se de uma conduta que já não pode beneficiar-se dos procedimentos de tutela previstos para os direitos fundamentais. Esse caminho foi pouco explorado pelo Tribunal Constitucional espanhol. Não obstante, em uma de suas decisões afirma a necessidade de que o exercício da liberdade de informação que implica uma intromissão nos outros direitos, como o da intimidade, exige que se oriente para o interesse geral. De outra forma, "o direito à informação se converteria em uma cobertura formal para, transcendendo o discurso público em que se deve desenvolver, atentar sem limite algum e com abuso do direito à honra e à intimidade das pessoas" (STC 172/1990, FJ 2). Em função do exercício normal e não abusivo dos direitos, o Tribunal Constitucional esti-

---

[44] J. Pardo Falcón, "Los derechos del artículo 18 de la Constitución española en la jurisprudencia del Tribunal Constitucional", *Revista Española de Derecho Constitucional*, n. 34, 1992, p. 151.

ma que não se pode invocar o exercício da liberdade informativa para encobrir o que que é um puro *animus iniuriandi*. É evidente que informar com liberdade não pode constituir um pretexto para redigir novos capítulos do que, tomando emprestado um conhecido título de Jorge Luis Borges, poderia ser qualificado de *História universal da infâmia*[45]. Assim, se considera uma condição para que prevaleça o direito de informar que o propósito informativo não se veja comprometido por desqualificações pessoais ou insultos. Sirva de exemplo o denominado "caso García", em que o Tribunal Constitucional indeferiu o mandado de segurança apresentado por aquele jornalista ao mostrar que: "uma coisa é efetuar uma avaliação pessoal, por desfavorável que seja, de uma conduta [...] e outra muito diferente é emitir expressões, afirmações ou qualificativos claramente vexatórios desvinculados dessa informação, e que são proferidos gratuitamente, sem justificativa alguma, e nesse caso faz com que nos encontremos diante da mera desqualificação ou até da ofensa, e sem a menor relação com a formação de uma opinião pública livre" (STC 105/1990, FJ 8). Essa mesma sentença estabelece que a veiculação de injúrias, desnecessárias para informar, comporta um "dano injustificado à dignidade das pessoas ou ao prestígio das instituições, tendo em vista que a Constituição não reconhece um pretenso direito à ofensa, que, ademais, seria incompatível com a dignidade da pessoa que se proclama no artigo 10.1 do texto fundamental" (STC 105/1990, FJ 8). Essa doutrina foi reiterada, entre outras, na STC 78/1995, FJ 4.

Essas sentenças contribuem eficazmente para se esclarecer os termos do debate axiológico sobre os dilemas da intimidade. A prevaricação da linguagem e a manipulação semântica contribuíram para que se confundam as esferas referentes ao *valor* e ao *desvalor* no processo da informação. A liberdade de informação constitui um valor irrenunciável das sociedades democráticas, pois possibilita uma opinião pública *consciente* do mundo em que vive, *crítica* em relação aos abusos e escândalos que nela ocorrem e *solidariamente identificada* com o infortúnio e com a injustiça dos demais. Na antítese desse valor encontra-se o desvalor das condutas destinadas a transmitir e consumir notícias, através das versões degradadas da informação que a convertem em: *bisbilhotice*, ou seja, em curiosidade mórbida que trata de averiguar, sem motivo, o que os outros fazem; ou em *intromissão*, que consiste em imiscuir-se na vida e nos assuntos que não lhes dizem respeito.

Convém também advertir sobre o viés equivocado e tergiversador que assume o apelo à solidariedade por parte daqueles que agridem a intimidade do patético e do dramático. É certo que o conceito de "solidariedade" não é unívoco nem pacífico; responde a uma pluralidade de tradições históricas, que engendraram uma diversidade de acepções[46]. Alude-se, por exemplo, a uma

---

[45] J. L. BORGES, *Historia universal de la infamia (1935)*, in *Obras completas*, Barcelona, Emecé, 1989, pp. 289 ss.

[46] J. DE LUCAS, *El concepto de solidariedad*, México, Fontamara, 1993, pp. 15 ss.

"solidariedade dos antigos", entendida como virtude, e a uma "solidariedade dos modernos", como valor fundamentador dos direitos, que contribuem para forjar algumas sociedades baseadas na cooperação e tornar efetivo o usufruto das liberdades[47]. E ela é analisada, de outros enfoques, como pauta axiológica que configura e orienta os *status* jurídicos subjetivos[48]. De minha parte, ao analisar as gerações de direitos, indiquei que se a *liberdade* foi o valor-guia dos direitos da primeira geração, assim como o foi a *igualdade* para os direitos de cunho econômico, social e cultural, os direitos da terceira geração têm como principal valor de referência a *solidariedade*. Os novos direitos humanos estão unidos entre si por sua incidência universal na vida de todos os homens e exigem para sua realização a comunidade de esforços e responsabilidades em escala planetária. Apenas diante do espírito solidário de *sinergia*, isto é, de cooperação e sacrifício voluntário e altruísta dos interesses egoístas, será possível satisfazer plenamente as necessidades e aspirações globais comuns relativas à paz, à qualidade de vida ou à liberdade de informação[49]. Em todo o caso, entendo que o conceito atual de solidariedade integra duas dimensões mutuamente condicionantes: *a*) a *ético-política*, entendida como atitude que tende a compartilhar e a se identificar com as inquietações ou necessidades alheias; e *b*) a *jurídica*, que pressupõe um compromisso dos poderes públicos para tornar efetiva a igualdade material[50].

A solidariedade, em sua dimensão ético-política, em que se pretendem penalizar os atentados contra a intimidade do sofrimento humano, não precisa dessas representações ostensivas. Entre os que procedem com diretrizes de comportamento cívicas e éticas normalizadas, basta a simples informação ou a notícia do evento que a mereça para suscitar uma atitude de solidariedade. Apenas os que sofrem de alguma deficiência patológica de sensibilidade cívica e moral necessitam de imagens ou sons trágico-macabros para adquirir consciência solidária. A acepção de "solidariedade" que se depreende dos termos em que o dilema é apresentado baseia-se em uma concepção degradada da própria solidariedade. Em suma, não parece aceitável converter a patologia em regra e a perversão em virtude.

---

[47] G. PECES-BARBA, com a colaboração de R. DE ASÍS e A. LLAMAS, *Curso de derechos fundamentales (I). Teoría general*, Madri, Eudema Universidad, 1991, pp. 221 ss.

[48] E. DENNINGER, *Rechtsperson und Solidarität*, Frankfurt a. M., Metzner, 1967; E. DENNINGER, "Verfassungsrecht und Solidarität", *Kritische Vierteljahresschrift für Gesetzgebung und Rechtswissenschaft*, n. 1, 1995, pp. 7-24.

[49] A. E. PÉREZ LUÑO, "Las generaciones de derechos fundamentales", *Revista del Centro de Estudios Constitucionales*, n. 10, 1991, pp. 203-17. A. E. PÉREZ LUÑO, "Le generazioni dei diritti umani", in F. RICCOBONO (org.), *Nuovi diritti dell'età tecnológica*, Atti del Convegno tenuto a Roma presso la Libera Universitá Internazionale degli Studi Sociali, 5 e 6 de maio de 1989, Milão, Giuffrè, 1991, pp. 139-55.

[50] A. E. PÉREZ LUÑO, "Dimensiones de la igualdad material", *Anuario de Derechos Humanos*, t. 3, 1985, pp. 253-85.

6. CONCLUSÃO: A PRIVACIDADE E SEU EFEITO PUBLICITÁRIO

Owen Fiss iniciou um dos capítulos de seu sugestivo ensaio *La ironía de la libertad de expresión* com um título deliberadamente paradoxal e provocativo: "a expressão e seu efeito silenciador"[51]. Nesse mesmo sentido, acredito que se possa falar de: "a privacidade e seu efeito publicitário", para dar conta do fenômeno atual do interesse exacerbado para trazer à luz pública os aspectos básicos da privacidade. "A estrutura mutável da publicidade" (*Strukturwandel der Öffentlichkeit*), para dizê-lo com a expressão que intitula a famosa tese de doutorado de Jürgen Habermas[52], determinou que agora o âmbito privado, precisamente por sê-lo, constitua o principal estímulo e incentivo da atividade publicitária. Ao iniciar estas reflexões, mencionei a progressiva invasão da privacidade pela publicidade, como característica distintiva do presente. Um dos aspectos mais peculiares dessa tendência consiste em que, hoje, são os espaços mais sensíveis e reservados da privacidade que provocam o obsessivo, mórbido e obscuro objeto do desejo de indiscrição por parte dos mecanismos publicitários.

Recentemente, o surgimento na Espanha de um programa de lixo televisivo, que usurpava o nome de um famoso personagem de um não menos famoso romance de Orwell, disparou os alarmes dos moralistas, sociólogos, cientistas políticos, assim como de profissionais dos meios de comunicação mais sérios. Na realidade, essa preocupação não se originara de uma oferta televisiva depreciável, mas pela audiência milionária com que foi acolhida. O programa em questão constituía um sintoma da enfermidade estética e ética que atormenta as sociedades avançadas contemporâneas. Nelas parece que se inverteram os padrões do bom gosto, e que assistimos à entronização do mais grosseiro, indecente e vulgar.

Os programas de televisão e de rádio inspirados pela criatividade e pela imaginação estão relegados a audiências minoritárias, enquanto são milhões aqueles que se divertem nos espaços-lixeiras do vulgar e do indiscreto. É como se assistíssemos à vingança dos instintos mais primários que, como feras comprimidas em suas jaulas, se agitam agora para mostrar toda sua barbárie, uma vez demolidas as normas cívicas e culturais que as sujeitavam.

Se tudo isso revela uma profunda crise dos ideais estéticos, seu impacto não possui menor relevância como sintoma de assédio aos valores éticos e jurídicos, em especial ao direito à intimidade.

O efeito publicitário da privacidade é consequência, em seus aspectos mais decisivos, do fascínio que o conhecimento da privacidade alheia exerce sobre as massas. A paradoxal ambivalência que, como apontava ao apresentar esse estudo, recai hoje sobre as relações privacidade/publicidade, manifesta-se na circunstância contraditória de cidadãos zelosos de sua intimidade, porém

---

[51] O. Fiss, *La ironía de la libertad de expresión*, op. cit. (na nota 4), p. 15.

[52] J. Habermas, *Historia y crítica de la opinión pública*, trad. esp. de A. Doménech, Barcelona, Gustavo Gil, 1982.

inclinados a violar a dos demais. É também um sinal do tempo presente o fenômeno de multidões atormentadas por uma síndrome de "medo à intimidade", paralelo a esse "medo à liberdade", segundo o famoso diagnóstico de Erich Fromm[53] sobre a sociedade contemporânea. Trata-se desses milhares de cidadãos que sofrem um frio de desolação quando se deparam com as camadas mais íntimas de sua personalidade, e percebem, com precisa clareza, o vazio e a falta de sentido que as constitui.

Como quase todas as categorias e os conceitos jurídicos, a intimidade se debate no âmbito de inevitáveis urgências morais e políticas. Ambas configuraram os elos da cadeia reflexiva percorrida até aqui. Ao concluir, gostaria de referir uma citação de Cervantes que, acredito, postula um critério nítido para esclarecer alguns tópicos reiterados com obstinada persistência na apresentação das tensões dilemáticas entre privacidade e publicidade; intimidade e informação.

Existe, de fato, um fragmento do *Quixote* que oferece um critério norteador preciso para discernir o processo degenerativo da informação responsável, na maioria das vezes, por suas intromissões no âmbito da intimidade. É um texto repleto de sentido, que há alguns anos suscitou viva polêmica entre Américo Castro[54] e Marcel Bataillon[55], sobre a influência do humanismo erasmiano em Cervantes. Refere-se à apresentação que faz de si mesmo Dom Diego de Miranda, o Cavaleiro do Verde Gabão, por cuja boca não é arriscado supor que fala o próprio Cervantes. Nesse Parlamento, enunciam-se, entre outras características básicas do bom comportamento, algumas normas de conduta que interessam diretamente ao tema de que nos ocupamos, quando Dom Diego proclama: "nem gosto de murmurar, nem consinto que diante de mim se murmure; não esquadrinho as vidas alheias, nem sou lince dos feitos dos outros" (II, XVI).

A citação cervantina sugere-me uma tripla reflexão para recapitular estas considerações:

1) Caso se efetivasse o correto código de conduta informativa que se compendia neste texto, uma parte dos meios de comunicação dos países desenvolvidos ficaria fora dessas exigências deontológicas e o vigoroso número de seus clientes (leitores, ouvintes e/ou telespectadores) ficaria sem seu entretenimento preferido. Hoje são muitos os que têm por profissão ou ocupação principal esquadrinhar as vidas alheias e ser linces dos feitos dos outros. O mercado do mórbido e do macabro, o consumismo do patético são aspectos evidentes dessa síndrome de desvalor informativo. Isso constitui um sintoma de enfermidade moral ou, para dizê-lo nas palavras de Vittorio Frosini, um sinal de "deseducação cívica" das sociedades contemporâneas desenvolvidas[56]. Nessas sociedades, o progresso material pode traduzir-se em regressão do sistema de

---

[53] E. Fromm, *El miedo a la libertad*, trad. esp. e apresentação G. Genani, Buenos Aires, Paidós, 1968.
[54] A. Castro, *El pensamiento de Cervantes*, Barcelona, Noguer, pp. 297 ss.
[55] M. Bataillon, *Erasmo y España*, México, Fondo de Cultura Econômica, 1966, pp. 792 ss.
[56] V. Frosini, *L'uomo artificiale. Etica e diritto nell'era planetária*, Milão, Spirali, 1986, pp. 79 ss.

valores do *ethos* social. A participação social, aparentemente cada vez mais extensa, pode corresponder a uma consciência coletiva crítica cada vez mais débil. A aceitação mimética de modelos de comportamento externo relega ao nada o autêntico em cada personalidade humana. Produz-se assim um fenômeno de indiferentismo axiológico no questionamento das relações intimidade/informação, pelo qual se delega a responsabilidade e a gestão desse âmbito de valores exatamente às instituições que exercem seu controle e, em determinados casos, contribuem para confundi-la: os meios de comunicação de massas. A esse respeito é ilustrativa a sentença da *Corte di Cassazione* italiana (janeiro de 1981), na qual se apela para determinar o *ethos* social a: "os mais difundidos instrumentos de informação, isto é, a imprensa, o cinema e a televisão, que refletem fielmente a realidade da sociedade no momento atual e os valores éticos que ela expressa"[57]. Diante dessa situação de grave deseducação coletiva e desorientação cívica, impõe-se uma *Paideia*; ou seja, uma renovada educação axiológica da sociedade civil que, ao esclarecer o significado da informação e da intimidade, denuncie os tópicos e confusões a partir dos quais se estabelece sua pretensa tensão irredutível. A defesa da intimidade, em suma, passa pela escola.

2) Não é necessário dizer que com a referência cervantina não pretendi apelar a um modelo axiológico inspirado em uma antiquada ética cavaleiresca a serviço de minorias elitistas. Como mostrei, no Estado social e democrático de direito, a intimidade deixou de ser um privilégio de alguns poucos para se converter em um valor constitucional patrimônio de todos os cidadãos.

3) Finalmente, convém observar que, ainda que se possa considerar o *Quixote* como a expressão resumida do *ethos* social hispânico[58], não pretendi advogar por um nacionalismo axiológico para apresentar as relações entre intimidade e informática. Compartilho da tese de Hans Küng de que a sobrevivência humana depende da superação de éticas particulares e antagônicas, porque sem uma atitude ética planetária não pode existir uma ordem mundial[59].

Na sociedade interconectada de nosso tempo, em que a difusão e o consumo de informação operam através de redes telemáticas, carece de sentido e de eficácia uma garantia da intimidade circunscrita a âmbitos nacionais. Sem uma perspectiva universalista e de totalidade não é possível um enfoque axiologicamente proveitoso da tensão intimidade-informação. Essa proposição ética cosmopolita coincide plenamente com o propósito informador do *Quixote*, cujo mérito reside em ter elevado o relato de uma experiência particular e local ao patamar de uma epopeia humanista universal.

Nestes últimos anos adquiriu notoriedade uma excelente metáfora de Ronald Dworkin[60], segundo a qual nas sociedades democráticas do presente os

---

[57] Ibid., p. 82.

[58] L. Rosales, *Cervantes y la libertad*, Madri, Sociedad de Estudios y Publicaciones, 1960.

[59] H. Küng, *Proyecto de una ética mundial*, trad. esp. de G. Canal, Madri, Trotta, 1991.

[60] R. Dworkin, *Taking Rights Seriously*, 2. ed., Londres, Duckworth, 1977, XI (existe trad. esp. de M. Guastavino, com prólogo de A. Calsamiglia, Barcelona, Ariel, 1984).

direitos fundamentais são os trunfos do baralho que têm em suas mãos os cidadãos para jogar, com alguma possibilidade de êxito, sua partida cotidiana com o poder. Um desses trunfos imprescindíveis para uma existência livre nas sociedades democráticas é o direito à intimidade, por mais que seu exercício esteja cercado por uma série de dificuldades e dilemas, algumas das quais tivemos ocasião de expor. A tese defendida nessas considerações, que agora concluo, é que essas dificuldades e dilemas podem encontrar bases para uma reflexão que contribua para propiciar sua solução.

CAPÍTULO 10

INTIMIDADE E INFORMÁTICA NA CONSTITUIÇÃO

1. A RECEPÇÃO DA JUSCIBERNÉTICA
E DA INFORMÁTICA JURÍDICA NA ESPANHA

Faz agora mais de cinco lustros desde que a comunidade jurídica espanhola começou a propor na teoria e na prática a projeção dos computadores eletrônicos ao direito, e esse período em qualquer atividade da vida humana constitui um prazo suficientemente amplo para permitir um balanço.

Ensina a historiografia que no curso do devir muito poucos acontecimentos podem ser considerados casuais e que, na maioria das vezes, se recorre à casualidade porque se desconhecem ou não se investigam adequadamente as motivações reais que explicam os fatos. Sendo assim, deve-se convir que existiam algumas circunstâncias especiais para que, de forma quase sincrônica, em fins da década de 1960, um grupo de pesquisadores espanhóis de formação e atividade profissional muito diversificada coincidissem, sem nenhum acordo prévio, em dedicar esforços para sensibilizar a opinião jurídica nacional sobre a conveniência de incorporar-se às experiências americanas e europeias mais avançadas no âmbito da aplicação da tecnologia eletrônica ao direito.

Creio que é justo recordar, entre outras, as experiências pioneiras realizadas pelo Tribunal Supremo, no Ministério da Justiça, no de Assuntos Exteriores, no Ilustre Colégio de Advogados de Barcelona, assim como o trabalho promocional desempenhado no setor por algumas fundações como o CITEMA ou FUNDESCO*. E, juntamente com essas iniciativas institucionais, deveria ser mencionada uma série de nomes próprios cuja contribuição foi tão decisiva para o desenvolvimento da informática jurídica propriamente dita, assim como foram grandes impulsionadores daquelas primeiras experiências de

---

* Respectivamente, Centro de la Informática, Telemática y Medios Afines e Fundación para el Desarrollo del Conocimiento. [N. do T.]

aplicação da informática ao direito, para propor um direito da cibernética ou da informática voltado para o estudo das implicações e dos possíveis fundamentos de disciplina normativa desses setores da tecnologia[1].

Creio que as causas dessa coincidência de preocupações são de natureza variada. No entanto, entre os acontecimentos que propiciaram tal interesse, pode-se incluir a importância que, já naquela ocasião, havia adquirido na Espanha o uso de computadores na indústria, nas seguradoras, nas administradoras de finanças e nos bancos, assim como em algumas esferas do setor público. Por outro lado, a progressiva difusão entre nossos juristas de experiências e estudos teóricos estrangeiros no âmbito da informática jurídica conhecidos através de alguns congressos de Direito Comparado, de reuniões da Associação de Jovens Advogados do Centro "La Paz Mundial mediante el Derecho", ou de colóquios sobre Lógica Jurídica, foi um estímulo notável para impulsionar o interesse pelas repercussões e aplicações jurídicas da cibernética e da informática. Foi tão grande o entusiasmo inicial daqueles que, na ocasião, se propuseram abordar os problemas da teoria e da prática jurídica sob o prisma do desenvolvimento informático que em 1971 López-Muñiz auspiciava: a possibilidade de que, três anos mais tarde, a Espanha se convertesse no primeiro país europeu dotado de um sistema de documentação jurídica capaz de armazenar a legislação atualizada, a jurisprudência e a bibliografia mais importante. Embora ao mesmo tempo advertisse que, se não agissem com presteza e no âmbito de uma generosa atitude de cooperação entre todos os setores jurídicos interessados na matéria, corríamos o risco de ficar definitivamente à margem do progresso jusinformático previsível nas nações mais adiantadas[2]. Com a perspectiva que permitem os anos transcorridos, temo que esta última premonição se cumpriu e que, infelizmente, os avanços na aplicação da informática ao direito não foram, na Espanha, tão frutíferos quanto se poderia esperar nos primeiros momentos.

Quis aludir a esses acontecimentos ao iniciar minha exposição não pela pura vontade da satisfação memorável do passado, mas porque acredito que era necessário situar, ainda que fora do nível referencial, as condições ambientais e o contexto temporal em que surgiu entre nós o debate sobre a juscibernética e a informática jurídica.

---

[1] A. E. Pérez Luño, "La juscibernética en España", *RJC*, 1972, n. 2, pp. 303 ss.; *Cibernética, informática y derecho. Un análisis metodológico*, Bolonha, Publicaciones del Real Colegio de España, 1976, pp. 133 ss.

[2] M. López-Muñiz, "El derecho y la electrónica", *RDJ*, 1971, n. 46, pp. 95 ss. Referiu-se às causas determinantes da escassa implantação da informática jurídica na Espanha M. Sánchez Mazas, autor do importante livro *Cálculo de las normas*, Barcelona, Ariel, 1973, e de outras valiosas contribuições sobre os pressupostos lógicos da informática jurídica, em seus artigos "La mecanización del derecho en España", *Ya*, 13-IX-78; e "Informática y justicia", *El País*, 24-IV-81. Ver também a apresentação de M. Atienza a sua trad. esp. da coletânea de M. G. Losano, *Introducción a la informática jurídica*, Universidad de Palma de Mallorca, 1982, pp. 11-4.

2. ANTECEDENTES NORMATIVOS DA REGULAMENTAÇÃO DA INFORMÁTICA NO DIREITO ESPANHOL

Ao mesmo tempo que surgiram as iniciativas doutrinais e institucionais mencionadas, sucederam-se uma série de disposições normativas que, de maneira fragmentada, destinam-se a disciplinar distintos aspectos relacionados à informática. Assim, uma Ordem ministerial, do Ministério da Justiça, de 18 de fevereiro de 1970, pela qual se convocavam algumas "Jornadas de estudos sobre o aperfeiçoamento e a modernização dos meios e métodos da justiça" referia-se, entre os meios materiais a considerar para o melhor desenvolvimento da função judicial, o uso de telex e as aplicações dos computadores como meio auxiliar da justiça. Pouco depois, outra Ordem ministerial, do mesmo Departamento, promulgada em 9 de abril de 1970, desenvolveu as normas provisionais para a utilização do telex judicial. Nesse mesmo ano, em 12 de setembro, promulgou-se um Decreto da Presidência do governo pelo qual, expressamente, foram criados uma Comissão Interministerial de Informática e um Serviço Central de Informática, cuja missão consistia em supervisionar e apoiar o esforço de programação informática dos ministérios, e em cada um deles deveria ser constituída uma Comissão de Informática. Não é este o momento nem o lugar para uma consideração crítica sobre a oportunidade e a eficácia alcançada por essa norma, porém parece-me importante recordar que ela contém, em seu artigo 1, uma definição legal de informática que é entendida como "o conjunto de técnicas e métodos necessários para a utilização dos equipamentos de processamento de dados", isto é, "aquelas máquinas e dispositivos capazes de elaborar informação em forma digital sempre que a entrada de dados ou a saída dos resultados ocorra sobre um suporte criado ou aceito por outras máquinas". Consideram-se equipamentos de processamento de dados "as máquinas e dispositivos capazes de aceitar ou criar suportes de informação ou de transmitir essa a outras unidades"[3].

Pouco antes da promulgação do texto constitucional espanhol, um Decreto da Presidência do governo de 29 de setembro de 1978 criava uma Comissão Interministerial para a elaboração do Plano Informático Nacional. Nessa norma, atribuía-se à Comissão a análise da situação dos diversos setores da informática, entre os quais, sem a intenção de ser exaustivo, citam-se os de produção, aquisição, utilização e manutenção de máquinas e programas informáticos, seu comércio de importação e exportação, assim como a pesquisa e ensino da informática. Referiam-se também expressamente ao estudo das principais aplicações concretas dessa tecnologia e aos problemas que a transmissão de

---

[3] Cf., sobre essas disposições, A. E. Pérez Luño, "La juscibernética en España", op. cit., pp. 304 ss.; "Perspectivas actuales de la jusinformática en España", *RLIJ*, 1977, n. 1, pp. 63 ss. Para uma exposição atualizada sobre esse setor normativo do ordenamento jurídico espanhol, ver A. E. Pérez Luño, "Iniciativas y proyectos de Ley españoles sobre informática y libertades", in M. Losano, A. E. Pérez Luño e M. F. Guerrero Mateus (orgs.), *Libertad informática y leyes de protección de datos personales*, Madri, Centro de Estudios Constitucionales, 1989, pp. 185 ss.

dados apresenta dentro e fora das fronteiras espanholas, ao estado dos programas de cooperação internacional e ao desenvolvimento da informação, principalmente o fenômeno informático. Ao mesmo tempo considerava-se tarefa da Comissão "definir uma política informática que coordene toda a ação do setor público para a melhor utilização dos recursos disponíveis ou de que possam dispor e que indique ao setor privado os critérios do governo quanto ao previsível posterior desenvolvimento do setor" (art. 2).

3. O *ITER* DO TEXTO CONSTITUCIONAL: ELABORAÇÃO E DEBATES PARLAMENTARES

Neste clima de inquietações sociopolíticas e no âmbito dos parâmetros normativos a que nos referimos abre-se o debate constituinte entre nós.

O exemplo do artigo 35 da Constituição portuguesa, assim como as diversas leis sobre proteção às informações e defesa da intimidade diante da informática, sem dúvida, repercutiram na atitude dos parlamentares espanhóis desde as primeiras fases do processo constituinte. Por isso, no esboço e posteriormente no anteprojeto constitucional fazia-se menção ao assunto nos seguintes termos: "A lei limitará o uso da informática para garantir a honra e a intimidade pessoal e familiar dos cidadãos."[4] Esse texto, com ligeiras modificações de estilo, passou a ser o artigo 17 do relatório da Comissão[5], e a continuação foi debatida no âmbito da Comissão Constitucional do Congresso.

A discussão no Congresso gravitou em torno de duas posturas fundamentais. A primeira, representada pela emenda 716, do senhor Sancho Rof, e pela emenda 779, também pertencente à UCD, destinadas à supressão do item 4 do então artigo 17, por acreditar que a garantia do direito à intimidade e à honra contida no item 1 do referido artigo prevenia globalmente qualquer tipo de atentado contra tais faculdades. Ao mesmo tempo, considerava-se inoportuno "fazer uma menção expressa à informática e não a outra série de técnicas ou meios que também podem atentar contra a intimidade pessoal e familiar e contra a honra dos cidadãos"[6].

A outra tese considerava necessário manter a alusão expressa à informática, mas estendendo a tutela diante do uso indevido ao exercício de todos os direitos, em vez de restringi-la ao direito à honra e à intimidade. Essa tese foi sustentada pelo senhor Gastón Sanz, em nome do Grupo Misto, que entendeu que o texto constitucional devia ser redigido nestes termos: "A lei regulará o armazenamento, o uso e a difusão dos dados pessoais contidos nos arquivos ou registros, suscetíveis de acesso automático, com a finalidade de garantir as

---

[4] Anteprojeto constitucional, *BOC* de 5 de janeiro de 1978.

[5] O texto do relatório da Comissão dizia: "A lei limitará o uso da informática de maneira que se preserve o respeito à intimidade pessoal e familiar e a honra dos cidadãos", *BOC* de 17 de abril de 1978.

[6] Intervenção do senhor Sancho Rof, *DSC* de 19 de maio de 1978, n. 70, p. 2.526.

liberdades públicas e o ordenamento constitucional."[7] Com essa formulação, entendia que se explicava melhor o alcance da informática e suas repercussões no usufruto dos direitos fundamentais. Contudo, prevaleceu a emenda 117, proposta pelo senhor Roca Junyent em nome da Minoria Catalã. Na opinião desse deputado, a experiência dos Estados Unidos, onde a utilização da informática não apenas interferiu no direito ao exercício da intimidade, mas também no de outros direitos e liberdades, recomendava não reduzir as garantias constitucionais ao direito à honra e à intimidade. Nesse sentido, a orientação de sua emenda era a de ampliar a cobertura de risco diante da possibilidade de abusos no uso da informática, incorporando "entre os limites da informática o que garantisse o pleno exercício dos direitos por parte dos cidadãos"[8].

Essa emenda foi apoiada pelo representante do Grupo Socialista da Catalunha, senhor Martín Toval. Sua argumentação corrobora a tese da Minoria Catalã no sentido de que a intromissão informática não apenas pode incidir no usufruto da intimidade, mas atinge "a plenitude do exercício dos direitos previstos constitucionalmente"[9]. Para exemplificar os perigos atuais da informática, mencionou o projeto SAFARI do Ministério do Interior francês, destinado ao controle geral de dados pessoais de todos os cidadãos; programa que, após uma ampla campanha de opinião e de debate parlamentar, não pôde ser aplicado. Concluiu sua intervenção com uma frase que resumia o ponto de vista de seu grupo sobre o assunto, ao mostrar que votariam "favoravelmente tudo o que significasse a inclusão de limitações da informática na Constituição"[10].

O representante do Grupo Comunista, senhor Solé Tura, também aderiu à emenda do senhor Roca Junyent. "O tema da informática – nas palavras do senhor Solé Tura – é fundamental, embora hoje se encontre apenas no início. Por isso, devemos dar uma referência explícita que não atenda apenas à defesa da honra e da intimidade pessoal, que são fundamentais, mas também ao pleno exercício dos direitos e liberdades reconhecidos na Constituição. Trata-se de estabelecer garantias de controle dos controladores."[11]

Finalmente, as emendas do Grupo Misto e da UCD foram retiradas aprovando-se, por unanimidade, a apresentada pela Minoria Catalã, que posteriormente passou a ser o texto definitivo da Constituição, redigido nos seguintes termos: "A Lei limitará o uso da informática para garantir a honra e a intimidade pessoal e familiar dos cidadãos e o pleno exercício de seus direitos."[12]

No debate parlamentar do Senado, apresentou-se o voto particular do senhor Zaragaza Burillo, que defendeu a seguinte redação alternativa:

"Para garantir a honra e a intimidade pessoal, familiar e social dos cidadãos e o pleno exercício de seus direitos, a lei limitará a utilização da informá-

---

[7] Intervenção do senhor Gastón Sanz, ibid., p. 2.527.
[8] Intervenção do senhor Roca Junyent, ibid., p. 2.527.
[9] Intervenção do senhor Martín Toval, ibid., p. 2.528.
[10] Ibid.
[11] Intervenção do senhor Solé Tura, ibid., p. 2.529.
[12] Parecer da Comissão Constitucional do Congresso, *BOC* de 1º de julho de 1978.

tica e outros procedimentos ou técnicas que possam atentar contra os citados direitos."[13]

Com isso pretendia-se ampliar a proteção a todos os direitos e liberdades fundamentais e não limitá-la à informática, mas estendê-la a qualquer procedimento tecnológico que pudesse afetar o exercício da liberdade (referindo-se expressamente às escutas telefônicas, fotografias através das paredes e propaganda subliminar)[14]. Esse voto particular foi rejeitado e com isso, por fim, ficou como definitiva a redação da Comissão Constitucional do Congresso.

Como balanço dessas intervenções, e resumindo o alcance de seu conteúdo, podem ser observadas três diferentes posturas:

a) A daqueles que se pronunciaram contra a referência expressa à informática no texto constitucional por considerá-la, por um lado, *redundante*, já que a proteção da honra e da intimidade é consagrada com caráter geral no item 1 do artigo, sem que seja necessário especificar os distintos intrumentos ou meios de agressão, e, por outro, *restritiva*, ao não se referir a outros possíveis aspectos da tecnologia suscetível de lesar esses direitos. Esse ponto de vista foi mantido pela UCD.

b) A que considerou necessária a inclusão da informática no texto do artigo, mas estendendo a garantia constitucional a todos os direitos. Tese que corresponde às emendas apresentadas pelo Grupo Misto e pela Minoria Catalã, que, contando com o apoio de Socialistas da Catalunha e do Grupo Comunista, obteve o voto unânime da Comissão Constitucional do Congresso.

c) Por último, a que, apoiando a alusão expressa à informática, considerava necessário não apenas estender sua garantia a todos os direitos, diante de seu uso indevido, mas ao mesmo tempo ampliar também a cobertura a todos os procedimentos ou meios que pudessem afetar o exercício da liberdade. Tese defendida pelo senador Zarazaga Burillo.

São várias as observações críticas que podem ser feitas no tratamento parlamentar da informática. Em primeiro lugar, se, como parece depreender-se da argumentação dos constituintes espanhóis, se desejava estender a garantia diante dos abusos informáticos não apenas à honra e à intimidade, mas a todos os direitos fundamentais, seria preferível consagrar um artigo inteiro da Constituição, seguindo o modelo português, ao tratamento integral da informática e suas repercussões. Por esse motivo, ao incluir sua regulação como um apêndice do artigo 18, consagrado ao reconhecimento do direito à intimidade, pode suscitar opções hermenêuticas que dificultem a extensão de sua tutela aos demais direitos e liberdades fundamentais. Porém, talvez, o defeito mais apontado do texto constitucional esteja na assunção parcial que implica das diversas repercussões da informática. De fato, como corretamente se evidenciou, a liberdade informática, assim como a liberdade política, apresenta dois aspectos: um é de significação *negativa* e se traduz no direito a não tornar

---

[13] Intervenção do senhor Zarazaga Burillo, *DSS* de 27 de setembro de 1978, n. 60, p. 2.981.
[14] Ibid., p. 2.982.

de domínio público certas informações de caráter pessoal, privado ou reservado; o outro é *positivo* e implica o exercício de um direito ao controle das informações concernentes à própria pessoa que extrapolaram a esfera da *privacy* para se tornar elementos de *input* de um programa eletrônico[15]. A liberdade informática, em sua acepção positiva, implica, portanto, o reconhecimento do direito a conhecer, corrigir, cancelar ou acrescentar dados em uma ficha pessoal contida em um registro informático. Contudo, deve-se ter presente que, na prática, os dois aspectos negativo e positivo da liberdade informática são complementares, pois o exercício pleno desse direito consiste na faculdade de intervir sobre os bancos de dados não apenas para limitar seu uso proibindo a difusão de suas informações, mas também para desenvolver uma atividade de inspeção, verificação ou cancelamento, na qual se vê uma correspondência com o que pressupõe o direito à retificação das informações publicadas nos meios de comunicação.

Por outro lado, a ameaça de que um uso indiscriminado e abusivo da informática pode representar para a involução autoritária do Estado não deve desconsiderar que, no Estado social e democrático de direito de nosso tempo, a informática pode ser também um veículo imprescindível para garantir a vigência de um de seus principais valores: a certeza do direito. Atualmente, esse valor fundamental encontra-se em crise diante da avalanche de princípios normativos, cuja organização e posterior utilização podem ser notavelmente facilitadas através de um adequado sistema informático. Desse modo, seria possível evitar que a política econômica e socialmente mais avançada do Estado social e democrático de direito ficasse reduzida a letra morta, em decorrência da crise de informação jurídica[16].

Em um trabalho pouco suspeito de apologia da informática, o relatório Nora-Minc, mostra-se que "a informação e a participação avançam juntas" e que "só um poder que disponha de informações apropriadas poderá favorecer o desenvolvimento e garantir a independência do país: ele é o mediador das urgências vitais"[17].

Em suma, sobre os parlamentares espanhóis recaiu a preocupação de prevenir possíveis abusos na utilização da informática, que reduziram o exercício das liberdades. A própria fórmula "A lei limitará o uso da informática..." com que se inicia o item 4 do artigo 18 não é, de modo algum, casual, mas evidencia a postura defensiva adotada no debate constitucional. Com isso, enfatizou-se a dimensão negativa da liberdade informática, em detrimento de sua significação positiva (direito ao acesso e controle da informática pelo indivíduo ou grupos) e se desconsideraram as enormes possibilidades que esse setor da tecnologia encerra, corretamente conduzido, para a construção e a consolida-

---

[15] V. Frosini, "La protezione della riservatezza nella società informatica", *ID*, 1981, n. 1, p. 8.

[16] S. Simitis, *Informationskrise des Rechts und Datenverarbeitung*, Karlsruhe, Müller, 1970, pp. 54-6.

[17] S. Nora e A. Minc, *La informatización de la sociedad*, trad. esp. de P. García de Pruneda e R. Ruza, México/Madri/Buenos Aires, Fondo de Cultura Econômica, 1980, pp. 188-90.

ção do Estado social e democrático de direito. No entanto, a Constituição, assim como qualquer outra norma jurídica, uma vez promulgada, torna-se independente da vontade de seus autores e adquire substantividade própria. Por isso a hermenêutica constitucional não deve permanecer na razão instrumental ou na vontade subjetiva do constituinte, mas deve indagar todas as possibilidades que se possam depreender do texto com base em uma interpretação racional e sistemática. Nesse sentido, convém apontar algumas possíveis orientações que podem derivar de um correto desenvolvimento legislativo do artigo 18.4.

4. O DESENVOLVIMENTO LEGISLATIVO DO ARTIGO 18.4: A LORTAD E A LOPRODA

Com a promulgação da Lei Orgânica 5/1992, de 29 de outubro, de Regulação do Tratamento Automatizado dos Dados de Caráter Pessoal (LORTAD)[18], a Espanha incorporou-se ao grupo de Estados que contam com normas específicas para a proteção de informações pessoais. Concluía-se, assim, uma longa etapa de incertezas e vazios normativos, ao mesmo tempo que se iniciava outra carregada de expectativas sobre as aspirações virtuais da LORTAD para pôr limites, e mais adiante evitar, os abusos informáticos contra a intimidade, assim como contra os direitos fundamentais, perpetrados na Espanha. Convém esclarecer que a referida Lei Orgânica chegou tarde e mal. Primeiro, porque desde a promulgação da Constituição, em virtude do expresso preceito de seu artigo 18.4, o legislador espanhol devia estabelecer uma norma de tutela das liberdades em relação ao uso da informática. Essa exigência de desenvolvimento legislativo foi logo corroborada e instada em virtude de diversos acordos internacionais. Foi o caso da obrigação adquirida pela ratificação em 1984 do Convênio de proteção de dados pessoais (108) de 1981 do Conselho da Europa, cujo artigo 4 exige que os países signatários estabeleçam em seu direito interno as normas necessárias para garantir a eficácia dos princípios consagrados no referido texto[19].

Por sua vez, ao *Acordo de Schengen* subscrito inicialmente pela Alemanha, França e pelos países do Benelux em 1985 e desenvolvido por um Convênio para aplicação em 19 de julho de 1990, aderiram outros Estados da União Européia (Espanha, Itália, Grécia, Portugal...). Esse tratado internacional refere--se à supressão gradual de controles entre as fronteiras comuns dos países signatários. Para isso, regula o fluxo de informações pessoais para a coopera-

---

[18] Publicada em *BOE* n. 262, de 31 de outubro de 1992.

[19] Cf. A. E. PÉREZ LUÑO, "La incorporación del Convenio europeo sobre protección de datos personales al ordenamiento jurídico español", n. 17 monográfico da *ICADE. Revista de las Facultades de Derecho y Ciencias Económicas y Empresariales*, sobre Informática y Derecho, 1989, pp. 27 ss.; id., *Libertad informática y leyes de protección de datos personales*, em colaboração com M. G. Losano e M. F. Guerrero Mateus, Madri, Centro de Estudios Constitucionales, 1989, pp. 163 ss.

ção policial. O objetivo principal do Sistema de Informação Schengen (SIG) é a comunicação de informações para o controle das pessoas "indesejáveis" e/ou "inadmissíveis" dentro das fronteiras do "espaço Schengen". Para o êxito desse objetivo, entrou em funcionamento uma grande base de dados policiais situada em Estrasburgo e submetida à legislação francesa de proteção dos dados pessoais. Da mesma forma, o Convênio do Conselho da Europa exige que, para a transmissão dessas informações, existam em cada país receptor normas internas sobre a proteção de dados pessoais que satisfaçam os princípios do Convênio do Conselho da Europa (arts. 117 e 126)[20]. Como é notório, esse compromisso nacional e internacional foi demorado e postergado até a promulgação da LORTAD, no final de 1992.

Essa demora não evitou determinadas imperfeições na LORTAD, que reduziram seu conteúdo. Apesar do consolo de acreditar que essa demora do legislativo espanhol permitiria que se beneficiasse das experiências prévias do Direito comparado da informática, não foi o que ocorreu, e o texto promulgado incorreu em algumas deficiências que poderiam e deveriam ser evitadas.

A LORTAD chegou tarde para evitar o escândalo que, na etapa anterior a sua promulgação, agitou a opinião pública espanhola, em relação ao tráfico informatizado de dados de caráter pessoal, que significou a confirmação de um perigo antecipado havia tempos. Os 21 milhões de cidadãos espanhóis, imediata ou potencialmente agredidos em sua intimidade e em outros direitos fundamentais, abriram uma brecha na inconsciência cívica e política sobre os perigos que comportam determinadas manipulações das novas tecnologias. Foi preciso chegar a essa situação para que o conformismo cotidiano daqueles que têm como missão zelar pela tutela das liberdades, e daqueles que têm como principal tarefa cívica seu exercício, se vissem abalados pela gravidade do risco e pela urgência que envolvia sua resposta.

Não é lícito, ao menos para juristas, políticos e tecnólogos, alegar surpresa ou desconhecimento dos eventuais perigos implícitos no uso das novas tecnologias. Há décadas, os que avaliaram o impacto da informática nas liberdades alertaram sobre esses perigos, e qualquer especialista minimamente avisado incorreria em negligência indesculpável por não tê-los escutado. É certo que a Espanha, apesar de ser uma sociedade avançada, está distante dos países com tecnologia de ponta. É por isso que, entre nós, consideramos majoritariamente uma ameaça remota as advertências e experiências de ataque informático às liberdades que, com a descoberta da rede de "piratas" informáticos, converteu-se em uma sinistra realidade.

Nossa sociedade e nossos poderes públicos permaneceram alheios e inertes ante uma série de atentados informáticos à privacidade perpetrados em

---

[20] Ver M. G. Losano, "Il Trattato di Schengen e le frontiere europee", *Data Manager*, 1991, n. 114, pp. 27 ss.; A. Sánchez Bravo, *La protección del derecho a la libertad informática en la Unión Europea*, com prólogo de A. E. Pérez Luño, Sevilha, Publicaciones de la Universidad de Sevilla, 1998, pp. 164 ss.

nosso ambiente político-cultural. Para descrevê-los, não precisamos recorrer a uma retórica apocalíptica; basta a expressão estrita de um atentado. Desde os anos 1970, é notório que bancos de dados do setor público norte-americano, pertencentes ao Pentágono, à CIA ou ao FBI, processam informações sobre atitudes individuais e comportamento político que afetam milhões de cidadãos. Dados que, obtidos em função da defesa nacional ou da segurança pública, serviram, em determinadas ocasiões, para práticas de controle político e discriminação ideológica. A comunidade acadêmica dos Estados Unidos sofreu uma comoção ao saber que, durante a etapa de contestação estudantil, diversas universidades que contavam com bibliotecas informatizadas forneceram à polícia extensos relatórios das leituras dos professores e/ou alunos suspeitos de ser contestadores ou dissidentes. Há anos as agências de informação comercial e de crédito norte-americanas armazenam dados pessoais que concernem a centenas de milhões de indivíduos, que, após sua adequada programação, podem ser transmitidos a seus clientes em mais de 10 mil aspectos diferentes (por idade, profissão, sexo, renda, automóvel ou moradia possuídas, filiação a sindicatos, partidos, ou sociedades mercantis, culturais ou recreativas...)[21].

Na França, o estopim foi o projeto do Instituto Nacional de Estatística, que pretendia atribuir a cada cidadão um "número de identificação único" para todas as suas relações com a administração pública. A fatal coincidência, para os defensores do sistema, de que sua sigla correspondesse à palavra SAFARI contribuiu para sensibilizar partidos políticos, meios de comunicação e cidadãos diante da ameaça de se verem convertidos em animais a ser abatidos no "safári informático". O projeto foi finalmente suspenso e significou uma eficaz chamada de atenção para a periculosidade das técnicas *over-all computer,* ou seja, do cruzamento de arquivos que permitem um controle exaustivo da população, bem como o traçado do perfil completo das pessoas[22].

Essas circunstâncias pesaram, em 1983, em uma famosa sentença do Tribunal Constitucional da República Federal da Alemanha que, a pedido dos Verdes, declarou parcialmente inconstitucional a Lei do Censo Populacional que obrigava os cidadãos alemães a fornecer informações pessoais para fins estatísticos. Nessa decisão jurisprudencial, reconhecia-se o direito à "autodeterminação informativa", até então invocado pela doutrina jurídica, e concretizado na capacidade de todo cidadão das sociedades democráticas de determinar: quem, o que, quando e por que motivo pode conhecer dados que lhe concernem[23].

---

[21] Cf. os capítulos 8 e 9 deste livro; ver também A. E. PÉREZ LUÑO, *Nuevas tecnologías, sociedad y Derecho. El impacto socio-jurídico de las N. T. de la información*, Madri, Fundesco, 1987, pp. 123 ss.

[22] Cf. A. E. PÉREZ LUÑO, *Libertad informática y leys de protección de datos personales*, op. cit., pp. 137 ss.

[23] A doutrina alemã qualificou a sentença sobre a Lei do Censo Populacional de "Sermão da Montanha" em matéria de proteção de dados pessoais (cf. meu livro *Nuevas tecnologías, sociedad y*

Não custa advertir que na própria Espanha também existiam antecedentes inquietantes do *affaire* da rede de piratas informáticos. Faz tempo que as pessoas mais suscetíveis aos riscos de contaminação informática das liberdades mostraram sua preocupação com a persistência em arquivos policiais, agora informatizados, de dados relativos a atividades políticas, ou comportamentos "desviados" realizados no regime anterior; o "caso Curiel" constitui um eloquente testemunho disso. Também apresentaram queixa ao defensor do povo pela veiculação incontrolada de prontuários médicos, assim como de informações sobre atitudes e circunstâncias pessoais de funcionários e trabalhadores. Contando com esses notórios antecedentes, espanhóis e estrangeiros, demonstrar surpresa constitui uma atitude de ignorância culpável ou de cinismo. O tráfico de informações pessoais descoberto na Espanha foi a precipitação inevitável de alguns riscos, percebidos havia muito tempo, aos quais os poderes públicos não souberam, ou não quiseram, pôr limites antes.

Derecho, cit., pp. 126 ss.). Nessa linha de linguagem metafórica evangélica, entendo que se poderia denominar de sentença do "Bom Samaritano" a decisão do Tribunal Constitucional espanhol 254/1993, de 20 de julho. Nela o TC reconhece e ampara o direito dos cidadãos a conhecer os dados pessoais que lhes concernem e se encontrem registrados em arquivos administrativos informatizados. Essa decisão teve como antecedentes as sentenças da Audiência Territorial de Pamplona (sala do Contencioso-Administrativo) de 7 de fevereiro de 1989 e do Tribunal Supremo (sala 3ª) de 30 de abril de 1990, que haviam indeferido o acesso de um cidadão a seus dados pessoais incluídos em arquivos automatizados da administração do Estado, alegando a falta de detalhamento legislativo do Convênio europeu de proteção aos dados pessoais. Diante dessas sucessivas recusas de acesso aos dados pessoais, baseadas em uma motivação que metaforicamente poderia ser chamada de "farisaica" e "levítica", o TC agiu nesse caso como um "Bom Samaritano". A sentença do TC move-se em duplo plano argumentativo: 1) Por um lado, acolhe a dimensão positiva do direito à intimidade como faculdade de controle sobre os dados relativos à própria pessoa. Aceita também expressamente, pela primeira vez, as noções de "liberdade informática" e *habeas data*, como integrantes da garantia da intimidade diante da informática consagrada no artigo 18.4 da CE (FJ 7). Esses conceitos e categorias foram amplamente utilizados pela doutrina e jurisprudência estrangeiras em matéria de proteção de dados pessoais e creio que me cabe certa responsabilidade em sua difusão na experiência jurídica espanhola. 2) Outro aspecto central dessa sentença está na reafirmação por parte do TC de sua doutrina inclinada a reconhecer a aplicação imediata dos direitos fundamentais, nesse caso da liberdade de informática que emana do artigo 18.4 da CE, sem que seja necessária uma *interpositio legislatoris*, isto é, um detalhamento legislativo para sua plena eficácia (FJ 6). O TC acredita que o cumprimento ou não pelos poderes públicos dos tratados internacionais, particularmente do Convênio europeu de 1981, é independente para se assegurar a proteção dos direitos fundamentais estabelecidos no artigo 53.3 da CE (FJ 5). Do que implicitamente se infere que o TC não questiona a plena incorporação do Convênio europeu ao ordenamento jurídico espanhol, em virtude do artigo 96.1 da CE, e sua plena eficácia; ao que, por outro lado, também seria de aplicação sua própria jurisprudência impugnatória da *interpositio legislatoris* em matéria de direitos fundamentais. Tese que se reforça pela expressa invocação do TC, apoiando-se no artigo 10.2 da CE, do Convênio como fundamento para configurar o sentido e o alcance da liberdade informática consagrada no artigo 18.4 da CE. Em diversas publicações desses últimos anos tenho insistido na eficácia imediata do artigo 18.4 da CE, assim como na do Convênio europeu, pelo qual devo congratular-me por essa proposição ter sido acolhida nessa decisão do TC (cf. meus trabalhos: *Libertad informática y leyes de protección de datos personales*, op. cit., pp. 163 ss.; "La incorporación del Convenio europeo sobre protección de datos personales al ordenamiento jurídico español", n. 17 monográfico da *ICADE. Revista de las Facultades de Derecho y Ciencias Económicas y Empresariales, sobre Informática y Derecho*, pp. 27 ss.).

Qualquer inventário que pretenda dar conta dos mais importantes assédios tecnológicos que hoje se perpetram contra a esfera das liberdades deve mencionar obrigatoriamente a internet. A navegação pelo ciberespaço, que a internet permite, tem aberto imensas possibilidades de conhecimento, ação e comunicação. Não obstante, junto com essas inquestionáveis vantagens e avanços, nos últimos tempos a rede deu origem a sérios motivos para inquietação. A difusão de pornografia infantil, ou de propaganda de organizações terroristas, assim como numerosas atividades fraudulentas e atentados em massa contra a intimidade e a imagem das pessoas, configuram o reverso obscuro da internet.

Desde sua origem, a LORTAD mostrou-se um texto normativo insuficiente para dar resposta adequada aos riscos e atentados tecnológicos liberticidas aqui mencionados. Seus instrumentos de garantia destinados à proteção de informações pessoais revelaram-se bastante discutíveis[24]. Não se deve estranhar, por tudo isso, que a LORTAD fosse uma lei controvertida desde sua promulgação. Distintos artigos dessa disposição foram objeto de recursos de inconstitucionalidade, impetrados por diferentes instituições[25]. O Tribunal Constitucional, em sua Sentença 290/2000, de 30 de novembro, não entrou no mérito dos motivos de inconstitucionalidade, por ferir o conteúdo essencial do artigo 18.4 e outros preceitos da CE, apresentados por 56 deputados do Grupo Parlamentar Popular e do defensor do povo ao considerar que se perdera o objeto do recurso, em decorrência de a LORTAD ter sido derrogada e pelo fato de se encontrar em recurso também a norma derrogatória, tal como teremos oportunidade de expor abaixo. A decisão dessa sentença declarou também a inadmissibilidade do recurso interposto pelo Conselho Executivo do Governo Regional da Catalunha e pelo Parlamento da Catalunha no que se refere à suposta invasão, por parte da LORTAD, de competências das Comunidades Autônomas em matéria de proteção a dados pessoais. Segundo o Tribunal Constitucional, a garantia dos direitos fundamentais amparada pela Constituição, assim como a igualdade de todos os espanhóis em seu usufruto, legitimam as competências em todo o território nacional e para todo tipo de

---

[24] Cf. A. Garriga Domínguez, *La protección de los datos personales en el Derecho español*, com prólogo de A. E. Pérez Luño, Madri, Universidad Carlos III/Dykinson, 1999, pp. 119 ss.; M. G. Losano, "La legge spagnola sulla protezione dei dati personali", *Il Diritto dell'Informazione e dell'Informatica*, 1993, n. 4/5, pp. 867 ss.; P. Lucas Murillo de la Cueva, *Informática y protección de datos personales. Estudios sobre la Ley Orgánica 5/1992, de Regulación de Tratamiento Automatizado de los Datos de Carácter Personal*, Madri, Centro de Estudios Constitucionales, 1993, pp. 47 ss.; E. del Peso Navarro e M. A. Ramos González, *Confidencialidad y seguridad de la información: la LORTAD y sus implicaciones socioeconómicas*, Madri, Díaz de Santos, 1994, pp. 73 ss.

[25] A Comissão de Liberdades e Informática (CLI) solicitou ao defensor do povo a apresentação de um recurso de inconstitucionalidade contra a LORTAD, baseado em um parecer do professor Diego López Garrido, catedrático de Direito Constitucional. O defensor do povo interpôs recurso de inconstitucionalidade em 28 de janeiro de 1993 (recurso 219/1993). Além disso, apresentaram recursos de inconstitucionalidade contra a LORTAD: o Partido Popular (recurso 236/1993), o Parlamento (recurso 226/1993) e o Conselho Executivo do Governo Regional da Catalunha (recurso 201/1993). Cf. *Boletín Oficial del Estado*, de 19 de fevereiro de 1993.

arquivos, sejam de titularidade pública ou privada, da Agência e do Registro Central de Proteção de Dados[26].

De qualquer modo, é evidente que a LORTAD teve uma vigência efêmera. Apenas sete anos separam a data de 29 de outubro de 1992, em que foi promulgada, da de 13 de dezembro de 1999, em que se deu sua derrogação através da Lei Orgânica 15/1999, de 13 de dezembro de 1999, de Proteção de Dados de Caráter Pessoal (doravante LOPRODA)[27].

4.1. A LOPRODA: UM EXEMPLO DE ARTE LEGISLATIVA DO ABRACADABRA?

Na brilhante e lúcida reflexão sobre a tauromaquia, José Bergamín a chama de a *Arte do abracadabra*, isto é, como "a arte de pôr e tirar"[28]. As vicissitudes e circunstâncias que rodearam a origem e que concorrem no conteúdo da LOPRODA convidam a conjecturar se o legislador responsável por sua promulgação não é um perfeito cultor da *arte legislativa do abracadabra*, para dizê-lo na sugestiva imagem literária de Bergamín. Para corroborá-lo, basta observar que:

a) O legislador da LOPRODA *colocou* na nova Lei Orgânica 15/1999 a maior parte das limitações e exceções injustificadas às garantias da liberdade informática que estavam presentes na LORTAD. Verifica-se a circunstância, certamente paradoxal, de que o Grupo Parlamentar Popular impugnador, como já apontado, da LORTAD, contra a qual 56 de seus deputados apresentaram recurso de inconstitucionalidade por entender que afetava o conteúdo essencial da liberdade informática que emana do artigo 18.4 da CE, apoiou a aprovação do texto da LOPRODA no qual, basicamente, se reproduzem os motivos anteriormente invocados para recorrer à constitucionalidade da LORTAD.

b) O legislador da LOPRODA *abandonou* a Exposição de Motivos no novo texto. A doutrina científica ressaltara a incongruência entre a generosidade de propósitos garantistas proclamados na Exposição de Motivos da LORTAD ao consagrar a liberdade informática e a mesquinhez com que esse direito se via limitado em seus artigos[29]. Para evitar essa possível crítica, o legislador da LOPRODA cortou o "nó górdio" do problema, ao suprimir qualquer referência aos pressupostos, fundamentos e propósitos do novo texto legal. A LOPRODA

---

[26] STC 290/2000, FFJJ 10 ss. e sentença.

[27] A Disposição Derrogatória única da Lei Orgânica 15/1999, de 13 de dezembro, de Proteção aos Dados de Caráter Pessoal (*BOE* n. 298, de 14 de dezembro de 1999), declarou expressamente a derrogação da LORTAD.

[28] J. BERGAMÍN, *El arte de birlibirloque*, Madri, Turner, 1985, p. 23.

[29] Cf. J. L. CASCAJO CASTRO, "Tratamiento automatizado de los datos de carácter personal", in J. M. SAUCA (org.), *Problemas actuales de los derechos fundamentales*, Madri, Universidad Carlos III de Madri/Boletín Oficial del Estado, 1994, pp. 374 ss.; A. E. PÉREZ LUÑO, *La LORTAD y los derechos fundamentales*, op. cit., pp. 405 ss.; id., *La LORTAD entre las luces y las sombras*, op. cit., pp. 83 ss.; id., *Manual de informática y derecho*, op. cit., pp. 47 ss.

corta, sem pestanejar, a Exposição de Motivos e, ao prescindir dela, rompe com uma das grandes tradições da boa legislação.

Não existindo Exposição de Motivos, não se menciona expressamente uma das chaves determinantes da promulgação da LOPRODA: a necessidade de incorporar a nosso ordenamento jurídico a diretiva europeia de proteção de dados pessoais. A União Europeia elaborou a diretiva 95/46 do Parlamento europeu e do Conselho, de 24 de julho de 1995, relativa à proteção das pessoas físicas no que diz respeito ao tratamento de dados pessoais e à livre circulação desses dados. Nessa diretiva, pretende-se conciliar a fluidez da transmissão de dados no âmbito da União Europeia para maior eficácia dos poderes públicos e desenvolvimento do setor privado, com a defesa dos dados pessoais. Para isso se prevê a existência, em cada Estado-membro, de uma autoridade independente para garantir a tutela dos dados pessoais e zelar pela correta aplicação da diretiva (art. 28). Além disso, contempla-se a existência de uma autoridade comunitária denominada "Grupo de Proteção das Pessoas", que será integrada por representantes das autoridades de controle nacionais e por um representante da Comissão, os quais contribuirão na interpretação homogênea das normas nacionais adotadas na aplicação da diretiva, assim como informarão à Comissão sobre os conflitos que podem surgir entre a legislação e as práticas dos Estados-membros em matéria de proteção dos dados pessoais (arts. 30 e 31). A diretiva estabelece a expressa obrigação dos Estados-membros de adaptar as disposições legais, regulamentares e administrativas necessárias para incorporar seu texto e dar-lhe cumprimento nos respectivos ordenamentos internos (art. 32)[30].

Uma crítica radical insinua uma suspeita: que o legislador da LOPRODA fora movido pelo secreto desejo de manter o *status quo* na proteção de dados estabelecido pela LORTAD, introduzindo apenas as mudanças formais mínimas impostas pela necessidade de adaptação da Diretiva 95/46[31]. Partindo des-

---

[30] Cf. RIPOL CARULLA, "El proyecto de Directiva comunitaria sobre protección de datos: uma valoración española", in *Actas del III Congreso Iberoamericano de Informática y Derecho* (Mérida, setembro de 1992), publicadas in *Informática y Derecho*, 1994, vol. 4, pp. 321 ss., e A. SÁNCHEZ BRAVO, *El tratamiento automatizado de bases de datos en el marco de la Comunidad Económica Europea: su protección*; ibid., pp. 341 ss.; id., *La protección del derecho a la libertad informática en la Unión Europea*, op. cit., pp. 123 ss.; id., *Internet y la sociedad europea de la información: implicaciones para los ciudadanos*, com prólogo de A. E. Pérez Luño, Sevilha, Publicaciones de la Universidad de Sevilla, 2001, pp. 73 ss. Ver também A. E. PÉREZ LUÑO, "El concepto de interesado en la Directiva Comunitaria 95/46", in *La protección del derecho a la intimidad de las personas (fichero de datos)*, Madri, Escuela Judicial/ Consejo General del Poder Judicial, 1997, pp. 13 ss.

[31] Cf. R. GONZÁLEZ-TABLAS, *El derecho y las nuevas tecnologías*, palestra apresentada no Parlamento de La Rioja, em 20 de fevereiro de 2001, cujo texto em fase de publicação devo à deferência de seu autor; A. SÁNCHEZ BRAVO, "La Ley Orgánica 15/1999 de Protección de Datos de Carácter Personal: Diez consideraciones en torno de su contenido", *REP*, 2001, n. 111, pp. 201 ss. Menos pessimista quanto à avaliação inicial da LOPRODA mostra-se A. GARRIGA DOMÍNGUEZ,"La nueva Ley Orgánica 15/1999, de 13 de dezembro, de Protección de Datos de Carácter Personal, ¿un cambio de filosofía?", *Anales de la Cátedra Francisco Suárez*, 2000, n. 34, pp. 299 ss. Creio que a pergunta corretamente formulada pela professora ANA GARRIGA DOMÍNGUEZ, com relação à LOPRODA implicar

sas premissas, se chegaria a um juízo global negativo, que poderia ser resumido na famosa expressão de um dos protagonistas de *Il Gattopardo* [*O Leopardo*], a obra inesquecível de Giuseppe Tomasi di Lampedusa, quando afirmava que "é necessário que algo mude, para que tudo permaneça igual".

Subsiste, em todo o caso, a impressão de que o legislador da LOPRODA mostrou certa propensão para essa atitude que denominei *arte legislativa do abracadabra*; ou seja, a uma tendência a pôr o que deveria ter sido tirado e a tirar o que deveria ter sido colocado e, em suma, a escamotear as garantias básicas de proteção de dados. Porque, de fato, ao ficar formalmente derrogada a LORTAD, produzia-se a consequente perda do objeto dos recursos de inconstitucionalidade interpostos contra ela. Ao mesmo tempo, abria-se um longo período para dirimir a possível inconstitucionalidade das normas da LOPRODA que reproduziam aspectos impugnados da LORTAD. Porém, o artifício do abracadabra exercitado pelo legislador somente obteve êxito parcial. O Tribunal Constitucional, que demorou oito anos para a resolução dos recursos interpostos contra a LORTAD e que, efetivamente, admitiu a consequente perda do objeto do recurso de inconstitucionalidade interposto contra ela, fundamentado na lesão do conteúdo essencial da liberdade informática que emana do artigo 18.4 da CE, resolveu com exemplar celeridade o único recurso de inconstitucionalidade apresentado pelo defensor do povo contra a LOPRODA[32]. Simultaneamente, na data de 30 de novembro de 2000, o TC emitia as duas sentenças que, respectivamente, resolviam os recursos apresentados contra esses textos legislativos. Com isso, o legislador da LOPRODA não pôde evitar que fossem declarados inconstitucionais determinados parágrafos dos artigos 21.1 e 24.1 e 2 dessa norma; embora, ao não se produzirem outros motivos de impugnação apresentados contra a LORTAD e que permanecem vigentes na LOPRODA, evitou-se a condenação de inconstitucionalidade de determinados aspectos desta, que continuam a suscitar fundadas dúvidas sobre sua conformidade com a Constituição.

4.2. Fins e estrutura normativa da LOPRODA

O objetivo básico perseguido pelo LOPRODA é garantir e proteger, no que concerne ao tratamento de dados pessoais, as liberdades públicas e os direitos fundamentais das pessoas físicas, especialmente de sua honra e intimidade pessoal e familiar (art. 1).

---

uma mudança de filosofia na tutela dos dados pessoais, pode ser respondida afirmativamente, desde que seja entendida como uma nova modalidade de "filosofia de algibeira". Sobre a hipertrofia e ambiguidade nos usos linguísticos do termo "filosofia", ver A. E. Pérez Luño, *Lecciones de Filosofía del Derecho. Presupuestos para una filosofía de la experiencia jurídica*, 7. ed., Sevilha, Mergablum, 1999, pp. 20 ss.

[32] Recurso do defensor do povo, de 14 de março de 2000 (*BOE* de 8 de abril de 2000), n. 1463/2000, que foi decidido pela STC 292/2000, de 30 de novembro de 2000.

O texto não menciona expressamente sua tarefa, que constitui precisamente sua própria razão de ser, por ter sido promulgado para o desenvolvimento do artigo 18.4 da Constituição espanhola. Tampouco faz referência explícita ao cumprimento do compromisso de transposição da Diretiva europeia 95/46. Omite, portanto, qualquer referência ao cumprimento obrigatório do mandato constitucional, assim como o que emana da Diretiva europeia.

Sua categoria normativa é a de Lei Orgânica. Não obstante, de acordo com o expresso em sua Disposição Final 2ª, os títulos IV, VI – exceto o último inciso do parágrafo 4 do artigo 36 – e VII, a Disposição Adicional 4ª, a Disposição Transitória 1ª e a Final 1ª têm o caráter de lei ordinária.

Para o cumprimento de seu objetivo fundamental, estrutura-se um sistema de garantias e medidas cautelares, que pretende reunir as orientações do Direito comparado em matéria de proteção de dados pessoais. Particularmente, a LOPRODA parece querer optar pelo modelo das denominadas "leis de proteção de dados da *terceira geração*". A experiência legislativa desses últimos anos registra uma sucessiva transformação desde as leis da *primeira geração*, baseadas na autorização prévia dos bancos de dados em uma etapa em que os equipamentos de informática eram escassos, volumosos e facilmente localizáveis; às leis da *segunda geração,* cujo principal objetivo foi a garantia dos dados "sensíveis", por sua imediata incidência na privacidade ou seu risco para práticas discriminatórias; e, na atualidade, às da *terceira geração,* que se fez através da revolução da microinformática com a consequente difusão capilar dos bancos de dados. Isso tornou praticamente inviável o controle prévio dos equipamentos de informática, sobre os quais atuaram as normas da *primeira geração*; ao mesmo tempo que a tutela das informações já não pode ficar circunscrita ao fator estático de sua *qualidade,* segundo o critério predominante na segunda geração de leis de proteção de dados, mas deve tornar-se extensiva à dinâmica de seu uso ou *funcionalidade*[33].

A LOPRODA tende a conceber a proteção dos bancos de dados pessoais de uma perspectiva funcional; não se limita a sua tutela como simples depósitos de informações, mas também, e sobretudo, como uma globalidade de processos ou aplicações informáticas que se realizam com os dados armazenados. Assim, parece depreender-se da definição de *tratamento* de dados, que é entendida como "operações e procedimentos técnicos de caráter automatizado ou não, que permitam a reunião, gravação, conservação, elaboração, modificação, bloqueio e cancelamento, assim como a cessão de dados que resultem de comunicações, consultas, interligações e transferências" [art. 3.*c*.)]. Além disso, essa orientação da LOPRODA ganha força quando se define o *procedimento de dissociação* como "todo tratamento de dados pessoais de modo que a

---

[33] Sobre as gerações de leis de proteção de dados e suas características, cf. A. E. Pérez Luño, *Libertad informática y leyes de protección de datos personales,* op. cit., pp. 152 ss.; id., "La LORTAD y los derechos fundamentales", *Derechos y Libertades,* n. 1, 1993, pp. 405 ss.; id., "La LORTAD entre las luces y las sombras", *Informática y Derecho,* n. 6-7, 1994, pp. 83-7; id., *Manual de informática y derecho,* Barcelona, Ariel, 1996, pp. 47 ss.

informação que se obtenha não possa ser associada a uma pessoa identificada ou identificável" [art. 3.*f*)].

Trata-se de evitar os efeitos negativos dos perfis de personalidade elaborados em função das informações contidas em bases de dados pessoais. Esses perfis podem ser considerados a reputação ou fama, que é expressão da dignidade e da honra, e que pode ser avaliada, favorável ou desfavoravelmente, para as mais variadas atividades públicas ou privadas. A vida cotidiana dos cidadãos é afetada por uma série de avaliações sobre seu comportamento, que podem ser levadas em consideração para as mais diversas circunstâncias, tais como: obtenção de um emprego, concessão de um empréstimo ou admissão em determinadas instituições ou grupos.

A LOPRODA dedica todo o seu artigo 13 a prevenir essas circunstâncias, através do que denomina de "Impugnação de avaliações". Para isso, prescreve-se nessa norma que os cidadãos têm direito a não ser submetidos a uma decisão com efeitos jurídicos, sobre eles ou que os afete de maneira significativa, que se baseie unicamente em um tratamento de dados destinado a avaliar determinados aspectos de sua personalidade. Por isso, o afetado poderá impugnar os atos administrativos ou decisões privadas que impliquem uma avaliação de seu comportamento, cujo único fundamento seja um tratamento de dados de caráter pessoal que ofereça uma definição de suas características ou personalidade.

Quando se der tal circunstância, a pessoa afetada terá o direito de obter informação do responsável pelo arquivo, sobre os critérios de avaliação e sobre o programa utilizado no tratamento que serviu para adotar a decisão em que consistiu o ato.

A avaliação sobre o comportamento dos cidadãos, baseada em um tratamento de dados, apenas poderá ter valor probatório a pedido do próprio afetado (art. 13.4).

A LOPRODA se propõe, portanto, tutelar a qualidade dos dados, porém não em si mesmos, mas em *função* de evitar que sua informatização permita ou propicie atividades discriminatórias.

O texto da LOPRODA é constituído de 49 artigos distribuídos em sete títulos, seis Disposições Adicionais, três Disposições Transitórias, uma Disposição Derrogatória e três Disposições Finais. Em sua *estrutura normativa*, podem-se distinguir conceitualmente dois setores básicos:

1) Uma *parte geral* ou *dogmática*, dedicada à proclamação da liberdade na esfera informática na pluralidade de suas faculdades e manifestações, e formada pelos títulos:

– I, em que se formulam as *disposições gerais* da lei referidas a seu objeto, campo de aplicação e definições.

– II, em que estão contidos os *princípios* da proteção de dados com referência expressa às exigências de: qualidade dos dados, informação e consentimento dos afetados, proteção especial de dados sensíveis e relativos à saúde, segurança dos dados, dever de sigilo e garantias para a comunicação de tais dados e para o acesso por conta de terceiros.

– III, relacionado aos *direitos* que emanam do reconhecimento da liberdade informática e que se dividem na impugnação de avaliações baseadas exclusivamente em dados automatizados, e nas faculdades de informação, acesso, retificação e cancelamento. Além disso, se consignam os instrumentos para a tutela dessas faculdades e o direito à indenização.

2) Uma *parte especial ou orgânica*, na qual se estabelecem os mecanismos organizativos e/ou institucionais a que devem ser adaptados ou que devem supervisionar o funcionamento das bases de dados a fim de garantir a liberdade informática. Incluem-se aqui os títulos:

– IV, que prevê algumas *disposições setoriais* para regulamentar os "Arquivos de titularidade pública" (capítulo I), no qual são contemplados os requisitos para sua criação, modificação ou suspensão, os casos de cessão de dados entre as administrações públicas, o regime de arquivos dos órgãos de segurança e as exceções aos direitos; e os "Arquivos de titularidade privada" (capítulo II), em que estão contidas previsões normativas relativas a sua criação, notificação e inscrição no registro, comunicação de cessão de dados, regime de dados incluídos nas fontes de acesso público, prestação de serviços de tratamento automatizado de dados pessoais ou sobre solvência patrimonial e crédito, arquivos com fins publicitários e de prospecção comercial, censo promocional, assim como os códigos-modelo para a estrutura, funcionamento, segurança e garantias dos arquivos privados.

– V, que disciplina o *movimento internacional de dados* e no qual se acolhe, de forma implícita, o princípio básico de reciprocidade do Convênio 108 de proteção de dados pessoais do Conselho da Europa, que subordina o fluxo internacional de dados, necessário para o desenvolvimento cultural, econômico e da segurança mútua dos Estados, à existência no país receptor de dados pessoais de garantias semelhantes às do transmissor, nesse caso às que estabelece a LOPRODA; salvo as exceções motivadas por acordos internacionais, ou se se tratar de prestar ou solicitar auxílio judicial ou sanitário internacional, ou se se referir a transferências monetárias conforme sua legislação específica.

– VI, em que se regula a natureza e o regime jurídico da *Agência de Proteção de Dados*, e são especificadas as competências de seu Diretor, do Conselho Consultivo e o objeto do Registro Geral; ao mesmo tempo que se preveem as relações dessa instituição com as correspondentes das Comunidades Autônomas.

– VII, integralmente consagrado a padronizar o sistema de *infrações e sanções* previsto pela LOPRODA. Trata-se de um conjunto de pressupostos genéricos de responsabilidade administrativa por infrações, leves, graves e muito graves, que podem levar a sanções disciplinares, para os responsáveis por arquivos públicos, ou pecuniárias, no caso de arquivos privados. Em ambos os casos, para infrações muito graves, contempla-se a possibilidade de bloquear os arquivos.

4.3. As opções legislativas da LOPRODA

Para analisar os aspectos mais interessantes e polêmicos da LOPRODA, confrontarei seu texto com as grandes opções legislativas que, em trabalhos anteriores[34], considerei definidoras das normas sobre proteção de dados pessoais:
1) Escolha entre um modelo de *lei única e global* (denominada pela doutrina norte-americana *Omnibus Act*) ou por uma série de *leis particulares setoriais* para distintos aspectos da tecnologia da informação e da comunicação que requerem uma regulamentação peculiar (*sector by sector*, na terminologia anglo-saxã). Nesse aspecto, parece mais oportuno uma solução *mista*, tendente a conjugar uma disciplina unitária com um âmbito jurídico adaptado às exigências de determinados aspectos jurídicos (responsabilidade penal, arquivos públicos, dados estatísticos, sanitários...) ou tecnológicos específicos (telecomunicações, videotexto, transferência eletrônica de fundos...).

A LOPRODA parece inclinar-se por esse sistema misto, porém não resolve todos os problemas de concordâncias, reiterações e antinomias que podem surgir nesse setor do ordenamento jurídico espanhol. Quando entrar em vigor a nova lei de proteção de dados, sua normativa coexistirá com uma série de leis setoriais e dispersas (em matéria: civil, penal, tributária, sanitária, estatística, ou de telecomunicações) em cujo articulado estão contidas disposições sobre o uso da informática em relação aos direitos fundamentais. Isso pode provocar sobreposições, reiterações e contradições (antinomias) que deveriam ser previstas e evitadas.

Em sua Disposição Derrogatória, a LORTAD havia derrogado expressamente a normativa da tutela civil da intimidade estabelecida, de forma transitória, na Lei 1/1982, de 5 de maio, de proteção civil do direito à honra e à intimidade pessoal e familiar e à própria imagem. A LOPRODA, embora não contenha nenhuma referência explícita a esse respeito, por ter derrogado, por sua vez, a LORTAD, parece que deve ser considerada o âmbito normativo da tutela diante dos atentados civis contra a intimidade perpetrados através de meios informáticos.

A LOPRODA contém uma remissão à legislação estatística [art. 2.3.*b*)] e sanitária de proteção de dados [arts. 8 e 11.2.*f*)]. Mas não foi apresentada a articulação do regime de sanções administrativas previstas na LOPRODA com as sanções penais que o Código Penal em vigor (arts. 197 ss.) prevê para as infrações informáticas mais graves à intimidade. Tampouco se faz menção expressa às disposições sobre proteção de dados pessoais contidas na Lei 30/1984, de Medidas para a Reforma da Função Pública (art. 13); e na Lei 31/1987, de Organização das Telecomunicações (arts. 2.2 e 5.4), assim como na Lei 11/1998, de 24 de abril, Geral de Telecomunicações (Exposição de Motivos, arts. 37, 50 e 54.3)[35]. Em outros âmbitos normativos com incidência na

---

[34] Cf. A. E. Pérez Luño, *Libertad informática y leyes de protección de datos personales*, op. cit., pp. 152 ss.

[35] Cf A. E. Pérez Luño, "Panorama general de la legislación española sobre protección de

proteção de dados, verificou-se uma remissão específica da LOPRODA, que estabelece a modificação do artigo 112.4 da Lei Geral Tributária (Disp. Adic. 4ª), assim como do artigo 24.3 da Lei de Organização e Supervisão dos Seguros Privados (Disp. Adic. 6ª).

A LOPRODA deveria estabelecer, por imperativo de segurança jurídica, uma organização conciliadora de todas as regulamentações setoriais e dispersas existentes no ordenamento espanhol em matéria de proteção de dados. Disposições como essas foram denominadas por Mario G. Losano *normae fugitivae*, "pois, encontrando-se ali onde não deveriam, não são fáceis de se achar, constituindo uma fonte de problemas legislativos inclusive graves"[36].

2) Decisão em favor dos textos normativos constituídos por *disposições casuísticas e pormenorizadas* ou por uma técnica legislativa de *cláusulas* ou *princípios gerais*. Este último procedimento é particularmente aconselhável para regular matérias que, como a informática, estão imersas em constantes mudanças e inovações tecnológicas. Desse modo, a regulamentação legal com base em alguns padrões flexíveis evita a necessidade de introduzir variações constantes nas normas e permite aos órgãos encarregados de sua aplicação (tribunais, comissões, comissários ou agências...) adaptar os princípios às situações que sucessivamente se apresentem.

A LOPRODA parece querer responder a essa orientação apresentando-se como um texto de princípios básicos e remetendo à via regulamentar a concretização de grande parte de seu conteúdo. Esse sistema conta a seu favor com sua idoneidade para favorecer a atualização constante e necessária dos princípios da Lei Orgânica, sem necessidade de recorrer a sua modificação[37]. Seu principal risco é o de degradar o nível hierárquico das normas que devem regular aspectos jurídicos fundamentais vinculados ao exercício da liberdade informática. Não pode tampouco evitar o perigo de degradação do *status* de garantias jurídicas da liberdade informática, que emana das faculdades normativas ilimitadas e amplamente discricionárias que isso comporta em favor da Agência de Proteção de Dados.

---

datos", in *Implicaciones socio-jurídicas de las tecnologías de la información. Encuentro 1991*, Madri, Fundación Citema, 1992, pp. 25 ss. Também deverá ser consultada a normativa comunitária europeia sobre a matéria; ver a esse respeito os trabalhos citados na nota 30.

[36] M. G. LOSANO, "Los Proyectos de Ley italianos sobre la protección de los datos personales", in *Problemas actuales de la documentación y la informática jurídica*, Atas do Colóquio Internacional realizado na Universidade de Sevilha, 5 e 6 de março de 1986, org. por A. E. Pérez Luño, Madri, Tecnos/Fundación Cultural Enrique Luño Peña, 1987, p. 279.

[37] Para o desenvolvimento regulamentar da LORTAD promulgaram-se sucessivamente: o RD [Real Decreto] 428/1993, de 26 de março, pelo qual se aprovou o estatuto da Agência de Proteção de Dados; o RD 1.332/1994, de 20 de junho, que desenvolveu determinados aspectos da LORTAD; e o RD 994/1999, de 11 de junho, pelo qual se aprovou o regulamento de medidas de segurança dos arquivos automatizados que contenham dados de caráter pessoal. A Disposição Transitória 3ª da LOPRODA mantém a vigência desses textos regulamentares até que tenham sido levadas a efeito as disposições regulamentares de desenvolvimento da LOPRODA, às quais se refere sua Disposição Final 1ª e sempre que as subsistentes não se oponham ao seu conteúdo.

Não custa observar ainda que o reconhecimento de uma ampla parcela de autonomia nos arquivos do setor privado, através da possibilidade de elaborar códigos-modelo deontológicos (art. 32), tende a facilitar também a adaptação dos princípios normativos básicos da LOPRODA às constantes transformações tecnológicas.

3) Preferência por um modelo de tutela *estática*, baseado na "qualidade" das informações, ou então por um sistema de proteção *dinâmica*, centrado no controle dos programas e sua utilização. Sobre essa alternativa, convém ter presente que a experiência desses últimos anos sobre a aplicação das leis de proteção de dados destacou, por um lado, a dificuldade de se estabelecer um exaustivo catálogo de dados real ou potencialmente "sensíveis" e, por outro lado, a evidência de que qualquer informação, em princípio neutra ou irrelevante, pode converter-se em "sensível", dependendo do uso que se faça dela, tudo isso sem menosprezar a importância que envolve a proteção de determinado tipo de dados, em virtude de sua "qualidade", isto é, por sua imediata referência à intimidade ou às demais liberdades.

A LOPRODA optou aqui por uma solução sincrética que combina a tutela estática em função dos dados sensíveis (art. 7), com a tutela dinâmica através da Agência de Proteção de Dados (arts. 37 e 40). Em relação aos primeiros, deve-se censurar a LOPRODA por ter apresentado a tipificação das informações especialmente sensíveis em função da ideologia, religião ou crenças expressas no artigo 16 da Constituição espanhola, quando seria muito mais completo e pertinente tomar como ponto de referência o artigo 14 da própria Constituição, que previne qualquer atividade discriminatória – entendam-se também aquelas realizadas através da informática – por razões de "nascimento, raça, sexo, religião, opinião ou qualquer outra circunstância pessoal ou social".

Em relação à Agência de Proteção de Dados, órgão do Direito público sobre o qual recai a implementação da LOPRODA e de suas garantias, diga-se de imediato que constitui um dos aspectos mais negativos e insatisfatórios da lei. Suscita perplexidade e espanto que a Lei 15/1999 proclame a "plena independência" de seu Diretor (art. 36.2). Convém assinalar a esse respeito que, diferentemente do que é norma habitual no Direito comparado dos *Ombudsmanen* especializados na proteção de dados (o caso dos *Datenschutzbeauftragter* das leis alemãs, nas quais parece ter sido inspirada a LOPRODA, é bem eloquente[38]), o Diretor não é nomeado pelo Parlamento, mas pelo governo, a quem também cabe sua demissão (art. 36). Além disso, diferentemente dos *Ombudsmanen* para a proteção de dados estrangeiros, que apresentam seus relatórios anuais (muito importantes para se conhecer "quem é quem" em matéria de agressões às liberdades informáticas) às Câmaras representativas, o Diretor espanhol deverá fazê-lo diante do Ministério da Justiça [art. 37.*k*)].

---

[38] Cf. A. E. Pérez Luño, *Nuevas tecnologías, sociedad y Derecho. El impacto socio-jurídico de las N. T. de la información*, Madri, Fundesco, 1987, pp. 149 ss.; id., "La contaminación de las libertades en la sociedad informatizada y las funciones del Defensor del Pueblo", *Anuario de Derechos Humanos*, t. 4, 1987, Homenaje a Joaquín Ruiz Giménez, pp. 259 ss.

Isso condiciona gravemente a neutralidade e a própria credibilidade dessa instituição, que aparece como simples delegado governamental para a informática. A própria opção terminológica da LOPRODA corrobora essa impressão. Assim, diante de outras possíveis denominações ligadas à figura do *Ombudsman*, tais como as de defensor, comissário, comissionado, mediador... a expressão "diretor da Agência" evoca a transposição mimética da noção norte-americana de *Government Agency* e reforça a orientação governamental que essa instituição sugere.

Não mais indulgente é a decisão que merece a representatividade do órgão colegiado, que assessora o diretor da Agência na qualidade de Conselho Consultivo (art. 38). Dos nove membros que o integram, cinco são oriundos de instituições políticas (um deputado, um senador, um representante da administração central – indicado pelo governo –, um representante da administração local – proposto pela Federação Espanhola de Municípios e Províncias –, um representante de cada Comunidade Autônoma que tenha criado uma agência de proteção de dados) e os quatro restantes representam instituições culturais e instâncias civis (um membro da Real Academia de História, um especialista na matéria – proposto pelo Conselho Superior de Universidades –, um representante dos usuários e consumidores e um representante do setor de arquivos privados).

Essa composição do Conselho Consultivo parece querer corresponder a um critério de representatividade ponderada de distintos setores públicos e privados, com interesse na garantia da proteção de dados. No entanto, em uma democracia parlamentar, como é a espanhola, em que o governo emana das opções políticas majoritárias, esse método de escolha dos membros do Conselho pode levar a uma hegemonia fática e decisiva dessa maioria parlamentar nos cinco membros políticos do Conselho e, consequentemente, na tarefa do Conselho Consultivo como um todo. Acrescente-se a isso o desequilíbrio que significa uma representação do setor de arquivos privados, mas não a dos sindicatos ou associações de técnicos em informática. Além disso, seria desejável a presença de representantes de outras Academias Reais como a das Ciências Morais e Políticas e a de Jurisprudência e Legislação, ou de um representante dos Conselhos de Advogados nesse órgão consultivo.

Criticou-se, em relação à LORTAD, em alegação que resume com exatidão as inquietações que suscita este órgão de Direito público, que "a Agência de Proteção de Dados nasceu com uma aura de mistério, devida, fundamentalmente, a redações e definições ambíguas em sua regulamentação. Talvez agora o mais pertinente seja que o próprio órgão de controle dissipe com diligência e eficácia as dúvidas suscitadas por sua configuração"[39]. Essas apreciações críti-

---

[39] J. L. CASCAJO CASTRO, *Tratamiento automatizado de los datos de carácter personal*, op. cit., p. 374. Em relação aos propósitos da etapa inicial da Agência, é interessante o trabalho de seu primeiro diretor, J. J. MARTÍN CASALLO, "Agencia de Protección de Datos: qué es y qué finalidad persigue", *Actualidad Informática Aranzadi*, 1994, n. 13, pp. 1-2; para um estudo mais completo e pormenorizado sobre o funcionamento da Agência, ver A. E. DE ASÍS ROIG, "La actividad sancionadora de la Agencia de Protección de Datos", *Actualidad Informática Aranzadi*, 1997, n. 22, pp. 1 ss.

cas aplicam-se perfeitamente à LOPRODA, que neste, como em muitos outros aspectos, limita-se a reproduzir a regulamentação contida na LORTAD.

Tende também a corroborar a perspectiva dinâmica do sistema tutelar implantado pela LOPRODA sua definição e regulação dos arquivos e tratamentos de dados que, como apontei, não foram concebidos como simples depósitos de informações, mas como um conjunto de processos ou aplicações informáticas que se realizam com os dados armazenados e que, se chegassem a se conectar entre si, são passíveis de configurar o *perfil de uma pessoa*. Como pude apontar anteriormente, a LOPRODA, enquanto integrante das normas de proteção de dados da terceira geração, propõe-se estabelecer um sistema funcional e dinâmico de tutela, que permita aos cidadãos a impugnação das avaliações pessoais derivadas de usos indevidos de arquivos e tratamentos informatizados.

4) Opção entre restringir a disciplina dos bancos de dados pessoais àqueles que pertencem ao *setor público* ou de estendê-la também aos que atuam no *setor privado*. Nesse ponto convém lembrar a admissão paulatina, na doutrina e na jurisprudência sobre os direitos fundamentais, do princípio de sua *Drittwirkung*, ou seja, de sua eficácia diante de terceiros ou nas relações entre particulares. Na fase correspondente aos direitos da primeira geração considerava-se que eles só podiam ser exercidos perante os poderes públicos, que tradicionalmente foram seus principais violadores. No entanto, nas gerações de direitos fundamentais que se sucederam, ampliou-se sua incidência no plano das relações privadas, ao se tomar consciência de que também nelas podem surgir situações de ameaça e agressão para o usufruto das liberdades. Da mesma forma, as leis de proteção de dados da primeira geração estavam voltadas, sobretudo, a possibilitar o controle dos sistemas automatizados governamentais. Posteriormente comprovou-se que o perigo também podia surgir dos bancos de dados privados (grandes multinacionais, agências de informação e de crédito...) e que urgia evitar situações de impunidade para aqueles que causavam esse dano às liberdades e de indefensabilidade daqueles que são suas vítimas. Isso torna recomendável uma disciplina para todos os bancos de dados pessoais, independentemente de sua titularidade pública ou privada, introduzindo na regulamentação aquelas salvaguardas consideradas convenientes.

Essas considerações podem ainda aplicar-se à conveniência de que a norma de proteção de dados faça chegar seus instrumentos de garantia não apenas aos sistemas automatizados, mas também aos arquivos ou registros manuais relativos a informações pessoais, introduzindo aqui também as eventuais especificações.

A LOPRODA acolhe essas diretrizes ao conjugar a proteção de dados pessoais reunidos em arquivos públicos e privados, estabelecendo um sistema diferente de garantias. Talvez nesse ponto a principal objeção que se poderia fazer à lei é a patente fragilidade do sistema de tutela dos bancos de dados privados em relação aos que operam no setor público. Enquanto para a criação ou modificação destes últimos se exige uma norma geral publicada e submetida ao controle jurisdicional, e eles estão subordinados ao controle e à tutela dos entes ou órgãos públicos dos quais dependem, assim como ao dos defensores do povo estatal e, dependendo do caso, autônomos, e ao do controle da Agência de Proteção de Dados; os arquivos privados permanecem submetidos apenas à supervisão dessa Agência. Como apontei, as agressões desse setor não são menores que as provenientes do poder estatal e, portanto, essa diferença de regimes de proteção não teria por que se traduzir em redução dos instrumentos de garantia diante dos abusos perpetrados desde a esfera dos grandes interesses econômicos privados.

A LOPRODA acolhe a possibilidade de estender a aplicação de seu sistema de garantias aos arquivos convencionais [arts. 2.1 e 3.*b*) e *c*) e Disp. Adic. 1ª].

5) Delimitação de um âmbito subjetivo de tutela restrito às *pessoas físicas* ou ampliado às *pessoas jurídicas*. A primeira alternativa é a que conta com maior número de precedentes no Direito comparado de proteção de dados. Isso se deve ao fato de, inicialmente, essa legislação ter sido pensada para proteger a intimidade e as liberdades individuais, assim como às dificuldades que significava estender esse sistema às pessoas jurídicas. No entanto, à medida que o processamento de dados se projeta para as empresas, as instituições e as associações, torna-se cada vez mais evidente a conveniência de não excluir as pessoas jurídicas do regime de proteção que impeça ou repare os danos causados pelo uso indevido de informações que lhes concernem. De fato, a defesa da intimidade e dos demais direitos fundamentais não é privativa dos indivíduos, mas deve ser estendida às formações sociais em que os seres humanos desenvolvem plenamente sua personalidade. É por isso que, talvez, ao concentrar interesses sociais, jurídicos e políticos, seja mais conveniente a exigência de reconhecer às pessoas coletivas o direito fundamental à proteção dos dados que lhes dizem respeito. Tudo isso de acordo com a tendência à ampliação das formas de titularidade, que constitui um dos traços caracterizadores da terceira geração de direitos[40].

Refletindo essas exigências, a norma italiana de proteção de dados, isto é, a Lei 675, de 31 de dezembro de 1996, denomina-se e se define como norma de "tutela delle personne e di altri soggetti rispetto al trattamento dei dati personali". Essa norma orienta sua finalidade para a proteção das liberdades e direitos das pessoas físicas, particularmente de sua intimidade e identidade pessoal, bem como dos direitos das pessoas jurídicas e outros entes ou associações (art. 1). Fiel a esse propósito, define os "dados pessoais" como as infor-

---

[40] Cf. P. Cruz Villalón, "Dos questiones de titularidad de derechos: los extranjeros; las personas jurídicas", *Revista Española de Derecho Constitucional*, 1992, n. 35, pp. 63 ss. Sobre o diferente alcance da titularidade nos direitos humanos e nos direitos fundamentais, ver A. E. Pérez Luño, "Diez tesis sobre la titularidad de los derechos humanos", no prelo, na coletânea ¿*Hay derechos colectivos?*, Universidad Carlos III de Madrid. Convém observar que o sujeito titular dos direitos humanos é sempre a pessoa física individual; por outro lado, os direitos fundamentais, em sua condição de direitos humanos positivados, admitem formas de titularidade coletiva. Por isso, não existe inconveniente em afirmar a titularidade das pessas jurídicas em relação ao direito fundamental à liberdade informática.

mações relativas a pessoas físicas ou jurídicas identificáveis, ainda que indiretamente, e incluindo o número de identificação pessoal [art. 2.*c*)]. Talvez por isso, para os efeitos dessa lei, se defina como sujeitos "interessados" as pessoas físicas, as pessoas jurídicas, entes ou associações às quais se referem os dados pessoais [art. 2.*f*)].

Nesse aspecto podem ser considerados menos inovadores que a norma italiana o Convênio 108 do Conselho da Europa e a Diretiva europeia 95/46. Esses dois textos coincidem em limitar a titularidade da proteção às pessoas físicas, excluindo as jurídicas. O Convênio, apesar de estabelecer um sistema protetor cuja titularidade como regra ficava circunscrita às pessoas físicas, abria a possibilidade para que cada um dos Estados-partes pudesse ampliar seu regime de tutela às pessoas e entes coletivos [art. 3.2.*b*)]; possibilidade que repercutiu na precipitada lei italiana. A Diretiva impede a possibilidade de tornar extensivo às pessoas jurídicas o âmbito de sua tutela ao indicar expressamente que "as legislações relativas à proteção das pessoas jurídicas em relação ao tratamento de dados que lhes dizem respeito não são objeto da presente Diretiva" (Considerando 24). Essa restrição está confirmada no artigo 1.1, em que se estabelece o objeto da Diretiva circunscrito à proteção dos dados das pessoas físicas, assim como no artigo 2.*a*), em que se definem os dados pessoais como informações referentes a uma pessoa física identificada ou identificável.

A LORTAD, assim como no concernente aos arquivos manuais, previa, no projeto inicial enviado pelo governo às Cortes[41], a possibilidade de estender seu sistema de proteção, pensado basicamente para as pessoas físicas, às jurídicas (Disp. Final 3ª). Não obstante, após o debate parlamentar, essa possibilidade foi suprimida e deixou de ser incluída no texto definitivamente promulgado da LORTAD, motivo pelo qual, nesse ponto, se poderia afirmar que a reforma introduzida pelas deliberações das Câmaras se traduziu em uma manifesta *reformatio in peius*.

A LOPRODA manteve também, nesse ponto, o critério restritivo da titularidade do direito fundamental à liberdade informática, ao limitá-lo às pessoas físicas. Claramente quando delimita seu objeto (art. 1), assim como ao estabelecer a definição dos "dados de caráter pessoal" [art. 3.*a*)], e o conceito de "afetado ou interessado" [art. 3.*e*)], circunscreve seu campo de tutela às pessoas físicas.

Assume especial interesse, como fórmula para abrandar esse regime restritivo, o artigo 200 do Código Penal de 1995, que estende às pessoas jurídicas a tutela penal da intimidade, quando se descobrem ou revelam dados reservados de pessoas jurídicas sem o consentimento de seus representantes legais. Nesse caso, o novo Código Penal corrige um dos aspectos mais insatisfatórios da vigente LOPRODA. Desse modo, poderá ser evitada a indefensabilidade das pessoas jurídicas diante do tratamento indevido de seus dados. Porém,

---

[41] Esse texto foi publicado no *Boletín Oficial de las Cortes Generales. Congreso de los Diputados*, n. 59-1, de 24 de julho de 1991.

isso pode determinar que tramite por via penal a defesa de interesses coletivos que deveriam estar tutelados na LOPRODA, contrariando o princípio de "intervenção mínima" invocado em sua Exposição de Motivos como um dos princípios inspiradores do novo Código Penal espanhol.

4.4. Arquivos Robinson ou arquivos aquários?

Um aspecto da LOPRODA que merece consideração à parte é o que se refere às soluções normativas para prevenir e sancionar os riscos que, para a intimidade dos dados pessoais, se originam das práticas abusivas do *correio eletrônico* e do *tráfego de dados*; perigos aos quais se aludia ao iniciar estas considerações.

Vivemos em uma sociedade em que a informação é poder e na qual esse poder torna-se decisivo quando, graças à informática, converte informações parciais e dispersas em informações em massa e organizadas. A informação tornou-se símbolo emblemático de uma sociedade que se designa a si mesma como sociedade da informação ou sociedade informatizada. Nessa situação, não seria lícito negar aos *poderes públicos* o uso das novas tecnologias da informação. Nas sociedades avançadas e complexas do presente, a eficácia da gestão governamental, a erradicação de atividades antissociais e delitivas cada vez mais sofisticadas e a própria moralização da vida civil exigem contar com um amplo e organizado sistema informativo. Mas isso não deve implicar que os cidadãos fiquem indefesos diante do registro, utilização e transmissão de dados que afetem sua intimidade e o exercício de seus direitos.

De modo semelhante, na *esfera privada*, uma vez convertida a informação em protagonista do novo "setor quaternário", agora acrescido aos três setores econômicos tradicionais, desencadeou-se a febre de armazenamento de dados. As sociedades e empresas de hoje medem seu dinamismo e impulso pela quantidade e qualidade de suas informações. A importância econômica da informação gerou um apetite insaciável por obtê-la por qualquer meio e a qualquer custo e é diretamente responsável por determinadas práticas abusivas que hoje, infelizmente, ameaçam o livre exercício da privacidade em nossa vida cotidiana.

Para justificar a espiral de dados pessoais das agências de informação comercial e financeira chegou-se até à perversão da linguagem. Assim, alude-se agora aos denominados "arquivos Robinson", nos quais deveriam se inscrever aqueles cidadãos que não querem ter violada sua privacidade pelo recebimento de propaganda não desejada, permanecendo desse modo a salvo do mercado "branco" ou "negro" de arquivos de informação. O nome desses arquivos já denuncia a parcialidade de opinião. Pressupõe que o cidadão normal é o que aceita de bom grado a contaminação de sua vida privada pelos interesses consumistas dos mercadores de publicidade. O cidadão insólito será aquele que se obstina em salvaguardar seu direito fundamental à intimidade e se autoconfina em um isolamento comparável ao sofrido por Robinson em sua ilha solitária. Poderíamos objetar a essa indecorosa mensagem ideológica subliminar que foram precisamente as sociedades tecnológicas do presente as que deram origem ao fenômeno das "multidões solitárias" de seres gregários, espectadores inertes e manipulados por e a partir das mais variadas formas de propaganda. Ainda é mais importante acrescentar que em um Estado de direito nenhum cidadão deve ver-se obrigado a se inscrever em um arquivo adicional de dados para que sejam respeitados seus direitos e liberdades. Pareceria grotesco que, em uma sociedade democrática, o respeito à dignidade, à liberdade pessoal ou de consciência, ou o sigilo das comunicações ficassem limitados àqueles cidadãos que o solicitassem expressamente. Por idêntica inferência, não devem ser os cidadãos normais que querem exercer seu direito constitucional à intimidade, mas aqueles que desejam renunciar a esse direito, os que deveriam se inscrever em listas ou arquivos.

O cidadão da sociedade tecnologicamente avançada sabe que existem meios para que sua formação escolar e universitária, suas operações financeiras, sua trajetória profissional, seus hábitos de vida, viagens e diversões, suas preferências de compras, sua história clínica, ou suas próprias crenças religiosas e políticas se encontrem exaustivamente registradas em bancos de dados informatizados passíveis de ser cruzados, e dessa forma oferecer um perfil completo da pessoa. Essa situação deu origem à denominada "síndrome do aquário", isto é, a psicose que incomoda as pessoas de viver em uma casa de vidro na qual todas as ações podem ser vistas e controladas. Por isso, em nome da clareza das coisas, seria desejável que os arquivos daqueles que expressamente não desejam ver sua intimidade tutelada em relação ao tráfego de seus dados pessoais se denominassem "arquivos aquário", expressão muito mais próxima de seu autêntico significado que o ambíguo qualificativo de "arquivos Robinson".

Qual é a resposta apresentada pela LOPRODA para pôr limites a essa situação? Antes de mais nada, deve-se dizer que tampouco nesse ponto a lei se mostra à altura das expectativas dos cidadãos mais sensíveis na tutela de seus dados pessoais. Em primeiro lugar, a LOPRODA excetua do âmbito de sua tutela: "Os arquivos de informação tecnológica ou comercial que reproduzam informações já publicadas em boletins, diários, ou conjunto de dados oficiais." A LOPRODA define como "fontes acessíveis ao público" e, portanto, como depósito de dados que não têm caráter pessoal, "aqueles arquivos cuja consulta pode ser realizada por qualquer pessoa, não impedida por norma limitativa ou sem mais exigência que, dependendo do caso, o pagamento de uma taxa" [art. 3.j)]. De acordo com esse preceito, são considerados fontes de acesso público: o censo promocional, os catálogos telefônicos e as listas de pessoas pertencentes a categorias profissionais. Da mesma forma, têm caráter de fontes de acesso público os diários e boletins oficiais e os meios de comunicação.

A LOPRODA, depois de estabelecer o princípio geral e básico de que quando os dados de caráter pessoal não foram obtidos do interessado, este deverá ser informado de forma expressa, precisa e inequívoca, pelo responsável pelo arquivo (art. 5.4), deixa essa garantia sem efeito naquelas situações em que "os dados procedam de fontes acessíveis ao público e se destinem à atividade de publicidade ou prospecção comercial e, nesse caso, em cada comunicação que for dirigida ao interessado deverá constar a origem dos dados e a identidade do responsável pelo tratamento, assim como os direitos que lhe cabem" (art. 5.5).

Ao regulamentar o regime de uso de dados contidos nas fontes de acesso público, a LOPRODA dispõe, fundamentalmente, que os dados pessoais que figuram no censo promocional ou as listas de pessoas pertencentes a categorias profissionais deverão limitar-se aos estritamente necessários para cumprir a finalidade a que cada listagem se destina. "A inclusão de dados adicionais pelas entidades responsáveis pela manutenção dessas fontes exigirá o consentimento do interessado, que poderá ser revogado a qualquer momento" (art. 28.1). Além disso, prescreve-se que "os interessados terão direito a exigir gratuitamente a exclusão da totalidade de seus dados pessoais que constem no censo promocional pelas entidades encarregadas da manutenção dessas fontes" (art. 5.2)[42].

Está previsto também o regime jurídico dos usos de dados com fins de publicidade e de prospecção comercial. A Lei 15/1999 determina que os que se dedicarem à recompilação de endereços, entrega de documentos, publicidade, venda à distância, prospecção comercial e outras atividades análogas, utilizarão nomes e endereços ou outros dados de caráter pessoal quando estes figurarem em fontes acessíveis ao público ou quando forem fornecidos pelos próprios interessados ou obtidos com seu consentimento. Se esses dados procederem de fontes acessíveis ao público, em cada comunicação dirigida ao interessado deverá constar a origem dos dados e a identidade do responsável pelo uso, assim como os direitos que lhe cabem. Ao exercer seu direito de acesso, os interessados terão a faculdade de conhecer a origem de seus dados de caráter pessoal, assim como as comunicações realizadas ou que se planejam fazer com eles. Os interessados terão direito a se opor, sob pedido prévio e sem custos, ao uso dos dados que lhes concernem, e nesse caso será dada baixa no uso, cancelando-se as informações que sobre eles figurem, com sua simples solicitação (art. 30).

São várias e importantes as objeções críticas que se podem argumentar em relação a essa proposição normativa. Vou limitar-me a expor duas que me pa-

---

[42] A LOPRODA regula o censo promocional nos seguintes termos: "Aqueles que pretendam realizar permanente ou esporadicamente a atividade de recompilação de endereços, envio de documentos, publicidade, vendas à distância, prospecção comercial, ou outras atividades análogas, poderão solicitar do Instituto Nacional de Estatística ou dos órgãos equivalentes das Comunidades Autônomas uma cópia do censo promocional, formado com os dados de nome, sobrenome e domicílio que constam no censo eleitoral" (art. 31.1). O prazo de vigência para o uso desse censo será de um ano. Transcorrido o prazo citado, a lista perderá seu caráter de fonte de acesso público (art. 31.2). A LOPRODA remete à regulamentação a fixação dos procedimentos mediante os quais os interessados poderão solicitar não aparecer no censo promocional. Entre esses procedimentos, que serão gratuitos aos interessados, será incluído o documento de cadastro. Além disso, está previsto que trimestralmente será editada uma lista atualizada do censo promocional, excluindo os nomes e endereços dos que assim o tenham solicitado (art. 31.3).

recem de maior importância. A primeira se refere ao fato de que essa disciplina contradiz, de maneira flagrante, o princípio fundamental na proteção de dados da *finalidade* (consagrado no art. 4.1 e 2 da própria LOPRODA); pois não é aceitável que informações obtidas e publicadas em função de interesses coletivos e sociais possam ser incontrolada e impunemente usadas para fins de interesses privados comerciais e, portanto, alheios àqueles que justificaram sua coleta e publicidade. A segunda é a que aceita implicitamente a perigosa e nociva filosofia subjacente à prática dos "arquivos Robinson", em que a LOPRODA inverte o ônus da prova, ao exigir do cidadão que deseja preservar sua vida privada uma ação expressa destinada à defesa de seu direito, ao invés de fazê-lo recair sobre as empresas que realizam a atividade, e que deveriam provar que existe autorização prévia de todas as pessoas que figuram em suas bases de dados de informação comercial. Tudo isso contradiz os princípios da informação prévia e do consentimento das pessoas interessadas proclamado na LOPRODA (arts. 5 e 6) e contém o consequente risco de violar a interpretação lógica e sistemática do artigo 18 da Constituição espanhola, ao implicar um manifesto e injustificado menosprezo ao direito fundamental à intimidade.

Uma modalidade inevitável de *marketing* direto, de atualidade e agressividade crescente em seu assédio à vida privada, é a que se faz através da internet. São cada vez mais numerosas as empresas que utilizam a rede para enviar quantidades maciças de propaganda e mensagens publicitárias à caixa do correio eletrônico de milhares de internautas, chegando às vezes a bloquear o serviço. Os destinatários dessas publicidades se veem obrigados a desperdiçar um tempo e um esforço inúteis, ficando indefesos diante dessas práticas publicitárias abusivas, que se realizam com plena impunidade. Para regulamentar essa situação, o Ministério da Ciência e Tecnologia elaborou um anteprojeto de lei de serviços da sociedade da informação e do comércio eletrônico, datado de 18 de janeiro de 2001. Nesse texto se prevê que as mensagens de *marketing* por correio eletrônico *não solicitadas* devem ter uma indicação que faça referência inequívoca a seu caráter publicitário (art. 22). Ao mesmo tempo, reconhece a possibilidade de que os titulares de contas de correio de eletrônico se oponham à recepção de mensagens publicitárias através da rede, inscrevendo-se em listas de exclusão, que deverão ser respeitadas pelas empresas de *marketing* eletrônico (art. 23). Esse anteprojeto corrobora a implantação geral de um sistema tão proveitoso para os interesses comerciais quanto insatisfatório para a tutela da intimidade, como o que se depreende do uso dos "arquivos Robinson"[43].

---

[43] R. González-Tablas Sastre, "Datos informáticos y marketing directo", palestra apresentada em El Escorial, no curso *Intimidad y asedio informático*, 1998, organizado pela Fundación General de la Universidad Complutense. Nessa palestra abordou-se o assunto de se a autorregulação profissional é garantia suficiente na prática do *marketing* direto, enfocando a tensão entre os direitos constitucionais à intimidade e à liberdade de empresa. Cf. sobre o significado jurídico da internet, A. E. Pérez Luño, "Internet navegaciones y abordajes", *La Ley* (*Revista Jurídica Española de Doctrina,*

4.5. *Corsi e ricorsi* da LOPRODA

Adquiriu notoriedade a ideia de Giambattista Vico segundo a qual a história se resolve em uma sucessão cíclica de *corsi e ricorsi*[44], isto é, em uma série de avanços e retrocessos que balizam o devir cultural da humanidade. Esses avanços e retrocessos manifestam-se também na história das normas e instituições jurídicas e, concretamente, podem ser aplicados em relação ao alcance geral da LOPRODA.

A LOPRODA representou um *avanço* na delimitação das garantias jurídicas voltadas à proteção de dados pessoais. Não obstante, ao mesmo tempo implicou um *retrocesso* nas expectativas legitimamente forjadas na cidadania sobre a amplitude e a eficácia do direito à liberdade informática que emana do artigo 18.4 da Constituição espanhola vigente, texto pioneiro, juntamente com o de Portugal, no reconhecimento de tal direito no constitucionalismo atual comparado.

A LOPRODA apresenta em seu *crédito*, como um de seus êxitos mais significativos, a definição dos *princípios básicos* que nortearão a atuação dos bancos de dados automatizados que processem informações pessoais (arts. 4 a 12). Entre eles figuram os da *qualidade* dos dados (deverão ser adequados e pertinentes e não excessivos em relação ao âmbito e às finalidades determinadas, explícitas e legítimas para as quais tenham sido obtidos); a *transparência* (que exige informar os afetados pelo levantamento de dados pessoais sobre a finalidade, obrigatoriedade, consequências e direitos que implica seu uso automatizado); o *consentimento* (como garantia aos afetados, que é requisito geral para qualquer processamento informatizado de dados pessoais); a proteção reforçada dos *dados sensíveis* (informações que fazem referência a convicções pessoais ou dados suscetíveis de gerar discriminação por motivos de etnia, saúde, vida sexual...); a tutela especial dos dados relativos à *saúde*; à *segurança* (diante da alteração, perda ou acesso indevido dos dados pessoais); o *sigilo* (que obriga quem intervém em qualquer fase de seu uso automatizado a não revelar as informações pessoais); a *cessão* (limitada ao uso para fins legítimos e com prévio consentimento do afetado); e as garantias para o acesso aos dados pessoais por conta de *terceiros*.

Outro aspecto claramente positivo da LOPRODA consiste no reconhecimento e na tutela jurídica da *liberdade informática* (a ela se consagram seus arts. 13 a 19). A liberdade informática é concebida como um novo direito de autotutela da própria identidade informática. Sua função consiste em garantir ao cidadão algumas faculdades de informação, acesso e controle dos dados que lhe concernem. Essa liberdade informática foi concebida pela doutrina e pela jurisprudência alemãs como um direito à autodeterminação informativa,

---

Jurisprudencia y Bibliografía), 1997, pp. 1 ss.; id., "Impactos sociales y jurídicos de Internet", in Javier de Lorenzo (org.), *Medios de comunicación y sociedad: de información, a control y transformación*, Consejo Social de la Universidad de Valladolid, 2000, pp. 107 ss.

[44] G. D. Vico, *Scienza nuova seconda*, 1730, pp. 915 ss.

que se refere à liberdade para determinar quem, o que e quando podem conhecer informações que dizem respeito a cada sujeito. Na situação tecnológica própria da sociedade contemporânea, todos os cidadãos, desde seu nascimento, estão expostos a violações de sua intimidade perpetradas por determinados abusos da informática e da telemática. A ingerência do computador em diversas esferas e no tecido das relações que configuram a vida cotidiana se torna cada vez mais ampla, mais difusa, mais implacável. Por isso, ao tradicional *habeas corpus* corresponde nas sociedades tecnológicas do presente o *habeas data*. O *habeas data* constitui, em suma, uma via ou ação processual para salvaguardar a liberdade informática, que cumpre uma função paralela, no âmbito dos direitos humanos da terceira geração, à qual nos da primeira geração correspondeu o *habeas corpus* em relação à liberdade física ou de movimento da pessoa. De fato, não é difícil estabelecer um claro paralelismo entre a "faculdade de acesso" em que se traduz o *habeas data* e a ação exibitória do *habeas corpus*[45].

Porém, juntamente com esses avanços inegáveis, devem-se apontar no *débito* da LOPRODA determinadas falhas e insuficiências que não podem ser ignoradas. Assim, talvez o aspecto mais discutível e preocupante da Lei Orgânica 15/1999 seja o de suas constantes e significativas *exceções*, que limitam o alcance prático do exercício das liberdades informáticas. Os constitucionalistas, e sobretudo os estudiosos dos direitos fundamentais, costumam criticar a prática desvirtuadora de alguns textos normativos que, após solenes e generosos reconhecimentos das liberdades, restringem seu exercício e as esvaziam de conteúdo ao estabelecer um regime de exceções e limitações não menos generoso. É de Karl Marx o mérito de ter evidenciado essa prática condenável em sua crítica à Constituição francesa de 1848. "Cada artigo da Constituição – denunciava Marx – contém sua própria antítese, sua própria Câmara alta e baixa. Na frase geral, a liberdade; em sua explicação, a anulação da liberdade. Por isso, enquanto formalmente se respeitasse a liberdade, embora pela via legal se impedisse seu exercício, a liberdade permanecia intacta por mais que se negasse sua significação comum e popular."[46]

Por isso, não pode deixar de suscitar inquietação o fato de a LOPRODA, após proclamar as garantias para a proteção de dados e direitos das pessoas, estabelecer exceções relevantes relacionadas: à informação dos afetados (arts. 5.3 e 5); a seu consentimento (art. 6.2); às garantias dos dados sensíveis (arts. 7.3 e 6); assim como à exigência do consentimento prévio do interessado para a cessão de seus dados pessoais (art. 11.2); à possibilidade de que as forças de segurança do Estado possam informatizar os dados sensíveis sem controle judicial, fiscal ou da própria Agência de Proteção de Dados (arts. 22.2

---

[45] Cf. A. E. PÉREZ LUÑO, "Intimidad y protección de datos personales: del *habeas corpus* al *habeas data*", in *Estudios sobre el derecho a la intimidad*, org. por L. García San Miguel, Madri, Tecnos, 1992, pp. 36 ss.

[46] K. MARX, "Der achtzehnte Brumaire des Louis Bonaparte", in *Marx Engels Werke*, Berlim, Dietz, 1978, vol. 8.

e 3). São formuladas também relevantes exceções ao exercício dos direitos de acesso, retificação e cancelamento (art. 23). Exceções e limites que podem afetar o conteúdo essencial da garantia reconhecida no artigo 18.4 da Constituição espanhola e sobre as quais, portanto, paira a sombra da inconstitucionalidade[47]; sem mencionar aqui aqueles aspectos que, como será exposto a seguir, foram expressamente declarados inconstitucionais.

Também é questionável o sistema de garantias jurisdicionais previsto pela LOPRODA. Assim, o artigo 18.1 remete à determinação por via regulamentar das reclamações que possam ser apresentadas diante da Agência de Proteção de Dados por violação de suas disposições. Isso contraria a exigência de reserva de lei que se infere do artigo 53.1 da CE para regulamentar as vias processuais de tutela dos direitos fundamentais e, portanto, do artigo 18.4 da CE. A isso se acrescentam as possíveis dúvidas que podem derivar do que dispõe o parágrafo 4 do mencionado artigo 18, ao assinalar que: "Contra as resoluções da Agência de Proteção de Dados caberá recurso contencioso-administrativo." Essa "procedência" deve ser entendida que em nenhum caso pode implicar a "improcedência", ou adiamento do acesso ao mandado de segurança judicial ordinário, através de procedimento preferencial e sumário e, dependendo da situação, ao mandado de segurança perante o Tribunal Constitucional previs-

---

[47] Os comentários críticos sobre esses aspectos relacionados à LORTAD aplicam-se também à LOPRODA. Cf. J. L. CASCAJO CASTRO, *Tratamiento automatizado de los datos de carácter personal*, op. cit., pp. 366 ss.; P. LUCAS MURILLO DE LA CUEVA, *Informática y protección de datos personales*, op. cit., pp. 99 ss.; assim como o parecer 179 do Conselho Consultivo do Governo da Catalunha, do qual foi expositor o professor F. DE CARRERAS SERRA, no *Dictámenes 1991/1992*, vol. X, Barcelona, Consejo Consultivo de la Generalidad de Cataluña, 1993, pp. 285 ss. Para efeitos da determinação do *conteúdo essencial* do artigo 18.4, que deve ser respeitado necessariamente em seu desenvolvimento legislativo segundo estabelece o artigo 53.1 da Constituição espanhola, deve-se ter claro o caráter informador do Convênio 108 do Conselho da Europa sobre proteção de dados pessoais. Essa exigência depreende-se do artigo 10.2 da CE, que, para a interpretação dos direitos e liberdades, estabelece a relevância hermenêutica dos Tratados Internacionais ratificados pela Espanha. Porém, nesse caso, a necessidade de tornar plenamente compatíveis os textos do Convênio 108 e a LOPRODA está determinada, além disso, pelo fato de que aquele, uma vez ratificado (e o foi em 27 de janeiro de 1984) e publicado (no *BOE* de 15 de novembro de 1985) pela Espanha, foi incorporado ao seu Direito interno (em virtude do art. 96.1 da CE), conforme o que tivemos oportunidade de expor anteriormente, ao comentar a STC 254/1993 na nota 23. Portanto, qualquer divergência determinará uma antinomia no âmbito do ordenamento espanhol. Para esse fim, convém recordar que o artigo 6 do Convênio 108 exige "garantias apropriadas" para o uso automatizado de dados sensíveis; garantias que LOPRODA fragiliza com sua ampla habilitação de exceções. É certo que o Convênio admite exceções em seu sistema de direitos e garantias, mas apenas quando isso "constitua uma medida necessária em uma sociedade democrática" (art. 9.2), mas a noção de *necessidade* "em uma sociedade democrática" foi interpretada restritivamente pela jurisprudência da Comissão e do Tribunal europeus, o que contrasta com o caráter genérico e difuso das exceções que a LOPRODA possibilita. Acrescente-se a isso a exigência de respeitar as garantias que para a proteção de dados se depreendem da Diretiva 95/46, que necessariamente a LOPRODA deveria ter adaptado em seu texto, conforme foi dito anteriormente. Não é preciso tampouco observar que essa vagueza e imprecisão ao tipificar as exceções poderia significar uma vulneração do princípio da segurança jurídica amparado pelo artigo 9.3 da CE. Cf. A. E. PÉREZ LUÑO, *La seguridad jurídica*, 2. ed., Barcelona, Ariel, 1994.

to no artigo 53.2 da CE, para a proteção reforçada dos direitos fundamentais incluídos na seção I do capítulo II da CE, entre os quais se encontra o consagrado no artigo 18.4[48].

4.6. Aspectos inconstitucionais da LOPRODA

As limitações e exceções mais graves estabelecidas pela LOPRODA foram objeto do já mencionado recurso de inconstitucionalidade interposto pelo defensor do povo[49]. Esse recurso teve como objeto certos incisos dos artigos 21.1 e 24.1 e 2 da Lei 15/1999, que, segundo a avaliação do defensor do povo, ferem frontalmente a reserva de lei dos artigos 53.1 e 18.1 e 4 da CE, ao não respeitar o conteúdo essencial do direito fundamental à honra e à intimidade pessoal e familiar, assim como o direito fundamental à liberdade informática. Os preceitos impugnados dispõem o seguinte:

> Artigo 21.1. "Os dados de caráter pessoal reunidos ou elaborados pelas Administrações Públicas para o desempenho de suas atribuições não serão transmitidos a outras Administrações Públicas para o exercício de competências diferentes ou de competências que versem sobre matérias distintas, salvo quando a transmissão tiver sido prevista pelas disposições de criação do arquivo *ou por disposição de categoria superior* que regulamente seu uso, ou quando a transmissão tiver por objeto o uso posterior dos dados com fins históricos, estatísticos ou científicos."
> Artigo 24. "1. O disposto nos parágrafos 1 e 2 do artigo 5 não será aplicável à coleta de dados quando a informação ao afetado *impedir ou dificultar gravemente o cumprimento das funções de controle e verificação das Administrações Públicas* ou quando afetar a Defesa Nacional, a segurança pública ou a *persecução de infrações penais* ou *administrativas*."
> "2. *O disposto no artigo 15 e no parágrafo 1 do artigo 16 não será aplicável se, ponderados os interesses presentes, resultar que os direitos que os referidos preceitos concedem ao afetado haveriam de ceder diante de razões de interesse público ou diante de interesse de terceiros mais dignos de proteção.* Se o órgão administrativo responsável pelo arquivo invocar o disposto neste parágrafo, ditará resolução motivada e instruirá o afetado sobre o direito que lhe assiste de levar sua negativa ao conhecimento do Diretor da Agência de Proteção de Dados, ou, dependendo do caso, do órgão equivalente das Comunidades Autônomas."

---

[48] Ver sobre esse ponto, a comunicação de María E. Gayo Santa Cecilia, "Garantías del ciudadano ante la LORTAD: posibles vías de defensa y protección de sus derechos fundamentales", *Actas del III Congreso Iberoamericano de Informática y Derecho*, Mérida, setembro de 1992, publicadas em *Informática y Derecho*, 1994, vol. 4, pp. 201 ss. Embora essas reflexões refiram-se à LORTAD, também podem ser plenamente válidas para a LOPRODA, que reproduz o mecanismo de tutela previsto naquela.

[49] Ver a nota 32.

O objeto da impugnação do defensor do povo havia circunscrito suas denúncias de inconstitucionalidade unicamente aos incisos que figuram em itálico nos preceitos transcritos anteriormente. Além disso, deve-se observar que os parágrafos 1 e 2 do artigo 5 da LOPRODA, aos quais se remete o artigo 24.1, estabelecem certos requisitos ou garantias do direito à informação na coleta de dados, entre eles a identificação dos destinatários da informação, exigindo-os também quando é realizada de outra forma como através de questionários ou impressos. E o artigo 15, assim como o parágrafo 1 do artigo 16, aos quais se remeteu o artigo 24.2, fazem referência, respectivamente, ao direito de acesso aos dados pessoais como a seu conteúdo de origem e uso, ao modo de fazê-lo e ao tempo de seu exercício, assim como ao dever do responsável pela sua utilização de efetivar o direito de retificação ou cancelamento dos dados no prazo de dez dias.

O defensor do povo acredita que os direitos dos afetados a ser informados e a consentir, assim como os de acesso, retificação e cancelamento, integram o direito fundamental de todos a controlar a coleta e o uso daqueles dados pessoais que possam ter tanto o Estado e outros órgãos públicos como os particulares. O que faz parte do conteúdo essencial (art. 53.1 da CE) dos direitos fundamentais à intimidade pessoal e familiar (art. 18.1 da CE) e à autodeterminação informativa (art. 18.4 da CE). Por isso, qualquer restrição àqueles direitos é também restrição a esses direitos fundamentais e fere seu conteúdo essencial. Restrição que segundo o defensor do povo ocorreu na lei impugnada por dois tipos de motivos.

Em primeiro lugar, a possibilidade prevista na LOPRODA de que uma norma regulamentar possa autorizar a cessão de dados entre Administrações Públicas para ser empregados no exercício de suas competências ou para matérias distintas das que motivaram sua coleta originária, sem necessidade de se obter previamente o consentimento do interessado (art. 11.1 da LOPRODA, em relação com o disposto nos arts. 4.1 e 2 e 5.4 e 5), isto é, a cessão de dados sem o consentimento autorizado por uma norma infralegal, evita que o artigo 53.1 da CE reserve exclusivamente à lei a regulamentação e a limitação do exercício de um direito fundamental, vulnerando, assim, o próprio direito fundamental, ao privá-lo de uma de suas principais garantias.

Em segundo lugar, as habilitações à administração pública estabelecidas no artigo 24.1 e 2 da LOPRODA, para que ela possa decidir discricionariamente quando negar ao interessado a informação sobre a existência de um arquivo ou uso de dados de caráter pessoal, sobre a finalidade da coleta desses dados e dos destinatários da informação, do caráter obrigatório ou facultativo de suas respostas às perguntas que lhes sejam feitas, sobre as consequências da obtenção dos dados ou da recusa em fornecê-los, sobre a possibilidade de exercer os direitos de acesso, retificação, anulação e oposição, sobre a identidade e endereço do responsável pelo processamento ou, se for o caso, de seu representante (art. 5.1 da LOPRODA, cujo parágrafo 2, ao qual também remete o artigo 24.1 da LOPRODA, dispõe: "Quando forem utilizados questionários ou outros impressos para a coleta, figurarão neles, de forma claramente legível, as advertências a que se refere o parágrafo anterior"); ou para que também possa decidir sobre quando negar os direitos de acesso, retificação e cancelamento desses dados pessoais (art. 24.2, em relação com os arts. 15 e 16.1 da LOPRODA), supõem em ambos os casos, na opinião do defensor do povo, desnaturalizar o direito fundamental à intimidade diante do uso da informática (arts. 18.1 e 4 da CE), pois o priva de seus meios indispensáveis de garantia que consistem nas faculdades à disposição do interessado, cujo exercício lhe permitiria saber quais dados a administração possui sobre sua pessoa e para que serão usados.

O Tribunal Constitucional, em sua Sentença 292/2000, de 30 de novembro, que avaliou plenamente o recurso do defensor do povo, pronunciou uma sentença em que decide: "1º Declarar contrário à Constituição e nulo o inciso 'quando a comunicação tiver sido prevista pelas disposições de criação do arquivo ou por disposição de categoria superior que regule seu uso ou' do parágrafo 1 do artigo 21 da Lei Orgânica 15/1999, de 13 de dezembro, de Proteção de Dados de Caráter Pessoal. 2º Declarar contrários à Constituição e nulos os incisos 'impeça ou dificulte gravemente o cumprimento das funções de controle e verificação das administrações públicas' e 'ou governamentais' do parágrafo 1 do artigo 24, e todo seu parágrafo 2".

Não é este o lugar propício para um comentário demorado e detalhado sobre a Sentença 292/2000. Seus argumentos incorrem em certa prolixidade e autopoiese, isto é, em autorreferências constantes a suas próprias decisões precedentes[50]. Resumidos em suas características básicas, os motivos de inconstitucionalidade alegados pelo TC seriam os seguintes:

a) O TC reitera nesta decisão sua doutrina segundo a qual os limites aos direitos fundamentais estarão de acordo com a Constituição se, e somente se, estiverem justificados, forem proporcionais e estabelecidos por lei.

Sendo a lei a única habilitada pela Constituição espanhola para fixar os limites aos direitos fundamentais e, neste caso, ao direito fundamental à proteção de dados, "esses limites não podem ser diferentes dos constitucionalmente previstos, que para este caso não são outros que os derivados da coexistência desse direito fundamental com outros direitos e bens jurídicos de nível constitucional, a apropriação legal que permita a um Poder Público coletar, armazenar, processar, usar e, dependendo da situação, ceder dados pessoais, só se justifica se responde à proteção de outros direitos fundamentais ou bens constitucionalmente protegidos. Portanto, se aquelas operações com os dados pessoais de uma pessoa não se realizam com estrita observância das normas que o regulam, transgride-se o direito à proteção de dados, pois se lhe impõem limites constitucionais ilegítimos, seja ao seu conteúdo, seja ao exercício do conjunto de faculdades que o compõem" (FJ 11). A lei restritiva também será

---

[50] Sobre a concepção autopoiética do Direito, a partir das teses de NIKLAS LUHMANN e GUNTHER TEUBNER, ver A. E. PÉREZ LUÑO, com a colaboração de CARLOS ALARCÓN CABRERA, RAFAEL GONZÁLEZ-TABLAS e ANTONIO RUIZ DE LA CUESTA, *Teoria del Derecho. Una concepción de la experiencia jurídica*, Madri, Tecnos, 1997, pp. 121 ss.

contrária à Constituição, se estabelecer os limites de tal forma que "tornem impraticável o direito fundamental afetado ou ineficaz a garantia que a Constituição lhe outorga. E assim será quando a lei, que deve regular os limites dos direitos fundamentais com escrupuloso respeito a seu conteúdo essencial, se limitar a autorizar outro Poder Público a fixar, em cada caso, as restrições que possam ser impostas aos direitos fundamentais, cuja singular determinação e aplicação estará à mercê das decisões que adote esse Poder Público, que poderá decidir, no que agora nos interessa, sobre a obtenção, armazenamento, processamento, uso e cessão de dados pessoais nos casos que considere convenientes e até mesmo obtendo vantagens ou bens que não são protegidos no âmbito constitucional" (FJ 11).

Na opinião do TC, nessa situação a lei terá transgredido o direito fundamental em questão. Por um lado, porque terá frustrado a função de garantia própria de toda reserva de lei relativa a direitos fundamentais ao deixar de estabelecer por si mesma esses limites, uma vez que a reserva de lei impõe ao legislador, além de promulgar essa lei, regulamentar efetivamente nela a matéria objeto da reserva; por outro lado, porque permite que o direito fundamental ceda diante de interesses e bens jurídicos de nível infraconstitucional, contrariando o disposto na própria Constituição, que não prevê essa forma. Essa lei terá infringido o direito fundamental porque não cumpriu com o mandato contido na reserva de lei (arts. 53.1 e 81.1 da CE), ao ter renunciado a regulamentar a matéria que lhe fora reservada, conferindo essa incumbência a outro Poder Público, anulando assim uma das garantias básicas dos direitos fundamentais do Estado de direito espanhol (art. 1.1 da CE).

b) O TC entende que essa doutrina é plenamente aplicável ao presente recurso de inconstitucionalidade. De fato, as normas legais impugnadas, ou seja, os artigos 21.1 e 24.1 e 2 da LOPRODA, regulam o exercício de faculdades que integram o conteúdo do direito fundamental à proteção de dados pessoais. Como essas normas estabeleceram restrições ao exercício desse direito ou, como aqui ocorre, previram casos nos quais se deixa à administração pública competente a faculdade de conceder ou negar discricionariamente o exercício dessas faculdades pelas pessoas interessadas, em tais casos, evidentemente, produziu-se uma violação das garantias legais com as quais a Constituição espanhola quis garantir que todos respeitassem o direito fundamental.

Constituem faculdades inerentes ao exercício do direito fundamental à liberdade informática as que competem a seu titular de ser informado e de concordar com a cessão de seus dados pessoais. Contudo, é suficiente, segundo o artigo 21.1 da LOPRODA, que a transmissão de tais dados entre Administrações Públicas, para o exercício de diferentes competências ou que versem sobre matérias distintas, seja autorizada por uma norma regulamentar.

É importante observar que o TC mantém uma interpretação restritiva em torno das remissões legislativas ao regulamento como via para a fixação do estatuto dos direitos fundamentais. A postura do TC baseia-se no critério de admitir remissões legais apenas quando elas restrinjam o exercício desse poder a um complemento da regulamentação legal que seja indispensável por motivos técnicos ou para aperfeiçoar o cumprimento das finalidades propostas pela Constituição ou pela própria lei.

Por isso, quando o artigo 21.4 da LOPRODA estabelece que essas cessões não necessitam do prévio consentimento do afetado, permite ao regulamento impor um limite ao direito fundamental à proteção de dados pessoais, que contraria a previsão do artigo 53.1 da Constituição espanhola. O motivo da inconstitucionalidade do artigo 21.1 da LOPRODA é evidente. Essa norma, neste ponto, não fixou por si mesma, como lhe impõe a Constituição (art. 53.1 da CE), os limites ao direito de permitir a cessão de dados pessoais entre Administrações Públicas para fins distintos daqueles que motivaram originalmente sua coleta, e para os quais bastaria unicamente o consentimento inicialmente prestado pelo afetado [art. 11 da LOPRODA, em relação com o disposto nos arts. 4, 6 e 34.*e*) da LOPRODA], mas limitou-se a identificar a norma que pode fazê-lo em seu lugar. Norma que pode muito bem ser regulamentar, pois de acordo com a disposição impugnada será uma norma de categoria superior, e com mais razão para o caso em que a modificação seja por uma norma de categoria similar àquela que cria o arquivo – e para isso basta que seja uma disposição geral, e não uma lei, publicada em boletim ou diário oficial (art. 20.1 da LOPRODA) – a que pode autorizar essa cessão não consentida de dados pessoais, o que é contrário à Constituição (FFJJ 12 a 14).

c) Com relação ao disposto nos incisos impugnados do artigo 24.1 e 2 da LOPRODA, é bom lembrar que, como afirma o TC, a reserva de lei prevista no artigo 53.1 da CE referente à regulamentação dos limites de um direito fundamental não apenas exclui autorizações em favor das normas regulamentares, como a presente no artigo 21.1 da LOPRODA, mas também implica outras exigências, de clareza e precisão, sobre o conteúdo da lei que estabelece tais limites. No caso que é objeto de recurso, o uso pela LOPRODA, em seu artigo 24.1, da expressão "funções de controle e verificação" abre um espaço de incerteza tão amplo que provoca uma consequência inadmissível. Ao habilitar a administração a restringir direitos fundamentais invocando semelhante expressão, a LOPRODA renuncia, ela mesma, a estabelecer os limites e autoriza a administração a fazê-lo. Desse modo, permite incluir nessa possibilidade toda atividade administrativa, pois toda atividade administrativa que implica encetar uma relação jurídica com um administrado, e assim será praticamente em todos os casos em que a administração necessitar de dados pessoais de alguém, geralmente envolverá o poder da administração de verificar e averiguar se esse administrado agiu conforme o regime jurídico administrativo. O que, diante do motivo para a restrição do direito a ser informado do artigo 5 da LOPRODA, deixa o cidadão na mais absoluta incerteza sobre em quais casos ocorrerá essa circunstância (se não em todos) e torna ineficaz qualquer mecanismo de tutela jurisdicional que deva avaliar semelhante caso de restrição de direitos fundamentais, sem outro critério complementar que auxilie seu controle sobre a ação administrativa nesta matéria.

As mesmas críticas merece, para o TC, o uso no art. 24.2 da LOPRODA da expressão "interesse público" como fundamento da imposição de limites dos direitos fundamentais do artigo 18.1 e 4 da CE, "pois encerra um grau de incerteza ainda maior. Basta notar que toda atividade administrativa, em última instância, busca a salvaguarda de interesses gerais, cuja consecução constitui a finalidade que a administração deve ter com objetividade, nos termos do artigo 103.1 da CE" (FJ 17).

O TC estende também as causas de inconstitucionalidade aos outros dois casos de restrições impugnados pelo defensor do povo: a relativa à determinação de infrações administrativas (art. 24.1) e a garantia de interesses de terceiros mais dignos de proteção (art. 24.2 da LOPRODA).

O interesse público em sancionar infrações administrativas não pode ser considerado suficiente, uma vez que nem sequer se prevê como limite para o simples acesso aos arquivos e registros administrativos contemplados no artigo 105.b) da CE. Por isso, a possibilidade de que, em função do artigo 24.1 da LOPRODA, a administração possa negar ao interessado informação referente ao arquivo e seus dados, segundo dispõe o artigo 5.1 e 2 da LOPRODA, invocando os prejuízos que semelhante informação pode causar à persecução de uma infração administrativa, "supõe uma grave restrição aos direitos à intimidade e à proteção de dados, desprovida de todo fundamento constitucional. E deve-se observar que se trata, além disso, de uma prática que pode causar séria indefensabilidade ao interessado, que pode ver-se impedido de articular adequadamente sua defesa diante de um possível processo sancionado pela Comissão de Infrações Administrativas, ao ser-lhe negado, pela própria administração, acesso aos dados que pode ter sobre sua pessoa e que possam ser usados contra ele, sem possibilidade de defesa alguma, por não pode rebatê-los por serem desconhecidos do interessado". Recorda oportunamente o TC que a própria LOPRODA estabelece, em seu artigo 13, que os cidadãos "têm direito a não ser submetidos a uma decisão com efeitos jurídicos, sobre eles ou que os afete de maneira significativa, que se baseie unicamente em um processamento de dados destinado a avaliar determinados aspectos de sua personalidade". Critérios dificilmente compatíveis com a denegação do direito a ser informado, do artigo 5 da LOPRODA acordada pela administração pública, com o único fundamento da persecução de uma infração administrativa.

Finalmente, o parágrafo 2 do artigo 24 da LOPRODA estabelece que os direitos de acesso aos dados (art. 15.1 e 2 da LOPRODA) e os de retificação e cancelamento (art. 16.1 da LOPRODA) poderão ser negados também se, "ponderados os interesses presentes, resultar que os direitos que esses preceitos concedem ao afetado tiveram que ceder perante [...] interesses de terceiros mais dignos de proteção". Para o TC, é evidente que, após o que foi dito, e tendo em vista que esse inciso permite ao responsável pelo arquivo público negar a um interessado o acesso, retificação e cancelamento de seus dados pessoais, e desconsiderando que esses interesses possam ser identificados com os direitos fundamentais desse terceiro, ou com qualquer outro interesse que possa exercer, "semelhante negativa implica o abandono da decisão administrativa de fixação de um limite ao direito fundamental à proteção de dados de caráter pessoal, sem ao menos estabelecer quais podem ser esses interesses nem quais as circunstâncias que devem ser impostas para restringir, dessa forma, esse direito fundamental".

Desse modo, o TC conclui afirmando que a mesma falta evidente de certeza e previsibilidade do limite que o artigo 24.2 da LOPRODA impõe ao direito fundamental à proteção dos dados pessoais (art. 18.4 da CE), bem como a circunstância de que se trata de um limite cuja fixação e aplicação não estão definidas na LOPRODA, mas são deixadas à inteira discrição da administração pública responsável pelo arquivo em questão, "leva à avaliação neste ponto do recurso interposto pelo defensor do povo ao ser violados os artigos 18.4 e 53.1 da CE" (FJ 18).

Em sua *Nomografia ou a arte de redigir leis*, Jeremy Bentham denuncia a ambiguidade e a obscuridade como "imperfeições primárias" das leis, que geram "imperfeições de segundo grau", dentre as quais se destaca a incerteza em relação à expressão e ao significado das leis[51].

Do que foi exposto, infere-se que a LOPRODA incorreu nessas imperfeições de forma tão grave que, independentemente dos artigos 18.1 e 4, 53.1 e 81.1 da CE, seria violado o mandato constitucional de segurança jurídica proclamado no artigo 9.3 da própria CE. Se no campo da tauromaquia o exercício da arte do abracadabra não está isento do risco de chifradas e pisoteios, em sua versão legislativa o recurso a essa arte envolve o risco da declaração de inconstitucionalidade; algo que o legislador da LOPRODA poderia e deveria ter evitado.

4.7. Presente e futuro da proteção de dados pessoais na Espanha

O atraso em regulamentar a proteção dos dados pessoais criou importantes problemas jurídicos. A demora foi culpada por numerosas situações de confusão e incerteza. Basta mencionar as sucessivas decisões discrepantes de juízos e tribunais e a própria mudança de rumo do Congresso Geral do Poder Judicial, em relação ao acesso às sentenças por parte de agências de informação ou entidades financeiras, que não buscam o fim geral da publicidade processual, mas o de elaborar registros informatizados de *caloteiros* ou insolventes[52]. Essa questão foi regulamentada na LOPRODA, que estabelece o caráter

---

[51] J. Bentham, *Nomografía o el arte de redactar leyes*, org. e estudo preliminar realizados por V. Zapatero, Madri, BOE/CEPC, 2000, pp. 30 ss.

[52] Cf. o "Informe sobre el derecho de acceso de los particulares al texto de las sentencias dictadas por los Tribunales, en relación com el concepto de publicidad y de interesado recogido en los artículos 120 de la Constitución, 236 y 266 de la Ley Orgánica del Poder Judicial", *Boletín de Información* do Conselho Geral do poder judiciário, 1991, abril, n. 99, anexo IV, pp. 30 ss. Devo agradecer ao magistrado Miguel Carmona Ruano, presidente da Audiência Provincial de Sevilha, por sua valiosa documentação sobre este assunto, assim como pelo texto ainda inédito de seu trabalho sobre a matéria intitulado "Archivos informáticos de datos personales carentes de control y garantías. Una visión judicial". Sobre essa matéria, ver também o recente e completo estudo do professor Pablo Lucas Murillo de la Cueva, "El acceso a la información judicial", *Revista Galega de Administración Pública*, 2000, n. 24, pp. 192 ss.

exclusivamente público dos arquivos de dados pessoais relativos a infrações penais ou administrativas (art. 7.5), assim como as garantias que deverão estar presentes nos arquivos automatizados privados sobre dados referentes a solvência patrimonial e crédito (art. 29).

É possível que a nova lei de proteção de dados também chegue tarde para evitar o encaminhamento do sistema espanhol em direção ao "identificador único", para cuja fática consagração o NIF [Número de Identificação Fiscal] representou um marco decisivo. Não se discute a existência de documentos que permitam determinar as relações do cidadão com as distintas administrações; o que é de duvidosa constitucionalidade (à vista do inequívoco propósito, de evitar que na Espanha se produzissem situações análogas ao *affaire* SAFARI, explicitado pelos grupos políticos que contribuíram para incluir o artigo 18.4 na Constituição espanhola) é o fato de esses distintos documentos identificativos consistirem no DNI [Documento Nacional de Identidade] com um dígito, que facilita seu processamento informático e eventual cruzamento de arquivos[53].

Nesse aspecto, a única garantia com que a LORTAD contribuiu, durante o prazo de sua vigência, consistiu em limitar a possibilidade de cruzamento dos arquivos automatizados administrativos, embora estabelecesse a ressalva de que a cessão "tivesse sido prevista pelas disposições de criação do arquivo ou por disposição posterior de categoria igual ou superior que regule seu uso" (art. 19.1). Com isso, deixava-se aberta a possibilidade de uma regulação por via regulamentar de cessão de dados, o que, além de incidir no *conteúdo essencial* da liberdade informática consagrado no artigo 18.4 da CE, implicava me-

---

[53] Por essa razão não posso juntar-me à argumentação e sentença da STC 143/1994, de 9 de maio, em que se admite a constitucionalidade do NIF. A tese central do TC reside em sustentar que o RD 338/1990, regulador do NIF, é um instrumento para a luta contra a fraude fiscal. Na opinião do TC, não se pode admitir um direito absoluto e incondicional à reserva dos dados econômicos dos contribuintes com relevância fiscal, já que, caso se admitisse, tornaria impossível a consecução dos objetivos do sistema tributário previstos pelo artigo 31.1 da CE. Sendo legítima a finalidade perseguida, "tampouco pode-se considerar a norma desproporcional ou contrária ao conteúdo geral do direito, levando-se em conta a estrita relação de causa e efeito existente entre o conteúdo da informação e a finalidade descrita, dado o caráter restritivo e teleologicamente orientado a operações sujeitas a tributação com que se concebe a obrigação de informar o NIF" (FJ 6). Assim, o TC desvia-se da questão central que se debate por trás da implantação do NIF, isto é, sua contribuição para constituir um sistema de "identificador único" no âmbito administrativo. Pois não se discute o direito da administração de evitar a fraude fiscal atribuindo número de identificação aos cidadãos, mas que esse identificador seja o mesmo que o existente para outras relações administrativas; e o que precisamente se debate é que o NIF e outros documentos de identificação administrativas (por exemplo, o número de registro do pessoal dos Professores dos Estabelecimentos de Ensino do Estado) coincida com o número do DNI, com um dígito final. No Direito comparado de proteção de dados tende-se a considerar que os riscos subjacentes ao "identificador único" não podem ser totalmente anulados por normas que regulem o "cruzamento de arquivos". A inevitável margem de "porosidade" dessas normas sempre deixa margem para as agressões à intimidade. Talvez por isso essa decisão do TC, do ponto de vista da tutela da liberdade informática conformadora do conteúdo do artigo 18.4 da CE, deva ser considerada regressiva em relação à anterior STC 254/1993, que tivemos a oportunidade de comentar na nota 23.

nosprezo do princípio de segurança jurídica (art. 9.3 da CE) e da *reserva de lei* exigida para a regulação dos direitos fundamentais (art. 53.1 da CE).

Esses argumentos críticos, apresentados na época contra a LORTAD[54], foram basicamente os aceitos e invocados pelo defensor do povo em seu recurso de inconstitucionalidade contra a LOPRODA, que neste ponto reitera as injustificadas limitações estabelecidas na Lei 5/1992 por ela derrogada. O TC, em sua Sentença 292/2000, cujos fundamentos básicos já foram analisados, considerou as razões de inconstitucionalidade alegadas diante dessa proposição, que implica, na prática, a indefensabilidade dos cidadãos ante o cruzamento de arquivos administrativos. Resta esperar que, por efeito dessa sentença, se regule a comunicação dos dados entre as Administrações Públicas com as garantias que exige a tutela da liberdade informática.

É escusado lembrar que o TC, em algumas decisões posteriores a sua Sentença 254/1993, pioneira nesta matéria, cuja função garantidora da liberdade informática já foi analisada[55], continuou sua atividade tutelar dos dados pessoais. Entre as decisões mais relevantes nessa linha jurisprudencial, merece destaque a STC 11/1998, que declarou contrário aos direitos à liberdade sindical e à proteção dos dados pessoais (art. 28 da CE), em relação com o artigo 18.4 da CE, o uso por uma empresa do dado da filiação sindical, incluído em um arquivo automatizado, para fazer descontos no pagamento dos trabalhadores em virtude de uma greve promovida por determinado sindicato. Essa doutrina jurisprudencial foi reiterada em outras sentenças do próprio TC, dentre as quais merecem ser destacadas a STC 33/1998, a STC 35/1998 e, especialmente, a STC 94/1998. Nesta última, considerou-se que o uso de um dado sensível, que fora obtido com determinada finalidade, ao ser utilizado para outra radicalmente distinta, implicava um grave menosprezo ao legítimo exercício do direito à liberdade sindical (art. 28.1 da CE) e à liberdade informática (art. 18.4 da CE). Além disso, é preciso comentar a STC 202/1999, na qual, por ocasião da negação a um trabalhador do cancelamento de seus dados médicos em um arquivo informatizado, de uma entidade de crédito, sobre licenças médicas por incapacidade temporária, considerou-se que o armazenamento sem cobertura legal em suporte informático dos diagnósticos médicos do trabalhador, sem seu consentimento expresso, constituía uma restrição desproporcional do direito fundamental à proteção dos dados pessoais.

Nesses pronunciamentos foi se configurando uma doutrina do TC dirigida a *extrair* do artigo 18.4 da CE uma dupla consequência para o sistema constitucional dos direitos fundamentais: 1) por um lado, um *instituto de garantia* ou *direito instrumental* inclinado a tutelar o pleno exercício de todos os direitos fundamentais, particularmente da intimidade, perante qualquer abuso informático; 2) por outro, como um *direito autônomo à liberdade informática*, entendida como o poder de controle dos cidadãos das informações que lhes

---

[54] Ver o exposto na 6ª ed. deste livro, pp. 381-2.
[55] Ver acima nota 23.

concernem, e que se divide em faculdades de informação, acesso, retificação, oposição e cancelamento de seus dados pessoais, que integram a ação de *habeas data*[56].

O interesse e a atenção prestados pelo TC espanhol tutela da liberdade informática ficam evidentes na proposta de um de seus membros, o magistrado e catedrático de Direito Constitucional Dom Manuel Jiménez de Parga y Cabrera, destinada à elaboração por parte da justiça constitucional desse direito, que não foi expressamente reconhecido na CE. Legitima essa tese a exigência de não deixar indefesos os novos interesses ou necessidades básicas não reconhecidos formalmente nos textos constitucionais. Um desses novos direitos é, sem dúvida alguma, a liberdade informática. O professor e magistrado Jiménez de Parga mostra-se decididamente partidário das normas constitucionais que, como a norte-americana e em época mais recente, a argentina ou a portuguesa, preveem uma cláusula aberta ao proclamar seus catálogos de direitos fundamentais, em contraposição ao modelo de cláusulas fechadas que é mais frequente no Direito Constitucional comparado e ao que responde a Lei das leis espanhola. Nos modelos de cláusula fechada ou *numerus clausus*, cabe à jurisprudência constitucional preencher esse vazio. Em nome disso, propugna a elaboração por parte do TC do direito à liberdade informática, com base no valor da dignidade humana reconhecido no artigo 10.1 da CE, do próprio artigo 18.4 dela, assim como de outros valores, princípios, direitos fundamentais e dos tratados internacionais sobre a matéria[57].

Creio que essa apresentação inscreve-se numa concepção geracional dos direitos humanos, em cujo âmbito a liberdade informática representa uma das categorias que configuram os chamados "direitos da terceira geração". Uma concepção geracional dos direitos implica reconhecer que o catálogo das liberdades nunca será uma obra fechada e acabada. Uma sociedade livre e democrática deverá mostrar-se sempre sensível e aberta ao surgimento de novas necessidades, que fundamentem novos direitos. Enquanto esses direitos não forem reconhecidos no ordenamento jurídico nacional e/ou internacional, atuarão como categorias reivindicativas, pré-normativas e axiológicas. Contudo, os direitos humanos não são meros postulados de "dever ser". Juntamente com sua irrenunciável dimensão utópica, que constitui um dos polos de seu significado, incluem um projeto emancipatório real e concreto, que tende a se plasmar em formas históricas de liberdades, isto é, na categoria jurídico-positiva dos direitos fundamentais, o que constitui o outro polo de seu conceito.

---

[56] Sobre essa dupla função jurídica fundamental do artigo 18.4 da CE, inferida pela jurisprudência do TC, cf. A. Garriga Domínguez, *La nueva Ley Orgánica 15/1999, de 13 de diciembre, de Protección de Datos de Carácter Personal, ¿um cambio de filosofía?*, op. cit., pp. 305 ss.

[57] Voto particular do magistrado Manuel Jiménez de Parga y Cabrera à STC 290/2000. Esse prestigiado constitucionalista, a quem tanto devo minha formação jurídica e minha vocação universitária, esclarece que, embora compartilhe a decisão da sentença, entende que o TC deveria ter elaborado expressamente esse novo direito à liberdade informática, que não aparece incluída, ao menos de forma expressa, no texto de 1978.

Destituídos de sua dimensão utópica, os direitos humanos perderiam sua função legitimadora do direito; porém, fora da experiência e da história, perderiam suas próprias características de humanidade[58].

Do exposto anteriormente, infere-se que a avaliação global que faço da LOPRODA não pode ser plenamente positiva. Entendo que antes de ser promulgada a versão definitiva da LOPRODA poderiam e deveriam ser evitadas as falhas que agora apresenta. Não foi assim e a Lei 15/1999 constitui uma lamentável oportunidade perdida de se dotar o ordenamento jurídico espanhol de uma norma mais adequada de proteção das liberdades na esfera informática. Meu comentário não se consola com o argumento conformista de que é melhor uma lei imperfeita do que carecer de qualquer regulamentação legal, entre outras coisas porque o artigo 18.4 da Constituição espanhola, o Convênio Europeu e a Diretiva 95/46 constituem duas normas básicas vigentes no ordenamento espanhol que, embora exijam um desenvolvimento legal, ofereciam à jurisprudência um fundamento orientador melhor que uma lei desorientadora e que precariza algumas das principais garantias que emanam desses textos, o que levou à declaração de inconstitucionalidade de alguns de seus artigos. Não desejo que essa reflexão possa pecar por parcialidade, ao não reconhecer aspectos positivos da LOPRODA. Contudo, entendo que de seu articulado poderia dizer, em síntese, que seus maiores acertos estão naqueles pontos nos quais se limitou a transcrever garantias existentes em outras normas do Direito comparado da proteção de dados, particularmente do Convênio Europeu e da Diretiva 95/46. Por outro lado, seus aspectos mais discutíveis e insatisfatórios são precisamente aqueles em que o texto pretende fixar soluções originais. Entre elas ocupam lugar de destaque as constantes e significativas exceções que limitam o alcance prático do exercício da liberdade informática.

Temos de concordar com o professor José Luis Cascajo em que: "Como aconteceu em outros setores do ordenamento jurídico, as ambiguidades legislativas originárias costumam permitir comportamentos administrativos incorretos. Certamente, isso pode ser corrigido pela via judicial em sua fiscalização das aplicações arbitrárias, mas não sem notáveis esforços que deveriam ser evitados."[59] Coincidindo basicamente com essas apreciações, Mario G. Losano comentou também, ao se iniciar a efêmera vigência da LORTAD, algo que continua a ser atual mesmo depois da promulgação da LOPRODA, ao indicar que aquela foi "o ponto de partida para uma futura atividade governa-

---

[58] Cf. A. E. Pérez Luño, "La evolución del Estado social y la transformación de los derechos fundamentales", in E. Plivas (org.), *Problemas de legitimación en el Estado social*, Madri, Trotta, 1991, pp. 91 ss.; "Le generazioni dei diritti umani", in F. Riccobono (org.), *Nuovi diritti dell'età tecnológica*, Atti del Convegno tenuto a Roma presso la Libera Università Internazionale degli Studi Sociali, 5 e 6 de maio de 1989, Milão, Giuffrè, 1991, pp. 139 ss.; "Las generaciones de derechos fundamentales", *Revista del Centro de Estudios Constitucionales*, 1991, n. 10, pp. 203 ss.

[59] J. L. Cascajo Castro, *Tratamiento automatizado de los datos de carácter personal*, op. cit., p. 372.

mental e jurisprudencial da qual dependerá sua eficácia e, com isso, sua homogeneidade em relação às leis análogas estrangeiras. Homogeneidade que é fundamental para o fluxo internacional de dados"[60]. Essa aspiração a pautas internacionais homogêneas na proteção de dados encontrou importante estímulo no projeto da Carta dos direitos fundamentais da União Europeia de 2000. Esse texto dedica seu artigo 8 à tutela do direito de proteção de dados e oferece uma fórmula resumida das garantias básicas dessa liberdade[61].

Deve-se lamentar, de qualquer modo, que a cada vez mais atarefada e hipertrofiada magistratura espanhola seja encarregada da correção das inúmeras imperfeições técnico-legislativas e materiais da LOPRODA. Surge novamente a dúvida de saber se esse texto servirá para evitar litígios, para orientar e facilitar a ação dos tribunais ou para o oposto disso tudo.

As sociedades atuais necessitam de um equilíbrio entre o fluxo de informações, que é condição indispensável de uma sociedade democrática e exigência para a ação eficaz dos poderes públicos, com a garantia da privacidade dos cidadãos. Esse equilíbrio requer um *"Pacto social informático"*, pelo qual o cidadão concorda em ceder ao Estado dados pessoais em troca do compromisso estatal de que esses dados serão usados com as devidas garantias[62]. Esse grande desafio social, jurídico e político constitui o horizonte a ser alcançado pela LOPRODA; e a todos, como cidadãos desejosos de uma convivência em liberdade, importa que não nos decepcione em alcançar esse objetivo.

Nas sociedades avançadas do presente, a proteção de dados pessoais tende, em última instância, a garantir o *equilíbrio de poderes* e *situações* que é condição indispensável para o correto funcionamento de uma comunidade democrática de cidadãos livres e iguais. Para seu êxito, é necessário um adequado ordenamento jurídico da informática, capaz de conciliar as exigências de informação próprias de um Estado avançado com as garantias dos cidadãos.

---

[60] M.G. Losano, *La legge spagnola sulla protezione dei datti personali*, op. cit., p. 888.

[61] O artigo 8 da Carta europeia estabelece: "1. Toda pessoa tem direito à proteção dos dados de caráter pessoal que lhe concernem. 2. Esses dados serão tratados de modo leal, para fins concretos e com base no consentimento da pessoa afetada ou em virtude de outro fundamento legítimo previsto por lei. Toda pessoa tem direito de acesso aos dados coletados que lhe concernem e a sua retificação. 3. O respeito a essas normas estará sujeito ao controle de uma autoridade independente."

[62] Cf. J. M. Castells Arteche, "La limitación informática", in *Estudios sobre la Constitución española. Homenaje al Profesor Eduardo García de Enterría*, Madri, Civitas, 1991, pp. 924 ss.; E. Denninger, "El derecho a la autodeterminación informativa", trad. esp. de A. E. Pérez Luño, na coletânea *Problemas actuales de la documentación y la informática jurídica*, op. cit., pp. 268 ss.; M. G. Losano, "Para una teoría general de las leyes sobre la protección de los datos personales", in *Implicaciones socio-jurídicas de las tecnologías de la información. Encuentro 1991*, op. cit., pp. 15 ss.; A. E. Pérez Luño, *Libertad informática y leyes de protección de datos personales*, op. cit., pp. 137 ss.; E. Sanchéz, "Los derechos humanos de la tercera generación: la libertad informática", in *Actas del III Congreso Iberoamericano de Informática y Derecho*, Mérida, setembro de 1992, publicadas em *Informática y Derecho*, 1994, vol. 4, pp. 165 ss.; J. Valero Torrijos, "Administración pública, ciudadanos y nuevas tecnologías", in *Derecho Administrativo en el umbral del siglo XXI. Homenaje al Profesor Dr. Ramón Martín Mateo*, Valência, Tirant lo Blanch, 2000, t. III, pp. 2943 ss.

Porém, essas normas do Direito informático exigem, para sua plena eficácia, incentivar a consciência e o compromisso cívicos de torná-las uma experiência tangível na vida cotidiana. É tarefa de todos contribuir para se evitar um paradoxo dramático: compensar nosso atraso na incorporação ao desenvolvimento tecnológico com a vanguarda mundial na pirataria de *software*, a delinquência informática e as agressões informáticas à liberdade.

CAPÍTULO 11

PRESSUPOSTOS HISTÓRICOS E ECONÔMICO-SOCIAIS DO REGIME CONSTITUCIONAL DA PROPRIEDADE NA ESPANHA

1. QUESTÕES DE MÉTODO

É provável que existam poucas categorias ou institutos jurídicos em cuja abordagem metódica se encontrem posições tão claramente contrapostas como as que dizem respeito à propriedade. O caráter central que assume seu significado não apenas para a ordem jurídica, mas também para a política, a econômica e a social contribuiu, decisivamente, para a polarização das perspectivas ou pressupostos que são tomados como pontos de partida para seu estudo.

No vértice extremo do *formalismo*, Georg Jellinek chegou a afirmar que o problema científico-jurídico não está em saber o que é a propriedade, mas como deve se pensar a propriedade[1]. Tese retomada por Rudolf Stammler quando dizia, expressamente, que a propriedade não era um conceito fundado na experiência, mas uma categoria do pensar jurídico anterior a toda experiência[2].

Essas proposições têm sua origem inspiradora na concepção da propriedade apresentada pelo idealismo alemão. Sabe-se que com Immanuel Kant produziu-se uma ruptura taxativa com o que fora uma tradição constante desde Aristóteles até Locke na consideração da propriedade. Para esse enfoque tradicional, a propriedade baseia-se em uma relação imediata entre a pessoa e a coisa, de forma que essa relação não se determina apenas pelo entendimento racional do objeto ou pela vontade de possuí-lo, mas simultaneamente pela natureza sensível das coisas objeto de apropriação[3]. Pois bem, essa concepção era incompatível com as premissas da filosofia kantiana. De um lado, porque

---

[1] "Also nicht: was ist das Eigentum, sondern wie ist zu denken, ist die Weise wissenschaftlicher juristischer Fragestellung", escrevia textualmente G. JELLINEK, *System der subjektiven öffentlichen Rechte* (2. ed., 1919), reimp. de Aalen, 1964, pp. 16-7.

[2] R. STAMMLER, *Theorie der Rechtswissenschaft*, Halle, 1911, p. 253.

[3] Cf. capítulo 12.

concebia a propriedade como uma relação objetiva e externa entre o sujeito e a coisa; de outro, porque sua fundamentação empírica permitia, no máximo, explicar ou descrever formas concretas de apropriação, mas era incapaz de oferecer um conceito geral de propriedade. Se, a partir da perspectiva filosófica de Kant, qualquer conceito geral deve ser estabelecido *a priori*, também a noção de propriedade deverá ser considerada uma categoria lógica prévia ao mundo empírico ao qual parecia indissoluvelmente ligada. Por isso, Kant estabelece como um postulado jurídico da razão prática o princípio apriorístico e indemonstrável, mas condição necessária de qualquer argumentação sobre o conceito geral da propriedade, segundo o qual todo objeto externo ao arbítrio do homem deve poder ser possuído por um sujeito. Assim, justifica-se que tenhamos a faculdade de obrigar os demais a se absterem de usar determinados objetos de nosso arbítrio, por serem objeto de nossa posse. A relação sujeito/objeto em relação à propriedade é concebida por Kant como uma relação racional (numênica) do sujeito com qualquer coisa que esteja fora dele; de modo que a posse (*Besitz*), isto é, o que deve ser entendido como meu jurídico (*meum juris*), é aquilo que se encontra comigo nessa relação que me prejudicaria caso outros o usassem sem meu consentimento[4].

Esse processo de identificação na relação sujeito/objeto do direito de propriedade alcança seu ponto máximo de inflexão com Georg Wilhelm Friedrich Hegel, para quem a pessoa tem a faculdade de colocar seu arbítrio nas coisas externas que, assim, passam a ser "minhas e recebem minha vontade como seu fim essencial"[5]. Na opinião de Hegel, "quando a coisa e eu coincidimos para ser idênticos, um dos dois deve perder sua condição. Mas por ser eu o vivente, o que quer, o afirmativo, enquanto a coisa é um aspecto do mundo natural, esta deve desaparecer e eu me conservar..."[6]. Para Hegel, em suma, a própria liberdade humana precisa ser determinada na propriedade para alcançar sua garantia e concreção; através do instituto da propriedade as coisas se colocam a serviço das pessoas.

Na própria crítica dessas proposições surge a alternativa metódica tendente a evidenciar os pressupostos *históricos e econômico-sociais* que gravitam sobre qualquer consideração jurídica de propriedade. Assim, Karl Marx ironiza a tese de Hegel: "Nada mais cômico – escreve em *O Capital* – que a argumentação da propriedade privada em Hegel. O homem como pessoa precisa realizar sua vontade como a alma da natureza externa e possuir a natureza como sua

---

[4] I. KANT, "Metaphysiche Anfangsgründe der Rechtslehre", in *Die Metaphysik der Sitten*, I, par. 1-6, in *Kant's gesammelte Schriften*, vol. VI, Berlim, 1907, pp. 244 ss. Cf. R. BRANDT, *Eigentumstheorien von Grotius bis Kant*, Stuttgart, 1974, pp. 167 ss.

[5] G. W. F. HEGEL, "Grundlinien der Philosophie des Rechts", par. 44, in *Werke in zwanzig Bänden*, org. por E. Moldenhauer e K. M. Michel, Frankfurt a. M., 1970, vol. 7, p. 106. Cf. J. RITTER, "Person und Eigentum. Zu Hegels Grundlinien der Philosophie des Rechts", in *Materialien zu Hegels Rechtsphilosophie*, org. por M. Riedel, Frankfurt a. M., 1975, vol. II., pp. 152 ss.; P. LANDAU, *Hegels Begründung des Vertragsrechts*, op. cit., pp. 176 ss.

[6] G. W. F. HEGEL, op. cit., par. 59, p. 129.

propriedade privada. Se esse for o conceito *de pessoa*, do homem como pessoa, todo homem consequentemente teria que ser proprietário de terras para poder realizar-se como pessoa. A propriedade privada da terra – um fenômeno muito moderno – não é, para Hegel, uma relação social determinada, mas uma relação do homem como pessoa com a *natureza*..."[7]. Para Marx, qualquer consideração da propriedade como uma relação independente, como uma categoria especial, ou como uma ideia abstrata e eterna, não pode ser outra coisa que uma ilusão da metafísica ou da jurisprudência[8]. Talvez por isso, Karl Marx e Friedrich Engels colocaram especial ênfase em denunciar o caráter abstrato da pretensão idealista segundo a qual a propriedade privada se funda na mera vontade privada (*auf dem blossen Privatwillen*); quando na prática se observa que a vontade pretensamente universal do proprietário tropeça com limitações econômicas muito determinadas e concretas. A redução do direito de propriedade à mera vontade do proprietário não é mais que uma ilusão jurídica, "já que a coisa não é tal coisa simplesmente em relação com a sua vontade, mas apenas se converte em autêntica propriedade no comércio..."[9].

Essas orientações metódicas encontraram sua tradução jurídica na conhecida obra de Karl Renner, *Die Rechtsinstitute des Privatrechts und ihre soziale Funktion*. Nela se contesta a interpretação economicista do marxismo ao reconhecer que a influência das mudanças econômicas no direito não é nem automática nem imediata e que pode, portanto, ocorrer uma transformação do sistema econômico-social sem que se produza uma transformação jurídica. Assim, sua análise econômico-social da propriedade evidenciava que as mudanças importantes produzidas em sua função não haviam tido o consequente reflexo na modificação da natureza jurídica do instituto[10]. Mas, ao mesmo tempo, sua análise introduzia uma crítica clara ao enfoque formalista de Stammler, para quem a distinção entre a *matéria* econômica da propriedade e sua *forma jurídica* implicava atribuir à forma a função de guia nas mudanças e transformações da matéria[11]. Diante dessa tese, Renner assinalava que a pretensa onipotência do direito diante da economia apenas ocorre "na ideia" e que, portanto, a proposição stammleriana falseia ou ignora a real interação que se produz entre os elementos econômicos e os institutos jurídicos; em suma, desconhece que a tendência de desenvolvimento, que segundo sua própria regra econômica interna constitui o substrato da propriedade, é mais forte que a norma jurídica que formalmente a regula[12].

---

[7] K. Marx, "Das Kapital" (Dritter Band), in *K. Marx-F. Engels Werke* (daqui em diante *MEW*), Berlim, 1959, vol. 25, pp. 628-9, em nota.

[8] K. Marx, "Das Elend der Philosophie", in *MEW*, vol. 4, p. 165.

[9] K. Marx e F. Engels, "Die Deutsche Ideologie", in *MEW*, vol. 3, p. 63.

[10] K. Renner, *Die Rechtsinstitute des Privatrechts und ihre soziale Funktion*, org. por O. Kahn-Freund, Stuttgart, 1965, pp. 172-3.

[11] R. Stammler, *Wirtschaft und Recht*, 4. ed., Berlim-Leipzig, 1921; *Theorie der Rechtswissenschaft*, cit.

[12] K. Renner, op. cit., pp. 179-81.

A sucinta exposição metodológica até aqui traçada, ao se projetar sobre as coordenadas atuais da propriedade, evidencia a impossibilidade de abordar o estudo dessa instituição a partir de premissas estritamente formalistas. De fato, nos últimos anos produziu-se uma progressiva dissolução do conceito de propriedade elaborado pela dogmática jurídica ao romper com os pressupostos em que se fundava. Esquematicamente, pode-se resumir a evolução ocorrida no paulatino afastamento da titularidade do direito de propriedade em relação às faculdades que, segundo a dogmática formalista, conotavam seu significado:

a) Em primeiro lugar, realizou-se uma patente distinção entre a *titularidade do direito de propriedade* e a *posse real dos bens que constituem seu objeto*. No capitalismo maduro acentuou-se o fenômeno, já observado por Marx e Engels, de que "uma pessoa pode juridicamente ter o direito sobre uma coisa sem possuí-la de fato"[13]. De tal modo que as exigências econômicas de dinamizar e mobilizar o regime de transmissão e usufruto da propriedade, à medida que seu objeto se deslocou das coisas para a renda, determinou que sua problemática jurídica tenda a ser resolvida no âmbito das obrigações e contratos, mais que no estatuto clássico dos direitos reais.

b) Produziu-se também uma dissociação entre a *titularidade do direito de propriedade* e a *livre disposição de seu objeto*. É notório que o crescente intervencionismo do poder público na esfera da propriedade privada determinou o surgimento de alguns vínculos e algumas limitações, que desvirtuaram a identificação tradicional entre o direito de propriedade e o exercício universal das faculdades que estão associadas a ela.

c) Como corolário disso, verifica-se hoje uma separação entre a titularidade do direito de propriedade e o poder econômico-social que se considerava inerente à condição de proprietário. Assim, em nossos dias, ocorrem situações em que se detém muito *poder* sem *ter* nada ou em que o *ter* confere cada vez menos *poder*. A prática das grandes sociedades, cujos gestores detêm os poderes decisórios sem necessidade de ser proprietários, ao mesmo tempo que os pequenos acionistas "proprietários" carecem de capacidade real de decisão, exemplifica plenamente esse fenômeno[14].

O processo descrito redundou na progressiva abstração da personalidade individual do proprietário, na medida em que seu *status* jurídico é determinado por seu pertencimento a certas categorias de titulares do direito ou por sua

---

[13] K. Marx e F. Engels, *Die Deutsche Ideologie*, op. cit., p. 63.

[14] Cf. os trabalhos clássicos de A. Berle e G. C. Means, *The Modern Corporation and Private Property*, Nova York, 1932; e o posterior de Berle, *Power without Property*, Nova York, 1957, aos quais também se faz referência no capítulo 12.

Ao interesse despertado pela análise da dicotomia ter/poder no plano econômico e jurídico corresponde a investigação sobre a dicotomia ter/ser no filosófico e psicológico; sobre isso, ver, por exemplo, os trabalhos de: G. Marcel, *Etre et avoir*, Paris, 1935; e de E. Fromm, *To have or to be?*, Nova York, 1976 (existe trad. esp. de C. Valdés com o título ¿*Tener o ser?*, México/Madri/Buenos Aires, 1978).

integração em certas pessoas jurídicas. Niklas Luhmann, ao analisar esse fenômeno e confrontar a concepção da propriedade elaborada pela dogmática tradicional com a que hoje pode oferecer a teoria dos sistemas (*Systemtheorie*), indica que um enfoque sociológico da propriedade deve partir da *crescente diferenciação entre os sistemas da sociedade* (*Gesellschaftssystemen*) e os sistemas organizados (*organisierte Systemen*). O sistema social e seus subsistemas (econômico, político, jurídico, educativo, científico...) estão abertos à participação, embora com diferentes intensidades, de todos os cidadãos; enquanto aos sistemas organizados só se pode ter acesso com limitações e de acordo com certas regras. "Apenas algumas pessoas – escreve Luhmann – trabalham na Krupp, pertencem aos sindicatos, ou são sócios do Rotary Club."[15] Pois bem, a propriedade serve para esquematizar o trânsito das pessoas no âmbito dos sistemas sociais, mas não o comportamento dos membros das organizações em seu interior. Por isso, o conceito dogmático de propriedade é incapaz de oferecer uma explicação sobre os novos tipos de relações de poder que se desenvolvem no âmbito dos sistemas organizados. Apenas quando a noção técnico-jurídica ou dogmática da propriedade assumir reflexivamente as alternativas da situação social – conclui Luhmann – terá valor explicativo[16].

Essas reflexões metódicas justificam a necessidade de sua aplicação ao estudo da propriedade na Espanha, cujo significado dificilmente poderá ser compreendido à margem de suas circunstâncias e vicissitudes históricas e de seus pressupostos socioeconômicos. É por isso que essa exposição tende a oferecer um *background* informativo, de caráter sumário (diz-se, com razão, que "à propriedade, em seu conjunto, pode-se dedicar apenas um ensaio ou a vida inteira")[17], sobre os dados históricos que influem na formação do direito de propriedade na Espanha contemporânea. Entendo que, com base nesse enfoque, será possível compreender melhor o contexto em que se deu a evolução do regime de propriedade que culmina no sistema instaurado pela Constituição de 1978.

---

[15] N. LUHMANN, *Rechtssystem und Rechtsdogmatik*, Stuttgart, 1974, p. 74.

[16] Ibid., pp. 76 ss. Contudo, essa proposição evita a possibilidade que assiste ao Estado social e democrático de direito de impor determinadas diretrizes não apenas ao sistema social e seus subsistemas, mas também ao funcionamento dos sistemas organizados. Assim, por exemplo, a exigência de que seja democrática a estrutura interna dos partidos políticos (art. 21.1 da *Grundgesetz* de Bonn e art. 6 da Constituição espanhola), ou dos sindicatos (art. 39 da Constituição italiana e art. 7 da Constituição espanhola, que estende esse requisito às associações empresariais – art. 7 –, aos Conselhos Profissionais – art. 36 – e às organizações profissionais – art. 52). Ao mesmo tempo, a chamada que o texto constitucional espanhol faz à função social para delimitar o conteúdo do direito de propriedade (art. 33.2), em virtude do princípio da força expansiva da Constituição, deve-se entender que pode afetar também a disciplina da propriedade no âmbito dos sistemas organizados. Para uma crítica geral das teses de LUHMANN sobre a dogmática jurídica, ver minhas *Lecciones de Filosofía del Derecho. Presupuestos para una filosofía de la experiencia jurídica*, Sevilha, 1992, pp. 95 ss.

[17] M. PESET, *Dos ensayos sobre la historia de la propiedad de la tierra*, Madri, 1982, p. 15.

As normas e doutrinas jurídicas, sua permanência ou transformação não podem ser explicadas por si mesmas e isso é particularmente evidente no estudo da propriedade. Assim, ao traçar o *approach* das diferentes etapas que configuram o processo evolutivo da propriedade, deve-se necessariamente aludir às forças sociais e estruturas econômicas que estão por trás desses sistemas. Sem que aqui tal referência possa ter pretensões de exaustividade, pela própria amplitude e complexidade desses dados, muitos dos quais, especialmente os referentes ao período franquista, ainda não puderam ser obtidos e estudados em toda sua extensão (não por acaso existe uma estreita correlação entre totalitarismo e falta de informação).

2. ASPECTOS DA FORMAÇÃO HISTÓRICA DO DIREITO DE PROPRIEDADE NA ESPANHA

Uma orientação doutrinal, iniciada com García Goyena, tende a apontar nas *Partidas* medievais a origem histórica do sistema jurídico espanhol da propriedade[18]. Deixando de lado esses antecedentes remotos, pode-se afirmar que, em sua significação técnico-jurídica moderna, a propriedade apareceu solenemente consagrada a partir da própria gênese da história constitucional espanhola. Assim, o artigo 4 da Constituição de Cádiz de 1812 prescrevia: "A nação está obrigada a conservar e proteger por leis sábias e justas a liberdade civil, a propriedade e os demais direitos legítimos de todos os indivíduos que a compõem." Aqui tornava-se patente a consideração do direito de propriedade como uma faculdade inata, atributo essencial da personalidade humana; daí a simbiose entre liberdade e propriedade que reflete a influência do jusnaturalismo racionalista e da concepção utilitarista-liberal de Bentham, que também se manifesta em outros textos posteriores[19]. Assim, as Constituições de 1837, de 1845 e de 1869 coincidiam em garantir que nenhum espanhol seria privado de sua propriedade, exceto por causa justificada de utilidade comum, após a correspondente indenização. A influência jusnaturalista aparecia também nitidamente refletida no título preliminar do projeto de Constituição federal da Primeira República Espanhola de 1873, em que se proclamava que: "Toda pessoa encontra assegurados na República, sem que nenhum poder tenha capacidade para coibi-los, nem lei alguma autoridade para reduzi-los,

---

[18] F. García Goyena, *Concordancias, motivos y comentarios del Código civil español*, Madri, 1852, vol. II, pp. 352 ss. Cf J. Lalinde, "El concepto de propiedad en el derecho histórico español", *RIDC*, 1962, n. 19, pp. 7 ss.; V. Montes, *La propiedad privada en el sistema del Derecho civil contemporáneo*, Madri, 1980, pp. 18 ss.

[19] O art. 172.10 do texto gaditano concretizava a proteção da propriedade ao prescrever: "Não pode o rei tomar a propriedade de nenhum particular nem corporação, nem perturbar a posse, uso e aproveitamento dela, e se em qualquer caso for necessário para um objeto de conhecida utilidade comum tomar a propriedade de um particular, não poderá fazê-lo sem que, ao mesmo tempo, seja indenizado e que essa troca seja boa para os homens bons." Cf. meu trabalho "Los derechos fundamentales en la Constitución de Cádiz de 1812", *ADH*, 1982, vol. 2.

todos os direitos naturais." Entre os que estavam incluídos no parágrafo 6: "O direito de propriedade, sem faculdade de vinculação nem amortização." O título concluía com a categórica afirmação de que: "Esses direitos são anteriores e superiores a toda legislação positiva." Após a restauração da monarquia, a Constituição de 1876 reiterava a garantia do direito de propriedade, sem introduzir mudanças substanciais em relação aos textos anteriores à República[20]. Paralelamente ao processo constitucional, sucederam-se os distintos textos da codificação civil que culminaram no Código Civil de 1889, atualmente vigente com ligeiras modificações, cujo artigo 348 definia a propriedade como "o direito de gozar e dispor de uma coisa sem mais limitações que as estabelecidas nas leis". Essa norma havia sido inspirada no artigo 544 do Código Civil francês de 1804, embora não apareça aqui a fórmula *"de la maniére la plus absolue"* que se lê no código napoleônico. Não é à toa que haviam transcorrido três quartos de século e começava a se expandir um movimento crítico em relação ao individualismo extremo informador do texto francês, do qual se chegou a dizer que consagrava a plena soberania dos cidadãos na esfera privada, em estrita correspondência com a atribuição da soberania política ao poder público[21].

As disposições constitucionais e o processo de codificação que se desenvolveram no século XIX tendiam a consagrar o princípio de liberdade no uso da força de trabalho, no tráfego de bens e na exploração da terra. Para concretizar essas aspirações, e com referência especial à liberação dos obstáculos que impediam a transmissão e exploração da propriedade agrária, foi ditada uma série de disposições que tiveram como objeto: *a*) a *abolição dos senhorios* para terminar com a persistência do sistema feudal na titularidade da terra; *b*) a *desvinculação* que supôs a eliminação dos "morgados" e demais vínculos familiares que limitavam a transmissão e utilização da terra; e *c*) a *desamortização* ou venda dos bens de "mãos-mortas" (isto é, bens pertencentes a instituições religiosas ou municipais impossibilitadas de alienar os bens que constituem seu patrimônio permanente) em suas fases eclesiásticas (1837) e civil (1855)[22]. A forma inadequada com que foi realizado esse processo de liberação da propriedade agrária fez com que, em vez de se criar uma classe média estável de proprietários, se favorecessem os compradores que dispunham de capital: a burguesia urbana, os grandes proprietários agrícolas e até a nobreza. Com es-

---

[20] Seu artigo 10 proclamava: "Não se imporá jamais a pena de confisco de bens, e ninguém poderá ser privado de sua propriedade, exceto por autoridade competente e por causa justificada de utilidade pública, sempre após a correspondente indenização."

[21] Cf. A. J. ARNAUD, *Les origines doctrinales du Code civil français*, Paris, 1969, pp. 182 ss.; M. PESET, "Acerca de la propiedad en el Code", *RCDI*, 1967, n. 515, pp. 879 ss.; id., *Dos ensayos sobre la historia de la propiedad de la tierra*, op. cit., pp. 116 ss.

[22] Cf., entre a ampla bibliografia, M. ARTOLA, *Antiguo régimen y revolución liberal*, Barcelona, 1978; J. FONTANA, *La revolución liberal. Política y Hacienda. 1833-45*, Madri, 1977; B. CLAVERO, *Mayorazgo. Propiedad feudal en Castilla. 1369-1836*, Madri, 1974; F. TOMÁS Y VALIENTE, *El marco político de la desamortización en España*, Barcelona, 1971; M. PESET, *Dos ensayos sobre la historia de la propiedad de la tierra*, op. cit., pp. 71 ss.

sas medidas conseguiu-se que fossem exploradas as terras que até então permaneciam incultas, mas não teve êxito a redistribuição da propriedade agrária, como haviam suposto os economistas liberais mais progressistas. Em grandes áreas do país, algumas centenas de proprietários continuaram detendo o domínio das maiores extensões de terra. Aos servos emancipados sucederam os diaristas e assim surgiu um amplo proletariado agrícola que passou a engrossar as primeiras massas de trabalhadores nas áreas de pouco desenvolvimento industrial que, resistindo à emigração, permaneceu nos núcleos rurais aspirando a uma justa distribuição de terras[23]. Essa situação socioeconômica teve imediata repercussão política. De fato, muitos dos camponeses afetados pela desamortização compreenderam sua situação de inferioridade diante dos novos proprietários, que a partir de então podiam desalojá-los livremente das terras ou aumentar os valores de arrrendamento; enquanto no sistema anterior a pertença das terras às comunidades religiosas ou municipais lhes garantia a manutenção de determinado *status*.

Isso fez com que muitos camponeses nostálgicos do sistema de propriedade da terra anterior à reforma liberal-burguesa aderissem ao carlismo, que representava o fundamentalismo religioso, o absolutismo monárquico e a tradição dos "foros" ou normas próprias dos distintos reinos e territórios que na Idade Moderna se integraram no Estado espanhol. Esse movimento de inspiração política claramente reacionária, que defendia não apenas o absolutismo, mas a sociedade estamental e os privilégios a ela inerentes, teve paradoxalmente um amplo apoio popular entre os núcleos de camponeses prejudicados pela desamortização. As guerras carlistas influenciaram a configuração do nacionalismo basco que, em seu início, nutriu-se do "forismo" tradicionalista e regressivo. Assim, o primeiro nacionalismo basco apresentou-se como uma tentativa de salvar o sistema de vida rural tradicional, com seu regime secular de exploração da terra, diante dos perigos que a sociedade industrial representava para esse modo de vida[24]. Na Catalunha, embora também se aprecie a influência carlista na defesa das formas tradicionais de posse da propriedade agrária, existem poderosos estímulos federalistas e populistas, que orientam seu sentimento nacionalista em um sentido que não pode ser qualificado como reacionário[25]. Na Galícia fracassou totalmente a tentativa do Estado liberal de terminar com as formas de posse de terra do tipo feudal. Isso determinou a persistência de uma sociedade semiestamental com a presença decisiva do fenômeno do "caciquismo". Produziu-se, assim, a falta de capitalização da renda agrícola e uma crescente exportação de mão de obra, capital e recursos, com o consequente empobrecimento dessa região[26]. O problema da pro-

---

[23] J. FONTANA, op. cit., pp. 279 ss.
[24] F. TOMÁS Y VALIENTE, "Los 'derechos históricos' de Euskadi", *Sistema*, 1979, n. 31, pp. 3 ss.
[25] Cf. P. VILAR, *Catalunya dins l'Espanya moderna*, vol. IV, Barcelona, 1968; J. A. GONZÁLEZ CASANOVA, *Federalisme i autonomia a Catalunya*, Barcelona, 1974.
[26] Cf. J. A. DURAN, *Agrarismo y movilizaciones campesinas en el país gallego (1875-1912)*, vol. I, Madri, 1977; A. MÍNGUEZ, *Galicia, éxodo y desarrollo*, Madri, 1967.

priedade da terra foi um fator decisivo na história mais recente da Andaluzia. A dissolução do regime senhorial e o processo de desamortização levou à consolidação de uma burguesia de fazendeiros latifundiários. O latifúndio, forma de exploração caracterizada por sua extensão (propriedades com mais de 250 hectares) e por sua gestão inadequada (frequentemente absentismo do proprietário) que simultaneamente limita a produção e restringe a demanda de mão de obra[27], tem sido a causa de uma longa série de trágicas lutas camponesas contra um sistema tão injusto quanto imperfeito de posse da terra[28]. Não pode, portanto, surpreender que na origem do nacionalismo andaluz apareça como preocupação fundamental a reforma agrária. Assim, Blas Infante, principal porta-voz dos ideais andaluzes, foi um fervoroso propagador das teses expostas por Henry George em seu célebre *Progress and Poverty* (1879) e sintetizou os princípios básicos da reforma agrária para a Andaluzia em: 1) a abolição da propriedade privada da terra e a instauração da propriedade comum; 2) a indenização justa aos antigos proprietários; 3) a propriedade dos produtos do trabalho para o agricultor[29]. Em suma, o problema da propriedade, em especial sua dimensão agrária, constitui uma chave hermenêutica imprescindível para a compreensão do fenômeno nacionalista e regionalista, ao qual hoje pretende dar resposta democrática o sistema de autonomias reconhecido na Constituição espanhola de 1978.

Qual foi, ao longo do período descrito, a teoria ou filosofia jurídica dominante na justificativa do sistema de propriedade? É evidente que, no decorrer do século XIX, sucede-se uma série de influências doutrinais que incidem, de forma mais ou menos intensa segundo a conjuntura, no regime jurídico da propriedade. É inegável a inspiração jusnaturalista racionalista e do utilitarismo de Bentham, que se introduz na Espanha através da Universidade de Salamanca[30], na primeira etapa da configuração da propriedade no processo constitucional e codificador. Na fundamentação legitimadora da persistência das formas de propriedade tradicional foral desempenhou papel relevante a Escola Histórica do direito, que, principalmente na Catalunha, através da popularização das ideias de Savigny realizada por Durán y Bas, atuou como motivação antagônica do processo unificador do sistema de propriedade que implicava a codifica-

---

[27] Cf. M. ARTOLA, "Introducción" in M. ARTOLA (org.), *El latifundio. Propiedad y explotación (siglo XVIII-XX)*, Madri, 1978, p. 11.

[28] A. M. BERNAL, *La propiedad de la tierra y las luchas agrárias andaluzas*, Barcelona, 1974, pp. 109 ss.

[29] Cf. o interessante trabalho do professor do Departamento de Filosofia do Direito da Universidade de Sevilha, R. SORIANO DÍAZ, "Aspectos de la filosofía de Blas Infante", in *Andalucía contemporánea (siglos XIX y XX)* (Actas del I Congreso de Historia de Andalucía, dezembro de 1976), t. II, Córdoba, 1979, pp. 483 ss.

[30] A. E. PÉREZ LUÑO, "Jeremy Bentham y la educación jurídica en la Universidad de Salamanca durante el primer tercio del siglo XIX", in A. GIULIANI e N. PICARDI (orgs.), *L'educazione giuridica I. Profili storici*, Perugia, 1979, pp. 158 ss.; "Jeremy Bentham and Legal Education in University of Salamanca during the Nineteenth Century", *Bentham Newsletter*, 1981, n. 5, pp. 44 ss.

ção³¹. Nas últimas décadas do século XIX e na ideologia dos autores que mais diretamente contribuíram para a culminação do Código Civil de 1889 é considerável a influência da escola de exegese francesa e a da dogmática alemã, em particular de Von Ihering³². Na passagem da doutrina jurídica sobre a propriedade do século XIX ao século XX, desenvolveu-se na Espanha um esforço teórico para justificar a nova forma de propriedade entendida como renda obtida da apropriação dos produtos do trabalho alheio, no incipiente e precário capitalismo espanhol. De qualquer modo, não passou despercebida a necessidade de se buscar uma nova legitimação teórica para um direito de propriedade que já não se baseava no usufruto exclusivo do produto do próprio trabalho, que é a situação que serviu de base para a doutrina liberal clássica sobre a propriedade³³. Ao mesmo tempo, nessa época em que um setor da doutrina jurídica assume criticamente as contradições de sistema socioeconômico e político espanhol e, num ambiente propiciado pelas traduções das obras de Gierke, Menger, Cimbali e Salvioli, forma-se uma corrente de socialismo jurídico. Essa tendência, que conta com alguns representantes na teoria jusprivatista (Sánchez Román, Valverde, Comas...), percebe a ruptura provocada na sociedade capitalista entre o trabalho e a propriedade e a necessidade de formas mais justas de uso e distribuição da riqueza³⁴.

A doutrina progressista sobre o direito de propriedade repercutiu na legislação da Segunda República espanhola. No artigo 44, de clara inspiração socialista, assinalava-se: "Toda a riqueza do país, seja quem for seu dono, está subordinada aos interesses da economia nacional... A propriedade de todo tipo de bens poderá ser objeto de expropriação forçada por causa de utilidade social mediante adequada indenização, a menos que disponha outra coisa uma lei aprovada pelos votos da maioria absoluta das Cortes. – Com os mesmos requisitos a propriedade poderá ser socializada." De acordo com esses princípios e do artigo 47 que se referia à política agrária, os partidos de esquerda tentaram a socialização da terra, dos bancos, das ferrovias e das minas de carvão, mas suas tentativas não passaram de meras aspirações. Somente com o início da Guerra Civil começou a distribuição de terras entre os diaristas, chegando-se em 1938 a repartir 5.692.202 hectares entre os camponeses da zona republicana para sua exploração individual³⁵. No entanto, aquele ambicioso

---

[31] J.-J. GIL CREMADES, *El reformismo español. Krausismo, escuela histórica, neotomismo*, Barcelona, 1969; A. E. PÉREZ LUÑO, "Experiencia histórica y experiencia jurídica en Durán y Bas", *RJC*, 1971, pp. 819 ss.; *La escuela histórica y el derecho natural*, Madri, 1974.

[32] R. GIBERT, "Ihering en España", in F. WIEACKER e C. WOLLSCHLÄGER (orgs.), *Iherings Erbe. Göttinger Symposion zur 150 Wiederkehr des Geburtstags von Rudolph von Ihering*, Göttingen, 1970, pp. 40 ss.

[33] B. CLAVERO, "La propiedad considerada como capital, en los Orígenes doctrinales del Derecho actual español", *Quaderni Fiorentini per la storia del pensiero giuridico moderno*, 1976-77, n. 5, vol. I, pp. 510 ss.

[34] B. CLAVERO, "Noticia del socialismo jurídico en España", *Sistema*, 1979, n. 28, pp. 91 ss.

[35] E. MALEFAKIS, *Reforma agraria y revolución campesina en la España del siglo XX*, Barcelona, 1971.

projeto de subordinação da propriedade privada aos interesses nacionais, de socialização, nacionalização e intervenção na economia foi tragicamente interrompido pela vitória militar do franquismo.

3. A PROPRIEDADE NA ERA FRANQUISTA: PRESSUPOSTOS SOCIOECONÔMICOS E JURÍDICOS

Do exposto até aqui se depreende a orientação do quadro político e socioeconômico no qual se concebe o direito de propriedade na Espanha contemporânea. Tal processo é condicionado pelo fracasso da revolução industrial decorrente da instabilidade do sistema político, incapaz de impulsionar as forças sociais e os recursos naturais para um sistema produtivo eficaz, competitivo internacionalmente e socialmente justo[36]. As disposições normativas sobre a propriedade apresentadas nesse período histórico não conseguiram criar as condições socioeconômicas para alcançar efetividade. A inadequação do sistema político espanhol para superar os problemas econômicos surgidos após a perda dos territórios da América; as grandes diferenças históricas na distribuição e o regime de propriedade nas diferentes regiões da Espanha que condicionava a aplicação de uma legislação uniforme; os conflitos bélicos (guerras carlistas no século XIX, Guerra Civil, 1936-39), são, dentre outras, circunstâncias a se levar em conta para compreender por que os objetivos perseguidos pelos textos jurídicos sobre a propriedade alcançaram resultados tão modestos na prática.

A Constituição da Segunda República, influenciada pela mexicana de 1917 e pela de Weimar de 1919, foi um texto social e tecnicamente avançado para sua época. Seus redatores tiveram consciência do novo horizonte sobre o qual devia situar-se o direito de propriedade; direito que deixa de ser considerado um reduto exclusivo do indivíduo, para assumir o papel de núcleo referencial para o qual convergem interesses múltiplos, que se pretende que encontrem um critério de orientação e equilíbrio na normativa constitucional. Diante desse sistema progressista no político e socialmente avançado, o franquismo supôs a instauração de um modelo político totalitário-reacionário e de um modelo econômico autárquico. No horizonte da propriedade, isso se traduziu em uma limitação da liberdade econômica e em uma intervenção direta do Estado no sistema produtivo, o que não significou uma política de nacionalizações, mas um instrumento típico do capitalismo monopolista de Estado, isto é, o apoio que para o grande capital monopolista privado supôs que o setor público assumisse os setores menos rentáveis. O Estado agiu como garantia dos interesses dos grupos financeiros oligárquicos mantendo o *status quo* na titularidade e distribuição da riqueza e como instrumento de controle

---

[36] Cf. A. JUTGLAR, *La era industrial en España*, Barcelona, 1963; J. NADAL, *El fracaso de la Revolución industrial en España (1814-1913)*, Barcelona, 1975; G. TORTELLA, *Los orígenes del capitalismo en España*, Madri, 1973.

e exploração das classes trabalhadoras (proibição da liberdade sindical, do direito de greve etc.)[37]. Esse modelo econômico que implicava um claro impedimento para o desenvolvimento entrou em crise em 1956, quando as pressões políticas e sociais tornaram impossível a persistência da autarquia. Esses acontecimentos levaram o governo aos ministros "tecnocratas" do Opus Dei. A burguesia mais inteligente soube realizar – na opinião de Ramón Tamames – a ruptura econômica, instaurando um quadro mais coerente com as aspirações gerais[38]. Passou-se assim de uma economia autárquica a uma economia liberalizada, o que permitiu um crescimento econômico acelerado e certa dinamização social. Dessa forma, em um estudo sobre *Cambio social y vida jurídica en España* [Mudança social e vida jurídica na Espanha], o sociólogo José Juan Toharia mostrava que o processo de desenvolvimento econômico e de mudança social apenas começava na Espanha a partir da década de 1960[39], o que evidenciava o atraso com que o país iniciava sua incorporação ao grupo das nações desenvolvidas. De qualquer forma, a mudança econômica não significou uma ruptura do modelo político, acentuando as contradições do sistema e antecipando a necessidade de uma profunda e inevitável mudança política.

Nesse contexto se moveu a legislação franquista sobre a propriedade. Esse direito ocupa um lugar de destaque nas leis fundamentais a partir de 1938, em que a Declaração XII do Foro do Trabalho proclamava: "O Estado reconhece e ampara a propriedade privada como meio natural para o cumprimento das funções individuais, familiares e sociais", embora se subordinem todas as formas de propriedade "ao interesse supremo da nação, cujo intérprete é o Estado", que assume "a tarefa de multiplicar e tornar acessíveis a todos os espanhóis as formas de propriedade ligadas vitalmente à pessoa humana". A propriedade era reconhecida em termos semelhantes aos dos artigos 30 e 31 do Foro dos Espanhóis de 1945 e no Princípio X da Lei de Princípios do Movimento Nacional de 1958, que reconhecia "a propriedade privada em todas as suas formas como direito condicionado a sua função social". A ideologia inspiradora dessas disposições foi a do corporativismo fascista, apesar de também refletir a marca – no âmbito puramente retórico – da doutrina social católica. É comum observar em todas as normas fundamentais franquistas a subordinação do interesse privado ao público a ponto de, formalmente, a garantia da propriedade privada aparecer notavelmente fragilizada. Não existia uma reserva de lei e a proteção ficava limitada aos casos expropriatórios. Contudo, na realidade nenhuma dessas leis significava a menor ameaça séria aos interesses capitalistas. E mais, algumas disposições legislativas destinadas a concretizar as leis fundamentais em matéria de propriedade, como a Lei de Expropriação Forçada de 1954, longe de contribuir para uma redistribuição social da riqueza, foram um instrumento a serviço das necessidades de expan-

---

[37] R. Tamames, *La República. La Era de Franco*, Madri, 7. ed., 1979, pp. 331 ss. e 385 ss.
[38] Id., p. 612.
[39] J. J. Toharia, *Cambio social y vida jurídica en España*, Madri, 1974, p. 19.

são industrial das grandes empresas, na época em que se inicia a etapa de desenvolvimento econômico. Porém, em todo o caso, assim como haverá tempo para reconsiderar, o principal traço caracterizador do sistema de leis fundamentais era atribuir a um Estado, carente de legitimação democrática, a interpretação exclusiva do interesse nacional, ao qual ficavam subordinadas todas as formas de propriedade[40].

O franquismo não significou uma concepção teórica ou filosófica jurídica peculiar da propriedade. No entanto, pode-se falar de algumas tentativas isoladas de extrair algumas consequências doutrinárias das leis fundamentais franquistas em matéria de propriedade. Manteve essa atitude o civilista Pascual Marín Pérez, para quem os artigos do Código Civil referentes à propriedade deveriam ser considerados nulos, porque a concepção liberal a que correspondiam encontrava-se em clara contradição com a ideologia política do Movimento Nacional, expressa em suas leis fundamentais[41]. Tese que foi criticada pela maior parte da doutrina jusprivatista que se manteve fiel, em linhas gerais, aos postulados tradicionais sobre a concepção do domínio[42]. No âmbito da filosofia jurídica, deve-se registrar a tentativa de Ángel Sánchez de la Torre de considerar a propriedade e os demais direitos postulados no Foro dos Espanhóis como uma resposta original do Estado franquista à exigência dos direitos humanos[43]. Contudo, a atividade predominante entre os filósofos do direito desse etapa, inspirada num jusnaturalismo neotomista, foi de conciliar a doutrina sobre a propriedade da Escola espanhola do direito natural dos séculos XVI e XVII com o magistério das Encíclicas pontifícias modernas referentes à questão social. A esse propósito obedecem as reflexões sobre a propriedade contidas nos manuais de direito natural de Enrique Luño Peña[44], José Corts Grau[45] e Francisco Puy[46]. Talvez a maior objeção que se possa fazer a essa linha doutrinal seja a de não ter extraído toda a carga crítica subjacente à doutrina mais progressista dos clássicos espanhóis sobre a propriedade. Em particular, as teses de Vitoria, Vives, Soto, Roa Dávila e Mariana, entre outros, sobre a necessidade da intervenção pública na regulamentação do justo usufruto privado dos bens e a exigência da comunidade do uso das coisas para compartilhar socialmente seu aproveitamento, assim como os aspectos mais avançados da doutrina social-católica, podem ter cumprido um papel de denúncia da

---

[40] V. Montés, op. cit., pp. 131 ss.

[41] P. Marín Pérez, *La función social de la propiedad en el orden familiar y en el general*, Madri, 1962, pp. 19 ss.

[42] Assim, entre outros, J. Cástan Tobeñas, "La propiedad y sus problemas actuales", *RGLJ*, 1962, t. 213, p. 468.

[43] Á. Sánchez de La Torre, *Comentario al Fuero de los Españoles. Teoría jurídica de los derechos humanos IV*, Madri, 1975, pp. 797 ss.

[44] E. Luño Peña, *Derecho natural*, 4. ed., Barcelona, 1961, pp. 429 ss.

[45] J. Corts Grau, *Curso de Derecho natural*, Madri, 1953, pp. 277 ss.; "Sentido natural y sentido cristiano de la propiedad", in *Estudios filosóficos y literários*, Madri, 1964, pp. 143 ss.

[46] F. Puy, *Lecciones de Derecho natural*, 2. ed., Santiago de Compostela, 1970, pp. 416 ss.

injustiça da situação jurídica-política franquista. Deve-se reconhecer, contudo, a existência de algumas atitudes testemunhais voltadas para esse sentido crítico, dentre as quais merece ser destacada a de Joaquín Ruiz-Giménez, em suas reflexões filosófico-jurídicas sobre a propriedade[47]. A operatividade prática das teses do jusnaturalismo social-cristão que penetrou na doutrina civilista alcançou sua repercussão mais significativa na aceitação jurisprudencial da tese do abuso de direito como limitação do direito subjetivo de propriedade (a partir de uma célebre sentença de 1944), no que interveio decisivamente o professor de Direito Civil, e durante muitos anos presidente do Tribunal Supremo, José Castán Tobeñas[48].

4. O DIREITO DE PROPRIEDADE NA CONSTITUIÇÃO DE 1978

Não é necessário insistir no caráter prioritário que corresponde ao sistema de propriedade na organização das relações sociais. Por isso, os distintos ordenamentos jurídicos que se sucederam na história lhe atribuíram determinado *status* normativo. Especialmente a partir das Declarações de direitos e das Constituições que marcam o início da revolução burguesa, a propriedade ocupou um lugar preferencial nos textos fundamentais. No século XX, particularmente nas Constituições posteriores à Segunda Guerra Mundial, o problema da propriedade passou a integrar uma das matérias constitutivas do ordenamento econômico-jurídico, configuradoras da Constituição econômica (*Wirtschaftsverfassung*). Nada tem, pois, de insólito que a Constituição espanhola tenha seguido essa tendência, dedicando um artigo específico à regulamentação da propriedade. Assim, seu artigo 33 prescreve: "1. É reconhecido o direito à propriedade privada e à herança. – 2. *A função social desses direitos delimitará seu conteúdo, de acordo com as leis.* – 3. *Ninguém poderá ser privado de seus bens e direitos senão por causa justificada de utilidade pública ou interesse social, mediante a correspondente indenização e em conformidade com o disposto pelas leis.*"

Aqueles que se ocuparam do estudo do regime econômico-social da Constituição, em que se inclui a norma sobre a propriedade, levantaram a questão de saber se o texto constitucional supõe a consagração *ex post facto* das relações de fato sobre a apropriação, reprodução e distribuição de bens e recursos, ou implica um instrumento *ex ante facto* dirigido à transformação das condi-

---

[47] J. Ruiz-Giménez, *La propiedad: sus problemas y su función social*, 2 vols., Salamanca-Madri, 1961-62; "La propiedad", in *Comentarios a la Mater et Magistra*, 3. ed., Madri, 1968, pp. 405 ss.

[48] Cf. C. Gómez Torres, *El abuso del derecho en la doctrina del Tribunal Supremo de España. Una aproximación sociológica al Derecho natural*, tese de doutoramento, Barcelona, 1974; "El abuso de los derechos fundamentais", in A. E. Pérez Luño (org.), *Los derechos humanos. Significación, estatuto jurídico y sistema*, Sevilha, 1979, pp. 301 ss.

ções sociais e econômicas herdadas do passado imediato[49]. Cabe, portanto, à razão jurídica uma importante tarefa destinada a fortalecer aqueles fatores normativos constitucionais que propiciem a mudança democrática.

Embora a análise sistemática do artigo 33 da Constituição seja abordada no capítulo seguinte, aqui podemos apontar algumas sugestões hermenêuticas dirigidas a maximizar a utilização, no sentido progressista, de cada um dos parágrafos deste artigo.

a) O ponto de partida para a exegese do texto do artigo 33.1 reside em estabelecer se o ordenamento constitucional espanhol consagra ou não a propriedade privada como *direito fundamental*. É necessário tratar desse ponto porque nem todos os comentaristas do preceito se mostram de acordo sobre o tema. Assim, indicou-se que: "a propriedade constitui um direito dos cidadãos, não *fundamental*, que é objeto de tutela exclusivamente através do recurso de inconstitucionalidade de uma lei ou disposição normativa com força de lei que não tenha respeitado o *conteúdo essencial* da propriedade privada"[50]. E explicitando essa tese, acrescenta-se: "A Constituição não fala mais da propriedade privada como um direito fundamental, mas o situa entre os 'direitos e deveres dos cidadãos', com o que parece afastar-se da ideia de 'atributo da personalidade', que era inseparável da ideia individualista, e pressuposto do artigo 348 do Códico Civil."[51] Essa argumentação, embora seja fundamentada pela ideia progressista de dessacralizar o *status* jurídico da propriedade, reflete o equívoco de se identificar a noção moderna dos direitos fundamentais com as liberdades individuais. Com isso, esquece-se, precisamente, que a categoria dos direitos fundamentais surge como uma tentativa de síntese das garantias individuais contidas na tradição dos direitos públicos subjetivos e as exigências implícitas nos direitos econômicos, sociais e culturais. O que acontece é que as novas coordenadas em que hoje se move o direito de propriedade determinaram a sua transferência progressiva do plano dos direitos individuais para o dos direitos sociais, mais adequados para assumir integralmente sua complexa problemática. A interpretação no sentido social do direito de propriedade, segundo a qual ela deixa de ser considerada um direito de excluir os demais do uso da propriedade, para aparecer como uma garantia de satisfação

---

[49] Cf. R. García Cotarelo, "El régimen económico-social de la Constitución española", in T. R. Fernández (org.), *Lecturas sobre la Constitución española*, Madri, 1978. vol. I, pp. 72-3; M. García Pelayo, "Consideraciones sobre las cláusulas económicas de la Constitución ", in M. Ramírez (org.), *Estudios sobre la Constitución española de 1978*, Zaragoza, 1979, pp. 50 ss.; A. López y López, "Materiales para una exégesis de las normas sobre actividad económica en la Constitución", in M. Rodríguez Piñero (org.), *Los trabajadores y la Constitución*, Madri, 1980, pp. 229 ss.; M. Morisi, "Aspectos esenciales de la regulación económica en una Constitución de la 'crisis'", in A. Pridieri e E. García de Enterría (orgs.), *La Constitución española de 1978*, Madri, 1980, pp. 363 ss.; J. I. Font Galán, "Notas sobre el modelo económico de la Constitución española de 1978", *RDM*, 1979, n. 152, pp. 205 ss.

[50] V. Montés, *La propiedad privada en el sistema del Derecho civil contemporáneo*, op. cit., pp. 161-2.

[51] Ibid., pp. 170-1.

das necessidades que permitam o pleno desenvolvimento da personalidade humana e de suas capacidades[52], encontra um claro motivo de legitimação na própria redação literal do preceito. Tenha-se presente que a linguagem constitucional refere-se expressamente ao reconhecimento do "direito à propriedade privada" e não ao direito de propriedade privada, com o que quer dizer que se trata de um direito fundamental que deve tornar-se acessível a todos: acolhendo tacitamente o que de forma explícita proclama o artigo 42 da Constituição italiana. Em suma, a propriedade é reconhecida constitucionalmente como meio para a efetiva realização dos direitos fundamentais, mas de modo algum como obstáculo (isto é, entendida como garantia do *status quo*) para a democratização socioeconômica auspiciada pelo próprio texto constitucional.

b) A Constituição espanhola estabelece claramente que a delimitação do conteúdo do direito de propriedade, através da lei, se realizará de acordo com sua *função social* (art. 33.2). Da mesma forma que a *Grundgesetz* de Bonn (art. 19.2), também a Constituição espanhola estabelece para a tutela dos direitos fundamentais a exigência de que só podem ser regulados pela lei que "em qualquer caso deverá respeitar o conteúdo essencial" (art. 53.1). Por isso, a informação de que o conteúdo essencial (*Wesensgehalt*) deve estar ligado à função social e não ao interesse individual tem uma importância hermenêutica decisiva.

De fato, seria um grave erro desconhecer ou subestimar o papel transformador que a partir de agora pode desempenhar a função social da propriedade, diferentemente da inoperância prática que teve no período anterior. Ao aludir às disposições franquistas sobre a propriedade, foi mostrado que nas leis fundamentais também se fazia referência à função social. Contudo, é evidente que seu significado como valor legitimador da propriedade era muito diferente daquele que assume na Constituição espanhola atual. Deve-se ter presente que quando a Declaração XII do Foro do Trabalho, o artigo 30 do Foro dos Espanhóis ou o Princípio X dos Princípios do Movimento Nacional condicionavam o reconhecimento do direito de propriedade ao cumprimento de sua função social, subordinando todas as formas de propriedade ao interesse da nação, proclamavam, de imediato, o Estado como "intérprete" exclusivo de tal interesse (expressamente na Declaração XII do Foro do Trabalho). Em um sistema político totalitário, essa afirmação equivalia a converter a função social em cortina para encobrir os interesses daqueles que detinham o aparelho de Estado. É por isso que na situação democrática consagrada pela Constituição de 1978 a função social, como princípio legitimador e configurador do conteúdo da propriedade, significa algo totalmente distinto do que representou no período franquista. Em primeiro lugar, porque a interpretação sistemática da Constituição exige situar a função social em "um Estado social e democrático de direito" e conectá-la com os valores superiores que configuram os direitos fundamentais e a Constituição econômica; em segundo, porque a lei encarregada de materializar a função social aparece na Constituição

---

[52] Cf. capítulo 12.

como expressão da soberania popular (art. 66), com a garantia democrática que isso significa em relação à situação anterior.

c) Finalmente, deve-se fazer referência às possíveis expectativas socializadoras da propriedade que podem derivar de uma interpretação apresentada do artigo 33.3, no qual são fixadas as condições da *expropriação*.

É significativo o receio despertado na direita pela redação do último parágrafo do artigo 33, tal como se depreende dos debates parlamentares. Assim, o professor de Direito político e parlamentar da Aliança Popular, Manuel Fraga Iribarne, sintetizando as inquietações dos setores conservadores, indicou que, ao não estabelecer o caráter prévio nas expropriações, deixa-se um caminho aberto para possíveis medidas confiscatórias. Por outro lado, o modelo econômico-social com preceitos como o 9.2 (promoção da igualdade real e efetiva) e o 128 (iniciativa pública, setor público) o levava a temer que pudesse "dar lugar a proposições de tipo socializante muito radicais"[53]. Entretanto, a partir da perspectiva comunista, o também professor de Direito político e parlamentar, Jordi Solé Tura, considerava como um dos eixos fundamentais da ação de seu grupo no processo constituinte ter cuidado para que os direitos fundamentais proclamados "não se convertessem em meras declarações formais de princípios", defendendo "o reconhecimento da função pública da propriedade e, consequentemente, a previsão dos pressupostos para sua desapropriação e nacionalização com a devida indenização"[54].

Nessa linha e contando com experiências como a desenvolvida no Chile durante o governo Allende, em que se realizou uma profunda transformação social e econômica com normas muito mais restritivas que as da Constituição espanhola, não podem ser subestimadas as possibilidades de mudança subjacentes a uma prática progressista do artigo 33.3.

Em favor de uma interpretação socialmente avançada do sistema expropriatório prevista na Constituição podem-se citar os seguintes argumentos: 1º) O caráter não prévio da indenização, que evita um dos principais obstáculos para agir com a rapidez necessária nas expropriações mais urgentes e de maior incidência social; 2º) Que a indenização não tenha que ser calculada segundo o preço de mercado das propriedades expropriadas, mas baste o preço que lhe seja "correspondente". Essa correspondência em um clima de transformação social, no qual as expropriações estivessem voltadas para uma reestruração global da economia, implicaria que seu valor em dinheiro fosse notavelmente inferior ao seu valor real. Isso seria justificado pelas próprias vantagens que, de certo modo, seriam estendidas também aos expropriados da nova ordem econômico-social[55]; 3º) Ao não se diferenciar, para fins de desapropriação, en-

---

[53] M. Fraga Iribarne, "La Constitución de 1978, a vista de ponente", in *La Constitución española de 1978*, n. 180 extraordinário de *DA*, 1978, p. 16.

[54] J. Solé Tura, "La Constitución de 1978 desde el punto de vista comunista", in *La Constitución española de 1978*, op. cit., pp. 52-3.

[55] Ver as reflexões nesse sentido e com relação à Constituição italiana de 1947 de C. Lavagna, *Constituzione e socialismo*, Bolonha, 1977, pp. 72-3.

tre as distintas naturezas de bens, nem se excetuar nenhuma categoria de propriedades, habilita-se o poder público a uma expropriação generalizada daqueles setores da produção cuja titularidade privada atende mais diretamente à utilidade pública ou ao interesse social.

5. A CONSTITUIÇÃO E AS POSSIBILIDADES DE DEMOCRATIZAÇÃO DA PROPRIEDADE NA ESPANHA ATUAL

As reflexões anteriores seriam incompletas se, como balanço e resumo dessa exposição, não fossem traçadas algumas previsões prospectivas sobre a incidência futura da regulação constitucional da propriedade na democracia espanhola.

Os filósofos do direito que, até o momento, se ocuparam do tema não mostraram excessiva confiança na possibilidade transformadora do artigo 33. Às vezes, as dúvidas obedecem aos pressupostos ideológicos em que se acredita que está inspirado o preceito. Essa é a atitude de Juan-José Gil Cremades, para quem o artigo 33 constitui a concretização "de um princípio básico do liberalismo: o direito de propriedade privada e sua perpetuação mediante a herança", embora reconheça que o princípio liberal encontra-se matizado pela influência democrata-cristã ou da "doutrina social da Igreja" através do princípio da função social[56]. Outras vezes, o ceticismo nasce do que se entende por deficiente formulação técnico-jurídica dos direitos fundamentais na Constituição. Assim, para Benito de Castro Cid, o direito de propriedade deveria ter integrado o núcleo dos direitos econômicos sociais e culturais, reconhecidos como direitos e não como simples princípios tal como aparecem no capítulo III do título I. Separar a propriedade do restante dos direitos sociais (reconhecidos na Constituição como simples princípios) pode ser um fator que desvirtue suas possibilidades democratizadoras[57]. Uma motivação política de receio diante de um possível uso conservador do direito de propriedade em sentido não igualitário levou o parlamentar socialista Gregório Peces-Barba a enfatizar o papel da lei na definição do conteúdo do direito segundo sua função social; o que envolve a "desconstitucionalização" da propriedade enquanto garantia da ordem social e econômica herdada do passado imediato[58].

Nada há a objetar a essa atitude precavida da razão jurídica. A história espanhola está repleta, como procurei expor ao iniciar este trabalho, de tenta-

---

[56] J. J. GIL CREMADES, "Las ideologías en la Constitución española de 1978", in *Estudios sobre la Constitución española de 1978*, op. cit., pp. 84-5.

[57] B. DE CASTRO CID, "Derechos humanos y Constitución. Reflexiones sobre el Título I de la Constitución española de 1978", *REP*, 1980, n. 18, pp. 121 ss.

[58] G. PECES-BARBA, "La nueva Constitución española desde la filosofía del Derecho", in *La Constitución española de 1978*, op. cit., p. 30; "Los socialistas y la Constitución", na coletânea *La izquierda y la Constitución*, Barcelona, 1978, pp. 15-6.

tivas de reforma da propriedade que apenas ficaram nas boas intenções e de ambiciosos projetos de transformação social e econômica duramente interrompidos logo no início. Seria cair em um otimismo irresponsável pensar que a Constituição conduz necessariamente e de imediato a uma mudança radical no regime de titularidade e usufruto da propriedade na Espanha. O próprio presidente do Tribunal Constitucional espanhol, professor Manuel García Pelayo, observou que as normas econômicas da Constituição podem levar a duas soluções alternativas: o desenvolvimento da política econômica constitucional em sentido socialista democrático; ou o endurecimento das estruturas capitalistas, adaptando as exigências de reprodução do sistema à conjuntura do presente (regressão nos serviços sociais, congelamento dos salários, privatização da economia, diminuição da pressão fiscal...)[59]. É evidente que, ao apresentar a interpretação sistemática do artigo 33, tentei reforçar a primeira dessas opções. Contudo, na conjuntura espanhola atual, se a argumentação técnico-jurídica *permite* construir uma hermenêutica progressista da propriedade, o contexto social, econômico e político *impõe* essa alternativa como única via para a democratização real do país.

A crise de crescimento que atingiu as nações desenvolvidas nos últimos anos manifesta-se na Espanha com características peculiares. O processo de industrialização, iniciado na década de 1960 de forma extraordinariamente rápida e desordenada, não permitiu que o desenvolvimento econômico fosse acompanhado de um autêntico progresso social. A falta de medidas de segurança nas novas indústrias trouxe como consequência o recorde europeu em acidentes de trabalho; a disparidade entre aumento de preços e salários implicou uma diminuição progressiva do poder aquisitivo dos trabalhadores; a programação deficitária de construção de casas populares tornou-as insuficientes para abrigar aqueles que emigravam do campo para as áreas industriais, ao mesmo tempo que se dava uma superoferta de moradias de luxo, a maior parte das quais, por estarem fora das possibilidades econômicas daqueles que mais precisam, continuam desocupadas. Tudo isso foi acompanhado e agravado por uma sensível deterioração da qualidade de vida. A falta de equilíbrio e adequada programação no processo de industrialização produziu perigosas consequências ecológicas. O nível de poluição das grandes cidades espanholas (Madri, Barcelona, Bilbao...) supera o índice médio das cidades europeias. A natureza não apenas foi devastada pelas indústrias poluentes, pois em suas paisagens mais características foram construídos complexos turísticos que sacrificaram a conservação do meio ambiente aos interesses financeiros. Afirmou-se, com razão, que a Espanha representa "o paradoxo de um capitalismo precoce tardiamente nascido"[60]. Nos aspectos econômico-sociais mais diretamente relaciona-

---

[59] M. García Pelayo, op. cit., pp. 51-2.

[60] W. Harich, "Europa, el comunismo español actual y la revolución ecológico-social", apêndice da trad. esp. de seu ¿*Comunismo sin crecimento?*, Barcelona, 1978, p. 315. Em que também afirma: "Espanha vai ao encontro de uma *revolução social e ecológica combinada* como não se conhece na história universal. E se os comunistas espanhóis conseguem unir sob sua direção o movi-

dos com a propriedade, as contradições herdadas do franquismo também são eloquentes. Ao se iniciar a transição para a democracia, um estudo sobre a distribuição da renda pessoal na Espanha destacou o profundo desequilíbrio existente entre os 3,15% das famílias espanholas que detém 29,88% dos rendimentos totais, e os 52,57% da população (mais pobre) que só recebe 21,62%[61]. Esse desequilíbrio se manifesta também na distribuição desigual da renda *per capita* entre as diferentes províncias espanholas, constituindo uma ameaça latente para o sistema das autonomias[62]. No que se refere à propriedade da terra pode-se citar, tendo como referência o caso-limite da Andaluzia, em que um estudo recente demonstrou que 64,3% das propriedades rurais (265 mil com menos de cinco hectares) ocupam apenas 5,6% da superfície, enquanto 1,5% (6.382 propriedades com mais de 200 hectares) ocupam 53,5% da terra cultivável[63]. Porém, o problema mais grave é sem dúvida o desemprego que atinge aproximadamente 2 milhões de pessoas, que representam mais de 15% da população ativa, dos quais 40% são jovens que buscam trabalho pela primeira vez[64]. Essa situação não pode ser resolvida nem pelos Pactos de Moncloa, acordos das forças democráticas para abordar os problemas socioeconômicos de forma coordenada, subscritos em outubro de 1977, e menos ainda pelo subsequente Programa Econômico do Governo da UCD, de setembro de 1979. O surgimento tardio do capitalismo espanhol, somado à crise mundial de energia que impôs alguns limites ao crescimento econômico, assim como as contradições herdadas do franquismo, não podem ser resolvidos pelo caminho de uma expansão econômica, hoje mais que problemática, em sua acepção puramente capitalista.

Esse conjunto de problemas constitui o grande desafio para o qual a Constituição deve dar resposta e, ao mesmo tempo, os fatores de fato que vão con-

---

mento social de tendência igualitária com o movimento ecológico... então essa revolução se tornará irresistível e no mais curto prazo e pelo caminho menos doloroso conseguirá o primeiro modelo real de comunismo sem crescimento, homeostático, que requer o conjunto da civilização industrial..." (pp. 316-7). Para os espanhóis, que acabamos de sair de quarenta anos de ditadura, não constitui uma perspectiva muito agradável esse comunismo autoritário e de escassez preconizado por W. HARICH como único remédio para a crise da sociedade industrial.

[61] R. TAMAMES, *Estructura económica de España*, 13. ed., Madri, 1980, pp. 897-8.

[62] R. TAMAMES, op. cit., pp. 891 ss. e 1.224 ss.

[63] L. GODOY e R. J. J. ROMERO, "La tierra y su problemática estructural", na coletânea do Grupo de estudios rurales andaluces, *Las agriculturas andaluzas*, Madri, 1980, p. 359. A pesquisa sobre o regime de propriedade da terra esteve cercada de dificuldades na era franquista. Assim, por exemplo, escreveu-se: "O estudo do latifúndio tropeça de início com o obstáculo da falta de informação sobre a distribuição das terras em fazendas e de sua titularidade patrimonial. Os dados primários são conhecidos nos escritórios da administração, mas não são tornados públicos e, quando o são, não existem facilidades para se obter as informações necessárias. Quando o Instituto Nacional de Estatística realizou seu *Encuesta de fincas agrarias privadas de 500 y más hectáreas*, que veio à luz em 1970, descreveu a realidade em termos de categorias, números e porcentagens, sem dar nenhuma referência que permitisse a identificação das propriedades ou dos proprietários." M. ARTOLA, "Introducción" no livro *El latifúndio*, op. cit., p. 13.

[64] Dados obtidos do *Comentario sociológico. Estructura social de España*, 1982, n. 37-8, pp. 242-4.

dicionar a própria eficácia da norma constitucional (*Verfassungswirklichkeit*) em sua aplicação[65]. Nesses parâmetros devem também ser avaliadas as possibilidades transformadoras da nova regulamentação da propriedade e sua orientação para satisfazer as mais urgentes expectativas sociais. Em resumo, e pegando o fio condutor dessa argumentação, entendo que:

– A regulamentação da propriedade privada na Constituição de 1978 implica uma manifesta ruptura em relação ao regime jurídico das leis fundamentais franquistas, no plano dos pressupostos políticos, conceito, tutela e limites, assim como no contexto normativo dos dois sistemas. Interpretar o novo regime de propriedade como um prolongamento ou consagração do sistema franquista significaria, portanto, uma clara violação do espírito e da letra da Constituição.

– A interpretação sistemática da Constituição revela as duas grandes dimensões da propriedade em nosso ordenamento: *a*) como um direito fundamental que não protege a liberdade individual de apropriação exclusiva, excludente e ilimitada, mas como o direito de participação nos frutos do processo econômico que garante a todos o pleno desenvolvimeno de suas capacidades (art. 33.1 e normas associadas sobre os demais direitos fundamentais); *b*) como um instrumento de transformação das estruturas socioeconômicas que permita uma distribuição e uso mais justos da riqueza (art. 33.2-3 e normas associadas da Constituição econômica).

– A interpretação socialmente avançada não encontra apenas motivos técnico-jurídicos para sua legitimação. A razão jurídica, baseada nas condições socioeconômicas vigentes, infere como exigência inevitável uma séria transformação do regime de propriedade para o aprofundamento, a estabilidade e a própria viabilidade da democracia na Espanha.

---

[65] Sobre as primeiras repercussões da Constituição na atividade do judiciário, cf. J. M. RODRÍGUEZ OLIVER, "La Constitución española en la Jurisprudencia del Tribunal Supremo de 1979", *RFDUC*, 1980, n. 58, pp. 101 ss.; J. BETEGÓN, "Los derechos fundamentales en la jurisprudencia del Tribunal Supremo", *ADH*, 1981, vol. I, pp. 447 ss.

CAPÍTULO 12

A PROPRIEDADE NA CONSTITUIÇÃO ESPANHOLA

ARTIGO 33

1. *É reconhecido o direito à propriedade privada e à herança.*
2. *A função social desses direitos delimitará seu conteúdo, de acordo com as leis.*
3. *Ninguém poderá ser privado de seus bens e direitos senão por causa justificada de utilidade pública ou interesse social, mediante a correspondente indenização e em conformidade com o disposto pelas leis.*

1. PRESSUPOSTOS GERAIS DO PRECEITO

A propriedade constitui uma peça-chave para a organização das relações sociais. Por isso, os ordenamentos jurídicos que se sucederam através dos tempos tentaram estabelecer, a partir de diferentes pressupostos, seu estatuto normativo. Especialmente a partir das Declarações de direitos e das Constituições que marcam o início da revolução burguesa, tem sido uma constante a referência expressa à propriedade nesses textos fundamentais. No século XX, e particularmente nas Constituições posteriores à Segunda Guerra Mundial, o problema da propriedade passou a integrar uma das matérias constitutivas da ordem econômico-jurídica, configuradoras da denominada "Constituição econômica" (*Wirtschaftsverfassung*)[1]. Nada tem, pois, de insólito que a Constituição espanhola tenha seguido essa linha, dedicando um artigo específico à regulamentação da propriedade. Convém, contudo, advertir que o reconhecimento constitucional da propriedade contido no artigo 33 não implica uma definição precisa do direito à propriedade privada. Diferentemente do que ocorre

---

[1] O TC espanhol sustentou que: "Na Constituição espanhola de 1978, diferentemente do que costumava acontecer nas Constituições liberais do século XIX, e de forma semelhante ao que acontece nas mais recentes Constituições europeias, existem várias normas destinadas a proporcionar o âmbito jurídico fundamental para a estrutura e funcionamento da atividade econômica: o conjunto de todas elas compõe o que se costuma denominar Constituição econômica ou Constituição econômica formal. Esse âmbito implica a existência de alguns princípios básicos da ordem econômica que devem ser aplicados, com caráter unitário..." (STC 1/1982, FJ 1). Entre a vasta bibliografia sobre a constituição econômica, podem-se citar os trabalhos de: M. Bassols Coma, *Constitución y sistema económico*, Madri, 1985; J. I. Font Galán, "Notas sobre el modelo económico de la Constitución española de 1978", *RDM*, 1979, n. 152, pp. 205 ss.; A. Rodrígues de Quiñones y Torres, *Sistema constitucional y reforma de la empresa*, Barcelona (no prelo); A. Sánchez Blanco, *El sistema económico de la Constitución española*, Madri, 1992.

com outras figuras ou instituições, que são definidas pela própria Constituição, por exemplo, a do defensor do povo (art. 54), a do rei (art. 56) ou a noção de Lei Orgânica (art. 81), entre outras, a propriedade, como grande parte dos direitos reconhecidos no título I, que se refere aos direitos e deveres fundamentais, é considerada um conceito prévio à Constituição, à qual ela, no entanto, tenta fornecer algumas características próprias. O ponto de partida da exegese do preceito se resume, portanto, em estabelecer o âmbito significativo a que aludem as referências constitucionais à propriedade. Isso implica, queiramos ou não, uma precisão conceitual que, tratando-se do direito de propriedade, é sempre árdua e sobre a qual aqui, dada a amplitude de sua problemática, só se podem traçar alguns parâmetros de orientação.

1.1. Aspectos da formação histórico-conceitual do direito de propriedade

A primeira dificuldade que envolve o *approach* à noção da propriedade é determinada por seu caráter *histórico*. Conceber a propriedade em termos abstratos e atemporais é uma ficção[2]. O que existem são formas institucionais ou concepções teóricas da propriedade, que se sucedem no tempo ou que coexistem em um mesmo período caracterizando-a a partir de premissas díspares. Daí surge o significado polissêmico e ambíguo da expressão e a consequente inutilidade dos esforços despendidos para definir a propriedade de uma vez por todas. Deve-se precisar que essas mudanças de significado não afetam apenas o regime jurídico da propriedade, mas incidem nas construções doutrinais e na linguagem comum. Não é à toa que o estatuto da propriedade, longe de constituir uma questão de interesse privativo dos juristas, economistas ou políticos, afeta a todos os que vivem em sociedade, já que sua própria existência está diretamente condicionada pela organização que em seu meio se atribui ao sistema de titularidade, apropriação e aproveitamento dos bens. No entanto, o sentido mutável de propriedade não foi obstáculo para se observar certas características genéricas que servem de fio condutor para acompanhar as vicissitudes de sua formação histórica. Assim, há alguns anos, mostrava-se como balanço de uma análise sobre suas principais características evolutivas que: "Em todos os povos e em todos os tempos se encontram propriedades coletivas de caráter público... ou de caráter privado... junto com propriedades estritamente individuais, não apenas de bens de consumo, mas também, em maior ou menor grau, de bens de produção. Além disso, em todas as latitudes e em todas as épocas é admitida, com diferentes intensidades ou alcance, uma função regula-

---

[2] Com razão apontava Karl Marx que uma definição da propriedade como uma relação independente, uma categoria especial ou como uma ideia abstrata e eterna (*einer abstrakten und ewigen Idee*) não podia ser outra coisa que uma ilusão da metafísica ou da jurisprudência (*eine Illusion der Metaphysik oder der Jurisprudenz*), em "Das Elend der Philosophie", in *K. Marx – F. Engels Werke* (daqui em diante *MEW*), Berlim, 1959, vol. 4, p. 165.

dora do poder público sobre a divisão e o uso das coisas."³ É fácil depreender dessas afirmações o caráter multiforme da propriedade e a necessidade de relacioná-la em cada etapa com as circunstâncias que contribuíram para delimitar sua significação. Porém, a necessária contextualização do direito de propriedade não exclui a ocorrência, em sua evolução, de algumas constantes que justificam sua continuidade temática, ou melhor, problemática.

Junto com o caráter mutável da propriedade, outro fator que dificulta sua conceituação unitária é dado pela diversidade das coisas que podem constituir seu objeto. De fato, um problema amplamente debatido pela doutrina foi o do denominado "pluralismo" da propriedade. O que levou a questionar, a partir de distintas visões teóricas, se a coexistência atual de diferentes estatutos jurídicos para os diversos tipos de bens (segundo se trate de bens de domínio público ou privado, de consumo ou de produção e, dentre destes, segundo se trate de bens de natureza agrária, urbana, industrial...) permite a subsistência de um conceito unitário de propriedade ou se, pelo contrário, deve-se admitir a existência de várias propriedades⁴. Essa tendência desagregadora da noção de propriedade poderia constituir uma persistência da identificação do direito de propriedade com as coisas ou bens que integram seu objeto. Essa equiparação tem seu ponto de partida no triunfo da revolução burguesa. A partir de então, o Estado se converte em avalista do direito de propriedade pleno e ilimitado sobre as coisas. De tal modo que a garantia estatal torna cada vez mais imprecisa a distinção entre o direito e os bens ou, se se preferir, esconde o direito por trás das coisas. Por isso, na linguagem comum, a propriedade aparece identificada com os bens suscetíveis de apropriação e transação econômica. Contudo, assim como na fase pré-capitalista, ao lado da propriedade típica, que é a da terra, coexistem outros poderes de naturezas distintas que são exercidos sobre esse mesmo objeto, sendo o poder que confere a propriedade um deles, porém não o único e sempre entendido como um direito sobre as coisas, mas não como a coisa em si mesma; também na fase avançada do capitalismo produziu-se uma crise da equiparação entre a propriedade e os bens que constituem seu objeto⁵. Sem que se possa aqui fazer uma análise detalhada das circunstâncias que levaram à nova situação, pode-se assinalar

---

³ J. Ruiz-Giménez, *La propiedad. Sus problemas y su función social*, vol. II, Salamanca/Madri, 1962, p. 139.

⁴ Cf. P. Grossi, *La propiedad y las propiedades. Un análisis histórico*, trad. esp., Madri, 1992; S. Pugliatti, "La propietà", in *La proprietà nel nuovo diritto*, Milão, 1954, pp. 145 ss.; A. Schwartz, *The Rights of Property*, Nova York, 1965. O TC espanhol assumiu o pluralismo da propriedade ao reconhecer que, na atualidade, houve "uma diversificação da instituição dominial em uma pluralidade de figuras ou situações jurídicas reguladas com significado e alcances diversos. Talvez por isso haja o reconhecimento com total aceitação doutrinal e jurisprudencial da flexibilidade ou plasticidade atual do domínio, que se manifesta na existência de diferentes tipos de propriedades dotadas de estatutos jurídicos diversos, de acordo com a natureza dos bens sobre os quais cada direito de propriedade recai" (STC 37/1987, FJ 2).

⁵ C. B. MacPherson, "The Meaning of Property", in C. B. MacPherson (org.), *Property*, Oxford, 1978, pp. 3 ss.

como fundamental o fato de que no capitalismo maduro a propriedade tem por objeto, mais que coisas ou bens genéricos, a renda. A propriedade configura-se como um "direito à apropriação do trabalho alheio"[6], ou, se se preferir, como a expectativa de receber uma renda pela participação das grandes empresas que protagonizam o processo econômico. É por isso que o valor de mercado dessas empresas não está tanto em sua infraestrutura ou em seus estoques de materiais, como em sua capacidade para produzir renda (sua rentabilidade) para os acionistas, através de sua organização e operatividade no mercado[7]. Nessas coordenadas, a identificação entre propriedade e coisas torna-se obsoleta, e invalida qualquer tentativa de delimitar conceitualmente a propriedade partindo apenas de seu objeto.

Por fim, convém ter presente que, na maior parte das ocasiões, a noção de propriedade tem um pano de fundo *ideológico*. A propriedade é um conceito controverso porque aparece estreitamente ligado aos bens ou interesses da sociedade ou daqueles que nela ostentam o poder. Daí a exigência de sempre recorrer a determinado aparato legitimador. Corretamente afirmou-se que a propriedade não é um direito porque se encontra garantida coercitivamente pelo poder, mas que é garantida porque se acredita ou se faz crer que é um direito humano. Por isso, todo sistema jurídico-positivo de propriedade apela para determinados imperativos éticos para sua justificação[8]. A propriedade apresentou-se quase sempre como um produto das exigências da própria natureza humana, por isso está ligado ao devir histórico do direito natural. Contudo, se se pode admitir um acordo de princípio nos autores mais representativos do pensamento jurídico e político sobre o caráter básico da propriedade como instrumento para satisfazer necessidades da vida humana, observa-se notável disparidade de critérios sobre o tipo de propriedade mais adequado para satisfazer essa exigência humana "natural". Na formação histórica do conceito moderno de propriedade privada, a justificativa liberal desse direito foi concebida ao longo do século XVII e tem em Locke seu mais forte expoente. Para esse autor, o direito de propriedade privada é considerado uma projeção da própria personalidade do indivíduo que, portanto, deve ser reconhecido no plano jurídico como um atributo essencial do ser humano. A propriedade privada aparece em Locke como um direito natural do indivíduo e, como tal, prévio e anterior ao Estado, que surge precisamente para garantir o usufruto pacífico desse direito. Em uma sociedade em que a propriedade privada aparece como condição indispensável para a liberdade e o pleno desenvolvimento das capacidades individuais, era fácil estabelecer uma continuidade entre propriedade e liberdade. O indivíduo será livre na medida em que seja proprietário de sua pessoa e de suas capacidades; a essência do homem consiste em sua

---

[6] B. Clavero, "La propiedad considerada como capital en los orígenes doctrinales del Derecho actual español", *Itinerari moderni della proprietà, Quaderni Fiorentini per la storia del pensiero giuridico moderno*, 1976-77, n. 5-6, vol. I, p. 511.

[7] C. Reich, "The New Property", *The Yale Law Journal*, 1964, vol. 73, pp. 733 ss.

[8] C. B. MacPherson, op. cit., p. 11.

autonomia, isto é, em não depender de uma vontade alheia, e essa autonomia só é plena quando se assenta na posse de bens. Em Locke a propriedade aparece tão estreitamente vinculada à natureza humana que em sua construção teórica chega a se produzir uma hipóstase entre a ideia aristotélico-tomista de *proprium*, o específico de cada ser humano, e a noção de *property*, que, na realidade, traduzia a expressão latina de *dominium*[9]. Um aspecto decisivo, por suas ulteriores consequências, na concepção da propriedade em Locke foi o de caracterizá-la como um direito exclusivo do titular. Essa conotação, que fora alheia ao pensamento tomista e à Escola espanhola, constituiu um dado decisivo para a configuração individualista do direito de propriedade.

A crítica, basicamente proposta com base em enfoques socialistas, à concepção liberal do direito de propriedade evidenciava que, ao se continuar considerando tal direito como exclusivo, mesmo depois de ter deixado de se fundamentar no trabalho próprio para se assentar no alheio, implicava para muitos membros da sociedade a negação do direito de ter acesso a alguns bens que preencheriam suas necessidades. No entanto, verificou-se que, para os clássicos do pensamento liberal, a justificação da propriedade privada pelo trabalho não substitui, mas se soma à tese do jusnaturalismo tradicional que legitima tal direito como instrumento para remediar as necessidades humanas. Disso se infere que essa dupla fonte de legitimação é compatível, na medida em que se considere que o trabalho fundamentador do direito de propriedade privada seja o próprio, mas implica uma contradição quando se trata de projetá-la para a apropriação do trabalho alheio. Por isso sugeriu-se, como forma de proposta alternativa, que na atualidade se pode legitimar o direito à propriedade privada desde que seja entendido como um direito fundamental a não ser excluído do bem-estar econômico alcançado pela sociedade em seu conjunto; mas não se for concebido como um direito individual a excluir os demais do acesso aos meios de produção e aos principais recursos naturais[10]. Assim, invertem-se os termos do princípio legitimador que deixa de ser um direito de excluir, em termos de liberdade individual, para se converter em direito de não ser excluído, como direito fundamental de conteúdo social e econômico. Essa nova concepção não estaria em conflito com a tradição jusnaturalista de cujas exigências, de certo modo, poderia significar uma atualização. Seria até compatível com uma interpretação em sentido democrático da postura dos clássicos liberais. Não por acaso, o fator determinante da quebra da concepção liberal da propriedade privada foi uma interpretação tergiversadora (e de modo algum casual) que projetou para as situações surgidas do desenvolvimento do capitalismo, baseado na possibilidade de apropriação do trabalho alheio, um aparelho legitimador nascido para justificar o pleno usufruto

---

[9] K. OLIVECRONA, "The Term 'Property' in Locke's Two Treatises of Government", *ARSP*, 1975, pp. 109 ss. Sobre a história doutrinal do direito de propriedade, ver A. E. PÉREZ LUÑO, *Derechos humanos, Estado de Derecho y Constitución*, 5. ed., Madri, 1995, pp. 384 ss. e 406 ss.

[10] C. B. MACPHERSON, "Liberal-Democracy and Property", in *Property*, op. cit., pp. 206-7.

dos produtos do trabalho próprio. É por isso que essa proposta alternativa não incide na exclusividade do uso e usufruto dos bens de consumo, mas certamente questiona a legitimidade de um aproveitamento exclusivo daqueles bens que, por sua importância social e econômica, implicariam um obstáculo para a participação de todos os cidadãos no bem-estar[11].

Nos países de economia de mercado foram feitas importantes mudanças no regime de propriedade, sobre as quais a projeção do novo critério legitimador poderia ser muito útil. De um lado, a progressiva dissociação entre a titularidade jurídica dos meios de produção e o exercício dos poderes reais que a propriedade implica; fenômeno especialmente relevante na gestão das grandes sociedades anônimas, cujos administradores ostentam materialmente as faculdades formalmente atribuídas aos proprietários das ações[12]. Acrescenta-se a isso o fato de que no âmbito do *Wellfare State* a rentabilidade das grandes empresas depende, em grande medida, da ação do governo mediante licenças, concessões, subvenções etc., o que não deixa de ser uma distorção dos pressupostos clássicos da liberdade de mercado[13]. Em outro âmbito, o avanço tecnológico, ao conseguir uma progressiva automação do processo produtivo, relativizou a importância do trabalho físico humano[14]. Estreitamente relacionada com a problemática do desenvolvimento tecnológico está a atual polêmica sobre os limites do crescimento e a ameaça que uma concepção irresponsável do progresso pode acarretar para a manutenção do equilíbrio ecológico e a qualidade de vida; temas que não só afetam a economia, mas que incidem plenamente sobre os sistemas de apropriação e uso dos bens produtivos e das fontes energéticas. Nessa linha a justificativa da propriedade privada nos regimes de orientação liberal-democrática, para não se identificar, como o fez em muitas ocasiões, com a justificativa da liberdade de apropriação capitalista, precisa garantir o direito de todos os cidadãos a seu pleno desenvolvimento humano[15]. Somente assim se poderia continuar legitimando a propriedade privada sobre os meios de produção, na medida em que isso redunde em "maior bene-

---

[11] Recordemos que João XXIII, em sua *Mater et Magistra* (nº 116), considerava legítima a apropriação por parte do Estado ou das instituições públicas daqueles bens de produção que "carregam consigo tal poder econômico que não é possível deixá-lo nas mãos de pessoas privadas sem perigo para o bem comum".

[12] Cf. a obra clássica de A. BERLE e G. C. MEANS, *The Modern Corporation and Private Property*, Nova York, 1932, e a posterior de BERLE, *Power without Property*, Nova York, 1957. Entre a abundante literatura recente sobre o tema, cf. F. GALGANO, "Proprietà e controllo della ricchezza: storia di um problema", in *Itinerari moderni della proprietà*, op. cit., vol. II, pp. 681 ss.

[13] Cf. C. REICH, op. cit., pp. 785 ss.; uma excelente contribuição à análise da dinâmica atual do Estado capitalista é oferecida pelos estudos de: C. OFFE, *Struktur probleme des kapistalistischen Staates*, Frankfurt a. M., 1972, e J. HABERMAS, *Legitimations probleme in Spätkapitalismus*, Frankfurt a. M., 1973.

[14] Cf. A. E. PÉREZ LUÑO, *Cibernética, Informática y Derecho*, Bolonha, 1976; id., *Nuevas tecnologías, Sociedad y Derecho*, Madri, 1987.

[15] C. B. MACPHERSON, "Liberal-Democracy and Property", op. cit., p. 207.

fício aos menos favorecidos"[16]. Para tanto, o direito de propriedade deve implicar o direito à participação de todos os cidadãos ou, o que é igual, sua não exclusão dos produtos do processo econômico e o controle democrático das fontes de riqueza de maior importância social.

1.2. Antecedentes normativos no direito espanhol

Uma orientação doutrinal, que parte de García Goyena, tende a situar nas *Partidas* a origem histórica do sistema jurídico espanhol da propriedade[17]. Evidentemente não é missão deste comentário traçar um panorama exaustivo da regulamentação da propriedade nas diversas fases da história jurídica espanhola. Por isso, a alusão aos antecedentes normativos do preceito constitucional se limitará à referência a duas questões: em primeiro lugar, aos precedentes constitucionais do preceito nos textos fundamentais do século XIX e do século XX, e, em segundo, às mais importantes disposições regulamentadoras da propriedade vigentes.

a) A propriedade apareceu solenemente consagrada, como direito fundamental, a partir da própria gênese da história constitucional espanhola. Assim, o artigo 4 do texto gaditano de 1812 prescrevia: "A nação está obrigada a conservar e a proteger por leis sábias e justas a liberdade civil, a propriedade e os demais direitos legítimos de todos os indivíduos que a compõem." Assim, tornava-se patente a consideração do direito de propriedade como um direito inato, atributo essencial da personalidade humana; daí a simbiose entre liberdade e propriedade, cópia fiel da influência do jusnaturalismo racionalista, facilmente observável nesse texto e em outros posteriores. As Constituições de 1837 e 1845 coincidiram literalmente em proclamar em seu artigo 10 que:

---

[16] Trata-se do segundo princípio da justiça proposto por J. Rawls, *Teoría de la Justicia*, trad. esp., México/Madri/Buenos Aires, 1979, p. 341. Nas coordenadas econômico-políticas atuais, a legitimação da propriedade dos meios de produção não se apresenta prioritariamente como um ataque frontal a sua titularidade privada, que nas grandes sociedades encontra-se dividida entre uma multiplicidade de acionistas com capacidade decisória quase nula, mas como uma exigência do controle social de seu poder econômico. Chegou-se a afirmar que aqueles que defendem a nacionalização dos meios de produção hipostasiam o problema em vez de enfrentar sua autêntica significação: o controle do poder econômico e a distribuição justa da renda; E. Stein, *Staatsrecht*, 4. ed., Tübingen, 1975, p. 170 (da 2. ed. dessa obra existe trad. esp. de F. Sainz, com nota preliminar de F. Rubio LLorente, Madri, 1973). Em relação à crise do *ius excludendi* do proprietário na Itália e na República Federal da Alemanha, cf. G. F. Galgano, "La funzione sociale della proprietà privata", in *Il diritto privato fra codice e Costituzione*, 2. ed., Bolonha, 1983, pp. 155 ss.

[17] F. García Goyena, *Concordancias, motivos y comentarios del Código Civil Español*, Madri, 1852, vol. II, pp. 352 ss.; cf., entre outros, J. Lalinde, "El concepto de propiedad en el Derecho histórico español", *RIDC*, 1962, n. 19, pp. 7 ss.; V. Montés, *La propiedad privada en el sistema del Derecho civil contemporáneo*, Madri, 1980, pp. 18 ss.; A. E. Pérez Luño, "Presupuestos históricos y económico-sociales del régimen constitucional de la propiedad en España", in *Derechos humanos, Estado de Derecho y Constitución*, op. cit., pp. 384 ss.; id., "Los derechos fundamentales en la Constitución de Cádiz de 1812", *Anuario de Derechos Humanos*, 1983, t. 2, pp. 437 ss.

"não se imporá jamais a pena de confisco de bens e nenhum espanhol será privado de sua propriedade senão por causa justificada de utilidade comum, após a devida indenização". Apesar de nos trabalhos preparatórios da Constituição de 1869 ter-se afirmado como traço definitório do texto seu "caráter social"[18], a regulamentação contida em seus artigos 13 e 14 não fez senão reforçar a garantia do "interesse individual"[19], mediante a tutela dos tribunais de justiça. A marca jusnaturalista aparece nitidamente refletida no título preliminar do projeto de Constituição federal da República Espanhola de 1873, em que se proclamava que: "Toda pessoa encontra assegurados na República, sem que nenhum poder tenha capacidade para coibi-los, nem lei alguma autoridade para reduzi-los, todos os direitos naturais." Entre os quais se incluía no parágrafo 6: "O direito de propriedade sem faculdade de vinculação nem amortização." O título concluía com uma categórica afirmação de que: "Esses direitos são anteriores e superiores a toda legislação positiva."[20] Após a restauração, a Constituição de 1876 reiterava a garantia do direito de propriedade sem introduzir mudanças substanciais em relação às regulamentações constitucionais anteriores. A Constituição da Segunda República, de 1931, influenciada pela mexicana de 1917 e pela de Weimar de 1919, foi um texto social e tecnicamente avançado para o seu tempo. Seus redatores estavam conscientes do novo horizonte sobre o qual se deveria situar o direito de propriedade; direito que deixa de ser considerado um reduto exclusivo do indivíduo para assumir o papel de núcleo referencial para o qual convergem múltiplos interesses, com a pretensão de que encontrem um critério de orientação e equilíbrio na normativa constitucional[21].

Do conjunto de leis fundamentais posteriores a 1936, deve ser mencionada a Declaração XII do Foro do Trabalho de 1938, na qual: "O Estado reconhece e ampara a propriedade privada como meio natural para o cumprimento das funções individuais, familiares e sociais", embora subordine todas as

---

[18] *Dictamen de la Comisión nombrada para presentar un Proyecto de Constitución* (1869), in D. SEVILLA ANDRÉS, *Constituciones y otras Leyes y Proyectos políticos de España*, Madri, 1969, vol. 1, p. 516.

[19] Ibid., p. 517.

[20] Convém observar que, apesar de sua inspiração ideológica distinta, o projeto de 1873 reproduzia quase textualmente em seus artigos 15 e 16 os artigos 13 e 14 da Constituição de 1869.

[21] O artigo 10 da Constituição de 1876 proclama: "Não se imporá jamais a pena de confisco de bens e ninguém poderá ser privado de sua propriedade senão por autoridade competente e por causa justificada de utilidade pública, sempre após a devida indenização prévia. Se não forem cumpridos esses requisitos, os juízes ampararão, e dependendo do caso reintegrarão, a posse ao expropriado." Sobre a Constituição da Segunda República, ver: L. JIMÉNEZ DE ASÚA, *Processo histórico de la Constitución de la República española*, Madri, 1932, pp. 292 ss. O artigo 44 da Constituição de 1931 prescrevia: "Toda riqueza do país, seja quem for seu dono, está subordinada aos interesses da economia nacional e destinada à manutenção das funções públicas, de acordo com a Constituição e as leis. A propriedade de todo tipo de bens poderá ser objeto de expropriação forçada por causa de utilidade social, mediante a adequada indenização, a menos que disponha outra coisa uma lei aprovada pelos votos da maioria absoluta das Cortes. Com os mesmos requisitos a propriedade poderá ser socializada..."

formas de propriedade "ao interesse supremo da nação, cujo intérprete é o Estado", que "assume a tarefa de multiplicar e tornar acessíveis a todos os espanhóis as formas de propriedade ligadas vitalmente à pessoa humana". A propriedade era reconhecida em termos análogos nos artigos 30 e 31 do Foro dos Espanhóis de 1945 e no Princípio X da Lei de Princípios do Movimento Nacional que reconhecia "a propriedade privada em todas as suas formas como direito condicionado a sua função social". É nota comum a todas essas disposições a subordinação do interesse privado ao público até o ponto que, formalmente, a garantia da propriedade privada aparecia notavelmente debilitada. Mostrou-se a esse respeito que: "Sob a vigência das leis fundamentais, e em claro divórcio com a realidade jurídico-social, a propriedade não estava garantida mais que com várias proclamações."[22] E nelas nem sequer se estabelecia uma reserva de lei, limitando-se a proteção aos casos expropriatórios. Mas, seja como for, assim como teremos oportunidade de rever, o principal traço caracterizador do sistema das leis fundamentais consistia em atribuir a um Estado, carente de legitimação democrática, a interpretação exclusiva do interesse nacional, ao qual ficava subordinada a propriedade com a consequente quebra de sua garantia.

b) A legislação vigente, que coexiste com a normativa constitucional em matéria de propriedade, é constituída pelas disposições do Código Civil, em que também se regula a sucessão hereditária, pelas leis especiais regulamentadoras de algumas modalidades do direito de propriedade e pelas normas penais que configuram o aparelho sancionador das condutas delitivas contra o patrimônio.

O Código Civil prescreve em seu artigo 348 que: "A propriedade é o direito de gozar e dispor de uma coisa sem mais limitações que as estabelecidas nas leis." Essa norma foi inspirada no artigo 544 do Código Civil francês de 1804, embora no texto espanhol não apareça a fórmula "*de la manière la plus absolue*" que se lê no código napoleônico. Não por acaso, haviam transcorrido três quartos de século e começava a se ampliar um movimento crítico sobre o individualismo extremo característico do texto francês, do qual se chegou a dizer que consagrava a plena soberania dos cidadãos na esfera privada, em estrita correspondência com a atribuição da soberania política ao poder público[23].

Juntamente com a delimitação do alcance do direito de propriedade contida no mencionado artigo 348, o Código Civil alude em seu artigo 349, inspirado no artigo 545 do *Code* francês, à garantia do direito, proclamando que: "Ninguém poderá ser privado de sua propriedade senão por autoridade competente e por causa justificada de utilidade pública, sempre após a correspondente indenização." Uma fórmula que, como se observou, já fora acolhida nos textos constitucionais do século XIX e em palavras quase idênticas no artigo 10 da Constituição de 1876. No que diz respeito à herança, o Código Civil in-

---

[22] V. Montés, op. cit., p. 148.
[23] Cf. A. J. Arnaud, *Les origines doctrinales du Code civil français*, Paris, 1969, pp. 182 ss. Na bibliografia espanhola, M. Peset, "Acerca de la propiedad de el *Code*", *RCDI*, 1967, n. 519, pp. 879 ss.

dica em seu artigo 659 que "compreende todos os bens, direitos e obrigações de uma pessoa que não se extingam por sua morte". A normativa civilista corresponde ao princípio de continuidade entre propriedade privada e herança, inspirado no direito romano e acentuado no sentido individualista pela codificação napoleônica, embora essa orientação apareça diversificada no Código Civil espanhol por algumas limitações à liberdade de disposição do testador, nas quais se observa uma reminiscência do direito visigodo e que refletem a concepção germânica tendente a reforçar, mediante a legítima, a unidade da estrutura familiar[24].

O sistema do Código Civil foi especificado ou, de acordo com um amplo setor doutrinal, alterado por uma série de leis especiais regulamentadoras de diversas modalidades de propriedade[25]. Essa pluralidade de estatutos em relação ao tipo de bens sobre os quais recai o direito de propriedade refletiu-se em diversas disposições. Em 1954, a Lei de Expropriação Forçada, promulgada para desenvolver o artigo 32 do Foro dos Espanhóis, regulava, segundo seu artigo "1: A privação singular da propriedade ou direitos em virtude de utilidade pública ou interesse social, já acordado obrigatoriamente, quer implique venda, permuta, cessão, arrendamento, ocupação temporária ou mera cessão de seu exercício." Essa norma previa a "Expropriação por não cumprimento da função social da propriedade" (arts. 71-5), nos casos em que "o proprietário não cumprir com a diretiva de utilizar o bens no sentido positivo de determinada função social". Três anos mais tarde, em 1957, a Lei Reguladora do Regime das Florestas prescrevia em seu artigo 4.4 que: "O usufruto das florestas particulares também será submetido, por motivos de interesse público, àqueles preceitos desta lei que lhe sejam aplicáveis." Entre as limitações que esses preceitos impunham às tradicionais competências inerentes ao direito de propriedade, aludia-se à autoridade estatal de adquirir, por compra e venda, permuta ou expropriação, as florestas de propriedade particular "que melhor possam contribuir para o cumprimento dos fins próprios do Patrimônio Florestal do Estado" (art. 25). Cronologicamente e sem pretensões de exaustividade, pode-se fazer referência à Lei de Reforma e Desenvolvimento Agrário de 1973, que impõe determinados deveres positivos aos proprietários de fazendas rústicas voltados a uma exploração técnico-econômica mais adequada dos recursos disponíveis. "O solo rústico", prescreve o artigo 1 dessa disposição, "deverá ser utilizado da forma que melhor corresponda à sua natureza, em função das necessidades da comunidade nacional." Em 1973 promulgou-se a Lei de Minas, em que, após a classificação das jazidas minerais e demais recursos geológicos, são prescritos os deveres dos proprietários e as faculdades estatais no sentido do aproveitamento direto ou cessão desses recursos por motivos de interesse nacional (arts. 20 e 21). São também eloquentes, como exemplo dessa tendência, as leis especiais destinadas a circunscrever o direito

---

[24] Cf. J. Castán, *La concepción estructural de la herencia*, Madri, 1959.

[25] Cf. C. Lasarte, "Propiedad privada e intervencionismo administrativo", *RGLJ*, 1975, n. 71-2, pp. 135 ss.

de propriedade, a Lei sobre Fazendas manifestamente cultiváveis de 1979, a Lei de Águas de 1985 e a Lei de Costas de 1988; possuem especial relevância no sentido de limitar os direitos do proprietário a Lei do Uso do Solo de 8/1990 e o Texto Reformado da Lei do Regime do Solo e Organização Urbana, Real Decreto Legislativo 1/1992, cujo artigo 23 prescreve que a propriedade imobiliária se integrará mediante a sucessiva aquisição dos direitos: de urbanizar, do aproveitamento urbanístico, de edificar, e de edificação. Isto é, que a propriedade do solo se concebe nessa norma como uma titularidade vazia, cujo conteúdo é preenchido pelo sucessivo cumprimento de determinados requisitos administrativos. Não é necessário insistir nas profundas mudanças que, para a concepção de propriedade contida no Código Civil, significaram essas disposições voltadas a acomodar o direito de propriedade às novas exigências para o aproveitamento econômico de determinados bens e à política intervencionista estatal.

Um aspecto de singular importância para avaliar o sistema de valores ou as concepções ideológicas a que historicamente corresponde o direito de propriedade é o de sua tutela jurídico-penal, na qual também são observadas notáveis transformações. O Código Penal anterior dedicava todo o seu título XIII (arts. 500 a 564) à regulamentação dos delitos contra a propriedade. Este amplo título atendia a uma concepção individualista que, salvo exceções (roubos, arts. 519 ss.; tramas para alterar o preço das coisas, arts. 539 ss.; e a usura, arts. 542 ss.), estava voltado à defesa de interesses particulares e fora pensado para uma economia em que ainda era predominante o setor primário, alheia às exigências e condições de uma sociedade tecnicamente avançada. É por isso que a Lei Orgânica 10/1995, de 23 de novembro, do Código Penal, introduziu modificações significativas tentando adaptar a proteção penal da propriedade às mudanças socioeconômicas, despenalizando certas condutas que não representam ataques a interesses sociais de natureza patrimonial, e introduzindo uma série de delitos financeiros com os quais se pretende penalizar determinadas ações lucrativas realizadas em prejuízo de interesses coletivos através de sociedades mercantis e industriais. A exposição de motivos do novo texto proclama que a chave propulsora da reforma resume-se "na adaptação positiva do novo Código Penal aos valores constitucionais". Nesse sentido, o novo Código Penal consagra integralmente seu título XIII a penalizar os "Delitos contra o patrimônio e contra a ordem socioeconômica" (arts. 234 a 304).

1.3. Direito constitucional comparado

A análise em profundidade dos diferentes estatutos sobre a propriedade no constitucionalismo atual continua sendo uma tarefa aberta, embora existam algumas contribuições valiosas[26]. O estudo sobre as modalidades de pro-

---

[26] Cf. a coletânea *Staat und Privateigetum*, Colônia/Berlim, 1960, e os dois volumes da coletânea *Itinerari moderni della proprietà*, op. cit.

priedades surgidas nos sistemas socialistas, e sua análise comparada com os sistema romanistas e com os da *Common Law*, serviria para uma melhor compreensão da funcionalidade atual da instituição, assim como para avaliar melhor seus padrões de evolução.

No que se refere ao artigo 33 da Constituição espanhola, é evidente que reflete a inspiração daqueles textos constitucionais com os quais o espanhol guarda maior afinidade política. Dentre eles, a influência mais incisiva corresponde à daqueles países com os quais a Espanha mantém laços históricos e geográficos mais profundos. Por esse motivo, a referência comparativa ficará limitada a uma exposição sucinta do regime constitucional da propriedade da França, Itália e da República Federal da Alemanha, cujos ordenamentos já nos serviram de modelo em outras etapas da história jurídica espanhola. Em todo o caso, a referência a esses sistemas deverá ser ampliada ao abordar a análise sistemática do artigo 33, para a qual a experiência prática e o debate doutrinal surgido em torno daqueles textos podem servir para antecipar problemas e eventuais soluções que orientem a consideração desse preceito.

Na França, a Constituição de 1946, em seu preâmbulo, cuja vigência foi mantida pela da Quinta República de 1958, acolhia integralmente a Declaração dos direitos do homem e do cidadão de 1789, como catálogo básico das liberdades públicas. Essa Declaração, cuja importância histórica foi decisiva, proclamava em seu artigo 2 que: "O fim de toda associação política é a conservação dos direitos naturais e imprescritíveis do homem. Esses direitos são a liberdade, a propriedade, a segurança e a resistência à opressão." O alcance da tutela do direito de propriedade era especificado no célebre artigo 17, no qual se afirmava que: "Sendo a propriedade um direito inviolável e sagrado, ninguém pode ser privado dele, a não ser quando o exigir, de forma evidente, a necessidade pública, legalmente constatada, e sob a condição de uma justa e prévia indenização." Texto que, como é fácil comprovar, constituía o modelo imediato do mencionado artigo 544 do *Code Napoléon*. Esses artigos se integraram na Constituição "girondina" de 1791, que se iniciava com o texto da Declaração. Também na "jacobina", de 1793, a propriedade estava entre os "direitos naturais e imprescritíveis" (art. 2), ao mesmo tempo que se garantia que: "Ninguém pode ser privado da menor porção de sua propriedade sem seu consentimento, salvo por exigências de necessidade pública legalmente estabelecida e com a condição de uma justa e prévia indenização" (art. 19). Recordemos que, nos trabalhos prévios à promulgação do texto "jacobino", Robespierre, em seu discurso à Convenção, ressaltou o absurdo que implicava reconhecer o caráter ilimitado do direito de propriedade, quando nem sequer à liberdade se atribuía tal absolutismo, pois a seu exercício se colocava o limite do respeito aos direitos dos demais[27]. O certo é que a Constituição de 1793 acolheu a propriedade em termos similares àqueles com os quais a definira a Declaração de 1789. O direito de propriedade se mantém como um dado

---

[27] Cf. S. Rodotà, "Note intorno all'art. 544 del Code civil", in *Scritti per il XL della morte di P. E. Bensa*, Milão, 1969, pp. 180 ss.

constante em todo o processo revolucionário, sem que se estendessem ao plano normativo as exigências sociais propensas a impugnar seu caráter absoluto e sentido individualista, exteriorizadas por alguns setores radicais. Boa prova disso é que a Constituição de 1795, em que, juntamente com os direitos, se faz expressa referência aos deveres dos cidadãos, continua reconhecendo a propriedade privada como um dos "direitos do homem em sociedade" (art. 1); e ela é definida como "o direito a desfrutar de seus bens, de suas rendas, de seu trabalho e de sua indústria" (art. 5). Desse modo, quando se alude aos deveres correspondentes aos distintos direitos, em vez de impor limites às faculdades dos proprietários em função dos interesses coletivos, insiste-se no caráter prioritário do direito de propriedade. Os textos revolucionários respondiam, em suma, aos princípios do liberalismo econômico segundo o qual, com a consagração em termos absolutos do direito de propriedade, se considerava garantida a harmonia dos interesses particulares, da qual automaticamente devia depreender-se a realização do interesse geral. As profundas mudanças ocorridas desde aquele período até nossos dias tiveram reflexos nas Constituições de 1946 e 1958, em que, embora se aceite o direito de propriedade na formulação do artigo 17 da Declaração de 1789, é enfatizado o dever de solidariedade nacional. Por outro lado, prescreve-se que todo bem ou empresa cuja exploração possa ter caráter de serviço público nacional, ou de monopólio de fato, sejam convertidos em propriedade comunitária[28].

Na Itália, a Constituição de 1948, após reconhecer em seu artigo 41 a liberdade de iniciativa econômica privada, assinala no 42: "a propriedade é pública ou privada. Os bens econômicos pertencem ao Estado, às entidades ou aos particulares. A propriedade é reconhecida e garantida pela lei, que determina os modos de aquisição, de usufruto e os limites a fim de assegurar sua função social e de torná-la acessível a todos. Nos casos previstos pela lei e mediante indenização, a propriedade privada pode ser expropriada por motivos de interesse geral. A lei estabelece as normas e limites da sucessão legítima e testamentária, e os direitos do Estado sobre as heranças". No artigo 43 se prevê a possibilidade da reserva inicial ou a transferência mediante expropriação, ao Estado, a entidades públicas, a comunidades de trabalhadores ou a usuários, de determinadas empresas, ou categorias de empresas que realizem serviços públicos essenciais, de fontes de energia ou de situações de monopólio e que tenham um preeminente interesse geral. Ao mesmo tempo, o artigo 44 estabelece a imposição de obrigações e vínculos à propriedade privada agrária, para obter a exploração racional do solo e o estabelecimento de relações sociais equitativas. Esses preceitos, que não estão incluídos no título referente aos *rapporti civili*, mas no correspondente aos *rapporti economici*, suscitaram um amplo debate doutrinal e um interessante trabalho jurisprudencial da *Corte Costituzionale* destinados a concretizar seu alcance. As relações entre propriedade e iniciativa econômica, a significação do princípio de função social, o

---

[28] C. A. COLLIARD, *Libertés publiques*, 5. ed., Paris, 1975, pp. 737 ss.

estabelecimento de alguns limites precisos entre a delimitação do conteúdo de propriedade e a expropriação, foram algumas das questões mais árduas suscitadas pela aplicação da normativa constitucional[29].

A *Grundgesetz* da República Federal da Alemanha de 1949 proclama em seu artigo 14: "A propriedade e o direito à herança estão garantidos. Sua natureza e seus limites serão determinados pelas leis. 2. A propriedade acarreta obrigações. Seu uso deve servir ao mesmo tempo ao bem-estar geral. 3. A expropriação somente é lícita por motivo de interesse geral. Apenas será efetuada por lei ou em virtude de uma lei que estabeleça o modo e o valor da indenização. A indenização será fixada considerando equitativamente os interesses comunitários e os dos afetados. Em caso de discrepância sobre a quantia da indenização, cabe recurso perante os tribunais ordinários." Por sua vez, o artigo 15 prevê a expropriação da terra, do solo. As riquezas naturais e os meios de produção, que serão convertidos em propriedades coletivas ou outras formas de economia coletiva, com fins de socialização e com as garantias em relação à indenização fixadas no artigo 14. Esses preceitos refletem o espírito da Constituição de Weimar, umas das primeiras em que o reconhecimento do direito à propriedade privada aparece condicionado ao cumprimento por parte do proprietário de alguns deveres para com a coletividade. Ao mesmo tempo que reconhecia expressamente ao Estado a possibilidade de socializar por meio de uma lei e com justa indenização aquelas empresas que o interesse nacional aconselhasse, assim como a possibilidade de participar diretamente, ou através de outras instituições, em determinadas sociedades (art. 153). Assim como ocorreu na Itália, a tensão entre o reconhecimento da propriedade privada e a possibilidade de socialização dos mais importantes meios produtivos gerou um acirrado debate, que teremos oportunidade de mencionar no comentário sobre o texto constitucional espanhol.

2. O *ITER* DO TEXTO CONSTITUCIONAL: ELABORAÇÃO E DEBATES PARLAMENTARES

O texto do artigo 33 da Constituição representa o momento final de um processo de elaboração que se inicia com o artigo 29 do anteprojeto, cujo cotejo com a redação definitiva permite facilmente observar que foram muito poucas as modificações inseridas após os debates nas Câmaras. A formulação literal do artigo dizia: "1. É reconhecido o direito à propriedade privada e à herança. 2. A função social desses direitos delimitará seu conteúdo, de acordo com as leis. 3. Nenhum espanhol poderá ser privado de seus bens exceto por causa justificada de utilidade pública ou de interesse social, com prévia indenização e em conformidade com o disposto nas leis."[30] Esse texto não sofreu

---

[29] Cf., para todos, G. TARELLO, *La disciplina costituzionale della proprietà*, Gênova, 1973.

[30] Ponencia de la Comisión Constitucional del Congreso, *BOC*, n. 44, 5 de janeiro de 1978, p. 674.

nenhuma alteração no relatório sobre a Tese, cuja resolução foi aprovada pela maioria, rejeitando-se os votos particulares e emendas propostas, mas passou a ser o artigo 32[31]. Entre os votos particulares da Tese, o do Grupo Comunista propunha substituir, no parágrafo 3 do texto, a expressão "prévia" por "mediante"[32]. O voto particular do Grupo Socialista propunha um texto alternativo, com modificações nos três parágrafos do artigo e coincidindo também na necessidade de substituir o termo "prévia" por "mediante" no último parágrafo do artigo[33].

Na Comissão de Assuntos Constitucionais e Liberdades Públicas do Congresso, o texto foi objeto de uma modificação em seu parágrafo 3, que depois passou a ser artigo 31, e que se referia à mudança do termo "prévia" por "mediante", de acordo com o que os votos particulares dos Grupos Socialistas e Comunistas haviam sugerido na Apresentação[34], e contra a postura da Aliança Popular que votou pela manutenção do texto da Apresentação[35]. No Plenário do Congresso reproduziram-se as argumentações dos diferentes grupos políticos em defesa de suas respectivas, e divergentes, concepções do direito de propriedade. É interessante observar que, também aqui, a polêmica concentrou-se especialmente na manutenção do texto da Comissão ou na volta à redação inicial do anteprojeto sustentada pelo relator, em relação ao caráter prévio, ou não, da indenização nos casos de expropriação. Assim, para a Aliança Popular, o caráter prévio da indenização constituía uma característica definidora essencial da noção de expropriação, a ponto de, não sendo cumprido esse requisito, não se fazer desapropriação, mas apenas puro confisco[36]. Enquanto, para o Grupo Socialista, nem no sistema espanhol, em que ocorrem casos de desapropriação urgentes e ocupações sem prévio pagamento ou atrasos no pagamento, nem no constitucionalismo comparado dos países da área continental europeia, o caráter "prévio" da indenização constituía uma *conditio sine qua non* para as expropriações. Assinalando que não se tratava de

---

[31] Informe de la Ponencia, *BOC*, n. 82, 17 de abril de 1978, p. 1541, e Anexo al Informe, ibid., p. 1622.

[32] Votos particulares del Grupo Parlamentario Comunista, *BOC*, n. 44, 5 de janeiro de 1978, p. 704.

[33] Votos particulares del Grupo Parlamentario Socialista del Congreso, ibid., pp. 714-5.

[34] Dictamen de la Comisión de Asuntos Constitucionales y Libertades Públicas del Congreso, *BOC*, n. 121, 1 de julho de 1978, pp. 2596-7.

[35] Votos particulares, enmiendas y texto de la Ponencia mantenidos por el Grupo Parlamentario de Alianza Popular, *BOC*, n. 121, 1º de julho de 1978, pp. 2.626-7.

[36] Em sua intervenção, o senhor De la Vallina Velarde, em nome da Aliança Popular, manteve, entre outras coisas, que: "O caráter prévio, o caráter previsível, torna-se assim *conditio iuris*, no sentido técnico e preciso da expressão, do ato expropriatório para todo o Direito do mundo ocidental onde se reconhece a propriedade individual... A privação singular, o sacrifício especial de um bem de propriedade individual é um limite do direito de propriedade que tem suas exigências, entre outras a da indenização prévia, e não tem nada a ver com as possíveis limitações que, em razão da função social da propriedade, sobre ela devem recair"; concluindo com a afirmação de que "se a indenização não é prévia nos casos de privação singular do bem, deve-se ter clara consciência de que o direito de propriedade não está garantido" (*DSC*, n. 107, 11 de julho de 1978, pp. 4.087-91).

questionar a legitimidade da indenização, mas seu pretenso caráter prévio que, às vezes, pode atrasar ou impedir a consecução das finalidades de utilidade pública ou interesse social que justificam a expropriação[37]. Não foi aceita uma emenda formulada por um membro do Grupo Misto voltada a consagrar a figura da expropriação-sanção das condutas que implicaram um abuso do direito de propriedade privada[38]. O texto foi aprovado e se manteve a modificação introduzida pela Comissão que substituía o termo "prévia" por "mediante". Na explicação do voto, a Aliança Popular reiterou sua crítica a essa modificação por entender que toda expropriação constitui uma venda forçada, porém sempre uma venda; por isso o atraso do pagamento, dada a situação inflacionária, se convertia na prática em uma falsa indenização. Com isso ficava fragilizada a garantia do direito de propriedade que se tornava puramente teórica[39]. O Grupo Comunista, por sua vez, enfatizou que o artigo 44 da Constituição de 1931 não aludia ao caráter prévio da indenização, exigindo somente que fosse "adequada"[40]. Para o Grupo Socialista, o texto aprovado representava uma desmitificação e dessacralização da propriedade privada, cujo conteúdo será delimitado pelas leis segundo o princípio da função social[41]. A UCD ressaltou no preceito o equilíbrio que mantém entre o interesse público e privado, facilmente observável com uma leitura completa e sistemática do texto. O fato de se adotar no parágrafo 3 a expressão "mediante" não implicava, segundo o porta-voz desse Grupo, que não se efetue a prévia indenização em todas as situações expropriatórias normais. Mas permite uma adequada regulação das expropriações urgentes, que não estarão obstruídas por

---

[37] Foi seu porta-voz o senhor Pons Irazazábal, ibid., pp. 4.091 ss.

[38] A emenda do senhor Gómez de las Roces dizia que: "Mediante lei criada para tal fim, se poderá regulamentar a expropriação forçada de bens singulares para sancionar condutas antissociais claramente graves e cujos efeitos econômicos não possam ser reparados por outra via." De acordo com o propositor da emenda, com o estabelecimento constitucional da expropriação-sanção poderiam ser evitadas graves injustiças sociais, uma vez que, em sua opinião: "a vaga e pouco clara 'função social da propriedade privada' a nada compromete" (ibid., pp. 4.093-5).

[39] A explicação do voto apresentada pelo senhor Fraga Iribarne sustentava também que: "Ao não ser prévia a indenização, ao caberem, por esse motivo, pagamentos adiados em forma de emissão de dívida e outros semelhantes, desaparece uma proteção adequada do princípio de propriedade privada. E sem ela os artigos sobre propriedade privada, herança, caráter não confiscatório dos impostos etc., perdem todo seu valor. E esses são conceitos-chave de um modelo econômico-social: o que distribui e não concentra os poderes de disposição econômica e o que considera que o prolongamento inevitável da liberdade pessoal e familiar é a propriedade" (ibid., p. 4.098).

[40] Na explicação de voto do Grupo Comunista o senhor Tamames Gómez apresentou em favor de texto que: "Defender a fórmula do prévio pagamento, que é a que está na legislação vigente, é cair no nominalismo formalista, porque todo o mundo sabe... que houve expropriações com atrasos de muitos anos nos pagamentos e com valores verdadeiramente ridículos" (ibid., p. 4.099).

[41] Na explicação do voto, o porta-voz desse Grupo, senhor Fajardo Spínola, afirmou: "Falou-se da palavra 'prévia' e a palavra 'mediante', porém realmente o tema de fundo que aqui se debate e a causa profunda do voto socialista não foi a de aderir à palavra 'mediante', que parece ser a predominante nas Constituições mais progressistas e nos ordenamentos jurídicos mais avançados da Europa; foi, pelo contrário, uma concepção da propriedade privada, uma desmitificação dela própria que nesta Constituição... positivamos" (ibid., p. 4.101).

trâmites dilatórios, e um adequado funcionamento da expropriação sanção e das hipóteses que não se referem a privações singulares da propriedade. O sistema não tem por que traduzir-se em situações abusivas, já que a palavra "mediante" deve ser lida em correlação com a expressão "em conformidade com o disposto nas leis". Em suma, nem a expressão "mediante" implica expoliação, nem "prévia" uma garantia absoluta, uma vez que podem ser realizados ataques à propriedade privada a partir de outros aspectos, como através da delimitação de seu conteúdo ou de sua vinculação[42].

Nas deliberações do Senado, reproduziram-se os argumentos polêmicos em torno do reconhecimento do caráter prévio da indenização[43], que não foram aceitos. Apenas foram admitidas duas modificaçãos no texto definitivo, ambas referentes ao parágrafo 3º: a primeira consistiu em acrescentar a expressão "e direitos" após a palavra "bens"; a segunda, em substituir a expressão "nenhum espanhol" por "ninguém"[44].

3. ANÁLISE SISTEMÁTICA DO PRECEITO

Uma aproximação inicial ao texto do artigo 33 poderia sugerir que os três parágrafos que o integram correspondem a outras tantas concepções do direito de propriedade. Caberia, portanto, interpretar o conteúdo desse artigo como um exemplo do compromisso ideológico entre as diferentes forças políticas constituintes. Assim, o parágrafo 1 assumido "em tom garantista" poderia sugerir que tende a consagrar o *statu quo* em matéria de titularidade e distribuição da propriedade privada. Tal exegese seria potencializada pela própria estrutura linguística do preceito, pois foi mostrado que: "o tempo do verbo utilizado (presente do indicativo em 'Se reconhece' e 'garantem e protegem'), diferentemente do futuro usado em grande número de artigos, assinala que se trata de reconhecer como válido o sistema econômico já existente"[45]. Esse parágrafo implicaria o reconhecimento constitucional da propriedade privada

---

[42] A explicação de voto da UCD esteve a cargo do senhor Meilán Gil (ibid., pp. 4102 ss.).

[43] Em favor do caráter prévio da indenização, manifestaram-se no Senado: Olarra Ugartemendía, *DSS*, n. 45, de 29 de agosto de 1978, pp. 2018-9; Iglesias Corral, que relatou que: "Nem o estudo da jurisprudência, nem a exegese dos textos históricos, mas a força de uma sociedade que sabe que se não se estabelecem garantias suficientes é atropelada, exige o 'prévio pagamento', porque o benefício da expropriação não se dá nunca nem ao lavrador, nem ao marinheiro, nem ao camponês, mas a pessoas e entidades com mais capacidade econômica" (ibid., p. 2021); e Rivera Rovira, ibid., p. 2022. Pela manutenção da expressão "mediante" pronunciaram-se Villar Arregui, ibid., p. 2020, e Sainz de Varanda Giménez, ibid., p. 2023.

[44] A modificação foi proposta *in voce*, ao defender a emenda 714 por Villodres García, do Grupo Parlamentar da UCD (ibid., p. 2024), e por Martín Retortillo na emenda 577 (ibid., p. 2025). No Plenário, o texto definitivo aprovado foi o contido na emenda particular 182 apresentada por Villodres García, que reiterava o exposto *in voce* na Comissão, *DSS*, n. 61, de 28 de setembro de 1978, pp. 3054-5.

[45] R. García Cotarelo, "El régimen económico-social de la Constitución española", in *Lecturas sobre la Constitución española*, vol. I, org. por T. R. Fernández, Madri, 1979, p. 77.

em termos de liberdade na esfera econômica; isto é, como uma das conquistas do Estado liberal de direito, destinada a assegurar ao indivíduo uma proteção diante de qualquer ingerência estatal ou privada no usufruto de seus bens. Em suma, esse parágrafo refletiria a incidência do valor superior da liberdade reconhecido como tal no preâmbulo e no artigo 1.1 da Constituição. Por sua vez, o parágrafo 2, ao atribuir à função social a delimitação do conteúdo da propriedade e da herança de acordo com as leis, evocaria os postulados do Estado social de direito. Forma de Estado que, como é sabido, estabelece como meta de suas instituições a harmonização dos interesses sociais de acordo com as exigências da solidariedade e da justiça social. A função social concretizaria aqui as exigências da justiça, proclamada também valor superior do ordenamento espanhol no Preâmbulo e no artigo 1.1 da Constituição. Por fim, o parágrafo 3, ao possibilitar a privação de bens e direitos de particulares por motivos de utilidade pública e interesse geral, mediante indenização, que não precisa ser prévia, abre a possibilidade de uma reestruturação econômica da titularidade e usufruto da propriedade. Esse parágrafo estaria de acordo com os pressupostos do Estado democrático de direito, que tende a tornar efetivo o princípio de igualdade acolhido também como valor superior no preâmbulo implicitamente, quando se refere à garantia da convivência democrática "de acordo com uma ordem econômica e social justa", e expressamente no artigo 1.1. Devo observar, de imediato, que a possibilidade de uma leitura fragmentária do preceito me parece inadequada, do ponto de vista técnico-jurídico, e até propensa a implicações práticas perigosas no plano político. Sabe-se que, para as correntes mais representativas da hermenêutica constitucional de nossos dias, os textos constitucionais devem ser considerados estruturas unitárias dotadas de uma necessária coerência interna, corolário da exigência da segurança jurídica. Essa coerência implica analisar com base em uma perspectiva integradora os distintos artigos e, com maior motivo, os distintos parágrafos ou anexos de cada um dos artigos integrantes dos textos constitucionais. Parte-se, portanto, de que esses elementos das normas fundamentais encontram-se estreitamente inter-relacionados entre si, ao fazer parte de uma unidade sistemática. Essa orientação hermenêutica impede que se divida, no âmbito específico do catálogo de direitos fundamentais constitucionais, uma série de direitos ou grupos de direitos cujos objetivos são contrapostos. Pelo contrário, a interpretação sistemática dos direitos fundamentais reunidos na norma constitucional exige que se assuma em cada direito fundamental a presença de valores superiores (*Grundwerte*) característicos do texto, assim como que se supere a consideração "atomizada" de cada artigo ou de cada parágrafo, na busca de sua íntima e irrenunciável conexão[46]. Essa atitude metódica trata

---

[46] Cf. sobre a interpretação constitucional e dos direitos fundamentais, A. E. Pérez Luño, *Derechos humanos, Estado de Derecho y Constitución*, op. cit., pp. 249 ss. e 284 ss. O TC espanhol argumentou em favor de uma interpretação sistemática do artigo 33 da CE em relação às normas da Constituição econômica e os princípios do Estado social e democrático de Direito; ver, entre outras, as SSTC 37/1987, FJ 2 e 89/1994, FJ 5.

também de superar o caráter antinômico de uma análise centrada nas motivações subjetivas dos grupos ideológicos, que propiciaram a inclusão dos distintos artigos do texto constitucional. Com razão afirmou o então presidente do Tribunal Constitucional espanhol que "o significativo para a interpretação não é a razão instrumental ou a vontade subjetiva do constituinte, mas a racionalidade e a vontade objetivas que se depreendem do texto"[47]. É por isso que, embora na ordem de exposição formal se aborde sucessivamente o comentário de cada um dos três parágrafos integrantes do artigo 33, parte-se do princípio de sua essencial conexão material.

3.1. Parágrafo 1: propriedade privada e herança como direitos fundamentais

O ponto de partida para a exegese do texto do artigo 33.1 é estabelecer se o ordenamento constitucional espanhol consagra ou não a propriedade privada e a herança como autênticos direitos fundamentais. É necessário tratar desse ponto porque nem todos os comentaristas do preceito se mostram de acordo sobre esse assunto. Assim, afirmou-se que "a propriedade constitui um direito dos cidadãos, não fundamental, que é objeto de tutela exclusivamente através do recurso de inconstitucionalidade de uma lei ou disposição normativa com força de lei que não tenha respeitado o conteúdo essencial da propriedade privada". E, explicitando essa tese contrária à consideração do direito à propriedade como fundamental segundo a Constituição espanhola, acrescenta-se: "A Constituição já não fala de propriedade como um 'direito fundamental', mas a situa entre os 'direitos e deveres dos cidadãos', com o que parece se afastar da ideia de 'atributo da personalidade', que era consubstancial com a ideia individualista, e pressuposto do artigo 348 do Código Civil."[48] Em outros enfoques, concebe-se a propriedade como um direito econômico-social, mas lhe é negado seu caráter de direito fundamental, por não ser suscetível de proteção através do mandado de segurança[49]. Essa tese esquece que a noção dos direitos fundamentais surge precisamente para englobar as liberdades individuais e os direitos econômico-sociais. Deve-se também recordar que a categoria dos direitos fundamentais possui um significado "qualitativo": trata-se dos direitos humanos positivados constitucionalmente, ainda que seja diferente "a quantidade" de instrumentos jurídicos previstos para reforçar a tute-

---

[47] M. García Pelayo, "Consideraciones sobre las cláusulas económicas de la Constitución", in M. Ramírez (org.), *Estudios sobre la Constitución española de 1978*, Zaragoza, 1979, p. 39.

[48] V. Montés, *La propiedad privada en el sistema del Derecho Civil contemporáneo*, op. cit., pp. 161-2; ibid., pp. 170-1. No mesmo sentido, A. López y López, *La disciplina constitucional de la propiedad privada*, Madri, 1988, pp. 46 ss.

[49] Cf. J. Barnés Vázquez, *La propiedad constitucional. El estatuto jurídico del suelo agrario*, Madri, 1988, pp. 117 ss.

la⁵⁰. Como contraponto às teses impugnadoras do caráter fundamental do direito de propriedade, uma recente e completa análise da propriedade no sistema constitucional espanhol avalia o cerne da "nova leitura" que contribui para demonstrar que "o direito de propriedade privada é um *direito fundamental*, cujo conteúdo deve ser construído a partir da prescrição constitucional do artigo 33 e consentâneos da Constituição (e não do Código Civil, nem das leis especiais – cíveis ou administrativas)"⁵¹.

Podemos apresentar diversas razões para afirmar o caráter fundamental do direito de propriedade, cuja exposição pode servir de fio condutor para a exegese desse parágrafo, seguindo a linha apresentada na edição anterior deste comentário. Em favor da consideração do direito à propriedade privada e à herança como fundamentais na Constituição espanhola, pode-se mencionar sua própria inserção no título I, que trata "Dos direitos e deveres fundamentais". Não devemos esquecer que a Constituição define todos os direitos e deveres contidos no título I como fundamentais e, ao nomear o capítulo IV desse título, alude textualmente às "garantias das liberdades e direitos fundamentais", detalhando ali os respectivos instrumentos de proteção dos direitos reunidos nos distintos capítulos e seções do título I. Do contrário, a interpretação restritiva conduziria ao resultado paradoxal de afirmar que apenas alguns dos direitos e liberdades consignados no título I (os compreendidos na seção I de seu capítulo II) têm a categoria de fundamentais, ficando os demais relegados à condição de acessórios ou subsidiários. A postura contrária à inclusão do direito à propriedade entre os direitos fundamentais poderia ter se inspirado na tese amplamente desenvolvida por grande parte da doutrina italiana, que sustenta que, como essa instituição está regulamentada no título correspondente aos *rapporti civili*, produziu-se uma ruptura na equação: propriedade-personalidade-liberdade. Entendem que essa ruptura teve uma du-

---

⁵⁰ Cf. A. E. Pérez Luño, *Derechos humanos, Estado de Derecho y Constitución*, op. cit., pp. 66 ss. e 95 ss.; *Los derechos fundamentales*, 6. ed., Madri, 1995, pp. 160 ss. O TC, de fato, ao estabelecer as características dos direitos econômicos e sociais, incluiu entre eles os "de conteúdo patrimonial como o de propriedade", mas nessa mesma categoria de direitos situa a liberdade sindical, reconhecida no artigo 28 (STC 18/1984, FJ 3), cujo caráter de direito fundamental é inquestionável. Do que se infere que, para o TC, os direitos econômicos e sociais não constituem uma noção alternativa à dos direitos fundamentais, mas uma das modalidades ou espécies integradoras de tais direitos. Além disso, o TC lembra que "o direito de propriedade e suas garantias, incluídos os limites constitucionais à expropriação, não são suscetíveis, de acordo com o artigo 53 da Constituição, de recurso constitucional de mandado de segurança". Mas assinala que isso não significa "a desproteção de tais direitos, mas apenas que o constituinte não julgou necessário incluir esse direito e suas garantias no âmbito de proteção reforçada que o artigo 53.2 da Constituição confere a determinados direitos e liberdades fundamentais, recomendando aos Tribunais Ordinários, que por sua vez têm aberta a via da questão de inconstitucionalidade, a tutela desse direito e suas garantias" (STC 67/1988, FJ 4). Trata-se, portanto, de uma diferença "quantitativa" nas garantias de "determinados direitos e liberdades fundamentais", mas que não questiona a "qualidade" daqueles outros direitos e liberdades, também fundamentais, que contam com outros meios de tutela.

⁵¹ F. Rey Martínez, *La propiedad privada en la Constitución española*, Madri, 1994, pp. XXIX-XXX.

pla consequência: *ideológica*, porque a propriedade deixou de ser um instrumento através do qual o homem desenvolve sua personalidade, e por isso já não está entre os direitos naturais constitucionalizados, e *prática*, porque deixou de ter um conteúdo essencial inviolável no que diz respeito à proteção[52]. Contudo, creio que essa argumentação não é aplicável à Constituição espanhola que, à semelhança da *Grundgesetz* alemã, inclui os direitos à propriedade e à herança no título relacionado aos direitos fundamentais[53]. Por outro lado, à margem do dado prático da técnica de positivação, existe um equivoco teórico que convém mencionar. De fato, a postura que nega a significação de direito fundamental ao direito de propriedade parte de uma identificação entre a noção moderna dos direitos fundamentais e a clássica das liberdades individuais; esquecendo que, precisamente, a denominação dos direitos fundamentais surge como uma tentativa de síntese das garantias individuais contidas na tradição dos direitos públicos subjetivos e as exigências implícitas nos direitos econômicos, sociais e culturais. O que ocorre é que as novas coordenadas nas quais hoje se move o direito de propriedade, destacadas ao tratar de seus pressupostos histórico-conceituais, determinaram sua progressiva transferência do plano dos direitos individuais para o dos direitos sociais, mais adequado para assumir integralmente sua complexa problemática.

Outro argumento em favor da consideração do caráter fundamental do direito de propriedade na Constituição espanhola é o referente a seus instrumentos de garantia. Assim, mesmo da perspectiva que nega sua condição de direito fundamental se reconhece que é objeto de tutela "através do recurso de inconstitucionalidade de uma lei ou disposição normativa com força de lei que não tenha respeitado o conteúdo essencial da propriedade privada"[54]. O que implica, por fim, reconhecer que o direito de propriedade usufrui da proteção estabelecida no artigo 53 para as diferentes modalidades de direitos fundamentais, concretamente as que o parágrafo 1 desse artigo consigna como os direitos reconhecidos no capítulo II do título I. Deve-se, portanto, concluir que a diferença de meios de tutela não implica negar a condição de direitos fundamentais a todos que integram o título I, mas o reconhecimento realista por parte do constituinte espanhol dos diferentes pressupostos econômico-sociais e técnico-jurídicos que concorrem na respectiva implantação das liberdades individuais, para a qual é suficiente a não ingerência do Estado ou sua simples atividade de vigilância, e dos direitos sociais, que exigem uma função ativa do

---

[52] Cf. P. BARCELLONA, *Diritto privato e processo económico*, Nápoles, 1977, pp. 115-6; S. RODOTÁ, *El terrible derecho*, trad. esp., Madri, 1986, pp. 301 ss.

[53] Cf. H. RITTISTIEG, *Eigentum als Werfassungsproblem*, Darmstadt, 1975; W. WEBER, "Eigentum und Enteignung", in *Die Grundrechte*, op. cit., vol. II, pp. 331 ss.; H. SPANNER, P. PERNTHALTER e H. RIDDER, *Grundrechtsschutz des Eigentums*, Karlsruhe, 1977. Contudo, deve-se observar que K. HESSE, *Grunzüge des Verfassungsrechts der Bundesrepublik Deutschland*, Karlsruhe, 1969, pp. 167 ss., e T. MAUNZ, "Art. 14", in *Grundgesetz Kommentar*, 1ª ed. org. por Maunz-Dürig-Herzog-Scholz, 5. ed., Munique, 1979, pp. 10-1, entendem que o reconhecimento do direito de propriedade como direito fundamental na G.G. não implica consagração de determinado modelo econômico.

[54] V. MONTÉS, op. cit., p. 162.

Estado através dos correspondentes serviços públicos ou benefícios. Isso explica que a propriedade, na medida em que na Constituição espanhola deixou de ser uma pura liberdade individual pelo reconhecimento de sua significação social, esteja tutelada pelos instrumentos previstos no parágrafo 1 do artigo 53, mas não pelos que o parágrafo 2 desse artigo reserva para as liberdades individuais.

A partir do texto constitucional, diferentemente do que ocorria no sistema anterior, a propriedade é tutelada, no ordenamento espanhol, por uma dupla garantia: a reserva de lei e a necessidade de respeito a seu conteúdo essencial. A reserva de lei deve ser entendida como a favor da lei formal, pois dos artigos 81.1, que atribui à lei orgânica o desenvolvimento dos direitos fundamentais, e 86.1, que proíbe a possibilidade de regulamentar por decreto-lei as matérias concernentes aos direitos, deveres e liberdades reconhecidos no título I, se deduz que o estatuto jurídico da propriedade é matéria reservada ao legislador[55].

Mais complexo é estabelecer o significado da garantia do "conteúdo essencial" que o legislador deverá respeitar, em qualquer situação, ao desenvolver o estatuto da propriedade. Essa garantia constitui uma inovação no sistema constitucional espanhol, cuja importância para a tutela dos direitos fundamentais não pode ser esquecida. Em relação com o direito de propriedade, a exigência de respeito ao "conteúdo essencial" pode desempenhar um papel relevante para a delimitação do alcance do direito. No sistema italiano, que não reconhece expressamente essa garantia para o direito de propriedade, abriu-se uma forte polêmica doutrinal sobre sua operatividade tácita. Assim, em um trabalho clássico sobre a propriedade na Constituição italiana de 1948 mostrou-se que, ao não existir uma garantia constitucional de não inviolabilidade do conteúdo essencial da propriedade, o legislador está livre para redefinir, em qualquer momento e sem nenhum limite, o que até agora tenha sido considerado propriedade, para reduzir ou ampliar seu âmbito[56]. Essa situação levou a uma divisão da doutrina polarizada entre as atitudes daqueles que defendem a relativização do direito de propriedade e até sua eventual abolição na esfera dos

---

[55] O TC, ainda que formalmente tenha proclamado a garantia da propriedade através da reserva de lei, não interpreta essa exigência de forma estrita ao admitir a competência regulamentar da administração para desenvolver o *status* normativo da propriedade. "A própria Constituição", argumenta o TC, "flexibiliza a reserva de lei no que concerne à delimitação do conteúdo da propriedade privada em virtude de sua função social, que certamente deve ser regulamentada pela lei, mas também pela administração 'de acordo com as leis' quando estas recebem a colaboração regulamentar daquela. Essa concreta reserva de lei proíbe toda operação de deslegalização da matéria ou toda tentativa de regulação do conteúdo do direito de propriedade privada por regulamentos independentes ou *extra legem*, mas não há remissão do legislador à colaboração do poder normativo da administração para completar sua regulação legal e obter assim a plena efetividade de seus mandatos" (STC 37/1987, FJ 3).

[56] C. Esposito, "Note esegetiche sull'art. 44 della Costituzione", in *La Costituzione italiana*, Pádua, 1944, pp. 181 ss.

bens de produção⁵⁷, e aqueles que, pelo contrário, consideram que o legislador é obrigado a respeitar a substância do instituto tal como a entende a consciência social em um momento histórico determinado⁵⁸. Na República Federal da Alemanha, o artigo 19.2 da *Grundgesetz* garante, como é notório, que os direitos fundamentais em nenhum caso poderão ser afetados pela lei em seu conteúdo essencial. Essa disposição, que foi a principal fonte inspiradora do artigo 53.1 da Constituição espanhola, suscitou um amplo debate na jurisprudência e na doutrina. Embora não seja possível fazer aqui uma consideração detalhada do assunto, convém mencionar, de forma sumária, as suas duas vertentes mais características. De acordo com a primeira, que convencionalmente pode ser denominada tese *subjetiva*, o conteúdo essencial do direito (*Wesensgehalt*) é afetado, quando as limitações legislativas impedem que os particulares obtenham os fins ou interesses protegidos pelo direito⁵⁹, ou quando os particulares, apesar de seu interesse, não podem cumprir as condições que a limitação legislativa impõe para o exercício do direito fundamental⁶⁰. Essa postura, projetada para a esfera do direito de propriedade, implica uma salvaguarda do *status quo*, isto é, a garantia de todas as manifestações concretas de propriedade⁶¹. A tese *objetiva* entende que a *Wesensgehaltgarantie* se refere à obrigação do legislador de salvaguardar a instituição, definida pelo conjunto da normativa constitucional e pelas condições histórico-sociais que formam o contexto dos direitos fundamentais⁶². A aplicação dessa tese ao direito de propriedade e à herança leva a fundamentar a intangibilidade do conteúdo essencial de tais instituições na manutenção de determinadas categorias de bens patrimoniais suscetíveis de apropriação e transmissão, isto é, de uma ordem econômica em que os indivíduos possam alcançar as bases materiais de sua liberdade⁶³.

No que se refere ao sistema espanhol, creio que existem razões para aceitar a interpretação objetiva ou institucional da garantia que, em virtude do

---

[57] Cf. C. Lavagna, *Costituzione e socialismo*, Bolonha, 1977, pp. 58 ss.; G. Motzo e A. Piras, "Espropriazione e pubblica utilità", in *Giurisprudenza costituzionale*, 1959, pp. 172 ss., esp. pp. 204-5.

[58] G. D'Angelo, *Limitazioni autoritative della facoltà di edificare, e diritto all'indennizo*, Nápoles, 1963, pp. 135 ss.; e F. Santori Passarelli, "Proprietà privata e costituzione", in *Libertà e autorità nel diritto civile*, Pádua, 1977, pp. 236-7.

[59] H. Krüger, "Der Wesensgehalt der Grundrechte i. S des Art. 19 G.G.", *Die Oeffentliche Verwaltung*, 1955, pp. 597 ss.

[60] G. Dürig, "Der Grundrechtssatz von der Menschenwürde", *AöR*, 1956, n. 81, pp. 117 ss.; com relação expressa ao direito de propriedade em seu "Verfassungsrechtliche Eigentumsgarantien", in *Staatslexikon*, II, p. 1.079.

[61] Cf. E. Forsthoff, "Verfassungsmässiger Eigentumsschtz und Freiheit des Berufs", in *Staatsbürger und Staatsgewalt*, Karlsruhe, 1963, vol. II, pp. 19 ss.; H. Rittistieg, *Eigentum als Werfassungsproblem*, op. cit., pp. 31 ss.

[62] Cf. P. Häberle, *Die Wesensgehaltgarantie des Art. 19 Abs. 2 Grundgesetz*, 3. ed., Heidelberg, 1963, pp. 129 e. e 267 ss.

[63] O. Kimminich, *Eigentum, Enteignung, Entschädigung. Eine Kommentierung des Art. 14 G.G.*, Hamburgo, 1976, pp. 139 ss.; T. Maunz, "Art. 14", op. cit., pp. 15-6 e 21 ss.; W. Weber, *Eigentum und Enteignung*, op. cit., pp. 368 ss.

artigo 53.1, se reconhece aos direitos à propriedade e à herança. Em primeiro lugar porque, como se observou ao tratar dos pressupostos histórico-conceituais, muitos dos equívocos surgidos em torno da noção de propriedade ocorreram por considerá-lo uma coisa e não um direito. Por isso, a partir da perspectiva institucional será possível elaborar uma noção unitária do conteúdo essencial da propriedade que, de outro modo, corre o risco de se desagregar em tantos conteúdos essenciais quantas são as coisas ou bens objeto do direito. Pelo contrário, trata-se de estabelecer um "conteúdo essencial" básico a partir da instituição, suscetível de ser projetado para as manifestações concretas do direito. Por outro lado, a própria linguagem constitucional, ao reconhecer "o direito à propriedade privada e à herança" e não o direito *de* propriedade privada, sugere que está se referindo à instituição entendida como um direito fundamental, que deve tornar-se acessível a todos, aceitando tacitamente o que está proclamado expressamente no artigo 42 da Constituição italiana[64]. Daí se deduz que a Constituição espanhola não consagra a propriedade em termos garantistas do *status quo*, isto é, amparando todas as situações de propriedades existentes, mas que está propensa a reconhecer a instituição. A dimensão institucional (conjunto de valores objetivos institucionalizados) integra, junto com a dimensão individual (proteção de situações jurídicas subjetivas), a denominada "dupla função dos direitos fundamentais"[65], que encontra clara expressão no regime constitucional da propriedade. Assim, o TC, com referência ao direito de propriedade constitucionalizado no artigo 33, menciona "uma dupla garantia de tal direito, já que é reconhecido tanto a partir de sua vertente institucional como a partir de sua vertente individual, isto é, como um direito subjetivo" (STC 111/1983, FJ 8). Uma decisão posterior corrobora e amplia essa tese ao indicar que: "a Constituição reconhece um direito de propriedade privada que se configura e protege, certamente, como um conjunto de faculdades individuais sobre as coisas, mas também, e ao mesmo tempo, como um conjunto de deveres e obrigações estabelecidos, de acordo com as leis, em atenção aos valores ou interesses da coletividade" (STC 37/1987, FJ 2).

Por isso, a determinação do conteúdo essencial da propriedade privada e a herança como instituições constitui o problema básico da hermenêutica do artigo 33, pois servirá de critério para delimitar todas as manifestações concretas desses direitos. Esse problema não pode ser resolvido nem partindo de elementos extraconstitucionais, nem apelando a uma hipotética noção essencial *a priori* da propriedade, mas deve ser abordada tomando-se como ponto de partida a análise sistemática da Constituição, completando-a com aqueles dados, normativos e sociológico-políticos, mais relevantes.

a) Elementos constitucionais. O ponto de partida para delinear o conteúdo essencial da propriedade não pode ser outro que a regulamentação constitu-

---

[64] Cf. J. BARNÉS VÁZQUEZ, op. cit., pp. 225 ss.; V. MONTÉS, op. cit., p. 152, n. 238; F. REY MARTÍNEZ, op. cit., pp. 304 ss.

[65] Cf. A. E. PÉREZ LUÑO, *Derechos humanos, Estado de Derecho y Constitución*, op. cit., pp. 300 ss. e 311 ss.; id., *Los derechos fundamentales*, op. cit., pp. 19 ss.

cional. A partir dela podem ser apreciados alguns dados *intrínsecos*, isto é, presentes no próprio artigo 33, e outros *extrínsecos*, que se encontram em outros artigos da Constituição relacionados com a instituição da propriedade e que ajudam a interpretar o conteúdo do referido artigo.

a') Entre os dados *intrínsecos* deve-se destacar que, ao não se especificar no texto constitucional o tipo de bens objeto do direito à propriedade e à herança, entende-se, em princípio, que tal direito se estende tanto aos bens de consumo como aos de produção. No entanto, a análise sistemática evidenciará que o direito à apropriação privada destes últimos não é exclusivo nem ilimitado. Na Itália, onde tampouco o artigo 42 da Constituição distingue entre bens de uso e de produção, considerou-se que com isso se pretendia manter o sistema de domínio privado dos meios de produção[66]. Contudo, recentemente foi apresentada uma interpretação alternativa que, invertendo os termos da argumentação, afirma que, exatamente porque não se faz uma distinção constitucional entre os bens de produção e os de consumo, se facilita a expropriação total dos primeiros[67]. Na Espanha, onde o parágrafo 1 do artigo 33 reconhece a propriedade privada como direito fundamental, o legislador poderá ampliar ou restringir a propriedade dos meios de produção ao delimitar sua função social (art. 33.2) ou ao tipificar os pressupostos de utilidade pública ou interesse social que justifiquem sua expropriação (art. 33.3); mas, da mesma forma que reconheceu um amplo setor da doutrina alemã, não poderá abolir em bloco a possibilidade de uma titularidade privada dos meios de produção[68]. No entanto, não há motivo para se deduzir daí que a finalidade do preceito seja a de preservar a apropriação, gestão e transmissão dos bens econômicos sob títulos jurídico-privados[69]. Mais de acordo com o espírito do texto constitucional parece-me a tese de que, embora suas normas tornem possível um sistema produtivo privado do tipo neocapitalista, isso não implica que o imponham[70].

É evidente que também as noções de função social e expropriação, por estarem reunidas no artigo 33, constituem dados intrínsecos para a determinação do conteúdo essencial da propriedade. No entanto, o alcance desses conceitos será explicitado ao se examinar os parágrafos 2 e 3 desse artigo. Em todo o caso, abordar agora a análise dos dados extrínsecos não implica uma distorção da ordem expositiva, pois a ideia do conteúdo essencial atua, por sua vez, como um *prius* no plano operativo daquelas noções.

b') A aproximação dos dados *extrínsecos* que formam o significado constitucional do conteúdo essencial da propriedade pode ser feita de uma dupla

---

[66] G. U. Rescigno, *Costituzione italiana e Stato borghese*, Roma, 1975, pp. 28 ss.
[67] C. Lavagna, *Costituzione e socialismo*, op. cit., p. 72.
[68] Cf., para todos, H. Rittstieg, op. cit., pp. 41 ss.
[69] A. López y López, op. cit., p. 42. No mesmo sentido, R. García Cotarelo, op. cit., p. 77.
[70] M. García Pelayo, op. cit., p. 51; J. I. Font Galán, op. cit., pp. 205 ss.; O. de Juan Asenjo, "Principios rectores de la actuación de la empresa pública en la Constitución española de 1978. Del principio de subsidiaridad al principio de compatibilidad", in *REDA*, 1980, n. 25, pp. 255 ss.

perspectiva: de um lado, situando o direito de propriedade no plano dos artigos destinados a garantir o pleno desenvolvimento da personalidade humana; de outro, enquadrando-o nos preceitos configuradores do modelo econômico constitucional.

No contexto do primeiro nível, a propriedade privada deve ser conectada à garantia de uma ordem em que cada pessoa possa obter os instrumentos materiais para sua liberdade e igualdade. A partir desse enfoque, o direito à propriedade vincula-se com a promoção das condições para que a liberdade e a igualdade sejam reais e efetivas, com a consequente participação dos cidadãos na vida econômica, cultural e social (art. 9.2). Encontra-se também estreitamente relacionado com a garantia dos meios materiais para assegurar o direito à vida e à integridade física (art. 15), e pode até ser entendido como um instrumento para a defesa da liberdade e segurança pessoais (art. 17.1). Ao mesmo tempo, pode também atuar como um fator de promoção pessoal através do trabalho e como meio para satisfazer as necessidades individuais e familiares (art. 35.1); assim como condição indispensável para o exercício da liberdade de empresa no âmbito da economia de mercado (art. 38).

A conexão do artigo 33 com a liberdade de empresa nos faz penetrar na esfera dos postulados normativos do modelo econômico constitucional ligados ao direito à propriedade. Desse ponto de vista, o direito à propriedade aparece situado nas coordenadas de um Estado que se define como social e democrático (art. 1.1), e que tem entre seus valores supremos a instauração de uma ordem econômica e social justa através da promoção do progresso cultural e econômico que assegure a todos uma qualidade de vida digna (preâmbulo). É óbvio que a consecução desses fins exige intervenção estatal nos processos econômicos. Essa intervenção é reiteradamente postulada pela Constituição ao encomendar aos poderes públicos a já referida promoção das condições econômicas, para que sejam operativas a liberdade e a igualdade (art. 9.2); ideia que supõe uma concretização e não uma redundância, como alguns a interpretaram[71] no texto do artigo 40.1, quando prescreve que: "Os poderes públicos promoverão as condições favoráveis para o progresso social e econômico e para uma distribuição mais equitativa da renda regional e pessoal, no âmbito de uma política de estabilidade econômica..." No entanto, a realização dessas metas requer, como instrumento imprescindível, o planejamento. Falou-se, corretamente, que o planejamento "é inerente a toda ação racionalizada que implique relação de objetivos, meios e tempo e, sendo assim, sempre foi ação política e estatal – especialmente a partir do surgimento do Estado moderno –, embora não se tenha tido clara consciência conceitual do fenômeno até nosso tempo, do qual é característico, além disso, se não a existência, mas certamente a relevância e a consciência do planejamento econômico"[72].
É por isso que a Constituição estabelece, em precisa coerência com seus pro-

---

[71] R. García Cotarelo, op. cit., p. 77.
[72] M. García Pelayo, op. cit., pp. 47-8.

pósitos, que: "O Estado, mediante lei, poderá planejar a atividade econômica geral para atender às suas necessidades coletivas, equilibrar e harmonizar o desenvolvimento regional e setorial e estimular o crescimento da renda e da riqueza e sua distribuição mais justa" (art. 131.1). O modelo econômico constitucional não apenas configura os parâmetros básicos do contexto externo da propriedade, mas incide diretamente em questões relacionadas com sua titularidade e exercício. No que se refere à titularidade, a Constituição, junto com a modalidade privada reconhecida no artigo 33, prevê formas de propriedade pública que denomina "bens de domínio público" (art. 132) e estabelece expressamente a possibilidade de "reservar ao setor público recursos ou serviços essenciais, especialmente em caso de monopólio, bem como prever a intervenção em empresas quando assim o exigir o interesse geral" (art. 128.2). Assim se constitucionaliza a função das entidades públicas como atores de mercado.

Junto com a titularidade privada e pública da propriedade, a Constituição espanhola, em seu artigo 129.2, recomenda aos poderes públicos a promoção da participação dos trabalhadores na empresa e o estabelecimento dos "meios que facilitem o acesso dos trabalhadores à propriedade dos meios de produção". O alcance dessa afirmação suscitou certa perplexidade na doutrina, pois não se sabe se a Constituição está se referindo a uma terceira modalidade de propriedade, que na doutrina dos países socialistas se denomina propriedade social ou coletiva e que é distinta da privada e da pública estatal[73]; ou se se trata de introduzir um modelo de propriedade autogerida[74]; ou se se refere a uma forma de propriedade privada com certa estrutura comunitária da titularidade, já que a propriedade privada é um conceito mais amplo que o da propriedade individual[75].

Quanto ao exercício do direito de propriedade, a Constituição impõe algumas diretrizes que marcam notavelmente sua orientação e alcance. É especialmente importante o artigo 128.1, que proclama que: "Toda a riqueza do país em suas diferentes formas e seja qual for sua titularidade está subordinada ao interesse geral." Ao mesmo tempo, é evidente que a competência atribuída aos poderes públicos para atender "à modernização e desenvolvimento de todos os setores econômicos" (art. 130.1) pode incidir no exercício das faculdades dos titulares de bens produtivos. Os poderes públicos são também impelidos constitucionalmente a "zelar pelo uso racional de todos os recursos naturais" (art. 45.2); a garantir a conservação do patrimônio histórico-artístico e "dos bens que o integram, seja qual for seu regime jurídico e sua titulari-

---

[73] M. García Pelayo, op. cit., p. 33.

[74] R. García Cotarelo, op. cit., p. 80, que se pergunta: "O Estado irá realmente fomentar formas autogestionárias como terceiro modelo econômico? E, se não for assim, irá entregar à autogestão dos trabalhadores as empresas do setor público, ou pensa em fomentar a autogestão no setor privado? Sendo a última opção, que formas serão atribuídas para a transferência da propriedade?" (p. 82). E conclui afirmando que as características autogestionárias da Constituição são "de caráter semiutópico" (p. 83).

[75] M. García Pelayo, op. cit., p. 33.

dade" (art. 46), e a promover a efetividade do direito à moradia, "regulamentando o uso do solo de acordo com o interesse geral para impedir a especulação" (art. 47)[76].

Finalmente, deve-se registrar o condicionamento que deriva do sistema tributário sancionado na Constituição para o regime de propriedade. Não é possível entrar em uma análise detalhada de todas as implicações que, para a titularidade e o exercício do direito de propriedade privada, que se depreendem dos preceitos aqui enunciados de modo indicativo, mas interessa insistir que essas normas têm plena incidência na determinação do "conteúdo essencial" da propriedade no sistema espanhol. Em todo o caso, convém observar que as linhas normativas expostas não podem ser interpretadas como alternativas entre si ou antitéticas. A interpretação integradora da Constituição exige conjugar sincronicamente os preceitos constitucionais que vinculam o direito à propriedade com o pleno desenvolvimento da personalidade, com as normas que estabelecem um modelo econômico de profundas expectativas sociais. De modo que o conteúdo essencial da propriedade, embora não possa ser determinado definitivamente pelo caráter evolutivo e nem sempre unívoco das noções constitucionais que o configuram, nem por isso deve ser entendido como um conceito inútil ou vazio. O esforço hermenêutico para mediar entre as possíveis interpretações do contexto normativo constitucional da propriedade permite estabelecer alguns parâmetros flexíveis, embora não arbitrários. Neles aparece como instrumento para satisfazer necessidades básicas mediante o pleno desenvolvimento das capacidades humanas, que têm como limite o direito dos demais a não ser excluídos do bem-estar social, para o que se articulam os oportunos instrumentos de intervenção pública na economia. Esses instrumentos terão maior ou menor amplitude, de acordo com a conjuntura econômico-social e as maiorias parlamentares, mas sem que possam chegar a sufocar totalmente a iniciativa privada e a consequente apropriação de seus frutos, sob pena de contrariar o texto constitucional.

b) *Elementos extraconstitucionais*. O conjunto de *disposições normativas* civis, penais e administrativas regulamentadoras da propriedade pode, evidentemente, contribuir para traçar seu conteúdo essencial. Contudo, da sanção constitucional dos princípios de hierarquia normativa e segurança jurídica (art. 9.3), de que é corolário o da coerência do ordenamento, depreende-se que essas disposições serão operativas enquanto supuserem um princípio de concretização da normativa constitucional, mas não podem, de modo algum, se manter vigentes como uma forma de conceitualização paralela ou antitética

---

[76] O TC, em uma decisão referente à regulamentação dos arrendamentos urbanos, afirmou expressamente que: "No contexto da Constituição vigente, essa delimitação do direito de propriedade encontra uma justificativa na proclamação do artigo 47 do texto fundamental, que reúne o direito a desfrutar de uma moradia e ordena aos poderes públicos que promovam as condições necessárias para isso" (STC 89/1994, FJ 5).

da propriedade⁷⁷. Não cabe, portanto, projetar para a delimitação do conteúdo essencial a polêmica da doutrina, na etapa anterior à Constituição, sobre a dualidade de estatutos da propriedade representada pela orientação individualista do Código Civil e a intervencionista da legislação administrativa[78]. Essa situação contraditória foi superada pelos critérios integradores e hierarquicamente superiores no plano normativo enunciados na Constituição. É por isso que, por exemplo, o artigo 348 do Código Civil, ao resumir o significado do direito de propriedade no "direito de usufruir e dispor de uma coisa sem mais limitações que as estabelecidas nas leis", oferece um suporte hermenêutico para avaliar o núcleo de faculdades comumente atribuído às relações de propriedade. Entretanto, esse *agere licere* do proprietário já não pode estar revestido da significação absoluta e ilimitada que teve nas origens da codificação civil, mas deve ser interpretado de acordo com os valores e, ao mesmo tempo, com as exigências da ordem social e econômica que configuram a disciplina constitucional da propriedade. Nesse contexto, o TC recorda que "a propriedade privada, em sua dupla dimensão como instituição e como direito individual, experimentou no século XX uma transformação tão profunda que impede concebê-la hoje como uma figura jurídica reconduzível exclusivamente ao tipo abstrato descrito no artigo 348 do Código Civil" (STC 37/1987, FJ 2).

Finalmente, dentre os elementos extraconstitucionais configuradores do conteúdo essencial da propriedade pode-se estabelecer alguns dados sociológico-políticos. Assim, a doutrina italiana apelou para a ideia da "consciência social" como módulo para discernir o conteúdo essencial da propriedade. Mostrava que, tanto na ideia de permanência como na de efetiva utilização do bem ou a escolha de seu destino, os problemas de titularidade do direito correspondem a algumas considerações que não derivam dos textos legais, mas obedecem a critérios historicamente condicionados e exteriorizados pela consciência social. No entanto, confiar a delimitação do conteúdo essencial da propriedade a um termo tão ambíguo e impreciso como o de "consciência social" pode envolver graves riscos. De fato, ainda descartando a possibilidade de que o governo seja o intérprete de tal consciência, caberia compreendê-la incorporada pelos partidos políticos; não é à toa que a Constituição espanhola lhes atribui a tarefa de participar da "formação e manifestação da vontade popular" (art. 6). É normal que em um regime de democracia parlamentar, as maiorias possam orientar a interpretação evolutiva das instituições, de acordo com a ideologia que as caracteriza. Mas não parece admissível deixar nas mãos das constelações políticas dominantes a determinação do conteúdo es-

---

[77] Sobre a necessidade de interpretar todo o ordenamento conforme a Constituição, ver A. E. PÉREZ LUÑO, *Derechos humanos, Estado de Derecho y Constitución*, op. cit., pp. 279 ss.; id., *La seguridad jurídica*, 2. ed., Barcelona, 1994, pp. 37 ss.

[78] Cf. C. LASARTE, "Propiedad privada e intervencionismo administrativo", *RGLJ*, n. 71-2, pp. 135 ss.; V. MONTÉS, op. cit., pp. 99 ss. A concepção civilista tradicional da propriedade, como garantia de interesses individuais, foi defendida na obra de J. L. DE LOS MOZOS, *El derecho de propiedad: crisis y retorno a la tradición jurídica*, Madri, 1993.

sencial dos direitos fundamentais. Precisamente o artigo 53.1 atribui à noção do conteúdo essencial a função de limite diante do possível arbítrio do legislador. No que se refere à propriedade, ao legislador corresponde delimitar o alcance de sua função social, contribuindo assim para configurar um dos dados, concorrente com os demais, formadores de seu conteúdo essencial. No entanto, se também se atribuísse ao legislador a expressão da consciência social pretensamente configuradora do conteúdo essencial da propriedade, se incorreria no paradoxo de pôr como limite da ação do legislador uma barreira criada por ele mesmo e sujeita a sua discricionariedade. Por isso, creio que, se se admite isso, não pode ser dada à consciência social uma função criativa, mas puramente hermenêutica. O que implica confiar ao Tribunal Constitucional a avaliação daquelas instâncias e determinações da "consciência social" relevantes para uma interpretação adequada aos casos concretos dos dados normativos, especialmente os constitucionais, que definem o conteúdo essencial da propriedade e que, como as demais normas do ordenamento jurídico espanhol, devem ser adaptadas à "realidade social do tempo em que devem ser aplicadas" (art. 3.1 do Código Civil). O TC mostrou, a esse respeito, que "essa dimensão social da propriedade privada, como instituição chamada a satisfazer necessidades coletivas, está totalmente de acordo com a imagem que se formou daquele direito na sociedade contemporânea". E, nessa mesma decisão, acrescenta com expressa referência à delimitação do conteúdo essencial: "o conteúdo essencial ou mínimo da propriedade privada entendido como recognoscibilidade de cada tipo de direito dominial no momento histórico de que se trate e como praticabilidade ou possibilidade efetiva de realização do direito, sem que as limitações e deveres que se imponham ao proprietário devam ir além do razoável" (STC 37/1987, FJ 2; ver também, com referência à relevância da consciência social para delimitar o conteúdo do direito de propriedade, a STC 89/1994).

3.2. Parágrafo 2: significado constitucional do princípio da função social

O parágrafo 2 do artigo 33 remete à noção de função social como critério delimitador do conteúdo do direito à propriedade e à herança. Essa noção, apesar de servir de constante ponto de referência nas construções normativas e doutrinais sobre a propriedade, está bem longe de ser unívoca. Destacou-se a esse respeito que "usa-se o módulo da função social com uma ambivalência tal que nos faz duvidar de sua validade", o que não exime do esforço de utilizá-lo "com certo sentido técnico e não como mera licença de linguagem que tenha por missão definir o indefinível"[79]. Dentro da multiplicidade de significados do termo "função social" e na precisão de seu sentido técnico podem ser observadas duas possíveis acepções. A primeira, de caráter *descritivo*, resume-

---

[79] C. Lasarte, op. cit., p. 141.

-se na ideia de que "a propriedade sempre cumpriu uma função social, embora o que mudou em cada época foi o conteúdo e o alcance da função"[80]. Contudo, na maioria das vezes, o termo se revestiu de uma significação *prescritiva* como critério legitimador da propriedade. Esse foi o sentido originário da ideia no pensamento católico[81], e sua funcionalidade nas primeiras elaborações técnico-jurídicas que tiveram influência mais direta em sua configuração. Assim, Von Gierke assinalava expressamente em 1889 que a propriedade não podia ser justificada servindo unicamente ao interesse egoísta do indivíduo, mas apenas na medida em que envolva deveres sociais que a obriguem a buscar os interesses de todos[82]. Por sua vez, Duguit, que contribuiu decisivamente para consagrar a expressão, polarizou sua argumentação em defesa da função social da propriedade no seu caráter necessário para justificar qualquer tipo de riqueza[83].

O pano de fundo axiológico do princípio da função social da propriedade como expressão de valor fundamental da solidariedade observa-se também claramente no plano normativo, em que essa ideia se apresenta em estreita relação com as de interesse geral[84] e bem comum[85]. Pode-se afirmar que essa dimensão axiológica constituiu uma nota comum à maioria das regulamentações constitucionais da propriedade posteriores à Constituição de Weimar. Nada tem, pois, de novidade que o artigo 33.2 na Constituição espanhola de 1978 apele para a função social como critério delimitador do conteúdo do direito à propriedade privada.

A função legitimadora do princípio da função social foi considerada um ponto de transação entre ideologias de cunho diferente. Seu papel se concre-

---

[80] M. BASSOLS e R. GÓMEZ-FERRER, *La vinculación de la propiedad privada por los planes administrativos*, Madri, 1977, p. 24.

[81] Cf J. RUIZ-GIMÉNEZ, op. cit., vol. II, pp. 161 ss.

[82] O. VON GIERKE, *Die soziale Aufgabe des Privatrechts*, Berlim, 1889, pp. 13 e 25 ss.; cf. A. JANSEN, "Otto von Gierke sozialer Eigentumsbegriff", na coletânea *Itinerari moderni della proprietà*, vol. I, pp. 549 ss.

[83] L. DUGUIT, *Transformaciones generales del Derecho privado desde el Código de Napoleón*, trad. esp., Madri, s.d., pp. 142 ss. Tese diferente à sustentada pouco tempo mais tarde, a partir de premissas marxistas, por K. RENNER, para quem a evolução do sistema capitalista conduz paulatina e inevitavelmente a uma perda da função social da propriedade. *Die Rechtsinstitute des Privatrechts und ihre soziale Funktion*, Tübingen, 1929 (reimp. em Stuttgart, 1965).

[84] P. BARCELLONA formulou uma distinção entre as noções de interesse geral e função social indicando que, enquanto a primeira se refere a uma categoria indeterminada e indeterminável de sujeitos, a função social está voltada a configurar as relações entre sujeitos proprietários e outros sujeitos que estão interessados diretamente no uso dos bens, para estabelecer algumas relações sociais mais equitativas em relação ao aproveitamento dos bens concretos (op. cit., pp. 119-20).

[85] J. RUIZ-GIMÉNEZ estabeleceu algumas relações de continuidade entre as noções de justiça social, bem comum e função social. Em sua opinião, a justiça social aparece como o princípio diretor de todas as relações sociais nas estruturas de subordinação e integração e impõe o dever negativo de se abster dos atos que prejudiquem o conjunto de bens e condições necessárias para a vida social (bem comum) e o dever positivo de contribuir com os bens e capacidades pessoais para o desenvolvimento comunitário (função social) (op. cit., pp. 316-7).

tizaria na "utilização semântica de uma fórmula polivalente que tenta passar a impressão de que as estruturas socioeconômicas sofreram uma transformação importante, quando na verdade vem desempenhar um papel muito diferente a própria proteção do direito de propriedade privada, remodelada pela própria estrutura capitalista para garantir sua sobrevivência"[86]. Contudo, creio que essa crítica à "função ideológica" da "função social" não possa ser generalizada nem aplicada, sem ressalvas, ao significado dessa ideia nos diversos sistemas jurídico-políticos. Assim, no caso da Espanha, é evidente que nas leis fundamentais do sistema político instaurado pelo general Franco fazia-se reiterada alusão à função social e, no entanto, é inquestionável que seu significado como valor legitimador da propriedade era muito diferente daquele presente na Constituição atual. Deve-se ter em conta que quando a Declaração XII do Foro do Trabalho, o artigo 30 do Foro dos Espanhóis ou o Princípio X dos Princípios do Movimento Nacional condicionavam o reconhecimento do direito de propriedade ao cumprimento de sua função social, subordinando todas as formas de propriedade ao interesse da nação, proclamavam, de imediato, o Estado como "intérprete" exclusivo de tal interesse (expressamente na Declaração XII do Foro do Trabalho). Essa afirmação, em um sistema político autoritário, equivalia a converter a função social em cortina para encobrir os interesses daqueles que detinham o aparelho estatal. No entanto, o fato de que a função social, por seu sentido polivalente e ambíguo, tenha servido para essas manipulações ideológicas não significa que necessariamente esteja destinada a desempenhar esse papel. É por isso que, na situação democrática atual consagrada pela Constituição de 1978, a função social como princípio legitimador da propriedade significa algo totalmente diferente, por se assentar em pressupostos políticos antitéticos aos da legislação fundamental franquista. Em primeiro lugar, porque a interpretação sistemática da Constituição exige situar a função social em "um Estado social e democrático de direito" e conectá-la com os valores superiores configuradores do estatuto dos direitos fundamentais e da Constituição econômica, aos quais já nos referimos; por outro lado, porque a lei encarregada de explicitar a função social aparece na Constituição como expressão da soberania popular (art. 66), com a garantia democrática que isso significa em relação à situação anterior[87].

Juntamente com seu papel axiológico, a função social incide diretamente na natureza jurídica do direito de propriedade. É notória a polêmica doutrinal sobre se esse princípio envolve ou não uma negação da propriedade como di-

---

[86] C. LASARTE, "Génesis y constitucionalización de la función social de la propiedad", in A. LÓPEZ Y LÓPEZ e C. LASARTE, *Programas y materiales de Derecho Civil III*, Sevilha, 1978, p. 103. Cf. também F. GALGANO, "La funzione sociale della proprietà privata", op. cit., pp. 147 ss.

[87] S. RODOTÀ mostrou que a função social não pode ser entendida como uma "norma em branco", com a qual o constituinte tenha atribuído ao legislador ordinário um poder incontrolável, nem como um caso de poder legislativo discricionário; pelo contrário, tal noção contém em si mesma critérios de ação aos quais o legislador ordinário deverá ater-se e terá de torná-los explícitos em cada caso concreto. "Proprietà (Diritto vigente)", in *Novissimo Digesto Italiano*, vol. XIV, Turim, 1967, p. 138.

reito subjetivo. O debate foi suscitado por Duguit, para quem, diante da noção da propriedade como direito subjetivo, isto é, como um direito individual intangível e absoluto de quem possui a riqueza, a propriedade função social implica um uso das riquezas de acordo com seu destino. O proprietário tem "a obrigação de ordem objetiva de empregar a riqueza que possui para manter e aumentar a interdependência social". Longe de ser o árbitro exclusivo e libérrimo do destino de seus bens, o proprietário passa a se converter em funcionário, no sentido de ter "a obrigação de cumprir certa função na sociedade em razão direta do lugar que nela ocupa". É por isso que: "A propriedade não é o direito subjetivo do proprietário, é a função social do detentor de riqueza."[88] A proposição de Duguit levou um amplo setor da doutrina a insistir na incompatibilidade entre as faculdades tradicionalmente reconhecidas ao direito de propriedade como manifestação do direito subjetivo, e as obrigações e deveres inerentes à sua consideração como função social. Na Espanha, as posturas teóricas sobre a matéria podem ser agrupadas em torno de três atitudes básicas: *a)* A daqueles que, mantendo-se fiéis à concepção clássica do direito subjetivo de propriedade, entendem que a função social é uma simples indicação programática ou adjetiva, carente de uma repercussão imediata na natureza jurídica do direito de propriedade. No máximo, envolveria um princípio orientador da instituição, mas sem uma repercussão imediata nas situações concretas de propriedade[89]. *b)* Sob outra perspectiva, entendeu-se a função social como um condicionamento ou limite externo que afeta os titulares de direito de propriedade, mas sem que isso implique uma modificação substancial de sua condição de direito subjetivo. Afirma-se, assim, que a propriedade *tem* uma função social, mas que *não é* uma função social. Continua sendo um direito a serviço do interesse do proprietário, mas que não deve ferir diretamente interesses sociais; não se dissolve em meras obrigações, mas tem reduzido o âmbito de suas faculdades por não poder ser exercido em detrimento de interesses coletivos[90]. *c)* Finalmente, outra linha doutrinal considera que a propriedade comporta em si mesma uma função social. O que implica que, juntamente

---

[88] L. DUGUIT, *Transformaciones generales del Derecho privado*, op. cit., pp. 25 ss., 124 ss. e 150 ss. Sobre a influência de A. Comte na postura de L. Duguit acerca do direito de propriedade, cf. o interessante livro de J. PABÓN S. DE URBINA, *Positivismo y propiedad*, Madri, 1925, em que chega até a qualificar de "plágio" as teses de L. DUGUIT (pp. 247 ss.).

[89] M. ALBALADEJO, *Derecho civil III*, vol. 1º, 3. ed., Barcelona, 1977, pp. 247 ss.

[90] J. CASTAN TOBEÑAS, "La propiedad y sus problemas actuales", *RGLJ*, 1962, n. 213, pp. 468 ss.; A. HERNÁNDEZ-GIL, "Acceso a la propiedad de la vivienda", in *Hacia una más justa distribución de la riqueza*, Madri, 1949, pp. 212 ss.; e *La función social de la posesión*, Madri, 1967, pp. 155 ss. Essa tese parece contar com o apoio da jurisprudência do TS, que, em sua sentença de 21 de fevereiro de 1981 (sala 4ª), manteve que: "[...] a propriedade do particular continua sendo algo mais que uma simples função pública ou social, pois conserva seu núcleo primário de direito subjetivo, um dos principais dentre os que integram a constelação de direitos da personalidade amparado na cobertura legal que lhe proporciona o Código Civil (arts. 348, 349 e 350) e a própria Constituição espanhola (art. 33)". No entanto, o TC, ao se pronunciar sobre o tema, outorgou maior operatividade à função social para a delimitação do significado e alcance da propriedade.

com uma série de faculdades, traz um conjunto de deveres positivos e negativos. Considera-se, portanto, que a função social é um dado inerente à própria atribuição normativa do direito de propriedade e um critério para o controle de seu exercício. Os que defendem essa tese acreditam que a propriedade não é apenas um direito subjetivo, mas uma situação jurídica complexa na qual confluem faculdades e deveres[91], ou pensam que o direito subjetivo não supõe uma atribuição unilateral de faculdades, mas um conjunto de faculdades e deveres cujo alcance depende do tipo de bem objeto do direito de propriedade, e que às vezes podem obrigar o titular a buscar interesses sociais alheios a seu interesse individual[92]. Essa postura parece a mais de acordo com a nova disciplina da função social advinda da Constituição. A partir de agora esse princípio já não pode ser entendido como uma noção semântica isenta de conteúdo normativo. Por outro lado, o artigo 33.2 outorga à função social a categoria de critério delimitador da propriedade, e parece mais de acordo com essa abordagem admitir que no sistema espanhol a propriedade é uma função social: não só implica a existência de limites sociais ao exercício do direito, mas condicionamentos internos que redimensionam seu significado. O TC não hesitou em considerar "a função social como elemento estrutural da própria definição do direito à propriedade privada", e explicitamente indicou que "o conteúdo essencial da propriedade privada... deve incluir igualmente a necessária referência à função social, entendida não como mero limite externo à sua definição ou ao seu exercício, mas como parte integrante do próprio direito" (STC 37/1987, FJ 2). Quando se diz que o titular do direito de propriedade dispõe de um espaço mais limitado, isso significa que dentro desse espaço ele pode realizar seus interesses individuais, ao passo que, quando se indica que o titular, além de algumas faculdades, tem alguns deveres, dá-se a entender que mesmo dentro desse espaço ele deve se comportar de certa maneira[93].

Isso não significa que a propriedade tenha deixado de envolver um conjunto de faculdades e poderes individuais de que seus titulares podem se beneficiar. A função institucional da propriedade não anula sua dimensão individual. É por isso que o TC espanhol, juntamente com as funções sociais da propriedade, não hesita em estabelecer que "a tradução institucional de tais exigências coletivas não pode chegar a anular a utilidade meramente individual do direito" (STC 37/1987, FJ 2). Além disso, ao delimitar a função social da propriedade imobiliária, o maior intérprete da Constituição espanhola admite que o legislador estabeleça "uma limitação dessa propriedade, sempre que isso não implique um esvaziamento ou desfiguração", mas sim que "possa contribuir (com maior ou menor êxito, de acordo com as diferentes teorias

---

[91] L. Díez-Picazo, "Problemas jurídicos del urbanismo", *RAP*, 1964, n. 43, pp. 37 ss., e "Propiedad y Constitución", in *Constitución y economía*, op. cit., pp. 42 ss.; V. Montés, op. cit., pp. 143 ss. e 189 ss.

[92] P. Escribano Collado, *La propiedad privada urbana*, Madri, 1979, pp. 116 ss.; C. Lasarte, "Génesis y constitucionalización de la función social de la propiedad", op. cit., pp. 86 ss.

[93] Cf. P. Barcellona, op. cit., pp. 157-8.

econômicas) para satisfazer um direito constitucionalmente afirmado" (STC 89/1994, FJ 5).

Em suma, a propriedade continua sendo um direito subjetivo; o que ocorre é que a própria categoria do direito subjetivo sofreu uma profunda transformação. O direito subjetivo de propriedade foi um instrumento-chave para o funcionamento do Estado liberal de direito, que não pôde se subtrair às mudanças econômicas, políticas e sociais que marcaram a transição para o Estado social de direito. É certo que essa transformação não esteve isenta de motivação ideológica, ressaltada por aqueles que denunciam que ela ocorreu devido às exigências econômicas e políticas do capitalismo maduro. Nesse sistema, a ideia da função social, mais que um elemento de ruptura, significou um princípio de coordenação da pequena economia individual com as necessidades da estrutura econômica neocapitalista em seu conjunto. O que obrigava a subordinar o ganho privado em benefício de interesses mais amplos e racionais, mas cujo resultado final continuava sendo o ganho privado, apesar de se tratar de sujeitos privados distintos, em fórmulas mais aceitáveis para o funcionamento global do sistema[94]. Contudo, independentemente de seu substrato ideológico, o princípio da função social incidiu diretamente no significado e alcance do direito de propriedade, comportando: uma diminuição das faculdades do proprietário, um conjunto de condições para o exercício das faculdades subsistentes e uma obrigação de exercer determinadas faculdades inerentes ao direito[95]. Em suma, diante da concepção liberal do direito subjetivo de propriedade como atribuição de um núcleo incondicionado de faculdades, o reconhecimento de tal direito no Estado social se realiza não somente em função do interesse do titular, mas das exigências da comunidade. Por esse motivo, na medida em que se reclama do Estado social um progressivo conteúdo democrático, se entende que o direito subjetivo de propriedade ultrapassa a esfera estrita das liberdades individuais para se inserir na dos direitos fundamentais que, como se mostrou, representam a integração das liberdades (na propriedade, o conjunto de faculdades subsistentes) e as novas exigências próprias dos direitos econômicos, sociais e culturais (na propriedade, os deveres implícitos na função social). O problema, portanto, não está em estabelecer se a propriedade continua sendo ou não um direito subjetivo, partindo de sua concepção clássica, mas em esboçar o novo *status* do direito subjetivo que continua designando um conjunto de faculdades ou poderes do titular, mas cujo exercício está condicionado ao controle de legitimidade imposto

---

[94] Cf. A. DIMAJO, "El diritto soggetivo nell'ideologia dello Stato sociale", *Anuario Bibliografico di Filosofia del Diritto*, vol. III, Milão, 1971, pp. 275 ss.; L. RAISER, "Das Eigentum im Deutschen Rechtsdenken seit 1945", in *Itinerari moderni della proprietà*, op. cit., vol. II, pp. 579 ss. Uma reconsideração da concepção tradicional do direito de propriedade como direito subjetivo está em J. AICHER (org.), *Das Eigentum als subjektives Recht*, Berlim, 1975. Sobre a nova significação social e coletiva do direito subjetivo de propriedade entendido como direito fundamental, ver a importante obra de U. PREUSS, *Die Internalisierung des Subjekts. Zur Kritik der Funktionsweise des subjektiven Rechts*, Frankfurt a. M., 1979.

[95] Cf. S. RODOTÀ, "Proprietà", op. cit., p. 139.

pelos valores superiores do ordenamento[96]. Esses valores, no caso da propriedade, seriam especificados por sua incorporação ao sistema de direitos fundamentais e pelo caráter intrínseco de sua função social. Nesse sentido, deve-se mencionar o esforço doutrinal para atribuir uma operatividade real ao princípio da função social. Dessa forma, tem sido considerado um critério de equilíbrio entre os imperativos do progresso econômico e a exigência derivada do princípio de solidariedade, de algumas relações econômico-sociais mais equitativas, atribuindo à magistratura a mediação dos interesses em conflito; de forma que a função social se traduz na realização do máximo bem-estar coletivo compatível com a situação proprietária[97]. Enquanto, de outra perspectiva, entendeu-se que é contraditório atribuir aos poderes públicos a promoção da função social e confiar sua realização imediata à magistratura, à qual não corresponde assumir as opções e valorações políticas e econômicas implícitas em sua delimitação. Por isso, tende-se a reservar essa competência ao legislativo que, em um sistema democrático, como representante da vontade popular, foi chamado pela coletividade para interpretar os objetivos sociais[98]. No que diz respeito à Constituição espanhola, assinala-se expressamente que a delimitação do conteúdo dos direitos à propriedade e à herança através de sua função social se realizará "de acordo com as leis". Deve-se, portanto, entender que existe uma reserva de lei na matéria, em conformidade com a competência que, para a interpretação da função social, distingue os sistemas democráticos dos autoritários, e à qual me referi anteriormente. Em todo o caso, o aspecto mais significativo do artigo 33.2 reside, sem dúvida, em sua chamada expressa à função social como critério delimitador do conteúdo da propriedade e da herança. Contudo, como afirmado, a noção de função social está muito distante de ser clara e unívoca. É por isso que neste comentário preferiu-se partir da interpretação sistemática da Constituição, para situar o âmbito referencial delimitador do conteúdo essencial da propriedade e da herança. Desse modo, a própria ideia da função social, longe de ser um paradigma de ambiguidade, encontra precisão significativa em sua ligação com os princípios do Estado social e democrático de direito, com os valores que configuram o estatuto dos direitos fundamentais e com as normas da Constituição econômica. A função social é, portanto, um fator delimitador, por sua vez delimitado por esses critérios, sem que isso diminua sua relevância como mandato constitucional para o legislador para que, ao fixar o conteúdo essencial da propriedade, a partir de todos os critérios comentados, regulamente a titularidade e o usufruto dos bens em função dos interesses sociais ou coletivos. Do exposto se depreende que não se concorda aqui com a opinião dos que consideram que o parágrafo 2 do artigo 33 implica a "desconstitucionalização prática" da pro-

---

[96] Cf. R. ZIPPELIUS, *Wertungsprobleme im System der Grundrechte*, Munique, 1952, pp. 53 ss.

[97] S. RODOTÀ, *El terrible derecho*, op. cit., passim.

[98] P. BARCELLONA, op. cit., pp. 188 ss.; N. COSTANTINO, *Profili fondamentali della proprietà*, Nápoles, 1967, pp. 91 ss.; V. NATOLI, *La proprietà I*, Milão, 1965, pp. 32 ss.

priedade⁹⁹ (tese dificilmente sustentável com base na teoria da hermenêutica constitucional e fadada na prática a servir de justificativa às sucessivas desconstitucionalizações dos demais direitos fundamentais), a não ser que o que se pretenda indicar é que se desconstitucionaliza determinada forma de entender o direito de propriedade, de cunho individualista e mantenedor do *status quo*, para constitucionalizar a propriedade como direito à participação nos frutos do processo econômico.

Por fim, convém fazer referência à significação especial que pode implicar a projeção do princípio da função social sobre o direito à herança. Ao iniciar esse comentário, advertia sobre a continuidade existente entre os direitos à propriedade privada e à herança, a ponto de a menção expressa a esta última no texto constitucional ter sido qualificada de "redundante"¹⁰⁰. No entanto, de outra perspectiva, escreveu-se que a assimilação, "sendo original, é também extremamente inoportuna. Porque a pura delimitação quantitativa em que, dependendo do caso, se poderia traduzir a aplicação da função social ao direito à herança não parece poder ser o significado dessa ideia quando ela recai sobre o direito à propriedade privada"¹⁰¹. Em favor da redação do texto constitucional, pode-se argumentar que a aplicação do princípio da função social à herança tem como objetivo insistir expressamente na superação da concepção individualista de tal direito¹⁰², em estrita correspondência com a nova dimensão atribuída à propriedade. Deve-se ter em conta que o problema dos limites da sucessão hereditária foi considerado justamente uma questão de *Sozialpolitik*, na medida em que afeta a participação ou a exclusão da coletividade no destino dos bens patrimoniais que, muitas vezes, não poderiam ter sido formados sem sua intervenção¹⁰³.

---

⁹⁹ G. PECES-BARBA, "La nueva Constitución española desde la Filosofía del Derecho", *Documentación Administrativa*, 1978, n. 180 (extraordinário), p. 30. Para evitar qualquer equívoco, o TC, em uma de suas primeiras sentenças, mencionou expressamente "o direito constitucional da propriedade privada". Daí que, precisamente por sua categoria de direito fundamental constitucional que introduz o disposto no artigo 33.1, o TC entende nessa mesma sentença, com critério acertadamente restritivo, que qualquer prejuízo econômico aos interesses privados não implica violação do disposto no referido preceito constitucional; e, particularmente, que não constitui uma lesão ao direito consagrado no artigo 33 "a imposição de uma indenização de perdas e danos em decorrência da responsabilidade civil fixada pela sentença" (STC 124/1980, FJ 10).

¹⁰⁰ A. LÓPEZ Y LÓPEZ, op. cit., p. 30. Embora essa opinião tenha sido aperfeiçoada em seu trabalho posterior, "La garantía institucional de la herencia", *Constitución y Derecho Privado*, 1994, n. 3, pp. 29 ss.

¹⁰¹ C. LASARTE, "Génesis y constitucionalización de la función social de la propiedad", op. cit., p. 107.

¹⁰² P. LUCAS VERDÚ, "Art. 33", in *Constitución española. Edición comentada*, por Sánchez-Agesta, P. Lucas Verdú, G. Trujillo e P. de Vega, Madri, 1979, p. 95.

¹⁰³ R. WIETHÖLTER, "Probleme des bürgerlichen Erbrechts", in *Rechtswissenschaft*, Frankfurt a. M., 1968, pp. 231 ss.; T. MAUNZ, "Art. 14", op. cit., p. 27, em que menciona expressamente a "*Sozialfunktion des Erbrechts*". Entre os exegetas da Constituição espanhola, a projeção do princípio da função social à sucessão hereditária produziu reações diversificadas. Assim, para F. GARRIDO FALLA, a aplicação de tal princípio através da tributação progressiva significa um ataque à proprie-

3.3. Parágrafo 3: a expropriação no sistema constitucional

Esse parágrafo enuncia uma garantia específica do direito de propriedade privada, que se soma àquelas que expusemos anteriormente e que lhe corresponde como direito fundamental. Após proclamar o princípio de que "Ninguém poderá ser privado de seus bens e direitos", são assinaladas as situações que deverão concorrer para que se excetue essa regra geral.

a) De acordo com a exegese doutrinal, a expropriação implica uma ablação ou privação, total ou parcial, de bens ou de direitos. O Tribunal Constitucional tem declarado que se trata da "privação singular da propriedade privada ou de direitos ou de interesses patrimoniais legítimos acordada imperativamente com os poderes públicos, por causa justificada de utilidade pública ou interesse social", sendo necessário, "para que se aplique a garantia do artigo 33.3 da Constituição, que se verifique o dado da privação singular característica de toda expropriação, isto é, a subtração ou ablação de um direito ou interesse legítimo imposta a um ou vários sujeitos" (STC 227/1988, FJ 11). Diferencia-se, dessa forma, dos limites, vínculos ou deveres que, em virtude do princípio de função social, podem ser impostos ao direito de propriedade[104]. Daí o caráter prévio da determinação do conteúdo essencial da propriedade, pois só depois de estabelecido será possível distinguir os pressupostos delimitadores e embasadores do direito para a intervenção legislativa, que não pode desconhecer seu conteúdo essencial, daqueles outros que constituem uma privação do direito (expropriação) ou uma transgressão à própria Constituição. No entanto, as fronteiras que separam esses diversos tipos de atuação legal nem sempre são evidentes. Na Alemanha, por exemplo, a jurisprudência manteve diversas teses sobre o tema. Assim, em alguns casos, recorreu ao critério *material* representado pela *teoria da inexigibilidade* (*Zumutbarkeitstheorie*), que considera expropriação aquelas intervenções que envolvem uma limitação extraordinária na substância (*Kerngehalt*) do direito de propriedade. Essa tese tem a vantagem de permitir um exame diferenciado de cada caso concreto, mas implica o perigo de sua indeterminação em detrimento do princípio da segurança jurídica. Outras vezes recorreu-se a um critério *formal* representado pela *teoria do ato singular* (*Einzelaktstheorie*), que considera expropria-

---

dade privada no momento de sua transmissão *causa hereditatis*. "Embora seja óbvio", escreve, "que um imposto desse tipo não é inconstitucional, é bom recordar os limites que a própria Constituição impõe, que tal imposto não tenha caráter confiscatório (art. 31.1) e que não atente à situação 'social, econômica e jurídica familiar' (art. 39.1)" ("Artigo 33", in *Comentarios a la Constitución*, org. por F. Garrido Falla, Madri, 1980, pp. 426-7). Enquanto para R. Tamames, "os impostos sobre sucessões são uma forma importante de participação da sociedade nos esforços de acumulação de seus membros, e geram amplas possibilidades de redistribuição de riqueza" (*Introducción a la Constitución española*, Madri, 1980, p. 63).

[104] Cf. E. García de Enterría e T. R. Fernández, *Curso de Derecho administrativo*, Madri, 1991, vol. II, pp. 230 ss.; F. Garrido Falla, "Artículo 33", op. cit., pp. 425 ss.; R. Parada, *Derecho administrativo*, Madri, 1995, vol. I, pp. 606 ss.; J. L. de los Mozos, *El derecho de propiedad: Crisis y retorno a la tradición jurídica*, op. cit., pp. 210 ss.

ção qualquer intervenção que fira o princípio de igualdade ao impor ônus ou sacrifícios a indivíduos ou grupos que não se impõem aos demais possuidores de bens ou direitos da mesma natureza. Objetou-se a essa teoria a dificuldade que significa a determinação dos bens ou direitos que pertencem ao mesmo gênero jurídico (*Rechtsgattung*) e sua inadequação para reparar as intervenções de caráter geral que envolvam uma lesão do direito de propriedade. Para completar ou superar essas teses o *Bundesverfassungsgericht* desenvolveu a *teoria da vinculação social* (*Sozialbindungsansatz*), segundo a qual existe expropriação não apenas nos casos de privação singular ou individualizada, mas também quando afeta a maioria. Essa tese tem a vantagem de conceber a expropriação como um ônus à propriedade que ultrapassa os limites de sua vinculação social; com isso, remete a um critério constitucional (a obrigação de que o uso da propriedade sirva ao bem-estar geral, de acordo com o art. 14.2 G. G.) a determinação das intervenções delimitadoras do conteúdo da propriedade das quais são atos expropriatórios[105]. Na Itália, a *Corte Costituzionale* considerou tradicionalmente expropriações todas as intervenções sobre a propriedade que incidem sobre o destino "natural" do bem em determinado momento histórico, ou que diminuem notavelmente seu valor de troca. Embora não sejam consideradas expropriações a delimitação objetiva e determinável *a priori* das diversas categorias de bens e a regulamentação geral do regime de posse. A *Corte* reservou-se uma área de discricionariedade para decidir sobre as situações intermediárias[106]. Na Espanha, o Tribunal Constitucional assinalou que "distintas [da expropriação] são as medidas legais de delimitação ou regulação geral de um direito que, sem privar singularmente dele seus titulares, constituem uma configuração *ex novo* modificativa da situação normativa anterior", de forma que, "embora impliquem uma reforma restritiva daqueles direitos individuais ou a limitação de algumas de suas faculdades, não estão proibidas pela Constituição nem dão lugar, por si sós, a uma compensação indenizatória", mas aparecem justificadas nas exigências do interesse geral que o legislador deve ter presentes, o que é especialmente evidente com relação ao direito de propriedade, cujo conteúdo, por imperativo direito constitucional (art. 33.2 da Constituição), deve ser delimitado pela lei em atenção à sua fun-

---

[105] Cf. H. P. Ipsen, "Das Bundesverfassungsgericht und das Privateigentum", *AöR*, 1966, n. 91, pp. 85 ss.; O. Kimminich, op. cit., pp. 208 ss.; T. Maunz, op. cit., pp. 43 ss.; L. Parejo Alfonso, "La garantía del derecho de propiedad y la orientación urbanística en el Derecho Alemán", *REDA*, 1978, n. 17, pp. 245 ss.; H. Weber, "Art. 14 GG", in *Rechtsprechung zum Verfassungsrecht II. Die Grundrechte*, Munique, 1977, pp. 115 ss.; N. Reich, *Mercado y Derecho*, trad. esp., Barcelona, 1985, pp. 91 ss.

[106] Cf. M. S. Giannini, "Basi costituzionali della proprietà privata", *Politica del diritto*, 1971, n. 4-5, pp. 443 ss.; G. Tarello, "Storiografia giuspolitica e interventi della Corte Costituzionale in materia di proprietà", in G. Tarello (org.), *Materiali per una storia della cultura giuridica*, Bolonha, 1976, vol. VI, pp. 595 ss.; G. palma, "Espropriazione per pubblico interesse", in P. Rescigno (org.), *Trattato di diritto privato*, vol. 7, *Proprietà*, t. I, Turim, 1982, pp. 257 ss.; S. Rodotà, *Il terribile diritto*, Bolonha, 1981, pp. 393 ss.; G. Alpa e M. Bessone, *Poteri dei privati e statuto della proprietà. II. Storia, funzione sociale, pubblici interventi*, Pádua, 1980, pp. 216 ss.

ção social (STC 227/1988, FJ 11), de tal modo que, embora as limitações que a lei estabeleça ao delimitar o conteúdo do direito de propriedade sobre as distintas classes de bens, em conformidade com sua função social, "impliquem uma restrição dos direitos (ou simples faculdades), que antes [da mudança legislativa] tinham, não implicam necessariamente privação de direitos que permita, em consequência, exigir a indenização que o art. 33.3 da Constituição garante" (STC 149/1991, FJ 8.A), a não ser, naturalmente, que tais limitações impostas pela lei signifiquem "desconhecer seu conteúdo essencial, pois nesse caso não caberia falar de uma regulamentação geral do direito, e sim de uma privação ou supressão dele que, embora predicada pela norma de maneira generalizada, se traduziria em um despojo de situações jurídicas individualizadas, não tolerado pela norma constitucional, a não ser que medeie a indenização correspondente" (STC 227/1988, FJ 11), e isso ocorreria se as medidas contidas na lei reguladora e delimitadora do direito chegassem "a anular sua utilidade meramente individual", desnaturalizando-o de modo que se torne "irreconhecível como pertencente ao tipo [constitucionalmente] descrito, tanto do ponto de vista histórico como com relação ao conjunto de interesses que a propriedade privada incorpora como instituição jurídica", na medida em que isso supõe desconhecer "o conteúdo essencial ou mínimo da propriedade privada entendido como recognoscibilidade de cada tipo de direito dominial no momento histórico de que se trate e como praticabilidade ou possibilidade efetiva de realização do direito, sem que as limitações e deveres que se imponham ao proprietário devam ir além do razoável" (STC 37/1987, FJ 2), como já dito anteriormente no item 3.2.

b) Em relação ao *objeto* da expropriação, a Constituição o relaciona a todos os "bens e direitos", âmbito cuja determinação o Tribunal Constitucional remete à legislação vigente, esclarecendo que a Constituição acolhe um conceito amplo sobre o possível objeto da expropriação (STC 108/1986, FJ 20). O artigo 1.1 da Lei de Expropriação Forçada de 16 de dezembro de 1954 define a expropriação como "qualquer forma de privação da propriedade ou direitos e interesses patrimoniais legítimos, [...] quer impliquem a venda, troca, concessão, arrendamento, ocupação temporária ou simples cessação de seu exercício". Isso significa que podem ser objetos expropriáveis todos os bens e direitos, reais e de crédito, sob a condição, naturalmente, de que tenham valor patrimonial e sejam alienáveis, o que exclui os bens de domínio público salvo prévia ou simultânea desafetação (mas não os direitos de aproveitamento privativo ou especial de bens de domínio público: STC 227/1987, FJ 11), os direitos da personalidade e os direitos de família, que por ser *extra commercium* são inalienáveis e, desse modo, inexpropriáveis. Os interesses patrimoniais legítimos, como não são constitutivos de direitos, estritamente falando, não são objetos expropriáveis, mas são indenizáveis em consequência da expropriação dos bens ou direitos que os sustentam[107]. Por outro lado, a privação do direito

---

[107] Cf. E. García de Enterría e T. R. Fernández, op. cit.,vol. II, pp. 223-4; R. Parada, op. cit., vol. I, p. 632.

não precisa ser plena, pois é expropriável apenas alguma ou algumas das faculdades que constituem a plena titularidade sobre o direito, de modo que a privação signifique a imposição de uma concessão, arrendamento, ocupação temporária ou cessação no exercício de um direito, como estabelece, para efeito meramente enunciativo e sem excluir outros casos[108], o preceito invocado da Lei de Expropriação Forçada, que exclui a imposição de serviços pessoais[109]. De qualquer modo, "apenas são indenizáveis as privações de direitos certos, efetivos e atuais, mas não eventuais e futuros", e, portanto, não o são as expectativas (STC 108/1986, FJ 20). Consequentemente, a Lei Superior espanhola assume as correntes doutrinais e jurisprudenciais mais avançadas inclinadas a indenizar todos os sacrifícios nos bens e direitos, impostos pelos poderes públicos e suscetíveis de uma compensação econômica, sempre que não se trate do legítimo exercício da competência delimitadora da propriedade que, respeitando seu conteúdo essencial, corresponde ao poder legislativo. É por isso que as pretensões de direito público fundadas em qualquer privação de bens ou direitos com valor patrimonial, incluídos no âmbito descrito, cabem, salvo a exceção há pouco assinalada, dentro da garantia constitucional. O mesmo não acontece com o poder social sobre as pessoas, que pode derivar indiretamente do poder jurídico sobre os bens, pelo que o legislador pode regulá-lo ou limitá-lo na forma que julgar necessário sem indenização[110] e em cumprimento ao disposto no artigo 9.2 da Constituição.

c) A *legitimação* de qualquer atividade expropriatória fica expressamente circunscrita na Constituição à concorrência de "causa justificada de utilidade pública ou interesse social". Essa *causa expropiandi* significa, pois, o único expediente justificador e legitimador do exercício do poder expropriador, e funciona como "critério de razoabilidade e proporcionalidade" da medida expropriatória (STC 166/1986, FJ 13). Como tal, em primeiro lugar, barra o caminho para qualquer expropriação arbitrária ou discricionária, já que sempre será preciso citar as razões que a justificam; em segundo lugar, impede qualquer expropriação baseada em interesses particulares; e, por último, apresenta a expropriação forçada como um instrumento e não como um fim, como elemento dentro de uma operação de poder público que a supera e transcende. Essa transcendência não apenas implica a impossibilidade de iniciar a expropriação sem a concorrência da *causa expropiandi*, mas também a sujeição da expropriação já consumada ao serviço efetivo dessa finalidade legal, de modo que o destino ou afetação do bem ou direito expropriado não pode separar-se daquela finalidade, sob pena de reversão[111] ou, até, de imposição de sanções

---

[108] Cf. E. García de Enterría e T. R. Fernández, op. cit., vol. II, p. 241.

[109] Cf. E. García de Enterría e T. R. Fernández, op. cit., vol. II, pp. 223-4; R. Parada, op. cit., vol. I, pp. 631-2.

[110] Com respeito à GG alemã, cf. E. Stein, *Staatsrecht*, op. cit., p. 171.

[111] Embora o Tribunal Constitucional tenha declarado que a reversão não se inclui entre as garantias constitucionais contidas no artigo 33.3 da Constituição, o Supremo Tribunal entende que a reversão é exclusivamente "um direito de configuração legal", que pode faltar em certas expro-

(art. 74 da Lei de Expropriação Forçada, de 16 de dezembro de 1954)[112]. Além disso, como se pode inferir do exposto e como expressamente recorda o Tribunal Constitucional, de um lado, o destino que recebam os bens e direitos expropriados, embora não tenha por que ser necessariamente predeterminado pela finalidade de utilidade pública ou interesse social que declara o legislador como *causa expropiandi*, uma vez que essa finalidade, em muitos casos, pode ser satisfeita por distintos destinos, deve certamente ser adequado para a consecução do fim expropriatório e servir para esse fim; e, por outro lado, "entre a *causa expropiandi* e a determinação dos bens e direitos que devam ser objetos de expropriação existe sempre uma relação necessária, pois só podem ser incluídos na expropriação aqueles que servem a seu propósito legitimador, o que torna injustificada a expropriação de bens ou direitos que não sejam estritamente indispensáveis ao cumprimento desse propósito" (STC 166/1986, FJ 13). A doutrina administrativa distingue a utilidade pública, que se refere às necessidades de funcionamento das diversas atividades e serviços administrativos, inclusive em regime de concessão, e o interesse social, que alude a qualquer tipo de interesse predominante ao individual do proprietário distinto do caso anterior. Este último pode implicar que o beneficiário da expropriação seja eventualmente um órgão público, embora por razão diversa das exigências de seu funcionamento, mas normalmente pressupõe beneficiários privados que não estão em condição de concessionários da administração[113]. Em todo o caso, a determinação do interesse social exigirá levar em consideração os critérios constitucionais que concorrem na delimitação do conteúdo essencial da propriedade e, especialmente, do princípio de sua função social.

d) *Conditio sine qua non* para qualquer caso de expropriação é que se realize "mediante a correspondente indenização". Nos debates parlamentares surgiu uma acirrada polêmica entre aqueles que consideravam que, sem o reconhecimento do caráter prévio da indenização, abria-se o caminho para uma política de confiscos, e aqueles que, pelo contrário, argumentavam que não se podia cercar as expropriações de dificuldades tais que as tornassem praticamente inviáveis. A fórmula usada na Constituição surge como uma tentativa de mediação entre a garantia do direito de propriedade, dentro dos parâme-

---

priações, pois a Lei de Expropriação Forçada "não esgota a regulação legal da matéria expropriatória", a reversão estabelece que "não pode constituir a regra geral única e uniforme para todas as expropriações", além do que a própria Lei de Expropriação Forçada contempla expropriações sem direito de reversão; por outro lado, a reversão está indivisivelmente unida à *causa expropiandi*, porém, como existem expropriações nas quais o fim de utilidade pública ou interesse social pode ser satisfeito por diversos meios, não em todo caso de mudança de afetação, e até de reprivatização, surge o direito de reversão, pois a mudança de afetação ou a reprivatização podem não implicar o não cumprimento ou o desaparecimento da causa da expropriação. A conclusão é que "não existe, pois, no nosso ordenamento nenhuma norma constitucional nem regra legal que imponha para todos os tipos e casos de expropriações o direito de reversão" (STC 67/1988, FJ 6).

[112] Cf. E. García de Enterría e T. R. Fernández, op. cit., vol. II, pp. 225-6.

[113] Cf. E. García de Enterría e T. R. Fernández, op. cit., vol. II, pp. 226-7; F. Garrido Falla, "Artículo 33", op. cit., pp. 431-2; R. Parada, op. cit., vol. I, p. 634.

tros que constitucionalmente a delimitam, e a possibilidade de penetrar até mesmo nessa esfera quando o interesse social ou o interesse público o justifiquem, mediante indenização. Pretendeu-se, com isso, não cair em uma proteção do *status quo*, mas sem incorrer na fórmula do artigo 44.2 da Constituição da Segunda República espanhola que, após reconhecer a obrigatoriedade da indenização nos casos expropriatórios, acrescentava "a menos que disponha outra coisa uma lei aprovada pelos votos da maioria absoluta das Cortes". Disposição da qual se disse que significaria "uma via aberta à desconstitucionalização da propriedade privada"[114]. De acordo com a expressão definitivamente adotada pela norma constitucional, o Tribunal Constitucional entendeu que a indenização não tem necessariamente que ser prévia: "a indenização ao expropriado pode configurar-se como requisito prévio à expropriação, cuja falta de cumprimento impede a ocupação dos bens e direitos objetos da expropriação, ou como consequência e efeito desta, que concede ao expropriado o direito a ser ressarcido do bem expropriado, depois que essa expropriação tenha sido consumada". O artigo 33 da Constituição não exige o prévio pagamento da indenização e isso, juntamente com a garantia de que a expropriação se realize "em conformidade com o disposto pelas leis", faz com que esse artigo permita tanto as expropriações em que a lei impõe o prévio pagamento da indenização como as que não o exigem, não sendo, portanto, inconstitucional a lei que relega o pagamento da indenização à última fase do procedimento expropriatório", como acontece com chamadas expropriações urgentes (STC 166/1986, FJ 13)[115]. A fixação do valor de indenização é um assunto amplamente discutido pela doutrina e sobre o qual existem diversas orientações jurisprudenciais. Na Itália, a *Corte Costituzionale* reconheceu em diversas sentenças que o montante da indenização deve ser "congruente e equitativo", uma "verdadeira reparação" que, embora não tenha que necessariamente corresponder ao valor de mercado dos bens expropriados, deve certamente supor uma compensação não puramente "simbólica" ou "irrisória"[116]. No que diz respeito à doutrina, mostrou-se, em seus setores mais progressistas, que em um sistema de economia mista, que supõe uma paulatina ampliação da empresa pública, pode-se produzir uma limitação ou absorção das empresas privadas sem necessariamente se recorrer às expropriações e, portanto, sem necessidade de indenização[117]. Assinala-se, além disso, que em um clima de transformação social orgânica, no qual as expropriações são efetuadas para reestruturar toda a economia,

---

[114] O. ALZAGA, "Art. 33", in *La Constitución española de 1978*, Madri, 1978, p. 290. No mesmo sentido, J. L. DE LOS MOZOS, op. cit., p. 211.

[115] Contra o critério do Alto Tribunal manifestaram-se E. GARCÍA DE ENTERRÍA e T. R. FERNÁNDEZ, op. cit., vol. II, pp. 271-85, para quem a regra constitucional continua exigindo a "prévia" indenização, embora assinalem quatro exceções de diferentes alcances: as desapropriações, as ocupações temporárias, as expropriações legislativas singulares e as expropriações urgentes.

[116] Cf. G. TARELLO, op. cit., pp. 604 ss.; S. RODOTÀ, *Il terribile diritto*, op. cit., pp. 400-1; G. PALMA, op. cit, pp. 292-7; G. ALPA e M. BESSONE, op. cit., vol. II, pp. 218 ss.

[117] U. RESCIGNO, *Costituzione italiana*, op. cit., p. 30.

as indenizações deveriam ser notavelmente diminuídas, na medida em que elas redundariam em um sistema vantajoso para os próprios expropriados[118]. Essa constante orientação jurisprudencial e doutrinal foi alterada pela reinterpretação realizada pela *Corte Costituzionale* em seguidas sentenças de 1980, que reabriram a polêmica doutrinal. Sem abandonar formalmente a linha original, a nova orientação não confere ao interesse geral o peso que recebera na anterior, e assume o interesse privado como um parâmetro predominante, tendendo, consequentemente, a aproximar o mais possível a medida da indenização dos valores de mercado[119]. Na Alemanha, a indenização tende a cobrir o dano efetivo, mas não o lucro cessante. Ao mesmo tempo, alguns setores da doutrina defendem que, juntamente com o "valor médio" do bem expropriado, seja levado em conta o "valor pessoal que os bens e direitos expropriados têm para o afetado. Isso permite considerar aqueles casos nos quais, ao se beneficiar direta ou indiretamente o proprietário dos resultados da expropriação, o valor desta pode ser fixado abaixo do 'valor médio' de mercado[120]. Na Constituição espanhola menciona-se a 'correspondente indenização' diante da fórmula proposta por alguns parlamentares que intercederam a favor de uma 'justa indenização'. Ainda que, como já se disse, essa exigência 'já está' implicada no próprio conceito de indenização"[121]. Tese correta, pois da expressão literal do texto constitucional se depreende que o valor da indenização deverá corresponder ao valor da privação dos bens e direitos, permitindo que esse valor seja determinado pela justa ponderação das circunstâncias de cada caso, de acordo com a realidade social do momento (art. 3.1 do Código Civil). O Tribunal Constitucional, nessa mesma linha, precisou que a indenização "deve corresponder ao valor econômico do bem ou direito expropriado, sendo, portanto, preciso que entre ele e a quantia da indenização exista um equilíbrio proporcional, para cuja obtenção o legislador pode fixar diferentes modalidades de avaliação, dependendo da natureza dos bens e direitos expropriados, que devem ser respeitadas de acordo com a perspectiva constitucional, a não

---

[118] C. LAVAGNA, *Costituzione e socialismo*, op. cit., p. 30.

[119] Trata-se da Sentença 5/1980, de 30 de janeiro, e a imediata subsequente 13/1980, de 15 de fevereiro. Cf. S. RODOTÀ, *Il terribile diritto*, op. cit., pp. 401-2; G. PALMA, op. cit., pp. 297 ss.; G. ALPA, "Due sentenze della Corte costituzionale in materia di espropriazione", in G. ALPA e M. BESSONE, op. cit., vol. II, pp. 253 ss.; P. BONACCORSI, "Risposte a un questionario sulla sent. n. 5 del 1980 della Corte costituzionale", in G. ALPA e M. BESSONE, op. cit., vol. II, pp. 273 ss.

[120] Cf. as referências bibliográficas reunidas na nota 105.

[121] P. LUCAS VERDÚ, "Art. 33", op. cit., p. 95; J. GARCÍA MORILLO, "Derecho a la propiedad y a la herencia", in ESTEBAN e L. LÓPEZ GUERRA (orgs.), *El régimen constitucional español I*, Barcelona, 1980, p. 191. Já em 1979 (S. de 27 de outubro) o TS (sala 3ª) entendeu que a expressão "correspondente indenização" do artigo 33 da Constituição "é conceito que não pode representar outra coisa que o equivalente econômico do bem ou direito expropriado, sem que a alteração dos critérios constitucionais, em cada situação, possa ser feita de outro modo que por lei posterior à Constituição, caso em que, por sua vez, esse equivalente não se considere garantido pelo próprio texto fundamental", e com isso anunciou um critério indenizatório que pressupõe assegurar uma compensação do "valor real" dos bens expropriados, critério que, como será mostrado imediatamente no texto, o Tribunal Constitucional confirma.

ser que se revelem claramente desprovidas de base razoável. Conforme o exposto, a garantia constitucional da 'correspondente indenização' concede o direito a perceber a contraprestação econômica que corresponda ao valor real dos bens ou direitos expropriados, qualquer que seja este, pois o que garante a Constituição é o razoável equilíbrio entre a perda do expropriado e sua reparação" (STC 166/1986, FJ 13). Com base nisso, a doutrina identifica o "valor real" com o "valor de mercado", uma vez que aquele, em um sistema de economia de mercado (art. 38 da Constituição), resulta do próprio mercado; para entender, a seguir, de acordo com uma pacífica, reiterada e constante jurisprudência do Tribunal Supremo, que o "valor real" ("valor de mercado") não é outro que o "valor de substituição" do bem ou direito expropriado[122]. Esse valor deve ser determinado de acordo com os critérios de justiça, atendendo às concretas circunstâncias do expropriado e a natureza do bem ou direito expropriado, buscando, através de uma reconhecida liberdade de apreciação e estimativa, esse equilíbrio que leva à restituição econômica da privação sofrida. Os critérios valorativos gerais encontram-se na Lei de Expropriação Forçada e sua enumeração pode ser conveniente para uma adequada compreensão do assunto: a indenização deve referir-se apenas ao valor objetivo do bem ou direito expropriado e não ao valor subjetivo (sentimental ou afetivo) que possa ter para seu titular[123]; deve incluir a compensação de todos os prejuízos, inclusive os derivativos, que tenham origem na operação expropriatória; não deve ser incluída na indenização a valorização que nos bens e direitos expropriados possam significar os planos ou projetos que estão na base da expropriação (tampouco, consequentemente, as desvalorizações derivadas da afetação que implique a expropriação); apenas se indenizam as melhorias anteriores à iniciação do processo de expropriação, e as posteriores de simples conservação; o valor deve ser determinado com referência ao momento de início do processo de avaliação[124].

e) Finalmente, com relação ao *procedimento*, exige-se que a expropriação se realize "de acordo com o disposto nas leis", uma vez que se confia à legalidade a salvaguarda dos legítimos interesses do expropriado. Assim o entende o Tribunal Constitucional quando declara que "essa garantia é estabelecida em benefício dos cidadãos e tem por objeto proteger seus direitos à igualdade e segurança jurídica, estabelecendo o respeito e a submissão a normas gerais de procedimento legalmente preestabelecidas, cuja observância impeça expropriações discriminatórias ou arbitrárias" (STC 166/1986, FJ 13). Justamente aí surgiu uma das questões mais polêmicas: a possibilidade da chamada expropriação legislativa singular e direta, isto é, operações material e/ou formal-

---

[122] Cf. GARCÍA DE ENTERRÍA e T. R. FERNÁNDEZ, op. cit., vol. II, pp. 292-3; R. PARADA, op. cit., vol. I, p. 647; J. L. DE LOS MOZOS, op. cit., p. 217.

[123] Valor que, no entanto, se compensa com um fixo integrado à avaliação como "prêmio de afeição" (ver art. 47 da Lei de Expropriação Forçada).

[124] Para o desenvolvimento dos diversos critérios de avaliação, cf. GARCÍA DE ENTERRÍA e T. R. FERNÁNDEZ, op. cit., vol. II, pp. 294-304; R. PARADA, op. cit., vol. I, pp. 644-9.

mente expropriatórias realizadas não pela administração, mas pelo Legislativo por intermédio de uma *lex specialis*. Por isso, tendo a Constituição confiado ao legislativo e à lei, juntamente com o poder judiciário, a defesa do direito fundamental de propriedade e o controle do exercício do poder expropriatório pela administração, fundadas suspeitas de inconstitucionalidade pesam sobre essas leis singulares, que realizam a expropriação e podem determinar causa, procedimento e indenização, efetuando *ope legis* a transferência dos bens ou direitos expropriados em favor da administração. Os argumentos opostos[125] à constitucionalidade das expropriações legislativas singulares podem ser sistematizados nos quatro seguintes: ausência de previsão constitucional expressa[126]; infração das regras constitucionais de distribuição de competências, que não atribuem ao legislativo competência para realizar expropriações[127]; omissão da medida essencial de prévia audiência ao cidadão interessado[128]; e privação ao expropriado do direito de defesa judicial[129]. Contudo, o Tribunal Constitucional afirmou categoricamente, em pronunciamentos realizados em consequência do controle efetuado sobre a expropriação do grupo RUMASA, a constitucionalidade das expropriações legislativas singulares e

---

[125] Devem-se a R. PARADA, op. cit., vol. I, pp. 624-30. Nas notas seguintes são complementados e desenvolvidos os argumentos em favor da inconstitucionalidade das expropriações legislativas singulares e diretas, que estão descritos sumariamente em seguida do texto.

[126] O artigo 14 da Lei Fundamental alemã admite expressamente a possibilidade de expropriações legislativas singulares ao dispor que a expropriação pode ser efetuada "unicamente por lei ou em virtude de uma lei que estabeleça o modo e a quantia da indenização". Se o constituinte espanhol, bom conhecedor da *Grundgesetz* alemã, em que tanto se inspirou, não incluiu uma fórmula semelhante, mas inclinou-se a manter a expressão tradicional do constitucionalismo histórico, é, sem dúvida, porque rejeitou a expropriação legislativa singular, que não aparece admitida nem na vigente Lei de Expropriação Forçada, nem nas anteriores.

[127] A Constituição atribui fundamentalmente às Cortes Gerais e aos Parlamentos autônomos as competências relativas à elaboração de normas gerais e ao controle do governo e da administração. Uma lei singular expropriatória significa infringir a distribuição constitucional de competências porquanto implica um ato administrativo singular embora com categoria legal formal. Os Parlamentos só têm competência para autorizar expropriações, e não para realizá-las diretamente, o que cabe à administração; igualmente também não dispõem de atribuições para impor multas de trânsito, revogar licenças administrativas, impor sanções disciplinares a funcionários etc. e, evidentemente, não têm competências judiciais, e, portanto, não é de admirar a incompetência parlamentar para realizar expropriações.

[128] É impossível incorporar no procedimento legislativo que deve levar à aprovação de uma lei singular expropriatória o essencial processo de audiência do interessado, garantido no artigo 105 da Constituição, que assim, necessariamente, é infringido. Nesse sentido e com relação exatamente ao processo de audiência, o TS (sala 4ª), em sua sentença de 21 de junho de 1980, estabeleceu que a expropriação deve ser feita, com prévia "existência de causa jurídica de utilidade pública ou interesse social (e) mediante a correspondente indenização", de acordo com o disposto pelas leis, "isto é, com o disposto, em primeiro lugar, na Lei de Expropriação Forçada de 16 de dezembro de 1954".

[129] Ao se realizar a expropriação não por um ato administrativo, que é impugnável diante da jurisdição ordinária, mas através de um ato de categoria formalmente legal, realiza-se nos termos de indiscutibilidade e irresistibilidade próprios dos atos legislativos, contra os quais não cabe recurso judicial, burlando-se, assim, a garantia diante da indefensabilidade consagrada no artigo 24 da Constituição, mediante o reconhecimento do direito à tutela judicial efetiva e à defesa.

diretas no âmbito que descreve. Afirma o Superior Tribunal que, "apesar de não se poder ignorar que a Constituição delega o poder legislativo do Estado às Cortes Gerais e o executivo ao governo e, portanto, essa separação deve ser normalmente respeitada a fim de se evitar o desequilíbrio institucional que implica a intromissão de um desses poderes na função própria de outro", da mesma forma que em casos de urgente e extraordinária necessidade o governo pode ditar decretos-leis, em situações idênticas podem ser aprovadas leis singulares, cuja adoção "deve estar circunscrita àqueles casos excepcionais que, por sua extraordinária importância e complexidade, não são remediáveis pelos instrumentos normais de que dispõe a administração, obrigada a atuar com sujeição ao princípio da legalidade, nem pelos instrumentos normativos ordinários, tornando-se por isso necessário que o legislador intervenha singularmente, com o único propósito de arbitrar solução adequada a uma situação singular", de modo que, embora o poder expropriatório seja considerado parte da função administrativa que corresponde à administração, não há obstáculo em aceitar "que o legislador exerça singularmente esse poder quando o justifique uma situação excepcional, e isso é perfeitamente transferível à nossa Constituição, que não estabelece reserva da matéria de expropriação em favor da administração", por isso "não se pode ter dúvida, do ponto de vista formal, que as expropriações *ope legis* são, enquanto leis singulares, constitucionalmente legítimas, embora requeiram, por ser expropriatórias, que respeitem as garantias do artigo 33.3 da Constituição", e, entre elas, que tenham "uma específica finalidade de utilidade pública ou interesse social, mas é preciso que essa finalidade esteja apoiada em uma hipótese de fato singular e excepcional, que tenha adequação com a natureza, igualmente singular e excepcional que têm as expropriações legislativas e, nesse sentido, sua *causa expropiandi* funciona como critério de razoabilidade e proporcionalidade da medida legislativa expropriatória", que tampouco fragiliza a garantia indenizadora do artigo 33.3 da Constituição quando concorda com "a imediata ocupação dos bens e direitos expropriados e a transmissão de sua propriedade, que não contêm regras excludentes da indenização ou modalidades de avaliação determinantes, direta ou indiretamente, de consequências confiscatórias"; quanto ao procedimento expropriatório, o Tribunal Constitucional sustenta que a "natureza excepcional e singular [das leis singulares de expropriação] não autoriza o legislador a prescindir da garantia do procedimento expropriatório estabelecido nas leis gerais de expropriação, ao qual devem igualmente submeter-se", sem que isso seja obstáculo "para que a própria singularidade da situação de fato que legitima a expropriação legislativa autorize o legislador a introduzir no procedimento geral as modificações exigidas por essa singularidade excepcional, desde que se insiram como especialidades razoáveis que não dispensam da observância as demais normas dos procedimentos contidos na legislação geral" (STC 166/1986, FJ 13); por fim, embora o Tribunal reconheça que na expropriação legislativa "se produz uma inegável limitação da tutela judicial na medida em que os expropriados por lei singular na qual são determinados os bens e direitos a expropriar se vêm privados da ação judicial que teriam na situação em [...] ato administrativo", entende que "a inexistência de recursos diretos diante da lei não quer dizer, no entanto, que os expropriados fiquem indefesos diante da *causa expropiandi* declarada em uma lei singular, pois [...] os expropriados que considerem que a privação singular de seus bens ou direitos carece de base razoável ou é desproporcional poderão [...] alegar perante os juízes e Tribunais a violação de seu direito à igualdade, e no procedimento correspondente solicitar do órgão judicial a proposição de questão de inconstitucionalidade por violação do referido direito fundamental, o que dará lugar ou a que se leve a questão ao Tribunal Constitucional ou a uma resolução judicial denegatória motivada, outorgando-se assim conteúdo ao direito de tutela judicial diante da lei questionada; além disso, poderão interpor o correspondente mandado de segurança através do qual este Tribunal terá oportunidade de ajuizar a inconstitucionalidade da expropriação" (STC 166/1986, FJ 15). Em todo o caso, não se pode ocultar a fragilidade do discurso do Tribunal Constitucional, que fez com que a plena constitucionalidade que declara seja uma conclusão discutível[130] e muito discutida[131]. Não se pode

---

[130] Na parcialmente reproduzida STC 166/1986 e nas outras a que deu lugar a expropriação do grupo RUMASA: 111/1983, 67/1988 e 6/1991.

[131] Em primeiro lugar, a doutrina apresentada pelo Tribunal Constitucional reconhece uma efetiva intromissão do poder legislativo nas funções do executivo que é intolerável, porquanto, por mais esforços argumentativos que o Tribunal aplique, não parece motivada nem constitucionalmente justificada; ao mesmo tempo que, como observa com certa ironia R. PARADA (op. cit., vol. I, p. 629), "definitivamente, o Tribunal Constitucional com base na 'flexibilidade' e 'fungibilidade' do princípio de divisão de poderes deu à luz uma nova categoria de atos administrativos que bem poderiam ser batizados como 'leis-decretos', pois se se fala de decretos-leis para significar as normas com valor de lei, porém de origem governamental, as 'leis-decretos' serviriam de agora em diante para denominar essas atuações singulares na qual as Cortes Gerais realizam atos administrativos em situações de 'extraordinária e urgente necessidade' e nas quais se manifesta, além disso, imaginamos, a prévia impotência do governo. Mas, em nossa opinião, essa extraordinária descoberta da figura da 'lei-decreto' é inconstitucional e desnecessária: inconstitucional, em primeiro lugar, pela falta de reconhecimento explícito na Constituição, da mesma forma que o possuem os decretos-leis, sem que seja lícito recorrer à analogia para alterar a divisão de funções e competências que a Constituição estabelece; e, de qualquer forma, desnecessária, pois para dar respostas a essas situações de extraordinária e urgente necessidade a Constituição previu precisamente o decreto-lei, não sendo a 'lei-decreto' outra coisa que a mesma meia do avesso. De fato, não há um só caso que se possa citar como situação de extraordinária e urgente necessidade que não pudesse ser resolvido com um decreto-lei". Em segundo lugar, o Tribunal Constitucional não resolve, em absoluto, a acusação que pesa sobre as expropriações legislativas de infração do processo essencial de prévia audiência que o artigo 105 da Constituição estabelece. Finalmente, sobre o questionamento que se faz ao Tribunal Constitucional em relação à tutela judicial diante das leis singulares, deve ser suficiente reproduzir parcialmente o voto particular que os magistrados discordantes da maioria na Sentença 166/1986, RUBIO LLORENTE e TRUYOL SERRA, subscreveram: "Para demonstrar a insustentabilidade dessa tese, basta recordar que em nosso Direito nem a jurisdição constitucional faz parte do poder judiciário, nem cabe mandado de segurança diante das leis, nem pode se reduzir o direito fundamental à tutela judicial efetiva à possibilidade de pedir a um juiz ou Tribunal que apresente ao Tribunal Constitucional uma questão de inconstitucionalidade em termos abstratos, baseada nas dúvidas que o órgão proponente abriga e sem que exista sequer a possibilidade de que o autor da petição (titular do direito) compareça diante de nós em defesa de sua tese. Se a salvaguarda do direito fundamental garantido pelo artigo 21.1 da Constituição só for possível em caso de

concluir sem recordar que o Tribunal Constitucional já havia declarado a constitucionalidade formal e material do uso do expediente do decreto-lei em expropriações, sempre que não implique uma afetação do conteúdo dos direitos fundamentais, particularmente do direito de propriedade, e ocorram as circunstâncias extraordinárias e urgentes que justificam constitucionalmente a própria existência do decreto-lei (STC 111/1983). Também essa sentença, que foi precedida de um intenso debate, foi discutida[132].

---

expropriação legislativa por razões apresentadas pela maioria, seria necessário concluir que toda lei singular de expropriação o viola e que, consequentemente, não cabe em nosso Direito essa forma de expropriação." É fácil, pois, inferir por que R. PARADA (op. cit., vol. I, p. 628) não tem dúvida em qualificar os fundamentos da sentença do Tribunal Constitucional que nos ocupou de "fraude argumentativa", e sua explicação de "inadequada e fraudulenta".

[132] O Real Decreto-Lei 2/1983, de 23 de fevereiro, de expropriação do grupo RUMASA, convalidado pelo Congresso dos Deputados em 2 de março (Lei 7/1983), provocou um intenso debate parlamentar, cujos temas centrais foram:

1) A pretensa fragilidade da reserva de lei exigida pelo artigo 53.1 da Constituição para "regulamentar o exercício" dos direitos reconhecidos no capítulo II do título I, onde está localizado o artigo 33. Essa postura foi defendida expressamente pelos deputados Herrero y Rodríguez de Miñon, do Grupo Popular (DSC de 1 de março de 1983, n. 15, pp. 605 ss.), e Rodríguez Sahagún, do Grupo Misto (ibid., pp. 622 ss.), e implicitamente por Roca i Junyent, da Minoria Catalã (DSC de 2 de março de 1983, n. 16, pp. 645 ss.). O ministro da Economia e Fazenda, Foyer Salvador, havia argumentado previamente em favor da constitucionalidade do decreto-lei ao indicar que ele não significava uma regulamentação geral do direito de propriedade, mas afetava uma situação que o próprio artigo 33.3 excluía do âmbito da proteção do direito na presença de uma causa de utilidade pública ou interesse social (ibid., n. 15, p. 600). Ao mesmo tempo, o ministro da Justiça, Ledesma Bartret, argumentou, contrariamente àqueles que denunciavam que o decreto-lei infringia o disposto no artigo 53.1, que o que tal artigo garantia era a regulamentação ou delimitação dos direitos, mas não a privação concreta de um direito de propriedade em um caso singular, para o que basta que se realize de acordo com as leis e com a correspondente indenização, segundo o artigo 33.3 da Constituição (ibid., n. 15, p. 614). Em favor da constitucionalidade do decreto-lei manifestou-se, também em representação do Grupo Socialista, o deputado Silva Cienfuegos-Jovellanos, que insistiu na necessidade de interpretar o artigo 33 em relação aos artigos 128 e 131 (ibid., n. 16, pp. 654 ss.).

2) Aduziu-se, também, a violação do artigo 86.1 da Constituição, que proíbe a regulamentação do decreto-lei quando afete "os direitos, deveres e liberdades dos cidadãos reunidos no título I", por parte dos deputados Herrero y Rodríguez de Miñon (ibid., n. 15, pp. 603 ss.) e Rodríguez Sahagún (ibid., n. 15, p. 623). Enquanto o ministro de Economia e Fazenda defendeu, em relação a esse ponto, que a exclusão do decreto-lei a que alude o artigo 86.1 "refere-se exclusivamente aos direitos, deveres e liberdades reservados à Lei Orgânica, isto é, aos contidos na seção I, do capítulo II, do título I da Constituição, entre os quais não se encontra o artigo 33, regulador do direito de propriedade" (ibid., n. 15, p. 600). Essa tese foi reafirmada pelo ministro da Justiça (ibid., n. 15, pp. 612-3).

3) O deputado Herrero y Rodríguez de Miñon abordou também a eventual infração do princípio de hierarquia normativa, pois, em sua opinião, o texto do decreto-lei violava o disposto na Lei de Expropriação Forçada de 1954 (ibid., n. 15, p. 605). Enquanto o ministro da Economia e Fazenda entendia que o decreto-lei havia respeitado, e até mesmo ampliado, as garantias da citada Lei de Expropriação Forçada de 1954 (ibid., n. 15, p. 601), no que insistiu também o ministro da Justiça (ibid., n. 15, p. 614).

Realmente não parece haver obstáculos para aceitar a constitucionalidade do decreto-lei. De fato, a interpretação sistemática e material da Constituição, que ligue o artigo 33 com as demais normas que contribuem para configurar seu significado constitucional, permite situar a expropria-

A Constituição, em suma, reconhece a propriedade privada como um direito fundamental, o que implica que não estende sua proteção à liberdade individual de apropriação exclusiva, excludente e ilimitada de bens, mas ao direito de participação nos frutos do processo econômico que garante a todos o pleno desenvolvimento de suas capacidades, de acordo com os valores superiores de um ordenamento que se define a si mesmo como "social e democrático".

ção dentro dos limites previstos pelo artigo 33.2, sem que o conteúdo do decreto-lei signifique uma infração do sistema constitucional da propriedade ou de sua proteção, nem, portanto, viole o artigo 53.1. No entanto, deve-se discordar das teses que os ministros de Economia e Fazenda e da Justiça sustentaram quanto à interpretação do artigo 86.1 da Constituição, pois deve-se entender que não pode ser regulamentado por decreto-lei tudo o que afeta (no sentido de uma regulamentação geral do Direito) o estatuto de *todos* os direitos fundamentais reconhecidos no título I. A redação do próprio artigo 86.1 parece clara a esse respeito ao não sugerir nenhuma exceção aos direitos reconhecidos no título I. Até mesmo, em caso de dúvida, a projeção do princípio do constitucionalismo comparado *favor libertatis* mostraria plenamente a necessidade de se reservar para a disciplina dos direitos fundamentais as disposições de maior categoria normativa. Contudo, o Decreto-Lei 2/1983, objeto de polêmica, não parece incidir na previsão do artigo 86.1, uma vez que não trata de delimitar ou regular com caráter geral o direito de propriedade, mas apenas de aplicar a um caso concreto, ainda que de especial importância, a cláusula expropriatória prevista no artigo 33.3, mantendo inalterado o conteúdo constitucional do direito de propriedade (no mesmo sentido, STC 111/1983, FJ 8). Portanto, deve-se entender que esse decreto-lei tampouco infringe o princípio de hierarquia normativa, por qualquer eventual violação da Lei de Expropriação Forçada de 1954; pelo contrário, o decreto-lei significa uma aplicação normativa do sistema expropriatório *conforme a Constituição*. Em suma, trata-se de afirmar que, em qualquer caso, é a Constituição através de seu artigo 33 que deve orientar a interpretação do sistema expropriatório em seu conjunto, isto é, da própria Lei de Expropriação Forçada (o que neste caso se realizou mediante decreto-lei), e não a Lei de Expropriação Forçada a que deve inspirar a interpretação da Constituição.

Nessa linha, o Tribunal Constitucional declarou a plena constitucionalidade formal e material do decreto-lei na sentença citada no texto, cuja decisão também foi polêmica, pois foi adotada após um empate de seis votos decidido pelo presidente, embora os magistrados dissidentes apenas tenham discordado parcialmente, pois entendiam que deveriam declarar inconstitucional o decreto-lei exclusivamente no que se refere à aquisição do pleno domínio das ações das sociedades expropriadas por força da lei e à obrigação de que os titulares das ações expropriatórias ficassem constituídos em uma comunidade. O processo posterior de gestão econômica e privatização dos bens expropriados acrescentou novas dúvidas sobre a constitucionalidade, ou ao menos sobre a legalidade, do fato, na medida em que parece ter se separado da utilidade pública e interesse social que motivou a expropriação. No entanto, veja sobre a reversão o referido anteriormente na nota 111, em que está reunida a doutrina do Tribunal Constitucional a esse respeito, baseada na terceira das sentenças a que deu lugar a expropriação do grupo RUMASA.

CAPÍTULO 13

QUALIDADE DE VIDA E MEIO AMBIENTE NA CONSTITUIÇÃO

ARTIGO 45

1. *Todos têm o direito de desfrutar de um meio ambiente adequado para o desenvolvimento da pessoa, assim como o dever de conservá-lo.*
2. *Os poderes públicos zelarão pelo uso racional de todos os recursos naturais, com o fim de proteger e melhorar a qualidade da vida e defender e restaurar o meio ambiente, apoiando-se na indispensável solidariedade coletiva.*
3. *Para aqueles que violarem o disposto no parágrafo anterior, nos termos que a lei fixar, serão estabelecidas sanções penais ou, dependendo do caso, administrativas, assim como a obrigação de reparar o dano causado.*

1. PRESSUPOSTOS GERAIS DO PRECEITO

Constitui um mérito da *Integrationslehre*, formulada por Rudolf Smend há 50 anos, ter atribuído aos direitos fundamentais uma dupla tarefa: concretizar e garantir as liberdades existentes, e estabelecer o horizonte emancipatório a alcançar[1]. Nessa segunda função dos direitos fundamentais se enquadra o reconhecimento no texto constitucional espanhol do direito à qualidade de vida através de uma adequada proteção do meio ambiente. É óbvio que tal direito não pode ser concebido mais que como uma aspiração ou meta, cujo êxito exige importantes transformações culturais e socioeconômicas.

No decorrer destes últimos anos poucas questões suscitaram tão ampla e heterogênea preocupação como a que se refere às relações do homem com o meio ambiente em que se encontra imerso, que condiciona sua existência e que por ele pode até ser destruído. Deve-se, portanto, considerar como uma característica de sensibilidade e abertura ao sinal dos tempos que a Constituição espanhola proclame, já no próprio preâmbulo, a vontade de "assegurar a todos uma qualidade de vida digna". Esse princípio programático, cujo valor interpretativo é inegável, pois significa uma "declaração solene de intenção que formula coletivamente o poder constituinte"[2], tem seu desenvolvimento específico no texto do artigo 45. Esse artigo aparece, desse modo, estreitamen-

---

[1] R. SMEND, *Bürger und Bouorgeois im deutschen Staatsrecht* (1993), publicado posteriormente em seus *Staatsrechtliche Abhandlungen*, 2. ed., Berlim, 1968, pp. 309 ss.; ver também seu trabalho "Integrationslehre", in *Handwörterbuch der Sozialwissenschaften*, vol. V, 1966, pp. 299 ss.

[2] O. ALZAGA, *La Constitución española de 1978 (Comentario sistemático)*, Madri, 1978, p. 69.

te ligado com os valores-guia ou fundamentais (*Grundwerte*) da Constituição. Nesse sentido, sua significação prioritária não pode ser contemplada à margem do modelo de sociedade que a Constituição quer promover.

1.1. Aspectos da formação histórica da temática ambiental

Apesar de, como se disse, a preocupação coletiva pelo meio ambiente constituir uma característica definidora de nossa época, a tensão homem-natureza foi uma constante nas diversas etapas da evolução cultural. Durante milênios, a existência e o pensamento humanos se desenvolveram em necessária relação com a natureza. Não por acaso o homem encontrou em seu meio natural o ponto de referência para suas possibilidades de ação transformadora. Além disso, desde as etapas iniciais da história, o homem recorre à natureza para uma melhor compreensão de sua própria dimensão social. Assim, o período cosmológico da filosofia grega supôs a projeção das ideias de ordem e de regularidade dos fenômenos da natureza para a explicação da ordem social humana. Ao mesmo tempo, em um período imediatamente posterior – o antropológico – tentou-se compreender a natureza através da experiência organizativa da convivência político-social. Natureza e sociedade formarão, portanto, uma unidade inseparável cujas manifestações externas flutuarão de acordo com o desenvolvimento dos sistemas econômicos de produção, as formas de organização social e a evolução dos conhecimentos científicos e técnicos[3].

O Renascimento foi interpretado como uma volta à clássica dialética conciliadora entre a natureza e a cultura. Da mesma forma que no século XVIII o termo "natureza" passou a ser, graças à obra de Rousseau, uma espécie de moeda ideal de ampla circulação intelectual com a qual foram avaliados os mais variados aspectos da cultura, assim como as instituições sociais e políticas. Convém observar que as teses de Rousseau não postularam uma volta à vida selvagem, como equivocadamente insinuou uma ampla tradição interpretati-

---

[3] Sobre a interação natureza-sociedade insistiram particularmente K. Marx e F. Engels, que assinalavam, expressamente, que a atitude do homem diante da natureza se encontra determinada pela forma social e vice-versa. Por isso, a identidade entre a natureza e o homem (*identität Von Natur und Mensch*) apresenta-se de modo que a atitude limitada dos homens para com a natureza condiciona a atitude limitada de alguns homens para com outros. Até mesmo no manuscrito ficou marcada a frase: "Mein Verhältnis zu meiner Umgebung ist mein Bewusstsein" (minha relação com meu ambiente é minha consciência). "Die deutsche Ideologie", in *Marx-Engels-Werke*, vol. 3, Berlim, 1958, pp. 30-1. Ver também os trabalhos de: J. Ballesteros, *Ecologismo personalista. Cuidar la naturaleza, cuidal al hombre*, Madri, 1995; V. Bellver, *Ecología: de las razones a los derechos*, Granada, 1994; L. Boff, *Ecología: grito de la Tierra, grito de los pobres*, trad. esp., Madri, 1996; S. Cotta, "Uomo e natura", in *L'uomo e l'ambiente*, Atti del XXII Convegno Nazionale di Studio, Roma, 6-7 de dezembro de 1971, Roma, 1972, pp. 6 ss.; F. Garrido Peña (org.), *Introducción a la ecología política*, Granada, 1992; F. Mires et al., *Ecología solidaria*, Madri, 1996; L. Serrano, *Ecología y Derecho*, Granada, 1993; R. Villar e B. Espinet, "Ecología, ecologismo y movimento ecologista", in *Ecología y Política*, Jornada de Murcia, maio de 1979, *Zona Abierta*, 1979, n. 21, pp. 34 ss.

va que parte de Voltaire. Em vez disso, o que Rousseau vislumbra é "uma cultura que com seus meios – dos quais já não se podia fazer abstração na história – *restabelecesse a um nível superior* o estado natural de igualdade entre os homens, sua vida harmoniosa em comunidade, sua felicidade baseada nele, sua sensibilidade moral comum"[4]. Sua obra antecipa, pela primeira vez, que "o progresso civilizatório empurra os homens para o aviltamento se não busca o objetivo de restabelecer com seus meios a natureza para, abrigados nela, harmonicamente reconciliados com ela, levar uma vida de concórdia e de sentido comum sempre presente"[5].

A multissecular tensão entre natureza e sociedade foi resolvida em termos de aberta contradição quando a revolução industrial e a concepção positivista do progresso conceberam o domínio e até a destruição ou a negação da natureza como o empreendimento mais significativo e próprio do homem[6]. Os resultados dessa abordagem constituem atualmente motivo de preocupação cotidiana. A espoliação acelerada das fontes de energia, assim como a degradação e a poluição do meio ambiente, tiveram repercussão específica no hábitat humano e no próprio equilíbrio psicossomático dos indivíduos[7]. Daí surgiu a convicção, nos ambientes mais sensíveis a essa problemática, de que a humanidade pode estar fadada ao suicídio porque, como *l'apprenti sorcier*, com um progresso técnico irresponsável desencadeou as forças da natureza e não é capaz de controlá-las[8].

Nessas coordenadas deve situar-se o surgimento da inquietação ecológica. O termo "ecologia" foi cunhado, em meados do século XIX, pelo biólogo Ernst Haeckel para designar a ciência do hábitat, dedicada ao estudo das relações dos animais com o ambiente inorgânico e orgânico que condiciona seus modos de existência[9]. A ecologia foi se configurando paulatinamente como uma disciplina bidimensional cujo objeto está constituído, de um lado, pela biosfera ou meio ambiente natural que constitui o suporte da vida e, de outro, pelos ecossistemas ou relações e processos dinâmicos de interação entre o meio natural e os organismos vivos aos quais serve de suporte[10]. A ecologia adquiriu especial importância para as ciências sociais, no ramo da ecologia humana, ao analisar os processos através dos quais o homem pode modificar o equilíbrio dos ecossistemas, com as consequentes repercussões para o ambiente e para o

---

[4] W. Harich, *¿Comunismo sin crecimiento? Babeuf y el Club de Roma*, trad. esp. com apresentação de M. Sacristán, Barcelona, 1978, p. 223.

[5] Ibid., p. 226.

[6] N. Lipari et al., "Il problema dell'uomo nell'ambiente", in N. Lipari (org.), *Techniche giuridiche e sviluppo della persona*, Bari, 1974, p. 62; J. Passmore, *Man's Responsibility for Nature: Ecological Problems and Western Traditions*, Nova York, 1974, pp. 36 ss. (existe trad. esp., Madri, 1976).

[7] Ver F. Cordón, "La estrategia para la ordenación de la biosfera al servicio del hombre", in *Ecología y Política*, op. cit., pp. 8 ss.

[8] R. Quadri, "Prospettive giuridiche", in *L'uomo e l'ambiente*, op. cit., p. 101.

[9] E. Haeckel, *Generelle Morphologie der Organismen*, Berlim, 1866. Cit. por U. Leone, *La politica dell'ambiente*, Florença, 1980, p. 18.

[10] E. J. Kormondy, *Conceptos de ecología*, trad. esp., Madri, 1973, p. 18; E. P. Odum, *Ecología*, trad. esp., México, 1969, pp. 17 ss.; R. E. Scossiroli, *Elementi di Ecologia*, Bolonha, 1976, pp. 23 ss.

próprio desenvolvimento da vida humana. A ecologia representa na atualidade o âmbito global para um enfoque renovado das relações entre o homem e seu meio, que resulte em uma utilização racional dos recursos energéticos e substitua o crescimento desenfreado em termos puramente quantitativos, por um uso equilibrado da natureza que torne possível a qualidade da vida[11].

Com exceção de algumas denúncias premonitórias sobre a necessidade de se limitar o crescimento da população e a exploração desenfreada dos recursos naturais[12], pode-se considerar o ano de 1968 como data crucial para a afirmação de um amplo movimento coletivo de cunho ecologista. Assim, aludiu-se ao evidente componente ecológico dos movimentos estudantis de 1968, porquanto implicavam, entre outros, o objetivo de "viver melhor" em contraposição ao "ter mais" característico da ideologia do *establishment*[13]. Nesse ano também surgem perante a opinião pública diversos movimentos de protesto contra a poluição atmosférica e das águas marítimas e fluviais. Sob a pressão das reivindicações, 1970 foi declarado o "ano europeu da conservação da natureza". No plano das organizações internacionais, a primeira iniciativa relevante ocorreu em 1972, em Estocolmo, onde foi realizada a Conferência da ONU sobre o Meio Humano. Nessa reunião, apesar das notáveis diferenças que separavam as propostas dos países desenvolvidos e dos terceiro-mundistas, concordou-se em proclamar que: "Para chegar à plenitude de sua liberdade dentro da natureza, o homem deve aplicar seus conhecimentos para criar, em harmonia com ela, um meio melhor. A defesa e a melhoria do meio humano para as gerações presentes e futuras converteram-se em meta imperiosa da humanidade."[14] Nesse mesmo ano, Sicco Mansholt dirigiu uma famosa carta ao então presidente da Comissão da CEE, Franco Maria Malfatti. Esse documento continha uma severa advertência sobre os perigos que implicava um crescimento econômico exponencial para o equilíbrio ecológico e a qualidade de vida. Ao mesmo tempo, propunha como alternativa uma planificação racional da produção e do consumo. Daí se depreendia a necessidade de privilegiar a produção de bens básicos, de atender às necessidades de caráter cultural, de programar uma política de conservação das matérias-primas e de fomento às medidas de reciclagem, assim como de se adotar medidas eficazes contra a poluição[15].

---

[11] Não se conhece com exatidão a origem do termo "qualidade de vida". Ao que parece foi usado pela primeira vez pelos economistas liberais para adquirir, nos últimos anos, um significado claramente progressista. A primeira utilização da expressão "quality of life" é atribuída a J. K. GALBRAITH em seu *The Affluent Society*, Boston, 1958. Cf. W. PAUL, "Cambio social e transformación de la Filosofía del Derecho", *ACFS*, 1977, n. 17, p. 339.

[12] Sobre a origem da proposição dessa temática no pensamento econômico contemporâneo, cf. R. TAMAMES, *Ecología y desarrollo. La polémica sobre los límites al crecimiento*, 2. ed., Madri, 1979, pp. 22 ss. Ver também J. REICHMANN et. al., *De la economía a la ecología*, Madri, 1995.

[13] Cf. U. LEONE, op. cit., p. 21.

[14] "Declaração das Nações Unidas sobre o meio humano: proclamações e princípios" (junho de 1972), Proclamação 6ª.

[15] *La lettre Mansholt*, org. por J. J. Pauvert, Paris, 1972, pp. 10 ss.

Data também do ano de 1972 um importante relatório elaborado sob os auspícios do Clube de Roma sobre *Os limites do crescimento*. Essa entidade, formada por um grupo de personalidades do mundo científico, econômico e industrial unidas pela preocupação comum da crescente ameaça implícita em diversos fenômenos de nossa época para a evolução da existência humana, encomendou a uma equipe de pesquisadores do Massachusetts Institute of Technology (MIT) a elaboração de um relatório sobre os problemas do meio ambiente e dos recursos energéticos. O trabalho, realizado por uma equipe dirigida por Donnella H. e por Dennis L. Meadows, com base na dinâmica dos sistemas de Jay W. Forrester, levava em consideração cinco parâmetros ou subsistemas: incremento demográfico, crescimento industrial, recursos naturais, produção de alimentos e poluição do meio ambiente. Da pesquisa se depreendia que, se continuasse o sistema vigente de crescimento econômico, uma catástrofe planetária poderia ocorrer em meados do século XXI. O trabalho concluía com a recomendação urgente de uma parada imediata no ritmo de crescimento, propondo o *zero growth*[16]. Posteriormente, em 1975, foi publicado um segundo relatório produto de um estudo dirigido pelos cientistas iugoslavos Pestel e Mesarovic que, embora com um tom menos pessimista, corroborava as principais conclusões do primeiro relatório. Para evitar o desastre, defendeu-se um acordo internacional de cooperação, que planejaria a longo prazo o uso dos recursos naturais em conformidade com uma ética sobre o crescimento econômico limitado e orgânico[17]. Um ano mais tarde foi publicado o terceiro relatório do Clube de Roma, no qual um grupo de cientistas dirigidos pelo Prêmio Nobel de Economia Jan Tinbergen chegava à conclusão de que era imprescindível uma nova ordem internacional que garantisse: o fim das grandes desigualdades entre os países; um crescimento global e harmônico do mundo que evitasse a inflação; e um sistema de planejamento geral do uso dos recursos[18].

Esses estudos serviram de estímulo para uma ação das organizações internacionais que tomaram paulatina consciência dos perigos do desafio ecológico. Assim, após a comentada Conferência de Estocolmo de 1972, decidiu-se a criação do Programa das Nações Unidas sobre o Meio Ambiente (PNUMA), que sucessivamente elaborou diversas recomendações, declarações e propostas sobre os principais problemas ambientais: entre as iniciativas surgidas no âmbito da ONU deve-se também comentar o relatório Bruntland sobre "Nosso futuro comum" patrocinado pela Assembleia Geral em 1987, em que se defendia um desenvolvimento sustentado, equilibrado e solidariamente comprometido com as gerações futuras. Da mesma forma, revestiu-se de especial

---

[16] D. H. e D. L. MEADOWS et al., *Los límites del crecimiento* (Primer informe al Club de Roma), trad. esp., México, 1972.

[17] M. MESAROVIC e E. PESTEL, *La humanidad en la encrucijada* (Segundo informe al Club de Roma), trad. esp., México, 1975.

[18] J. TINBERGEN, *Reestructuración del orden económico internacional* (Tercer informe al Club de Roma), trad. esp., México, 1977.

interesse a Conferência do Rio de Janeiro de 1992, e a Declaração promovida naquela ocasião. Fora do âmbito da ONU, a proteção ambiental foi objeto de diversas iniciativas e ações devidas a outras organizações internacionais como a Unesco, o Conselho da Europa e a União Europeia[19].

A Espanha não ficou à margem do debate ecológico, embora apenas recentemente tenha adquirido plena consciência de sua importância. Nesse país o processo de desenvolvimento econômico, surgido tardiamente, com um planejamento deficiente e com o claro predomínio da lógica da exploração privada do território, converteu a maior parte dos recursos naturais em objetos de proveito individual, mais que em fatores de bem-estar coletivo. Produziu-se uma exploração irracional do solo, com a consequente e progressiva destruição da fauna e da flora, a desertificação de antigas áreas de florestas e o sacrifício de algumas de suas paisagens naturais e urbanas mais características aos interesses financeiros de empresas turísticas e imobiliárias. Por outro lado, o processo de industrialização iniciado na década de 1960 de forma extraordinariamente rápida e desordenada não permitiu que o desenvolvimento econômico se traduzisse em cotas de qualidade de vida. A falta de medidas de segurança nas novas indústrias trouxe como consequência o recorde europeu de acidentes de trabalho. A falta de equilíbrio e adequada programação industrial produziram em muitas cidades espanholas (Madri, Barcelona, Bilbao, Huelva...) um grau de poluição sensivelmente superior ao índice médio das cidades europeias[20]. Diante dessa situação, não se pode atribuir a um capricho inovador, ou ao mimetismo de disposições estrangeiras, a tentativa do constituinte espanhol de dar respostas à grave e complexa problemática ambiental, como pressuposto necessário para assegurar a todos os espanhóis uma qualidade de vida digna.

1.2. DIREITO CONSTITUCIONAL COMPARADO

O acolhimento da temática ambiental nas normas constitucionais ocorreu tardiamente, à medida que se percebeu sua importância prioritária no âmbito social e político.

Na França, embora não existam referências expressas ao meio ambiente nas Constituições de 1946 e 1958, foi promulgada uma prolixa legislação re-

---

[19] Cf. E. ALONSO GARCÍA, *El derecho ambiental de la Comunidad Europea*, Madri, 1993, 2 vols.; M. DÍEZ DE VELASCO, "La aplicación en España de las normas internacionales sobre el medio ambiente", in *La conservación del medio ambiente*, n. monográfico da *RUC*, 1976, n. 105, pp. 298 ss.; A. HILDEBRAND SCHEID, "Nuevas iniciativas de la Unión Europea em materia de ordenación de territorio", *RIE*, 1996, pp. 65 ss.; F. MARINO, "Política sobre el medio humano y contradicción entre pueblo y Estado: aspectos jurídicos internacionales", *REDI*, 1977, n. 2; E. VALERIO, *La legislación europea del medio ambiente: su aplicación en España*, 2. ed., Madri, 1994; F. MUECKE, *Internationales Umweltrecht. Multilaterale verträge*, Berlim-Bielefeld, 1978.

[20] Cf. A. E. PÉREZ LUÑO, *Derechos humanos, Estado de Derecho y Constitución*, 5. ed., Madri, 1995, pp. 376 ss.

gulamentar sobre os principais aspectos que afetam a proteção da paisagem, o regime florestal, os parques nacionais, a poluição e o uso da energia nuclear. Além disso, a França conta, desde 1971, com um ministério que coordena em caráter geral e gerencia diretamente algumas competências em matéria ambiental[21]. O sistema de concentração ou de controle de competências ambientais em um departamento ministerial foi também adotado por outros países, entre eles Estados Unidos, Grã-Bretanha e Suécia[22].

A *Grundgesetz* de Bonn de 1949 considera, em seu artigo 74, matérias de legislação concorrente, em que os *Länder* têm a faculdade de legislar quando a Federação não faz uso dessa competência: 11) a legislação em matéria de economia [mineração, indústria, energia...]; 11.*a*) a produção e o aproveitamento da energia nuclear para fins pacíficos, a instalação e exploração de centrais a serviço desses fins, assim como a proteção diante dos perigos que possam decorrer da liberação de energia nuclear ou da produção de radiação ionizante, e a eliminação de materiais radioativos; 20) as medidas de proteção no comércio de produtos alimentícios e estimulantes, forragens, sementes e plantas agrícolas e florestais, a proteção da fauna e da flora contra doenças e pragas. Enquanto o artigo 75 atribui à Federação a competência de ditar as leis de base sobre: 3) a caça e a proteção da natureza e da estética da paisagem; 4) a distribuição da terra, o planejamento do uso solo e do regime hidráulico. Nesse caso, aos *Länder* corresponde a importante tarefa de completar a legislação básica federal, devendo o *Bundesverfassungsgericht* dirimir os casos em que a legislação dos *Länder* ultrapassa os limites ou contradiz o disposto nas leis de bases[23].

O artigo 9.2 da Constituição italiana de 1947 atribui à República a "Tutela da paisagem e do patrimônio histórico e artístico da nação". Essa norma, concebida inicialmente para a simples conservação das belezas naturais, serviu, graças a um positivo trabalho hermenêutico doutrinal e jurisprudencial, como princípio orientador de toda a atividade protetora do meio ambiente[24].

---

[21] Cf. J. M. BLOCH-LAINÉ, *Un espace pour la vie: réflexion publique sur l'habitat en France*, Paris, 1980; R. GIROD, *La réparation du dommage ecologique*, Paris, 1974; R. PROUD'HOMME, *Le ménagement de la nature*, Paris, 1980.

[22] Ver G. LOPE BELLO, *Cuatro estudios de casos sobre protección ambiental: Inglaterra, Suecia, Francia y Estados Unidos*, Caracas, 1973.

[23] Entre as leis setoriais mais importantes para a proteção do meio ambiente, podem ser citadas a *Wasserhaushaltsgesetz* de 1957, em matéria de poluição das águas, e a *Bundesimmissionschutzgesetz*, promulgada em 1974, que tutela o ambiente diante de diferentes tipos de poluição. Cf. B. BOCK, *Umweltschutz im Spiegel von Verfassungsrecht und Verfassungspolitik*, Berlim, 1990; T. MAUNZ, "Art. 74" e "Art. 75", in MAUNZ-DÜRIG-HERZOG-SCHOLZ, *Grundgesetz Kommentar*, vol. II, 5. ed., Munique, 1980; R. ROBERT, *Umweltschutz und Grundgesetz*, Münster-Nova York, 1993, J. STICH, *Immissionsschutzrecht des Bundes und der Länder*, Stuttgart, 1978.

[24] Cf. B. CARAVITA, *Diritto pubblico dell'ambiente*, Bolonha, 1990; F. MERUSO, "Art. 9", in *Commentario della Costituzione*, org. por G. Branca, vol. I, Bolonha-Roma, 1975, pp. 441 ss.; A. PREDIERI, "Significato della norma costituzionale sulla tutela del paesaggio", in *Urbanistica. Tutela del paesaggio. Espropriazione*, Milão, 1969, pp. 33 ss.; A. M. SANDULLI, "La tutela del paesaggio nella Costituzione", in *Scritti in memoria di Antonio Giuffrè*, vol. III, Milão, 1967, pp. 893 ss.

Nas mais recentes Cartas constitucionais da Europa Ocidental o tema do meio ambiente recebeu uma atenção especial que, sem dúvida, influenciou os constituintes espanhóis. A Constituição da Grécia de 1975 consagra seu extenso artigo 24 à regulamentação detalhada de distintos problemas ambientais. Em seu parágrafo 1 afirma que: "Constitui obrigação do Estado a proteção do ambiente natural e cultural. O Estado estará obrigado a adotar medidas especiais, preventivas ou repressivas, com vistas à conservação daquele." No mesmo parágrafo se estabelece uma tutela especial aos bosques e espaços florestais. No parágrafo 2 incumbe-se ao Estado a regulação e o controle de todas as questões relacionadas com a organização do território, com especial consideração para a problemática urbanística à qual são dedicados os três parágrafos seguintes desse artigo. A Constituição portuguesa de 1976 também destina um amplo artigo ao tema. Após proclamar que: "Todos têm direito a um ambiente de vida humano e ecologicamente equilibrado, e o dever de defendê-lo" (art. 66.1), atribui ao Estado, através de seus órgãos ou apelando à iniciativa popular: *a)* prevenir e controlar a poluição; *b)* organizar o território para que se constituam paisagens biologicamente equilibradas; *c)* criar e desenvolver reservas e parques naturais, assim como garantir a conservação da natureza mediante a classificação e proteção das paisagens e lugares; *d)* promover o aproveitamento racional dos recursos naturais, salvaguardando sua capacidade de renovação e a estabilidade ecológica (art. 66.2). No parágrafo 3 do artigo tutela-se todo cidadão ameaçado ou lesado em seu direito a um ambiente ecologicamente equilibrado, reconhecendo-lhe a faculdade de "pedir, nos termos legais, que cessem as causas da violação e a indenização correspondente". Finalmente prescreve que: "O Estado deve promover a melhoria progressiva e acelerada da qualidade de vida de todos os portugueses" (art. 66.4)[25].

1.3. Ordenamento espanhol do meio ambiente

Durante muitos anos, no ordenamento jurídico espanhol utilizou-se a normativa das relações de vizinhança para a proteção de alguns aspectos que hoje configuram o objeto do meio ambiente. Assim, recorreu-se ao estabelecido no Código Civil sobre atividades desgastantes, insalubres, nocivas e perigosas (art. 520) e suas consequências para a responsabilidade civil (art. 1.908). Essas disposições foram atualizadas e desenvolvidas pelo regulamento de atividades desgastantes, insalubres, nocivas e perigosas de 1961. Sem que tampouco faltassem invocações à teoria do abuso do direito e à responsabilidade por culpa aquiliana (segundo o art. 1.902 do Código Civil)[26].

---

[25] Cf. J. J. Gomes Canotilho e V. Moreira, *Constituição da República Portuguesa Anotada*, Coimbra, 1980, pp. 171-2; J. Miranda, *A Constituição de 1976. Formação, estrutura, princípios fundamentais*, Lisboa, 1978, pp. 335 ss. A trad. esp. das Constituições europeias comentadas é de M. Daranas, *Las constituiciones europeas* (2 vols.), Madri, 1979.

[26] Ver F. López Menudo, "El derecho a la protección del medio ambiente", *RCEC*, 1991, n. 10; R. Martín Mateo, *Derecho ambiental*, Madri, 1977, pp. 104 ss.; C. de Miguel Perales, *La res-*

A promulgação do novo Código Penal pela Lei Orgânica 10/1995, de 23 de novembro, significou o reconhecimento expresso da tutela penal dos bens ambientais no ordenamento jurídico espanhol. Pretendeu-se, com isso, superar o marcante arcaísmo do Código Penal vigente até então. Assim o declara a própria Exposição de Motivos do novo texto, em que se resume uma de suas principais justificativas no propósito de dar resposta às "crescentes necessidades de tutela em uma sociedade cada vez mais complexa, dando prudente acolhida a novas formas de delinquência". Para o cumprimento desse propósito, encaminha-se "a nova regulação dos delitos relativos à ordenação do território e dos recursos naturais". O novo Código consagra, de fato, seu título XVI à sanção "Dos delitos relativos à ordenação do território e à proteção do Patrimônio Histórico e do Meio Ambiente". Nesse título estão incluídos: o capítulo I, dedicado à tipificação "Dos delitos sobre a ordenação do território"; o capítulo III, com a inclusão "Dos delitos contra os recursos naturais e o meio ambiente"; e o capítulo IV, onde se faz expressa referência "Dos delitos relativos à proteção da flora e da fauna".

Entre as figuras delitivas consagradas nesse título assumem especial interesse os termos pelos quais se tipificou o que a doutrina denominou "delito ecológico", no artigo 325. Esse artigo penaliza o que, "contrariando as leis ou outras disposições de caráter geral protetoras do meio ambiente, provoque ou realize direta ou indiretamente emissões, descargas, radiações, extrações ou escavações, aterramentos, ruídos, vibrações, injeções ou depósitos, na atmosfera, no solo, no subsolo, ou nas águas terrestres, marítimas ou subterrâneas, com incidência, inclusive, nos espaços transfronteiriços, assim como as captações de águas que possam prejudicar seriamente o equilíbrio dos sistemas naturais". Ao mesmo tempo, agrava a pena caso esse risco afete a saúde das pessoas.

Também têm incidência direta na sanção penal dos atentados ambientais as condutas tipificadas no título XVII, relacionado aos delitos contra a segurança coletiva. Em seu capítulo I, que faz referência aos delitos de risco catastrófico, estão incluídas três seções: a I diz respeito às condutas delitivas referentes à energia nuclear e às radiações ionizantes; a II é dedicada à sanção dos estragos; e a III, aos delitos de risco provocados por outros agentes. Nesta última seção incluem-se três artigos (348, 349 e 350), nos quais se alude expressamente a diversos atos delitivos que implicam risco à vida, à integridade física, à saúde das pessoas e ao meio ambiente.

Além disso, mantêm relação indireta com a qualidade de vida e o meio ambiente as disposições penais que punem diversos tipos de danos (arts. 263 a 267); os atentados contra as comunicações (arts. 282 a 286); as que penalizam os autores de incêndios, com referência especial aos florestais (arts. 352 a 355); assim como as que regulam a responsabilidade penal dos comportamentos lesivos à saúde pública (arts. 359 a 378). Não são tipificadas expressamente como faltas as condutas menos graves que prejudicam a qualidade de vida ou

---

ponsabilidad civil por daños al medio ambiente, Madri, 1994; E. MORENO TRUJILLO, *La protección jurídico-privada del medio ambiente y la responsabilidad por su deterioro*, Barcelona, 1991.

o meio ambiente, embora caiba aplicar-lhes o tipo genérico previsto para os autores de danos leves (cuja quantia não exceda 50 mil pesetas) no artigo 625; ou na falta contra os interesses gerais prevista para quem abandona objetos ou instrumentos perigosos para as pessoas ou lesivos para sua saúde (art. 630). O alcance e a avaliação da tutela penal do meio ambiente será objeto de análise, ao expor abaixo o regime de sanções previsto no parágrafo 3 do artigo 45 da CE, que é objeto desse comentário.

Além das disposições de caráter geral na Espanha, por influência da Conferência de Estocolmo de 1972, promulgou-se nesse mesmo ano uma lei de proteção do ambiente atmosférico, desenvolvida posteriormente por um decreto de 1975. Essa lei, embora trate de forma detalhada o tema da prevenção, vigilância, controle e sanção da poluição atmosférica, reconhece em sua própria Exposição de Motivos seu caráter limitado e setorial, reclamando a necessidade de uma disposição global regulamentar do meio ambiente[27]. Entre as diversas disposições posteriores, sem dúvida, uma das mais diretamente relacionadas com a problemática ambiental foi a Lei do Solo e Ordenação Urbana de 1992, cuja normativa é básica para a sistematização das relações entre o planejamento territorial e a planificação econômica. Deve-se também mencionar a Lei 29/1985, de Águas; a Lei 20/1986, de Resíduos Tóxicos e Perigosos, e, especialmente, a Lei 4/1989, de Conservação dos Espaços Naturais e da Flora e Fauna Silvestre.

À inexistência de uma disposição geral reguladora do meio ambiente na totalidade de seus planos de incidência corresponde a dispersão das competências ambientais. Ao Ministério da Agricultura compete a conservação da natureza através do ICONA. Ao Ministério da Saúde correspondem os aspectos ambientais mais diretamente relacionados com a saúde pública. O Ministério da Indústria exerce o controle sobre as distintas formas de poluição industrial. No entanto, o núcleo principal de competências foi atribuído ao Ministério do Meio Ambiente. A tentativa de atribuir a um Ministério estatal a coordenação geral da política ambiental pode contribuir para uma maior coerência e eficácia da tutela desse setor, assim como para uma adequada articulação das políticas estatais com as da União Europeia e das Comunidades Autônomas. A necessidade de adaptar ao ordenamento jurídico espanhol a normativa comunitária, assim como o exercício adequado das competências exclusivas estatais na legislação básica protetora do meio ambiente, suscitam a urgência de que o ordenamento jurídico espanhol conte com uma Lei Geral do Meio Ambiente que, acolhendo as diretrizes do texto constitucional, discipline unitariamente os distintos aspectos ambientais e delimite as competências, assim como sua coordenação[28].

---

[27] Cf. R. Martín Mateo, op. cit., pp. 489 ss.

[28] Cf. F. L. López Bustos, *La organización administrativa del medio ambiente*, Madri, 1992. Na década de 1980, no âmbito da CIMA, foi elaborado um projeto de lei para a Proteção do Meio Ambiente cujas principais características eram: a) *unidade de gestão*, pois se pretendia atribuir a um único órgão as funções de coordenação de todas as questões relativas ao meio ambiente; b) *delimi-*

2. O *ITER* DO TEXTO CONSTITUCIONAL: ELABORAÇÃO E DEBATES PARLAMENTARES

Apesar do atual artigo 45 da Constituição não ter sido um dos textos mais debatidos no período constituinte, seu conteúdo sofreu algumas modificações significativas ao longo de sua elaboração. Basta comparar sua redação inicial no artigo 38 do anteprojeto constitucional com sua formulação definitiva para comprovar o alcance e relevância das mudanças introduzidas no *iter* parlamentar.

O anteprojeto proclamava textualmente em seu artigo 38: "1. Todos têm o direito de desfrutar e o dever de preservar o meio ambiente. A lei regulará os procedimentos para o exercício desse direito. 2. Os poderes públicos zelarão pelo uso racional dos recursos naturais, a conservação da paisagem e pela proteção e melhoria do meio ambiente. 3. Para os atentados mais graves contra a paisagem protegida e o meio ambiente serão estabelecidas, por lei, sanções penais e a obrigação de reparar o dano produzido."[29] Esse texto que, ao longo dos debates, conservou seus três parágrafos iniciais e a temática fundamental de cada um deles (reconhecimento do direito-dever ao meio ambiente; atribuição aos poderes públicos da obrigação de protegê-lo, e a sanção das condutas lesivas), foi objeto de algumas variações após o relatório da Comissão. Nesse relatório, que passou a ser o artigo 41, introduziram-se ligeiras modificações terminológicas nos parágrafos 1 e 3; enquanto o 2, conforme a proposta da emenda 384 do grupo socialista do Congresso e as ideias contidas nas emendas 693 do senhor Tamames, 81 do senhor Gastón Sanz e 34 do senhor Del Valle, foi redigido assim: "Os poderes públicos zelarão pelo uso racional dos recursos e espaços naturais e das florestas e pela conservação da paisagem e da fauna, garantindo a manutenção e potencialização dos recursos naturais renováveis e a proteção e melhoria do meio ambiente."[30]

Essa redação foi reiterada pelo parecer da Comissão[31] e aprovada pelo Plenário do Congresso[32]. Posteriormente, nos debates da Comissão Constitucional do Senado, naquele que passou a ser o artigo 45, foram introduzidas diversas mudanças em seus três parágrafos. O texto aprovado pelo Senado corresponde a uma emenda *in voce* apresentada pelo professor Sampedro Sáez, que resumia a atitude de vários propositores de emendas, entre eles a dos senadores

---

tação de competências entre os diferentes órgãos interessados (Estado, Comunidades Autônomas, municípios...), concretizando o disposto na Constituição e nos estatutos sobre a matéria; c) *medidas preventivas*: previa-se a possibilidade de submeter a um estudo de impacto ambiental as autorizações de novas instalações industriais; d) *medidas repressivas*, que contemplavam o reconhecimento do delito ambiental com a consequente responsabilização civil, administrativa ou penal, conforme o caso, estabelecendo-se o princípio geral de que toda pessoa responsável por um ato de poluição deverá ressarcir o custo de seus efeitos (quem polui paga).

[29] Anteproyecto Constitucional, *BOC* de 5 de janeiro de 1978.
[30] Informe de la Ponencia, *BOC* de 17 de abril de 1978.
[31] Dictamen de la Comisión, *BOC* de 1º de julho de 1978.
[32] Pleno del Congreso, *BOC* de 24 de julho de 1978.

López Martos, De Benito, Martín-Retortillo e Mateo Navarro. De acordo com essa emenda o artigo ficava redigido nos seguintes termos: "1. Todos e cada um dos espanhóis têm o direito de desfrutar de um meio ambiente adequado para o desenvolvimento de sua personalidade, assim como o dever de conservá-lo. 2. Os poderes públicos garantirão o uso racional de todos os recursos naturais sem exceção, com o objetivo de proteger e melhorar a qualidade de vida. A defesa e a restauração do meio ambiente serão apoiadas na indispensável solidariedade coletiva, tanto da nação em seu conjunto como das gerações presente e futuras. 3. Para quem violar o disposto nos dois números anteriores serão estabelecidas sanções penais, assim como a obrigação de reparar o dano causado."[33] Ao justificar essa emenda, o senhor Sampedro Sáez mostrou que havia suprimido a segunda parte do parágrafo 1 ("A lei regulará os procedimentos para o exercício daquele direito e o cumprimento desse dever"), por ser ocioso e não acrescentar nada ao conteúdo do artigo. Por outro lado, introduzia-se um elemento de qualificação do meio ambiente ao vinculá-lo a sua adequação para o desenvolvimento da personalidade. Com isso, tornava-se desnecessário mencionar termos como os de "saudável" ou "equilibrado", que eram redundantes e estáticos, diferentemente do sentido dinâmico e finalista da expressão proposta. No parágrafo 2, ao mencionar "todos os recursos naturais sem exceção", pretende-se evitar as possíveis omissões em que costumam incorrer as formulações enumerativas ou casuísticas. Com a expressão "uso racional" dos recursos naturais desejava-se englobar amplamente todas as atividades destinadas à sua restauração, conservação e melhoria. Além disso, o conceito de "uso racional" não devia ser entendido como uma fórmula abstrata, por sua imediata ligação com a ideia teleológica "de proteger e melhorar a qualidade da vida". Em relação a esse parágrafo 2, o senhor Sampedro Sáez assinala também que o texto do Congresso sofria de uma dupla omissão: "a solidariedade espanhola e a solidariedade temporal. O meio ambiente é um problema global que não pode ser tratado localmente... porque não é possível entender políticas do meio ambiente distintas – em suas grandes concepções, não nos detalhes – de uma região para outra, menos ainda quando vivemos em uma época na qual se busca uma política ambiental para toda a Europa, e será preciso buscá-la para todo o mundo"[34]. Finalmente, propunha-se para o parágrafo 3 a supressão da frase "os mais graves" em relação aos atentados contra o meio ambiente objetos de sanção. Na opinião do senhor Sampedro Sáez, não havia uma defesa válida para o argumento econômico segundo o qual se não fossem toleradas infrações menos graves, corria-se o risco de deter o desenvolvimento: "Se acreditamos que devemos suportar as menos graves para impedir as atividades exploradoras dos recursos naturais, estamos nos iludindo. É exatamente o oposto. O fato é que as atividades

---

[33] Intervención del señor Sampedro Sáez, *DSS* de 30 de agosto de 1978, n. 46, p. 2.089.
[34] Ibid., p. 2.090.

desenvolvimentistas, as atividades especulativas, as atividades lucrativas, estão constantemente agredindo o meio ambiente e não deixarão de fazê-lo porque são admitidas as menos graves, nem serão dissuadidas pelas legislações penais."[35]

Na mesma sessão, o senador Zarazaga Burillo retirou sua emenda, aceitando a do senhor Sampedro Sáez, mas ressaltou que a possibilidade de melhoria da qualidade de vida deve ser fortalecida "tanto no meio ambiente natural como no urbano". Com o que pretendia que não fossem esquecidas as agressões à qualidade de vida urbana que representam a poluição, o ruído e as denominadas "doenças da civilização"[36].

Em nome da Entesa dels Catalans*, o senador Sunyer Aymerich propôs uma redação alternativa ao parágrafo 2, nos seguintes termos: "Os poderes públicos garantirão o uso racional dos recursos naturais a fim de conservar um entorno equilibrado para as gerações presentes e futuras."[37] No entanto, devido às coincidências básicas desse texto com o proposto pelo senhor Sampedro Sáez, a emenda foi retirada, aderindo o propositor da emenda à fórmula defendida por este último.

Não prosperou a sugestão do senador Dorrego González, cuja emenda consistia em acrescentar ao parágrafo 2 "prévias as compensações aplicáveis aos territórios afetados"[38]. Desse modo, pretendia-se arbitrar medidas econômicas e sociais destinadas a compensar o sacrifício para o desenvolvimento industrial e tecnológico que, em determinadas áreas, pode comportar a preservação do meio ambiente natural. Não por acaso essas áreas coincidem, de acordo com o propositor da emenda, com as áreas socioeconômicas mais carentes: "E verifica-se o paradoxo de que nas áreas onde a qualidade de vida é boa, há cada vez menos habitantes."[39]

O Plenário do Senado ratificou o texto proposto pelo senhor Sampedro Sáez[40] e posteriormente a Comissão Mista Congresso-Senado estabeleceu a redação definitiva. A Comissão optou por simplificar o texto do Senado, mas sem introduzir modificações relevantes em seu sentido. Assim, no parágrafo 1 foi suprimida a expressão limitativa "e cada um dos espanhóis" para garantir o direito a "todos" sem diferenciação. No parágrafo 2 foram suprimidos: o termo "sem exceção" após a expressão "recursos naturais", assim como a frase "tanto da nação em seu conjunto como da geração presente e das futuras", após a consagração do princípio de solidariedade coletiva. Finalmente, com relação ao parágrafo 3, foram circunscritas as sanções das condutas infratoras

---

[35] Ibid., p. 2.090.
[36] Intervención del señor Zarazaga Burillo, ibid., p. 2.090.
* A Entesa dels Catalans foi uma aliança formada pelas principais forças socialistas, comunistas e nacionalistas catalãs para as eleições ao Senado de 15 de junho de 1977. [N. do T.]
[37] Intervención del señor Sunyer Aymerich, ibid., p. 2.091.
[38] Intervención del señor Dorrego González, ibid., p. 2.091.
[39] Ibid., p. 2.091.
[40] Pleno del Senado, *BOC* de 13 de outubro de 1978.

do disposto no parágrafo 2, quando seria preferível manter o princípio de responsabilidade por qualquer descumprimento do dever geral de conservação do meio ambiente prescrito no parágrafo 1. Deve-se também à Comissão Mista o reconhecimento expresso da possibilidade de impor sanções administrativas, além das penais, nas infrações contra o meio ambiente[41].

3. ANÁLISE SISTEMÁTICA DO PRECEITO

A Constituição da Segunda República de 1931 proclamava em seu artigo 45.2: "O Estado protegerá também os lugares notáveis por sua beleza natural ou por seu reconhecido valor artístico ou histórico." Esse texto, que tem grande similaridade e que sem dúvida pôde inspirar o já mencionado artigo 9.2 da Constituição italiana de 1947, constitui o único precedente histórico espanhol de categoria constitucional de uma preocupação pela defesa da natureza. Contudo, é evidente que os aspectos mais urgentes da problemática ecológica, aos quais a Constituição de 1978 trata de dar resposta, não podiam ser intuídos pelos constituintes de 1931. Tratava-se, então, de uma simples política de tutela daquelas paisagens e áreas naturais (parques nacionais, costas, patrimônio florestal) de especial valor estético. Desse modo, as medidas protetoras tinham uma significação: *a) fragmentária*, porque não assumiam globalmente a defesa da natureza, mas de algumas de suas manifestações caracterizadas por seu valor pictórico; *b) estática*, porque a natureza é contemplada como um quadro imóvel, cuja tutela se esgota na medida em que seja assegurada sua persistência; *c) negativa*, pois tratava-se de evitar modificações em determinados setores do meio natural, prescindindo daquelas alternativas que poderiam contribuir para potencializar seu significado; *d) abstrata*, porque evitava a necessária interação entre a paisagem e os homens que nela vivem, negligenciando o papel da natureza como dimensão reflexa do homem que nela projeta suas realizações e exigências.

Hoje, pelo contrário, a proposta da política ambiental na Constituição é assumida com base em premissas muito distantes das comentadas. Nesse sentido observa-se que: *a)* a normativa constitucional se apresenta como uma tentativa de contemplar *globalmente* os diferentes planos de incidência da temática ambiental, com plena consciência de que a natureza representa um *continuum* que não pode ser fracionado arbitrariamente; *b)* sua orientação é *dinâmica*, uma vez que a política ambiental destina-se a possibilitar o pleno desenvolvimento da pessoa e da qualidade de vida, que caracterizam seu horizonte teleológico; *c)* pressupõe uma concepção *positiva*, porquanto introduz diretrizes básicas de ação que visam não apenas conservar e defender, mas também melhorar e, se necessário, restaurar o meio ambiente; *d)* implica, finalmente, uma concepção *concreta* da interação existente entre o homem e o

---

[41] Comisión Mixta Congreso-Senado, *BOC* de 28 de outubro de 1978.

ambiente, através da qual são considerados os sujeitos históricos que atuam em determinado meio no qual desenvolvem sua personalidade[42].

No entanto, essa nova orientação hermenêutica, que deve ser a pauta para a consideração da disciplina constitucional do meio ambiente, precisa ser explicitada mediante a análise de cada um dos três parágrafos que constituem o artigo 45.

3.1. Parágrafo 1: meio ambiente e direitos fundamentais

O parágrafo 1 do artigo 45 suscita uma série de questões, dentre as quais são de especial interesse as referentes a: fixar o alcance do meio ambiente objeto de tutela constitucional; estabelecer o sentido da inclusão do meio ambiente no sistema constitucional dos direitos fundamentais; examinar sua relevância jurídico-positiva.

a) A expressão "meio ambiente" está muito longe de ser precisa e unívoca. Pode-se falar de um meio ambiente natural ou aberto integrado pela biosfera, o ar, a água e o solo, que constituem o pressuposto da vida, e pelos ecossistemas produto da interação entre os seres vivos e o meio. Mas, junto com essa acepção, deve-se também considerar como outra modalidade do meio ambiente os ambientes fechados, construídos pelo homem desde as origens da civilização para se proteger, para trabalhar ou para se divertir e, em suma, para satisfazer seu cada vez mais amplo sistema de necessidades[43]. Houve até uma pesquisa coletiva que chegou a individualizar cinco modalidades distintas de meio ambiente referentes: ao conjunto de condições naturais que configuram determinado padrão climático ou meteorológico; aos recursos físicos que o homem deve organizar para satisfazer suas necessidades materiais; à morfologia dos tipos de assentamento que configuram certo hábitat ou que caracterizam os possíveis centros de atração demográfica ou econômica; às formas históricas através das quais foram se organizando socialmente as exigências de trabalho, de lazer, de liberação ou de compreensão dos indivíduos; e ao conjunto dos fatores que condicionam o bem-estar biológico e psíquico do homem e que, portanto, contribuem para promover ou comprometer sua saúde[44]. Por sua vez, essas diversas acepções do meio ambiente estão vinculadas entre si por ligações de recíproca interação, sem que seja possível aprofundar-se em alguns desses aspectos sem penetrar, de algum modo, nos demais. A pluralidade de níveis de consideração do meio ambiente, com a consequente

---

[42] Cf. F. Merusi, "Art. 9", op. cit., pp. 444 ss.

[43] U. Leone, *La politica dell'ambiente*, op. cit., pp. 38 ss.

[44] N. Lipari et al., *Il problema dell'uomo nell'ambiente*, op. cit., p. 19. Por sua vez, M. S. Giannini assinalou três grandes aspectos jurídicos do ambiente: como conservação da paisagem natural e do patrimônio histórico-artístico; como conjunto de normas para a defesa do solo, do ar e da água; e como objeto da regulamentação urbanística ("Ambiente saggio sui diversi suoi aspetti giuridici"), *RTDP*, 1973, n. 1, pp. 23 ss.

pluralidade de planos de incidência em diversos setores da experiência jurídica, requer uma disciplina unitária para sua regulamentação. É por isso que a alusão ao meio ambiente na Constituição espanhola deve ser entendida como referência à sua significação mais ampla, isto é, a todo o conjunto de condições externas que configuram o contexto da vida humana.

O TC separou os elementos constitutivos do conceito de meio ambiente que emana do artigo 45 da CE, ao distinguir: um componente *estático*, integrado pelos recursos naturais (ar, água, solo, fauna e flora), a paisagem entendida como dimensão estética do ambiente e na qual se entrecruzam ingredientes naturais (terra, mar, montanha...) com outros culturais e históricos; e um componente *dinâmico*, no qual o meio ambiente é concebido como um sistema que supera "a mera soma ou justaposição dos recursos naturais e sua base física, [como]... o intrincado complexo das relações de todos esses elementos que, por si mesmos, tem existência própria ou anterior, mas cuja interligação os dota de um significado transcendente, mais além do individual de cada um" (STC 102/1995, FJ 6; ver também a STC 64/1982). Em função disso, o TC define o meio ambiente como: "o conjunto de circunstâncias físicas, culturais, econômicas e sociais que envolvem as pessoas oferecendo-lhes um conjunto de possibilidades para fazer sua vida" (STC 102/1995, FJ 4).

b) A imediata incidência do ambiente na existência humana, sua importância para seu desenvolvimento e sua própria possibilidade, é o que justifica sua inclusão no estatuto dos direitos fundamentais. Contudo, sobre esse ponto convém apontar alguns esclarecimentos. Em primeiro lugar, se é evidente que a conservação da espécie, ameaçada pela degradação ambiental, constitui um valor prioritário para qualquer sociedade, isso não implica que exista um direito fundamental ao ambiente. As técnicas de positivação dos direitos fundamentais requerem que estes se refiram a situações bem determinadas quanto a seu objeto e titularidade[45]. No entanto, é difícil estabelecer com precisão o conjunto de faculdades constitutivas do direito ao meio ambiente. É certo que se pode aludir a um direito *do* meio ambiente ou direito ambiental[46], como ponto de referência temática da normativa destinada a regulamentar a complexa e heterogênea variedade de aspectos que, tal como já se mostrou, configuram o objeto do meio ambiente. Contudo, por menos que se aprofunde, observa-se que o ordenamento ambiental, ainda admitindo que tenda a regular de forma sistemática setores que anteriormente eram objeto de consideração isolada[47], traduz-se no plano subjetivo em situações jurídicas cuja tutela opera através de mecanismos e canais independentes. Em outras palavras, o reconhecimento de um direito ao ambiente, quando não se trata de simples

---

[45] Ver A. E. Pérez Luño, *Derechos humanos, Estado de Derecho y Constitución*, op. cit., pp. 2 ss.

[46] O direito ambiental foi definido como disciplina normativa do meio ambiente que "incide sobre condutas individuais e sociais para prevenir e remediar as perturbações que alteram seu equilíbrio" (R. Martín Mateo, *Derecho ambiental*, op. cit., p. 79).

[47] Cf. M. Cicala, *La tutela dell'ambiente nel diritto amministrativo, penale e civile*, Turim, 1976, p. XIX; M. S. Giannini, op. cit., pp. 44 ss.

recurso retórico ou do uso trivial na linguagem jurídica de categorias ecológicas[48], não se traduz no surgimento de um direito novo ou específico, mas em um ponto de referência para aludir a situações, faculdades ou interesses diversos. É por isso que se reconhece o direito ao ambiente em suas manifestações (poluição, saúde, paisagem, radiações...), e não em si mesmo.

À margem das dificuldades técnicas ocorrem outras de caráter axiológico que questionam a possibilidade de um direito fundamental ao meio ambiente. É sabido que os direitos fundamentais constituem estruturas imediatamente ligadas aos valores que uma sociedade considera básicos para sua vida coletiva. No entanto, a noção de ambiente ou de meio ambiente não tem por si só uma significação prescritiva, mas descritiva. Todos os homens desenvolvem sua existência imersos em determinados ambientes, sem que disso se depreenda que eles tenham uma significação positiva. Pelo contrário, a urgência atual dessa temática surgiu da convicção de que grandes setores da população vivem em um meio ambiente degradado. Por isso, na medida em que o ambiente deixa de ser um objeto de regulamentação normativa para assumir o papel de um valor, torna-se necessário qualificá-lo de "saudável", "equilibrado" ou "adequado para o desenvolvimento da pessoa", como no caso da Constituição espanhola. Essa dimensão axiológica e finalista do meio ambiente encontra sua expressão adequada no conceito de qualidade de vida. Essa noção constitui uma réplica à ideia puramente quantitativa do bem-estar e postula um desenvolvimento qualitativo e equilibrado, em harmonia com a natureza; e que substitui o consumismo pela satisfação das necessidades humanas básicas de acordo com o princípio de solidariedade[49].

O TC refletiu essa dimensão descritiva e instrumental do meio ambiente em relação ao caráter finalista e inequivocamente prescritivo da qualidade de vida. É o que se depreende de uma de suas primeiras decisões quando afirma que: "O artigo 45 reconhece que, em decorrência da preocupação ecológica surgida nas últimas décadas em amplos setores de opinião que se plasmou também em numerosos documentos internacionais, não se pode considerar como objetivo primordial e excludente a exploração ao máximo dos recursos naturais, o aumento da produção a qualquer preço, mas que se deve harmonizar o 'uso racional' desses recursos com a proteção da natureza, tudo isso para o melhor desenvolvimento da pessoa e para assegurar uma melhor qualidade de vida" (STC 64/1982, FJ 2). Tese reiterada em uma sentença posterior, na

---

[48] G. QUADRI chamou a atenção para o caráter banal de alguns textos normativos ambientais que, em vez de servir de guia para o jurista, estão repletos de lugares-comuns e de obviedades. Como exemplo cita a Carta europeia da água, promulgada em Estrasburgo pelo Conselho da Europa de 1968, cuja declaração 1ª proclama: "Não existe vida sem água." Ao mesmo tempo que o preâmbulo da Declaração de princípios para a luta contra a poluição atmosférica, promulgada na mesma data pelo Conselho da Europa, estabelece que: "O ar é necessário para a vida" (op. cit., n. 8, pp. 102-3).

[49] M. KLOEPFER, *Zum Grundrecht auf Umweltschutz*, Berlim, 1978, pp. 12 ss.; cf também o trabalho de E. BÖCKENFÖRDE, "Qualität des Lebens. Aufgabeund Verantwortung des Staates", in *Lebensqualität? Von der Hoffnung, Mensch zu Sein*, Colônia, 1974, pp. 165 ss.

qual expressamente se alude à "qualidade de vida" citada pelo artigo 45 da CE e que tem como um de seus elementos a proteção de um meio ambiente adequado para promovê-la" (STC 329/1993, FJ 4). Em suma, o TC vinculou a garantia da qualidade de vida "à dignidade da pessoa como valor constitucional transcendente (art. 10.1 da CE), porque cada qual tem o direito inalienável a habitar em seu entorno de acordo com suas características culturais" (STC 102/1995, FJ 7).

Por isso, teria sido preferível incluir a qualidade de vida no parágrafo 1, em vez de situá-lo no 2; pois desse modo o enunciado do direito fundamental de conteúdo socioeconômico teria encontrado uma expressão terminológica mais correta. Assim, o direito fundamental à qualidade de vida significaria a explicitação de seu postulado, no plano de princípio, realizada no preâmbulo constitucional. De qualquer modo, a significação do direito fundamental à qualidade de vida ou "a desfrutar de um meio ambiente adequado para o desenvolvimento da pessoa", em uma interpretação sistemática da Constituição, aparece como uma norma finalista, uma vez que impõe determinada orientação a todo o ordenamento jurídico[50].

Essa função se torna evidente ao examinar as *concordâncias* desse preceito com outras normas constitucionais. Assim, não há dúvidas de que existe uma continuidade entre esses enunciados e o artigo 9.2, que atribui aos poderes públicos a remoção dos obstáculos que impeçam a realização da liberdade e da igualdade. Trata-se, em suma, de evitar ou suprimir aquelas estruturas socioeconômicas que, além de gerar desigualdades, por sua forma de explorar os recursos dificultam "a participação de todos os cidadãos na vida política, econômica, cultural e social".

Existe também uma estreita correlação entre a qualidade de vida, como direito ao usufruto de um meio ambiente adequado para o desenvolvimento da pessoa, e os valores da "dignidade da pessoa" e "o livre desenvolvimento da personalidade" consagrados no artigo 10.1; assim como com o direito à vida e à integridade física (art. 15), ameaçados pelos atentados mais graves contra o ambiente[51].

A qualidade de vida apresenta evidente continuidade temática com as diversas normas da Constituição destinadas a defender a pessoa do que se denominou o "Leviatã econômico"[52]; isto é, da dominação cega do mundo natural

---

[50] M. KLOEPFER, op. cit., pp. 21 ss. Sobre o alcance das normas constitucionais finalistas, cf. C. LAVAGNA, *Costituzione e socialismo*, Bolonha, 1977, pp. 52 ss.

[51] Sobre a incidência da tutela ambiental e ecológica nos valores da personalidade, ver o debate entre J. L. SERRANO, J. L. SOLANA, F. GARRIDO e A. M. PEÑA, "Ecologismo personalista: ecos de premodernidad", *AFD*, 1995, vol. XII, pp. 653 ss.; J. BALLESTEROS, V. BELLVER, E. FERNÁNDEZ e A. MARTÍNEZ-PUJALTE, "Las razones del ecologismo personalista", ibid., pp. 667 ss.

[52] A. LENER, "Ecologia, persona e solidarietà: un nuovo ruolo del diritto civile", in *Techniche giuridiche e sviluppo della persona*, op. cit., p. 334. Convém, no entanto, comentar que os neoliberais insistem em isentar a economia capitalista da catástrofe ecológica. Assim, por exemplo, J. SARDA mostra que: "Apresentou-se o desperdício de recursos naturais como uma consequência necessária do sistema de livre mercado, quando na verdade é o contrário: as sombrias previsões do Clube de

e humano pelo império das leis econômicas que produzem a alienação da pessoa e podem levar a uma catástrofe planetária. Uma série de preceitos constitucionais tendem a disciplinar o aproveitamento econômico dos bens para evitar sua utilização antissocial e garantir a satisfação das necessidades materiais. A isso visam, entre outros, os artigos: 33.2, que prescreve a função social da propriedade; o 40, ao promover a redistribuição da renda e o pleno emprego; o 46, que tutela a conservação e o enriquecimento do patrimônio histórico-artístico, que constitui o setor qualificado do ambiente cultural; o 47, que reconhece o direito a uma moradia digna e preceitua um uso do solo de acordo com o interesse geral para evitar a especulação; o 128, no qual se proclama a função pública de todas as formas de riqueza e se prevê a intervenção pública no aproveitamento dos recursos essenciais; o 130, no qual se postula o desenvolvimento dos diversos setores econômicos (particularmente, da agricultura, da pecuária, da pesca e do artesanato), destinado a equiparar o nível de vida de todos os espanhóis, ao mesmo tempo que se antecipa um tratamento especial para as áreas de montanha; e, em perfeita coerência com esses objetivos, o 131.1, que consagra o princípio do planejamento "para atender às necessidades coletivas, equilibrar e harmonizar o desenvolvimento regional e setorial, estimular o crescimento da renda e da riqueza e sua distribuição mais justa".

A doutrina do TC não hesitou em invocar o valor da qualidade de vida e a necessidade de tutela do meio ambiente como critério legitimador de restrições do direito de propriedade e outras atividades econômicas lesivas para esses valores e bens constitucionais (cf. SSTC 227/1988, FJ 7; 66/1991, FJ 3; 243/1993, FJ 5...). No entanto, em outras decisões, o TC mostrou-se propenso a favorecer uma interpretação conciliadora das exigências do meio ambiente e do desenvolvimento econômico (cf. SSTC 64/1982, FJ 2; 102/1995, FJ 4...).

Juntamente com esses artigos de conteúdo econômico, outros preceitos tendem a destacar as exigências sociais para que a pessoa tenha garantida sua dignidade, possa desenvolver sua liberdade, assim como os fatores que permitam seu equilíbrio biológico e psíquico. Essa finalidade, estreitamente ligada à qualidade de vida, é perseguida pelos artigos: 35.1, que reconhece o direito ao trabalho, pois o ambiente e as condições laborais repercutem de forma imediata no estado psicossomático da pessoa; o 43, sobre a proteção à saúde, cuja tutela necessita de condições físicas e sociais adequadas do hábitat humano; o 49, dirigido à proteção dos deficientes físicos e dedicado a promover sua reabilitação e integração social; o 50, que zela pelo bem-estar da terceira idade; e o 51, relacionado à defesa do consumidor, pois o êxito da qualidade de vida pressupõe o redimensionamento de todo o sistema de con-

---

Roma deixariam de se realizar na prática, na medida em que os preços racionassem entre os diferentes usos os escassos recursos com os quais conta a humanidade..." (*Una nueva economía de mercado*, Madri, 1980, p. 18). O ponto mais frágil dessa argumentação está em evitar deliberadamente a necessidade de planejamento para um equilíbrio na produção e distribuição dos bens, assim como para o uso das fontes de energia.

sumo. Como meio imprescindível para tornar efetivas essas exigências é reconhecida constitucionalmente a participação dos interessados "na atividade dos órgãos públicos cuja função afete diretamente a qualidade de vida ou o bem-estar geral" (art. 129.1).

c) Em relação à garantia do direito consagrado no artigo 45.1, deve-se observar que faz parte do título I da Constituição espanhola, que trata "Dos direitos e deveres fundamentais", embora esteja integrado no capítulo III, referente aos "princípios diretores da política social e econômica". Tais princípios, segundo o artigo 53.3, orientarão "a legislação positiva, a prática judicial e a ação dos poderes públicos". Contudo, "apenas poderão ser alegados diante da Jurisdição ordinária de acordo com o que disponham as leis que os desenvolvam". Escreveu-se, com razão, que se trata "de uma expressão infeliz, mas que claramente não pode ser interpretada como uma proibição de alegação, e muito menos de aplicação [...], de tais princípios pelos Tribunais ordinários, interpretação que seria contraditória com o parágrafo imediatamente anterior do mesmo preceito"[53]. De fato, dificilmente se poderá cumprir o imperativo constitucional de que essas normas orientem a prática judicial, se não podem ser objeto de alegação ou aplicação pelos Tribunais. Além disso, segundo se depreende do artigo 161.1 *a*), o Tribunal Constitucional tem plena competência para declarar a inconstitucionalidade de qualquer disposição legal que contradiga a Constituição, da qual o artigo 45 e todos os integrados no capítulo III do título I fazem parte. Por outro lado, os juízes ordinários estão obrigados: a remeter ao Tribunal Constitucional as questões referentes à possível inconstitucionalidade das normas legais aplicáveis a suas sentenças (art. 163); a interpretar e aplicar todo ordenamento jurídico conforme a Constituição (art. 9.1) e a tutelar o exercício dos direitos e interesses legítimos de todas as pessoas (art. 24.1). A plena normatividade do reconhecimento constitucional da qualidade de vida e sua garantia, assim como a de todos os direitos e liberdades integrados no título I, é reforçada também pela possibilidade de denunciar suas violações administrativas diante do defensor do povo (art. 54 da CE). Disso se inferem o caráter normativo e a plena vinculatividade do artigo 45, da mesma forma que os demais preceitos reunidos no capítulo III, sem que possam ser relegados (ainda que a infeliz expressão terminológica do artigo 53.3 pareça sugeri-lo) a meros princípios programáticos.

Poderíamos também acrescentar, em favor de sua normatividade, a invocação expressamente contida no artigo 10.2 para interpretar o estatuto dos direitos fundamentais "em conformidade com a Declaração universal dos direitos humanos e os tratados e acordos internacionais sobre as mesmas matérias ratificados pela Espanha". Além disso, o artigo 96.1 proclama que: "Os tratados internacionais validamente celebrados, uma vez publicados oficialmente na Espanha, passarão a integrar o ordenamento interno". Pois bem, a

---

[53] E. GARCÍA DE ENTERRÍA, "La Constitución como norma jurídica", in *La Constitución española de 1978*. Estudo sistemático dirigido pelos professores A. PREDIERI e E. GARCÍA DE ENTERRÍA, Madri, 1980, p. 118.

Espanha ratificou em 1977 o Pacto internacional de direitos econômicos, sociais e culturais da ONU, cujo artigo 11 reconhece o direito "a um nível de vida adequado [...] e a uma melhoria contínua das condições de existência"; ao mesmo tempo que o artigo 12.2 *b*) proclama o direito de toda pessoa ao "melhoramento em todos os aspectos da higiene do trabalho e do meio ambiente"[54].

Em todo o caso, o caráter finalista desse preceito não apenas torna ilegítimas as disposições que perseguem fins diversos ou contraditórios, mas impõe ao legislador a obrigação de promulgar as leis e ações necessárias para a consecução de seus objetivos[55]. Depreende-se daí que qualquer disposição legislativa, assim como as atuações administrativas ou judiciais que impliquem um aproveitamento dos bens econômicos ou dos recursos naturais em que se dê preferência aos aspectos quantitativos sobre os qualitativos, é inconstitucional no sistema espanhol. Da mesma forma que toda organização do hábitat humano que atente contra a qualidade de vida será suscetível das sanções que a Lei Superior espanhola reserva para os atos anticonstitucionais[56].

Parece obrigatório observar, não obstante, que a possibilidade de conceber a qualidade de vida como um direito fundamental no âmbito do ordenamento jurídico espanhol é uma questão controversa. A proposição favorável ao caráter jurídico fundamental da qualidade de vida, opção que aqui se defende, implica inclinar-se por um critério *material* e *integrador* do sistema de direitos fundamentais da Constituição espanhola. Difere, portanto, da tese predominante na doutrina e acolhida por algumas decisões do TC que circunscreve a relação dos direitos fundamentais àqueles proclamados no capítulo II do título I, ou até das posturas mais restritivas aos direitos reconhecidos no artigo 14 e na seção I do referido título I. Essas teses de caráter *formalista* e *restritivo* encontram apoio na proteção reforçada prevista no artigo 53.1-2 da CE para os direitos contidos nesses respectivos âmbitos. Diante delas cabe acrescentar que os direitos do capítulo III do título I possuem todos os requisitos para ser considerados direitos fundamentais: trata-se, de fato, de direitos humanos que foram positivados na Constituição e que gozam das garantias jurídicas expostas anteriormente. Convém lembrar que a categoria dos direitos fundamentais possui um significado "qualitativo": trata-se dos direitos humanos positivados constitucionalmente, embora seja diferente "a quantidade" de instrumentos jurídicos previstos para reforçar sua tutela. Em favor da consideração do direito à qualidade de vida como fundamental na Constituição, pode-se observar sua própria inserção no título I, que trata "Dos direitos e deveres fundamentais". Tenha-se presente que a Constituição define todos os direitos e deveres contidos no título I como fundamentais e alude textualmente, ao nomear o capítulo IV desse título, a "garantias das liberdades e direitos fundamentais", detalhando ali os respectivos instrumentos de prote-

---

[54] Cf. B. DE CASTRO CID, "Derechos humanos y Constitución", *REP*, 1980, pp. 142-3.
[55] Cf. LAVAGNA, cit., p. 53.
[56] Cf. T. R. FERNÁNDEZ, "Derecho, medio ambiente y desarrollo", *REDA*, 1980, n. 24, pp. 5 ss.; E. J. ULL PONT, "La defensa del medio ambiente en la Constitución", *REP*, 1978, n. 5, pp. 160 ss.

ção dos direitos reunidos nos diferentes capítulos e seções do título I. Do contrário, a interpretação restritiva levaria ao resultado paradoxal de manter que apenas alguns dos direitos e liberdades consignados no título I têm a categoria de fundamentais, ficando os demais relegados à condição de acessórios ou subsidiários. Deve-se, portanto, concluir que a diferença de meios de tutela não implica negar a condição de direitos fundamentais a todos os que integram o título I, mas o reconhecimento realista por parte do constituinte espanhol dos diferentes pressupostos econômico-sociais e técnico-jurídicos que concorrem na respectiva implantação das liberdades individuais, para a qual é suficiente a não ingerência do Estado ou sua simples atividade de vigilância, e dos direitos econômicos, sociais e culturais, que exigem uma função ativa do Estado através dos correspondentes serviços públicos ou benefícios[57]. Além disso, os novos direitos próprios da sociedade tecnológica, entre os quais se insere o direito à qualidade de vida, requerem transformações estruturais e políticas ativas dos poderes públicos.

Com relação expressa à tutela ambiental na Constituição espanhola, defendeu a tese restritiva, com base na localização do artigo 45, Guillermo Escobar Roca, que assinala: "parece que o direito ao meio ambiente não é um direito fundamental, pois se encontra fora do capítulo II"[58]. Pelo contrário, apresenta maior afinidade com o enfoque aqui sustentado a tese de Jesús Jordano Fraga, que conta com o suporte de algumas decisões jurisprudenciais (por exemplo, a STS, sala 3ª, seção V, de 7 de novembro de 1990) e de diversas argumentações doutrinais entre as que são citadas em alguns de meus trabalhos anteriores sobre os direitos fundamentais. Nas palavras de Jordano Fraga: "é precisamente o reconhecimento com categoria constitucional do direito 'a um meio ambiente adequado ao desenvolvimento da pessoa' o que eleva o meio ambiente a bem constitucional. A delimitação do bem jurídico – meio ambiente – não é por isso uma questão meramente doutrinal e carente de todo interesse, pois as conclusões que se obtenham da qualificação do direito ao meio ambiente, como direito subjetivo, serão extensíveis ao âmbito de seu objeto"[59].

Não é preciso dizer, de fato, que a consideração da qualidade de vida como direito fundamental (pelas razões expostas *acima*, entendo que o que o art. 45 da CE consagra é um direito à qualidade de vida, mais que um direito ao meio ambiente) não é mera elucubração doutrinal desprovida de importância prática. A "subjetivação" da temática ambiental sob a forma do reconhecimento de um direito à qualidade de vida dos cidadãos evidencia a progressiva ampliação do catálogo das liberdades, de acordo com a ampliação das necessidades humanas que constituem sua base antropológica. Não por acaso a qualidade de vida é uma das manifestações emblemáticas dos denominados "direitos

---

[57] Cf. A. E. Pérez Luño, *Derechos humanos, Estado de Derecho y Constitución*, op. cit., pp. 83 ss.

[58] G. Escobar Roca, *La ordenación constitucional del medio ambiente*, Madri, 1995, p. 66.

[59] J. Jordano Fraga, *La protección del derecho a un medio ambiente adecuado*, Barcelona, 1995, p. 81.

de terceira geração", isto é, as respostas jurídicas diante dos fenômenos de "poluição das liberdades" que afeta os direitos fundamentais perante determinados desenvolvimentos e usos das novas tecnologias[60]. O fato de o texto espanhol incluir em seu Título I, que – convém reiterar – consagra seu catálogo de "direitos e deveres fundamentais", a garantia da qualidade de vida prova a sensibilidade do constituinte para com o caráter multifacetado das liberdades e sua necessária adaptação às novas exigências de espaço e tempo. Por isso, a hermenêutica formalista e restritiva, impugnadora da condição jusfundamental da qualidade de vida no sistema constitucional espanhol, implica fragilizar a condição jurídica de uma das necessidades mais urgentes e radicalmente sentidas no âmbito histórico de nossa convivência. Essa dimensão histórica das liberdades atua com especial evidência em tudo quanto se refere à qualidade de vida e ao meio ambiente. "O ambiente", nas palavras do TC espanhol, "é conceito essencialmente antropocêntrico e relativo. Não existe nem pode existir uma ideia abstrata, intemporal e utópica do meio, fora do tempo e do espaço. É sempre uma concepção concreta, pertencente ao hoje e operante aqui" (STC 102/1995, FJ 4)[61].

O TC mostrou certa receptividade a essa dimensão jusfundamental da qualidade de vida. Como tivemos ocasião de mencionar acima, de sua conexão com a dignidade humana o TC infere que cada pessoa "tem o direito inalienável de habitar em seu entorno de acordo com suas características culturais" (STC 102/1995, FJ 7). Em conformidade com isso, o TC entende que "a qualidade de vida como aspiração situada em primeiro plano pelo preâmbulo da Constituição" liga-se, no texto articulado (art. 45 da CE), com o uso racional dos recursos naturais e o meio ambiente, ao mesmo tempo que "configura um direito de todos a usufruir dele e um dever de conservação que recai sobre todos, além de um mandato aos poderes públicos para a proteção" (STC 102/1995, FJ 4).

---

[60] Cf. A. E. PÉREZ LUÑO, "Le generazioni dei diritti umani", in F. RICCOBONO (org.), *Nuovi diritti dell'età tecnológica*, Atti del Convegno tenuto a Roma presso la Libera Università Internazionale degli Studi Sociali, 5 e 6 de maio de 1989, Milão, Giuffrè, 1991, pp. 139 ss.; "Las generaciones de derechos fundamentales", *Revista del Centro de Estudios Constitucionales*, 1991, n. 10, pp. 203 ss.

[61] É interessante comprovar como, em um âmbito relativamente breve do tempo, comportamentos que hoje são considerados contrários ao meio ambiente e foram até tipificados como delitos contra a fauna (segundo o que estabelecem os arts. 334 a 336 do novo Código Penal espanhol) foram em outras épocas considerados favoráveis à qualidade de vida e merecedores de recompensas pelo Direito. Assim, por exemplo, o Regulamento de Caça e Pesca de 3 de maio de 1834 declarava "livre a caça de animais daninhos, a saber: lobos, raposas, fuinhas, gatos-monteses, texugos e gambás..." (art. 29). Quem caçava esse tipo de animais e contribuía para seu extermínio tornava-se credor de recompensas. Assim, estabelecia-se, nessa mesma disposição, que seria pago aos que os apresentassem mortos 40 reais para cada lobo, 60 para cada loba – 80 se estivesse prenhe – e 20 reais para cada filhote de lobo; a metade disso, respectivamente, para cada raposa macho, fêmea ou filhote, e a quarta parte, também respectivamente, para cada fuinha e demais animais daninhos referidos antes. A lei de caça de 10 de janeiro de 1879 manteve essa mesma situação em relação aos animais, naquela época, considerados "daninhos". A respeito desse assunto, ver F. CUENCA ANAYA, "Caza y Medio Ambiente", *Revista de Derecho Agrario y Alimentario*, 1995, n. 26, pp. 20 ss.

Finalmente, como traços peculiares da garantia desse direito, deve-se mencionar sua dimensão *erga omnes* pela qual sua tutela não só opera diante dos poderes públicos, mas também nas relações entre particulares (*Drittwirkung der Grundrechte*), assim como a titularidade, muitas vezes coletiva ou difusa, dos interesses objeto de sua proteção. Aspectos que serão abordados, com maior amplitude, no comentário do parágrafo 3.

3.2. Parágrafo 2: organização da política ambiental

O parágrafo 2 traça um quadro sumário das principais questões relacionadas com a política do meio ambiente. Da breve referência constitucional devem-se inferir os princípios orientadores da organização ambiental para: a titularidade das competências, o objeto, as técnicas operativas e a finalidade perseguida com sua regulação.

a) A Constituição atribui a *titularidade das competências* em matéria ambiental aos poderes públicos *in genere*. Isso suscita uma série de problemas derivados da pluralidade e da diversidade de aspectos nos quais se polariza a ação pública sobre o meio ambiente, que afetam tanto as competências estatais quanto as das Comunidades Autônomas e, no âmbito da administração central, os diferentes departamentos ministeriais.

Especialmente ambíguo e complexo é o regime de distribuição territorial de competências estabelecido pela Constituição espanhola em matéria de meio ambiente[62], ao adotar critérios que, à primeira vista, parecem incompatíveis.

---

[62] Com relação ao sistema de distribuição de competências entre o Estado e as Comunidades Autônomas comentou-se que "carece da imprescindível clareza e que desde já se revela indubitavelmente insuficiente para garantir relações razoáveis entre os sujeitos presentes" (T. R. Fernández, "El sistema de distribución de competencias entre el Estado y las Comunidades Autónomas", *REVL*, 1979, n. 201, p. 10). Mostrou-se também que o sistema é "tecnicamente deficiente e pouco claro em suas intenções políticas" (L. Cosculluela, "La determinación constitucional de las competencias de las Comunidades Autónomas", in *La Constitución española y las fuentes del derecho*, Madri, 1979, vol. I, p. 540). Sobre os pressupostos gerais do sistema autonômico da Constituição espanhola ver as sugestivas observações de P. Cruz Villalón, "La estructura del Estado o la curiosidad del jurista persa", *RFDUCM*, n. monográfico, 4, 1981, pp. 53 ss.

Com expressa referência à complexidade e à ambiguidade do sistema de distribuição de competências em matéria ambiental, assim como à necessidade de uma interpretação que a supere, foram apresentadas duas opções hermenêuticas contrapostas no âmbito do próprio TC: *a*) Uma, que obedece a pressupostos *lógico-axiomáticos*, foi mantida em um voto particular pelo magistrado Rafael Mendizábal Allende, que adverte que a doutrina do TC sobre a distribuição do ordenamento constitucional de competências "carece de critérios sólidos que sirvam de guia, por ter rejeitado uma interpretação estritamente jurídica – em todas as suas facetas, gramatical, histórica, sistemática e finalista – que teria dado a resposta exata". Por isso, defende a adoção no tratamento dos conflitos sobre as competências ambientais de "diretrizes claras, limites jurídicos bem determinados, pouco mutáveis e uma disposição nada propícia ao centralismo, sem nenhuma desconfiança em relação aos órgãos territoriais que compõem a Espanha e são Estados também". Isso permitiria "separar as competências respectivas com alguns marcos divisórios visíveis e com limites limpos e claros, sem zonas de penumbras" (STC 102/1995, voto particular). *b*) Não obstante, nessa mesma

Assim, enquanto o artigo 148.1.9ª estabelece que as Comunidades Autônomas poderão assumir competências de "gestão em matéria de proteção do meio ambiente", o Estado tem atribuição de competência exclusiva em matéria de "legislação básica" sobre proteção do meio ambiente (art. 149.1.23ª) sem prejuízo das faculdades das Comunidades Autônomas de estabelecer normas adicionais de proteção.

O TC, após reconhecer expressamente o "caráter complexo e multifacetado que têm as questões relativas ao meio ambiente", mostra que isso provocou "uma correspondente complexidade na divisão de competências entre o Estado e as Comunidades Autônomas". Essa divisão de competências foi qualificada metaforicamente pelo TC de "transversal", já que incide em outras matérias incluídas, por sua vez, no esquema constitucional de competências (art. 148.1, 3, 7, 8, 10 e 11 da CE), pois essas matérias "têm como objeto os elementos integrantes do meio (as águas, a atmosfera, a fauna e a flora, e os minerais) ou certas atividades humanas sobre eles (agricultura, indústria, mineração, urbanismo, transportes), que por sua vez geram agressões ao ambiente ou riscos potenciais para ele" (STC 102/1995, FJ 3).

A Constituição, através dos artigos 148 e 149, apresentou uma distribuição de competências entre o Estado e as Comunidades Autônomas que não implica uma consequente divisão de matérias. É por isso que, salvo algumas competências ligadas aos atributos tradicionais da soberania (relações internacionais, defesa, administração da justiça...) que são designadas exclusivamente ao Estado, verificam-se numerosos casos de competências concorrentes sobre algumas mesmas matérias. Para indicar esse problema fez-se menção a uma "atribuição formal de competências exclusivas sobre matérias compartilhadas"[63]. Desse modo, se se deseja superar essa evidente *contradictio in terminis*, é necessário esclarecer que no texto constitucional:

1º) Não há um conflito de competências exclusivas sobre o meio ambiente, mas são atribuídas competências de diferentes graus ao Estado (legislação básica) e às Comunidades Autônomas (desenvolvimento legislativo e gestão). Às Comunidades Autônomas surgidas sob o amparo do artigo 151 da CE foram reservadas competências de desenvolvimento legislativo e de execução da legislação estatal básica em matéria de meio ambiente. Assim, encontra-se previsto nos respectivos estatutos de: Andaluzia (art. 15.1.7), Catalunha (art. 10.1.6), Galícia (art. 27.30) e País Basco (art. 11.1). As Comunidades Autônomas reguladas com base no artigo 143 da CE inicialmente se atribuíram competências ambientais heterogêneas e de diversos teores: "normas adicionais" à

---

sentença, a opção majoritária dos magistrados volta-se explicitamente para uma atitude hermenêutica *tópico-argumentativa*, já que entende que, ao abordar o controle do exercício das competências ambientais, o TC deve agir "caso a caso, sem possibilidade de criar aprioristicamente uma teoria que preveja todas as situações futuras nem antecipar critérios abstratos não contrastados com a realidade tópica" (STC 102/1995, FJ 9).

[63] P. Escribano e L. I. López, "El medio ambiente como función administrativa", REDA, 1980, n. 26, p. 375.

legislação estatal, "desenvolvimento da legislação estatal", "função executiva" ou "de gestão"...; esse panorama heteróclito foi reconduzido para um sistema com pretensões de certa uniformidade pela Lei Orgânica 9/1992. A Exposição de Motivos desse texto revela a aspiração de nivelar no âmbito ambiental as Comunidades Autônomas às quais se transferem competências com aquelas outras de que já desfrutavam. A Lei 9/1992 transferiu para as Comunidades Autônomas o desenvolvimento legislativo e a execução em matéria de normas adicionais de proteção ao meio ambiente, no âmbito da legislação básica do Estado (art. 3). Desse modo, o "desenvolvimento legislativo e a execução" têm como referência as normas básicas estatais das quais se originam as autonômicas, enquanto as normas "adicionais" destinam-se a estabelecer uma proteção ambiental específica e reforçada.

É importante destacar que houve uma contundente mudança de critério, por parte do TC, sobre o alcance das competências autonômicas no desenvolvimento da legislação básica estatal em matéria de meio ambiente. Na STC 170/1989, sobre o Parque de la Cuenca Alta del Manzanares, interpretava-se o art. 149.1.23ª, em relação ao conceito de legislação estatal básica, em sentido estrito: "a legislação básica do Estado – assinala essa sentença em relação ao meio ambiente – não cumpre neste caso uma função de uniformidade relativa, e sim de ordenação mediante mínimos que deverão ser respeitados em qualquer caso, porém que podem permitir que cada uma das Comunidades Autônomas, com competência na matéria, estabeleça níveis de proteção mais elevados que nem por isso entrariam em contradição com a normativa básica do Estado". O sentido do texto constitucional é o de que as bases estatais são de caráter mínimo e, portanto, os níveis de proteção que estabelecem podem ser ampliados ou melhorados pela normativa autonômica" (FJ 12). Essa concepção estrita da legislação básica estatal foi abandonada posteriormente na STC 149/1991, sobre a Lei de Costas, na qual se lhe outorgam algumas características manifestamente expansivas, a ponto de relegar à inoperância as competências autonômicas nesse setor. Mostra-se nessa decisão que: "em matéria de meio ambiente o dever estatal de deixar uma margem ao desenvolvimento da legislação básica pela normativa autonômica é menor que nos outros âmbitos e [...], consequentemente, não se pode afirmar a inconstitucionalidade das normas estatais argumentando que, pelo detalhamento com que são concebidas, não permitem desenvolvimento normativo algum" (FJ 1). Desvinculando-se expressamente desta última proposição, a STC 102/1995, sobre a Lei de Espaços Naturais, estabelece que "em matéria de meio ambiente o dever estatal de deixar uma margem para o desenvolvimento da legislação básica pela normativa autonômica, mesmo sendo 'menor que outros âmbitos', não pode chegar, diante do afirmado na STC 149/1991 (FJ 1), da qual temos de nos distanciar neste ponto, a tal grau de detalhamento que não permita nenhum desenvolvimento legislativo das Comunidades Autônomas com competências em matéria de meio ambiente, esvaziando-as assim de conteúdo" (FJ 8).

2º) Além dessa distribuição inicial de competências, corresponde ao Estado uma competência residual e supletiva em todos aqueles aspectos relacionados com o meio ambiente que não foram desenvolvidos pelas Comunidades Autônomas em seus estatutos (art. 149.3). Com isso pretendeu-se evitar possíveis vazios ou lacunas. Reconhecendo-o dessa forma, o TC entende que o recíproco entrosamento da competência estatal e das autonômicas em matéria ambiental implica que o básico tem simultaneamente caráter mínimo, como núcleo indispensável para a proteção do setor. Além disso, entram em jogo normas autonômicas que complementam e desenvolvem essa legislação básica mínima e que regulam sua execução. Desse modo, pretende-se que não existam fissuras nesse bloco normativo. "Trata-se, pois, de uma estratificação da matéria por níveis, em que o estatal deve ser suficiente e homogêneo, mas melhorável, por assim dizer, para ser adaptado às circunstâncias de cada Comunidade Autônoma. Essa é, também, a articulação da normativa supranacional da União Europeia que corresponde aos Estados-membros segundo o princípio de subsidiariedade" (STC 102/1995, FJ 9)[64].

3º) Ao Estado corresponde também a coordenação das normas das Comunidades Autônomas, "mesmo no caso de matérias atribuídas à competência destas, quando assim o exige o interesse geral" (art. 150.3). A atribuição dessa competência é fundamental para evitar possíveis antinomias e garantir o princípio de coerência normativa que é requisito indispensável da segurança jurídica.

Em uma matéria como a ambiental, cuja problemática transcende a própria competência dos Estados, já que suas repercussões ultrapassam as fronteiras nacionais para incidir na comunidade internacional, torna-se imprescindível superar qualquer proposição localista[65]. Por isso, do mesmo modo que compete às organizações internacionais a coordenação das políticas ambientais dos diversos Estados, a cada um deles corresponde conciliar as competências atribuídas aos órgãos que operam em seu âmbito. Além disso, a alusão expressa "à indispensável solidariedade coletiva" (art. 45.2) reflete a preocupação dos constituintes espanhóis em resolver adequadamente essa questão.

Por outro lado, a atribuição aos poderes públicos e não ao Estado da tutela do meio ambiente pode responder, se forem aceitas algumas posturas teóricas apresentadas em outros países para casos semelhantes[66], ao propósito de substituir a ideia do Estado-pessoa pela do Estado-ordenamento. Confiar a tutela ecológica ao Estado-ordenamento significa atribuir sua salvaguarda a todos os sujeitos que atuam dentro do ordenamento jurídico, no âmbito de suas respectivas competências institucionais; particularmente aos departa-

---

[64] E. ALONSO GARCÍA, *El derecho ambiental de la Comunidad Europea*, op. cit., pp. 55 ss.; A. HILDEBRAND SCHEID, "Nuevas iniciativas de la Unión Europea em materia de ordenación del territorio", op. cit., pp. 68 ss.; B. LARUMBE, "Medio ambiente y Comunidades Autónomas", *RVAP*, 1984, n. 8, pp. 56 ss.; G. ESCOBAR ROCA, *La ordenación constitucional del medio ambiente*, op. cit., pp. 145 ss. e 192 ss.

[65] Cf. A. MANTERO, "La tutela dell'ambiente degli inquinamenti: una materia tra Stato, Regione e Enti locali", *Diritto e Società*, 1981, n. 1, pp. 195 ss., esp. pp. 207-8; F. MERUSI, op. cit., pp. 454 ss.; R. QUADRI, op. cit., pp. 103 ss.

[66] F. MERUSI, op. cit., pp. 438 e 456.

mentos ministeriais, órgãos autonômicos e corporações locais. Isso implica atribuir competências a uma pluralidade de sujeitos, o que gera um pluralismo operacional; mas significa também que todos esses sujeitos têm uma tarefa *comum*. Precisamente da natureza *comum* dessa tarefa surge o critério para resolver os conflitos de competências entre esses organismos. No entanto, a busca comum de determinados objetivos, quando as respectivas competências interferem umas com as outras, deve traduzir-se, no plano jurídico, em modalidades organizativas de *participação* cujos princípios tenham sido previamente estabelecidos por um plano. Mostrou-se que o planejamento territorial "é a técnica de coordenação funcional por excelência, uma vez que sua função própria não é outra que a de integrar, primeiro, e ordenar e sistematizar, depois, tudo quanto se refere à relação do homem com o meio em que se move sobre a base de um território concreto"[67]. A exigência de coordenar e conciliar a participação dos diferentes sujeitos institucionais na tarefa comum de proteger o meio ambiente é um corolário da atividade planificadora cuja competência corresponde ao Estado (art. 131.1). Trata-se, em suma, de um aspecto da planificação democrática que implica a participação da sociedade através de suas instituições para "equilibrar e conciliar o desenvolvimento regional e setorial e estimular o crescimento da renda e da riqueza e sua mais justa distribuição" (art. 131.1).

Quanto à necessária cooperação entre o Estado e as autonomias em matéria de meio ambiente, o TC sustenta que a defesa do interesse geral na política ambiental pode requerer "a intervenção do Estado para evitar danos irreparáveis, mas isso deve ser feito assegurando um adequado equilíbrio entre o respeito das autonomias territoriais e a necessidade de evitar que elas levem a separações ou compartimentações que ignorem a própria unidade do sistema" (STC 329/1993, FJ 4). Em função desse interesse geral legitimam-se as faculdades de coordenação estatais e até mesmo que o Estado, titular da legislação básica, possa realizar atos de execução que sejam necessários para evitar males irreparáveis e garantir a consecução das finalidades que correspondem à competência estatal sobre as bases (cf. SSTC 48/1988 e 329/1993). Mas essas exigências de cooperação não implicam mediação. Assim, se depreende de uma sentença na qual, ao considerar a afetação do domínio público, cuja titularidade estatal emana do artigo 132 da CE, para planos de ordenação territorial das Comunidades Autônomas com competência exclusiva na matéria, o TC apontava que a competência estatal de ordenação do território, embora deva ponderar os efeitos sobre o meio ambiente, não atrai para si as normas relativas à proteção da natureza nem tudo o que se refere à preservação dos ecossistemas. Da mesma forma que as demais ações com incidência territorial, essas competências em matéria de meio ambiente podem condicionar o exercício da competência sobre ordenação do território. "No entanto, apesar desse conteúdo próprio e da possibilidade de condicionar o exercício da competência de orde-

---

[67] T. R. Fernández, "Derecho, medio ambiente y desarrollo", op. cit., p. 9.

nação territorial, a partir desses títulos não pode invadir-se o âmbito reservado a esta última, levando a termo diretamente a ordenação do solo" (STC 36/1994, FJ 3).

A necessidade de coordenar a política ambiental e o serviço ao interesse público para evitar graves danos ecológicos justifica a intervenção do Estado, até mesmo em âmbitos de competência exclusiva das Comunidades Autônomas. Trata-se, no entanto, de casos "excepcionais" aos quais só cabe recorrer "quando não é possível estabelecer nenhum ponto de ligação que permita o exercício das competências autonômicas ou quando, além do caráter supra-autonômico do fenômeno objeto da competência, não é viável o fracionamento da atividade pública exercida sobre ele". Além disso, procederá a atuação estatal quando for preciso recorrer a um órgão supraordenador com capacidade para coordenar os interesses contrapostos de seus componentes parciais e isso requeira soluções homogêneas que só poderão ser garantidas se forem atribuídas a um único titular, "obrigatoriamente o Estado"; e também para afastar "o perigo iminente de danos irreparáveis, que nos situa no terreno do estado de necessidade" (STC 102/1995, FJ 8).

b) Em relação ao *objeto* ou bem jurídico protegido, o parágrafo 2 renunciou, com bom critério, ao sistema de enumeração casuístico, para se referir a "todos os recursos naturais". Desse modo, faculta-se ao legislador ordinário regular globalmente os diferentes aspectos ambientais, de acordo com as exigências ecológicas. Contudo, esse critério correto não foi levado em conta na distribuição de competências entre o Estado e as Comunidades Autônomas. Neste ponto, juntamente com a alusão genérica ao meio ambiente contida nos artigos 148.1.9ª e 149.1.23ª, trata-se de forma separada de outros aspectos intimamente relacionados com sua problemática. Assim, no artigo 148.1 atribui-se às Comunidades Autônomas a competência, no âmbito de seu território, em matéria de: ordenação do território e urbanismo (3ª); obras públicas (4ª); matas e aproveitamento florestal (8ª); aproveitamentos hídricos, assim como o regime de águas minerais e termais (10ª); pesca fluvial (11ª) etc. Enquanto o artigo 149.1 proclama a competência exclusiva do Estado para: a pesca marítima (19ª); legislação e ordenação de aproveitamentos hídricos quando as águas percorrerem mais de uma Comunidade Autônoma (22ª); obras públicas de interesse geral ou cuja realização afete a mais de uma Comunidade Autônoma (24ª); bases do regime de mineração e energia (25ª)...

É evidente que essa enumeração pormenorizada de alguns aspectos ambientais não deve significar um desmembramento de seu *status* jurídico com relação ao imprescindível tratamento conjunto da temática ecológica. Disso se depreende que as instâncias e fórmulas de coordenação apontadas devem reclamar e assumir plena competência sobre essas questões de relevância ambiental. A infortunada descrição casuística dessas matérias nos artigos 148 e 149 não pode servir de pretexto para desvinculá-las da regulação geral do meio ambiente. O contrário implicaria uma clara infração do sentido globalizador de toda a política ambiental que inspira a formulação do artigo 45.2.

A Lei 4/1989 tentou canalizar essas exigências e propósitos em um setor ambiental tão importante como o que faz referência à conservação dos espaços naturais e da flora e fauna silvestres. Nessa lei é definido o espaço natural objeto de proteção como "qualquer zona localizada e individualizada [...] digna de proteção por conter elementos ou sistemas naturais de especial interesse ou destacados valores naturais" (art. 10.1). O âmbito dessa função defensiva tem seu apoio imediato na própria noção constitucional do meio ambiente, constituída por elementos objetivos e subjetivos. Entre os primeiros deve ser objeto de tutela o solo, preservando aquelas áreas e elementos naturais com singular interesse dos pontos de vistas científico, cultural, estético, paisagístico e recreativo; entre os segundos, deve-se fazer referência aos moradores, às comunidades ou espécies em perigo, cuja sobrevivência deve ser garantida mediante a conservação de seus hábitats. Com esses elementos objetivos e subjetivos (solo e moradores), pretende-se configurar uma rede representativa dos principais ecossistemas e regiões existentes na Espanha, tudo o que, por sua vez, torna possível a colaboração desse país em programas internacionais para a conservação da natureza nos quais tenha se comprometido a participar (art. 10.2).

Definidos na Lei 4/1989 os espaços naturais objeto de proteção, atribui-se às Comunidades Autônomas a declaração e gestão dos parques, reservas naturais, monumentos naturais e paisagens protegidas localizadas em seus respectivos territórios (art. 21.1). Essa competência é absoluta e irrevogável em virtude do objeto, isto é, o espaço natural, sejam quais forem suas características. Em função disso, o TC declarou a inconstitucionalidade daqueles artigos dessa lei que privavam da referida titularidade as Comunidades Autônomas em razão de: *supraterritorialidade*, isto é, espaços naturais situados em duas ou mais Autonomias, em cuja hipótese o artigo 21.4 da Lei transferia ao Estado a competência na declaração e gestão desses espaços naturais. Nesse ponto reitera-se a tese sustentada em sua STC 329/1993, segundo a qual a supraterritorialidade "não configura título de competência algum nessa matéria [...], os espaços naturais tendem a não se deter e muito menos a coincidir com os limites das Comunidades Autônomas. Mas isso não é suficiente para transferir para o Estado a competência de sua declaração e gestão, sob pena de esvaziar ou reduzir a competência autonômica na matéria" (STC 102/1995, FJ 19); *localização*, como no caso dos espaços naturais situados na zona marítimo-terrestre. Nesse ponto, o TC declarou a inconstitucionalidade do artigo 21.3 da Lei 4/1989, que reserva ao Estado não apenas a titularidade do domínio dessa área, mas também a declaração e gestão dos espaços naturais nela situados. A qualificação de um segmento da zona marítimo-terrestre como parte de um espaço natural corresponde também – segundo o critério do TC – à Comunidade Autônoma em cujo território se encontre. Aplica a mesma tese à gestão "sem que a possibilidade de interferências recíprocas [...] autorize a unificá-las mediante a absorção de uma pela outra. Essa tentação nos conduziria à redescoberta do Estado centralizador" (STC 102/1995, FJ 20); a significação *qualitativa* de determinados espaços, como é o caso dos parques naturais, que constituem uma realidade singular com uma personalidade ecológica e características distintivas que identificam determinado país. A respeito da regulação dos parques naturais o TC declara a inconstitucionalidade parcial do artigo 22 da Lei 4/1989. Considera-se conforme a ordem constitucional que possa corresponder ao Estado, como titular de interesse geral da nação, a criação desses parques, para o que se reconhece uma faculdade de proposta, não vinculante, às autonomias. No entanto, essa faculdade não se torna extensiva em matéria de gestão, pois se entende que esse artigo não leva em conta "a competência das Comunidades Autônomas para executar o legislado sobre proteção do meio ambiente e a posição singular de algumas delas, com uma competência exclusiva sobre os espaços naturais protegidos" (STC 102/1995, FJ 22)[68].

Essa aproximação sumária da jurisprudência constitucional espanhola em matéria de meio ambiente provoca a inquietação, que seria desejável não ver confirmada pelos fatos, de que os órgãos públicos com atribuições no setor agem, na maioria das vezes, por um desejo de *vindicatio potestatis* mais que pela preocupação básica de defender melhor os bens e interesses ambientais e o direito à qualidade de vida dos cidadãos.

c) Sobre as *técnicas operativas* dos poderes públicos para a consecução dos objetivos ambientais, é possível extrair do texto constitucional as seguintes funções:

1ª) *Função preventiva.* A Constituição espanhola vincula os poderes públicos no sentido de impor-lhes o dever de *zelar* pela utilização racional de todos os recursos naturais, para *proteger* a qualidade de vida e *defender* o meio ambiente. Depreende-se daí a prescrição constitucional de uma função tutelar do meio ambiente por parte dos poderes públicos.

Alguns exegetas mostraram sua preferência pela fórmula "garantirão" proposta pelo Senado, diante de "zelarão", que prevaleceu na redação definitiva. Contudo, a objeção, que se polariza na maior contundência e amplitude do primeiro termo, perde seu sentido quando se levam em consideração as demais expressões contidas no preceito (como as de "proteger" e "defender"), que completam a função preventiva e dissuasiva com a da garantia. A ativi-

---

[68] Sobre a declaração dos espaços naturais por parte das Comunidades Autônomas, a Lei 4/1989 estabelece que ela está subordinada à aprovação prévia do correspondente Plano de Ordenamento dos Recursos Naturais da área (art. 15.1); contudo, excepcionalmente, pode-se proceder à declaração sem a prévia aprovação do Plano quando existirem razões que o justifiquem e estas constarem expressamente na norma que os declarar (art. 15.2). Por sua vez, a elaboração desse Plano exige que se cumpram os processos de audiência aos interessados, informação pública e consulta dos interesses sociais e das instituições afetadas (art. 6). Não obstante, esses requisitos foram interpretados pelo TC sem rigidez, como se depreende de sua postura na questão de inconstitucionalidade contra a Lei da Comunidade Autônoma de Andaluzia 2/1989, de Espaços Naturais Protegidos. Essa lei procedeu a um levantamento de uma série de 32 reservas, 30 áreas verdes e 17 parques naturais sem fazer a prévia elaboração dos correspondentes planos. Apesar de tudo, o TC indeferiu a questão de inconstitucionalidade por entender que os motivos dessa ação foram suficientemente justificados e expressos, pois o legislador autônomico fundamentou-se sempre na "urgência na adoção de medidas tendentes à proteção dos espaços naturais de Andaluzia" (STC 163/1995, FJ 6).

dade de vigilância que compete aos poderes públicos supõe, em suma, o controle da utilização de todos os recursos naturais. Esse controle se traduzirá quer em outorgar a concessão para determinadas atividades ou para a utilização de bens de domínio público, quer nas oportunas autorizações para o exercício de determinadas atividades ou utilização de bens privados, quer na revisão de concessões ou autorizações previamente concedidas para adaptá-las às exigências do planejamento ambiental. Este último caso é o mais problemático, pois implica a possibilidade de adequar, limitar e até suprimir direitos ou interesses privados em função do interesse público. Em todo o caso, não se pode evitar o grave problema econômico que implica a necessidade de financiar as medidas preventivas que, na maior parte das vezes, comportam elevados custos sem gerar maior rentabilidade. Daí a resistência da iniciativa privada em assumir seu financiamento e as dificuldades do setor público para poder custeá-las em sua totalidade, o que aconselha soluções eficazes e equilibradas (apoio financeiro à iniciativa privada, isenções fiscais, atividade pública subsidiária...)[69].

Deve-se salientar também que o preceito constitucional propõe como parâmetro orientador da atividade tutelar dos poderes públicos a "utilização racional" dos recursos naturais. Essa expressão induziu a alguns erros hermenêuticos. Escreveu-se, por exemplo, que tal critério "não é uma medida de avaliação clara e objetiva, nem um conceito jurídico, mas uma expressão metafísica, uma vez que presume que a pessoa possa conhecer e definir por si mesma o significado da utilização racional dos recursos naturais em cada caso"[70]. Essa objeção carece de fundamento, pois esquece ou desconhece que a fórmula "utilização racional" é uma constante no âmbito dos preceitos constitucionais comparados que se ocupam da temática do meio ambiente, uma vez que foi admitida, de maneira praticamente unânime, nos textos fundamentais das mais diferentes inspirações ideológicas[71]. Além disso, nos debates parlamentares do Senado espanhol se propôs, acertadamente, essa expressão porque se entendeu que "compreende tudo, restauração, conservação e melhoria, pois, caso contrário, não seria racional [...]; quando se tratar de melhorar a qualidade de vida saberemos o que quer dizer utilização racional dos recursos"[72]. Não existe nada, portanto, no texto constitucional que sugira uma interpretação subjetivista segundo a qual a "racionalidade" seria uma porta aberta para

---

[69] Assim, P. Escribano e J. I. López, op. cit., p. 371; cf. F. J. Gálvez, "Art. 45", in *Comentarios a la Constitución española*, org. por Garrido Falla, Madri, 1989, pp. 526 ss.; I. Pont Castejón, "Medio ambiente y Constitución española de 1978", in *La empresa en la Constitución española*, Pamplona, 1989, pp. 329 ss.

[70] P. Escribano e J. I. López, op. cit., p. 372.

[71] Convém recordar, a esse respeito, que a "racionalidade" é considerada pela filosofia jurídica atual como o instrumento decisivo através do qual se estruturam as formas modernas de convivência política livre e democrática. Ver, para todos, G. Fassò, *La legge della ragione*, Bolonha, 1964. Cf. A. E. Pérez Luño, "L'itinerario intellettuale di Guido Fassò", *RIFD*, 1976, pp. 372 ss.

[72] Intervención del señor Sampedro Sáez, *DSS* de 30 de agosto de 1978, n. 46, p. 2.089.

o arbítrio das vontades particulares[73]. É por isso que não representa nenhuma vantagem a fórmula da proteção "mais adequada" que, paradoxalmente, parece ser proposta como alternativa[74].

2ª) *Função restauradora*. As funções constitucionalmente atribuídas aos poderes públicos não se limitam à tutela do meio ambiente, mas estendem-se também a reparar, quando possível, os danos e agressões de que tenha sido objeto. Essa função destina-se a manter do equilíbrio ecológico e a estabelecer as situações prévias às atividades poluentes ou aos diferentes casos de agressões ao meio ambiente. De forma subsidiária, quando não for possível restaurar a situação original *restitutio in integrum* ou *in pristinum*, os poderes públicos deverão zelar para que se compensem os danos causados (e consequentemente às vítimas mais afetadas por eles). Esta última possibilidade constitui um caso vinculado aos casos de sanção contemplados no parágrafo 3.

3ª) *Função promocional*. A Constituição espanhola não apenas prevê uma tutela estática do meio ambiente, mas refere-se expressamente a uma atuação dinâmica dos poderes públicos destinada a *melhorar* a qualidade de vida. No Estado social de direito, diferentemente das técnicas operativas do Estado liberal, o ordenamento jurídico tende a encorajar e incentivar com sanções positivas ou prêmios aquelas condutas que considera necessárias[75]. Assim, juntamente com a função tutelar e restauradora do meio ambiente, os poderes públicos assumem no Estado assistencial de nosso tempo uma função promocional. Essa função visa estimular aquelas atividades que podem redundar em uma melhoria qualitativa das condições de vida. O êxito dessa meta está relacionado com as tradicionais medidas administrativas de fomento (desonerações fiscais, empréstimos a juros baixos ou subvenções a fundo perdido para adquirir dispositivos antipoluentes...). No entanto, sua significação ultrapassa a lógica individualista dos interesses particulares e corresponde a um fim comunitário – a qualidade de vida –, para cuja consequência devem ser estabelecidos os canais jurídicos de participação e coordenação de todos os setores da sociedade.

d) As técnicas operativas dos poderes públicos estão, portanto, destinadas a um *fim* fundamental: "proteger e melhorar a qualidade de vida e defender e restaurar o meio ambiente". No Direito público, o fim é um componente regulado para a ação dos poderes públicos e por isso em seu âmbito não cabem apreciações discricionárias. Nas atividades concretas desses poderes, de modo especial da administração pública, será possível comprovar se as metas determinadas pela Constituição são cumpridas ou se se trata de ações que se afas-

---

[73] Convém lembrar a esse respeito que a "racionalidade" é considerada pela filosofia jurídica atual como o instrumento decisivo através do qual se estruturam as formas modernas de convivência política livre e democrática. Ver G. FASSÒ, *La legge della ragione*, Bolonha, 1964. Cf. A. E. PÉREZ LUÑO, "L'itinerario intellettuale di Guido Fassò", *RIFD*, 1976, pp. 372 ss.

[74] P. ESCRIBANO e J. I. LÓPEZ, op. cit., p. 374.

[75] Cf. N. BOBBIO, "La función promocional del derecho", in *Contribución a la teoría del derecho*, trad. esp., com estudo preliminar de A. Ruiz Miguel, Valença, 1980, pp. 367 ss.

tam de seu fim essencial. Neste caso, "apenas o reconhecimento de uma ação pública pode garantir a avaliação jurisdicional de alguns fins tão amplos e a submissão das autoridades públicas a eles"[76].

3.3. Parágrafo 3: regime de sanções para a proteção do meio ambiente

O último parágrafo do artigo 45 contém uma referência expressa aos tipos de sanção penal ou administrativa e à exigência, em qualquer caso, de reparação de danos para todas as condutas atentatórias à qualidade de vida ou lesivas ao meio ambiente. Não obstante, remete-se à lei a concretização do alcance do dispositivo sancionador.

Esse parágrafo foi visto como uma inoportuna consequência da "pressão ecologista", pois se considera desnecessário aludir a uma sanção penal das infrações ambientais, tendo em conta que "os tipos penais não precisam de corda alguma na Constituição para os enforcados"[77]. Ao mesmo tempo, insiste-se no caráter supérfluo da constitucionalização do dever de reparar o dano produzido, "posto que reflete um princípio elementar do Direito penal, que o Código espanhol reúne nos artigos 101 a 108, que constituem o local apropriado dentro do ordenamento jurídico para abordar essa matéria, e, portanto, de nenhum ponto de vista teve de ser objeto do Direito constitucional"[78]. Contudo, com base em premissas distintas, considerou-se que a alusão expressa ao sistema punitivo constituía um fator necessário para acentuar a eficácia da proteção ambiental[79]. De qualquer modo, existe coincidência em admitir que a sanção penal deve operar como *ultima ratio*, pois, de acordo com o adágio latino, é evidente que *melius est prevenire quam reprimere*. Chegou-se inclusive a afirmar que a mentalidade punitiva é fruto da crença ilusória de que as sanções podem contribuir para solucionar os problemas, quando no máximo constituem um álibi para o legislador, mas dificilmente uma garantia para a sociedade[80].

Tampouco o princípio "quem polui paga" acolhido implicitamente nesse parágrafo, ao prescrever a obrigação geral de reparar o dano causado, parece plenamente satisfatório do ponto de vista ecológico. O caráter irreversível de numerosas agressões ao meio ambiente faz com que seus efeitos sejam na prática irreparáveis. Embora se estime que a obrigação de reparar os danos possa

---

[76] P. Escribano e J. I. López, op. cit., p. 373.

[77] O. Alzaga, *La Constitución española de 1978*, op. cit., p. 326.

[78] Ibid.

[79] R. Tamames, *Introducción a la Constitución española*, op. cit., pp. 80-1.

[80] G. Quadri, op. cit., p. 111. O penalista alemão Claus Roxin recordou recentemente a fórmula clássica segundo a qual: "Como disse Platão, ninguém que seja inteligente castiga porque se pecou, mas para que não se peque" (*Iniciación al Derecho penal de hoy*, trad. esp., com Introdução de F. Muñoz Conde e D. Luzón, Sevilha, 1981, p. 36).

ter um efeito preventivo eficaz, ao incidir de forma dissuasória na atitude de possíveis sujeitos contaminadores[81]. Contudo, não se podem menosprezar as repercussões de ordem prática que no sistema jurídico espanhol podem implicar o reconhecimento do princípio geral da reparação do dano causado. Assim, por exemplo, no caso de danos produzidos pela energia nuclear, a legislação vigente estabelece alguns limites pecuniários nas indenizações; tanto que, em virtude do preceito constitucional, deve-se entender que existe uma responsabilidade ilimitada para a cobertura de todos os riscos e danos que possam ser produzidos em relação aos acidentes atômicos[82].

Além do exposto, a referência constitucional ao regime punitivo dos atentados contra o meio ambiente deixa aberta a proposição de problemas fundamentais para: a coerência do dispositivo sancionador; sua estrutura técnica, e a legitimação processual para sua garantia.

a) Com relação à estrutura interna do *dispositivo sancionador*, a Constituição acolhe a distinção entre as sanções penais e administrativas. Não é este o lugar para entrar na debatida questão sobre se tal diferença obedece a motivações ontológicas ou puramente jurídico-formais[83]. Mas, por outro lado, devem-se levar em conta os problemas dogmático-jurídicos e práticos que podem derivar das modalidades de articulação do sistema sancionador.

A redação do preceito remete "aos termos que a lei fixe" o estabelecimento das respectivas sanções penais e administrativas. Disso pode-se inferir que a Constituição remete ao Código Penal a regulação das sanções penais e às leis administrativas as desse caráter. Essa interpretação é avalizada pela própria Exposição de Motivos do novo Código Penal de 1995, que o concebe como uma "Constituição negativa", isto é, como a negação das condutas que transgridem os valores e os direitos constitucionais, referindo-se expressamente entre elas à "nova regulação dos delitos relativos à ordenação do território e dos recursos naturais". Esse propósito programático tem seu desenvolvimento no texto articulado do novo Código, que tipifica uma série de casos destinados a sancionar as agressões à qualidade de vida e ao meio ambiente; casos que foram comentados acima (item 1.3). Sobre as sanções administrativas voltadas à tutela do meio ambiente, sua possibilidade encontra-se reconhecida, *genericamente*, no artigo 25.1 da CE, que consagra o poder sancionador das Administrações públicas; e, de forma *específica*, no próprio artigo 45.3 da CE, que expressamente as contempla. Entre as disposições administrativas em que se plasmou esse poder sancionador destaca-se a já mencionada Lei 4/1989,

---

[81] Cf. R. Martín Mateo, op. cit., pp. 98 ss.

[82] Cf. J. Gálvez, op. cit., pp. 532-3; R. Martín Mateo, op. cit., pp. 697 ss.; L. Martín Rebollo, "Medio ambiente y responsabilidad de la Administración", *REDA*, 1976, n. 11, pp. 649 ss.

[83] Cf. J. Cerezo Mir, "Relaciones entre el Estado penal y el Derecho administrativo", *III Jornadas de profesores de Derecho penal*, Santiago de Compostela, 1975, e *ADP*, 1975, pp. 159 ss.; R. Parada Vázquez, "El poder sancionador de la Administración y la crisis del sistema judicial penal", *RAP*, 1972, n. 67, pp. 41 ss.; L. Martín-Retortillo, "Sanciones penales y sanciones gubernativas", in *Problemas actuales de Derecho penal y procesal*, Universidad de Salamanca, 1971, pp. 11 ss.

sobre espaços naturais, que consagra seu título VII (arts. 37 a 41) a tipificar a relação de infrações e sanções. Estão incluídas ali uma série de infrações administrativas que se referem a diferentes modalidades de atentados contra o meio ambiente, cujo fundamento é, em alguns casos, o resultado danoso e, em outros, o risco de sua ocorrência. Tipifica-se também como infrações a realização de determinadas atividades sem a pertinente licença ou o descumprimento das condições concessionárias ou dos requisitos legais oportunos (art. 38). É estabelecida uma graduação das sanções de acordo com sua gravidade e tipificam-se também certas sanções acessórias, privativas de direitos, assim como a possibilidade de se usar multas coercitivas durante o tempo necessário para obter o cumprimento do exigido, com a fixação de um limite máximo (art. 39). O TC declarou a plena constitucionalidade desse regime sancionador, ao indicar seu caráter básico e mínimo, "pois não exclui ou impede a tipificação de outras condutas pelas Comunidades Autônomas mediante normas adicionais e sua atividade legiferante no desenvolvimento da estatal" (STC 102/1995, FJ 32).

b) No que se refere à *estrutura técnica* do dispositivo sancionador, deve-se partir do caráter auxiliar que a sanção penal cumpre em relação às sanções civis ou administrativas. A recomendação 3ª do Congresso Internacional de Direito penal realizado em Hamburgo, em 1979, orientava: "Na preservação do meio ambiente o papel essencial corresponde às disciplinas não penais. O Direito penal deve intervir, contudo, para assegurar a eficácia da normativa de caráter não penal, principalmente de Direito administrativo e Direito civil. Nesse âmbito, o Direito penal cumpre antes de tudo uma função auxiliar. É preciso, no entanto, que o Direito penal intervenha de forma autônoma em casos de atentado grave ao meio ambiente."[84]

A presença de uma pluralidade de sanções (penais, civis e administrativas) determinou que se aponte para os *tipos penais em branco*, isto é, a remissão da lei penal a disposições administrativas que concretizam seu alcance, como estrutura mais de acordo com a peculiaridade do sistema sancionador do meio ambiente. A favor dessa solução técnica apresenta-se a existência na Espanha de "diversos órgãos legislativos capazes de produzir normas administrativas que componham, baseados no tipo penal em branco, corpos de normas penais de diferentes alcances, vigentes nos distintos territórios autonômicos"[85].

Por outro lado, o caráter coletivo dos interesses ambientais levou a reclamar para sua tutela o *tipo penal aberto*, em que as disposições sancionadoras se limitariam a descrever genericamente as condutas ilícitas, deixando nas mãos do juiz sua determinação concreta. Observa-se que na presença de inte-

---

[84] Cit. por L. RODRÍGUEZ RAMOS, "La protección penal del medio ambiente en el Proyecto de Código Penal", *RFDUC*, 1980, p. 32. Cf. também sobre a proteção do meio ambiente antes do novo Código Penal: A. MATEOS RODRÍGUEZ-ARIAS, *Derecho penal y protección del medio ambiente*, Madri, 1992; J. C. RODAS, *Protección penal y medio ambiente*, Barcelona, 1994; J. TERRADILLOS (org.), *El delito ecológico*, Madri, 1992; J. A. DE VEGA RUIZ, *El delito ecológico*, 2. ed., Madri, 1994.

[85] J. Mª MENA ALVAREZ, "La ecología como bien jurídico protegido", *RJC*, 1980, p. 140.

resses difundidos em toda a coletividade, como são os dos cidadãos em defesa do ambiente, a função sancionadora deve ser confiada a um poder também difundido na coletividade como é o judiciário[86].

O novo Código Penal usa amplamente a técnica dos tipos penais em branco ao remeter a outros ramos do ordenamento jurídico, especialmente à legislação administrativa, a determinação das hipóteses de fatos nos delitos relacionados ao meio ambiente. Serve como exemplo a referência à tipificação de delitos sobre hipóteses tais como as referentes à ordenação do território (art. 319); o delito ecológico (art. 325), ou os delitos contra a fauna e a flora (arts. 332 a 336). Esses mesmos artigos pressupõem exemplos de tipos penais abertos, destinados a prevenir condutas contra bens jurídicos universais ou interesses coletivos e até casos de "perigo abstrato" diante de bens ou interesses indeterminados e difusos. Desse modo, o novo Código Penal segue as atuais tendências funcionalistas e antiformalistas que constituem uma característica distintiva da situação atual da Teoria do Direito, da Teoria dos direitos fundamentais e do Direito penal[87].

Essas tendências no campo da tutela penal do meio ambiente se traduzem em opções por técnicas de prevenção geral, justificadas na medida em que os danos ambientais são, na maioria das vezes, irreparáveis. Implicam, em suma, uma "orientação para as consequências", ao agir mais como um mecanismo político de direção social, que como instrumento de resposta jurídica a danos individualizados. Não obstante, essas tendências jurídico-penais não estão isentas de riscos. O mais importante está no enfraquecimento do "garantismo penal", isto é, dos postulados jurídicos básicos e das garantias penais fundamentais do Estado de direito. Mostra, além disso, que a excessiva funcionalização e orientação para as consequências das normas penais ambientais pode resvalar para formas do chamado "Direito penal simbólico". Trata-se daquelas normas penais nascidas do desejo de solucionar problemas sociais e contentar a opinião pública, mas que carecem de possibilidades reais de ser eficazes. Esses modelos de política criminal a curto prazo podem satisfazer exigências da opinião pública, mas comprometem o Direito penal ao atribuir-lhe tarefas que não podem ser realizadas, ou que implicam menosprezo às garantias penais do Estado de direito. Por isso, esse tipo de ação político-criminal está fadado, a médio ou longo prazo, a desprestigiar o Direito penal na medida em que se adquire consciência social da inutilidade dessas pretensas soluções, além dos riscos que representam para o sistema de liberdades.

Por outro lado, as diretrizes funcionalistas e preventivas ampliam o recurso às normas penais e, por isso, representam a antítese de outra tendência característica da política criminal atual: o princípio de *intervenção mínima*. Esse princípio é invocado na própria Exposição de Motivos no novo Código Penal

---

[86] S. RODOTÀ, *Alla ricerca delle libertà*, Bolonha, 1978, p. 95.

[87] Ver W. HASSEMER e F. MUÑOZ CONDE, *Introducción a la Criminología y al Derecho Penal*, Valência, 1989, pp. 173 ss.; A. E. PÉREZ LUÑO, "Análisis funcional de los derechos fundamentales", *Anuário de Derechos Humanos*, 1988, n. 5, pp. 177 ss.

como uma de suas características básicas que se concretiza na eliminação de "figuras delitivas que perderam sua razão de ser". Mas a intervenção mínima significa também enfatizar o caráter de *ultima ratio* da normativa penal, despenalizando condutas que podem ser punidas por normas administrativas e remetendo a elas ou a normas civis a proteção de bens ou interesses jurídicos, como os ambientais. Chocam-se assim, neste ponto, duas tendências político-criminais contrapostas: a exigência de atender às demandas sociais mais prementes em temas relativos à qualidade de vida e ao meio ambiente, que precisam de respostas exemplificadoras; e a conveniência de reservar a normativa penal ao estritamente indispensável, evitando convertê-la em uma espécie de *soft law*, "fazendo-a cumprir funções mais próprias do Direito civil ou administrativo"[88].

Essas soluções técnicas devem ser encaradas como elementos de concretização e adaptação dos preceitos das normas penais sobre o meio ambiente aos interesses concretos que devem proteger. Contudo, em caso algum podem implicar uma remissão global ao poder executivo ou ao judiciário da determinação dos limites do punível, o que implicaria um atentado ao princípio da legalidade penal consagrado no artigo 25.1 da própria Constituição, uma grave ameaça às garantias formais do processo penal devido (art. 24 da CE), em última instância, à segurança jurídica (art. 9.3 da CE)[89].

c) Por fim, é obrigatória a alusão ao problema sobre a quem compete a *legitimação processual* para reclamar a tutela do meio ambiente. As dificuldades para elaborar alguns critérios básicos para a proteção jurisdicional dos interesses ambientais é determinada por circunstâncias de ordem objetiva e subjetiva.

As primeiras referem-se à própria natureza do bem jurídico protegido. Durante séculos, sob a pauta do direito romano, considerou-se como *res nullius* ou *res communes*, como coisas pertencentes à humanidade em seu conjunto e suscetíveis de uso ilimitado por todos, grande parte do que hoje configura o objeto do meio ambiente (o ar, as águas continentais, o mar e suas costas...). Daí a tese tradicional segundo a qual as coisas suscetíveis de um usufruto indiscriminado não constituíam "bens" no sentido jurídico e não exigiam uma proteção especial por parte do Direito. Um primeiro passo para a tutela jurídica dessas categorias ambientais foi sua caracterização como bens de domínio público. Paralelamente, e de forma paulatina, foram se tornando extensivas a esses objetos as técnicas de proteção que garantiam outros bens ambientais suscetíveis de apropriação privada (a terra, as minas, as matas...). Assim, para as formas de poluição mais graves, recorreu-se a instrumentos de tutela jurídico-

---

[88] F. Muñoz Conde, *Principios inspiradores del nuevo Código Penal* (1996), no prelo, cujo texto devo à deferência de seu autor. Ver também A. Vercher Noguera, "Delitos contra la ordenación del territorio", in *El nuevo Código Penal y su aplicación a empresas y profesionales*, Madri, 1996, vol. 5, pp. 531 ss.; C. López-Cerón, "Delitos contra los recursos naturales, el medio ambiente, la flora y la fauna", ibid., pp. 589 ss.

[89] A. E. Pérez Luño, *La seguridad jurídica*, 2. ed., Barcelona, 1994.

-privados como a responsabilidade civil, as relações de vizinhança, o abuso do direito etc. Em época mais recente, a crescente consciência da escassez de determinados recursos naturais permitiu consagrá-los como autênticos bens dignos de proteção jurídica, pois para a teoria clássica a escassez é uma condição para atribuir a uma coisa a natureza jurídico-econômica de "bem"[90].

Além das circunstâncias expostas verificam-se outras do tipo subjetivo que contribuíram para dificultar a tutela jurídica do meio ambiente. De fato, com base nos instrumentos jurídicos tradicionais, considerava-se que os particulares não estavam legitimados a reclamar a proteção de direitos ou interesses que não estivessem imediatamente vinculados a sua esfera individual. A proteção dos interesses gerais era atribuída, como regra, aos poderes públicos. Contudo, a experiência das últimas décadas em matéria ambiental mostrou que, juntamente com a ação pública, é necessário reconhecer à totalidade dos cidadãos a legitimação para se defender daquelas agressões a bens coletivos ou interesses difusos, que por sua própria natureza não podem ser considerados sob a velha perspectiva da lesão individualizada. É por isso que se tende a postular a admissão de formas de *ação popular* como meio adequado para superar a concepção individualista do processo, permitindo a iniciativa de qualquer interessado – individual ou coletivo – na proteção do meio ambiente. Trata-se, em suma, de institucionalizar novos meios para a defesa jurídica de interesses que não podem ser considerados privativos de uma pessoa ou de um grupo, por incidir na qualidade de vida dos cidadãos em seu conjunto. A flexibilidade na legitimação processual ativa exige também, pela peculiaridade que comporta a tutela do meio ambiente, uma ampliação da legitimação passiva, que permita superar determinados impedimentos formais que deixaram impunes alguns dos maiores responsáveis pela poluição ambiental[91].

Deve-se apontar também a possibilidade de que as obrigações e responsabilidades que emanam da constitucionalização do meio ambiente permitam o exercício de ações não apenas diante dos poderes públicos, mas também no campo das relações jurídicas privadas. A jurisprudência e a doutrina alemãs, através da teoria da *Drittwirkung der Grundrechte*, desenvolveu nos últimos

---

[90] Sobre a inadequação das categorias tradicionais para a tutela jurídica do meio ambiente, ver P. Resigno, "Disciplina dei beni e situazioni della persona, en itinerari moderni della proprietà", *Cuaderni Fiorentini*, 1976-1977, n. 5-6, vol. II, pp. 876 ss.

[91] Cf. R. Bajno, "La tutela penale dell'ambiente", in A. Gambaro (org.), *La tutela degli interessi diffusi nel diritto comparato*, Milão, 1976, pp. 505 ss.; J. Mª Mena, op. cit., pp. 131 ss.; R. Martín Mateo, op. cit., pp. 117 ss.; F. Sgubbi, "Tutela penale di interessi diffusi", *La questione criminale*, 1975, n. 3, pp. 468 ss. O TC difundiu os aspectos coletivos que hoje assume a tutela ambiental: "[...] no caso do meio ambiente", assinala o TC, "verifica-se o paradoxo de que deve ser defendido pelo homem das próprias ações do homem, autor de todas as transgressões e arbitrariedades que o degradam, em benefício também dos demais homens e das gerações futuras. A proteção é, assim, uma atividade beligerante que pretende afastar o perigo e, dependendo do caso, restaurar o dano sofrido e até aperfeiçoar as características do entorno, para garantir seu usufruto por todos. Daí sua configuração ambivalente como dever e como direito, que implica a exigência da participação cidadã..." (STC 102/1995, FJ 7).

anos a tese segundo a qual os direitos fundamentais não afetam apenas as relações entre o Estado e os cidadãos, isto é, as relações de subordinação (de acordo com o Direito público), mas também as relações de coordenação entre os particulares (no plano jurídico privado). Essa eficácia diante de terceiros ou eficácia horizontal (*Horizontalwirkung der Grundrechte*), como recentemente foi denominada[92], baseia-se na necessidade de manter a plena vigência dos valores incorporados nos direitos fundamentais em todas as esferas do ordenamento jurídico.

A projeção desses novos instrumentos de tutela não tem por que implicar um menosprezo aos princípios de legalidade e segurança jurídicas, se se apresentam com a devida perfeição técnica. De qualquer modo, é evidente que a proteção dos interesses ambientais não será uma realidade palpável se não tornar operativas as formas de controle e participação dos cidadãos em tudo quanto "afete diretamente a qualidade de vida e o bem-estar geral", segundo uma interpretação aberta e progressista do que postula o artigo 129.1.

Em suma, com a proteção de "um meio ambiente adequado para o desenvolvimento da pessoa", o texto constitucional espanhol reflete a inquietação contemporânea de oferecer uma alternativa ao modelo, de cunho puramente quantitativo, do desenvolvimento econômico e humano. A opção constitucional representa a clara rejeição à lógica do "ter", centrada na acumulação exclusiva e excludente dos produtos de uma exploração ilimitada dos recursos humanos e naturais, em favor do modelo do "ser", que exige o usufruto compartilhado (ou inclusivo) dos frutos de um progresso seletivo e equilibrado[93]. O futuro imediato da qualidade de vida espanhola depende de que esse propósito não seja traído ou relegado ao limbo das boas intenções[94].

---

[92] R. Denninger, "Die Grundrechtsordnung als objektives Wertsystem, I, insbesondere: Die Horizontalwirkung der Grundrechte (Drittwirkung)", in *Staatsrecht*, vol. 2, Reinbeck bei Hamburg, 1979, pp. 151 ss.; cf., sobre a teoria da *Drittwirkung*, A. E. Pérez Luño, *Derechos humanos, Estado de Derecho y Constitución*, op. cit., pp. 312 ss.

[93] E. Fromm, ¿*Tener o ser?*, trad. esp., México/Madri/Buenos Aires, 1978, pp. 40 e 114-5.

[94] É alentadora a tese sustentada pela sentença do TC de 4 de novembro de 1982, na qual se afirma que: "O artigo 45 acolhe a preocupação ecológica surgida nas últimas décadas em amplos setores de opinião e que se plasmou também em numerosos documentos internacionais. Por isso não se pode considerar como objetivo primordial e excludente a exploração ao máximo dos recursos naturais, o aumento da produção a qualquer preço, mas deve-se conciliar o 'uso racional' desses recursos com a proteção da natureza, tudo isso para o melhor desenvolvimento da pessoa e para assegurar uma melhor qualidade de vida" (STC 64/1982, FJ 2).

CAPÍTULO 14

A TUTELA DO PATRIMÔNIO HISTÓRICO-ARTÍSTICO NA CONSTITUIÇÃO

ARTIGO 46

Os poderes públicos garantirão a conservação e promoverão o enriquecimento do patrimônio histórico, cultural e artístico dos povos da Espanha e dos bens que o integram, seja qual for seu regime jurídico e sua titularidade. A lei penal sancionará os atentados contra esse patrimônio.

1. PRESSUPOSTOS GERAIS DO PRECEITO

Quando a Constituição italiana de 1947 encontrava-se em fase de projeto, foi dito, corretamente, a respeito de seu conteúdo, que de modo algum significaria "o epílogo de uma revolução cumprida, mas o prelúdio, a introdução e o anúncio de uma revolução, no sentido jurídico e legal, a ser realizada"[1]. Poderíamos afirmar algo semelhante sobre numerosos artigos da parte dogmática da Constituição espanhola de 1978, que, ao fixar o estatuto dos direitos e princípios fundamentais, quis antecipar uma resposta aos *cahiers de doléances* da sociedade espanhola, desejosa de estabelecer um regime de liberdades após o longo período de autoritarismo.

Entre as necessidades não satisfeitas da convivência espanhola insere-se o desejo comunitário de uma participação ativa ou, se se preferir, de uma apropriação do legado histórico e do acervo cultural e artístico nacional. É por isso que, desde seu próprio preâmbulo, a Constituição proclama a vontade da nação de "Proteger todos os espanhóis e povos da Espanha em [...] suas culturas e tradições, línguas e instituições", assim como de "Promover o progresso da cultura...". Esse esforço por maximizar o bem-estar social constitui um dos valores-guia fundamentais (*Grundwerte*) que o texto constitucional espanhol propõe como meta a ser alcançada para um projeto ideal de convivência. No entanto, tal projeto não deve ser interpretado como mera boa intenção, mas deve ser assumido em função de suas possibilidades concretas de incidir nas condições de existência próximas e futuras da sociedade espanhola. Isso implica, como é óbvio, contar com as estruturas socioeconômicas que, no momento histórico presente, incidem sobre a realização do horizonte institucional

---

[1] P. CALAMANDREI, in *Atti dell'Assemblea Costituente*, Roma, 1946-48, sessão de 4 de março de 1947.

espanhol. O contrário levaria a cair na consagração, consciente ou inconsciente, do *status quo* ou na divagação utópica. Mas, em todo o caso, faz-se necessário também um esforço hermenêutico destinado a elucidar o sentido daqueles preceitos que permitem concretizar e precisar o alcance dos grandes postulados orientadores da Constituição espanhola.

O artigo 46 é, sem dúvida, uma das normas das quais se serve o texto constitucional para traçar, em um processo de paulatina especificação, o âmbito dessas metas de bem-estar sociocultural que se propõe alcançar.

Objetou-se a localização, e até a própria razão de ser, de uma norma constitucional destinada a garantir a conservação do patrimônio histórico-artístico dos povos da Espanha. Indica-se, a esse respeito, que sua situação no texto constitucional é fruto de uma sistemática deficiente, pois parece que deveria ser uma continuação do artigo 44, em que se reconhece o direito à cultura, do qual se considera uma modalidade[2]. Assinala-se também que seu conteúdo é redundante com o de outros preceitos nos quais se trata de questões semelhantes (por exemplo, o disposto nos arts. 3.3, 27, 44, 45 etc.)[3].

Sobre a primeira objeção, pode-se argumentar que, embora seja indiscutível a ligação entre a tutela do acesso à cultura e a proteção do patrimônio histórico, artístico e cultural, não o é menos que tal patrimônio configura um dos setores do meio ambiente, dotado de uma singularidade própria, e por isso é correto situá-lo após o reconhecimento constitucional daquele[4]. No que se refere ao pretenso caráter redundante do artigo 46, deve-se esclarecer que, como teremos oportunidade de comprovar ao analisar suas concordâncias, seu alcance, embora intimamente relacionado com o de outros preceitos, possui uma significação em alguns casos mais ampla e em outros mais específica que a daqueles artigos cujo conteúdo pudesse levar a crer que reitera, o que justifica seu tratamento singular[5].

---

[2] P. Lucas Verdù, "Art. 44", in L. Sánchez-Agesta, P. Lucas Verdù, G. Trujillo e P. de Vega (orgs.), *Constitución española. Edición comentada*, Madri, 1979, p. 116.

[3] O. Alzaga Villaamil, *La Constitución española de 1978 (Comentario sistemático)*, Madri, 1978, p. 328.

[4] Cf. o que foi exposto no comentário do artigo 45, nesta mesma obra.

[5] Cf. R. Entrena Cuesta, "Art. 46", in F. Garrido Falla (org.), *Comentarios a la Constitución*, Madri, 1980, pp. 538-9. Ver também os trabalhos de: M. R. Alonso Ibáñez, *El Patrimonio Histórico. Destino público y valor cultural*, Madri, 1992; J. L. Álvarez, *Estudio sobre el Patrimonio Histórico español y la Ley de 25 de junio de 1985*, Madri, 1989; id., *Sociedad, Estado y Patrimonio Cultural*, Madri, 1992; C. Barrero, *La ordenación jurídica del Patrimonio Histórico*, Madri, 1990; M. Bassols Coma, "El Patrimonio histórico español: aspectos de su régimen jurídico", *RAP*, 1987, n. 114; F. Benítez de Lugo, *El Patrimonio Cultural. Aspectos jurídicos, administrativos y fiscales*, Granada, 1988; P. García Escudero e B. Pendas, *En nuevo régimen jurídico del Patrimonio Histórico español*, Madri, 1986; C. López Bravo, *El Patrimonio cultural en el sistema de derechos fundamentales*, Sevilha, 1999; G. Orozco Pardo e E. J. Pérez Alonso, *La tutela civil y penal del Patrimonio histórico, cultural o artístico*, Madri, 1996; J. Prieto de Pedro, *Cultura, culturas y Constitución*, Madri, 1992.

1.1. DIREITO CONSTITUCIONAL COMPARADO

A necessidade de proteger o patrimônio histórico-artístico encontrou expressão normativa em diversos textos constitucionais de nossos dias. Nas sociedades mais evoluídas de nosso tempo há a convicção de que o homem, como ser social e histórico, não pode se realizar plenamente a não ser no contexto de um ambiente que o conecte com o legado mais valioso de seu passado cultural; ao mesmo tempo, o desenvolvimento da personalidade exige também a criação de canais que promovam a participação coletiva nas diferentes formas de expressão artística. Trata-se, em suma, de que o homem possa desenvolver suas experiências de vida em um meio que lhe permita identificar seus traços de identidade, que ficariam apagados caso desprezassem os testemunhos históricos e artísticos que configuram os aspectos mais destacados de suas próprias raízes comunitárias.

Nas democracias ocidentais, a necessidade de proteger o patrimônio histórico-artístico foi imposta pela lógica econômica da exploração capitalista. Em sua ambição especulativa, as leis de mercado não perdoaram nem os monumentos, nem os diferentes objetos de interesse artístico que foram submetidos, como mercadorias, às regras do circuito econômico. Além disso, nos últimos anos assiste-se a uma inesperada demanda de determinados objetos de arte que, longe de ter seus motivos na satisfação de aspirações estéticas, responde a eficazes campanhas de comercialização (nas quais se utilizam entre outros apelos, que nada têm a ver com os valores estético-culturais, os critérios da segurança do investimento, de sua rentabilidade e, até, de suas possibilidades com vistas à evasão fiscal...). Sem que, de outro lado, se possam evitar os contínuos atentados contra obras de arte, especialmente de caráter monumental, perpetrados pela ambição da especulação do solo etc.

Nos países socialistas, a proteção do patrimônio histórico-cultural obedeceu a diferentes motivações. Tratou-se, sobretudo, de reconhecer algumas parcelas para a liberdade de expressão e usufruto estético, aspirações progressivamente sentidas no âmbito de algumas sociedades dominadas pelo aparelho burocrático[6]. É significativo que os teóricos marxistas, mesmo insistindo no condicionamento econômico de todos os fenômenos culturais, aceitem que as necessidades de tipo artístico e cultural possuem um estatuto de relativa independência (*a relatively independent standing*)[7].

Nas democracias ocidentais, o tema foi objeto de uma progressiva atenção constitucional[8]. Na França, a proteção do patrimônio histórico-artístico não

---

[6] Cf. entre outros, os trabalhos de: R. BAHRO, *La alternativa. Contribución a la crítica del socialismo realmente existente*, trad. esp., Madri, 1980; A. HEGEDUS, *Socialismo y burocracia*, trad. esp., Barcelona, 1979; e B. RIZZI, *La burocratización del mundo*, trad. esp., Barcelona, 1980.

[7] L. LORINCZ, "Economics, social and cultural rights", in *The Socialist Concept of Human Rights*, Budapeste, 1966, p. 209.

[8] A trad. esp. dos artigos das Constituições europeias citadas foi retirada de M. DARANAS, *Las Constituciones europeas* (2 vols.), Madri, 1979.

está expressamente regulamentada nos textos constitucionais de 1946 e 1958, sendo sua tutela confiada, durante muito tempo, a uma lei de 1887, que estabelecia certas limitações para caso de alienação ou destruição de imóveis de interesse histórico ou artístico. Essa lei foi modificada por outra de 1966, em que se ampliava a proteção aos bens artísticos móveis, ao mesmo tempo que se estabeleciam medidas administrativas e jurisdicionais de tutela[9].

A *Grundgesetz* de Bonn de 1949 apenas faz menção ao tema ao consagrar como objeto da legislação concorrente da Federação e dos *Länder* "a defesa do patrimônio cultural alemão contra a emigração ao estrangeiro" (art. 74.5). No entanto, a interpretação sistemática dessa norma em relação com o artigo 5.3, que proclama a liberdade da arte, e com o artigo 75.3, que atribui à Federação a legislação básica para a proteção da estética da paisagem, impulsionou uma ação progressiva dos poderes públicos, da jurisprudência e da doutrina voltadas à defesa global do patrimônio artístico, muito mais ampla que uma mera garantia diante de sua eventual emigração[10].

Na Itália, a Constituição de 1947 assinala em seu artigo 9 que: "A República promove o desenvolvimento da cultura e da pesquisa científica e técnica. Tutelará a paisagem e o patrimônio histórico e artístico da nação." Essa norma concentra em um só artigo o que na Constituição espanhola é objeto dos artigos 44, 45 e 46. Essa proposição levou um setor da doutrina a identificar a defesa do patrimônio histórico-artístico com a promoção geral da cultura[11], ao passo que, com base em outras premissas, tende-se a englobar sua tutela na política do meio ambiente da qual se considera um aspecto singular[12]. Não faltam também esforços teóricos propensos a individualizar um tratamento específico para a tutela dos bens de caráter histórico ou artístico[13]. Deve-se insistir que o artigo 9, que num primeiro momento foi considerado por alguns exegetas da Constituição italiana como uma declaração de princípio desprovida de vinculatoriedade normativa, pela indeterminação de sua formulação e pelo que então se considerava escassa relevância jurídica de seu objeto[14], ser-

---

[9] Cf. R. BRICHET, *Le régime des monuments historiques en France*, Paris, 1952; C. A. COLLIARD, *Libertés publiques*, 5. ed., Paris, 1975, pp. 757 ss.

[10] Cf. P. HÄBERLE, *Verfassungslehre als Kulturwissenschaft*, 2. ed., Berlim, 1996; Th. MAUNZ, "Art. 74", in MAUNZ-DÜRIG-HERZOG-SCHOLZ, *Grundgesetz Kommentar*, vol. II, Munique, 1979. Ver também os trabalhos de: W. GEIGER, "Zur Diskussion über die Freiheit der Kunst", in *Die moderne Demokratie und ihr Recht Festschrift für G. Leibholz*, Tübingen, 1966, vol. II, pp. 187 ss.; F. MÜLLER, *Freiheit der Kunst als Problem der Grundrechtsdogmatik*, Berlim, 1969, pp. 71 ss.

[11] Assim, por exemplo, F. SANTORO-PASSARELLI, "I beni della cultura secondo la Costituzione", in *Studi per il ventesimo anniversario dell'Assemblea costituente*, Florença, 1969, vol. II, pp. 429 ss.

[12] Tese sustentada, entre outros, por: T. ALIBRANDI e P. FERRI, *I beni culturali e ambientali*, Milão, 1978, pp. 16 ss.; M. S. GIANNINI, "Ambiente: saggio sui diversi suoi aspetti giuridici", *RTDP*, 1973, pp. 52 ss.

[13] Cf. M. CANTUCCI, *La tutela giuridica delle cose d'interesse artistico o storico*, Pádua, 1953; M. GRISOLIA, *La tutela delle cose d'arte*, Roma, 1952.

[14] Essa foi a postura adotada por V. CRISAFULLI, *La Costituzione e le sue disposizioni di principio*, Milão, 1952, p. 36.

A TUTELA DO PATRIMÔNIO HISTÓRICO-ARTÍSTICO NA CONSTITUIÇÃO 525

viu posteriormente de estímulo para um importante trabalho jurisprudencial e doutrinal que encontrou nesse artigo a base para uma interpretação inovadora de todo o ordenamento jurídico. Não por acaso se considera que a tutela do patrimônio histórico-artístico é um elemento indispensável para tornar efetivo o princípio do desenvolvimento sociocultural dos cidadãos, que constitui um dos fins fundamentais do Estado[15].

Nos mais recentes textos fundamentais da Europa Ocidental tendeu-se a constitucionalizar a proteção do patrimônio histórico-artístico, o que prova a importância atual que se atribui a esse assunto, ao qual o constituinte espanhol não esteve alheio.

Na Constituição da Grécia de 1975 assinala-se expressamente que: "Constitui obrigação do Estado a proteção do ambiente natural e cultural..." (art. 24.1). Prescrevendo-se que: "Ficam sob a proteção do Estado os monumentos, assim como os lugares históricos e seus elementos. A lei fixará as medidas restritivas da propriedade que sejam necessárias para a realização dessa proteção, assim como as modalidades e a natureza da indenização aos proprietários afetados."

A Constituição portuguesa de 1976, ao regulamentar o meio ambiente e a qualidade de vida, atribui aos poderes públicos a missão de criar, classificar e proteger paisagens e lugares, de modo que se garanta a preservação "de valores culturais de interesse histórico ou artístico" [art. 62.2.c)]. Ao mesmo tempo, consagra integralmente seu artigo 78 à tutela do patrimônio cultural nos seguintes termos: "O Estado tem a obrigação de preservar, defender e aproveitar o patrimônio cultural do povo português."

Nesses textos, assim como na Constituição italiana, evidencia-se a continuidade entre a defesa da cultura, o meio ambiente e o patrimônio histórico--artístico, e representam uma imposição aos órgãos públicos de uma política de promoção cultural. Por outro lado, essas normas implicam uma delimitação da propriedade privada sobre os bens de interesse histórico-artístico. Devido a elas se impõe a obrigação de conservá-los ou a possibilidade de sua expropriação, a proibição de sua exportação ou alienação em favor de estrangeiros, a exigência da abertura ao público de determinados edifícios ou objetos etc.[16].

Juntamente com essas disposições constitucionais, convém também ter presentes diversas declarações e convênios das organizações internacionais. Podem-se citar, entre outros, a Declaração dos princípios de cooperação cultural internacional promulgada pela Unesco em 1966 e, no âmbito do Conselho da Europa, o Convênio Cultural Europeu de 1954 e o Convênio Europeu para a Proteção do Patrimônio Arqueológico de 1969[17].

---

[15] F. MERUSI, "Art. 9", in *Commentario della Costituzione*, org. por G. Branca, vol. I, Bolonha/Roma, 1975, pp. 442-3; N. GRECO, *Stato di cultura e gestione dei beni culturali*, Bolonha, 1981, pp. 36 ss.; E. SPAGNA MUSSO, *Lo Stato di cultura nella Costituzione italiana*, Nápoles, 1961, pp. 52 ss.

[16] Cf. J. J. GOMES CANOTILHO e V. MOREIRA, *Constituição da República Portuguesa Anotada*, Coimbra, 1980, p. 187.

[17] Cf. R. GUTIÉRREZ NIETO, *Ley de Protección del Patrimonio Histórico Artístico*, Cuadernos de Documentación de la Presidencia del Gobierno, Madri, 1980, pp. 53 ss.

1.2. Ordenamento espanhol do patrimônio histórico-artístico

Na história jurídica espanhola, encontramos diversas provas, que remontam a alguns *Fueros* e às *Partidas*, de uma tutela especial de certos edifícios, ainda que tais normas, mais que à preservação de valores históricos ou artísticos, destinavam-se à manutenção da eficácia estratégica de construções suscetíveis de uso militar.

Considera-se que a primeira disposição que regulou organicamente a tutela desse patrimônio foi a Novíssima Recopilação (lei 3ª, título XX, livro VIII, que acolhe a Real Cédula de 6 de junho de 1803), em que havia uma prolixa enumeração do que ali se denominava "monumentos antigos", mas que compreendia também os bens móveis[18].

No plano normativo, sem dúvida, a disposição mais importante, por sua categoria, foi o artigo 45 da Constituição de 1931, em que se afirmava que: "Toda a riqueza artística e histórica do país, seja quem for seu dono, constitui tesouro cultural da nação e estará sob a salvaguarda do Estado, que poderá proibir sua exportação e alienação e decretar as expropriações legais que considerar oportunas para sua defesa. O Estado organizará um registro da riqueza artística e histórica, assegurará sua zelosa custódia e atenderá à sua perfeita conservação. O Estado protegerá também os lugares notáveis por sua beleza natural ou por seu reconhecido valor artístico ou histórico." Essa norma, que como tantas outras do texto de 1931 possui um caráter marcadamente progressista e antecipador, foi desenvolvida pela Lei do Patrimônio Artístico Nacional de 1933 e por seu Regulamento de 1936. No ano de 1955 foi promulgada uma lei sobre conservação do patrimônio histórico-artístico, que modificava e atualizava alguns aspectos da lei de 1933. Essas normas foram, por sua vez, derrogadas pela Lei 16/1985, de 25 de junho, do Patrimônio Histórico Espanhol. Nesse texto são considerados elementos integrantes desse patrimônio: "os imóveis e objetos móveis de interesse artístico, histórico, paleontológico, arqueológico, etnográfico, científico e técnico. Também fazem parte dele o patrimônio documental e bibliográfico, as jazidas e sítios arqueológicos, assim como as áreas naturais, jardins e parques, que tenham valor artístico, histórico ou antropológico" (art. 1.2). Posteriormente foi promulgado o Real Decreto 111/1986, de 10 de janeiro, de desenvolvimento parcial da Lei 16/1985, do Patrimônio Histórico Espanhol, voltado para o desenvolvimento regulamentar dos aspectos processuais e organizativos necessários para a imediata e eficaz aplicação da lei.

Possuem também inquestionável importância o Regulamento da União Europeia nº 3.911/92, do Conselho, que pretende regular as relações com terceiros países não pertencentes à Comunidade, de modo que se garanta a proteção dos bens culturais, e a Lei 36/1994, de 23 de dezembro, de incorporação ao ordenamento jurídico espanhol da Diretiva 93/7/CEE do Conselho, de 15

---

[18] Cf. E. Roca Roca, *El patrimonio artístico y cultural*, Madri, 1976, p. 18. Ver também a coletânea *Legislación sobre el tesoro artístico de España*, Madri, 1957.

de março, relativa à restituição de bens culturais que tenham saído de forma ilegal do território de um Estado-membro da União Europeia.

Além dessas normas, deve-se também mencionar os Decretos de 1958 e de 1963 sobre os monumentos provinciais e locais de interesse histórico-artístico, a Lei do Tesouro Documental de 1972, assim como os numerosos preceitos contidos na Lei 7/1985 de Regime Local[19] e no texto reformulado da Lei do Solo de 1992[20]. Deve-se mencionar também a lei reguladora do Patrimônio Nacional de 16 de junho de 1982, modificada pela lei de 27 de dezembro de 1995. Nessa norma é atribuída a qualificação jurídica de bens do Patrimônio Nacional aos "de titularidade do Estado destinados ao uso e serviço do rei e dos membros da Família Real para o exercício da alta representação que a Constituição e as leis lhes atribuem" (art. 2). Ao mesmo tempo, proclama-se o caráter inalienável, imprescritível e impenhorável desses bens, sua equiparação em relação a isenções tributárias aos bens de domínio público e a necessidade de sua inscrição no Registro da Propriedade como de titularidade estatal (art. 6.2).

Do ponto de vista da distribuição de competências em matéria artística, deve-se observar que, praticamente ao longo de todo século XIX, ela correspondeu ao Ministério do Fomento, em estreita relação com as Reais Academias de Belas-artes de San Fernando e da História. Em 1926, criou-se a Diretoria Geral de Belas-artes no âmbito do Ministério de Instrução Pública. Essa Diretoria, que durante esses anos deteve a competência para a defesa, conservação e consolidação dos monumentos histórico-artísticos, passou[21] a se denominar Diretoria Geral do Patrimônio Artístico e Cultural, a partir de 1974, e posteriormente foi integrada ao Ministério de Educação e Cultura com o nome de Direção-geral de Belas-artes e Arquivos.

---

[19] O artigo 25.2.e) dispõe que o município exercerá competências sobre o patrimônio histórico-artístico nos termos da legislação do Estado e das Comunidades Autônomas. Da mesma forma, o artigo 30 prevê que as leis sobre o regime local das Comunidades Autônomas poderão estabelecer regimes especiais para municípios em virtude de seu caráter histórico-artístico.

[20] O artigo 72.f) dessa norma estabelece que entre as determinações do Plano Geral constarão medidas para a proteção de conjuntos históricos. Por sua vez, os Planos Especiais atenderão a problemática urbanística relativa à ordenação de recintos e conjuntos histórico-artísticos [art. 84.1.b)]. São também interessantes os artigos 93, relativo à catalogação de monumentos; 138, sobre a necessidade de adaptação das construções contíguas a edifícios de caráter histórico-artístico ou arqueológico; e 246, que se refere às ordens de execução de obras por motivos turísticos ou culturais.

[21] A lei de 1933 atribuía à Direção-geral de Belas-artes competência para a conservação dos monumentos, aprovando os projetos de obras que os afetavam (art. 23) e autorizando os projetos de uso ou mudança de uso daqueles (art. 26). Deve-se assinalar que essa lei considerava como bens integrantes do Patrimônio Artístico Nacional não apenas os imóveis e objetos móveis de interesse artístico, arqueológico, paleontológico ou histórico existente na Espanha, com antiguidade não menor que um século, mas também "aqueles que sem essa antiguidade tenham um valor artístico ou histórico indiscutível" (art. 1). Por sua vez, tornava extensiva essa qualificação à "categoria de área, praça, rua, bairro ou conjunto histórico-artístico" (art. 33). Posteriormente puderam ser considerados dentro da categoria do patrimônio artístico e histórico os monumentos provinciais e locais (em virtude dos Decretos de 1958 e 1963) e as obras bibliográficas e documentais objeto da Lei do Tesouro Documental de 1972.

Competências importantes no âmbito provincial corresponderam às Comissões Provinciais de Monumentos criadas em 1844, reorganizadas sucessivamente em 1854 e em 1865, e mantidas pela Lei do Patrimônio Artístico de 1933[22]. Em data mais recente, por um Decreto de 1970, foram criadas as Comissões do Patrimônio Histórico-Artístico em todas as cidades declaradas monumentos ou conjuntos histórico-artísticos, com o objetivo de descentralizar as competências da Direção-geral. Após a promulgação do Real Decreto 111/1986 foi estabelecido um Conselho do Patrimônio Histórico ligado ao Ministério da Cultura, com a finalidade precípua de "facilitar a comunicação e o intercâmbio de programas de ação e informação relativos ao Patrimônio Histórico Espanhol entre as administrações do Estado e das Comunidades Autônomas" (art. 2). Ao mesmo tempo, nessa norma se prevê uma junta de qualificação, avaliação e exportação de bens do Patrimônio Histórico Espanhol (arts. 7 ss.).

Com relação à jurisprudência na matéria, deve ser mencionado um estudo no qual as decisões foram classificadas em três grandes parágrafos: 1) Sentenças que recaíram sobre monumentos histórico-artísticos singulares; 2) sentenças referentes a um conjunto monumental ou a um bem imóvel dentro dele; 3) sentenças que têm por objeto a possibilidade ou não de efetuar obras que afetem a visibilidade ou o entorno de um monumento[23]. A análise da jurisprudência espanhola revela uma tutela crescente e sucessivamente ampliada dos bens que integram o patrimônio histórico-artístico, assinalando sua progressiva orientação para o princípio *pro monumento*[24]. Com relação aos critérios para delimitar o âmbito territorial ou material das competências concorrentes (especialmente no que concerne às que correspondem à Direção-geral, as Comissões do Patrimônio Histórico-Artístico e os municípios), a doutrina do Tribunal Supremo não reconheceu de forma unívoca o valor determinante do planejamento urbanístico. No entanto, a partir da entrada em vigor do texto reformulado da Lei do Solo em 1976, iniciou-se uma nova etapa para a plena consagração jurisprudencial desse princípio[25]. Essa tendência foi reforçada e desenvolvida pelas decisões do TC em matéria de proteção de bens histórico-artísticos e valores culturais, à qual nos referiremos mais adiante.

A polêmica doutrinal sobre se a intervenção administrativa na propriedade monumental constitui uma mera limitação dos direitos privados[26], ou uma

---

[22] Cf. R. Martín Mateo, "El patrimonio monumental", *RAP*, 1966, n. 49, pp. 48 ss.; E. Roca Roca, *El patrimonio artístico y cultural*, op. cit., pp. 20 ss.

[23] V. Estrella Izquierdo, "El patrimonio histórico-artístico em la jurisprudencia", *RAP*, 1975, n. 76, pp. 133 ss.

[24] A. Pérez Moreno, "Medio ambiente histórico-artístico y actividad administrativa autorizante", in *La tutela dell'ambiente con particolare riferimento ai centri storici*, Atti del convegno tenuto a Firenze, 28-31 ottubre 1976, Milão, 1977, pp. 106 ss.

[25] Cf. A. Pérez Moreno, op. cit., pp. 109 ss. Na jurisprudência do TS, a sentença de 30 de setembro de 1981 (sala 3ª) refere-se expressamente a que o Tesouro histórico-artístico "bem merece sua proteção fiscal, proteção que também em outras ordens contempla a própria Constituição (art. 46)".

[26] Tese defendida por J. L. Villar Palasí, *Defensa del patrimonio artístico y cultural de Europa*, Madri, 1970, pp. 36 ss.

autêntica redefinição delimitadora do conteúdo do direito de propriedade[27], também encontrou reflexos em algumas decisões jurisprudenciais. Nessas sentenças observa-se uma aceitação paulatina do critério da função social como delimitadora do conteúdo das propriedades privadas monumentais, embora o aspecto positivo que implica essa funcionalização do interesse privado em relação ao público tenha sido às vezes limitado pelo critério restritivo com o qual se interpretou o caráter histórico-artístico de determinados imóveis[28]. É evidente que a segurança jurídica exige evitar que a discricionariedade administrativa degenere em pura arbitrariedade ao avaliar conceitos indeterminados e metajurídicos como são os relacionados com o valor artístico de determinados bens. Contudo, em uma conjuntura histórica caracterizada pela depredação sistemática dos traços mais significativos do legado histórico-artístico, e na qual se deseja salvar não apenas os monumentos de relevância singular, mas também seu entorno, o uso de critérios restritivos pode posteriormente servir de álibi protetor para os interessados em continuar especulando com os bens históricos, artísticos e culturais. É por isso que, tendo presente o mandato de interpretar as normas conforme a realidade social do momento em que devem ser aplicadas (art. 3.1 do Código Civil), e o papel delimitador do conteúdo de todo tipo de propriedade (com maior razão da histórico-artística) que a Constituição espanhola atribui à função social (art. 33.2)[29], deve-se confiar em uma atitude decidida dos tribunais em defesa do patrimônio histórico-artístico. Assim o entendeu o TC, que, com referência à tutela dos bens do patrimônio histórico-artístico diante de eventuais espoliações, esclareceu que essa atividade "[...] deve ser entendida como definidora de uma proteção adicional em relação a alguns bens dotados de características especiais. Por esse motivo compreende um conjunto de medidas de defesa, que além de se referir a sua deterioração ou destruição, tratam de se estender à privação arbitrária ou irracional do cumprimento normal daquele que constitui o próprio fim do bem segundo sua natureza, enquanto portador de valores de interesse geral que também devem ser preservados" (STC 17/1991, FJ 7).

Um aspecto de importância singular para a política tutelar e promocional do acervo histórico, artístico e cultural espanhol é constituído pelos bens que integram o patrimônio da Igreja. Esses bens, grande parte dos quais possuem um valor histórico, artístico ou documental indubitável, foram objeto em anos mais recentes de inúmeros roubos e atentados por carecer de medidas eficazes de segurança. Por outro lado, as reformas litúrgicas realizadas após o Vaticano II propiciaram muitas vendas clandestinas do patrimônio artístico eclesiástico, com a consequente transferência para mãos privadas de bens estritamente

---

[27] Assim se depreende das teses de: R. Martín Mateo, *La propiedad monumental*, op. cit., pp. 81 ss.; E. Roca Roca, *El patrimonio artístico y cultural*, op. cit., pp. 29 ss.

[28] Ver, por exemplo, a sentença do TS (sala 3ª) de 6 de novembro de 1973.

[29] Cf. o comentário ao artigo 33 da Constituição nesta mesma obra. Ver também G. Orozco Pardo e E. J. Pérez Alonso, *La tutela civil y penal del Patrimonio histórico, cultural o artístico*, op. cit., pp. 38 ss.

ligados ao legado cultural da coletividade espanhola. Essas circunstâncias tornaram imprescindível a revisão da inoperante, nesse ponto, normativa da Concordata de 1953, que previa em seu artigo 21 o funcionamento de comissões diocesanas paritárias (integradas por membros eleitos pelos bispos e aprovados pelo governo e membros designados por este com a aprovação dos bispos), encarregadas de zelar pela conservação do patrimônio histórico, artístico e documental da Igreja. Por isso, nos acordos subscritos pela Espanha e pela Santa Sé em 1979 e, expressamente, no artigo 15 do Acordo sobre ensino e assuntos culturais, afirma-se que: "A Igreja reitera sua vontade de continuar pondo a serviço da sociedade seu patrimônio histórico, artístico e documental e acordará com o Estado as bases para tornar efetivos o interesse comum e a colaboração de ambas as partes, com o objetivo de preservar, dar a conhecer e catalogar esse patrimônio cultural em posse da Igreja, de facilitar sua contemplação e estudo, de obter sua melhor conservação e impedir qualquer tipo de perda, de acordo com o artigo 46 da Constituição." Esse acordo previa também a criação de uma Comissão Mista que, através de sucessivos acordos, deveria estabelecer as regras de colaboração entre as duas partes. Posteriormente, em 30 de outubro de 1980, monsenhor Tarancón, na qualidade de presidente da Conferência Episcopal, e o ministro da Cultura Íñigo Cavero subscreveram um documento referente ao âmbito jurídico de atuação mista Igreja-Estado sobre o patrimônio histórico-artístico. Nesse documento, o Estado reconhece a importância do patrimônio cultural eclesiástico, assim como seu respeito pelos direitos das pessoas jurídicas canônicas sobre os bens que o integram. Reconhece também, por parte do Estado, a função primordial de culto de grande parte desses bens e se compromete a uma cooperação eficaz, técnica e econômica, para o enriquecimento desse patrimônio. O documento assinala finalmente que "a primeira etapa da cooperação técnica e econômica consistirá na realização do inventário de todos os bens móveis e imóveis de caráter histórico-artístico e documental, e de uma relação dos arquivos e bibliotecas que tenham interesse histórico-artístico ou bibliográfico e que pertençam por qualquer título a entidades da Igreja".

Ao se subscrever os acordos, objetou-se que neles não se fazia "o reconhecimento formal e expresso, por parte do Estado, do direito de propriedade e uso da Igreja sobre seu patrimônio e o compromisso de respeitar sempre e em todo o momento esse direito"[30]. Essa objeção foi solucionada pelo Documento de 1980, em que o Estado proclama o respeito a tais direitos. Em todo o caso, é evidente que o prescrito no artigo 46 da Constituição, no sentido de atribuir aos poderes públicos a garantia e promoção do patrimônio

---

[30] J. Mª FERNÁNDEZ CATÓN, *El patrimonio cultural de la Iglesia en España y los Acuerdos entre el Estado español y la Santa Sede*, León, 1980, p. 19. Ver também I. ALDANONDO SALAVERRIA, "La Iglesia y los bienes culturales", *Revista Española de Derecho Canónico*, 1983, n. 114; id., "Las Comunidades Autónomas, el Estado, y los bienes culturales eclesiásticos", *Ius Canonicum*, 1984, n. 47; J. T. MARTÍN DE AGAR, "La actuación patrimonial de los entes eclesiásticos ante el ordenamiento civil", *Ius Canonicum*, 1980, n. 39.

artístico e os bens que o integram "seja qual for seu regime jurídico e titularidade", é plenamente vinculante em relação aos bens eclesiásticos. O acordo e o documento subscritos entre o Estado e a Igreja destinam-se expressamente a facilitar e concretizar o alcance do artigo 46 da Constituição, em relação aos bens culturais eclesiásticos; o que de modo algum pode ser interpretado como uma isenção dos bens da Igreja de cumprir a função sociocultural que recai sobre todos os bens, sem exceções, que constituem o patrimônio histórico-artístico espanhol.

2. O *ITER* DO TEXTO CONSTITUCIONAL: ELABORAÇÃO E DEBATES PARLAMENTARES

O texto do artigo 46 suscitou escassa polêmica ao longo do processo constituinte e foram muito poucas as modificações introduzidas nos debates parlamentares com relação à sua redação inicial. No artigo 39 do anteprojeto dizia-se literalmente: "Os poderes públicos salvaguardam a conservação e promovem o enriquecimento do legado histórico, cultural e artístico dos povos da Espanha e dos bens que o integram situados em seu território, seja qual for seu regime jurídico e sua titularidade. A lei penal sancionará os atentados contra esse patrimônio."[31] Se se compara esse texto com o definitivo do artigo 46, nota-se que as emendas realizadas foram mínimas e de relevância limitada.

O relatório da Comissão, de acordo com a proposta contida na emenda 779 da União de Centro Democrático, deu uma nova redação a esse artigo visando suprimir a exigência de que os bens objeto de proteção se encontrassem em território espanhol. O que, com bom critério, implicava ampliar decisivamente o âmbito de sua tutela. Também foi aceita a emenda do professor Morodo Leoncio, apresentada em nome do Grupo Misto (emenda 492), quanto à substituição da palavra "salvaguardam" por "garantem". Não foram aceitas a emenda 2 do senhor Carro Martínez, que visava a supressão do artigo por entender que seu conteúdo estava implícito no artigo 37 (atual 44), nem a emenda 386 do Grupo Socialista do Congresso, que propunha a fusão dos dois textos (arts. 37 e 39, correspondentes aos atuais 44 e 46)[32].

Não foram introduzidas modificações nem no Parecer aprovado pela Comissão do Congresso[33], nem no texto aprovado pelo Plenário do Congresso[34].

No Senado ocorreu o debate parlamentar mais amplo com relação ao conteúdo desse artigo; e foi ali que o preceito recebeu sua formulação definitiva. O senador Villar de Arregui propôs em sua emenda que fossem substituídas

---

[31] Anteproyecto constitucional, *BOC* de 5 de janeiro de 1978.
[32] Informe de la Ponencia, *BOC* de 17 de abril de 1978.
[33] Dictamen de la Comisión del Congreso, *BOC* de 1º de julho de 1978.
[34] Pleno del Congreso, *BOC* de 24 de julho de 1978.

as palavras "garantia" e "promove" por "garantirão" e "promoverão". Argumentou em favor dessa iniciativa que o futuro "é o tempo usado para os verbos na Constituição. Isso tem uma significação política: o valor normativo da Constituição tende a transformar a ordem social e por isso se emprega o futuro"[35]. Propôs também mudar a expressão "os atentados contra" pela de "condutas que prejudiquem"[36].

Em nome da União de Centro Democrático, o senador Chueca y Goitia propôs acrescentar um segundo parágrafo ao artigo nos seguintes termos: "O Patrimônio Nacional é uma unidade indivisível cujos bens serão inalienáveis e imprescritíveis. Seu regime e administração serão objeto de uma lei orgânica."[37] Segundo a opinião do propositor da emenda, "fazendo parte do Patrimônio ou bens culturais do Estado espanhol em seu conjunto há também o chamado Patrimônio Nacional, que possui características próprias que merecem um parágrafo específico dentro desse artigo"[38].

Uma emenda do professor Sampedro Sáez, na qual insistia em intercalar a frase "do meio ambiente humano" entre as palavras "promovem o enriquecimento" e as que seguem "do legado histórico", continuando "incluído o legado cultural..."[39], foi posteriormente retirada pelo próprio propositor da emenda.

As emendas do senhor Villar Arregui e do senhor Chueca y Goitia foram aprovadas pela Comissão do Senado, embora com relação à do último e a proposta do senhor Ramos Fernández-Torrecilla substituiu-se a expressão "lei orgânica" por "lei"[40].

Esse texto foi aprovado pelo Plenário do Senado[41] e após o relatório da Comissão Mista passou a integrar o definitivo artigo 46[42]. Deve-se à Comissão Mista a supressão do parágrafo 2 do artigo, redigido de acordo com a proposta do senhor Chueca y Goitia. Deve-se observar que no texto definitivo da Constituição o Patrimônio Nacional foi incluído no artigo 132.3, em que se diz: "Por lei se regularão o Patrimônio do Estado e o Patrimônio Nacional, sua administração, defesa e conservação." Mostrou-se a esse respeito que a Comissão Mista "trouxe o tema do Patrimônio Nacional a seu correto lugar sistemático [...] e, além disso, desconstitucionalizou o regime jurídico prejulgado na emenda citada anteriormente [refere-se à do senhor Chueca y Goitia] e remeteu à regulação por lei ordinária"[43].

---

[35] Intervención del señor Villar Arregui, *DSS* de 30 de agosto de 1978, n. 46, p. 2.093.
[36] Ibid.
[37] Intervención del señor Chueca y Goitia, ibid., p. 2.094.
[38] Ibid.
[39] Intervención del señor Sampedro Sáez, ibid., p. 2.095.
[40] Intervención del señor Ramos Fernández-Torrecilla, ibid., p. 2.095.
[41] Pleno del Senado, *BOC* de 13 de outubro de 1978.
[42] Comisión Mixta Congreso-Senado, *BOC* de 28 de outubro de 1978.
[43] F. Garrido Falla, "Art. 132", in *Comentarios a la Constitución*, op. cit., pp. 1390-1.

3. ANÁLISE SISTEMÁTICA DO PRECEITO

O artigo 46 tem seu antecedente mais direto, dentro do constitucionalismo espanhol, no já mencionado texto do artigo 45 da Constituição de 1931. No entanto, entre as duas disposições existem algumas diferenças que não fazem senão refletir as importantes mudanças ocorridas no período histórico que as separa.

a) Assim, em primeiro lugar, deve-se observar que o artigo 46 da Constituição vigente é muito menos detalhista que o da Constituição de 1931. Fugiu-se deliberadamente de qualquer enumeração casuística e prolixa do objeto e de técnicas operativas que configuram a proteção do patrimônio histórico-artístico. Desse modo, pretendeu-se evitar possíveis lacunas e optou-se por um tratamento adequado às exigências de concisão e generalidade próprias da linguagem constitucional[44]. O TC entende que integram o patrimônio histórico-artístico os bens que, "por estarem dotados de singularidades características, são portadores de valores que os fazem credores de especial consideração e proteção enquanto esses valores (e até os próprios bens) são patrimônio cultural de todos os espanhóis e até da Comunidade Internacional por constituir uma contribuição histórica à cultura universal" (STC 17/1991, FJ 2).

O abandono da formulação casuística pode obedecer também ao desejo de enfatizar o caráter "globalizador" ou de cláusula geral com que se pretende abordar a tutela do patrimônio artístico. Nesse sentido, e de acordo com as orientações atuais sobre a matéria, tende-se não apenas à proteção do bens artísticos ou culturais isolados, mas também de seu entorno, assim como a assumi-los através de sua catalogação genérica em suas diferentes categorias, mais que a sua individualização caso a caso[45].

b) Outra importante característica distintiva do texto atual, em relação ao da Constituição republicana, está no caráter dinâmico e positivo que atualmente se acredita que deve presidir a ação dos poderes públicos destinada a tutelar o patrimônio histórico-artístico. Isso se deve à consciência adquirida nos últimos anos de que não basta a simples conservação do legado artístico, mas que é imprescindível promover seu enriquecimento. Trata-se, portanto, de levar a termo uma política ativa muito mais ambiciosa que a implícita na defesa e restauração das obras artísticas e culturais, já que "se adentra no trabalho de promoção e apoio a todos os espanhóis que, individualmente ou em grupo, buscam inovar no terreno da arte e da cultura"[46].

---

[44] Cf. O. ALZAGA VILLAAMIL, *La Constitución española de 1978*, op. cit., p. 329; R. ENTRENA CUESTA, "Art. 46", op. cit., p. 539.

[45] Cf. A. PÉREZ MORENO, op. cit., p. 99.

[46] O. ALZAGA VILLAAMIL, op. cit., p. 328. Criticando a política de mera conservação passiva ou estática dos valores artísticos, TH. ADORNO e M. HORKHEIMER escreveram: "Os defensores da cultura têm mais em conta a criação de recintos onde se conservem os valores da cultura que o espírito da humanidade. E os frontões medievais das velhas cidades, reduzidos a objetos de exposição, ou as casas barrocas reconstruídas para dar incremento ao turismo. Inserem-se muito bem na

c) Finalmente, em conexão com o anterior, o protagonismo ativo que compete aos poderes públicos na tutela dinâmica do patrimônio artístico como fator de cultura não apenas implica incentivar a obra artística, do ponto de vista de seus agentes, mas requer uma autêntica política promocional sob a perspectiva de seus destinatários.

A progressiva conversão dos objetos de arte em mercadorias sujeitas ao circuito econômico, assim como o desenvolvimento cultural, contribuiu para ampliar notavelmente o número de pessoas e grupos sociais interessados em seu usufruto. Essa nova situação trouxe, como contraponto, a submissão dos objetos de arte e da cultura às regras da especulação e a fraude impostas pelos grandes interesses econômicos em nível nacional e internacional. É por isso que o fenômeno da constitucionalização do patrimônio artístico foi visto como uma chamada aos poderes públicos destinada a evitar qualquer fenômeno de imperialismo cultural, e a consequente exigência de que contribuam para uma eficaz democratização da cultura[47].

A democratização da cultura, para ser autêntica, deve permitir a apropriação coletiva das diferentes formas de expressão artística. Significa também conceber o fenômeno cultural com a amplitude suficiente para abrigar (e, portanto, para transformar em objeto de tutela) o conjunto das tradições populares artísticas e culturais. Escreveu-se, recentemente, que: "Não existe nenhuma formação social por nós conhecida, não existem modos de vida em que não sejam conhecidos o canto, a música, a dança; em que os pontos centrais da vida cotidiana, isto é, as festas, não estejam ligados de algum modo a manifestações artísticas."[48] Isso implica superar a concepção elitista da arte e revalorizar como fenômeno artístico as manifestações sociais da estética, que impregnam a experiência da vida coletiva. Não parece ousado pensar que a alusão ao patrimônio histórico, artístico e cultural "dos povoados da Espanha" (diferentemente das fórmulas de "riqueza artística e histórica do país" e "tesouro cultural da nação", usadas no texto de 1931) obedeça a uma recepção concreta do novo horizonte democratizador em que essa temática hoje se apresenta.

3.1. Aspectos jurídico-fundamentais da tutela do patrimônio histórico, artístico e cultural

A inclusão da norma protetora do patrimônio histórico-artístico no título I da Constituição, no qual se fixa o estatuto dos direitos fundamentais requer

---

atividade das agências de viagem [...] que deveriam ser postas sob acusação" ("Cultura y civilización", in *La sociedad. Lecciones de sociología*, trad. esp., Buenos Aires, 1969, p. 99).

[47] Cf. J. J. Gomes Canotilho e V. Moreira, *Constituição da República portuguesa anotada*, op. cit., p. 187. Sobre esse particular, Th. Adorno e M. Horkheimer denunciaram: "A atividade da civilização, como produção e uso cultivado de meros objetos instrumentais e, ademais, frequentemente supérfluos, tornou-se finalmente intolerável a si mesma, pois os homens já quase não são, ou não são de todo, donos desse aparato, mas seus funcionários ou consumidores forçados do que a civilização produz" ("Cultura y civilización", op. cit., pp. 100-1).

[48] A. Heller, *Sociología de la vida cotidiana*, trad. esp., Barcelona, 1977, p. 201.

como questão preliminar, abordar o tema sobre se nos encontramos ou não diante do reconhecimento de um direito fundamental dos cidadãos.

Com referência a esse problema, um dos primeiros comentaristas do texto constitucional não hesitou em afirmar que: "A matéria que contempla não é estritamente constitucional e, sendo assim, não contém direito público subjetivo algum."[49] Essa tese conta com significativos antecedentes na doutrina constitucionalista estrangeira. Assim, inicialmente, a inclusão do mencionado artigo 9 da Constituição italiana entre os princípios fundamentais foi considerada pouco apropriada. Entendia-se que essa disposição, por seu mero caráter organizativo, deveria situar-se em outro lugar da Constituição, pois não consagrava nenhum direito acionável por parte dos cidadãos[50]. Com o tempo, essas críticas foram mitigadas na medida em que se foi tomando consciência de que a moderna noção dos direitos fundamentais não coincide com os direitos públicos subjetivos, ligados à concepção individualista própria do Estado liberal de direito, mas que engloba também os direitos econômicos, sociais e culturais. À medida que o Estado social de direito foi adquirindo autenticidade democrática (ou, na opinião de alguns, tornou-se Estado democrático de direito ou encontra-se em vias de fazê-lo), a própria ideia dos direitos fundamentais aperfeiçoou seu próprio *status* significativo. Deixaram assim de ser entendidos como *Staatsschranken* (limites da ação estatal) caracterizados por uma função prioritária de defesa (*Abwehrfunktion*), para assumir o papel de autênticos *Staatszwecke* (finalidades da ação estatal) através da garantia da participação (*Teilnahmefunktion*) dos cidadãos nas diversas esferas da vida social, econômica e cultural[51]. Por esse motivo, quando se impugna a possibilidade de conceber como um direito fundamental a participação nos bens da história, da arte ou da cultura, incorre-se no equívoco de circunscrever o âmbito de tais direitos no das liberdades tradicionais de significado individual (uma de cujas modalidades mais importantes foi a dos direitos públicos subjetivos).

Na medida em que o núcleo referencial do conteúdo dos direitos fundamentais se conecta com o sistema de necessidades humanas básicas, diminui a resistência em admitir como tais as reivindicações de caráter econômico, social e cultural que configuram a esfera das exigências humanas, ainda insa-

---

[49] Lucas Verdú, "Art. 46", in *Constitución española*, op. cit., p. 120. É certo que literalmente o artigo 46 não reconhece nenhum direito fundamental. No entanto, é óbvio, e isso é o que justifica sua inclusão no título I, que a defesa do patrimônio histórico-artístico está em função direta com sua fruição pela coletividade ou, se preferir, com o reconhecimento implícito do direito dos cidadãos à participação nos bens que o constituem. Cf. A. E. Pérez Luño, "Le generazioni dei diritti umani", in F. Riccobono (org.), *Nuovi diritti dell'età tecnologica*, Atti del Convegno tenuto a Roma presso la Libera Università Internazionale degli Studi Sociali, 5 e 6 de maio de 1989, Milão, Giuffrè, 1991, pp. 139 ss.; "Las generaciones de derechos fundamentales", *Revista del Centro de Estudios Constitucionales*, 1991, n. 10, pp. 203 ss.

[50] Cf. L. Bianchi D'Espinosa, *La Costituzione italiana. Commento analítico*, em colab. com G. Baschieri e C. Giannattasio, Florença, 1949, p. 37.

[51] Cf. o capítulo 5.

tisfeitas[52]. Deve-se considerar que o apelo a esse sistema de necessidades radicais não se baseia na imagem de uma condição abstrata do homem produto de um modelo ilusório da humanidade, mas parte das circunstâncias concretas da experiência humana em contextos social, histórico e territorialmente determinados[53]. É por isso que se considera uma finalidade primordial de qualquer Estado democrático o estabelecimento de mecanismos de tutela capazes de resgatar o homem da pressão daqueles poderes que impedem a satisfação de suas necessidades radicais de caráter econômico, social e cultural[54].

A necessidade da arte, no plano *objetivo*, deve-se ao fato de que, através de suas expressões, os valores ideais do mundo e das coisas tomam corpo e adquirem uma estrutura sensível[55]. Mas deriva também de sua condição de "autoconsciência da Humanidade", já que "a obra de arte constitui também a memória da humanidade"[56]. A partir do legado artístico podem-se reconstruir as formas éticas e políticas e, até, toda a *Weltanschauung* de qualquer sociedade histórica.

Essa "indispensabilidade da arte"[57] tem sua repercussão concreta na esfera da subjetividade. O poder de humanização e emancipação da arte e da cultura deve tornar-se acessível a todos os cidadãos. Durante um longo período histórico apenas as classes privilegiadas puderam ser iniciadas no cultivo das disciplinas artísticas, ainda que por mero diletantismo. Após a revolução industrial o fenômeno da divisão do trabalho significou uma marginalização generalizada de amplos setores sociais da mensagem libertadora da arte e da cultura[58].

---

[52] N. Lipari, "Introduzione" in N. Lipari (org.), *Techniche giuridiche e sviluppo della persona*, Bari, 1974, pp. X ss.

[53] Cf. A. Heller, *Teoría de las necesidades en Marx*, trad. esp., Barcelona, 1978, pp. 21 ss. e 159 ss.; G. W. F. Hegel assinala expressamente: "O animal tem um círculo limitado de necessidades e de meios para satisfazê-las. O homem nessa dependência mostra também simultaneamente sua possibilidade de transcendê-la e sua universalidade (*Allgemeinheit*)." "Grundlinien der Philosophie des Rechts", in *Werke in Zwanzig Banden*, org. por E. Moldenhauer e K. M. Michel, Frankfurt a. M., 1970, vol. 7, pp. 347-8, item 190.

[54] F. Müller, *Freiheit der Kunts als Problem der Grundrechtsdogmatik*, op. cit., pp. 86 ss.; H. Wiesler, "Die gesellschaftkritische Funktion der Kunst", in W. Weyer (org.), *Rechtsstaat-Sozialstaat*, Sttutgart, 1972, pp. 223 ss.

[55] Cf. sobre o tema as interessantes teses de G. W. F. Hegel, *Vorlesungen über die Ästhetik*, I, in *Werke*, op. cit., vol. 13, pp. 202 ss.

[56] A. Heller, *Sociología de la vida cotidiana*, op. cit., p. 200.

[57] Ibid.

[58] A constante crítica de K. Marx e F. Engels à divisão do trabalho foi em parte motivada pelo que consideravam seu efeito alienante, de ponto de vista do pleno desenvolvimento da personalidade humana, ao impor ao homem um círculo exclusivo de atividades da qual não pode escapar. O homem é obrigado a ser caçador, pescador, pastor ou crítico e não tem mais remédio que aceitá-lo, se não quer ver-se privado de seus meios de vida. Diante disso, a alternativa estaria na sociedade em que: "Cada indivíduo não tenha atribuído um círculo exclusivo de atividades, mas que possa desenvolver suas aptidões no setor que melhor lhe pareça. A sociedade se encarrega de regular a produção geral, e com isso possibilita que eu possa me dedicar hoje a uma coisa e amanhã a outra, que possa pela manhã caçar, à tarde pescar e à noite pastorear o gado, e, depois de comer, dedicar-me a criticar, se esse é meu gosto, sem necessidade de ser exclusivamente caçador, pescador, pastor ou crítico" (*Die Deutsche Ideologie*, in *MEW*, vol. 3, Berlim, 1958, p. 33).

Apenas em uma época relativamente recente o desenvolvimento econômico e cultural permitiu uma difusão social do fenômeno artístico nos países mais avançados. Mas, de qualquer modo, o importante é que se adquiriu clara consciência de que "aquelas pessoas que crescem sem a possibilidade de uma práxis político-filosófica e artística estão condenadas à subalternidade, por mais que possam chegar a ser até cientistas especializados"[59].

A subalternidade, que não é senão alienação com respeito ao pleno desenvolvimento individual e comunitário do homem, o impede de se apropriar do aspecto qualitativo do mundo refletido nos bens da arte e da cultura. Por isso, o horizonte emancipador da Constituição espanhola não pode ficar alheio à criação das condições socioeconômicas e culturais que permitam o reconhecimento de cada um dos cidadãos de assumir o ideal fáustico de que "[...] tudo o que seja dado à humanidade, quero usufruir dentro de mim mesmo, captando com meu espírito o mais alto e o mais profundo"[60].

3.2. Concordâncias com outras normas constitucionais

Como tivemos oportunidade de argumentar, a inclusão do artigo 46 no título I não foi fruto do acaso, mas corresponde à exigência de fortalecer os valores a cuja tutela se destina. No entanto, para elucidar o significado de seu conteúdo convém mencionar as suas ligações com outras normas constitucionais, com o objetivo de contribuir para uma interpretação sistemática de seu alcance.

A partir desse enfoque pode-se situar o artigo 46 em relação com três grandes parâmetros norteadores da Constituição.

a) Em primeiro lugar, admitindo a consagração implícita no artigo 46 de um direito à participação nos bens da história, da arte e da cultura, pode-se ligá-lo, de imediato, com todas aquelas normas constitucionais voltadas a garantir o pleno desenvolvimento da personalidade. Assim, pode-se vinculá-lo ao disposto no artigo 9.2, no sentido de impor aos poderes públicos a remoção dos obstáculos que se opõem à participação dos cidadãos na vida cultural. Exigência constitucional que é reafirmada no artigo 10.1, ao invocar expressamente, como fundamento da ordem política espanhola, o livre desenvolvimento da personalidade; no artigo 20.1.*b)*, que reconhece o direito à produção e à criação literária e artística; no artigo 27.2, em que é proclamado que a educação terá por objeto o pleno desenvolvimento da personalidade humana; e, de modo especial, no artigo 44, que protege e ampara o direito de acesso à cultura[61].

b) O disposto no artigo 46 está também relacionado com o conjunto de normas que impõem um modelo de desenvolvimento qualitativo do sistema

---

[59] R. Bahro, *La alternativa*, op. cit., p. 298.
[60] W. Goethe, *Faust*, I Teil, Studierzimmer, Faust.
[61] Cf. F. Müller, *Freiheit der Kunst*, op. cit., p. 76; J. Prieto de Pedro, *Cultura, culturas y Constitución*, op. cit., pp. 193 ss.

econômico constitucional. Nessa esfera, o artigo 46 mantém uma ligação de continuidade com o artigo 33.2, que delimita o conteúdo da propriedade privada através de sua função social; preceito que deve desempenhar um papel importante no sentido de funcionalizar no interesse da coletividade o usufruto e uso da propriedade privada sobre bens artísticos e culturais[62]. Por sua vez, o artigo 45 possui uma significação decisiva para determinar o alcance da proteção ao patrimônio histórico-artístico; não por acaso costuma ser considerado um setor do meio ambiente e uma exigência para a obtenção de apreciáveis níveis de qualidade de vida[63]. Por isso, a necessidade de subordinar o modelo de desenvolvimento exponencial à manutenção de um meio ambiente equilibrado e a um progresso qualitativo incide plenamente na política do patrimônio histórico-artístico. Por outro lado, a poluição afeta diretamente a conservação dos bens artísticos. A denominada "doença da pedra", que tantos estragos causa nos monumentos do passado, não é outra coisa que a decomposição dos materiais de construção pelos óxidos sulfurosos e outros agentes poluentes. Uma política global do meio ambiente não pode desconsiderar esses problemas, do mesmo modo que a tutela do patrimônio artístico incide, plenamente, na temática ambiental[64].

A defesa dos consumidores prevista na Constituição em seu artigo 51 também pode ser o âmbito para propiciar uma ação dos poderes públicos destinada a impor uma nova lógica na dimensão da obra artística como objeto de consumo. Trata-se estabelecer mecanismos de defesa para o usufruto ou, se preferir, o consumo de bens artísticos e culturais que impeçam qualquer fenômeno de adulteração ou especulação manipuladora dessas produções.

A superação do individualismo egoísta na apropriação e uso dos bens culturais e artísticos encontra apoio expresso no artigo 128.1, que postula a subordinação ao interesse geral de todas as formas de riqueza, seja qual for sua titularidade. É por isso que, com mais razão, os bens de domínio público e os que integram o Patrimônio do Estado e o Patrimônio Nacional (art. 132), dos quais fazem parte as mais importantes manifestações do tesouro histórico-artístico, devem corresponder a formas organizativas que os ajustem aos interesses da coletividade[65].

Como instrumentos voltados para a realização dessas metas, a própria Constituição oferece os mecanismos do planejamento e da participação. O primeiro como meio para atender às necessidades coletivas (art. 131.1), o que

---

[62] Cf. o comentário ao artigo 33 da Constituição.
[63] Cf. o comentário ao artigo 45 da Constituição.
[64] Cf. R. Martín Mateo, *Derecho ambiental*, Madri, 1977, pp. 462-83.
[65] Por esse motivo o Grupo Parlamentar Socialista opunha-se à tramitação da Lei do Patrimônio Nacional antes que fosse aprovada e debatida a correspondente Lei do Patrimônio Histórico-Artístico, por considerar que não se pode regular a parte sem fazê-lo previamente com o todo, e a imensa maioria do Patrimônio Nacional não é senão uma parte do patrimônio histórico-artístico da Espanha. Cf. L. Solana, "Evitar un disparate", *El País*, 4 de março de 1981.

A TUTELA DO PATRIMÔNIO HISTÓRICO-ARTÍSTICO NA CONSTITUIÇÃO   539

exige a ordenação geral das relações dos homens com o patrimônio monumental sobre a base de um território concreto[66]. O que, por sua vez, se completa com o reconhecimento do direito à participação dos interessados na atividade dos organismos públicos cuja função, como no caso da administração do patrimônio histórico-artístico, afete a qualidade de vida ou o bem-estar geral (art. 129.1).

c) Finalmente convém situar o artigo 46 nas coordenadas normativas constitucionais tendentes a preservar e impulsionar a *identidade histórico-artística e cultural da nação espanhola e dos povos que a integram*. Essa exigência, postulada expressamente, como se mostrou, no próprio preâmbulo, explicita-se em diversos artigos que se relacionam também com o disposto no artigo 46.

Assim, o artigo 3.3, em que se afirma que: "A riqueza das distintas modalidades linguísticas da Espanha é um patrimônio cultural que será objeto de especial respeito e proteção", implica uma especificação de um dos aspectos do patrimônio histórico-cultural espanhol[67]. Enquanto, no já mencionado artigo 132, se prevê uma regulamentação especial para os bens de domínio público, o Patrimônio do Estado e o Patrimônio Nacional.

São de especial interesse, do ponto de vista da distribuição de competências entre o Estado e as Comunidades Autônomas na defesa do patrimônio artístico e cultural, os artigos 148 e 149. O artigo 148.1 estabelece que as Comunidades Autônomas poderão assumir competências em matéria de: artesanato (14ª); museus, bibliotecas e conservatórios de música de interesse para a Comunidade Autônoma (15ª); patrimônio monumental de interesse da Comunidade Autônoma (16ª); fomento da cultura, da pesquisa e, se for o caso, do ensino da língua da Comunidade Autônoma (17ª). Por sua vez, o artigo 149.1.28ª atribui ao Estado a competência exclusiva sobre "Defesa do patrimônio cultural, artístico e monumental espanhol contra a exportação e a espoliação; museus, bibliotecas e arquivos de titularidade estatal, sem prejuízo de sua gestão por parte das Comunidades Autônomas". Assinala, ao mesmo tempo, que: "Sem prejuízo das competências que poderão assumir as Comunidades Autônomas, o Estado considerará o serviço da cultura como dever e atribuição essencial e facilitará a comunicação cultural entre as Comunidades Autônomas, de acordo com elas" (art. 149.2).

O sistema constitucional de distribuição de competências entre o Estado e as Comunidades Autônomas apresenta uma série de problemas, cuja inter-

---

[66] Cf. A. Pérez Moreno, op. cit., pp. 109 ss.; E. Roca Roca, op. cit., pp. 71 ss.

[67] P. Lucas Verdú levantou a questão sobre se a tutela penal estabelecida no artigo 46, *in fine*, para os atentados contra o patrimônio cultural poderia tornar-se extensiva aos atentados contra as "diferentes modalidades linguísticas da Espanha", consideradas no artigo 3.3 como aspectos do patrimônio cultural (op. cit., pp. 120-1). Sobre os aspectos constitucionais do direito cultural ao uso das línguas espanholas ver A. Guaita, *Las lenguas de España y el artículo 3º de la Constitución*, Madri, 1989; E. Cobreros, *El régimen jurídico de la oficialidad del euskara*, Oñati, 1989; A. Miliani i Massana, *Derechos lingüísticos y derecho fundamental a la educación*, Madri, 1994; J. Prieto de Pedro, *Lenguas, lenguaje y Derecho*, Madri, 1991.

pretação e adequada solução nem é sempre fácil[68]. De qualquer modo, parece desejável que, no que se refere à tutela do patrimônio histórico-artístico, mais que a uma distribuição rígida de competências, se tenda ao estabelecimento de um conjunto de valores por parte de todos os sujeitos do ordenamento jurídico, cada um na esfera que lhe é própria. Talvez seja essa a finalidade perseguida pelo artigo 149.2, que atribui ao Estado o incentivo e a coordenação da política cultural em seu conjunto[69].

A jurisprudência do TC se orienta para esse objetivo e foram especialmente importantes as teses que se depreendem de sua decisão referente aos recursos de inconstitucionalidade acumulados contra determinados preceitos da Lei 16/1985 do Patrimônio Histórico (STC 17/1991, de 31 de janeiro). Nessas e em outras decisões podem-se detectar as diretrizes básicas do TC em matéria de distribuição de competências sobre o patrimônio histórico-artístico entre o Estado e as Comunidades Autônomas, que correspondem a três ideias fundamentais:

1ª) *Concorrência na titularidade* das competências entre o Estado e as Comunidades Autônomas, pois acredita-se que "a cultura é algo da competência própria e institucional, tanto do Estado como das Comunidades Autônomas" (SSTC 49/ 1984, 175/ 1985 e 106/1987). Ideia reiterada na STC 17/1991 quando assinala que "[...] ambos [Estado e Comunidades] e por títulos concorrentes em virtude do sistema de distribuição de competências, derivado do artigo 149.2 da CE, a tem para a difusão internacional do conhecimento do Patrimônio Histórico-Artístico" (FJ 6).

2ª) *Colaboração no exercício* dessas competências entre o Estado e as Autonomias, pois "a previsão genérica de medidas que facilitem sua colaboração e o mútuo intercâmbio de informação em matéria de Patrimônio Histórico, não apenas não pode ser considerada contrária à Constituição, mas é exigida pelo artigo 149.2 da CE" (STC 17/1991, FJ 5). Por isso, também na confecção de registros, catálogos ou censos de bens integrantes do patrimônio histórico espanhol, a competência da administração do Estado para fazer seu inventário geral "deverá ser levada a termo 'em colaboração' com as demais Administrações competentes" (STC 17/1991, FJ 12).

3ª) *Coordenação estatal* para a garantia do interesse público que assumem os bens integrantes do patrimônio histórico-artístico espanhol. Assim, reconhece-se ao Estado, além de suas competências exclusivas, a competência "naquilo que necessita de tratamentos gerais ou que tenha a seu encargo essa ação pública quando os fins culturais não puderem ser alcançados a partir de outras instâncias" (STC 49/1984, FJ 6). Uma vez que se entende que a integração das matérias referentes ao patrimônio histórico-artístico no âmbito mais amplo que é determinado pelo valor da cultura "permite encontrar fundamento para a autoridade do Estado para legislar sobre aquelas". Embora se indique

---

[68] Ver o que foi exposto ao se analisar a distribuição das competências entre o Estado e as Comunidades Autônomas em matéria do meio ambiente no comentário ao artigo 45.

[69] Cf. F. MERUSI, op. cit., p. 455.

que não se deve "estender a competência estatal a âmbitos não desejados pelo constituinte, em virtude daquela incorporação geral do patrimônio histórico-artístico no termo cultural, pois por essa via seriam esvaziados de conteúdo os títulos do bloco da constitucionalidade que se limitam a regular uma porção definida de seu amplo espectro" (STC 17/1991, FJ3). A distribuição de competências Estado/Autonomias em relação ao patrimônio histórico-artístico e cultural parte da atribuição ao Estado da titularidade exclusiva de defesa desse patrimônio contra a exportação e a espoliação, que emana do artigo 149.1.28ª. As Comunidades Autônomas têm competências nessa matéria de acordo com o previsto em seus respectivos estatutos; "sem que isso implique que a eventual afetação de interesses gerais ou a concorrência de outros títulos de competência do Estado em matéria determinada não devam também estar presentes como limites que deverão ser ponderados em cada caso concreto" (STC 17/1991, FJ 3).

Em suma, a divisão constitucional de competências atribui às Comunidades Autônomas a titularidade de tudo o que se refere ao patrimônio histórico, artístico, monumental, arqueológico e científico situado em seu território, reservando ao Estado a defesa do patrimônio histórico espanhol em seu conjunto diante da espoliação e da exportação, assim como os museus, arquivos e bibliotecas de sua titularidade. No entanto, essa distribuição não exclui, no plano *supraestatal*, o reconhecimento das competências das organizações internacionais na tutela de bens que interessam a toda a humanidade; e, no plano *infra-autonômico*, as competências que incumbem às entidades locais. Com relação a estas, o TC assinalou que os interesses públicos que concorrem nos bens histórico-artísticos justificam as competências estatais e autonômicas sobre eles, mas sem que daí derivem controles genéricos e indeterminados que possam infringir "a garantia institucional da autonomia local" (STC 148/1991, FJ 4).

3.3. Alcance da tutela e regime de sanções dos atentados contra o patrimônio histórico-artístico

Como os demais preceitos que integram o capítulo III do título I, o artigo 46 tem uma eficácia limitada ao permanecer, de certo modo, sua proteção imediata subordinada à legislação que o desenvolve (art. 53.3). Contudo, convém observar que o disposto no artigo 53.3 não pode ser interpretado como uma proibição de alegar ou aplicar esses direitos na jurisdição ordinária, o que tornaria impossível seu papel orientador da prática judicial que lhes é atribuída por esse mesmo preceito[70].

Uma interpretação sistemática da Constituição leva a concluir que o sentido do artigo 53.3 não é o de negar caráter normativo aos "princípios diretores da política social e econômica", nem menos ainda o de relegá-los a meros

---

[70] Remeto-me ao que expus sobre esse ponto no comentário ao artigo 45.

postulados programáticos. A correta hermenêutica desse preceito não pode ser outra que a do reconhecimento implícito das exigências singulares que requer a implantação dos direitos fundamentais de caráter social, econômico e cultural. Para sua realização, esses direitos necessitam de uma função ativa dos poderes públicos traduzida em um sistema de benefícios ou de serviços públicos[71]. Essa política requer, como é evidente, algumas profundas transformações socioeconômicas que, enquanto não se realizam, adiam a plena eficácia desses direitos. É por isso que se pode qualificar como um sinal de realismo por parte dos constituintes espanhóis a adoção de uma atitude de cautela ao proclamar alguns direitos fundamentais que, como apontava no início desse comentário, constituem mais a meta de chegada que o ponto de partida da nova trajetória constitucional espanhola.

De qualquer modo, isso não impede que se perca de vista que o artigo 10.2 da Constituição prescreve a interpretação do sistema de direitos fundamentais "em conformidade com a Declaração universal dos direitos humanos...", cujo artigo 27.1 diz claramente que: "Toda pessoa tem o direito de tomar parte livremente da vida cultural da comunidade, de fruir as artes e de participar do progresso científico e dos benefícios que deste resultam." Por outro lado, o artigo 96.1 da Constituição proclama que os tratados internacionais, uma vez publicados oficialmente na Espanha, "farão parte do ordenamento interno". É interessante, a esse respeito, recordar que a Espanha ratificou em 1977 o Pacto internacional de direitos econômicos, sociais e culturais adotado pela ONU em 1966, que consagra em seu artigo 15.1 o reconhecimento do direito de toda pessoa a: "*a*) Participar da vida cultural; [...] *c*) Beneficiar-se da proteção dos interesses morais e materiais que lhe correspondam por razão das produções científicas, literárias ou artísticas de que seja autora." Para tanto, os países participantes desse pacto se comprometem a adotar as medidas necessárias para o exercício desse direito mediante a difusão da cultura (art. 15.2), o reconhecimento da liberdade para a atividade criadora (art. 15.3), e a cooperação internacional em questões culturais (art. 15.4).

Essas disposições contribuem para corroborar a proposição aqui mantida sobre a necessidade de se subjetivar a projeção do artigo 46[72]; o que significa não limitar seu alcance a mera norma de organização e conservação do patrimônio artístico, mas estender sua operatividade ao reconhecimento do direito fundamental, de caráter econômico, social e cultural, à participação dos bens que o integram. Embora a plena efetividade desse direito fique subordinada aos canais legais que criam as condições socioeconômicas que garantam seu usufruto.

Um aspecto interessante, que é obrigatório mencionar ao tratar do tema da tutela do patrimônio histórico, artístico e cultural, é o da significação coletiva ou difusa dos bens e interesses objeto de sua proteção. Encontramo-nos,

---

[71] Cf. A. E. PÉREZ LUÑO, *Derechos humanos, Estado de Derecho y Constitución*, 5. ed., Madri, 1995, pp. 83 ss. e 120 ss.

[72] Ver acima nota 49.

de fato, diante de alguns bens que ultrapassam o mero interesse individual para afetar a totalidade dos cidadãos. Por isso, com a possibilidade de exercer a ação popular prevista no artigo 125 da Constituição, abre-se uma importante ampliação da legitimação processual ativa para defender alguns interesses que, como são os artísticos e culturais, não podem ser considerados privativos de uma pessoa ou grupo, pois afetam os cidadãos em seu conjunto. Mostrou-se, corretamente, que para uma tutela eficaz do patrimônio artístico é imprescindível, se se pretende contar com a base social adequada, a ajuda das sociedades artísticas e culturais[73]. Esse apoio passa, entre outras medidas, pelo de facilitar sua legitimação para se opor aos constantes atentados de que o patrimônio artístico espanhol é objeto[74].

Deve-se apontar também a possibilidade de que as obrigações e responsabilidades que emanam da constitucionalização do patrimônio artístico permitam o exercício de ações não apenas perante os poderes públicos, mas também no âmbito de relações jurídicas privadas. A teoria alemã da *Drittwirkung der Grundrechte* abre nesse campo uma importante via para tornar efetivos diante de terceiros os deveres constitucionais que emanam do artigo 46[75].

Finalmente, um aspecto peculiar da proteção do patrimônio histórico-artístico está no *regime de sanções penais* que, de forma expressa, se prevê no artigo 46 para "os atentados contra esse patrimônio".

Esse inciso foi considerado desnecessário ao se levar em conta que as transgressões contra os direitos consagrados na Constituição podem ser matéria de delito ou falta, sem necessidade de que o próprio texto constitucional aluda expressamente a isso[76]. Também, com base em outras premissas, qualificou-se de precipitada essa alusão constitucional às sanções penais dos atentados contra o patrimônio artístico, porque se entende que o Direito Penal deve agir como *ultima ratio*, limitando sua aplicação aos ataques mais graves contra os valores básicos da ordem social[77].

O novo Código Penal promulgado pela Lei Orgânica 10/1995, de 23 de novembro, queria refletir, como expressamente proclama sua Exposição de Motivos, as "crescentes necessidades de tutela em uma sociedade cada vez mais complexa, dando prudente acolhida a novas formas de delinquência".

---

[73] R. Tamames, *Introducción a la Constitución española*, Madri, 1980, p. 82.

[74] Sobre o significado atual da tutela dos interesses coletivos ou difusos, ver o exposto ao comentar o artigo 45.

[75] Ver o comentário ao artigo 45.

[76] O. Alzaga Villaamil, *La Constitución española de 1978*, op. cit., p. 328. A favor da redação do texto do artigo 46, nesse ponto, pronunciou-se R. Tamames que, diante dos perigos que ameaçam o patrimônio artístico e cultural, entende que: "Toda defesa será pouca, e é bom que na Constituição sejam tipificadas as agressões com caráter penal" (*Introducción a la Constitución española*, op. cit., p. 81).

[77] E. Vaello Esquerdo, "La defensa del patrimonio histórico-artístico y el derecho penal", in *Derecho y Proceso. Estudios jurídicos en honor del Prof. A. Martínez Bernal*, Murcia, 1980, p. 698. Ver também G. Orozco Pardo e E. J. Pérez Alonso, *La tutela civil y penal del Patrimonio histórico, cultural o artístico*, op. cit., pp. 201 ss.

Entre essas crescentes necessidades de tutela ocupam lugar de destaque os bens histórico-artísticos. No Código Penal anterior, agora derrogado, havia algumas alusões à proteção penal de bens integrantes do patrimônio artístico. Assim, no capítulo IX ("Dos danos") do título XIII ("Dos delitos contra a propriedade"), e concretamente no artigo 558.5, em que eram sancionados os danos causados "em um arquivo, registro, museu, biblioteca, laboratório científico, instituição análoga ou no Patrimônio Histórico-Artístico Nacional"; no artigo 561, que apenava: "Os que destruírem ou deteriorarem pinturas, estátuas ou outros monumentos públicos..."; no artigo 563 bis a), que agravava a pena quando os danos causados afetavam objetos "de relevante interesse histórico, artístico ou cultural". Da mesma forma, sancionava como falta, no artigo 579, aqueles que "apedrejarem ou mancharem estátuas ou pinturas, ou causarem um dano qualquer em [...] objetos decorativos [...], ainda que pertencentes a particulares". Não faltaram críticas doutrinais contra o alcance dessa proteção, que castigava com maior rigor a deterioração de algumas árvores na estrada que a destruição de uma pintura clássica[78], o que circunscrevia a proteção do arquivo 561 às pinturas, estátuas e monumentos "públicos"[79].

Após a promulgação do Código Penal vigente, inovou-se o título XVI, que trata "Dos delitos relativos à ordenação do território e da proteção do Patrimônio Histórico e do Meio Ambiente", cujo capítulo II é integralmente consagrado à tutela "Dos delitos sobre o Patrimônio Histórico" (arts. 321 a 324). Estão sancionados ali os danos causados a edifícios de interesse histórico, artístico, cultural e monumental, e se prevê a possibilidade de que os juízes possam ordenar a restauração da obra afetada por conta do delinquente (art. 321). Este último item parece a transposição para o plano artístico e monumental do princípio da tutela do meio ambiente: "quem polui paga ou restaura". São apenadas também as condutas de autoridades ou funcionários que, mesmo sabendo de sua ilegalidade, dão parecer favorável a demolições ou alterações de monumentos, ou àqueles que, por si sós ou como membros de órgãos colegiados, tenham votado a favor de sua concessão, mesmo sabendo de sua ilegalidade (art. 322). São objeto de castigo os danos causados em arquivos, registros, museus, bibliotecas, escolas ou centros científicos, ou bem de valor histórico-artístico, assim como os sítios arqueológicos. Também nesses casos está prevista a restauração dos danos causados por conta do responsável (art. 323). A sanção é mais leve quando esse tipo de dano é causado por imprudência grave e se traduz em prejuízo que supere 50 mil pesetas (art. 324). Convém também fazer referência ao capítulo XII do novo Código Penal, que é formado por um único artigo, o 289, destinado a castigar quem por qualquer meio destrua ou danifique propriedades de utilidade social ou cultural, ou que de qualquer forma as subtraia do cumprimento dos deveres legais impostos em interesse da comunidade. Da mesma forma, são tipificados como faltas contra o

---

[78] A. QUINTANO RIPOLLÉS, *Tratado de la Parte Especial del Derecho Penal*, org. por C. García Valdés, 2. ed., Madri, 1978, vol. III, p. 558.

[79] Cf. E. VAELLO ESQUERDO, op. cit., p. 701.

patrimônio histórico-artístico, cultural ou monumental os danos causados nesse tipo de bens cujo valor não exceda 50 mil pesetas (art. 624).

Objetou-se ao enfoque do novo Código Penal que nesse campo ele tipifica fatos delitivos "que já estão tipificados em outros delitos referentes a bens jurídicos individuais"[80]. Assim, são mencionados os delitos sobre o patrimônio histórico-artístico previstos no artigo 323, que tipifica os danos em bens históricos, artísticos, científicos, culturais, monumentais ou arqueológicos, que obviamente já seriam puníveis sob a tipificação genérica de danos estabelecida nos artigos 263 a 267. Essa mesma argumentação poderia ser projetada para a crítica do artigo 322, que qualifica, quando tem por objeto condutas que permitam a demolição ou alteração de edifícios monumentais, o tipo geral da prevaricação dos funcionários públicos previsto no artigo 404. Nesses casos poder-se-ia ter optado por agravar as penas previstas para os tipos gerais, devido à incidência desses fatos no patrimônio histórico-artístico.

Não obstante, a regulação do novo Código Penal reflete neste ponto tendências político-criminais do presente de cunho exemplificador, preventivo e voltado para as consequências, uma vez que essas orientações privilegiam a proteção expressa dos valores e bens coletivos, como os que fazem referência ao patrimônio histórico-artístico, para dar resposta às demandas prementes da opinião pública. Essas orientações político-criminais não estão isentas de riscos, dentre os quais é preciso apontar: a desformalização e o consequente enfraquecimento das garantias processuais no âmbito penal, a contradição com outros princípios político-criminais como o denominado "de intervenção mínima", assim como a falta de eficácia de algumas dessas soluções incriminatórias que podem degenerar em manifestações de simples "Direito Penal Simbólico"[81]. Dificuldade a que tampouco está alheia à própria heterogeneidade dos bens e interesses que configuram o patrimônio artístico e cultural. Disso se depreende a necessidade de articular a tutela penal com a que podem oferecer outros ramos jurídicos e, em suma, leva a concluir que a salvaguarda do chamado patrimônio somente será uma realidade plena na medida em que o espírito constitucional criar uma atmosfera social de respeito e uma consciência coletiva de tudo o que ele representa[82].

---

[80] F. Muñoz Conde, *Principios inspiradores del nuevo Código Penal* (1996), no prelo, cujo texto devo à deferência de seu autor. Ver também A. Vercher Noguera, "Delitos contra el Patrimonio Histórico", in *El nuevo Código Penal y su aplicación a empresas y profesionales*, Madri, 1996, vol. 5, pp. 557 ss.

[81] Para uma exposição mais ampla dessas tendências político-criminais, ver o exposto sobre a tutela penal do meio ambiente, no comentário ao artigo 45 da CE.

[82] O título IX da Lei 16/1985, do Patrimônio Histórico Espanhol, estabelece o regime das infrações administrativas e suas sanções, punindo-se a exportação clandestina dos bens integrantes do Patrimônio (art. 75), assim como outras lesões causadas aos referidos bens pela infração às disposições prescritas nessa lei para sua tutela (art. 76).

CAPÍTULO 15

A PAZ NA CONSTITUIÇÃO

1. APRESENTAÇÃO

A celebração em Madri, no outono de 1991, da Conferência sobre a Paz no Oriente Médio convida todo intelectual responsável e todo homem de boa vontade a uma reflexão sobre um tema de persistente atualidade. Esses esforços pela paz suscitam dois sentimentos de sinais contrapostos. Um de expectante confiança ao comprovar a tomada de consciência dos governantes dos Estados e das instâncias internacionais mais representativas de que a paz é um bem precário que, longe de ser um dado espontâneo ou supor um estágio definitivamente alcançado com a convivência dos povos, constitui uma tarefa aberta cujo êxito responsabiliza e compromete todos e, especialmente, aqueles que exercem o poder. Porém, juntamente com essa leitura, em tom positivo, o fato de esforços pela paz ainda serem necessários e urgentes mostra o reverso de sua ambivalência ao evidenciar, com toda sua crueza, que apesar das civilizações, doutrinas morais e confissões religiosas que se sucederam na história da humanidade, esta continua a se debater pelo reconhecimento de algo tão primário e essencial como sua própria sobrevivência. Uma sobrevivência ameaçada, sobretudo, pelo fenômeno da guerra.

Essas considerações contrapõem à confiança inicial um sentimento de ceticismo e desalento ao comprovar que, em 1991, a luta pela paz ainda continua a ser uma aspiração insatisfeita da espécie humana.

Quando se analisa, através dos meios de comunicação, a sucessão cotidiana dos fatos, surpreende o panorama que nos rodeia e que é literalmente assustador. Por um lado, nos sentimos rodeados de avanços científicos e tecnológicos de todo tipo. Porém, ao mesmo tempo, os conflitos latentes e explícitos entre os homens e entre os Estados nos permitem vislumbrar que, sob a aparência civilizada de algumas sociedades (não todas) que parecem ter alcançado níveis confortáveis de bem-estar, subsiste um estremecimento e há crepitações de morte quando se intui a terrível possibilidade de uma guerra atômica.

Acontece, de fato, que, em nosso entorno mais imediato, os mais sinistros presságios e os temores mais agudos coincidem com os avanços trazidos pela tecnologia. Assim, a imagem fabricada sob a ilusão do ideal fáustico do progresso, resumida na segurança física de uma vida tranquila, prazerosa, apoiada no pleno aproveitamento dos inventos mais sofisticados e inverossímeis, vê-se contrastada por um substrato de violência e terror.

Indicou-se, repetidas vezes, que o substrato do homem é o animal. Os instintos primitivos não foram abolidos, pelo fato de a técnica ter se aperfeiçoado. Na base das sociedades "civilizadas" existe um resíduo de violência e barbárie que espreita para aflorar a cada ocasião favorável. Corrobora-se, desse modo, a correta intuição de Giambattista Vico de uma história cíclica, sucessão de *corsi* e *ricorsi*, e na qual a fase racional leva, contudo, em seu seio o germe de regressão ao primitivo e ferino *bestione*. De certo modo, a guerra poderia ser considerada um intermitente retorno à barbárie ancestral na qual o progresso não sucumbe graças a essa Providência divina, que em Vico antecipa a "astúcia da razão" (*die List der Vernunft*) hegeliana.

Daí o perigo constante de autodestruição que paira sobre a espécie humana, e o ineludível compromisso daqueles que apostam na sobrevivência de cooperar com o providencialismo e a astúcia racional para evitar a hecatombe.

Nesse clima de inquietações e esperanças, em qualquer caso de urgências, insere-se o plano orbital desta reflexão que abordará, em aproximação sucessiva, três questões: 1) se a paz pode ser considerada um valor fundamental (*Grundwert*) da Constituição espanhola de 1978; 2) se assim for, esclarecer sua força normativa, e 3) esboçar as consequências ou atitudes que possam derivar da eventual assunção da paz como valor constitucional.

2. A PAZ COMO VALOR NA CONSTITUIÇÃO ESPANHOLA DE 1978

A Constituição espanhola refere-se expressamente à paz em três momentos muito distintos de seu texto: 1º) No preâmbulo, ao proclamar como um dos propósitos básicos da nação espanhola sua vontade de "colaborar com o fortalecimento das relações pacíficas e de eficaz cooperação entre todos os povos da Terra". 2º) Em sua parte dogmática, exatamente onde inicia seu título I, resumindo na dignidade da pessoa, em seus direitos inerentes e no livre desenvolvimento de sua personalidade o "fundamento da ordem política e da paz social" (art. 10.1). 3º) Na parte orgânica, ao estabelecer no título II entre as funções da Coroa que: "Ao rei corresponde, após prévia autorização das Cortes Gerais, declarar a guerra e fazer a paz" (art. 63.3).

Uma primeira aproximação a essas referências constitucionais à ideia de paz poderia sugerir que são alusões heterogêneas e até contraditórias.

A impressão dessa heterogeneidade se depreende dos diferentes planos nos quais se situa o apelo à paz nesses três momentos ou partes da Lei das leis espanhola. Assim, enquanto o 1º e o 3º referem-se à paz em sua projeção internacional, o 2º se insere no âmbito dos fins e valores do sistema político-social interno.

Por outro lado, sua aparente significação contraditória nasce de que, se fosse firme a convicção do preâmbulo constitucional no fortalecimento de relações pacíficas entre todos os povos, seria desnecessário e supérfluo que o rei tivesse que recorrer a declarar a guerra e, por isso, a fazer a paz, segundo o disposto no mencionado artigo 63.3.

Em relação à pretensa heterogeneidade dessas referências constitucionais à paz, deve-se dizer que, se é certo que se verifica uma distinção de planos entre o significado da paz no âmbito interno e o internacional, isso não implica que exista uma ruptura radical entre os dois. Falou-se, com razão, que assim como a guerra pressupõe a expressão bárbara do persistente conflito humano, a tirania implica a forma bárbara da paz social, obtida através da coação ao invés de ser fundamentada na liberdade[1]. Existe uma ligação inseparável e um mútuo condicionamento entre os valores e os princípios inspiradores do ordenamento interno e a forma de se projetar as relações internacionais.

Um sistema político que, como o espanhol, postula como valores superiores de seu ordenamento jurídico "a liberdade, a justiça, a igualdade e o pluralismo político", segundo o que dispõe o artigo 1.1 da Constituição, pecaria por incoerência se não projetasse esses mesmos valores em suas relações internacionais. Assim, ao reconhecimento da liberdade no âmbito interno corresponde o consequente respeito à liberdade dos demais Estados, no âmbito externo; o valor da igualdade implica, no plano transnacional, o respeito pela idêntica e plena soberania de todos os povos, o que é incompatível com qualquer guerra de conquista, ato de agressão ou atitude imperialista. A solidariedade entre as nações livres e iguais constitui o fundamento de uma ordem internacional baseada na justiça, isto é, no mútuo acordo e no equilíbrio e não na violência ou no direito do mais forte. Da mesma forma, a ideia de pluralismo em sua manifestação internacional significa uma superação das concepções "estatalistas", ou seja, daquelas que convertiam a vontade dos Estados em um princípio absoluto, o que inevitavelmente se traduzia em pretensões conflitivas de domínio ou vínculos de subordinação. Diante dessa proposta, o pluralismo, no plano externo, significa entender a ordem internacional como produto de uma livre autolimitação das soberanias estatais no âmbito de uma cooperação recíproca estabelecida através de vínculos de coordenação. Esses princípios encontraram recepção tácita no capítulo III do título III da Lei Superior espanhola, relativo aos Tratados Internacionais (arts. 93 a 96).

A exigência de promover no âmbito da comunidade internacional a realização dos valores que a Constituição espanhola deseja salvaguardar na ordem interna manifesta-se também no que concerne ao valor fundamental da dignidade humana. Tal valor, como já mencionado, constitui, juntamente com o respeito dos valores invioláveis e o pleno desenvolvimento da personalidade, o fundamento da paz social interna, segundo prescreve o artigo 10.1 do texto

---

[1] V. Frosini, "Mitología e ideología del pacifismo", in *Costituzione e società civile*, Milão, Edizioni di Comunità, 1975, p. 165.

constitucional espanhol. É por isso que a paz internacional deve ser igualmente construída a partir do reconhecimento da igual dignidade dos Estados, baseada na própria dignidade dos cidadãos que os integram.

Convém também recordar que a Constituição espanhola consagra em seu artigo 15, no catálogo de seus direitos fundamentais, o valor essencial da vida humana e estabelece a consequente abolição da pena de morte. O que é claramente incompatível com qualquer atitude belicista, pois o fenômeno da guerra contém em si mesmo a negação mais radical e implacável desse bem.

A inequívoca opção do constituinte espanhol em favor da estrita continuidade entre a projeção interna e externa dos valores manifesta-se expressamente no parágrafo 2 do citado artigo 10, em que se assinala que o sistema de direitos e liberdades fundamentais será interpretado "em conformidade com a Declaração universal dos direitos humanos e os tratados e acordos internacionais sobre as mesmas matérias ratificados pela Espanha"[2]. Disso se depreende que, entre os apelos à paz contidos na Lei Superior espanhola, tanto no plano interno como no externo, não se verifique nem heterogeneidade de propósitos, nem ruptura de enfoques, já que existe uma consciente e consequente decisão constitucional destinada a reconhecer e fortalecer sua inter-relação. Não por acaso rapidamente avançou entre os povos e os homens livres a convicção de que a doutrina democrática não surgiu para ficar restrita às fronteiras nacionais. A experiência histórica mostra com trágica eloquência que o totalitarismo e a ditadura na ordem interna traduzem-se, de modo inexorável, no expansionismo e na guerra na ordem externa[3].

Se, tal como até aqui procurei expor, não se justifica a pretensa acusação de heterogeneidade em relação às remissões à paz no texto constitucional espanhol, tampouco se justifica o de seu suposto caráter contraditório. Realmente, o fato de que do artigo 63.3 se possa depreender a possibilidade de que o Estado espanhol possa entrar em um eventual conflito bélico em nada desmente o firme propósito constitucional, assumido como valor básico desde seu próprio preâmbulo, de se comprometer com a promoção de relações pacíficas com todos os povos da Terra. Esse valor supremo incluído na abertura da Constituição espanhola atua como um postulado teleológico e finalista, que orienta e funcionaliza a interpretação do artigo 63.3 em um sentido preciso e evita, desse modo, qualquer antítese entre o conteúdo de ambos os preceitos[4].

Para colocar em termos precisos o apelo finalista à paz do preâmbulo constitucional espanhol, convém cotejá-lo, em uma análise comparativa sumária, com outras normas fundamentais, do contexto político mais imediato, em que tal objetivo foi postulado de forma semelhante. Assim, a *Grundgesetz* de Bonn de 1949 proclama também em seu preâmbulo o firme propósito do povo alemão de "servir à paz no mundo". Em consequência, o artigo 26 de seu texto

---

[2] Cf. o capítulo 7, "A interpretação dos direitos fundamentais", pp. 275 ss.

[3] P. CALAMANDREI, "Costituinte italiana e federalismo europeo", in *Scritti e discorsi politici*, Florença, La Nuova Italia, 1966, vol. 2, p. 414.

[4] Cf. o capítulo 6, "A interpretação da Constituição", pp. 239 ss.

prescreve que: "Os atos suscetíveis de perturbar a convivência pacífica dos povos e especialmente de preparar uma guerra de agressão são inconstitucionais." A Constituição italiana de 1947 reconhece essa exigência em seu texto articulado, concretamente em seu artigo 11, incluído entre os princípios fundamentais. Ali afirma-se categoricamente que: "A Itália repudia a guerra como instrumento que ofende a liberdade dos outros povos e como meio para resolver controvérsias internacionais; aceita, em condições de paridade com os demais Estados, as limitações de soberania necessárias para uma ordem que assegure a paz e a justiça entre as nações; promove e favorece as organizações internacionais destinadas a tal finalidade." Por sua vez, a Constituição portuguesa de 1976 dedica seu artigo 7, incluído igualmente entre seus princípios fundamentais, à solene profissão de fé nos postulados: "da solução pacífica dos conflitos internacionais, da não ingerência nos assuntos internos de outros Estados e da cooperação com todos os outros povos para a emancipação e o progresso da humanidade" (parágrafo 1). Ao mesmo tempo, preconiza como meta da política internacional portuguesa: "a abolição de todas as formas de imperialismo, colonialismo e agressão, o desarmamento geral, simultâneo e controlado, a dissolução dos blocos político-militares, e o estabelecimento de um sistema de segurança coletiva com vistas à criação de uma ordem internacional capaz de assegurar a paz e a justiça nas relações entre os povos" (parágrafo 2).

Para uma correta hermenêutica da apresentação do tema da paz na Constituição espanhola, não é menos importante levar em conta tudo o que se afirma sobre o tema na Carta da ONU, organização internacional da qual a Espanha faz parte e a cujos princípios deve acomodar-se sua política externa. No preâmbulo da Carta é apresentada a resolução daqueles que foram seus primeiros signatários de "preservar as gerações futuras do flagelo da guerra"; e em atenção à realização desse objetivo comprometeram-se "a praticar a tolerância e a conviver em paz como bons vizinhos". Fiéis a tal propósito, resumiram o objetivo básico da ONU em: "Manter a paz e a segurança internacionais, e com tal fim: tomar medidas coletivas eficazes para prevenir e eliminar atos de agressão ou outras violações da paz; e obter por meios pacíficos e em conformidade com os princípios da justiça e do direito internacional, o ajuste ou solução de controvérsias ou situações internacionais suscetíveis de levar a violações da paz" (art. 1.1). A Carta dedica seu capítulo VI (arts. 33 a 38) à "Solução pacífica de controvérsias", e seu capítulo VII (arts. 39 a 51) à "Ação em caso de ameaças à paz, violações da paz ou atos de agressão". O último artigo desse capítulo indica que: "Nenhuma disposição desta Carta menosprezará o direito imanente de legítima defesa, individual ou coletiva, em caso de ataque armado contra um membro das Nações Unidas, até que o Conselho de Segurança tenha tomado as medidas necessárias para manter a paz e a segurança internacionais" (art. 51).

A doutrina constitucionalista de outros países, ao considerar o alcance dos preceitos comentados, optou por interpretá-los em relação com o que postula a Carta da ONU. Nesse sentido, entende que, no âmbito de seus respectivos ordenamentos, somente cabe recorrer à guerra em casos estritos de legítima defesa diante de agressões externas[5]. Essa orientação hermenêutica é plenamente aplicável ao sistema constitucional espanhol. Desse modo, a possibilidade de "declarar a guerra", a que faz referência o artigo 63.3, deve ser entendida como restrita ao caso-limite de uma situação de legítima defesa. Com isso se elimina qualquer contradição entre o conteúdo desse artigo e o propósito geral de fortalecer a paz nas relações internacionais, enunciado no preâmbulo.

A Constituição espanhola contém, portanto, uma opção inequívoca em favor da paz. Se por valor entendemos um modo de preferência consciente e generalizado que satisfaz determinadas necessidades humanas[6], não há dúvida de que o texto básico espanhol concebe a paz como um estado de coisas ao qual atribui conscientemente um significado positivo, ou seja, um valor que preenche as necessidades sociais de harmonia, cooperação e sobrevivência; diante da guerra que aparece como um desvalor, ou seja, como uma realidade negativa, enquanto não desejável e que, portanto, deve ser evitada, salvo no mencionado caso-limite da legítima defesa.

Em uma conhecida tipologia, distinguiram-se três tipos de paz: 1º) a de potência, que se funda na hegemonia ou no domínio; 2º) a de impotência, que se baseia no "equilíbrio do terror", e 3º) a da satisfação, fundamentada na confiança recíproca e na mútua cooperação[7]. Como é evidente, apenas neste último significado a paz possui um conteúdo axiológico e é precisamente nessa acepção que se funda a doutrina pacifista. Como corretamente se apontou: "Por pacifismo entende-se toda teoria (e o movimento correspondente) que considera uma paz duradoura [...] como bem altamente desejável, tanto que todo esforço para consegui-la é considerado digno de ser levado a termo."[8]

---

[5] Cf., em relação com a Constituição italiana, A. CASSESE, "Art. 11", in *Commentario della Costituzione. Principi fondamentali*, org. por G. Branca, Bolonha/Roma, Zanichelli & II Foro Italiano, 1975, pp. 568-9. Com referência à *Grundgesetz* de Bonn, ver K. HESSE, *Grundzüge des Verfassungsrechts del Bundesrepublik Deutschland*, 11. ed., Heidelberg/Karlsruhe, Müller, 1978, pp. 49 e 220-1; E. DENNINGER, *Staatsrecht*, Reinbeck bei Hamburg, Rowohlt, 1973, vol. 1, pp. 167 ss.; e, especialmente, V. DÄUBLER, que defendeu abertamente uma interpretação pacifista da Lei Fundamental da República Federal Alemã, na qual percebe um inequívoco mandato constitucional de uma política ativa orientada para a paz, *Stationierung und Grundgesetz*, 2. ed., Reinbeck bei Hamburg, Rowohlt, 1983, pp. 149 ss. A Constituição portuguesa, ao estabelecer as competências da presidência da República em seu artigo 138, que equivale a 63 do texto constitucional espanhol, assinala expressamente que a faculdade de declarar a guerra está circunscrita a hipóteses "de agressão efetiva ou iminente" (art. 138.3). Cf. J. J. GOMES CANOTILHO e V. MOREIRA, *Constituição da República portuguesa anotada*, Coimbra Editoria, 1980, pp. 296-7. Para uma exposição geral da recepção do valor da paz nas Constituições atuais, ver C. ALARCÓN CABRERA, *Dimensiones de la paz como valor en el constitucionalismo comparado*, Sevilha, Publicaciones de la Universidad de Sevilla, 1988.

[6] Cf. o capítulo 7, "A interpretação dos direitos fundamentais", p. 275.

[7] R. ARON, *Paix et guerre entre les nations*, Paris, Calmann-Lévy, 1962, pp. 159 ss.

[8] N. BOBBIO, *El problema de la guerra y las vias de la paz*, trad. esp. de J. Binaghi, Barcelona, Gedisa, 1982, p. 178. Cf. A. RUIZ MIGUEL, *La justicia de la guerra y de la paz*, Madri, Centro de Estudios Constitucionales, 1988.

A partir dessas considerações, pode-se conceber a Constituição espanhola como pacifista, uma vez que não pressupõe a defesa de uma paz qualquer, que pudesse estar baseada no domínio ou no temor, mas que representa a opção em favor de uma paz de satisfação, alicerçada na decisão consciente para o fortalecimento das relações de cooperação pacífica entre todos os povos da Terra.

3. A FORÇA NORMATIVA DA PAZ

Uma vez comprovado que a paz, sem dúvida, constitui um dos valores constitucionais espanhóis, convém apresentar o alcance de sua força normativa.

Nesse ponto não há acordo pacífico entre os exegetas do texto constitucional espanhol, uma parte dos quais parece propensa a negar a normatividade dos valores. Assim, por exemplo, assinalou-se que: "o valor não é em si mesmo uma norma suscetível de aplicação direta como tal"[9]. De forma análoga, argumenta-se, em favor do significado meramente programático, carente de força normativa, dos valores, que estes se referem a "algo que transcende o quadro político-institucional e a própria ordem formal do direito: quer indicar aspirações ideais às quais o ordenamento jurídico deve tender"[10].

Essas proposições, inclinadas a despojar os valores de qualquer conteúdo normativo, não parecem convincentes. Esquece-se, a partir dessas premissas, que, em virtude de sua recepção constitucional, os valores somam a sua prescritividade ética a normatividade jurídica. Por isso, deve ser considerada correta a tese que qualifica de "falaciosa" a doutrina que vê os valores como simples declarações retóricas ou postulados programáticos. Pois são precisamente eles que constituem "a base inteira do ordenamento, a que dará a ele seu sentido próprio, a que presidirá, portanto, toda sua interpretação e aplicação"[11].

A normatividade dos valores é comprovada pela existência das denominadas "normas constitucionais inconstitucionais" (*verfassungswidrige Verfassungsnormen*), com as quais se tenta ressaltar a primazia hermenêutica dos valores, a ponto de determinar a inconstitucionalidade das próprias normas constitucionais que contradigam seu sentido[12]. Essa normatividade se manifesta também em sua proteção reforçada em relação aos requisitos para a reforma constitucional[13]; assim como na possibilidade de interpor recurso de inconstitucionalidade por infração dos valores constitucionais[14].

---

[9] A. Hernández Gil, *El cambio político español y la Constitución*, Barcelona, Planeta, 1982, p. 408.

[10] S. Basile, "Los valores superiores, los principios fundamentales y los derechos y libertades públicas", in A. Predieri e E. García de Enterría (orgs.), *La Constitución española de 1978*, Madri, Civitas, 1980, p. 262.

[11] E. García de Enterría, *La Constitución como norma y el Tribunal Constitucional*, Madri, Civitas, 1981, p. 98.

[12] Cf. O. Bachof, *Verfassungswidrige Verfassungsnormen?*, Tübingen, Mohr, 1951.

[13] Cf. E. García de Enterría, op. cit., p. 98.

[14] Convém ter presente que o recurso de inconstitucionalidade "contra leis e disposições normativas com força de lei" previsto no artigo 161.1.*a*) da Constituição pode ser fundamentado na

Os valores são, portanto, os critérios básicos para avaliar as ações, organizar a convivência e estabelecer seus fins. Por isso, os valores constitucionais significam o sistema de preferências expresso pelo constituinte como prioritárias e fundamentadoras da convivência coletiva. Trata-se das opções ético-sociais básicas que devem presidir a ordem política, jurídica, econômica e cultural da Espanha.

Os valores constitucionais possuem, por outro lado, uma tripla dimensão: *a) fundamentadora*, no plano estático, do conjunto de disposições e instituições constitucionais, assim como do ordenamento jurídico em seu conjunto. Por isso a doutrina alemã os concebe como "valores fundamentais" (*Grundwerte*) e a Constituição espanhola como valores superiores, para acentuar seu significado de núcleo básico e norteador de todo o sistema jurídico-político; *b) orientadora*, no sentido dinâmico, da ordem jurídico-política para algumas metas ou fins predeterminados, que tornam ilegítima qualquer disposição normativa que busque fins distintos ou que dificulte a realização daqueles valores enunciados no sistema axiológico constitucional, e *c) crítica*, enquanto a sua função, como a de qualquer outro valor, está em sua capacidade de servir de critério ou de parâmetro de avaliação para analisar fatos ou condutas. De forma que é possível um controle jurisdicional de todas as demais normas do ordenamento que possam conter valor ou desvalor, por sua desconformidade ou infração dos valores constitucionais.

Os valores constitucionais significam, em suma, o contexto axiológico fundamentador ou básico para a interpretação de todo o ordenamento jurídico; o postulado-guia para orientar a hermenêutica teleológica e evolutiva da Constituição; e o critério para medir a legitimidade das diversas manifestações do sistema de legalidade[15].

Essas funções são plenamente predicáveis do valor constitucional da paz que, no ordenamento jurídico espanhol, deve atuar como: *a) fundamento* do conjunto de normas e instituições a partir da paz social no plano interno, e no fortalecimento das relações pacíficas de cooperação, no externo; *b)* a *orientação* da interpretação normativa para soluções que fomentem a paz social, assim como a de toda política internacional espanhola no sentido de um inequívoco pacifismo; e *c) crítica* ou invalidação de qualquer disposição normativa ou atividade dos poderes públicos que menospreze a paz social ou coloque em perigo a paz internacional. Assim como a consequente proibição daqueles comportamentos dos indivíduos que ameaçam a paz social (tais como o exercício abusivo ou antissocial dos direitos...) ou que subestimem a paz internacional (propaganda de doutrinas belicistas...).

"infração de qualquer preceito constitucional", segundo o artigo 39.2 da LOTC e, portanto, também na infração do que prescrevem os valores constitucionais. Cf. R. SORIANO, "La paz y la Constitución española de 1978", *Anuario de Filosofía del Derecho*, 1985, pp. 133 ss.

[15] Cf. o capítulo 7, "A interpretação dos direitos fundamentais", p. 275. Cf. J. HERRERA FLORES, "Presupuestos para una consideración de la paz como valor jurídico", *Anuario de Filosofía del Derecho*, 1985, pp. 107 ss.

4. ATITUDES SOBRE A PAZ

Se, tal como se depreende do fio condutor dessas argumentações, a paz assume, na lei constitucional da Espanha, o caráter de um valor normativo, isso não implica que tenham sido unívocas as consequências extraídas dessa opção pacifista. Apresentaram-se, pelo contrário, apreciações discordantes do alcance do pacifismo constitucional entre aqueles que, em princípio, não hesitam em aceitá-lo como uma característica norteadora da Lei das leis espanhola.

Para evitar que essa exposição se perca nos meandros de uma resenha, necessariamente prolixa, das diferentes posturas apresentadas pelos distintos exegetas doutrinais da Constituição ou pelos grupos políticos, em nome de uma exigência sistemática, penso que elas poderiam ser agrupadas em duas atitudes básicas que convencionalmente denominarei: pacifismo condicionado ou sociológico e pacifismo incondicional ou ético.

a) Entendo por *pacifismo condicionado ou sociológico* as teses daqueles que, embora admitam que a paz é um bem constitucionalizado e a guerra um mal, consideram que às vezes pode ser um mal necessário. Com base nessas premissas, a opção pela paz não implica uma predisposição imediata, mas pressupõe um termo *ad quem*; cuja consecução exige o cumprimento prévio de determinadas "condições" (equilíbrio armamentista; progressivo desarmamento; superação da política de blocos...). Somente após a delimitação de um âmbito sociológico internacional baseado nos princípios do equilíbrio e da segurança se contará, segundo essa postura, com os pressupostos necessários para o desenvolvimento da consciência pacifista.

b) Diante dessa atitude, o *pacifismo incondicional ou ético* apoia-se na convicção de que, por implicar a paz e a guerra as respectivas manifestações de um valor e um desvalor, trazem um dever imprescindível de promover o êxito da primeira e de erradicar definitivamente a segunda. Tal exigência assume a forma de um imperativo categórico, isto é, supõe um dever em si mesmo não subordinado nem "condicionado" por fatores extrínsecos ou de oportunidade ou conveniência. A opção pacifista representa, portanto, o termo *a quo*, ou ponto de partida, de um compromisso ético em favor da imediata substituição das relações inter-humanas e internacionais baseadas no domínio, na desconfiança e no temor por uma ordem interna e externa centrada na solidariedade fiduciária e na cooperação.

Embora as atitudes comentadas correspondam a modelos atuais, isso não implica que não possuam antecedentes, entre os quais caberia citar alguns dos clássicos espanhóis mais conceituados.

Penso, por exemplo, nos protagonistas da famosa controvérsia sobre os "justos títulos" da colonização espanhola na América. No decorrer dessa polêmica doutrinal, Juan Ginés de Sepúlveda, aluno do Colégio da Espanha de Bolonha e um dos mais ilustres filósofos espanhóis do direito renascentista, sustentou uma tese que previa a atual posição do pacifismo condicionado: "Em verdade – nos disse –, quem deseja extirpar do ânimo dos homens a ideia da guerra, coisa muito boa deseja e a mais saudável do mundo para o gênero humano; porém, antes de mandar aos bons e justos varões que criam suas armas para outros usos necessários à vida humana, espere que haja extirpado totalmente dos corações dos malvados a injustiça e a maldade, pois, se não suprimes os lobos e demais animais daninhos, não poderás pedir ao pastor que renuncie à ajuda dos cães."[16]

Como contraponto, exemplificador do pacifismo incondicional, podem ser mencionados os argumentos com que Frei Bartolomeu de las Casas, incansável "defensor dos índios", bispo de Chiapas e principal antagonista de Ginés de Sepúlveda, rebate àqueles que justificavam a guerra como meio para possibilitar ou facilitar a pregação do Evangelho. Nas palavras de De las Casas, "Cristo não mandou mais do que se pregasse e ensinasse, e manifestasse seu Evangelho a todas as gentes, indiferentemente, e que deixasse à livre vontade de cada um crer ou não crer se quisesse; e a pena aos que não quisessem crer não foi corporal nem temporal em século algum, mas [...] a reservou para seu juízo final".

De las Casas afirma que a Divina Providência conduz todas as coisas a seus fins sem violência, e nem queria que essa regra fosse quebrada para a aceitação da fé. Dessa forma, não quis que a verdade fosse recebida por temor ou contra a inclinação natural dos homens, mas remetê-la a sua livre vontade. Portanto, impor a fé mediante a guerra "é contra a razão da justiça, que importa retidão da vontade"[17].

Acredito que as passagens comentadas resumem concretamente o alcance das atitudes pacifistas de referência. E entendo que elas estão expressas com tanta lucidez e clareza conceitual e apoiadas na fluidez linguística de uma prosa, que muitos doutrinários e políticos da atualidade gostariam de ter para si.

Não pretendo concluir estas reflexões dando a impressão de querer refugiar-me em uma cômoda *epokhé*, isto é, na ausência de um pronunciamento explícito sobre as duas atitudes. Porque penso que seria ocioso tentar deixar na penumbra uma opção pessoal que transpareceu ao longo desta exposição e que se orienta, sem rodeios, para um pacifismo incondicional ou ético.

Na década de 1990 completou dois séculos a publicação do opúsculo de Kant *Zum ewigen Frieden*, em cujo início assinala que "A paz perpétua" era a nome que um dono de pousada holandês havia colocado na entrada de seu estabelecimento sob uma gravura que representava um cemitério. Perguntava-se o filósofo de Königsberg se essa inscrição satírica interessava "aos *ho-*

---

[16] J. Ginés de Sepúlveda, "Demócrates o Diálogo sobre la compatibilidad en la milicia y la religión cristiana", in A. Losada (org.), *Tratados políticos de Juan Ginés de Sepúlveda*, Madri, Instituto de Estudios Políticos, 1963, p. 169. Cf. A. E. Pérez Luño, "La impronta boloñesa en el pensamiento de Juan Ginés de Sepúlveda", in *El Cardenal Albornoz y el Colegio de España*, Bolonha, Publicaciones del Real Colegio de España, 1979, vol. VI, pp. 239 ss.

[17] B. de las Casas, "Tratado comprobatório", in *Obras escogidas de fray Bartolomé de las Casas*, org. por J. Pérez de Tudela, Madri, Atlas, 1957, Biblioteca de Autores Españoles, vol. CX, p. 358. Cf. E. Luño Peña e A. E. Pérez Luño, "El derecho natural a la libertad en el pensamento de Bartolomé de las Casas", in *Estudios Homenaje al Prof. Luis Recasens Siches*, no prelo. A. E. Pérez Luño, "Democracia y derechos humanos en Bartolomé de las Casas". Estudo preliminar ao tratado *De Regia Potestate*, in Fray Bartolomé de las Casas, *Obras Completas*, Madri, Alianza, 1990, vol. 12, pp. I ss.

mens em geral, aos chefes de Estado, que nunca chegam a se saturar da guerra, ou exclusivamente aos filósofos, que almejam esse doce sonho"[18].

Até aqui a citação kantiana, que nos leva a perguntar se, por fim, estamos no início de uma era na qual os governantes, os filósofos e todos os homens possam vislumbrar um horizonte de paz que não seja a dos cemitérios. E isso é particularmente decisivo em nossa época, em que o presságio aterrador de um conflito termonuclear nos coloca diante da pavorosa possibilidade de uma hecatombe de proporções universais, capaz de converter nosso planeta em um imenso cemitério[19].

Falou-se corretamente que: "a construção da paz perpétua exige muito tempo, mas teremos que nos esforçar por ela a cada dia, como se fosse o único dia para poder instaurá-la"[20]. É certo que a história pode ser fonte de otimismo e de pessimismo e, por isso, a história destes últimos anos registra um avanço decisivo na distensão entre os blocos antagônicos surgidos no longo período da denominada "guerra fria". A liderença de Gorbachov permitiu a aproximação Leste/Oeste traduzida em acontecimentos importantes (a queda do muro de Berlim e a subsequente reunificação alemã, o processo democratizador da URSS e todo o Leste Europeu, o novo clima que agora preside os frequentes encontros dos líderes das maiores potências mundiais...) que há poucos anos eram totalmente impensáveis. A situação política europeia experimentou um profundo avanço em direção à paz e à cooperação. Mas mesmo no Velho Continente não se extinguiram completamente os focos de conflito, dos quais o iugoslavo é o mais grave e sangrento. Da mesma forma, observam-se problemas de alcance planetário que constituem ameaça latente para a paz. As relações Norte/Sul sob as quais se debatem questões tão árduas como a dívida externa dos países em vias de desenvolvimento e a transferência de tecnologias que possibilitem seu adequado progresso, o equilíbrio ecológico e a necessidade de preservar a qualidade de vida, o surgimento do fundamentalismo e nacionalismos de cunho fanático e excludente... constituem fatores importantes de real ou potencial conflitividade[21].

---

[18] I. Kant, *La paz perpetua*, trad. esp. de J. Abellán, com apresentação de A. Truyol y Serra, Madri, Tecnos, 1985, p. 3.

[19] Os movimentos cívicos em favor da paz promoveram diferentes ações jurídicas, dentre as quais adquiriu notoriedade o recurso interposto pela fração parlamentar dos verdes (*Die Grünen*) perante o Tribunal Constitucional contra o "Estacionamento de mísseis Pershing II e Cruise no território da República Federal da Alemanha", que resultou em uma sentença de 18 de dezembro de 1984, na qual se indeferia o recurso, embora com o importante (pelo rigor de sua argumentação) voto discordante do juiz Mahrenholz. Cf. W. Däubler, "Juristas en el movimiento pacifista: Una experiencia alemana", trad. esp. de S. Havel, J. Sánchez e A. Ojeda, revisado por A. E. Pérez Luño, *Sistema*, 1986, n. 73, pp. 121 ss.

[20] G. Peces-Barba, "Reflexiones sobre la paz", in *Escritos sobre derechos fundamentales*, Madri, Eudema, 1988, p. 278.

[21] Sobre tudo isso, cf. a coletânea *Le paci possibili*, Progetto Forum Humanum, Rapporto al Club di Roma, Milão, Franco Angeli, 1989, obra que devo agradecer à amabilidade de um de seus autores, o prof. Roberto Toniatti.

Ao lado de estimulantes razões para o otimismo, subsistem também permanentes motivos de preocupação, que não permitem esquecer os múltiplos pontos de atrito entre os Estados e as circunstâncias econômicas, sociais e políticas que condicionam a paz internacional. Embora nesse aspecto se vislumbre um protagonismo crescente da ONU, assim como de outras organizações internacionais, entre as quais cabe citar a Comunidade Europeia, na mediação para evitar ou resolver conflitos.

Esses riscos e a própria ameaça da bomba atômica, enquanto não forem totalmente inutilizados os arsenais nucleares, abrem uma brecha no refúgio das boas consciências e agitam o conformismo cotidiano que oculta na calma de suas águas de inércia a iminência da tempestade. Por isso, na situação atual, a reivindicação da paz não pode limitar-se a uma atitude passiva ou condicionada. Já que a alternativa diante da qual se debate a espécie humana não é a da paz ou guerra, mas a da paz ou destruição da humanidade. Diante desse dilema, a opção incondicional pela paz constitui o último recurso que resta aos povos para preservar sua ameaçada sobrevivência.

EPÍLOGO

OS DIREITOS HUMANOS REVISADOS: CRÍTICAS E AUTOCRÍTICA

1. RECAPITULAÇÃO E NOVAS TRAJETÓRIAS

Passaram-se dez anos desde a publicação da primeira edição desta obra. No decorrer dessa década, os direitos humanos continuaram no centro dos mais animados debates teóricos e políticos. A atualidade e vitalidade dessas contínuas revisões mostram que os direitos humanos estão instalados na consciência cívica dos homens e dos povos. No entanto, essa difusão crescente da ideia das liberdades não autoriza a pensar que sua realização está plenamente garantida. Ainda hoje os direitos humanos continuam sendo uma promessa não cumprida para a grande maioria dos habitantes de nosso planeta. Por isso, é necessário lutar contra o sonho ilusório e conformista de que o programa emancipador dos direitos humanos passou do mundo dos ideais para o dos fatos e de que se trata de meta já superada. A temática dos direitos humanos mantém sua vigência e exige, da mesma forma que em todos os momentos de seu desenvolvimento histórico, uma atitude crítica e reivindicativa. Como não existe crítica sem autocrítica, creio que seja necessário voltar para as teses defendidas anos atrás, isto é, "revisitar" aquelas proposições para ver se ainda permanecem válidas.

O eixo temático deste livro foi gerado em uma etapa anterior. As ideias que norteiam minha concepção foram enunciadas na coletânea *Los derechos humanos. Significación, estatuto jurídico y sistema*. Nela definia os direitos humanos como: "conjunto de faculdades e instituições que, em cada momento histórico, concretizam as exigências de dignidade, de liberdade e de igualdade humanas, que devem ser reconhecidas positivamente pelos ordenamentos jurídicos em nível nacional e internacional"[1]. Posteriormente, nas publicações

---

[1] *Los derechos humanos. Significación, estatuto jurídico y sistema*, em colaboração com J. L. Cascajo, B. de Castro e C. Gómez Torres, Sevilha, Publicaciones de la Universidad de Sevilla, 1979, p. 43.

que se seguiram mantive essa concepção². Por isso, ao rever agora essa temática, concentram-se em mim duas inquietações com sentidos contrapostos. De um lado, a preguiça, ou talvez melhor, a inércia intelectual convida-me a fazer minha a famosa citação evangélica de Pilatos para dizer: *quod scripsi, scripsi*; que o escrito, escrito está. Não por acaso, observa Aldous Huxley, no prólogo da segunda edição de seu *Brave New World*, que a constante e obsessiva revisão das próprias ideias, ou seja, o remorso crônico, constitui uma deformação intelectual sumamente indesejável. Isso me incita a reconhecer que, no decorrer dos anos que se passaram desde aqueles trabalhos que foram elaborados e publicados até hoje, basicamente defendi e defendo tudo, no que se refere a esse assunto, o que expunha neles. Mas, por outro lado, não posso esquecer que, diante da concepção da ciência como conjunto de categorias e postulados imutáveis, hoje se considera que uma teoria é científica enquanto é falseável, isto é, enquanto está aberta à sua constante revisão através do que, parafraseando Popper, podemos chamar de sucessivas conjecturas e refutações.

Devido a essas premissas, minha autorrevisão girará em torno de dois pontos: a alusão resumida dos principais aspectos e argumentos daquela definição de direitos humanos que me levam a considerá-la ainda válida; e a alusão ao novo horizonte que hoje se vislumbra como contexto teórico que pode condicionar esse conceito, segundo observei em trabalhos mais recentes sobre as gerações dos direitos humanos[3], sua concepção funcionalista[4], e outros estudos relativos à temática das liberdades[5].

---

[2] *Derechos humanos, Estado de Derecho y Constitución*, Madri, Tecnos, 1984 (4. ed., 1991), p. 48; *Los derechos fundamentales*, Madri, Tecnos, 1984 (5. ed., 1993), p. 46.

[3] "La evolución del Estado social y la transformación de los derechos fundamentales", in E. OLIVAS (org.), *Problemas de legitimación en el Estado social*, Madri, Trotta, 1991, pp. 91 ss.; "Le generazioni dei diritti umani", in F. RICCOBONO (org.), *Nuovi diritti dell'età tecnologica*, Atti del convegno tenuto a Roma presso la Libera Università Internazionale degli Studi Sociali, 5 e 6 de maio de 1989, Milão, Giuffré, 1991, pp. 139 ss.; "Las generaciones de derechos fundamentales", *Revista del Centro de Estudios Constitucionales*, 1991, n. 10, pp. 203 ss.

[4] "Análisis funcional de los derechos fundamentales", *Anuario de Derechos Humanos*, 1988, n. 5, pp. 177 ss.

[5] "La tutela de los derechos fundamentales en la Constitución española de 1978", in *Estudios en homenaje al Doctor Déctor Fix-Zamudio*, Universidad Nacional Autónoma de México, 1988, t. III, pp. 2345 ss.; "Sobre los valores fundamentadores de los derechos humanos", in J. MUGUERZA et al., *El fundamento de los derechos humanos*, org. por G. Peces-Barba Martínez, Madri, Debate, 1989, pp. 279 ss.; "¿Qué moral? Sobre la justificación moral de la obediencia al Derecho", *Sistema*, 1991, n. 102, pp. 83 ss.; "¿Que deber? Consideraciones sobre el deber de obediencia al Derecho, con especial referencia a las tesis de H. L. A. Hart", in *Obligatoriedad y Derecho. XII Jornadas de Filosofía Jurídica y Social*, Oviedo, 28 a 30 de março de 1990, Servicio de Publicaciones de la Universidad de Oviedo, 1991, pp. 381 ss.; *La polémica sobre el Nuevo Mundo. Los clásicos españoles de la filosofía del derecho*, Madri, Trotta, 1992; "El concepto de los derechos humanos y su problemática actual", *Derechos y Libertades*, 1993, n. 1, pp. 179 ss.; "Vittorio Frosini y los nuevos derechos de la sociedad tecnológica", *Informatica e Diritto*, 1992, 1-2 (publicado em 1993), pp. 101 ss.; "Los derechos humanos en la obra de Norberto Bobbio", in A. LLAMAS (org.), *La figura y el pensamiento de Norberto Bobbio*, Universidad Carlos III de Madri, Boletín Oficial del Estado, Madri, 1994, pp. 153 ss.

A definição de direitos humanos que defendo corresponde a três ideias-guia: 1ª) *jusnaturalismo* em seu fundamento; 2ª) *historicismo* em sua forma; e 3ª) *axiologismo* em seu conteúdo. São essas também as teses sobre as quais, em maior medida, versou o debate doutrinal suscitado por minha proposta. É por isso que voltar a elas agora me permite, ao mesmo tempo, responder às, para mim, estimulantes e sugestivas observações críticas feitas a essa concepção; esforçar-me para esclarecer aqueles pontos em que julgo ter sido mal-interpretado; assim como ampliar os argumentos esboçados anteriormente com novas considerações.

2. UMA POLÊMICA INEVITÁVEL: A FUNDAMENTAÇÃO JUSNATURALISTA

Por *fundamentação jusnaturalista* dos direitos humanos entendo a que conjuga sua raiz ética com sua *vocação* jurídica. De acordo com elas, os direitos humanos possuem uma irrenunciável dimensão prescritiva ou deontológica: implicam exigências éticas de "dever ser", que legitimam sua reivindicação ali onde não foram reconhecidas. Porém, ao mesmo tempo, constituem categorias que não podem ser desvinculadas dos ordenamentos jurídicos: sua própria razão de ser se resume em ser modelo e limite crítico às estruturas normativas e institucionais positivas. Quando essa recepção ocorre nos encontramos com os *direitos fundamentais*: aqueles direitos humanos garantidos pelo ordenamento jurídico positivo, na maior parte dos casos em sua normativa constitucional, e que costumam contar com uma tutela reforçada. Trata-se sempre, portanto, de direitos humanos "positivados", cuja denominação evoca seu papel *fundamentador* do sistema jurídico político dos Estados de direito[6].

A distinção alemã entre *Menschenrechte* e *Grundrechte*, a francesa entre *droits del'homme* e *libertés publiques* ou a italiana entre *diritti umani* e *diritti fondamentali* correspondem à respectiva dualidade de planos (prescritivo e descritivo) e ao nível distinto de positividade das duas categorias. O uso da denominação "direitos humanos" com referência aos direitos e liberdades reconhecidos em determinadas declarações e convênios internacionais pode suscitar certa incerteza terminológica. Não obstante, o uso nessa esfera da denominação "direitos humanos" preferencialmente à de "direitos fundamen-

---

[6] *Los derechos fundamentales*, op. cit., pp. 46 ss. Em nossa doutrina adotaram expressamente minha distinção entre direitos humanos e direitos fundamentais, entre outros: J. DE LUCAS, *El desafío de las fronteras, Derechos humanos y xenofobia frente a una sociedad plural*, Madri, Temas de Hoy, 1994, pp. 51 ss.; M. L. MARÍN CASTÁN, notas à 4. ed. de obra de J. CASTÁN TOBEÑAS, *Los derechos del hombre*, Madri, Reus, 1992, pp. 11 ss.; B. MARTÍNEZ DE VALLEJO, "Los derechos humanos como derechos fundamentales", in J. BALLESTEROS (org.), *Derechos humanos. Conceptos, fundamentos, sujetos*, Madri, Tecnos, 1992, pp. 42 ss. Ocupou-se em analisar minha concepção terminológica Mª C. BARRANCO AVILÉS, *El discurso de los derechos*, Madri, Dykinson, 1996, pp. 19 ss.

tais" vem corroborar que existe consciência da limitada garantia jurídica dos direitos proclamados na maior parte das declarações internacionais.

Penso que com essa distinção se salvam determinadas imprecisões, confusões e ambiguidades usuais na linguagem dos direitos humanos. Nesse ponto sempre me pareceram clarividentes as incisivas críticas de Bentham quando previne sobre a confusão da fome com o pão; isto é, as pretensões, as exigências e as expectativas de futuros direitos, com os direitos já integrados ao ordenamento jurídico positivo. O que ocorre é que esse esclarecimento não encerra o problema. A fome não é o pão, mas se não existisse a fome não seria necessário fazer o pão. Em outras palavras: o pão existe na medida em que ocorrem situações de fome para as quais ele é o remédio. Por isso, não tem sentido falar dos direitos fundamentais à liberdade de expressão, à objeção de consciência, ou à igualdade perante a lei em sistemas jurídicos que não os reconhecem, por se tratar de regimes políticos fundados no totalitarismo, na intolerância e/ou no *apartheid*. Contudo, tem todo o sentido denunciar essas situações como contrárias ou violadoras dos direitos humanos.

A fundamentação jusnaturalista permite, a meu ver, superar determinadas dúvidas a que estão condenadas as teses positivistas. Esclareço que uso os termos "jusnaturalismo" e "positivismo jurídico" em sentido amplo e ao mesmo tempo exaustivo das respostas possíveis neste ponto[7].

Devo observar que, desde que foram publicados meus primeiros ensaios em que defendia uma concepção jusnaturalista crítica dos direitos humanos, minha postura foi objeto da crítica por parte daqueles que viam no direito natural uma categoria incompatível com uma fundamentação ética não dogmática dos direitos humanos, com sua dimensão histórica, assim como com seu compromisso axiológico a favor dos valores da sociedade democrática.

Uma das primeiras críticas apresentadas à minha fundamentação jusnaturalista dos direitos humanos foi de Manuel Atienza. Sua objeção centrava-se em um duplo plano: *teórico*, baseado na possibilidade de postular fundamentações éticas dos direitos humanos à margem do direito natural; e *prático*, motivado pelo caráter involucionista e reacionário que, segundo Atienza, configura determinadas versões do direito natural, particularmente a tomista, contrárias ao horizonte emancipador dos direitos humanos[8].

Javier Muguerza entende também que a fundamentação dos direitos humanos encontra melhor âmbito de proposta e solução à margem de qualquer enfoque jusnaturalista. Esses pressupostos me impedem de concordar com o juízo crítico, em outros prontos repleto de lucidez e de generosidade, que o professor Muguerza expressou em relação às minhas teses jusnaturalistas. Em seu

---

[7] Cf. sobre isso meus trabalhos: *Iusnaturalismo y positivismo jurídico en la Italia moderna*, com prólogo de Guido Fassò, Bolonha, Publicaciones del Real Colegio de España, 1971, pp. 107 ss.; *Lecciones de Filosofía del Derecho. Presupuestos para una filosofía de la experiencia jurídica*, 4. ed., Sevilha, Minerva, 1992, pp. 51 ss.; *Derechos humanos, Estado de Derecho y Constitución*, op. cit., pp. 136 ss.

[8] M. ATIENZA, "Recensión a la obra 'Los derechos humanos. Significación, estatuto jurídico y sistema'", *Sistema*, 1980, n. 37, pp. 146 ss.

entender, a fundamentação dos direitos humanos implica o reconhecimento de algumas exigências morais, porém elas não têm por que conter a aceitação do direito natural. Muguerza alega que admitir que essas exigências morais são prévias ao processo de positivação dos direitos humanos não deve convertê--los em direitos naturais. Além disso, os valores éticos em que se fundamentam os direitos humanos (a liberdade, a igualdade ou a dignidade humana) não são patrimônio exclusivo da tradição jusnaturalista. A fundamentação das liberdades se esclarece quando se parte de que se trata de dar resposta a uma exigência "simplesmente ética". Diz-nos Muguerza que a fundamentação dos direitos humanos consiste, em última instância, em dar razões para que determinadas "exigências morais" se incorporem ao Direito. Muguerza admite, para evitar polêmicas puramente verbais, que essas exigências sejam denominadas "direitos humanos", para reforçar sua capacidade reivindicatória. Precisamente essa atitude reivindicativa, entendida como um imperativo da dissidência corolário do individualismo ético, constitui para Muguerza o fundamento dos direitos humanos[9].

Minha réplica a essa crítica concentra-se em dois pontos: o primeiro faz referência a minhas reservas sobre a idoneidade das fundamentações individualistas dos valores que norteiam o conteúdo dos direitos humanos, pois entendo que essas teses correm o risco de desembocar em uma anarquia dos valores (a isso farei referência mais extensa abaixo). O segundo motivo de minha discordância incide na concepção estritamente ética dos direitos humanos, porque entendo que sua análise a evita e, para mim, é um inevitável componente jurídico dessa categoria. Os direitos humanos não são simples exigências éticas, mas aquelas exigências que *devem ser* objeto de positivação para fazer com que o Direito seja digno de sê-lo. Da mesma forma negligencia sua não menos inevitável dimensão política, enquanto implicam o principal suporte legitimador dos Estados de direito. Os direitos humanos são, de fato, exigências morais, mas não são apenas isso; são também *direitos*, a ponto de que devem ser considerados ingredientes básicos dos ordenamentos jurídicos. O mérito histórico do jusnaturalismo reside precisamente em sua reivindicação constante de que o Direito não pode ignorar determinadas exigências e valores da pessoa humana e que essas exigências e valores são morais, mas *devem ser* jurídicos. Por isso, falar de "direitos humanos" não é uma mera fórmula retórica para dar mais força às exigências morais, mas é estabelecer as condições de legitimidade do Direito digno de tal nome, isto é, do Direito justo. Muguerza tem razão quando recorda que não é necessário ser jusnaturalista para defender valores tais como a liberdade ou a dignidade do homem, mas deveria ter claro que é necessário ser jusnaturalista para afirmar que esses valores *devem ser* reconhecidos como direitos humanos e pautas axiológicas norteadoras do Direito justo.

Como contraponto, de certo modo paradoxal, a essas opiniões em que me acusam de pecar por excesso em minha reivindicação jusnaturalista, outros

---

[9] J. Muguerza, "La alternativa del disenso", in *El fundamento de los derechos humanos*, op. cit., pp. 20 ss.

enfoques teóricos recriminam-me por pecar por falta de intensidade na minha adesão ao direito natural. São exemplos dessa segunda atitude as reservas que apontava o professor Pedro Lombardía, que apresentava uma avaliação positiva da obra, em que destacava o "evidente equilíbrio de sensibilidade, tanto para os problemas de fundamentação como para os mais imediatamente relacionados com a técnica do Direito". Mas, apesar dessas considerações favoráveis, não ocultava sua principal objeção à minha abordagem: "a tomada de consciência da dimensão histórica do Direito é um êxito inquestionável do autor; contudo – nas palavras de Lombardía –, tem-se a impressão de que a referência ontológica fica tão diluída, que fica apenas algo, além do decisionismo da lei e da jurisprudência, que permita considerar sua posição crítica como verdadeiramente jusnaturalista"[10].

Um ano mais tarde, nas mesmas páginas do *Anuario del Derecho Eclesiástico del Estado*, em que foram apresentados os comentários críticos do professor Lombardía, é publicado um extenso estudo do professor Juan Calvo que classificava a apreciação de Lombardía em termos que, acredito, resumem lucidamente minha concepção e meu propósito. "Penso – escrevia o professor Calvo – que essa opinião deve ser completada com os pontos de partida – e às vezes também de chegada – que prevê Pérez Luño, que se mostra extraordinariamente sensível e contrário a qualquer fixação estática e a-histórica, seja mediante lei, jurisprudência ou doutrina. Essa é talvez a chave para seu relativismo crítico, mas de qualquer modo é muito alheio ao decisionismo da lei – e menos ainda do legislador –, uma vez que sobre ela recai sua análise crítica e sua permanente tentativa de torná-la flexível e eficaz, não – ou não apenas – por sua condição volitiva, mas por sua adequação *histórica* às verdadeiras necessidades e exigências da pessoa humana. O próprio autor faz uso da feliz imagem de mandar a raposa tomar conta do galinheiro caso se relegasse a lei a mero decisionismo"[11].

José A. Ezcurdía não inclui minha fundamentação dos direitos humanos ao expor as concepções jusnaturalistas e, em contrapartida, a coloca entre as fundamentações axiológicas, éticas e intersubjetivistas; mesmo assim reconhece que: "A fundamentação axiológica ou valorativa dos direitos humanos ainda supõe uma perspectiva jusnaturalista", embora distante de qualquer tentação idealista e a-histórica. Além disso, quando delimita e define a fundamentação jusnaturalista dos direitos humanos, transcreve minha tese de que

---

[10] P. LOMBARDÍA, "El concepto actual de Derecho Eclesiástico y su marco constitucional", *Anuario de Derecho Eclesiástico del Estado*, 1985, vol. I, p. 660. Também questiona a possibilidade de atribuir ao jusnaturalismo minha fundamentação dos direitos humanos J. RODRÍGUEZ-TOUBES, em sua relevante obra *La razón de los derechos*, Madri, Tecnos, 1995, pp. 180 ss. Creio, no entanto, que sua postura segue uma concepção restritiva do direito natural, que é considerado uma doutrina reduzida a suas versões mais dogmáticas, objetivistas e a-históricas, que, como se depreende do que aqui exponho, não me parecem nem as únicas, nem as mais representativas e adequadas concepções do jusnaturalismo.

[11] J. CALVO, resenha a meu livro *Derechos humanos, Estado de Derecho y Constitución*, Anuario de Derechos Eclesiásticos del Estado, 1986, vol. II, p. 800.

"determinados empenhos atuais para situar o problema dos direitos humanos à margem ou até contra sua ligação jusnaturalista correm o risco de incubar certo agnosticismo histórico-cultural"[12].

As diversas apreciações críticas até aqui comentadas me impõem a tarefa de esboçar com mais nitidez o sentido que assume minha postura jusnaturalista na fundamentação dos direitos humanos. Para isso, tratarei de explicitar, em sucessivas aproximações, as implicações filosóficas, jurídicas e políticas que acredito ser decorrentes das teses jusnaturalistas sobre as liberdades.

a) Os problemas *filosóficos* do hiato "ser"/"dever ser", a tradicional ruptura entre a realidade jurídica e as exigências éticas. O direito natural representou historicamente a categoria que serviu para explicar e justificar a intersecção entre o Direito e a moral. Por isso, os direitos naturais, origem dos direitos humanos, significaram a projeção dos valores morais às situações jurídicas subjetivas. Se, conforme um estrito positivismo, se faz uma contundente separação entre moral e Direito, os direitos humanos permanecem no campo dos valores morais, e o Direito fica circunscrito ao reino da coação.

As tentativas de mediação propostas em nome de distinções tais como: direitos morais e direitos legais; direitos fracos e direitos fortes; direitos pré-normativos e direitos normativos; direitos exigências e direitos garantias ou os das denominadas concepções dualistas, representam tentativas de revestir de forma jurídica determinadas instâncias valorativas éticas que definem a condição humana. É por isso que não hesitaram em recorrer à denominação de "direitos" usada em todas essas expressões para se referir a esses bens humanos básicos. No fundo significam tentativas de enfatizar e dar um sentido autônomo às principais conotações que definem os direitos humanos na concepção jusnaturalista: seu conteúdo moral, sua juridicidade fragilizada, sua pré-normatividade, seu caráter de exigências inerentes à personalidade... Por isso, em nome da clareza, parece-me preferível situar esses empenhos doutrinais no âmbito de sua matriz comum jusnaturalista (independentemente de seus defensores terem ou não consciência disso, o que, como ensina a Sociologia crítica da cultura, é quase sempre irrelevante). Por inferência semelhante, denunciei em outros trabalhos o caráter positivista vergonhoso de determinadas apologias ao culto acrítico à legalidade realizadas a partir de premissas que se diziam jusnaturalistas[13].

Não compartilho da fé na "magia das palavras" que parece depreender-se de quem supõe que os inquestionáveis problemas da fundamentação dos direitos humanos possam ser resolvidos com a substituição de alguns termos por outros, com os quais, no final, vai se expressar a mesma coisa. Diante dessa

---

[12] J. A. Ezcurdía, *Curso de Derecho Natural. Perspectivas iusnaturalistas de los derechos humanos*, Madri, Reus, 1987, pp. 46-7 e 68-9.

[13] Ver meus trabalhos: "Rechtsphilosophie und Rechtstheorie in Spanien", *Rechtstheorie*, 1987, t. 18, fasc. 3, pp. 329 ss.; "Recht, Moral und Politik: Zur Rechtsprechung des Obersten Gerichtshofs in Spanien während der Franco-Zeit", in E. Garzón Valdéz (org.), *Spanische Studien zur Rechtstheorie und Rechtsphilosophie*, Berlim, Duncker & Humblot, 1990, pp. 332 ss.

logomaquia, parece-me mais útil manter a expressão "direitos humanos", para fazer referência ao conjunto dos valores éticos da personalidade que devem servir de fundamento e medida do direito positivo. Essa foi precisamente a grande lição e a grande conquista histórica do jusnaturalismo racionalista democrático da modernidade, sem cuja contribuição os direitos humanos e o próprio Estado de direito são impensáveis. Aceitar implicitamente essas premissas, e revesti-las de roupagem de denominações novas pretendendo resolver assim os problemas subjacentes e situar-se à margem da multissecular polêmica jusnaturalismo/positivismo, não deixa de ser uma quimera doutrinária. Creio, em suma, que o que as novas denominações, propostas como alternativas da concepção jusnaturalista dos direitos humanos, têm de bom não é novo (reproduzem os argumentos da fundamentação dos direitos humanos jusnaturalistas) e o que têm de novo nem sempre é bom (introduzem confusões terminológicas e conceituais).

b) Não me parece menos pertinente a fundamentação jusnaturalista no plano *jurídico*; em outras palavras, penso que a vocação jurídica dos direitos humanos pode ser mais bem focalizada e entendida a partir de uma fundamentação jusnaturalista. Creio que com base em premissas positivistas será muito mais difícil e menos convincente explicar o alcance do termo "direito" na expressão "direitos humanos", que com base no jusnaturalismo. Isso ocorre porque, por ser o positivismo uma teoria do direito *monista*, circunscreve a juridicidade à legalidade positiva. Sob essa perspectiva, falar de qualquer direito natural, humano, moral ou pré-normativo como algo distinto do direito positivo significa uma *contradictio in terminis*. O jusnaturalismo, enquanto teoria jurídica *dualista*, distingue dois sistemas normativos: o direito natural formado pelo conjunto dos valores prévios ao direito positivo, que devem fundamentar, orientar e limitar criticamente todas as normas jurídicas; e o direito positivo enquanto posto ou imposto com força vinculante por quem exerce o poder na sociedade. Trata-se de "direitos" com *status* deôntico diverso, porém não independente; porque todo direito natural tende a se positivar e todo direito positivo, na medida em que pretenda ser justo, deve estar de acordo com o direito natural[14].

É certo que o que é menos evidente, e foi o principal motivo das confusões, controvérsias e ambiguidades produzidas no devir histórico do jusnaturalismo, é a forma de entender o direito natural, ou, mais precisamente, a maneira de entender a ideia de natureza subjacente ao conceito de direito natural. Porque na história das doutrinas jusnaturalistas a noção de natureza e, em função dela, a própria definição de direito natural configuraram-se em diferentes concepções, que podem ser resumidas a três fundamentais: 1) A ideia de natureza como *criação divina* e do direito natural como expressão revelada da *vontade* do Criador no campo das relações sociais. 2) A natureza como *cosmos*, isto é, como as leis que regem o mundo físico de que fazem parte os homens, que estão sujeitos à sua legalidade através de seus *instintos* e *necessidades*

---

[14] Cf. minhas *Lecciones de Filosofía del Derecho*, op. cit., pp. 69 ss.

naturais. 3) A natureza como *razão*, como qualidade específica do ser humano que lhe permite estabelecer "autonomamente" suas normas básicas de convivência. Essas "formas" de direito natural se sucederam, em versões mais ou menos puras ou sincréticas, mas todas elas coincidiram em uma ideia básica: a de subordinar a obediência ao direito positivo, e ao poder que dele emana, a sua conformidade com o direito natural[15].

Convém distinguir também um jusnaturalismo *ontológico*, *dogmático* ou *radical*, que postula uma ordem de valores produto de um objetivismo metafísico, do qual pretende derivar valores e princípios materiais universalmente válidos para qualquer direito digno de sê-lo; de um jusnaturalismo *deontológico*, *crítico* ou *moderado*, que não nega a juridicidade do direito positivo injusto, mas estabelece os critérios para comprovar seu desvalor e, portanto, para fundamentar sua crítica e sua substituição por uma ordem jurídica justa.

Pessoalmente inclino-me por um jusnaturalismo racionalista e deontológico ou crítico. Argumentou-se contra essa atitude que é possível admitir a existência de valores prévios ao direito positivo, sem necessidade de professar o jusnaturalismo, sob a condição de mantê-los no plano dos sistemas normativos morais ou sociais, mas não jurídicos. Não deixa de suscitar perplexidade que juristas do passado e do presente sustentaram e sustentam que os critérios que permitem discernir o direito correto não são jurídicos. Essa atitude não encontra paralelo na teoria do conhecimento, em que não se discute o caráter lógico dos critérios que distinguem a verdade da falsidade; como não se questiona o caráter estético dos critérios que diferenciam a beleza da feiura; nem polemiza sobre a natureza moral dos postulados que distinguem o bem do mal. Mantém-se aqui a plena vigência da famosa advertência kantiana de que uma definição geral do direito deve conter um critério de delimitação do justo do injusto; pois uma doutrina jurídica empírica, limitada a dar conta das leis positivas de determinado lugar e tempo, poderia ser (como a cabeça de madeira na fábula de Fedro) bela, porém lamentavelmente careceria de cérebro.

Essa opção em favor de um jusnaturalismo crítico e deontológico repercutiu e teve efetiva continuidade teórica nos relevantes estudos sobre os direitos humanos do professor Eusebio Fernández, cujos enfoques básicos são muito semelhantes aos meus. Com eles, contribuiu para explicitar a univocidade histórico-funcional do jusnaturalismo, assim como sua relevância axiológica para uma filosofia da experiência jurídica. Eusebio Fernández dirá claramente: "Há bastante verdade na ideia de que situar o fundamento dos direitos humanos em alguns valores morais prévios ao jurídico é semelhante a uma perspectiva jusnaturalista de fundamentação. Se essa perspectiva jusnaturalista existe a partir da abordagem baseada no direito natural deontológico [...] é suficientemente intercambiável com a fundamentação ética."[16]

---

[15] Cf. meu livro *La polémica sobre el Nuevo Mundo*, op. cit., pp. 148 ss.

[16] E. FERNÁNDEZ, *Estudios de ética jurídica*, Madri, Debate, 1990, pp. 44-5. Ver também, em relação a minhas teses, o comentário apresentado em sua *Teoría de la justicia y derechos humanos*, Madri, Debate, 1984, pp. 88 ss. e 222 ss.

A razão de ser do jusnaturalismo deontológico está precisamente em oferecer um conceito de juridicidade geral e abrangente não apenas do direito realmente existente, mas das pautas axiológicas que devem nortear o direito positivo e, quando não o são, legitimam sua denúncia. Os dois planos não se confundem, mas tampouco podem ser concebidos como compartimentos estanques separados por uma ruptura epistemológica insanável. (Nesse ponto procurei conjugar essa versão do jusnaturalismo com a teoria da experiência jurídica, como tentativa de apreender o direito em seu desenvolvimento tridimensional completo: desde sua origem nas condutas sociais, até sua formalização normativa e sua legitimação axiológica[17].)

Esse enfoque tem incidência concreta em minha concepção dos direitos e foi deixado de lado por alguns de seus críticos. Pois, com base na tese que defendo, é evidente que nem todo direito humano é um direito fundamental, enquanto não for reconhecido por um ordenamento jurídico positivo; mas, inversamente, não é possível admitir um direito fundamental que não seja a positivação de um direito humano. Os direitos fundamentais não são categorias normativas abertas a qualquer conteúdo, mas concretizações necessárias dos direitos humanos como instâncias axiológicas prévias e legitimadoras do Estado, que este não pode inventar nem pode desconhecer.

c) Entramos, assim, no terreno das razões *políticas* que corroboram a fundamentação jusnaturalista. O jusnaturalismo teve como persistente função histórica a de estabelecer limites ao poder. Ao difundir na consciência cívica a ideia de que existem valores inerentes à pessoa humana que nenhuma autoridade política pode transgredir, os teóricos do direito natural da modernidade ofereceram uma explicação do *porquê* dos direitos que não pode ser descartada sem fragilizar, ao mesmo tempo, os fundamentos dos direitos humanos.

As tentativas históricas tendentes a oferecer uma alternativa positivista à concepção jusnaturalista dos direitos humanos levam, inevitavelmente, a comprometer sua operatividade política. Basta pensar no que significou no século XIX a categoria dos *direitos públicos subjetivos*, criada pela Escola Alemã do Direito Público, como uma tentativa de substituir a ideia dos direitos naturais como liberdades dos cidadãos diante do poder do Estado, por alguns *status* subjetivos que dependem da autolimitação estatal. Convém recordar, como corretamente o fizeram Alfred Verdross e Antonio Truyol y Serra, que essa forma de entender os direitos teria como correlato a impugnação do caráter jurídico do direito internacional relegado a mera "vontade dos Estados", e concebido mais como regras de ética ou de cortesia entre as nações (*comitas gentium*) que como um autêntico direito[18].

As teorias positivistas atuais tendem a fundamentar e explicar os direitos em função de uma teoria "pura", isto é, estritamente limitada à normatividade

---

[17] Cf. minhas *Lecciones de Filosofía del Derecho*, op. cit., *passim*.

[18] A. Truyol y Serra, "Théorie du Droit International Public. Cours général", in *Recueil des cours de la Académie de Droit International*, 1981-IV, t. 173, pp. 92 ss. e 105 ss.; A. Verdross, *La filosofía del Derecho del Mundo Occidental*, trad. esp. de M. de la Cueva, México, UNAM, 1962, pp. 391 ss.

positiva, ou sobre a base de critérios "sistêmicos" ou "autopoiéticos", ou seja, de autorreferências imanentes ao próprio ordenamento jurídico. Por isso, para o positivismo jurídico, tanto o do século XIX como o do século XX, os direitos fundamentais foram perdendo o significado reivindicativo e axiológico, para converter-se em autolimitações e concessões do poder ou em subsistemas que refletem a racionalidade intrínseca e garantem a estabilidade e autoconservação do sistema jurídico-político. Fica aberta a questão básica sobre como subtrair esses direitos à vontade estatal.

Diante desse risco de aniquilação da garantia política consubstancial aos direitos humanos, o principal mérito da função histórica do direito natural é ter contribuído para fomentar na sociedade o ideal da racionalidade. Em haver ensinado os homens a viver em sociedade e no Estado segundo uma lei que não fosse produto da força ou do arbítrio, mas daquela faculdade que faz do homem um ser humano: a razão. Uma razão que em circunstâncias diferentes poderá prescrever comportamentos diversos, mas que suporá sempre a necessidade de legitimar o poder no consentimento e na participação popular, ao mesmo tempo que orientará o governo surgido da maioria no respeito dos direitos humanos[19].

3. ÀS VOLTAS COM A SINCRONIA E A DIACRONIA: SOBRE A HISTORICIDADE DOS DIREITOS HUMANOS

Devo esclarecer, porque esta foi outra das fontes dos contínuos mal-entendidos em relação à minha adesão ao jusnaturalismo, que a razão para a qual estou recorrendo é a razão prática. Não se trata, portanto, de fundamentar o critério de legitimidade em valores absolutos e intemporais captados pela lógica demonstrativa, mas de indagar as premissas axiológicas dos direitos humanos a partir da análise da realidade social, isto é, através de uma lógica argumentativa, do senso comum e da *experiência histórica*.

É sabido que uma das críticas mais contundentes apresentadas contra o jusnaturalismo clássico e moderno foi a de seu a-historicismo. A cultura filosófica e jurídica de nossos dias não aceita a existência de uma ordem objetiva integrada por postulados universais, absolutos e imutáveis dos quais a razão poderia extrair, de uma vez por todas, os princípios ordenadores das sociedades justas. Essa pode ser uma importante restrição à influência das ideias sobre a racionalidade prática dos jusnaturalistas. Mas não seria lícito esquecer que precisamente um dos aspectos mais louvados da Escola espanhola, em relação aos excessos "ucrônicos" da Escola racionalista do Direito espanhol, foi o da sua sensibilidade para com o concreto e sua abertura para o histórico. No início do século XX, Joseph Kohler, em um estudo que se tornou indispensável, avaliou a flexibilidade da concepção jusnaturalista dos clássicos espa-

---

[19] Cf. meu livro *Derechos humanos, Estado de Derecho y Constitución*, op. cit., pp. 209 ss.

nhóis. Para eles o direito natural não é um código rígido e imutável, mas que, respeitando o caráter universal e incondicionado dos primeiros princípios, admitem a adaptação de suas derivações às circunstâncias históricas. Os *magni hispani* souberam aplicar os princípios gerais do direito natural aristotélico--tomista às exigências concretas de seu tempo, oferecendo soluções a numerosos conflitos éticos, jurídicos e políticos. Seu método constitui, por isso, um valioso exercício de racionalidade prática que pode ser útil aos juristas, uma vez que seu trabalho frequentemente tem por objeto a aplicação de normas gerais à peculiaridade dos casos apresentados[20].

Se for verdade a observação de Nietzsche segundo a qual só é definível o que não tem história, isso explicaria as dificuldades que implica conceituar uma realidade multifacetada como os direitos humanos. A transformação histórica dos direitos humanos determinou o surgimento de sucessivas "gerações" de direitos. Os direitos humanos como categorias históricas, que só podem ser predicados com sentido em contextos temporalmente determinados, nascem com a modernidade no âmbito da atmosfera iluminista que inspirou as revoluções burguesas no século XVIII. Esse contexto genético confere aos direitos humanos alguns aspectos ideológicos definidos. Os direitos humanos nascem, como se sabe, com clara marca individualista, como liberdades individuais que configuram a primeira fase ou a geração dos direitos humanos. Essa matriz ideológica individualista sofrerá um amplo processo de erosão e impugnação nas lutas sociais do século XIX. Esses movimentos reivindicatórios evidenciarão a necessidade de completar o catálogo dos direitos e liberdades da primeira geração com uma segunda geração de direitos: os direitos econômicos, sociais e culturais. Esses direitos alcançarão sua paulatina consagração jurídica e política na substituição do Estado liberal de direito pelo Estado social de direito.

A estratégia reivindicativa dos direitos humanos apresenta-se hoje com traços inequivocamente inovadores ao polarizar-se em torno de temas tais como o direito à paz, os direitos dos consumidores, o direito à qualidade de vida, ou à liberdade informática. Sobre essa base, abre-se caminho, com crescente intensidade, para a convicção de que nos encontramos diante de uma *terceira geração* de direitos humanos complementadora das fases anteriores, relacionadas às liberdades de cunho individual e a dos direitos econômicos, sociais e culturais. Desse modo, os direitos e liberdades da terceira geração apresentam-se como uma resposta ao fenômeno da denominada "poluição das liberdades" (*liberties' pollution*), termo com o qual alguns setores da teoria social anglo-saxã se referem à erosão e degradação que afligem os direitos fundamentais diante de determinados usos das novas tecnologias.

Uma concepção geracional dos direitos humanos implica, em suma, reconhecer que o catálogo das liberdades nunca será uma obra fechada e acabada. Uma sociedade livre e democrática deverá mostrar-se sempre sensível e aberta

---

[20] Cf. meus trabalhos: *La polémica sobre el Nuevo Mundo*, op. cit., pp. 99 ss.; "Los clásicos españoles del Derecho natural y la rehabilitación de la razón práctica", *Doxa*, 1992, n. 12, pp. 313 ss.

ao surgimento de novas necessidades, que fundamentem novos direitos. Enquanto esses direitos não forem reconhecidos no ordenamento jurídico nacional e/ou internacional, atuarão como categorias reivindicativas, pré-normativas e axiológicas. Porém os direitos humanos não são meros postulados de "dever ser". Ao lado de sua irrenunciável dimensão utópica, que constitui um dos polos de seu significado, envolvem um projeto emancipatório real e concreto, que tende a se configurar em formas históricas de liberdade, o que constitui o outro polo de seu conceito. Desprovidos de sua dimensão utópica, os direitos humanos perderiam sua função legitimadora do direito; mas fora da experiência e da história perderiam suas próprias características de humanidade[21].

Esses enfoques e propósitos teóricos repercutiram em Pablo Badillo O'Farrel, que em seu sugestivo livro dedicado à análise do conceito de liberdade destaca e valoriza minhas teses como um esforço teórico destinado a fortalecer a relação entre liberdade, autonomia e os direitos sociais, que se articula através de minha concepção histórica e geracional dos direitos humanos[22].

Não posso, pelo que foi exposto, concordar, em relação à pretensa falta de sensibilidade histórica de minha concepção das liberdades, com as extensas e atentas observações críticas formuladas pelo professor Gregorio Peces-Barba. Devo observar que atribuo à nossa velha relação de amizade, assim como a nosso frutífero debate e cooperação científica de muitos anos, o fato de, ao avaliar integralmente meu livro, o ter qualificado como "o trabalho mais completo existente na bibliografia espanhola sobre o tema"[23]. Embora escrito em 1988, após o que houve muitas contribuições doutrinárias espanholas relevantes sobre a matéria, algumas devidas ao próprio Peces-Barba, atribuo essa avaliação a um excesso de generosidade.

Suas observações críticas mencionam que de minha concepção dos direitos humanos "se depreende uma proposição jusnaturalista e, por conseguinte, não dá à história sua importância crucial"[24]. Gregorio Peces-Barba não compartilha de minha tese de que qualquer fundamentação dos direitos humanos baseada em uma ordem axiológica anterior ao direito positivo, preliminar e básica em relação a este, implica adotar uma perspectiva jusnaturalista. Diante disso, observa que: "Com esse 'apostolado' coloca dentro do direito natural todos aqueles que pretendemos fundamentar uma teoria da justiça em uma moralidade baseada na dignidade permanente do homem, mas manifesta na

---

[21] Cf. meus trabalhos: *Le generazioni dei diritti umani*, op. cit., pp. 139 ss.; *Las generaciones de derechos fundamentales*, op. cit., pp. 203 ss. Em relação às minhas teses sobre este assunto, ver M. Ruiz Miguel, "La tercera generación de los derechos fundamentales", *Revista de Estudios Políticos*, 1991, n. 72, pp. 301 ss.; ver também, sobre minha concepção geracional dos direitos humanos, assim como sobre minhas teses a propósito da análise funcional dos direitos fundamentais, M. J. Fariñas Dulce, *Los derechos humanos: desde la perspectiva sociológico-jurídica a la "actitud postmoderna"*, Madri, Dickinson, 1997, pp. 45 ss.

[22] P. Badillo O'Farrel, *¿Qué libertad? En torno al concepto de libertad en la actual filosofía política británica*, Madri, Tecnos, 1991, pp. 110-1.

[23] G. Peces-Barba, *Escritos sobre derechos fundamentales*, Madri, Eudema, 1988, p. 231.

[24] Ibid.

história do mundo moderno com aspectos próprios diante do positivismo, mas também do jusnaturalismo."²⁵ E acrescenta que: "essa insistência significa, uma vez mais, não acentuar suficientemente o papel da história". No entanto, admite que, ao postular a fundamentação intersubjetivista, estou "situando o tema corretamente com uma dimensão temporal"²⁶. Essa ideia será ratificada em uma obra posterior, na qual textualmente defende: "a posição do professor Pérez Luño é muito mais matizada e sua insistência na importância da história [...] dilui muito sua defesa da fundamentação jusnaturalista e a aproxima da que sustento neste livro"²⁷.

Poderia objetar a essas apreciações críticas de Peces-Barba que elas incorrem no mesmo vício que denunciam. Sua crítica a meu pretenso "apostolado" jusnaturalista, ao qual atribui a pretensão de invadir com seu fluxo sua própria abordagem, leva-o a exercer, por sua vez, outro "apostolado" ao incluir minhas teses na órbita da sua própria concepção. Não penso que o exercício desses "apostolados" corresponda a pretensões de imperialismo intelectual desejosas de anexar as doutrinas limítrofes; ao contrário, creio que refletem uma série de coincidências de pontos de vista produto de afinidades temáticas e inquietações práticas compartilhadas. Em suma, o debate está no significado, mais ou menos amplo, que se confere ao direito natural.

Não me parece prudente pôr em dúvida que os gostos e preferências doutrinais são infinitos. Para reforçá-lo bastará alegar que se há alguém que percebe sinais de fragilidade em minha formulação histórica dos direitos humanos, outros a consideram excessiva. Assim, afirmar que os direitos humanos pressupõem uma "categoria histórica" valeu-me as observações críticas de Francisco Laporta, manifestadas nos seguintes termos: "Se o que se sugere com essa expressão é que a história provê uma demonstração ou justificativa de sua validade científica ou moral, então não posso concordar com tal sugestão. A validade dos enunciados é determinada pela argumentação racional, teórica e prática, e o fato de que se apresentem em um momento histórico não acrescenta nada a essa argumentação. A história está cheia de categorias errôneas."²⁸ Para enfatizar com maior clareza sua atitude contrária a uma fundamentação historicista dos direitos humanos, Laporta argumenta: "não sei como se pode sustentar qualquer concepção da história, nem pessimista nem otimista, e ao mesmo tempo defender um conjunto de postulados morais. A ética é, por natureza, contrafactual, e uma de suas perguntas fundamentais: que devo fazer?,

---

²⁵ Ibid., p. 232.

²⁶ Ibid.

²⁷ G. PECES-BARBA, com colab. R. DE ASÍS e A. LLAMAS, *Curso de derechos fundamentales (I). Teoría general*, Madri, Eudema, 1991, p. 41. Enfatizaram minha concepção histórica dos direitos humanos, entre outros: J. DE LUCAS, "Algunos equívocos sobre el concepto y fundamentación de los derechos humanos", in J. BALLESTEROS (org.), *Derechos humanos. Concepto, fundamentos, sujetos*, op. cit., pp. 15 ss. A. M. QUINTAS, "Diritti umani e stato di diritto", *Rivista Internazionale di Filosofia del Diritto*, 1985, n. 3, pp. 452 ss.

²⁸ F. LAPORTA, "Respuesta a Pérez Luño, Atienza y Ruiz Manero", *Doxa*, 1987, n. 4, p. 75.

pressupõe conceitualmente a existência de um leque contingente de opções, o que dificilmente convive com a inevitabilidade da história"[29].

Devo declarar, de imediato, para acalmar as preocupações do professor Laporta, que a qualificação dos direitos humanos como categoria histórica nada tem a ver com fundamentá-los em um historicismo holístico no sentido popperiano. Conceber os direitos humanos historicamente significa apenas, embora seja muito, que a história é imprescindível para *explicar*, não para *fundamentar*, a origem e a evolução das liberdades, assim como as principais características e circunstâncias que configuram seu *status* ético e jurídico. A história em si mesma não fundamenta nada, mas nos permite alicerçar nossas argumentações axiológicas sobre bases mais sólidas que os postulados ideais abstratos e intemporais. A consciência histórica permite também evitar esse determinismo historicista que se depreende da "inevitabilidade da história" invocada por Laporta. Precisamente o conhecimento da história dos direitos humanos é uma mostra eloquente do trabalhoso esforço dos homens para *fazer* a história; para ser donos de seu destino emancipatório mais além das forças obscuras, misteriosas ou inevitáveis invocadas pelos inimigos da liberdade. Não desejo regatear minha adesão, por adjetivo ou matiz de mais ou de menos, às pertinentes advertências de Laporta sobre a inevitabilidade da argumentação racional para fundamentar os direitos humanos, e sua consequente denúncia de determinadas falácias historicistas. Minhas observações quiseram destacar a possibilidade de conjugar razão e história na fundamentação das liberdades. Porque o presente não se esgota no dado efêmero do atual; constrói-se sobre a solidez do passado e introduz a antecipação do futuro. Seria possível afirmar sobre a história que é como as botas da razão, o que permite à racionalidade ampliar-se com maior intensidade de discernimento e maior extensão de perspectiva.

4. A QUERELA SOBRE OS VALORES: BOAS RAZÕES DO INTERSUBJETIVISMO AXIOLÓGICO

Conceber o *conteúdo* dos direitos humanos em termos *axiológicos* exige dar resposta a uma dupla questão: tomar partido por determinada concepção de valores, pois mesmo aqueles que aceitam sua existência e a possibilidade de seu conhecimento (cognitivismo) não são unânimes ao explicar sua natureza e alcance; e isso obriga a especificar quais valores são os diretamente relacionados com os direitos humanos e como deverão ser entendidos. Tenho a impressão de que não fazê-lo, ou fazê-lo parcialmente, poderia me fazer incorrer em uma das falhas que eu mesmo denunciava ao criticar as definições "teleológicas" dos direitos humanos; isto é, aquelas que evitam enfrentar o significado da expressão para se remeter sucessivamente a valores de conteúdo impreciso.

---

[29] Ibid., p. 76.

a) Com relação ao primeiro, tentei evitar os extremos da Cila e Caribde que representam as versões radicais do objetivismo e do subjetivismo axiológicos. Creio que os valores que constituem o conteúdo dos direitos humanos não podem ser concebidos como um sistema estático de princípios absolutos situados em uma esfera ideal anterior e independente da experiência, como pretende o *objetivismo*; porém, tampouco podem ser reduzidos ao plano dos desejos ou interesses dos indivíduos, como defende o *subjetivismo*. Sempre desconfiei das teses que propugnam uma ordem ontológica, fechada e a-histórica de valores metafísicos, eternos e imutáveis, porque existe o risco de que um setor da sociedade, sentindo-se intérprete e porta-voz dessa ordem axiológica objetiva, trate de impor uma "tirania de valores" aos demais; o que é claramente incompatível com um sistema ético, jurídico e político pluralista. Não menos insatisfatórias me pareceram e me parecem determinadas versões do subjetivismo que, ao radicalizar seu matiz individualista, engendram formas de decisionismo ou a própria anarquia dos valores.

Diante dessas posturas, defendi um *intersubjetivismo* axiológico, que parte da possibilidade de chegar a estabelecer as condições que permitam à racionalidade prática obter certo consenso aberto e revisável, sobre o fundamento dos direitos humanos. Porém, qualquer concepção ou fundamentação dos direitos humanos não pode ficar reduzida a uma série de argumentações formais ou procedimentos dialógicos, por maior que seja sua elaboração e depuração discursiva. Penso que, nessa esfera, mais que em qualquer outra, não se pode perder de vista a referência imediata de *humanidade* que constitui a razão de ser de qualquer direito e, por antonomásia, dos direitos humanos. É por isso que o consenso ao qual apelo, longe de se traduzir em fórmulas abstratas e vazias, recebe seu conteúdo material do sistema de necessidades básicas ou radicais, que constitui seu indeclinável suporte antropológico.

Minha postura tentou ser uma mediação crítica entre duas teses ligadas ao desenvolvimento do marxismo contemporâneo de inequívoco caráter antidogmático e humanista: a teoria consensual da verdade elaborada pelo último dos teóricos da Escola de Frankfurt, Jürgen Habermas; e a filosofia das necessidades radicais defendida pela Escola de Budapeste e, especialmente por Agnes Heller. A primeira proporciona o âmbito metódico, as condições ideais a que deve submeter-se o discurso racional fundamentador dos valores, assim como *a contrario sensu* denuncia os fatores que nas sociedades históricas distorcem ou impedem a possibilidade de chegar a legitimizações racionais dos valores generalizáveis ou universalizáveis enquanto dotados de "objetividade intersubjetiva". A segunda contribuiu com dados relevantes sobre as condições antropológicas, sobre as exigências ou necessidades da natureza humana que constituem a base material de todo valor[30]. Nos últimos anos o desenvolvi-

---

[30] Cf. meu livro *Derechos humanos, Estado de Derecho y Constitución*, op. cit., pp. 132 ss. Essa exposição foi objeto de atento comentário de FRANCISCO J. CONTRERAS PELÁEZ nos seguintes termos: "Dessa forma, os dois enfoques [o do consenso e o das necessidades] são complementares: a ancoragem no solo empírico das necessidades evitaria que a ética dialógica degenerasse em uma

mento dessas teses em valiosos trabalhos de outros filósofos do direito me confirmou a convicção de que se trata de um caminho teórico repleto de possibilidades que merecem ser exploradas e aprofundadas.

Na introdução do livro sobre *Los derechos humanos desde la Escuela de Budapest*, cujo autor é o professor Joaquín Herrera, lê-se: "a publicação da obra *Direitos humanos, Estado de direito e Constituição* é um marco para a reabilitação da fundamentação dos direitos humanos no mundo contemporâneo ao reunir as contribuições das Escolas de Budapeste e de Frankfurt em uma síntese até agora não superada"[31]. Avaliação que, sem dúvida, é ditada mais pelo afeto que pela objetividade dos fatos.

Em um lúcido e estimulante comentário crítico a meu livro, inicialmente publicado em *Der Staat*, o professor Karl-Peter Sommermann resumia uma das principais contribuições do livro na fundamentação intersubjetiva dos direitos humanos. Sommermann expressava sua opinião nos seguintes termos: "podemos constatar que uma postura intersubjetivista que destaca a historicidade e a eventualidade ou provisionalidade do consenso [...] pode ser usada de preferência como fundamentação teórica dos modelos de criação de normas com estruturas democráticas, dos modelos existentes e dos que no futuro possam ser desenvolvidos [...]"[32]. Nesse mesmo estudo monográfico, ressaltava-se como um dos aspectos centrais do meu enfoque teórico o esforço para reunir e articular duas dimensões básicas dos direitos fundamentais: a objetiva (referente ao suporte axiológico legitimador dos Estados de direito) e a subjetiva (como conjunto de liberdades, poderes e faculdades que configuram o *status* pessoal dos cidadãos)[33].

Mª José Añon, autora de relevantes contribuições sobre essa matéria, escreveu, em um texto que resume com exatidão meu propósito: "Em minha opinião, o argumento central da interpretação de Pérez Luño é sua vinculação entre a objetividade e a universalidade das necessidades, entendidas como dados sociais, históricos, empíricos, antropológicos, e sua possibilidade de universalização através do consenso racional, possibilidade que teria como consequência a obtenção de postulados concretos, materiais, e que comporta finalmente sua consideração como dados axiológicos, como valores que explicariam o porquê dos direitos humanos."[34]

---

entelequia etérea e formalista; paralelamente, apenas submetendo o processo de identificação e hierarquização de necessidades às regras da argumentação racional e ao debate democrático se evita o risco de que a política assistencial resvale para um subjetivismo decisionista ou um dirigismo platonizante." *Derechos sociales: teoría e ideología*, Madri, Tecnos, 1994, pp. 89-90.

[31] J. HERRERA, *Los derechos humanos desde la Escuela de Budapest*, Madri, Tecnos, 1989, p. 10.

[32] K.-P. SOMMERMANN, "Rechtsphilosophie und Grundrechte in Spanien", in *Der Staat*, 1989, n. 1. Cita-se pela trad. esp. de E. Mikunda, incluída in G. OESTREICH e K.-P. SOMMERMANN (orgs.), *Pasado y presente de los derechos humanos*, Madri, Tecnos, 1990, pp. 101-2.

[33] Ibid., pp. 96 ss.

[34] Mª J. AÑON, "Fundamentación de los derechos humanos y necesidades básicas", in J. BALLESTEROS (org.), *Derechos humanos. Concepto, fundamentos, sujetos*, op. cit., p. 32. Ver também seus trabalhos: "El sentido de las necesidades en la obra de Agnes Heller", *Sistema*, 1990, n. 96, pp. 103 ss.; e, em

Deve-se a Rafael González-Tablas um estimulante estudo dos pressupostos antropológicos da teoria das necessidades, assim como de suas projeções na fundamentação dos valores jurídicos. Pensa González-Tablas que as necessidades naturais constituem a origem das formas primitivas do direito. Deve-se à ontologia do ser humano seu salto racional, aquele que "quando sua racionalidade (em termos coletivos e históricos) se projeta e por indução chega a conceber o direito justo, o direito da sociedade ideal, isto é, na cultura ocidental do direito natural, que nas palavras de Pérez Luño teve como missão tradicional servir de critério inspirador e limite crítico-valorativo de todo o direito existente"[35].

Minha proposição inicial sobre o fundamento dos direitos humanos utilizava a teoria das necessidades desenvolvida pela Escola de Budapeste e basicamente por Agnes Heller. Parecia-me que suas teses podiam servir de corretivo do caráter excessivamente abstrato e sofisticado da teoria consensual dos valores elaborada pela Escola de Frankfurt e, particularmente, por Habermas. Nos dez anos transcorridos desde então, a teoria habermasiana parece ter assumido um progressivo apetite de "facticidade"; enquanto o pensamento de Heller foi abandonando as referências antropológicas concretas que norteavam sua concepção original das necessidades radicais, para acrescentar seu caráter especulativo. Vejo-me obrigado a confessar que, por esses motivos, estou mais próximo da teoria da Escola de Budapeste, tal como era formulada em suas primeiras manifestações, que de seus desenvolvimentos subsequentes. Nestes, a teoria das necessidades foi perdendo suas referências sociais e seu apego aos comportamentos coletivos dos homens, em nome de um pretenso "elitismo democrático". É por isso que, enquanto as mais recentes contribuições teóricas de Habermas reforçavam e continuam (e até em alguns aspectos aprimoram) aquelas teses que me pareciam valiosas para fundamentar os direitos humanos, não posso estender essa avaliação para a evolução doutrinal da "última Heller".

Jürgen Habermas, em seu recente e amplo estudo dedicado a questões de filosofia jurídica e política – refiro-me a seu livro *Faktizität und Geltung* –, formula uma teoria do direito e dos direitos que reforça o pano de fundo jusnaturalista que procurei evidenciar em seus escritos anteriores, especialmente a sua *Theorie und Praxis*. Para Habermas, o direito tem uma dimensão de *factividade* (*Faktizität*), que se concretiza no hábito de seu cumprimento social respaldado pela coação; e uma dimensão de *validade* (*Geltung*). No entanto, o conceito de validade não é entendido por Habermas em seu sentido técnico-jurídico, isto é, como complemento das condições de pertencimento das nor-

---

colaboração com J. DE LUCAS, "Necesidades, razones, derechos", *Doxa*, 1989, n. 7, pp. 55 ss. A professora AÑON ROIG, em sua obra *Necesidades y derechos. Un ensayo de fundamentación*, Madri, CEC, 1994, pp. 269 ss., ocupa-se também de analisar minhas teses sobre a relação entre necessidades e direitos humanos.

[35] R. GONZÁLEZ-TABLA, "Necesidades y valores. Su fundamentación antropológica mediante una explicación heurística", *Anuario de Filosofía del Derecho*, 1986, vol. 3, pp. 446-7.

mas a um ordenamento jurídico, mas como complemento social do direito. Depreende-se de tudo isso que factividade e validade se identificam na tese habermasiana, na medida em que as duas categorias aludem ao cumprimento social do direito. A diferença é que a validade não se baseia em mera coação, mas exige a aceitação social das normas sustentadas na participação dos cidadãos nos processos de criação do direito. Em suma, para Habermas, a validade do direito, enquanto síntese de fatos (cumprimento das normas) e valores (participação democrática na criação do direito), não se resume em critérios formal-normativos. A validade postula e exige procedimentos consensuais de racionalidade comunicativa através dos quais se articula a participação democrática, isto é, identifica-se com o fundamento de legitimidade dos ordenamentos jurídicos dos Estados de direito[36].

Como, para Habermas, o direito não se esgota em sua factividade, mas requer validade e, portanto, legitimidade, sua abordagem aproxima-se das doutrinas jusnaturalistas, para as quais a validade do direito se resume em sua legitimidade. Para evitar uma identificação de suas teses com as doutrinas jusnaturalistas, Habermas aponta três premissas: 1) Em primeiro lugar, pretende inverter o sentido ideal e contrafactual das concepções jusnaturalistas da legitimidade, para as quais o direito ilegítimo seria inválido. Diante dessa ideia, Habermas afirma que o direito ilegítimo seria basicamente ineficaz, não se cumpriria e, portanto, não alcançaria efetividade ao ser rejeitado por seus destinatários[37]. 2) A segunda faz referência ao conteúdo histórico do critério habermasiano de legitimidade, pois o sistema de direitos que postula: "não está pré-configurado para o legislador constituinte como direito natural" (*Dieses System der Rechte ist aber dem Verfassungsgesetzgeber nicht als Naturrecht vorgegeben*")[38]. Não existe tampouco como um sistema de direitos em sua pureza transcendental. O sistema dos direitos enquanto critério de legitimidade não constitui um catálogo estático e fechado; seu sentido se configura a partir da experiência e do contexto histórico no qual atua[39]. 3) O terceiro motivo de sua demarcação em relação às teses jusnaturalistas é referente ao caráter procedimental que Habermas defende para sua teoria da legitimação do direito. A legitimidade do direito não procede, segundo Habermas, de sua adequação a um sistema de valores materiais, mas às condições procedimentais que garantem a origem democrática das leis. A legitimidade do direito nas sociedades democráticas supõe uma exigência de respeito aos pressupostos comunicativos e aos processos discursivos que operam como uma presunção de racionalidade[40].

Não obstante, a marca jusnaturalista subsiste quando Habermas defende expressamente a tese de que os princípios morais do direito natural converte-

---

[36] J. HABERMAS, *Faktizität und Geltung. Beiträge zur Diskurstheorie des Rechts und des demokratischen Rechtsstaats*, Frankfurt, Syhrkamp, 1992, pp. 45 ss. e 152 ss.

[37] Ibid., pp. 54 ss. e 61 ss.

[38] Ibid., p. 163.

[39] Ibid., p. 256.

[40] Ibid., p. 368.

ram-se em direito positivo dos modernos Estados constitucionais; da mesma forma quando liga o fundamento de legitimidade dos ordenamentos jurídicos a um sistema de direitos humanos preexistentes. Esses direitos constituem uma exigência que os cidadãos devem reconhecer-se reciprocamente se desejam um direito positivo legítimo, que regule uma sociedade de homens livres e iguais. O caráter preexistente de tais direitos – observa Habermas – não significa que tenham um fundamento religioso ou metafísico: trata-se de pressupostos de racionalidade imanente a todo Estado de direito, em que opera a soberania popular e são elaborados discursivamente através do exercício da racionalidade comunicativa como forma de racionalidade intersubjetiva[41]. Desse modo, os direitos humanos são *pressupostos* do Estado de direito no qual se garante o *status* jurídico dos cidadãos como titulares de liberdade; mas são também o *resultado* do processo discursivo de comunicação intersubjetiva de homens livres e iguais que contribuem para configurar esse âmbito jurídico de convivência.

É evidente que as teses de Habermas não coincidem com as versões ontológicas e dogmáticas do jusnaturalismo. No entanto, convém lembrar que, como indiquei anteriormente, deve-se distinguir um jusnaturalismo ontológico, dogmático e a-histórico, das versões do direito natural deontológico, crítico e abertas à história. É evidente que as relações da postura de Habermas com o jusnaturalismo são sempre referentes a essa segunda versão. A postura de Habermas para a fundamentação dos direitos humanos admite uma leitura com caráter de reconstrução jusnaturalista, independente de o próprio Habermas adotar ou não essa denominação. De fato, existe em sua abordagem uma coincidência básica sobre o que se podem considerar pressupostos atuais da fundamentação dos direitos humanos com base no enfoque jusnaturalista crítico ou deontológico.

a) No que se refere à sua pretensão de resumir a legitimidade na eficácia, antes que na validade, aproxima-se de determinadas versões do direito natural ligadas à ideia de experiência jurídica; isto é, aquelas teses que, em vez de resumir os postulados do direito natural em fórmulas aprioristicas ou puramente especulativas, o situam na experiência concreta e histórica do esforço racional e intersubjetivo dos homens para viver com dignidade, liberdade e igualdade. Precisamente a "falácia naturalista" alude a esse esforço dos jusnaturalistas para sustentar em dados fácticos seus critérios de legitimidade.

b) Pode-se dizer o mesmo de sua segunda ação de delimitação, que é válida em relação àquelas concepções ontológicas e eleáticas do direito natural, mas não de todas aquelas que partem do pressuposto de que a racionalidade inerente à ideia do direito natural, precisamente por configurar o conteúdo da experiência jurídica, não pode ser buscada em uma ordem de valores indiferente para com a história; pelo contrário, ela se apresenta como uma exigência que acompanha todo o desenvolvimento histórico da vida coletiva. Não por

---

[41] Ibid., pp. 109 ss., 161 ss. e 541 ss.

acaso Vico pôde considerar a história em sua *Scienza nuova* como *diritto naturale delle genti*.

c) Por último, no que diz respeito à substituição de um critério de legitimação procedimental da legitimidade como alternativa aos critérios de justiça material próprios do jusnaturalismo, também deve ser objeto de esclarecimento. A legitimação material baseada em valores cujo conteúdo encontra-se concretizado de uma vez por todas é própria das correntes jusnaturalistas ontológicas. Diante delas, o jusnaturalismo deontológico, desde o mundo clássico (sofistas e estoicos), passando pelo jusnaturalismo contratualista dos séculos XVII e XVIII até chegar à concepção de justiça de John Rawls, parte de um âmbito procedimental de consenso intersubjetivo para elaborar seus critérios de legitimidade. No entanto, o que diferencia o procedimentalismo jusnaturalista deontológico de outras versões procedimentais de caráter positivista (por exemplo, das teses de Niklas Luhmann em sua obra *Legitimation durch Verfahren*[42], que o próprio Habermas critica)[43] é que, enquanto para estas versões o procedimento é um fim em si mesmo, para o jusnaturalismo não; as mais recentes e estimulantes reivindicações do procedimentalismo não pretendem o retorno aos velhos postulados formalistas, mas garantir, por meio do procedimento, a imparcialidade e a simetria de posições da participação intersubjetiva na consecução dos grandes valores éticos, jurídicos e políticos.

Em suma, creio que os últimos desenvolvimentos do pensamento habermasiano têm o mérito de se esforçar por dotar de "facticidade" seus critérios de legitimação do direito e fundamentação dos direitos humanos. Habermas procura oferecer um substrato empírico para sua "situação ideal de discurso" baseado em processos argumentativos e consensuais da razão comunicativa. Contudo, esse esforço teórico depara-se agora com novos obstáculos, como a dificuldade de discernir nos postulados de Habermas os planos do contrafactual e do normativo, com respeito ao real e ao empírico das sociedades históricas. Em sua argumentação se implicam e se confundem continuamente os planos do ser e do dever ser em relação ao mundo do direito e dos direitos nessa extensa e, acima de tudo, estimulante reflexão.

Ao expor o pensamento de Agnes Heller na primeira edição deste livro, eu chamava a atenção para um progressivo deslocamento de sua concepção das necessidades do âmbito social, intersubjetivo e coletivo para um individualismo cada vez mais acentuado[44]. Poderia sintetizar esse processo comparando-o em sentido antitético ao do desenvolvimento intelectual hegeliano. Se da trajetória discursiva de Hegel se diz que significou uma transição "do eu para o nós"[45], da de Heller se poderia afirmar que significou uma caminhada "do nós

---

[42] N. LUHMANN, *Legitimation durch Verfahren*, Neuwied/Berlim, Luchterhand, 1969.

[43] J. HABERMAS, *Faktizität und Geltung*, op. cit., pp. 68 ss. e 575 ss.

[44] Cf. meu livro *Derechos humanos, Estado de Derecho y Constitución*, op. cit., pp. 172 ss.

[45] R. VALLS PLANA, *Del yo a nosotros. Lectura de "La fenomenología del espíritu" de Hegel*, Barcelona, Estela, 1971.

para o eu". Essa tendência foi reforçada em suas mais recentes reflexões sobre a teoria das necessidades.

Agnes Heller prefere agora distanciar ao máximo sua fundamentação das necessidades radicais do marxismo, para se orientar para uma direção explicitamente pós-moderna. Para Heller o socialismo real se traduziu em uma inadmissível "ditadura das necessidades", na medida em que impôs a determinação das necessidade e distribuição de sua satisfação por uma autoridade monolítica. Para evitar essa ditadura, resume o fundamento racional das necessidades na autonomia pessoal. Heller assinala que as necessidades cuja satisfação restrinja ou aniquile a autonomia humana não podem ser reconhecidas como verdadeiras[46].

A identificação das necessidades radicais deixa de ser um processo intersubjetivo e tampouco se baseia na possibilidade de sua universalização. Esse processo é delegado a um tipo peculiar de comunitarismo concebido como uma forma de pensamento alternativo, que se personifica em algumas comunidades que obedecem a um "elitismo democrático". Por essas comunidades, Heller entende grupos de pessoas que escolhem viver uma forma de vida comum inspirada em valores culturais e espirituais compartilhados. Nessas comunidades, que lembram a concepção aristotélica da amizade, as relações de subordinação e dependência se dissiparam. Essas formas de vida utópicas não podem ser universalizadas, mas – segundo Heller – podem atrair alguns homens e mulheres e podem servir de modelo para muitos outros que eventualmente queiram imitá-las[47].

O reiterado apelo de Agnes Heller à contextualização das necessidades e dos valores no âmbito das comunidades homogêneas (elitismo democrático) contrapostas às sociedades complexas e atomistas, assim como sua adoção nostálgica de determinados ideais de Aristóteles, não deve levar à conclusão equivocada de inscrevê-la nos atuais movimentos comunitaristas e neoaristotélicos. Para interpretar a história mais recente, ela recorre à metáfora do movimento pendular da modernidade, que oscila entre os polos opostos do "individualismo" e do "comunitarismo" (entre *Gesellschaft* e *Gemeinschaft*). Dessa forma, o individualismo extremo burguês foi sucedido pela reação comunitária marxista. A pós-modernidade, na qual a oscilação entre as classes é substituída por uma oscilação entre formas de vida, encerra uma abertura para uma esperança que não se baseia em fantasmagorias irracionais, mas na perfeição e autonomia dos seres humanos. Porém, em última instância, o horror obsessivo que Heller manifesta diante de qualquer retorno a experiências políticas totalizantes e autoritárias a leva a subordinar qualquer tipo de comu-

---

[46] A. HELLER, *Retorno a la teoría de las necesidades*, trad. esp. de A. Rivero, Conferência pronunciada na Universidade Carlos III de Madri, em 14 de janeiro de 1993; cito o texto fornecido aos participantes da conferência, pp. 8 e 20.

[47] Ibid., pp. 28-9. Cf. também o livro de A. HELLER, F. FEHÉR e G. MARKUS, *Dictatorship over Needs*, Londres, Basil Blackwell, 1987.

nidade, mesmo as comunidades em que se expressa o "elitismo democrático", à autonomia individual[48].

Nunca escondi minhas reservas em relação às concepções individualistas ou elitistas de valores. Penso que por trás delas se incubam sérias ameaças para a universalização do fundamento e do usufruto dos direitos humanos. Essas convicções levaram-me a destacar os elementos sociais e coletivos e a própria responsabilidade que aos poderes públicos do Estado de direito cabe na garantia dos direitos humanos. Isso pode ter levado alguns críticos a me imputar uma visão intervencionista e estatalista dos direitos humanos. Assim, em um atento e profundo estudo monográfico: *Contributi di A. E. Pérez Luño allo studio dei diritti dell'uomo*, o professor Massimo La Torre não subscreve minhas críticas aos aspectos individualistas da noção de direito subjetivo e dos direitos públicos subjetivos, assim como minha defesa do compromisso ativo do Estado social no político e no econômico sob cujas propostas acredita perceber a marca do pensamento marxista[49].

La Torre recorda que o direito subjetivo, além do *dominium* do proprietário, implica também um poder que tem por objeto *Lebensbereich*, isto é, um âmbito de existência garantido pelo direito. Nesse sentido, a ideia dos direitos fundamentais não pode ser contraposta ao papel que os direitos subjetivos assumiram na defesa de determinadas esferas da vida das pessoas. Além disso, La Torre afirma que, ao acentuar o papel promocional e diretivo do Estado, evoca-se o fantasma do "sistema", isto é, de uma sociedade compacta, homogênea, intrinsecamente racional, que pode lembrar uma versão moderna e tecnocrática do velho Estado ético hegeliano. A isso La Torre opõe o ideal kantiano de que a felicidade dos cidadãos depende deles mesmos antes de qualquer intromissão do Estado de polícia[50].

Devo contribuir para esclarecer minhas críticas à noção do direito subjetivo. Sem que possa me deter aqui em uma exposição detalhada da *vexata quaestio* sobre a natureza e a função do direito subjetivo, parece-me pertinente insistir na dupla face dessa categoria. Como tantos outros conceitos e categorias jurídicas, a noção de direito subjetivo é um termo comum de referência para se aludir a duas realidades bem distintas: uma técnica para a proteção de interesses de conteúdo econômico (direitos subjetivos patrimoniais); e um

---

[48] A. HELLER, *The Power of Shame*, Londres, Routledge and Kegan Paul, 1983, pp. 36 ss.; A. HELLER, F. FEHÉR, *El péndulo de la modernidad*, trad. esp. de M. C. Ruiz de Elvira, Barcelona, Península, 1994, pp. 127 ss. e 235 ss.

[49] M. LA TORRE, "Contributi di A. E. Pérez Luño allo studio dei diritti dell'uomo", *Sociologia del diritto*, 1984, n. 3, pp. 125 ss.

[50] Ibid., pp. 136-7. Acredito que em meu debate com o professor Elías Díaz sobre o significado da cláusula do Estado social e democrático de direito na Constituição espanhola expus, de forma inequívoca, meus argumentos contra qualquer interpretação deformadora no sentido autoritário do Estado social de direito. Cf. E. DÍAZ, "El Estado democrático de Derecho en la Constitución española de 1978", in *Socialismo en España: el partido y el Estado*, Madri, Mezquita, 1982, pp. 179 ss.; e meu livro *Derechos humanos, Estado de Derecho y Constitución*, op. cit., pp. 207 ss.

instrumento jurídico voltado à tutela das faculdades e valores individuais (direitos subjetivos pessoais). É indiscutível que essa segunda acepção do direito subjetivo pode ser remetida ao conceito dos direitos fundamentais. Não obstante, o que tentei destacar com minhas considerações críticas à noção do direito subjetivo foi essa ambivalência e consequente equivocidade significativa da noção, assim como a inquestionável carga ideológica individualista que subjaz à sua própria elaboração doutrinal do século XIX.

Massimo La Torre também não leva em conta que a ideia atual dos direitos fundamentais não apenas assume a herança das liberdades de caráter individual, na qual se incluem os direitos subjetivos da personalidade, mas é também o fruto da integração dos direitos sociais. Daí meu esforço discursivo para defender a inserção dos direitos sociais no catálogo dos direitos fundamentais e para mostrar, em suma, que os direitos sociais são autênticos direitos fundamentais. Essa tese teve continuidade temática efetiva em valiosos estudos doutrinais que representam contribuições destacadas da literatura espanhola atual sobre os direitos fundamentais. Assim, Luis Prieto, ao comentar meus argumentos críticos sobre a polêmica em torno dos direitos suscitada entre liberais e utilitaristas, indica, resumindo corretamente meu ponto de vista: "não se trata, pois, de sacrificar nenhuma liberdade em nome das exigências utilitárias, mas de mostrar que existem *outros* direitos; que hoje a teoria dos direitos humanos pode incluir também a dos direitos sociais"[51].

Considero obrigatório também responder a determinados riscos políticos apontados por La Torre que, de modo algum, gostaria de ver associados a minhas proposições. Não nego que em alguns de meus trabalhos tentei reabilitar a noção hegeliana da *Sittlichkeit*, isto é, do *ethos* social por vê-lo como um ponto de referência mais adequado que o reduto da moral individual para abordar determinados problemas ético-jurídicos contemporâneos: o significado e o alcance dos valores e princípios constitucionais, o dever de obediência do direito..."[52] Precisamente em uma lúcida revisão do enfoque individualista da obediência do direito se deduz, entre os esforços reivindicadores da natureza social e comunitária do ser humano, "o empreendido por Pérez Luño apelando à ideia hegeliana de eticidade", a partir de um enfoque "até certo ponto semelhante às teses do comunitarismo"[53]. Da mesma forma, pode parecer significa-

---

[51] L. Prieto Sanchís, *Estudios sobre derechos fundamentales*, Madri, Debate, 1990, p. 28. Dedicaram também especial atenção a minhas teses sobre os direito sociais, entre outros: J. L. Cascajo, *La tutela constitucional de los derechos sociales*, Madri, Centro de Estudios Constitucionales, 1988; B. de Castro Cid, *Los derechos económicos, sociales y culturales*, Léon, Secretariado de Publicaciones de la Universidad de Léon, 1993; F. J. Contreras Peláez, *Derechos sociales: teoría e ideología*, op. cit. na nota 30.

[52] Cf. meus trabalhos: *¿Qué moral? Sobre la justificación moral de la obediencia al Derecho*, op. cit., pp. 83 ss.; *¿Qué deber? Consideraciones sobre el deber de obediencia al Derecho, con especial referencia a las tesis de H. L. A. Hart*, op. cit., pp. 381 ss.; e *Recht, Moral und Politik: Zur Rechtsprechung des Obersten Gerichtshofs in Spanien während der Franco-Zeit*, op. cit. pp. 332 ss.; e "Derecho, Moral y Política: tensiones centrífugas y centrípetas", no prelo da revista *Doxa*.

[53] J. A. García Amado, "A vueltas con la desobediencia", *Anuario de Filosofía del Derecho*, 1993, vol. X, p. 357.

tivo que em uma sugestiva análise crítica, depois do meu modelo explicativo da fundamentação das liberdades através da "Parábola do homem-toupeira", se tenha vislumbrado a inspiração platônica[54]. Embora um analista italiano, ao avaliar essa mesma parábola, não tenha hesitado em qualificá-la de "metáfora de sabor iluminista", reflexo da efervescência intelectual, assim como das profundas instâncias de reflexão cívica e teórica das novas perspectivas jurídicas próprias da realidade cultural e política da Espanha atual[55].

Quero observar que determinadas coincidências, na forma ou no conteúdo, com ideias platônicas, hegelianas ou com determinadas versões de cunho progressista do comunitarismo atual (Taylor, Walzer...), não acredito que sejam suficientes para ser incluídas entre "os inimigos da sociedade aberta". Por isso minhas eventuais coincidências com o comunitarismo em nada se identificam com algumas versões atuais do *ethos*, postuladas a partir daqueles enfoques comunitaristas conservadores, que o concebem como uma volta às identidades coletivas nacionalistas ou tribais. Diante delas, penso que, hoje mais que nunca, precisa-se de uma fundamentação dos sistemas jurídicos e políticos em um *ethos* universal síntese de valores multinacionais e multiculturais; um *ethos* que torne possível a comunicação intersubjetiva, a solidariedade e a paz. Seria um lamentável paradoxo que uma obra escrita para a defesa dos direitos humanos, do Estado de direito e da Constituição fosse entendida como um arrazoado em favor do estatismo totalitário. Creio que o propósito inequívoco que caracteriza minha obra é seu compromisso intelectual pelas liberdades, assim como pelos âmbitos institucionais que garantem sua tutela. O possível *quid pro quo* sobre minhas teses pode ser resultado de minha insistência em vincular a reflexão sobre as liberdades com a experiência jurídica e política que lhes serve de quadro de referência e do consequente desejo de evitar uma abordagem ideal e abstrata de tais liberdades.

Em uma profunda e ampla análise que veio a público por ocasião da publicação de meu texto *Direitos humanos, Estado de Direito e Constituição*, o professor Joaquín Herrera Flores alude a esse esforço para conectar a teoria dos direitos humanos com seus quadros de referência históricos e políticos como uma das características distintivas e mais positivas da obra. Ao mesmo tempo destacava, em termos que julgo esclarecedores, meu propósito doutrinal de estabelecer a ligação necessária entre as liberdades individuais e os direitos sociais. "Essa continuidade", nas palavras de Herrera, "é ressaltada no modelo de sociedade e de Estado que configura nossa Constituição, desde o momento em que surge como um valor fundamental de todo o ordenamento jurídico, incluída a norma constitucional, o livre e total desenvolvimento da

---

[54] J. F. LORCA NAVARRETE, "La fundamentación de los derechos y libertades constitucionales según A. E. Pérez Luño", in *Temas de Teoría y Filosofía del Derecho*, Madri, Pirámide, 1993, pp. 445 ss.

[55] M. L. GHESSI, resenha a "Los derechos fundamentales", *Sociologia del Diritto*, 1984, n.3, p. 145.

personalidade, o que requer uma visão abrangente de todos os momentos particulares que interagem no *ethos* social."⁵⁶

Devo agradecer ao professor Luciano Parejo Alfonso por sua atenciosa referência a meus enfoques intersubjetivistas em seu valioso estudo sobre os valores constitucionais e sua implantação no ordenamento jurídico⁵⁷. Essa questão também foi amplamente tratada por Ángel Llamas, que dedica especial atenção ao meu esforço teórico para superar a unilateralidade das abordagens subjetivistas e objetivistas em função de um intersubjetivismo axiológico. No entanto, acredita perceber certa contradição entre minha tese de que os valores não implicam especificações sobre as consequências jurídicas de sua aplicação e minha argumentação sobre a relevância dos valores para o controle da constitucionalidade⁵⁸. Creio que a leitura do professor Llamas, talvez por alguma falha que pode ser atribuída a minha própria exposição, incorre no equívoco de confundir a determinação e previsibilidade das consequências jurídicas das normas com sua eficácia. Em outras palavras, o fato de que os valores possuem uma estrutura normativa genérica que torna mais difícil precisar, de forma taxativa, quais serão suas consequências jurídicas não implica que elas não existam; nem que sejam menos eficazes que as de outras normas. Minha concepção dos valores, em suma, nunca pôs em dúvida seu caráter normativo, o que, afinal, é reconhecido pelo próprio Llamas que, algumas páginas adiante no texto citado, afirma: "Pérez Luño, como vimos, afirma taxativamente a normatividade dos valores e os distingue dos princípios jurídicos e constitucionais [...]."⁵⁹

b) Uma vez explicitada a concepção axiológica dos direitos humanos que adoto, cabe-me especificar *quais são* e *que sentido têm* os valores que a norteiam. O ponto de partida obrigatório para esta consideração baseia-se na tese geralmente aceita de que os direitos humanos são especificações históricas e projeções subjetivas de um valor jurídico e político abrangente e fundamental: a justiça. De certo modo foi Kant quem, ao precisar o *suum quique/meun iuris* objeto tradicional da justiça como aquele com o qual a pessoa está indissociavelmente ligada, que qualquer uso que outro pudesse fazer dele sem seu consentimento lhe causaria uma lesão, estabeleceu implicitamente a derivação dos

---

⁵⁶ J. HERRERA FLORES, "A propósito de la fundamentación de los derechos humanos y de la interpretación de los derechos fundamentales", *Revista de Estudios Políticos*, 1985, n. 45, pp. 206-7. Insistiram também na contribuição de minhas teses para a superação da ruptura entre liberdades e direitos sociais no âmbito do Estado de direito: A. M. ABELLÁN, resenha a "Los derechos fundamentales", *Revista de Estudios Políticos*, 1986, n. 50, pp. 314 ss.; R. GARCÍA MACHO, resenha a "Los derechos fundamentales", *Revista de las Cortes Generales*, 1985, n. 4, pp. 363 ss.; A. M. QUINTAS, *Diritti umani e Stato di diritto*, op. cit., pp. 454-5; S. SCANDELLARI, resenha a "Derechos humanos, Estado de Derecho y Constitución", *Rivista Internazionale di Filosofia del Diritto*, 1985, n. 3, pp. 506 ss.

⁵⁷ L. PAREJO ALFONSO, *Constitución y valores del ordenamiento*, Madri, Ceura, 1990, pp. 99 ss.

⁵⁸ Á. LLAMAS CASCÓN, *Los valores jurídicos como ordenamiento material*, Madri, Universidad Carlos III de Madrid/Boletín Oficial del Estado, 1993, pp. 190 ss.

⁵⁹ Ibid., p. 204.

direitos da justiça. Os direitos humanos consistem, precisamente, em faculdades inerentes à própria natureza do homem e, por isso, inalienáveis por parte de seus titulares e imprescritíveis, cuja violação significa uma agressão direta à própria personalidade humana. Daí seu caráter inviolável *erga omnes* e, especialmente, diante daqueles que exercem o poder.

A condição axiológica dos direitos humanos não se esgota em sua dependência do conceito geral de justiça, prolonga-se na determinação de seu conteúdo ligado aos valores da *dignidade,* da *liberdade* e da *igualdade.* Não por acaso foi a esses valores que historicamente se recorreu com mais assiduidade para definir a própria justiça. É verdade que houve nesse ponto certa tendência reducionista inclinada a identificar os direitos humanos com cada um desses valores, dependendo das épocas e das premissas ideológicas a partir das quais se propôs o conceito e o fundamento dos direitos humanos. Assim, para uma ampla tradição doutrinal, que parte do jusnaturalismo racionalista (em especial de Pufendorf), a dignidade humana se identifica com a própria noção dos direitos humanos. Não menos consolidada é a tese que faz da liberdade o direito básico do homem, uma vez que todos os demais direitos estão contidos nela (Kant e, mais recentemente, Hart e Rawls), o que postula como termos equivalentes e intercambiáveis as noções das liberdades e dos direitos humanos. Da mesma forma, a partir de outras perspectivas (Marx) será a igualdade o direito humano básico e abrangente.

Polarizei o conteúdo dos direitos humanos em função desses três valores básicos por entender que são os que mais decisivamente caracterizam e contribuem para o desdobramento dos diferentes direitos concretos. A *dignidade humana* representa o núcleo axiológico dos direitos da personalidade destinados a tutelar sua *integridade moral* (direito à honra, à própria imagem, à intimidade, eliminação dos tratamentos desumanos ou degradantes...), assim como sua *integridade física* (direito à vida, garantias contra a tortura...). A *liberdade,* que serviu de ideal reivindicativo dos direitos da primeira geração, oferece quadro de referência para a imputação axiológica das *liberdades: pessoais* (em matéria ideológica e religiosa, de residência e circulação, de expressão, de reunião, de manifestação e de associação, assim como de educação...), *civis* (garantias processuais e penais) e *políticas* (direito à participação política representativa através de partidos políticos e à participação direta mediante o referendo, o exercício do direito de petição ou a iniciativa legislativa popular, assim como o direito ao sufrágio ativo e passivo...). Por sua vez, a *igualdade* se explicita através do conjunto dos direitos econômicos, sociais e culturais que constituem a segunda geração dos direitos humanos[60].

Entendo que os demais valores que costumam ser apresentados em relação com o fundamento ou a caracterização dos direitos humanos, ou são pres-

---

[60] Cf. meus trabalhos sobre: "El concepto de igualdad como fundamento de los derechos económicos, sociales y culturales", *Anuario de Derechos Humanos,* 1982, t. 1, pp. 257 ss.; "Dimensiones de la igualdad material", *Anuario de Derechos Humanos,* 1985, t. 3, pp. 253 ss.; *Sobre los valores fundamentales de los derechos humanos,* 2. ed., Barcelona, Ariel, 1994.

supostos para o exercício dos direitos, como seria o caso da *paz*, ou podem ser considerados aspectos constituintes dos três valores que, na proposição que sustento, sintetizam o substrato axiológico dos direitos. Assim, o *pluralismo* constitui um aspecto central da liberdade na esfera política; a *segurança* é um aspecto da justiça geral que configura o estatuto das liberdades civis[61]; enquanto a *solidariedade* corresponde a uma pluralidade de tradições históricas, que engendrou uma diversidade de acepções[62]. Alude-se, por exemplo, a uma "solidariedade dos antigos", entendida como virtude, e a uma "solidariedade dos modernos", como valor fundamentador dos direitos, que contribui para forjar algumas sociedades baseadas na cooperação e torna efetivo o usufruto das liberdades[63]. E, com base em outros pontos de vista, ela é analisada como pauta axiológica que configura e orienta os *status* jurídicos subjetivos[64]. De minha parte, ao analisar as gerações de direitos, observei que se a liberdade foi um valor-guia dos direitos da primeira geração, como o foi a igualdade para os direitos de caráter econômico, social e cultural, os direitos da terceira geração têm a solidariedade como principal valor de referência. Os novos direitos humanos estão unidos entre si por sua incidência universal na vida de todos os homens e exigem, para sua realização, a comunidade de esforços e responsabilidades em escala planetária. Somente através de um espírito solidário de sinergia, isto é, da cooperação e do sacrifício voluntário e altruísta dos interesses egoístas será possível satisfazer plenamente as necessidades e aspirações globais comuns relativas à paz, à qualidade de vida ou à liberdade informática[65]. De qualquer modo, entendo que o conceito atual de solidariedade inclui duas dimensões mutuamente condicionantes: *a*) a *ético-política*, entendida como atitude que tende a compartilhar e a se identificar com as inquietações ou necessidades alheias; e *b*) a *jurídica*, que supõe um compromisso dos poderes públicos para tornar efetiva a igualdade material (e nisso a doutrina e a jurisprudência constitucional italiana, em relação com o sentido dos artigos 2 e 3.2 de sua Constituição vigente, oferecem uma referência estimulante), isto é, nessa acepção jurídica a solidariedade atua como o substrato dos direitos e deveres entre todos os membros da coletividade que emanam da igualdade em sua dimensão material ou substancial.

Em suma, como se quer que todo valor e toda virtude tenham como ponto de referência último a pessoa humana, na integridade de suas capacidades e necessidades, à medida que se aprofunda em sua consideração se tornam mais convencionais e incertas as fronteiras que os distinguem. A dignidade humana, uma vez que se concretiza no desenvolvimento autônomo da personalidade,

---

[61] Ver meu livro *La seguridad jurídica*, 2. ed., Barcelona, Ariel, 1994.

[62] J. DE LUCAS, *El concepto de solidariedad*, México, Fontamara, 1993.

[63] G. PECES-BARBA, com a colab. de R. de Asís e A. Llamas, *Curso de derechos fundamentales (I). Teoría general*, Madri, Eudema, 1991, pp. 234 ss.

[64] P. DENNINGER, *Rechtsperson und Solidarität*, Frankfurt a. M./Berlim, Metzner, 1967.

[65] Cf. meus trabalhos: *Le generazioni dei diritti umani*, op. cit., pp. 139 ss.; *Las generaciones de derechos fundamentales*, op. cit., pp. 203 ss.

não pode ser alheia à liberdade: esta, por sua vez, não apenas está inseparavelmente vinculada à dignidade, mas em suas dimensões positiva e comunitária implica a igualdade, porque dificilmente se pode falar em liberdade para *todos*, se *todos* não são iguais entre si; ao mesmo tempo, a igualdade busca e se orienta para a dignidade e a liberdade, pois seria inadmissível à sua própria condição de *valor* que pudesse ser concebida (embora disso não faltem exemplos históricos) como igualdade na humilhação e na opressão[66].

c) A concepção axiológica do conteúdo dos direitos humanos não está isenta de *consequências práticas*. Esse enfoque permite uma melhor compreensão das normas, de preferência constitucionais, mediante as quais os direitos humanos se positivam como direitos fundamentais. A estrutura peculiar dessas categorias normativas em que predominam as remissões expressas a valores, princípios, ou cláusulas gerais mais que as regulamentações analíticas, torna insuficientes os instrumentos e pautas hermenêuticas da dogmática positivista desenvolvida no século XIX. Alguns trabalhos abordam esses novos rumos e exigências metódicas que hoje presidem a interpretação da Constituição e dos direitos fundamentais.

Não deixa de causar perplexidade o fato de que muitos direitos fundamentais, isto é, direitos humanos que foram objeto de recepção positiva nos textos de maior hierarquia normativa dos ordenamentos jurídicos – as Constituições –, careçam de proteção judicial efetiva. Para a dogmática positivista, os direitos públicos subjetivos, por contraste com os direitos naturais, mereciam a condição de *direitos* como categorias normativas direta e imediatamente invocáveis diante dos tribunais de justiça. Por isso, com base em suas premissas teóricas, que estabeleciam uma identificação entre positividade, validade e vigência do Direito, é impossível oferecer uma explicação satisfatória da natureza jurídica peculiar de determinados direitos fundamentais do presente, particularmente dos direitos da segunda e da terceira geração. Os textos e as jurisdições constitucionais costumam considerá-los normas programáticas ou pautas integrantes da ação legislativa e/ou dos poderes públicos. Trata-se de direitos cuja tutela efetiva é remetida ao futuro e que, mais que obrigações jurídicas estritas, enunciam compromissos políticos imprecisos[67].

Provoca-se assim um *paradoxo fundamental* na teoria dos direitos e liberdades do presente. Como negar a condição de autênticos direitos àqueles que foram validamente reconhecidos (positivados) em textos constitucionais? Mas, ao mesmo tempo, como enunciados normativos que não são justiciáveis podem ser considerados direitos positivos? A jurisprudência e a doutrina constitucionalista contribuíram para confundir ainda mais a questão, ao considerar

---

[66] Ver meu trabalho *Sobre los valores fundamentadores de los derechos humanos*, op. cit., pp. 279 ss.

[67] Referiram-se a esses aspectos: A. M. Quintas, *Diritti umani e Stato di diritto*, op. cit., pp. 453 ss. Da mesma forma dedicaram-se extensamente à minha tese sobre a positivação dos direitos humanos: A. Fernández-Galliano e B. de Castro Cid, *Lecciones de Teoría del Derecho y Derecho Natural*, Madri, Editorial Universitas, 1993, pp. 461 ss.; A. Montoro, "Sobre el proceso de positivación de los derechos humanos", *Persona y Derecho*, vol. 11, pp. 295 ss.

esses direitos como expectativas, pretensões (*claims*) ou exigências para o futuro. Surge assim o paradoxo inevitável de certos direitos cujo *status formal* é o de normas positivas que satisfazem plenamente os requisitos de validade jurídica dos ordenamentos, mas cujo *status deôntico* está mais próximo daquele dos direitos naturais ou daquele dos direitos humanos (como exigências humanas que *devem ser* satisfeitas), que daquele dos direitos fundamentais, entendidos como categorias jurídico-positivas que *estão* dotadas de proteção jurisdicional.

5. UM COMPROMISSO PERMANENTE: OS DIREITOS HUMANOS SOB O SIGNO DA INTERDEPENDÊNCIA

Debater as opiniões alheias sobre o próprio pensamento e revisar ideias expostas ao longo dos anos não é tarefa fácil. Assim como não o é tratar de atender e/ou responder às críticas que, ao retomar nossos próprios textos, realiza um trabalho seletivo. Essa avaliação baseia-se, consciente ou inconscientemente, em preferências temáticas e problemáticas, isto é, impõe determinada configuração qualitativa. Bastaria isso para mostrar a dificuldade que encerra a empreitada aqui ensaiada, assim como minhas consequentes dúvidas sobre seus êxitos e operatividade.

Não posso esconder o fato de que minha concepção de direitos humanos não está limitada a este livro, mas é o resultado da soma e do confronto do conjunto de minhas publicações. Por isso, as referências a esses outros trabalhos foram inevitáveis; e também o foram as remissões aos estímulos doutrinais nacionais e estrangeiros mais presentes em minha obra. As páginas de *Direitos humanos, Estado de direito e Constituição* evidenciam a marca da cultura jurídico-filosófica italiana, especialmente do pensamento de Norberto Bobbio[68], Guido Fassò[69] e Vittorio Frosini, que destacou a contribuição dessa obra para um enfoque dos direitos humanos sensível às exigências da era tecnológica[70]. Ao fazer o levantamento das minhas fontes de inspiração teórica, os professores Sommermann[71] e

---

[68] Cf. minha monografia *Los derechos en la obra de Norberto Bobbio*, op. cit. na nota 5, pp. 153 ss.

[69] Cf. meus trabalhos: "Guido Fassò (1915-1974)", *Revista de Estudios Políticos*, 1975, n. 202, pp. 217 ss.; "L'itinerario intellectuale di Guido Fassò", *Rivista Internazionale di Filosofia del Diritto*, 1976, pp. 372 ss.; "Razón e historia en la experiencia filosófica y jurídica de Guido Fassò", in C. FARALLI e E. PATTARO (orgs.), *Reason in Law*, Milão, Giuffrè, 1987, pp. 47 ss.

[70] V. FROSINI, *Teoria e tecnica dei Diritti umani*, Edizioni Scientifiche Italiane, 1993, p. 66. A. M. QUINTAS referiu-se à influência de FROSINI em minhas reflexões sobre a incidência das novas tecnologias nos direitos humanos, *Diritti umani e Stato di Diritto*, op. cit., p. 454. Cf. meu trabalho "Vittorio Frosini y los nuevos derechos de la sociedad tecnológica", *Informatica e Diritto*, 1992, 1-2, pp. 101 ss.

[71] K. SOMMERMANN, op. cit. na nota 32, p. 84, destacou a influência das abordagens de JÜRGEN HABERMAS em minha tese sobre a fundamentação dos direitos humanos, assim como o paralelismo entre alguns de meus enfoques e os sustentados por ROBERT ALEXY; deste último, é de especial interesse sua obra *Theorie der Grundrechte*, Frankfurt a. M., Suhrkamp, 1986, da qual há uma cuidada versão espanhola de E. Garzón Valdéz, revisada por R. Zimmerling, Madri, Centro de Estudios Constitucionales, 1993.

Mikunda⁷² enfatizaram a influência da literatura jusfilosófica e constitucionalista alemã. Da mesma forma, Peter Häberle, em um interessante estudo sobre os modelos de recepção jurídica, inclui meu nome (juntamente com os também professores: Cruz Villalón, López Pina, Rodríguez Iglesias e Rubio Llorente) entre os estudiosos espanhóis que contribuíram para estabelecer pontes de união entre as culturas jurídicas alemã e hispânica, tendo em vista a elaboração do *Ius publicum Europaeum*⁷³.

A citação de Häberle nos põe diante de um dos desafios básicos da atual conjuntura dos direitos humanos: sua universalização. Nunca antes foi tão intensamente sentida a exigência de conceber os valores e direitos da pessoa como garantias universais, independentes das contingências de raça, língua, sexo, religião ou convicções ideológicas. No entanto, como contraponto regressivo, aos ideais humanistas cosmopolitas se opõe agora o ressurgimento do nacionalismo de grosseiro cunho tribal e excludente que, como os nacionalismos de qualquer época, fizeram cavalgar novamente "os quatro cavaleiros do Apocalipse": a fome, a peste, a guerra e a morte, naqueles lugares em que a barbárie nacionalista impôs sua loucura. A luta entre os ideais cosmopolitas, igualitários e solidários próprios do universalismo, diante da reivindicação da individualidade, da variedade e da diferença próprias do nacionalismo, teve repercussões em diferentes âmbitos e contextos da vida jurídico-política contemporânea. A estreiteza do enfoque nacionalista, o exclusivismo e a incomunicação de valores e direitos que comporta tornam-se cada vez mais impossíveis em um mundo interligado. Uma teoria das liberdades que queira estar à altura das urgências das sociedades atuais necessariamente deve representar uma etapa na construção do direito comum da humanidade. Permanece aberta como tarefa da doutrina dos direitos humanos de nosso tempo uma elaboração teórica das liberdades destinada a tornar possível uma *universalis civitatis* na qual se consagre plenamente o almejado *status mundialis hominis*⁷⁴.

Como resultado, sempre provisório e aberto, dessa revisão, eu diria que as vicissitudes atuais dos direitos humanos e dos direitos fundamentais mostram a inconveniência de uma abordagem de ruptura entre o mundo dos valores éticos e o das normas jurídicas. A lição mais proveitosa do tridimensionalismo e da teoria da experiência jurídica resume-se em sua contribuição para superar a estreita visão do direito reduzida a sua expressão formal normativa, própria do positivismo. As normas jurídicas só podem ser concebidas e explicadas com referência às sociedades históricas que as produzem e para cuja regulamentação se orientam, assim como aos valores que as inspiram e lhes servem de medida crítica. Meus trabalhos sobre a temática dos diretos humanos bus-

---

⁷² E. MIKUNDA, Introdução à coletânea *Pasado y presente de los derechos humanos*, op. cit. (na nota 32), p. 15.

⁷³ P. HÄBERLE, "Theorieelemente eines allgemeinen juristischen Rezeptionsmodells", in *Juristen Zeitung*, 1992, pp. 1033 ss.

⁷⁴ Cf. meu discurso sobre *El desbordamiento de las fuentes del Derecho*, Sevilha, Real Academia Sevillana de Legislación y Jurisprudencia, 1993, pp. 87 ss. e 101 ss.

caram, em suma, mostrar alguns aspectos nos quais se explica esse processo de ações e reações mútuas entre os valores, as formas normativas e a sociedade. Conceber os direitos humanos como totalidade implica um compromisso de não desvincular sua significação teórica de sua realização prática. Supõe um testemunho de solidariedade com as distintas formas de alienação e injustiça que, como indicava ao iniciar essas reflexões, ainda subsistem em abomináveis fenômenos de agressão e ameaça para os seres humanos. Trata-se, em última análise, de assumir que os direitos humanos são eles que postulam um universo interligado cujo atributo mais notório é a interdependência. Em suma, como alternativa para as tentativas teóricas isolacionistas e autorreferentes (autopoiéticas) do direito e em sua projeção para os direitos humanos, tentei avançar para uma concepção abrangente, postuladora de seu caráter interdependente e heteropoiético. Para esse propósito totalizador do direito e direitos humanos nada parece estático, nada se mostra isolado. A teoria é o vértice que, com a morfologia da cúpula, é capaz de oferecer uma visão cabal dos múltiplos aspectos que configuram essa totalidade.

Dentre as diversas apreciações de minha obra destaca-se, pelo evidente excesso de elogios, a realizada pelo professor Ramón Soriano. Há críticos que limitam seu trabalho à explicação dos textos; outros, mais ambiciosos, procuram perceber as ideias, propósitos e projeções dos autores que avaliam. O professor Soriano pertence, sem dúvida, à linhagem destes últimos quando escreve: "Todos sabemos a relevância que na filosofia jurídica espanhola tem atualmente a teoria dos direitos fundamentais como substrato material da teoria dos valores jurídicos e, em último caso, da velha ideia jusnaturalista. No âmbito dessa tendência geral, o professor Pérez Luño contribuiu fortemente com um esforço continuado para assentar as bases dessa especialidade jurídica, além de traçar, em seu excelente *Direitos humanos, Estado de direito e Constituição*, as linhas-mestras de um estudo futuro que um grupo de discípulos estamos empenhados em desenvolver."[75] Ciente da falta de objetividade dessas afirmações, que têm para mim o estímulo especial do afeto que denunciam; consciente, portanto, de sua incapacidade para descrever minha obra presente, aceito-as como ideal de minha obra desejada.

---

[75] R. Soriano, *Las libertades públicas*, Madri, Tecnos, 1990, p. 13.

APÊNDICE

DIREITOS HUMANOS E CONSTITUCIONALISMO: SITUAÇÃO ATUAL E PERSPECTIVAS PARA O SÉCULO XXI

1. OS DIREITOS HUMANOS E O CONSTITUCIONALISMO SOB A SÍNDROME DA MUDANÇA DE PARADIGMA

Uma das preocupações mais generalizadas na cultura e na ciência atuais é a da sensação de estar assistindo a um processo de profunda mudança. Essa mudança não significa necessariamente um avanço, nem sempre implica um progresso; pelo contrário, pode-se suspeitar que a mudança à qual me refiro seja o anúncio de uma *reformatio in peius* de diferentes disciplinas, instituições e, em suma, de amplos setores do pensar humano.

Esse fenômeno de mudança manifestou-se também na teoria dos direitos humanos e do constitucionalismo. Para perceber a nova situação, é evidente que se requer, como pressuposto preliminar e básico, estabelecer um balanço da situação atual, isto é, o *status quaestionis* teórico e prático do constitucionalismo e das liberdades. Trata-se de delinear uma espécie de mapa orientador dos problemas e tendências do presente. Mas essa indagação do passado imediato e do presente tem como objetivo principal captar o sentido das transformações que estão ocorrendo e que se vislumbram como horizonte próximo na evolução dessas matérias. Para isso, será preciso arriscar por caminhos de vanguarda, será necessário perscrutar os rumos futuros de algumas realidades que hoje só podem ser pressagiados.

Um conhecido *motto* de Ortega afirma que uma teoria é digna do nome de científica na medida em que é capaz de apresentar profecias. Ao assumir essa *working hypothese*, estas reflexões não tinham a intenção de reduzir sua tarefa à explicação das contingências presentes do constitucionalismo e dos direitos humanos; esforçaram-se também em arriscar conjecturas sobre suas transformações e o que possa ser sua realidade futura, cujos traços já podem ser antecipados.

Esse enfoque parece o mais apropriado para dar conta da síndrome inaugural de um novo tempo que hoje se percebe como sinal distintivo de nossa época. Porque costuma-se associar aos começos de século, e mais ainda aos de milênio, a impressão da mudança nas ideias e nas formas de vida coletiva. É como se existisse uma íntima coincidência entre as regras convencionais que regem os períodos cronológicos e os movimentos existenciais que expressam os ciclos das sociedades históricas. Talvez a isso se deva a síndrome de esgotamento de um período que hoje predomina em nossa cultura e do consequente presságio de uma mutação. No entanto, os rumos do futuro não são precisos, apenas se conjecturam de forma indefinida e genérica.

Nos últimos anos tem-se ouvido por todo lado, com monótona insistência, o tema do fracasso e do fim do paradigma da modernidade e sua substituição pelo da pós-modernidade. Convém lembrar que a noção de paradigma está associada à obra publicada em 1962, de Thomas Kuhn, *The Structure of Scientific Revolutions*, responsável pelo ulterior prestígio adquirido por essa categoria. Na opinião de Kuhn, as teorias científicas se desenvolvem no interior de "paradigmas", que constituem os âmbitos de debate e solução das questões básicas que suscita o conhecimento. Fora do paradigma não pode existir investigação científica autêntica. Além disso, periodicamente produzem-se crises que expressam a descontinuidade do conhecimento e se traduzem em "mudanças de paradigma", quer dizer, representam a ruptura revolucionária de determinado modelo de ciência e sua substituição por outro paradigma científico. Os diferentes paradigmas são incompatíveis entre si e não existe possibilidade de comunicação interparadigmática[1].

Essa tese foi, por sua vez, revista e criticada por aqueles que acreditam que a ciência e a cultura estão em um estado de "revolução permanente". A ciência e a cultura não se desenvolvem a partir de cortes epistemológicos radicais que suponham fazer *tabula rasa* com o passado; os homens da ciência e da cultura comparam, atualizam, revisam e melhoram teorias diversas e se apoiam em teorias anteriores para superá-las. Esse processo se realiza através de reconstruções racionais constantes contidas no que Imre Lakatos denomina "programas de pesquisa"[2]; ou mediante o que Karl Popper qualifica de "falseação", pelo que uma teoria é científica na medida em que se possa demonstrar sua falsidade; enquanto isso não ocorre, ela é considerada verdadeira. Desse modo, os processos científicos supõem uma contínua sucessão de "conjecturas e refutações"[3]. No conhecimento científico coexistem a continuidade e a descontinuidade. Ocorrem, sem dúvida, mudanças que podem desembocar em transformações revolucionárias, mas sempre permanecem determinados princípios e categorias.

Esses pressupostos parecem ser de consideração obrigatória para apresentar o debate sobre a suposta mudança de paradigma da modernidade e sua substituição pelo da pós-modernidade. A primeira coisa que importa obser-

---

[1] T. Kuhn, *The Structure of Scientific Revolutions*, Chicago, University of Chicago Press, 1962.

[2] I. Lacatos, *Historia de la ciencia y sus reconstrucciones racionales*, trad. esp. de D. Ribes Nicolás, 2. ed., Madri, Tecnos, 1982.

[3] K. Popper, *El desarrollo del conocimiento científico. Conjeturas y refutaciones*, trad. esp. de N. Míguez, Buenos Aires, Paidós, 1967.

var é que a última etapa de nossa experiência cultural registra o surgimento do termo "pós-modernidade", com o qual se alude às mais diversas expressões artísticas, literárias e, até, científicas do presente. Trata-se de uma denominação que alcançou sucesso após a publicação em 1979 da obra *A condição pós-moderna* do francês Jean-François Lyotard[4]. Com essa expressão se deseja fazer alusão a uma mudança de paradigma cultural cuja cronologia é incerta e controversa (alguns situam suas origens no final do século XIX, outros após o fim da Primeira Guerra Mundial, e não falta quem a situe na crise de consciência coletiva do final do século XX); e não o é menos sua própria significação (Küng observou corretamente que esse termo muitas vezes é usado "em sentido nebuloso-folhetinesco")[5].

Não obstante suas ambiguidades e imprecisões, e na falta de uma denominação mais apropriada, a pós-modernidade constitui um quadro de referência convencional da irrupção de um conjunto de sinais que implicam uma ruptura em relação aos valores culturais da modernidade. No âmbito jurídico, moral e político repetem-se com assiduidade as teses dos que propugnam abolir os grandes valores do iluminismo: racionalidade, universalidade, cosmopolitismo, igualdade, que consideram caducos, e propõem substituí-los por uma exaltação – muitas vezes simplificadora e acrítica – da diferença, da disseminação, da desconstrução, assim como a volta a um nacionalismo tribal e excludente. As normas jurídicas gerais e abstratas, corolário de exigências éticas universais, estão sendo hoje questionadas em nome das preferências particularistas fragmentárias; a própria legitimação ética do Direito e da Política baseada em princípios consensuais universalizáveis é considerada um ideal vazio e suspeito de encobrir uniformismos totalitários. À unidade do *ethos* moderno opõe-se a fragmentação e multiplicidade de *ethos* baseados nas diferenças "nacionais", "locais", "plurais", "particulares" (minorias étnicas, religiosas, linguísticas, sexuais...).

Estamos assistindo, em suma, a um novo assalto à teoria postuladora da integração da Moral, da Política e do Direito, na medida em que essa teoria fazia parte do aparelho legitimador dos Estados de direito. A transformação dos valores e dos pressupostos sociais e políticos que serviram de contexto para o Estado de direito e que motivaram suas sucessivas tendências não podia deixar de se manifestar em seus critérios de legitimação. Por isso, o Estado de direito, que é um dos grandes êxitos da modernidade, vê-se comprometido em uma cultura como a nossa, qualificada de pós-moderna. O "assédio à modernidade" (Sebreli) é precisamente o termo com que se quer aludir ao fenômeno do relativismo cultural e ao auge dos particularismos antiuniversalistas próprios da fase histórica atual.

Uma atitude notória e arquetípica de oposição pós-moderna à ideia de direitos humanos, própria da modernidade, é a representada pelas proposi-

---

[4] J.-F. Lyotard, *La condition postmoderne*, Paris, Minuit, 1979 (existe trad. esp. de M. Antolín, Madri, Cátedra, 1984).

[5] H. Küng, *Proyecto de una ética mundial*, trad. esp. de G. Canal, Madri, Trotta, 1991, p. 19.

ções de Richard Rorty. Se para a filosofia prática moderna a elaboração teórica dos direitos humanos, por sua própria significação central para o direito, a ética e a política, implicava a exigência de uma argumentação particularmente "forte", para esse representante da cultura pós-moderna será uma expressão do "pensamento fraco". Com isso se quer dizer que a tematização pós-moderna foge de qualquer pretensão de radicalidade na busca dos pressupostos últimos, do significado e sentido das liberdades. A partir dessas premissas, considera-se impossível escapar à contingência da linguagem sobre os direitos e à própria contingência da realidade inapreensível à qual essa linguagem se refere.

Reduzida a seus aspectos básicos, a tese de Rorty implica uma deliberada alternativa a alguns dos postulados caracterizadores da concepção moderna dos direitos humanos.

1) *Pragmatismo diante do essencialismo*. Para Rorty, qualquer tentativa de investigar a essência dos direitos humanos, vinculando-a à própria natureza humana, supõe uma ilusão metafísica, desprovida de sentido. A essa pretensão ilusória ele contrapõe uma versão pragmática das liberdades, concebidas como meros instrumentos, históricos e contingentes, destinados a promover situações de bem-estar e esperança na vida coletiva.

2) *Particularismo diante do universalismo*. Rorty nega abertamente uma das características constitutivas do conceito de direitos humanos desde sua origem no Iluminismo: a universalidade. Segundo o enfoque de Rorty, as liberdades não emanam de valores universais atribuídos a todos os seres humanos, mas dos sentimentos de esperança em melhoras futuras, ou de solidariedade diante de circunstâncias presentes de injustiça. Trata-se sempre, portanto, de atitudes relacionadas a fatos históricos particulares, circunstanciais e situacionais.

Os direitos humanos não são categorias filosóficas, jurídicas ou políticas abstratas universais e atemporais, mas o resultado de uma tradição e de alguns sentimentos de identidade compartilhada entre aqueles que integram sociedades concretas e históricas.

Além de qualquer pretensão de universalidade, os direitos humanos são o resultado de "uma infinidade de pontos minúsculos" de situações e circunstâncias de sofrimento que exigem uma resposta solidária.

3) *Narração diante da fundamentação*. Para o pragmatismo de Rorty, a emergência da cultura dos direitos humanos nada deve ao desenvolvimento do conhecimento racional no plano ético, jurídico e político, mas é o produto de narrativas "tristes e sentimentais". A ideia dos direitos humanos corresponde a algumas narrativas, isto é, a algumas formas de linguagem que suscitam sentimentos de compaixão, solidariedade ou esperança. A partir da perspectiva pragmática, que Rorty chama também de "ironia liberal", tentar elaborar um fundamento racional dos direitos humanos, pretender uma solução teórica do problema da crueldade, da injustiça ou outros dilemas morais constituem uma atitude própria dos teólogos ou metafísicos. A única tematização dos direitos humanos que parece admissível para o pragmatismo "irônico-liberal" de Rorty é a que flui das emoções e dos sentimentos, por-

que, em última instância, deve ser descartada qualquer tentativa de fundamentá-los racionalmente[6].

Não vou insistir na profunda divergência existente entre a concepção dos direitos humanos de Rorty e a defendida neste livro, especialmente com relação ao que tive oportunidade de expor no capítulo 3, referente à fundamentação de tais direitos. Com a única finalidade de esclarecer sucintamente alguns aspectos que considero particularmente insatisfatórios da doutrina de Rorty, pode-se apontar o seguinte:

1') Em primeiro lugar, convém advertir que aceitar a importância cognoscitiva e comunicativa da linguagem que serve de veículo expressivo aos direitos humanos não deve levar necessariamente a uma concepção pragmatista de tais direitos. O caráter inviolável e inalienável dos direitos humanos, corolário da condição de fins em si mesmos de seus sujeitos titulares, não implica a recaída em antigos postulados metafísicos, ideais e abstratos, mas o apelo ao que é o significado e a razão de ser desses direitos. Se se nega ou se deixa de lado essa qualidade em nome de premissas pragmáticas ou utilitaristas, os direitos humanos são degradados de fins a meios; isto é, a simples instrumentos oportunistas e conjunturais para a defesa de interesses contingentes.

2') Tampouco é aceitável a impugnação de Rorty referente à universalidade dos direitos humanos. A universalidade é um ingrediente básico e inerente à formação histórica e ao próprio conceito atual dos direitos humanos. Os direitos humanos significaram, desde seu surgimento na época do Iluminismo, um conjunto de faculdades jurídicas básicas comuns a todos os homens. Portanto, o traço principal que marca a origem dos direitos humanos na modernidade é precisamente seu caráter universal; o de ser faculdades que devem ser reconhecidas a todos os homens sem exclusão. Convém insistir nesse aspecto, porque direitos, em sua acepção de *status* ou situações jurídicas ativas de liberdade, poder, pretensão ou imunidade, existiram desde as mais remotas culturas, porém como atributo de apenas alguns dos membros da comunidade. A grande invenção jurídico-político da modernidade está precisamente em ter ampliado a titularidade das posições jurídicas ativas, ou seja, dos direitos a todos os homens; e, consequentemente, de ter formulado o conceito dos direitos humanos. Por isso, os direitos humanos ou são univer-

---

[6] R. RORTY, "Derechos humanos, racionalidad y sentimentalidad", in S. SHUTE e S. HURLEY (orgs.), *Los derechos humanos. Las conferencias Oxford Amnesty de 1993*, trad. esp. de H. Valencia, Madri, Trotta, 1998, pp. 117 ss.; id., *Contingencia, ironía y solidariedad*, trad. esp. de A. Sinnot, Barcelona, Paidós, 1991; id., *Consecuencias del pragmatismo*, Madri, Tecnos, 1996; id., *¿Esperanza o conocimiento? Una introducción al pragmatismo*, Buenos Aires, FCE, 1997. Sobre o alcance da pós-modernidade em relação às liberdades, ver, entre outros: J. BALLESTEROS, *Postmodernidad: decadencia o resistencia*, Madri, Tecnos, 1989; A. DE JULIOS CAMPUZANO, *En las encrucijadas de la modernidad. Política, Derecho y Justicia*, com prólogo de A. E. Pérez Luño, Universidad de Sevilla, 2000. Cf. E. DENNINGER, "Racionalidad tecnológica, responsabilidad ética y Derecho postmoderno" e "La Reforma Constitucional en Alemania: entre ética y seguridad jurídica", in A. E. PÉREZ LUÑO e MARCIA PONS (orgs.), *Derechos humanos y constitucionalismo ante el tercer milenio*, Madri, 1996, pp. 53 ss. e 305 ss.; M. J. FARIÑAS DULCE, *Los derechos humanos: desde la perspectiva sociológico-jurídica a la "actitud postmoderna"*, Madri, Universidad Carlos III/Dykinson, 1997.

sais ou não são. Não são direitos humanos; poderão ser direitos de grupos, de entidades ou de determinadas pessoas, mas não direitos que são atribuídos à humanidade em seu conjunto. A exigência de universalidade, em suma, é uma condição necessária e indispensável para o reconhecimento de alguns direitos inerentes a todos os seres humanos, além de qualquer exclusão e além de qualquer discriminação.

3') Mostra-se também falaciosa a tentativa, que se depreende das propostas de Rorty, de suplantar a fundamentação dos direitos humanos por sua mera dimensão narrativa. Os direitos humanos são respostas a determinadas agressões e injustiças perpetradas contra a humanidade. Na denúncia e na criação de um clima reivindicativo diante desses abusos, as emoções, os sentimentos e as formas de expressão narrativas desempenharam um papel histórico inquestionável. Mas o que permitiu traduzir esse acúmulo, muitas vezes impreciso e confuso, de sentimentos em direito, ou seja, o que permitiu formalizar os sentimentos morais em instituições jurídico-políticas, foi precisamente a fundamentação racional. Os direitos humanos são o fundamento do Estado de direito e para sê-lo precisam estar bem fundamentados. A função legitimadora dos sistemas democráticos, que compete aos direitos humanos, estaria gravemente comprometida se o significado e o alcance desses direitos fossem resultado de argumentações frívolas, levianas ou de simples ironias criativas. A própria contradição intelectual da tese de Rorty se evidencia quando, após impugnar a possibilidade de uma fundamentação racional dos direitos humanos, dedica amplos comentários e até publicações inteiras a defender sua concepção pragmática, emocional e narrativa. Esses argumentos não se contentam em enunciar uma versão alternativa à fundamentação racional, mas se estendem em uma série de "boas razões" (ainda que se trate de razões frágeis) com as quais Rorty tenta persuadir-nos da idoneidade de sua doutrina: em outras palavras, nos oferece sua "fundamentação fraca" dos direitos humanos.

Em suma, é importante insistir que os ideais da modernidade foram os valores iluministas da razão, da liberdade, da igualdade e da fraternidade universal. Por isso devemos estar conscientes de que a negação pós-moderna de tradição iluminista comporta um abandono desses valores, que continuam sendo básicos para legitimar as instituições jurídicas e políticas do presente. Habermas tem razão quando diz que a modernidade constitui um projeto inacabado e que, em vez de abandonar esse projeto como uma causa perdida, deveríamos aprender com os erros daqueles programas extravagantes que trataram ou tratam de negar a modernidade[7].

---

[7] J. HABERMAS, "La modernidad: un proyecto inacabado", in *Ensayos políticos*, trad. esp. de R. García Cotarelo, Barcelona, Península, 1988, pp. 279 ss.; ver também sua obra *El discurso filosófico de la modernidad*, trad. esp. de M. Jiménez Redondo, Madri, Taurus, 1989. Sobre as repercussões político-culturais da pós-modernidade, ver também a obra de J. J. SEBRELI, *El asedio a la modernidad*, Barcelona, Ariel, 1992. Sobre a formação histórica do projeto iluminista da modernidade, ver F. LLANO ALONSO, *El humanismo cosmopolita de I. Kant*, com prólogo de A. E. Pérez Luño, no prelo pela Universidad Carlos III/Dykinson, Madri.

2. OS DIREITOS HUMANOS: SUA TRAJETÓRIA E TENDÊNCIAS ATUAIS

O desenvolvimento histórico das liberdades sugere, *prima facie*, uma confirmação da teoria paradigmática. De fato, a transformação histórica dos direitos humanos determinou o surgimento de sucessivas "gerações" de direitos. Os direitos humanos como categorias históricas, que só podem ser significativamente predicados em contextos temporalmente determinados, nascem com a modernidade no âmbito da atmosfera iluminista que inspirou as revoluções burguesas do século XVIII. Esse contexto genético confere aos direitos humanos alguns aspectos ideológicos definidos. Os direitos humanos nascem, como é notório, com um forte cunho individualista, como liberdades individuais que configuram a primeira fase ou geração dos direitos humanos. Essa matriz ideológica individualista sofrerá um amplo processo de erosão e de contestação nas lutas sociais do século XIX. Esses movimentos reivindicativos evidenciarão a necessidade de se completar o catálogo de direitos e liberdades da primeira geração com uma segunda geração de direitos: os direitos econômicos, sociais e culturais. Esses direitos alcançarão sua paulatina consagração jurídica e política na substituição do Estado liberal de direito pelo Estado social de direito.

A estratégia reivindicativa dos direitos humanos apresenta-se hoje com traços inequivocamente avançados ao polarizar-se em torno de temas tais como o direito à paz, os direitos dos consumidores, o direito à qualidade de vida, ou à liberdade informática. Sobre essa base abre-se caminho, com crescente intensidade, para a convicção de que nos encontramos diante de uma terceira geração de direitos humanos complementadora das fases anteriores, referentes às liberdades de caráter individual e aos direitos econômicos, sociais e cul-

---

Um exemplo desses "programas extravagantes" antimodernos de preocupantes consequências é o que se depreende das teses de Peter Sloterdijk. Recentemente suscitou uma notoriedade muito superior à essência e à originalidade de seus argumentos a polêmica promovida por Peter Sloterdijk contra Jürgen Habermas, que na Alemanha ultrapassou os âmbitos acadêmicos para se expressar através de diferentes meios de comunicação. Um dos aspectos centrais dessa polêmica foi precisamente a crítica de Sloterdijk ao projeto humanista iluminista da modernidade. Segundo esse autor, o humanismo moderno significou um modelo sociocultural nivelador e uniformizador, com o consequente desprezo e repressão dos "melhores", isto é, das individualidades superiores. Sloterdijk auspicia, como um projeto alternativo ao humanismo iluminista, um "elitismo genético" baseado nos atuais desenvolvimentos biotecnológicos e no qual também se observa a marca de Nietzsche. Esse projeto poderia forjar uma espécie de "super-homens", seres cuja perfeição e superioridade estaria garantida pelo desenvolvimento da engenharia genética. Entre as obras mais destacadas de SLOTERDIJK, podem-se mencionar: *Estrañamiento del mundo*, trad. esp. de E. Gil, Valência, Pre--textos, 1998; id., *El pensador en escena: el materialismo de Nietzsche*, Valência, Pre-textos, 2000; id., *Normas para el parque humano: una respuesta a la Carta sobre el humanismo de Heidegger*, trad. esp. de T. Rocha, Madri, Siruela, 2000; id., *El desprecio de las masas: ensayo sobre las luchas culturales de la sociedad moderna*, trad. esp. de G. Kano, Valência, Pre-textos, 2002. Para a crítica das concepções irracionalistas e elitistas, na sua rejeição da universalidade dos direitos humanos, ver A. E. PÉREZ LUÑO, *La universalidad de los derechos y el Estado constitucional*, com prólogo de L. Villar Borda, Bogotá, Universidad Externado de Colombia, 2002, pp. 36 ss.

turais. Desse modo, os direitos e liberdades da terceira geração apresentam-se como uma resposta ao fenômeno da denominada "poluição das liberdades" (*liberties pollution*), termo com o qual alguns setores da teoria social anglo--saxã referem-se à erosão e degradação que aflige os direitos fundamentais diante de determinados usos das novas tecnologias.

Seria possível considerar essas mudanças geracionais dos direitos humanos como mudanças de paradigmas. E até se poderia estabelecer certa conexão entre as liberdades da terceira geração e os direitos e liberdades próprios da terceira fase de desenvolvimento do Estado de direito, que em determinadas perspectivas da teoria atual do Direito público se denominam "Estado constitucional"[8]. Não obstante, a concepção geracional dos direitos humanos implica, antes, reconhecer que o catálogo das liberdades nunca será uma obra fechada e acabada. Uma sociedade livre e democrática deverá mostrar-se sempre sensível e aberta ao surgimento de novas necessidades, que fundamentem novos direitos. Enquanto esses direitos não forem reconhecidos no ordenamento jurídico nacional e/ou internacional, atuarão como categorias reivindicativas, pré-normativas e axiológicas. Mas os direitos humanos não são meros postulados de "dever ser". Junto com sua irrenunciável dimensão utópica, que constitui um dos polos de seu significado, contêm um projeto emancipatório real e concreto, que tende a se configurar em formas históricas de liberdade, o que constitui o outro polo de seu conceito. Desprovidos de sua dimensão utópica, os direitos humanos perderiam sua função legitimadora do direito; porém, fora da experiência e da história, perderiam suas próprias características de humanidade. Cada geração aparece assim explicada e exigida pela situação humana que a reclamou, mas, ao mesmo tempo, revela sua relativa insuficiência da qual tem seu ponto de partida a geração sucessiva. A nova geração não é simplesmente "outra" em relação à anterior, mas, de certo modo, é também a anterior porque necessariamente teve de levá-la em conta para completar suas insuficiências e corrigir seus erros. Dessa forma, os direitos humanos evoluem em direção ao presente acumulando o passado e integrando-o com cada inovação. A história dos direitos humanos se revela, ao mesmo tempo, como paradigma e como progresso constante.

Em todo o caso, a teoria dos paradigmas teve a virtude de ressaltar que a ideia dos direitos humanos se realiza sempre dentro de determinadas tradições de pensamento em cujo âmbito se desenvolve a vida cultural. As continuidades ou rupturas atuam sempre em relação a quadros culturais paradigmáticos, que constituem o subsolo intelectual das distintas concepções de direitos humanos. Como revela a crítica a Kuhn, essas tradições de pensamento ou qua-

---

[8] Ver meus trabalhos: "Le generazioni dei diritti umani", in F. RICCOBONO (org.), *Nuovi diritti dell'etá tecnologica*, Atti del convegno tenuto a Roma presso la Libera Università Internazionale degli Studi sociali, 5 e 6 de maio de 1989, Milão, Giuffrè, 1991, pp. 139 ss.; "Las generaciones de derechos fundamentales", *Revista del Centro de Estudios Constitucionales*, 1991, n. 10, pp. 203 ss. Sobre a noção de Estado constitucional, ver meu livro *La universalidad de los derechos humanos y el Estado constitucional*, op. cit., pp. 57 ss.

dros teóricos não são compartimentos estanques e incomunicáveis. Na teoria dos direitos humanos é possível detectar a existência de paradigmas, desde que sejam considerados modelos abertos e porosos a partir dos quais a história das liberdades renasce, inicia caminhos parcialmente novos e volta a se reorganizar.

Esses esclarecimentos metodológicos nos situam diante de uma questão fundamental: que sinais definem a mudança de rumo atual dos direitos humanos? Quais são os aspectos mais decisivos em que se realiza o deslocamento das liberdades para novos âmbitos? Em trabalhos anteriores tentei revelar algumas opções básicas que caracterizam o atual horizonte da teoria do direito e das gerações de direitos humanos[9]. Reelaborando essas apreciações, entendo que a mudança de rumo das liberdades pode ser resumida em três deslocamentos básicos: do essencialismo para o funcionalismo, do antiformalismo para o procedimentalismo e da autopoiese para a heteropoiese. A primeira derivação refere-se ao fundamento e ao significado das liberdades; a segunda, à atitude metódica de seu enfoque; e a terceira, a seus pressupostos, implicações e projeções. Tentarei, por aproximação sucessiva, e com a maior concisão possível, dar conta desses novos rumos sobre os quais navegam os direitos humanos.

2.1. Do essencialismo ao funcionalismo

A concepção das liberdades constitucionais tradicionalmente foi apresentada como um exercício intelectual inclinado a revelar os aspectos permanentes e essenciais que definem cada um dos direitos fundamentais, outorgando-lhes um sentido e uma identidade próprios. A ideia de *rigidez constitucional*, isto é, de garantias jurídicas destinadas a preservar seu conteúdo diante de qualquer tentativa de modificação, estimulava a consideração de que a Constituição possuía algumas características essenciais e inalteráveis, representadas pelas liberdades que constituíam sua base e que, por isso, se denominavam "direitos fundamentais". Essas características refletiam o modelo ou a ideia do pacto social como fundamento da legitimidade do Estado e condição para que os cidadãos possam lhe dar sua aprovação. Referindo-se a essas notas constitutivas, Peter Häberle pôde referir-se a algumas "cláusulas de eternidade" das Constituições[10].

Também contribuiu e contribui para fomentar essa perspectiva de análise o reconhecimento expresso em algumas Constituições de um *conteúdo essen-*

---

[9] Cf. meu discurso sobre *El desbordamiento de las fuentes del Derecho*, Sevilha, Real Academia Sevillana de Legislación y Jurisprudencia, 1993, pp. 87 ss. e 101 ss.; e minha monografia "Análisis funcional de los derechos fundamentales", *Anuario de Derechos Humanos*, 1988, n. 5, pp. 177 ss. Ver também M. J. Fariñas Dulce, *Los derechos humanos: desde la perspectiva sociológico-jurídica a la "actitud postmoderna"*, op. cit., pp. 45 ss.

[10] P. Häberle, "Verfassungsrechtliche Ewigkeitslauseln als verfasugsstaatliche Identitätsgarantien", in *Völkerrecht im Dienste des Menschen. Festschrift für Hans Haug*, Berna/Stuttgart, Paul Haupt, 1986, pp. 81 ss.

cial dos direitos fundamentais constitucionalmente consagrados (a *Grundgesetz* alemã de 1949, art. 19.2, e a espanhola de 1978, em seu art. 53.1). A evolução do pensamento constitucional alemão das últimas décadas registra uma transição de uma concepção do conteúdo essencial como núcleo objetivo intrínseco de cada direito, como entidade prévia e indisponível pelo legislador (Willi Geiger, Weinkauff, Dürig), para uma consideração institucional (personificada em Häberle) definida pelo conjunto de fins objetivamente estabelecidos, isto é, institucionalizados pela Constituição e interpretados de acordo com as condições histórico-sociais que configuram o processo aplicativo da norma constitucional[11].

Paralelamente, na Espanha, o professor Antonio Ojeda, ao examinar a doutrina do Tribunal Constitucional em relação com o reconhecimento do conteúdo essencial da liberdade sindical, referiu-se, não sem certa dose de ironia, a *"um conteúdo essencial um tanto venial"*[12]; a pretensa essencialidade da abordagem da Constituição cede diante do impulso de fatores conjunturais e circunstanciais. Poderíamos pensar, por isso, se não estaria mais de acordo com os fatos substituir a invocação a um pretenso conteúdo essencial pela mais modesta, porém mais realista, de um mero conteúdo existencial. Tudo isso convida a sugerir se não se estará também produzindo uma mudança do essencialismo para o funcionalismo no âmbito da interpretação constitucional, paralela ao fenômeno registrado por Norberto Bobbio, no plano da teoria do direito, e que dá nome a seu livro *Dalla struttura alla funzione*[13].

Seria excesso de prolixidade de minha parte tentar comentar ou até resumir as decisões do maior intérprete da Constituição espanhola em que se reflete a tensão entre as polaridades dessa dicotomia. Basta lembrar que uma de suas primeiras sentenças (STC de 15 de junho de 1981) oferecia uma visão essencialista dos direitos fundamentais ao reputá-los como "componentes estruturais básicos da ordem jurídica objetiva que são fundamento da unidade política"; e mais recentemente, em sua famosa sentença sobre a despenalização do aborto, aludia ao caráter de determinados direitos fundamentais como *"prius* lógico e ontológico de todo o sistema jurídico" (STC 53/1985). Mas, diante delas, começa a surgir progressivamente uma ampla série de decisões funcionalistas, como as que proclamam que a Constituição deseja organizar uma ordem de convivência voltada para o futuro, as que funcionalizam seu conteúdo em favor da consecução multifacetada da ponderação dos bens, ou as que exigem uma interpretação evolutiva e expansiva da Constituição que, longe de ficar petrificada em pautas hermenêuticas imutáveis, deve responder às exigências de uma sociedade em constante mudança[14].

---

[11] Cf. o capítulo 7 deste livro, especialmente pp. 299 ss. e 311 ss.

[12] A. Ojeda Avilés, "Un contenido esencial algo venial", *Revista Española de Derecho del Trabajo*, 1990, n. 44, pp. 581-605.

[13] N. Bobbio, *Dalla struttura alla funzione. Nuovi studi di teoria del diritto*, Milão, Edizioni di Comunità, 1977.

[14] Cf. meu trabalho "Análisis funcional de los derechos fundamentales", cit. na nota 9.

2.2. Da desformalização ao procedimentalismo

Se tivéssemos de descrever a posição dominante nas correntes metodológicas da teoria e da prática do direito nas últimas décadas, poderíamos tomar como ponto de referência o título da obra do sociólogo da cultura americano Morton White, *The Revolt against Formalism*[15]. A rebelião contra o formalismo também encontrou reflexo pontual na interpretação dos direitos constitucionais. Assim, a "desformalização" é uma das exigências que hoje se reivindica a uma hermenêutica da Constituição por aqueles que defendem maior fluidez e flexibilidade dos instrumentos e canais jurídicos de solução para os conflitos sociais.

No imediato pós-guerra produziu-se uma difusa, porém insistente reação em relação aos dogmas da sujeição absoluta do juiz à lei positiva, assim como à concepção mecânica da aplicação judicial do direito. Essa questão foi resolvida em duas frentes: política e teórica. Na primeira, as trágicas consequências, em termos de "perversão da ordem jurídica"[16], que nos sistemas totalitários resultaram da manutenção intransigente do culto à legalidade positiva condensado no princípio *Gesetz ist Gesetz*, motivaram sua profunda revisão. Pretendeu-se, assim, distinguir a submissão do juiz ao direito, enquanto ordem normativa axiologicamente legitimada, de sua servidão aos conteúdos de qualquer tipo de legislação positiva. Ao mesmo tempo, as críticas à ideologia da função judicial, propiciadas na maioria das vezes a partir de enfoques marxistas, ressaltaram que a neutralidade da magistratura, em sua aplicação pretensamente asséptica da lei, encobre, seja ou não consciente disso, a defesa ideológica de interesses políticos.

Essas novas coordenadas contribuíram para fortalecer de tal modo o protagonismo do juiz na elaboração do direito, que se chegou a caracterizar a situação jurídica do presente como suplantação do direito legal (*Gesetzrecht*) pelo direito judicial (*Richterrecht*). A crise da função da lei como fonte exclusiva do direito incrementou uma renovada dimensão pretoriana da produção jurídica, a ponto de suscitar uma aberta polêmica sobre os denominados "juízes legisladores"[17]. Porém, esse processo, juntamente com suas luzes, em ter-

---

[15] M. White, *Social Thought in America: The Revolt against Formalism*, Nova York, 1952.

[16] *Die Perversion von Techtsordnungen*, Tübingen, J. C. B. Morh (Paul Siebeck), 1955, é o título de um destacado livro de Fritz von Hippel em que são analisadas as funestas consequências do nazismo na experiência jurídica alemã.

[17] A. Arndt, "Gesetzrecht und Richterrecht", in *Neue Juristiscche Wochenschrift*, 1963, pp. 1273 ss. Entre os trabalhos publicados na Espanha sobre as atuais orientações da função judicial, podem ser citadas os devidos a: J. A. García Amado, *Teorías de la Tópica Jurídica*, Madri, Civitas, 1988; J. Igartua (org.), *Los jueces en una sociedad democrática*, Oñati, IVAP, 1987, nota 72; A. Ollero, *Interpretación del Derecho y positivismo legalista*, Madri, Edersa, 1982; L. Pietro Sanchís, *Ideología e interpretación jurídica*, Madri, Tecnos, 1987, nota 72; M. Saavedra, *Interpretación del Derecho e ideología*, Universidad de Granada, 1978. Em relação aos juízes legisladores, cf.: O. Bachof, "Der Richter als Gesetzgeber?", in J. Gernhuber (org.), *Tradition und Fortschrift im Recht. Festschrift gewidmet der Tübingen Juristenfakultät zu ihrem 500. Jährigen Bestehen*, Tübingen, J. C. B. Mohr, 1977, pp. 177 ss.; M. Cappelletti, *Giudici legislatori?*, Milão, Giuffrè, 1984.

mos de uma melhor adaptação dos sistemas jurídicos às exigências das sociedades em constante transformação, comporta as sombras de seu custo em desgaste da segurança jurídica[18].

O TC espanhol também mostrou sua hostilidade ao formalismo. Buscando em sua jurisprudência, encontram-se afirmações tão contundentes como estas: "as normas que contêm requisitos formais devem ser aplicadas tendo sempre presente o objetivo perseguido ao serem estabelecidos esses requisitos, evitando qualquer excesso formalista" (STC 17/1985, de 9 de fevereiro, FJ 2); da mesma forma propugna "prevenir uma manipulação meramente formalista" na admissibilidade do mandado de segurança (de 14 de julho de 1981); com relação à natureza do mandado de segurança, o TC o define como "um recurso concebido em termos escassamente formalistas" (STC 28/1982, de 26 de maio, FJ 1); e se refere a "um rigorismo formalista contrário à jurisprudência deste Tribunal" (STC 81/1983, de 10 de outubro, FJ 1).

No entanto, essas tendências antiformalistas entraram em choque, nos últimos anos, com a tendência para o *procedimentalismo*. Convém não esquecer que em uma recente coletânea, *Critical Legal Thought*, que vem a ser para os anos 1990 o que na década de 1970 significou o Congresso de Catania sobre o Uso Alternativo do Direito, Rudolf Wiethölter definiu a tarefa a ser cumprida nos anos imediatos pela teoria crítica do direito, como a "Proceduralização" das categorias jurídicas[19]. Essa tarefa foi concretizada, na própria obra, por Erhard Denninger como um esforço para garantir, através do procedimento, um equilíbrio de posições entre os membros da sociedade democrática, nas relações entre particulares e destes com os poderes públicos. Esse *status activus processualis*, que completaria a teoria dos *status* elaborada por Jellinek, constitui um fator-chave dos Estados de direito para assegurar o exercício pleno de todas as liberdades. Esse *status* processual é concebido como o reconhecimento de cada pessoa de participar ativamente e assumir sua própria responsabilidade nos procedimentos que a afetam, assim como nas estruturas organizativas. No plano dos direitos fundamentais, implica acolher formas de participação dinâmicas e ativas por parte dos interessados nos procedimentos voltados à formação dos atos jurídicos[20].

Repercutindo essa inquietação, que não tem por que supor uma recaída no formalismo, o TC espanhol reconheceu que: "Para a ordenação adequada do processo existem impostos, formas e requisitos processuais que, por afetar

---

[18] Ver meu livro *La seguridad jurídica*, 2. ed., Barcelona, Ariel, 1994, pp. 133 ss.

[19] R. WIETHÖLTER, "Proceduralization of the Category of Law", in Ch. JOERGES e D. M. TRUBEK (orgs.), *Critical Legal Thought: An American-German Debate*, Baden-Baden, Nomos, 1989, pp. 501 ss.; id., "Materialization and Proceduralization in Modern Law", in G. TEUBNER (org.), *Dilemmas of Law in the Welfare State*, Berlim/Nova York, Walter de Gruyter, 1986, pp. 221 ss. Cf. G. MARTIN, H. RENK e M. SUDHOF, "Masstäbe, Foren, Verfahren: Das Prozeduralisierungskonzept Rudolf Wiethölters", *Kritische Justiz*, 1989, n. 2, pp. 244 ss.

[20] E. DENNINGER, "Government Assistance in the Exercise of Basic Rights (Procedure of Organization)", in *Critical Legal Thought: An American-German Debate*, op. cit., pp. 461 ss.

a ordem pública, são de necessária observância por sua racionalidade e eficácia", mas sem que isso signifique aceitar a validade dos obstáculos processuais que "sejam produto de um desnecessário formalismo e que não se coadunam com o direito à justiça" (STC 95/1983, de 14 de novembro, FJ 5; ver também, nesse mesmo sentido, as SSTC 3/1983, de 25 de janeiro, FJ 1; 19/1983, de 14 de março, FJ 4; 65/1983, de 21 de julho, FJ 4).

Com relação à tensão entre os enfoques *antiformalistas* e *procedimentais* das liberdades, entendo que é desejável uma postura mediadora. Cabe solicitar aos atuais empenhos teóricos e práticos sobre a significação dos direitos humanos um esforço de mediação entre um antiformalismo, corolário do desejo de apoiar as liberdades na justiça material, e um procedimentalismo entendido como respeito às garantias processuais que são inerentes e irrenunciáveis em um Estado de direito. Não custa recordar, além disso, que as mais recentes e estimulantes reivindicações do procedimentalismo não pretendem o retorno aos velhos postulados formalistas, mas garantir por via do procedimento a imparcialidade e a simetria de posições da participação intersubjetiva na consecução dos grandes valores éticos, jurídicos e políticos.

2.3. DA AUTOPOIESE À HETEROPOIESE

Convém observar que essa revalorização do procedimento por parte de Wiethölter e Denninger, ambos influenciados diretamente pela Escola de Frankfurt, sobretudo por Habermas, não tem nada a ver com a *Legitimation durch Verfahren*, auspiciada em um conhecido livro de Niklas Luhmann[21]. Como se sabe, a justificação procedimental – enquanto procedimento de consenso – dos valores defendida por Habermas não implica apenas o respeito às posições formais, mas a defesa de um procedimento que tem como pressuposto a ausência de dominação nas estruturas sociais e que tende a criar as bases para uma sociedade definitivamente emancipada e desalienada. Existe, portanto, uma radical diferença das teses sustentadas por Luhmann e por Günter Teubner, para os quais o procedimento constitui o instrumento para uma legitimação autopoiética do direito. De acordo com essas premissas, os direitos constitucionais seriam um sistema baseado na autorreferência (*Selbsreferenz*), que se constitui, se conserva, se reproduz e se explica por pautas internas, através de um processo de contínua autoconstituição. A autopoiese explica a

---

[21] N. LUHMANN, *Legitimation durch Verfahren*, Neuwied/Berlin, Luchterhand, 1969; "The Unity of the Legal System", in G. TEUBNER (org.), *Autopoietic Law*, Berlin/Nova York, Walter de Gruyter, 1988; "Coding of de Legal System", in G. TEUBNER (org.), *State, Law, Economy as Autopoietic Systems*, Berlin/Nova York, Walter de Gruyter, 1989; G. TEUBNER, "And God Laughed... Indeterminacy, Self-Reference and Paradox in Law", in Ch. JOERGES e D. M. TRUBEK (orgs.), *Critical Legal Thought: An American-German Debate*, Baden-Baden, Nomos, 1989; "Social Order from Legislative Noise? Autopoietic Closure as a Problem or Legal Regulation", in *State, Law, Economy as Autopoietic Systems*, op. cit.; *Recht als autopoietisches System*, Frankfurt a. M., Suhrkamp, 1989.

unidade, a plenitude e a clausura do sistema jurídico e do subsistema constitucional dos direitos fundamentais.

Essas teses encontrariam certa repercussão na interpretação constitucional da obra de Friedrich Müller *Einheit der Verfassung*. É importante observar, contudo, que a obra mais significativa e completa de Friedrich Müller, sua recente coletânea *Strukturierende Rechtslehre*, implica uma inequívoca atitude heteropoiética. Nesse livro, Friedrich Müller desenvolve sua doutrina sobre a relevância concreta dos direitos fundamentais ao considerar que o conteúdo de cada direito fundamental é determinado pelo jogo do "programa normativo" e pelo "setor normativo" dos diferentes direitos. O primeiro termo designa o mandato ou prescrição contido na norma que delimita seu objetivo e projeções, enquanto o segundo faz referência ao âmbito da vida social que o "programa normativo" selecionou ou delimitou como objeto de sua regulação. Müller insiste, quase obsessivamente, em contrapor ao conceito formal e abstrato (autopoiético) da norma, sua alternativa favorável a um processo prático de estruturação concreta e empírica (heteropoiética) da normatividade. Seu enfoque propugna uma mediação constante entre a estática do texto normativo, a dinâmica de sua dimensão programática e suas projeções "setorial normativas" nos âmbitos da realidade social[22].

Devo anunciar, de imediato, minha discordância pessoal com os enfoques autopoiéticos. Entendo que o que essas premissas metódicas podem ter de bom não é novo e que o que têm de novo não é bom. A tentativa mais acabada de explicar o direito através de um sistema fechado, autônomo, autossuficiente em função de um conceito autorreferente de validade normativa deve-se a Kelsen, ao ideal kelseniano da pureza metódica, *Reinheit*, como tentativa de explicar o direito sem importar modelos externos da política, da sociologia ou da ética. Diante desse ambicioso, porém coerente propósito, os atuais esforços de Luhmann e Teubner incorrem na inconsequência metodológica de querer fundar a autopoiese jurídica sobre a base de modelos importados de outras ciências não jurídicas. Pois a ideia de sistema autopoiético procede da biologia, concretamente das pesquisas biológicas de Varela e Maturana[23].

Talvez se deva recordar aqui, como sintoma exemplar dos esforços atuais superadores da autopoiese e orientados na direção heteropoiética, a expressiva obra de Luigi Ferrajoli, *Diritto e ragione*. Nela estabelece, como postulado central de sua concepção filosófico-jurídica e política "garantista", o impor ao direito e ao Estado "*l'onere della giustificazione esterna*", isto é, a exigência de que o direito e, consequentemente, também os direitos fundamentais, se justifiquem em função dos bens e interesses cuja garantia constitui sua finalidade[24].

---

[22] F. Müller, *Die Einheit der Verfassung*, Berlim, Duncker & Humblot, 1979; id., *Strukturierende Rechtslehre*, 2. ed., completamente reelaborada, ampliada e atualizada, Berlim, Duncker & Humblot, 1994. Cf. minha análise desta última obra na *Revista de Estudios Políticos*, 1995, n. 88, pp. 341 ss.

[23] Cf. meu trabalho *El desbordamiento de las fuentes del Derecho*, op. cit., pp. 57 ss.

[24] L. Ferrajoli, *Diritto e ragione. Teoria del garantismo penale*, Roma/Bari, Laterza, 1989, p. 893 (esta obra possui uma trad. esp. de P. Andrés Ibáñez et al., Madri, Trotta, 1995); id., *Derechos y garantías. La ley del más débil*, Madri, Trotta, 1999.

3. OS NOVOS DESAFIOS DO CONSTITUCIONALISMO: PARA UM DIREITO CONSTITUCIONAL COMUM EUROPEU

Assim como tivemos oportunidade de expor os traços característicos da presente situação das liberdades, também o constitucionalismo atual registra tendências que lhe conferem uma fisionomia peculiar. No âmbito dessas orientações, talvez as mais significativas sejam as concernentes aos processos de comunicação, recepção e unificação constitucional. Dentre eles se destacam os atuais esforços voltados à elaboração de um Direito Constitucional Comum Europeu.

Em aparente paradoxo, o termo "Direito Constitucional Comum Europeu" (DCCE) é uma expressão nova de velha raiz jurídica. Trata-se de uma expressão nova enquanto foi cunhada pelo professor Peter Häberle, catedrático de Filosofia do Direito e de Direito Público nas Universidades de Bayreuth e Saint Gallen, mas seu modelo inspirador remonta ao *ius commune*. O DCCE é integrado por "um conjunto de princípios constitucionais 'particulares' que se tornam 'comuns' aos diferentes Estados nacionais europeus, tendo sido positivados ou não"[25]. Esses "princípios comuns" procedem das Constituições dos Estados de direito europeus, do direito constitucional consuetudinário desses Estados, assim como do "direito europeu" que surgiu da União Europeia, do Conselho da Europa e da Conferência para a Segurança e Cooperação na Europa.

Esses princípios integradores do DCCE estão destinados a cumprir no âmbito do direito público um papel semelhante ao desempenhado pelo *ius commune* como fundamento das instituições do direito privado; configurando-se como um autêntico *ius commune constitutionale*[26].

3.1. Elementos constituintes do DCCE

Condensada em seus elementos básicos, a concepção do DCCE que emana das teses de Häberle pode ser resumida em:

a) um *método*: a comparação jurídica das normas, princípios e instituições que constituem os direitos nacionais dos Estados europeus. Peter Häberle considera o Direito comparado como o "quinto método" de interpretação (*fünfte Auslegungsmethode*) que se soma às quatro posturas hermenêuticas clássicas (gramatical, lógica, histórica e sistemática) elaboradas por Savigny[27].

---

[25] P. Häberle, "Derecho Constitucional Común Europeo", trad. esp. de E. Mikunda, *REP*, 1993, n. 79, p. 11.

[26] Ibid., p. 36.

[27] Ibid., pp. 27 ss.; ver também sobre esse ponto seus trabalhos: "Grundrechtsgeltung und Grundrechtsinterpretation im Verfassungsstaat", in *Juristen Zeitung*, 1989, pp. 913 ss., reed. in A. López Pina (org.), *La garantía constitucional de los derechos fundamentales*, Madri, Civitas, 1991, pp. 260 ss.; "Theorieelemente eines allgemeinen juristichen Rezeptionsmodells", in *Juristen Zeitung*, 1992, pp. 1033 ss., e "Verfassungsrechtliche Fragen im Process der europäischen Einigung", in

A comparação jurídica "aparece assim como a 'chave comum europeia', como o método de elaboração do contexto europeu por excelência"[28].

Convém observar que, para Peter Häberle, o "quinto método", que obriga a elaborar o similar e o desigual, não só ajuda a conhecer os sistemas jurídicos alheios, mas a compreender melhor o próprio. O professor de Bayereuth entende que o postulado de Goethe, segundo o qual quem não conhece nenhum idioma estrangeiro tampouco conhece o seu, é plenamente aplicável aos juristas em relação ao seu ordenamento jurídico nacional[29].

Não parece ocioso lembrar, neste ponto, que a comparação jurídica pode ter por objeto normas, instituições e sistemas jurídicos em seu conjunto e que, à medida que seu âmbito se amplia, se tornam mais estreitas suas relações com a Filosofia do Direito. Uma comparação entre coisas completamente heterogêneas não é possível, já que se baseia na observação do que é semelhante e dessemelhante dentro de uma mesma classe ou espécie de objetos. "Desse modo", escrevia Del Vecchio, "não há dúvida de que a comparação jurídica pressupõe a ideia do direito, mesmo quando não é contemplada *sub specie aeterni* nem analisada abstratamente, uma vez que, pelo contrário, deve ser considerada concretamente, em sua realização múltipla nos dados e fatos da experiência"[30].

Quando se propõe impulsionar processos de unificação jurídica, como no caso do DCCE, o método comparativo não pode reduzir-se a um catálogo ou inventário de coincidências e diferenças entre as leis e instituições vigentes em um mesmo período em distintos ordenamentos jurídicos. Qualquer movimento unificador no direito leva a indagar sobre as características jurídicas comuns que integram o patrimônio de valores universais da humanidade, ou sobre o patrimônio cultural de determinadas áreas geográficas. A comparação jurídica desemboca na Filosofia do Direito porque, em última instância, se fundamenta na unidade do gênero humano[31].

b) De acordo com as exigências dessa atitude metódica, o *fundamento* do novo direito se constrói sobre "a unidade cultural da Europa, cuja raiz forma o substrato do DCCE"[32]. O direito é, para Häberle, uma manifestação cultural forjada sobre experiências positivas e negativas da história. Por isso, o DCCE aparece, ao mesmo tempo, como *consequência* da própria identidade cultural

---

Europäische Grundrechte Zeitschrift, 1992, pp. 429 ss. Alguns dos trabalhos mais significativos de PETER HÄBERLE referentes à cultura jurídica europeia foram reunidos em sua obra *Europäische Rechtskultur*, Baden-Baden, Nomos, 1994.

[28] Ibid., p. 43.

[29] P. HÄBERLE, "El concepto de los derechos fundamentales", conferência apresentada no *Seminario Internacional sobre Problemas Actuales de los Derechos Fundamentales*, Madri, Universidad Carlos III, 1º a 4 de junho de 1993, citado segundo o texto do *paper* apresentado no Congresso, p. 110.

[30] G. DEL VECCHIO, *La unidad del espíritu humano como base para el estudio comparativo del Derecho*, trad. esp. de E. Galán y Gutiérrez, Madri, Reus, 1953, p. 4.

[31] Ibid., passim. Cf. minhas *Lecciones de Filosofía del Derecho*, 7. ed., 2. ed. em Sevilha, Mergablum, 1999, pp. 142 ss.

[32] P. HÄBERLE, "Derecho Constitucional Común Europeo", op. cit., p. 27.

dos povos da Europa e como *estímulo* para a "europeização da Europa" (*Europäisierung Europas*)³³.

Essas teses conectam e ampliam as diversas concepções da Europa como expressão de cultura. Nesse ponto, ainda é eloquente o testemunho doutrinal de Paul Koschaker, que afirmou categoricamente: "A Europa é, antes de tudo, um fenômeno cultural, uma mistura de elementos culturais clássicos e germânicos, com preponderância do fator romano, e na qual não é possível prescindir do elemento cristão." Daí a convicção de que a Europa não é "um produto natural, um caso geográfico espontâneo, mas é uma criação da história"³⁴. Isto é, a Europa é uma realidade de fronteiras geográficas móveis e contingentes que, por isso, resume sua identidade na cultura. Na Espanha, essa mesma ideia foi expressa com clareza exemplar por Antonio Truyol y Serra em seu Discurso de ingresso na Real Academia de Ciências Morais e Políticas sobre *La integración europea*, texto premonitório em vários aspectos³⁵.

A comunicação do direito apresenta-se, em suma, como um aspecto do fenômeno mais amplo e geral da comunicação da cultura. A ciência jurídica e os sistemas normativos estão integrados no âmbito das manifestações culturais às quais sempre estiveram ligados³⁶.

c) Ao DCCE é atribuído como *objetivo* ou *fim* prioritário contribuir para estabelecer uma Constituição comum para a Europa. Em reiteradas ocasiões, com referência expressa à UE, denunciou-se que se trata de uma organização institucional econômica e política que carece de Constituição. O DCCE viria para preencher essa lacuna e até mesmo superá-la, uma vez que a tão esperada Constituição europeia seria de toda a Europa cultural e não apenas da comunitária. A Constituição europeia representa a casa constitucional comum europeia (*das gemeinsame europäische Verfassungshaus*), com múltiplos quartos

---

³³ P. HÄBERLE, "Verfassungsrechtliche Fragen im Process der europäischen Einigung", op. cit., p. 429.

³⁴ P. KOSCHAKER, *Europa y el Derecho romano*, trad. esp. de J. Santa Cruz, Madri, Edersa, 1955, pp. 18 e 21.

³⁵ A. TRUYOL Y SERRA, *La integración europea: Idea y realidad*, Madri, Real Academia de Ciencias Morales y Políticas, 1972.

³⁶ P. HÄBERLE, "Theorieelemente eines allgemeinen juristischen Rezeptionsmodells", op. cit., p. 1033. Embora não se possa falar de uma adesão estrita de Häberle às propostas da Filosofia do Direito da cultura, tendência que nas primeiras décadas do século XX contou na Alemanha com figuras tão representativas como as de Emil Lask, Max Ernst Mayer, Fritz Münch e do próprio Gustav Radbruch, existem numerosos pontos de coincidência entre sua obra e a daqueles pensadores. Os trabalhos de HÄBERLE especialmente significativos para avaliar sua orientação jurídica culturalista são: "Zeit und Verfassungskultur", in *Die Zeit* (Schriften der Carl-Friedrich-von Siemens--Stiftung), 1983, pp. 289 ss.; id., *Klassikertexteim Verfassungskultur I*, Berlim/Nova York, Walter de Gruyter, 1981; id., *Feiertagsgarantien als Kulturelle Identitätselemente des Verfassungsstaates*, Berlim, Duncker & Humblot, 1987; *Teoría de la Constitución como ciencia de la cultura*, ed. esp. org. por E. Mikunda, Madri, Tecnos, 2000. Sobre a cultura constitucional espanhola, ver J. L. CASCAJO CASTRO, "Apuntes sobre transición política y cultura constitucional: el caso español", in *Responsa iurisperitorum Digesta*, vol. III, Salamanca, Ediciones Universidad, 2002, pp. 29 ss.

para o interior e para o exterior, mas com autoconsciência de que seus alicerces são comuns[37].

Entre esses alicerces comuns do DCCE, deve-se insistir no relevante papel jurídico que, como guia de atuação e fonte de obrigações de comportamento, desempenham os princípios concretizados nos direitos fundamentais que emanam das Constituições dos Estados-membros e do Convênio Europeu dos Direitos Humanos. A expressão feliz de Karl-Peter Sommermann quando se refere a uma *"Menschenrechtsfreundlichkeit des Grundgesetzes"*, isto é, uma amizade ou afeição da Lei Fundamental alemã dirigida aos direitos humanos[38], é perfeitamente aplicável ao DCCE, que resume seu aparato normativo nos princípios basicamente integrados por direitos fundamentais.

A Constituição comum europeia implicaria a culminação do método comparativo e do fundamento cultural do DCCE. Seria o produto da estreita e profunda colaboração, por via comparativa, das distintas culturas europeias. Peter Häberle mostra como em várias disciplinas, como a história, a literatura e a arte, existem antecedentes de uma partilha do acervo cultural europeu. Esses modelos obrigam os juristas a se perguntar se já chegou o momento de um trabalho em comum para a elaboração de uma Constituição europeia. O ambicioso propósito de Häberle preencheu um vazio doutrinal em uma época na qual se sucederam acontecimentos e transformações políticas e jurídicas na Europa, com maior rapidez que a reflexão destinada não apenas a prevê-los, mas também a explicá-los. O prestígio de determinadas ciências sociais baseava-se em sua pretensa capacidade de prever o curso dos acontecimentos coletivos. Por isso, os eventos que estão mais próximos de nossas experiências mais decisivas dos últimos anos, tais como a queda do muro de Berlim e a subsequente reunificação alemã, o desmoronamento do bloco socialista do Leste, as guerras balcânicas, comprometeram, com a prova irrefutável dos fatos, a suposta capacidade de previsão das ciências sociais. Daí o interesse dos esforços teóricos que, como o proposto por Häberle, visam não apenas dar conta do direito constitucional europeu, mas programar o previsível para um futuro que está se tornando presente.

3.2. APORIAS E OPÇÕES DO DCCE

Apesar dos méritos inquestionáveis da proposta formulada por Häberle, ela se depara com encruzilhadas que não podem ser evitadas e das quais o próprio Häberle é, de forma implícita, consciente.

---

[37] P. HÄBERLE, "Theorieelemente eines allgemeinen juristischen Rezeptionsmodells", cit., pp. 1033 ss.; "Verfassungsrechtliche Fragen im Process der europäischen Einigung", op. cit., pp. 430 ss.

[38] K.-P. SOMMERMANN, "Völkerrechtlich garantierte Menschenrechte als Massstab der Verfassungskonkretisierung. Die Menschenrechtsfreundlichkeit des Grundgesetzes", in *Archiv des öffentlichen Rechts*, 1989, pp. 391 ss. Cf., sobre o alcance dos princípios, meu trabalho "Principi generali del diritto: fortuna attuale di una formula sfortunata", in F. MODUGNO (org.), *Esperienze Giuridiche del '900*, Milão, Giuffrè, 2000, pp. 159 ss.; "La peculiaridad normativa de los principios generales del Derecho", *Persona y Derecho*, 2000, vol. 42, pp. 131 ss.

a) Em primeiro lugar, surge a dúvida sobre se, *hic et nunc*, o DCCE constitui um *tipo ideal*, uma hipótese teórica de trabalho, ou se já representa uma *realidade verificável* e operativa. Determinadas afirmações do professor Häberle parecem corroborar a dimensão ideal do DCCE. Assim, quando enfatiza o protagonismo da ciência jurídica na configuração desse novo direito, que viria a ser como uma renovada versão de um *Juristenrecht*[39]; e especialmente quando reconhece que a esfera teórica da elaboração do DCCE não pode evitar "certas doses de ousadia, pois a própria Europa jamais avançaria um passo em seu desenvolvimento sem algumas gotas de utopia"[40].

No entanto, em outros momentos o DCCE deixa de se apresentar como uma hipótese *de lege ferenda* ou um projeto do *ius condendum*. Assim, quando lembra que existe um conjunto de princípios europeus comuns que já estão em vigor. Entre eles, caberia mencionar o Estado constitucional, que implica o respeito à dignidade humana, a democracia pluralista, os direitos fundamentais, o Estado de direito que assegura o império da lei, a justiça social, a autogestão administrativa em âmbito municipal, a subsidiariedade, a tolerância e o respeito das minorias, assim como o regionalismo e o federalismo; além disso, estão se tornando comuns os fins constitucionais europeus em matéria de desenvolvimento cultural, proteção do meio ambiente e Estado social[41].

O DCCE se manifesta, portanto, como uma categoria ambivalente constituída por princípios e instituições que atuam nos diferentes sistemas jurídicos europeus (embora seja conveniente lembrar que tais princípios não são apenas os do direito positivo). Mas, ao mesmo tempo, é uma tarefa aberta aos diferentes operadores jurídicos: legisladores, juízes e especialmente cientistas do direito, dedicados a esclarecer, desenvolver e elaborar princípios jurídicos comuns para a obtenção de uma Constituição europeia comum.

b) A tese de Häberle apresenta também uma disjuntiva sobre o sentido *horizontal* ou *vertical* dos processos integrantes do DCCE. Häberle reitera que se deve excluir qualquer precipitação na construção da nova ordem jurídica europeia. Esse direito não deve ser convertido em um instrumento "de aplanamento ou nivelamento uniforme nem de igualação forçosa de todo direito constitucional nacional, em uma Europa unida puramente imaginária ou com pretensões de chegar a sê-lo"[42]. O DCCE deve ser o resultado de uma ação harmônica e paralela dos operadores do direito (legisladores, juízes e juristas) das distintas culturas jurídicas europeias.

---

[39] Cf. P. Häberle, "Derecho Constitucional Común Europeo", op. cit., p. 44; id., "Theorieelemente eines allgemeinen juristischen Rezeptionsmodells", op. cit., pp. 1042 ss.

[40] P. Häberle, "Derecho Constitucional Común Europeo", op. cit., p. 11.

[41] P. Häberle, "Derecho Constitucional Común Europeo", op. cit., pp. 22 ss.; id., "Verfassungsrechtliche Fragen im Process der europäischen Einigung", op. cit., pp. 432 ss.

[42] P. Häberle, "Derecho Constitucional Común Europeo", op. cit., p. 38. Häberle mostra-se decididamente partidário de um constitucionalismo pluralista, que exclui qualquer aceitação de um modelo vertical ou hierárquico nessa matéria. Ver, sobre isso, seu livro *Pluralismo y Constitución. Estudios de Teoría Constitucional de la sociedad abierta*, org. por E. Mikunda, Madri, Tecnos, 2002.

Esse propósito de construção horizontal, isto é, baseado na simetria e equilíbrio de princípios das diferentes culturas jurídicas europeias, parece ajustar-se pouco com a teoria da "voz cantante" a que se refere o próprio Häberle como fator criativo do DCCE. Peter Häberle estabelece uma sugestiva analogia entre os processos formadores do DCCE e um concerto musical em que muitas nações algumas vezes representam a "voz cantante" e em outras atuam apenas como "acompanhamento". Entende Häberle que a história constitucional ensina quais foram as contribuições nacionais de maior êxito nos processos de produção e recepção de princípios jurídicos comuns europeus. Assim, entre os exemplos clássicos, caberia citar o parlamentarismo britânico, as declarações de direitos humanos francesas, e a divisão de poderes de Montesquieu. Mais recentemente podem-se citar, entre outros exemplos, a contribuição da Alemanha ao acervo europeu da doutrina e da jurisprudência dos direitos fundamentais, ou o artigo 24 da Constituição grega de 1975, que serviu de modelo para a proteção do meio ambiente; a doutrina francesa da discricionariedade tão aplicada no direito comunitário etc.[43].

Para evitar o obstáculo de uma contraposição entre uma proposta pluralista e uma horizontal do DCCE, que seria o produto de um "massa coral" e sua teoria vertical e dirigista da "voz cantante", Häberle indica uma via de mediação. Com ela, trata de evitar a unilateralidade de ambas as polaridades. "Não existem diretores de orquestra na configuração do DCCE; trata-se antes de uma 'partitura' integrada por notas procedentes das diferentes nações europeias. Nessa partitura contrapontista não há lugar para 'diretores de orquestra'; o máximo que se permite é entoar a 'voz cantante' durante um período de tempo limitado."[44]

c) Essas alternativas se prolongam e desembocam na proposição de uma opção entre *eurocentrismo* e *multiculturalismo*. Caberia considerar as teses de Häberle para a configuração do DCCE como uma iniciativa jurídica e política de inequívoco caráter eurocentrista. A partir dessas coordenadas, caberia pensar que sua teoria representa uma renovada legitimação ideológica da superioridade do gênio cultural e jurídico europeu. No pensamento jurídico europeu do século XVIII e XIX e na primeira metade do século XX existia a convicção, mais ou menos consciente, de que entre as diferentes culturas jurídicas havia uma hierarquia na qual a Europa ocupava o primeiro lugar. Por isso, quando se apelava para valores próprios dos países civilizados, na realidade desejava-se aludir aos pertencentes à cultura jurídica europeia. As referências à cultura jurídica da humanidade hipostasiavam o que, de fato, eram apelos aos modelos jurídicos europeus. O progresso jurídico, às vezes avaliado por determinada concepção do direito comparado, consistia em fazer com que as outras culturas "saíssem" de sua barbárie ou subdesenvolvimento e se acomodassem ao quadro jurídico institucional europeu, o que se considerava que resultaria em um benefício para elas.

---

[43] P. Häberle, "Theorieelemente eines allgemeinen juristischen Rezeptionsmodells", op. cit., p. 1.042.

[44] Ibid.

Essa fase de colonialismo jurídico eurocêntrico sofreu uma profunda crise com o movimento descolonizador que se seguiu ao fim da Segunda Guerra Mundial. Hoje, pelo contrário, assiste-se a um fenômeno que tende a enfatizar a peculiaridade das distintas civilizações e o consequente multiculturalismo jurídico. Mas, por sua vez, esse fenômeno pode incubar o risco de um relativismo jurídico cultural com a consequente perda do horizonte universalista e cosmopolita das liberdades e do constitucionalismo.

Peter Häberle, que é um pensador excepcionalmente perspicaz para captar os sinais definitórios de nossa época, não poderia deixar de ser sensível a essas circunstâncias. Talvez isso se deva à sua vontade deliberada de impedir que se possa acusar o DCCE de ser um instrumento disfarçado para absorver e fagocitar outras culturas jurídicas e os diferentes direitos nacionais europeus. Para evitar esse receio, afirma reiteradamente que o DCCE não nasceu para negar nem abolir "o Direito constitucional *sui generis* de cada nação, mas, pelo contrário, pretende antes de tudo colaborar em sua fundamentação, assumi-lo e, simultaneamente, fortalecê-lo"[45]. Da mesma forma, ao expor os limites e riscos do DCCE, explicita que o valor e a força do DCCE dependem de sua riqueza, incluindo o sentido particular e as peculiaridades de cada um dos tipos de direitos contidos em suas Constituições nacionais[46].

Parece depreender-se dessas declarações que a formação do DCCE deveria ser o resultado de uma comparação por via indutiva dos diferentes sistemas constitucionais nacionais europeus. Contudo, essa seria uma conclusão enganosa. É fato que na elaboração do DCCE concorrem as experiências legislativas, judiciais e doutrinais das distintas nações da Europa, porém o DCCE não é a mera soma desses elementos. O DCCE constitui uma categoria cultural prévia a esses elementos particulares e, portanto, em sua elaboração deve-se trabalhar também pela via dedutiva, a partir da ideia de uma comunidade de valores e princípios jurídicos europeus que atuam como elemento configurador, aglutinante e orientador do processo. Se não existisse a convicção de um tipo ideal de DCCE, seria impossível examinar e avaliar a aproximação ou o distanciamento das diferentes experiências jurídicas europeias em relação a esse ideal superior que, como se afirmou, funciona como motor "utópico" do processo de convergência jurídica europeu.

Häberle concebe o devir dos direitos fundamentais como uma trajetória destinada culminar no *status mundialis hominis*, do qual se deriva, no plano da fundamentação teórica, o *status civilis* e *culturalis* nacional. Os direitos fundamentais universais devem penetrar na teoria e na prática dos direitos fundamentais nacionais. Isso exige um concerto multinacional e multicultural de muitas, ou melhor, de quase todas as culturas e doutrinas de direitos fundamentais[47].

---

[45] P. Häberle, "Derecho Constitucional Común Europeo", op. cit., p. 13.

[46] P. Häberle, "Verfassungsrechtliche Fragen im Process der europäischen Einigung", op. cit., pp. 430 ss.

[47] P. Häberle, "El concepto de los derechos fundamentales", op. cit., pp. 94 ss.

A garantia dos direitos fundamentais, em sua dimensão operativa prática, deve começar a ser implantada no âmbito dos Estados nacionais para posteriormente ser universalizada, mas os direitos fundamentais nacionais só podem ser interpretados a partir dos direitos humanos universais; e nesse aspecto o artigo 10.2 da Constituição espanhola oferece um estimulante exemplo. Em suma, o DCCE não pode abdicar de sua vocação supranacionalista e de seu papel de etapa na configuração de um direito constitucional em que tenha plena vigência o *status mundialis hominis* como direito fundamental universal[48].

É evidente que a construção de um DCCE deve obrigatoriamente apresentar-se com inequívoca vocação universalista e multicultural de cunho humanista e cosmopolita, principalmente quando é apresentada a partir de uma filosofia da cultura, como no caso de Häberle. Sensível a essa exigência, a construção do professor de Bayereuth concebe o *ius commune constitutionale europeum* como uma etapa, ou aspecto parcial, do desenvolvimento jurídico da humanidade enquanto chega o momento do "Estado constitucional em nível planetário"[49]. A introdução dos pressupostos do Estado constitucional no Leste Europeu e, através dela, em grandes áreas da Ásia, sua paulatina presença nos países africanos em vias de desenvolvimento, assim como a influência do constitucionalismo luso-espanhol na Ibero-América são marcos voltados para essa realização.

Seria, portanto, uma grave incompreensão do DCCE delineado por Häberle entendê-lo como um arrazoado eurocentrista encobridor de um renovado colonialismo jurídico-constitucional. Mas essa sensibilidade pelas exigências jurídicas do multiculturalismo não o torna um relativista. Um de seus últimos trabalhos refere-se precisamente ao desafio que representa o fundamentalismo para o Estado constitucional. Na opinião de Häberle, a melhor defesa da sociedade aberta contra os perigos dos fundamentalismos de todo tipo será a garantia real de três liberdades básicas inerentes ao Estado de direito: a liberdade em matéria de crenças (tolerância), a liberdade da arte e a liberdade da ciência[50].

Retomando o fio condutor da argumentação de Häberle, pode-se resumir sua atitude em relação às três alternativas básicas aqui consideradas nos seguintes termos:

1º) No que diz respeito ao significado ideal ou empírico do DCCE, infere-se de suas teses que esse novo direito não é uma enteléquia, mas uma realidade operativa que conta com um suporte de experiências jurídicas concretas e ope-

---

[48] Ibid., p. 126.

[49] P. Häberle, "Derecho Constitucional Común Europeo", op. cit., p. 46. Häberle atribui a um déficit de tolerância, e à falta de treinamento na vivência de uma cultura universal dos direitos fundamentais, a eclosão dos "novos nacionalismos" surgidos no Leste Europeu para preencher o vazio ideológico deixado pela queda do marxismo-leninismo. Isso trouxe funestas consequências, particularmente trágicas na antiga Iugoslávia, de Estados integrados por diversos povos que se desmoronam entre guerras civis formando pequenos Estados que, por sua vez, continuam tendo problemas com suas minorias. "El concepto de los derechos fundamentales", op. cit., p. 118.

[50] P. Häberle, "Der Fundamentalismus als Herausforderung des Verfassungsstaates: rechtsbzw. Kukturwissenschaftlich betrachtet", in E. Schmidt e H. L. Weyers (orgs.), *Liber Amicorum Josef Esser*, Heidelberg, Müller, 1995, pp. 50 ss.

rativas na Europa. Porém, trata-se de uma realidade aberta e *in fieri*, que recebe sua orientação e seu impulso de um modelo ideal ou, se se preferir, utópico, que estimula e dinamiza seu processo de elaboração. Como se pôde observar, o alcance do DCCE é mais amplo e ambicioso que a projetada Constituição limitada ao âmbito da União Europeia. Pelo contrário, os autores desse projeto podem encontrar nos trabalhos de Häberle um claro e valioso estímulo. Afirmou-se, pela autorizada voz de Rudolf Bernhardt, que "a Constituição comunitária em seu conjunto não depende dos detalhes, mas do futuro desenvolvimento em direção a uma autêntica União Europeia"[51]. Mas, ao mesmo tempo, o parlamentar Fernand Herman, relator do projeto de Constituição da União Europeia elaborada pelo Parlamento europeu em 1993, recordava, na sessão plenária desse Parlamento ocorrida em Estrasburgo em fevereiro de 1994, que a elaboração de uma Constituição europeia permitiria "pôr fim à atual etapa de crises e confusão em relação à construção europeia", e acrescentava que "o Tratado de Maastricht complicou, em vez de simplificar, a construção europeia e que um texto constitucional permitiria corrigir esse extremo"[52]. Tudo isso significa que, se a Constituição europeia não pode evitar as vicissitudes do processo de construção da União, esta, por sua vez, terá um de seus principais mecanismos impulsionadores, ordenadores e esclarecedores em sua Constituição.

2º) Sobre o sentido horizontal ou vertical do DCCE, propugna uma solução mediadora. O novo direito deve ser fruto da concorrência plural e equilibrada das diferentes culturas nacionais. Na construção do DCCE não é admissível partir de hegemonias jurídicas (na metáfora musical de Häberle, "diretores de orquestra"), corolário das econômicas ou políticas, mas sim reconhecer protagonismos culturais (na expressão de Häberle, "vozes cantantes") episódicos, que indiquem a pauta a seguir no "concerto" da unidade jurídica europeia.

3º) Na renovada tensão entre eurocentrismo e multiculturalismo, o DCCE alinha-se inequivocamente na órbita das concepções culturais jurídicas de caráter universalista e cosmopolita: apresenta-se, em suma, como uma etapa na construção do direito constitucional comum da humanidade.

3.3. A Carta dos direitos fundamentais da União Europeia

No desenvolvimento do constitucionalismo e das liberdades na Europa desempenha um papel relevante a Carta dos direitos fundamentais da União Europeia, que foi proclamada na conferência de cúpula de chefes de Estado e

---

[51] R. Bernhardt, "Las fuentes del Derecho comunitario: La Constitución de la Comunidad", in *Treinta años de Derecho comunitario*, Luxemburgo, Oficina de Publicaciones Oficiales de las Comunidades Europeas, 1994, p. 86. Sobre o projeto de Constituição europeia, ver o trabalho de Francesc de Carreras Serra, "Por una Constitución Europea", in A. E. Pérez Luño (org.), *Derechos humanos y constitucionalismo ante el tercer milênio*, op. cit. na nota 6, pp. 225 ss.

[52] Ver "Actividad de la Unión Europea: Parlamento Europeo", *Europa Junta*, 1994, n. 24, pp. 33-4.

de governos da UE, realizada em Nice e encerrada em 11 de dezembro de 2000. O antecedente imediato desse texto deve situar-se no Conselho de Tampere, de outubro de 1999, quando foi criada uma convenção para elaborar o projeto da referida Carta. Essa convenção foi integrada por quinze representantes dos chefes de Estado e de governo dos países-membros, um representante da UE, dezesseis membros do Parlamento europeu e trinta membros dos Parlamentos nacionais[53].

A Carta de Nice constitui o núcleo do que pode ser a parte dogmática, isto é, aquela na qual se consagram os direitos e liberdades dos cidadãos da futura Constituição da União Europeia. Enquanto a segunda parte, a parte orgânica dessa Constituição, aquela à qual os constitucionalistas atribuem a regulação da estrutura e funcionamento dos poderes públicos, tem como pressupostos os sucessivos Tratados que serviram e servem de instrumento regulador da UE.

O texto da Carta é formado por um preâmbulo e 54 artigos. Esse articulado aparece distribuído em sete capítulos, respectivamente destinados a desenvolver as seguintes epígrafes:

Capítulo I: *Dignidade* (arts. 1-5). Nele se proclama a inviolabilidade da dignidade humana, assim como o direito à vida com expressa proibição da pena de morte. Também se reconhece a integridade da pessoa, com a consequente proibição da tortura e das penas ou tratos desumanos ou degradantes. São também objeto de expressa proibição a escravidão e o trabalho forçado.

Capítulo II: *Liberdade* (arts. 6-19). Nesse amplo capítulo se reúnem a maioria das liberdades individuais próprias da tradição liberal. Consagram-se aqui o direito à liberdade e à segurança, à vida privada e aos dados pessoais, a contrair matrimônio e constituir família. Da mesma forma se reconhecem as liberdades de pensamento, consciência, religião, expressão e informação, de reunião e associação, das artes e das ciências e o direito à educação. Também são proclamados expressamente a liberdade profissional, o direito ao trabalho, a liberdade de empresa e os direitos de propriedade, de asilo, com a consequente proteção em caso de devolução, expulsão e extradição.

Capítulo III: *Igualdade* (arts. 20-6). Após a proclamação da igualdade de todas as pessoas perante a lei, esse capítulo veta todo tipo de discriminação, especialmente as que têm sua origem em motivos de sexo, menoridade, ancianidade ou deficiência; ao mesmo tempo que a União expressa seu respeito pela diversidade cultural, religiosa e linguística.

Capítulo IV: *Solidariedade* (arts. 27-38). Sob essa rubrica, a Carta de Nice enumera uma série de direitos sociais voltados à garantia do *status* laboral dos

---

[53] Cf., entre outros, A. E. PÉREZ LUÑO, "La Carta de Niza y la Europa de los ciudadanos. Apostillas a la Carta de los Derechos Fundamentales de la Unión Europea", *Derechos y Libertades*, 2002, n. 11; A. RODRÍGUEZ BEREIJO, "La Carta de los derechos fundamentales de la Unión Europea", *Noticias de la Unión Europea*, 2001, n. 192; F. RUBIO LLORENTE, "Mostrar los derechos sin destruir la Unión", *REDC*, 2002, n. 64, pp. 13 ss.; A. WEBER, "La Carta de los derechos fundamentales de la Unión Europea", *REDC*, 2002, n. 64, pp. 79 ss.

trabalhadores. Sucessivamente declara-se o direito à informação e consulta dos trabalhadores na empresa, à negociação coletiva, ao acesso aos serviços de colocação e a algumas condições de trabalho justas e equitativas. Além disso, proíbe-se o trabalho infantil e se garante a proteção da família no plano jurídico, econômico e social. Nesse mesmo capítulo são proclamadas as garantias de seguridade social e a proteção da saúde, do meio ambiente e dos consumidores.

Capítulo V: *Cidadania* (arts. 39-46): Estão incluídas nas garantias desse capítulo: o direito de ser eleitor e elegível nas eleições do Parlamento europeu, assim como nas eleições municipais. Também são objeto de reconhecimento expresso o direito a uma boa administração e o direito de acesso a documentos, ao mesmo tempo que se consagra a figura do defensor público como instituição tutelar dos direitos fundamentais dos cidadãos da União ou de toda pessoa física ou jurídica que resida ou tenha domicílio social em um Estado-membro. Também se reconhece o direito de petição, a liberdade de circulação e de residência, assim como o direito à proteção diplomática e consular. Com relação ao alcance desta última, prevê-se que qualquer cidadão da União poderá abrigar-se no território de um terceiro país em que não esteja representado o Estado a que pertence, sob a proteção das autoridades diplomáticas e consulares de qualquer Estado-membro, nas mesmas condições que os nacionais desse Estado.

Capítulo VI: *Justiça* (arts. 47-50): Neste capítulo estão reunidas as principais garantias processuais que configuram o que na tradição jurídica anglo-saxã se denomina *due process of Law*. Entre elas o direito à tutela judicial efetiva e a um juiz imparcial, à presunção de inocência e direitos da defesa. Neste capítulo encontram-se também as garantias penais próprias dos Estados de direito: o princípio de legalidade e de proporcionalidade dos delitos e das penas, assim como o direito de não ser acusado ou condenado penalmente duas vezes pelo mesmo delito.

Capítulo VII: *Disposições gerais* (arts. 51-4): Nesta epígrafe se estabelece o âmbito de aplicação, o alcance dos direitos garantidos, o nível de sua proteção e a proibição do abuso de direito.

Não é este o lugar para um comentário pormenorizado dessa Carta. Entre aqueles aspectos que suscitam maior interesse ou contêm uma abordagem inovadora, pode-se mencionar a inserção, no capítulo referente à liberdade, do direito à intimidade, denominado aqui "vida privada e familiar" (art. 7), assim como à proteção de dados pessoais (art. 8). Na teoria dos direitos fundamentais, assim como em alguns textos constitucionais e declarações internacionais, esses direitos, assim como o referente à imagem, encontram-se no quadro das faculdades que emanam do direito à integridade moral e que, por isso mesmo, são considerados especificações do valor da dignidade. Também deve ser mencionada a inclusão dos direitos sociais de caráter trabalhista no capítulo referente à solidariedade. Não custa recordar que, no âmbito da tradição dos direitos sociais, estes eram considerados extensões do valor da igualdade, mas a opção classificatória usada na Carta parece ser reflexo das atitudes doutrinais que concebem a solidariedade, no plano jurídico, como a dimensão material ou real da igualdade. Cabe mencionar também que a inclusão dos direitos dos consumidores (art. 38) nesse mesmo capítulo referente à solidariedade se distancia da tendência atual de incluir tais direitos no âmbito da proteção da cidadania.

Além desses aspectos concretos e marginais, entendo que a Carta seja inspirada por três ideias-guias fundamentais:

1ª) Uma clara orientação para o *axiologismo*. A Carta, desde seu preâmbulo, afirma – e isso pode ser considerado a própria chave *teleológica* do texto – a inequívoca vontade dos povos da Europa de criar uma união cada vez mais estreita, sintetizada na decisão de "compartilhar um futuro pacífico baseado em valores comuns".

A obtenção de valores compartilhados é, portanto, *o fim* fixado pela União Europeia, mas ao mesmo tempo os valores são também seu *fundamento*. O preâmbulo da Carta proclama expressamente a consciência dos Estados-membros da União Europeia de possuírem um "patrimônio espiritual e moral" comum. Por isso declara-se que: "A união está fundada sobre os valores indivisíveis e universais da dignidade humana, da liberdade, da igualdade e da solidariedade, e se baseia nos princípios da democracia e do Estado de direito."

Não deve passar despercebida a inequívoca concepção universalista a que corresponde a Carta. A universalidade é uma característica constitutiva dos direitos e, ao reconhecê-la assim, a União Europeia inscreve sua Carta Magna de liberdades na órbita universalista que parte do Iluminismo e que teve uma consagração de decisiva importância na Declaração universal dos direitos humanos da ONU de 1948. Desse modo, a Carta não pode suscitar nenhum receio de localismo ou particularismo eurocentrista. Ao mesmo tempo, deseja distanciar-se expressamente de qualquer propósito tendente a ignorar, subjugar ou uniformizar determinadas diferenças relevantes. O texto da UE declara, sobre esse tema, seu reconhecimento da "diversidade de tradições e culturas dos povos da Europa" (preâmbulo) e especifica que: "A União respeita a diversidade cultural, religiosa e linguística" (art. 22). Contudo, esse reconhecimento em nenhum caso pode significar uma legitimação para estabelecer discriminações no usufruto dos direitos postulados na Carta.

A evidente opção axiológica da Carta se manifesta também no próprio sistema de classificação dos direitos nela reconhecidos. Tem sido habitual nos textos internacionais ou constitucionais usar um esquema geracional de positivação dos direitos. Por esse método, normalmente podem-se distinguir: os direitos da primeira geração, que correspondem às diferentes liberdades individuais; os da segunda geração, integrada pelos direitos econômicos, sociais e culturais; e até, em documentos mais recentes, abrir caminho para a recepção de uma terceira geração de direitos destinada a estabelecer as garantias das liberdades na era tecnológica. Em outros textos foi adotado um método classificatório baseado nas diferentes intensidades dos mecanismos de proteção dos distintos direitos e liberdades.

Diante desses sistemas, a Carta concentra os direitos fundamentais nela reconhecidos em torno de uma série de valores básicos. Dos sete capítulos que a integram, seis apresentam diferentes valores como categorias inspiradoras e fundamentadoras. Os quatro primeiros capítulos referem-se aos quatro valores que, como já tivemos ocasião de indicar, são considerados fundamentadores da própria UE: a dignidade, a liberdade, a igualdade e a solidariedade.

O capítulo V é dedicado a explicitar os direitos que emanam da condição de cidadania, entendida como um valor da vida política e não como mera descrição de *status*, ou situações subjetivas. Da mesma forma, o capítulo VI refere-se à justiça, embora não em seu significado de valor jurídico abrangente e integral, mas na dimensão procedimental da justiça que é identificada como segurança jurídica. De qualquer maneira, a significação axiológica desse capítulo é inquestionável.

Podem ser consideradas também como apelos a uma concepção axiológica das liberdades duas significativas cláusulas incluídas nas Disposições Gerais do capítulo VII. A primeira refere-se à remissão da Carta em relação ao *conteúdo essencial* (*Wesensgehalt*) dos direitos em casos de limitação legal de seu exercício (art. 52), o que equivale a reconhecer o centro valorativo que norteia cada direito. A segunda refere-se à proibição do *abuso do direito* (art. 54), o que evoca uma ordem de valores ético-jurídicos (equidade, boa-fé, lealdade...) como pauta básica para o exercício de todos os direitos fundamentais reconhecidos na Carta.

2ª) Um impulso decisivo para a *cidadania europeia*. Outro dos traços caracterizadores da Carta é seu compromisso em prol da afirmação e do fortalecimento de um *status activae civitatis* no âmbito europeu. Em um trecho muito significativo do preâmbulo se declara que a Carta, "ao instituir a cidadania da União e criar espaço de liberdade, segurança e justiça, situa a pessoa no centro de sua atuação".

Não deixa de ser paradoxal que a noção de cidadania, um dos eixos em torno do qual se gestou a concepção moderna das liberdades no século XVIII, constitua hoje, no início do século XXI, uma das categorias mais assíduas e ubiquamente presentes invocadas na esfera dos direitos fundamentais. Sensível ao sinal dos tempos, a Carta da UE dedica seu capítulo V a traçar a situação jurídica dos cidadãos europeus. Não deve passar despercebida essa importante inovação em relação às declarações de direitos e liberdades anteriores, nas quais a cidadania não alcançava o nível sistemático de merecer um capítulo autônomo para sua definição e alcance.

Nesse capítulo são definidos os direitos de participação política dos cidadãos europeus, suas faculdades diante do governo e seu acesso aos documentos da UE. Mas, sem dúvida, sua colaboração mais relevante é a de definir e consolidar o *status* da cidadania europeia.

Por muito tempo o uso linguístico do termo "cidadania" fazia referência a um vínculo único e exclusivo entre o indivíduo e o Estado: tratava-se, portanto, de uma relação *unilateral* e abrangente de toda atividade política entre o indivíduo e o Estado.

O reconhecimento de uma cidadania europeia na Carta da UE constitui um passo decisivo na transição dessa ideia *unilateral* de cidadania para uma cidadania *multilateral*. Esta última consiste em ir além da mera cidadania *diferenciada* no interior de Estado.

O reconhecimento da superação política e jurídica do Estado através dos fenômenos de "supraestatalidade" (subordinação do Estado a organismos internacionais) e de "infraestatalidade" (assunção de competências jurídico-políticas por entidades menores que o Estado) convida a admitir o uso linguístico multilateral da ideia de cidadania. Assim, por exemplo, no âmbito da UE podem ser reconhecidas e tornar-se efetivas até quatro cidadanias em seus Estados-membros com estrutura federal ou autônoma: a cidadania europeia, a estatal, a federal ou autônoma e a municipal.

3ª) Uma garantia peculiar da *segurança jurídica*. Todo o capítulo VI da Carta é dedicado a estabelecer o quadro de garantias processuais e penais, que tradicionalmente são consideradas ingredientes básicos do valor da segurança jurídica.

É notório que a segurança jurídica constitui uma das partes da justiça geral, pois é condição da sociedade corretamente ordenada. Daí a impossibilidade de estabelecer uma antítese entre justiça e segurança, porquanto ambas comportam pressupostos e procedimentos ineludíveis para garantir a boa ordem na sociedade. Não obstante, essa coincidência básica não exclui a possibilidade de reconhecer aspectos próprios da segurança jurídica (ou, se se preferir, especificações dos requisitos de segurança implícitos na justiça geral), que se resumem em exigências "objetivas" de correção estrutural (formulação adequada das normas do ordenamento jurídico) e correção funcional (cumprimento do direito por seus destinatários e especialmente pelos órgãos encarregados de sua aplicação). Juntamente com essa dimensão objetiva, a segurança jurídica se apresenta, em sua acepção "subjetiva" encarnada pela *certeza do Direito*, como projeção nas situações pessoais das cláusulas estruturais e funcionais da segurança objetiva, especialmente no que concerne às garantias processuais e penais (garantismo). A certeza do direito se traduz basicamente na possibilidade de conhecimento prévio pelos cidadãos das consequências jurídicas de seus atos. Com isso, tende-se a estabelecer esse clima cívico de confiança na ordem jurídica, fundada em pautas razoáveis de previsibilidade, que é pressuposto e função dos Estados de direito que integram a UE.

Uma das garantias penais básicas que integram o valor da segurança jurídica é a referente ao *princípio de legalidade penal*. Essa garantia foi incluída no artigo 49 da Carta, nos seguintes termos: "1. Ninguém poderá ser condenado por uma ação ou omissão que, no momento em que tenha sido cometida, não constituía uma infração segundo o Direito nacional ou o Direito internacional [...]. 2. O presente artigo não impedirá o julgamento e o castigo de uma pessoa culpada por uma ação ou omissão que, no momento em que foi cometida, constituía delito segundo os princípios gerais reconhecidos pelo conjunto das nações."

Creio que o artigo 49 da Carta substitui o princípio da legalidade penal, baseado na estrita tipificação legislativa das infrações, pelo princípio de juridicidade penal, que se baseia em fontes normativas tão indeterminadas e difusas como o direito internacional (art. 49.1), ou como os princípios gerais reconhecidos pelo conjunto das nações (art. 49.2). A Carta parece querer juntar-se ao fortalecimento da universalidade dos direitos humanos, que serviu de ideia legitimadora para os Tribunais de Nuremberg. Poderia também querer entrar em sintonia antecipada com aquilo que se espera que possa ser o parâmetro sancionador do Tribunal Penal Internacional.

A proposta da Carta afeta diretamente os princípios garantistas e de segurança jurídica que configuram o sistema penal do constitucionalismo europeu e, concretamente, o artigo 25 da CE. Para evitar essa evidente antinomia, não se vislumbra outra alternativa que entender por direito internacional, e/ou princípios gerais da comunidade das nações, o princípio de legalidade penal reconhecido nas Constituições dos Estados que integram a UE. Não ignoro que é uma interpretação forçada, mas de outro modo torna-se insuperável a discrepância entre o princípio de legalidade penal, tal como está garantido nas Constituições dos Estados que integram a UE, e o texto básico de direitos fundamentais da própria UE.

Em todo o caso, a Carta de Nice, com seus êxitos e avanços – que certamente possui – e seus aspectos discutíveis, constitui um elo inevitável na construção de um espaço comum de liberdades para a Europa. Seus redatores quiseram que o texto significasse um impulso decisivo para a consolidação dos direitos fundamentais, "de acordo com a evolução da sociedade, do progresso social e dos avanços científicos e tecnológicos" (preâmbulo). As circunstâncias políticas, econômicas e sociais determinarão, como ocorre com qualquer norma jurídica, a eficácia futura desse relevante documento para a integração europeia.

4. DILEMAS ATUAIS DO CONSTITUCIONALISMO E DAS LIBERDADES

Atualmente assiste-se a uma transformação das ideias e das formas institucionais que integravam o tradicional quadro de referência dos direitos humanos e do constitucionalismo. Mas a consciência dessa transformação não significa um conhecimento claro e preciso dos rumos futuros do fenômeno de mudança. A conjuntura cultural é uma encruzilhada cujas alternativas implicam caminhos divergentes que levam a metas também divergentes.

Para analisar alguns aspectos atuais dos direitos humanos e do constitucionalismo, parece oportuno recorrer a um modelo dilemático. As liberdades e a ordem constitucional não têm apenas um perfil, como os antigos relevos do Egito ou da Assíria; ao realizar sua análise, percebe-se uma série de bifurcações ou dilemas. Se concordamos que dilema é o argumento que se divide em duas opções – daí sua denominação clássica de *Syllogismus cornutus* por conter dicotomias ou alternativas –, não parece ocioso propor um enfoque dilemático para a consideração atual das liberdades. As elaborações doutrinais do tempo presente, mais propensas a argumentar em termos de conjecturas abertas que de certezas dogmáticas, propiciaram uma revalorização teórica do dilema. Na doutrina moral adquiriu notoriedade o "dilema do prisioneiro" apresentado por Derek Partif[54]; também se recorre à noção de dilema para designar os conflitos deônticos (paranomias) entre regras de um mesmo ou de diferentes sistemas normativos[55]. No plano jurídico, por sua vez, Gunther Tebner usou essa categoria no título de uma importante coletânea sobre as funções do direito no Estado de bem-estar: *Dilemmas of Law in the Welfare State*[56], e referiu-se ao "trilema regulativo", que se apresenta à atividade legislativa como uma exigência para se relacionar três sistemas autônomos: o jurídico, o político e o do setor social que pretende regulamentar[57].

Devido a esses estímulos teóricos, o ponto de vista que aqui se apresenta partirá do dilema contextual, que faz referência ao âmbito cultural e político sobre o qual se articula o debate das liberdades e do constitucionalismo. Essa abordagem se estende aos dilemas que hoje se suscitam sobre os fins, os métodos e os resultados previstos ou desejados no horizonte de mudança dos direitos humanos e do Estado constitucional.

4.1. Dilema contextual: nacionalismo ou universalismo?

Nunca como hoje se havia sentido tão intensamente a exigência de se conceber os valores e direitos da pessoa como garantias universais, independente das contingências de raça, língua, sexo, religiões ou convicções ideológicas. Mas, como contraponto regressivo, aos ideais humanistas cosmopolitas opõe-se agora o ressurgimento de um nacionalismo de grosseiro cunho tribal e excludente que, como os nacionalismos de qualquer época, fez cavalgar novamente "os quatro cavaleiros do Apocalipse": a fome, a peste, a guerra e a morte, naqueles lugares onde a barbárie nacionalista impôs sua loucura.

O nacionalismo constitui um absurdo lógico e ético, embora tenha desfrutado no passado e ainda desfrute no presente de ampla aceitação política. Do ponto de vista *lógico*, o nacionalismo representa uma das manifestações mais toscas da falácia naturalista (*Naturalistic Fallacy*), que se refere à inconsequência lógica que implica derivar o "dever ser" do "ser", denunciada por

---

[54] D. Partif, "Prudence, Morality and the Prisioners Dilemma", in *The Proceedings of the British Academy*, 1979, vol. LXV, pp. 539 ss. Existe trad. esp. de G. Gutiérrez, Madri, Facultad de Filosofía de la Universidad Complutense, 1991. Ao analisar alguns aspectos atuais do direito à intimidade, tive oportunidade de me referir aos dilemas que se apresentam em torno dessa liberdade; ver meu trabalho "Dilemas actuales de la protección de la intimidad", in J. M. Sauca (org.), *Problemas actuales de los derechos fundamentales*, op. cit. na nota 29, pp. 311 ss.

[55] R. Barcan Marcus, "Moral Dilemmas and Consistency", *Mind*, 1980, n. 77, pp. 121 ss.

[56] G. Teubner, *Dilemmas of Law in the Welfare State*, Berlim, Walter de Gruyter, 1985.

[57] G. Teubner, "Das Regulatorische Trilemma", *Quaderni Fiorentini per la Storia del Pensiero Giuridico*, 1984, vol. 13, pp. 110 ss.

David Hume e expressamente formulada por George Edward Moore[58]. O discurso nacionalista parte sempre da descrição de uma série de obviedades fácticas: que determinadas pessoas ou grupos possuem características distintivas em função da cor de sua pele, ou de seus cabelos, ou dos sons guturais que emitem, ou de seu sistema de crenças, inclinações ou temores coletivos. Na sequência desses fatos notórios imediatamente derivam prescrições sobre a superioridade de determinadas raças, ou o maior direito de algumas tribos sobre as outras. De qualquer forma, o que faz dessas derivações algo eticamente inaceitável é que o apelo à diferença tende sempre a estabelecer discriminações em favor daqueles que o postulam.

A luta entre os ideais cosmopolitas, igualitários e solidários próprios do universalismo, diante da reivindicação da individualidade, da variedade e da diferença próprias do nacionalismo, teve repercussões em diferentes âmbitos e contextos da vida jurídico-política contemporânea. Em uma interessante exposição crítica sobre os trabalhos da reforma constitucional que estão sendo desenvolvidos na Alemanha, Erhard Denninger pôde detectar algumas características que são altamente significativas. Segundo o catedrático de Direito Público de Frankfurt, no processo constitucional alemão que se consolidou nas recentes Constituições dos cinco novos *Länder*, que correspondem aos territórios da antiga Alemanhã Oriental incorporados à República Federal da Alemanha, podem-se vislumbrar, entre outros aspectos, os seguintes: uma especial sensibilidade pela *desigualdade*, por aquelas peculiaridades individuais que tornam os homens diferentes, diante do culto pela *igualdade* que se reflete na *Grundgesetz*, continuadora nesse aspecto do espírito iluminista da Revolução Francesa. Além disso, observa-se nessas novas Constituições o gosto pela *variedade* e a redescoberta da *multiplicidade*, tudo isso de acordo com o clima "pós-moderno" que, segundo Denninger, impregna as atuais manifestações da cultura e, por isso, também a cultura jurídica constitucional[59].

Refletindo também os sintomas de nosso tempo, o professor francês Joseph Yacoub mostrou, em uma obra muito atual, que provavelmente o século XXI será a época das identidades e dos particularismos étnico-nacionais e culturais. Diante do ideal da convergência na igualdade de direitos e deveres para garantir a coesão das sociedades, eleva-se uma divisa que, invertendo o lema marxista, proclama: "Nacionais de todos os países, separai-vos!"[60]

---

[58] Sobre a "falácia naturalista" em relação com os direitos humanos, ver o capítulo 3 deste livro, pp. 116 ss.; assim como minha monografia *La universalidad de los derechos y el Estado constitucional*, op. cit. na nota 7, pp. 21 ss.

[59] Cf. E. DENNINGER, "Racionalidad tecnológica, responsabilidad ética y Derecho postmoderno", cit. na nota 7; id., "La Reforma Constitucional en Alemania: entre ética y seguridad jurídica", cit. na nota 7.

[60] J. YACOUB, *Les minorités, quelle protection?*, Paris, Desclée de Brouwer, 1995. Ver também as obras de J. DE LUCAS, *Europa: convivir con la diferencia? Racismo, nacionalismo y derecho de las minorias*, Madri, Tecnos, 1992, e *El desafío de las fronteras. Derechos humanos y xenofobia frente a una sociedad plural*, Madri, Temas de Hoy, 1994; e o recente estudo de E. BELTRÁN PEDREIRA, "Diversidad y deberes cívicos: liberalismo, ciudadanía y multiculturalismo", in E. DÍAZ e J. L. COLOMER (orgs.), *Estado, justicia, derechos*, Madri, Alianza, 2002, pp. 371 ss.

O nacionalismo particularista e discriminatório choca-se frontalmente com o ideal universalista que é inerente à própria ideia dos direitos humanos e de um constitucionalismo comum da humanidade. Por isso, o nacionalismo representa um desvalor moral comparado à valoração ética positiva que merecem outras atitudes para as quais a comprovação de diferenças fácticas não legitima a discriminação, mas as leva a postular, no plano do "dever ser", a paridade de tratamento em função do dado comum da racionalidade, da dignidade ou das necessidades de todos os homens (jusnaturalismo racionalista, humanismo democrático, igualitarismo, cosmopolitismo...).

Nesse ponto, convém lembrar uma observação correta do professor Truyol y Serra, avalizada pela experiência histórica, de que o perigo para a identidade e a personalidade nacionais não veio de sua incorporação livre a comunidades mais amplas, e sim de conquistas ou anexações, de tentativas de assimilação direta ou indireta, ou de formas hegemônicas[61]. Em outras palavras, que o inimigo da identidade e da personalidade nacionais não deve ser buscado no universalismo, que incita à *Aufhebung* livre e consciente das contingências particularistas em benefício do transcendente comum, mas em outros nacionalismos mais fortes e agressivos.

4.2. Dilema dos fins: economia ou ética?

Um dos dilemas mais árduos que se apresentam atualmente para o Estado constitucional e para as liberdades é o que afeta a própria fixação de seus objetivos básicos. Desde a origem do Estado de direito na modernidade, através da garantia constitucional dos direitos humanos, considerou-se que esses fenômenos envolviam um inequívoco sentido ético: o Estado de direito e os direitos humanos significavam o reconhecimento de determinados valores da pessoa e, em última instância, implicavam resumir a legitimação da ordem jurídica e política em valores éticos. Durante quase dois séculos não se discutiu a finalidade e o fundamento ético dessas categorias de legitimação. No entanto, nos últimos anos, essa dimensão axiológica está sendo combatida e, às vezes, abandonada em nome de uma lógica econômica ou economicista. Graças a ela, considera-se que o fim e o fundamento da ordem constitucional e das liberdades consistem na aceitação submissa das denominadas "leis do mercado".

A economia e o mercado, antes instrumentos a serviço dos grandes fins éticos da sociedade política, passaram a ser os fins dessa atividade. No século XIX, como tivemos oportunidade de expor anteriormente, as lutas sociais se encarregaram de mostrar que a finalidade ética do Estado baseada na emancipação requeria complementar o catálogo dos direitos individuais com o reconhecimento dos direitos econômicos, sociais e culturais. Esses direitos foram avançando com a consequente transição do Estado liberal de direito para o

---

[61] A. Truyol y Serra, *La integración europea: Idea y realidad*, op. cit. (na nota 35), p. 68.

Estado social de direito, que se produziu no século XX. Mas essa trajetória foi interrompida nos últimos anos, nos quais se defendeu e se repetiu, com monótona insistência, a tese neoliberal conservadora sobre a perversidade e/ou inviabilidade dos direitos sociais e do Estado social.

Com base nessas premissas, insiste-se em afirmar o caráter irredutível da contraposição entre a liberdade e a igualdade, ao mesmo tempo que se sustenta que qualquer avanço igualitário implica necessariamente uma diminuição da liberdade. Acusa-se, a partir dessa perspectiva, o intervencionismo do *Welfare State*, dedicado à promoção de um equilíbrio no usufruto do bem-estar, de ter gerado um gasto público insustentável que levou à denominada "crise fiscal do Estado" (James O'Connor); ao mesmo tempo que se afirma que ele é responsável por ter corroído a liberdade e a prosperidade dos indivíduos. Resumindo esse ponto de vista, Milton e Rose Friedman assinalam que "uma sociedade que anteponha a igualdade à liberdade, no sentido dos resultados, acabará sem uma nem outra. O uso da força para obter a igualdade destruirá a liberdade e a força, introduzida com boas intenções, acabará nas mãos de pessoas que a empregarão um prol de seus próprios interesses"[62]. O intervencionismo do Estado social e a tutela dos direitos sociais desembocará, irremediavelmente, no fenômeno definido por Friedrich von Hayek como *caminho de servidão*[63].

Como a imagem do ser humano a que correspondem essas críticas está deformada pela evidente ideologia que as inspira, suas conclusões incorrem em uma indiscutível parcialidade. Todo esse esforço especulativo não toca o cerne da questão, isto é, se é bom ou ruim que o Estado realize uma política tendente a satisfazer as necessidades básicas em matéria de educação, saúde, trabalho, assistência social... Por isso, nos últimos anos essa questão não é debatida em termos éticos ou axiológicos, mas prioritariamente econômicos. Hoje o assalto neoliberal aos direitos sociais e seu assédio ao Estado social se dão em nome do condicionamento econômico dos direitos e da política estatal destinada a satisfazê-los. Alude-se assim a expressões tais como a do "condicionamento fiscal", ou da "reserva econômica possível", para negar, subordinar, limitar ou postergar a satisfação dos direitos sociais.

Devo indicar, de imediato, minha preferência pessoal pela opção ética desse dilema. Não pretendo ignorar com isso os condicionamentos econômicos que recaem sobre a ação do Estado e, especialmente, sobre a que tende a garantir os direitos sociais. Tenho consciência do risco que para qualquer direito implica ser reconhecido em declarações internacionais ou constitucionalmente em formulações tão grandiloquentes quanto ilusórias. A frustração e a desconfiança provocadas por essas proclamações solenes, desprovidas de eficácia, não autorizam a abordar essa questão em termos de um utopismo ingênuo ou um voluntarismo irrefletido.

---

[62] M. e R. Friedman, *Libertad de elegir*, trad. esp. de C. Rocha, Barcelona, Grijalbo, 1980, pp. 194-5.

[63] F. von Hayek, *Camino de servidumbre*, trad. esp. de J. Vergara, Madri, Alianza, 1978.

Mas não convém incorrer em duas falácias concomitantes que se escondem em numerosas apresentações atuais da questão:

a) A primeira consiste em uma variedade de "falácia naturalista" que tende a confundir aqui fatos e valores; isto é, a fundamentação dos direitos com sua realização. Quando se afirma que apenas se sustentam como direitos aqueles para os quais existem meios econômicos para satisfazê-los, está se postulando que "deve ser o que é". Essa falácia foi denominada "a lógica de Palmström", segundo a qual se diz que uma coisa ou um comportamento "deve ser assim porque é assim"[64]. Aceita essa tese, a fundamentação dos direitos humanos, longe de se concentrar na universalização da exigência de alguns direitos básicos para todos os homens, legitimaria todo tipo de discriminação em seu reconhecimento, que ficaria subordinado à contingência das possibilidades de sua satisfação em cada situação concreta. Desse modo, os direitos humanos perderiam sua dimensão emancipadora e sua própria essência axiológica, ao ser identificados com os conteúdos empíricos do direito positivo de cada sistema político, que é, no fim das contas, quem interpreta as condições de possibilidade para a realização dos direitos[65].

b) A segunda é a falácia determinista, que implica a paradoxal apologia neoliberal das versões mais cruas do determinismo economicista marxista. De acordo com esse ponto de vista, são as inexoráveis leis do mercado as que devem definir o alcance dos direitos, através da análise econômica dos pressupostos de cada um deles. Essa tese desembocou no sofisma do denominado "fim da história", ao postular que o desenvolvimento histórico converge necessariamente para um quadro de economia de mercado e democracia liberal, que constitui a concretização definitiva do progresso social e político. Esta falácia é refutada corretamente por Noam Chomsky, para quem ela representa uma "descrição ridícula porém natural para os dirigentes culturais, na medida em que continuam fiéis a sua vocação de serviço ao poder e de controle do populacho"[66].

Hoje juristas, economistas e filósofos, de diversas culturas linguísticas e idêntica observância conservadora, inclinam-se ficticiamente compungidos para o que consideram o cadáver do Estado social de direito e dos direitos sociais, que eles não criaram nem alimentaram. As leis infalíveis do mercado são, segundo essas teses, sintoma e causa da morte. Porém, diante desse determinismo fatalista de caráter economicista, deve-se recordar que as leis econô-

---

[64] U. MÜCKENBERGER, "La legitimación a través de la negación de la realidad", in P. BARCELLONA, D. HART e U. MÜCKENBERGER (orgs.), *La formación del jurista. Capitalismo monopolístico y cultura jurídica*, trad. esp. de C. Lasarte, Madri, Civitas, 1977, p. 102.

[65] Referi-me a isso no capítulo 3 deste livro, pp. 157-9; assim como em meus trabalhos: "El concepto de igualdad como fundamento de los derechos económicos, sociales y culturales", *Anuario de Derechos Humanos*, 1982, t. 1, pp. 257 ss.; "Dimensiones de la igualdad material", *Anuario de Derechos Humanos*, 1985, t. 3, pp. 253 ss. Ver também a monografia de L. PRIETO SANCHÍS, "Minorías, respecto a la disidencia e igualdad sustancial", *Doxa*, 1994, n. 15-6, pp. 367 ss.

[66] N. CHOMSKY, *Política y cultura a finales del siglo XX*, Barcelona, Ariel, 1994, p. 99.

micas não são leis físicas produto de uma causalidade inelutável, mas leis criadas pelos homens que servem a fins humanos. "O mercado não é um Moloch intocável e inflexível – nas palavras de Fernando Contreras –; o mercado é uma hipóstase, uma abstração [...] sob a qual se esconde simplesmente uma pluralidade de vontades humanas, vontades que podem ser modificadas e que podem chegar a acordos."[67]

Penso, portanto, que apenas através de uma concepção ética das metas que correspondem ao constitucionalismo e aos direitos humanos será possível manter vivo um programa humanista emancipatório em favor de todos os homens e todos os povos. Essa proposição permitirá manter a reivindicação e a denúncia daquelas situações internas ou internacionais (infelizmente, ainda inumeráveis) que revelam discriminação no usufruto dos direitos, mas sem que isso afete seu fundamento e sua própria existência.

4.3. Dilema dos meios: pragmatismo ou retórica?

Nos últimos anos repetiu-se com grande frequência a divisa proclamada por Norberto Bobbio, no Congresso de Áquila de 1964, sobre "O fundamento dos direitos do homem", segundo a qual o problema básico dos direitos humanos não é tanto o de justificá-los como o de protegê-los[68]. Esse desígnio sintetiza a atitude de um bom número de estudiosos da liberdade dos dias de hoje. Costuma-se opor a essa concepção pragmatista dos direitos uma alternativa pejorativa: sua postulação retórica. De maneira paralela, a famosa tipologia das Constituições de Karl Loewenstein opõe as Constituições *normativas*, aquelas que são efetivamente vividas, às Constituições *semânticas*, que são uma espécie de "disfarce" retórico de algumas realidades totalmente alheias às formas normativas constitucionais[69].

Dessa antítese caberia inferir que o dilema presente entre pragmatismo e retórica, no plano dos meios para o avanço do constitucionalismo e das liberdades, deveria ser decidido sem hesitações em favor da primeira alternativa. Essa opção é *prima facie* inquestionável. Apesar disso, parece conveniente apresentar alguns esclarecimentos sobre seu alcance.

Em data relativamente recente publicou-se uma coletânea sob o significativo título para o tema que aqui abordamos, *Human Rights: From Rhetoric to*

---

[67] J. F. Contreras Peláez, *Derechos sociales: teoría e ideología*, Madri, Tecnos, 1994, p. 99. Ocupou-se também dessa problemática G. Peces-Barba, em seu trabalho "Escasez y derechos humanos", que dá início ao capítulo de colaborações referentes a "Los derechos humanos y el problema de la escasez", in *Problemas actuales de los derechos fundamentales*, op. cit. na (nota 29), pp. 193 ss.

[68] N. Bobbio, "L'illusion du fondement absolu", in *Le fondement des droits de l'homme*, Actas del Convenio del Institut International de Philosophie, celebrado em Áquila, 14-19 de setembro de 1964, Florença, La Nuova Italia, 1966, pp. 3 ss.

[69] K. Loewenstein, *Teoría de la Constitución*, trad. esp. de A. Gallego Anabitarte, Barcelona, Ariel, 2. ed., 1976, pp. 216 ss.

Reality. Esse título sugere que a obra nasce para expressar orgânica e formalmente os anseios pragmáticos latentes na atual conjuntura das liberdades. Essa impressão é correta. A obra tende, de fato, a estudar os canais para que as necessidades humanas básicas e as aspirações razoáveis das pessoas possam ser realizadas dentro e protegidas pelo direito ("realized in and protected by law"). Mas, ao mesmo tempo, na "Introdução" do livro, que resume e retoma seu sentido geral, Tom Campbell observa que o discurso sobre os direitos humanos possui uma inelimínável dimensão retórica, que não está isenta de significado prático.

À acepção pejorativa da "retórica", que a identifica com a vacuidade verbal, Campbell opõe uma acepção positiva na qual a retórica é entendida como a expressão linguística de pensamentos ou crenças com maior dose de eficácia comunicativa. Nesse sentido positivo, a retórica tem por objeto a persuasão e como método a argumentação destinada a convencer e não a enganar e, portanto, não a manipular os interlocutores. A retórica, assim entendida, desempenha uma relevante função para a realização de objetivos morais e políticos. Nessa acepção não pejorativa, pode-se considerar o discurso dos direitos humanos como um tipo característico de linguagem retórica. A própria Declaração universal dos direitos humanos da ONU, assim como os preâmbulos de numerosas Constituições corroboram esta dimensão "retórica" dos direitos. Sem dúvida, o que se pretende é que as exigências sobre as liberdades expressas retoricamente se tornem realidades práticas, mas isso não faz com que o recurso à retórica seja inútil ou redundante, e sim o contrário. Campbell considera que várias das contribuições incluídas na coletânea, à qual seu estudo serve de antessala, argumentam em favor da dimensão retórica dos direitos humanos, ao indicar a importância de determinadas ações do governo em relação à liberdade dos cidadãos, ou ao promover a sensibilidade da consciência popular a respeito da força imperativa de determinadas necessidades e aspirações básicas[70].

Tive a oportunidade de insistir, ao me ocupar dos aspectos vigentes do direito à intimidade[71], que existe um método de comprovada eficácia para medir o índice de atualidade dos diferentes direitos fundamentais. Apressei-me em reconhecer que se tratava de um método dramático: consiste em comprovar a frequência e a intensidade com as quais cada direito é violado. Trata-se, de qualquer modo, de um método de acordo com a própria tematização das liberdades, que impõe a reivindicação e a crítica e é incompatível com atitudes conformistas ou autocomplacentes. Por essa via negativa, que computa agressões em vez de avaliar os graus de satisfação e usufruto das liberdades, geralmente começa o mecanismo do reconhecimento jurídico (positivação e garantia) dos direitos fundamentais.

Reforça essa tese a afirmação de Erhard Denninger de que "a consideração histórica ensina que os direitos fundamentais não são a expressão nem o re-

---

[70] T. CAMPBELL, "Introduction: Realizing Human Rights", in *Human Rights: From Rhetoric to Reality*, Oxford/Nova York, Basil Blackwell, 1986, pp. 1 ss.

[71] Ver meu trabalho "Dilemas actuales de la protección de la intimidad", op. cit., pp. 311-2.

sultado de uma elaboração sistemática de caráter racional e abstrato, mas respostas normativas histórico-concretas àquelas experiências mais insuportáveis de limitação e risco para a liberdade"[72]. Da mesma forma, incide na dimensão reivindicativa e crítica das liberdades a postura de Javier Muguerza, que situa o fundamento dos direitos humanos na "alternativa do dissenso", ou seja, no "imperativo da dissidência"[73].

É evidente que a denúncia "retórica" das trágicas violações dos direitos humanos perpetradas na guerra dos Bálcãs, em contínuas matanças tribais africanas, ou nas situações de fome, marginalização e subdesenvolvimento que afligem os países do Terceiro Mundo não basta, mas redunda em soluções reais para esses graves problemas. A retórica nem sempre permite salvar a distância entre os anseios e as realizações. Mas as reivindicações retóricas são como aldravas, isto é, instrumentos de ressonância que aumentam o volume da voz da opinião pública que clama em favor dos direitos humanos. E é evidente que importantes êxitos contemporâneos em matérias tais como a paz, o racismo, a xenofobia, o desenvolvimento dos povos ou a defesa do meio ambiente foram obtidos graças a esses requerimentos retóricos, na medida em que se traduziram em atitudes amplamente compartilhadas.

Existe uma inevitável "carga retórica" em todas as denúncias reivindicatórias, *slogans* provocativos e imagens dramáticas unidas ao secular esforço dos homens e dos povos voltados à afirmação de seus direitos humanos. Esses direitos têm um sentido utópico/revolucionário que não pode nem deve ser ignorado ou menosprezado. Mas os direitos humanos não são *apenas retórica*, mesmo nessa acepção linguística positiva. No plano do fundamento filosófico das liberdades, a postulação retórica deverá ser argumentada "racionalmente", de forma que permita chegar a consensos intersubjetivos sobre as necessidades básicas dos seres humanos.

Essa exigência de dotar de racionalidade as argumentações do discurso retórico é o que motiva minha discordância com as teses de Richard Rorty, que tivemos oportunidade de considerar anteriormente, voltadas a suplantar a fundamentação racional dos direitos humanos por sua mera narração retórico-emotiva. Diante desse propósito e da postura aqui sustentada, entendo que a denúncia retórica constitui apenas o aspecto inicial e insuficiente do processo de reconhecimento dos direitos humanos. Para completar e aperfeiçoar esse processo, é imprescindível acrescentar sua justificação racional, isto é, sua fundamentação.

A exigência de racionalizar as argumentações retóricas concorda com os anseios da denominada "nova retórica" (Perelman) e as recentes teorias da argumentação (Alexy) voltadas a fortalecer a dimensão racional dos discursos

---

[72] E. DENNINGER, "Einleitung vor Art. 1", in *Kommentar zum Grundgesetz für Bundesrepublik Deutschland. Reihe Alternativkommentare*, Neuwied, Luchterhand, 1986, p. 249.

[73] J. MUGUERZA, "La alternativa del disenso", in G. PECES-BARBA MARTÍNEZ (org.), *El fundamento de los derechos humanos*, Madri, Debate, pp. 20 ss.

argumentativos através da correção de suas premissas justificativas e do rigor de seus procedimentos[74].

Do mesmo modo, na esfera jurídica, a reivindicação retórica não pode permanecer como um mero *flatus vocis*, ou seja, como um verbalismo vazio. Sua função é a de promover e incentivar o processo de positivação e garantia processual efetiva dos distintos direitos fundamentais; em outras palavras, tem que se consolidar em atuações dos poderes públicos. Essa exigência de intervenção pública apresenta, por sua vez, um paradoxo fundamental lucidamente expresso por Denninger: "O mesmo poder estatal para cujo limite surgem os direitos fundamentais é, afinal, o único que pode proteger eficazmente tais direitos."[75] Essa penetrante observação leva-nos também a refletir sobre a tradicional barreira do *domaine resérvé*, quer dizer, do arbítrio da soberania dos Estados no exercício dos direitos humanos por parte de seus cidadãos. Neste caso as organizações internacionais e as organizações não governamentais (ONG) tendem a superar essa barreira ao destacar que os direitos humanos não são uma questão doméstica (*domestic question*), mas algo que envolve a comunidade internacional como um todo; trata-se, em última análise, de uma reivindicação retórica que já começa a obter frutos pragmáticos.

Em suma, a retórica e a pragmática são duas instâncias ou dois momentos mutuamente condicionados e necessários para o pleno desenvolvimento dos direitos humanos. A argumentação retórica sobre as liberdades, na medida em que deixa de ser um discurso emotivo e se expressa em forma de justificações racionais, é um pressuposto para sua realização prática. Em relação a esse tema, não é ocioso lembrar a impecável e implacável crítica kantiana *sobre o lugar-comum de que o que é correto para a teoria não é válida para a prática*[76], da qual se depreende que uma correta justificativa teórica (ainda que expressa de forma retórica) não apenas não é alheia nem oposta à prática, mas é uma condição imprescindível para ela.

4.4. DILEMA DOS RESULTADOS: LIBERDADES MODERNAS OU LIBERDADES PÓS-MODERNAS?

O surgimento das liberdades na modernidade está ligado a seu cunho individualista: são liberdades do homem enquanto indivíduo. Para a ideologia

---

[74] Cf. meus trabalhos: "Los clásicos españoles del Derecho natural y la rehabilitación de la razón práctica", *Doxa*, 1992, n. 12, pp. 313 ss.; "Giambattista Vico y el actual debate sobre la argumentación jurídica", *Cuadernos sobre Vico*, 1996, n. 5-6, pp. 123-38; "Un modelo histórico de argumentación jurídica: Giambattista Vico", *Revista de Ciencias Sociales* (Universidad de Valparaíso-Chile), 2000, n. 45, pp. 15-37 ss. Sobre a incidência da retórica no pensamento jurídico e político espanhol contemporâneo, ver "Aproximación al ideário jurídico de Niceto Alcalá-Zamora y Torres", *Anales de la Real Academia de Ciencias Morales y Políticas*, 1999, vol. II, pp. 591-610 ss.

[75] E. DENNINGER, *Menschenrechte und Grundgesetz. Zwei Essays*, Weinheim, Beltz Athenäum, 1994, p. 11.

[76] I. KANT, *Teoría y práctica*, org. por R. Rodríguez Aramayo, Madri, Tecnos, 1986.

liberal, o indivíduo é um fim em si mesmo, e a sociedade e o direito são apenas meios para facilitar a obtenção de seus interesses. A esse respeito recordou-se corretamente que o mito mais representativo dessa ideologia é Robinson Crusoé, que é "o herói do individualismo em ação"[77]. Desse ponto de vista, os direitos humanos são considerados em sentido eminentemente negativo como garantia de não ingerência estatal em sua esfera.

O significado "moderno" da liberdade foi contraposto a seu sentido "antigo" no famoso discurso pronunciado em 1819 por Benjamin Constant: "Da liberdade dos antigos comparada com a dos modernos". Constant entendia que a liberdade representava prioritariamente para os antigos a garantia política de participação no poder de todos os membros da comunidade; enquanto para os modernos significaria o usufruto individual de determinadas faculdades, bens ou poderes. "A liberdade dos antigos – nas palavras de Constant – consistia na participação ativa e contínua no poder coletivo. Nossa liberdade deve consistir no usufruto aprazível da independência privada."[78] Os modernos não negam a existência de uma liberdade política que regula a organização do poder na comunidade, mas a subordinam à realização dos interesses individuais.

A concepção moderna de liberdade sofreu uma erosão com o reconhecimento da segunda geração dos direitos humanos, constituída pelos direitos econômicos, sociais e culturais. A teoria liberal-individualista forjou um modelo de sujeito de direito sem levar em conta a experiência social. É por isso que o pretenso indivíduo livre e autônomo que desenvolve sua personalidade no seio de relações intersubjetivas não raro se traduziu em uma hipóstase dissimuladora da paulatina manipulação das pessoas por mecanismos de controle externo. Por isso, diante da imagem ideal e abstrata de um "homem sem qualidades", para dizê-lo com as palavras que intitulam uma conhecida obra de Robert Musil, os direitos sociais propiciaram uma imagem do sujeito dos direitos que corresponde a uma ideia real e concreta do homem, ao assumi-lo no conjunto de suas necessidades e interesses.

Essa tendência alcançou um ulterior desenvolvimento na atual etapa dos direitos humanos da terceira geração, centrados em torno do valor-guia da solidariedade. O auge, na cultura pós-moderna, do denominado movimento "comunitarista" comprovaria o deslocamento das liberdades do indivíduo para a comunidade. Simplificando os termos do fenômeno, caberia aludir a uma mudança do paradigma da liberdade individual e privada dos modernos pelo da liberdade solidária e comunitária dos pós-modernos.

Reduzida ao básico, a incidência do comunitarismo, na órbita constitucional e dos direitos humanos, pode ser sintetizada nas seguintes características e tendências:

---

[77] V. Frosini, *La estructura del Derecho*, org. por A. E. Pérez Luño, Bolonha, Publicaciones del Real Colegio de España, 1974, p. 167.

[78] B. Constant, "De la libertad de los antiguos comparada con la de los modernos", in M. L. Sánchez Mejía (org.), *Escritos políticos*, Madri, Centro de Estudios Constitucionales, 1989, pp. 367-78.

a) Acentuar a dimensão intersubjetiva das liberdades diante da intra-subjetiva própria do individualismo.

b) Postular uma consideração contextualizada dos direitos e das Constituições em função do caráter histórico e culturalmente condicionado dos valores e princípios que as norteiam. O comunitarismo se opõe assim à pretensa visão ideal, abstrata e desarraigada dessas categorias propiciada pela modernidade.

c) Situar o fundamento das Constituições e dos direitos na identidade homogênea comunitária que se expressa no *ethos* social, isto é, a *Sittlichkeit*, como alternativa à diversidade desarraigada e atomista das sociedades complexas liberais.

Convém lembrar que o movimento comunitarista não constitui uma escola monolítica. Em sua própria significação como movimento cultural emblemático da pós-modernidade, podem-se observar duas direções. A primeira, representada por autores como Taylor e Walzer, traz uma releitura das teses hegelianas e, de certo modo, deseja recuperar os valores da modernidade e do iluminismo através de uma leitura em chave comunitária que tenta evitar a interpretação individualista. A segunda, que tem seu maior expoente em Alasdair MacIntyre, reivindica uma volta à tradição aristotélica em oposição à modernidade e defende um projeto anti-iluminista nostálgico da concepção pré-moderna da comunidade. Entendo que o *ethos* social pode ser um quadro de referência mais adequado que o reduto da moral individual para abordar determinados problemas ético-jurídicos contemporâneos: o significado e alcance dos valores e princípios constitucionais, o fundamento das liberdades, o dever de obediência do direito... Mas penso que essas apreciações dos aspectos mais progressistas do comunitarismo atual não devem ser estendidas àqueles enfoques conservadores que concebem o *ethos* social comunitário como uma volta às identidades coletivas nacionalistas ou tribais. Diante destes últimos enfoques, hoje mais que nunca é necessária uma fundamentação dos sistemas constitucionais e dos direitos humanos baseada em um *ethos* universal, síntese dos valores multinacionais e multiculturais; um *ethos* que torne possível a comunicação intersubjetiva, a solidariedade e a paz[79].

5. OS DIREITOS HUMANOS E O CONSTITUCIONALISMO SOB O SIGNO DA EDUCAÇÃO

Talvez se possa afirmar verdadeiramente que os problemas centrais do constitucionalismo e das liberdades, em comparação com os quais o resto se

---

[79] Cf. meu livro *La universalidad de los derechos y el Estado constitucional*, cit. na nota 7, pp. 29 ss. Ver também, entre a extensa bibliografia sobre o comunitarismo, os trabalhos de: E. BELTRÁN PEDREIRA, "Diversidad y deberes cívicos: liberalismo, ciudadanía y multiculturalismo", cit. na nota 60, pp. 380 ss.; F. CONTRERAS PELÁEZ, "Tres versiones del relativismo ético-cultural", *Persona y Derecho*, n. 38, 1998, pp. 69 ss.: L. VILLAR BORDA, *Derechos humanos: responsabilidad y multiculturalismo*, Bogotá, Universidad Externado de Colombia, 1998, pp. 28 ss.

relativiza, consistem na educação e na cultura cívica. Educação e cultura cívica são os "Gêmeos" desse peculiar zodíaco que constituem hoje o Estado de direito e os direitos que o fundamentam. A pedra angular dessas categorias jurídicas assenta-se na solidez dessas duas linhas de força que a sustentam.

Como síntese do papel da educação e da cultura cívica no desenvolvimento das liberdades, pode ser muito válida uma lúcida observação de George Herbert Mead: "os direitos humanos nunca correm maior perigo do que quando sua única garantia são as instituições políticas e aqueles que ocupam cargos nessas instituições"[80]. Aos poderes públicos compete uma importante função em defesa das liberdades, mas, para que sua afirmação e tutela não seja ilusória ou precária, é preciso que o programa emancipatório dos direitos humanos se traduza em vigências coletivas majoritariamente compartilhadas. A experiência nacional e internacional mostra que, apenas onde existe uma aceitação social generalizada dos direitos humanos, eles são cumpridos sob a pressão de uma "opinião pública" humanitária. Então, e só então, se pode falar em plenitude do termo de alguns direitos humanos vigentes. Somente quando estão inscritos na consciência cívica dos homens e dos povos os direitos humanos atuam como instâncias para o comportamento às quais se pode recorrer. As normas, as instituições e os juízes são condições necessárias, mas não suficientes, para o efetivo usufruto das liberdades. Essa necessidade de adesão social é também totalmente aplicável em relação ao constitucionalismo. Tive a oportunidade de mostrar que a realização do ordenamento constitucional depende da existência do que Konrad Hesse denomina *Wille zur Verfassung*, ou do que Vittorio Frosini qualifica de *coscienza constituzionale*; isto é, do esforço, do compromisso e da convicção não apenas de todas as instituições, mas de todos os cidadãos para fazer da normativa constitucional experiência tangível na vida cotidiana[81].

A adesão cívica aos direitos humanos e ao constitucionalismo não se produz de forma espontânea, requer ensino e aprendizagem, isto é, uma *Paideia*. Só a educação nos valores e princípios que norteiam as liberdades e as normas constitucionais pode assegurar sua vivência e sua vigência. Mas essa afirmação leva a um paradoxo incontornável: como o Estado de direito que surge para tutelar constitucionalmente o pluralismo e os direitos humanos que têm

---

[80] G. H. MEAD, "Natural Rights and the Theory of the Political Institution", in *Selected Writtings*, Indianápolis, Bobbs-Merrill, 1964, p. 169. Sobre educação, cultura e direitos humanos, ver B. DE CASTRO CID, "Los derechos del hombre, ¿nueva disciplina en las Facultades de Derecho?", in *El primer año de Derecho*, Actas de las Jornadas de Profesores de Primer Año de la Facultad de Derecho, en la Universidad de la Rábida, 27 de agosto a 5 de setembro de 1975, Madri, Ministerio de Educación y Ciencia, 1978; id., "Dimensión cientifica de los derechos del hombre", in A. E. PÉREZ LUÑO (org.), *Los derechos humanos. Significación, estatuto jurídico y sistema*, Sevilha, Publicaciones de la Universidad de Sevilla, 1978.; id., "Enseñanza del Derecho: el desafio de las nuevas metodologías", in *Didáctica Universitaria*, Publicaciones de la Universidad de Sevilla, 1995.

[81] Cf. o Prólogo deste livro, p. XIII. A importância que possui para as sociedades democráticas a educação nos valores constitucionais foi objeto da monografia de P. HÄBERLE, *Erziehungsziele und Orientierungswerte im Verfassungsstaat*, Freiburg/Munique, Alber, 1981.

uma de suas inevitáveis raízes no princípio de tolerância pode impor determinada visão de mundo? O Estado de direito e os direitos humanos estão fundamentados *em* e orientados *para* um sistema de valores que não podem impor. Convém apontar, por aproximação sucessiva, algumas ideias que permitem um melhor entendimento e esclarecimento dessa contradição fundamental.

a) Em primeiro lugar, convém lembrar que o pluralismo próprio dos Estados de direito e a tolerância que inspirou a formação dos direitos humanos não permitem que se afirme uma única e abrangente doutrina filosófica ou moral como fundamento das instituições jurídicas e políticas. No Estado de direito não cabe uma "tirania dos valores", mas isso não significa que se concorde com um relativismo político-cultural que leve a um niilismo, uma abstinência ou uma dissolução dos valores. As sociedades democráticas possuem um ideário constituído por seus valores éticos, jurídicos e políticos e algumas virtudes cívicas que garantem sua própria conservação.

b) A adesão a esse sistema axiológico próprio dos Estados de direito não se impõe coercitivamente, através de modelos educativos dogmáticos, mas se *promove* a partir da comunicação e do consenso. Por isso a educação democrática e os direitos humanos são dois fatores constitutivos dos Estados de direito que estão íntima e inseparavelmente ligados; de certo modo, são duas condições de um mesmo objetivo: o livre e pleno desenvolvimento da personalidade humana.

Em estudos anteriores sobre os direitos humanos, tratei de expor as virtualidades da projeção da teoria consensual dos valores formulada por Jürgen Habermas para discernir o fundamento das liberdades. Mais recentemente o próprio Habermas, em seu extenso estudo dedicado a questões de filosofia jurídica e política – refiro-me a seu livro *Faktizität und Geltung* –, formula uma teoria dos direitos humanos baseada na ideia da comunicação e do consenso. Para Habermas, o direito tem uma dimensão de *facticidade* (*Faktizität*), que se concretiza no hábito de seu cumprimento social respaldado pela coação, e uma dimensão de *validade* (*Geltung*). Mas o conceito de validade não é entendido por Habermas em seu sentido técnico-jurídico, quer dizer, como cumprimento das condições de pertencimento das normas a um ordenamento jurídico, mas como cumprimento social do direito. De tudo isso se depreende que facticidade e validade se identificam, na tese habermasiana, na medida em que as duas categorias aludem ao cumprimento social do direito. A diferença está em que a validade não se baseia na mera coação, mas exige a aceitação social das normas sustentada na participação dos cidadãos nos processos de criação do direito. A validade postula e exige procedimentos consensuais de racionalidade comunicativa através dos quais se articula a participação democrática, isto é, identifica-se com o fundamento de legitimidade dos ordenamentos jurídicos dos Estados de direito. Os direitos humanos constituem uma exigência em que os cidadãos devem reconhecer-se reciprocamente se desejam um direito positivo legítimo, que regule uma sociedade de homens livres e iguais. O caráter preexistente de tais direitos – adverte Habermas – não significa que tenham um fundamento religioso ou metafísico; trata-se de pressupostos de racionalidade imanentes a todo Estado de direito, nos quais atua a soberania popular e são elaborados discursivamente através do exercício da racionalidade comunicativa como forma de racionalidade intersubjetiva[82]. Desse modo, os direitos humanos são *pressupostos* do Estado de direito em que se garante o *status* jurídico dos cidadãos como titulares de liberdades; mas são também o *resultado* do processo discursivo de comunicação intersubjetiva de homens livres e iguais que contribuem para constituir esse âmbito jurídico de convivência.

O ponto de partida para estabelecer um paralelismo entre a educação e os direitos humanos reside na ideia da comunicação; no pressuposto antropológico de conceber o ser humano como um ser comunicativo. Sem comunicação não pode existir a transmissão de conhecimentos entre os homens, raiz de toda experiência cultural e educativa, nem tampouco podem existir relações de cooperação entre os homens, que são o substrato das comunidades livres. A atividade comunicativa tem como requisito social a existência livre e indiscriminada dos homens e como fim a emancipação humana, valores comuns à educação e às liberdades. Além disso, as condições que definem o processo comunicativo são as de racionalidade, universalidade e consenso. A comunicação está condicionada, em primeiro lugar, pela *racionalidade comunicativa*, isto é, pela experiência de quem argumenta que suas eventuais discordâncias podem ser superadas sem o recurso à autoridade, à tradição ou à força, mas apresentando motivos em favor de uma pretensão e apoiando-a com evidências e argumentos diante de sua eventual crítica. Essa versão dialógica da racionalidade se prolonga na exigência de *universalização* em virtude da qual só se consideram argumentos comunicativos pertinentes os passíveis de receber reconhecimento geral em seu campo de aplicação. As premissas e normas que regulam a comunicação tendem, por fim, a alcançar o *consenso*. A comunicação, enquanto forma de discurso prático, significa a participação livre e igual daqueles que argumentam para alcançar o entendimento mútuo. Para obtê-lo, deverão empregar razões suscetíveis de encontrar assentimento geral; por isso ficam excluídas como não suscetíveis de consenso todas as pretensões que encarnam interesses particulares que, portanto, não podem ser universalizadas[83]. Novamente, estamos diante do pressuposto comunicativo comum da educação e das liberdades.

A educação cívica e os direitos humanos se expressam através de canais discursivos institucionalizados, para cuja garantia se dirigem os procedimen-

---

[82] J. HABERMAS, *Faktizität und Geltung. Beiträge zur Diskurstheorie des Rechts und des demokratischen Rechtsstaats*, Frankfurt a. M., Suhrkamp, 1992, pp. 45 ss., 109 ss., 152 ss. e 541 ss. (Existe trad. esp. de M. Jiménez Redondo, Madri, Trotta, 1998.) Cf. sobre o pensamento de HABERMAS, pp. 147 ss. e 576 ss. deste livro.

[83] Ocupei-me de analisar a importância do valor da comunicação para a gênese da ideia dos direitos humanos no pensamento clássico espanhol, com especial referência às teses de Francisco de Vitoria, em meu livro *La polémica sobre el Nuevo Mundo. Los clásicos españoles de la Filosofía del Derecho*, Madri, Trotta, 1992, pp. 78 ss.

tos jurídicos do Estado de direito. Por isso, nos Estados constitucionais, a soberania popular se articula e exerce através daqueles processos institucionais educativos e do exercício das liberdades que contribuem para a formação e expressão de uma opinião pública racional, livre e responsável.

c) A adesão, através dos processos educativos, ao sistema de valores democráticos próprios dos Estados de direito tampouco implica postular âmbito axiológico único e abrangente.

Os últimos anos foram testemunhas, na cultura política e jurídica anglo-saxã, de algumas tentativas mediadoras entre a concepção axiológica atomista, descontextualizada e a-histórica atribuída aos liberais e as identidades coletivas, concretas e históricas convencionalmente associadas ao *ethos* auspiciado pelos comunitaristas. Um desses esforços se deve a William A. Galston, que concebe os valores do Estado constitucional liberal como um núcleo de ideias ético-políticas concreto e historicamente determinado, que é responsabilidade dos poderes públicos transmitir aos cidadãos através da educação cívica. A diferença de outros modelos políticos está em que esse processo de educação cívica deixa um campo maior de autodeterminação aos cidadãos, mas partindo sempre da premissa de que existe um único e determinado modelo ético, político e cultural liberal[84].

Esta concepção se opõe frontalmente com a exposta pelo último John Rawls em sua obra *Political Liberalism*. Para o renomado filósofo de Harvard deve ser "descartada a esperança de uma comunidade política unida na afirmação de uma única doutrina abrangente"[85]. O pluralismo de visões do mundo é para Rawls um elemento essencial dos Estados de direito baseados no liberalismo político. A tolerância e o pluralismo são, ao mesmo tempo, exigências teóricas e políticas, inspiradoras da ordem interna, assim como das relações internacionais[86]. O liberalismo político não pode ser identificado com uma visão compreensiva do mundo nem propugná-la. Diferentemente do realismo moral que postula a possibilidade de intuir racionalmente os valores éticos fundamentais, o liberalismo político é uma doutrina "construtivista". Segundo essa teoria, os valores ético-políticos são o resultado de um processo de construção, que a razão prática leva a termo, a partir de uma concepção complexa da pessoa e da sociedade que permite estabelecer a ideia do que se considera razoável[87]. A contribuição básica do construtivismo político-liberal reside na possibilidade de alcançar um "consenso por sobreposição" (*overlapping con-*

---

[84] W. A. GALSTON, *Liberal Purposes. Goods, Virtues and Diversity in the Liberal State*, Cambridge, Cambridge University Press, 1991, pp. 16 ss., 155 ss. e 241 ss.

[85] J. RAWLS, *Political Liberalism*, Nova York, Columbia University Press, 1993, p. 146 (existe trad. esp. de A. Domènech, Barcelona, Crítica, 1996). Ver também: HABERMAS e RAWLS, *Debate sobre el liberalismo político*, trad. esp. de G. Villar, com "Introducción" de F. Vallespín, Barcelona, Paidós, 1998.

[86] J. RAWLS expôs suas teses sobre a ordem internacional em seu livro *El derecho de gentes y una revisión de la Idea de razón pública*, trad. esp. de H. Valencia, Barcelona, Paidós, 2001.

[87] J. RAWLS, *Political Liberalism*, op. cit., pp. 93 ss.

sensus), entre doutrinas compreensivas racionais, que expressam visões religiosas, filosóficas e morais diferentes. Desse modo, as modernas sociedades democráticas podem assegurar a coexistência de uma pluralidade de visões de mundo contraditórias[88]. O exercício desse pluralismo político se expressa através do consenso por sobreposição, que tem algumas regras e vínculos que limitam seu exercício. O principal é a "carga ou exigência de razão" (*burdens of reason*), isto é, a exigência de que os desacordos ou acordos se expressem através da argumentação racional e não sejam provocados pelo preconceito, pela desorientação ou pela ignorância[89]. Isso implica outorgar um papel central à educação cívica como instrumento para a obtenção do consenso. Desse modo, Rawls tentou retificar o caráter irreal de sua concepção da "sociedade bem ordenada" defendida em sua famosa obra anterior *Teoria da justiça*, em que os princípios de justiça eram estabelecidos a partir de uma hipotética situação de "véu da ignorância" (isto é, sem contaminação de interesses particulares e concretos). Em sua obra sobre o *Liberalismo político*, Rawls pretende oferecer uma concepção moral praticável, estável e sensível às circunstâncias histórico-sociais que permita tornar viável a justiça em sociedades bem ordenadas empiricamente.

O consenso *por* sobreposição, ou *na* sobreposição, a que fazem referência as teses de Rawls, é útil para explicar o jogo de alternância política das maiorias nos sistemas liberais. Não obstante, no âmbito das sociedades democráticas, podem distinguir-se também outros tipos de acordos políticos. É o caso, por exemplo, do *consenso por integração*, que se refere ao acordo básico e pleno ao qual chegam grupos que sustentam doutrinas políticas distintas sobre os valores, direitos, ou princípios organizativos pelos quais sua convivência será orientada; e o *compromisso*, por meio do qual ideologias divergentes pactuam a aceitação de alguns valores, direitos ou princípios organizativos comuns, mas mantêm diferenças interpretativas sobre eles com o propósito de fazê-las valer quando seu acesso ao poder, pela via democrática, o permitir. Os períodos constituintes, assim como casos de pactos sociais, costumam recorrer a estes dois últimos tipos de acordos políticos.

A pretensão de fazer uma demorada análise crítica das principais teses do último Rawls me afastaria do objeto destas reflexões. Basta mostrar que essa proposta implica certa circularidade entre seus pressupostos e seus fins (a sociedade bem ordenada – justa/pluralista – é o pressuposto para que se possa estabelecer um consenso por sobreposição; e este é, por sua vez, o pressuposto para se chegar à sociedade bem ordenada...; a racionalidade e a tolerância são pressupostos e objetivos do consenso por sobreposição...). Rawls se preocupa mais com o *desde* e com o *onde* do que com o *como* obter esse consenso por sobreposição: analisa seus pressupostos (tolerância, pluralismo, racionalidade) e seus fins (a sociedade bem ordenada, estável, na qual seja garantida a

---

[88] Ibid., pp. 90 ss. e 144 ss.
[89] Ibid., pp. 67 ss.

prioridade das liberdades fundamentais), mas não os meios para obtê-los. Seus postulados "construtivistas" quase não se aprofundam nas exigências do discurso prático e nos procedimentos argumentativos. O consenso por sobreposição, em suma, não é um procedimento menos ideal e contrafático que o véu da ignorância; em ambos os casos os sujeitos que devem realizar tais procedimentos estão mais próximos dos "homens numênicos" que dos "homens fenomênicos", para dizê-lo em termos kantianos.

Para evitar o relativismo e/ou o ceticismo, que John Rawls não hesita em qualificar como perniciosos para qualquer concepção política, o liberalismo político que propugna aceita como valores básicos da sociedade bem ordenada as liberdades fundamentais, cuja tutela considera a finalidade prioritária da justiça. Rawls argumenta que essas liberdades não são puramente formais e que envolvem um sistema coerente e harmônico, embora as instituições públicas não possam agir a serviço de valores materiais abrangentes e fechados.

Em seu livro *The Law of People* (*O direito dos povos*), Rawls considera que os direitos humanos constituem um tipo de direito que cumpre uma função legitimadora básica, tanto para a ordem jurídica interna quanto para a internacional.

Ele lhes atribui três funções prioritárias:

"1. Seu cumprimento é condição necessária da decência das instituições políticas e da ordem jurídica de uma sociedade.

2. Seu cumprimento é suficiente para excluir a intervenção justificada de outros povos através de sanções diplomáticas e econômicas ou *manu militari*.

3. Estabelecem um limite para o pluralismo entre os povos."

A violação sistemática dos direitos humanos transforma um Estado no que Rawls denomina "Estado criminoso"; quando ocorre essa situação política, a justiça legitima que "os povos livres e decentes" tenham "o direito, conforme o direito dos povos, de não tolerar os Estados criminosos"[90].

Em uma época como a nossa, em que as sociedades democráticas se debatem em uma crise de valores ético-políticos, que tem um de seus principais sintomas no que Vittorio Frosini chamou de "deseducação cívica"[91], é estimulante o esforço de John Rawls para acentuar a importância da cultura cívica da sociedade e "o exercício informado das liberdades"; esse exercício se explicita basicamente através da *cultura política pública*.

---

[90] J. W. RAWLS, *El Derecho de gentes y una revisión de la Idea de razón pública*, op. cit. (na nota 86), pp. 94-5. Pode-se criticar John Rawls por não ter se aprofundado nas fontes doutrinais de *O direito dos povos*. Pensadores tão decisivos para a formação dessa disciplina jurídica como Grócio e Vitoria não são sequer mencionados no texto rawlsiano. Do mesmo modo, o problema da intervenção dos Estados legítimos nos Estados ilegítimos, por razões de humanidade, foi objeto de ineludíveis reflexões no âmbito de nosso pensamento clássico, cuja doutrina teria contribuído para fortalecer e enriquecer as teses de RAWLS. Ver meu trabalho "Intervenciones por razones de humanidad. Una aproximación desde los clásicos españoles de la Filosofía del Derecho", *Revista de Occidente*, 2001, n. 236-7, pp. 70 ss.

[91] V. FROSINI, *L'uomo artificiale. Etica e diritto nell'era planetária*, Milão, Spirali, 1986, pp. 79 ss.

Nas sociedades liberais, isto é, aquelas que estão bem ordenadas em função de princípios de justiça, os cidadãos atuam como seres racionais, livres e dotados de autonomia moral, que intervêm no debate político fazendo parte de diferentes instituições. A cultura política pública é o campo de expressão das distintas doutrinas gerais, sejam de inspiração religiosa ou secular. Essas doutrinas ou concepções políticas gerais concorrem no debate político através do que Rawls denomina "*a estipulação*". Com isso quer dizer que essas doutrinas devem ser justificadas em termos razoáveis. Não se exige "que sejam corretas do ponto de vista lógico, que estejam abertas ao escrutínio racional ou que sejam sustentadas por provas"; basta que atuem de acordo com a racionalidade prática baseada em argumentos razoáveis e convincentes, destinados a fazer com que essas opiniões sejam amplamente aceitas. De qualquer modo, a estipulação na qual a cultura política pública se expressa deve partir dos princípios da boa-fé, reciprocidade (respeito mútuo entre as diferentes doutrinas gerais que participam do debate político) e lealdade. Rawls considera que a lealdade da cidadania democrática aos valores das sociedades liberais se estrutura através da lealdade a suas respectivas doutrinas gerais; a cultura política pública liberal é um canal educativo para que a adesão dos cidadãos aos valores que orientam a sociedade liberal não seja concebida como um postulado abstrato, mas que se estruture no exercício livre de um debate político no qual a possibilidade de defender e propagar as ideias do grupo ao qual se pertence seja enriquecido com o debate de outras doutrinas gerais e tudo isso promova a adesão a um sistema que permite esse exercício cívico da liberdade; "assim", nas palavras de Rawls, "a lealdade cidadã ao ideal democrático da razão pública se fortalece pelas razões corretas"[92].

O esforço discursivo de John Rawls para explicar sua concepção da cultura política pública não é de todo claro. O encaixe dessas doutrinas gerais, que expressam o sistema de ideias políticas das instituições sociais, através de argumentações de racionalidade prática conjunturais e empíricas, com a noção ideal de cultura política pública. Porque, se esta é considerada resultante do jogo dessas doutrinas, então fica comprometido seu caráter ideal, contrafático e deontológico; se, pelo contrário, esse ideal de cultura política é considerado anterior e independente dessas doutrinas empíricas, então está comprometido o esforço de Rawls de dotar de maiores doses de realismo e concretude a sua teoria política liberal.

Uma questão básica proposta ao modelo educativo das sociedades liberais é a dos limites do pluralismo e da tolerância. Como se indicou, John Rawls, para evitar os riscos do relativismo e do ceticismo, situa no respeito às liberdades fundamentais o limite da tolerância. Trata-se, em todo caso, de um velho

---

[92] J. Rawls, *El Derecho de gentes y una revisión de la Idea de razón pública*, op. cit. (na nota 86), p. 178; sobre a educação cívica em Rawls, cf., entre outros, os trabalhos de: E. Beltrán Pedreira, "Diversidad y deberes cívicos: liberalismo, ciudadanía y multiculturalismo", op. cit. (na nota 60), pp. 374 ss.; J. Rubio Carracedo, *Educación moral, postmodernidad y democracia*, Madri, Trotta, 1996, pp. 113 ss.; L. Villar Borda, *Derechos humanos: responsabilidad y multiculturalismo*, op. cit. (na nota 79), pp. 26 ss.

dilema do Estado liberal, que tem como valores constitutivos o pluralismo e a tolerância, mas que não deve ser confundido com um "clube de suicidas" e, portanto, tem que pôr limites àqueles que se aproveitam da tolerância e da liberdade para destruí-las. Esse dilema encontrou uma resposta taxativa, em plena Revolução Francesa, na famosa máxima do jacobino, amigo de Robespierre e membro do Comitê de Salvação Pública, Louis de Saint-Just: "não deve haver liberdade para os inimigos da liberdade"[93].

Em sua obra *A sociedade multiétnica*, Giovanni Sartori propôs três critérios para estabelecer os limites atuais para a elasticidade da tolerância nas sociedades liberais. O primeiro consiste na exigência de proporcionar argumentos sobre o que se considera intolerável, porque a tolerância é incompatível com o dogmatismo. O segundo implica o *harm principle*, o princípio de não causar danos, isto é, que não se deve ser tolerante com comportamentos que contenham um mal ou dano. O terceiro refere-se à reciprocidade, segundo o qual, ao sermos tolerantes com os demais, podemos exigir que eles nos tolerem[94].

Os limites da tolerância indicados por Sartori podem ser traduzidos em três postulados básicos do Estado de direito: 1º) A necessidade de que qualquer limitação das liberdades realizada pelos poderes públicos seja feita através de uma *motivação racional*, que evite qualquer forma de arbitrariedade. 2º) A garantia de que só será considerado comportamento danoso para a sociedade aquele que, por sua gravidade e relevância, se encontre tipificado como tal no Código Penal; em outras palavras, que o limite da tolerância é o *delito*. 3º) Que, por serem as sociedades liberais sociedades coerentes, e que aspiram à autoconservação, reclamam *reciprocidade* e *lealdade* como contrapartida lógica daqueles que se beneficiam de seus valores do pluralismo e da tolerância. Por isso, no âmbito dessas sociedades não é admissível o absurdo lógico e político de ser tolerantes e oferecer a liberdade àqueles que postulam a intolerância e a supressão da liberdade.

Essas atitudes significariam, além disso, no plano jurídico, incorrer em casos da fraude de lei ou do abuso do direito[95].

A polêmica entre liberais e comunitaristas, em relação aos valores e direitos que devem orientar a educação cívica nas sociedades democráticas, não se limitou à disputa entre o modelo único e abrangente e o pluralista; teve também, como um de seus principais focos de debate, a tensão entre o *patriotismo nacionalista* e o *universalismo cosmopolita*. Para os partidários da opção *patriótico-nacionalista*, os estudantes das sociedades democráticas devem ser edu-

---

[93] A. C. JEMOLO, "La libertà ai negatori di libertà", in *I problemi parici della libertà*, Milão, Giuffrè, 1961, pp. 58 ss.

[94] G. SARTORI, *La sociedad multiétnica. Pluralismo, multiculturalismo y estranjeros*, trad. esp. de M. A. de Azúa, Madri, Taurus, 2001, pp. 42-3.

[95] Cf. os trabalhos de C. GÓMEZ TORRES, "El abuso de los derechos fundamentales", in A. E. PÉREZ LUÑO (org.), *Los derechos humanos. Significación, estatuto jurídico y sistema*, op. cit. (na nota 80), pp. 301 ss.; E. VIDAL GIL, *Los conflictos de derechos en la legislación y la jurisprudencia españolas. Un análisis de algunos casos difíciles*, com prólogo de Javier de Lucas, Valência, Tirant lo Blanch/Universidad de Valencia, 1999, passim.

cados na adesão aos valores próprios da pátria ou nação a que pertencem. Apenas a partir do esclarecimento dos valores que estão vinculados a suas próprias marcas de identidade comunitárias, isto é, ao conjunto de crenças, ideais e valores que configuram e estruturam a própria cultura, será possível a comunicação e a compreensão com o sistema de valores de outras culturas.

Diante dessa tese, os partidários do universalismo cosmopolita entendem que a formação em uma sociedade liberal e democrática deve partir da consciência de que todas as pessoas são parte do gênero humano. Essa premissa permitirá que os membros de cada grupo ou sociedade possam ter um melhor conhecimento deles mesmos, que não seja ofuscado por preconceitos étnicos, ou por particularismos tendentes a criar diferenças irreais ou a confundir as desigualdades fáticas com a legitimação de determinadas discriminações. Essa formação parece hoje mais necessária que nunca no âmbito das sociedades interligadas e de Estados multiculturais, o que torna premente partir de valores universais compartilhados sobre os quais seja possível construir um diálogo multicultural. Além disso, apenas a educação cosmopolita está em condições de fomentar, em termos de uma obrigação moral, política e jurídica, o reconhecimento dos direitos dos membros de outros grupos ou sociedades. Em suma, apenas a atitude cosmopolita constitui um fundamento sólido para defender a universalidade dos direitos humanos[96].

Um modelo de educação cívica baseado no patriotismo nacionalista corre o risco de incubar comportamentos excludentes e atávicos. Por isso, parece incompatível com os valores cívicos das sociedades liberais e democráticas do presente. Não pode, portanto, considerar-se casual que, nos últimos anos, Jürgen Habermas tenha proposto a alternativa de um *patriotismo constitucional*: seria a atitude cívica de lealdade e adesão a alguns valores e instituições comunitariamente compartilhados, assim como são expressos nas vigentes Constituições dos Estados de direito[97].

A herança da tricolor (liberdade, igualdade, fraternidade), a tolerância, assim como também o princípio iluminista da dignidade humana, tão inseparavelmente unidos ao pensamento jurídico-político de Kant[98], constituem o

---

[96] Sobre a atitude universalista e cosmopolita, ver o interessante trabalho de M. Nussbaum, "Patriotismo y cosmopolitismo", in M. Nussbaum (org.), *Los límites del patriotismo. Identidad, pertenencia y "ciudadanía mundial"*, Barcelona, Paidós, 1999, pp. 13 ss. Essa obra reúne uma série de trabalhos relevantes sobre a polêmica entre partidários do patriotismo nacionalista e do universalismo cosmopolita, como modelos de cultura cívica.

[97] J. Habermas, *Identidad nacional y postnacional*, trad. esp. de M. Jiménez Redondo, Madri, Tecnos, 1989; id., *Más allá del Estado nacional*, trad. esp. de M. Jiménez Redondo, Madri, Trotta, 1997. Ao que parece, foi o cientista político alemão Dolf Sternberger quem criou o termo "patriotismo constitucional" em 1979. Sobre esse assunto, ver F. Llano Alonso, *El humanismo cosmopolita de I. Kant*, op. cit. (na nota 86), capítulo V.

[98] Ver meu trabalho "Kant y los derechos humanos", em colab. com F. J. Contreras Peláez, in G. Peces-Barba, E. Fernández e R. de Asís (orgs.), *Historia de los derechos fundamentales*, t. II, *Siglo XVIII*, vol. II, *La Filosofía de los derechos humanos*, Madri, Instituto de Derechos Humanos "Bartolomé de Las Casas"/Universidad Carlos III/Dykinson, 2001, pp. 447 ss.

centro dos valores e bens que orientam o atual constitucionalismo democrático. Esses valores, atualizados e complementados por outros (a paz, o pluralismo, a solidariedade...), possuem desde sua origem uma inequívoca orientação universalista e cosmopolita.

Não faz muitas décadas o patriotismo nacionalista, em sua versão espanhola, decretou o antiespanholismo e o antipatriotismo de movimentos culturais inteiros, como as gerações de 1898 e de 1927; ou de determinadas personalidades: Sánchez Albornoz, Picasso, Buñuel... Hoje, a partir de um patriotismo constitucional, esses grupos e figuras são considerados alguns dos mais sólidos valores do patrimônio cultural espanhol. O exemplo deveria prevenir a desafortunada tendência das Comunidades Autônomas espanholas regidas por governos nacionalistas, nas quais tantas vezes se tende a confundir o patriotismo com o "arzalluzismo" ou com o "pujolismo". Esse enfoque estreito, excludente e anti-iluminista é mais patrioteiro que patriótico. Seu maior risco é que pode condenar milhares de cidadãos à subalternidade política e cultural. Porque no patriotismo nacionalista, mesmo em suas versões não violentas e expressas através de canais democráticos, existe sempre o perigo de sucumbir à tentação de reescrever a história para substituí-la por um catecismo de fantasias heroicas, de criar bodes expiatórios para responsabilizá-los pelos erros e frustrações nacionais, em suma, de substituir a razão pelo mito.

Continua de pé, portanto, o desafio de fundamentar os ordenamentos internos e as relações internacionais em valores éticos compartilhados, porque, como observa Hans Küng, "sem uma atitude ética mundial, não há ordem mundial [...]. Se queremos uma ética que funcione em benefício de todos, esta tem de ser única. Um mundo único necessita cada vez mais de uma atitude ética única. A humanidade pós-moderna necessita de objetivos, valores, ideais e concepções comuns"[99].

Nas sociedades interligadas do presente o problema dos valores se amplia em escala planetária. Consciente disso Hans Küng propugna uma ética mundial (*Weltethos*) e, nessa mesma direção, Karl-Otto Apel defende uma ética planetária da corresponsabilidade (*universalistischen Makroethik der Mit-verantwortung*). Essa ética tenderia a superar as hoje estreitas e historicamente obsoletas esferas da ética convencional e as microéticas próprias dos grupos tribais e dos Estados nacionais. Apel considera que só é possível salvaguardar o pluralismo das formas de vida se se respeita uma ética universal de iguais direitos e igual responsabilidade na solução dos grandes problemas comuns a toda a humanidade[100].

---

[99] H. KÜNG, *Proyecto de una ética mundial*, op. cit. (na nota 5), pp. 52-3.
[100] K.-O. APEL, "Das Problem einer universalistischen Makroethik der Mit-verantwortung", *Deutsche Zeitschrift für Philosophie*, 1993, vol. 41, n. 2, pp. 201 ss.

6. CONCLUSÃO: DIREITOS HUMANOS E CONSTITUCIONALISMO NA SOCIEDADE GLOBALIZADA

Os problemas atuais do constitucionalismo e dos direitos humanos devem ser estudados a partir de uma perspectiva da totalidade. A sociedade humana é multidimensional e também o são seus problemas éticos, jurídicos e políticos. Por isso, deve-se captar a dinâmica e complexa rede de suas ligações globais. A tendência para a *globalização* é imposta pelo caráter interdependente, multicêntrico e multicultural dos fenômenos que gravitam sobre o horizonte presente do Estado de direito e as liberdades.

A *"globalização"* é o termo usado para designar os atuais processos integradores da economia: financiamento, produção e comercialização. Esses processos de integração e interdependência são produzidos em escala planetária, ultrapassando os limites tradicionais estabelecidos pelas fronteiras dos Estados. Portanto, a globalização supõe a realização dos esquemas econômicos do neoliberalismo capitalista. Entre seus efeitos mais importantes destacam-se: a saturação da capacidade das nações de realizar políticas e/ou controles econômicos em favor de poderes internacionais (Fundo Monetário Internacional) ou privado (empresas e corporações multinacionais); a existência de grandes redes de comunicação que possibilitam atividades financeiras e comerciais em escala planetária; o desequilíbrio e assimetria do protagonismo dos distintos Estados nas redes econômicas interligadas, o que determina a concentração de benefícios nos países do Primeiro Mundo (*global-ricos*) e o correlativo empobrecimento dos países do Terceiro Mundo (*Global-pobres*)[101].

É esclarecedora a imagem proposta por Martha Nussbaum quando afirma: "o ar não se preocupa com as fronteiras nacionais. Este fato tão simples pode servir para que as crianças aprendam a reconhecer que, gostemos ou não, vivemos em um mundo no qual os destinos das nações estão estreitamente relacionados entre si no que se refere às matérias-primas básicas e à sobrevivência humana"[102]. Os esquemas rígidos de interpretação da realidade política e cultural, baseados em fronteiras nacionais e em compartimentos explicativos fechados, são totalmente inadequados e insuficientes para captar os problemas de nosso tempo. "A poluição das nações do Terceiro Mundo que tentam alcançar nosso elevado nível de vida acabará, em alguns casos, depositando-se em nossa atmosfera. Seja qual for a explicação que finalmente adotemos sobre essas questões, qualquer deliberação que seja considerada inteligente sobre a ecologia (como também sobre o abastecimento de alimentos e sobre a população) requer um planejamento global, um conhecimento global e o reconhecimento de um futuro compartilhado."[103]

---

[101] Cf., entre uma vasta bibliografia, as obras de U. BECK, ¿*Que es la globalización? Falacias del globalismo, respuesta a la globalización*, trad. esp. de B. Moreno e M. R. Borrás, Barcelona, Paidós, 1998; J. F. MALEM SEÑA, *Globalización, comercio internacional y corrupción*, Barcelona, Gedisa, 2000; M. WALTERS, *Globalization*, Londres, Routledge, 1996.

[102] M. NUSSBAUM, "Patriotismo y cosmopolitismo", op. cit. (na nota 96), p. 23.

[103] Ibid.

Essa interdependência produziu uma paulatina erosão do poder dos Estados de controlar seus problemas e alcançar seus objetivos, que hoje têm dimensão global e que só podem ser enfocados e solucionados em termos de cooperação internacional. Da mesma forma, o fenômeno incide em um campo de especial significação no plano das competências estatais: o das fontes do direito. Nesse aspecto, uma das características peculiares de nossa época é o da *supraestatalidade normativa*, que supõe a adoção de regras jurídicas comuns no âmbito de ordenamentos diferentes, através de atos explícitos de aceitação da estrutura normativa de determinadas organizações internacionais ou supranacionais, ou pelo reconhecimento implícito de normas jurídicas fora da área em que inicialmente foram promulgadas. Esse fenômeno manifestou-se com particular eficácia nas experiências e tentativas destinadas a estabelecer um novo *ius commune*, isto é, um direito comum que, à semelhança dos criados pelas universidades medievais, representa uma espécie de tecido conjuntivo que une os ordenamentos jurídicos modernos e que encontra expressão no plano do direito positivo em documentos e acordos sobre direitos humanos, perseguição de organizações criminosas internacionais e regras gerais do circuito econômico. Ao mesmo tempo que se afirma pela via jurisprudencial através da presença de diferentes ordenamentos estatais nacionais de modelos jurídicos que têm uma origem cultural comum[104].

Determinadas abordagens críticas da globalização denunciam, e não faltam razões para deixar de fazê-lo, que quando em nome desse fenômeno se procuram impor determinados valores ou instituições político-culturais, o que se está fazendo é eurocentrismo, neoimperialismo ou neocolonialismo, por mais que se pretenda disfarçar através da retórica globalizadora. Por isso, alguns líderes do Terceiro Mundo denunciam que por trás da globalização esconde-se, muitas vezes, o interesse das multinacionais em criar hábitos "globais" de consumo, tendências uniformizadoras de modas e/ou modos de vida; e até chegou-se a chamar esse fenômeno de "McDonaldização do mundo"[105].

Do ponto de vista do constitucionalismo e dos direitos humanos, determinadas teorias críticas insistem em que a orientação econômica neocapitalista e a política neoliberal em que a globalização se baseia determinaram que fossem globalizadas as garantias políticas formais e os direitos de caráter individual. Como consequência inevitável dessa tendência, responsabilizam a globalização de ter contribuído para a crise definitiva do Estado social de direito, especialmente de seus programas emancipatórios mais avançados, assim como do enfraquecimento dos direitos econômicos, sociais e culturais; partindo dessas premissas, o fenômeno globalizador será criticado por ter contribuído

---

[104] Ver meu trabalho sobre *El desbordamiento de las fuentes del Derecho*, op. cit. (na nota 9), pp. 76 ss.

[105] U. BECK, *¿Que es la globalización? Falacias del globalismo, respuesta a la globalización*, op. cit. (na nota 101), pp. 71 ss. Contudo, BECK considera falsa a tese de que a globalização cultural irá produzir necessariamente esse fenômeno uniformizador dos hábitos de vida.

para aprofundar as desigualdades econômicas e de bem-estar entre os países ricos e pobres e, correlativamente, por ter acentuado a assimetria e a desigualdade no usufruto da liberdade por parte dos indivíduos e dos povos[106].

No campo da ética, Eusebio Fernández propôs uma sugestiva distinção dos efeitos do fenômeno globalizador, em função de sua avaliação a partir do plano da ética individual e privada ou do plano da ética social e pública. No primeiro, não teria sentido falar de ética globalizada e até atentaria contra valores básicos a tentativa de globalizar a vida individual. Porque esse propósito significaria manipular e/ou violar "a própria identidade pessoal, que é o que melhor nos define, seja a responsabilidade individual, sejam os valores como a diversidade ou o pluralismo nas formas de pensamento, crenças ou maneiras de viver, ou os direitos das minorias à diferença". Em contrapartida, na esfera ética de caráter social e público, "é pertinente falar de uma ética globalizada porque global também é a exigência de realizar essa convivência com o reconhecimento, o respeito e a proteção de certos direitos básicos e fundamentais: os direitos humanos"[107].

Não custa advertir, para evitar determinados mal-entendidos e controvérsias desnecessárias, que diferentemente da universalidade ou do cosmopolitismo, termos com os quais de forma inepta às vezes é confundida, a globalização não é um *valor*, mas um *fato*. Portanto, o fenômeno globalizador não contém, em si mesmo, nenhum arquétipo de conduta ou pauta preceptiva de dever ser[108]. Trata-se de um fenômeno que descreve determinadas características de funcionamento dos processos econômicos, sociais, políticos e culturais do mundo e do tempo presentes. Cabe, por isso mesmo, aos valores que orientam a Comunidade Internacional e os Estados de direito, concretamente aos direitos e liberdades que fundamentam essas instituições, servir de parâmetro orientador e crítico para o fenômeno da globalização. Pois, convém não esquecer, a globalização é um fenômeno social; não consiste em um fenômeno cósmico, regido por leis naturais inexoráveis. Por isso, é responsabilidade dos povos e das pessoas livres aproveitar os aspectos positivos do fenômeno (tornar patente a necessária relação e interdependência entre todos os sujeitos em

---

[106] Sobre os principais riscos que a globalização implica para os direitos humanos, ver M. J. FARIÑAS DULCE, *Globalización, ciudadanía y derechos humanos*, Madri, Instituto de Derechos Humanos "Bartolomé de Las Casas"/Universidad Carlos III de Madrid/Dykinson, 2000, pp. 17 ss.; cf. também B. DE SOUZA SANTOS, *Toward a New Common Sense. Law, Science and Politics in the Paradigmatic Transition*, Nova York/Londres, Routledge, 1995, pp. 250 ss.; id., *La globalización del Derecho. Los nuevos caminos de la regulación y la emancipación*, Bogotá, Universidad Nacional de Colombia/Instituto Latinoamericano de Servicios Legales Alternativos, 1998; J. E. FARIA, *O direito na economia globalizada*, São Paulo, Malheiros, 1ª reimp., 2000.

[107] E. FERNÁNDEZ GARCÍA, "Derechos humanos y ética globalizada", in *Dignidad humana y ciudadanía cosmopolita*, Madri, Instituto de Derechos Humanos "Bartolomé de Las Casas"/Universidad Carlos III/Dykinson, 2001, p. 85.

[108] Cf. A. JULIOS CAMPUZANO, "La globalización y la crisis paradigmática de los derechos humanos", *REP*, 2002, n. 116; id., *La globalización ilustrada*, no prelo, cujo texto original devo à deferência do autor.

escala planetária) e evitar as perversões que dele emanam (aprofundamento das desigualdades e desequilíbrios no usufruto da riqueza, da cultura e da liberdade).

Conceber os direitos humanos partindo das premências de um mundo globalizado implica o compromisso de não desvincular sua significação teórica de sua realização prática. Supõe um testemunho de solidariedade com as diferentes formas de alienação e injustiça que, como mostramos no decorrer destas reflexões, ainda subsistem em fenômenos abomináveis de agressão e ameaça aos seres humanos. Trata-se, afinal, de assumir que o constitucionalismo e os direitos humanos são eles que postulam um universo interconectado cujo atributo mais notório é a interdependência. Em suma, como alternativa para as tentativas teóricas isolacionistas e autorreferentes (autopoiéticas) do direito e em sua projeção, para o constitucionalismo e as liberdades, tentei avançar em direção a uma concepção abrangente, postuladora de seu caráter interdependente e heteropoiético. Para esse propósito totalizador do direito constitucional e dos direitos humanos nada parece estático, nada se mostra isolado. A teoria é o vértice que, com morfologia de cúpula, é capaz de oferecer uma visão cabal dos múltiplos aspectos que constituem essa totalidade.

Este ensaio começou se perguntando se a conjuntura atual do constitucionalismo e das liberdades implica uma continuidade ou mudança de paradigma. Feita a advertência de que não compartilho de uma concepção paradigmática fechada, que se resume na incomunicação e na ruptura radical dos quadros epistemológicos, tentei apontar alguns novos rumos, depurações e alternativas que hoje contextualizam o campo do constitucionalismo e dos direitos humanos. Tratando-se de fenômenos e ideias em plena gestação, não se pode exigir que sua análise tenha perfeição sistemática e leve a conclusões taxativas. De qualquer modo, esses novos aspectos, que determinam o surgimento de um paradigma metódico e problemático inovador corroborado pelas novas formas de ver essas categorias, não significou a renúncia ao que foi o programa emancipador iluminista do constitucionalismo e dos direitos humanos na modernidade e que continua vigente: tornar possível uma *universalis civitatis* na qual se consagre plenamente o auspiciado *status mundialis hominis*.